全国双拥工作年鉴

QUANGUO SHUANGYONG GONGZUO NIANJIAN

2010

全国双拥工作领导小组办公室编

中国社会出版社

★双拥会议

SHUANGYONGHUIYI

★全国双拥工作领导小组第22次全体会议

★中共中央政治局委员、北京市委书记刘淇和中央军委委员、总政治部主任李继耐出席首都军政座谈会

★全国省（区、市）双拥办主任会议暨拥军工作社会化现场经验交流会

★双拥会议

SHUANGYONGHUIYI

★天津市双拥办组织召开全市经济和社会组织拥军座谈会

★河北省创建新一轮全国双拥模范城（县）工作会议

★上海市双拥办召开世博双拥工作座谈会

★双拥会议

SHUANGYONGHUIYI

★山东省双拥工作领导小组第25次会议

★河南省召开双拥办主任会议

★广西壮族自治区召开双拥办主任会议

★双拥会议

SHUANGYONGHUIYI

★贵州省双拥工作领导小组召开全体成员会议

★云南省双拥工作领导小组召开第五次全体会议

★宁夏回族自治区召开双拥办主任会议

★全国双拥工作领导小组副组长兼办公室主任、民政部副部长孙绍骋看望优抚对象

★中共中央政治局委员、广东省委书记汪洋率团慰问广空某部官兵

★海南省副省长符跃兰率团慰问南沙守备部队官兵

★走访慰问

ZOUFANGWEIWEN

★西藏自治区党委副书记、自治区政府主席白玛赤林在春节、藏历新年期间看望慰问节日执勤官兵

★宁夏回族自治区副主席刘慧慰问“使命行动——2010”演习部队

★新疆维吾尔自治区党委书记张春贤率“八一”慰问团慰问驻疆人民解放军和武警官兵

★全国双拥工作领导小组成员兼办公室副主任、总政群工办主任汤奋，北京市副市长刘敬民为荣获北京市双拥模范单位的代表颁发奖匾

★海南省荣获双拥模范城（县）代表接受奖牌

★重庆双拥模范代表领奖

★抢险救灾

QIANGXIANJIUZAI

★内蒙古乌兰察布市军民共同抢挖被大雪掩埋的列车

★部队官兵在岳阳临湘黄盖湖抗洪抢险现场

★驻海南部队官兵转移受灾群众

★抢险救灾

QIANGXIANJIUZAI

★驻海南某部官兵加固堤坝

★武警云南昭通支队官兵清理小河镇淤泥

★空军驻滇某部官兵积极参与抗旱救灾

★军民鱼水情
JUNMINYUSHUIQING

★内蒙古自治区通辽市森警支队官兵参加当地植树造林活动

★吉林省副省长金振吉慰问抗洪救灾勇士刘磊、李守信烈士家属

★江苏省双拥办领导带队慰问重点优抚对象

★河南官兵为孤残儿童过集体生日

★河南省组织欢迎仪式，迎接赴玉树抗震救灾官兵凯旋

★湖北省举行军地迎新春座谈会

★湖南当地群众慰问抗洪抢险部队官兵

★宁夏军区和驻宁部队向红寺堡区援建学校捐赠计算机

★新疆斯姆哈纳边防连战士霍强在巡逻途中不慎受伤，维吾尔族大妈正在给他包扎伤口，缝补衣服

★全国双拥模范代表参加2010年军民迎新春文艺晚会

★天津市女领导干部艺术团到驻津部队进行慰问演出

★河北省举办首届“我身边的好军嫂”评选活动

★各种活动

GEZHONGHUODONG

★河北省民政厅在和平公园开展“升国旗、唱国歌”主题活动

★山西省举办2010年党政军迎新春招待会

★内蒙古乌兰察布市爱国主义教育基地集宁战役馆落成，乌兰察布市军地领导和各界群众参观纪念活动展览

★吉林省组织爱心献功臣医疗队出发仪式

★黑龙江省委、省政府召开迎新春拥军座谈会

★上海市举办庆祝中国人民解放军建军83周年座谈会

★各种活动

GEZHONGHUODONG

★上海双拥艺术团慰问世博安保部队文艺演出

★江苏省双拥办组织书画送军营活动

★海南省举行解放海南岛烈士陵园落成揭幕仪式

编委会名单

编 辑 说 明

一、本年鉴是全国双拥工作第八部年鉴，起讫时间为2010年1月至2010年12月。

二、本年鉴分领导讲话、全国双拥工作领导小组文件、政策法规选编、理论研究和调研报告、重要会议、年度工作总结、组织机构、命名表彰决定、大事记九个部分。

三、本年鉴收录文稿力求做到权威性、实用性相统一。基础材料由全国及各省区市双拥工作领导小组办公室提供，部分文稿由年鉴编辑人员整理编写。

四、为便于各地开展工作和相互交流，本年鉴收录了部分内部资料，请妥善保管。

五、本年鉴在编辑过程中得到军地各级双拥组织的大力支持和帮助，谨表示诚挚的谢意。

六、由于编辑工作量大，编者水平有限等原因，错讹和纰漏之处在所难免，恳请广大读者批评指正。

《全国双拥工作年鉴》编辑部

二〇一二年五月

目　录

领　导　讲　话

刘淇同志在2010年首都军政座谈会上的讲话……………………………………………………………（3）
李继耐同志在2010年首都军政座谈会上的讲话…………………………………………………………（4）
孙绍骋同志在2010年首都军政座谈会上的讲话…………………………………………………………（6）
孙绍骋同志在全国省（区、市）双拥办主任会议暨拥军工作社会化现场经验交流会上的讲话　…………（7）
孙绍骋同志在黑龙江省第七届双拥模范城（县、区）命名表彰大会上的讲话 …………………………（10）
汤奋同志在全国省（区、市）双拥办主任会议暨拥军工作社会化现场经验交流会上的讲话 …………（11）
只升华同志在天津市优秀复员退伍军人表彰大会上的讲话………………………………………………（15）
陈全国同志在河北省双拥模范城（县）命名暨双拥先进集体和先进个人表彰大会上的讲话　…………（16）
张宝顺同志在山西省党政军迎春座谈会上的讲话…………………………………………………………（17）
方文平同志在山西省党政军迎春座谈会上的讲话…………………………………………………………（18）
仲轩同志在山西省党政军迎春座谈会上的讲话……………………………………………………………（20）
王宪魁同志在黑龙江省第七届双拥模范城（县、区）命名表彰大会上的讲话 …………………………（21）
高潮同志在黑龙江省第七届双拥模范城（县、区）命名表彰大会上的讲话 ……………………………（22）
王儒林同志在吉林省双拥工作领导小组全体会议上的讲话………………………………………………（25）
梁保华同志在江苏省第九届双拥模范城命名表彰大会上的讲话…………………………………………（27）
罗志军同志在江苏省第九届双拥模范城命名表彰大会上的讲话…………………………………………（30）
李笃信同志在江苏省第九届双拥模范城命名表彰大会上的讲话…………………………………………（30）
赵洪祝同志在浙江省纪念建军83周年暨双拥模范城（县）命名表彰电视电话会议上的讲话 …………（32）
陈加元同志在浙江省退役士兵职业技能教育培训工作电视电话会议上的讲话…………………………（34）
吕祖善同志在浙江省党政军领导座谈会上的讲话…………………………………………………………（39）
杜景臣同志在浙江省党政军领导座谈会上的讲话…………………………………………………………（40）
林恺俊同志在浙江省党政军领导座谈会上的讲话…………………………………………………………（41）
林恺俊同志在浙江省纪念建军83周年暨双拥模范城（县）命名表彰电视电话
　会议上的讲话（摘要）　………………………………………………………………………………（42）
王金山同志在安徽省双拥模范城（县）、模范单位和模范个人命名表彰会议上的讲话 …………………（45）

王明方同志在安徽省双拥模范城(县)命名暨双拥工作表彰大会上的讲话 …………………………………………………… (46)
于广洲同志在福建省双拥共建工作领导小组第三十一次全体成员会议上的讲话……………………………………… (50)
凌成兴同志在江西省双拥工作领导小组第十六次会议上的讲话………………………………………………………… (52)
刘伟同志在山东省双拥工作领导小组第二十五次全体会议上的讲话…………………………………………………… (54)
郭兆信同志在山东省双拥工作领导小组第二十五次全体会议上的讲话………………………………………………… (57)
南兵军同志在山东省双拥工作领导小组第二十五次全体会议上的讲话………………………………………………… (58)
卢展工同志在河南省“八一”军政座谈会上的讲话 ………………………………………………………………………… (59)
颜纪雄同志在河南省军区支持和参加中原经济区建设座谈会上的讲话………………………………………………… (62)
杨松同志在空降兵第十五军成立60周年庆典活动上的讲话 …………………………………………………………… (66)
罗清泉同志在湖北省纪念中国人民解放军建军83周年座谈会上的讲话 ……………………………………………… (67)
于来山同志在湖南省双拥工作领导小组全体会议上的讲话 ………………………………………………………………… (68)
周强同志在湖南省双拥模范城(县)命名暨双拥模范单位和个人表彰大会上的讲话 ………………………………… (70)
于来山同志在湖南省双拥模范城(县)命名暨双拥模范单位和个人表彰大会上的讲话 ……………………………… (73)
田义功同志在湖南省双拥模范城(县)命名暨双拥模范单位和个人表彰大会上的讲话 ……………………………… (76)
杨忠民同志在湖南省双拥模范城(县)命名暨双拥模范单位和个人表彰大会上的讲话 ……………………………… (78)
黄华华同志在广东省2010年春节军政座谈会上的讲话 ……………………………………………………………………… (80)
汪洋同志在广东省2010年春节军政座谈会上的讲话 ………………………………………………………………………… (82)
陈际瓦同志在广西壮族自治区双拥工作领导小组第二十次会议上的讲话……………………………………………… (84)
郭声琨同志在广西壮族自治区党政军迎春座谈会上的讲话………………………………………………………………… (88)
罗保铭同志在第八届海南省双拥模范城(县、区)命名表彰大会上的讲话 …………………………………………… (89)
符跃兰同志在第八届海南省双拥模范城(县、区)命名表彰大会上的讲话 …………………………………………… (91)
黄声云同志在“军民融合式发展,促进海南国际旅游岛建设”理论研讨会上的讲话 ………………………………… (96)
黄奇帆同志在重庆市双拥模范城(县)命名表彰大会上的讲话 …………………………………………………………… (99)
马正其同志在重庆市双拥工作领导小组第八次全体成员会议上的讲话 ………………………………………………… (101)
朱和平同志在重庆市庆祝“八一”建军节暨双拥模范城(县)命名表彰大会上的讲话……………………………… (103)
刘奇葆同志在四川省双拥模范城(县、区)暨双拥模范命名表彰电视电话会议上的讲话 ……………………… (105)
白恩培同志在云南省第八届双拥模范城(县)命名表彰大会上的讲话 ………………………………………………… (107)
曹建方同志在云南省第八届双拥模范城(县)命名表彰大会上的工作报告 …………………………………………… (109)
赵乐际同志在陕西省纪念“八一”建军节暨双拥模范城(县)命名表彰大会上的讲话……………………………… (112)
刘伟平同志在甘肃省双拥工作电视电话会议上的讲话 ……………………………………………………………………… (114)
陆浩同志在甘肃省庆祝“八一”建军节座谈会上的讲话 ……………………………………………………………………… (117)
王国生同志在甘肃省庆祝“八一”建军节座谈会上的讲话 …………………………………………………………………… (119)
樊印光同志在甘肃省双拥工作电视电话会议上的讲话 ……………………………………………………………………… (120)
哈尼巴提·沙布开同志在新疆生产建设兵团双拥工作领导小组联席会上的讲话 ………………………………… (122)

全国双拥工作领导小组文件

全国双拥工作领导小组关于颁发《双拥模范城(县)创建命名管理办法》的通知 …… (127)
双拥模范城(县)创建命名管理办法 …… (127)
全国双拥工作领导小组印发《全国双拥模范城(县)考评标准》(试行) …… (130)
全国双拥模范城(县)考评标准(试行) …… (130)
关于调整全国双拥工作领导小组副组长、成员及办公室人员的通知 …… (134)
关于转发浙江省《弘扬爱国拥军传统,坚持富国强军统一,扎实推进新形势下军民融合式发展》做法的通知 …… (135)
弘扬爱国拥军传统 坚持富国强军统一 扎实推进新形势下军民融合式发展 …… (135)

政策法规选编

北京市关于进一步做好驻京部队随军家属就业安置工作的通知 …… (141)
山西省双拥模范城(县)创建命名管理办法实施细则 …… (143)
山西省双拥模范城(县)考核验收评分标准 …… (146)
内蒙古自治区双拥模范城(旗、县)创建命名管理办法实施细则 …… (149)
内蒙古自治区2010年双拥模范城(旗、县)检查考评标准 …… (152)
吉林省双拥模范城(县、区)创建命名管理办法实施细则 …… (157)
吉林省军人抚恤优待办法 …… (161)
黑龙江省双拥模范城(县)创建命名管理办法实施细则 …… (165)
黑龙江省双拥模范城(县)考核评比办法 …… (169)
黑龙江省双拥模范城(县)考核内容及评分标准(试行) …… (170)
中共上海市委办公厅、上海市人民政府办公厅印发《关于进一步做好本市退役士兵文化教育和职业技能培训工作的意见》的通知 …… (175)
关于进一步做好本市退役士兵文化教育和职业技能培训工作的意见 …… (175)
上海市民政局、人民政府征兵办公室、财政局、教育委员会关于印发《关于对非上海生源在校大学生义务兵发放优待补助金的若干规定》的通知 …… (178)
关于对非上海生源在校大学生义务兵发放优待补助金的若干规定 …… (179)
江苏省民政厅关于进一步推进"慰烈工程"的通知 …… (180)
江苏省民政厅关于进一步做好全省"慰烈工程"规范管理工作的通知 …… (181)
浙江省人民政府关于加强退役士兵职业技能教育培训工作的意见 …… (182)
中共福建省委办公厅、省人民政府办公厅关于进一步解决拥军优属若干问题的意见 …… (184)

山东省民政厅、财政厅、人力资源和社会保障厅关于进一步做好随军家属就业安置工作的意见 …… (187)
湖南省民政厅《关于加快推进全省优抚医疗费用“一站式”即时结算网络平台建设的通知》………… (188)
湖南省民政厅、财政厅《关于调整部分优抚对象等人员抚恤和生活补助标准的通知》 ………… (189)
广西壮族自治区实施《军人抚恤优待条例》办法 ………… (190)
广西壮族自治区实施《伤残抚恤管理办法》细则 ………… (193)
广西壮族自治区双拥工作领导小组关于印发《广西壮族自治区双拥工作领导小组成员单位双拥工作职责的通知》 ………… (201)
广西壮族自治区双拥工作领导小组成员单位双拥工作职责 ………… (201)
重庆市民政局、财政局关于移交政府安置的军队无军籍退休退职职工医疗保障有关问题的通知…… (205)
重庆市人民政府、重庆警备区关于认真做好2010年冬季退役士兵接收安置工作的通知 ………… (206)
重庆市关于进一步做好驻渝部队干部随军家属就业和子女入学工作的意见 ………… (208)
重庆市民政局、财政局关于提高部分优抚对象等人员抚恤和生活补助标准的通知………… (211)
重庆市民政局关于带病回乡退伍军人认定及待遇问题的通知 ………… (212)
四川省民政厅、财政厅关于调整部分优抚对象等人员抚恤和生活补助标准的通知………… (214)
四川省民政厅、财政厅关于规范分散在乡一至四级残疾军人生活补贴发放标准的通知………… (216)
四川省民政厅、财政厅关于规范在院休养员生活补贴发放的通知………… (216)
四川省人民政府、省军区关于进一步做好驻川部队干部随军家属就业和子女入学工作的意见…… (217)
贵州省双拥模范城(县)和双拥先进单位及个人命名表彰管理办法 ………… (220)
贵州省双拥模范城(县)考核评比办法 ………… (225)
陕西省双拥模范城(县)创建命名管理实施细则 ………… (228)
陕西省双拥模范城(县)考评标准(试行) ………… (232)
甘肃省双拥模范城(县)创建命名管理办法实施细则 ………… (235)
甘肃省双拥模范城(县)考评标准 ………… (239)
甘肃省双拥办关于做好双拥模范城(县)考核验收工作的通知 ………… (243)
甘肃省双拥办关于推荐评选省级双拥先进单位和先进个人的通知 ………… (244)
青海省双拥模范城(县)创建命名管理实施办法 ………… (246)
青海省双拥模范城(县)考评标准 ………… (249)
宁夏回族自治区创建双拥模范城(县、区)考评标准 ………… (251)
宁夏回族自治区创建双拥模范城(县、区)考评细则 ………… (255)
新疆生产建设兵团双拥模范城(县)创建命名管理办法 ………… (260)
新疆生产建设兵团双拥模范城检查评比细则 ………… (264)

理论研究和调研报告

浅谈市场经济条件下部队随军家属安置工作遇到的问题及对策 ………… (273)
牢固树立融合式发展的时代理念　再谱军民双拥共建工作的新篇章 ………… (276)
河北省关于双拥优抚安置工作调研督导情况的通报 ………… (278)

浅议零散烈士纪念设施管理问题及对策 …………………………………………………………… (282)
借鉴世博成功经验　开创双拥崭新局面 …………………………………………………………… (284)
军民融合式双拥体系建设探索 ……………………………………………………………………… (289)
推进军民融合式发展的思考 ………………………………………………………………………… (299)
对推行公开考试和科学考核相结合安置军队转业干部的实践与思考 ……………………………… (303)
对推动双拥工作向社会组织延伸及双拥创建、军民融合式发展等问题的思考和建议……………… (308)
贯彻军民融合式发展战略推进海南国际旅游岛建设的探讨 ………………………………………… (311)
对当前部队基层官兵家庭生活状况的调查与建议 ………………………………………………… (314)
西藏自治区双拥工作调研报告 ……………………………………………………………………… (316)
“十一五”期间全省双拥工作的新发展 …………………………………………………………… (318)
认真抓好考评试点工作　全面提升双拥创建活动水平 …………………………………………… (320)
着力构建双拥工作新机制 …………………………………………………………………………… (322)

重　要　会　议

天津市双拥办召开经济和社会组织拥军座谈会 ……………………………………………………… (327)
天津市召开优秀复员退伍军人表彰大会 …………………………………………………………… (327)
山西省党政军迎春座谈会在太原举行 ……………………………………………………………… (328)
山西省双拥工作领导小组召开组长办公会 ………………………………………………………… (330)
吉林省、黑龙江省与65301部队召开“三联”工作总结部署会 …………………………………… (330)
吉林省双拥工作领导小组召开全体会议部署新一届双拥模范城(县、区)考评工作 ……………… (331)
沈阳军区与东北三省加强平安建设“三联”工作推进会议召开 …………………………………… (332)
上海市服务世博军民共建签约仪式隆重举行 ……………………………………………………… (333)
上海市双拥办召开上海市双拥工作例会部署落实世博期间本市双拥工作 ……………………… (334)
上海市双拥办举行世博双拥工作座谈会 …………………………………………………………… (334)
上海市举行庆祝中国人民解放军建军83周年座谈会………………………………………………… (335)
上海市双拥办召开双拥工作例会学习传达全国双拥办主任会议精神 ……………………………… (336)
福建省双拥共建工作领导小组第三十一次全体成员会议召开 ……………………………………… (337)
福建省双拥办主任会议在长乐召开 ………………………………………………………………… (338)
河南省“八一”军政座谈会会议纪要 ……………………………………………………………… (338)
河南省第一次双拥办主任会会议纪要 ……………………………………………………………… (339)
河南省第二次双拥办主任会会议纪要 ……………………………………………………………… (340)
河南首家全省性拥军优属社会组织在郑州成立 …………………………………………………… (343)
湖南省双拥工作领导小组第二十六次全体会议会议纪要 ………………………………………… (343)
广东省畅谈军地发展大好形势　共叙军政军民鱼水深情 ………………………………………… (344)
广东省2010年军地双拥业务部门迎春座谈会在广州召开…………………………………………… (346)
广东省双拥工作领导小组召开第二十五次全体(扩大)会议　黄华华强调努力争当全国双拥工作

排头兵 …………………………………………………………………………………………………… (347)
广西壮族自治区党政军迎春座谈会在邕隆重举行 ……………………………………………… (347)
广西壮族自治区双拥办主任会议在桂林召开 ………………………………………………… (349)
广西壮族自治区双拥工作领导小组会议纪要 ………………………………………………… (350)
重庆市隆重召开庆祝“八一”建军节暨双拥模范城(县)命名表彰大会 ………………………… (350)
云南省双拥工作领导小组第五次全体会议纪要 ……………………………………………… (351)
陕西省纪念“八一”建军节暨双拥模范城(县、区)命名表彰大会在西安举行 ………………… (353)

工　作　总　结

北京市二〇一〇年双拥工作总结 …………………………………………………………………… (357)
天津市二〇一〇年双拥工作总结 …………………………………………………………………… (358)
河北省二〇一〇年双拥工作总结 …………………………………………………………………… (361)
山西省二〇一〇年双拥工作总结 …………………………………………………………………… (367)
内蒙古自治区二〇一〇年双拥工作总结 …………………………………………………………… (370)
吉林省二〇一〇年双拥工作总结 …………………………………………………………………… (373)
黑龙江省二〇一〇年双拥工作总结 ………………………………………………………………… (376)
上海市二〇一〇年双拥工作总结 …………………………………………………………………… (378)
江苏省二〇一〇年双拥工作总结 …………………………………………………………………… (382)
浙江省二〇一〇年双拥工作总结 …………………………………………………………………… (385)
安徽省二〇一〇年双拥工作总结 …………………………………………………………………… (388)
福建省二〇一〇年双拥工作总结 …………………………………………………………………… (390)
江西省二〇一〇年双拥工作总结 …………………………………………………………………… (392)
山东省二〇一〇年双拥工作总结 …………………………………………………………………… (394)
河南省二〇一〇年双拥工作总结 …………………………………………………………………… (397)
湖北省二〇一〇年双拥工作总结 …………………………………………………………………… (399)
湖南省二〇一〇年双拥工作总结 …………………………………………………………………… (400)
广东省二〇一〇年双拥工作情况 …………………………………………………………………… (403)
广西壮族自治区二〇一〇年双拥工作总结 ………………………………………………………… (404)
海南省二〇一〇年双拥工作总结 …………………………………………………………………… (408)
重庆市二〇一〇年双拥工作总结 …………………………………………………………………… (410)
四川省二〇一〇年双拥工作总结 …………………………………………………………………… (414)
贵州省二〇一〇年双拥工作总结 …………………………………………………………………… (419)
云南省二〇一〇年双拥工作总结 …………………………………………………………………… (420)
西藏自治区二〇一〇年双拥工作总结 ……………………………………………………………… (423)
陕西省二〇一〇年双拥工作总结 …………………………………………………………………… (425)
甘肃省二〇一〇年双拥工作总结 …………………………………………………………………… (426)

青海省二〇一〇年双拥工作总结 …… (431)
新疆维吾尔自治区二〇一〇年双拥工作总结 …… (433)
新疆生产建设兵团二〇一〇年双拥工作总结 …… (437)

组 织 机 构

全国双拥工作领导小组及办公室 …… (441)
北京市双拥工作领导小组及办公室 …… (441)
天津市双拥工作领导小组及办公室 …… (442)
河北省双拥工作领导小组及办公室 …… (443)
山西省双拥工作领导小组及办公室 …… (443)
内蒙古自治区双拥工作领导小组及办公室 …… (444)
吉林省双拥工作领导小组及办公室 …… (445)
黑龙江省双拥工作领导小组及办公室 …… (446)
上海市双拥工作领导小组及办公室 …… (447)
江苏省双拥工作领导小组及办公室 …… (447)
浙江省双拥工作领导小组及办公室 …… (448)
安徽省双拥工作领导小组及办公室 …… (449)
江西省双拥工作领导小组及办公室 …… (450)
山东省双拥工作领导小组及办公室 …… (451)
河南省双拥工作领导小组及办公室 …… (451)
湖北省双拥领导小组成员及办公室 …… (452)
广东省双拥工作领导小组及办公室 …… (453)
广西壮族自治区双拥工作领导小组及办公室 …… (454)
海南省双拥工作领导小组及办公室 …… (455)
重庆市双拥工作领导小组及办公室 …… (455)
四川省双拥工作领导小组及办公室 …… (456)
贵州省双拥工作领导小组及办公室 …… (456)
云南省双拥工作领导小组及办公室 …… (457)
陕西省双拥工作领导小组及办公室 …… (458)
青海省双拥工作领导小组及办公室 …… (458)
宁夏回族自治区双拥办公室机构设置情况 …… (459)
新疆维吾尔自治区双拥工作领导小组及办公室 …… (459)

命名表彰决定

北京市双拥工作领导小组关于表彰100个双拥模范街乡镇的决定 …… (463)

黑龙江省双拥工作领导小组关于表彰先进双拥办的决定 …………………………………………… (465)
黑龙江省委、省政府、省军区关于命名表彰全省双拥模范城(县、区)和双拥工作先进单位的决定 … (465)
黑龙江省人力资源和社会保障厅、省双拥办关于表彰拥军优属、拥政爱民先进个人的决定 ………… (469)
江苏省委、省政府、省军区关于命名江苏省第九届双拥模范城(县、区)表彰江苏省双拥模范单位和先进个人的决定 …………………………………………………………………………………… (472)
安徽省委、省政府、省军区关于命名表彰全省双拥模范城(县)的通报 ………………………………… (475)
安徽省人力资源和社会保障厅、省双拥办关于表彰全省爱国拥军模范、拥政爱民模范的决定 ……… (476)
江西省委、省政府、省军区关于命名表彰省双拥模范城(县、区)和爱国拥军模范的决定 ………… (477)
江西省双拥工作领导小组关于表彰拥军优属、拥政爱民先进单位和先进个人的决定………………… (478)
山东省双拥工作领导小组关于表彰全省双拥工作社会化四个"十佳"先进单位的决定 ……………… (483)
湖南省委、省政府、省军区关于命名双拥模范城(县)和表彰双拥模范单位及个人的决定 …………… (484)
湖南省人力资源和社会保障厅、省民政厅、省军区政治部关于表彰湖南省优秀复员退伍军人的决定 …………………………………………………………………………………………………… (486)
湖南省委宣传部、省民政厅、省军区政治部关于表彰关爱优抚对象活动先进单位和个人的决定 …… (489)
湖南省委基层党建工作领导小组、省扶贫开发领导小组、省双拥工作领导小组、省军区政治部关于表彰2009—2010年度我助老区奔小康"2211工程"活动中先进单位和个人的决定 ………………… (490)
海南省委、省政府、省军区关于命名表彰第八届海南省双拥模范城(县、区)、模范单位和个人的决定 …………………………………………………………………………………………………… (491)
重庆市委、市政府、重庆警备区关于命名重庆市双拥模范城(县)暨表彰重庆市双拥模范单位和模范个人的决定 ……………………………………………………………………………………… (493)
云南省委、省政府、省军区关于命名云南省第八届双拥模范城(县)和双拥先进城(县)的决定……… (497)
云南省民政厅、省双拥办、省军区政治部关于表彰云南省第八届双拥模范单位先进单位和先进个人的决定 ……………………………………………………………………………………………… (498)
陕西省委、省政府、省军区关于命名双拥模范城(县、区)和表彰爱国拥军拥政爱民模范单位的决定…… (501)
陕西省双拥工作领导小组关于表彰爱国拥军和拥政爱民模范的决定 ……………………………… (504)
陕西省退伍军人和军队离退休干部安置领导小组关于表彰全省复员退伍军人先进个人的通报 …… (508)

大 事 记

二〇一〇年双拥工作大事记 ……………………………………………………………………… (513)

领 导 讲 话

刘淇同志在2010年首都军政座谈会上的讲话

在新春佳节即将来临之际,我们欢聚一堂,共叙军政军民鱼水情谊,共商首都双拥工作大计。首先,我代表市委、市人大、市政府、市政协和全市人民,向长期以来关心、支持北京建设与发展的解放军四总部、军委办公厅、驻京部队各大单位、武警部队和民政部的各位领导表示衷心的感谢!向为首都各项建设事业和社会发展稳定作出重要贡献的驻京解放军、武警部队全体官兵致以崇高的敬意和节日的问候!

过去的一年,在党中央、国务院的坚强领导下,在全国人民和社会各界的大力支持下,我们圆满完成了新中国成立60周年庆祝活动的各项任务,战胜了国际金融危机的挑战,保持了首都经济社会平稳较快发展的势头。2009年全市地区生产总值达到1.18万亿元,增长10.1%;人均GDP超过1万美元;财政收入达到2026.8亿元,增长10.3%。与此同时,首都城乡建设与管理、民主政治建设、文化建设、和谐社会建设、党的建设也都取得了新的进步。这些成绩的取得,归功于党中央、国务院的坚强领导,归功于全国人民的大力支持和全市人民的团结奋斗,归功于驻京解放军、武警部队广大官兵的积极参与、全力配合。

在过去的一年里,驻京解放军、武警部队深入贯彻落实科学发展观,认真履行人民军队的宗旨使命,牢固树立"驻首都、爱首都、建首都"的思想,大力践行"忠诚于党,热爱人民,报效国家,献身使命,崇尚荣誉"的当代革命军人核心价值观,紧紧围绕建设人文北京、科技北京、绿色北京,发扬人民军队特别能吃苦、特别能战斗、特别能奉献的革命精神,积极参与和支援首都各项建设事业,为推进首都经济社会又好又快发展作出了新的贡献。在新中国60华诞盛大庆典活动中,陆、海、空、武警部队和预备役、女民兵组成的受阅部队,出色完成了党和人民赋予的神圣使命,奉献了一场具有中国特色、富有中国气派、振奋民族精神、展现时代风采的阅兵盛典,并且出色完成了承担的群众游行、联欢晚会的任务,受到全国人民的广泛赞誉,在国际上引起强烈反响。在绿化美化、推进绿色北京建设中,军委领导亲自率领四总部、驻京部队各大单位的近百名将军,带头参加植树绿化活动。在平安北京建设中,广大官兵牢记神圣职责,勇于承担急难险重任务,全力维护社会安全稳定,为首都经济社会发展注入了活力,作出了重要贡献。驻京部队的广大官兵是首都发展的建设者、社会稳定的维护者、人文北京的示范者,是首都人民学习的榜样。

今年是全面完成"十一五"规划的关键之年,也是在新的起点上全面推进人文北京、科技北京、绿色北京建设的重要一年。做好今年的工作,确保首都经济社会平稳较快发展和安全稳定,离不开首都军政军民团结,离不开驻京解放军和武警部队的支持配合。我们衷心希望驻京解放军、武警部队一如既往地参与首都经济建设,关心支持首都的发展事业,军民同心,军地携手,共同推进人文北京、科技北京、绿色北京建设,保持首都经济平稳发展和社会祥和稳定,为建设繁荣、和谐、文明、宜居的首善之区而努力奋斗。

全市各级党委、政府要充分认识双拥工作的重要地位和作用,关心支持国防和军队现代化建设,依法维护军事设施安全,着力解决驻京部队在教育训练、战备执勤、科研实验、维护军人军属合法权益等方面遇到的实际困难。要深入开展国防教育,进一步增强全民国防观念,提高履行国防义务的自觉性。要重点推进经济、科技、教育、人才等领域的军民融合,为军队现代化建设提供有力支撑。要认真落实各项拥军优抚政策,着力解决军转干部安置、随军家属就业、军人子女入学入托等问题。要扎实推进退役士兵安置改革,切实做好职业技能培训和就业安置工作。要加快实施军休干部服务保障工程,全面提升军休干部"两个待遇"水平,全方位、多层面地为部队建设提供服务和支撑。要扎实做好军民共建工作,推动社会主义精神文明建设,提升军民文明素质,努力在全市营造热爱子弟兵、军民一家亲的良好氛围。

李继耐同志在2010 年首都军政座谈会上的讲话

在中华民族的传统节日——春节即将来临之际,我们和北京市领导及有关部门负责同志欢聚一堂,喜迎佳节,畅叙友情,感到非常温暖、非常开心、非常高兴。借此机会,我代表四总部领导、机关和驻京部队全体官兵,向长期以来关心支持国防和军队现代化建设的北京市各级党委、政府和广大人民群众,表示衷心的感谢,并致以节日的祝福!

2009 年,是党和国家发展进程中具有特殊意义的一年, 也是国防和军队现代化建设取得显著成绩的一年。全军和武警部队认真贯彻党中央、中央军委和胡主席的决策指示,紧紧围绕党和国家工作大局,深入推进全面建设,忠诚履行职能使命,各项重点工作进展顺利,重大任务完成出色。特别是在遂行以首都阅兵为重点的国庆系列活动、新疆和西藏及其他藏区维稳、亚丁湾和索马里海域护航等重大任务实践中,经受了新的锻炼和考验,充分展现了我军的高度政治觉悟、过硬能力素质、优良传统作风和良好国际形象,赢得了党和人民高度赞誉。这些成绩的取得,根本的是靠党中央、中央军委和胡主席的坚强正确领导,是全军官兵顽强拼搏、团结奋斗的结果,更离不开地方党委、政府和人民群众的大力支持。

在刚刚过去的一年里,面对国际金融危机持续蔓延的严峻形势,北京市委、市政府团结带领全市人民坚定信心、开拓进取,迎难而上、化危为机,圆满完成了"打赢一场硬仗、办好一件大事"的目标任务。我们感受很深的有:一是庆祝新中国成立 60 周年系列活动圆满出色、广受赞誉。充分运用奥运经验,精心筹划组织群众游行、联欢晚会、国庆游园等一系列庆祝活动,实现了"隆重、喜庆、节俭、祥和"的总要求,成为继成功举办北京奥运会、残奥会之后,向党中央、国务院和全国人民交上的又一份优异答卷。胡总书记称赞国庆系列活动"办得很出色、很成功,极大地振奋了党心军心民心,极大地增强了海内外中华儿女的自信心和自豪感,也受到了国际社会的广泛好评"。二是应对国际金融危机冲击措施有力、成效显著。去年以来,面对严峻复杂的经济形势,市委、市政府坚决贯彻中央的决策部署,制定实施了一系列切实可行的举措,打赢了一场"保增长、保民生、保稳定"的漂亮仗,有力保持了首都经济平稳较快发展。全市地区生产总值比上年增长 10.1%,排在全国第 13 位;地方财政收入增长 10.3%,排在全国第 6 位;城镇居民人均可支配收入、农民人均纯收入分别增长 9.7% 和 13.4%。特别是人均 GDP 突破 1 万美元,排在全国第 2 位,标志着北京步入世界中等富裕城市行列。三是城乡现代化建设加快推进。城市服务管理数字化、精细化水平进一步提高,轨道交通、城际高铁、高速公路等基础设施建设取得重大进展,城南地区、西南地区大发展序幕全面拉开,都市型农业快速发展,形成了城乡一体、互促共进的生动局面。北京城市建设的发展理念、发展模式、发展经验,成为全国学习借鉴的宝贵财富。四是民生得到有力保障和改善。坚持从群众最关心的住房、医疗、教育、交通、环境等问题入手,着力提高人民群众的生活质量。去年,全市投入 125.6 亿元,全面完成关系群众生活的 57 件重要实事,启动"社会保障卡",提高城市低保标准等,这些得人心、暖人心的举措深受老百姓的拥护。"平安北京"建设非常扎实、非常有效,采取抓源头、清积案、建机制、强基层四项有力措施,打赢了"两会"、"国庆 60 周年"两场维稳硬仗,实现了"大事没出,小事也没出"的目标。生态文明建设成效明显,全面实施城市环境综合治理,空气质量连续11年持续改善，去年二级以上天数达到78.1%，创历史最好水平。作为驻京部队，我们为北京市经济社会发展的大好形势，感到无比振奋和鼓舞；为首都改革建设取得的丰硕成果，感到无比自豪和骄傲。

一年来，北京市委、市政府和广大人民群众，继续发扬爱国拥军的光荣传统，热情关心、大力支持驻京部队全面建设。一是保障参加国庆系列活动任务部队及时有力。刘淇书记、金龙市长等领导同志，多次看望慰问任务部队，给官兵以极大鼓舞和激励。有关部门和区县先后投入1亿多元经费、2 000多台次车辆、1 000多名人员，保障参加游行表演部队训练排练。特别是专门成立由49个部门组成的阅兵保障指挥部，跟进搞好62项服务保障，为"奉献一场具有中国特色、富有中国气派、振奋民族精神、展现时代风采的阅兵盛典"提供了有力的支持。二是服务驻京部队工作规范高效。坚决贯彻中央提出的"四个服务"要求，适应服务驻京部队的实际需要，建立了综合服务平台和信息数据库，进一步优化机构设置，强化涉军部门服务职能，完善军地对接协调机制，使各项服务工作更加富有成效。去年以来，先后为部队办理建筑工程行政许可67项、落实重点项目用地450公顷、办理经济适用住房手续1 500多套、减免行政事业性收费，赢得了部队各级的一致好评。三是优抚安置工作又有新的亮点。随军指标进一步增加，随军条件再次放宽，抚恤优待标准大幅提高，退役士兵职业技能培训全面展开，军休干部和家属遗属优惠政策落实到位。全年各级妥善安置转业干部×××、退役士兵×××、随军家属和离退休干部×××，较好地解决了官兵的后顾之忧。

驻京部队以首都人民的关心厚爱为动力，把支援首都建设作为践行当代革命军人核心价值观的实际行动，先后出动1.4万多人，参加国庆首都群众游行和联欢晚会表演，出动2.1万多人担负国庆安保任务，出动21万多人次支援首都绿化美化建设，还组织开展拥政爱民"个十百千万"工程，为推动首都经济社会又好又快发展作出了应有的贡献，谱写了新形势下军爱民、民拥军，军民团结一家亲的壮丽篇章。

以北京奥运会和新中国成立60周年庆祝活动圆满成功为标志，首都改革发展站在了一个新的历史起点上，进入全面建设现代化国际大都市的新阶段。做好双拥工作，巩固和发展军政军民团结，对于圆满完成"十一五"规划、实现首都新一轮科学发展，具有重要意义。胡主席在去年底的军委扩大会议上强调，国防和军队现代化建设是国家现代化建设的重要组成部分，必须深深植根于经济社会发展体系之中，军地要共同努力，不断完善融合机制，丰富融合形式，拓展融合范围，提高融合层次，切实做好军民融合这篇大文章。胡主席的重要指示，深刻揭示了军队现代化建设与国家现代化建设的关系，赋予了新形势下双拥工作新的内涵，为我们做好工作进一步指明了方向。我们要认真学习领会，坚决贯彻落实，努力探索出一条具有首都特色的军民融合式发展的路子。驻京部队要紧紧围绕建设"人文北京、科技北京、绿色北京"的战略任务，积极参加和支援首都各项建设事业，在促进经济平稳较快发展中主动作为，在推动社会公益事业中贡献力量，在维护社会和谐稳定中发挥作用，在完成急难险重任务中担当主力，在弘扬社会文明新风中自觉带头，在爱民助民惠民行动中走在前列，努力为建设"繁荣、文明、和谐、宜居"的首善之区和世界城市作出新的更大贡献。

同志们，新成绩新进步令人鼓舞，新形势新任务催人奋进。让我们更加紧密地团结在以胡锦涛同志为总书记的党中央周围，高举中国特色社会主义伟大旗帜，以邓小平理论和"三个代表"重要思想为指导，深入贯彻落实科学发展观，军政军民携手同心、团结奋进，在新的起点上推动首都经济社会和驻京部队建设又好又快发展！

孙绍骋同志在2010年首都军政座谈会上的讲话

今天,北京市委、市政府在这里召开军政座谈会,刘书记、郭市长和驻京部队各大单位的领导同志欢聚一堂,共庆中华民族的传统节日春节,共叙军地之间的深情厚谊,共商军政军民团结大计,充分展现了军政军民团结和谐的大好局面。借此机会,我代表民政部和全国双拥办,向为保卫首都、建设首都作出重要贡献的驻京部队广大官兵,向全市烈军属、残疾军人、转业复员退伍军人、军队离退休干部,向高度重视、全力支持、积极参与双拥工作的首都各级党政军领导及广大军民表示崇高的敬意和节日的祝贺!

刚刚过去的一年,是我们万众一心、共克时艰,夺取经济社会发展新胜利的一年,也是拥军优抚安置工作砥砺奋进、卓有成效的一年。全国620多万优抚对象的抚恤补助标准再次平均提高了18%,4万余名建国前入伍的老年残疾军人换发了假肢等康复辅助器具,30多万军休人员提高了生活待遇和医疗保障标准,投入5亿元改造了133个全国重点烈士纪念设施,全年中央财政下拨优抚安置事业经费426.6亿元,比去年增加97.6亿元。积极推进优抚对象医疗改革,在全国普遍建立了新型优抚对象医疗保障机制,从根本上解决了优抚对象看不起病和看病报销不方便的问题。扎实推进接收安置工作,全国新接收军休人员1.5万余人,其中北京市接收3 418人,约占全国的四分之一。强力推进伤病残退役军人接收安置,军地5部门联合出台《伤病残军人退役安置规定》,全年共接收安置伤病残军人4 893人,是近年来接收安置最多的一年。加大退役士兵安置改革力度,研究起草了《关于加强退役士兵职业教育和技能培训工作的意见》,提出了全面推进城乡一体化免费培训退役士兵的对策措施。隆重表彰宣传了214名优秀复员退伍军人,在全社会营造了爱国拥军的良好氛围。

首都军民素有拥军优属、拥政爱民的光荣传统。过去的一年,全市人民在市委、市政府的领导下,认真贯彻党中央、国务院、中央军委关于做好双拥工作、加强军政军民团结的指示精神,扎实做好双拥工作。广大军民在围绕实现"人文北京、科技北京、绿色北京"建设目标,推动经济社会全面协调发展的同时,始终站在维护国家安全利益和发展利益的战略高度,大力实施"双拥工作折子工程"和拥军优属"五个百分之百"、拥政爱民"个十百千万"工程,确保了各项双拥任务的落实,为建设繁荣、文明、和谐、宜居的首善之区作出了新贡献。实践证明,坚强的军政军民团结是保持首都社会稳定、推动经济发展、提高部队战斗力的重要保证和强大动力。

2月4日,全国双拥工作领导小组召开了第22次全体会议,总结了2009年的全国双拥工作,部署了2010年的双拥工作任务,讨论通过了新修订的《双拥模范城(县)创建命名管理办法》和新制定的《全国双拥模范城(县)考评标准》。今年,全国双拥办将部署新一届全国双拥模范城(县)命名表彰工作。我相信,在市委市政府的正确领导下,北京市将会按照《办法》和《标准》的要求,科学筹划开展创建活动,着力在伤病残退役军人安置、退役士兵职业教育和技能培训、军人军属合法权益维护等热点难点问题上下工夫见成效,军民间、军地间的相互支持与协作将会更加有力,军爱民、民拥军的鱼水情谊必将得到新的发展!

孙绍骋同志在全国省(区、市)双拥办主任会议暨拥军工作社会化现场经验交流会上的讲话

同志们:

最近一个时期以来,胡锦涛总书记多次强调提出,要站在国家安全和发展战略全局的高度,坚持军民融合式发展,推动国防建设和经济建设良性互动,确保在全面建设小康社会进程中实现富国和强军的统一,确保军队有效履行新世纪新阶段历史使命。双拥工作作为凝聚军民、联系军地的重要纽带,如何贯彻落实这一战略思想,服务和推动军民融合式发展,是当前和今后一个时期摆在我们面前的一个重要课题。这次会议的主要任务,就是以邓小平理论和"三个代表"重要思想为指导,深入贯彻落实科学发展观,紧紧围绕发挥双拥工作在推动军民融合式发展中的特殊作用,总结交流双拥模范城(县)创建活动和考评试点情况,观摩推广山东拥军社会化经验,研究部署新一届全国双拥模范城(县)考评推荐工作,进一步巩固军政军民团结,在更广范围、更高层次、更深程度上服务国防建设和经济社会发展互促双赢。今天上午,山东省双拥工作领导小组组长、省委副书记、省政协主席刘伟同志作了热情洋溢的致辞,山东省双拥工作领导小组副组长、省人民政府副省长郭兆信同志,济南市双拥工作领导小组副组长、市委副书记殷鲁谦同志分别介绍了山东省、济南市推进拥军工作社会化的经验,我们很受启发。大家还就如何学习借鉴山东省的经验,结合本地区实际推进拥军工作社会化进行了分组讨论。刚才,8个试点省(区市)介绍了双拥模范城(县)考评试点的经验做法。明天,现场参观学习之后,汤奋主任还将就推广山东经验、借鉴8个试点省(区、市)考评做法,在新一轮全国双拥模范城(县)创建活动中应该把握的问题做出部署。下面,我就创建活动如何服务和推动军民融合式发展的问题,讲几点意见。

一、牢固确立创建活动服务和推动军民融合式发展的时代理念

走军民融合式发展路子,是胡锦涛总书记着眼维护国家安全与发展利益,顺应国际国内形势深刻变化,立足我国国情,统筹经济建设和国防建设作出的重大战略举措。从政治上看,它是中国特色社会主义理论的重要补充和发展;从经济上看,它是推动我国经济社会科学发展的重要途径和保证;从军事上看,它是毛泽东等老一辈革命家军事战略思想的继承和发展。从双拥工作历史看,服务和推动军民融合式发展,始终是贯穿其中的主线。抗战初期,面对严峻的形势,毛泽东作出"兵民是胜利之本"的著名论断,为军民融合式发展和双拥工作诞生奠定了思想基础。之后,陕甘宁边区人民政府和八路军有关机构先后颁布了《拥军公约》和《拥政爱民十大公约》,并分别确定了拥军运动月和拥政爱民月,双拥运动由此轰轰烈烈地开展起来。从此,军民团结大生产,合力打胜仗,夺取了抗日战争和解放战争的胜利。建国后,广大军民在政治、经济、军事、文化等各项建设中相互支持,密切配合,谱写了一曲又一曲军民团结一心、军地协调发展的壮丽诗篇。可以说,无论是"军民团结如一人,试看天下谁能敌"论断的提出,还是军政一致、军民一致原则的确立;无论是军民团结打胜仗,还是军地合力谋发展;无论是军民携手抗灾害,还是军地一心保稳定,都是双拥工作服务军民融合的具体体现。从一定意义上讲,双拥工作的历史,就是一部军民融合、良性互动、共同发展的历史。当然,胡锦涛总书记在新的历史条件下提出"走军民融合式发展路子",有着特定的本质内涵,也对双拥工作、创建活动提出了新的时代要求,我们必须准确地领会其精神实质,牢牢把握政治方向,扎扎实实地做好双拥工作。

创建模范城(县)活动,是新时期双拥工作的重大创举,是加强军政军民团结的有效途径,是双拥工作服务和推动军民融合式发展的重要载体。深入开展创建活动,就要进一步适应新形势新任务的要求,更好地发挥凝聚军民、联系军地的作用,就必须牢固

确立与军民融合式发展要求相适应的时代理念。在指导思想上,就是要紧紧围绕军民融合式发展的战略思想,去思考、谋划、落实和推动创建活动,始终把有利于军民融合、有利于军民一致、有利于军民一体、有利于平战结合贯穿于双拥工作、创建活动全过程,始终把推进军民融合式发展作为军地双方的共同责任,统一谋划、一起部署、同步落实。在工作实践上,就是要深入研究新形势下军民融合式发展的特点规律,积极探索创建活动的新思路、新办法,更加注重促进经济建设与国防建设协调发展,更加注重拥军优属与拥政爱民整体推进,更加注重政府主导与社会参与相互促进,更加注重军民团结与军地共同发展。在绩效评价上,就是要着眼军地发展共受益,军民共同得实惠,把促进军民融合式发展作为双拥工作、创建活动的根本出发点和落脚点,作为检验衡量双拥工作、创建活动成效的重要尺度和标准。

总之,服务和推进军民融合式发展,是党中央赋予双拥工作、创建活动的新任务,是新世纪新阶段对双拥工作、创建活动提出的新要求,是双拥工作、创建活动永葆活力的新举措,是军地双方的共同责任。我们一定认真学习、深刻领会、准确把握胡锦涛总书记关于推进军民融合式发展的战略思想,紧密结合双拥工作、创建活动实际,创新理念,拓展思路,改进办法,扎实工作,更好地为促进军民融合式发展服务。

二、牢牢把握创建活动服务和推动军民融合式发展的工作重点

军民融合式发展的战略思想,核心内容是发挥军地两个优势、整合军地两种资源、调动军地两个积极性,推动国防建设与经济建设协调发展。双拥模范城(县)创建活动要服务和推动军民融合式发展,就必须紧紧围绕推动国防建设与经济建设协调发展作文章。这方面需要做的工作很多,就目前形势而言,最重要的是做好以下四个方面的工作。

一是要在齐心推动经济发展、维护社会和谐稳定上下工夫。要整合军队各方面优势和力量,积极参加和支援西部大开发、东北地区等老工业基地振兴、中部地区崛起和东部地区率先发展,在社会主义新农村建设、生态建设、国家和地方重点工程建设、各项社会事业发展中有所作为。要组织部队在完成战备、训练和执勤任务的前提下,支援地方经济建设,积极投身公益事业。要发挥军队组织严密、突击力强的优势,在抢险救灾等急难险重任务中发挥突击队作用。要认真做好军民团结和民族团结进步工作,加强军警民联防联治,军地合力及时妥善处置各种突发事件,努力创造和谐稳定的社会环境。当前,我国正处于自然灾害频繁时期,各种突发事件也时有发生。各部队要继续发扬英勇顽强、不怕牺牲、连续作战的优良作风,勇打头阵、甘当主力、敢于胜利,使人民群众始终能够切身感受到,哪里有困难,哪里就有人民军队;哪里有危险,哪里就有人民子弟兵。

二是要在拓展深化军事斗争准备上下工夫。要加大科技拥军力度,围绕“强军、打赢”目标,把工作着力点转移到支持部队信息化建设上来,发挥高等院校、科研单位人才集中和设备先进的优势,为国防装备研制、技术改造提供智力支持,帮助部队培养急需的高科技人才,推动国防科技和民用科技互动发展。要加大支持部队训练演习力度,进一步健全拥军支前保障体系,完善支前工作预案;搞好场地、交通、通信等保障工作,把任务细化分解到各部门各单位,确保部队各项需求落实到位。要加大服务未来战场建设力度,协调有关部门按照平战结合原则,在国家重点工程、重大民用基础设施建设中贯彻落实国防需求,做好军事设施保护工作,加强全国重点军供站建设,完善军供保障网络,提升供应保障能力。

三是要在共同保障优抚群体权益上下工夫。首先,要按照时间节点全力完成伤病残军人移交安置任务。对部队而言,要抓紧做好伤病残军人的治疗评残、精神抚慰、落实住房等移交准备工作。对地方而言,要不讲代价、创造条件,创新办法、健全机制,把伤病残退伍军人接下来,安置好。只允许军队交不出,不允许地方接不下。其次,要全面推开退役士兵免费教育培训工作。最近,中央将专门下发通知,对这项工作进行总体部署。各地要紧密结合实际,制定具体实施办法,协调有关方面加大工作力度,确保这项工作顺利实施。再就是要严格落实各项优抚安置政策。尤其是要通过挖掘安置潜力、督促落实岗位、引导自谋职业等办法，尽快清理和解决城镇退役士兵安置遗留问题。对上述三个问题不落实的城（县），不能推荐、申报全国双拥模范城（县）。

四是要在营造军民融合发展氛围上下工夫。创建活动要大发展，需要扎实有效的工作，要千方百计为部队、为优抚安置对象做实事，以此提高他们的社会地位，弘扬拥军优属的传统。同时，还要进行强有力的宣传造势。特别是在当前信息技术迅猛发展、互联网日益普及的历史条件下，创建活动要在更大程度、更广领域、更深层次上为广大军民所了解、所接受、所认同，就必须充分运用现代传媒，切实加强双拥宣传，努力在全社会营造军民同心、军地一体、融合发展的浓厚氛围。要抓住重大纪念日、重大节日等有利时机，紧紧围绕建设社会主义核心价值体系、当代革命军人核心价值观，充分运用报刊、广播、电视、互联网等大众传媒，集中宣传拥军优属、拥政爱民的光荣传统，宣传军民一致、相互支持的伟大成就，宣传军民同心、其力断金的巨大作用，宣传军民融合、共同发展的重大意义，切实把广大军民的思想统一到胡锦涛总书记“走军民融合式发展路子”的战略思想上来，行动引导到推进军民融合式发展的实践中。

三、建立健全创建活动服务和推动军民融合式发展的运行机制

创建活动经过近二十年的探索实践，已经形成比较成熟的工作模式，但服务和推动军民融合式发展是一个新的课题，要适应新形势的要求，就必须进一步健全完善运行机制。

一要切实加强组织领导。要着眼军民融合的现实需要，畅通军地联系渠道，严格落实党委议军会、军地联席会等制度，完善信息通报、定期走访等措施，形成军民融合式发展的联系纽带、沟通渠道、工作程序和协调机制，真正使融合工作在制度规范下合力推进、高效运行。要加强军地协作，在军地两用人才培养、军民两用技术和产品研制开发、军用和民用技术相互转化利用、军事设施和民用设施共管共用、军事资源和社会资源整合等方面，形成军地协调、齐抓共管的合力。要拓展职能任务，紧贴部队未来作战和完成非战争军事行动任务保障需求，强化双拥办的军地桥梁纽带作用和保障职能，有效对接部队需求和社会资源。要加强工作力量，进一步规范各级双拥办机构设置，为有力、有序、有效推进军民融合提供组织保证。

二要有序开展考核评比。明年将命名表彰新一届全国双拥模范城（县），各级领导高度重视，军地双方密切关注，广大军民十分关心，做好考核评比工作至关重要。考核评比的基本依据，是全国双拥工作领导小组新修订颁发的《双拥模范城（县）创建命名管理办法》和首次制定颁发的《全国双拥模范城（县）考评标准》（试行）。考核评比的基本原则：坚持质量第一，严把质量关，达不到命名标准的，坚决不能推荐；有一票否决问题的，坚决不能申报，绝不能以牺牲质量为代价搞平衡、搞照顾；坚持平时为重，把经常性、基础性的工作作为考核评比的重点，坚决防止“重评时、轻平时”，防止出现不到节日不做、不搞评比不动、不出问题不抓的现象；坚持公平公正，注重群众公论，尊重基层意见，严格程序，严格标准，以公开求公正。今年上半年，全国双拥办在北京、黑龙江、福建等8省（区、市）开展了双拥模范城（县）考评试点。8省（区、市）按照新的《管理办法》和《考评标准》进行了认真的考评，取得了丰富的经验。刚才做了大会交流，这就是考核评比的基本做法。各地在创建活动中，在评比推荐明年命名的全国双拥模范城（县）时，要认真借鉴。要通过考核评比，切实把那些工作基础扎实、融合成绩突出，具有示范作用的先进评选出来，让评上的硬气，没评上的服气。

三要发挥典型示范作用。在近些年创建活动实践中，军地创造了一些鲜活的经验，如山东省拥军工作社会化、江苏省“双带双扶”、山西省“双服务”以及上海市“三同”等。军地在共同抗击汶川、玉树地震，维护西藏、新疆稳定，保障奥运和世博成功，支持中外联合军演等实践中，联手创造了优秀业绩，军民融合式发展的成果得到了充分展示，也积累了许多融合发展的新鲜经验。特别是有着拥军优属拥政爱民光荣传统的山东省委省政府和省军区，济南市党政军及有关部门，始终高度重视双拥工作，把创建活动放在全省、全市工作大局中筹划，放在军地改革发展规划中推进，不断创新发展，不断提高进步，开创了军政军民团结奋进、共同发展的新局面。尤其是近年来，山东省济南市适应社会主义市场经济条件下社会结构多样化、社会组织形式多样化、社会利益格局多样化、军队建设需求多样化的新要求，注重把社会化作为拥军工作创新发展的突破口，通过建立“四个体系”，完善“四个机制”，有效整合社会资源，积极构建党政主导、军地互动、社会支持、全民参与的社会化拥军格局，使拥军氛围越来越浓，拥军工作越来越实，拥军的队伍看得见，拥军的品牌叫得响，拥军的成效摸得着，有力提升了创建活动的质量，促进了军民融合式发展，为国防建设和经济建设良性互动、互促共长作出了积极贡献。在创建活动中，我们要学习借鉴山东拥军社会化等融合发展的好经验好做法，积极探索实践，不断开拓创新，继续巩固和发展军、政、民、企长期以来形成的融洽关系，把军地协同抓建设促发展、齐心协力完成任务的优良传统发扬光大，在走军民融合式发展的路子上当先锋、做表率。

同志们，深入开展创建活动，大力推进军民融合式发展，是双拥工作的重大任务，是军地双方的共同责任。我们要更加紧密地团结起来，大力发扬军政一致、军民一心、军地一体的优良传统，锐意进取，开拓创新，奋发有为，扎实工作，不断开创双拥工作新局面，为在全面建设小康社会进程中实现富国和强军的统一作出应有贡献！

孙绍骋同志在黑龙江省第七届双拥模范城(县、区)命名表彰大会上的讲话

(2010年10月27日)

同志们：

今天，黑龙江省委、省政府、省军区隆重召开第七届双拥模范城(县、区)命名表彰大会，总结工作，部署任务，表彰先进，这对于进一步巩固和加强军政军民团结的大好局面，促进全省的改革发展稳定和驻地部队现代化建设，具有十分重要的意义。在此，我代表民政部和全国双拥办，向会议的召开表示热烈的祝贺！向受到表彰的先进单位和个人表示崇高的敬意！向历来高度重视、全力支持双拥工作的黑龙江省委、省政府和省军区领导以及全省军民表示衷心的感谢！向为保卫祖国、建设祖国作出重大贡献的中国人民解放军、武警部队官兵和全省的烈军属、伤残军人、转业复员退伍军人、军队离退休干部表示亲切的慰问！

黑龙江省解放早，又是边疆大省，曾是军事斗争的前线，素有拥军优属、拥政爱民的光荣传统。在解放战争时期，黑龙江人民推着小车、抬着担架跟随“四野”部队从东北打到海南岛，为赢得全国解放作出了重要贡献。在社会主义建设时期，黑龙江人民与子弟兵携手奋战，创造了开拓北大荒、开发大森林、会战大油田、建设大粮仓的传奇和辉煌。在改革开放的新形势下，全省党政军民围绕建设小康社会、构建和谐社会和做好军事斗争准备抓双拥，许多方面走在了全国前列。各级领导高度重视。炳轩书记亲自谋划双拥工作，注重为部队办实事，仅今年八一慰问期间就为驻省部队解决资金近亿元；宪魁省长到黑龙江担任的第一个议事协调机构领导职务就是双拥工作领导小组组长；其他党政军领导积极参加双拥活动，帮助解决双拥工作中的重大问题；各地双拥工作领导小组组长普遍由党政“一把手”担任，这

充分体现了对双拥工作的高度重视。双拥氛围日益浓厚。注重结合实际，把以爱国主义为核心的国防教育和双拥宣传具体化、形象化，通过组织“爱心献功臣”系列活动、举办“共和国不会忘记”文艺晚会等多形式、多层次的活动，使“军爱民、民拥军”的氛围更为浓厚，行动更加自觉，涌现出了一大批先进单位和个人，进一步提高了双拥工作的整体水平。各项工作全面落实。全省上下积极支持部队训练、演习和后勤保障社会化改革，广泛开展科技、智力和法律拥军活动，促进了驻军部队现代化建设；不断完善双拥政策法规体系，认真落实各项优抚政策，妥善解决重点优抚对象的生活、医疗和子女上学等难题；千方百计做好转业干部、复员退伍军人、军队离退休干部、随军家属安置工作，较好维护了军人及其家属的合法权益。驻军部队注重强化宗旨意识，自觉服从服务大局，主动参与驻地建设，勇于承担急难险重任务。特别是在支持新农村建设，扑救沾河“4・27”、呼中“6・26”森林火灾，处置松花江水污染等重大任务中，打头阵、当先锋，充分展示了威武之师、文明之师、胜利之师的良好形象。

黑龙江省地处祖国东北前沿，军事战略位置十分突出，是国家重要的商品粮基地、能源原材料基地、装备制造和石油石化基地，肩负着维护国家粮食安全、能源安全、生态安全、边境安全的历史使命，双拥工作任务艰巨而繁重。我相信，在省委、省政府、省军区的领导和重视下，广大军民一定能够以贯彻落实这次会议精神为契机，按照军民融合式发展要求，携手共进，并肩战斗，切实解决好双拥工作的热点难点问题，广泛开展双拥模范城（县）创建活动，进一步巩固和发展军政军民团结的大好局面，为黑龙江的跨越式发展和驻地部队现代化建设作出新的更大的贡献！

汤奋同志在全国省（区、市）双拥办主任会议暨拥军工作社会化现场经验交流会上的讲话

（2010年8月11）

同志们：

这次全国省（区、市）双拥办主任会议暨拥军工作社会化现场经验交流会，是根据全国双拥工作领导小组年度工作安排，经国务院、中央军委领导批准召开的。会议一共两天时间，下午就要结束了。会上，山东省、济南市分别介绍了推进拥军工作社会化的经验，与会同志现场观摩了济南市3个社会化拥军工作点，担负全国双拥模范城（县）考评试点任务的8个省（区、市）交流了试点经验，大家还围绕学习试点经验做好新一轮全国双拥模范城（县）创建工作和推进拥军工作社会化，进行了热烈讨论，提出了许多很好的意见和建议。全国双拥工作领导小组副组长兼办公室主任、民政部孙绍骋副部长，就深入开展创建双拥模范城（县）活动，进一步推动军民融合式发展，作了重要讲话。会议时间虽然不长，但主题鲜明，内容丰富，开得很圆满、很成功，对于深入开展创建双拥模范城（县）活动和社会化拥军工作，推动新形势下双拥工作创新发展，将起到十分重要的作用。

山东是著名的革命老区，历来有着爱国拥军的光荣传统。在艰苦卓绝的战争年代，英雄的山东人民在党的领导下，与子弟兵生死相依，血肉相连，前赴后继，浴血奋战，为人民军队的成长壮大，为中华民族的独立和解放事业，作出了重大贡献。震惊世界的淮海战役的伟大胜利就是山东人民全力支援革命、支援军队打胜仗的生动写照，陈毅元帅曾深情地说，淮海战役的胜利是山东人民用小车推出来的。新中国成立以来，特别在改革开放、发展社会主义市

场经济、全面建设小康社会的新形势下，全省各级党委、政府坚决贯彻党中央、国务院、中央军委关于加强军政军民团结的重要决策指示，带领人民群众继承发扬光荣传统，坚持富国与强军的统一，围绕发展抓双拥，抓好双拥促发展，有力地促进了山东的经济社会发展和驻鲁部队建设，创造了许多富有时代特色的新经验。近年来在全省广泛开展的社会化拥军活动，就是双拥工作的一个具有开拓性、创新性的成功做法。通过这次现场经验交流会，听了山东省、济南市领导的介绍和现场参观，我们对山东的社会化拥军工作有了更为全面的了解和更为深刻的感受，大家很受感动，很受启发，很受教育。一是拥军工作社会基础深厚。基层是各项工作和建设的基础。山东省十分注重打牢拥军工作的基础。全省建立基层拥军工作站3万多个，2万多个拥军实体遍布城乡，2万多支近30万人的志愿者服务队伍活跃在拥军工作一线；济南市还成立了由170个单位参加的社会化拥军促进会，拥军工作不断向基层延伸、向全社会拓展，齐鲁大地处处涌动着爱国拥军的热潮。二是时代特色鲜明。各地适应社会结构、经济成分和劳动方式的变化，积极发动和引导新经济组织、新社会组织开展拥军活动；适应国防和军队现代化建设的新要求，按照建设信息化军队、打赢信息化战争和军民融合式发展的需要，大力开展智力拥军、文化拥军、科技拥军、法律拥军活动，给拥军工作赋予了新的内涵，使拥军工作紧贴时代要求，实现与时俱进。三是注重体系和机制建设。通过建立双拥机构等四个体系，完善军地联动等四个机制，整合社会资源，强化基础建设，建立社会化拥军的长效机制，全省形成了党委政府主导、社会大力支持、全民广泛参与的社会化拥军新格局，推动了拥军工作在各部门、各系统、各行业和社会各界的全面落实。四是充分发挥品牌效应。山东省在社会化拥军中着力打造品牌，涌现了“拥军车”、“彩虹进军营”、“蓝天助学培训”等一批社会化拥军品牌，成为山东大地一道亮丽的拥军风景线。一个品牌就是一面旗帜，在全社会拥军中起到了很好的引领示范作用，有力推动了全省拥军工作向深度和广度发展。山东省拥军工作社会化的经验和做法，是新的历史条件下双拥工作的新成果，是山东人民爱国拥军情怀的生动体现，有着很强的示范性、指导性。各地各部队要认真学习借鉴山东的经验，促进提高双拥工作的质量和水平，不断增强军政军民团结，密切心连心、同呼吸、共命运的新型军政军民关系。

在这次会议上，我们还总结交流了北京、黑龙江、福建、山东、广东、广西、重庆、甘肃8个省(区、市)创建全国双拥模范城(县)考评试点工作的经验。根据全国双拥工作领导小组今年的工作安排和全国双拥办的试点方案，试点工作从4月上旬陆续开始，至7月下旬全部结束。各地精心组织，军民广泛参与，着眼科学发展，认真探索规律，较好地完成了试点任务。一是各级高度重视，组织领导有力。各试点省(区、市)党委、政府和驻军部队都把做好试点工作作为政治责任，摆在重要位置。北京、黑龙江等省市主要领导专门作出批示，要求高标准完成试点任务。福建、甘肃、山东和重庆等省市成立了由省市领导担任组长的试点工作领导小组，北京市建立市、区(县)、街(乡、镇)三级组织领导体系，广东省设立由民政、人事和劳动等部门领导参加的督导组，为试点工作提供了有力的组织保证。各试点城(县)普遍成立了领导和工作机构，主要领导挂帅，分管领导主抓，双拥办具体负责，保证了试点工作有序开展、有效落实。二是深入学习文件，准备工作充分。各试点省市结合试点任务部署，组织有关领导和工作人员认真学习新颁布的《命名管理办法》和试行的《考评标准》。山东、甘肃、广西等省区专门进行了试点工作培训，学习理解文件精神。福建、黑龙江、重庆等省市依据新的《命名管理办法》和试行的《考评标准》，制定考评工作实施细则，对考评办法、内容和评分标准作出明确规定，增强了试点工作的操作性。北京在市电视台9个频道同时播放双拥专题广告，甘肃派出20多名省级媒体记者全方位宣传试点城市创建工作，厦门、广州、佳木斯等试点城(县)采取多种形式对试点工作进行宣传，发动军民积极参与，营造了搞好试点、争创全国双拥模范城(县)的浓厚氛围。三是科学筹划安排，有力有序有效展开。各试点省(区、市)精心选择试点城(县),科学制定试点方案,严密组织实施。福建、广西等省区把试点工作划分为准备、实施、考评和总结四个阶段,对各阶段的工作内容、时间、实施步骤等进行通盘考虑、统筹安排。山东、北京、重庆、广西等省(区、市)把符合评比条件的城(县)全部纳入试点范围,既进行了新一轮省级双拥模范城(县)考核检查,又圆满完成了试点考评任务。福建省选择沿海、内陆、计划单列市等5个不同类型的城(县),使试点工作具有很强的代表性。大部分试点城(县)还对参加考评检查的部门结合职能,合理分解任务,明确责任分工,对口检查指导,确保了试点工作顺利推进。四是积极探索方法路子,不断完善考评机制。各地在试点中紧密结合实际,研究特点规律,探索方法途径,完善机制措施。福建省建立完善问卷调查、网络测评、自查自纠、考核验收和媒体公示5项机制;甘肃省实行创建目标公开、考评工作问责、考评结果公示等制度;黑龙江、广西等省区采取听取汇报、查阅资料、座谈了解、入户走访、实地察看等办法,认真组织考核验收,使考评机制进一步完善。五是以考评促创建,推动双拥工作深入发展。各试点省市普遍对照新的《命名管理办法》和试行的《考评标准》,认真查找双拥工作的薄弱环节,着力推动各项工作落实。福建省制定《关于进一步解决拥军优属若干问题的意见》,黑龙江省出台优惠政策、投入专项资金加快解决重点优抚对象住房困难,北京市落实军休干部享受地方同职级离退休干部医疗待遇,山东、广东、广西、重庆和甘肃等省(区、市),指导各试点城(县)在支持部队信息化建设、安排转业干部、搞好退役士兵职业技能培训、帮助优抚安置对象排忧解难等方面制定新办法新措施,推动了双拥工作整体水平提高。各地要进一步搞好总结,为开展新一轮双拥模范城(县)考评推荐工作提供经验。在试点实践中,各地还对完善试行的《考评标准》提出了许多好的意见建议。主要有:调整设置有关考评项目,增强考评工作的科学性;进一步细化量化考评标准,增强考评方式的操作性;更加合理地确定考评分值,充分调动创建工作的积极性;对考评内容的确定要更加务实,增强双拥工作的实效性,等等。全国双拥办正组织力量,抓紧梳理并吸收各地富有建设性的意见建议,修改完善《考评标准》,尽快报全国双拥工作领导小组审批后,正式颁布各地施行,为全国双拥模范城(县)考评工作提供科学规范的工作依据。

根据新的《命名管理办法》有关规定,全国双拥工作领导小组、民政部、总政治部将于2011年命名一批双拥模范城(县)。关于如何做好新一轮全国双拥模范城(县)创建工作,孙绍骋副部长已经讲得很全面、很具体,希望各地各部队认真抓好贯彻落实。下面,我结合贯彻落实这次会议精神,对在新一轮全国双拥模范城(县)创建活动中需要把握的问题,讲几点意见。

第一,要坚持以科学发展观为指导。科学发展观是我国经济社会发展和国防与军队建设的重要指导方针,也是双拥模范城(县)创建活动的根本指南。双拥模范城(县)创建活动是双拥工作的一个创举,也是一个动态的发展过程。一方面,随着全面建设小康社会、构建社会主义和谐社会的深入推进,军队维护国家安全和发展利益使命任务的拓展,对创建双拥模范城(县)提出了更高的要求;另一方面,新形势下的创建工作遇到了一些新情况新问题亟待研究解决,使创建活动持续健康深入发展。这就迫切需要我们运用科学发展观破解难题,创新思维、创新工作、创新方式、创新机制,保持创建活动的正确方向。坚持以科学发展观指导创建活动,就是要始终坚持把创建活动的目标放在夯实军政军民团结这一促进经济发展和保持社会和谐稳定的重要政治基础上,把创建活动的着力点放在促进地方生产力发展和部队战斗力提高上,把创建活动的成效放在促进军民融合、促进富国与强军的统一、促进国防和经济建设协调发展上。只有坚持这一正确的指导原则,才能始终保持双拥模范城(县)创建活动的生机与活力,才能推动创建活动科学发展、创新发展、可持续发展。

第二,要服务于国家和军队改革建设大局。服务于党、国家和军队的中心任务是双拥工作的本质要求,也是双拥工作的历史和优良传统。革命战争年代,双拥工作服务战争、服务胜利;和平建设时期,双拥工作服务于国家和军队改革建设。在新世纪新阶段,双拥工作就是要服务于全面建设小康社会,服务于推进中国特色军事变革,服务于维护社会和谐稳定,使军政军民团结这一我们党和军队的特有政治优势充分发挥出来,使军政军民更加紧密地凝聚起来,形成战胜一切困难和艰难险阻、推进建设中国特色社会主义伟大事业的强大力量。这也是创建双拥模范城(县)活动的本质要求和历史使命。落实到拥军优属工作上,就是要大力支持中国特色军事变革、部队信息化建设、实施人才战略工程、搞好重点军事工程建设和军事设施保护,配合部队完成教育训练、战备执勤、科研试验和多样化军事任务,落实好各项优抚安置政策,为国防和军队现代化建设提供强大后盾。落实到拥政爱民工作上,就是要大力支援国家经济建设和社会事业发展,在圆满完成以军事斗争准备为龙头的各项任务的前提下,利用军队人才、装备、技术、基础设施等方面的资源和优势,积极参加和支援西部大开发、东北等老工业基地振兴、中部地区崛起和东部地区率先发展,做好捐资助学、扶贫帮困、支援社会主义新农村建设等工作,勇于承担并积极完成抢险救灾等急难险重任务,以实际行动为国兴利、为民造福。在创建双拥模范城(县)活动中,只有把这些工作落实好了,才能真正抓住创建活动的本质要求,履行好创建工作肩负的历史使命。

第三,要着力解决广大军民关注的热点难点问题。随着改革开放的深入和社会主义市场经济的发展,军民广泛关注的热点难点问题不断增多。双拥模范城(县)创建活动要认真贯彻以人为本的理念,在创建过程中切实解决好军民普遍关心、涉及军地利益的热点难点问题。要认真制定和落实好双拥工作政策法规,继续采取有效措施,妥善解决好军队转业干部、复员退伍军人和离退休干部安置、随军家属就业、军人子女入学入托、伤病残人员移交、重点优抚对象医疗保障等问题,维护好军人军属和优抚安置对象的合法权益。要加快推进军地历史遗留问题的处理,妥善解决地方开发开放与军事设施保护的矛盾,做好训练演习群众损失赔偿工作,积极预防和妥善处理军民纠纷,消除影响军民团结的因素,进一步密切军政军民关系。要组织部队广泛开展学人民、爱人民、为人民活动,严守群众纪律,维护人民群众利益,以遵纪爱民的良好形象进一步赢得人民群众的拥护、支持和爱戴。

第四,要始终坚持高标准高质量。全国双拥模范城(县)是全国双拥工作的旗帜。创建活动和考评推荐工作、命名表彰工作,要坚持高起点筹划,高标准展开,高质量落实,保持双拥模范城(县)的先进性。全国双拥工作领导小组新颁布的《命名管理办法》和修改后正式颁布的《考评标准》,是考核推荐全国双拥模范城(县)的基本依据。各地各部队要认真组织学习,准确理解文件精神,明确创建的标准和要求。要严格执行考评标准,各级在考评中要认真评估、严格把关,做到不攀比,不盲目追求数量,不搞迁就照顾,确保双拥模范城(县)的质量。要坚持广大军民的话语权,广泛听取基层干部群众和部队官兵的意见,做好群众公信度测评和公示工作,确保考评推荐工作公开公平公正,进一步激发军民参加创建活动的热情。要把命名考评与中期考评结合起来,注重把工作做在平时,把工夫下在经常,贯穿创建活动的全过程,大力推动双拥工作各项任务落实,不断提高双拥工作的整体水平。

同志们,这次会议在山东召开,济南军区和山东省委、省政府、省军区,济南市委、市政府、警备区领导十分重视,为会议召开创造了很好的条件;省民政厅、双拥办的同志做了大量工作,提供了有力保障和周到服务。让我们以热烈的掌声,再一次表示衷心的感谢!

只升华同志在天津市优秀复员退伍军人表彰大会上的讲话

（2010 年 7 月 26 日）

这次全市优秀复员退伍军人表彰大会是近 20 多年来首次召开，市委书记张高丽、市长黄兴国等市领导同志会前亲切接见了与会代表，充分体现了市委、市政府对复退军人的深切关怀，对复退军人工作的高度重视。4 位代表的发言使人深受教育，先进人物的事迹令人十分感动。在此，我谨代表市委、市政府向获奖的同志和全市复员退伍军人表示崇高敬意。下面我讲三点意见。

一、功不可没，复员退伍军人为天津发展作出了巨大贡献

复员退伍军人是党和国家的宝贵财富，是推进社会主义建设事业、维护改革发展稳定大局的重要力量。实践表明，天津发展取得的成就凝结着复员退伍军人的辛勤劳动，获得的荣誉记录着复员退伍军人的拼搏历程。当前，天津已经成为举世瞩目的创业宝地，呈现出又好又快发展的强劲态势。广大复员军人昼夜战斗在各条战线，为天津的发展作出了突出贡献，创造了令人瞩目的社会财富。他们当中有诚实守信、吃苦耐劳、为社会默默奉献爱心的下岗工人；有扎根基层、保一方安宁、富一方百姓的村党支部书记；有身残志坚、挑战极限，为祖国争光的奥运冠军；有白手起家、艰苦创业，致富不忘回报社会的企业家。还有许许多多普通但不平凡的工人、农民、干部。他们无论在部队还是在地方，无论在什么岗位、从事什么工作，都始终坚持履职尽责、踏实苦干，充分体现了忠诚于党、忠诚于祖国、忠诚于人民的政治品质；充分体现了自强不息、报效祖国、致富人民的拼搏精神；充分体现了顾全大局、甘于奉献、促进和谐的高尚情操。这是复员退伍军人永远的光荣，应有的本色，必将成为促进天津又好又快发展的巨大力量。

二、机遇难得，复员退伍军人要在广阔舞台发挥更大作用

当前，天津正处于又好又快发展的关键时期，滨海新区开发开放全面推进，构筑“三个高地”、打好“五个攻坚战”，既是艰巨繁重的任务，也是大显身手的广阔舞台。广大复员退伍军人拥有政治觉悟高、法纪观念强、百折不挠、勇于拼搏的精神品格，具有积极进取、无私奉献、经历特殊、影响广泛的优势。各区县、各部门、各单位要创造一切条件，充分发挥他们的作用，使之成为脱贫致富的“领头雁”、重点工作的“突击手”、急难险重的“冲锋队”、推动发展的“生力军”、维护社会稳定的骨干力量，为天津的发展建功立业。要支持他们大胆工作、积极创新，遇到挫折给予热情鼓励，出现失误能够理解宽容，为促进发展、维护稳定、构建和谐作出应有贡献。我们欣逢改革开放盛世，际遇时代发展大潮。希望广大复员退伍军人以先进人物为榜样，牢记党和人民的重托，倍加珍惜军人荣誉，倍加珍惜良好机遇，退役不退志、退伍不褪色，自觉服从党和人民事业的需要，自觉投身于经济社会发展实践，自觉理解支持改革，做创业的先锋、致富的骨干、守法的模范，以实际行动践行当代革命军人的核心价值观，为天津又好又快发展再立新功。

三、责任重大，要全力营造关爱复员退伍军人的社会氛围

关爱最可爱的人，帮助最可爱的人，宣传最可爱的人，推动复员退伍军人工作深入开展，是各级政府的神圣职责，是全社会的共同义务。要进一步做好复员退伍军人安置工作；各区县、各有关部门和用人单位务必高度重视安置工作，切实加大安置力度，坚决按时完成安置任务。要狠抓安置计划的落实，确保退伍军人及时上岗，并享受相关待遇，严禁各单位以种种借口拒绝接收,防止出现退伍军人刚上岗就变相下岗的现象发生。要制定更加优惠的政策,有针对性地搞好职业技能培训,鼓励复员退伍军人自谋职业、自主创业。要帮助解决复员退伍军人的实际困难。复员退伍军人在部队奉献出了青春,回到地方后在经济社会变革时期,有些人在生产生活上遇到一些实际困难。各区县和有关部门要从政治高度,怀着深厚感情,带着强烈责任抓落实。要在政治上多关心,增强他们的政治荣誉感;在生活上多照顾,尽最大努力解除他们的生活困难,特别对伤病残退伍军人要妥善安排好生产生活,不让一人一户过不去;在就业上多扶持,使有劳动能力、有就业愿望的力争尽快实现就业,特别是家庭成员零就业的要给予重点帮扶。要大力宣传优秀复员退伍军人的事迹。充分利用各种媒体,广泛宣传复员退伍军人中的优秀人物和先进事迹,形成学习先进的热潮,努力营造尊重、关心、爱护复员退伍军人的良好社会氛围。

同志们,荣誉是褒奖和激励,更是责任和期望。希望大家发扬成绩、再接再厉,戮力同心、锐意进取,用心血和汗水谱写更加优美的篇章,用智慧和毅力创造更加辉煌的业绩。

陈全国同志在河北省双拥模范城(县)命名暨双拥先进集体和先进个人表彰大会上的讲话

在全省上下认真学习贯彻胡锦涛总书记视察河北时的重要讲话精神,贯彻落实全省经济工作会议和省“两会”精神的新形势下,我们在这里隆重召开全省双拥模范城(县)命名暨双拥先进集体和先进个人表彰大会,很及时、很重要。这对于进一步提高双拥工作的整体水平、巩固军政军民团结的大好局面、推动国防建设与经济社会协调发展,进而动员和组织全省广大军民为推动科学发展、富民强省而共同奋斗,具有十分重要的意义。

刚才,恩华同志宣读了双拥模范城(县)的表彰决定,光聚同志宣读了双拥先进集体和先进个人的表彰决定,大会进行了颁奖,双拥模范城(县)和先进个人代表做了典型发言,彦欣同志发表了很好的讲话。在此,我代表省委、省政府,向受到表彰的双拥模范城(县)、先进集体和个人,表示热烈的祝贺!向驻冀解放军指战员、武警部队官兵、预备役人员、广大民兵和烈军属、革命残疾军人、转业复员退伍军人、军队离休干部,表示亲切的慰问!向热情关心、大力支持国防和军队建设的社会各界,表示衷心的感谢!下面,我就贯彻落实好胡锦涛总书记在军委扩大会议上的重要指示精神,进一步做好全省双拥工作,简要讲几点意见。

第一,深化认识,始终坚持双拥工作的正确方向。双拥工作是一项事关全局的重要政治任务。要坚持以中国特色社会主义理论为指导,站在全面贯彻党的十七大精神、深入贯彻落实科学发展观的高度,站在维护国家长治久安、民族兴旺发达的高度,站在适应新军事变革要求、走军民融合式发展道路的高度,站在保持经济平稳较快发展、推动富民强省的高度,站在维护社会稳定、促进社会和谐的高度,认识双拥工作,重视双拥工作,把握双拥工作,推动双拥工作,进一步激发广大军民建设祖国、保卫祖国的政治热情,进一步形成爱国拥军、爱民奉献的良好局面。

第二,落实政策,切实解除部队官兵的后顾之忧。坚持国家保障和社会优待相结合的原则,加大优抚安置工作力度。要照顾好回乡的,通过落实政策、落实待遇、落实责任,确保重点优抚对象老有所医、老有所养、安度晚年。要安置好转业的,抓好计划执行、重点安置、管理服务,扎实做好转业复员退伍军人安置各项工作。要服务好现役的,认真解决随军家属就业、军人子女入学入托、军队后勤保障社会化改革、官兵涉法等问题,切实维护军人及其家属的合法权益,解除部队官兵的后顾之忧。

第三，推进创建，巩固发展和谐的军政军民关系。要发扬拥军优良传统，完善政策，强化措施，选好载体，搞好服务，为适应中国特色军事变革的要求，全面加强部队革命化、现代化、正规化建设提供充分的支持和保障。要积极支持地方建设，围绕中心、突出重点，充分挖掘和整合部队装备、设施的民用效能，大力支持扩大内需的投资项目和重点工程建设，主动承担基础设施和生态环境建设中的急难险重任务，积极参加重大社会和自然灾害事故抢险救援，以实际行动为冀兴利、为民造福。要建设军地和谐关系，坚持动真情、解难题、办实事，进一步巩固和发展同呼吸、共命运、心连心的和谐军政军民关系，谱写新时代军爱民、民拥军、军民团结一家亲的壮丽篇章。

第四，与时俱进，不断创新双拥工作的方式方法。要创新双拥制度，加强政策法规建设，坚持把政府行为与社会行为结合起来，形成经济建设与国防建设相互促进、协调发展的长效机制，促使双拥工作制度化、法制化、经常化、社会化。要创新双拥领域，深入开展社会化拥军活动，积极开展行业拥军、社区拥军，引导新型经济组织和新的社会阶层拥军，拓宽双拥工作的领域和范围，不断扩大双拥的群众基础。要创新双拥载体，适应形势发展的要求，广泛开展军民共建活动，充分调动社会各方面的积极性，形成以创建双拥模范城活动为主体，军民共建点为依托，多种活动形式并举，全民参与的双拥工作新格局。要创新双拥文化，围绕推动科学发展、服务富民强省，推出一批反映双拥工作的精品力作，满足军民多层次、多方面、多样化的精神文化需求，增强双拥工作的吸引力和感染力。

第五，加强领导，为双拥工作提供坚强保障。各地各部门要进一步加强对双拥工作的领导，把双拥工作纳入地方政府经济社会发展和部队建设的总体规划，摆上重要议事日程，完善工作班子，研究解决问题，保障工作条件，为开展双拥工作提供保证。各级双拥工作领导小组要切实履行牵头抓总职能，真正把各方面的力量组织起来、凝聚起来，形成齐抓共管的强大合力。

同志们，坚如磐石的军政军民团结，是我们战胜困难挑战、夺取更大胜利的重要保证；做好新时期双拥工作意义重大、使命光荣。让我们在以胡锦涛同志为总书记的党中央的坚强领导下，坚持以邓小平理论和“三个代表”重要思想为指导，深入贯彻落实科学发展观，弘扬优良传统，再谱双拥新曲，进一步巩固发展军政军民同呼吸、共命运、心连心的好局面，同心同德、团结奋斗，为保持经济平稳较快发展，促进经济社会又好又快发展作出新的贡献！

张宝顺同志在山西省党政军迎春座谈会上的讲话

（2010年2月9日）

同志们：

虎年春节即将到来。今天，我们欢聚一堂，回顾过去，展望未来，共迎新春，倍感喜悦和自豪！在此，我代表省委、省政府和全省人民，向为全省经济社会发展作出重要贡献的驻晋部队全体指战员、武警官兵表示衷心的感谢！向全省老红军、烈军属、革命伤残军人、军队离退休干部、转业干部、复员退伍军人、预备役军人，表示亲切的慰问！

过去的一年，是我们在应对挑战、攻坚克难中取得突出成绩的一年，也是军政军民日益团结、部队和国防现代化建设迈出坚实步伐的一年。全省军民认真贯彻中央决策部署，紧紧围绕保持经济平稳较快发展这一首要任务，团结拼搏、砥砺奋进，千方百计落实“三保”措施，坚定不移推进“三个发展”，把国际金融危机转化为夯实发展基础、增创发展优势、培育发展后劲的机遇，谱写了科学发展、政通人和、军民团结的新篇章。全省人民不仅生活得到了新的改善,而且在应对危机和困难的实践中得到了锻炼,发展理念进一步提升、发展信心进一步增强。驻晋部队广大官兵大力弘扬当代革命军人核心价值观,视人民如父母,把驻地当家乡,在圆满完成军事训练、战备执勤、国防施工等任务的同时,积极参与新基地新山西建设,出色完成许多急难险重任务,充分体现了人民军队为人民的政治本色。特别是在庆祝新中国成立60周年等关键时刻,充分发挥组织严密、战斗力强的优势,为确保社会和谐稳定、当好首都"护城河"作出突出贡献,展示了忠诚之师、文明之师、威武之师的良好形象。

山西具有拥军优属、拥政爱民的深厚根基,军地如一家、军民如一人的光荣传统代代相传。过去一年中,我们站在科学发展的高度把握和推进双拥工作,把国防和军队建设融入经济社会发展总体规划,创造性地开展双拥、双服务工作,推动了军地联动和军民融合式发展;广泛开展以爱国主义为核心的国防教育,培育红色文化,表彰先进典型,国防观念日益深入人心,军爱民、民拥军的社会氛围更加浓厚;紧贴军事斗争准备需要,动员全社会力量解官兵所忧、帮官兵所需、办官兵所盼,巩固和发展同呼吸、共命运、心连心的新型军政军民关系,为促进国防建设与经济建设协调发展打下坚实基础。实践再次证明,军政军民的紧密团结、军地双方的相互支持,永远是我们从胜利走向胜利的力量源泉和重要保证。

新的一年,推动绿色转型、加快转变经济发展方式的任务十分艰巨。我们要高举中国特色社会主义伟大旗帜,在应对国际金融危机冲击过程中增强发展内生力,在转变经济发展方式过程中提高发展质量和效益,在加快特色城镇化过程中拓展科学发展空间,在深化改革开放过程中创造新的机遇,努力保障和改善民生,让人民群众共享改革发展成果。我们要进一步加强军地相互支持与合作,富有成效地推进军民融合式发展,实现兴晋富民和兴武强军的有机统一。要积极探索双拥工作新机制新办法,引深双拥模范城(县)创建活动,充分调动广大军民参与双拥工作的积极性,全面提升双拥工作科学化水平。要尽力做好部队后勤保障供应、转业退伍军人安置、随军家属就业、军人子女入学、军人军属合法权益维护、重点优抚对象生活保障等工作,为部队建设搞好服务,为军人报国消除后顾之忧。希望驻晋部队全体指战员和武警官兵,发扬优良传统,保持政治本色,自觉服务大局,努力造福人民,继续关心和支持山西改革发展稳定各项事业,为促进经济社会又好又快发展再立新功。

同志们,喜看春光无限好,同心携手绘新图。让我们紧密团结在以胡锦涛同志为总书记的党中央周围,深入贯彻落实科学发展观,振奋精神,同心同德,扎实努力,进一步巩固军政军民团结,为推动科学发展、促进社会和谐、建设绿色山西作出新的更大贡献!

祝大家新春愉快,阖家幸福,万事如意!

方文平同志在山西省党政军迎春座谈会上的讲话

(2010年2月9日)

各位领导、同志们:

在牛年即将过去,虎年将要到来之际,省党政军领导在这里欢聚一堂,共叙军地情谊,喜迎新春佳节,感到非常高兴、也非常有意义。首先,我代表省军区张政委、代表省军区党委机关和全体官兵、代表驻晋部队广大指战员,向一年来关心支持部队建设的全省各级领导和广大人民群众表示崇高的敬意和衷心的感谢!

刚刚过去的2009年,是山西省经济和社会发展很不平凡的一年。面对金融危机的严重冲击,面对经济结构深层次矛盾的重重困扰，面对保民生保稳定的繁重任务，面对自然灾害的严峻挑战，省委、省政府认真贯彻党中央、国务院的一系列决策指示，正视困难，抢抓机遇，拼搏进取，扎实工作，各项建设取得了显著成就。一是坚持以科学发展为指导，紧密结合我省经济社会发展的客观实际，坚持扩大内需、保增长，调结构、促转型，保民生、促和谐，抓安全、保稳定，抓改革、增活力，先后提出“三个发展”，“三个坚定不移”，“三个千方百计”，“六个新突破”和“五个一”等一系列战略决策，推动了我省经济社会各项建设又好又快发展，发挥了保证首都安全稳定的“护城河”作用。二是面对国际金融危机的严重冲击，迎难而上，共克时艰，投入 6 500 亿拉动内需，经济形势实现了触底反弹、企稳回升，全年生产总值预计同比增长 6%，一般性预算收入 8%，全省经济实现了平稳发展的良好态势，充分展示了省领导班子超强的执政能力。三是抓住经济结构调整和转型发展的有利时机，以壮士断腕的胆识和勇气，大力推进煤炭资源整合、煤矿兼并重组工作，2 600 个煤矿压缩到 1 053 个，企业主体由 200 多个减少到 130 个，煤矿事故起数下降 40%，原煤生产百万吨死亡率下降到 0.328，迈向了不带血 GDP 的关键一步，向党中央、国务院交出了一份合格的答卷。四是始终关注民生问题，投入 1013 医院用于发展社会事业，拿出 500 个亿加强十项建设，使“五大惠民工程”深入推进，农村“五个覆盖”全面实施，社会事业发展进一步加快，民生问题得到有效改善。一组组数据、一件件事例、一个个变化，都反映了我省鼓舞人心、令人振奋、催人奋进的大好形势。我们驻山西全体官兵对山西在经济社会和改革中取得的巨大成就感到非常自豪、倍受鼓舞。为此，我们表示热烈的祝贺！

山西省有着关心支持国防和军队建设的光荣传统。多年来，全省各级党委、政府认真贯彻党中央、中央军委关于加强国防后备力量建设的一系列指示要求，始终把武装工作摆在重要位置，纳入经济社会发展全局，统一领导，强势推进，许多方面走在华北战区前列。去年以来，各级党委、政府围绕提高部队应对多种安全威胁、遂行多样化军事任务的能力，主动解决基础设施、通道出口、水电保障、信息技术改造等难题，想方设法安置了 655 名转业干部，安排了 840 名随军家属和复退军人就业，为随军无工作家属每月发放 280 元至 360 元的生活补助，为 500 多名部队干部子女安排、调整就读学校。这些，都是有力地促进了部队各项改革和建设，我们再次向各级党委、政府表示衷心的感谢！

过去的一年，也是军队建设创新发展、全面进步的一年。驻晋部队在上级党委机关正确领导下，在地方各级党委政府的大力支持和帮助下，坚决贯彻落实党中央、中央军委的各项决策指示，积极稳妥地推进部队质量建设，扎实做好军事斗争准备工作，圆满完成了年度各项工作任务。特别是我们省军区以深化“双服务”活动为载体，连续 6 年在革命老区和贫困地区援建希望小学 102 所，帮扶困难小学 520 所，资助贫困学生 12 000 名，扶持村示范点 152 个，植树造林 130 万亩，为老区建设和绿化工作作出了积极贡献。应该讲，正是由于全省各级党政领导的共同努力，实现了我省的“三个最好”，即：军政军民关系最好、部队之间关系最好、地方对军队支持最好。

2010 年，是全面实现“十一五”规划目标任务，谋划布局“十二五”经济社会发展上的重要一年，也是国防和军队现代化建设进入新阶段、军队改革进一步深化的重要一年。军委胡主席指出，要正确认识和把握国家安全形势发展变化，进一步增强机遇意识、忧患意识、使命意识。我们驻晋部队将按照中央军委和胡主席的决策指示，坚持不懈地用中国特色社会主义理论体系武装官兵，大力培育当代革命军人核心价值观，着力加强党委班子和干部队伍建设，扎实推进军事斗争各项准备，全面提高基层全面建设质量和后装综合保障能力，积极走开具有山西特色的军民融合式发展路子，全力支持和参与全省政治、经济、文化和社会各项事业建设，在全面建设小康社会进程中实现晋商民和兴武强军的有机统一。

新春伊始，万象更新。让我们军民携手、军政团结，开拓进取、乘势而上，为提高部队应对多种安全威胁、完成多样化军事任务能力，为推动山西转型发展、安全发展、和谐发展努力奋斗！

衷心地祝愿山西繁荣昌盛！祝愿各位领导身体健康，工作顺利，家庭幸福，万事如意！

仲轩同志在山西省党政军迎春座谈会上的讲话

（2010年2月9日）

尊敬的张书记、王省长、各位领导大家好：

在虎年新春即将来临之际，我们在这里共叙全省双拥工作取得的成果，畅谈军地鱼水深情，展望双拥工作的发展远景。刚才，听了薛副书记的讲话，感到全省双拥工作成绩显著，令人欣喜。

2009年是不平凡的一年，大事多、难事多。面对金融危机的肆虐，面对自然灾害的侵袭，面对我省经济转型发展的关键时期，省委、省政府科学领导，积极应对，紧紧围绕保持经济平稳较快发展这一重要任务，全力保增长保稳定，出台了一系列重大决策，确保了全省政治、经济、文化、社会等各项事业都取得了发展进步。与此同时，省委、省政府始终把我们部队建设挂在心上，政治上关心，工作上支持，生活上关爱。张书记、王省长等领导，每年都要看望部队，听取部队建设汇报，为部队排忧解难。在干部转业安置、子女入学、家属就业、提高官兵生活待遇等问题上，高度重视，优先予以解决。极大地激发了广大官兵建设山西、保卫山西的工作热情。

过去的一年里，在省委、省政府的关心支持下，我们武警总队的全面建设取得了非常大的进步。圆满完成了国家“长城六号”和“卫士09”演习任务；国庆安保期间，完成了省内主要武装巡逻、重要目标守卫、入京检查站勤等4类21项任务；完成了温家宝、习近平等中央领导视察警卫，重要会议和重大活动的安全保卫任务；各类经常性的固定执勤实现了万无一失。在完成中心任务的同时，我们积极支持和参与地方各项建设，在抢险救灾、扶贫帮困、绿化山川等急难险重任务中，发挥突击队作用。踊跃参加“慈善一日捐”等捐款活动，累计捐款50余万元；出动车辆100余台次，帮助地方输送救灾、扶贫物资，运送军训学生；全年累计出动兵力7 787人次，完成了抢险救灾等各类重大临时任务511起。

新形势下，武警部队担负职能任务进一步拓展，对部队建设提出了更高的要求。今年胡主席在军委扩大会议上明确提出了要建设现代化武警，为武警部队的建设发展指明了方向。实现胡主席提出的目标，一方面，靠我们高标准抓好部队各项建设，提高建设标准；另一方面，也离不开省委、省政府以及各级地方党委政府的关系和支持。

作为山西武警，为山西经济社会发展作出贡献是我们义不容辞的责任。在这里，我代表刘政委、代表总队党委和全体官兵，向省委、省政府和在座的各位领导表个态：我们将一如既往地按照科学发展观要求抓班子带部队，把部队建设成为一支让省委省政府和人民群众放心满意的威武之师、文明之师；我们将一如既往地履行维护社会稳定的神圣使命，完成好以执勤为中心的各项任务；我们将一如既往地支持地方经济建设，只要省委、省政府一声令下，我们将义无反顾，坚决完成任务，为推进山西又好又快发展作出更大贡献。

王宪魁同志在黑龙江省第七届双拥模范城(县、区)命名表彰大会上的讲话

(2010年10月27日)

同志们:

今天全省党政军和社会各界汇聚一堂,隆重召开全省第七届“双拥”模范城(县、区)命名表彰大会。首先,我代表省委、省政府,向莅临今天会议的全国双拥领导小组领导同志,表示热烈欢迎!向为保卫祖国、建设黑龙江作出突出贡献的驻省军警部队全体指战员,向全省烈军属、革命伤残军人、转业复员退伍军人和军队离退休干部,致以亲切慰问!向受到命名表彰的“双拥”模范城(县、区)、“双拥”先进单位和个人,表示热烈祝贺!

近年来,全省军民认真贯彻党中央、国务院、中央军委的指示精神,在经济社会建设和国防军队建设中通力合作,在维护边境安全和社会稳定中密切配合,在完成各项急难险重任务中并肩战斗,共同开创了龙江军政、军民团结奋进的新局面。全省“双拥”工作,组织领导不断加强,制度建设更加完善,思路载体不断创新,取得了良好的社会效果,涌现出一大批先进典型和先进个人,为深入开展“双拥”工作,积累了经验,探索了路径。

“十二五”时期,是全省经济社会发展的关键阶段。刚刚闭幕的省委十届十四次全会提出,今后五年,全省上下将高扬科学发展这个旗帜,突出转变发展方式这个主线,全力推进“八大经济区”和“十大工程”建设,加快实现老工业基地全面振兴。完成这些任务和目标,离不开驻省军警部队和广大指战员的鼎力相助。同样,在信息化时代,驻省军警部队也面临着推进军队建设现代化,不断提升战斗力的紧迫任务。这些也都离不开地方党委、政府和人民群众的大力支持。这就要求军地双方,必须进一步携起手来,以军地融合发展为载体,全面推动“双拥”工作上台阶、上水平。下面,受炳轩书记委托,我代表省委、省政府,讲几点意见:

第一,全面搞好国防动员。要高度重视国防教育工作,加强国防和“双拥”教育,形成人人关心国防建设,支持军队发展的良好氛围。不断创新国防教育方式,推进网络教育、媒体教育与基地教育。创新“双拥”和国防动员工作机制,把“双拥”工作与国防动员工作结合起来,统筹国防动员力量与突发事件应急力量的建设与使用。

第二,大力支持后勤保障建设。要加强对部队后勤基础设施建设的支持力度,为部队完成好各种任务,提高部队正规化建设水平,创造良好条件。认真落实各项拥军优属政策,严格执行安置和培训政策,做好伤病残退役军人的接收安置工作。积极落实随军家属就业、军人子女教育政策,帮助部队官兵解决实际问题。搞好拥军支前工作,围绕部队开展重大军事行动,发挥“双拥”协调机构职能,组织开展群众性拥军支前活动,为部队提供后勤保障。

第三,积极开展教科拥军。深入开展教育拥军活动,鼓励我省高等院校、科研机构发挥优势,采取多种形式,帮助部队培养高素质军事人才。深入开展科技拥军活动,帮助部队创新训练方法,解决现代化建设过程中的技术难题。深入开展科技助民活动,发挥部队专业技术优势,积极参与地方经济建设,使驻军部队、军品企业的科研成果,转化为拉动地方经济社会发展的现实生产力。

第四,努力实现信息共享。建立高效军地信息共享机制,进一步完善军地联席会议制度,落实好党委议军制度,坚持开展定期走访和信息通报等活动,及时沟通军地关系,了解军地建设需求,协商开展

“双拥”工作,形成军地协调、共促发展的运行机制。积极主动与驻省军警部队沟通联系,推广地方信息化的建设经验,全面提升部队信息化建设水平。

第五,不断提高应急救援能力。进一步健全军地协同的应急指挥机制,完善工作方案和特情处置预案,确保军地联动、多方协同、果断处置。进一步充实军警民一体的应急救援队伍,提升应急救援能力,积极开展应急救援演练,做到“拉得出、上得去、打得赢”。全省军警部队广大官兵,要继续发扬优良传统,在应急救援中,勇挑重担,争当先锋。各级政府和职能部门,要积极履行职责,组织群众参与应急救援。

同时,要深入开展精神文明共建。积极探索市场经济体制下,军地精神文明共建的新形式、新载体。发挥军地双方各自优势,以文明城市、文明行业、文明村镇、文明社区创建作为重要载体,搭建共建平台,推动共建活动进机关、进军营、进社区、进学校。注重培育体现时代精神的共建典型,发挥好其示范作用,以促进全社会精神文明程度的进一步提高。

同志们,深入开展“双拥”工作,是军地双方的共同使命和任务。让我们紧密团结在以胡锦涛同志为总书记的党中央周围,在省委的坚强领导下,坚定不移地推进“双拥”工作向更高层次迈进,在推动富省与强军统一的实践中,作出新的更大的贡献。

高潮同志在黑龙江省第七届双拥模范城(县、区)命名表彰大会上的讲话

(2010年10月27日)

同志们:

今天,省委、省政府、省军区在这里隆重召开黑龙江省第七届双拥模范城(县、区)命名表彰大会。这既是一次回顾总结双拥工作的成果展示会,也是一次推动双拥工作深入发展的动员部署会,对于进一步巩固全省军政军民团结的大好形势,促进全省经济社会和驻军(警)部队建设全面发展都具有十分重要的意义。在此,我代表驻军(警)部队广大官兵,向会议的召开表示热烈的祝贺!向受到命名表彰的省双拥模范城(县、区)、双拥先进单位和个人,表示崇高的敬意和良好的祝愿!刚才,民政部孙绍骋副部长作了重要指示,一会儿,宪魁代省长还要发表重要讲话,我们一定要认真学习领会,抓好贯彻落实。

黑龙江省作为全国解放最早的省份和边疆大省,有着悠久的爱军拥军光荣传统。解放战争期间,黑龙江人民推着小车、抬着担架跟随“四野”部队从东北打到海南岛,为建立新中国立下了不朽功勋;抗美援朝期间,黑龙江人民捐钱捐物、参战支前,为夺取战争胜利提供了有力保障;社会主义建设期间,黑龙江军民携手创造了开垦北大荒、开发大森林、会战大油田等史诗般的光辉业绩。

五年来,省委、省政府站在维护国家安全和发展的战略高度,大力弘扬拥军优属优良传统,精力物力向部队投入、政策法规向部队倾斜、发展成果与部队共享,军政军民关系空前加强,军地携手合作的领域不断拓展,全社会关心支持国防和军队建设的氛围日益浓厚。一是党政领导高度重视。炳轩书记、宪魁代省长等领导同志,对部队建设非常支持,对基层官兵非常关心,统筹全局、精心谋划、具体指导、亲自部署。各地市扎实抓落实,认真办实事,为支持全省驻军(警)部队建设,为军人军属排忧解难做了大量卓有成效的工作。尤其是今年“八一”期间,省主要领导带队,将以往的“走访慰问”提升转变为深入各

部队现场办公解决实际困难，受到部队官兵热烈欢迎。各地市涌现出了一大批工作在一线的“拥军书记”、“拥军市长”，充分代表了各级党政领导高度的政治素养和拥军热情。二是拥军力度不断加大。在经济社会发展任务十分繁重的情况下，各级党委、政府坚持讲政治、顾大局，办实事、解难题，给予驻军（警）部队从训练到执勤，从工作到生活，从军人到军属全方位的无私支持。各级党政机关和社会各界积极开展科技拥军、智力拥军、法律拥军等群众性的拥军优属活动。今年，省委、省政府投入专项资金，为驻省现役和预备役部队、武警和森警部队配备应急抢险救灾装备，进一步提高了驻军（警）部队遂行非战争军事行动任务的能力。三是优抚工作扎实到位。我省军转安置工作率先在东北三省提出了团以上干部不降职安排的明确要求；军人子女择校入学、优惠减免以及随军家属安置等拥军政策高质量落实；创造性地采取政府建周转房、公积金建房、政府适当补贴等多种办法解决人武部干部与地方机关干部享受同等住房待遇的问题，使驻军（警）部队广大官兵切身享受到了改革发展的成果，更真切地感受到了党和政府巨大的政治关怀与精神鼓舞，极大地激发了广大官兵卫国戍边、建功军营的工作热情。在此，我谨代表驻军（警）部队全体官兵，向全省各级党政领导、各界群众和父老乡亲表示衷心的感谢并致以崇高的敬礼！

刚刚闭幕的党的十七届五中全会审议通过了《中共中央关于制定国民经济和社会发展第十二个五年规划的建议》。“十二五”时期是全面建设小康的关键时期，是深化改革开放、加快转变经济发展方式的攻坚时期。贯彻党中央、国务院的战略部署，推进我省经济社会又好又快发展，特别需要一个稳定的政治环境，一个安全的周边环境和一个和谐的社会环境。在今年十一届全国人大三次会议解放军代表团全体会议上，胡锦涛总书记强调：“要把推进军民融合式发展作为转变经济发展方式的重要内容，更加自觉地把国防和军队建设融入国家经济社会发展体系之中，推动国防建设和经济建设良性互动。”省委吉书记围绕胡总书记这一战略思想，向全省军民提出了“六个融合”的具体要求。全省驻军（警）部队要把这些指示要求作为双拥工作重要的思想原则，认真学习领会，抓好贯彻落实。军民融合式发展既是维护国家长治久安的政治要求，也是保持社会稳定的现实需要，既是加强国防和军队建设的必由之路，也是推进双拥工作科学发展的必然选择，我们要着眼提高生产力和战斗力，以融合牵引建设、以融合促进发展，在新的起点上把拥政爱民工作提高到一个新水平。

一、在军民融合式发展中确立拥政爱民新理念

长期以来，我省驻军（警）部队广大官兵“视人民如父母、把驻地当故乡”，形成了拥政爱民的良好传统。面对新形势、新情况和新要求，拥政爱民工作必须要拓展新思维、确立新理念、寻求新突破。要把“促发展、惠民生”作为拥政爱民工作的出发点，围绕驻地经济社会建设发展目标，为党委政府分忧、为人民群众解难；要把“双促双提”作为拥政爱民工作的落脚点，就是要促进经济社会发展稳定，促进部队全面建设，提高生产力，提高战斗力。要在驻地公益事业建设、急难险重任务中发挥部队的突击队作用，在成建制用兵、军警部队合力助民中摔打锻炼部队；要把“互动融入”作为拥政爱民工作的着力点，在地方党委政府的统一领导下，依托“双拥”工作大舞台，使拥政爱民和拥军优属工作相互促进，尤其要把拥政爱民工作融入到实现全省经济社会发展的战略目标之中。要进一步凝聚广大官兵“奉献龙江、扎根龙江、爱护龙江”的思想共识，实现拥政爱民工作由“零散低效能型向规模效益型、由临时配合向长期协作、由组织传统活动向集中援建、由解决眼前困难向支持长远建设”转变，多层次、多渠道、多领域地转变爱民、助民方式，不断推动我省拥政爱民工作向纵深推进、向高层次发展。

二、在军民融合式发展中创造拥政爱民新载体

这些年，各部队开展的“双支”、“五做贡献”、“爱民固边”、“三联”等特色活动，在推动驻地经济社会发展中发挥了重要作用。面对军民融合式发展的新要求，我们必须不断丰富拥政爱民工作的方法手段、创新载体平台。要加强各部队间的协调沟通，以省实施的“政府主导、企业参与、各方配合”的社会化拥军先进经验为借鉴,努力形成军警部队拥政爱民的整体合力。要积极探索建立符合驻军(警)部队实际的拥政爱民新载体,把力量拧到一起使用,把活动聚到一起开展,努力形成以多军(警)兵种统一步调、合力参建为主,以独立团以上单位自主参建为辅的拥政爱民新模式。今后,我们要最大限度地发挥各部队人力、技术和装备优势,每年成建制地组织驻军(警)部队做一两件地方需要、群众欢迎、部队能做的实事好事,不断在大融合中丰富大载体,在大联合中推进大发展,在全省人民群众中展现威武之师、文明之师、胜利之师的良好形象。

三、在军民融合式发展中谋求拥政爱民新作为

驻军(警)部队在社会稳定方面,要积极参加“平安龙江”建设,广泛开展“联合预防、联合治理、联合建设”的工作,努力聚合力量资源,实施综合治理,强化依法管控,持续联动运行,为维护社会安全稳定作出积极贡献。在反恐维稳、打击严重刑事犯罪、处理群体性事件中要当先锋、打头阵。尤其是在维护边境地区稳定方面,一方面要打击走私、偷渡、越界生产作业等违法行为,另一方面要主动为边民发家致富服好务,努力实现省委吉书记提出的“睦邻安边、宁边富边”要求。在抢险救灾方面,要持续抓好应急装备配备、人才贮备和各种预案的制定,搞好实案化演练,确保遇有情况能够拉得出、用得上、起到主力军作用,切实提高部队遂行多样化军事任务的能力。在基层组织建设方面,要协助配合地方党委、政府加强基层党组织、政权组织、群团组织队伍建设,着力提高基层组织带领群众发家致富奔小康的能力、保持社会和谐稳定的能力和处理基层敏感热点问题的能力,不断夯实党的执政基础。在公益事业方面,要充分开展对口支援、结对帮扶、定点援建、集团扶贫等活动,努力解决群众吃、穿、住、医、学等最急需、最实际的现实问题,切实把拥政爱民工作做实、做深、做细。

四、在军民融合式发展中健全拥政爱民新机制

拥政爱民工作要永葆生机与活力,必须建立与之相适应的运行机制。在坚持和完善已有机制的基础上,要着眼应对多样化军事任务,发挥省军区系统桥梁和纽带作用,建立驻军(警)部队拥政爱民联席会议制度,每年年初由省军区、军分区、人武部协调驻军(警)各部队领导召开会议,共同分析形势,通报相关情况,研究解决拥政爱民工作重大事项,始终保持对拥政爱民工作强有力的领导。要着眼实现信息共享,建立各部队信息互通制度,完善定期通报、定期走访等措施,形成联系纽带、沟通渠道、工作程序和协调机制,真正使拥政爱民工作形成合力推进的长效机制、高效运行的行动机制。要着眼调动各部队拥政爱民的内在动力,建立奖惩保障机制,把各部队组织参建情况纳入领导干部政绩考评,纳入双拥工作检查评比,纳入干部调整使用考核,综合运用宣传鼓动、利益驱动、奖罚促动、典型带动等多种手段,切实强化措施激励,充分调动广大官兵的积极性、主动性和创造性。

同志们,拥政爱民工作是我军宗旨、性质的根本要求和具体体现。我们一定要大力弘扬听党指挥、服务人民、英勇善战的优良传统,在省委、省政府的领导下,各驻军(警)部队要精诚合作、携手并进,在求实求效中创新、在真抓实干中发展,为在全面建设小康社会进程中实现富省与强军的统一作出新的更大的贡献!

王儒林同志在吉林省双拥工作领导小组全体会议上的讲话

（2010年9月28日）

这次省双拥工作领导小组全体会议，是省双拥工作领导小组调整后召开的第一次会议。刚才，张晶同志就双拥模范城（县、区）创建命名活动有关情况进行了说明，大家审议并原则通过了开展新一轮双拥模范城（县、区）命名管理的有关文件，五位部队单位领导就拥政爱民工作做了发言，讲得很好，听后很受启发。有关方面要抓好贯彻落实。

几年来，全省双拥工作围绕经济建设和军队建设的大局，拓展工作领域，创新活动载体，加强军政和谐、军民团结，卓有成效地开展了共建活动。可以概括为四个方面：一是服务发展成果多。驻吉各部队在支持我省新农村建设、治理荒漠化、援建国家重点工程方面发挥了重要作用。地方各级党委、政府主动服从推进军事斗争准备大局，积极支持国防建设，为部队搞好训练演习等提供有力保障。二是改革创新力度大。全省军地双方联合开展了“三联”（联合预防、联合治理、联合建设）、“双支”（“军队积极支持地方经济建设，为吉林老工业基地振兴作贡献；地方积极支持军队军事斗争准备，为国防和军队建设提供保障”）、边境地区“同心筑堡垒”等活动，进一步提高了双拥工作整体水平。三是依法双拥效果好。全省出台了《吉林省军人抚恤优待办法》、《关于支持吉林省驻军和武警部队建设的若干意见》等政策措施，有效解决了拥军优抚安置工作中的难题，使广大优抚对象权益得到保障，受到普遍欢迎。四是双拥宣传覆盖广。各地、各部门、各驻吉部队通过报刊、广播、电视、网络等媒体开展了生动活泼的双拥宣传和国防教育，增强了广大军民国防观念和双拥意识，全省城乡形成了爱国拥军、爱民奉献的浓厚氛围。

这里要特别指出的是，今年7月中旬以来，全省遭受了历史罕见的特大洪涝灾害，在肆虐的洪水面前，驻吉解放军和武警部队官兵、民兵预备役人员在人民生命财产面临严重威胁的危急关头，第一时间奔赴前线，义无反顾地投入抗洪抢险救灾斗争，成为我省抗洪抢险的主力军和突击队，为保卫人民生命财产安全作出了巨大贡献。×××人民子弟兵、×××武警官兵、×××民兵预备役人员心系灾区群众安危，肩负党和人民希望，顶风浪、筑堤坝、排险情、救群众，用汗水和生命践行了自己的神圣职责，所表现出来的伟大抗洪精神，是我们推进各项事业发展的宝贵精神财富。

当前，吉林正处在夯实基础、积蓄能量、调整结构、加快发展方式转变的关键节点。全省上下正以解放思想、改革创新、转变方式、科学发展为主题，着力推进“三化”统筹和“三动”战略，加快实施富民工程，向科学发展、加快振兴、富民强省的目标迈进。适应中国特色军事变革，国防和军队建设也面临艰巨任务。新的形势和任务，对我省双拥工作提出了更高的要求。全省双拥工作要按照中央和省委的部署，根据孙政才书记的要求，进一步坚持和完善军民融合、服务发展、以人为本、统筹协调的工作思路，在促进全省经济社会发展和军队改革建设中发挥更加积极、更加重要的作用。

下面，我讲几点意见。

第一，充分认识做好新形势下双拥工作的重要意义。双拥工作是我们特有的政治优势，是一项带有政治性、全局性、战略性的工作，与经济建设和改革发展全局息息相关，与军政军民团结、国家安全战略密切相连。吉林省是驻军大省、兵员大省，也是边境省份，双拥工作任务十分繁重。全省作为老工业基地，还面临一些突出矛盾和问题，群体性上访事件时有发生，不确定不稳定因素仍然存在。特别是当前吉林省不仅面临的国际国内经济环境复杂，而且毗邻的朝鲜半岛局势多变,使我们加快发展、维护稳定的压力加大。在这种情况下,更加需要团结巩固的军政军民关系。我们要清醒地认识到,无论形势如何发展、环境如何变化,必须始终如一地重视双拥、开展双拥、推动双拥,这是做好工作的一大法宝,战争年代如此,和平时期也是如此。我们要进一步增强做好双拥工作的政治责任感和现实紧迫感,着眼维护国家安全利益,着眼保障地方经济发展,着眼提高军队建设能力,不断巩固军政军民团结,努力把双拥共建提升到新水平。

第二,统筹推进军地建设发展。这是做好“双拥”工作的重要任务。要适应新的形势,把握“围绕发展抓双拥,抓好双拥促发展”的要求,推进地方经济发展和部队现代化建设良性互动。要发挥部队人力集中、组织性强的优势,积极参加和支援地方经济发展,支持推进城镇化、大型水利工程建设等,在我省重大项目建设中发挥生力军作用,在急难险重任务中发挥突击队作用。各级党委、政府要广泛组织社会力量,深入开展科技拥军、智力拥军、文化拥军活动,多方面加大支持军事斗争准备力度。完善信息化基础设施,探索研究现代信息化战争条件下拥军支前的内容和方法。要贯彻平战结合的原则,在城乡规划和基础设施建设中充分兼顾军事需求,配合部队搞好战备、训练等基础设施建设。进一步挖掘社会潜力,协助部队推进后勤保障和其他保障社会化。正在推进的全省军队人员住房保障社会化改革工作,今年要取得实质性进展。对部队提出的5个方面21个需要地方帮助解决的问题,省委常委议军会已原则通过,各地各部门要作为一项政治任务,认真抓好落实。要着眼维护和谐稳定,推进平安吉林建设,军民合力打击犯罪、应急处置突发事件,建立健全军地一体的社会安全保障体系,保持民族和边境地区的安全稳定。

第三,启动新一轮双拥模范城(县、区)创建活动。这是新时期双拥工作创新发展的突出亮点,也是增进军政军民团结的重要载体。现在,我省即将展开新一轮创建活动。各地、各部队要坚持创建活动的正确方向,注重质量和效益,把工夫下在平时,把重点放在基层,把效果定在促进生产力发展和部队战斗力提高上,真正达到创建目的。要着力解决军民关注的实际问题。当前,转业退伍军人安置、随军家属就业、滞留部队伤病残人员安置、军人子女教育、重点优抚对象医疗等问题在我省仍较为突出。各地、各部门要高度重视,继续落实《吉林省军人抚恤优待办法》等政策,研究制定切实可行的措施,努力从根本上加以解决。要积极引导社会力量开展双拥,深入探索行业拥军、社区拥军、新经济组织和新社会组织拥军的新路子、新办法,不断丰富内容,拓展领域,推动创建活动进机关、进企事业单位、进社区、进乡村、进学校、进连队,不断扩大双拥工作的社会基础。要大力宣传双拥模范城(县)、双拥模范(先进)单位和个人的先进事迹,发挥示范导向作用,推动双拥工作整体水平不断提升。

第四,积极推进军转干部安置工作。这项工作直接关系到军转干部的切身利益,关系到部队官兵的人心和士气,关系到国家改革发展稳定大局,是一项严肃的政治任务。省委、省政府高度重视军转干部安置工作,全省各级党委、政府和军转安置部门做了大量的工作,三年共安置军转干部×××名,完成了任务,为全省改革发展稳定大局作出了积极的贡献。但也要看到,目前军转干部安置工作还存在一些问题,主要是一些部门和单位领导认识不高、重视不够、不愿意接收;有的谈条件、讲价钱,甚至顶着不接;有的岗位职务安排不得当;一些企业军转干部待遇落实不到位,还存在不稳定因素等等。对这些问题,必须认真加以解决。这次会前,政才书记又专门做出重要批示,提出要不折不扣地做好军转干部的安置工作。我们要认真贯彻落实,继续加大工作力度,采取有效措施,千方百计把军转干部安置好。今年军转干部进机关比例要不低于去年;师团职干部要安排相应领导职务,确有困难的,安排同级非领导职务,并保留部队同级待遇。省军转安置领导小组要及早工作,准确摸清接收单位职工数量情况,科学合理制订好今年安置计划,尽快提出今年军转干部安置具体意见,经省政府常务会讨论后报省委。各地、各部门要积极落实好安置任务,公安、司法、安全、民政等有关部门充实人员要优先吸纳军转干部，企事业单位也要担负起接收安置军转干部的责任和义务。要积极鼓励军转干部自谋职业、自主创业，对军转干部兴办各种经济实体，在税收等方面给予支持和帮助。对军转干部就业特殊困难的，经过有关部门认定，通过政府开发公益性岗位等形式，帮助解决就业困难。

第五，推进双拥工作领导体制和运行机制创新。双拥工作是一项系统工程，涉及到经济、科技、教育、文化、军事诸多领域和部门、行业，必须加强统筹协调，构建齐抓共管、整体推进的工作格局。各地、各部门和部队领导机关要切实加强对双拥工作的组织领导，纳入经济社会发展和部队建设总体规划，不断推进双拥工作创新发展。要经常分析双拥工作形势，及时解决困难和问题。要严格落实党委议军、军地联席会议等制度，建立完善工作机制，使军地之间、部门之间、行业之间相互支持、形成合力。各级双拥工作领导小组要充分发挥作用，认真履行好组织、协调、指导的基本职能。各成员单位要立足自身优势，抓好本部门、本系统、本行业的双拥工作，切实把承担的任务落实好。要按照军地合署办公的要求，抓好各级双拥办建设，加强双拥工作队伍建设，保障双拥工作正常开展。

第六，认真做好慰问抗洪部队的有关工作。省里已经对防汛抗洪抢险救灾斗争中涌现出来的先进集体和先进个人进行了表彰，要继续弘扬抗洪部队英勇顽强、不怕牺牲的奉献精神，广泛宣传关喜志、李守信、刘磊、唐帅的英雄事迹，进一步增强人民群众对部队的无限热爱，对子弟兵的鱼水深情，在全社会形成爱国拥军的浓厚氛围。各地党委政府和有关部门要主动做好走访慰问工作，了解部队的需求，询问官兵的困难，积极为广大官兵办实事、解难题。当前，我省灾后恢复重建工作已经全面展开，各部队的参建热情都很高，各地各部门要结合部队特点，细化方案，为部队支援灾区建设搭建好平台。同时，要认真总结经验，建立健全军地共同应对突发性事件和重大自然灾害的灾情预警、应急会商、协同指挥、后勤保障、善后处置等制度机制，确保部队在关键时刻拉得出、打得赢。

总之，深入做好新形势下的双拥工作，切实巩固发展军政军民团结，责任重大，使命光荣。我们要以科学发展观为指导，以更加扎实的作风，全面做好我省双拥工作，为实现我省科学发展、加快振兴、富民强省目标和驻吉部队现代化建设作出新的更大贡献。

梁保华同志在江苏省第九届双拥模范城命名表彰大会上的讲话

在“八一”建军节即将来临之际，我们隆重召开省双拥模范城命名表彰大会。首先，我代表省委省政府，向受到命名表彰的省双拥模范城（县、区）、模范单位和先进个人表示热烈的祝贺！向驻苏解放军指战员、武警部队官兵致以节日的问候和崇高的敬意！向热情关心和支持双拥工作的社会各界表示衷心的感谢！

近年来，全省各级党委政府和驻苏部队坚持以邓小平理论和“三个代表”重要思想为指导，深入贯彻落实科学发展观，按照党中央、国务院、中央军委关于做好双拥工作的部署和要求，紧密结合军地实际，推动双拥工作在继承中创新、在巩固中提高、在改革中发展，取得了新的显著成绩。一是体制机制更加健全。各地各部门和驻苏部队始终从国家安全和发展战略全局出发，高度重视双拥工作，健全机构，明确职责，落实责任，完善了党委议军、军地联席会议等协调和工作机制，形成了军地配合、上下联动、社会参与的整体合力。二是宣传教育深入扎实。坚持把双拥宣传教育作为巩固军政军民团结的基础性工程，新建扩建一批爱国主义教育基地，以庆祝建军80周年、新中国成立60周年为契机，广泛开展群众性宣传教育活动，使拥军优属、拥政爱民的光荣传统不断发扬光大。三是军地协作更加紧密。各地各部门坚持军民融合，大力支持军事斗争准备，积极配合部队完成多样化军事任务,支持驻苏部队后勤保障社会化改革。驻苏部队牢记人民军队的宗旨,大力支援地方经济社会建设,带头参加文明创建活动,出色完成了各种急难险重任务,为促进经济发展、维护社会稳定作出了重要贡献。四是改革创新成效显著。军地各级坚持以创新精神推进工作,着力解决影响和制约双拥工作深入发展的突出问题,我省转业干部“量化考核、积分选岗”安置办法、退役士兵免费职业技能培训、优抚对象抚恤补助标准自然增长机制和省军区牵头组织的“双带双扶”活动等创新举措,得到了党中央、国务院、中央军委领导和南京军区的充分肯定。经过全省军民的共同努力,13个省辖市全部被评为全国双拥模范城,我省双拥工作走在了全国前列,为又好又快推进“两个率先”和军队现代化建设提供了有力保障。

今天的大会,既是总结会、表彰会,也是在新的起点上把双拥工作提高到新水平的动员会。全省各级党委政府要充分认识加强军政军民团结的极端重要性,推动双拥工作不断适应新形势、实现新发展。

一、进一步提高认识,增强做好新时期双拥工作的政治责任感

胡锦涛总书记在党的十七大报告中指出:“要坚持拥军优属、拥政爱民,积极开展军民共建,巩固军政军民团结。”拥军优属、拥政爱民,是我国军民在长期的革命和建设中形成的优良传统,是我们战胜困难、夺取胜利的重要法宝。江苏是具有双拥优良传统的省份,无论是革命战争年代,还是社会主义建设时期,江苏军民团结,并肩战斗,建立了鱼水深情。改革开放30多年来,江苏经济实力快速提升,科技、教育、文化等各项事业蓬勃发展,这既是全省军民团结一心、合力奋斗的结果,也为推动国防建设与经济建设协调发展打下了坚实基础。现在,全省已进入全面实现小康并向基本现代化迈进的重要时期,正处在加快经济转型升级的关键阶段,深化改革开放、推动科学发展、促进社会和谐,任务艰巨而繁重,需要全省军民同心同德、不懈奋斗。我们要站在国家长治久安、民族兴旺发达、人民幸福安康的高度,从推动科学发展、建设美好江苏的大局出发,切实增强忧患意识,扎实推进双拥工作,不断巩固和发展同呼吸、共命运、心连心的新型军政军民关系,努力促进地方经济社会和军队现代化建设又好又快发展。

二、坚持与时俱进,推动双拥工作深入发展

随着经济社会的快速发展和中国特色军事变革的加快推进,双拥工作所处的环境、面临的任务、遇到的问题都发生了很大变化。做好新形势下的双拥工作,必须深入贯彻落实科学发展观,按照胡锦涛总书记提出的“坚持军民融合式发展,推动国防建设和经济建设良性互动,确保在全面建设小康社会进程中实现富国和强军的统一”的要求,开拓创新,扎实工作,不断提高全省双拥工作水平。

(一)坚定不移地走军民融合式发展之路。近年来,我省结合实际先后出台了国防动员建设发展“十一五”规划、加强科技动员军地融合机制建设的意见等一系列举措,为实现军民融合发展提供了制度保障。我们要进一步强化融合发展意识,完善融合机制,丰富融合形式,拓宽融合范围,统筹运用社会资源支持国防和军队现代化建设,建立健全军民一体化保障体系,全面推进各个领域的军民融合。要积极配合部队进行训练演习,认真做好各项支前保障工作;广泛开展科技、信息和教育拥军活动,帮助部队培养专业技术人才和其他急需人才,搞好技术革新和攻关;适应非战争军事行动需求,协助部队完成反恐维稳、抢险救灾等多样化军事任务;支持部队重点工程建设,为部队增强战斗力提供服务和保障。也希望驻苏部队继续发扬优良传统,充分发挥自身优势,积极支援驻地的各方面建设,参与双拥共建各项活动,促进地方经济社会又好又快发展。

(二)始终坚持以人为本、利军惠民。双拥工作主体在军民,根基在军民,与广大军民的切身利益息息相关。各级党委政府和驻苏部队要立足实现好、维护好、发展好广大军民的根本利益开展双拥工作,把广大军民欢迎不欢迎、满意不满意、拥护不拥护作为衡量和检验双拥工作成效的根本标准,让广大军民共享双拥成果。要进一步加大拥军优属力度,扎实做好军队转业干部、军队离退休干部、伤病残退役军人接收安置和退役士兵职业技能培训等工作,支持部队士官制度改革和医疗、住房等后勤社会化改革，妥善解决重点优抚对象保障、随军家属就业、军人子女就学等现实问题，尽心尽力解除军人的后顾之忧，使双拥工作真正成为深受欢迎的民心工程。

（三）不断完善双拥政策法规。双拥工作涉及军队和地方、关联经济和国防，政治性和政策性都很强。近年来，我省先后出台了《江苏省拥军优属工作若干规定》、《江苏省军人抚恤优待条例实施办法》等文件，为双拥工作提供了政策支持和制度保证。各级党委政府和驻苏部队要从省情军情民情出发，围绕构建新型军政军民关系，高度重视并切实加强双拥政策法规建设，注重将行之有效的实践经验和工作成果上升为法规制度，对现有的已经不能适应双拥工作发展需要的政策法规，及时进行修改完善，努力做到实在管用，努力完善与市场经济相接轨、与法律法规相协调、与优良传统相一致的双拥政策法规体系。同时，要加强对政策法规执行情况的监督检查，增强制度的执行力，推动双拥工作规范化、制度化建设，确保双拥工作健康有序发展。

（四）创新双拥工作方式方法。要拓展双拥领域，充分调动社会资源和力量，组织开展行业拥军、社区拥军、团体拥军活动，积极探索在非公有制经济组织、新社会组织中开展拥军活动的途径和办法，不断扩大双拥工作的群众基础。要创新活动形式，完善创建双拥模范城活动的办法，强化竞争激励机制，开展丰富多彩的双拥共建活动，并与创建文明城市、文明村镇、文明社区紧密结合起来，以创建推动双拥工作水平提升。要创新工作手段，综合运用行政、经济、法律等手段，促进拥军优抚安置等各项工作任务的落实。要创新双拥文化，努力创作一批体现双拥光荣传统、反映我省双拥共建成果的优秀作品，增强双拥工作的影响力和吸引力。

三、加强组织领导，为做好双拥工作提供有力保证

双拥工作是一项带有全局性、战略性的工作，涉及面广，任务繁重。各级党委政府要切实加强对双拥工作的领导，真正把各方面的力量组织起来、凝聚起来，形成促进双拥工作不断发展的强大合力。

一要摆上重要位置。坚持把双拥工作纳入经济社会发展总体规划，摆上重要议事日程，做到有明确的目标任务，有具体的实施计划，有完善的保障措施。各级领导、各有关方面负责同志要进一步强化重视双拥、支持双拥、推动双拥的责任意识，加强对本地区本单位双拥工作的领导和指导，协调解决军民普遍关注的热点难点问题，促进双拥工作的各项任务落到实处。

二要健全工作机制。进一步完善党委议军、军地联席会、双拥领导小组会、走访慰问、命名表彰等工作制度，建立健全双拥议事协调机制。双拥工作领导小组要切实履行职责，结合地区实际制订计划，组织协调，加强工作指导。领导小组各成员单位要把双拥工作与业务工作结合起来，各司其职、各负其责，保证双拥各项任务在本单位、本系统落到实处。各级双拥办要切实加强自身建设，提高具体协调落实的能力，通过健全顺畅高效的工作机制，推动双拥工作广泛、持久、深入开展。

三要强化宣传教育。把国防和双拥教育纳入国民教育体系，引导广大军民认真学习兵役法、国防法、国防动员法等法律法规，打牢依法履行国防义务、做好双拥工作的思想基础。充分运用各类媒体，广泛宣传双拥模范单位和先进个人的优秀事迹，倡导爱国拥军、爱民奉献的良好风尚，引导全社会都为双拥工作尽责出力，使人民群众和人民军队永远保持血肉相连、水乳交融的亲密关系。

同志们，做好新形势下的双拥工作，巩固和发展军政军民团结，是我们的共同责任和光荣使命。我们要深入贯彻落实科学发展观，以这次表彰大会为新的起点，振奋精神、扎实工作，进一步开创双拥工作新局面，努力为驻江苏部队现代化建设和江苏经济社会又好又快发展作出新的更大贡献！

罗志军同志在江苏省第九届双拥模范城命名表彰大会上的讲话

同志们：

今天，省委、省政府、省军区在这里隆重举行江苏省第九届双拥模范城命名表彰大会，主要是命名表彰一批省双拥模范城(县、区)、双拥模范单位和双拥先进个人，部署全省下一阶段的双拥工作。

会上，梁保华书记作了重要讲话，回顾总结了近年来全省双拥工作情况，从提高认识、增强做好新时期双拥工作政治责任感，与时俱进、推动双拥工作深入发展，加强领导、为双拥工作提供有力保证等方面提出了明确要求。李笃信政委在讲话中，对驻江苏部队进一步做好拥政爱民工作作出了具体部署。希望军地各级各有关部门认真贯彻落实这次命名表彰大会精神，进一步增强政治意识、大局意识、责任意识，在军民融合式发展道路上迈出更加坚实的步伐，把双拥工作提高到一个新的水平。

一、要严格落实双拥工作责任。双拥工作既是我们的政治优势所在，更是我们的政治责任所系。要始终站在国家安全和发展战略全局的高度，坚持把双拥工作纳入经济社会发展和部队建设总体规划，建立健全党委领导、政府主导、部门协作、军地配合、群众参与的组织领导体系。要进一步落实各级政府双拥工作责任，不断完善领导干部定期走访慰问部队和领导班子定期研究双拥工作制度；进一步强化双拥工作领导小组职能，加强对双拥工作的指导、协调和督查，推动双拥工作扎实有效地开展；进一步明确相关部门职责，把双拥工作与部门业务工作有机结合起来，做到履行职责有制度、安排工作有计划、推进工作有力度，确保双拥工作责任到位、措施到位、落实到位。

二、要着力打造双拥工作品牌。江苏有着双拥工作的光荣传统，涌现了一大批军地双拥工作先进典型，这是我们促进经济建设与国防建设协调发展的宝贵财富。各地、各有关方面要坚持把双拥创建作为推动双拥工作深入开展的重要载体和有效抓手，充分发挥现有典型的示范引领作用，注重发现、培养和宣传新的典型，着力打造形式多样、各具特色的双拥工作品牌，进一步扩大先进典型的带动效应。特别是要适应经济社会发展的新形势，顺应军队现代化建设的新要求，发挥我省经济、科教较为发达的优势，在科技拥军、教育拥军、社区拥军、新型经济组织拥军方面作出新探索，取得新业绩。

三、要不断提升双拥工作能力。全面完成省委、省政府、省军区关于新时期双拥工作的目标任务，关键是要不断提升各级双拥机构履行职责的能力。要努力提升调查研究的能力，深入开展双拥政策、理论和实践的研究探索，解决好新形势下双拥工作遇到的热点难点问题。要努力提升实事推动的能力，指导军地开展互办实事活动，真正做到解难题、办实事、求实效。要努力提升协调各方的能力，充分发挥密切军政军民关系的桥梁纽带作用，不断完善军地协作共建的长效机制。要努力提升服务保障的能力，及时向军地双方提供双拥信息，综合运用经济、行政、法律等手段，跟踪落实各项服务措施。要努力提升开拓创新的能力，积极探索适应国家和军队改革建设需要、满足广大军民需要的双拥工作新途径、新方式，进一步开创全省双拥工作的新局面。

李笃信同志在江苏省第九届双拥模范城命名表彰大会上的讲话

今天，我们在这里召开大会，隆重表彰全省双拥模范城、模范单位和先进个人。在此，我代表省军区和驻苏部队官兵，向受到表彰的单位和个人表示热烈的祝贺！向长期以来关心支持部队建设的广大干部群众和辛勤工作在双拥战线上的各位同志致以崇高的敬意！

近年来，江苏军民紧紧围绕全面建设小康社会的宏伟目标，军地同心同德、相互支持，在经济建设的主战场上通力协作、团结奋斗；在精神文明建设中携手共建、相互促进；在战胜各种自然灾害和完成急难险重任务时同舟共济、并肩战斗，充分发挥了军政军民团结的伟大力量和巨大作用。省委、省政府在推进富民强省的进程中，始终把双拥工作摆在重要位置，坚持国防建设与经济建设同步筹划、国防教育与国民教育同步实施、国防设施与基础设施同步建设，产生了良好的政治、经济、军事和社会效益。探索实践的退役士兵免费职业技能培训、转业干部安置"江苏模式"等富有时代特色和江苏特点的经验做法，为双拥工作增添了新的生机和活力。这一切，充分体现了全省广大干部群众对人民子弟兵的深情厚爱，激励着驻江苏部队官兵更加忠实地履行新世纪新阶段历史使命，在新的起点上不断推进国防和军队现代化建设。

根据大会安排，我就驻江苏部队进一步做好拥政爱民工作讲几点意见。

一、深化认识，强化责任。胡锦涛总书记在十一届全国人大三次会议解放军代表团全体会议上明确指出，"军队要积极开展军民共建与和谐创建活动，模范执行党的民族、宗教政策，始终保持与人民群众的血肉联系，不断巩固和发展军政军民团结和民族团结。"胡总书记的讲话深刻阐明了新的历史条件下做好拥政爱民工作的重大意义，对全军深入做好拥政爱民工作提出了新的要求。驻苏部队要坚决贯彻落实胡总书记指示要求，自觉站在维护国家长治久安的高度，把拥政爱民工作作为维护稳定促进和谐的重要举措；站在履行我军新的历史使命的高度，把拥政爱民工作作为提高完成多样化军事任务能力的实践平台；站在践行全心全意为人民服务根本宗旨的高度，把拥政爱民工作作为培育当代革命军人核心价值观的实际行动，做到党委领导高度重视，相关部门精心组织，上下齐努力，官兵同参与，不断提升拥政爱民工作整体水平。

二、发挥优势，主动作为。当前，江苏人民正在省委、省政府领导下，紧紧围绕富民强省、"两个率先"目标，在更高起点上推进经济社会全面协调可持续发展。我们驻守在江苏，直接分享江苏经济社会建设成果，一定要无愧于威武之师、文明之师的光荣称号，积极投身这一功在当代、利在千秋的伟大事业。一是在弘扬社会文明新风中走在前列。要争做创新理论的传播者，积极探索军地"互动式"学习创新理论的方法路子，广泛传播党的创新理论，促进中国特色社会主义理论体系大众化。要争做繁荣基层文化的推动者，充分利用江苏丰富的文化资源，协调组织开展文化进乡村、进社区、进学校、进企业活动。要争做共建文明的实践者，深入开展军民共建文明新村、文明社区活动，当好文明创建的标兵和窗口。二是在完成急难险重任务中勇挑重担。充分发挥部队和民兵预备役整体威力，积极完成抢险救灾等急难险重任务。要结合当地实际，建精训强应急救援队伍，制订完善方案预案，搞好针对性训练演练，确保一有情况，能够快速出动，发挥作用。要从维护改革发展稳定大局出发，以强烈的政治责任感和使命感，协助地方做好维护稳定工作。三是在爱民惠民助民中再立新功。紧紧围绕省委、省政府确定的脱贫攻坚目标任务，继续支援地方实施脱贫攻坚工程，努力在帮助加强基础设施建设、发展社会事业、改善生产生活条件、增强发展经济能力等方面下工夫、见成效。要继续抓好助学兴教活动，进一步扩大扶助困难学生的范围，改进结对方式，拓展助学内容，使帮扶活动惠及更多困难学生。

三、积极协调，合力推进。省军区系统作为驻军拥政爱民工作牵头单位，积极发挥好桥梁和纽带作用是职能所系、任务所需。一要自觉带头。牢固树立牵头就是带头的思想，做到凡是上级军事部门赋予的爱民任务，省军区系统带头完成；凡是地方党委政府提出请求的，省军区系统带头参加；凡是当地人民群众急需的，省军区系统带头给予支援。二要主动服务。充分发挥军地结合部优势，及时了解地方经济社会发展需求，遵循"地方所需、群众所盼、部队所能"的原则，确定活动形式、支援方式和参建力量，不断增强拥政爱民工作的针对性实效性。要主动向地方党委政府通报驻军部队建设情况,对部队在军事斗争准备、军人及其家庭遇到的实际困难等,及时与有关部门沟通,提出意见建议。三要积极推动。通过建立制度推动。协调地方有关部门,共同制定相关政策,健全工作机制,规范工作内容,促进拥政爱民工作扎实开展、持续发展。通过组织活动推动。要在广泛发动驻军部队参加"深化'双带双扶'、共建美好江苏"活动的基础上,积极协调驻军开展形式多样的拥政爱民活动,集中优势,形成规模,办几件有声势、有影响、得民心的好事实事。通过开展创建推动。创建双拥模范城是双拥工作最重要的实践活动,也是一项动态发展、不断深化的经常性工作。今年3月1日,全国双拥工作领导小组颁发了《双拥模范城(县)创建管理办法》和《全国双拥模范城(县)考评标准》。与过去比,评比的标准更高,要求更严。驻苏部队要与广大干部群众一道,把目标定在一流,把工夫下在平时,把重点放在基层,以实际行动为创建活动添彩加分。

同志们,江苏是全国经济和社会发展最快的省份之一,也是双拥工作开展最为活跃的地区之一。我们一定要倍加珍惜双拥工作的成功实践,倍加珍爱军民之间的鱼水深情,倍加珍视团结稳定的大好局面,不断适应新形势,发扬好传统,创造新经验,努力把驻苏部队拥政爱民工作提高到一个新的水平。

赵洪祝同志在浙江省
纪念建军83周年暨双拥模范城(县)命名表彰电视电话会议上的讲话

(2010年7月30日)

中国人民解放军是中国共产党领导的人民军队,是捍卫社会主义祖国的钢铁长城、建设中国特色社会主义和维护世界和平的重要力量。83年来,在中国共产党领导下,人民解放军高举党的旗帜,紧紧同全国各族人民站在一起,牢记使命,英勇奋战,为中国人民解放事业,为我国社会主义建设和改革开放事业,为捍卫国家主权、安全、领土完整,建立了不可磨灭的历史功勋,为维护世界和平、促进人类进步事业作出了重要贡献。人民解放军以威武之师、文明之师、和平之师闻名于世,赢得了党和人民的高度信赖和赞誉。驻浙人民解放军和武警部队在完成党和国家赋予的军事任务的同时,积极支持、参与浙江经济社会建设,为维护社会安全与稳定,推动现代化建设,作出了重要贡献。

拥军优属、拥政爱民是我党我军我国人民在长期革命斗争和社会主义建设实践中形成的优良传统,是我们团结动员广大军民战胜困难、夺取胜利的重要法宝,也是我们特有的政治优势和力量源泉。近年来,全省双拥工作紧紧围绕中心、服务大局,发动和组织广大军民积极应对重大挑战,合力推动经济社会发展和国防与军队现代化建设,取得了显著成效。全省军地各级始终站在科学发展、协调发展、安全发展的高度,在推进地方改革发展和国防与军队建设中相互支持,在应对重大困难中并肩战斗,实现了经济社会与国防和军队建设相得益彰、协调发展、互动双赢。全省各级党委、政府和各有关部门认真贯彻经济建设与国防建设协调发展的方针,把重大国防设施和基础建设纳入地方基本建设体系,把国防科技和装备发展纳入地方科技创新体系,把军队人才素质培养纳入地方教育体系,把爱国拥军工作纳入党委、政府目标责任考核体系,不断加大支持国防和军队现代化建设的力度。驻浙部队始终不忘宗旨使命,充分发挥人才、装备、技术等方面的优势,全力支持驻地经济建设和社会公益事业,主动承担各种急难险重任务，扎实做好军警民共建双拥模范城(县)、扶贫帮困、弘扬社会主义荣辱观等工作，特别是在抗击超强台风、低温雨雪冰冻灾害、防汛抗旱等严重自然灾害斗争中，广大官兵不辱使命、勇挑重担、冲在前头，发挥了中流砥柱作用，为浙江保持经济平稳较快发展、维护社会大局稳定作出了重要贡献。

当前，国际国内形势发生深刻复杂的变化，维护国家安全和推进经济社会发展面临诸多挑战，我们更要加强军政军民团结，更要扎实做好双拥工作，更要奋力推进军民融合发展。当前和今后一个时期，全省双拥工作要着眼于浙江经济社会发展和驻浙部队建设大局，不断深化发展多年来积累的成功经验，完善军民融合发展、服务发展、以人为本、统筹协调的工作思路，力争在推进经济社会发展和驻浙部队建设中发挥更大的作用。

第一，坚持军民融合，推动国防建设和经济建设协调发展。胡锦涛总书记强调指出，要站在国家安全和发展战略全局的高度，坚持军民融合式发展，推动国防建设和经济建设良性互动，确保在全面建设小康社会进程中实现富国和强军的统一，确保军队有效履行新世纪新阶段历史使命。这一重要论断，既为加强国防建设和经济建设指明了方向，也对做好新形势下双拥工作提出了新的更高要求。全省军地各级要认真贯彻军民融合式发展方针，探索建立“军民结合、平战结合”的工作机制，推动国防科技和民用科技互动发展，进一步促进经济、科技、教育、人才等领域的军民融合。军地各有关部门和单位要加大工作力度，加强调查研究，不断完善融合机制，丰富融合形式，拓宽融合领域，提升融合层次，切实走出一条具有浙江特色的军民融合式发展路子。

第二，坚持服务大局，提高双拥工作的影响力和生命力。“围绕发展抓‘双拥’，抓好‘双拥’促发展”，是双拥工作的一大成功经验，也是我们必须牢牢把握的基本要求。围绕发展抓双拥，就是军地双方要共同努力做好服务全面建设小康社会、服务中国特色军事变革、服务社会和谐稳定的各项工作。全省各级党委、政府和有关部门要站在维护国家安全的战略高度，着眼提高部队完成多样化军事任务能力，统筹经济建设和国防建设，广泛发动和组织社会力量扎实做好支持国防和军队建设的各项工作，完善军地联席会议等工作机制，从政策、资金、人力、物力等方面加大对军事斗争准备的支持，深入开展智力、文化、法律、科技拥军活动，帮助培养新型军事人才，在城乡规划和基础设施建设中充分兼顾军事需求，大力协助部队搞好战备、训练等基础设施建设，积极配合部队完成战备值勤、训练演习、科研实验等任务。驻浙部队要按照浙江经济社会发展的战略部署，围绕中心、突出重点，充分发挥组织严密、作风扎实、突击力强等优势，积极参加地方经济社会建设，深入推进军民共建社会主义新农村活动，主动承担抗灾救灾、维稳处突、重点工程建设等急难险重任务，为浙江改革发展稳定大局作出新贡献。

第三，坚持以人为本，维护广大军民的切身利益和合法权益。双拥工作主体在军民，根基在军民。只有坚持以人为本，实现利军惠民，才能充分调动广大军民参与双拥工作的积极性和主动性。要把解决军民广泛关注的热点难点问题，把实现好、维护好和发展好广大军民的根本利益放在双拥工作的首位。要认真落实各项优抚安置政策，全面开展退役士兵职业技能教育培训工作，做好军队转业退伍军人就业安置、伤病残退役军人接收安置和重点优抚对象生活、医疗、住房保障等工作，切实帮助退役军人解决实际问题。要认真做好随军家属就业、军人子女入学入托、军队后勤保障社会化改革等工作，切实帮助现役军人解决实际问题。要切实维护军人军属合法权益，认真解决官兵涉法问题，解除部队官兵的后顾之忧。要正确处理军地利益矛盾，着眼于维护军民团结大局，及时稳妥处理各种纠纷，兼顾各方实际利益，不断加深军民感情，密切军民关系。驻浙部队广大官兵要严守群众纪律，维护群众利益，争做全心全意为人民服务的模范实践者。

第四，坚持完善制度，推动双拥工作的规范化和法制化。近年来，浙江省在双拥政策法规建设上做了大量工作，对推动双拥工作发展和各项任务落实起到了积极作用。但这方面还存在落实不到位、不配套以及相对滞后现象。我们要根据中央精神和国家有关法规及要求,按照“坚持已有的、完善不足的、填补空白的”原则,及时研究出台有关配套法规政策,加强执法检查,切实维护军人军属和优抚对象的合法权益,建立完善与市场经济相接轨、与法律规范相协调、与行政行为相一致、与优良传统相承接、与我省实际相契合的双拥政策法规体系。

第五,坚持改革创新,提升双拥创建的总体质量和整体水平。创建双拥模范城(县)活动,是拥军优属、拥政爱民优良传统的继承和发展,是做好双拥工作的重要载体,是巩固发展军政军民团结、促进社会主义和谐社会建设的有效途径。从近年来我省的创建情况看,各地各部队创建活动的积极性很高,主动性很强,绝大多数地方能够对照标准抓好抓实,但也有少数地方只看重荣誉,不注重做好经常性、基础性工作,在评比前搞突击,创建的质量和水平还不够高。今年,全国双拥工作领导小组修订了《双拥模范城(县)创建命名管理办法》,拟制了新的《全国双拥模范城(县)考评标准》,各地各部队要认真总结省级双拥模范城(县)的创建经验,以更高的标准做好工作,切实把工夫下在平时,把重点放在基层,把效果定在促进生产力发展和部队战斗力提高上,扎扎实实做好各项工作。要以创建活动为抓手,推动群众性双拥活动广泛持久深入地开展,大力开展军民共建、科技双拥、法律拥军等活动,继续探索行业拥军、社区拥军、新经济组织和新社会组织拥军的新路子、新方法。要大力宣传双拥模范城(县)、先进单位和个人的典型事迹,充分发挥先进典型的示范引导作用,进一步调动广大军民支持双拥、参与双拥的积极性和主动性,推动群众性双拥活动蓬勃开展。

陈加元同志在浙江省退役士兵职业技能教育培训工作电视电话会议上的讲话

党和国家历来关心退役士兵安置工作,高度重视退役士兵的职业技能培训。新中国成立以来,党的历代领导人都对此作过重要指示。毛泽东、周恩来同志曾提出,复员军人须经过一定时期的集中训练,使其复员后能在经济建设中、在各种工作岗位上起模范作用。进入改革开放新时期,邓小平同志也明确提出,“要使我们的干部战士,经过训练以后,既能打仗,又能搞社会主义建设”。江泽民同志强调,培养和使用军地两用人才是一项利国、利军、利民的伟业。进入新世纪以来,以胡锦涛同志为总书记的党中央明确要求,要继续深化退役士兵安置工作改革,切实解决好退役士兵就业安置问题,努力将退役士兵的切身利益实现好、维护好、发展好。2009 年,胡锦涛同志对广东省为退役士兵提供免费职业教育和技能培训作出重要批示:“要总结各地经验,逐步推广,并研究制定相关政策和制度。”所有这些都为我们进一步做好退役士兵职业技能教育培训工作指明了方向。

省委、省政府对退役士兵职业技能教育培训工作一直十分重视。浙江省从 1999 年起,在全国率先开展以自谋职业为主的退役士兵安置改革,积极推进城乡退役士兵一体化安置,探索开展了退役士兵职业技能短期培训,取得了明显成效,为全省退役士兵职业技能教育培训打下了良好的工作基础。今年,省委、省政府又将退伍军人培训写入政府工作报告,纳入《浙江省中长期人才发展规划纲要(2010—2020 年)》。7 月下旬,赵洪祝书记亲自主持召开退役士兵职业技能教育培训工作座谈会,就此作出明确指示。省政府近日又下发了《浙江省人民政府关于加强退役士兵职业技能教育培训工作的意见》,成立了退役士兵职业技能教育培训工作领导小组,一些相关配套政策也将于近期陆续出台。召开这次电视电话会议,主要目的就是贯彻落实中央和省委、省政府一系列决策部署,围绕深化退役士兵安置改革、促进退役士兵就业创业,规范和提升全省退役士兵职业技能教育培训工作,进一步统一思想、提高认识、明确任务、提出要求,确保退役士兵职业技能教育培训工作取得更大成效,促进经济社会和国防军队现代化建设全面协调可持续发展。

赵洪祝书记、吕祖善省长对召开这次会议很重视,会前又专门作出重要批示,提出明确要求。赵洪祝书记批示指出:“加强退役士兵职业技能教育培训,对于提高退役士兵综合素质,促进退役士兵就业创业,具有十分重要的意义。我省这项工作起步较早,进展顺利,成效明显,省民政厅、省人力社保厅、省教育厅等有关部门做了大量工作,值得充分肯定。各级党委、政府要继续高度重视,认真总结经验,制定完善政策,扎实有效推进这项工作,更好地发挥退役士兵在促进经济发展和维护社会稳定中的重要作用。”吕祖善省长批示指出:“退役士兵曾在保卫国家、抢险救灾、处突维稳中作出了重要贡献。退役到地方后,又是社会主义现代化建设的重要力量。高度重视和关心退役士兵的职业技能教育培训,促进和保障退役士兵稳定就业、自主创业,是惠及广大退役士兵及其家庭的民心工程、德政工程,是一项重要的政治任务。我们要按照《浙江省人民政府关于加强退役士兵职业技能教育培训工作的意见》(浙政发[2010]36号),加强组织领导,统筹谋划安排,完善配套政策,加大支持力度,推进我省退役士兵职业技能教育培训工作的规范化、制度化和科学化建设。要全力组织落实好退役士兵职业技能教育培训工作,提高培训质量,办出浙江特色,走在全国前列,切实解决好退役士兵安置问题,努力把退役士兵的切身利益实现好、维护好、发展好,让广大退役士兵更地的创业就业、安居乐业。”各地各有关部门一定要深刻领会赵洪祝书记和吕祖善省长批示精神,认真抓好贯彻落实。下面,我讲四点意见。

一、充分认清加强退役士兵职业技能教育培训工作的重大意义,切实增强责任感和使命感

做好退役士兵职业技能教育培训工作,提升退役士兵综合素质,增强退役士兵就业创业能力,事关改革发展稳定大局,关系国防建设和国家安全大业,涉及广大退役士兵和现役军人切身利益,是党和国家对广大退役士兵的关怀,是广大退役士兵及其家庭和亲人的期盼,更是我们各级党委、政府深入学习实践科学发展观,实施“八八战略”和“创业富民、创新强省”总战略的生动实践,具有重大的政治意义和深远的历史意义。

第一,加强退役士兵职业技能教育培训工作,是贯彻落实科学发展观,促进人的全面发展的重要体现。科学发展观是发展中国特色社会主义的重大战略思想,是指导我国经济社会发展的重要方针。科学发展观的核心是以人为本。党和政府一切工作的出发点和落脚点,就是要坚持以人为本,努力实现好、维护好、发展好最广大人民群众的根本利益,促进人的全面发展。坚持以人为本,具体落实到退役士兵职业技能教育培训工作中,就是要以退役士兵为本。他们响应党和国家号召,踊跃报名参军,为国防事业贡献了青春和力量,理应得到各级党委、政府和全社会的关怀。开展退役士兵职业技能教育培训,就是要牢固树立“为退役士兵服务”的理念,坚持政府引导和市场需求相结合,逐步建立全方位、多层次的退役士兵职业技能教育培训体系,帮助他们提高就业创业能力,提升自身的综合素质,在经济社会发展中各尽所能、各展其才,从而实现保障退役士兵合法权益与促进退役士兵全面发展的有机统一。

第二,加强退役士兵职业技能教育培训工作,是抓好技能人才培养,推动经济转型升级的重要途径。当前和今后一个时期,我省正处在加快转变经济发展方式、促进经济转型升级的关键阶段。新形势、新任务对我省劳动者素质提出了新的更高的要求。没有一流的技工,就没有一流的产品,更没有一流的企业和产业。退役士兵是通过选拔应征入伍的优秀青年,经过军队这所大学校、大熔炉培养和锻炼,政治觉悟高,组织纪律强,有艰苦奋斗、开拓创新精神,但他们大多是从校园步入军营,退役回到地方,求学成才、求职就业和自主创业的愿望十分迫切。因此,开展退役士兵职业技能教育培训,既有利于帮助他们实现成才和就业创业的人生目标,又能为我省经济社会发展提供急需的高技能型人才,推动经济转型升级。这也是《浙江省中长期人才发展规划纲要(2010—2020年)》明确的人才发展重点之一。

第三,加强退役士兵职业技能教育培训工作,是深化城乡一体化退役士兵安置改革,实现城乡统筹发展的重要举措。加强国防和军队现代化建设,是建设中国特色社会主义事业的重要组成部分。做好退役士兵安置工作,是保证国防和军队现代化建设的重要环节。以往的退役士兵接收安置工作,大多采取经济补助、推荐就业等方式,手段相对比较单一。随着经济社会的不断发展,退役士兵安置工作难度进一步加大,并出现了一些新的变化,越来越多的退役士兵期盼学习新知识,获得新本领,掌握新技能。而开展职业技能教育培训,为退役士兵进校深造、能力拓展铺路搭桥,既有效缓解了安置工作的矛盾和压力,也顺应了市场配置劳动力资源的基本规律,符合构建适应市场经济体制要求的退役士兵安置工作新机制的要求。同时,开展退役士兵职业技能教育培训工作,让农村籍退役士兵享有与城镇退役士兵一样的教育培训待遇和发展机会,对城镇和农村籍退役士兵全部实行免费的职业技能教育培训,想学什么专业可以自主选择,自己"点菜",政府"埋单",体现了社会的公平公正和公共服务均等化,是我省构建城乡经济社会发展一体化新格局的重要实践。

第四,加强退役士兵职业技能教育培训工作,是做好新时期拥军优属工作,加强国防和军队现代化建设的重要保证。走中国特色军民融合式发展路子,这是新形势下促进经济社会与国防军队建设协调发展的重要指导思想。2010年"八一"前夕,在退役士兵职业技能教育培训工作座谈会和浙江省纪念建军83周年暨双拥模范城(县)命名表彰大会上,赵洪祝书记对全面开展退役士兵职业技能教育培训进行了反复强调。加强退役士兵职业技能教育培训工作,既能够为现役士兵解除后顾之忧,又有助于进一步增强全社会的国防观念和双拥意识,激发广大优秀青年参军热情,保证兵员质量,为国防和军队现代化建设提供人才保障。这已经成为我省新时期双拥工作新的重要载体,也为我省双拥工作增添了新的活力。

总之,做好退役士兵职业技能教育培训工作,是一件利国、利军、利民的好事实事。各级党委、政府、军事机关及有关部门,都要站在全局和战略的高度,充分认清加强退役士兵职业技能教育培训工作的重要性和紧迫性,把思想统一到省委、省政府的决策部署上来,以高度的使命感和责任感切实抓好这项工作。

二、准确把握退役士兵职业技能教育培训工作有关政策,推动教育培训有序开展

省政府下发的《浙江省人民政府关于加强退役士兵职业技能教育培训工作的意见》(浙政发[2010]36号),对教育培训工作的总体要求、基本原则、对象范围和培训形式、经费保障、工作措施等作出了明确规定。各地各有关部门要认真学习、准确把握文件精神和相关政策规定,推动教育培训工作有序进行。具体要做到"三个明确":

(一)明确教育培训的总体要求和基本原则。开展退役士兵职业技能教育培训工作,要以邓小平理论和"三个代表"重要思想为指导,深入贯彻落实科学发展观,统筹经济建设和国防建设,紧紧围绕实施"八八战略"和"创业富民、创新强省"总战略,坚持政府扶持和市场引导相结合,以实现退役士兵充分就业和自主创业为目标,通过开展退役士兵职业技能教育培训工作,组织退役士兵学知识、学技能、学就业创业本领,着力提升退役士兵综合素质,促进退役士兵就业创业,充分发挥广大退役士兵在加强基层政权和国防后备力量建设,促进经济发展、社会和谐中的骨干和生力军作用,推动经济社会和国防军队建设全面协调可持续发展。根据这一指导思想,开展退役士兵职业技能教育培训工作,要坚持三条原则:一是自愿自主选择,免费参加培训的原则。退役士兵可自愿报名、自主选择专业和工种、免费参加一次由政府组织的职业技能教育培训。二是技能培训为主,学历教育为辅原则。以提高退役士兵职业素质和职业技能为核心,重点抓好就业市场急需紧缺的技能人才培养,同时,也鼓励支持退役士兵参加普通高等学历教育。三是实行属地管理,就近就地培训的原则。退役士兵职业技能教育培训由其接收安置的市、县(市、区)政府及有关部门负责,组织指导就近就地的承训院校和机构具体实施。

（二）明确教育培训对象和形式。我省负责接收安置的退伍义务兵、复员士官和选择自谋职业的转业士官均可参加政府组织的职业技能教育培训。培训形式总的可以分为三类：一是退役士兵可以在当地政府认定的教育培训院校或机构，参加各类职业技能培训，培训时间一般为6个月，最短不少于3个月。二是退役士兵如有就读中等职业学校或技工院校的需求，可免试就读所在市、县（市、区）的相关学校，学制一般为两年。以上两种情况，经考核、技能鉴定合格后发给相应的职业资格证书和毕业证书。三是退役士兵要求参加普通高等学历教育的，统一纳入全省普通高考体系，执行普通高校教育教学相关管理规定。原从普通高校和中等职业技术学校征集入伍的退役士兵，可按规定办理复学手续，享受相应待遇。

（三）明确教育培训资金安排。退役士兵参加职业技能教育培训所需经费纳入同级财政预算，实行分级分类负担，专款专用。结算支付时，由当地财政部门会同民政、人力资源社会保障、教育等部门根据实际培训人数、物价部门核定的教育培训收费标准和教育培训成效核定补助资金，直接拨付承训院校和机构。省财政部门对经济欠发达地区给予适当补助。退役士兵参加各类职业技能培训、全日制中高等学历教育的，其培训费、学杂费、技能鉴定费、住宿费由政府全额负担，并按实际受训、在校时间给予每人每月300元的生活费补贴。

三、突出抓好退役士兵职业技能教育培训工作重要环节，提高教学管理和保障水平

做好退役士兵职业技能教育培训工作，任务艰巨。要确保工作取得成效，让退役士兵、用人单位和部队满意，在具体实施过程中必须重点抓好以下四个环节：

一要广泛动员报名。思想动员和报名登记是搞好退役士兵职业技能教育培训工作的基础前提，各地要加强调查摸底，把退役士兵服役的兵种岗位、知识技能基础、技能教育培训的需求和本地教育培训资源等情况摸清搞准。地方和部队要密切配合，退役前要做好政策宣传、思想发动、基础调查，让退役士兵及早有思想准备，一到地方报到，就能根据自己的意愿，及时选择教育培训的专业工种和学校。报名登记环节十分重要，一定要认真细致、具体深入，对符合条件并有意愿参加职业技能教育培训的退役士兵要真正做到一个不漏、一个不缺、一个不少。

二要规范教学组织。提高教学质量和水平是做好退役士兵职业技能教育培训工作的中心任务。各地要加大投入，改善办学条件，选择师资力量强、实训设施好、教学质量优、就业率高的职业院校和技能培训机构承担退役士兵职业技能教育培训任务。要改进教学方法，根据国家职业教育有关规定，着眼市场和社会需要，结合退役士兵学员的文化水平、自身特点和就业意向等情况，坚持因材施教，精心设置教育培训专业和课程，认真制订培训计划，选用和编写高质量的培训教材，切实增强教学的针对性和有效性。要严格教学规程，确保落实教学时间、教学内容。要强化实践环节，坚持教学活动与生产实践相结合，重点传授就业需要的职业知识和专业技能，培训期间退役士兵实训时间原则上不得少于培训时间的一半。要创新教学模式，积极探索学分制、半工半读、工学结合等教学模式，采用模块化、一体化等教学方法，完善校企合作机制，推行“订单式”培训。要认真组织考试考核，确保教学培训的效果，不断提升教育培训质量和水平。

三要严格教育管理。加强教育管理是做好退役士兵职业技能教育培训工作的重要保证。要坚持实行教育和管理相结合，教学和育人相统一。各级政府各有关部门要指导各承训院校和机构，抓好退役士兵学员的教育和管理工作。各承训院校和机构要切实加强对退役士兵学员的思想政治教育，引导他们认真学习中国特色社会主义理论，加深对科学发展观的理解，全面认识和把握国情，深刻理解党和政府对他们的真切关怀，倍加珍惜教育培训机会，切实端正学习态度，以良好的精神状态和学风，投身学习和培训。要充分发挥党、团组织和民兵组织的作用，通过开展创先争优活动，引导退役士兵继续保持发扬军队优良传统和作风，做到勤奋学习，刻苦钻研，强化实践，学有所成。要完善各项规章制度，加强日常管理,严格校纪校规,增强退役士兵学员的自律意识和纪律观念。要引导他们自觉践行社会主义核心价值体系和社会主义荣辱观,努力成为思想、技能"双合格、双过硬"的新型实用人才。

四要完善就业服务。促进充分就业和自主创业是做好退役士兵职业技能教育培训工作的根本目的。要根据自主选择、学校推荐、市场调节、政府促进的原则,加强对退役士兵学员就业服务工作。各承训院校和机构要按照"教育培训与推荐就业相结合"的要求,积极指导并优先推荐退役士兵就业。有关部门要依托各类就业服务机构通过举办专场招聘会等多种形式,搭建退役士兵学员与用工单位双向选择的就业平台,并向相关用人单位优先推荐。各级公共就业服务机构要及时向退役士兵提供就业信息、职业介绍等免费服务。要按照退役士兵安置法规政策和国家促进就业的有关政策规定,指导督促各类用人单位承担录用和聘用退役士兵学员的相关责任。进一步落实国家鼓励就业创业和扶持退役士兵自谋职业的优惠政策,积极引导鼓励退役士兵自谋职业、自主创业。

四、切实加强对退役士兵职业技能教育培训工作的组织领导,确保教育培训取得成效

做好退役士兵职业技能教育培训工作,各级党委、政府和军地各有关部门负有义不容辞的重要责任,务必采取有力措施,切实抓出成效。

一要加强组织领导,明确工作职责。各地各有关部门务必高度重视这项工作,摆上重要议事日程,主要领导要亲自过问,分管领导要具体负责,及时研究解决教育培训工作中的重大问题。各地要按照省委、省政府的要求,建立健全相应工作协调机制,形成党委领导,政府负责,民政部门牵头,组织、人力资源社会保障、教育、财政和省军区系统相关部门各负其责的教育培训工作格局,精心组织,积极推进。民政部门要切实承担牵头协调职责,并做好人数预测、动员报名、资格审查、档案转接等工作。人力资源社会保障、教育部门负责推荐并指导承训院校机构做好招生录取、计划制订、教学管理、技能鉴定、考试考核、发证及就业服务等组织实施工作。财政部门负责教育培训经费的筹措安排,确保所需资金落实到位,并会同民政、人力资源社会保障、教育等部门加强对教育培训资金使用的监督管理。退役士兵职业技能教育培训许多方面需要部队的支持,希望省军区系统协助地方政府做好退役士兵职业技能教育培训的宣传动员、思想教育和在校管理等方面工作。各有关部门要密切配合、通力协作、狠抓落实,及时妥善处理退役士兵职业技能教育培训工作中遇到的问题,确保各项工作顺利有序进行。

二要加强财政保障,确保资金到位。合理安排资金并保证及时足额到位是做好退役士兵职业技能教育培训工作的基本保障。省里专门安排经费,对经济欠发达地区退役士兵职业技能教育培训给予适当补助,充分体现了省委、省政府对做好这项工作的决心。各地一定要树立大局观念,克服困难,统筹安排,保证教育培训资金落实到位。同时,要严格资金拨付程序和监督管理,对违反财经纪律,虚报、冒领、截留、挪用、滞留教育培训资金的单位或个人,要严肃处理。

三要建立健全制度,加强考核考评。各地要将退役士兵职业技能教育培训工作与领导班子和领导干部政绩考评、双拥创建等紧密结合起来,建立健全退役士兵职业技能教育培训目标责任考核体系及承训院校和机构定期评估制度。加大对承训院校和机构的考核评估,把教育培训合格率、推荐就业率作为考核承训院校和机构工作绩效的重要指标。

四要广泛宣传发动,不断总结提高。各地各有关部门要充分运用报刊、广播、电视、网站等媒体,深入宣传开展退役士兵职业技能教育培训的重要意义,做好政策解读工作。要大力宣传先进典型,在全省退役士兵中积极营造自立自强、创业创新的浓厚氛围,调动退役士兵报名参训的主动性和积极性。要及时总结交流和推广各地各部门好的经验做法,深入研究分析新情况、新问题,不断完善教育培训工作的各项制度和政策,着力构建全方位、多层次的退役士兵职业技能教育培训体系,努力提高我省退役士兵职业技能教育培训工作的规范化、制度化和科学化水平。

吕祖善同志在浙江省党政军领导座谈会上的讲话

（2010年2月1日）

在新春佳节即将到来之际，我们在这里欢聚一堂，共叙友情，共谋发展，共商双拥工作大计。这充分体现了浙江军政军民心连心、同呼吸、共命运的鱼水深情。受洪祝书记的委托，我代表省委、省人大常委会、省政府、省政协和全省人民，向为维护浙江省安全稳定、促进浙江经济社会发展作出重要贡献的驻浙部队、武警部队全体官兵和广大民兵预备役人员，向全省烈军属、革命伤残军人、复员转业退伍军人、军队离退休干部，表示衷心的感谢和新春的问候！

刚刚过去的一年，是新世纪以来全省经济发展最为困难的一年。面对国际金融危机的严重冲击，全省上下认真贯彻中央刺激经济的一揽子计划，深入实施“八八战略”和“创业富民、创新强省”总战略，扎实推进“全面小康六大行动计划”，全面落实“标本兼治、保稳促调”各项举措，全力做好“保增长、保民生、保稳定”各项工作，不仅迅速扭转了经济增速下滑的势头，而且在调整结构、转变经济发展方式、改善民生等方面又迈出了坚实的步伐，社会保持和谐稳定，2010年年初确定的主要预期目标和为民办实事十方面任务全面完成。全省城镇居民人均可支配收入24 611元，实际增长9.7%，农村居民人均纯收入10 007元，实际增长9.5%，浙江省成为全国农村人均年收入率先超万元的省区，城乡居民人均收入已分别连续9年和25年保持省区第1位。特别值得一提的是，我们在应对国际金融危机过程中，将保增长与促转型有机结合起来，在发展中促转型，在转型中谋发展，不但实现了经济社会发展的预期目标，而且可持续发展的能力有了进一步的增强。研究与发展经费支出占生产总值的比例达到1.7%，万元生产总值能耗下降5.5%左右，化学需氧量下降4.61%，二氧化硫排放量下降5.3%。同时，2009年还是民生投入力度最大、出台措施最多、成效十分明显的一年。我省作为受国际金融危机影响最早、冲击最大的省份之一，取得这样的成绩实属来之不易。这些成绩的取得，得益于全省各级党委、政府坚决贯彻落实中央决策部署，坚持科学发展不动摇、调整转型不放松；得益于全省广大干部群众奋力拼搏、创新创业；得益于驻浙部队和武警官兵大力支持、共同奋斗。

刚刚过去的一年，也是驻浙部队和武警部队各项建设取得可喜成绩的一年。一年来，驻浙部队和武警部队高举中国特色社会主义伟大旗帜，认真贯彻党中央、国务院、中央军委的决策指示精神，大力加强部队全面建设，深入开展学习实践科学发展观活动，扎实抓好以军事斗争准备为龙头的各项工作，不断强化思想政治建设，大力培育当代革命军人核心价值观，狠抓军事训练和科技练兵活动，认真做好战备执勤、演习演练、国庆阅兵、国庆安保、赴索马里海域维护过往船只安全等工作，部队革命化现代化正规化建设取得了新的成绩，应对多种安全威胁、完成多样化军事任务的能力有了新的提高，圆满完成了党和人民赋予的维护国家安全、维护发展利益、维护社会和谐稳定等各项重大任务，为浙江的改革开放和社会主义现代化建设事业提供了坚强有力的安全保障。驻浙部队和武警部队在加强自身建设、圆满完成各项任务的同时，大力弘扬拥政爱民的优良传统，充分发挥自身优势，积极参加驻地各项建设，主动为浙江产品进入军工领域牵线搭桥，深入农村、深入城市社区扶贫帮困、传播社会主义风尚、共建社会主义新农村、共创双拥模范城（县）等，特别是在抗击“莫拉克”台风袭击、支援重点工程建设等急难险重任务中发挥了重要作用，为浙江应对困难、维护安全稳定、促进经济社会发展作出了重要贡献。

2010年是实施"十一五"规划的最后一年,也是巩固经济平稳回升、制定"十二五"规划之年。做好今年的各项工作,对于顺利完成"十一五"时期我省经济社会发展各项目标、奠定"十二五"发展基础具有十分重要的意义。完成今年的各项任务离不开驻浙部队和武警部队的支持配合,离不开强大的国防和军队的有力支撑。刚才,驻浙部队各大单位领导都作了很好的发言,对去年的双拥工作进行了回顾总结,对今年的双拥工作思路进行了梳理,并提出了今年支持地方各项建设的目标任务和具体措施。这是对浙江各项建设事业的有力支持,对浙江经济社会发展必将产生巨大的推动作用。最近,省委、省政府在全省经济工作会议和省"两会"上作出了加快海洋经济发展带、统筹城乡新型城市化发展和产业发展集聚区建设等部署,希望部队一如既往地给予大力支持。

关心国防和军队建设是浙江人民义不容辞的政治责任。全省各级党委、政府和各部门要认真贯彻军民融合式发展方针,大力支持国防和军队建设,积极为驻浙部队、武警部队办实事、解难事,着力解决驻浙部队和武警部队在教育训练、战备执勤、国防工程建设、深化改革等方面遇到的实际困难,扎实推进经济、科技、教育、人才、军工产品研发生产、勤务保障、国防动员等领域的军民深度融合。要认真落实各项优抚安置政策,扎实做好转业干部、复员退伍军人安置工作,妥善解决随军家属就业、子女入托入学、社会保障等现实问题,切实帮助军人军属排忧解难。要深入开展全民国防教育,扎实做好军民共建工作,大力营造关心支持国防和军队建设的浓厚氛围,努力为国防和军队建设提供强有力的服务保障。

一元复始,万象更新。新的一年,让我们紧密团结在以胡锦涛同志为总书记的党中央周围,高举中国特色社会主义伟大旗帜,坚持以邓小平理论和"三个代表"重要思想为指导,深入贯彻落实科学发展观,高标准、高质量地做好各项双拥共建工作,扎实推进驻浙部队、武警部队各项建设和浙江经济社会平稳较快健康发展。

杜景臣同志在浙江省党政军领导座谈会上的讲话

(2010年2月1日)

今天,浙江省和驻浙部队各大单位领导,以及军地有关部门负责同志,在这里欢聚一堂,畅叙军民鱼水深情,共商双拥发展大计,这对于增进军政军民团结,进一步推进浙江经济发展和驻浙部队全面建设,具有重要意义。在此,我代表东海舰队党委机关和全体官兵,向长期以来热情关心、大力支持舰队部队现代化建设的浙江省各级党委、政府及广大人民群众表示衷心的感谢,并致以节日的祝福!

刚刚过去的2009年,是党和国家发展进程中具有特殊意义的一年,对我们东海舰队来讲,也是持续奋战、取得进步、经受考验的一年,在海军党委的正确领导下,舰队部队深入贯彻党的十七大和十七届四中全会精神,以科学发展观为指导,紧紧扭住提升核心军事能力这个龙头,不断深化军事斗争准备,部队各项建设保持了稳步发展的良好态势;我们迎来了建国60周年和海军暨东海舰队成立60周年,派出5艘军舰参加在青岛举行的多国海军活动,组成两个方队参加国庆首都阅兵,接受了党中央、胡主席和全国人民的检阅;我们组织两批5艘舰船远赴亚丁湾、索马里海域执行护航任务,检验了部队执行非战争军事行动的能力,为扩大人民海军影响、维护国家利益贡献了力量。这些成绩的取得,是上级党委正确领导的结果,是舰队官兵拼搏奋斗的结果,是地方党委政府和广大人民群众大力支持的结果。

2009年既是共和国60华诞的喜庆之年,也是新世纪以来我国经济发展最为困难的一年。面对金融危机的严重冲击，浙江省委、省政府狠抓中央应对危机一揽子计划和政策措施的贯彻落实，全省上下团结一心、攻坚克难、奋力拼搏，积极做好保增长、抓转型、重民生、促稳定的各项工作，迅速扭转了经济增速过快下滑势头，各项建设取得了令人瞩目的可喜成就，非常令人鼓舞、令人振奋。我们目睹浙江全面发展的大好形势，见证驻地日新月异的巨大变化和应对金融危机焕发的强大力量，感到由衷的高兴和自豪。

我们深切感受到，浙江省委、省政府在大力推进经济社会又好又快发展中，始终怀着深厚的感情支持国防和军队建设。一是各级领导身体力行。赵书记、吕省长等领导同志，对部队建设非常支持，对基层官兵非常关心，带头参加拥军优属活动，亲自过问部队建设遇到的实际问题。二是拥军工作向军事斗争准备聚焦。驻地各级党委政府坚持社会发展与国防建设同步规划，经济开发与战场建设同步进行。特别是对一些重大战备工程，积极主动地为部队出主意、想办法。舟山外洋螺军港、大榭潜艇基地、乐清湾舰艇保障基地等国防工程，宁波、舟山、台州市委市政府特事特办，为我们扎实推进作战准备给予了有力支持。三是拥军政策和工作机制更加完善。近年来，各级党委、政府在积极为部队办实事、解难题的同时，更加注重拥军工作制度化建设，进一步完善了党委牵头、政府主导、部门协调、军地互动、高效运作的工作机制。省委、省政府先后出台的《民营企业贯彻军民结合、寓军于民战略思想的意见》、《关于进一步做好驻浙部队干部随军随调配偶子女就业就学工作的通知》等政策制度，部队反响很好，官兵很受鼓舞。舰队驻浙部队自觉把浙江人民的关心厚爱作为巨大动力，大力弘扬听党指挥、服务人民、英勇善战的优良传统，在支援地方建设、抢险救灾、扶贫帮困、绿化美化环境等方面，为浙江的经济发展、社会和谐作出了应有贡献、浙江军政军民团结的伟大实践告诉我们，国富才能兵强，兵强才能安全，安全才能发展。

2009 年，胡主席在中央政治局第十五次集体学习时强调要走中国特色军民融合式发展路子，推动国防建设和经济建设良性互动。胡主席的重要讲话再一次为我们做好新形势下双拥工作，不断开创军民融合式发展新局面指明了方向。浙江是一个港口大省、渔业大省，海洋经济潜力巨大。我们东海舰队是一支应对各种安全威胁、执行多样化军事任务的海上力量，不管平时，还是战时，军民协作的内容很多、范围很广。2010 年，是国家实施“十一五”规划最后一年，也是浙江人民克服金融危机影响，进一步巩固经济回稳势头的关键之年。舰队驻浙部队要积极响应省委、省政府的号召，主动参加浙江各项改革和建设事业，大力支持社会主义新农村建设，推进城乡协调发展；主动配合基层平安建设，加强军警民联防联治，坚决完成抢险救灾等急难险重任务，促进浙江的和谐稳定；着眼建设社会主义核心价值体系，积极参与群众性精神文明创建活动。我们相信，有省委、省政府的坚强领导，有良好军民关系的坚实基础，双拥工作一定会不断取得新的成绩、谱写新的篇章！

林恺俊同志在浙江省党政军领导座谈会上的讲话

（2010 年 2 月 1 日）

在省“两会”刚刚胜利闭幕之际，省委、省政府又专门召开党政军领导座谈会，让我们又一次感受到第二故乡军政军民“同呼吸、共命运、心连心”的鱼水之情。

回顾过去的一年，省军区广大官兵对第二故乡经济社会发展所取得的成就感到由衷的自豪。去年浙江经济发展成就的确来之不易，由于我们浙江外向型经济比重比较大，在金融危机中遇到的困难也最大,省委、省政府团结带领全省人民,牢记胡总书记在2006年提出来的“浙江经济社会发展要走在全国前列”要求,发扬浙江“拼搏进取、敢为人先”精神,经济社会建设取得了可喜的成就。前几天,驻浙部队人大代表在学习省长的《政府工作报告》时,对去年浙江经济发展有一个不是很准确的概括,即“两个高于”、“两个首位”、“两个突破”和“三个最多”新亮点。“两个高于”就是国民生产总值增长率高于全国平均水平,整体回升幅度高于东南沿海各省市;“两个首位”就是城镇居民可支配收入连续9年居全国各省区首位,农民纯收入连续25年居全国各省区首位;“两个突破”就是去年全社会固定资产投资总额突破万亿元大关,农民纯收入突破万元大关。由于浙江经济发展取得的可喜成就,引起了全国的广泛关注,所以官兵们反映,现在在课堂上听经济社会发展报告,老师们举浙江事例是最多的;我们接待军内外客人,慕名来浙江学习经济社会发展经验的人数是最多的;上级领导机关到部队作指示,赞扬经济社会发展新成就时,对浙江的褒奖也是最多的。省军区广大官兵通过亲眼目睹、亲身体验第二故乡发展新成就,对省委、省政府领导带领全省人民,在金融危机面前料事早、反应快的敏锐洞察力,把困难作为机遇沉着应对所表现出的非凡稳控全局能力,心系民生、深入实践、破解难题的务实作风,以及敢为人先、拼搏进取的精神魄力感到由衷的敬佩。

令省军区广大官兵更为感动的是,浙江省委、省政府和人民群众在抓经济发展的同时,仍然倾注国防建设。在国防教育、民兵预备役工作上有许多新的亮点。比如,在国防教育的形式上有新的拓展。去年借助国庆60周年系列活动,省委、省政府主要领导参加了我们省军区成立60周年纪念大会,浙江卫视全程转播;在省委宣传部组织的文艺巡游活动中,专门安排了部队方阵和英模彩车;在教育内容上,无论是报纸、电台,还是电视、网络,都增加了报道内容;尤其值得一提的是,由于国防教育的深入,全民参与的氛围更为浓厚,去年全国“双百”和“道德模范”评选,我们南京战区三位英模代表榜上有名,这与浙江人民群众广泛参与是分不开的,从投票统计结果可以看到,全省投我们军队这三位英模代表的票有1 170多万张。另外,在民兵预备役工作、办实事解难题等方面也做了很多工作,尤其是维护国防利益和军人合法权益上,浙江的做法得到党中央和军委领导的高度肯定,并冠以“浙江经验”在全国推广。回顾过去,我们由衷地感到,省委、省政府领导在国防建设上,是把各项工作作为义务来参加、作为任务来履职、作为政绩来评判,确实是带着真情来落实国防建设和民兵预备役各项工作的。

我们广大官兵在部队建设中,以第二故乡对部队的关爱为动力,各项建设也取得了一些新进展。新的一年,我们将继续学习借鉴浙江改革开放的成功经验,在省委、省政府领导下,以科学发展观为指导,把部队建设推向一个新的高度,尤其要在民兵预备役人员中开展军人核心价值观培育、协助地方政府搞好退伍军人培训、强化民营企业武装工作等方面有所作为。总之,我们决心在省委、省政府的领导下把新年度工作搞得更好,也借此机会,代表省军区全体官兵给省委、省政府领导和全省人民拜个早年,祝愿浙江的明天更美好!

林恺俊同志在浙江省纪念建军83周年暨双拥模范城(县)命名表彰电视电话会议上的讲话(摘要)

(2010年7月30日)

今天,省委、省政府、省军区隆重召开纪念建军83周年暨双拥模范城(县)命名表彰大会,庆祝节日，总结经验，表彰先进。吕省长亲自主持会议，夏副书记宣读命名表彰决定，4个单位和个人作了典型发言，等一会赵书记还要作重要讲话。会议时机之好、规格之高、范围之大、氛围之浓烈，本身就体现了省委省政府对双拥工作的高度重视，既是4年来全省双拥工作成果的一次展示和庆贺，也是推进双拥工作创新发展的再动员，对进一步促进全省政治稳定、经济发展、社会进步和驻浙部队全面建设必将产生重要影响。在这隆重热烈、喜气飞扬、催人奋进的场合，我有幸代表驻浙部队讲个话，首先请允许我代表驻浙解放军和武警部队全体官兵，向这次被命名表彰的双拥模范城（县）、模范单位和模范个人，表示热烈的祝贺；向长期以来关心支持驻浙部队和后备力量建设的全省各级党委政府和广大人民群众，表示衷心的感谢！

自2006年省双拥模范城（县）命名大会以来，全省各级党委政府和人民群众，弘扬传统，与时俱进，积极作为，拥军工作又创出了新的特色。一是注重舆论宣传引导，着力强化全民国防和拥军意识。各地坚持把国防教育和双拥宣传作为建设中国特色社会主义重要内容，自觉纳入社会主义核心价值教育体系，纳入精神文明建设创建活动范畴，纳入各级各类党校学校教育课程，发挥139个国家级爱国主义教育基地、76个省级国防教育基地、580余所少年军校的教育功能，着力激发全社会关心支持国防和军队建设的政治热情；各地充分利用大众传媒手段，搭建报纸、广播、电视、网络"四位一体"的宣传平台，及时总结宣传驻浙部队重大典型，让人民群众了解部队建设新成就、感知当代军人新风貌，着力营造爱国拥军的良好社会氛围（像孟祥斌、纪晓飞这些典型的宣传，赵书记、吕省长等领导都作出重要批示，为在军内外成功宣传这些典型给予了有力领导）；各地不断丰富和创新国防教育、双拥宣传形式，各级党校、各类论坛讲堂都开设国防课，组织领导干部和民营企业家到部队过军事日。昨天，赵书记、吕省长就亲率省四套班子领导到省军区过军事日，观摩课目演训，体验军营生活，看望慰问官兵，使部队和民兵预备役人员深受教育和鼓舞。二是着眼提高部队战斗力，注重向支持军事斗争准备聚焦。各级党委政府坚持把支持军事斗争准备，作为政治任务来完成，作为分内职责来履行，作为共同责任来承担，紧贴部队需求创新拥军模式，在支持战场建设、部队基础设施建设、国防动员建设、演训支前保障和科技强军等方面做了大量卓有成效的工作，有力支持了驻浙部队军事斗争常态化准备。东海舰队赴亚丁湾护航和空军某师赴俄罗斯军演，省和相关市领导亲自送行并协调解决困难，给护航参演官兵以极大鼓舞。发挥经济、科技和人才优势，先后组建了5个国家级、10个省级经济动员中心和4个信息物资储备基地。三是着眼促进官兵思想稳定，热忱为部队办实事解难题。各级党委政府从解决部队官兵最关心、最直接、最现实的问题入手，细化落实复转退军人安置、随军家属就业、军人子女入学、军人军属权益维护等政策，并积极开展关爱功臣、关心海岛部队官兵婚恋、救助困难军人家庭等活动，有力促进了广大官兵安心军营、建功立业。4年来，全省共有×××名军转干部得到了妥善安置，解决了2 276名随军家属就业和6 991名军人子女就学问题，支出随军家属就业补助金4 000多万元。今年，省委省政府研究决定开展退役士兵技能培训工作，省里即将出台实施意见，力争把退役士兵培养成经济社会发展的骨干、基层政权建设的骨干、后备力量建设的骨干、社会和谐稳定的骨干，在退役和现役官兵中引起了积极反响。四是弘扬敢为人先的浙江精神，推进拥军工作创新发展。各级党委政府充分发挥经济社会先发优势，贯彻"干在实处、走在前列"的要求，不断创新拥军优属工作。在全国率先建立民营企业武装组织，目前全省已有471家民企建立了武装部，1 800余支民兵队伍在民企落地生根；在全国率先将部队管理保障的老红军纳入地方医疗保障体系，为未就业随军家属办理社会保险、发放未就业补助；在全国率先探索出涉军维权工作模式，受到中央政治局常委、中央政法委书记周永康等领导的高度重视和批示肯定，现在经验已被国家11个部委转发全国。五是健全完善政策法规，促进拥军工作常态化制度化。各级党委政府注重从健全完善拥军政策法规入手推进拥军工作常态化制度化,形成了以教育为先导、以制度为保证、以激励为杠杆、以创建模范城(县)为载体的长效机制,使全省上下爱国拥军思想日益牢固,政策法制化拥军进程不断加快。近几年,省里先后出台《民营企业贯彻"军民结合、寓军于民"战略思想的实施意见》、《民用运力国防动员试行办法》、《民营企业武装工作实施细则》等涉军政策法规,为社会拥军热潮持续高涨提供了法律依据。

回顾我省近四年来的拥军工作,已呈千帆竞发、百舸争流之势,已显春色满园、硕果累累之绩。这些成绩的取得,源自全省各级党政领导全局在胸的政治意识,源自各相关职能部门科学筹划、精心组织和密切协作,源自全省各类宣传媒介全面正确广泛持久的舆论引导和氛围营造,源自全省人民对子弟兵的深情厚谊。我们驻浙部队广大官兵无不感同身受:全省上下拥军工作确实是抱着真情在做,而且是干的多于说的,主动做的多于部队要求的,内心迸发的真情多于程式性表态。这里,我代表驻浙各部队向全省各级党委政府和人民群众再一次表示衷心感谢并致以崇高的敬意!

军爱民,民拥军,军民团结如一人,是我们克敌制胜、取得胜利的重要法宝。新形势下的双拥工作作为经济社会发展全局的重要组成部分,是实现富国强军战略的重要举措,是巩固政权建设的重要途径,是构建和谐社会环境的重要保证。这几年,军委首长多次来浙江视察调研,每次都对我省的双拥工作给予了很高评价,并谆谆教导我们要谦虚谨慎,多注意学习借鉴地方以前瞻性思维、世界性眼光、创建性手段、务实性作风抓建设谋发展的成功经验,推动部队建设科学发展。我们一定要牢记军委首长的嘱托,认真学习、深刻领会党的三代领导核心和胡总书记关于双拥工作的一系列重要论述,全面贯彻党的十七大关于"实现富国和强军统一"、"推进军民融合式发展"等战略思想,锐意进取、真抓实干,努力开创拥政爱民工作新局面。要以地方经济社会发展的生动实践为课堂,坚定信念振奋精神求作为。浙江人民在学习实践科学发展观、加快经济转型升级、千方百计改善民生、积极创建平安浙江等实践中,创造出的浙江模式、浙江精神、浙江经验,为我们驻浙部队广大官兵进一步坚定对中国特色社会主义事业信念、鼓舞军心士气、振奋精神干事业求作为提供了生动的社会大课堂,各级组织和广大官兵都要虚心学习、认真汲取,切实把地方的新鲜经验、良好作风转化成推进部队全面建设的宝贵财富。要以第二故乡人民的关心厚爱为动力,聚精会神抓准备谋打赢。第二故乡人民自觉把拥军作为一种责任,真心实意、满腔热忱地关心爱戴我们,最根本的就是希望军队发展、国防强大。我们一定要化关爱为动力,以扎实做好军事斗争准备、提高部队战斗力,一旦党和人民需要就能以断然出手、克敌制胜的出色表现,来回报第二故乡人民。这既是当前拥政爱民工作最现实的行动,也是维护国家和民族核心利益的紧迫需要。要以出色完成非战争军事行动任务为重点,扎实做好拥政爱民经常性工作。提高部队遂行非战争军事行动能力、勇担急难险重任务,是党中央、中央军委对部队建设提出的新要求,也是我们部队回报人民关爱的现实行动。我们浙江面临防汛抗台、核化救援、反恐维稳、山林灭火、海上救护等任务较重,我们要加强应对性训练演练和装备器材准备,确保只要地方需要,就能召之即来、来之能战、战之能胜,全力保护人民群众生命财产安全。同时,还要继续做好支援地方重点工程和公益事业建设,开展形式多样的扶贫帮困、助学兴教活动,积极配合地方化解矛盾、处置突发事件、创建平安浙江等经常性拥政爱民工作。要以积极推进军民融合式发展为平台,不断提升双拥工作质量水平。新形势下的双拥工作,说到底就是要对军地建设、改革、发展和稳定产生互促共赢效应。我们要认真贯彻胡总书记提出的"要把推进军民融合式发展作为转变经济发展方式重要内容"的重要思想,注重在弘扬部队优良传统中提供精神动力,在维护国防安全利益中为地方经济社会发展提供安全环境,在深化军民科技对接合作中提升自主创新能力,在贯彻军事需求中有效整合资源促进发展,在拓展军用设施民用功能中强化服务保障,在协助做好退役士兵职业技能培训中提升人力资源整体素质,积极服务我省经济发展方式转变,进一步拓展双拥工作领域、提升双拥工作质量水平。

同志们，革命战争年代，浙江军民用鲜血和生命为建立新中国铸就了历史的辉煌；和平建设时期，富裕起来的浙江儿女坚持致富不忘报国、发展不忘强兵，以实际行动谱写了一曲曲感人泪下、催人奋进的拥军乐章；在新的历史时期，我们更加坚信，有全省各级党委政府的高度重视、坚强领导，有全省军民的携手并肩、广泛参与，双拥工作一定能够书写出新的辉煌篇章！

王金山同志在安徽省双拥模范城(县)、模范单位和模范个人命名表彰会议上的讲话

同志们：

今天，在这里隆重召开全省双拥模范城(县)命名暨双拥工作表彰大会，既是向伟大祖国六十周年华诞献礼的延续，也必将对深入推进安徽省双拥工作，加强军政军民团结，更好地为改革、发展、稳定和部队建设服务，起到重要的推动作用。在此，我谨代表省委、省政府、省军区向受到表彰的双拥模范城(县)和双拥工作先进集体、模范个人表示热烈的祝贺！向为保卫祖国、建设国家，特别是为安徽经济社会发展作出突出贡献的人民解放军和武警部队全体官兵，以及烈军属、革命伤残军人、转业复员退伍军人、军队离退休干部，表示亲切的慰问并致以崇高的敬意！向热情关心支持国防和军队建设的各级党委、政府和广大人民群众，表示衷心的感谢！

拥军优属、拥政爱民历来是我党我军我国人民的光荣传统和特有的政治优势，省委、省政府、省军区一直高度重视双拥工作。特别是2005年全省双拥模范城(县)、模范单位命名表彰大会之后，全省上下认真落实党的十七大精神，深入学习实践科学发展观，积极贯彻党中央、国务院、中央军委关于加强军政军民团结的指示精神和总体要求，按照服务大局、注重建设、立足基层、求实创新的思路，扎实有效地开展双拥工作，在推进安徽改革开放和现代化建设进程中，在维护国家主权、安全和统一的斗争中，在应对各种严重自然灾害的挑战中，同心协力，众志成城，创造了新业绩，夺取了新胜利，谱写了新篇章。历史和现实充分说明，双拥工作是一项带有全局性、战略性的工作，“军民团结如一人，试看天下谁能敌”永远是颠扑不破的真理。

在辉煌的双拥工作实践中，全省涌现出了一大批先进典型、先进人物。这次受到表彰的双拥模范城(县)、先进集体和模范个人，就是其中的突出代表。他们的先进事迹，充分体现了军队和人民在党的领导下，“同呼吸、共命运、心连心”的鱼水深情，集中反映了广大军民在政治、经济、文化和社会建设中的精神风貌，全面展示了双拥创建活动持久不衰、蓬勃发展的喜人形势。全省各地、各部门要认真学习他们重视双拥、支持双拥、推动双拥的好做法、好经验，结合本地实际，灵活地加以运用，并自觉、深入地探索新形势下做好双拥工作的新方法，以不断推动我省双拥工作的扎实健康发展。

同志们，党的十七大对做好双拥工作、加强军政军民团结提出了新的更高的要求。我们要站在社会和谐稳定、人民幸福安康、事业兴旺发达的高度，充分认识加强军政军民团结的极端重要性，坚持不懈地做好双拥工作，为推进我省经济社会快速发展和驻皖部队现代化建设提供更加有力的保障。

第一，紧密凝聚军心民心，始终用中国特色社会主义伟大旗帜引领双拥工作。中国特色社会主义伟大旗帜，是当代中国发展进步的旗帜，也是凝聚亿万军民团结奋斗的共同政治基础。做好新形势下的双拥工作，必须以中国特色社会主义理论为指导，进一步增强服从服务大局的自觉性，加强军地之间的理解和支持，巩固军政军民团结。要坚持把科学发展观落实到双拥实践中，形成“围绕发展抓双拥，抓好双拥促发展”的工作格局，激发全省军民更加自觉地

投身于我省全面建设小康社会的伟大事业,努力实现安徽率先"中部崛起"。

第二,深入开展宣传教育,营造更加浓厚的军爱民、民拥军的社会氛围。要把双拥宣传教育作为巩固军政军民团结的基础性工程来抓,结合学习贯彻这次命名表彰大会精神,使拥军优属、拥政爱民的光荣传统深入群众、深入基层。要大力宣传人民群众爱国拥军、情系国防的优秀品质,大力宣传军队听党指挥、服务人民、英勇善战的优良传统。要加大国防法、兵役法等法律法规的宣传教育力度,增强广大军民依法履行国防义务、做好双拥工作的责任感和自觉性。要充分发挥国防教育基地和大众传媒的作用,开展丰富多彩的双拥文化宣传活动,增强双拥宣传教育的感染力。

第三,加强军地相互支持和协作,进一步服务军事斗争准备和经济社会发展。各级要站在维护国家统一和安全的战略高度,围绕军事斗争准备,深入开展智力拥军、科技拥军、法律拥军等活动,动员和组织社会力量支持部队完成训练演习、战备执勤等各项任务,支持军队推进后勤保障和其他保障社会化,做好人民群众支前各项准备工作。驻皖部队要按照中央军委的要求和部署,大力支援地方经济和社会建设,广泛开展科技、教育、文化、卫生等多种形式的扶贫帮困活动,积极承担抢险救灾和重点工程建设等急难险重任务,以实际行动造福安徽、服务人民。

第四,广泛开展群众性双拥活动,全面提高双拥工作整体水平。要认真总结争创全省双拥模范城(县)的经验,以这次命名表彰为契机,进一步推动双拥工作持续深入开展。要把握群众性双拥活动的规律和特点,解放思想,更新观念,进一步拓展领域、丰富内容、创新形式,在求深上下工夫,在求实上做文章,使双拥工作更加富有时代特色和内涵。要把群众性双拥活动的重心放在基层,放在解决实际问题上,扎扎实实地做好经常性的工作,积极探索行业拥军、社区拥军、新型经济组织和新的社会阶层拥军的新路子,进一步提高全省双拥工作的整体水平。

第五,加强双拥法规政策和机制建设,打牢双拥工作持续健康发展的基础。双拥工作与广大军民的切身利益息息相关,要切实把以人为本落实到双拥工作的具体实践中,针对存在的突出问题,研究解决的政策措施,为开展工作提供政策法规依据,以更好地实现和维护好广大军民的根本利益,使改革发展成果为广大军民共享。要建立完善军地联席会议、双拥模范城(县)动态管理考核等制度,推进双拥工作规范化、制度化、经常化。要加强双拥组织建设,落实工作人员和工作经费,确保双拥工作的顺利开展。

同志们,新时期的双拥工作任重而道远。让我们紧密围绕在以胡锦涛同志为总书记的党中央周围,高举邓小平理论和"三个代表"重要思想伟大旗帜,深入学习实践科学发展观,进一步提高认识、创新思路、扎实工作,不断提高双拥工作的质量和水平,努力开创我省双拥工作的新局面,为建立巩固的国防和现代化的军队,为巩固和发展军政军民团结,为实现安徽奋力崛起和全面建设小康社会宏伟目标作出新的更大的贡献!

王明方同志在安徽省双拥模范城(县)命名暨双拥工作表彰大会上的讲话

同志们:

当我们满怀喜悦和豪情即将跨入 2010 年之际,省委、省政府、省军区在这里隆重召开全省双拥模范城(县)命名暨双拥工作表彰大会,这是全省双拥工作的一件盛事。会议的主要任务是:总结交流新形势下双拥工作经验,研究部署当前和今后一个时期双拥工作任务,命名表彰全省双拥模范城(县)、先进集体和模范个人。开好这次会议,对于做好新形势下的双拥工作,巩固和加强军政军民团结,动员全省军民为全面建设小康社会而努力奋斗，具有重要意义。金山书记接下来还要作重要讲话，我们要认真学习，深刻领会，并贯彻落实到实际工作中去。下面，我代表省双拥工委作全省双拥工作情况的报告：

一、近年来全省双拥工作取得了显著成绩

2005年全省双拥模范城（县）命名表彰大会以来，在省委、省政府、省军区的坚强领导下，全省军民认真贯彻党中央、国务院、中央军委关于做好双拥工作的指示精神，紧紧围绕形势任务需要，紧紧围绕巩固和增强军政军民团结，紧紧围绕安徽改革发展稳定和驻皖部队现代化建设，做了大量卓有成效的工作。

（一）全面创新领导运行机制，推进了双拥工作持续健康快速发展。全省各级党委、政府和驻皖各部队切实加强对双拥工作的领导，形成了军地协调、部门合作、内外一体的领导运行机制，呈现出上下齐动互促、全省“一盘棋”的双拥工作发展新格局。省双拥办积极与成员单位联系，建立加强联络员制度，争取各级党委政府重视支持、督促协调各地各部门健全完善领导机构、落实工作经费和人员编制，着力推进全省双拥工作深入开展。全省大多数市、县双拥办都按要求高配为副处、副科级。各乡、镇、街道、社居委和基层单位普遍建立了双拥工作机构和各类双拥服务小组，进一步健全了上下畅通、军地联通、部门沟通、职责明确的双拥服务网络。

（二）广泛开展双拥宣传教育，形成了全社会参与支持双拥的良好局面。一是讲求宣传活动的经常性。紧密结合形势和任务需要，将反映时代特点的教育内容纳入国防教育计划，广泛开展了以树立科学发展观、构建和谐社会、宣传爱国主义为主要内容的国防教育。二是注重宣传对象的普遍性。突出领导干部、青年、民兵、学生和部队官兵等重点，将国防教育列入各类学校、党校的日常教育内容。各市、县也利用组织学生军训的时机，广泛开展国防和爱国主义教育，有效净化了青少年学生的心灵。三是坚持宣传形式的多样性。各市、县从丰富宣传手段，拓展宣传内容入手，充分利用广播、电视、网络以及召开研讨会、座谈会，举办知识竞赛、文艺会演等形式，深入宣传双拥工作，极大地提高了广大军民的双拥热情。

（三）完善落实双拥政策法规，着力解决了一批双拥工作重点难点问题。全省坚持以科学发展观为指导，认真贯彻国家双拥政策法规，下大力完善符合当地实际的相关政策规定，保障了双拥工作重点难点问题有效解决。在落实优抚政策上，认真执行《军人抚恤优待条例》，普遍建立了优抚资金社会化发放、义务兵优待城乡一体化、优抚对象医疗保障等制度和优待标准自然增长机制，最大限度地帮助解决优抚对象“住房难、看病难、生活难”问题。在退役军人安置上，采取“预留位置、先进后出、带编分配、增加职数”等措施，努力使广大军转干部进公务员队伍，并安排适当岗位和职务。同时，大力推进退役士兵安置工作改革，深入抓好退役士兵职业技能培训和扶持、推荐就业等工作，及时发放自谋职业补助金，退役士兵较为满意。在保障军人合法权益上，各地普遍成立了军人维权领导小组，大力扶持随军家属就业，为随军未就业家属发放生活补助费。各地还积极出台优惠政策，采取降分录取、免收相关费用、义务教育阶段无条件接收等措施，保证军人子女入当地最好的学校，深受部队欢迎。

（四）大力支持驻皖部队建设，努力为军事斗争准备提供了坚强保证。围绕做好军事斗争准备，各级牢固树立“发展经济、不忘国防，生活富裕、不忘拥军”的理念，党委、政府定期召开议军会议，专题研究加强党管武装工作，并积极组织党、政负责人，各双拥工委成员单位走进部队，现场办公，下大力为部队办实事，解难事，真正使地方改革发展的成果在国防建设中得到充分体现。地方教育、科技、文化等部门注重发挥好自身优势，大力开展智力拥军、科技拥军、文化拥军活动，将技术和装备“嫁接”到科技练兵领域，帮助部队做好复合型人才培养和科技人才培训。同时，各级还坚持把拥军工作融入军民共建社会主义新农村和创建文明城市、文明村镇、文明社区、文明行业等各项活动中，取得了实实在在的成效，有力地促进了双拥工作“六进”的步伐。

（五）服务安徽经济社会发展，谱写了新形势下拥政爱民新篇章。“地方倾情服务部队,部队时刻不忘地方。”驻皖部队广大官兵牢记宗旨使命,充分发挥自身优势,自觉服从和服务大局,在出色完成战备训练任务的同时,积极投身驻地“三个文明”建设,成为地方党委、政府维护社会稳定、应对自然灾害、处置突发事件的中坚力量,谱写了新形势下军爱民,民拥军的新篇章。一是在参与地方重点工程建设中打头阵。省军区系统发挥牵头协调和桥梁纽带作用,动员和组织驻皖部队及广大民兵、预备役人员积极开展双拥共建、扶贫开发、军警民共建“八一”林等活动,为加快安徽奋力崛起、富民强省作出了重要贡献。二是在承担急难险重任务时当尖兵。在 08 年严重雨雪冰冻灾害中,省军区发动驻军和民兵预备役人员数万人,上路铲雪,实施救援,保障交通;每年长江、淮河和滁河流域发生严重洪涝灾害时,驻皖部队都及时派出抢险救援队,奋力实施抢险救灾,为保卫人民群众生命财产安全作出了突出贡献。三是在扶贫帮困和公益事业上作表率。驻皖部队坚持抓共建促和谐,积极主动与地方单位结成对子,广泛开展多种形式的军民共建活动,在关心少年儿童健康成长、争创文明城市等活动中发挥了不可替代的重要作用。全省广大武警、消防、边防和警卫系统官兵也积极配合驻地开展军警民联防、传播精神文明、维护社会稳定等工作,受到了地方党委、政府和人民群众的高度赞誉。

总结近年来的双拥工作,我们在继承传统的基础上不断发展,创造和积累了许多成功经验。主要是:必须坚持以科学发展观为指导,用建设中国特色社会主义的共同政治基础凝聚军心民心,保证双拥工作始终沿着正确方向发展;必须自觉服从大局、服务中心,紧紧围绕国家和军队的改革与发展开展工作,促进经济实力和国防实力同步增强;必须按照以人为本的要求,坚持办实事做好事解难事,实现、维护和发展好广大军民的根本利益;必须从政治上看待和处理军政军民关系问题,不断密切军队与人民群众的血肉联系,维护社会政治稳定大局;必须坚持与时俱进,不断拓展新领域、探索新形式,使双拥工作充满旺盛的生机和活力。这些有益经验,反映了新形势下双拥工作的特点和规律,必须长期坚持,自觉运用,并不断发展创新。

二、当前和今后一个时期双拥工作的主要任务

党的十七大明确提出:“坚持国防建设与经济建设协调发展,建设一支现代化、正规化、革命化的军队,确保国防安全,是党执政的一项重大战略任务。”双拥工作历来是我们战胜困难、夺取胜利的重要法宝。特别是在当前,国际国内形势仍然复杂,我省正处在改革发展的重要时期,迫切需要和谐稳定的社会环境。在新形势下,我们要带领全省军民全面建设小康社会,实现率先中部崛起的目标,必须有强大的国防作保障。各级都要从加强党的执政能力建设的高度,理解双拥工作,认识双拥工作,做好双拥工作。

当前和今后一个时期,全省双拥工作总的要求是:坚持以科学发展观为指导,全面贯彻党的十七大和十七届四中全会精神,紧紧围绕全面建设小康社会,以维护社会稳定、促进经济发展、推进军队现代化建设为重点,完善政策法规体系,创新群众性活动方式,建立协调顺畅的运行机制,落实好各项任务,巩固和发展军政军民团结,为我省改革发展稳定和军队现代化建设提供坚强有力的保障。

(一)深入开展军地共同学习实践科学发展观活动。学习实践科学发展观,是当前首要的政治任务,也是长远的战略任务。各地、各部队要按照中央和省委的部署要求,组织军民深入学习实践科学发展观,用党的最新理论成果把广大军民武装起来、凝聚起来,为建设中国特色社会主义事业而奋斗。要充分发挥军地双方优势,把学习实践活动不断引向深入。坚持用科学发展观指导双拥实践,进一步理清思路,明确方向,丰富内容,提高标准,使双拥工作在更高的起点上推进,更好地为我省经济社会发展和军队改革建设服务。

(二)切实抓好以爱国主义为核心的国防和双拥宣传教育。增强广大军民的国防观念和双拥意识,巩固军政军民团结的思想基础,必须坚持不懈地开展国防教育和双拥宣传教育。要坚持以爱国主义为核心,以拥军优属、拥政爱民光荣传统为重要内容，积极开展经常性的、丰富多彩的军地共建社会主义精神文明活动，弘扬新精神、传播新道德、树立新风尚。要不断丰富基层双拥工作内容，使双拥工作贴近人民群众、贴近部队官兵、贴近优抚对象，深深扎根于广大军民心中，不断强化广大军民自觉参与的意识。要加大对先进典型的培养和宣传力度，树立一批体现时代精神的双拥先进典型，充分发挥其示范和引导作用。要充分利用各类传媒手段，采取多种形式，积极开展双拥主题宣传教育活动。

（三）加强军地协作推进经济建设与国防建设共同发展。做好新时期双拥工作，要紧紧围绕全面建设小康社会和推进中国特色军事变革，正确处理经济建设与国防建设的关系。各级党委、政府和有关部门，要切实把支持军队现代化建设作为拥军重点，配合部队完成各种训练演习任务，支援重点军事工程建设，形成军地协调行动、共谋打赢的生动局面。要研究制定支持军队实施人才战略工程的规划措施，多形式、多渠道帮助培养高素质新型军事人才。要制定完善参战支前，建立快捷高效的支前保障体系，积极筹措资金，多方组织力量，加强未来战场建设，为军事斗争准备创造条件。驻皖部队要积极发扬拥政爱民的优良传统，坚定地贯彻服从我省改革、发展、稳定的大局和实现"中部崛起"的目标，积极支持地方经济建设，着眼于社会主义物质文明、政治文明和精神文明协调发展，扎实开展军民共建活动。要研究制定符合地方建设需求和部队实际的援建规划，集中力量参加重点工程建设，充分发挥部队人才、技术等优势，加大教育、科技、文化、卫生等扶贫力度。要主动承担完成各类急难险重任务，协助维护社会治安，为构建"和谐安徽"、全面建设小康社会创造良好条件。

（四）进一步完善落实好各项拥军优抚安置政策。拥军优抚安置政策，涉及部队官兵和优抚对象的切身利益，直接关系到军队稳定、国防巩固和社会发展。各级党委、政府要高度重视，切实抓好落实。要坚持计划分配和自主择业相结合，做好军队转业干部安置工作，完善军队离退休干部安置政策，确保政治、生活待遇落实。要采取政府安排、自谋职业等多种形式，拓宽退役士兵安置渠道。坚持行政调配和市场调节相结合的原则，妥善解决随军家属劳动就业、军人子女入学入托等问题。要热情关心转业复员退伍军人、烈军属、残疾军人及生活困难的优抚对象，想方设法为他们排忧解难，坚持国家保障和社会优待相结合，保证重点优抚对象达到或高于当地人民群众的生活水平。同时，要进一步完善相关的政策法规，在认真调研的基础上，及时修订《安徽省拥军优属条例》，更好地维护优抚对象合法权益。

（五）深入抓好新一轮争创全国、全省双拥模范城（县）活动。创建双拥模范城（县）活动在推动我省双拥工作发展中发挥了重要作用，各地、各部队要认真总结基本经验，进一步探索将创建活动不断引向深入的具体措施。一要端正创建活动的指导思想，按照"坚持方向、丰富内容、拓宽领域、注重实效"的原则，明确责任、做好计划、抓好落实。二要坚持标准，把创建的精力放在扎扎实实抓好工作落实上，防止和克服重数量轻质量、重荣誉轻工作的倾向。三要坚持把创建活动的重点放在基层，把争创活动与双拥"六进"活动紧密结合起来，推动双拥工作社会化。四要加强对双拥模范城（县）的动态管理，完善竞争激励机制，形成争先创优的良好局面，努力推动我省双拥工作再上新台阶。

三、解放思想，改革创新，不断提高全省双拥工作的质量和水平

当前，经济体制深刻变革、社会结构深刻变动、利益格局深刻调整、思想观念深刻变化，双拥工作必须主动适应新形势，立足新实践，以解放思想为先导，以改革创新为动力，着力推动解决影响双拥工作深入发展的突出问题，努力使工作领域范围、方法手段和体制机制更加符合科学发展观的要求，更好地为地方经济社会发展和军队改革建设服务。

（一）坚持在拓展双拥工作领域上下工夫、求突破。要立足国家和军队的中心任务，不断开辟新领域，拓展新范围，使双拥工作在服从大局、服务中心中发挥更大作用。要把推进社会主义核心价值体系建设和培育当代革命军人核心价值观作为双拥宣传教育的根本目标，坚持用马克思主义中国化最新成果武装军民，用中国特色社会主义伟大旗帜凝聚军民，坚持以人为本，把支援以改善民生为重点的社会事业建设作为双拥工作的重要任务，把支持部队完成多样化军事任务作为双拥工作的重要内容，努力使广大军民更好地共享改革发展的丰硕成果。要按照走市场化、社会化路子的要求，把社会团体和非公有制经济组织作为双拥工作的重要力量，推进社会化拥军活动深入发展。努力使双拥工作紧跟形势任务变化，始终与时代同步伐，与中国特色社会主义事业共发展。

（二）坚持在改进双拥工作方法手段上下工夫、见成效。要积极适应发展社会主义市场经济的要求，综合运用行政、经济、法律等手段解决双拥工作遇到的矛盾问题，实现政府行为和社会行为、以情双拥和依法双拥、行政调节和市场调节的结合。采取多种形式，抓好群众性双拥活动的创新发展，用军民喜闻乐见的方式和载体，增强双拥工作的吸引力和感染力。要加大运用典型指导工作的力度，大力推进双拥文化载体创新，推出一批反映双拥时代特色的先进典型，反映双拥工作发展历程的精品力作，满足军民多层次、多方面、多样化的精神文化需求。

（三）坚持在创新双拥工作体制机制上下工夫、有作为。要大力弘扬改革创新精神，积极探索建立符合科学发展观要求、能够持续发挥作用、具有长久效力的体制机制。要完善组织领导机制，建立双拥工作责任制，把双拥任务分解到各部门、各单位、各行业，明确主管领导抓双拥工作的职责，并定期检查考评工作实效，形成党政军齐抓共管、广大军民积极参与的工作格局。要建立完善协调协作机制，健全双拥联席会议等制度，进一步加强沟通联系，协调处理矛盾问题。要完善监督制约机制，定期组织有关部门进行执法检查，并邀请人大代表、政协委员参加，促进双拥政策法规在基层的落实。要健全激励竞争机制，大力表彰和宣扬支持双拥、参与双拥成绩突出的先进单位和个人，调动社会各方面做好双拥工作的积极性、创造性。

各级双拥工作委员会和领导小组担负着组织、协调、指导双拥工作的职能，对双拥工作深入发展负有重要责任。要以对国家和军队建设高度负责的精神，认真履行职责，抓好各项工作，为加强军政军民团结贡献力量。各级双拥工委成员单位要结合实际制定措施，确保双拥工作在本单位、本部门、本系统的落实。各级双拥办是领导小组的办事机构，要搞好自身建设，积极履职尽责，当好参谋。同时，要认真研究各级双拥办的工作机制问题，关心重视双拥办建设，在人员配备、经费使用等方面给予支持，推动双拥工作深入发展。

同志们，双拥工作是一项政治性很强的工作，责任重大，任务繁重，使命光荣。让我们紧密团结在以胡锦涛同志为总书记的党中央周围，在省委、省政府、省军区的领导下，全面贯彻落实科学发展观，脚踏实地，求真务实，开拓创新，不断开创双拥工作的新局面，不断取得双拥工作的新成效，为建立巩固的国防和现代化的军队，为巩固和发展军政军民团结，为实现安徽奋力崛起和全面建设小康社会作出新的更大的贡献！

于广洲同志在福建省双拥共建工作领导小组第三十一次全体成员会议上的讲话

同志们：

今天会议的主要任务是，总结过去一年的双拥工作，部署今年的双拥任务。刚才，听了跃征同志的汇报，讲得很好，我都同意。2009 年以来，福建省双拥工作在省委、省政府和省军区的正确领导下，经过各成员单位的共同努力，经过全省军民的共同努力，取得了比较好的成绩，无论是拥军优属还是拥政爱民，都有了新的发展、新的成效。不久前，全国双拥办主任会议在我省召开，民政部和总政治部的负责同志，充分肯定了我省的双拥工作，提倡大家学习借鉴我省的双拥工作经验。当然，这些成绩来之不易，要倍加珍惜，不能骄傲自满，要更多看到自身存在的不足和薄弱之处，始终保持清醒头脑，脚踏实地把我省的双拥工作做得更好。

在今天的会上，各成员单位同志作了很好的发言，特别是国忠同志、志南同志、德信同志提出了很好的意见，我都赞成。请双拥办的同志认真归纳梳理，抓紧对2010年的工作要点作进一步的修改完善，然后按程序报批印发，并认真组织实施；对春节期间的双拥活动安排，请省委办公厅、省政府办公厅会同有关部门负责协调，抓好具体衔接和工作落实。

下面，我简要强调四点意见，供大家参考。

一、双拥工作要始终坚持围绕大局

服务国家和军队的建设大局，是双拥工作必须遵循的基本原则。对福建省来讲，加快海峡西岸经济区建设是大局，军民团结一致，做好军事斗争准备、反独促统也是大局。大家都要增强大局意识，通过深入开展双拥活动，推进海西加快发展，促进部队全面建设，维护国家核心利益，实现祖国统一大业。近几年来，各地各部门围绕国防和军队建设大局，深入实施项目拥军、科技拥军、支前拥军、政策拥军，有力推动了部队全面建设。驻闽部队也紧紧围绕海西建设大局，大力支持地方各项建设事业，深受地方党委、政府和人民群众的好评。在新的形势下，双拥工作要服务大局，必须牢固树立“围绕科学发展抓双拥、抓好双拥促科学发展”的理念，自觉将其融入经济社会发展和部队现代化建设的各项任务中；必须围绕加强和改进党的建设抓双拥，深入贯彻落实党的十七届四中全会和省委八届七次全会精神，大力弘扬古田会议精神，广泛开展以共学共建学习型单位为主题的军地党建活动，着力增强全民的国防观念和双拥意识，激发广大军民做好双拥工作的积极性和创造性；立足海西加快发展抓双拥，把加快海峡西岸经济区建设、保持经济平稳较快发展，作为双拥工作的出发点和落脚点，动员和组织全省军民相互支持、密切协作，积极应对我省经济社会发展和海西建设中遇到的各种困难和问题，全面推进海西建设；紧扣社会和谐稳定抓双拥，教育广大军民倍加顾全大局、珍视团结、维护稳定。驻闽部队和武警官兵要发挥自身优势，努力构建拥政爱民工程，继续在保护人民生命财产安全、支援重点工程建设、扶贫帮困、捐资助学、治理环境和平安建设等方面作出新贡献，推动我省双拥工作在围绕大局中实现新发展。

二、双拥工作要始终坚持求真务实

我们强调求真务实，就是工作作风要扎实、工作举措要切实、工作成效要真实。一句话，就是出实招、办实事、求实效；就是要针对存在问题，紧密结合实际，采取有效措施，切实加以解决。要着力解决军民普遍关心的热点难点问题，多排忧解难，多做稳军心、暖兵心、得民心的实事好事。继续实施“四项”拥军工程，继续扶持部队“两基地、一中心”建设，帮助部队妥善解决军事演习、野营训练、战备执勤、国防施工以及在“安居”中遇到的实际问题，保障部队顺利执行各项战备任务和重大军事行动。认真贯彻落实省委、省政府出台的各项拥军优属政策，进一步做好军转、军休干部和退役士兵的安置工作，解决好随军家属就业、军人子女入学入托等具体困难，帮助部队官兵解决后顾之忧，促进驻闽部队的全面建设。在去年领导小组会议上我曾经说过，要加大对部队周边环境整治的力度，给部队营造一个比较整洁的环境。福州市领导就比较重视，迅速行动，整治成效也比较明显。目前，海军、空军机关的周边环境整治已纳入城市道路改造计划，前期工作已经完成，后续工作也在积极筹划中；南京军区技术二局的进出道路改造也比较顺利，春节前可以建成通车。我希望各级各部门都要这样，真正带着责任、带着感情，尽心尽力为部队解决实际问题，该突破的要突破，该倾斜的要倾斜，该特事特办的要特事特办，决不能停留在会议上、文件上、口头上。

三、双拥工作要始终坚持创新发展

双拥工作是一项与时俱进的工作，必须随着形势的发展而发展，随着部队需求的变化而变化。就福建省而言，就是要创新思路，积极探索符合省情、彰显特色、突出优势的双拥工作新路子。比如，如何根据新修订的全国双拥模范城创建标准，进一步提高创建质量？如何进一步巩固提升我们的双拥品牌？如何根据新的形势对我省拥军优属法规进行及时补充修订？等等；要创新机制，把行政手段与市场手段、政府行为与社会行为、以情双拥与依法双拥,更加紧密地结合起来,推动双拥工作的法制化、规范化、经常化和社会化;要创新举措,根据形势和任务的发展变化,突出抓好政策扶持、资源整合、统筹协调,确保军地双方各尽所能、各得其所、和谐发展;要创新载体,广泛开展行业拥军、社区拥军、“两新组织”拥军等活动,进一步完善基层拥军优属的工作网络和服务体系,不断扩大双拥工作的群众基础和社会基础。比如,泉州等地利用当地民营企业优势,引导企业安置好随军家属和退役士兵就业,帮助部队官兵和优抚对象解决实际困难,为政府分忧,就是一种很好的做法,值得大力推广。我们要及时总结和推广各地的新经验新办法,动员全社会共同重视双拥、参与双拥、推进双拥,不断提高双拥工作水平。

四、双拥工作要始终坚持齐抓共管

双拥工作涉及方方面面,单靠个别部门和少数人是搞不好的,必须建立党委、政府统一领导,部门各司其职,军民广泛参与,形成齐抓共管的长效机制。根据新一年的工作要求,各级各部门要继续把支持驻闽部队全面建设、配合部队完成多样化任务作为双拥工作的重点。各级党政军负责人,要切实提高对双拥工作的认识,把双拥工作摆上重要议事日程,及时研究解决双拥工作中遇到的突出问题,确保双拥工作的科学发展和持续提升。要把着力点放在平时,扎扎实实做好日常方方面面的工作,不断夯实双拥工作的基础。领导小组各成员单位要认真按照职责分工和工作性质,各负其责、通力合作,切实做好本部门本系统的双拥工作。比如,军转干部的安置,组织、人事等部门就应当负责好;军人子女就学入托,教育等部门就应当负责好;随军家属随调和就业,人事、人保等部门就应当负责好。做每一项工作,都要加强沟通、密切配合,心往一处想、劲往一处使,切实解决问题。双拥办、支前办、军转办、国动办、交战办、人防办等涉军部门,也要加强横向联系,建立沟通渠道,形成齐抓共管、协调推进的良好局面。

总之,希望大家以高度的政治责任感,立足新起点、新任务,继续创造性地做好各项工作,为圆满完成各项双拥工作任务、为海峡西岸经济区建设和国防现代化建设作出更大贡献!

凌成兴同志在江西省双拥工作领导小组第十六次会议上的讲话

(2010年5月31日)

同志们:

今天,我们召开江西省双拥工作领导小组第16次会议,回顾总结情况,安排部署任务,非常重要,非常必要。刚才,民政厅郭爱华副厅长代表双拥办总结了2009年的工作情况,提出了2010年的工作任务,我都同意。省财政厅、人保厅、粮食局等成员单位进行了述职,这个形式很好,今后的领导小组会议,都要抽部分成员单位述职。大家还对今年的双拥模范城(县)的考评工作和《江西省双拥模范城(县)考评标准》进行了认真讨论,表示原则赞成,同时提出了一些意见和建议。会后,请省双拥办抓紧修改完善,尽快下发。

2009年,是全省军民深入学习实践科学发展观,应对国际金融危机冲击等一系列重大风险和挑战取得明显成效的一年,也是双拥工作扎实推进取得丰硕成果的一年。概括起来主要是:宣传教育有声势,军地协作有力度,破解难题有成效,改革创新有突破。在宣传教育方面,全省党政军民紧紧围绕新中国成立60周年系列纪念活动,采取多种形式普及双拥宣传和国防教育,举办生动活泼的双拥文化系列活动,注重运用先进典型示范激励,使广大军民的国防观念和双拥意识进一步增强,爱国拥军、爱民奉献的社会氛围更加浓厚。在军地协作方面,各级党委和政府、各有关部门坚持站在国家安全和发展战略全局的高度,大力支持军事斗争准备,热情帮助官兵解决实际问题，积极配合部队完成多样化军事任务，支持国防和军队现代化建设的力度不断加大。驻赣部队自觉服从党和国家工作大局，充分发挥人才、装备、技术等方面的优势，积极参加和支援国家建设，为保持经济平稳较快发展、维护社会大局稳定作出了重要贡献。在破解难题方面，加强了法规建设，2009年省人大通过了《江西省军人抚恤优待办法》，省双拥工作领导小组通过了《江西省双拥模范城（县）创建命名管理实施办法》，这是破解双拥工作难题的重要法规。各级通过为重点优抚对象解三难活动，进一步提升了重点优抚对象的生活水平，通过强化政策落实，广大优抚对象的合法权益得到有效保障。特别是省财政和省发改委共同出资1 020万元，对省级17处革命烈士纪念建筑物进行了维修改造，带动了市县对革命烈士纪念建筑物的维修改造步伐，弘扬烈士光荣传统的氛围更加浓厚。在改革创新方面，军地各级积极适应新形势，立足新实践，坚持以创新精神推进工作，以改革办法化解矛盾，着力解决影响双拥工作深入发展的突出问题，在拓展工作领域、创新活动载体等方面，都有新的突破和发展，进一步提高了双拥工作的整体水平。特别是在做好复退军人稳定工作中，对重点人员实行了包案化解的办法，有效地维护了社会稳定。这些成绩的取得，得益于省委、省政府、省军区的正确领导，得益于成员单位的大力支持，得益于各级双拥工作者的艰苦努力，借此机会，我代表省委、省政府和省双拥工作领导小组，向你们表示衷心地感谢！

当前，我国已进入一个新的发展阶段。国际形势继续发生复杂深刻变化，我国国家安全、经济社会发展面临诸多挑战，加强军队建设和做好军事斗争准备的任务更加艰巨。面对新形势、新任务、新要求，各级党委、政府和驻军领导机关，要更加重视双拥工作，更加支持双拥工作，使双拥工作在促进国家和军队改革建设中发挥更加积极、更加重要的作用。下面，我就做好2010年的双拥工作，强调几点：

一、要坚持军民融合的基本方针，着力推动国防建设和经济建设的协调发展

胡锦涛总书记强调指出，要站在国家安全和发展战略全局的高度，坚持军民融合式发展，推动国防建设和经济建设良性互动，确保在全面建设小康社会进程中实现富国和强军的统一，确保军队有效履行新世纪新阶段历史使命。这既为加强国防建设和经济建设指明了方向，也为做好新形势下双拥工作提出了新的更高要求。随着改革开放和社会主义市场经济的深入发展，统筹运用社会资源支持国防和军队现代化建设的前景更加广阔。当前，江西省仍处于夺取应对国际金融危机冲击全面胜利、加快经济发展方式转变、保持经济平稳较快发展的关键节点，全省上下正在坚持以加快经济发展方式转变为主线，以推进鄱阳湖生态经济区建设为龙头，奋力推动江西科学发展、进位赶超、绿色崛起。“围绕发展抓双拥，抓好双拥促发展”，是多年来双拥工作的成功经验，是我们必须牢牢把握的基本要求，也是国防建设和经济建设兼容发展的客观需要。军地各有关部门和单位要密切协作、共同努力，不断完善融合机制，丰富融合形式，拓展融合范围，使双拥工作在推进我省经济社会又好又快发展和驻赣部队现代化建设中发挥更大的作用。

二、围绕提高双拥工作水平，大力深化创建双拥模范城（县）活动

创建双拥模范城（县）是这些年来拥军优属、拥政爱民最重要的实践活动，也是一项动态发展、不断深化的经常性工作。争创双拥模范城（县）活动，是新时期双拥工作的重要举措，有利于推动经济社会发展环境的整体优化，有利于创造优质高效的服务环境，有利于形成安定祥和的社会环境和团结文明的人文环境，双拥创建活动在经济社会发展中可以发挥更大的作用。按照《江西省双拥模范城（县）创建命名管理实施办法》的有关规定，今年要对新一届双拥模范城（县）进行考评和命名表彰。各地要按照《江西省双拥模范城（县）创建命名管理实施办法》的要求，认真寻找差距，周密制定措施，加大宣传力度，调动各方面的积极因素，努力营造浓厚的双拥氛围。要通过各种形式，广泛开展双拥创建的系列活动，广造声势，及时宣传双拥创建中的新人新事，以点带面，推动双拥创建工作深入开展。要动真情，办实事,切实维护优抚对象的合法权益。要创特色,树品牌,切实提升双拥创建工作水平。各地要根据自身的特点,围绕维护军政军民团结,落实好军地联席会议和走访慰问制度;围绕发展生产力和提高部队战斗力,落实军地互办实事制度;围绕军民共建,不断创新共建形式,不断丰富共建内容,不断拓展共建领域,使共建活动更具活力,更富时代特色。通过军民齐心协力,军民合力推动双拥创建再上新台阶。

三、要切实加强对双拥创建工作的领导

拥军优属、拥政爱民是我党、我军、我国人民在长期革命和建设实践中形成并不断丰富、发展起来的优良传统,是我国革命和社会主义建设事业取得胜利的一个重要法宝,是我们特有的政治优势,战争年代如此,和平时期也是如此。双拥工作是一项带全面性、战略性的工作,是党政军民共同的政治任务,是维护国家长治久安和稳定发展的政治保证。双拥工作不是一项具体的业务工作,不是一般性、阶段性的工作,而是一项涉及全党、全军和全国工作大局的长期战略任务,有着其他工作不能替代的作用。我们必须始终如一地重视双拥、开展双拥、推动双拥,无论形势如何发展、环境如何变化,我们都要坚持站在国家安全和发展的战略高度,充分认识做好双拥工作的重大意义,各地党政军领导要从讲政治的高度,把双拥创建工作列入重要议事日程,切实加强对双拥工作的领导。双拥工作作为党的群众路线的重要体现,其主体在军民,根基在军民,要认真贯彻以人为本的理念,充分考虑军民需求,体现军民意愿,才能充分调动广大军民参与双拥工作的积极性主动性。要把实现好、维护好、发展好广大军民的根本利益放在首位,切实做好转业退伍军人安置、随军家属就业、军人子女入学入托、义务兵家庭优待金、重点优抚对象生活保障等工作,做好严守群众纪律、维护群众利益工作,使双拥工作成为深受军民欢迎的民心工程。

同志们,做好新形势下的双拥工作,巩固和发展军政军民团结,是全社会的共同责任和光荣使命。我们要更加紧密地团结在以胡锦涛同志为总书记的党中央周围,高举中国特色社会主义伟大旗帜,在省委、省政府、省军区的正确领导下,全面贯彻落实科学发展观,振奋精神,与时俱进,奋发进取,扎实工作,努力把双拥工作提高到一个新的水平,为促进我省经济社会又好又快发展和驻赣部队现代化建设作出更大的贡献!

刘伟同志在山东省双拥工作领导小组第二十五次全体会议上的讲话

(2010年5月7日)

同志们:

这次会议的主要任务是,按照全国双拥办试点工作要求,部署山东省新一届双拥模范城(县)的考核评比工作。刚才,省军区政治部周和平主任对考评工作作了部署,国琛厅长和贤芹副厅长对修改后的双拥模范城(县)命名管理办法、考评标准进行了通报说明;大家讲了很好的意见建议,南政委讲了重要意见,兆信省长还要就有关工作提出要求。会后,请双拥办的同志认真梳理吸收,修改完善好相关文件,经省双拥工作领导小组批准后印发。对南政委、兆信省长的重要讲话要求,各地各单位要认真抓好落实。

对双拥模范城(县)的考核评比和命名表彰,国家和省原则上是每4年一次,上一次是2007年,2011年要进行新一届的考核评比和命名表彰工作。全国双拥工作领导小组为此制定了新的命名管理办法和考评标准,确定在我省等8个省份提前进行试点。这一次既是我省新一届双拥模范城(县)的检查评比,又承担着国家创城工作新标准的试点任务,因此,做好创城和考评工作非常重要。特别是我们省国家级双拥模范城(县)数量连续七届位居全国第一,已经是“七连冠”,我们要通过扎实有效的工作努力实现“八连冠”。

下面，我就进一步做好我省双拥模范城（县）创建工作、做好这次考评试点工作，讲几点意见。

一、要进一步增强做好双拥共建工作的责任感和使命感

上一次全国全省双拥模范城（县）命名表彰以来，在军地双方的共同努力下，山东省双拥模范城（县）创建工作取得了新的进展、新的成绩。各级各部门对双拥共建工作在思想上更加重视，在落实双拥政策、搞好拥军保障、维护军人军属合法权益上措施更加有力，在加强革命传统教育、双拥教育、国防教育，以及创新双拥工作思路、推进双拥工作社会化等方面，进行了一些有效探索，全社会支持双拥参与双拥的氛围日益浓厚，“双拥模范城（县）”已经成为各个市、各个县（市、区）努力争取的一个荣誉、一个品牌，也代表着一个城市、一个地区的形象。双拥工作的开展，对经济社会又好又快发展起到了有力的推动作用。在这个过程中，驻鲁部队广大官兵在认真完成各项军事训练任务的同时，积极支持地方建设，积极参与双拥共建工作。这几年，我们国家、我们省大事多、要事多、急事难事也多，包括四川汶川抗震救灾、北京奥运会安保、青岛奥帆赛残奥帆赛、清理浒苔、防汛抗旱、处理重大灾害事故、办好第十一届全运会、青海玉树抗震救灾等，各项任务十分繁重。在这种情况下，驻鲁部队想地方党委政府之所想、急人民群众之所急，哪里有困难、哪里有危险就出现在那里，为办成大事、处理难事、应对急事作出了重要贡献，为山东经济平稳较快发展，为保持社会和谐稳定作出了重要贡献。我们要实现更好更快发展，要建设经济文化强省，要应对来自方方面面的困难和挑战，同样也离不开军民同心、双拥共建。我们山东是革命老区，9 400 万山东人民对部队有着很深的感情，我们有着双拥共建的优良传统和“七连冠”的工作基础。对这样的好传统、好的工作基础，一定要坚持好、发扬好。特别需要强调的是，双拥模范城（县）的考核评比是一时的，做好双拥工作、创建双拥模范城（县）却是长期的，为部队办实事办好事、为建立和巩固强大的国防作贡献也是长期的；考核评比是一种手段、一种方法，目的是为了促进双拥工作，不能为双拥创城而搞创建，不能当做临时性任务搞突击，不能评上了就降低标准放松要求，而是要把这项工作真正纳入各级党委、政府的重要职责，纳入经济社会发展全局，引导各级领导干部自觉从讲政治、讲大局的高度抓双拥，以强烈的事业心和责任感抓双拥，以长期不懈的努力、扎扎实实的工作抓双拥，努力实现“八连冠”的目标。

二、要认真扎实做好双拥共建的各项工作

创建双拥模范城（县），关键在于把中央的政策要求落实好，把经常性、基础性的双拥工作做扎实、做到位，把工作做在前面，把工夫下在平时。

一是要在服务大局上下工夫。双拥工作事关改革发展稳定大局、事关国防军队建设大局。我们从事这项工作的同志，一定要有很强的政治意识、大局意识、责任意识，一定要紧紧围绕地方经济社会发展和国防军队建设这两个大局来开展工作。一方面，要充分发挥地方的优势，积极做好部队的有关保障工作，积极支持和配合部队的现代化建设，提高完成多样化军事任务的能力；另一方面，要围绕转方式调结构，围绕实施重点区域带动战略，围绕加快经济文化强省建设，围绕促进社会和谐稳定，做好我们的双拥工作，做好与部队的协调配合工作。比如，在四川汶川抗震救灾、青海玉树抗震救灾中，包括其他突发灾害事故中，军队都是非常重要的救援力量，济南军区更是汶川抗震救灾的先行军、主力军。从 2009 年起，中央决定依托军队建立规模达 5 万人的 8 支国家级专业应急救援队伍，下发了《军队非战争军事行动能力建设规划》，这其中济南军区就担负着重要任务。下一步，可以在建立重大灾害信息共享机制、应急指挥机制、联动机制等方面，加强军地的沟通协作。再比如校园安全问题，也可以发挥军民联防联治的优势，建立军警民共建平安校园机制，既加强了校园安全，也可以通过这种军地共建的形式开展青少年国防教育。这些工作，都可以开动脑筋作些探索和实践，使双拥工作更好地发挥服务大局的作用。

二是要在确保政策落实上下工夫。这些年来，中央和省委、省政府对做好双拥工作、做好军人军属的优抚安置工作,制定了一系列政策法规,作出一系列部署。双拥模范城(县)的“模范”,表现在很多方面,首先应当成为不折不扣落实好这些政策法规的“模范”,这是最基本、最起码的要求,也是最重要的任务。只有把这些政策法规落实好了,把军人军属的合法权益维护好了,我们的双拥共建工作才有生命力、吸引力和凝聚力,才能真正成为暖军心、安民心的惠民利军工程。在这方面,我们还有大量的工作要做,还要下更大的工夫。比如,对做好人才智力科技拥军工作、解决“小散远”部队官兵工作和生活困难问题、转业干部安置、复员退伍军人安置、随军家属就业和社会保障等,这些问题中央和省委、省政府都有明确的政策规定,都有具体的工作要求。我们一定要认真抓好落实,不管有多大的困难,都要积极创造条件,积极想办法解决,尽最大努力帮助部队和官兵解除后顾之忧。

三是要在提高双拥工作社会化水平上下工夫。2009年年底,我们召开了全省双拥工作社会化现场经验交流会,总结推广了部分市县、行业、企业和基层单位开展双拥工作的经验,对推进双拥工作社会化作了部署。双拥工作社会化,其实质就是围绕实现富国与强军的有机统一,充分调动社会各个方面的力量和资源,探索开展多种形式、多种渠道的社会双拥活动,构建“大双拥”工作格局,为部队建设多作贡献。这是我们党的政治优势在双拥工作中的体现,是一个很好的探索和创新,但目前这项工作还是初步的,还要下更大的工夫加以推进、加以规范、加以提高。包括怎样更好地调动各个行业、各个单位的积极性,怎样通过灵活多样的形式,增强双拥宣传教育的吸引力和感染力,怎样搞好军地需求的有效对接,怎样拓宽群众参与双拥工作的渠道,这些都需要我们在今后的工作中不断探索、抓好落实。

四是要在创新思路上下工夫。双拥模范城(县)创建工作,既是我们的优良传统,又要随着经济社会的发展、随着时代的进步而不断创新,不断赋予新的内涵、新的要求。创新才有动力,创新才有活力,创新才能有特色、出亮点,创新才能使工作富有成效。我们一定要在坚持和发扬优良传统、好的经验做法的基础上,注意运用新的思路、新的办法推动双拥工作,注意做好总结推广基层经验的工作,特别是注意发现各地在破解双拥工作难题方面有哪些好思路、好办法,及时加以总结和推广,使双拥工作常抓常新,充满生机与活力。

五是要在“联创共建”上下工夫。我们省的双拥创建工作之所以取得“七连冠”的好成绩,主要是军地双方密切配合、相互支持、共创共建、共同努力的结果,这也是一条成功经验。双拥,顾名思义就是要把“双向交流”、“联创共建”、互相支持帮助的工作做好。下一步,要继续做好这方面的工作,充分发挥地方和部队两个方面的积极性,对双拥共建工作中的重大问题,要加强与部队的沟通联系,主动听取部队的意见,积极争取部队的支持配合,大家齐心协力、步调一致,形成整体合力。

三、要坚持高标准严要求组织好考评试点工作

全省这次双拥模范城(县)考评试点工作,时间从6月初开始,到8月份结束。这项工作具有很强的政治性、政策性、导向性,试点工作做好了,就能树立正确的导向,让模范有劲头干、让各地有榜样学,形成好的争创氛围,推动双拥创城工作整体上水平;否则,会挫伤各地工作的积极性,影响双拥创城工作的深入健康发展。省里对这项工作高度重视,成立了以兆信同志为组长的考评领导小组和5个工作小组。希望大家一定要认真负责,精心组织,实施和落实好考评试点的各项工作。

一是政策标准要熟知。这次国家和省里制定的命名管理办法和考评标准,从总体要求到程序步骤,从考核内容到评分标准,都作了很详细、很具体的规定,与以往相比也有许多新变化、新要求,涉及军地双方多方面的工作、多方面的政策,考评组的同志来自不同部门和单位,虽然都直接或间接参与过这项工作,但有的同志对政策了解可能多一些,有的可能就少一些、还不够熟悉。考核别人,我们首先自己要弄懂吃透有关规定,做一个政策上的明白人、业务上的内行人。各考评小组一定要抓住考核前这段时间,认真搞好学习培训,逐条逐项分析研究,使考核组的每一位同志对考评工作的要求和各项政策规定，都能熟练掌握、熟练运用，提高考评工作的质量和效率。

二是评估检查要客观。我们要评选的是“双拥模范城”，那就应该在双拥工作各个方面是真正的“模范”，要经得起实践的检验，真正让人信服。希望各考评小组坚持公开公平公正原则，严把政策规定，严明考评纪律，严格工作责任，认真负责地做好考评试点工作。工作中，既要看客观条件又要看主观努力，既要看驻军多少又要看优抚对象多少，既要看经常性工作又要看重点任务完成情况，既要查看文档资料又要深入实地了解情况，既要充分反映成绩又要指出不足和薄弱环节，既要严格按程序办事、按标准赋分，使考评工作有章可循有据可查，又要注意采取灵活多样的方式，力求整个考评工作全面客观、真实准确。

三是听取意见要广泛。这次考评，我省还承担着全国新标准的试点任务。这就要求我们在考评工作过程中，坚持走群众路线，坚持开门搞考评，充分发扬民主，采取适当方式，认真听取基层干部群众、部队官兵和社会各个方面的意见建议，努力让他们参与、请他们监督，增强考评工作的公开性和透明度。对反映的有关意见建议，要认真进行分析研究，一方面要及时吸收和体现到我省的有关政策文件中，另一方面要积极向全国双拥办进行反馈，以进一步完善考评标准，不断增强考评工作的科学性、针对性和实效性。

实现“八连冠”的目标，任务十分艰巨。各级党委、政府要进一步加强对双拥共建和考评试点工作的组织领导，切实摆上重要位置，在领导支持、经费保障、宣传引导、力量配备等方面，为这项工作的开展创造良好环境和条件。双拥工作领导小组各成员单位要各负其责、尽职尽责，认真抓好分工任务的落实。各级双拥办要进一步加强自身建设和工作规范化建设，充分发挥参谋、组织、协调、指导职能，对各项工作要统筹考虑，精心组织，严格把关，努力把我省双拥工作提高到一个新水平。

郭兆信同志在山东省双拥工作领导小组第二十五次全体会议上的讲话

（2010 年 5 月 7 日）

同志们：

这次省双拥工作领导小组第二十五次全体会议的主要任务是，研究部署新一届省级双拥模范城（县）评比检查和全国双拥办考评试点工作。刚才，领导小组成员围绕《新一届双拥模范城（县）考核评比暨全国双拥模范城（县）考评试点工作》等三个方案发表了很好的意见。刘伟副书记就做好新一届创建双拥模范城（县）的工作，提出了明确要求。各级各单位要认真学习领会，切实抓好贯彻落实。下面，我就贯彻这次领导小组会议精神再强调几点。

一、要更加重视创建双拥模范城（县）工作

双拥模范城（县）是一项政治荣誉，含金量非常高。特别是 2010 年，全国双拥办将我省列为双拥模范城（县）考评试点单位之一，省级双拥模范城（县）评比检查工作也即将展开，大家一定要按照刘伟副书记的讲话要求，思想上高度重视，把创建工作与其他各项工作紧密结合起来，做到同部署、同安排、同检查，以更高的标准，更严格的要求，更有效的举措，推进创建活动取得扎实成效。刚才南兵军政委讲到，创建活动评比时要做得很好，平时工作也应该做得很好。刘伟副书记讲话强调一个很重要的观点，就是我们评比不是为了评比而评比，而是要通过评比活动促进双拥工作再上新台阶。如何做到这一点，各级各单位要很好地去思考。

二、要切实抓好创建活动中的政策落实问题

刘伟副书记在讲话中强调要在五个方面狠下工夫,这五个方面都非常重要,既有思路问题,也有方式方法问题。特别是政策法规的落实,既是这次检查的重点,又是双拥工作中的难点,也是广大军民普遍关心的热点。要努力加大在政策、资金等方面的投入力度,帮助解决好伤病残退伍军人安置、退役士兵职业技能培训、随军家属就业、为重点优抚对象解“三难”等方面的问题。要加强督导检查,深入到优抚对象家中和部队基层单位,了解政策落实情况,为广大官兵和优抚对象排忧解难,把工作做细、做深、做实。

三、要以求真务实的态度确保创建活动实效

这次检查成立了五个检查组,各组的召集人要切实负起责任。刘伟副书记对检查组提了三条要求,即政策标准要熟知、评比检查要客观、听取意见要广泛。各个检查组要围绕这三条要求,精心安排、周密部署,切实按照实事求是、公开公正,坚持标准、全面评价和综合平衡、突出重点的原则,从双拥工作的实际出发,该看的要看到,该走的要走到,该问的要问到,摸实情、出实招、办实事、求实效,确保工作突出的单位在评比中脱颖而出,增加评比的公信度,增加模范城的表率力和影响力。通过这次检查督导,最终达到促进工作的目的。

南兵军同志在山东省双拥工作领导小组第二十五次全体会议上的讲话

(2010年5月7日)

同志们:

今天召开省双拥工作领导小组会议,专题研究部署新一轮双拥模范城(县)考核评比工作,内容非常重要。刚才听了《考评试点工作方案》《命名管理办法》和《考评标准》三个文件,感到任务更具体,责任更明确,操作性更强,对各级开展双拥工作,提高工作质量,减少工作弱项,保持和发挥优势,有很强的规范和导向作用。过一会,刘伟副书记、郭兆信副省长还要作重要讲话,大家要很好地理解把握,认真抓好贯彻落实。下面,我就做好这次双拥模范城(县)考核评比工作,讲几点意见。

一是把握好老模范和新先进的关系。创城活动是推动双拥工作发展的一种有效形式和重要载体,目的是提高双拥工作的整体水平,不能为创城而创城,也不能人为地保几连冠,关键是要看工作、看基础、看发展、看创新。对评上双拥模范城(县)的单位,要教育他们防止产生自满、松劲情绪,出现工作滑坡;对中游和后进单位,要进行重点帮助指导,鼓励他们振奋精神,树立信心,改进工作,争取早日迈入先进行列。建议在控制总数的前提下,将上届双拥模范城(县)分数后几名的单位淘汰,将以前未曾命名但检查评比总分前几名的单位补选上来,逐步走开能上能下、有进有出的路子,促进各个层面做好工作的积极性,推动全省双拥工作的整体发展。

二是把握好有驻军单位和无驻军单位的关系。山东是驻军大省、兵员大省,这几年在支援部队建设和落实优抚政策等方面做了大量工作,出了不少有影响的成果,但具体到各个地市,差别还是比较大的。驻军比较集中的单位,在军民共建方面显性成果多,受关注程度高,加大考核力度,对激励军地双方更好地做好双拥工作,增进军政军民团结,体现人民军队宗旨,很有必要。对没有驻军的单位,不能挫伤他们的工作热情,冷落他们的工作积极性,要引导他们做好党管武装、兵员征集、民兵预备役建设、优抚政策落实、专武干部任用等一些基础性工作,使双拥工作开展更具普遍性。

三是把握好有条件办好而办不好和条件不足而办得很好的关系。这说到底是一个政治意识、大局意识强弱的问题,反映的是一些地方领导拥军态度、拥军姿态和重视程度问题。有些地市经济基础比较差,但他们的双拥工作开展得非常好。但有些经济条件比较好的地市,这方面的差距还比较大。比如,有的单位已经进入全国经济实力百强县行列,但在士兵优抚政策落实方面差距很大,他们把优抚金分摊到各个乡镇,导致一些乡镇出兵越多,负担越重,一定程度上影响了征兵积极性。有些经济欠发达的地区,在这方面做得反而比较好,全市统一标准、统一支出,每名士兵不少于2 500元,进西藏兵不少于3 000元,而且规定征兵期间给每个县一定数额的补助经费。有的在经济条件较好的地区,人武部每年正常经费不列入预算,而是根据情况临时申请。而一些经济欠发达地区,在财政十分紧张的情况下,每年给人武部安排不少于50万元的经费,很好地保证了人武部各项拥军工作、优抚工作的开展。所以,同等做工作,对条件差的地区更应该进行鼓励和表彰。

四是把握好注重上层活动和注重基层工作的关系。军政军民团结的基础在基层,创建工作的立足点和着力点也在基层。只有把基层的工作做好了,创建工作的各项任务和要求才能落到实处,创建活动才能更好地向广度和深度发展。当前,双拥工作"重上轻下"、"上热下冷"的现象还不同程度地存在,有的单位上层活动开展得非常好,但基层工作很薄弱,特别是在国防教育、党管武装、士兵优抚和转业干部、随军家属安置,包括调动驻军参加经济建设、参与急难险重任务的积极性等方面,还有很多扎实细致的工作要做。开展创城工作的活动形式是必要的,但经常性、基础性工作更重要。我们在考评时不仅要看上层活动搞得怎么样,更要看基层工作开展得怎么样,引导各级把主要精力放在立足基层、打牢基础、狠抓落实上。

五是把握好工作平平和工作创新的关系。当前,双拥工作遇到很多新情况、新矛盾、新问题。双拥模范城(县)检查评比,不能把完成一般任务、工作平平的单位和有创新举措、创新成果的单位同等对待,关键要看在破解新矛盾、新问题方面做得怎么样。这次《考评标准》新增了加分项目,我觉得非常好,这对我们整个经济建设、社会建设、平安建设,将会起到很大促进作用。省里这几年宣传的费县经验,近段时间推广的高唐经验和受到中央领导同志批示肯定的曹县经验,以及我们正在总结梳理的单县经验,都很有创新性。去年,省军区系统受到中央和军委总部领导批示的经验就有12份,这些单位在解决问题上下了很大工夫,各个组在检查考评的时候要很好地把握。

六是把握好平时经常性工作和评时考核的关系。有的单位创城指导思想不够端正,平时经常性工作不深入、不扎实,而到评比时采取集中突击,把工夫下在迎接检查上,把心思用在走上层路线上。我们有些领导很重视双拥模范城这个政治品牌,一听说要考核评比了,抓紧出台文件、制定政策,这当然很有必要,对今后的工作开展也很有好处,但更要重视平时经常性工作。我之所以对"高唐经验"比较感兴趣,就是因他们连续三届班子都是这么做的,而且一届比一届更好,一届比一届更扎实。我们各个组在检查考核的时候,要重点看所到单位经常性工作是否务实扎实,是否主动作为、有所作为,以此在全省双拥工作中树立起鲜明的导向。

卢展工同志在河南省"八一"军政座谈会上的讲话

每逢佳节都要和部队的同志聚一下,这是全国的光荣传统,也是我们河南的光荣传统。刚才几位部队的同志作了很好的发言,这里代表省委、省人大、省政府、省政协表几个态,首先还是代表中共河南省委、河南省人大、河南省人民政府、河南省政协在"八一"建军节即将到来之际,向驻豫的解放军指战员、武警官兵、民兵预备役人员、军队转业复员退伍军人、革命伤残军人、烈军属表示亲切的慰问,表示诚挚的敬意,表示节日的祝贺!

近年以来,河南省在党中央、国务院的正确领导下,在全省各级党委、政府和广大干部群众的共同努力下,紧紧围绕实践科学发展观的要求,按照省委提出的坚持"四个重在",推动"六求转变",求实、求效,"三具两基一抓手",一手抓运作,一手抓谋划,这段时间大家都已经很熟了,整个工作的要求就是这么个路子,一手抓运作这是我们一直在强调的,省以下各级党委政府来讲关键就是做,把中央一系列的重大决策部署在我们这个地方很好地落实。一手抓谋划,结合"十二五"规划的启动、制定,进一步谋划河南未来发展的总体战略举措,这个工作正在做,刚才部队同志的发言当中也提到了这个概念,说明在谋划过程当中的工作已经得到了部队的呼应。

按照这一要求,河南的各项工作应该说取得了比较好的成效。前一段胡锦涛总书记、温家宝总理视察河南,都给予了充分的肯定和评价。这一成绩的取得,省委在上半年经济形势分析会的时候,概括起来实际上就是一句话,就是好在持续。这个好在持续,持续什么呢?就是持续了比较好的形势,持续了比较好的趋势,持续了比较好的态势,持续了比较好的气势。形势我们讲整个的经济社会河南发展现在的形势在持续,趋势就是从发展的前景看,应该讲总体上是一个向好的趋势。刚才部队的同志都已经讲了,所以我就不讲了,因为里面有好多的指标,我就不讲了,总体是一个向好的趋势。比如说今年比较突出的农业,夏粮又一次创历史新高,这个在河南来讲是很不容易的一件事情,在原来产量就已经比较高的情况下连续六年,今年再次创新高,这个应该讲是很不容易的。比如讲今年以来我们的固定资产投资,特别是外资和外来资本应该讲有大幅度的增长。另外总的来讲,人民生活水平、财政收入从效益方面来看也总体上有一个好的趋势。一个比较好的态势就是,部队的态势跟我们的态势还不完全一样,我们讲的态势就是讲后劲,更重要的体现在我们今后的后劲上,部队讲的态势是讲一种势能,战场布局上形成一个什么样的势能的概念,我们讲的态势是后劲。一个比较好的气势就是干部、群众方方面面精神状态,所以我们讲最值得珍惜的是气势,只要有这种精神状态,有这种合力,河南就很有希望。

在好在持续的整个过程当中,我们不会忘记驻豫的部队,我讲的这个部队包括了武警、民兵预备役,武警里面包括了边消警(边防、消防、警卫),也包括了军队的转业、复员、退伍,也包括军队的离退休人员。所以在我们的发展进程当中,都可以看见部队的钢铁长城、威武之师的这种力量和形象。比如讲在河南经济社会发展的重点项目中,在急难险重的各项任务的完成当中,像我们这里还有一条,不光是抗洪抢险,当然也包括抗洪抢险,还有救急救难,包括矿难。我在福建九年还没做过一次检查,到了河南不到半年就做了好多次检查了,矿难就是民兵预备役在这里发挥作用。包括我们说的利民惠民,就是我们讲的民生工作里面有我们部队的身影,包括我们的扶贫解困,包括我们的支教支学,都可以看到部队的这种力量、这种作用、这个形象,所以河南的发展,河南有今天,军队功不可没。

当然今天我们是纪念"八一"建军节,一方面很高兴地看到部队的建设,刚才讲的部队现代化建设、部队自己队伍的建设取得很好的成绩,一方面看到我们的双拥工作不断地取得新的成绩,一方面也看到胡锦涛总书记提出来的"走军民融合式发展的路子",也正在深入人心,取得成绩,我们感到非常欣慰。但是更重要的就是怎么样把我们今后的工作能够做好,按照党中央、国务院、中央军委的要求,把我们双拥的光荣传统,把我们正在走的军民融合式国防建设的路子走好,所以我在这里提四点要求:

第一,持续提升认识。认识什么呢?就是提升对双拥工作的认识,提升对国防建设的认识,提升对军民融合式发展路子的认识,这个非常重要。现在从整个国家来看,从世界来看也不是很太平。从国家来看，国家安全问题仍然存在，从国内来看天灾人祸，每次你看只要我们国家有重大灾情的发生，首先是部队的同志冲在前面，每次都是，从几次地震到抗洪抢险，一直到松花江打捞化工原料桶，没有一个地方不是部队，部队不仅在国家安全方面发挥着越来越重要的作用，在国内、在经济社会发展过程当中也发挥着越来越重要的作用。所以提升认识对地方同志来讲非常重要，怎么来认识军队？怎么来认识国防？怎么来认识我们讲的军民融合式发展的路子，怎么来认识新时期、新的历史条件下的双拥工作。我们都要讲认识，实际上我们讲的认识到什么程度，工作就可以到什么程度，现在存在的所有问题实际上归根到底就是认识不到位。这是我想讲的第一点，持续提升。

第二，持续服务全局。我们讲军民融合式的路子，我们讲国防建设干什么呢？服务全局。服务什么全局？科学发展的全局、国家安全的全局、以人为本的全局，也包括我们讲的军民融合式发展路子的全局。现在看我们的整个工作已经讲了很多，经济社会的发展也好，人民群众的安危、社会稳定也好，部队和地方都在发挥着很重要的作用，都在齐心协力维护。

第三，持续创新拓展。这是什么概念呢？就是我们现在讲的军民融合发展路子也好，我们现在讲的双拥也好，也有一个解放思想、实事求是、与时俱进的问题。比如讲军民融合式发展路子，这个就是新的历史条件下党中央提出来的，部队的同志在这方面研究得比较深了，作为地方来讲研究得可能不够。我们很多工作里面就有一个观念转变的问题，有一个体制机制创新的问题，有一个领导方式工作方法转变的问题，比如说军民融合式发展路子本身就是个创新，什么叫融合？把这个问题如果理解透了，很多问题可能我们就会认识得比较到位，可能我们解决起来就会很好。所以我讲过几个观点，比如对转业干部，为什么讲融合式？融合式不就是一家人嘛，所以转业不叫转业，叫转岗，安置不叫安置，叫交流，这是观念转变的问题。地方的党委或者讲我们有地方党委在军分区人武部兼职，兼职干什么呢？我们地方有国防动员委员会，动员委员会干什么呢？很重要的就是解决后顾之忧，很重要的就是服务保障国防建设和军队建设。这是我想讲的第三点，持续创新拓展，不要看我们这个工作，实际上里面东西需要我们学习、需要我们研究、需要我们创新。

第四，持续求实求效。我前面讲到整个工作当中有个要求，就是求实求效。那我们的双拥工作，我们讲的军民融合式发展的路子也有一个求实求效的问题。所以今年不光是开个座谈会，省委、省政府就在今天上午省委常委会研究相应的、支持部队的、服务部队的一些举措，这个就是讲实效，不在于开一个会你好我好大家都好，很在意的就是我们怎么样能够从实际、从办实事上、从事情的实际效果上来检验我们的双拥工作，来检验我们的军民融合式发展的路子。

今天上午研究的几套措施我觉得很好，但这也是个开始。比如讲军队转业干部，除了讲观念以外，比如说确定降一级安排实职，这个今后要求我们各级都要做，再困难也要做，让部队的转业干部在地方能够发挥作用，不是一个实职虚职的问题，实际上是让他们发挥作用的问题，是一个让部队的干部在地方仍然能够得到锻炼、培养、成长的问题，不是说一个实职虚职的问题。比如确定的团职干部今后不要搞考试，在部队一个团级干部成长起来是非常不容易的，多少个兵里面能够产生一个团级干部，多少个兵里面能产生一个师级干部。第二个是退休军队干部，对于退休军队干部提得比较实的一条是，医疗享受地方同级干部水平，这个就比较实。第三，伤残退伍军人，这也是少数的，在建立机制的前提下个别问题个别解决，特殊问题特殊解决，还涉及军队干部的住房保障问题等。省委考虑每年由省军区牵头，双拥办、军转办共同研究，一年搞一次，每年在“八一”前夕都能够研究几件事，研究一件让它成一件，研究一件让它制度化一件，这个作为多少年的积累，整个的体系就逐步形成，这个就叫做求实求效。地方的同志有一条，我们的职责是什么？就是为部队排忧解难，就是为部队解除后顾之忧，就是为部队提供有效的、积极的、比较周全的保障，以部队满意不满意为标准。

所以我相信,有我们地方和部队同志们的共同努力,有我们中央提出的持续地、坚定地走军民融合式国防建设的路子,我们一定能够凝聚起全省干部群众的合力,一定能够把我们的河南,把我们的中原建设好,一定能够为中部的崛起,和为国家全局作出河南应该作的更大的贡献,谢谢大家!

颜纪雄同志在河南省军区支持和参加中原经济区建设座谈会上的讲话

(2010年10月26日)

同志们:

今天,我们召开这次座谈会,主要是就省军区系统如何支持和参加中原经济区建设问题,统一思想认识,理清工作思路,明确主要任务,研究行动举措。刚才,5名领导同志作了很好的发言,提出了一些有见地、有价值的思路和建议。下面,我谈两个方面的认识。

一、谈谈对中原经济区战略构想的认识

建设中原经济区是今年省委、省政府贯彻落实胡总书记和温总理对河南发展的重要指示精神,深入贯彻落实科学发展观,提出的重大战略构想。前段时间,这个初步构想经过各民主党派、社科界专家学者、省直有关部门和广大干部群众深入研究讨论,并向中央国家机关有关部门领导和全国人大、政协有关领导作了汇报,得到了充分认可、广泛支持,正在争取上升为国家战略。10月上旬,李克强副总理到河南调研时指出:"当前河南省委、省政府正在谋划中原经济区的发展,奋力去实现中原崛起,努力使河南走在中部崛起的前列,河南是充满生机的,也是大有希望的。"

中原经济区就是以河南为主体,延及周边,支撑中部,东承长三角,西连大关中,北依京津冀,南临长江中游经济带,具有经济相连、使命相近、客观存在的经济区域。区域范围主要包括河南全部和晋东南、冀南、皖西北、鲁西南等周边地区。省委、省政府提出的建设中原经济区的基本思路是:深入贯彻落实科学发展观,全面实施国家促进中部地区崛起战略,以探索走出一条不以牺牲农业和粮食为代价的"三化"协调科学发展路子为主线,建设"三化协调、科学发展、社会和谐、全面崛起"的中原经济区,培育全国经济发展的重要增长极,在支撑中部崛起、密切东中西联系、服务全国大局中发挥更大作用。建设中原经济区的战略定位是:成为全国"三化"协调发展示范区、全国经济发展的重要增长极、全国综合交通枢纽和物流中心、华夏文明传承核心区。建设中原经济区的总体目标是:增创粮食生产新优势,构筑"三化"协调新格局,实现改革开放新突破、推动转型发展新进展、构建和谐社会取得新成就,力争5年彰显优势,10年实现崛起。建设中原经济区的主要任务包括10个方面:一是建设国家粮食生产核心区;二是构建现代产业体系;三是构建现代城镇体系;四是构建自主创新体系;五是建设现代化综合交通体系和物流中心;六是深化改革开放;七是提高人力资源保障能力;八是推动中原文化大发展大繁荣;九是建设资源节约型和环境友好型社会;十是构建和谐社会。

构建中原经济区的战略构想,在酝酿过程中得到广泛认同,大家一致认为,现在提出建设中原经济区的构想,时机成熟、条件具备,具有重大的战略和全局意义。第一,中原经济区构想是中原崛起战略的持续、延伸和拓展。改革开放以来,河南先后提出了"一高一低"、"开放带动"、"四管齐下"、"三化"方针、"两大跨越"等重大发展思路。在中央提出中部崛起之前,河南首先提出并初步形成了"中原崛起"的发展战略,而中部崛起最具有代表性的是"中原崛起"。可以说,建设中原经济区的战略构想,是在总结、提升、深化“中原崛起”战略的基础上提出来的，是历届省委、省政府带领广大干部群众积极探索的成果。第二，建设中原经济区有利于国家区域经济统筹协调梯次推进。随着国家区域发展战略的深入实施，长三角、珠三角、环渤海、海西等经济区加快发展，沿海经济区布局已基本完成。构建中原经济区，有利于国家区域经济布局的进一步完善，能够在中部培育和发展支撑国家经济持续较快发展新的增长板块，支撑中部崛起，推动经济增长和市场需求空间由东向西、由南向北梯次拓展，加快形成中西互动、优势互补、相互促进、共同发展的区域发展新格局。第三，中原经济区构想为河南“十二五”规划提供了有效载体和平台。“十二五”时期是全面建设小康社会的关键时期，是深化改革开放、加快转变经济发展方式的攻坚时期。在谋划河南“十二五”发展规划的过程中，提出建设中原经济区的战略构想，进一步明晰优势特色，明确发展定位，凝聚全省力量，将推动中原经济区特别是河南这个主体的发展，融入国家发展全局，取得实质性进展，开创中原崛起、河南振兴新局面。

二、讲讲省军区系统如何支持和参加中原经济区建设

构建中原经济区将是“十二五”期间乃至今后一个时期河南建设发展的重要任务。对省军区系统来讲，支持和参加中原经济区建设，也将是今后参加和支援地方经济社会建设的主题。我们要认真贯彻军委胡主席关于“三队”、“三所”的重要指示，以实际行动为中原经济区建设作出积极贡献。

（一）切实深化认识，增强支持和参加中原经济区建设的责任感自觉性。建设中原经济区，是全省上下积极探索发展之路的重大构想，在谋划论证过程中，省委、省政府概括了“六个有利于”的重要意义。我们支持和参加中原经济区建设，首先要从全局上对建设中原经济区的重要性有一个深刻的认识和理解。一是要充分认清构建中原经济区是服务国家发展大局的客观需要。胡总书记在视察河南时指出，河南要实现跨越式发展，在促进中部地区崛起中发挥更大作用，为全国大局作出贡献。这是党中央、国务院从战略全局提出的要求和厚望。中原地处全国战略腹地，是国家东西交汇、南北贯通的核心区域，粮食生产、传统文化、人力资源、市场内需、物流交通等在全国都具有重要战略地位。目前，国家在优化发展东部沿海地区的同时，客观上需要在中西部资源环境承载能力较强的区域，培育和发展新的经济增长板块。建设中原经济区，能够更好地发挥河南在中部地区的带动、辐射作用，促进国家区域经济协调发展。二是要充分认清构建中原经济区是加快中原崛起河南振兴的必然选择。近年来，全省经济社会呈现出持续发展的良好态势，经济总量、产业发展、基础设施、社会事业等方面实力显著增强，已成为全国经济大省、新兴工业大省和有影响的文化大省。在国家全面实施《促进中部地区崛起规划》和“十二五”规划即将展开的关键阶段，构建中原经济区，是统领河南发展大局、明确战略定位的必然选择，将形成一面精神旗帜，凝聚起全省和相关地区广大干部群众力量，为谋求发展共同努力。三是要充分认清构建中原经济区是推进军民融合发展的重要机遇。经济实力的增强是国防实力发展的基础，走军民融合式发展之路，必须有强大的经济实力做后盾。通过在构建中原经济区中贯彻落实军民融合发展的要求，做到军地工作有机结合，国防建设和经济建设良性互动，必将有力推动政治、经济、社会、文化等各项建设大发展，也必将为加强国防后备力量建设和支持驻军建设发展提供雄厚的物质基础和良好的社会环境。可以说，加快构建中原经济区是一件利国利民利军的大事。

总之，实施中原经济区战略构想意义深远、关系重大，是河南发展面临的重大历史机遇，也是全省上下、社会各界共同的历史责任。我们一定要以强烈的政治责任感和使命感，积极响应省委、省政府的战略部署，主动关注中原经济区、宣传中原经济区、支持中原经济区。国家批准中原经济区规划后，我们要以更高的标准、更积极的姿态，动员组织民兵预备役人员参加中原经济区建设，努力为推动河南发展作出应有贡献。

（二）坚持务军为本，打牢支持和参加中原经济区建设的基础。作为军队来讲,中心任务是以军事斗争准备为龙头的军队现代化建设,支持和参加中原经济区建设,首先就是要高标准做好本职工作,提升应急应战能力,有效履行职能使命,从根本上长远上为经济社会发展提供有力安全保障。一是要着力抓好思想政治建设。紧紧围绕“三个确保”时代课题,坚持不懈地深化中国特色社会主义理论体系武装,深入持久地培育当代革命军人核心价值观,紧密联系实际,不断丰富拓展“四个深化”教育、“每月四堂课”教育,打牢高举旗帜、听党指挥、履行使命的思想政治基础,确保官兵政治上坚定、思想道德纯洁,为支持和参加中原经济区建设提供坚强的政治保障。二是要着力提高应急应战能力。坚持用省军区担负的任务牵引带动各项建设,把军事斗争准备在党委领导工作中进一步突出出来,大力培育战斗精神,抓好信息化、实战化、基地化训练,加强使命课题演练,努力提高以打赢信息化条件下局部战争能力为核心的完成多样化军事任务能力,不断提高预备役部队和民兵建设质量。要把做好执行非战争军事行动准备突出出来,按照《民兵预备役部队应急队伍建设规范》高标准抓好各类应急队伍建设,不断提高遂行任务的能力。三是要着力推动部队建设科学发展。始终扭住抓基层、打基础、保稳定的工作不放松,下大力抓好《县(市、区)人武部建设规范》的学习贯彻,广泛开展创先争优活动,切实建强县(市、区)人武部“一线指挥部”、基层武装部“一线阵地”、民兵预备役营、连“一线分队”。认真贯彻从严治军方针,以学习贯彻共同条令、规范“四个秩序”为抓手,搞好以防范重大安全问题为重点的综合治理,加强人、车、枪、弹和信息安全管理,坚决杜绝事故案件发生,打牢部队建设科学发展、安全发展基础。

(三)理清工作思路,在支持和参加中原经济区建设中有所作为。省军区系统支持和参加中原经济区建设,要按照省委、省政府的规划部署,紧紧围绕建设中原经济区的基本思路、发展目标和主要任务来筹划展开,突出重点,抓好落实。一是推动解决“三农”问题要有更大作为。探索走出一条不以牺牲农业和粮食为代价的“三化”协调科学发展路子,有效解决“三农”问题,是中原经济区构想的核心点,也是我们支持和参加中原经济区建设的重中之重。要立足河南农业大省的特点和优势,大力支援社会主义新农村建设,推动解决“三农”问题。要认真总结和运用3年来实施支援社会主义新农村建设“五个一”工程的经验,继续采取师、团级单位定点帮扶一个行政村的办法,抓好新一轮援建工作,扶持特色农业发展项目,发展农村文化事业,改善群众生产生活条件,促进当地农村发展。支援新农村建设,一个很重要的问题就是要高度关注和着力帮助建强农村基层党组织,通过选准配强班子成员、搞好阵地建设、实地帮带提高素质、开展争先创优活动,切实把农村基层党组织建成坚强的一线堡垒,为中原经济区建设打牢组织基础。二是推动经济发展方式转变要有更大作为。加快转变经济发展方式是党的十七届五中全会的主线,也是中原经济区建设的主线,我们支持和参加中原经济区建设,必须始终突出这条主线、贯穿这条主线。要紧紧围绕党中央的战略部署和河南省委规划要求,在发展现代产业体系、构建自主创新体系、建设资源节约型和环境友好型社会中,积极引导、组织民兵预备役人员带头发展现代农业、先进制造业、现代服务业,创建发展一批“民兵号”、“预备役号”产业开发示范点、精深加工项目和循环经济、绿色经济、低碳经济科技示范园区,力争形成规模效应和示范效应。三是促进精神文明和先进文化建设要有更大作为。河南是中华文明的主要发祥地和中华民族的文化之根,发挥中原文化独特优势,形成华夏文明传承核心区,是建设中原经济区的重要内容和支撑。我们支持和参加中原经济区建设,就要强化“走在前列”的意识,大力弘扬社会主义先进文化,在提升中原文化软实力、促进中原文化大发展大繁荣中积极发挥作用。要积极参与挖掘、整合、保护河南丰厚的历史文化资源,协助培育具有时代特征、中原特色的现代文化品牌,广泛宣传“三平”精神、河南人“四种形象”。要积极参与文明城市、文明村镇、文明单位等群众性精神文明创建活动,教育引导官兵和民兵预备役人员带头提高文明素质,传播文明新风,带头践行社会主义荣辱观,树立良好的社会公德、职业道德和家庭美德。四是促进和谐建设改善民生要有更大作为。河南人口多，底子薄，民生问题突出，发展中的矛盾困难较多。加快推进以保障和改善民生为重点的和谐社会建设，是构建中原经济区的重要任务和目标。我们要牢固树立以人为本、着力民生、着力民心的思想，提高做群众工作的能力、化解社会矛盾的能力，协助和配合地方党委、政府下大力做好改善民生工作，积极实施民兵带头创业致富、带动群众共同致富的“致富工程”，推动农民工劳务输出和就业培训的“劳务工程”，助学兴教和资助贫困学生的“希望工程”，援建农村医疗卫生室的“健康工程”，搞好弱势群体救助服务的“暖心工程”。还要积极协调地方政府做好军队转业干部安排、离退休干部和伤病残人员安置以及复退军人的培训工作，继续探索涉军维权的新路子、新经验，切实把惠及民生、促进和谐的工作做得更加扎实、更有成效。军分区系统要有计划地办一些公益事业，每年集中力量干一两件有影响的大事、醒目之事，形成规模、形成亮点。五是在完成应急突发任务上要有更大作为。从近年来的情况看，重大自然灾害、重大群体性事件和重大恶性案件事故呈现出突发、多发态势，对人民生命财产安全和社会安全稳定构成了很大威胁。主动承担完成各种应急突发任务，维护社会大局稳定，是省军区系统的根本职能所在，也是对中原经济区建设最直接、最实际、最有力的支援。各级要牢固树立在完成应急突发任务中当先锋、打头阵的思想，围绕可能遂行的应急维稳反恐、矿难救援、防汛抢险、森林防火等任务，立足处置各类突发事件、应对各种复杂情况，进一步完善方案预案，加强针对性训练演练，健全应急指挥协调机制，抓好应急分队建设，切实提高随时应对、快速应对、有效应对各类突发事件的能力，确保一有情况能够立即出动，承担最艰巨的任务，发挥最关键的作用。

（四）加强组织领导，增强支持和参加中原经济区建设的实效。支持和参加中原经济区建设，是一项宏大的系统工程，组织协调复杂，任务艰巨繁重。各级党委一定要高度重视，加强领导和指导，确保这项工作扎实有效地开展起来，坚决迅速地行动起来。一是要统一思想，强化责任。党中央、中央军委和胡主席历来高度重视军队支援地方经济社会建设工作，胡主席多次明确指出：“军队要继续为经济社会发展作贡献。”各级要切实用胡主席的重要指示统一思想，自觉站在讲政治、讲大局的高度，充分认清支持和参加中原经济区建设不是额外负担，而是我们省军区系统必须履行的政治责任；不是难有作为，而是可以更好发挥作用的广阔舞台，进一步强化大局意识、服务意识、作为意识，自觉把这项工作作为应尽之责、分内之事，作为一项长期的重要任务，摆上位置，抓紧抓好。同时，要发挥桥梁纽带作用，向驻豫部队积极宣传中原经济区构想，主动协调驻豫部队为中原经济区作贡献。二是要立足实际，选准切入点。支持和参加中原经济区建设工作千头万绪，各地情况千差万别，各单位一定要坚持把地方所需、群众所盼和部队所能结合起来，深入基层、深入群众搞好调查，广泛听取各方面的意见，切实把当地的区情、县情摸清楚，把地方党委、政府的关注点摸清楚，把人民群众的期盼点摸清楚。要解放思想，开动脑筋，集思广益，在广泛学习地方和兄弟单位经验做法的基础上，认真研究确定本单位援建的思路和重点，搞好总体规划，坚持实事求是，量力而行，在最能发挥自身优势的工作上投入力量，因地制宜办实事、求实效，切实把援建工作做到关键处、做到点子上，形成特色，创造品牌。年底各单位结合党委扩大会，要认真筹划，研究制定支持和参加中原经济区建设的整体规划。以后每年都要制定阶段性援建计划和具体落实措施。三是要迎难而上，真抓实干。构建中原经济区是河南发展的新课题，省军区系统援建工作将会涉及很多新的领域，面临不少困难和问题，需要我们迎难而上、积极探索、真抓实干。要主动请战，敢于承担任务，自觉在实践中探索创新援建工作模式，走开支持和参加中原经济区建设的路子。要坚持以真抓实干的精神和作风干实事、抓落实、求实效，说到做到，说好做好，防止只说不干、说的多干的少、说的好干的差的现象，更不能把地方干的说成自己干的，把过去干的说成现在干的，把准备干的说成已经干的,确保我们支持和参加中原经济区建设的每一项工作都能够成为地方党委、政府和人民群众的满意工程。要积极探索在参建中编兵育兵强兵的方法路子,努力实现互利双赢目标。四是要艰苦奋斗,勤俭节约。可以预见,构建中原经济区,各个领域、各项建设都需要大量资金投入。在这种情况下,艰苦奋斗、勤俭持家的精神就显得更加重要。我们一定要大力发扬艰苦奋斗精神,牢固树立过紧日子的思想,勤俭节约,多体谅地方难处,多为地方作贡献、少给地方添麻烦,确需地方保障的大项经费、工程项目、物资器材等要慎重决策,多征求地方党委、政府意见,避免重复建设和不必要的浪费,减轻地方财政负担。要坚决反对大手大脚,坚决抵制享乐主义和奢侈之风,切实把有限的资金用到部队建设的关键部位和薄弱环节上。五是要宣扬典型,扩大影响。注重总结经验、宣扬典型,能够起到以点带面、扩大影响、推动工作持续落实的效果。去年以来,我们抓住焦作军分区主动请战、在支援南水北调中线工程征拆迁中作出突出贡献这一典型事迹,大力总结宣扬,产生了良好的示范带动作用。在支持和参加中原经济区建设中,各级要强化运用典型指导推动工作的意识,注意发现、培养、宣传具有鲜明时代性、广泛代表性、很好示范性的典型单位和个人,不断扩大影响,营造声势和氛围,推动支持和参加中原经济区建设深入发展。

杨松同志在空降兵第十五军成立 60 周年庆典活动上的讲话

(2010 年 9 月 17 日)

今天,我们在这里隆重集会,热烈庆祝空降兵第十五军成立 60 周年。我受罗清泉书记、李鸿忠省长的委托,代表湖北省委、省人民政府、湖北省军区和全省 6 000 多万各族人民,向英雄的空降兵十五军官兵表示热烈的祝贺,向为捍卫祖国、建设祖国作出重要贡献的空降兵十五军全体指战员表示亲切的慰问并致以崇高的敬意!

空降兵第十五军是一支有着光荣历史和优良传统的部队,他传承黄麻起义的红军火种,在巍巍太行山下孕育成立,在战火纷飞中发展壮大,在抗美援朝中威名远扬。在革命战争年代,先后参加了解放郑州、淮海战役、进军大西南、西昌战役等多次战役战斗,特别是抗美援朝中的“上甘岭战役”,打出了国威和军威。和平建设时期,空降兵十五军官兵忠实履行保卫祖国、保卫人民和平劳动的根本职能,在党中央、中央军委和空军党委的正确领导下,努力加强自身建设,部队战斗力不断提高,先后参加了多次重大军事演习,圆满完成了 98 抗洪、四川汶川抗震救灾、新中国成立 60 周年首都国庆阅兵等重大任务,涌现了一大批英模单位和英雄个人。圆满完成了“和平使命 - 2005”、“和平使命 - 2007”演习,促进了我军与外军的相互了解与友好交流,充分展示了我军威武之师、文明之师、和平之师的光辉形象。事实证明,空降兵十五军不愧为一支听党指挥、服务人民、英勇善战的英雄部队。空降兵十五军不畏艰险、不怕牺牲的英雄气概,团结进取、顽强奋斗的拼搏精神,求真务实、雷厉风行的工作作风,恪尽职守、无私奉献的高尚品德永远值得湖北人民学习,湖北人民也因为有你们驻扎而备感骄傲和自豪。

进驻湖北 50 多年来,空降兵第十五军广大官兵大力发扬人民军队的光荣传统,以驻地为故乡,视人民如父母,在圆满完成战备、训练等各项军事任务的同时,积极支援、参与我省改革和建设。在抢险救灾等急难险重任务中勇挑重担,在捐资助学、扶贫帮困等社会公益活动中慷慨解囊,在生态环境保护和重大工程建设中鼎力相助,为湖北的经济社会发展和社会和谐稳定作出了重要贡献,充分展现了人民子弟兵的英雄本色。十五军的广大官兵以实际行动,一次又一次感动湖北，赢得了全省人民的高度信赖和赞誉，在全省人民心中树起一座不朽的丰碑。我们深切地感受到，湖北的发展离不开十五军官兵的大力支持和无私奉献，湖北的建设成就凝聚了十五军全体指战员的辛劳和汗水。在此，我代表湖北省委、省政府和全省6 000多万各族人民，向英雄的空降兵十五军全体官兵表示衷心的感谢！

湖北是著名的革命老区，历来有着拥军优属、拥政爱民的光荣传统。长期以来，空降兵十五军与湖北人民建立和发展了非常密切的军政军民关系，双拥活动开展得丰富多彩，湖北人民也时刻关注着空降兵十五军的建设与发展。近年来，全省军民在党中央、国务院和中央军委的正确领导下，面对国际国内各种挑战，风雨同舟，和衷共济，同心同德，努力奋进，使我省保持了经济平稳较快发展，社会和谐稳定的良好局面。新时期新阶段，空降兵十五军担负着更加重要的任务，我们要站在国家安全和发展战略全局的高度，一如既往地关心支持空降兵十五军的建设和发展，空降兵十五军有什么困难，地方党委政府有责任帮助解决，空降兵十五军有什么需要，地方党委政府也将竭尽全力保障好、服务好。为此，省委、省政府、省军区决定，赠送空降兵第十五军200万元，以更好地推动空降兵第十五军的建设和发展。让我们军民携手，深入贯彻落实科学发展观，发扬军爱民、民拥军的优良传统，进一步巩固和发展同呼吸、共命运、心连心的军政军民关系，为加强国防和军队建设，为促进湖北经济社会又好又快的发展，夺取全面建设小康社会新胜利而共同奋斗！

祝空降兵十五军全面建设再创辉煌！祝各位首长和空降兵十五军全体指战员身体健康，工作顺利！

谢谢大家！

罗清泉同志在湖北省纪念中国人民解放军建军83周年座谈会上的讲话

（2010年7月29日）

同志们：

今天，我们在这里欢聚一堂，隆重纪念中国人民解放军建军83周年。首先，我代表中共湖北省委、省人大常委会、省人民政府、省政协和全省6 000多万各族人民，向长期以来关心、支持湖北省经济社会发展的解放军驻鄂部队全体指战员、武警官兵和预备役军人，致以节日的祝贺，向转业退伍军人、残疾军人、退伍红军老战士和烈军属，致以亲切的问候，向为国防和军队建设作出重要贡献的军队离退休老同志，表示崇高的敬意！

1927年八一南昌起义以来，中国人民解放军走过了83年的辉煌历程。83年来，人民军队始终坚持以党的旗帜为旗帜，以党的意志为意志，以党的宗旨为宗旨，与中华民族命运共系，与中国人民血肉相连。在中国共产党的领导下，经过长达22年的艰苦卓绝的武装斗争，推翻了压在中国人民头上的三座大山，为民族独立、人民解放建立了不可磨灭的历史功勋；新中国成立后，人民军队忠实履行保卫祖国、保卫人民和平劳动的根本职能，胜利地进行了抗美援朝和多次边境自卫防御作战，忠实守卫着祖国的万里边防和辽阔海疆，有效震慑和打击危害国家安全和统一的各种分裂、破坏活动，捍卫了国家主权、独立和尊严，维护了社会团结和稳定。改革开放以来，人民军队自觉服务于经济建设大局，在致力于国防现代化建设的同时，积极支持和参加国家经济建设，支援地方抢险救灾，踊跃承担急难险重任务，参与社会公益事业，有力地支持了国家经济社会发展；广泛开展对外军事交流，积极参加联合国维和行动和国际救灾行动，加强国际反恐军事合作，为维护世界和平，促进人类进步事业作出了重要贡献。

长期以来，驻鄂部队广大官兵大力发扬人民军队的光荣传统，以驻地为故乡，视人民如父母，在圆满完成各项军事任务的同时,积极支援、参加湖北“四个文明”建设,为我省的改革发展和社会和谐稳定作出了重要贡献,湖北的改革与建设离不开驻鄂部队、武警官兵的大力支持和无私奉献,湖北的经济社会发展凝聚了驻鄂子弟兵的辛勤汗水,对此,湖北人民永远不会忘记。

2010年入夏以来,全省遭受了严重洪涝灾害,在洪涝灾害面前,人民解放军和武警官兵奋勇当先,充分发扬我军“听党指挥、服务人民、英勇善战”的光荣传统和“英勇顽强、不怕疲劳、连续作战”的优良作风,全力抢救国家和人民的财产,维护群众的生命安全,以实际行动生动诠释了全心全意为人民服务的宗旨,受到了地方各级党委、政府和人民的高度赞扬。在此,我代表全省6 000万人民,向人民解放军驻鄂部队和武警官兵表示崇高的敬意和衷心的感谢!

新时期新阶段,人民军队担负着为党巩固执政地位提供重要力量保证,为维护国家发展的重要战略机遇期提供坚强安全保障,为维护国家利益提供有力战略支撑,为维护世界和平与促进共同发展发挥重要作用的新的历史使命。在新的历史起点上,我们要进一步增强国防观念,更加重视和支持国防建设。要按照胡锦涛主席的指示要求,站在国家安全和发展战略全局的高度,坚持军民融合式发展,推动国防建设和经济建设良性互动,确保在全面建设小康社会进程中实现富国和强军的统一,确保军队有效履行新世纪新阶段历史使命。各级党委、政府要牢固树立双拥工作与时代发展要求相适应、国防建设与地方经济协调发展的观念,深化军民融合发展的思想认识,一如既往地支持军队和国防建设,把部队改革发展和国防后备力量建设纳入当地经济社会发展总体规划;要按照“部队所需、地方所能”的原则,积极为部队办实事、解难事、做好事,为推动中国特色新军事变革提供良好的外部环境。

全省各级党委政府要更加重视做好拥军优属工作,着力解决好关系官兵切身利益的实际问题。要进一步做好部队转业干部、退役士兵安置,军人家属就业、军人子女入学入托等工作,尽最大努力为现役官兵解除后顾之忧,使他们能够安心部队工作。要切实落实优抚安置政策,依法维护军人及其家属的合法权益,努力解决好重点优抚对象的生活、医疗、住房等困难,千方百计为他们排忧解难,并随着地方经济社会发展,不断改善和提高重点优抚对象的生活水平。

我们也热切希望驻鄂解放军和武警部队官兵继续保持和发扬优良传统,在抓好部队改革和建设的同时,继续关心、支持我省的经济社会发展,为加快构建促进中部地区崛起重要战略支点进程,促进全省经济社会又好又快发展,构建和谐湖北作出新的更大贡献。

同志们:军民团结如一人,试看天下谁能敌。让我们紧密地团结在以胡锦涛同志为总书记的党中央周围,高举邓小平理论和“三个代表”重要思想的伟大旗帜,深入贯彻落实科学发展观,发扬军爱民、民拥军的优良传统,进一步巩固和发展同呼吸、共命运、心连心的军政军民关系,为加强军队的革命化正规化建设,为促进湖北经济社会又好又快的发展而共同奋斗!

谢谢大家!

于来山同志在湖南省双拥工作领导小组全体会议上的讲话

(2010年1月27日)

同志们:

今天的会议,主要是总结2009年全省双拥工作的情况,部署今年的工作任务,研究推动双拥工作的创新发展。刚才,青云同志代表领导小组总结了去年我省双拥工作情况,并对今年的双拥工作谈了初步的考虑和打算。下面,我想讲五个方面的意见:

一、要进一步深化对双拥工作认识

大家知道双拥工作是我们党、国家和军队非常重要的一项基础性工作。近几年来，各地各部队各部门紧紧围绕国家和军队建设大局开展双拥工作，在服务经济发展、促进社会和谐、推进军事斗争准备等方面都有了新的发展和进步。实践证明，战争年代"军队打胜仗，人民是靠山"，在新的历史时期，军队要实现跨越式发展，依然离不开地方各级党委、政府和人民群众的大力支持。从我省实际情况来看，随着经济体制改革的深化，各种利益关系的调整，一些社会性问题和矛盾也开始显现。大家现在看到，一方面我们的经济迅速发展，另一方面，一些矛盾确实也比较突出。今年是实施"十一五"规划的最后一年，也是积极应对国际金融危机、加快经济转变的关键一年。按照中央的提法，2009 年是我国进入新世纪以来经济发展最困难的一年，2010 年则是我国进入本世纪以来经济发展最复杂的一年。所以，今年的经济形势同时也面临许多的矛盾和困难，工作任务十分艰巨。我们比任何时候都更加需要凝聚党心、军心、民心；更加需要我们大家紧密地团结，特别是坚强的党政军民团结；更加需要把军地双方的优势都很好地发挥出来，把广大军民的积极性、创造性进一步调动起来，形成党政军民一心一意谋发展，携手并肩图振兴的良好氛围。

二、要进一步创新双拥工作方式

双拥工作是一项传统的工作，是在我国革命实践中创建起来的，也是在不断创新中发展壮大的。从战争时期的蒸干粮、做鞋子、送猪送羊到现在的科技拥军、信息拥军，从军民共建精神文明到创建双拥模范城（县），从担水、扫地、帮耕帮种到现在的支援国家建设、抢险救灾，这些都是根据新的形势任务开拓的新领域，都是一种创新发展。那么，在新形势下，好的双拥传统不能丢、不能忘，但又不能满足于原有的工作思路，要有与新形势要求相适应的新举措。近年，我省开展的"关爱优抚对象"活动、驻湘部队中开展的"2211"扶贫工程，既有新意，又体现了时代要求，双拥工作就需要这种创新精神，才会充满生机和活力。各地各部门要进一步解放思想、开动脑筋，围绕军民利益关注点、部队建设重难点、地方发展支撑点，不断创新活动的形式，丰富活动的内容，尤其是要多开展军地双向奉献，吸引社会大众参与，使双拥工作在新时代、新形势下更加丰富多彩。

三、要进一步延伸双拥工作范围

双拥工作作为一项社会性工作，重点在基层，难点也在基层，关键是要落实到基层。延伸双拥工作范围，就是要十分重视基层工作，引导双拥工作进社区、进乡村、进学校、进连队，广泛动员官兵和人民群众参与。要多做为基层官兵服务的事，多做为优抚安置对象服务的事，使广大基层官兵和优抚群体切实感受到双拥工作的成果，防止出现领导重视、群众漠视，机关热闹、基层冷清的情况。尤其是我们今天在座的领导小组成员单位，更应该高度重视双拥工作，要根据本部门、本单位的职能，认认真真地开展双拥工作，并且将我们的工作落实到基层。要因势利导，积极创造条件，为国有大型企业和非公组织搭建双拥工作平台，夯实双拥工作的群众基础。

四、要进一步完善双拥工作制度

双拥工作是一项长期的战略任务，必须注重长远，抓好基本建设，完善规章制度，规范运行机制，确保健康持续发展。目前，全国双拥办正在修订《双拥模范城（县）命名管理办法》、制定《全国双拥模范城（县）考评标准》。各地各部门要按照新的办法，扎扎实实地做好各项工作，在全社会掀起新的创建热潮。省双拥办要按照要求完善各项制度，指导全省做好制度健全完善工作，用制度管活动，用制度抓工作，用制度促落实。特别要指导拟推荐的双拥模范城（县）认真分析形势，查找薄弱环节，制定改进措施，以更高标准做好工作，切实提高创建活动的质量和水平。

五、要进一步加强双拥工作领导

各级党委、政府和军警部队领导机关，要切实加强领导，把双拥工作纳入总体规划，摆上重要日程，加大协调力度。要坚持党委议军、军地联席会、双拥活动月、走访慰问、现场办公、命名表彰、定期例会等行之有效的工作制度，特别是要建立双拥工作领导小组成员单位年度工作汇报制度。领导小组各成员单位要切实把双拥工作作为本部门、本单位的一项重要职能,同业务工作统一规划、统一部署、统一检查、统一评比;要确定专门的双拥联络人员,确保双拥工作关系协调,渠道顺畅,共同把双拥工作做好。

同志们,今天的会议是在"两会"期间插空召开的,大家对青云同志刚才讲的三项评比表彰活动的打算有什么意见还可以进一步修改。虽然会开的很短,但内容很重要,希望大家要重视这项工作。我们今天到会的成员单位负责同志都应该为双拥工作说话,结合到我们平常的工作中去,根据本部门、本单位的职能,很好地抓好双拥工作。比如说:我们的优抚工作,每个部门都有。现在,各厅局包括省委各部门,军转干部越来越多,军转干部占了很大的比重,对军转干部的关心、爱护都属于双拥工作的范畴。每年军转干部的安排,都是以实际行动开展双拥工作。我们平时双拥领导小组成员单位讲双拥,到了军转干部安排的时候,就是另外一种态度,这是不应该的。如果我们在这方面带着一份感情来开展工作,带着一份感情来看待我们的军队和军队干部,我想好多问题就会迎刃而解。我平常讲到许多军转干部都是非常优秀的,我也曾经举过好多例子。我在省委当秘书长的时候,每年都按计划接收军转干部,他们不仅仅是安排好了,而且很多都迅速提拔了,为什么呢?因为他们都很优秀。我们有的单位部门对部队团职干部有偏见和抵触情绪,你要想想,他们在部队成长为一个团职干部是很不容易的,如果说从班长算起,经历排长、副连长、连长、副营长、营长这么多级别后还是个科级,他的成长难度非常之大。真正到副团或者正团要干很多年,付出很大的代价,吃了很多苦,在部队这个大熔炉里磨炼出来非常不容易。而且现在部队干部的素质都比较高,一般都是大学毕业,有的是研究生,各方面都比较优秀。另外,我也了解到有些从部队复员后在农村生活的军队退役人员,特别是在乡老复员军人和伤残人员,想想需要保家卫国的时候他们义无反顾,当他们负伤或牺牲后,他们的父母亲人是何等痛苦,如今他们的生活非常艰难,面临的困难还很突出,给予他们再多的照顾,都不过分。所有这些都是在双拥工作的范畴之内,我讲的只是很小一点,只要大家认真的想一想,处处都是双拥工作。双拥工作并不是一个很漂亮的名词,更重要的是有非常丰富的内涵,双拥工作就在我们身边,需要我们认真去做,带着真挚的感情去做,相信这样我们的双拥工作就会有不竭的动力,就会有做不完的双拥工作。

同志们,春节就要来临了,我感谢在座的各位对双拥工作领导小组的支持,对双拥工作的高度重视,感谢大家对双拥工作作出的重要贡献,借此机会,我也向在座的各位拜个早年,祝大家新年快乐!

周强同志在湖南省双拥模范城(县)命名暨双拥模范单位和个人表彰大会上的讲话

(2010 年 11 月 30 日)

同志们:

今天我们在这里隆重举行全省双拥模范城(县)命名暨双拥工作模范单位和个人表彰大会,这既是对湖南省双拥工作的一次全面总结,也是对进一步做好新时期双拥工作的再动员、再部署。首先,我代表省委、省人大、省政府、省政协和省军区,向受到命名表彰的双拥模范城(县)和先进单位、个人,表示热烈祝贺!向驻湘人民解放军和武警部队全体官兵、民兵预备役人员以及全省烈军属、革命伤残军人、转业复员退伍军人、军队离退休干部,表示亲切慰问!向长期以来关心支持我省双拥工作的全国双拥工作领导小组、国家民政部、广州军区以及社会各界人士，表示衷心感谢！

湖南是革命老区，历来有着拥军优属、拥政爱民的光荣传统。近些年来，全省各级党委、政府和驻湘部队深入贯彻落实科学发展观，坚持经济建设与国防建设协调发展，以服务改革发展大局和军事斗争准备为中心，深入推进军民共建，全省双拥工作在继承中创新、在巩固中提高、在改革中发展，部队投身地方发展取得新成绩，地方支持部队建设迈出新步伐，创建双拥模范城（县）工作迈上新台阶，拥军优属、拥政爱民的优良传统不断发扬光大，军政军民团结更加巩固。特别是在与各种严重自然灾害作斗争和应对各种急难险重任务中，全省军民同心协力，众志成城，顽强拼搏，经受了一次又一次严峻考验，取得了一个又一个重大胜利，谱写了新时期军政军民团结的壮丽凯歌。实践一再证明，“军民团结如一人，试看天下谁能敌”永远是颠扑不破的真理。当前，我省正处在加快科学发展、富民强省的关键时期，刚刚闭幕的省委九届十次全会，认真贯彻落实党的十七届五中全会精神，审议通过了省委关于制定湖南省国民经济和社会发展第十二个五年规划的建议，明确了全省未来五年经济社会发展的总体思路、目标任务和重大举措。胜利完成“十二五”目标任务，加快推进科学发展、富民强省，要求我们进一步凝聚全省军民力量，来山常务副省长、忠民政委就做好当前和今后一个时期全省双拥工作讲了很好的意见，请大家认真抓好落实。这里，我再强调几点意见：

一、认真贯彻富国强军重大战略思想，深刻认识加强新时期双拥工作的极端重要性

党的十七大明确提出，要在全面建设小康社会进程中实现富国和强军的统一。这一重大战略思想，是我们关于国防和军队建设理论的重大创新，为加强国防和军队建设提供了根本遵循，也对做好新时期双拥工作提出了新的更高要求。拥军优属、拥政爱民是我党我军一贯的光荣传统和特有的政治优势，是我党我军增强革命团结、战胜一切困难的有力武器，为实现党在各个历史时期的中心任务发挥了不可替代的重要作用。历史和实践充分证明，双拥工作是一项全局性、战略性的工作，无论是革命战争年代还是和平建设时期，坚如磐石的军政军民团结都是我们用之不竭的力量源泉，是我们战胜各种艰难险阻、不断从胜利走向胜利的重要保证。当前，国际形势正处于深刻复杂变化之中，我国进入改革发展的攻坚时期，我们要战胜前进中的种种困难和风险，更加奋发有为地推进改革开放和社会主义现代化建设，实现全面建设小康社会宏伟目标，离不开军政军民的紧密团结和共同奋斗。胡锦涛总书记明确要求：“一定要从民族振兴、人民幸福和国家长治久安的战略高度，充分认识加强军政团结的重要性，把双拥工作摆在事关全局的重要位置，坚持不懈地抓紧、抓实、抓好。”我们一定要站在全局和战略的高度，充分认识加强军政军民团结的极端重要性，切实增强发展意识、国防意识和双拥意识，坚持以科学发展观统揽双拥工作，认真做好新形势下双拥工作，进一步巩固心连心、同呼吸、共命运的军政军民关系，推动形成“围绕发展抓双拥、抓好双拥促发展”的工作格局，努力实现富民强省和兴武强军的有机统一。

二、充分发挥军地双方优势，着力推动军民融合式发展

坚持军民结合、寓军于民，走军民融合式发展道路，推动国防建设和经济建设良性互动，是贯彻富国强军重大战略思想的必然要求。从一定意义上说，开展双拥工作的过程，就是实现军地资源合理配置、军地优势充分发挥的过程。要把经济社会发展与国防和军队现代化建设有机结合起来，坚持军地互动、军民兼容、平战结合，充分发挥军地双方优势，强化融合发展意识，拓宽融合发展途径，实现更高层次、更大范围、更深程度的军民融合式发展。各级党委、政府和有关部门要站在维护国家安全的战略高度，广泛发动和组织社会力量支持军队建设，从政策、资金等方面加大支持军事斗争准备力度，努力探索现代技术条件下拥军支前的内容和方法，深入开展科技拥军、教育拥军、智力拥军活动，帮助部队培养新型军事人才，搞好装备器材革新、维修和技术保障，加快部队信息化建设步伐，着力提高部队完成多样化军事任务能力。要在城乡规划和基础设施建设中充分兼顾军事需求,配合部队搞好战备、训练等基础设施建设,支持部队完成训练演习、战备执勤、科研试验等任务,协助部队推进后勤保障和其他保障社会化。驻湘部队要在完成战备、训练和执勤任务的前提下,继续发挥组织严密、作风扎实、突击力强的优势,大力支援地方经济社会发展,在完成急难险重任务中发挥突击作用,在维护社会稳定中发挥卫士作用,在构建社会主义和谐社会中发挥带头作用,在增进军政军民团结中发挥纽带作用,在加强精神文明建设中发挥示范作用。

三、突出解决热点难点问题,着力提高双拥工作实效

双拥工作与广大军民的切身利益息息相关。要切实把以人为本落实到双拥工作的具体实践中,把解决实际问题作为双拥的重要抓手,把广大军民欢迎不欢迎、满意不满意、拥护不拥护作为衡量双拥工作成效的根本标准,以求真务实的作风推进双拥工作,军地双方互办实事、互解难事,使双拥成果为广大军民共享。各级党委、政府要进一步做好拥军优属工作,落实和完善军队转业干部、离退休干部和退役士兵安置等各项政策,积极解决随军家属就业、军人子女入学、优抚对象政策待遇、现役军人涉法维权等现实问题,主动帮助部队解决实际困难,减少部队官兵后顾之忧。驻湘部队要牢固树立“来自于人民、服务于人民”的思想,深入开展拥政爱民活动,模范遵守国家法律法规和群众工作纪律,切实维护人民群众利益。要妥善协调处理军地遗留问题,积极预防和及时消除影响军民团结的因素,进一步密切军政军民关系。

四、进一步健全完善体制机制,着力推动双拥工作创新发展

当前,双拥工作呈现出主体多元化、形式多样化、手段综合化等鲜明特征。要适应新形势新变化新要求,深入研究加强军政军民团结的新思路、新方法,积极探索新时期双拥工作的新载体、新举措,坚持党政主导与社会参与、行政手段与市场调节、阶段性工作与经常性工作相结合,不断拓展双拥工作领域,丰富双拥工作形式,推动双拥工作创新发展。要依法开展双拥工作,重视加强制度建设,不折不扣地贯彻落实好国家已有的相关政策法规,进一步完善地方相关配套政策和具体措施。要健全完善双拥工作机制,加快构建军地一体、平战结合、立体拥军、权威高效的支前领导体系,构建集灾情预警、应急保障、合力抗击、善后处置于一体的军民抢险救灾体系,构建经济利益与拥军优属互相支撑、互相促进的“两新组织”拥军体系,构建突发性、群体性事件应急调处体系,形成经济建设与国防建设协调发展的长效机制。

五、进一步加强组织领导,着力提升双拥工作整体水平

各级党委、政府和驻湘部队机关要进一步加强对双拥工作的领导,完善军地联席会议工作机制,把双拥工作作为事关全局、涉及长远的大事,纳入经济社会发展和部队建设的总体规划,同步规划、同步投入、同步建设。党政军主要领导要以身作则、率先垂范,带头参加双拥活动,以实际行动影响和带动双拥工作。要充分发挥双拥工作领导机构和工作机构的职能作用,加大协调力度,健全工作机制,形成双拥工作的整体合力。要进一步提高双拥模范城(县)创建工作整体水平,突出实践特色,把工夫下在平时,把重点放在基层,把标准定在帮助军民解决实际问题上,扩大双拥共建的社会基础和工作领域,推动群众性双拥活动蓬勃开展。要广泛开展以爱国主义为核心,以拥军优属、拥政爱民光荣传统为重要内容的国防教育和双拥宣传,在全社会营造关心支持经济建设和国防建设、维护军政军民团结的浓厚氛围。

同志们,做好双拥工作使命光荣、责任重大。让我们紧密团结在以胡锦涛同志为总书记的党中央周围,高举中国特色社会主义伟大旗帜,坚持以邓小平理论和“三个代表”重要思想为指导,深入贯彻落实科学发展观,科学谋划,精心组织,开拓创新,扎实做好双拥共建各项工作,为促进富民强省、兴武强军作出新的更大贡献。

于来山同志在湖南省双拥模范城(县)命名暨双拥模范单位和个人表彰大会上的讲话

(2010年11月30日)

各位领导,同志们:

今天,省委、省人大、省政府、省政协、省军区的这么多领导同志都来参加全省双拥工作大会,特别是周强书记将在大会上作重要讲话,这是对湖南省双拥工作的一个极大的鼓舞和推动,我们一定要认真学习贯彻周强同志的重要讲话精神,进一步地埋头苦干,把全省的双拥工作推向一个新阶段。根据会议安排,我向大会报告工作,主要讲两个问题:

一、最近四年我省双拥工作的基本情况

近年来,全省双拥工作在全国双拥办和上级军事机关的指导下,在省委、省政府、省军区的领导下,坚持以科学发展观为统领,以服务湖南发展大局和军事斗争准备为中心,以抓好各项任务在基层落实为重点,以解决军民普遍关心的现实问题为突破口,以争创双拥模范城(县)活动为抓手,通过军地双方和广大军民的共同努力,取得了显著成效。主要表现在以下四个方面:

(一)各级领导重视,双拥工作的政府主导能力不断提高。湖南省是中国革命的主要发源地,是一片有着双拥光荣传统的红色热土。全省各级党委、政府和驻军领导坚持把双拥工作作为讲政治的重要工作来抓,把加强双拥工作、密切军政军民关系纳入经济社会发展和驻军建设规划,列入党政军政绩考核范围。建立健全了党管武装、党委议军、双拥工作督导、军地联席会议、领导干部过"军事日"等制度,定期召开会议,分析形势,研究解决双拥工作遇到的矛盾和问题。各级领导带头当好军政团结的表率,每逢春节、"八一"等重大节日,都亲自带队到部队走访慰问。省委书记周强同志高度重视双拥工作,多次到部队走访调研,亲自督促有关部门解决驻军单位建设中的重大问题。守盛省长一到我省工作,就到驻军单位走访了解情况,研究解决问题。省双拥工作领导小组根据形势发展与任务要求,不断加强对双拥工作的研究,指导各地有针对性地开展双拥工作。为了完善双拥机制,我省着力加强了双拥运行制度和机构建设,有效落实了军地合署办公制度,行政运行逐步规范,工作力量得到加强。各市(州)普遍建立了双拥办公室,落实了人员编制和经费,双拥办正逐步成为军地联系沟通的一条重要渠道。

(二)着力加强宣传工作,双拥工作的氛围不断浓厚。我们始终把国防和双拥教育作为基础性工作来抓,多形式、广覆盖、全方位进行宣传教育,在全社会营造关心双拥、支持双拥的浓厚氛围。第一,注重整合媒体集中宣传。由宣传部门和双拥办组织,结合重要节日和双拥重要活动进行统一协调,形成多种媒体共同宣传双拥工作的合力,做到"广播有双拥的声音、电视有双拥的影像、报纸有双拥的栏目、网络有双拥的信息",让老百姓时刻感受双拥氛围,培养双拥意识,进一步强化了广大军民以国防观念、爱国主义精神为主体的大双拥意识,打牢全社会参与双拥工作的思想基础。第二,注重搭建平台广泛宣传。各地采取多种形式、多种途径进行宣传,比如,通过开设国防教育课、设立公示性宣传广告牌、组织军民联欢会、举办双拥报告会等方式,使双拥教育渗透到经济、社会发展的各个环节、各个部位,渗透到人们日常生活中。第三,注重挖掘典型重点宣传。在宣传中,我们注意发挥典型的示范作用,先后集中宣传报道了优秀复员退伍军人汤杨烈士、爱民模范宋文博烈士等先进事迹,在广大军民中引起了强烈反响。每年"八一"前后,采取召开表彰会、报告会等形式,集中宣传军地双拥典型,为推动群众性的双拥热潮起到了积极的引导作用。

(三)注重军地互助,军政军民团结不断巩固。湖南是兵员大省、安置大省,驻军也比较多。地方各级党委、政府坚持把驻军的事当成自己的事,积极为驻军建设提供方便,在营院基本建设、军事设施保护、科研训练保障、军队社会化服务等方面给予大力支持的同时,积极克服困难,把军队退役人员和随军家属的安置摆在突出位置,带着感情、带着责任,千方百计解决他们的后顾之忧。特别是对军转干部和伤病残退役军人的接收安置,坚决做到无条件接收,100%安置。4 年来,全省共接收安置复员退伍军人 5.15 万人,接收安置军队转业干部 8 487 人,安置随军家属 2 688 人,得到了部队官兵及家属的很高评价。我省有 51 万重点优抚对象,分布在社会各个层面,有的“三难”问题非常突出。为了做好重点优抚对象的扶贫解困和优待抚恤工作,从 2007 年开始,以三年为一个周期,我省组织开展了一系列关爱优抚对象的主题活动,三年投入 2.2 亿元,集中走访慰问重点优抚对象 4.67 万户、扶持优抚对象奔小康 4.29万户、维修改造住房 1.23 万户。我省先后制定出台了《湖南省实施〈军人抚恤优待条例〉办法》、《湖南省优抚对象医疗保障办法》等一系列规范性文件。认真落实国家优待抚恤政策,不断提高优待抚恤工作质量,近年来为重点优抚对象提高补助标准的资金累计达 6.6 亿元,实行了优抚对象“一站式医疗服务”。全省各级投入 1.8 亿元,解决在乡老复员军人生活、住房、医疗难问题。全省投入 2.4 亿元,新建、维修、改造了优抚医院、光荣院和军队离退休干部服务保障场所。正是这种真情投入,进一步巩固和发展了湖南人民与军队的鱼水关系。驻军各单位在推进部队全面建设过程中,坚持“把驻地当故乡,视人民为父母”,积极支援地方经济建设。比如,在重点工程建设中勇挑重担,在扶贫帮困中慷慨支助,在抢险救灾中冲锋在前,为湖南改革发展和稳定作出了重要贡献。比如,组织开展了“我助老区奔小康 2211 活动”和“为在乡老复员退伍军人送医送药活动”,在社会上引起广泛反响。特别是在遇到急难险重任务和突发事件的时候,部队的同志不负众望,勇于牺牲,可以说哪里有困难,哪里就有人民军队;哪里有危险,哪里就有人民子弟兵。4 年来,我省驻军先后参加了汶川地震抗震救灾、抗击特大冰灾、抗洪抢险等重大事件,投入兵力 50 多万人(次)、机械装备 1.8 万多台(次),用实际行动展现了文明之师、威武之师、胜利之师的良好形象,赢得了湖南人民的信赖和爱戴。

(四)打造双拥品牌,双拥工作的规范化、社会化建设不断增强。我们坚持把争创双拥模范城(县)活动作为双拥工作的品牌来经营,认真贯彻落实全国《双拥模范城(县)创建命名管理办法》,以活动促工作,以规范促发展,使争创活动的群众性、规范性、绩效性不断增强。第一,各级参与争创双拥模范城(县)活动热情不断高涨。各地把创建双拥模范城(县)作为和谐社会建设的一项重要内容,纳入党委、政府和驻军的重要议事日程,层层进行了动员发动,有的市县还把双拥模范城(县)建设作为书记、市(县)长工程来抓。从这次表彰的 30 个双拥模范城(县)考评情况看,普遍都召开了军地动员大会,党政军主要领导亲自进行动员、亲自参加组织,在统一思想的基础上,逐级进行了周密部署。第二,争创双拥模范城(县)活动进一步规范。按照全国《双拥模范城(县)创建命名管理办法》和《双拥模范城(县)考评标准》要求,省双拥工作领导小组对全省的争创活动进行了规范,进一步明确了申报程序、创建标准、考评办法和要求。各级的争创活动都制定了组织方案,明确了责任分工,落实了检查督促,不少争创市县的政府主要领导与有关部门负责人签定了责任状。全省 4 000 多个基层双拥结对、军民共建单位实行规范化运作,确保了创建活动持续、健康发展。第三,争创双拥模范城(县)活动的形式与内容不断创新。近年来,我省把双拥社会化拓展作为新时期双拥工作的重要形式与内容,不少市县通过把双拥工作纳入社区建设标准、在企事业单位建立双拥工作网络、在非公组织中设立双拥工作联络员,使双拥工作的社会涵盖面不断扩大。驻军比较少的市县通过搭建远程双拥工作平台,与本地籍义务兵较集中的部队联合开展“稳定军心工程”,与以本市命名的军舰建立共建关系，部队与地方学校、社区、乡村、厂矿结对共建，进一步丰富了创建活动内容。

在充分肯定成绩的同时，也要看到我省双拥工作存在的差距。比如，个别单位和领导对双拥工作重要性的认识和工作的自觉性还有待提高；各地双拥工作的发展建设水平还不平衡；双拥工作的规范化建设还需要进一步完善；双拥工作向全社会延伸的空间还很大，等等，这些都需要我们在今后的工作中加以研究和改进。

二、今后四年我省双拥工作的主要任务

当前和今后一个时期，是我省全面建设小康社会，加快推进“四化两型”建设，努力实现经济社会又好又快发展的关键时期，也是驻军部队积极适应中国特色军事变革，大力推进部队现代化建设的关键时期。坚持不懈地做好双拥工作，巩固和发展军政军民团结，对于促进我省经济社会发展和驻军部队全面建设，具有十分重要的意义。在今后的双拥工作中，我们要着重抓好以下四个方面的工作。

（一）要抓认识深化，不断探索国防教育和双拥宣传的新方法。兵民是胜利之本。不论是革命战争年代，还是和平建设时期，双拥工作都是一项带有全局性、战略性的工作。我们要从提高思想认识入手，进一步完善教育体系，做好双拥工作的社会化宣传。要把国防和双拥教育纳入全民教育体系和部队政治教育内容，与军营文化、社区文化、校园文化、企业文化宣传教育有机结合起来。我们要积极探索广大军民喜闻乐见的宣传教育方式，使双拥工作在更大程度、更广领域、更深层次上为广大军民所了解、所接受、所认同，在全社会营造军民同心、相互支持，军地一体、共同发展的浓厚氛围，形成主要领导亲自抓、职能部门主动协调、党员干部模范带头、各行各业和全体军民广泛参与的生动局面。

（二）要抓军民融合，合力开创国防和经济建设协调发展的新局面。坚持军民融合式发展，是新形势下对双拥工作提出的新要求。地方各级党委、政府和有关部门要把支持国防和军队建设作为义不容辞的责任，统筹推进经济、科技、教育、人才等各个领域的军民融合，使军民结合面更广、融合度更深、路子更宽。比如，在制定经济社会发展总体规划时，要充分考虑驻军部队现代化建设需求；在国家重点工程、重大民用基础设施建设中，要贯彻落实国防需求；要把国防科技和装备发展纳入地方科技创新体系，把军队人才培养纳入地方教育体系，把爱国拥军工作成效纳入党委、政府目标责任考核体系。要维护军人及其家属的合法权益，进一步加大优抚安置工作力度，着力解决随军家属就业、军人子女就学等官兵普遍关心的热点、难点问题。要坚持富国和强军相统一的方针，不断用经济快速发展的成果，为国防和驻军建设提供坚强有力的保障。驻湘解放军和武警部队要积极支援地方经济建设，全力协助地方参加助学兴教、扶贫帮困、社会捐助等以改善民生为重点的公益事业，积极参加创建文明城镇、文明行业、文明社区活动。要把维护社会稳定作为重要内容，进一步健全军地协调和应急指挥机制，加强军警民联防联治，及时妥善处置各种突发事件，共同维护我省和谐稳定的社会环境。要发挥军队组织严密、突击力强的优势，积极承担抢险救灾等急难险重任务。

（三）要抓延伸拓展，积极创造社会化双拥的新环境。基层是各项工作和建设的基础，只有基层双拥活动活跃了，我们的双拥工作才有坚实的群众基础，军民关系也才会有融洽的平台。我们要按照“组织健全、政策落实、活动经常、关系融洽”的要求，按照“工作从基层抓起，任务在基层落实，活动在基层开展，效果在基层体现”的原则，认真抓好基层双拥工作的落实，广泛开展双拥工作“进企业、进乡村、进学校、进社区、进连队”活动。要进一步健全基层群众性双拥组织，在基层设立双拥工作联络员，构建双拥工作网络，全面开展“双拥结对”等活动，以点带面，推动双拥工作向全社会扩展和延伸。要进一步加强对基层双拥活动的指导，组织基层单位积极开展科技拥军、社区拥军、行业拥军和法律拥军等活动，积极探索在非公企业、新社会组织中开展拥军活动，努力拓宽基层双拥活动领域，为加速双拥工作社会化发展提供良好环境。

（四）要抓制度建设，逐步完善双拥工作运行的新机制。双拥工作是一项长期的战略任务，我们要把制度建设作为规范双拥工作运行的关键,逐步形成以教育为先导、以制度为保证、以激励为杠杆、以创建双拥模范城为载体的长效机制。要逐步完善双拥协调机制、服务机制和监督管理机制,认真落实军地联席会议、军政座谈会、党委议军会以及合署办公等制度,坚持用制度来管活动,用制度来抓工作,用制度来促落实,确保双拥工作规范有序运行。要充分发挥各级双拥办军地协调功能,对区域内双拥工作实施统一指挥、统一协调、统一调度。要加快完善与形势任务相适应的双拥工作法规制度,强化政策服务社会化、规范化,逐步推行双拥服务界面兼容、服务信息共享、服务标准一致。要加强对双拥工作的监督管理,进一步明确双拥领导小组各成员单位的职责,完善绩效考评机制和跟踪问效等制度,确保双拥工作指挥体系高效顺畅、目标任务落实到位。

同志们,做好新时期的双拥工作意义深远,责任重大,我们一定要与时俱进,改革创新,扎实工作,进一步开创我省双拥工作的新局面,为加快富民强省、构建和谐湖南、推动军队现代化建设作出新的贡献。

田义功同志在湖南省双拥模范城(县)命名暨双拥模范单位和个人表彰大会上的讲话

(2010年11月30日)

各位领导,同志们:

在全党全军深入学习贯彻党的十七届五中全会精神、全国军民积极创建新一届双拥模范城(县)之际,湖南省委、省政府、省军区隆重召开第八届全省双拥模范城(县)命名表彰大会。这既是对湖南省4年来双拥创建活动成果的一次检阅,也是对今后进一步做好双拥工作的深入动员,意义重大,很有必要。今天,我和军区政治部韩伟副主任一起参加会议,感到非常高兴。借此机会,我代表军区徐粉林司令员、张阳政委和全区官兵,向大会的召开和受表彰的单位及个人,表示热烈的祝贺!向长期以来关心支持国防和军队建设的湖南省各级党委、政府和人民群众,表示衷心的感谢!

刚才,于副省长作了双拥工作报告,省军区杨政委代表驻湘部队作了讲话,讲得都很好。等一会,湖南省委周书记还要发表重要讲话,我们要认真学习领会,抓好贯彻落实。

湖南是毛泽东、刘少奇等老一辈无产阶级革命家的故乡,历来有着爱国拥军的光荣传统。在艰苦卓绝的战争年代,英雄的湖南人民在党的领导下,与子弟兵生死相依,血肉相连,前赴后继,浴血奋战,为人民军队的成长壮大,为中华民族的独立和解放事业,作出了重大贡献。新中国成立以来,特别在改革开放、发展社会主义市场经济、全面建设小康社会的新形势下,湖南双拥工作在继承优良传统的基础上不断改革创新,有力促进了经济社会发展和部队战斗力建设。主要有四个方面特点:一是领导高度重视。军地各级自觉站在安全战略、发展战略高度,坚持把党管武装、国防后备力量建设、国防教育和双拥工作,作为贯彻富国强军战略思想的重大政治任务,摆上重要议事日程,周书记、徐省长等领导同志对事关国防和军队建设的重大问题,亲自研究部署,亲自推动落实,亲自解决难题;各级始终做到国防建设与经济社会建设同步规划、同步实施、同步投入、同步落实,取得了很多好成果好经验好做法,许多工作走在五省区乃至全国的前列。今天,周书记、徐省长、于副省长、省委杨秘书长和省军区杨政委5位常委亲自参加会议,充分体现了省委、省政府和省军区对双拥工作的高度重视,彰显了再创双拥辉煌的决心意志,我们很受教育、很受感动。二是工作基础深厚。注重强化广大军民双拥意识，拓宽宣传教育方法手段，充分利用红色资源和借助现代传媒搞好结合渗透，在全社会营造了爱国拥军、爱民奉献的浓厚氛围。建立双拥机构体系，完善军地联动机制，整合社会资源，强化基础建设，形成了党委政府主导、社会大力支持、全民广泛参与的工作格局。三是时代特色鲜明。着眼社会结构、经济成分和劳动方式新变化，不断创新双拥工作形式内容，广泛发动和引导“两新组织”拥军共建，开展关爱优抚对象“两万三千”、“我助老区奔小康2211”、“为在乡老复员退伍军人送医送药”等活动，打造了一批具有湖南特色的双拥品牌，军地反响很好。四是发挥作用明显。始终围绕中心、服务大局开展工作，在参加和支援地方重点工程项目、参与文明城镇和社会主义新农村建设，保障重大军事演训活动、落实优抚安置政策，完成抗击雨雪冰冻灾害、抗洪抢险、处置各种突发事件等急难险重任务中，相互支持，密切协作，有力推动了富民强省战略实施和军事斗争准备深入开展，军民同呼吸、共命运、心连心的鱼水情谊日益深厚，军政军民团结不断巩固发展。

下面，根据军区徐司令员、张政委指示，我就进一步密切军政军民关系，推进双拥工作创新发展，讲几点意见：

一、强化职责使命意识，高度重视做好新形势下双拥工作

拥军优属、拥政爱民是我党我军的优良传统和特有政治优势。从1943年毛主席亲自倡导延安双拥运动以来，在党的坚强领导下，广大军民继承和发扬双拥工作优良传统，紧密团结，艰苦奋斗，不断创造了新业绩、谱写了新篇章。历史和现实充分证明，双拥工作是一项带有全局性、战略性的工作，是我们战胜困难、夺取胜利的重要法宝。当前，我国正处在一个新的发展阶段，国际形势继续发生深刻变化，国内社会矛盾处于多发期，安全发展问题的综合性、复杂性、多变性前所未有。从广州战区方向看，台海局势依然错综复杂、充满变数，南海方向主权和海洋权益受到严重侵害，北部湾和中越边境主权斗争、边境管控面临复杂情况，港澳形势稳中有忧；辖区内地形、气候条件复杂，干旱、洪涝、泥石流等自然灾害频发，各种突发事件时有发生；五省区加快经济发展方式转变进入攻坚阶段，存在各种矛盾和问题。面对新形势新挑战，要战胜前进道路上种种困难，在全面建设小康社会进程中实现富国强军战略目标，更加需要广大军民同心同德，齐心协力，不懈奋斗。我们一定要自觉站在维护国家安全和发展利益、推进国防和军队现代化建设高度，充分认清做好双拥工作的极端重要性，切实以满腔的政治热忱和强烈的责任感、使命感，把双拥工作作为一项事关全局的战略任务，重视双拥、支持双拥、推动双拥。

二、坚持军民融合方针，着力推动国防建设与经济建设协调发展

胡主席着眼维护国家安全和发展利益，审视国际国内形势深刻变化，科学提出走军民融合式发展路子的重大战略举措。这既为加强国防建设和经济建设指明了方向，也赋予了双拥工作新的时代内涵。近年来，湖南省坚持把推进军民融合作为双拥工作重要内容，制定出台一系列措施意见，在国防科研生产、军队人才培养和有关保障等方面进行有益实践，取得了可喜成效。我们要进一步树牢军民融合式发展理念，把有利于军民一体、有利于平战结合贯穿双拥工作全过程，力求做到在发展规划中体现融合、在重点领域中强化融合、在资源配置中有效融合，切实形成国防建设与经济建设协调发展的良好局面。要结合纪念建党90周年、《国防教育法》颁布10周年等时机，紧紧围绕建设社会主义核心价值体系、培育当代革命军人核心价值观，广泛开展双拥宣传和国防教育，切实营造军民同心、融合发展的浓厚氛围。要积极适应全面履行新世纪新阶段我军历史使命要求，充分发挥战斗队、工作队、宣传队作用，积极参加和支援地方经济社会建设，勇于承担抢险救灾、维护稳定等急难险重任务，努力为促进经济发展、构建和谐社会作出新的贡献。

三、紧贴形势任务需要，积极探索双拥工作新思路新办法

随着改革开放和军事斗争准备不断深化拓展，双拥工作遇到许多热点难点问题，必须以创新精神推动工作,以改革办法化解矛盾,保持双拥工作旺盛的生机和活力。我们要积极适应时代发展要求,继续攻坚克难,着力解决影响双拥工作科学发展的突出问题,切实在深化理论研究、拓展工作领域、创新活动载体等方面有新的突破。要坚持把创新双拥理论作为推动工作科学发展的强大动力,采取专题调研、研讨交流等多种形式,深入研究双拥工作重大现实问题,不断推动双拥理论蓬勃发展。要认真贯彻“围绕发展抓双拥、抓好双拥促发展”的基本原则,不断拓宽双拥工作范畴,促进双拥工作向各领域、各阶层延伸,进一步扩大双拥工作的社会基础。要尊重广大军民首创精神,借力科学技术特别是信息技术发展新成果,不断创造富有时代特色、能够广泛吸引军民参与的活动和载体,有效提升双拥工作整体水平,最大限度地发挥军事效益和经济社会效益。

四、大力加强组织领导,切实形成军地抓双拥工作的合力

双拥工作涉及军地双方和社会各个方面,只有加强领导、统筹协调、严密组织,才能促进军地双方良性互动和共同发展。要进一步强化齐抓共管意识,继续发挥党政军领导的引领作用,切实使军地双方在思想上合心、在工作上合力、在行动上合拍。要认真落实双拥工作制度机制,不断完善信息通报、定期走访等措施,真正使双拥工作在制度规范下合力推进、高效运行。要加强军地协作,在军地两用人才培养、军民两用技术和产品研制开发、军事资源和社会资源整合等方面,形成军地协调、整体推进的工作格局。要强化双拥工作机构桥梁纽带作用和保障职能,特别是省军区系统要把握自身的特殊身份,发挥好牵头协调作用,切实把职责尽到位、把任务落实好。要围绕提高双拥工作水平大力深化创建活动,明年全国要命名表彰一批双拥模范城(县),各地各部队要认真总结创建经验,以更高的标准做好工作,把工夫下在平时,把重点放在基层,把效果定在促进生产力发展和部队战斗力提高上,在全社会掀起新的创建热潮。

同志们,在新的历史时期,双拥工作面临的任务光荣而艰巨。让我们更加紧密团结在以胡锦涛同志为总书记的党中央周围,发扬成绩,扎实工作,锐意进取,不断开创双拥工作新局面,为推进国防和军队现代化建设、实现全面建设小康社会宏伟目标而努力奋斗!

杨忠民同志在湖南省双拥模范城(县)命名暨双拥模范单位和个人表彰大会上的讲话

(2010年11月30日)

各位领导,同志们:

初冬岁末,正当我们满怀喜悦收获“十一五”科学发展的丰硕成果,在新的起点上朝着科学发展、富民强省宏伟目标高歌前行的时候,湖南省双拥模范城(县)命名表彰大会在此隆重召开,这对于进一步密切军政军民关系、巩固和发展军政军民团结的大好局面,推动湖南省经济社会又好又快发展和国防后备力量建设,具有重大而深远的意义。借此机会,我代表省军区和驻湘部队全体官兵,向长期以来对全省双拥工作高度重视、给予特殊关心和指导的上级首长机关表示衷心的感谢!向一直关心支持国防和军队建设的各级党委、政府和广大人民群众表示崇高的敬意!向受到表彰的先进单位和个人表示热烈的祝贺!刚才,来山副省长作了一个很好的报告。等一会,广州军区田义功副政委和省委周强书记还要作重要指示,我们要认真学习领会,抓好贯彻落实。

湖南是一片拥军热土,曾经为孕育中国革命、养育人民军队作出了不可磨灭的贡献。近几年来,各级党委、政府和广大人民群众,坚决贯彻富国强军的战略思想,大力弘扬爱国拥军光荣传统,拥军热潮一浪高过一浪。我们清楚地记得,省委周书记和徐省长刚履新就到驻军单位调研指导,主动为部队解难题办实事,给广大官兵极大鼓舞和鞭策;我们高兴地看到,我省党管武装工作的位置高、抓得实,日趋制度化、规范化、科学化,为国防和军队建设发展提供了有力保证;我们切身地感受到,动真情、办实事,已经或正在成为广大干部群众爱国拥军的自觉行动,对凝聚军心、鼓舞士气起到了至关重要作用。去年以来,上级先后5次在我省召开会议,总结推广了国防教育、随军家属安置、涉军维权、动员业务与指挥训练等经验。地方的拥军情怀和大力支持,为我们加强部队建设、做好军事斗争准备创造了良好环境,提供了坚强有力的保障。

我们驻湘部队广大官兵战斗生活在这片拥军热土,更加感到肩负责任的重大,坚持以地方党委、政府和人民群众的关心厚爱为强大动力,在加紧做好军事斗争准备的同时,认真履行我党我军宗旨,充分发挥"三队"作用,深入开展拥政爱民活动,自觉服务湖南改革发展稳定大局,积极投身支援地方"四个文明"建设,特别是在抗击雨雪冰冻灾害、担负奥运火炬传递安保、参加防汛和扑灭山火等重大任务中,作出了应有的贡献。在新的历史时期,我们一定要深入学习贯彻党的十七届五中全会精神,大力弘扬听党指挥、服务人民、英勇善战的优良传统,进一步做好拥政爱民工作,为实现富民强省、建设和谐湖南作出新的更大贡献。

一、要着眼战略全局进一步认清新形势下深入开展双拥工作的重大意义

拥军优属、拥政爱民是中国共产党领导下我国亿万军民的伟大创举,是我党我军特有的政治优势,在新的形势下必须更好地坚持。要清醒地看到,深入开展双拥工作,是抢抓战略机遇期、全面建设小康社会的现实需要。"十二五"时期,我国仍将处于难得的发展战略机遇期,同时又面临严峻的挑战。作为世界上最大的发展中国家,我们所肩负任务的艰巨性、复杂性、繁重性世所罕见,所面临安全问题的综合性、复杂性、多变性前所未有,影响我国安全和发展的现实挑战和潜在威胁十分严峻。"军民团结如一人,试看天下谁能敌。"大力加强双拥工作,我们就能从容应对各种挑战,"任凭风浪起,稳坐钓鱼船"。要深刻认识到,深入开展双拥工作,是构建和谐社会的迫切要求。军政军民团结是最大的和谐;维护社会稳定大局是最大的政治。当前,我国正处于改革发展的关键阶段和社会矛盾凸显期,各种社会矛盾增多,群体性事件高发,加上敌对势力伺机破坏,维护社会和谐稳定的任务十分繁重。只有加强军政军民团结,构建和谐社会才有坚实基础。还要看到,深入开展双拥工作,是实现"四化两型"目标的必然要求。最近召开的省委九届十次全会,明确了建设"四化两型"的目标、任务和要求。要实现这一宏伟蓝图,需要凝聚方方面面的智慧和力量。我们驻湘部队必须紧跟形势任务发展,充分发挥自身优势,积极支持和参与地方经济建设。长期以来,地方党委、政府和人民群众对部队给予了大力的支持和帮助,特别是老区人民为中国革命胜利和我军发展壮大作出了巨大的牺牲奉献,作为驻湘部队要始终怀着感恩之心来做好拥政爱民工作,把驻地当故乡,视人民为父母,以实际行动回报地方党委、政府和6 900万三湘父老对子弟兵的关心与厚爱。

二、要紧贴军地实际准确把握双拥工作的基本着力点

胡主席强调,新形势下军队要正确把握国防建设与经济建设的关系,更加坚决地服从服务于国家发展大局,更加自觉地在大局下行动。驻湘部队要认真贯彻党中央、中央军委和胡主席的指示要求,坚持把地方所需、群众所盼和部队所能结合起来,围绕发展抓双拥,抓好双拥促发展。要在推进经济建设发展中发挥带动作用。充分发挥部队政治优势、科技优势、人才优势和装备优势,积极参加和支援地方基础设施建设、重点工程建设、新农村建设,每年集中力量干几件看得见、影响大、效果好的工作,以部队战斗力带动和促进地方生产力。要继续抓好我助老区奔小康"2211"工程和驻点扶贫工作,认真搞好新一轮统筹规划,确保滚动深入开展,争取早日改变老区面貌。要在完成急难险重任务中发挥突击作用。针对湖南“无灾不成年”的省情,制定完善各种应急预案,抓紧训练和保障准备,确保一有情况能按照“三个第一时间”的要求,发扬我军特别能吃苦、特别能战斗的精神,打头阵、当尖兵,最大限度地保护人民群众的生命财产安全。要在维护社会稳定中发挥卫士作用。充分发挥民兵预备役人员寓兵于民、了解民意的优势,加强军警民联防联治,积极参与创建平安社区、平安街道、平安乡村活动,主动承担在重大活动、敏感时期的安保任务,及时发现和消除危害社会安定的隐患和苗头。要进一步总结推广常德“双带双促”(引导军队退役人员带头建设家乡、促进经济发展,带头维护稳定、促进社会和谐)活动做法,协助地方做好涉军维稳工作,及时化解各种矛盾,维护来之不易的稳定局面。要在增进军政军民团结中发挥纽带作用。尊重地方党委、政府的领导,密切同当地党委、政府的关系,做到有关工作主动通报,重大活动主动参与,发生矛盾主动解决,地方有难主动支援。省军区系统要自觉接受“双重领导”,坚决执行地方党委、政府的决策指示。要加强部队管控,教育官兵严守群众纪律,不利于军政军民团结的话不说,不利于军政军民团结的事不做,坚决防止和杜绝军警民纠纷。要在加强思想道德建设中发挥引领作用。我们作为驻守在领袖故乡和雷锋、欧阳海等英雄家乡的人民子弟兵,要在继承光荣传统、建设精神文明中走在前列。要教育广大官兵和民兵预备役人员带头践行社会主义荣辱观,带头弘扬社会公德和家庭美德,带头参加志愿者行动和各种社会公益活动,积极传播文明新风。利用部队荣誉单位、英模人物较多的优势,积极配合地方搞好爱国主义和革命传统教育,用社会主义核心价值理念教育群众、凝聚人心。

三、要适应形势发展切实加强对双拥工作的组织领导

做好新形势下的双拥工作是全社会的共同责任。我们要适应新形势、新任务的要求,进一步加强组织领导,加大协调力度,形成领导重视、部门参与、军地互动的工作格局,保证双拥工作持续深入、富有成效。一是要着眼合力更强,健全完善机制。双拥工作涉及军地许多方面,必须形成协调顺畅的工作机制。要建立完善联席会议、定期走访、信息通报等制度,及时沟通军地关系,协商开展双拥活动,协调解决工作中的矛盾和问题。省军区系统负有牵头协调职能,各军分区(警备区)和人武部要组织协调好部队同政府、群众之间的联系,搞好驻军拥政爱民活动,发挥好桥梁纽带作用。二是要着眼形式更活,积极探索创新。认真分析新形势下双拥工作遇到的新情况新问题,研究加强军政军民团结的新思路新办法。比如,广泛开展共建共创、联训联演、科技联姻等活动,不断拓宽双拥工作的领域和范围;在扶贫帮困上加大科技投入、智力支持、技术培训和信息咨询的力度,帮助群众更新思想观念、增强自我发展能力,等等。三是要着眼氛围更浓,加大宣传力度。充分发挥湖南新闻媒体发达的优势,广泛宣传双拥工作先进典型,进一步营造“军爱民、民拥军,军民鱼水一家亲”的良好氛围,使双拥工作成为全社会的自觉行动,使双拥之花在芙蓉国里绽放得更加光彩夺目,结出更为丰硕的果实!

黄华华同志在广东省2010年春节军政座谈会上的讲话

(2010年2月10日)

各位领导,同志们:

值此新春佳节即将到来之际,省委、省政府在这里隆重召开军政座谈会,畅叙军民鱼水深情,共商双拥发展大计。在此,我谨代表省委、省政府,向参加座谈会的部队领导和同志们,并通过你们向驻粤人民解放军、武警部队、民兵预备役部队全体官兵和全省烈军属、残疾军人、转业复员退伍军人、军队离退休干部，致以新春的问候和美好的祝福！

刚刚过去的2009年，是进入新世纪以来广东省发展最为困难的一年，也是广东省积极应对国际金融危机、保持经济社会平稳较快发展取得显著成绩的一年。面对国际金融危机的严重冲击及其带来的各种困难和挑战，我们在党中央、国务院的坚强领导下，深入贯彻落实科学发展观，结合实际全面和创造性地贯彻落实中央保增长保民生保稳定的各项决策部署，以实施珠三角《规划纲要》为主轴，大力推进“三促进一保持”，全力以赴保增长，抓住时机扩内需，着眼未来促转型，扎扎实实惠民生，既有效遏止了经济增长下滑态势，又为下一步经济社会又好又快发展创造了有利条件。全省完成生产总值39 082亿元、增长9.5%，人均生产总值40 748元、增长8.4%，均提前实现“十一五”规划目标。人民群众实惠增多，社会保持和谐稳定。

在保持经济社会平稳较快发展的同时，我们认真贯彻党中央、国务院和中央军委关于加强国防建设的各项决策部署，认真做好国防建设和双拥各项工作，积极探索完善具有广东特色的社会化拥军体系，取得了显著成效。一是全力支持国防和军队现代化建设。全省各级党委、政府以高度的政治责任感，积极组织协调社会各界力量，努力为部队办实事、解难题。一年来，全省帮助部队解决训练场地、生活设施、自动化指挥设施和信息化建设等方面的问题，并向驻粤部队赠送科技图书3万册，协助部队科技攻关271项，培训大专以上学历人才3 200多人。在建军82周年期间，省委、省政府组织了13个慰问团慰问赴索马里海域护航编队、驻粤部队特别是参与国庆阅兵的官兵。全省各地也普遍开展了内容丰富、形式多样的拥军慰问活动，赠送慰问金（品）。二是优抚安置保障体系建设扎实推进。我省根据新形势新要求，切实做好转业复员退伍军人安置、随军家属就业、重点优抚对象生活和医疗保障等工作。去年，各级财政共增加投入2.8亿元用于提高各类重点优抚对象的抚恤补助标准。出台进一步推进优抚对象医疗保障工作的意见，解决优抚对象“医疗难”取得新进展。开展“十百千万关爱功臣”活动，为6万多名重点优抚对象发放药品、治病和建立医疗档案。退役士兵免费职业技能培训工作继续走在全国前列，有7 987名退役士兵报名参加了职业技能培训。三是双拥宣传教育有新举措。全省各地和驻粤部队以建军82周年、新中国成立60周年为契机，大力宣传建国以来全国军民在党的领导下团结奋斗取得的辉煌成就和军政军民团结在促进改革发展稳定中发挥的重要作用。省双拥办与八一电影厂、广东省军区等单位联合摄制我国第一部反映新时期双拥工作的电视剧《国事家事》已于去年开机。四是军民共建活动成果丰硕。在军地双方的共同努力下，我省军民共建的领域不断拓展，共建活动的规模和质量不断提升。50个单位和99名个人分别荣获“广东省军民共建先进单位”和“广东省军民共建先进个人”称号，为军民共建树立了新的典型。

过去一年，广东省在国际金融严重动荡、世界经济深度衰退、国内外形势严峻复杂的情况下取得这样的成绩极其不易。这是在党中央、国务院的正确领导下，全省党政军民同舟共济、共克时艰、扎实工作的结果，其中凝聚着驻粤人民解放军和武警、民兵预备役部队广大官兵的心血和汗水。驻粤部队在完成战备、训练和执勤任务的同时，始终牢记全心全意为人民服务的宗旨，继承和发扬我军拥政爱民的光荣传统，视人民如父母，把驻地当故乡，积极支持地方经济社会建设，积极参加创建“双拥模范城（县）”和军（警）民共建社会主义精神文明活动，在扶贫帮困中当先锋，在执法为民中作模范，在急难险重任务面前打头阵，做了大量卓有成效的工作。特别在去年抗击台风“巨爵”、“莫拉菲”灾害中，广大驻粤人民解放军、武警部队、民兵预备役部队官兵冲锋在前，勇挑重担，积极参加抢险救灾，彰显了当代军人“忠诚于党、热爱人民、报效国家、献身使命、崇尚荣誉”的核心价值观，展示了人民军队的良好形象，为我省夺取抗灾救灾的全面胜利和推动经济社会又好又快发展作出了重要贡献。在此，我代表省委、省政府和全省人民，向驻粤人民解放军、武警部队、民兵预备役部队官兵表示衷心的感谢和崇高的敬意！

2010 年是广东省加快转变经济发展方式、促进经济社会平稳较快发展的关键之年。我们将认真贯彻落实中央经济工作会议、胡锦涛总书记视察广东重要讲话和省委十届六次全会、省十一届人大三次会议精神,全面实施珠三角《规划纲要》,大力推进“三促进一保持”,加快转变经济发展方式,坚定不移调结构,脚踏实地促转变。今年 GDP 增长预期目标为 9% 左右,人均生产总值增长 8%。我们将围绕加快转变经济发展方式这一核心,突出现代产业体系建设、自主创新、扩大内需特别是消费需求、城乡区域协调发展和改善民生等五个重点,着力抓好扩大内需、推动产业结构调整优化升级、推进自主创新、力促外经贸稳定增长、统筹城乡区域经济社会发展、加强“三农”工作、推进“双转移”、狠抓节能减排和节约集约用地、加大重点领域和关键环节改革力度以及大力保障和改善民生等十项工作。今年我省还将举办第十六届亚运会和第一届亚残运会,这是我国我省的一件大事。我们将坚持科学办会、安全办会、节俭办会,举全省之力将亚运会和亚残运会办成具有“中国特色、广东风格、广州风采”、“团结、祥和、文明、精彩”的体育文化盛会。

各位领导,同志们:完成上述任务,实现新一年的奋斗目标,需要全省人民的共同努力,需要驻粤人民解放军、武警部队、民兵预备役部队一如既往的关心支持。我们也将继续大力支持国防和军队现代化建设,继续大力支持部队做好以军事斗争准备为龙头的各项工作,积极开展科技、文化、教育拥军活动,协助部队解决基础设施、战备训练、国防动员、科研试验等方面的实际问题。认真落实拥军优抚安置政策,做好转业复员退伍军人安置、退役士兵职业技能培训、随军家属就业和部队子女入学入托等工作。深入开展创建双拥模范城(县)和军(警)民共建社会主义精神文明活动,广泛开展双拥宣传教育,不断巩固和发展军政军民“同呼吸、共命运、心连心”的大好局面。

让我们更加紧密地团结在以胡锦涛同志为总书记的党中央周围,深入贯彻落实科学发展观,继续解放思想,坚持改革开放,充分发扬拥军优属、拥政爱民的光荣传统,齐心协力,扎实工作,为推动全省经济社会又好又快发展,当好推动科学发展、促进社会和谐的排头兵,为加快促进国防和军队现代化建设而不懈奋斗！

春节将至,我代表省委、省政府给大家拜个早年,祝大家身体健康、工作顺利、万事如意！

谢谢大家。

汪洋同志在广东省 2010 年春节军政座谈会上的讲话

(2010 年 2 月 10 日)

同志们:

在中华民族的传统节日——春节即将来临之际,我们在这里欢聚一堂,畅谈军地发展大好形势,共叙军政军民鱼水深情,互致新春佳节美好祝愿。首先,我代表省委、省政府和全省人民,向广州军区领导和驻粤部队全体官兵致以节日的亲切问候！同时,也借此机会,向长期以来关心、支持广东建设和发展的驻粤部队全体官兵表示衷心的感谢！

刚才,张阳同志介绍了驻粤部队建设和拥政爱民工作的情况,华华同志介绍了我省经济社会发展和拥军优属工作的情况,讲得很好,我完全赞同。让我们再一次为军地双方取得的新成就和军政军民团结取得的新成绩表示热烈的祝贺！

刚刚过去的 2009 年,是很不平凡和令人难忘的一年。面对国际金融危机的严重冲击,省委、省政府认真贯彻落实中央一系列决策部署,统一思想、坚定信心,科学决策、沉着应对,团结带领全省人民砥砺奋进,共克时艰。我们大力推进“三促进一保持”,

应对国际金融危机取得重大阶段性成果，使应对国际金融危机的过程成为推动科学发展上水平的过程、成为为更长时期又好又快发展打基础的过程，推动各项工作取得新成效，科学发展迈出新步伐。经过一年的艰苦努力，顺利完成了经济社会发展预期目标。同时，各项社会事业全面推进，人民生活持续改善，社会保持和谐稳定。作为一个外向度较高的省份，又肩负着全国保增长的重任，在外需减少的情况下，能取得这样的成绩，实属来之不易。

这些成绩的取得，与驻粤部队广大官兵的积极参与和大力支持是分不开的。一年来，驻粤部队坚持用党中央、中央军委和胡锦涛主席的决策指示统一思想行动，大力弘扬听党指挥、服务人民、英勇善战的优良传统，切实加强思想政治建设，不断提高应对多种安全威胁、完成多样化军事任务的能力，狠抓经常性基础性工作的落实，大力加强和改进党的建设，有效履行党和人民赋予的神圣使命。与此同时，驻粤部队始终牢记全心全意为人民服务的宗旨，竭力支持我省经济发展，倾力参与和谐广东建设，充分发扬拥政爱民光荣传统，双拥共建工作成绩显著。在重点工程建设、文明城市创建、生态环境建设、扶贫帮困、抢险救灾、维护社会稳定等方面作出了新的贡献，以实际行动充分展示了人民解放军威武之师、文明之师的良好形象。

2010年是广东省巩固应对国际金融危机阶段性成果、保持经济平稳较快发展的关键一年，也是科学发展由探索实践向全面深化转变的关键一年，机遇与挑战并存。做好今年工作，既关系当前，又影响长远，意义极其重大。我们必须把全省干部群众的思想行动统一到中央对当前形势的分析判断和作出的决策上来，统一到深入贯彻落实科学发展观的要求上来，统一到胡锦涛总书记视察广东重要讲话精神上来，统一到省委十届六次全会精神和确定的目标任务上来，牢牢扭住加快经济发展方式转变这一核心，突出“三促进一保持”这一重点，坚定不移调结构，脚踏实地促转变，坚持“五个更加注重”，落实“五个扎实推进”，坚定信心，科学谋划，统筹做好今年全省工作。

双拥工作是我党我军的优良传统和特有的政治优势，战争年代军民团结是胜利之本，和平年代是稳定之本、发展之本。党的十七大以来，国家和军队的改革发展与现代化建设都进入了新的发展时期，全面建设小康社会、构建社会主义和谐社会对双拥工作提出了新的任务，军队履行新的历史使命、完成多样化军事任务对双拥工作提出了新的课题，解决军民广泛关注的热点难点问题对双拥工作提出了新的要求。下面，我就深入贯彻落实科学发展观，大力做好新时期新阶段双拥工作讲三点意见。

第一，要以科学发展观为统领，充分认识双拥工作协调发展的重大意义。科学发展观包含了许多辩证关系，其中很重要的一个方面就是坚持国防建设和经济建设协调发展的方针，在经济发展的基础上推进国防和军队现代化。实践证明，经济建设是国防建设的基本依托，经济建设搞不上去，国防建设就无从谈起；国防实力是国家综合国力的重要组织部分，国防建设搞不好，经济建设也就失去了安全保障。我们一定要充分认清二者协调发展的重大意义，充分认清做好双拥工作是军地双方义不容辞的应尽责任，是社会经济平稳发展的必然要求，牢固树立“没有一支人民的军队，便没有人民的一切”，“军队打胜仗，人民是靠山”的观念，始终坚持“围绕发展抓双拥、抓好双拥促发展”的工作要求，紧紧围绕提高社会生产力和部队战斗力这一根本标准，切实把双拥工作抓紧抓好，抓出成效。

第二，要充分运用广东改革开放的成果，积极为驻军部队全面建设提供强有力的支持。做好军事斗争准备是当前部队最重要、最紧迫的任务，也是双拥工作的着力点和突破点。全省各级党委、政府要从讲政治讲大局的高度，不断加大工作力度，提升标准质量。要在大力支持军队完成多样化军事任务能力建设的同时，围绕部队担负的维护社会稳定、应对自然灾害、保护国家发展利益、履行国际义务等任务，加强与部队的协调配合，建立健全军地联动高效顺畅的应急指挥体系、信息情报搜集体系、政策法规保障体系、人才物资装备支持体系等，尽力为部队完成多样化军事任务提供坚强有力的保障和支撑。要认真落实各项优抚安置政策,切实抓好军人转业退伍安置工作,积极帮助现役军人解决家属就业、子女上学等方面的实际困难和问题,扎实做好优抚对象的生活、住房、医疗等方面的保障工作,努力解除现役军人和重点优抚对象的后顾之忧。

第三,要积极发挥驻军部队的优势,为广东经济社会发展和办好亚运会作出新的贡献。自觉服从和服务于经济建设大局,是和平时期军队必须始终遵循的一个重要原则。按照"军队积极支持和参加国家建设"的要求,驻粤部队要着眼广东经济社会发展和安全稳定大局的需要,把支援地方建设作为提高部队完成多样化军事任务能力的实践平台,将其纳入军队工作全局来筹划和实施。要积极发挥部队突击能力强的优势,在参加地方生态环境治理、抢险救灾、重点工程建设、维护社会稳定等急难险重任务中当先锋、打头阵。要认真贯彻落实"军队精神文明建设要走在全社会前列"的要求,充分运用军队先进的思想文化、严明的纪律作风,积极服务地方"四个文明"建设。特别是今年第16届亚运会要在广东举办,办好亚运会既是对广东各级党委、政府的一次大考,也是对驻粤部队的一次大考,希望驻粤部队在这方面发挥重要作用,为实现"平安亚运"尽心尽责,给党中央和广东人民群众交一份满意的答卷。

同志们,"军民团结如一人,试看天下谁能敌"。让我们紧密团结在以胡锦涛同志为总书记的党中央周围,深入贯彻落实科学发展观,进一步坚定信心、振奋精神、锐意进取、扎实工作,密切军政军民关系,为我省全面完成"十一五"规划和今年的各项目标任务,当好推进科学发展、促进社会和谐的排头兵作出新的更大的贡献!

最后,祝同志们在新的一年里,身体健康,工作顺利,家庭幸福,平安如意!

谢谢大家!

陈际瓦同志在广西壮族自治区双拥工作领导小组第二十次会议上的讲话

同志们:

今天我们召开自治区双拥工作领导小组全体成员会议,主要任务是认真贯彻落实全国双拥工作领导小组全会精神,进一步统一思想,提高认识,明确重点,切实做好今年的双拥工作和自治区双拥模范城(县、区)的创建评比工作。刚才,陈利丹同志向自治区双拥领导小组作了汇报,对2009年的工作进行了回顾总结;自治区民政厅、广西军区和75100部队政治部进行了双拥工作述职;黄深根同志代表领导小组提出了今年的双拥工作要点。大家都原则通过了,希望回去以后,要认真贯彻落实这次会议精神,并按照各自职责做好工作。

过去的一年,全区双拥工作也迈上了新台阶。全区广大军民认真贯彻落实党中央、国务院、中央军委关于加强军政军民团结的一系列重要指示,以纪念建国60周年、百色和龙州起义80周年等活动为契机,按照"服务大局、拓宽领域、丰富内容、立足基层、注重实效、整体提高"的思路积极开展双拥工作,在国防双拥教育、支前拥军、军民共建、政策法规和双拥文化建设等方面取得了可喜的成绩,促进了军政军民团结,进一步巩固和发展"同呼吸、共命运、心连心"的大好局面。

双拥工作是一项带有全局性、战略性的工作,与国家和军队改革建设全局息息相关,与军政军民团结大局密切相连,是我们必须坚持抓好的一件大事。在建设有中国特色的社会主义的伟大进程中,双拥工作的优良传统要进一步加强;军政军民团结的优势要发挥更加重要的作用;军地相互支持的做法要加大工作力度。今年,是我区实施"科学发展三年计划"和"十一五"规划的最后一年,是深化改革、扩大开放、加快发展的重要一年,也是我们新一届自治区双拥模范城(县、区)的创建之年。各地各部门要站在战略全局的高度，充分认识做好双拥工作、巩固和发展军政军民团结的重要意义，认真落实好党中央关于做好新时期双拥工作的新要求，扎扎实实地做好双拥各项工作，努力开创我区军地各项事业发展新局面。下面，我就进一步做好双拥工作，讲几点意见。

一、要在抓住机遇和推进经济发展方式转变中，促进军地各项事业的共同发展

“围绕发展抓双拥，抓好双拥促发展”，是多年来双拥工作的成功经验，是我们必须牢牢把握的基本要求。当前和今后一个时期围绕发展抓双拥，主要是做好服务全面建设小康社会、服务中国特色军事变革、服务社会和谐稳定的各项工作。今年，自治区将全面贯彻落实党的十七大和十七届三中、四中全会精神，认真贯彻落实《国务院关于进一步促进广西经济社会发展若干意见》，紧紧抓住国家实施新一轮西部大开发和中国—东盟自由贸易区建成的机遇，围绕继续保增长、保民生、保稳定，保持和扩大经济社会发展良好势头的总目标，加快推进经济发展方式转变，推进经济建设、政治建设、文化建设、社会建设以及生态文明建设迈出新步伐，推进新形势下党的建设开创新局面，努力在全面建设小康社会征程上取得新成绩，确保实现科学发展三年计划和“十一五”规划目标。双拥工作也要紧紧围绕我区既定的发展目标，统筹谋划军地发展。

首先，要增强全体军民对发展目标的思想认识和责任意识，立足本职岗位，争先创优。各级双拥领导小组要当好“桥梁”和“纽带”，提供服务和保障，为深入实施发展目标提供平台。各成员单位要认真履行职责，努力形成齐抓共管的良好氛围。军民共建主题实践活动，是开展双拥工作、增进军政军民团结协作、促进军地共同发展的有效途径。多年来，我区军地和军民创造了不少共建活动载体，有力地促进了地方发展和部队建设。要在创新活动载体的同时，按照十七大精神的要求，赋予已有的共建活动以新的时代内涵，进一步增强吸引力、影响力和针对性、实效性。

其次，要着眼于部队的现实需要，切实为部队建设搞好服务。在今年的“两会”上，胡锦涛总书记指出：“要始终保持军队和人民群众的血肉联系，不断巩固和发展军政军民团结和民族团结。各级党委、政府要一如既往地关心支持国防和军队建设，为国防和军队建设提供坚强有力的支持。”各地和有关部门要按照十七大提出的加快中国特色军事变革、做好军事斗争准备、加强军队现代化建设的新要求，着眼于部队的现实需要，确定拥军的重点。按照“平战结合、军民结合”的要求，做到在军事上做好配合、科技上做好支持、生活上做好保障，不断提高拥军的质量和水平。各地要认真抓好拥军优属各项工作的落实。各级党委、政府要从完善制度、落实政策、密切军民关系入手，不断增强全民国防观，浓厚拥军氛围，推进国防建设。要建立健全拥军网络，落实抚恤优待、服务驻军、科技拥军、支持部队后勤保障改革等一系列政策规定，想方设法解决转业军人、退役士官和随军家属的安置就业问题，使拥军工作社会化、经常化、制度化，努力营造和谐的军政军民关系。

再次，驻桂军（警）部队要重点围绕既定的发展目标，发挥好“三个作用”：一是在经济建设中发挥生力军作用，积极参加和支持重点工程建设和公益事业建设，为经济社会发展献计献策。二是在完成急难险重任务中发挥突击队作用，进一步完善“处突维稳、森林灭火、抗洪救灾”等各项预案，随时做好应急准备，努力确保人民群众生命财产安全。三是在带头遵纪守法中发挥表率作用，切实加强法纪教育，树立社会主义新风尚，进一步推进当地精神文明建设。驻桂子弟兵是我区实施既定发展目标的重要力量，希望一如既往地关心和支持地方建设，在相互支持、相互促进中，实现广西经济社会又好又快发展，不断提高双拥工作的服务保障能力。

二、要建立健全科学的长效工作机制，确保双拥工作的创新发展

双拥工作搞得好不好，关键在领导，领导的关键在机制。完善工作机制，对双拥工作发展具有全局性、长远性、决定性的意义。根据现代科学发展日新月异、人们的精神需求日益多样化的特点，要积极探索适应形势发展需要的双拥工作有效载体和方法，讲究工作策略、提高活动艺术、拓展工作空间、发展工作网络，实现双拥载体的更新和手段的现代化。

建立一套符合社会主义市场经济规律,适应社会主义市场经济体制和精神文明建设需要,有利于调动广大军民积极性,有利于双拥工作发展的运行机制,是实现双拥工作科学化、制度化、规范化的必由之路。

一要建立健全坚强有力的组织领导机制。双拥工作横面宽、纵深长、内容广、环境多,只有建立以党委、政府统一领导、有关职能部门各司其职、双拥办协调、社会广泛参与、军地互动、齐抓共管的双拥工作组织领导体系和工作机制,形成纵向到底、横向到边的双拥工作网络,才能从组织领导上确保工作责任到位、政策落实到位、资金投入到位、措施保障到位。在这次双拥领导小组成员单位调整中,我们充实了工业和信息化委员会、司法厅、水利厅、农业厅和南宁铁路局等单位作为成员单位,就是为了建立更加全面、更加具体、更加有力的组织领导机制,加强领导,促进发展。

二要建立健全长效的国防宣传教育机制。经济建设是国家富强的根基,国防建设是国家强盛的支柱。建立健全以爱国主义为核心,以"爱中华、奔小康、强国防"为主题,以树立正确的国家观、国防观和形势教育为重要内容,以国防法、国防教育法、反分裂国家法、兵役法等为基本教材,以干部特别是领导干部、大中小学生和民兵预备役人员为重点,以群众喜闻乐见的形式为载体的全民国防教育长效机制,不断增强全民国防观念和双拥意识,为做好双拥工作奠定坚实的思想基础。通过普及深化全民国防教育,使广大军民牢固树立国家利益至上的观念,国防建设与经济建设协调发展的观念,军队和群众谁也离不开谁的观念,国家兴亡人人有责的观念,把市场与战场、思富与思危、发展与稳定紧密结合起来,自觉做到抓经济建设不忘国防建设,搞活市场不忘战场,致富奔小康不忘爱国拥军,更加坚定走有中国特色的富国强兵之路。

三要建立激励约束机制。做好双拥工作,需要各级党委、政府采取科学有效的领导方式和领导方法。建立科学的对双拥工作和双拥工作者绩效考核、检查和评价体系,充分发挥其有效的激励约束作用,为双拥工作创新发展提供必要条件和重要保证。在这次会议上,民政厅、广西军区和75100部队政治部就双拥工作进行了述职,这是一种履行职责的方式,今后可以作为一项制度固定下来。通过年度述职,可以充分调动各成员单位开展双拥工作的积极性和主动性,推动双拥工作发展。

三、要通过模范城(县、区)的创建活动,推进双拥工作的纵深发展

开展创建双拥模范城(县、区)活动,是新时期双拥工作的重要手段,也是军民共同构建和谐社会的重要载体。新一轮自治区双拥模范城(县)创建活动已经启动,我们要以此为契机,组织开展好创建工作,推动双拥工作再上新台阶。首先,要按照巩固成果、完善机制、提高质量、务求实效的要求,进一步明确责任,强化措施,动员和组织军民同心协力做好创建工作。第一,创建活动要坚持正确的方向。双拥模范城(县、区)是一项很高的政治荣誉,也是一个地方经济繁荣、社会进步和军民和谐的重要标志。军地创建的积极性普遍比较高,要注重质量和实效,把工夫下在平时,把重点放在基层,把标准定在帮助军民解决实际问题上,扎扎实实做好日常工作。第二,创建工作力度要进一步加大。去年,我们重新修订了《广西壮族自治区〈双拥模范城(县)命名管理办法〉实施细则》,为新的创建活动打下了基础。新的双拥模范城(县、区)标准更科学,要求更高,军地要扎扎实实地做好工作,把各项创建内容落到实处。各级双拥领导小组及双拥办,要加强指导,以更高的标准和更好的做法,切实提高创建质量,尤其要鼓励特色创建,进一步在全社会广泛掀起创建新高潮。第三,评选推荐工作要公平公正。评选推荐双拥模范城(县、区)是一项政治性很强的工作,一定要坚持标准,把握原则,严格程序,精心组织。要按新办法的要求,严格进行社会公示,广泛接受社会监督,真正把那些有影响、有特色的先进典型推荐上来。自治区双拥办要做好方案,组织力量,对各地申报对象进行抽查和考核评比,确保四年一届的命名和表彰的质量。第四,创建活动要带动双拥活动广泛深入地开展。通过命名双拥模范城(县、区)、表彰双拥模范单位和个人，激励广大军民支持双拥、参与双拥，是这些年来的成功做法。各地各单位要继续坚持这一好的做法，进一步完善考评办法和激励机制，大力宣传双拥模范典型事迹，充分发挥榜样示范作用，真正调动全社会广泛参与创建的积极性，不断开创军地现代化建设的新局面。

四、要进一步提升工作整体水平，促进双拥工作的全面协调发展

双拥工作涉及部门和行业多、涵盖领域广，任务繁重，必须加强统筹协调，构建齐抓共管、整体推进的工作格局。当前，坚持双拥工作全面协调发展，要在搞好“四个结合”和实现“四化”上下工夫、出成果。

一是把政府行为与社会行为紧密结合起来，实现双拥工作社会化和群众化。随着我国社会经济成分、组织形式、就业方式、利益关系、分配方式等日益多样化，特别是各种新型经济组织和新的社会阶层的产生和壮大，双拥工作的范围和对象发生了新的变化。在这种新的情况下，双拥工作单靠政府行为是远远不够的，必须发动社会各界、各行业特别是“两新组织”共同做好双拥工作，把政府行为与社会行为紧密地结合起来，既要坚持无论社会主义市场经济如何发展，党和政府对双拥工作的领导地位不能动摇，确保双拥工作的正确方向，又要扩大双拥工作范围，动员和组织全体社会成员做好双拥工作，推动双拥工作进机关、进企业、进社区、进学校、进连队、进“两新组织”，成为社会各界、各阶层、各行业、各种非公经济组织的共同行动，实现双拥工作社会化和群众化。

二是把行政手段与市场调节紧密结合起来，实现双拥工作一体化。双拥工作属于政治任务范畴，具有显著的政治性特征。社会主义市场经济则强调市场配置资源，遵守市场规则，按照市场规律办事。这就要求我们在双拥工作中，既要采用行政手段，又要充分发挥市场调节的功能和作用，切实把两者紧密地结合起来，实现双拥工作一体化，确保双拥工作深入持久健康发展。要针对优抚对象和复员退伍军人的生活困难，在政策允许范围内，采取灵活有效措施，对符合低保条件的及时纳入城乡低保范围，做到应保尽保；对生活医疗确有困难的给予临时生活和医疗救助；在安排就业再就业、经商甚至子女入学等方面都尽可能给予照顾。要根据《中华人民共和国兵役法》、《退伍义务兵安置条例》以及国家的有关政策，积极采取行政、经济手段，推行以安置就业和自谋职业相结合的安置办法，不断推进安置改革。

三是把以情双拥与依法双拥紧密结合起来，实现双拥工作规范化。以情双拥是做好双拥工作的思想基础，依法双拥是实现双拥工作规范化的重要保障。做好双拥工作，既要有深厚的感情，更要有完善的政策法规作保障。如果双拥工作只靠感情，没有相关政策法规作保障，是不会长久的。只有把以情双拥与依法双拥紧密地结合起来，实现双拥工作规范化，才能保持双拥工作持续健康发展。特别是在当前双拥政策法规滞后于国家各项改革进程的情况下，更要加强双拥政策法规建设，本着“落实已有的、完善不足的、填补空白的”原则，用好用足现有政策规定，补充完善不足政策规定，研究制定新政策规定，逐步健全和形成与市场经济相衔接、与国防建设相适应、与法律法规相协调、与优良传统相承接的双拥政策法规体系，确保双拥工作有章可循，有法可依。

四是把实现阶段性目标与经常性双拥工作紧密结合起来，实现双拥工作经常化。双拥工作不是权宜之计，而是一项长期的战略任务；不是临时措施，而是利国、利军、利民的大事。双拥工作贵在经常、重在落实，不能只限于节日期间的热热闹闹，也不能满足于评比表彰年月的轰轰烈烈，要常抓不懈，常抓常新，做到轮轮创建有规划，年年有计划，月月有安排，节日掀高潮，经常有活动，脚踏实地，真抓实干，防止时冷时热，时紧时松现象。要把实现双拥工作阶段性目标与做好经常性双拥工作紧密结合起来，把阶段性目标寓于经常性工作之中，通过经常性的扎实工作，最终实现阶段性目标，努力获得最大的社会效益、经济效益和国防效益。

同志们，新时期的双拥工作任重而道远，各级双拥领导小组和成员单位肩负着重大使命。让我们紧密团结在以胡锦涛同志为总书记的党中央周围,高举邓小平理论和“三个代表”重要思想伟大旗帜,认真贯彻落实党的十七大、十七届三中、四中全会精神和刚刚结束的“两会精神”,提高认识、创新思路、扎实工作,不断提高双拥工作的质量和水平,努力开创我区双拥工作的新局面,以坚强的军政军民团结为全面建设小康社会、实现富裕文明和谐新广西提供有力保障!

郭声琨同志在广西壮族自治区党政军迎春座谈会上的讲话

(2010 年 2 月 10 日)

同志们:

在新春佳节即将到来之际,我们在这里举行党政军迎春座谈会,大家欢聚一堂、喜庆佳节,共叙军民鱼水情谊。在此,我谨代表自治区党委、自治区人民政府,向驻桂人民解放军和武警部队全体官兵,向全区烈军属、革命伤残军人、军队离退休干部、转业复员退伍军人以及预备役军人,致以亲切问候和良好祝愿! 祝大家新年好!

刚刚过去的 2009 年,是广西壮族自治区战胜严峻困难和挑战,夺取改革开放和现代化建设重大胜利的一年。全区上下在党中央、国务院的坚强领导下,全面贯彻落实胡锦涛总书记“保增长、保民生、保稳定,保持广西发展良好势头”重要指示精神和中央关于扩内需保增长的一系列决策部署,努力克服国际金融危机的冲击和严重旱涝灾害的不利影响,以“四个非常”为举措,化压力为动力,化挑战为机遇,化危机为转机,迎难而上、共克时艰,全区经济发展逆势而上,取得了好于预期的成绩。初步统计,2009 年全区生产总值增长 13.9%,增速排在全国第 5 位,连续 8 年保持两位数增长;财政收入增长 14.7%,其中一般预算收入增长 19.8%,增速排在全国第 6 位;全社会固定资产投资增长 50.8%,是历史上项目建设规模最大、数量最多、完成投资最好的一年;外贸进出口总额增长 7.3%,增速排在全国第 2 位,其中出口增长 13.9%,增速排在全国第 1 位;城镇居民人均可支配收入实际增长 12%;农民人均纯收入实际增长 10.6%;全区植树造林 365 万亩,森林覆盖率达 55%,14 个设区城市环境空气质量优良率平均值达到 98.8%、集中式饮用水源地水质达标率平均值达到 98.5%;62 个河流断面中,有 60 个断面的水质达到或优于Ⅲ类水标准,占断面数的 96.8%。与此同时,政治建设、文化建设、社会建设、生态文明建设和党的建设协调共进。当前,我区经济快速发展,社会和谐稳定,民族团结和睦,边疆巩固安宁,人民安居乐业,干部群众精神振奋。这些成绩的取得,是党中央、国务院正确领导的结果,是全区各级党委、政府和各部门精心组织的结果,是各族干部群众艰苦奋斗的结果,也是驻桂部队广大官兵支持帮助的结果。

在过去的一年里,驻桂人民解放军和武警部队官兵热爱驻地、拥政爱民,在圆满完成各项军事任务的同时,积极支持和参与地方建设,特别是在抢险救灾、处置突发事件等急难险重任务中,恪尽职守、顽强拼搏,发挥了中流砥柱的坚强作用,展现了人民军队的良好形象,赢得了党和人民的高度赞誉,为推动我区科学发展、和谐发展、跨越发展作出了重大贡献,无愧为党和人民完全可以信赖的子弟兵。在此,我代表自治区党委、政府和全区各族人民,向驻桂人民解放军和武警部队官兵,表示衷心的感谢和崇高的敬意!

同志们! 广西的发展已站在新的历史起点上,八桂大地春潮涌动、生机盎然,展示着前所未有的发展活力,充满着无限美好的发展前景。在新的一年里,我们将全面贯彻党的十七大和十七届三中、四中全会精神,以邓小平理论和“三个代表”重要思想为指导,深入贯彻落实科学发展观,认真贯彻落实国务院《关于进一步促进广西经济社会发展的若干意见》，紧紧抓住国家实施新一轮西部大开发和中国—东盟自由贸易区建成的机遇，围绕继续保增长、保民生、保稳定，保持和扩大经济社会发展良好势头的总目标，加快推进经济发展方式转变，推动经济建设、政治建设、文化建设、社会建设以及生态文明建设迈出新步伐，推动新形势下党的建设开创新局面，努力在全面建设小康社会征程上取得新成绩，确保实现科学发展三年计划和“十一五”规划目标。实现我区既定的发展目标，需要全区上下同心同德、携手奋进。希望驻桂人民解放军和武警部队官兵，继续发扬优良传统，视人民为父母，把驻地当故乡，一如既往地支持、参与地方经济社会建设，努力开创军政军民团结和谐新局面，谱写军地合作、军民共建新篇章。

最后，祝同志们新春愉快、身体健康、工作顺利、阖家幸福！

罗保铭同志在第八届海南省双拥模范城（县、区）命名表彰大会上的讲话

（2010年10月27日）

同志们：

今天，我们在这里隆重召开第八届海南省双拥模范城（县、区）命名表彰大会。这既是近年来海南省双拥工作的总结会、表彰会，也是进一步做好双拥工作、服务于国际旅游岛建设大局的鼓劲会、动员会。本来，今天这个会是定在29日开的，但由于29日省委全天有会，所以我就跟跃兰副省长商量提前到今天下午。因为军警部队在这次抗洪抢险、救灾安置中视灾情为命令，在危急时刻冲锋在前，发挥了中流砥柱的作用，我来参加这个会，就是要代表省委省政府，对驻琼军警部队全体官兵和广大民兵预备役人员，全省烈军属、革命伤残军人、转业复员退伍军人和军队离退休干部，表示崇高的敬意和诚挚的慰问！借此机会，也向今天受到命名表彰的单位和个人表示热烈的祝贺！向长期关心支持我省双拥工作的社会各界，表示衷心的感谢！

拥军优属、拥政爱民是我党我军我国人民在长期革命斗争和社会主义建设实践中形成的优良传统，也是我们特有的政治优势和力量源泉。2006年第七届海南省双拥模范城（县）命名表彰以来，我省各级党委政府把支持国防和部队建设作为义不容辞的政治责任，倾力支持国防和部队建设，积极帮助部队排忧解难，拥军优属取得了新的成绩。据不完全统计4年多来，各级地方政府投入资金5亿多元，支持驻琼军警部队完成战备和训练任务；接收安置军转干部3 000多名，有4 000多名城镇退役士兵通过自谋职业等方式得到安置；投入3 500多万元，解决近4 000多名随军家属就业培训、单位挂靠和生活补贴等问题；各项优抚政策得到进一步的落实，重点优抚对象“生活难、治病难和住房难”等三难问题得到了有效的缓解。在文昌新型卫星发射基地项目和三亚国家级国防重点工程建设等重大项目涉及多家部队用地问题，军地双方本着互相理解、友好协商原则，很好地解决了当中的诸多问题。为维护军人权益，2009年2月，省委办公厅、省政府办公厅和省军区政治部联合印发《海南省维护国防利益和军人军属合法权益暂行规定》，推动涉军维权工作全面走上法制化、规范化的轨道，全省各级人民法院相继制定了具体落实办法，对涉军纠纷案件实行“八优先”。由此可见，海南与驻琼部队已牢固建立了服从大局、相互支持、共谋发展的鱼水情。

一直以来，驻琼军警部队也积极参与地方经济建设、扶贫帮困、捐资助学、环境整治、城市美化、维护稳定等工作，推动了海南经济社会又好又快发展。

特别是在亚洲博鳌论坛年会、环海南岛国际自行车赛、世界精英模特大赛等大型国际性活动,出动兵力近 6 万人次,使这些国际性活动得以顺利进行。可以说,海南的发展,凝聚着部队广大官兵的奉献和汗水,没有部队的大力支持,就没有海南今天科学发展的大好局面。

回顾 10 月份这场惊心动魄的抗洪救灾战役,驻琼军警部队出动兵力之多,连续作战时间之长,发挥作用之大,在海南历史上少有。省军区黎仕林司令员、刘鼎新政委和武警总队总队长张明义、政委詹海观亲自挂帅、靠前指挥,省军区党委常委们都分赴海口、琼海、万宁、五指山等一线,组织军警包括预备役、民兵共 30 多批次奔赴 10 余个重灾区。10 月 7 日,三江镇南洋水库超警戒水位,必须炸掉副坝泄洪。当时,我和詹政委赶到现场,一支队尹义龙副支队长带领 20 多名突击队员,连续奋战 6 个小时,抢在炸坝前 10 分钟将下游 300 多名群众安全转移。10 月 8 日凌晨将近 3 时,文昌市赤纸水库告急,超警戒水位 1.3 米,千钧一发之际,军警官兵和文昌市委市政府、会文镇政府及水库下游的村委会联手行动,从凌晨 3 时发现险情到 5 时 2 分堤坝决口,短短两个小时,转移了 6 137 名群众且无一伤亡,当时洪水冲过村庄浪头高出屋顶 4 米以上。水利部胡四一部长、国家防总李坤刚副主任称赞海南创造了群众安全转移的奇迹。回良玉副总理 19 日下午到现场视察后也十分感慨地说:“如果不是我们的基层干部预警及时、通报及时、转移及时,即使只有五分之一群众遇难,那也和甘肃舟曲特大泥石流遇难人数差不多!现在想起来都后怕。”10 月 10 日温家宝总理在听取卫书记的汇报后,也表扬这一次救灾工作做得很好,对海南各级党委、政府始终把人民的生命安全放在第一位给予了充分肯定。

在这次抗洪救灾期间,驻琼部队和武警共出动 5.7 万人次,冲锋舟、橡皮艇 1 229 艘次,车辆 2 609 台次,解救受困群众 19.2 万人次,转移 58 万人,抢运物资 400 余吨。可以说,没有广大官兵舍生忘死的战斗,就没有我们这次抗洪抢险、救灾安置工作的胜利。

当前,我们全力推进的国际旅游岛建设取得了良好开局。借此机会,我通报一下今天下午刚刚发布的几个重要经济指标。前三季度全省实现 GDP 1 500.42 亿元,同比增长 17.6%,同比提高 7.8 个百分点,比全国增长 10.6% 快 7 个百分点;全省全口径财政收入 399.03 亿元,同比增长 47.1%,其中地方财政一般预算收入 205.28 亿元,同比增长 60.2%,比全国财政收入增长 22.4% 高出 37.8 个百分点,连续 9 个月保持全国最高增幅;全社会固定资产投资 899.13 亿元,同比增长 41.3%;社会消费品零售总额 446.98 亿元,同比增长 19.5%。国际旅游岛建设政策效应正不断显现,海南迎来加快发展的良好机遇。同时,也给双拥工作提供坚实的物质基础和财力保障。

刚才,跃兰副省长全面总结了 4 年来的双拥工作,部署了下一步工作,我完全赞成;海口市、琼海市广播电视台、一八七医院刘来生院长、乐东县委书记吴井光受表彰的单位和个人代表也作了典型发言,我听了很受启发。下面,我就巩固和发展军政军民团结,合力促进军地各项事业发展,提四点要求:

第一,坚定不移走“军民融合式发展”道路。各地各部队要深入开展以爱国主义为核心的国防和双拥宣传教育。各级党委、政府和有关部门要统筹经济建设和国防建设,纳入统一规划,广泛发动和组织社会力量支持军队建设。要重点支持三亚榆林军港、临高机场输油管线等部队重点工程建设。驻琼军警部队要继续发扬积极为驻地经济社会发展作贡献的好传统,大力支援我省重大项目和重点工程建设。

第二,以人为本落实好各项优抚安置政策。要进一步加大拥军优属力度,扎实做好军队转业干部、军队离退休干部、伤病残退役军人接收安置和退役士兵职业技能培训等工作,妥善解决重点优抚对象保障、随军家属就业、军人子女就学等现实问题,尽心尽力解除广大官兵的后顾之忧。

第三,不断完善双拥政策法规。要注重将行之有效的实践经验和工作成果上升为法规制度,及时修改完善现有的不适应双拥工作发展需要的政策法规，努力形成与市场经济相接轨、与法律法规相协调、与优良传统相一致的双拥政策法规体系。同时，要加强对政策法规执行情况的监督检查。

第四，创新双拥工作方式方法。要充分调动社会资源和力量，组织开展行业拥军、社区拥军、团体拥军活动，积极探索在非公企业、新社会组织中开展拥军活动的途径和办法，不断扩大双拥工作的群众基础。要创新活动形式和工作手段，开展丰富多彩的双拥共建活动，综合运用行政、经济、法律等手段，促进拥军优抚安置工作任务的落实。

同志们，做好双拥工作责任重大，使命光荣。我们要深入贯彻十七届五中全会精神，扎实工作、乘势而上，进一步开创双拥工作新局面，努力推进海南国际旅游岛建设和驻琼部队现代化建设！

谢谢大家！

符跃兰同志在第八届海南省双拥模范城（县、区）命名表彰大会上的讲话

（2010 年 10 月 27 日）

同志们：

省委、省政府、省军区决定今天在这里隆重召开第八届海南省双拥模范城（县、区）、模范单位和模范个人表彰大会，主要任务是总结 2006 年以来海南省双拥工作和双拥模范城（县、区）创建活动取得的成绩，表彰第八届海南省双拥模范城（县、区）、模范单位和模范个人，部署当前和今后一个时期海南省双拥工作。省委、省人大、省政府、省政协、省军区对这次会议高度重视，罗保铭省长、许俊常委、刘鼎新常委、符兴副主任、邱德群副主席在百忙之中亲临大会指导，等会罗保铭省长还要作重要讲话，希望大家认真学习领会、抓好落实。下面，就 2006 年以来海南省双拥工作情况和当前及今后一个时期的双拥工作任务，我讲三点意见。

一、2006 年以来我省的双拥工作

2006 年以来，在省委、省政府、省军区的正确领导下，我省双拥工作紧紧围绕经济社会建设、国防和军队建设大局，以发展社会生产力、提高部队战斗力、促进军地共同发展为目标，通过深化双拥模范城（县、区）创建活动，狠抓各项工作的落实，促进了我省社会经济建设又好又快发展，国防和军队建设得到加强，军政军民关系更加密切，特别是海南国际旅游岛建设上升为国家发展战略以来，我们积极研究新情况、解决新问题、谋划新发展，在新的历史起点上，我省双拥工作充满了新的生机和活力。过去的四年，是我省双拥工作深入发展，工作成果丰硕的四年；是双拥模范城（县、区）创建活动进一步深化，创建水平明显提高的四年；是军政军民团结奋斗，实现军民融合发展的四年。

（一）各级党委政府重视，组织保障能力进一步增强。拥军优属，拥政爱民，是我党我军的光荣传统，是加强国防建设的重要内容，它关系到国家安危，人心安定，社会稳定和经济发展。一直以来，我省各级党委、政府和驻军部队把做好双拥工作作为政治责任，纳入经济社会建设和部队建设的总体规划，纳入重要议事日程。各地普遍建立了双拥工作领导小组和工作机构，由政府主要领导挂帅，分管领导主抓，双拥办具体负责，确保了双拥工作有序开展。认真落实党委议军制度、军地联席会议制度、定期走访慰问制度，研究分析双拥工作形势，协调解决双拥工作中存在的困难和问题，有效地保障了各项工作的落实。4 年来，各级政府投入资金 5 亿多元，支持驻琼部队完成战备和训练任务。各地深入开展双拥模范城（县、区）创建活动，涌现出一批拥军书

记、爱兵市(县)长,爱民将军、扶贫政委。

(二)宣传教育到位,人民群众的国防观念普遍增强。结合全省地处祖国南海前哨,维护国家海洋权益任务繁重的实际,把国防教育纳入国民教育计划,广泛开展形式多样的国防教育宣传活动,着力提高全民国防意识。一是普及学校国防教育。坚持国防教育"从娃娃抓起",在中小学生、大中专院校普遍开展军训,编印《热爱军队情系国防》国防教育基础知识读本,对学生进行爱国主义、光荣传统教育,进行基本军事技能培训。2006年以来,全省参加军训的学生达到32万人。二是丰富节庆活动的内涵。结合纪念红军长征胜利70周年、纪念新中国成立和解放海南岛60周年等重大节庆活动,通过举办英雄事迹报告会、摄影书画展,国防知识竞赛,革命歌曲大家唱等,讴歌人民军队的光辉历程和丰功伟绩,引导人民群众爱祖国、爱人民、爱军队。2009年,全省创作247幅书画作品参加"鱼水情"全国第二届双拥书画艺术展,东方市王良同志创作的《筹粮驱狼烟》获得一等奖。2010年,我们以纪念解放海南岛60周年为契机,举办了解放海南老战士报告会、历史图片展、文艺晚会和合唱音乐会,举行了解放海南英烈纪念碑揭牌仪式,拍摄了电视剧《日出琼崖》,发行了专门的纪念邮票等,广大群众通过参与活动,深受教育,强国防、强军队的意识明显增强。三是充分发挥新闻媒体的作用。充分发挥广播、电视、网络等新闻媒体在国防宣传教育中的主阵地作用,通过开设《国防之窗》《天崖哨兵》《国防知识讲座》等专题栏目,宣传国防和军队建设,普及国防知识,宣扬双拥工作中的好人好事,人民群众支持和参加国防建设的积极性明显提高。为适应新时期社会主义市场经济对双拥工作的新要求,琼海市电视台积极创新双拥工作思路,携手驻地部队,组织非公有制企业"老板"到军营体验生活,激发非公企业支持国防和军队建设的积极性,开创了双拥工作新思路。

(三)积极支持国防和军队建设,军事斗争准备不断深化。海南省是陆地小省,又是海洋大省。自上世纪80年代以来,随着南海石油、天然气等资源探明与开发,我国南海的军事斗争形式日益复杂,多国提出主权要求、争夺资源,大国插手南海事务的趋势更加明显。维护我国海洋权益和国家核心利益,是全省人民和驻琼部队的共同责任。多年来,全省各级党委政府和驻军围绕做好军事斗争准备开展双拥工作,进一步加大了对国防和军队建设的支持力度,军队的必胜能力逐步提高。一是积极支持国防重大工程项目建设。各级党委政府站在维护国家核心利益、做好军事斗争准备的高度,竭力支持国防重大工程项目建设,加大人力、物力、财力保障力度,确保了各项工程顺利实施。2007年,国家新型卫星发射基地项目正式落户文昌,为确保国防重点工程项目按期开工,文昌市抽调200多名科级以上领导干部,配合部队征地1万多亩,搬迁和安置群众4 000多人。为确保三亚军事基地建设项目顺利进行,三亚市委、市政府领导先后6次召开现场办公会,协助部队征地数万亩。保亭划拨土地80亩支持民兵炮兵训练基地建设,澄迈县划拨土地23亩解决武警边防支队建设用地问题,陵水县今年安排征地3 000多亩,确保了国防建设用地。省交通厅投入资金670万元,为部队小、远、散单位修建道路23公里。二是协助驻军完成军事训练任务。为协助驻军完成战备、训练和军事演习任务,地方政府除组织慰问参训参演部队外,还想方设法帮助部队解决训练场地、后勤保障等方面问题,坚持部队到哪里,人民群众的支持跟到哪里;部队在哪里驻训,地方的物资保障就伴随到哪里。去年,驻军某航空兵参加国庆阅兵,当地县委、县政府主要领导亲自为部队"出征"壮行,为部队载誉归来庆功;第一、二批亚丁湾护航编队由驻海南海军部队组成,全省各地纷纷组织送迎慰问,激发官兵为国增光、为荣誉而战,圆满地完成了远洋护航任务。三是加强了军事设施保护工作。军地双方把加强军事设施保护作为密切军政军民关系的纽带,作为维护国家安全利益的大事,注重健全组织领导,完善工作制度,初步完善了军地共管的保护工作机制,完成了部分军事设施"两区两范围"的划定工作,军事设施保护工作持续健康发展。四是努力解决官兵的后顾之忧。为部队官兵排忧解难,让广大官兵实实在在地感受到党和政府的温暖和关怀,既是拥军优属的光荣传统，又是密切军政军民感情的重要载体。近年来，为配合部队做好整编工作，我省采取带编安置的办法，每年将数百名军转干部安排到财政拨款的机关和事业单位，帮助203名企业下岗失业军转干部实现了再就业，基本做到了部队、转业干部和接收单位满意。为解决退役士兵安置难问题，全省采取提高一次性自谋职业补助标准，对退役士兵进行职业技能培训，减免税费等办法，鼓励退役士兵自谋职业和自主创业，较好地解决了退役士兵安置难问题。4年来，共接收安置军转干部3 000多名、城镇退役士兵4 000多人，投入3 500多万元对4 000多名部队随军家属进行就业培训，并为无工作的部队随军家属发放生活补助。海口市通过设置公益性工作岗位，每年安排60名随军家属就业；五指山市拨款20多万元，建立了军嫂就业培训基地。

（四）支持和参加地方建设，人民军队为人民的作用有效发挥。战争年代，“人民军队为人民”更多地体现在硝烟弥漫的战场，体现在血与火的考验之中。在社会主义建设新时期，驻琼部队视人民为父母，把驻地当故乡，在地方经济建设、抢险救灾和社会主义精神文明建设中，积极参与，勇挑重担，人民军队为人民的深刻内涵得到了进一步的诠释。一是在抢险救灾中，承担急、难、险、重任务。广大驻琼军警部队视人民为父母、视灾情为命令，冲锋在前，较好地完成了各项抢险救灾工作任务，有效地保障了人民群众的生命财产安全。2008年四川汶川大地震发生后，驻琼部队坚决执行党中央、国务院、中央军委以及海南省委、省政府的指示，及时组织抢险救援队赴灾区抢险救灾，冒着生命危险，从地震废墟中救出70多名幸存者，救治伤员6 824人，搬运救灾物资79.2吨，出色地完成了党和人民赋予的抢险救灾任务。最近，我省遭遇了两次历史罕见的强降雨洪涝灾害，文昌、琼海等城市和1 000多个村庄浸水，灾区群众的生命财产安全受到严重威胁。危急关头，在省委、省政府和省军区的领导下，驻琼解放军和武警部队先后出动官兵5.1万人次，车辆2 609辆次，冲锋舟1 229艘次，解救被洪水围困群众19.2万人，在解救被洪水围困群众和安全转移58万名群众中发挥了中流砥柱的作用，为确保受灾群众的生命财产安全和尽快恢复生产生活，为夺取抗洪抢险救灾的胜利作出了卓越贡献。据不完全统计，2006年以来，驻琼部队在台风、干旱、洪涝、水库溃坝等20多次重大自然灾害中，共出动兵力10万多人次、机械车辆5 000多台次，挽回经济损失30多亿元。二是在重大活动中，保驾护航。随着海南经济社会的快速发展和国际旅游岛建设上升为国家发展战略，近年来，在我省举办的具有国际影响的重大活动越来越多，高水平办好这些重大活动，既关系到海南的形象，又影响我省国际旅游岛建设。去年，我省举办重大国际会议和赛事30多项，承担安全保卫任务的军警部队，全力以赴，确保了博鳌亚洲论坛年会、环海南岛国际自行车赛、世界精英模特大赛等重大活动的顺利进行。三是在地方经济社会建设中，发挥示范作用。积极参加地方经济建设、社会建设和精神文明建设，在重大工程项目建设、文明生态村建设以及城市绿化美化、农田水利、环境卫生整治、茅草房改造等工作中，攻坚克难；在社会主义精神文明建设中，发挥模范作用，树立了人民子弟兵的良好形象。近几年来，驻琼部队先后出动8万多兵力，投入车辆、机械近2万台次，参加地方重大工程项目建设。2009年，驻琼部队主动承担了海口市迎宾大道排水系统、东湖清淤任务，参加施工的官兵不怕脏、不怕臭，连续奋战1个多月，圆满完成了地方难以完成的工作任务。支持省委、省政府今年全面完成茅草房改造任务工作，驻琼军警部队先后出动车辆134车次将水泥运送到东方、五指山、白沙等市县。积极参加文明生态村建设，军民共建文明生态村513个，海口市18个驻军单位在演丰镇开展“区片联创、军民共建”文明生态村活动的经验，成为社会主义新农村建设的亮点，受到中央、省市领导和部队首长的充分肯定。省边防总队结合边防工作的特点，选派386名边防派出所民警兼任辖区415个村（居）委会的党支部副书记、委员或村（居）委会主任助理，军民共建爱民固边模范村110个。

（五）深入开展双拥模范城（县、区）创建活动，双拥工作水平进一步提升。认真落实《双拥模范城

(县、区)创建命名管理实施办法》,广泛开展双拥模范城(县、区)创建活动,以此为动力,推动我省双拥工作深入发展。一是双拥工作法规进一步完善。近几年,我省先后制定完善了《海南省双拥模范城(县、区)创建命名管理实施办法》《海南省双拥模范城(县、区)量化标准》《海南省维护国防利益和军人军属合法权益工作暂行规定》《海南省优抚对象医疗保障办法》《优抚对象抚恤补助自然增长机制》《现役军人立功奖励办法》等政策法规,确保了双拥创建活动的法制化和规范化。二是优抚安置补助标准进一步提高。认真落实优抚安置政策,结合我省经济社会发展水平,适时提高优抚、优待和安置补助标准,使优抚对象、义务兵家属、城镇退役士兵和复员干部共享改革开放和经济社会发展成果。今年,优抚对象抚恤补助标准比2009 年平均提高20%;义务兵家属的优待金年补助标准,省平均达到 1 250 元;城镇退役士兵自谋职业平均补助标准从 2008 年 4 552 元/年,提高到6 000 元/年。三是国防利益和军人军属的合法权益得到有效维护。把维护国防利益和军人军属的合法权益,作为双拥创建的重要内容,制定下发了《海南省维护国防利益和军人军属合法权益工作暂行规定》,建立健全了涉军维权工作组织,较好地维护了国防利益和军人军属的合法权益。近年来,各地通过"五五"普法和法律进乡村、进军营,广泛开展普法教育和法律咨询活动,人民群众和部队官兵依法维护国防利益和军人军属合法权益的自觉性明显增强;开展"平安军港、平安机场"建设,开通涉军维权案件"绿色通道",为军人军属提供法律援助,较好地保护了重要军事设施的安全和军人军属的合法权益。4 年来,全省共接待军人军属来信来访1000 多人次,为军人军属提供法律援助 280 多宗,受理涉法涉诉案件近400 件,全部依法得到圆满解决。

在肯定成绩的同时,我们也要清楚地看到全省双拥工作还存在一些问题和不足。一是突出时代精神不够。当前,海南国际旅游岛建设是我省经济社会建设的主旋律,但双拥工作及创建活动与之结合还不够紧密,主题还不够突出,服务还不够到位。二是创新精神不够。从全省看,传统的双拥工作我们能够做好,但对社会主义市场经济条件下,如何推进非公组织支持和参加双拥工作研究较少,办法不多。三是社会化程度不高。我省双拥工作大多局限于党、政、军机关、学校和国家事业单位,社会各界和人民群众参与双拥工作较少,全民拥军优属的氛围尚未形成。

二、做好双拥工作的四点体会

总结4 年来我省的双拥工作实践,有以下四点体会:

(一)只有坚持以科学发展观为指导,服务中心和大局,双拥工作才能把握正确的发展方向。双拥工作只有坚持科学发展观,紧紧围绕军地中心任务做工作,才能始终保持正确的发展方向,为提高地方生产力和部队战斗力提供强大的动力。我们必须始终站在发展海南和加快做好军事斗争准备的战略高度,为双拥工作搭建新平台,赋予新内涵,双拥工作和创建活动才能有效地促进地方经济建设和部队现代化建设的协调发展,进一步巩固新时期军政军民关系。

(二)只有加强组织保障,军地密切协同,双拥工作才能得到有效落实。多年来,各级党委、政府和驻琼部队始终把双拥工作作为一项重大的政治任务来抓,加强领导,落实责任,军地配合,确保了各项双拥工作的有效落实。如,涉及国防重点项目建设,地方主要领导坚持到现场办公,及时解决征地、拆迁工作中遇到的困难和问题,确保了多个重大国防项目的顺利实施;为保障重要会议、重大赛事活动的安全,部队主要领导亲自挂帅,积极参与重大活动的安全保卫工作,确保了亚洲博鳌论坛年会、环海南岛国际自行车赛等一系列重大活动的成功举办。

(三)只有坚持社会化的发展思路,动员社会各界广泛参与,才能有效提高双拥工作的整体水平。在社会主义市场经济条件下,开展双拥工作不再局限于机关和企事业单位,非公组织、人民群众越来越具有强烈的拥军优属愿望,拥军优属的主体呈现多元化的特点,要求我们动员社会各界和人民群众支持和参与双拥工作。如,我们在退役士兵安置、部队随军家属就业等工作中，海口、三亚等地组织私营企业专场招聘会，招聘退役军人和随军家属到私营企业就业，协助政府解决退役士兵、随军家属就业难，取得了较好的效果。

（四）只有与时俱进，改革创新，才能确保双拥工作充满生机和活力。随着我省经济社会的快速发展和国防建设水平的提升，特别是今年我省国际旅游岛建设上升为国家战略，以及我国面临的军事斗争局面日益复杂，双拥工作中的新情况、新问题进一步增多，需要我们在工作实践中紧跟国家经济建设和军队现代化建设的步伐，紧紧围绕为国防建设服务、为海南国际旅游岛建设服务，创新双拥工作载体、充实工作内容、完善运行机制、拓宽活动领域，才能为双拥工作发展不断注入新的生机和活力。

三、当前及今后一个时期全省的双拥工作任务

下一步，全省双拥工作要坚持以邓小平理论和“三个代表”重要思想为指导，深入贯彻落实科学发展观，紧紧围绕促进全省改革发展稳定和驻琼部队革命化、现代化、正规化建设的目标，认真落实全国省（区、市）双拥办主任会议暨拥军工作社会化现场经验交流会精神，深入开展双拥模范城（县、区）创建活动，着力推进拥军工作社会化和军地融合式发展，努力开创双拥工作新局面。

（一）要用“新办法”、“新标准”指导和规范双拥创建工作。认真贯彻落实国家新颁发的《双拥模范城（县、区）创建命名管理办法》和《双拥模范城（县、区）考评标准》，按照全国双拥办主任会议的要求，坚持争在平时、创在平时，把经常性、基础性工作作为考核评比的重点，高标准、严要求，确保被命名的双拥模范城（县、区）名副其实。要通过各种形式，进一步深化国防教育，在全社会树立拥军优属、拥政爱民的思想观念；要结合我省国际旅游岛建设，围绕建设开放之岛、绿色之岛、文明之岛、和谐之岛的目标，注重抓好文明生态村建设，树立海南国际旅游岛的良好形象；要按照工作从基层抓起、任务在基层落实、活动在基层开展、效果在基层体现的原则，把创建活动的重点放在基层，促进双拥工作的有效落实。

（二）要贯彻落实好军民融合式发展的新思路。走军民融合式发展的路子，是胡锦涛总书记着眼维护国家安全与发展利益、顺应国际国内形势深刻变化、立足我国国情、统筹经济建设和国防建设的重大战略部署。贯彻落实胡锦涛总书记的指示精神，要求我们在指导思想上，就是要紧紧围绕军民融合式发展战略思想，去思考、谋划、落实和推动双拥创建工作，始终把有利于军民融合、有利于军民一致、有利于军民一体、有利于平战结合贯穿于双拥工作、创建活动全过程，始终把推进军民融合式发展作为军地双方的共同责任，统一谋划、一起部署、同步落实；在工作实践上，就是要深入研究新形势下军民融合式发展的特点规律，积极探索创建活动的新思路、新办法，注重促进经济建设与国防建设协调发展，注重拥军优属与拥政爱民整体推进，注重政府主导与社会参与相互促进，注重军民团结与军地共同发展；在绩效评价上，就是要坚持把军地共同发展，共同受益，共同得实惠作为评价标准，确保双拥创建工作取得实实在在的成效。

（三）要突出国际旅游岛建设大局谋划双拥工作。要围绕海南国际旅游岛建设的大局，安排部署双拥创建工作，把双拥创建工作赋予国际旅游岛建设的伟大实践，不断丰富双拥工作内涵，努力拓展双拥工作外延。驻琼部队要继续发挥组织严密、突击力强的优势，积极支持和参加国际旅游岛建设、文明生态村建设，特别是在抢险救灾、地方重点工程建设中发挥突击队作用；要加强军警民联防联治，军地合力及时妥善处置各种突发事件，特别是要做好重大活动的安全保卫工作，努力创造和谐稳定的社会环境，为地方经济社会发展保驾护航。

（四）要在深化军事斗争准备上下工夫。海南省既是改革开放前沿，又是国防前哨，随着南海主权斗争和油气资源争夺日趋激烈，加上超级大国插手南海事务，南海军事斗争形势日益尖锐复杂，我省维护国家核心利益和海洋权益的任务更加艰巨。各级党委政府要大力支持国防和军队建设，着力解决驻琼部队在教育训练、战备执勤、国防工程建设、深化改革等方面遇到的困难；要围绕支持军事斗争准备，为驻琼训练、学习的部队提供交通、通信、电力、物资、安全等方面的保障,组织开展各种形式的拥军慰问活动;要大力支持三亚榆林军港、临高机场输油管线等重点军事工程建设,广泛开展"平安军港、平安机场"建设活动,切实维护国防利益;发挥军队政治工作优势,教育和引导人民群众树立国防观念、发扬优良传统,办好少年军校,做好学生军训工作。

(五)要在全面落实优抚安置政策上见成效。要进一步加强军地的联系和沟通,完善常委议军会、军地领导联席会、双拥工作领导小组成员会制度,研究解决双拥工作存在的困难和问题;要利用重大节庆活动,广泛开展走访慰问活动,进一步密切军政军民关系。要全面落实优抚安置政策,认真做好军队离退休干部、转业军官、退役士兵安置工作,根据经济社会发展水平,适时提高抚恤补助和军人优待标准;认真解决部队随军家属就业、子女入学等方面的困难,尽力为部队官兵解决后顾之忧;帮助部队培训专业技术人才和军地两用人才,为国防建设提供技术支撑;加大维权工作力度,切实维护国防利益和军人军属的合法权益。

同志们,让我们紧密地团结在以胡锦涛同志为总书记的党中央周围,在省委、省政府的正确领导下,军地携手,团结奋进,为海南省双拥工作健康发展、为海南国际旅游岛建设作出新的更大的贡献。

谢谢大家。

黄声云同志在"军民融合式发展,促进海南国际旅游岛建设"理论研讨会上的讲话

(2010年12月30日)

同志们:

这次省双拥办组织召开"军民融合发展,促进国际旅游岛建设"理论研讨会,站在国家经略南海和海南建设国际旅游岛战略全局高度,组织全省社会各界、军地双方的专家学者和有识之士,群策群力,集思广益,积极探索军民融合发展路子,对深入贯彻党的十七届五中全会精神,加快推进国际旅游岛建设、推动驻琼部队现代化建设具有非常重要的意义。

刚才,三位一等奖论文作者从不同侧面,就推动军民融合式发展、促进国际旅游岛建设进行了深入的理论探讨,提出了很好的意见建议。苏副厅长就如何贯彻军民融合式发展战略,推进经济建设与国防和军队建设协调发展的问题,讲了很好的意见。下面,我从海南省情和驻岛军警部队实际出发,就军民融合式发展问题,讲三点意见。

一、要充分认清推进军民融合式发展的重大意义

我们党在长期的治国实践中,始终着眼世情、国情和军情的发展变化,积极探索把握富国与强军在国家总体战略中的合理布局。在当前国际形势复杂多变、国家经济社会深刻变革、国家安全问题凸显的时代背景下,胡主席提出军民融合式发展的重大战略思想,抓住了新形势下经济建设与国防和军队建设协调发展的关键,具有重大的现实意义和深远的历史意义。

推进军民融合式发展,是我们党治国治军方略的重大创新。毛主席早在新中国成立之初,就明确提出了"军民结合、平战结合、以军为主、寓军于民"的重要思想。改革开放后,邓小平同志就国防工业发展问题提出了"军民结合、平战结合、军品优先、以民养军"的方针。随着国家经济实力的逐步增强,江泽民同志强调国防建设必须随着经济建设发展得到加强,要"两头兼顾、相互促进"。胡总书记从时代发展和战略全局出发,着眼解决国防和军队建设深层次矛盾,创造性地提出了军民融合式发展的思想。这一重大战略思想,是对"军民结合"成功经验的总

结和提升，把军民结合的范围由国防科技工业领域拓展到国防建设各个领域，把军民结合的层次由军地协商提升到国家发展战略层次，把军民结合的程度由行业领域的“板块式”对接深化融为一体，是全系统、全要素、全过程的军民融合，充分体现了党对经济建设和国防建设协调发展规律的深刻认识、准确把握和创新运用。

推进军民融合式发展，是顺应世界新军事变革大势的必然要求。随着产业革命和新军事变革迅猛发展，国防经济与社会经济、军用技术与民用技术的界限趋于模糊，国防和军队建设对经济社会的依赖程度越来越深。世界军事强国纷纷打破军民分割、自成体系的格局，更多地利用国家资源和社会力量提升整体防务能力。美国是实施军民一体化建设的典型国家，90%以上的军品都是由民营企业生产的；俄罗斯充分发挥国防工业对国民经济的带动作用，军民两用技术在国防工业中占到70%以上。英国、法国、以色列等也在积极走军民融合之路，大力推进军民技术双向转移、军地资源双向利用，不仅为国防建设节省了大量成本，而且大大提高了国民经济平战转换的能力和效率，提高了国防实力与国防潜力。各国纷纷实行军民一体化建设及军民融合式发展取得的重大成就，充分证明了军民融合式发展已成为顺应世界新军事变革发展的大趋势。

推进军民融合式发展，是维护国家安全、保障经济社会又好又快发展的现实需要。当前我国正处于快速发展的重要战略机遇期，国际安全形势总体稳定，但影响和平与发展的不确定因素增多。一些周边国家与我国仍存在领土、领海主权争端，诱发地区冲突的因素仍然存在。台海形势趋于缓和，但未来局势依然错综复杂，影响台海安全稳定的根源没有消除。南海总体态势于我不利，岛礁被侵占，海域被瓜分，资源被掠夺，我国主权和海洋权益受到严重侵害，对领土主权、国家核心利益构成严重威胁。从我们海南省的情况来看，随着国家经略南海战略稳步推进，海南作为经略南海、开展南海军事斗争的主要依托，军事地位日益凸显。特别是近几年来，随着一批重大国防工程项目相继落户，海南已成为国家战略力量高度密集地区，成为境内外敌特分子渗透破坏的重点。此外，海南建设国际旅游岛，将进一步加快经济体制改革、社会结构变动和利益格局调整，各种利益纠纷引发的矛盾冲突日益增多，将对社会安全稳定产生不利影响。同时，海南由于其独特的地理位置和气候条件，强台风、强降雨等自然灾害频发，对海南经济和人民生命财产安全造成极大威胁。我国作为一个战略利益不断拓展的国家，维护重要战略机遇期、捍卫自身的发展利益的任务十分艰巨，单靠军地任何一方都难以有效完成任务。必须打破条块分割、自成体系、自我封闭的军地、军民“两种格局”，坚持军民融合式发展，进一步整合军地资源，充分发挥军地双方优势，有效提升国防和军队建设质量水平，使国防和军队建设更好地服务经济社会发展。

二、要牢固确立推动军民融合式发展的时代理念

走军民融合式发展路子，是胡锦涛总书记着眼维护国家安全与发展利益，顺应国际国内形势深刻变化，立足我国国情，统筹经济建设和国防建设作出的重大战略决策。从政治上看，它是中国特色社会主义理论的重要补充和发展；从经济上看，它是推动我国经济社会科学发展的重要途径和保障；从军事上看，它是毛泽东等老一辈革命家军事战略思想的继承和发展。从双拥工作历史看，服务和推动军民融合式发展，始终是贯穿其中的主线。抗日战争初期，面对严峻形势，毛主席提出了“兵民是胜利之本”的著名论断。之后，陕甘宁边区人民政府和八路军有关机构先后颁布了《拥军公约》和《拥政爱民十大公约》，双拥运动由此轰轰烈烈地开展起来。从此军民团结大生产、团结打胜仗，夺取了抗日战争和解放战争的胜利。建国后，广大军民在政治、经济、军事、文化等各项建设中相互支持，密切配合，谱写了军民团结一心、军地协调发展的壮丽诗篇。从一定意义上讲，双拥工作的历史，就是一部军民融合、良性互动、共同发展的历史。现阶段，胡锦涛总书记提出“走军民融合式发展路子”，对双拥工作提出了新的时代要求。

双拥工作要进一步适应新形势新任务的要求,更好地发挥凝聚军民、联系军地的作用,就必须牢固树立与军民融合式发展要求相适应的时代理念。在指导思想上,就是要紧紧围绕军民融合式发展战略思想,去思考、谋划、落实和推动双拥工作,始终把有利于军民融合、有利于军民一体、有利于平战结合贯穿于双拥工作的全过程,始终把推进军民融合式发展作为军地双方的共同责任,统一谋划、一起部署、同步落实。在工作实践上,就是要深入研究新形势下军民融合式发展的特点规律,积极探索融合式发展的新思路、新办法,更加注重促进经济建设与国防建设协调发展,更加注重拥军优属与拥政爱民整体推进,更加注重政府主导与社会参与相互促进,更加注重军民团结与军地共同发展。在绩效评估上,就是要着眼军地发展共同受益,军民共同得实惠,把促进军民融合式发展作为双拥工作的根本出发点和落脚点,作为衡量和检验双拥工作的重要尺度和标准。

三、要牢牢把握实现军民融合式发展的工作重点

军民融合式发展的战略思想,核心内容是发挥军地两个优势、整合军地两种资源、调动军地两个方面的积极性,推动国防建设与经济建设协调发展。推动军民融合式发展,必须紧紧围绕推动国防和经济建设协调发展作文章,这方面需要做的工作很多,从海南实际和驻琼军警部队担负的使命任务来看,我认为要做好以下四个方面的工作。

一是要在齐心推动经济发展、维护社会和谐稳定上下工夫。海南建设国际旅游岛,离不开驻军的大力支持和积极参与。海南驻军一直以来有着关心支持地方经济社会建设的优良传统,在工程建设、环境整治、生态文明村建设、处突维稳、抢险救灾等工作中作出了突出贡献。要继承和发挥优良传统,充分整合现役部队、民兵预备役各方面的优势和力量,在社会主义新农村建设、生态文明建设、国家重点工程建设、各项社会事业发展中有所作为。要组织部队在完成战备、训练和执勤任务的同时,积极支援地方经济建设,投身社会公益事业。要充分发挥部队组织严密、突击力强的优势,在抢险救灾等急难险重任务中发挥主力军作用。要认真做好军民团结和民族团结进步工作,加强军警军民联防联治,军地合力及时妥善处置各种突发事件,努力为国际旅游岛建设创造和谐稳定的社会环境。

二是要在深化拓展军事斗争准备上下工夫。经略南海、做好南海方向的军事斗争准备,海南军民首当其冲、责无旁贷。要从实际出发、从实战出发、从实效出发,注重从战略层面推动军民融合式发展。各级要加大拥军力度,围绕"强军、打赢"目标,把工作着力点放到支持部队现代化建设上来。要加大支持部队训练、演习力度,进一步健全拥军支前保障体系,完善支前工作预案。要搞好场地、交通、通信、医疗卫生等保障工作,确保部队的各项需求落实到位。要加大服务未来战场建设力度,按照平战结合原则,在国家重点工程、重大民用基础设施建设中贯彻落实国防要求。特别是要结合"平安军港"建设,做好军事设施、军用土地的保护和军事信息安全保密工作。在这方面,我们还有大量艰苦的工作要做。目前,有些军事用地被侵占、军用设施被毁坏,一旦需要,恢复起来非常困难。各级一定要站在维护国家安全的战略高度,下大力解决好这些问题,为南海军事斗争准备奠定坚实基础。

三是要在保障优抚权益、解决实际问题上下工夫。双拥工作作为联系军地、推动军民融合式发展的重要桥梁和纽带,传统方式主要是走访慰问、宣传发动、协调共建等,缺乏具体的抓手和载体。要转变思路,积极探索开拓社会化拥军的路子,整合各类社会资源,充分发挥企事业单位和社会组织的优势,做好拥军优属工作。通过认真落实优待抚恤政策、拓宽退役军人安置渠道、为军人军属提供司法援助等措施,在涉及军人军属优抚安置、随军家属就业、子女入学入托等方面积极排忧解难,在改善官兵生活条件,随军家属安置,退役士兵和民兵预备役人员技能培训,军人军属维权等方面提供实实在在的帮助和支持,使拥军工作由"虚"变实,由无形变有形,看得见、摸得着,取得实实在在的成效。

四是要在营造军民融合发展氛围上下工夫。推动军民融合式发展,既需要扎实有效的工作,更需要强有力的宣传造势。特别是在当前信息技术迅猛发展、互联网日益普及的条件下，军民融合要在更大程度、更广领域、更深层次上为广大军民所了解、所接受、所认同，就必须充分运用现代传媒，切实加强宣传，努力在全社会营造军民同心、军地一体、融合发展的深厚氛围。要抓住重大纪念日、重大节日、重大活动等有利时机，充分运用报刊、广播、电视、互联网等大众传媒，广泛进行国防教育，集中宣传拥军优属、拥政爱民的光荣传统，宣传军民一致、相互支持的伟大成就，宣传军民同心、其力断金的巨大作用，宣传军民融合、共同发展的重大意义，切实把思想统一到胡总书记“走军民融合式发展路子”的战略部署上来，把行动引导到推动军民融合式发展的实践中来，积极构建党政主导、军地互动、社会支持、全民参与的大融合格局，努力实现地方生产力、社会凝聚力和部队战斗力的同步提高。

黄奇帆同志在重庆市双拥模范城(县)命名表彰大会上的讲话

(2010年7月29日)

拥军优属、拥政爱民的优良传统，是我们特有的政治优势，是我们广大军民战胜困难、夺取胜利的重要法宝和力量源泉。刚才，我们隆重表彰了市双拥模范城(县)、模范单位和模范个人。在此，我代表市委、市政府和市双拥工作领导小组，向受到表彰的单位和个人，表示热烈的祝贺！八一建军节即将来临。也借此机会，向驻渝人民解放军、武警部队全体官兵和广大民兵、预备役人员，全市烈军属、伤病残军人、转业复员退伍军人和军队离退休干部，致以节日的问候！

近年来，重庆市以科学发展观为指导，坚持走“军民融合式发展”之路，同步推进经济建设与国防建设，积极履行既强市，又强军的双重责任、双重使命，双拥工作在继承中创新、在开拓中前进、在改革中发展、在巩固中提高，总体上迈上了新的台阶。一方面，支持国防和军队现代化建设取得了新成效。按照熙来书记“讲政治、重感情、办实事”的要求，制定实施了一系列双拥优抚安置政策，各级政府投入资金近25亿元，帮助驻渝部队建设重庆警备区新营区、第三军医大学、后勤工程学院新校区，解决77100部队营区排水管道整治等难题，转让军民两用科研成果近4 000项，培训军队人才3 000多名，安置军转干部3 023名、军队离退休干部1 373名、退役士兵58 732名，有力地支持了国防和军队现代化建设。另一方面，驻渝部队为重庆建设发展作出了新贡献。驻渝部队和广大官兵视重庆为“第二故乡”，积极参与全市经济建设、抢险救灾、扶贫帮困、捐资助学、环境整治、维护稳定等工作，援建了渝怀铁路、奥体中心等百余项重点工程建设，修建希望小学69所。特别是在抗击百年不遇的干旱洪涝、冰冻灾害和“5·12”地震、武隆“6·5”山体垮塌等各种灾害中，驻渝部队官兵主动请战、冲锋在前，为夺取抗灾救灾全面胜利作出了重要贡献，77126部队、77146部队、77133部队、西南医院等被党中央、国务院、中央军委授予“全国抗震救灾英雄集体”。

围绕发展抓双拥、抓好双拥促发展，是双拥工作的根本方针。当前，重庆在锦涛总书记“314”总体部署和国发3号文件的强力带动下，城市化、工业化和城乡统筹一体化加快推进，经济社会正进入前所未有的高速成长期。在去年全市GDP增长14.9%的基础上，今年上半年增长17.6%，不仅创直辖以来的新高，而且居全国第三，排西部第一。重庆作为西部地区的“领头羊”、增长极已经名副其实。这种快速发展势头，不是“单兵突进”，而是财政金融、投资消费、工业商贸、利用外资和进出口等指标同步增长、可持续增长。比如，地方财政收入增长75%，其中一般预算收入增长53%，增幅全国第一，预计今年达到1 600亿元。规模以上工业产值增长32%，全年肯定突破万亿,今后五年将翻番达到 2.5 万亿元。继去年存款规模超过万亿后,6 月底贷款规模也超过万亿元,金融增加值占 GDP 的比重提高到 8.2%,支柱效应凸显。2009 年利用外资增幅全国第一、总量西部第一,2010 年预计增长 50%,达到 60 亿美元,今后五年,累计将达到 400 亿美元。随着两江新区和两个保税区功能的发挥,加工贸易的发展,今后外贸进出口将成倍增长,到 2012 年达到 300 亿美元,2015 年突破 1 000 亿美元。总之,在“314”总体部署和国发 3 号文件、新一轮西部大开发、统筹城乡改革试验、两江新区和两个保税区、三峡工程后续工作等多重机遇的推动下,未来一个时期,重庆经济增速一定能保持 15% 以上。大好形势下,加强军政军民团结比任何时候更重要,推动军民融合式发展比任何时候更有条件、更有作为。下面,我就做好新形势下双拥工作讲三点意见。

第一,坚持军民融合,推进国防建设与经济建设协调发展。各级党委、政府要站在国家安全和发展战略的高度,始终牢记“抓经济不忘国防,居平安不忘备战”,确保在全面建设小康社会进程中实现富国和强军的统一,确保军队有效履行新世纪新阶段的历史使命。要围绕军地中心工作,把支持国防和军队建设纳入地方的“十二五”规划,做到与经济社会发展同步规划、同步实施、同步推进,为国防和部队建设提供坚强有力的保障。在基础设施特别是信息设施建设中,要兼顾重点军事工程、人民防空和交通战备等军事需求,完善城市防护工程体系、国防交通运输体系、国防动员训练保障体系等基础设施,不断增强信息化条件下人民战争的整体实力。切实把支持军队做好军事斗争准备作为拥军的重点,积极配合部队完成训练演习任务,帮助协调训练场地、交通运输等工作。同时,希望驻渝部队围绕全市城乡统筹改革、内陆开放、“五个重庆”等重点工作,充分发挥特别能战斗、特别能吃苦、特别能奉献的精神,整合资源,加强互动,为重庆改革发展添砖加瓦、再立新功。尤其在新型工业化、建设国家现代制造业基地上,国防工业是我们的一支重要力量。目前,全市 1/3 的科技资源集中在军口,1/3 的工业总产值来源于军转民企业,去年国防工业总产值实现 1175 亿元,已连续 7 年位居全国第一。要坚持“军为民用”、“民为军需”,加强军民结合技术攻关和交流合作,力争在装备制造和战略性新兴产业发展上有更大突破。

第二,坚持以人为本,切实帮助解决好部队官兵和家属的实际困难。双拥工作作为党的群众路线的重要体现,其主体在军民,根基在军民。随着我市改革开放的不断深入和社会利益关系的不断调整,涉军热点难点问题明显增多,统筹兼顾各方面利益的难度不断加大。再难不能难军队,再难不能难军人。各级党委、政府要认真落实好市委三届七次全委会精神,把部队官兵及其家属的困难纳入改善民生的重点,积极帮助优抚对象解决好医疗、住房、生活等方面的实际问题,千方百计做好转业退伍军人安置、随军家属就业创业、子女入学入托等工作,做到应办尽办、办好办实,让部队放心、让官兵满意。要加大检查监督力度,促进各项双拥政策法规的落实。当前,要认真落实《重庆市伤病残军人退役安置工作实施办法》,使所有伤病残军人得到妥善安置。

第三,坚持与时俱进,推动双拥工作不断创新。双拥工作要永葆生机和活力,必须在继承和发扬我市双拥工作优良传统的基础上,以改革创新的精神,进一步探索加强军政军民团结的新思路、新办法和新形式。近年来,我市在双拥模范城(县)创建活动中,坚持把创建活动与推动发展、深化改革、改善民生相结合,与提高部队遂行多样化军事任务能力相结合,培养了一批各具特色、具有带动和示范作用的军民共建点,进一步巩固和发展了同呼吸、共命运、心连心的新型军政军民关系。各级党委和政府要善于总结这些好经验、好做法,特别是在抓经常性、基础性、群众性的双拥创建工作方面下工夫,不断创新双拥工作内容,丰富双拥工作形式。要坚持“工作从基层抓起,任务在基层落实,活动在基层开展,效果在基层体现”,推动双拥工作进机关、进学校、进街道、进乡村、进社区、进企业、进连队,增进军民鱼水情。要把政府行为和社会行为结合起来,积极开展行业拥军、社区拥军,引导新型经济组织和新的社会阶层拥军，不断扩大双拥工作的群众基础。

“军民团结如一人，试看天下谁能敌”。全市各级党委、政府一定要动真感情，下大力气，扎实做好双拥工作，为驻渝部队现代化建设提供坚强保证，为重庆早日实现“314”总体部署、率先全面小康作出新的更大贡献。

马正其同志在重庆市双拥工作领导小组第八次全体成员会议上的讲话

（2010 年 7 月 7 日）

同志们：

近年来，重庆市认真贯彻落实党中央、国务院、中央军委关于双拥工作的一系列重要指示精神，坚持以科学发展观为指导，认真贯彻落实“314”总体部署，双拥工作取得了可喜成绩。各级党委、政府切实加强对双拥工作的领导，深入开展以拥军优属拥政爱民为主题的国防宣传教育活动，全民国防意识和双拥观念进一步增强；市双拥工作领导小组各成员单位积极服务于部队多样化军事任务需要，支持国防和军队现代化建设的力度不断加大；各驻渝部队坚持人民军队的宗旨和本色，积极支援全市经济社会发展，在建设重点基础设施、处置重大突发事件、整治生态环境以及扶贫开发、抢险救灾、维护社会稳定等方面作出了重要贡献。

借此机会，我就下一步工作讲四点意见：

一、要真心实意抓双拥

拥军优属、拥政爱民，是我党我军我国人民的优良传统，是我们特有的政治优势。战争年代，军民风雨同舟、生死与共；和平时期，军民同甘共苦、携手并进；改革开放以来，军民同心同德、艰苦奋斗。这种“军爱民，民拥军，军民团结一家亲”的良好氛围，是建立在真挚的情感、真心实意态度之上的。战争年代人们自然而然想起人民军队，和平时期没有打仗就容易忘记人民军队。其实，每当遇到急、难、险、重任务时，真正冲锋在前、发挥重要作用、完成重大任务的都是人民军队。因此，和平时期也要时刻认识人民军队的重要性，不断巩固和发展军政军民团结。一是要用真心动真情。我们要把做好双拥工作，维护军政军民团结作为应有之义、应尽之责。地方政府和部门要急部队之所急、想部队之所想，努力做到部队需要什么，就尽全力提供什么；部队遇到什么困难，就尽力解决什么困难。驻渝部队及官兵要把重庆作为报效祖国的主战场，把人民群众作为自己的亲人，主动融入全市经济社会发展大局。二是要出实招办实事。在工作目标上，要解决一些实实在在的困难和问题，确保每年办成几件看得见、摸得着的实事。从 2000 年开始，市委每年召开一次议军会议，集中解决部队需要地方解决，地方通过努力又能够解决的重点、难点问题，有效地解除了部队的后顾之忧，要继续坚持；在工作方法上，要善于结合具体问题、具体情况，探寻解决问题的有效措施、增进团结的科学机制。地方政府和驻渝部队之间，不能相互推诿、各自为阵，而是要强化沟通、加强配合，共同营造团结、和谐的氛围。重庆警备区是驻渝部队的牵头单位，要继续发挥好作用，努力维护重庆的团结和谐。

二、要围绕发展抓双拥

当前和今后一个时期围绕发展抓双拥，主要是做好服务地方经济社会建设、服务部队多样化军事任务需要、服务社会和谐稳定的各项工作。一是要服务地方经济社会建设。各驻渝部队要重点围绕提速落实“314”部署和国务院 3 号文件精神，充分挖掘和提升部队装备设施的民用效能，积极主动参加全市水利设施、综合交通通信枢纽、能源开发等基础设施建设，增强我市统筹城乡发展的保障能力；积极参加植树造林、河道疏通、节能减排等生态环境建设,加强城乡污染综合治理,推动长江上游生态文明区建设;积极参加革命老区、民族地区、贫困地区、三峡库区特别是渝东南武陵山区的扶贫开发行动,支持教育、文化、卫生等事关民生的社会事业和特色产业发展,加快各族群众脱贫致富的步伐,为重庆统筹城乡发展再立新功。近年来,重庆警备区、77100部队、后勤工程学院、第三军医大学、武警重庆市总队、重庆通信学院、重庆消防总队、总装重庆军代局、海军重庆军代局、二炮驻重庆军代局等为地方建设、扶贫帮困、人才培养做了很多贡献。二是要服务部队多样化军事任务需要。各级党委、政府要把关心支持国防和军队建设,作为义不容辞的政治责任,立足部队应对多种安全威胁、完成多样化军事任务需要,建立"拥军绿色通道",采取多种有效措施,积极配合部队解决基础设施、战备训练、综合保障等方面的重点、难点问题。要整合全市社会力量,广泛开展科技拥军、教育拥军、文化拥军活动,从人才培养、信息交流、技术攻关、软件研发等方面为部队提供急需的服务,支持部队训练学习,加快信息化建设步伐。要积极探索军民融合式发展路子,促进军民两用技术不断创新发展,特别要加大地方科研成果向部队战斗力转化的力度。要建立和完善支持部队执行反恐、维稳、处突和抢险救灾等非战争军事任务的工作预案和保障措施,全力配合部队圆满完成各种任务。三是要服务社会和谐稳定。军地双方要认真做好军民团结和民族团结进步的工作,加强军警民联防联治,及时妥善处置各种突发事件,努力创造和谐稳定的社会环境。当前,尤其要把实现好、维护好和发展好广大军民的根本利益放在首位,切实做好转业退伍军人安置、随军家属就业、军人子女入学入托、重点优抚对象生活保障等工作,做好严守群众纪律、维护群众利益的工作,妥善处理军地利益矛盾和纠纷,保障军民的合法权益,使双拥工作真正成为深受军民欢迎的民心工程。

三、要改革创新抓双拥

近年来,我们创新工作思路,在双拥工作方面先后建立了党委议军会议制度、推进了军民融合发展、实施了双拥"2+2"工程等,做法得到了全国双拥办的充分肯定。在新的起点上,我们必须以改革创新的精神,确保在探索富有时代特色的活动方式上有新进展、在解决重点难点问题的方法上有新突破、在完善双拥政策制度上有新举措。一是要创新双拥工作思路。思路决定出路。双拥工作要适应时代要求,紧跟发展步伐,就必须树立"大双拥"观念,围绕提高社会生产力、部队战斗力和民族凝聚力这一基本要求,积极探索社会主义市场经济条件下双拥工作的特点和规律,综合运用行政、经济、法律等手段解决工作中遇到的新矛盾、新问题,把政府行为与社会行为、以情双拥与依法双拥、行政调节与市场调节有机结合起来,组织社会各界积极参与双拥工作,积极开展行业拥军、社区拥军,引导非公组织拥军,科学整合社会资源,不断拓展双拥工作社会化的新路子。二是要创新双拥工作方式。要积极探索符合科学发展观要求、有利于双拥工作深入开展的工作方式,妥善处理双向奉献与利益原则、物质拥军与智力拥军、整体推进与重点突破的关系,以改革创新的办法解决双拥工作中遇到的矛盾和问题。针对转业退伍军人安置、重点优抚对象生活保障等热点难点问题,及时完善相关配套政策,争取各级加大财政投入,促使问题逐步得到解决。在这方面,我们重庆过去做得很好,今后要做得更好,特别是要千方百计把伤病残退役军人接收安置好。总之,再难不能难军队,再难不能难军人。要充分发挥先进典型的示范带动和辐射功能,注重在工作实践中发现典型、培育典型、宣扬典型,让更多的单位和个人学有榜样、赶有目标。重庆联军物业公司组织自主择业的军队转业干部艰苦创业,减轻政府的负担,值得充分肯定,要认真加以宣传。进一步拓宽领域、丰富内容,认真研究、积极开展一些体现时代精神、富有重庆特色、满足军民多样化需求的双拥共建活动,进一步提高双拥工作的整体质量和水平。三是要创新双拥工作机制。双拥工作是一项社会系统工程,涉及军地各个方面,必须有完整的工作体系、顺畅的工作环节、高效的运行机制。这方面,我们大多数成员单位都做得很好,都能较好地完成各项工作任务。但也存在一些不足，有的区县双拥组织还不健全，双拥办工作人员还未完全到位，军地合署办公制度还未落实，有的成员单位的下属基层单位还有工作不务实、政策不落实的现象。我们要在坚持和完善党委议军会议、军地联席会议、联络员会议等行之有效的做法和制度的基础上，进一步建立完善与社会主义市场经济相适应的双拥工作运行、组织建设、信息交流、决策执行监督等工作机制，推进双拥工作常态化、制度化、规范化发展。

四、要齐心协力抓双拥

各级党委、政府和驻渝部队都要高度重视，加强组织领导，加大协调力度，形成政府领导、部门协调、社会参与、军地互动的工作格局，保证双拥工作持续深入开展和各项工作任务的圆满完成。一是要加强组织领导。各级党委、政府和驻渝部队要坚持把双拥工作摆在突出重要位置，坚持主要领导亲自抓，分管领导具体抓，一级抓一级，层层抓落实。要把双拥工作与经济发展和部队建设有机结合起来，统筹安排，同步实施，做到有明确的目标任务，有具体的实施计划，有完善的保障措施。要定期听取双拥工作汇报，研究分析面临的形势，帮助解决工作中遇到的困难和问题。各级领导干部和有关部门要进一步转变作风，定期走访部队，深入开展调查研究，征求官兵意见，努力为部队排忧解难，进一步强化重视双拥、支持双拥、推动双拥的责任意识。二是要切实履行职责。各级双拥工作领导小组是本级双拥工作的组织领导机构，担负着组织、协调、指导双拥工作的职能。各成员单位要对照本单位担负的工作职责，把双拥工作与业务工作结合起来，完善政策措施，加强督促检查，积极主动地做好双拥工作，保证各项任务在本单位、本部门、本系统的落实。双拥办是领导小组的办事机构，承担着双拥工作的具体实施和检查职能，任务很重，一定要加强自身建设，健全工作制度，强化调查研究，搞好教育培训，进一步提高工作能力和水平。各级党委和政府要重视抓好双拥办的组织机构建设，落实机构编制，配齐配强干部，保障办公经费，完善军地合署办公制度，保证各项工作有序运转。三是要强化军地互动。加强军地间的互动、沟通与协调，实行军地优势互补，强化军地共建共创机制，是双拥工作的重要内容。实践证明，传统的相互走访慰问、军民联防联治，是双拥共建的好办法，应当坚持。同时，我们又要结合新的形势任务，不断探索创新军地团结协作的新方法、新路子。尤其是要注重围绕军地双方的中心任务和工作大局，坚持完善军地联席会议、信息通报等制度，建立便捷、高效的互动协商机制，整合军地双方的资源优势，组织开展“军民共建工程”建设，促进地方经济社会发展，加强部队的全面建设，实现军地双方互利共赢。

同志们，做好新形势下的双拥工作，任务光荣，责任重大。让我们更加紧密地团结在以胡锦涛同志为总书记的党中央周围，高举中国特色社会主义伟大旗帜，深入贯彻落实科学发展观，齐心协力，开拓创新，抓住机遇，乘势而上，不断巩固和发展军政军民团结的良好局面，进一步振奋全市军民的精神，鼓舞全市军民的斗志，凝聚全市军民的力量，为实现重庆经济社会又好又快发展作出新的更大贡献。

朱和平同志在重庆市庆祝“八一”建军节暨双拥模范城（县）命名表彰大会上的讲话

（2010年7月29日）

各位领导，同志们：

今天，重庆市在这里隆重召开庆祝建军83周年暨双拥模范城（县）命名表彰大会，共商军政军民团结、军民融合发展大计。这是双拥工作的一次盛会。

我代表驻渝部队、武警官兵和民兵预备役人员,向命名表彰的双拥模范城(县)、双拥模范单位和个人,表示热烈的祝贺!向烈军属、革命伤残军人、军队离退休干部和转业复员退伍军人,表示亲切的问候!向长期以来关心支持国防和军队建设的重庆市各级党委、政府、社会各界和3 200万人民,表示衷心的感谢!

"八一"是中国人民解放军的盛大节日。回顾走过的光辉历程,我们深感光荣与自豪。83年来,人民军队始终高举党的旗帜,浴血奋战求解放,捍卫主权树尊严,聚焦使命谋打赢,服务人民当先锋,用青春和热血筑起了中华民族的钢铁长城。83年来,人民军队始终高举人民的旗帜,密切与人民群众的血肉联系,唇齿相依、水乳交融、患难与共,形成了夺取胜利最深厚、最伟大的力量源泉,谱写了一曲又一曲"军民团结如一人,试看天下谁能敌"的壮丽诗篇!

重庆是著名的红色之都、英雄之城。毛泽东、周恩来、董必武等老一辈无产阶级革命家曾在这里指点江山、运筹帷幄,小平同志从朝天门码头走向世界、投身革命。在重庆这片英雄的土地上,走出了聂荣臻、刘伯承两大开国元勋和共和国元帅。英勇的革命先烈在歌乐山麓、嘉陵江畔以血肉之躯孕育的伟大红岩精神,影响和教育了一代又一代人。正是在这种红色文化的传承和滋养下,重庆市的双拥工作开出了绚丽之花,结出了丰硕之果。长期以来,重庆市委、市政府坚持富国强军相统一,军民融合促发展,创造了独具特色的"重庆双拥模式"。始终秉承"讲政治、重感情、办实事"的思想,连续十年召开市委议军会,投入资金近25亿元,为驻渝部队解决了260多个发展难题。出台一系列政策措施,有力支持了部队战备、训练、工作和生活。发挥科技教育优势,帮助部队完成科研项目130多项,培养各类高学历人才3 000余人。军转干部、退役士兵免费培训安置,军属就业、子女入学给予倾斜照顾,点点滴滴惠及全体驻渝官兵,充分体现了市委、市政府强烈的大局意识、政治意识和长远眼光,体现了山城人民对子弟兵的深情厚意。驻渝部队官兵永远不会忘记,一定把这种大爱化作献身国防、报效祖国的强大精神动力。

我们的军队永远是人民的军队。"心连心、同呼吸、共命运",是军队与人民血肉联系的生动写照。驻渝部队和武警官兵始终牢记我军历史使命,铭记党和人民的关怀,在推进"五个重庆"建设、支持三峡库区移民、生态环境保护、扶贫帮困、维护稳定等方面作出了积极贡献。特别是在开县井喷、百年大旱、特大洪灾、汶川地震等重大灾害降临时,驻渝部队和武警官兵闻令而动,展现了"关键时刻站得出来、生死关头豁得出去"的英雄本色。在最近几次抗洪抢险中,驻渝部队、武警官兵和民兵预备役先后出动6万余人次,冲锋在前,奋力抢险,为保护人民群众生命安全、最大限度减少灾害损失作出了应有贡献。

同志们,今日之重庆,正以强劲的后发优势和西部神奇魅力,越来越强烈地吸引着世界目光,越来越成为国际资本、高端人才与技术汇集的宝地。今日之重庆,正以前所未有的生机和活力,演绎着西部大开放、大开发、大崛起的重头大戏。全市人民正以解放思想催生的锐气,"五个重庆"勾画的愿景,"唱读讲传"提振的士气,"打黑除恶"彰显的正气,"两江新区"描绘的宏图,"民生十条"吹响的号角,万众一心,勇往直前,为再造一个新重庆作出不懈努力。驻渝部队和武警官兵,置身于重庆这片英雄的热土,深知责任重大,使命光荣。我们一定牢记我军宗旨,大力发扬拥政爱民光荣传统,积极支持"五个重庆"建设,带头推动"唱读讲传"活动,精心维护社会和谐稳定,勇于承担急难险重任务,不断巩固和发展军政军民团结的大好局面,努力为助推重庆经济加速发展,实现山城人民梦寐以求的宏伟蓝图,作出新的更大的贡献!

刘奇葆同志在四川省双拥模范城(县、区)暨双拥模范命名表彰电视电话会议上的讲话

(2010年11月4日)

今天,我们在这里隆重召开全省双拥模范城(县、区)暨双拥模范命名表彰电视电话会议。这是一次双拥工作总结交流会,也是适应新形势新任务、进一步做好双拥工作的动员大会。这里,我代表省委、省人大、省政府、省政协、省军区,向被命名表彰的双拥模范城(县、区)、双拥模范、双拥先进单位和个人表示热烈祝贺!向为全省改革发展稳定作出巨大贡献的驻川人民解放军和武警部队全体官兵、烈军属、革命伤残军人、转业复员退伍军人和军队离退休干部,表示亲切慰问!向关心支持国防和军队建设的全省各族人民,各级党委、政府表示衷心感谢!对亲临大会指导的成都军区、成都军区空军领导表示热烈欢迎!

近年来,全省军民高举中国特色社会主义伟大旗帜,以邓小平理论和“三个代表”重要思想为指导,深入贯彻落实科学发展观,认真贯彻党中央、国务院、中央军委关于加强新时期军政军民团结的重要部署,继承和发扬拥军优属和拥政爱民的光荣传统,以争创“双拥模范城(县、区)”活动为载体,紧紧围绕地方经济社会发展和部队遂行多样化军事任务,广泛深入开展军民共建和军民共创活动,不断巩固和发展“同呼吸、共命运、心连心”的新型军政军民关系,有力地促进了我省科学发展、社会和谐及部队全面建设。特别是2008年以来,全省军民在抗击“5·12”汶川特大地震、维护藏区稳定、抗击特大山洪泥石流灾害等急难险重任务中,同舟共济、攻坚克难,夺取了一个又一个重大胜利,为我省推进“两个加快”作出了重要贡献。这次受到命名表彰的双拥模范城(县、区)、双拥先进单位和个人,是全省各地各行各业学习的榜样。我们要发扬拥军优属、拥政爱民的光荣传统,巩固和加强军政军民团结,为推进我省“两个加快”,为全力支持部队完成多样化军事任务而团结努力。下面,我讲几点意见。

一、要进一步深化认识,切实增强做好双拥工作的自觉性和主动性

拥军优属、拥政爱民,是我党、我军和全国各族人民长期以来形成的光荣传统和特有的政治优势。无论是战争年代还是和平时期,双拥工作都是一项带有全局性、战略性的重要工作,是我们战胜困难、夺取胜利的重要法宝。当前,我国正处在推动科学发展、促进社会和谐,加快建设全面小康社会的重要时期。我们要站在国家长治久安、民族兴旺发达、人民幸福安康的战略高度,充分认识加强军政军民团结的重要性和紧迫性,切实把双拥工作作为一项事关全局的战略任务,始终用中国特色社会主义伟大旗帜凝聚党心民心,紧紧围绕维护国家安全和发展加强军地团结协作,不断巩固和发展“同呼吸、共命运、心连心”的新型军政军民关系。各级党委、政府要坚持不懈地做好双拥工作,纳入重要议事日程,高度重视,大力支持,整合和发挥军地双方资源优势,调动广大军民的积极性、创造性,为我省推进“两个加快”提供强大动力,为军队现代化建设提供有力保障。

二、要按照科学发展观要求,把以人为本落实到新形势下双拥工作的实践中

要切实把科学发展观落实到双拥实践中,形成“围绕发展抓双拥,抓好双拥促发展”的工作格局。要坚持以人为本,实现好、维护好、发展好广大军民的根本利益,更好地服务于经济社会进步、服务于国防和军队现代化建设、服务于军政军民团结大局。

要把工作精力倾注于为广大军民排忧解难上，特别是对转业退伍军人安置、随军家属就业、军队子女入学入托、重点优抚对象生活医疗保障、贫困地区群众生产生活等实际问题，要在政策允许的范围内，最大限度地帮助协调解决。要坚持政府行为与社会行为的统一，充分利用行政手段与市场调节，积极动员和组织全体社会成员主动投身双拥实践，推动双拥工作进企业、进乡村、进机关、进学校、进社区、进连队的社会化进程，发挥好双拥工作在军民融合式发展中的特殊作用。要把实现阶段性目标寓于做好经常性工作之中，及时把在实践中形成的好经验、好做法升华为理性认识，制定实施双拥工作日常管理办法，促进双拥工作规范化、制度化、经常化。

三、要主动适应新形势新任务，推动双拥工作创新与发展

双拥工作历来与党、国家和军队的中心工作密不可分，只有紧紧围绕中心、服务大局，用改革的思维研究新情况，用创新的手段解决新问题，才能不断创新与发展。要确立与时代发展要求相适应的新理念，在探索富有时代特色的活动方式上有新进展，在解决重点难点问题上有新突破，在完善政策制度上有新举措。要围绕“两个加快”，扎实深入开展军民融合式发展的双拥共建活动。要坚持服务中国特色军事变革，把推进军事斗争准备、提高驻川部队完成多样化军事任务能力作为双拥重点，深化国防教育和双拥宣传，支持部队训练演习、战备执勤、科研试验和国防工程建设，配合做好部队后勤保障社会化和改善基础设施建设等工作。要不断创新双拥工作方式，通过争创“双拥模范城(县、区)”、“双拥模范单位”和争当“双拥模范个人”、“爱心献功臣”等活动，巩固发展军民双拥共建活动成果，推动双拥工作上水平。要针对新时期双拥工作的新特点、新变化，紧密结合各地各部队的实际，积极探索双拥工作社会化中军民融合式发展的方式和有效载体，进一步增强双拥工作的吸引力、感召力和生命力。

四、要以开展“双拥模范城(县、区)”创建活动为重要载体，促进双拥工作的深化落实

开展创建“双拥模范城(县、区)”活动，是新形势下双拥工作的积极创举，是增进军政军民团结的重要途径，是凝聚军心民心、服务和谐社会建设的有效载体。各地党委、政府和驻军要通过开展创建“双拥模范城(县、区)”这一主题活动，进一步巩固军政军民团结的大好局面。要宣传双拥模范城(县、区)和先进单位的好经验、好做法，宣传模范个人的先进事迹，在全省营造浓厚的双拥氛围。要切实加强对双拥工作的领导，切实把双拥工作纳入本地区、本单位、本行业的总体规划，严格实行目标管理责任制，加大协调力度，动员各方面力量，形成工作合力。双拥办是双拥工作的组织领导机构，各级党委、政府和军队领导机关要进一步关心和支持双拥办建设。各双拥成员单位要切实把双拥工作作为本部门、本单位的一项重要职能，同业务工作统一规划、统一部署、统一检查、统一评比。要建立健全双拥工作责任制，加强督促检查，做到任务落实、责任落实、措施落实，推动我省双拥工作不断开创新局面。

同志们，历史和现实充分证明，“军民团结如一人，试看天下谁能敌”。我们要紧密团结在以胡锦涛同志为总书记的党中央周围，高举中国特色社会主义伟大旗帜，以邓小平理论和“三个代表”重要思想为指导，深入贯彻落实科学发展观，进一步做好我省双拥工作，不断巩固和发展军政军民团结，为推进四川省发展新跨越、夺取全面建设小康社会新胜利而努力奋斗！

白恩培同志在云南省第八届双拥模范城（县）命名表彰大会上的讲话

（2010 年 6 月 29 日）

今天，我们在这里隆重召开云南省第八届双拥模范城（县）命名表彰大会。首先，我代表中共云南省委、云南省人民政府、云南省军区，向受到命名表彰的单位和个人表示热烈的祝贺！向驻滇人民解放军、武警部队全体官兵和广大民兵预备役人员，全省烈军属、革命伤残军人、转业复员退伍军人和军队离退休干部，表示亲切的慰问！向所有关心支持我省双拥工作的单位和个人，表示衷心的感谢！

拥军优属、拥政爱民是我党我军我国人民在长期革命斗争和社会主义建设实践中形成的优良传统，是我们团结动员广大军民战胜困难、夺取胜利的重要法宝，也是我们特有的政治优势和力量源泉。4 年多来，我省双拥工作紧紧围绕中心、服务大局，发动和组织军民积极应对重大挑战，合力推动地方经济社会发展和军队现代化建设，取得了新的成绩。面对汶川特大地震、宁洱“6·03”地震、低温雨雪冰冻、楚雄特大滑坡泥石流和百年一遇的特大干旱等严重自然灾害，全省军民和衷共济、共克时艰，夺取了抗灾救灾工作一个又一个重大胜利；广泛开展以爱国主义为核心的国防和双拥宣传教育，国防意识和拥军优属、拥政爱民观念深入人心；着眼增强军队完成多样化军事任务能力，积极为部队解难题、办实事，支持部队全面建设成效显著；健全完善双拥政策法规，认真落实优抚安置政策，广泛开展“关爱功臣活动”，着力解决广大军民关注的热点难点问题，较好维护了优抚对象的合法权益；驻滇部队充分发挥优势，积极参加社会主义新农村建设、生态环境治理、植树造林、扶贫开发、捐资助学等工作，为全省经济社会发展作出了积极贡献。

当前，云南省正处在改革发展的关键时期。要不断战胜前进道路上的各种挑战和困难，促进经济平稳较快发展，维护社会和谐稳定，实现省委八届八次全委会提出的建设绿色经济强省、民族文化强省和中国面向西南开放桥头堡的战略目标，比任何时候都更加需要加强军政军民团结，更加需要广大军民的共同奋斗。我们一定要站在全局和战略的高度，充分认识加强军政军民团结的重要性，坚持不懈地做好双拥工作，为推动我省经济社会又好又快发展和驻滇部队现代化建设提供坚强保证。

第一，着眼打牢广大军民共同团结奋斗的思想基础，深入开展以爱国主义为核心的国防和双拥宣传教育。各地各部队要以建设社会主义核心价值体系、凝聚军政军民团结为着力点，把国防教育和双拥宣传纳入全民教育体系，合理部署，统筹安排，使宣传教育贯穿于双拥工作的全过程。要大力弘扬人民群众爱国拥军、情系国防的优良传统，人民军队听党指挥、服务人民、英勇善战的优良传统。要大力宣传军政军民团结在有效应对国际金融危机、抗大旱保民生促发展中发挥的重要作用，在促进各民族共同团结奋斗、共同繁荣发展中的重要作用。要大力倡导在双拥工作中涌现出的先进典型和成功经验，使广大群众牢固树立“没有一个人民的军队，便没有人民的一切”的思想，使广大官兵牢固树立“来自于人民、服务于人民”的思想，切实强化国防观念和双拥意识，进一步巩固心连心、同呼吸、共命运的军政军民关系，打牢共同团结奋斗的思想基础。

第二，着眼提高部队完成多样化军事任务能力，广泛发动和组织社会力量支持军队建设。各级党委、政府和有关部门必须站在维护国家安全的战略高度，统筹经济建设和国防建设，广泛发动和组织社会力量,扎实做好支持部队建设和军事斗争准备的各项工作。要围绕提高部队快速反应能力的要求,协助搞好应急指挥机制和配套设施建设,建立完善军地联席会议等协调工作机制,加强军地突发事件信息沟通,为部队平时应急、战时应战创造条件。要适应部队履行使命任务的需要,从政策、资金等方面加大支持军事斗争准备力度,努力探索现代技术条件下拥军支前的内容和方法,深入开展智力拥军、科技拥军活动,帮助部队培养新型军事人才,搞好装备器材革新、维修和技术保障,完善信息化设施,加快信息化建设步伐。要贯彻平战结合的原则,在城乡规划和基础设施建设中充分兼顾军事需求,配合部队搞好战备、训练等基础设施建设。要积极动员和组织社会力量支持部队完成训练演习、战备执勤、科研试验等任务,进一步挖掘社会潜力,协助部队推进后勤保障和其他保障社会化。

第三,着眼促进经济社会又好又快发展,积极参与地方建设。驻滇解放军和武警部队要深入推进军民融合式发展,按照我省经济社会发展的战略部署,不断适应双拥工作面临的新形势、新任务、新要求,积极参加和支援地方经济社会建设。要继续参与新三年“兴边富民工程”、边疆解“五难”惠民工程和整村推进、整乡推进等扶贫开发工作,大力支持发展教育、文化、卫生等事关民生的社会事业。要积极促进城乡统筹发展,在农村基础设施建设、科技服务、精神文明创建活动等方面发挥作用,大力推进社会主义新农村建设。要积极参与“七彩云南保护行动”,重点协助地方进行九大高原湖泊水污染综合治理,按照建设“森林云南”的目标部署,广泛开展植树造林活动,大力推动环境保护和生态文明建设。要充分发挥部队组织严密、作风扎实、突击力强的优势,大力支援我省重大项目和重点工程建设,为推动我省加快发展作出新的贡献。

第四,着眼保持边疆民族地区社会和谐稳定,进一步加强军地团结协作。各地各部队要把维护社会和谐稳定作为双拥工作的重要任务,教育引导广大军民倍加顾全大局,倍加珍视团结,倍加维护稳定,不断巩固和谐稳定的大好局面。要深入开展军民共建社会主义精神文明活动,大力宣传党的民族宗教政策,旗帜鲜明地维护社会稳定、维护民族团结、维护祖国统一,着力做好藏区维稳和边境地区稳定工作。要广泛参与平安云南建设,建立健全军地一体的社会治安防控体系,加强军警民联防联治,积极预防和妥善处理军民纠纷,及时有效处置各种突发事件和群体性事件,切实做好禁毒防艾工作。要进一步完善抢险救灾预案,健全军地协作机制,搞好重大突发事件和自然灾害事故应急和抢险救援,深入开展多种形式的送温暖和帮扶捐赠活动,帮助灾区和贫困地区困难群众解决生产生活中的实际问题。要认真落实各项拥军优抚安置政策,做好转业退伍军人安置和随军家属就业、子女入学入托等工作,热情为生活困难的转业复员退伍军人排忧解难。

第五,加强对双拥模范城(县)创建活动的组织领导,进一步提高创建工作整体水平。创建双拥模范城(县)活动,是拥军优属、拥政爱民优良传统的继承与发展,是做好双拥工作的重要载体,是巩固和发展军政军民团结、促进社会主义和谐社会建设的有效途径。从我省近年来的创建情况看,各地各部队开展创建活动的积极性普遍较高,绝大多数地方都能够对照标准抓好抓实,但也有少数地方只看重荣誉,不注重做经常性、基础性的工作,在评比前搞突击,创建的质量和水平还不高。希望各地各部队进一步提高认识,加强领导,在今后的创建活动中坚持正确的方向,突出实践特色,把工夫下在平时,把重点放在基层,把标准定在帮助军民解决实际问题上,扎扎实实地做好各项工作。要以创建活动推动群众性双拥活动广泛深入持久地开展,进一步调动广大军民支持双拥、参与双拥的积极性和主动性。要广泛开展军民共建、科技双拥、法律拥军等群众性双拥活动,继续探索行业拥军、社区拥军、新经济组织和新社会组织拥军的新路子、新办法,不断丰富内容,拓展领域,扩大双拥工作的群众基础。要大力宣传双拥模范(先进)城(县)、双拥模范(先进)单位和个人的先进事迹,充分发挥他们的示范辐射作用,进一步调动全社会做好双拥工作的积极性,推动群众性双拥活动蓬勃开展。

各级党委、政府和部队领导机关要以高度的政治责任感和使命感,把双拥工作作为事关全局、涉及长远的大事,纳入经济社会发展和部队建设总体规划,进一步加强对双拥工作的领导,不断推进双拥工作创新发展。要经常分析双拥工作形势,及时研究解决工作中遇到的困难和问题。党政军主要领导要以身作则、率先垂范,带头参加双拥活动,以实际行动影响和带动双拥工作。

同志们,做好新形势下的双拥工作责任重大,使命光荣。让我们更加紧密地团结在以胡锦涛同志为总书记的党中央周围,高举中国特色社会主义伟大旗帜,以邓小平理论和"三个代表"重要思想为指导,深入贯彻落实科学发展观,以更加超前的思维、更加有力的举措、更加扎实的作风,推动双拥工作深入开展,进一步巩固和发展军政军民团结,为建设富裕民主文明开放和谐云南作出新的更大贡献!

曹建方同志在云南省第八届双拥模范城(县)命名表彰大会上的工作报告

(2010 年 6 月 29 日)

各位领导,同志们:

今天,省委、省政府和省军区在这里隆重召开全省第八届双拥模范城(县)命名表彰大会,回顾总结我省四年来的双拥工作,部署安排当前和今后一个时期的任务,命名表彰一批双拥模范城(县)、双拥先进单位和先进个人。这次会议的召开,对于进一步做好新形势下的双拥工作,增进军政军民团结,维护社会政治稳定,必将起到十分重要的作用。下面,我代表省双拥工作领导小组向大会作工作报告。

一、四年来云南省双拥工作取得的成绩

四年来,全省双拥工作以邓小平理论和"三个代表"重要思想为指导,深入贯彻落实科学发展观,着眼于全面建设小康社会和军事斗争准备,着力于解决军民普遍关心的重点问题,锐意改革创新,扎实推进任务落实,整个双拥工作呈现出协调发展、全面提高的良好态势。

(一)军地更加重视双拥工作。省委、省人大常委会、省政府、省政协高度重视双拥工作,主要领导和分管领导经常听取双拥工作情况汇报,及时作出工作安排和提出具体要求,并深入基层、深入部队指导工作,帮助解决实际问题。各级党委、政府和驻滇部队牢固树立"围绕发展抓双拥、抓好双拥促发展"基本理念,自觉运用"三关心""三原则""三尊重"指导双拥工作开展,始终把双拥工作纳入边疆经济社会发展规划和维护民族团结稳定的大局中统筹考虑,不断健全党委议军、党委第一书记述职、重大节日走访慰问、党政领导过军事日、军地联谊等工作制度,不断完善党政主导、军地协同、按级负责、双拥办牵头、社会参与的内外协调工作机制,做到高起点谋划、高标准要求,为双拥工作开展提供了坚强的组织保证。

(二)宣传教育扎实开展。军地有关部门结合抗日战争胜利60周年、载人航天飞船成功上天等重要纪念日和建军80周年、新中国成立60周年等重大节庆活动,依托各类教育场所和公共场所,采取多种形式普及国防和双拥教育,举办生动活泼的双拥文化系列活动,注重运用先进典型进行示范激励,不断拓展宣传教育的覆盖面和普及率,使广大军民的国防观念和双拥意识进一步增强。尤其是结合汶川地震等自然灾害抗灾救灾、北京奥运会成功举办等重大活动,突出宣传广大军民共同铸就的伟大抗震救灾精神、共同培育的崇高奥运精神、共保和谐稳定的团结奋斗精神,在广大军民中引起广泛关注和强烈反响,爱国拥军、爱民奉献、同心报国的社会氛围更加浓厚。

(三)大力支持部队完成军事任务。各级党委、政府和有关部门站在国家安全和发展战略全局的高度,把支持国防和军队现代化建设作为义不容辞的政治责任,统筹资源,加大投入,热情帮助驻滇部队解决营房改扩建、后勤保障、军事训练、战备值勤等方面存在的实际困难,进一步改善部队的训练、工作和生活条件,积极配合部队完成多样化军事任务,推动了部队正规化建设。把科技拥军、教育拥军作为双拥工作的“重头戏”,发挥地方科技和教育优势,支持部队培养科技人才,援建军营图书室 169 个,捐赠图书 8.5 万册,为科技强军、质量建军创造了条件。在汶川地震抗震救灾工作中,受恩培、光荣同志委托,纪恒同志专程到地震灾区看望慰问驻滇部队,部队回撤归建时,纪恒、汉柏、正富、仇和、江巴吉才等领导同志又到机场迎接,大大鼓舞了部队士气。

(四)双拥工作重点难点问题得到有效解决。全省先后出台了《云南省军人抚恤优待规定》《关于加强退役士兵教育培训促进就业的意见》《云南省优抚对象医疗保障实施办法》等优抚安置政策,各地也相继制定了配套措施,认真抓好双拥法规政策的落实。四年来,全省妥善安置军队军官近×××人、退役士兵×××人、离退休干部和无军籍职工×××人,退役士兵多年来一直保持进京“零上访”,受到民政部、总参谋部的充分肯定。针对优抚对象存在的“三难”问题,多方呼吁争取支持,投入优抚资金建立了重点优抚对象抚恤补助标准自然增长机制,同时,全面抓好“关爱功臣活动”各项工作的落实,千方百计解决功臣的生活、医疗、住房等问题,有力保障了重点优抚对象和功臣的基本生活。

(五)拥政爱民再创佳绩。驻滇部队在完成各种军事任务的前提下,大力支援地方建设,为边疆的经济发展、社会稳定作出了突出成绩。一是积极承担急难险重任务。人民军队发扬特别能吃苦、特别能战斗的优良传统,主动参与地震、雨雪冰冻、滑坡泥石流、森林火灾等自然灾害的抗灾救灾工作,全力保护人民生命财产安全。在去年入秋以来的特大干旱抗旱救灾工作中,广大解放军指战员、武警官兵积极响应省委、省政府的号召,全力以赴投入抗旱救灾第一线,累计出动部队官兵、民兵预备役人员近 40 万人次,运送饮用水 40 多万吨,浇灌庄稼 7 万多亩,应急打井 335 眼,铺设管线 6 000 多公里,捐赠资金 2 000 多万元,为抗旱救灾工作的最后胜利作出了重大贡献,呈现出一幅幅战天斗地的感人画卷,受到了人民群众的广泛赞誉。二是全力维护社会稳定。全面完成了藏区和中缅边境维稳、北京奥运会和国庆安全保卫等任务,协同地方参加社会治安综合治理、“严打整治”斗争,维护了社会稳定。以省公安边防总队为主组建的中国维和警察防暴队,先后两次赴海地执行维和防暴任务,用鲜血和生命谱写了人民军队的光辉篇章。三是大力支持地方经济建设。充分发挥自身优势,援建了昆明新机场、新欧亚铁路等 10 多项重点工程;采取集团扶贫、对口帮扶、整村推进、捐款捐物等多种形式,帮助贫困群众脱贫致富;积极参与“七彩云南保护行动”,由省军区牵头驻独立师以上部队投入资金 1 000 多万元,在昆明呈贡新区启动了“万亩生态国防林”建设,促进了全省生态文明建设,受到了中央军委领导的充分肯定。

(六)双拥共建蓬勃开展。目前,双拥共建的内容已从走访慰问等一般性活动,拓展为思想道德共建、科技文化共建、普法共建、形象共建,双拥共建,内涵不断丰富。形式上主要从点对点共建,发展到连片共建,收到了“一个共建点带动一大片”的效果。内容上的丰富和形式上的完善,推动了双拥共建的蓬勃发展,双拥共建活动已深入到企业、街道、社区、学校、连队、工厂等基层单位。部队开展的“学民族语言、唱民族歌曲、跳民族舞蹈”活动,昆明市开展的“双拥八进”活动,临沧市开展的“八县区挂钩八连队”活动,香格里拉县开展的“爱中华、强国防、奔小康”军民知识竞赛活动,以及各地普遍开展的社区双拥共建活动,既创新了双拥工作内容,又增强了双拥工作影响力,进一步增进了军政军民团结和各民族团结。

二、双拥工作形成的共识和经验

4 年来,全省的双拥工作围绕中心,服务大局,在巩固中发展,在探索中前进,概括起来讲,至少形成了三点共识和五点经验。

三点共识为：一是双拥工作是一项十分重要的工作，拥军优属、拥政爱民是我们的优良传统和特有的政治优势，在和平建设时期，更需要我们传承好这一优良传统，巩固好这一政治优势。二是双拥工作是一项带有全局性、战略性的工作，与经济建设和国防建设息息相关，与军政军民团结密切相连，是我们必须始终坚持抓好的一件大事。三是无论形势如何发展变化，我们都要站在维护国家长治久安的高度，一如既往地重视双拥、发展双拥。

五点经验为：一是必须把科学发展观作为双拥工作的指导思想，自觉运用科学发展观凝聚军心民心和引领双拥工作开展，双拥工作才能具有时代性、创新性和针对性。二是必须把维护边疆社会政治稳定作为双拥工作的核心内容，引导广大军民倍加顾全大局、倍加维护稳定，军民携手共进、并肩战斗，才能锻造坚如磐石的军政军民团结，经受得住各种复杂局面的考验。三是必须把双向服务和双向奉献作为双拥工作的根本方法，充分调动军地这两个方面的积极性，促进相互信任、相互支持、相互帮助，同舟共济战胜困难，做到利军惠民，双拥工作才能赢得广大军民的理解和支持。四是必须把改革创新作为双拥工作的发展动力，以发展社会生产力和提高部队战斗力为目标，以人民群众的根本利益为重，不断丰富双拥活动的内容和形式，才能保持双拥工作的生机和活力。五是必须把加强基层作为双拥工作的关键内容，坚持抓基层、打基础，在注重效益、讲求实效上下工夫，才能提高双拥工作的整体水平。

全省的双拥工作虽然取得了一定成绩，但仍存在一些不足。主要是：双拥工作发展不平衡，军地之间的整体合力发挥不够明显；对双拥工作的新问题、新情况研究不深，解决重点难点问题的办法不多，亮点和特点不够突出；少数地方日常工作不扎实，双拥模范城（县）创建质量和水平不够高等。这些问题，在一定程度上影响了双拥工作的全面发展，必须在下一步的工作中认真加以解决。

三、当前和今后一个时期双拥工作的主要任务

当前和今后一个时期，我省双拥工作的主要任务是：以科学发展观为统领，认真贯彻落实党中央、国务院和省委、省政府关于加强双拥工作的重要指示精神，坚持和完善"军民融合、服务发展，以人为本、深化创建、统筹协调"这20个字的工作思路，全面兼顾地方发展和军队建设这两个需要，加大军地互办实事力度，深入开展争创双拥模范城（县）和群众性双拥实践活动，推动双拥工作在促进地方经济社会发展和军事改革建设中发挥更大的作用。

（一）坚持军民融合的基本方针，着力推动国防建设和经济建设协调发展。胡锦涛总书记强调指出，要坚持军民融合式发展，确保在全面建设小康社会进程中实现富国和强军的统一。这既为加强国防建设和经济建设进一步指明了方向，也为做好新形势下的双拥工作提出了新的更高要求。我们要加大力度，推动国防科技和民用科技互动发展，拓宽军地相互利用教育资源和人才资源渠道，建立军民结合、平战一体的军队后勤和装备保障体系，进一步促进经济、科技、教育、人才等领域的军民融合，使军民融合面越来越广、融合度越来越深。这是国防建设与经济建设协调发展的客观需要，也是双拥工作贯彻军民融合方针的根本要求。希望军地双方密切协作、共同努力，不断完善融合机制、丰富融合内容，切实走出一条符合云南特点的军民融合发展新路子。

（二）坚持服务发展的基本要求，不断提高双拥工作的军事效益和经济社会效益。一是服务全面建设小康社会。部队要着眼党和政府的工作大局，整合优势和力量，积极参与云南绿色经济强省、民族文化强省和面向西南开放重要桥头堡的建设，在社会主义新农村建设、生态建设和环境保护、地方重点工程建设、各项社会事业建设中有更大作为。二是服务军事变革。地方要着眼维护国家主权、安全、发展利益，把推进军事斗争准备作为双拥工作重点，广泛开展科技、教育、智力拥军，支持部队搞好信息化建设，配合部队完成战备执勤、训练演习、科研试验等任务，满腔热情帮助解决各种实际问题，为部队完成多样化军事任务提供更加有力的保障。三是服务社会和谐稳定。军地双方要密切关注影响云南和谐稳定的各种因素，认真做好军民团结和民族团结进步工作,加强军警民共管共治共建,军地合力及时做好维稳处突、抗灾救灾等工作,严厉打击境内外敌对势力的一切渗透破坏活动,尽最大可能保障人民群众安居乐业,维护社会和谐稳定。

(三)坚持以人为本的基本理念,实现好、维护好和发展好广大军民的根本利益。双拥工作作为党的群众路线的重要体现,其主体在军民,根基在军民。各地要制定和完善双拥法规政策,充分考虑军民需求,体现军民意愿,为保障军民合法利益提供法规依据和政策支撑。要解决军民广泛关注的热点难点问题,切实做好转业退伍军人安置、随军家属就业、军人子女入学入托、重点优抚对象生活保障、关爱功臣等工作,同时希望部队加强管理,从严治军,严守地方规定和群众纪律,维护群众利益,树立军队形象,使双拥工作成为深受军民欢迎的民心工程。要站在维护军民团结大局的高度,及时解决军地利益矛盾和纠纷,通过妥善处理军地互涉事件,不断加深军民感情,密切军民关系。

(四)坚持深化创建的基本方式,切实提高双拥工作的整体水平。创建双拥模范城(县),是带动双拥工作整体推进、持续发展的有效载体,也是一项动态发展、不断深化的经常性工作。军地双方要以这次命名表彰大会为新的起点,按照巩固、发展、提高的要求,认真对照《全国双拥模范城(县)创建命名管理办法》和《双拥模范城(县)考评标准》,总结创建经验,找准差距和不足,研究深化创建活动的措施和办法,把工夫下在平时,把重点放在基层,把效果定在促进社会生产力发展和部队战斗力提高上,以更高的标准做好工作,促进创建活动持续深入开展。各级双拥工作领导机构要加强对创建活动的指导和督促,及时发现和协调解决存在的问题,推动双拥工作整体水平的提高。

(五)坚持统筹协调的基本手段,形成双拥工作创新发展的强大合力。双拥工作涉及领域广、涉及部门多,任务十分繁重,必须统筹协调、齐抓共管。在组织领导上,各级党委、政府和军事机关要高度重视双拥工作,经常听取和主动过问本地区双拥工作开展情况,及时协调帮助解决工作中的重要问题,从人力、物力、财力等方面予以支持,保证双拥工作顺利开展。在工作谋划上,各级双拥工作领导机构要认真履行组织、协调、指导的职能,注重把拥军优属和拥政爱民有机统一起来,把落实军事需求和支援地方经济社会建设衔接起来,紧密结合本地实际,科学确定双拥工作目标任务,督促各成员单位把承担的任务落实好,确保工作质量。在工作协调上,要加强军地之间、部门之间、行业之间的沟通联系,建立高效顺畅的工作机制,促进双拥工作有效开展、全面落实。

同志们,做好新形势下的双拥工作,巩固和发展军政军民团结,是军地双方的共同责任和光荣使命。我们要在省委的统一领导下,弘扬优良传统,注重军民融合,全面深入做好双拥工作,为促进全省经济社会又好又快发展、加快国防和军队现代化建设作出新的贡献。

赵乐际同志在陕西省纪念“八一”建军节暨双拥模范城(县)命名表彰大会上的讲话

(2010年7月30日)

同志们:

在中国人民解放军建军83周年来临之际,我们隆重集会纪念“八一”建军节,命名双拥模范城(县),表彰先进单位和个人。首先,我代表省委、省政府、省军区,向驻陕部队、武警官兵和民兵预备役人员致以节日的问候!向全省老红军、烈军属、革命伤残军人、转业复员军人和军队离退休干部表示亲切的慰问！向关心支持国防和军队建设的社会各界表示衷心的感谢！向被命名表彰的双拥模范城（县）、模范单位、先进个人和优秀退伍军人表示热烈的祝贺！

陕西是双拥运动的发祥地，弘扬双拥优良传统是我们义不容辞的政治责任。近年来，各级党委、政府和驻陕部队深入贯彻落实科学发展观，坚持经济建设与国防建设协调发展，广泛开展拥军优属、拥政爱民活动，深入推进军民共建，双拥工作有力有效，为全省经济社会发展和部队现代化建设作出了积极贡献。

一是投身地方发展取得新成绩。驻陕官兵牢记宗旨、扎根陕西，在推动科学发展中援建重点工程、保护生态环境，在建设新农村中助学兴教、扶贫帮困，在创建平安陕西中处置突发事件、维护公共安全，特别是在抗震救灾和抗洪抢险中主动请缨、冲锋在前，抢救群众、抢修道路、抢运物资，发挥了生力军和突击队的作用。

二是支持部队建设迈出新步伐。全省各级党委、政府尽职尽责、主动工作，定期研究解决部队训练演习、科研教学中遇到的具体困难，及时出台促进部队物资供应、医疗保障等后勤社会化改革的优惠政策，认真落实优抚待遇，妥善安置复转军人，提供资金帮助，支持军队和武警建设，补充完善军营图书室，大力促进部队现代化建设。

三是推动双拥宣传展现新气象。军地双方与时俱进、紧密协作，以爱国主义为核心加强国防教育，突出领导干部、青年学生和民兵预备役人员强化国防观念，围绕国庆节、建军节等重大节日开展双拥主题实践，依托革命旧址进行现场体验，在全省形成了爱国拥军、爱民奉献的社会风尚。

四是创建双拥模范城（县）跨上新台阶。军地双方拓展领域、创新形式，实施院校联建，加强业务对口互建，推进区域联片共建，在非公有制企业开展就近拥军和异地双拥，组织民营企业与部队结对子，帮助军嫂创业，涌现出一大批双拥先进典型，2008年全省10个城（县）、8个单位和2名个人受到全国表彰。

拥军优属、拥政爱民是我党我军特有的政治优势，军政军民团结是我们战胜困难、夺取胜利的重要法宝。前不久召开的省委十一届六次全会，站在新的历史起点上，全面部署了新一轮西部大开发工作，明确提出今后10年全省综合经济实力上一个大台阶、人民生活水平和质量上一个大台阶、生态环境保护上一个大台阶，确保到2020年实现全面建设小康社会的目标。艰巨的历史任务，强烈的责任使命，对双拥工作提出了新的更高要求。我们要站在战略和全局的高度，统一思想、深化认识、强化职责，坚持不懈做好双拥工作，进一步巩固和发展军政军民团结，为推动科学发展、富裕三秦百姓、建设西部强省和部队现代化建设提供有力保障。

一要把推进西部大开发作为双拥的生动实践。深入推进西部大开发为双拥工作开辟了新的空间、提供了广阔舞台。要坚持围绕发展抓双拥、抓好双拥促发展，把双拥工作放在大开发的实践中来谋划，紧扣大开发的目标来推进，朝着促进大开发的方向来加强，在西部大开发中实现强省建设与强军建设的统一。各级党委和政府要支持部队完成训练演习、战备执勤、科研试验等任务，协助部队做好军事设施保护和重点军事工程建设，配合部队搞好体制编制调整改革，促进国防和军队建设跨越式发展。驻陕部队要主动深入西部大开发最前沿，积极支援地方基础设施建设，大力开展植树造林和荒山绿化，支持驻地发展教育文化、医疗卫生等社会事业，传播和弘扬新思想、新道德、新风尚，有效处置突发事件和群体性事件，及时参与自然灾害和安全事故抢险救援，努力在西部大开发中再立新功。

二要把军民融合作为双拥的基本途径。实行军民融合式发展是党的十七大作出的重要部署，也是新的形势任务对双拥工作提出的客观要求。要坚持军民结合、平战结合、寓军于民，抓住关键环节，实施重点突破，以双拥推动经济建设和国防建设互动联动。要加强总体统筹，在主要城市、重要经济目标的规划中通盘考虑国防需要，在交通、通信等基础设施建设中注重落实军事需求，统一规划、同步建设、整体推进，做到一笔投资、双重效益、军地互利。要进一步优化我省科技和军工资源配置,发挥市场机制作用,以企业为主体、产品为纽带、项目为载体,引导军民科技要素合理流动,推进两用技术双向转移,实现共生共济、共同发展。要依托我省完备的教育体系和丰富的人才资源,加大军队人才培养和社会高层次人才引进力度,拓宽军地人才兼容、储备和交流的渠道,做好国防生培养和高校学生入伍工作,积极构建军地复合型人才体系。

三要把解决问题作为双拥的重要抓手。要坚持以人为本,顺应群众愿望,贴近官兵实际,积极办事解难,努力实现好、维护好、发展好广大军民的根本利益。要认真落实优抚安置政策,扎实做好军队转业干部安置和随军家属就业工作,妥善处理部队官兵涉法问题,切实维护军人及其家属合法权益。要经常走访慰问老红军、烈属、伤残军人和老复员军人,及时了解他们的困难,帮助解决实际问题。要坚持与时俱进、改革创新,完善军地联席会议工作机制,运用行政、经济、法律等手段,在政策经费、人力物力上给予倾斜,帮助部队解决军事斗争准备中的重点难点问题和影响战斗力的倾向性问题,不断提高部队建设的质量和水平。

四要把营造环境作为双拥的有力保障。坚实的群众基础是双拥工作的活力源泉。要把建设社会主义核心价值体系与培育当代革命军人核心价值观结合起来,自觉运用科学发展观武装头脑,积极践行社会主义荣辱观,不断巩固全省军民团结奋斗的共同思想基础。要深入开展国防教育,推动双拥活动进机关、进企业、进校园、进社区、进村镇、进部队,大力弘扬人民群众爱国拥军、情系国防的优良传统,人民军队听党指挥、服务人民、英勇善战的优良传统,使双拥工作更加深入人心。要把双拥作为创先争优的重要内容,引导军民在拥政爱民中争先进、在拥军优属中创一流。要广泛开展各种形式的军民共建活动,大力宣传双拥先进人物和典型事迹,促进全社会关心双拥、支持双拥、参与双拥。

双拥是一项带有全局性、战略性的工作。各级党委、政府和部队领导机关,要把双拥工作摆在重要位置,列入议事日程,定期研究部署,不断提高双拥工作的科学化水平。各级党政军主要领导要进一步强化责任意识,身体力行,率先垂范,带头参加双拥活动,亲自动手解决突出问题。各级双拥工作领导小组要认真履行组织、协调、指导职能,加强与成员单位沟通联系,促进各项工作顺利开展。各成员单位要密切配合,加强督查,狠抓落实。各级双拥办要加强协调、健全制度、当好参谋助手,形成齐抓共管、协调推进双拥工作的局面。

明年全国将启动新一轮创建双拥模范城(县、区)活动。我们要以这次命名表彰为契机,落实巩固成果、完善机制、提高质量、务求实效的要求,动员和组织全省军民齐心协力做好创建工作。受到表彰的单位和个人要戒骄戒躁、再接再厉,努力在双拥工作中再创新业绩。

同志们,军民同心、其利断金!让我们更加紧密地团结在以胡锦涛同志为总书记的党中央周围,高举中国特色社会主义伟大旗帜,深入贯彻落实科学发展观,发扬传统、开拓创新,为促进经济社会又好又快发展、加快国防和军队现代化建设作出新的更大贡献。

刘伟平同志在甘肃省双拥工作电视电话会议上的讲话

(2010年3月25日)

同志们:

近些年来,全省双拥工作领导小组每年召开全体会议,回顾总结工作,分析研判形势,安排部署任务,充分体现了省委省政府和省军区对军政军民团结的高度重视。今天我们召开这次全省双拥工作电视电话会议,将领导小组确定的今年双拥工作重点任务部署到县，目的是让市县分管负责同志尽快能更加有效地统筹安排今年及今后一个时期的任务，推动双拥工作创新发展。刚才，宝忠同志对去年双拥工作情况和今年重点工作任务安排意见作了通报，印光同志对驻甘部队进一步做好双拥工作提出了明确要求，希望大家结合实际，认真贯彻好落实好。

过去的一年，在军地各方面的共同努力下，全省双拥工作取得了新的成绩。概括起来讲，主要体现在“三个不断加大”上：一是军地协作力度不断加大。全省各级党委政府和各有关部门把关心国防和军队建设、支持军事斗争准备作为义不容辞的责任，广泛开展科技拥军、教育拥军、智力拥军等活动，积极配合部队完成多样化军事任务。驻甘部队自觉服从和服务于全省工作大局，充分发挥部队兵力集中、组织严密、战斗力强的优势，在地方重点工程建设、抢险救灾等急难险重任务中争当突击队，在参与文明城市、文明村镇、文明社区等创建活动和扶贫济困等社会公益活动中争当先锋队，为保持全省经济平稳较快发展、维护社会大局稳定作出了积极贡献。二是破解难题力度不断加大。从省委省政府到市、县党委政府，都自觉把双拥工作纳入经济社会发展总体规划，不断加大政策、经费等方面的支持力度，想方设法为军人军属和重点优抚对象排忧解难，综合运用经济、行政、法律等手段，积极深化安置改革，认真落实优抚保障政策，比较好地解决了优抚对象生活、住房、医疗、就业等方面的实际困难。三是工作创新力度不断加大。军地双方在做好传统双拥工作的基础上，适应新形势，立足新实践，坚持以创新精神推进工作，着力解决影响双拥工作深入发展的突出问题，特别是围绕军民利益关注点、地方发展支撑点和部队建设的重点难点，适时研究提出并组织实施了双拥模范城（县）届中检查评估、军地援建“双十工程”等活动，在创新活动载体、拓展活动领域、丰富活动内容等方面都有了新的突破和发展，有力地促进了双拥工作整体水平的提高。事实充分证明：双拥工作与地方发展和部队建设全局息息相关，与军政军民团结大局密切相连，是我们必须长期坚持抓好的一件大事。

当前，我省正处于改革发展的关键时期，经济社会发展面临诸多挑战，部队建设和军事斗争准备任务艰巨繁重。面对新形势新任务，我们要战胜前进道路上的各种困难和风险，必须充分认识加强军政军民团结的重大意义，真正把双拥工作作为一项带有全局性、战略性的工作来抓，切实做到比以往任何时候更加重视双拥、支持双拥、推动双拥。

第一，要坚持军民融合的方针，着力在推动地方经济建设和国防建设协调发展上下工夫。统筹经济建设和国防建设，确保在全面建设小康社会进程中实现富国和强军的统一，是党中央、国务院和中央军委对做好新形势下双拥工作提出的新要求。军地双方要从国家安全和发展战略全局的高度出发，牢固树立国防建设和经济建设良性互动、协调发展的思想，坚持地方经济社会发展和部队建设统筹规划、同步实施，切实做到有明确的目标任务，有具体的实施计划，有完善的保障措施。各地各部门要坚持把双拥工作纳入重要议事日程，经常分析形势，研究解决重大问题，切实把关心支持国防和部队建设作为义不容辞的政治责任。一要着眼于走出一条符合省情的军民融合式发展路子，积极配合部队建立和完善军民结合、平战一体的部队后勤和装备保障体系，努力使军民结合面越来越广、融合度越来越深。二要着眼于推动国防科技和民用科技互动发展，进一步拓宽利用国民教育资源、全省科技资源和人才资源的渠道，深化智力拥军、科技拥军等活动，加快部队信息化建设步伐。三要着眼于服务和推进军事斗争准备，坚持军民兼容互利，配合部队搞好战备、训练等基础设施建设，确保部队有效履行新世纪新阶段的历史使命。

第二，要坚持服务发展的要求，着力在提高双拥工作成效上下工夫。坚持围绕发展抓双拥、抓好双拥促发展，是我们多年来双拥工作的成功经验，也是进一步做好双拥工作必须牢牢把握的基本要求。当前和今后一个时期，我省的双拥工作要突出“三个服务”。一是要为全省全面小康社会建设提供服务。人民解放军是保卫祖国的钢铁长城，也是社会主义现代化建设的重要力量。希望驻甘部队继续发扬光荣传统,充分发挥自身优势,一如既往地支援我省经济建设,尤其要围绕实施"四抓三支撑"的总体工作思路和"中心带动、两翼齐飞、组团发展、整体推进"的区域发展战略以及"五个大幅度提升"的奋斗目标,在支援重点工程建设,参与扶贫开发和新农村建设,促进生态环境建设和保护,推进各项社会事业发展,承担急难险重任务等方面有新的作为,以实际行动促进甘肃全面小康社会建设。二是要为部队完成多样化军事任务提供服务。军队和国防建设关系国家安危和社会主义现代化建设的成败,是全党和全国各族人民的共同事业。市县党委政府要适应中国特色军事变革的要求,把推进军事斗争准备作为双拥工作重点,尤其要以新一届双拥模范城(县)命名表彰活动为契机,紧密结合双拥工作的实际,把支持部队信息化建设,支持部队完成训练演习、战备执勤、科研试验、国防工程建设等任务和帮助官兵解决各种实际问题,作为命名标准和考核内容,促使地方双拥工作把工夫下在平时,把着力点放在促进部队战斗力提高上。三是要为全省社会和谐稳定提供服务。军政军民团结历来是保持和促进社会稳定的重要因素。要坚持把维护稳定、促进发展作为双拥工作的重要任务,密切关注影响社会和谐稳定的各种因素,密切关注军民关系的新情况新问题,认真组织开展群众性精神文明创建活动,切实做好军民团结和民族团结进步工作,加强军警民联防联治,及时妥善处置各类突发事件,努力营造和谐稳定的社会环境。只要把这些工作做深做细做实,我们的双拥工作就会始终保持旺盛的生机和活力,就一定能够不断巩固和发展全省军政军民团结的大好局面。

第三,要坚持以人为本的理念,着力在实现好、维护好、发展好广大军民的根本利益上下工夫。双拥工作作为党的群众路线的重要体现,从本质上讲是为广大军民服务的。只有把双拥工作深深根植于军民之中,切实做到以人为本、利军惠民,才能充分调动广大军民参与双拥工作的主动性和积极性。要充分考虑军民需求,体现军民意愿,把实现好、维护好、发展好广大军民根本利益的要求落实到双拥工作的方方面面。尤其要把认真解决广大军民普遍关心的热点难点问题,作为检验双拥工作成效的重要尺度,注重做好转业退伍军人安置、随军家属就业、军人子女入学入托、重点优抚对象生活保障等工作;注重做好退役士兵职业技能培训、帮助农村军属困难户增收致富、减轻负担和关心生活困难的复转军人等工作;注重做好严守群众纪律、维护群众利益等工作,不断加深军民感情,密切军民关系,满足军民的合理需求,保障军民的合法权益,使双拥工作真正成为广大军民喜闻乐见和踊跃参加的生动实践。

第四,要坚持统筹协调的方法,着力在形成双拥工作创新发展的合力上下工夫。双拥工作涵盖领域广,任务十分繁重,必须加强统筹协调,积极探索建立符合科学发展观要求、能够持续发挥作用、具有长久效力的体制机制。一是要完善组织领导机制。市县党委政府要认真落实党委议军会议、定期走访等制度,建立和完善双拥工作责任制,把双拥任务分解落实到各部门、各单位、各行业,进一步明确主管领导抓双拥工作的职责,并定期检查考评工作实效。需要强调的是,双拥领导小组各成员单位,要自觉把双拥工作与本部门的工作任务、工作目标紧密结合起来,切实做到统一安排部署、专人负责落实,加快形成党政军齐抓共管、各职能部门各司其职、社会各界广泛参与、各方共同推进的工作格局。二是要建立完善协调协作机制。兰州市和驻军较多的市州,要建立和完善双拥联席会议制度,进一步加强沟通联系,及时协商处理双拥工作中的问题。其他市州要进一步加强双拥机构建设,配齐配强工作力量,落实工作经费,确保双拥工作落到实处。三是要完善监督制约机制。各级双拥工作领导小组要定期组织有关部门进行专项检查,并邀请人大代表、政协委员参加,促进双拥政策法规的全面落实,为维护军人军属和优抚对象的合法权益提供保障。各成员单位要切实履行工作职责,做到年初有工作计划和安排、年中有督导检查、年末有专题报告,从制度上保证每年为部队建设办的实事和好事落到实处、见到实效。四是要健全激励竞争机制。各级双拥办要不断加强自身建设,积极发挥参谋助手、组织协调、指导服务等方面的作用。要善于从双拥实践中发现典型、培养典型、宣扬典型，充分发挥榜样的示范带动作用。要通过考评、抽查，对涌现出的先进单位和个人进行表彰奖励，对做得不好、抓得不实的单位和个人进行通报批评，进一步调动和激发各方面做好双拥工作的主动性和积极性。从现在开始，要着手对“十一五”以来的双拥工作情况进行一次全面梳理，对存在的问题要深入研究，找准症结和解决的办法；对成功的经验要认真总结，及时推广，在此基础上科学谋划“十二五”的双拥工作，努力开创我省双拥工作新局面。

同志们，军政军民团结，是建设中国特色社会主义伟大事业的力量源泉，是我们抗御经济社会发展中各种困难和风险的可靠保证。我们要坚持把双拥工作放在经济社会变革的大环境中来审视，放在实现党的十七大确定的奋斗目标和发展要求的大背景下来思考，进一步巩固和发展军政军民同呼吸、共命运、心连心的大好局面，谱写新时期军爱民、民拥军、军民团结一家亲的壮丽篇章，为推动我省经济社会又好又快发展作出新的贡献！

陆浩同志在甘肃省庆祝“八一”建军节座谈会上的讲话

（2010 年 7 月 30 日）

同志们：

在中国人民解放军的光辉节日——“八一”建军节即将到来之际，我们在这里召开座谈会，共庆佳节，畅叙友情，共商加强军政军民团结大计。首先，我代表中共甘肃省委、省人大常委会、省政府、省政协，向驻甘人民解放军全体指战员、武警官兵、预备役军人和广大民兵表示崇高的敬意！向军队离退休干部、革命伤残军人、转业复退军人以及烈军属致以诚挚的问候和良好的祝愿！

中国人民解放军在长期的革命和建设实践中，始终与祖国和民族共命运，始终与人民心连心。83年来，中国人民解放军在中国共产党的领导下，经历了血与火的洗礼，谱写了一曲曲壮丽的篇章，铸就了“八一”军旗的辉煌。历史反复证明，中国人民解放军不愧为人民民主专政的坚强柱石，不愧为捍卫国家主权和领土完整的钢铁长城，不愧为社会主义建设的重要力量，不愧为全心全意为人民服务的子弟兵。

长期以来，驻甘部队和武警官兵大力弘扬人民军队的光荣传统，视驻地为故乡，把群众当亲人，在致力于国防和军队现代化建设的同时，自觉服从和服务于经济建设大局，积极支援甘肃的经济社会发展，在经济建设、抢险救灾、精神文明建设、维护社会稳定中勇挑重担，无私奉献，发挥了不可替代的重要作用，充分展现了人民子弟兵的英雄本色，展现了威武之师、文明之师的光辉形象，赢得了全省各族人民的衷心爱戴和拥护。仅去年以来，驻甘部队和武警官兵先后承担急难险重任务达 300 多次，开展了支援地方建设百团示范项目，积极参与九甸峡水库移民搬迁、石羊河流域综合治理、扶贫帮困、生态建设等重大工程，共投入兵力达 26 万人（次），车辆 2 500 多台（次），帮助整修乡村道路 430 公里，平田整地 15 600 亩，绿化荒山荒坡 12 000 亩，向灾区和基层派出医疗队 116 批（次），建立扶贫点 414 个，援建希望小学 115 所。在陇南地震灾区，兰州军区出资 1 亿多元建成的高标准中学，成了军民鱼水情深的历史见证。同时，部队与驻地建立起了多种形式的共建关系，开展了各具特色的“双拥一条街”、“双拥进社区”、“双向服务、双向奉献”等群众性创建活动，涌现出了一批先进典型，军政军民团结的良好局面得到进一步巩固和发展。可以说，我省经济社会发展取得的所有成就，无不凝结着驻甘部队广大官兵的辛勤劳动和汗水。

2010 年以来，全省上下全面贯彻党中央、国务院的一系列决策部署和方针政策,认真落实《国务院办公厅关于进一步支持甘肃经济社会发展的若干意见》,全力实施区域发展战略,积极化解金融危机造成的不利影响,加快发展方式转变和结构调整,继续保持了经济回升向好、社会和谐稳定的良好局面,实现了"时间过半、任务过半"的目标。上半年,全省完成生产总值1 573.61亿元,同比增长13.9%。总体上看,全省各项工作在去年的基础上都取得了新的进展,部分行业和领域的工作实现了新的突破,经济社会发展呈现出新的亮点,为完成年初预定的各项目标任务打下了坚实的基础。

加快发展是全省上下的共同期盼,是摆在我们面前的中心任务。推动发展需要全省广大干部群众的共同努力,也离不开驻甘部队的大力支持。当前,我省正面临着加快发展的难得历史机遇。今年以来,中央制定出台了一系列支持甘肃发展的政策措施,特别是前不久中央召开的西部大开发工作会议,明确了深入实施西部大开发战略的方针政策和重大举措,从基础设施建设、产业培育、公共服务均等化、生态环境治理和保护等方面进一步加大对西部的支持力度,掀起了新一轮西部大开发的高潮。可以说,我省经济社会发展站在了一个新的起点上,进入了一个十分关键的历史时期。我们要从国家长治久安的战略高度,紧紧围绕加快发展这一中心任务,进一步增强搞好国防建设、做好双拥工作的责任感和紧迫感,不断巩固和发展军政军民团结的大好局面,努力推动经济社会和国防现代化建设协调发展。我们希望驻甘部队一如既往地关心、支持、参与甘肃建设和发展,为推动甘肃经济社会又好又快发展作出新的更大的贡献。

我们要坚持不懈地支持国防建设。各级党委政府要把推进国防现代化建设作为义不容辞的重大政治责任,自觉把支持国防建设放在更加突出的位置,摆上重要工作日程,同部署、同落实、同检查。要以支持部队训练演习和完成多样化军事任务为重点,不断加大人力、物力、财力投入,支持搞好重点军事工程建设,积极为推进中国特色军事变革、实现军队现代化跨越式发展创造条件。要大力宣传人民解放军的光辉历史、丰功伟绩和广大官兵在抢险救灾斗争中的先进典型、模范事迹,大力开展国防教育,进一步增强人民群众的国防观念,努力在全省形成关心国防、热爱国防、建设国防和保卫国防的浓厚氛围。

我们要坚持不懈地走军民融合式发展道路。各级党委政府要积极探索军民融合式发展的新途径,不断丰富融合形式,拓展融合范围,提高融合层次。要继续开展多种形式的军民共建活动,着力促进军政团结、军民和谐,巩固和扩大同呼吸、共命运、心连心的大好局面,合力营造稳定和谐的社会环境。

我们要坚持不懈地做好拥军优属工作。各级党委政府要认真落实拥军优属各项优惠政策,重点解决好转业复员退伍军人安置、随军家属就业、子女入学入托和重点优抚对象生活保障等问题,尽心竭力解除他们的后顾之忧,使他们能够放心安心工作。要着力研究新情况,解决新问题,积极探索在新的形势下拥军优属的新机制和新办法,不断提高拥军优属工作的水平。

同志们,水乳交融的军政军民关系,是我们从胜利走向胜利的力量源泉。让我们更加紧密地团结在以胡锦涛同志为总书记的党中央周围,高举中国特色社会主义伟大旗帜,深入贯彻落实科学发展观,开拓创新,扎实工作,共同开创甘肃更加美好的明天。

最后,祝愿大家节日愉快、身体健康、工作顺利!

王国生同志在甘肃省庆祝“八一”建军节座谈会上的讲话

（2010年7月30日）

同志们：

在中国人民解放军建军83周年到来之际，甘肃省委、省人大常委会、省政府、省政协在这里隆重举行座谈会，同庆建军佳节，共叙军民情谊，这充分体现了甘肃省党政领导对国防和军队建设的高度重视和支持，充分反映了甘肃军民源远流长的鱼水深情。在这里，我代表兰州军区党委和全区广大官兵，向长期以来关心支持军区部队建设的甘肃省党政领导和各族人民，表示衷心的感谢！向广大烈军属、革命伤残军人、转业退伍军人和离退休老同志，致以崇高的敬意！向驻甘部队指战员、武警官兵和民兵预备役人员，表示亲切的问候！

刚才，陆书记发表了热情洋溢的讲话，介绍了2009年以来甘肃省党政军民在以胡锦涛同志为总书记的党中央领导下，深入贯彻落实科学发展观，紧紧抓住经济建设这个中心，全面落实西部大开发战略，加速推进区域发展，积极有效做好保增长、保民生、保稳定的各项工作，经济快速发展，甘肃面貌发生了巨大变化，听了以后感到很高兴，也很振奋。刚才陆书记还回顾了甘肃拥军优属、军民共建的优良传统，在陇原大地，无论是党政领导还是各族群众，抓经济总是不忘国防，搞致富总是不忘拥军，不仅把万千个优秀子弟送到了部队，而且满腔热情地帮助部队解决战备训练、综合保障等方面遇到的困难，千方百计地为驻军办实事、办好事，特别是在安置复转干部、解决随军家属就业、帮助子女入托入学、优抚军烈属和伤病残军人等方面，做了大量的有益的工作，对于人民的关怀，广大官兵由衷地感谢。实践反复证明，军民团结、无坚不可摧，无往而不胜，富国和强军必须统一，这是维护国家安全、拓展国家核心利益、夺取全面建设小康社会新胜利的重要保证。

近年来，我们兰州军区在党中央、中央军委和胡主席的正确领导下，在西北五省区党委政府和各族人民群众的大力支持下，高举中国特色社会主义伟大旗帜，深入开展学习实践科学发展观活动，忠实履行新世纪新阶段使命任务，始终坚持军事斗争准备的龙头地位，大力加强部队思想政治建设，广泛掀起大抓军事训练的热潮，着力提高应对多种安全威胁、完成多样化军事任务的能力，部队的全面建设特别是军事斗争准备得到了新的很大加强。军区部队大力弘扬我军听党指挥、服务人民、英勇善战的优良传统，在边防安全和社会稳定形势需要的时候，指挥部队有理有利有节地开展边防斗争、坚决打击分裂恐怖破坏活动；在驻地发生重大自然灾害的时候，视灾情为命令，视时间为生命，迅速出击，全力救援，最大限度地降低人民群众的生命财产损失。特别是最近两年，全区部队连续地、大规模地、长时间地执行边境防控、平暴维稳和抗震救灾，以及中外联合军演、国际维和等重大军事任务，发挥了作用，彰显了威力，向党和人民交出了一份合格的答卷。同时也在执行任务中，学到了地方党政领导的优良作风，感受到了人民群众对子弟兵的深情拥戴。

兰州战区是军委确定的重要战略方向之一。我们将按照军委明确的使命任务，统筹好确保西北边防安全、确保社会稳定两个大局。在党中央、中央军委和胡主席的正确领导，在地方各级党委、政府和人民群众的支持下，全力做好应对各种安全威胁、执行多样化军事任务的准备，确保部队能够在关键时刻发挥关键性作用。同时，我们要进一步巩固发展军民同呼吸、共命运、心连心的大好局面，一如既往地做好支援地方经济社会建设的各项工作，努力为西北地区的政治稳定、经济发展、社会进步作出新贡献，不辜负党中央、中央军委和胡主席的期望，不辜负祖国和人民的养育之恩。

最后,衷心祝愿甘肃的经济加速崛起!甘肃的明天更加美好!甘肃的军民团结坚如磐石!祝大家身体健康,工作顺利,家庭幸福!

樊印光同志在甘肃省双拥工作电视电话会议上的讲话

(2010 年 3 月 25 日)

同志们:

刚才,宝忠同志通报了 2009 年甘肃省双拥工作进展情况,对 2010 年的重点任务作了安排部署,等一会刘书记还要作重要讲话,希望各地各部队认真学习领会,切实抓好贯彻落实。下面,我就驻甘部队进一步做好新形势下的双拥工作,讲三点意见:

一、全力支援地方经济社会建设是党和人民对军队的政治要求,必须以高度的政治责任感积极参与,有所作为

当前,世界正处在大发展、大变革、大调整时期,各种问题、矛盾、冲突和挑战凸显,同时也为改革发展带来了千载难逢的机遇。如何更好地抓住这一重要战略机遇期,进一步推动经济社会全面协调可持续发展,是我们面临的重大政治任务。人民军队参与地方经济社会建设,是履行党和人民赋予的光荣职责。我们要服从服务于经济建设这个大局,围绕经济社会全面协调可持续发展目标,创造性地开展双拥工作,在推动经济发展、促进社会进步、维护社会稳定等方面作出积极的贡献,为甘肃的大发展提供强有力的支持和保障。

一要把构建和谐社会作为有效履行我军历史使命的重要责任。构建社会主义和谐社会,是我们党从全面建设小康社会、加快推进社会主义现代化全局出发作出的重大战略部署,是全党全军全国各族人民的共同目标和任务。甘肃经济社会发展相对滞后,人民生活水平相对较低,生态环境建设任务艰巨,构建和谐社会的任务还很重。驻甘部队要从维护全省人民根本利益出发,把构建社会主义和谐社会作为履行新时期我军历史使命的重要途径和手段,紧紧围绕维护社会和谐稳定开展双拥工作,在促进经济又好又快发展、服务军事斗争准备、保持社会和谐稳定等方面加大军民共建力度,不断巩固和发展军政军民团结,努力营造和谐稳定的社会环境。

二要把支援社会主义新农村建设作为服从服务于经济建设大局的重要体现。中央从 2004 年以来,连续七年将 1 号文件的落脚点锁定于“三农”领域,可见农业、农村和农民问题在国家经济社会发展中的重要地位。参加社会主义新农村建设,是解决“三农”问题的一项重大举措,是新形势下党赋予军队的新任务,也是广大官兵义不容辞的政治责任。我们一定要深刻领会胡主席关于军队要积极参加社会主义新农村建设的重要指示精神,教育引导官兵充分认识建设社会主义新农村的重大意义,认清军队在新农村建设中肩负的重要责任,切实把思想统一到中央和省委、省政府的决策部署上来,增强参加新农村建设的使命感和责任感。今年省上已启动了新一轮“三市、十一县”新农村建设任务,驻甘部队要积极投身这一新的伟大实践,按照地方政府的统一规划,扎扎实实做好援建工作,促进农村经济社会全面协调发展。

三要把援建“十大工程”作为为民服务的基本要求。科学发展观的核心是以人为本。坚持以人为本,说到底就是坚持一切从人民群众的根本利益出发,全心全意为人民服务。部队援建地方“十大工程”的提出,综合考虑了经济、政治和社会效益,安排的项目涉及地方经济发展、重点工程建设、生态环境保护、民族地区稳定、扶贫帮困、兴学助教等社会生活的多个方面,是群众企盼多年的“民心工程”,关系人民群众的切身利益,关系民族团结和社会稳定,也是部队向地方党委政府和人民群众作出的郑重承诺。为此,各部队都要将援建“十大工程”作为学习实践科学发展观的实际行动,作为为民服务的政治任务组织好、落实好。

二、积极支援地方经济社会建设是服务人民的重要途径,必须在讲求实效上做文章、下工夫

军队服务人民,不仅体现在保卫人民和平劳动成果上,还要体现在帮助群众改善民生、支援地方建设发展上。我们一定要从军地的实际出发,坚持把地方所需、群众所盼与部队所能结合起来,从各级党委、政府最关心,人民群众最期待的事情入手,量力而行,尽力而为,切实把投身社会建设的工作做细做好,真正取得实效。

一要积极参与重点工程建设。各部队要切实加强领导,精心组织,确保援建工作取得实质性进展。今年,要继续在百团示范工程、新农村建设、扶贫帮困和兴学助教、卫生下乡等方面加大援建力度,力求发挥部队整体优势,形成规模效应。各部队要主动协调地方有关部门,确定好援建项目、援建任务、援建方法、完成时限等,严格按照任务分工,细化措施,严密组织,确保援建任务逐项落到实处。省军区部队要动员驻军和民兵预备役人员,成建制、成规模地投入重点工程建设,力争年底前完成几件有影响力、造福一方的援建工程。

二要积极参加生态环境建设和治理。各部队要积极响应党中央关于“再造一个山川秀美的大西北”的伟大号召,采取集中会战、定点承包和义务植树等办法,大力营造“国防林”、“民兵林”和“双拥林”。发动军民积极参加防风治沙、植树种草、封山育林、退耕还林还草等生态环境保护和建设,重点参与黄河湿地和生态环境治理工作,广泛开展保护母亲河行动。要继续抓好兰州市南北两山植树造林、民勤防风治沙、河西走廊防风林带的营造工作;加大石羊河、黑河、北大河和天水藉河等小流域治理力度,营造良好的人居环境。经过两三年努力,各分区要建成一批规模较大、成效显著、能够展示军民共建成果的生态绿化共建点。

三要全力维护社会和谐稳定。稳定是改革发展的前提和基础,没有安全稳定和谐的环境,经济社会建设就是一句空话。“3·14”打砸抢烧和新疆“7·5”事件再次表明西方敌对势力和民族分裂分子,不愿看到和谐强大的中国,借机制造事端、扰乱社会秩序、破坏人民群众劳动成果,可以说潜在的威胁仍然十分严峻。我们要时刻保持警惕,扎实做好维稳处突的各项准备,确保一旦有事,能够快速反应,果断处置,坚决完成任务。尤其是驻民族地区部队,要落实和推广好“一部一寺院”的共建维稳模式,进一步建立健全情报信息网络,严密关注社会动向,特别是“三股势力”的分裂破坏活动,牢牢掌握工作的主动权。驻甘部队官兵要主动参与法制宣传教育,积极协助地方开展平安创建活动,加大军警民联防联治力度,自觉维护社会和谐稳定。

四要带头树立文明新风。要深入开展军民共建社会主义精神文明活动,用党的创新理论成果武装官兵头脑,强化马克思主义在意识形态领域的指导地位。各部队要大力弘扬社会主义的新思想、新道德、新风尚,自觉践行新时期革命军人核心价值观,积极倡导文明建康的生活方式,坚决抵制腐朽思想和错误思潮的影响,促进精神文明建设深入发展。要积极引导军民参加创建文明城市、文明村镇、文明行业、文明社区等活动,不断提升军民的思想道德和科学文化素质。要进一步加强双拥宣传,大力弘扬爱国主义精神,在全社会形成军爱民、民拥军的良好氛围,打牢军民团结奋进的思想基础,为构建社会主义和谐社会提供强大的精神动力。

三、积极支援地方经济社会建设是部队完成多样化军事任务的实践平台,必须当做军事行动周密谋划、精心组织

新时期我军的历史使命随着形势任务的发展变化而有了进一步的拓展,积极援建地方重点项目建设、全力支持经济社会发展已成为和平时期部队锤炼战斗力的有效途径和实践平台,也是对部队完成多样化军事任务的实际检验。各部队要把军事训练与援建工作统筹起来抓,周密谋划、精心组织,做到相互促进,相得益彰,在实践中锻炼提高部队战斗力水平。

一要在完成援建任务中树立人民军队的良好形象。各部队要站在贯彻落实科学发展观的高度,组织官兵广泛开展形式多样的爱民奉献活动,尤其是要通过大项目的援建,锻炼部队作风,树立良好形象。一方面,要科学筹划,精心组织,确保质量。各部队要本着科学严谨、讲求实效的态度对待每一项援建工程,做到认真负责、优质高效、安全施工,确保援建工作扎实顺利的开展,保质保量完成任务。另一方面,要严格执行政策,遵守群众纪律,维护人民群众的合法权益,多为人民群众办实事、谋福祉;驻民族地区部队要严格执行党的民族宗教政策,尊重少数民族风俗习惯、宗教信仰,自觉地与人民群众打成一片。

二要在军民共建活动中不断营造良好的社会风尚。在开展军民共建活动中,驻甘部队要加强宣传教育,引导军民唱响爱党爱国、维护改革发展稳定的时代主旋律。要弘扬艰苦奋斗、敢打硬仗的革命英雄主义精神,以良好的精神风貌感染和带动群众。要深入开展以"文明社区"、"文明村镇"、"文明行业"为重点的军民共建活动,推动双拥工作在基层落实。要加强军地在思想、文化、科技等领域的交流与合作,让部队的好传统、好作风进入社区、村镇、行业,让地方的新思想、新观念进入军营,提高全社会精神文明建设的层次和水平。

三要在完善工作机制中加强军地协作。支援地方经济社会建设,不仅仅是某一个单位的事,而是驻地各个部队和地方的共同任务。各军分区要着眼全局,加强与兄弟部队的沟通,密切与地方单位的联系,形成齐抓共管的良好局面,集中打好"歼灭战"。各援建部队要主动搞好本单位内部的统筹协调,着眼重点领域,实施有效支援,确保援建工作取得实效。同时要建立军地会商机制,统一组织实施援建工作,真正做到目标上同向、工作上同心、行动上同步。总之,要坚持在地方党委、政府的统一领导下开展援建工作,各部队要及时了解援建需求、项目规划和相关政策,力争在政府规划、支持的项目上多参与、下工夫、见实效。积极争取项目主管部门的支持与配合,依靠地方解决援建资金、技术、保障等问题,确保支援地方经济社会建设工作持续健康发展。全省人武系统,要充分发挥桥梁纽带作用,主动搞好协调牵头工作。

四要在执行援建工作任务中锤炼部队的作风和能力建设。参加地方经济社会建设,不仅是双拥和群众工作的现实内容,也是军事活动的重要体现,更是向人民群众学习的生动实践。我们要看到,除了经常性的教育训练之外,执行重大援建任务也是和平时期部队提高战斗力的有效途径。各部队要把中心任务和援建工作有机地结合起来,在落实援建任务中,练技能、练协同、练意志、练作风,在实践中探索完成多样化军事任务的方法路子。同时,要通过援建活动,让广大官兵在社会实践中汲取丰富的政治营养,进一步坚定走中国特色社会主义道路的政治信念;在执行急难险重任务中,不失时机地摔打锻炼部队,培养官兵顽强的战斗作风;借助执行非军事行动平台,成建制调动部署兵力,不断提高各级领导机关和指挥员的谋划协调、组织指挥能力。我们一定要站在讲政治、顾大局、保稳定、促发展的高度,积极投身经济社会建设的各项活动,以实际行动,为全省经济社会快速平稳发展作出应有的贡献。

哈尼巴提·沙布开同志在新疆生产建设兵团双拥工作领导小组联席会上的讲话

(2011 年 1 月 19 日)

同志们:

今天,我们在这里召开兵团双拥工作领导小组联席会议,体现了兵团党委、兵团对兵团双拥工作的重视和关心。2010 年,兵团双拥优抚安置工作在兵团党委、兵团双拥工作领导小组的正确领导下，坚持以邓小平理论和“三个代表”重要思想为指导，以深入贯彻科学发展观，紧紧围绕发挥双拥工作在推动军民融合式发展中的特殊作用，进一步巩固了军政军民团结，实现了服务国防建设和经济社会发展互促双赢。

刚才，我们听取了兵团双拥办主任、民政局局长刘钢同志2010年兵团双拥工作情况汇报和2011年的工作打算，讲得很客观，也比较具体，基本反映了一年来兵团双拥工作开展情况和符合全国双拥办的工作要求。现根据全国双拥工作领导小组和兵团双拥工作领导小组2011年双拥工作计划安排，我就进一步加强兵团双拥工作建设讲几点意见：

一、切实加强组织领导，进一步健全完善双拥工作运行机制

兵团双拥创建工作开展以来，面临诸多新问题，通过多年来的努力已具备了较为完善的运行机制，较好地完成了全国双拥工作领导小组赋予的各项任务。新形势下开展双拥工作要着眼军民融合的现实需要，畅通军地联系渠道，严格落实党委议军会、军地联席会等制度，完善信息通报、定期走访等措施，形成军民融合发展的联系纽带、沟通渠道、工作程序和协调机制，真正使融合工作在制度规范下合力推进、高效运行。要加强军地协作，在军地两用人才培养、军民两用技术和产品研制开展、军用和民用技术相互转化利用、军事设施和民用设施共管共用、军事资源和社会资源整合等方面，形成军地兵协调、齐抓共管的合力。要拓展职能任务，紧贴部队未来作战和完成非战争军事行动任务保障需求，强化双拥办的军地桥梁纽带作用和保障职能，有效对接部队需求和社会资源。要加强工作力量，进一步规范各级双拥办机构设置，为有力、有序、有效推进双拥工作提供组织保证。

二、确立军民融合式发展的时代理念，推动创建活动全面发展

全国双拥工作领导小组4年一次的双拥模范城（县）创建命名工作，2011年将开展新一轮的创建活动。创建模范城（县）活动，是新时期双拥工作的重大创举，是加强军政军民团结的有效途径，是双拥工作服务和推动军民融合式发展的重要载体。2011年兵团双拥工作的工作要求要围绕全国双拥模范城（县）创建命名活动这条主线，认真开展兵团创建双拥模范城、模范单位和个人活动。深入开展创建活动，要进一步适应新形势新任务的要求，更好地发挥凝聚军民、联系军兵的作用，就必须牢固确立军民融合式发展要求相适应的时代理念。在指导思想上，就是要紧紧围绕军民融合式发展的战略思想，去思考、谋划、落实和推动创建活动，始终把有利于军民融合、有利于军民一致、有利于军民一体、有利于平战结合贯穿于双拥工作、创建活动全过程，始终把推进军民融合式发展作为军地双方的共同责任，统一谋划、一起部署、同步落实。在工作实践上，就是要深入研究新形势下军民融合式发展的特点规律，积极探索创建活动的新思路、新办法，更加注重促进经济建设与国防建设协调发展，更加注重拥军优属与拥政爱民整体推进，更加注重政府主导与社会参与相互促进，更加注重军民团结与军地共同发展。在绩效评价上，就是要着眼军地发展共受益，军民共同得实惠，把促进军民融合式发展作为双拥工作、创建活动的根本出发点和落脚点，作为检验衡量双拥工作、创建活动成效的重要尺度和标准。总之，我们一定要认真学习、深刻领会、准确把握胡锦涛总书记关于推进军民融合式发展的战略思想，紧密结合双拥工作、创建活动实际，创新理念，拓展思路，改进方法，扎实做好创建活动。

三、加强部门协调，在共同保障优抚群体权益上下工夫

兵团党委历来关心爱护兵团的广大优抚对象，做好优抚群体的优待抚恤工作是兵团双拥工作的重要组成部分，各级均要认真对待，切实解决好关系部队建设的有关涉军问题。首先，要按照时间节点全力完成伤病残军人移交任务。对部队而言，要抓紧做好伤病残军人的治疗评残、精神抚慰、落实住房等移交准备工作。对地方而言，要不讲代价、创造条件，创新办法、健全机制，把伤病残退伍军人接下来，安置好。其次，要全面推开退役士兵免费教育培训工作。兵团双拥办要紧密结合兵团实际,制定具体实施办法,协调有关方面加大工作力度,确保这项工作顺利实施。再就是要严格落实各项优抚安置政策。尤其是要通过挖掘安置潜力、督促落实岗位、引导自谋职业等办法,尽快清理和解决城镇退役士兵安置遗留问题。

同志们,深入开展双拥创建活动,大力推进军民融合式发展,是双拥工作的重大任务,是军兵双方的共同责任。我们要紧密地团结起来,大力发扬军政一致、军民一心、军兵一体的优良传统,锐意进取,开拓创新,奋发有为,扎实工作,不断开创双拥工作新局面,为全面建设小康社会进程中实现富国和强军的统一作出应有的贡献。

最后,在新春佳节即将到来之际,我代表兵团党委、兵团双拥工作领导小组,向各位代表表示诚挚的慰问,并祝大家在新的一年里,身体健康,工作顺利,万事如意!

谢谢!

全国双拥工作领导小组文件

全国双拥工作领导小组关于颁发《双拥模范城(县)创建命名管理办法》的通知

国拥[2010]2号

各省、自治区、直辖市双拥工作领导小组,新疆生产建设兵团双拥工作领导小组:

现将新修订的《双拥模范城(县)创建命名管理办法》印发你们,请遵照执行。

全国双拥工作领导小组
二〇一〇年三月一日

双拥模范城(县)创建命名管理办法

第一章　总　则

第一条　为了贯彻落实党中央、国务院、中央军委关于做好新时期拥军优属、拥政爱民(以下简称双拥)工作,进一步加强军政军民团结的指示精神,推动创建双拥模范城(县)活动广泛深入持久地开展,特制订本办法。

第二条　创建双拥模范城(县)活动,是双拥优良传统的继承与发展,是做好双拥工作的重要载体,是巩固和发展军政军民团结、促进社会主义和谐社会建设的有效途径。

第三条　双拥模范城(县)是双拥工作成绩突出,具有榜样和示范作用,并经过规范的推荐评选程序命名的先进典型,是所命名城(县)党委、政府、驻军领导机关和全体军民共同的政治荣誉。

第四条　创建双拥模范城(县)活动,要坚持以马列主义、毛泽东思想、邓小平理论和"三个代表"重要思想为指导,深入贯彻落实科学发展观,着眼于巩固和加强军政军民团结、促进军民融合式发展,把拥军优属与拥政爱民结合起来,把发展社会生产力与提高部队战斗力结合起来,把物质文明、政治文明、精神文明与生态文明建设结合起来,促进双拥工作整体水平提高,促进经济社会全面协调可持续发展与国防和军队现代化建设。

第五条　双拥模范城(县)分全国和省(自治区、直辖市)两级。

第六条　全国双拥模范城(县)的命名范围:省(自治区)辖市(不含所辖县和市),直辖市辖区(县),县级市、县(自治县)、旗(自治旗)。省级双拥模范城(县)的命名范围,由各省、自治区、直辖市确定。

第七条　命名双拥模范城(县)应坚持标准,保证质量,实行动态管理。

第八条　全国双拥模范城(县)数量控制在纳入考核评选城(县)总数的15%以内。各省、自治区推荐全国双拥模范城(县),县级行政区所占比例一般不得低于推荐总数的40%。省级双拥模范城(县)的命名数量、省(自治区)辖市和县级行政区的比例,由各省、自治区、直辖市确定。

第九条　对在双拥模范城(县)创建活动中做出突出成绩的单位和个人,应给予表彰和奖励。具体办法由各省、自治区、直辖市双拥工作领导小组从实际出发制定。

第二章　双拥模范城(县)的标准

第十条　双拥模范城(县)的基本标准:

(一)组织领导坚强有力。地方党委、政府和驻军领导机关把双拥工作纳入经济社会发展和部队建设的总体规划,纳入党政军领导干部政绩考核范围,有明确的任务目标、具体的实施计划、完善的保障措施。坚持党委议军会议、军地联席会议等制度,双拥工作重点难点问题得到及时解决。双拥工作领导机构健全,成员单位职能作用充分发挥,双拥办实行军地合署办公,有工作人员和经费保障,组织、协调和指导双拥工作有力。

(二)宣传教育广泛深入。认真贯彻《中华人民共和国国防教育法》,把以爱国主义为核心,以拥军优属、拥政爱民为重要内容的国防教育纳入国民教育体系及部队教育规划,列入宣传、教育、文化、广播影视、新闻出版等部门的年度工作计划,有部署,有检查,有总结。有适应本地区、本单位实际情况的教育制度和教育设施,教育对象、时间、内容落实,爱国拥军、爱民奉献的社会氛围浓厚。

(三)拥军工作扎实有效。把支持国防和军队建设纳入经济社会发展规划,积极探索军民结合、寓军于民的路子,推动国防和军队现代化建设又好又快地发展。大力支持军事斗争准备,配合部队完成训练演习、战备执勤、科研试验和抢险救灾等多样化军事任务成效明显。广泛开展科技、教育、文化、法律拥军,协助军队实施人才战略工程,大力支持国防和军队现代化建设。积极支援重点军事工程建设,军事设施保护完好。军供站正规化建设成效显著,应急保障能力强。支持部队后勤保障社会化,优惠政策配套,优质服务到位。

(四)拥政爱民成果显著。充分发挥军队优势,积极参加和支援西部大开发、东北地区等老工业基地振兴、中部地区崛起、东部地区率先发展,大力支持社会主义新农村建设和社会公益事业发展,做好扶贫帮困、助学兴教和民族团结进步等工作。奋勇参加抢险救灾,在保护国家利益和人民群众生命财产安全的斗争中发挥生力军和突击队作用。协助地方维护社会和谐稳定,妥善处置各种突发事件。

(五)政策法规落到实处。认真贯彻执行党和国家有关国防建设和加强军政军民团结的法律、规章、政策、制度,并根据形势发展,不断完善与之相配套的政策、法规。转业军官、复员干部、退役士兵、军队离退休干部、残疾退役军人、随军家属安置,以及退役士兵职业技能培训政策得到落实;军人及其家属的合法权益得到保障;兵员数量质量得到保证;优抚对象抚恤补助和医疗、住房等保障落实到位,并保证其生活水平与当地群众生活水平同步提高;现役军人、残疾退役军人及其家属享受优待;加强烈士纪念建筑物保护单位和优抚事业单位建设,做到功能突出,作用明显。军队模范执行党和国家的法律法规,严格遵守群众纪律,尊重少数民族的宗教信仰和风俗习惯,定期开展拥政爱民教育和群众纪律检查,树立人民军队的良好形象。

(六)双拥活动坚持经常。开展双拥活动以基层为重点,注重落实,讲求实效。年度有计划,季度有安排,节日有走访,平时有活动。各项活动主题鲜明,内容丰富,形式多样,参与广泛,具有时代特色和地域特点。健全各项制度,定期检查总结,推进双拥工作社会化、经常化、制度化。

(七)军民共建富有成效。围绕推进社会主义核心价值体系建设和培育当代革命军人核心价值观,深入贯彻落实《公民道德建设实施纲要》和《军人道德规范》,自觉践行社会主义荣辱观,积极参加创建文明城市、文明村镇、文明行业、文明社区等活动,在群众性精神文明创建活动中发挥示范带头作用。军(警)民联防联治活动经常开展,在社会治安综合治理中发挥重要作用。

(八)军政军民关系融洽。地方党委、政府和人民群众爱护军队,尊重军人,关心部队建设。部队尊重地方党委、政府,热爱人民,支持地方工作。军政军民互相关心,互相爱护,互相支持,亲如一家。军地利益关系得到妥善处理,无重大军民纠纷。

第十一条 有下列情况之一的,不能申报和推荐全国双拥模范城(县):发生重大军民纠纷,在国家和省级双拥机构、公安部门记录在案,造成严重后果的;双拥组织机构无工作人员和经费保障的;残疾退役军人年度安置任务没有完成的;退役士兵职业技能培训工作达不到规定要求的;因其他优抚安置政策规定不落实造成严重后果的。

第十二条 全国双拥工作领导小组依据第十条的规定,提出每届全国双拥模范城(县)评选命名的具体要求。

第三章 命名权限与程序

第十三条 全国双拥模范城(县)由全国双拥工作领导小组批准,以全国双拥工作领导小组、民政部、总政治部名义命名。省级双拥模范城(县)由省、自治区、直辖市党委、政府和省军区(卫戍区、警备区)命名。

第十四条 省级双拥模范城(县)由省(自治区)辖市(地区、自治州、盟和直辖市辖区、县)党委、政府、军分区(警备区、人武部)推荐(自荐),经省、自治区、直辖市双拥工作领导小组审核,报省、自治区、直辖市党委、政府和省军区(卫戍区、警备区)批准,同时报全国双拥工作领导小组备案。

第十五条 省级双拥模范城(县)四年命名一次,除特殊情况外,应举行命名大会。具体命名时间由各省、自治区、直辖市确定。

第十六条 全国双拥模范城(县)四年命名一次,特殊情况可提前或延期。每次命名,由省、自治区、直辖市双拥工作领导小组按有关规定择优推荐。被推荐城(县)应符合本办法第十条规定和每届命名的具体要求,并获得省级双拥模范城(县)称号。

第十七条 省、自治区、直辖市双拥工作领导小组推荐全国双拥模范城(县),要严格标准,听取当地军地双方反映,征求所在大军区意见,并将推荐名单在当地主要新闻媒体进行为期15天的公示。公示期满,报省、自治区、直辖市党委、政府和省军区(卫戍区、警备区)研究同意后,书面向全国双拥工作领导小组推荐。

第十八条 全国双拥工作领导小组办公室会同有关部门,对推荐命名的城(县)进行抽查考核,提出初选意见,将初选名单在中央主要新闻媒体进行为期15天的公示。公示期满,报全国双拥工作领导小组组长办公会审议,提交全国双拥工作领导小组全体会议批准后,由全国双拥工作领导小组、民政部、总政治部发布命名决定,并举行命名大会。

第十九条 对被命名的双拥模范城(县),授予奖匾,颁发荣誉证书。

第四章 命名后的管理

第二十条 双拥模范城(县)应以命名为新起点,坚持巩固提高、创新发展的方针,不断研究新情况,解决新问题,总结新经验,取得新成绩。

第二十一条 全国双拥模范城(县)应将年度双拥工作总结和下年度双拥工作计划报全国双拥工作领导小组办公室。

第二十二条 省、自治区、直辖市双拥工作领导小组,每两年要对辖区内的全国双拥模范城(县)进行一次检查考评,并将检查考评情况报全国双拥工作领导小组并送其所在大军区,作为下一届评选全国双拥模范城(县)的重要依据。

第二十三条 全国双拥模范城(县)实行年度抽检制度。全国双拥工作领导小组办公室每年对全国双拥模范城(县)进行抽查,发现问题及时纠正,并视情通报抽查情况。

第二十四条 双拥模范城(县)的工作无新的进展或出现问题的,省、自治区、直辖市双拥工作领导小组要给予批评帮助,并限期整改。

第二十五条 双拥模范城(县)出现政策法规不落实或重大军民纠纷等突出问题,应在及时纠正和妥善处理的同时,将情况报全国双拥工作领导小组办公室。对隐情不报或不及时采取解决措施的,给予通报批评;严重影响军政军民团结和社会稳定的,按命名权限撤销其“双拥模范城(县)”荣誉称号,收回奖匾和荣誉证书,并向社会公布。

第二十六条 被撤销“双拥模范城(县)”荣誉称号的,取消其下一届参加双拥模范城(县)评比资格。经过认真整改,符合条件的,可参加以后的双拥模范城(县)评比。

第五章 附 则

第二十七条 本办法由全国双拥工作领导小组办公室负责解释。

第二十八条 省、自治区、直辖市双拥工作领导小组依据本办法制定实施细则,并报全国双拥工作领导小组备案。

第二十九条 本办法自颁发之日起施行,2006年颁发的《双拥模范城(县)创建命名管理办法》同时废止。

全国双拥工作领导小组印发《全国双拥模范城(县)考评标准》(试行)

国拥[2010]3号

各省、自治区、直辖市双拥工作领导小组,新疆生产建设兵团双拥工作领导小组:

现将《全国双拥模范城(县)考评标准》(试行,以下简称《考评标准》)印发你们,请遵照执行。

做好双拥模范城(县)考核推荐工作,是确保命名表彰质量的重要环节。各地各部队要充分认清做好考核推荐工作的重要性,进一步增强责任感使命感,紧密结合实际制定贯彻落实的具体措施。要严格按照《考评标准》(试行)的规定和要求,认真组织实施考核推荐,切实做到公开公平公正。要注重研究解决考核推荐工作中遇到的新情况新问题,在实践中边探索、边总结、边完善,不断推动创建双拥模范城(县)活动深入发展。

试行工作情况,请及时报全国双拥工作领导小组办公室。

全国双拥工作领导小组
二〇一〇年三月一日

全国双拥模范城(县)考评标准(试行)

考评项目	序号	考评内容	分值	评分标准	考评得分
一、组织领导坚强有力(6分)	1	双拥工作纳入当地经济社会发展规划,列入党政军领导政绩考核范围;年度政府工作报告、军分区(警备区)或人民武装部党委工作报告有双拥工作内容。	2	每做到一项得0.5分。	
	2	党委议军会议、军地联席会议制度落实;双拥工作领导小组每年至少召开一次全体成员会议。	1	会议制度落实的得0.5分,领导小组召开会议的得0.5分。	
	3	领导小组成员单位职责明确,有年度工作计划和总结,每年在双拥工作领导小组全体会议上进行工作述职(或书面述职)。	1	成员单位职责明确的得0.25分,有工作计划和总结的得0.25分,进行工作述职(或书面述职)的得0.5分。	
	4	地级以上市双拥办实行军地合署办公,县级双拥办有相对固定的部队人员参与工作。	1	达到要求的得1分。	
	5	慰问部队、重点优抚对象等双拥活动经费列入财政预算。	1	列入预算且有经费下拨凭证的得1分。	

续表

二、宣传教育广泛深入（5分）	6	国防和双拥宣传教育纳入国民教育体系及部队教育规划，列入宣传、教育、文化、广播影视、新闻出版等部门的年度工作计划。	1	纳入国民教育体系及部队教育规划的得0.5分，列入各部门年度工作计划的得0.5分。	
	7	有国防和双拥教育阵地或教育基地，每年集中组织开展1次以上教育活动。	1	有教育阵地或教育基地的得0.5分，国防教育日组织活动的得0.5分。	
	8	当地主要媒体开辟国防和双拥宣传教育专栏；城区主要公共场所有永久性双拥标志或宣传牌。	1	开辟专栏的得0.5分，有双拥标志或宣传牌的得0.5分。	
	9	军烈属家庭挂光荣牌；官兵立功受奖喜报及时送达并予以宣扬。	1	挂光荣牌的得0.5分，喜报及时送达并予以宣扬的得0.5分。	
	10	编印工作刊物，交流双拥工作经验做法，反映双拥工作动态，宣传双拥先进典型。	1	有工作刊物的得1分。	
三、拥军工作扎实有效（20分）	11	积极支持部队完成战备执勤、训练演习、科研试验和抢险救灾等多样化军事任务，有计划、有措施、有成效。	3	有计划和措施的得1分，部队执行任务中需要地方支持的合理化需求得到及时解决的得1分，训练演习群众损失得到妥善解决的得1分。	
	12	组织开展科技、教育、文化拥军活动，支持部队信息化建设和实施人才战略工程成效明显。	2	有科技、教育、文化拥军活动计划的得1分，部队建设需求得到及时解决的得1分。	
	13	大力支持部队后勤保障社会化，及时优质供应粮、油、水、电、气、暖等。	1	达到规定标准的得1分。	
	14	支持重点军事工程建设，在规划审批、土地征用、设施配套等方面给予优先优惠；在城乡基础设施建设中兼顾到军事需求。	2	制定并落实优先优惠政策的得1分，在城乡规划和建设中按规定落实军事需求的得1分。	
	15	维护国防利益和军人军属合法权益机制健全，依法优先、积极稳妥地处理涉军案件和问题，国防利益和军人军属合法权益得到有效维护。	2	有维护国防利益和军人军属合法权益政策规定的得1分，涉军案件得到及时妥善处理（无涉军案件）的得1分。	
	16	军供站人员、经费按规定落实，设施、设备完善，保障能力强，为过往部队提供优质服务。	2	军供站编制、经费落实的得1分；设施、设备完善，过往部队对其所提供服务满意的得1分。	
	17	车站、码头、医院等公共服务场所设有残疾退役军人、烈属和现役军人等优先优惠服务的标志，积极主动提供服务。	2	设有优先优惠服务标志的得1分，优先优惠服务对象满意的得1分。	
	18	积极扶持随军随调家属就业，年度安置率（含货币化安置）达到90%。	2	安置率达到要求的得2分。	
	19	现役军人和烈士子女入学入托按政策享受优待。	2	出台地方性优待办法的得1分，政策落实到位的得1分。	
	20	公路、桥梁、隧道、渡口等收费交通站点，免收军车通行费用；各类公共收费停车场所设有军车免费停放标志。	2	免收军车通行费用的得1分，有军车免费停放标志的得1分。	
四、拥政爱民成果显著（11分）	21	驻军部队每年有拥政爱民工作计划，年中有检查，年底有总结。	1	有工作计划的得0.5分，有检查和工作总结的得0.5分。	
	22	积极参加和支援驻地经济社会建设，有规划措施，有援建成效。	2	有规划措施的得1分，规划落实的得1分。	
	23	勇于承担抢险救灾等急难险重任务，预案健全，准备充分，完成任务圆满。	2	有预案的得1分，圆满完成任务的得1分。	
	24	从实际出发开展多种形式的扶贫帮困工作，积极参加驻地新农村建设或城市社区建设，有扶贫联系点和新农村建设、城市社区建设援建点，每年援建有计划、有项目、有成效。	1	有扶贫联系点的得0.5分，援建计划落实的得0.5分。	
	25	大力开展助学兴教，组织团以上领导干部与贫困学生结对助学。	1	援建贫困学校的得0.5分，开展结对助学的得0.5分。	
	26	参加军地统一组织的捐赠活动，为灾区和贫困地区群众送温暖、献爱心。	1	参加捐赠活动的得1分。	

续表

	27	参加驻地绿化美化建设,在植树造林、环境整治等方面成效明显。	1	圆满完成地方赋予的植树造林、环境整治等任务的得1分。	
	28	扎实做好民族团结进步工作,每年为驻地少数民族群众办一至两件有影响的实事好事。	1	达到要求的得1分。	
	29	广泛参与平安建设,加强军警民联防联治,协助地方处置各类突发事件及时有效。	1	组织部队参加平安建设的得0.5分,有处置各类突发事件预案的得0.5分。	
五、政策法规落到实处(32分)	30	结合本地区和驻军部队实际,出台综合性双拥政策规定。	2	有综合性双拥政策规定的得2分。	
	31	对在创建双拥模范城(县)活动中作出突出贡献的单位和个人有明确奖励办法。	2	有奖励办法的得2分。	
	32	认真贯彻落实《中华人民共和国军事设施保护法》,军事设施得到有效保护。	2	把军事设施保护列入全民国防教育、普法教育计划的得0.5分,辖区内军事设施保护完好的得0.5分,地方建设没有影响军事设施安全或部队正常训练、工作和生活的得1分。	
	33	严格落实征兵有关政策规定,保证兵员质量。	1	没有违纪问题的得0.5分,没有责任退兵的得0.5分。	
	34	现役军人乘坐市内公共汽车、电车和轨道交通工具享受优待;残疾退役军人免费乘坐市内公共汽车、电车和轨道交通工具;现役军人和残疾退役军人参观游览当地公园、博物馆、风景名胜区享受优待。	2	现役军人乘坐公共交通工具或参观游览享受优待的各得0.5分,残疾退役军人乘坐公共交通工具免费的得0.5分、参观游览享受优待的得0.5分。	
	35	在国家机关、社会团体、企业事业单位工作的残疾退役军人,享受与所在单位工伤人员同等的生活福利和医疗待遇。	1	按要求落实的得1分。	
	36	优抚对象的抚恤补助标准不低于国家和省(区、市)规定标准,并按时足额发放。	2	达到国家和省(区、市)规定标准的得1分,高于国家和省(区、市)规定标准的得2分。	
	37	优抚对象医疗保障政策落实;省(自治区)辖市、直辖市辖区和县级财政预算有重点优抚对象医疗补助资金,并逐步增加。	1	出台优抚对象医疗保障办法并落实的得0.5分,财政预算有重点优抚对象医疗补助资金的得0.5分。	
	38	农村重点优抚对象住房难的问题得到较好解决。	1	已解决的得1分。	
	39	义务兵家庭优待标准不低于当地平均生活水平,按时足额发放。	2	达到或高于当地平均生活水平的得1分,按时足额发放的得1分。	
	40	县级以上烈士纪念建筑物保护单位按规定落实人员、经费,在爱国主义教育中发挥重要作用。	1	人员、经费按规定落实的得0.5分,开展爱国主义教育活动在2次以上的得0.5分。	
	41	优抚医院、光荣院的人员、经费按规定落实,功能发挥良好;光荣院集中供养优抚对象的基本生活费由县级以上人民政府按规定标准足额列入财政预算。	2	人员、经费落实的得1分,集中供养优抚对象的基本生活费足额列入财政预算的得1分。	
	42	军队转业干部及时妥善安置,自主择业的军队转业干部服务管理政策得到落实。	4	完成年度安置任务的得2分,军队转业干部对安置岗位满意的得1分,自主择业的军队转业干部服务管理政策落实的得1分。	
	43	退役士兵安置政策落实,自谋职业生活补助费、待分配期间生活补助费列入财政预算。	3	年度安置率(含货币化安置)达到90%的得2分,经费足额列入财政预算的得1分。	
	44	军队离退休干部妥善安置,政治、生活、医疗待遇落实;军休服务管理机构人员编制、工作经费、附属用房设施落实,补助经费纳入市、县财政预算。	2	年度安置任务完成,军休干部政治、生活、医疗待遇落实的得1分;编制、经费、附属用房设施落实的得0.5分,补助经费纳入财政预算的得0.5分。	
	45	军队无军籍退休退职职工按政策接收安置,地方补助补贴落实。	1	按政策接收安置的得0.5分,补助补贴落实的得0.5分。	

续表

	46	积极预防和妥善处理部分转业、复员、退伍军人等群体性上访事件。	1	没有因政策不落实引发群体性(50人以上)上访事件的得1分。	
	47	部队模范遵守国家法律法规和党的民族宗教政策,严格执行群众纪律,在驻地群众中形象好。	2	没有违反国家法律法规和党的民族宗教政策的得1分,没有违反群众纪律的得1分。	
六、双拥活动坚持经常(6分)	48	双拥活动制度化、经常化,年度有计划,季度有安排,节日有走访,平时有活动。	2	年度有计划的得0.5分,季度有安排的得0.5分,节日有走访的得0.5分,平时有活动的得0.5分。	
	49	广泛开展“爱心献功臣”活动,为重点优抚对象办好事实事成效明显。	2	开展活动的得1分,重点优抚对象对活动满意的得1分。	
	50	党政主要领导每年走访慰问驻军和重点优抚对象;驻军部队领导到地方有关部门走访答谢。	1	每落实一项得0.5分。	
	51	当地有烈士纪念建筑物的,党政军主要领导每年清明节前往祭扫。	1	按要求落实的得1分。	
七、军民共建富有成效(6分)	52	地方基层单位与驻军基层单位结成共建对子,军地双方有共建公约和共建活动制度。	2	结成共建对子的得1分,有共建公约和共建活动制度的得1分。	
	53	共建活动开展经常、形式多样,效果明显。	1	每年开展2次以上不同形式活动的得1分。	
	54	有贯彻落实《公民道德建设实施纲要》和《军人道德规范》的具体计划和措施,军民自觉践行社会主义荣辱观和当代革命军人核心价值观。	1	有计划和措施的得1分。	
	55	积极参加创建文明城市、文明村镇、文明行业、文明社区等活动,弘扬社会文明新风。	1	参加创建活动的得1分。	
	56	组织非公经济组织和社会组织开展共建(拥军)活动成效明显。	1	组织开展活动的得1分。	
八、军政军民关系融洽(5分)	57	军地相互尊重,相互支持,互办实事。	2	有互办实事计划的得1分,计划落实的得1分。	
	58	军地历史遗留问题得到妥善处理。	1	没有遗留问题的得1分,有遗留问题但得到妥善处理的得1分。	
	59	有预防和处理军(警)民纠纷的规定措施,当发生矛盾和纠纷时,军地双方及时妥善处理。	2	有规定措施的得1分;没有军(警)民纠纷的得1分,有军(警)民纠纷但得到妥善处理的得1分。	
九、群众满意度测评(9分)	60	优抚安置对象问卷调查满意度测评,对优抚安置政策落实情况的满意率达到80%以上。	3	采取问卷调查。调查对象随机抽样,样本容量≥100。问卷设计量度:1.满意,2.基本满意,3.不满意。满意率80%(含)以上的得3分,70%—80%的得2分,60%—70%的得1分,60%以下的不得分。	
	61	驻军部队官兵问卷调查满意度测评,对拥军优属工作情况的满意率达到80%以上。	3	采取问卷调查。调查对象随机抽样,样本容量≥100。问卷设计量度:1.满意,2.基本满意,3.不满意。满意率80%(含)以上的得3分,70%—80%的得2分,60%—70%的得1分,60%以下的不得分。	
	62	社会公众网络调查满意度测评,对当地军政军民关系、拥政爱民工作的满意率达到80%以上。	3	采取网络调查。问卷设计量度:1.满意,2.基本满意,3.不满意。满意率80%(含)以上的得3分,70%—80%的得2分,60%—70%的得1分,60%以下的不得分。	

续表

十、加分项目(分)	63	双拥工作受到党中央、国务院、中央军委领导肯定并作出批示的。	3		
	64	双拥工作成效突出,经验做法对全国双拥工作具有指导意义,被全国双拥工作领导小组确定为重大典型进行宣传并以文件形式转发的。	2		
	65	双拥工作经验做法在全国性双拥工作会议上作典型发言的。	2		
	66	在重大军事演习、科研试验中保障有力、成效显著的。	2		
	67	申报全国双拥模范城(县)的地区,驻军数量居本省(区、市)前三名的。		前 3 名分别按 3、2、1 分给予加分。	
	68	辖区内优抚安置对象占人口比例高于省(区、市)平均水平的。	2		
备注	1. 考评标准总分 100 分; 2. 被考评城(县)没有军供站、烈士纪念建筑物保护单位、优抚医院等项目的,不考评,不计分; 3. 不能参加全国双拥模范城(县)申报和推荐的 5 种情况未列入考评标准之中。				

关于调整全国双拥工作领导小组副组长、成员及办公室人员的通知

国拥[2010]6 号

各省、自治区、直辖市双拥工作领导小组,全国双拥工作领导小组各成员单位:

由于人事变动和工作需要,全国双拥工作领导小组决定,全国双拥工作领导小组组成人员及办公室人员作如下调整:

一、全国双拥工作领导小组副组长

民政部部长李立国同志、国务院副秘书长丁学东同志、中宣部副部长申维辰同志任全国双拥工作领导小组副组长。李学举、张勇、翟卫华同志不再担任全国双拥工作领导小组副组长。

二、全国双拥工作领导小组成员

教育部副部长杜玉波同志、交通运输部副部长冯正霖同志、铁道部副部长王志国同志、文化部副部长杨志今同志、广电总局副局长张丕民同志、解放军总参谋部政治部主任耿燎原同志、总后勤部政治部主任刘生杰同志、全国妇联副主席陈秀榕同志、民政部优抚安置局局长邹铭同志任全国双拥工作领导小组成员。教育部袁贵仁同志、交通运输部高宏峰同志、铁道部彭开宙同志、文化部赵维绥同志、广电总局赵实同志、解放军总参谋部孙健民同志、总后勤部郭旭恒同志、全国妇联甄砚同志不再担任全国双拥工作领导小组成员。

三、全国双拥工作领导小组办公室

民政部优抚安置局副局长杨国英同志任全国双拥工作领导小组办公室副主任。民政部董华中同志不再担任全国双拥工作领导小组办公室副主任。

全国双拥工作领导小组

二〇一〇年十二月二十五日

关于转发浙江省《弘扬爱国拥军传统，坚持富国强军统一，扎实推进新形势下军民融合式发展》做法的通知

国拥办[2010]5号

各省、自治区、直辖市双拥工作领导小组办公室，各军区、各军兵种、各总部、军事科学院、国防大学、国防科学技术大学、武警部队政治部：

现将浙江省《弘扬爱国拥军传统，坚持富国强军统一，扎实推进新形势下军民融合式发展》做法转发你们。

近年来，浙江省委、省政府站在国家安全和发展战略全局的高度，坚持科学发展、协调发展、融合发展和安全发展相统一，富国不忘强军，富民真情惠兵，在大力推进经济社会发展的同时，认真研究探索新形势下支持国防和军队建设的路子，特别是军民融合式发展的新途径、新办法，有力促进了驻军部队建设，密切了新型的军政军民关系。浙江省拥军工作的做法，对贯彻落实党中央、国务院、中央军委和胡主席关于加强军政军民团结的重要指示，做好新形势下双拥工作，促进国防和军队建设融合式发展，具有很好的借鉴意义。

当前，我国已进入一个新的发展阶段，国际形势继续发生复杂深刻变化，我国国家安全和经济社会发展面临诸多挑战，军队建设和军事斗争准备任务艰巨繁重，这对双拥工作提出了新的更高的要求。各地、各部队要坚决按照党中央、国务院、中央军委的决策指示，大力发扬双拥工作光荣传统，深入贯彻落实科学发展观，紧紧围绕党和国家工作大局，适应全面履行新世纪新阶段我军历史使命的要求，坚持军民融合式发展方针，推动国防建设与经济建设协调发展，努力在全面建设小康社会进程中实现富国和强军的统一。要进一步加强对双拥工作的组织领导，不断增强广大人民群众的国防观念，大力支持部队现代化建设和军事斗争准备，努力把双拥工作提高到一个新的水平，为促进经济社会又好又快发展、加快国防和军队现代化建设作出新贡献。

全国双拥工作领导小组办公室
二○一○年七月二十九日

弘扬爱国拥军传统 坚持富国强军统一 扎实推进新形势下军民融合式发展

——浙江省支持国防和军队建设的做法

浙江省地处祖国东南沿海，战略地位十分重要。近年来，浙江省各级认真贯彻党的十七大提出的“富国强军”和胡锦涛总书记“军民融合式发展”的重大战略思想，始终站在国家安全和发展战略全局的高度，大力弘扬爱国拥军的光荣传统，坚持富国不忘强军，富民真情惠兵，在深入实施“创业富民、创新强省”战略，大力推进经济社会发展的同时，积极探索新形势下支持国防和军队建设的新途径，有力促进了驻军部队建设，促进了经济社会与国防建设协调发展、良性互动。

一、坚持“五个纳入”，不断强化爱国拥军工作组织领导

改革开放以来，浙江的经济社会发展成绩显著，综合评价指数位居全国前列。全省各级“居安不忘思危，致富不忘拥军”，着眼新的形势任务和目标要求，加强组织领导，搞好科学统筹，狠抓工作落实，做到了“五个纳入”。一是把关心支持国防和军队建设纳入地方经济社会发展总体规划。各级研究制定经济社会发展规划都充分听取军事机关和驻军部队意见，党代会、人代会工作报告都有关心支持国防和军队建设的工作部署，每年省“两会”期间都要安排召开党管武装或国动委会议，研究部署国防后备力量建设。二是把国防设施建设纳入地方基础建设体系。浙江省各级注重在重大建设项目中贯彻军事需求，把军事设施建设列入市政基础设施建设规划统筹安排，对部队征地拆迁、道路交通等实际问题，做到政策上支持、资金上扶持、审批上走绿色通道。三是把国防科技和装备发展纳入地方科技创新体系。充分发挥科技、人才、产业优势，积极探索军民科技融合对接的路子，形成政府搭台、军地互动、民企“唱戏”的融合机制，全省有 85 家民营企业进入军品生产市场，一批科技专家定期到驻军部队上门提供咨询保障，直接为国防和军队建设服务。四是把军队人才培养纳入地方教育体系。省市县三级党校和行政学院每年都轮训一批部队干部，浙江省军区和武警浙江省总队每年都有干部参加地方党委中心组和各类讲座学习。同时还依托浙江大学、宁波大学等高等院校，为部队选拔培养和输送人才。五是把爱国拥军工作成效纳入党委政府目标责任考核体系。省委、省政府明确把双拥共建工作作为“平安县市”、“文明城市”考评的重要内容，与领导干部晋升、部门责任、争先创优挂钩，省每四年、市每三年、县每两年组织一次评比表彰。制定完善双拥工作目标考核办法，建立一级抓一级的分级责任制，健全落实双拥领导小组成员单位年度述职、军地合署办公、现场办公、联席会议等制度，使双拥共建工作走上制度化规范化轨道。

二、推进“五项工程”，全力支持部队做好军事斗争准备

浙江省各级着眼国家安全形势需要，坚决贯彻落实党中央、中央军委的决策部署，把支持和保障军事斗争准备作为重大政治任务，全力支持、紧密配合，“五项工程”建设成效明显。一是推进支持战备建设工程。2006 年以来，全省各地在资金、用地等方面积极支持军事和战备设施建设，新建了一批公路、滚装码头和人防工程。依托地方信息化建设优势，建成国防动员信息网、无线通信指挥网等并相互衔接支持运转。二是推进支持部队基础设施建设工程。全省各级积极为部队提供政策和资金支持，帮助部队改善办公、训练和生活条件。近年来，杭州市投资为驻杭部队进行基础设施建设和改造；绍兴市投入大量资金，划拨土地 470.6 亩，新扩建部队营房和整修仓库等。三是推进训练演习支前保障工程。近年来，每当部队在浙江沿海举行较大规模海训、演习和军事行动，全省各级、各部门坚持“部队练打赢、地方练保障”，积极为驻浙演训部队提供住房、供应各种物资、提供参训民船保障。驻舟山部队参加国庆 60 周年北京阅兵和海军部队赴索马里亚丁湾执行护航任务，舟山市委、市政府及时组织慰问并帮助解决生活保障等问题，极大鼓舞了部队官兵的士气。四是推进国防动员建设工程。积极推进国防动员基础建设，全省各地先后组建了一批国家级、省级经济动员中心和信息物资储备基地，全面完成了人防指挥所建设，重点城市人防工程面积人均达到 0.97 平方米。率先在全国探索民营企业武装工作路子，2008 年召开了全省民营企业武装工作会议，目前全省有数百家民企成立武装部，一批民企被确定为战时“民转军”企业。重视加强后备力量基层建设，出台《浙江省后备力量基层建设规范》，狠抓四种类型单位基层武装工作落实，受到总部的肯定。五是推进科技强军工程。把科技拥军工作纳入“科技强省”战略，充分发挥地方大专院校、科研院所知识密集、师资雄厚的优势，帮助部队搞好复合型人才培养和科技人才培训。积极引导高新技术企业参与国防军工科研生产，省政府、省军区先后 3 次组织省内 750 家民营企业与一批军工企业、军事科研院所开展科技对接交流活动，签订军民合作项目60余项。义乌市西贝文良特种车辆有限公司与装甲兵工程学院合作开发了“西贝虎”水陆两栖特种车，宁波市江北区贝斯特航空技术工程有限公司研发了无人机，为国防和军队建设作出了贡献。

三、完善“五个体系”，努力打造稳军心促和谐的良好环境

改革开放的深入和社会主义市场经济的发展，给拥军工作提出了一系列新课题。面对新的形势和任务，浙江省各级把依法维护国防利益和军人军属合法权益作为爱国拥军的基础工程，与时俱进地做好随军家属就业、子女入学、退役军人安置和优抚工作，逐步完善“五大体系”。一是不断完善军人维权保障体系。2000年全省各地建立健全维护国防利益领导小组、维护国防利益办公室、维护国防利益巡回法庭、维护国防利益法律援助站，形成维护国防利益保障网络；2006年军地10个部门联合出台《浙江省维护国防利益和军人军属合法权益保障工作若干规定》，中央政法委和总政治部向全国转发了他们的经验。维权工作机制的建立，不仅有效维护了国防军事利益和军人军属合法权益，而且有力促进了军政军民团结和“平安浙江”建设。4年多来，全省各地先后协调解决各类涉军问题1100余起，324件涉军纠纷案件得到妥善处理，一些长期困扰部队、影响军政军民关系的历史遗留问题得到较好解决，促进了军地关系、社会关系的和谐稳定。二是不断完善军人生活服务体系。积极支持驻浙部队推进社会化保障改革，在政策、资金等方面给予扶持帮助，努力为部队官兵生活条件改善和实际困难解决提供服务。全省审批部队自建经济适用房累计面积110.5万平方米，较好地改善了驻军部队军人住房条件。省专门出台关于做好驻浙部队干部随军随调配偶子女就业就学工作的规定，2006年来全省共安置2 276名随军家属就业，支出随军家属就业补助金4 050多万元；解决官兵子女入学入托6 991名。三是不断完善就业安置和培训服务体系。千方百计搞好转业干部安置工作，健全完善了考试考核、竞争上岗相结合的安置工作机制，并对师团职干部采取预留职位、超编超职、先进后出等办法进行重点安置。2006年来全省接收的师、团职军转干部，做到80%进公务员（含参照公务员管理单位）队伍，任职满三年的师团职干部87%安排实职。按照“自谋职业、双向选择、政府保底”的原则，做好退役士兵退伍安置工作，建立了退役士兵自谋职业金自然增长机制、免费就业培训和专场招聘会优先推荐等制度。4年来全省的退役士兵，安置率达98%。今年，省委常委会专门就建立退役士兵职业教育和技能培训的长效机制进行研究，省政府把此项工作写入《政府工作报告》，并明确一名副省长分工负责、抓好落实，努力把退役士兵培养成巩固基层政权、维护社会和谐稳定和加快经济发展的骨干。四是不断完善重点优抚对象生活保障体系。2005年全省各地建立了优抚标准自然增长机制，并大幅度提高优抚对象抚恤补助标准，每年增长幅度超过30%，各类重点优抚对象抚恤补助标准高于全国标准数倍以上，2009年全省支出抚恤补助金近12亿元。基本建立起优抚对象城乡基本医疗保险、政府财政补助、医疗机构优惠减免和医疗救助“四位一体”的医疗保障体系和医疗报销“一站式”实时结报服务体系，2009年共支出医疗保障资金2亿元。在全国率先建立城乡一体的60周岁以上老复退军人社会养老保险优待制度，参保复员退伍军人军龄视作缴费年限并加发优待养老金，较好地解决了复员退伍军人老有所养的问题。五是不断完善复退军人维稳工作体系。全省各级始终把做好复退军人维稳工作作为一项重要的政治任务来抓，积极探索新的思路办法，建立健全了复退军人维稳“12345”工作体系，即依托复退军人问题工作小组这一工作平台，制定预防一般复退军人群体性上访、预防大规模复退军人群体性上访两个应急预案，形成复退军人问题工作小组日常工作、重点难点问题联合调处、复退军人维稳工作快速反应三个工作机制，抓好排查、化解、督办、奖惩四个工作环节，建立工作日志、值班、信息报送、定期研判和情况通报五个工作制度。由于体系健全，职责明确，政策落实，近年来全省各地没有发生因政策不落实而引发的复退军人群体性进京上访事件。

四、搭建"五个平台",扎实推进双拥共建工作创新发展

浙江省委、省政府认为,推动爱国拥军工作创新发展,离不开科学有效的活动载体。他们努力搭建"五个平台",使双拥共建活动在各阶层、各领域开花结果。一是搭建国防教育平台。在组织领导上,各地坚持把国防教育纳入党委政府议事日程,纳入公民爱国主义和社会主义核心价值教育体系,纳入各级党校和行政学院培训计划,纳入学校课程教学和思想品德教育计划,纳入精神文明建设活动范畴。在基本建设上,全省建立139个国家级爱国主义教育基地、76个省级国防教育基地、580余所少年军校,依托"浙江在线"新闻网站开通全国首家省级国防教育网站,2009年省财政投入5 000多万元对省革命烈士纪念馆进行修建改造。在教育覆盖面上,积极推动国防教育进机关、进学校、进企业、进社区、进家庭、进军营,在全国率先拓展非公有制企业国防教育领域,全省现有90%的规模以上民营企业按规定开展国防教育,这一经验被全国推广。二是搭建双拥宣传平台。全省各地按照突出重点、形成系列、做成品牌的思路,充分利用报纸、广播、电视、网络等大众传媒手段开展双拥宣传,做到报纸有文、广播有声、电视有影、网络有位。注重运用部队的先进典型教育和感染群众,广泛宣传"勤俭创业修理连"、"硬骨头六连"、孟祥斌等一批军队时代典型,有效激发了社会各界爱国拥军热情。三是搭建社会化拥军平台。全省各地积极整合资源,推动双拥工作社会化,广泛开展双拥工作"进企业、进乡村、进机关、进学校、进社区、进连队"活动,目前全省各级建立军民共建点8 557个。2008年台州市在全国率先成立民营企业拥军协会,设立专项基金,积极支持驻军部队搞好各项建设。四是搭建双拥活动实践平台。各地广泛开展"关爱功臣、永葆光荣"系列活动,党政机关干部、大中院校学生和部队官兵纷纷与老革命、老英模挂钩结对,学习弘扬革命传统,帮助解决实际困难。2008年,舟山市举办"中国舟山双拥文化节",历时一个多月,通过举办双拥论坛、军地互动、文艺演出等系列活动,在全社会营造浓厚的爱国拥军氛围。五是搭建双拥创建平台。为使双拥创建活动深入人心、蓬勃发展,省里制定下发了《浙江省双拥模范城(县)创建命名管理办法》、《浙江省双拥模范城(县)考核评比细则》和《进一步做好新时期双拥工作的指导意见》,今年四五月份,省里组成3个军地联合工作组,对全省创建双拥模范城(县)活动情况进行考核检查,激发了各地双拥创建热情,有力推动了双拥工作中热点、难点问题的解决。

政策法规选编

北京市关于进一步做好驻京部队随军家属就业安置工作的通知

各区、县人力社保局，市政府各委、办、局人事（干部）处，各市属机构人事处：

近年来，各级党委、政府和有关部门认真贯彻落实国务院、中央军委和市委、市政府有关文件精神，在驻京部队军官随军家属就业和社会保障方面做了大量工作，大多数随军家属得到了妥善安置，对促进军队和国家建设，维护社会稳定发挥了重要作用。为进一步做好这项工作，现结合我市实际，将有关事项通知如下：

一、充分认识做好驻京部队随军家属就业安置工作的重大意义

国防和军队建设，是我国现代化建设的战略任务，是维护国家安全统一和全面建设小康社会的重要保障。驻京部队是国防力量的中枢，在富国强军和推动首都科学发展，构建繁荣、文明和谐、宜居的首善之区中发挥着重要作用。部队干部随军家属安置和就业，事关部队干部和随军家属切身利益和基本权益，事关国防和军队建设，妥善解决好随军家属安置和就业问题，是军地双方共同的政治任务。各级人力社保部门要从讲政治的高度，从加强国防建设和密切军政军民关系的大局出发，进一步提高认识，增强做好此项工作的责任感和自觉性。坚持统筹协调与落实责任相结合，行政调配与市场调节相结合，自主就业与强化服务相结合，通过采取重点就业安置、拓宽就业路子、加大培训力度、强化社会保障等有效措施和办法，积极稳妥地做好部队随军家属安置和就业工作。

二、坚持多种形式、多渠道促进随军家属就业安置

各级人力社保部门要发挥好牵头抓总的作用，充分调动各方面的积极性和主动性，构建起分工协助，齐抓共管，整体联动的机制，共同走出一条面向全社会、多方式、多渠道促进随军家属就业的新路子。

（一）本市行政区域内的国家机关、社会团体、企事业单位都有接收安置随军家属的义务，在同等条件下，用人单位应优先录用和安置随军家属。各区县根据财力，对招用随军家属的企业、事业单位，可给予一定的经费补助。

（二）在全市公务员招录中，对符合公务员招录条件的随军家属，鼓励其参加公务员考录，实行择优安置。

（三）鼓励全市各类事业单位每年拿出一定数量的岗位，举办针对随军家属的专场招聘会，对其中具有全日制本科以上学历并具有中级专业技术职称的随军家属，符合招聘岗位任职条件的，可免除笔试直接进入面试。

（四）积极开发人力资源和社会保障管理、农业服务、医疗卫生服务、文化科技服务、民政托老托幼服务、市政管理、公共环境与设施管理、法律服务等公益性岗位，优先安置无工作的随军家属。

（五）实行推荐就业、培训帮扶就业和自主择业相结合的方式促进随军家属就业。对暂时不能安置就业或本人不愿意接受安置的随军家属，由地方财政给予一定的货币补助，以保证未就业随军家属基本生活质量。

（六）对于依法申领个体工商户营业执照，从事经营的随军家属，可享受社会保险补贴政策；按照国家规定享受税收减免政策和部分特定的行政事业性收费减免政策、小额担保贷款及贴息政策。

三、将驻京部队随军家属纳入我市促进就业政策范围

将初次进京落户的随军家属纳入北京市促进就业政策范围，发放《再就业优惠证》，并比照就业困难人员享受各项促进就业政策。

（一）用人单位招用随军家属的，用人单位可享受3—5年的社会保险补贴，同时还可以享受不超过3年的岗位补贴。

(二)自谋职业(自主创业)的随军家属,可享受3—5年的社会保险补贴,符合条件的,可享受小额担保贷款及有关贷款的贴息政策。

(三)灵活就业的随军家属,可享受3—5年的社会保险补贴。

(四)对多次推荐就业岗位仍未就业的随军家属,经认定后,可根据本人意愿,经社区公益性就业组织进行"托底"安置,并享受公益性就业组织专项补贴。

(五)招用随军家属的用人单位,符合条件的,可按我市规定享受减免营业税、城市维护建设税、教育费附加及企业所得税。

从事经营的随军家属,符合条件的,可在规定限额内依次减免营业税、城市维护建设税、教育费附加及个人所得税。

四、完善驻京部队随军家属就业服务工作机制

做好随军家属就业服务,形成促进就业的有效机制,是确保随军家属就业安置的基础性工作。

(一)加强对随军家属的职业指导,使随军家属充分认识就业的形势,了解就业政策,转变择业观念,根据自身的情况,选择适合的就业岗位。

(二)加强随军家属培训基地建设,要紧密结合社会需求,强化对随军家属职业培训,采取专门培训、订单定向培训、产业基地培训等形式优化随军家属的知识和技能结构。帮助随军家属提高创业就业能力,直接进入市场创业就业。

(三)各人才服务中心、职业介绍服务中心等就业服务机构要建立专门为随军家属提供就业服务的窗口,积极为随军家属提供信息咨询、求职登记、职业介绍、就业辅导等服务。

(四)加强对外合作与交流,通过各种方式,密切与外省市随军家属就业安置相关机构的联系,及时掌握国内随军家属就业安置工作的发展动态,学习借鉴有益经验,加强理论与实践的研究,促进我市随军家属就业安置工作水平的提高。

五、健全驻京部队随军家属就业服务制度

强化服务意识,提高服务水平、转变服务方式,更好地为随军家属开展就业服务。

(一)建立随军家属就业服务月制度。每年7月定为"北京市随军家属就业集中服务月","服务月"由市人力资源和社会保障局统一组织,区县人力资源和社会保障局协调相关部门具体负责实施。各区县人力社保部门要充分利用职业介绍服务中心、人才服务中心等就业服务机构开展的招聘洽谈会、双选会优先推荐随军家属就业。

(二)建立随军家属就业的统计制度。做好未就业随军家属的登记工作,摸清底数,实施一对一的政策咨询、职业指导、职业介绍、向用人单位重点推荐和人事档案托管等服务。在监测随军家属就业情况的同时,为进一步做好随军家属就业工作提供科学依据和对策建议。

(三)建立随军家属就业的评选表彰制度。各区县人力社保部门要将随军家属安置和就业工作纳入日常工作检查和评选双拥模范的考核指标,广泛征求部队干部和家属的意见,实行工作量化,对成绩突出的单位和个人给予表彰,并对无正当理由拒绝接受安置随军家属的单位给予通报。

(四)建立随军家属就业安置工作管理者定期培训制度。为适应新形势下随军家属就业安置工作的需要,通过讲座、考察、研修等活动,进行基本理论和提高能力的培训,不断提高随军家属就业安置工作管理人员的工作能力和管理水平,建立一支高素质管理者队伍。

六、加强领导,落实责任,确保随军家属就业的有效落实

做好随军家属就业工作,是稳定军心、巩固国防的重要举措,事关我军正规化、现代化建设全局。建立由市人力社保局牵头,市民政局、市社会办、市总工会、市妇联及区县人力社保部门参加的联席会议制度,统筹协调各方面力量。各区县、各单位也要加强对随军家属就业安置工作的领导,增强主动性、责任感,深化认识,统一思想,突出重点,明确任务,坚持常抓常议,层层建立责任制,做好监督检查,加强督查推动,及时研究解决工作中出现的问题,建立促进随军家属就业工作长效机制,充分调动各方面积极性,推动随军家属就业安置工作不断取得扎扎实实的成效。

二〇一〇年七月二十二日

山西省双拥模范城(县)创建命名管理办法实施细则

第一章 总 则

第一条 为了贯彻落实党中央、国务院、中央军委关于做好新时期拥军优属、拥政爱民(以下简称双拥)工作,进一步加强军政军民团结的指示精神,推动全省创建双拥模范城(县)活动广泛深入持久地开展,根据全国双拥工作领导小组新修订的《双拥模范城(县)创建命名管理办法》(以下简称《办法》)有关规定,结合我省实际,特制订本实施细则。

第二条 创建双拥模范城(县)活动,是双拥优良传统的继承与发展,是做好双拥工作的重要载体,是巩固和发展军政军民团结、促进社会主义和谐社会建设的有效途径。

第三条 省级双拥模范城(县)是双拥工作成绩突出,具有榜样和示范作用,并经过规范的推荐评选程序命名的先进典型,是所命名城(县)党委、政府、驻军领导机关和全体军民共同的政治荣誉。

第四条 创建双拥模范城(县)活动,要坚持以马列主义、毛泽东思想、邓小平理论和"三个代表"重要思想为指导,深入贯彻落实科学发展观,着眼于巩固和加强军政军民团结、促进军民融合式发展,把拥军优属与拥政爱民结合起来,把发展社会生产力与提高部队战斗力结合起来,把物质文明、政治文明、精神文明与生态文明建设结合起来,促进双拥工作整体水平提高,促进经济社会全面协调可持续发展与国防和军队现代化建设。

第五条 省级双拥模范城(县)的命名范围:市、县(市、区)。

第六条 命名双拥模范城(县)应坚持标准,保证质量,实行动态管理。

第七条 省级双拥模范城(县)的命名数量由省双拥工作领导组根据全省双拥工作发展情况确定。

第八条 对在创建双拥模范城(县)活动中做出突出成绩的单位和个人,应给予表彰和奖励,具体办法由各市双拥工作领导组从实际出发制定。

第九条 有下列情况之一的,不能申报和推荐省级双拥模范城(县):发生重大军民纠纷,在省级和市级双拥机构、公安部门记录在案,造成严重后果的;双拥组织机构无工作人员编制和专项预算经费保障的;残疾退役军人年度安置任务没有完成的;退役士兵职业技能培训工作达不到规定要求的;因其他优抚安置政策规定不落实造成严重后果的。

第二章 省级双拥模范城(县)的标准

第十条 省级双拥模范城(县)的基本标准:

(一)组织领导坚强有力

1. 地方党委、政府和驻军领导机关把双拥工作纳入经济社会发展和部队建设的总体规划,纳入党政军领导干部政绩考核范围,有明确的任务目标、具体的实施计划、完善的保障措施。

2. 坚持党委议军会议、军地联席会议等制度,双拥工作重点难点问题得到及时解决。

3. 双拥工作领导机构健全,成员单位职能作用充分发挥,双拥办实行军地合署办公,有工作人员和经费保障,组织、协调和指导双拥工作有力。

(二)宣传教育广泛深入

4. 认真贯彻《中华人民共和国国防教育法》,把以爱国主义为核心,以拥军优属、拥政爱民为重要内容的国防教育纳入国民教育体系及部队教育规划,坚持全民参与,讲求实效。

5. 把双拥和国防宣传教育列入宣传、教育、文化、广播影视、新闻出版等部门的年度工作计划,主要媒体要开设双拥专栏,年初有部署、平时有检查、年终有总结。

6. 有适应本地区、本单位实际情况的教育制度和教育设施,落实教育对象、时间和教材内容。充分发挥国防和双拥教育阵地或教育基地的作用,坚持经常开展教育活动。城区主要公共场所设有永久性双拥宣传标志或宣传牌。各成员单位做好本系统内的拥军优属宣传教育工作,部队经常开展拥政爱民教育。

7. 双拥工作简报编发及时,宣传双拥典型、先进事迹作用明显,拥军优属拥政爱民的社会氛围浓厚。

(三) 拥军工作扎实有效

8. 把支持国防和军队建设纳入经济社会发展规划,积极探索军民结合、寓军于民的路子,推动国防和军队现代化建设又好又快地发展。

9. 大力支持军事斗争准备,配合部队完成训练演习、战备执勤、科研试验和抢险救灾等多样化军事任务成效明显。

10. 广泛开展科技、教育、文化、法律拥军,协助军队实施人才战略工程,大力支持国防和军队现代化建设。

11. 积极支援驻军重点军事工程建设,军事设施保护完好。

12. 军供站正规化建设成效显著,应急保障能力强。

13. 支持部队后勤保障社会化,优惠政策配套,优质服务到位。

(四) 拥政爱民成果显著

14. 充分发挥部队优势,积极参加和支援驻地重点工程建设,大力支持社会主义新农村建设和社会公益事业发展;做好扶贫帮困、助学兴教和民族团结进步等工作。

15. 奋勇参加抢险救灾,在保护国家利益和人民群众生命财产安全的斗争中发挥生力军和突击队作用。

16. 协助地方维护社会和谐稳定,妥善处置各种突发事件。

(五) 政策法规落到实处

17. 认真贯彻执行党和国家有关国防建设、加强军政军民团结的法律、规章、政策、制度,并根据形势发展和本地实际情况,不断完善与之相配套的政策、法规。

18. 转业军官、复员干部、退役士兵、军队离退休干部、残疾退役军人、随军家属安置,以及退役士兵职业技能培训政策得到落实;现役军人子女入学、入托得到妥善安排。

19. 维护军人军属合法权益机制健全,依法优先、积极稳妥地处理涉军案件,切实保障军人及其家属的合法权益。

20. 兵员数量质量得到保证,无责任退兵现象。

21. 优抚对象抚恤补助和医疗、住房等保障落实到位,并保证其生活水平与当地群众生活水平同步提高;现役军人、残疾退役军人及其家属享受优待。

22. 加强烈士纪念建筑物保护单位和优抚事业单位建设,做到功能突出,作用明显。

23. 军队模范执行党和国家的法律法规,严格遵守群众纪律,定期开展拥政爱民教育和群众纪律检查,树立人民军队的良好形象。

(六) 双拥活动坚持经常

24. 开展双拥活动以基层为重点,注重落实,讲求实效。年度有计划,季度有安排,节日有走访,平时有活动。

25. 各项活动主题鲜明,内容丰富,形式多样,参与广泛,具有时代特色和地域特点。

26. 健全各项制度,定期检查总结,推进双拥工作社会化、经常化、制度化。

(七) 军民共建富有成效

27. 围绕推进社会主义核心价值体系建设,深入贯彻落实《公民道德建设实施纲要》和《军人道德规范》,自觉践行社会主义荣辱观和当代革命军人核心价值观。

28. 积极参加创建文明城市、文明村镇、文明行业、文明社区等活动,在群众性精神文明创建活动中发挥示范带头作用。

29. 军(警)民联防联治活动经常开展,在社会治安综合治理中发挥重要作用。

30. 军地共建单位有共建公约,有共建活动制度,定期开展活动。

31. 不断拓展军民共建活动的领域和范围，非公有制经济组织和社会组织的军民共建活动成绩突出。

（八）军政军民关系融洽

32. 地方党委、政府和人民群众爱护军队，尊重军人，关心部队建设。部队尊重地方党委、政府，热爱人民，支持地方工作。军政军民互相关心，互相爱护，互相支持，亲如一家。

33. 军地地界清晰，产权清晰，历史遗留问题得到妥善处理。

34. 无重大军民纠纷。军民出现矛盾，军地领导主动出面，及时妥善解决。

第十一条 省双拥工作领导组依据第十条的规定，提出每届省级双拥模范城（县）评选命名的具体要求。

第三章 命名权限与程序

第十二条 省级双拥模范城（县）由省委、省政府、省军区命名。

第十三条 省级双拥模范城（县）在各市、县（区、市）自查的基础上，由省辖市党委、政府、军分区（警备区）推荐（自荐），经省双拥工作领导组审核，报省委、省政府和省军区批准。

第十四条 省级双拥模范城（县）四年命名一次，特殊情况可提前或延期，被命名的省级双拥模范城（县）只限本届内享有荣誉。

第十五条 省双拥工作领导组办公室会同有关部门，对推荐命名的城（县）进行检查，提出初选意见，报省双拥工作领导组全体会议审批后，将拟命名名单在省主要新闻媒体进行为期15天的公示，由省委、省政府、省军区发布命名决定，并举行命名大会。

第十六条 对被命名的省级双拥模范城（县），授予奖匾，颁发荣誉证书。

第四章 命名后的管理

第十七条 双拥模范城（县）应以命名为新起点，坚持巩固提高、创新发展的方针，不断研究新情况，解决新问题，总结新经验，取得新成绩。

第十八条 省级双拥模范城（县）应将年度双拥工作总结及下年度工作计划报省双拥工作领导组办公室。

第十九条 省双拥工作领导组每两年对辖区内的全国双拥模范城（县）进行一次检查考评，并将检查考评情况作为下一届评选双拥模范城（县）的重要依据。

第二十条 省级双拥模范城（县）实行年度抽检制度。省双拥办每年对省级双拥模范城（县）进行抽查，发现问题及时纠正，并视情通报抽查情况。

第二十一条 省级双拥模范城（县）的工作无新的进展或出现问题的，省双拥工作领导小组办公室要给予批评帮助，并限期整改。

第二十二条 省级双拥模范城（县）出现政策法规不落实或重大军民纠纷等突出问题，应在及时纠正和妥善解决的同时，将情况报省双拥工作领导组办公室。对隐情不报或不及时采取解决措施的，给予通报批评；严重影响军政军民团结和社会稳定的，撤销其"双拥模范城（县）"荣誉称号，收回奖匾和荣誉证书，并向社会公布。

第二十三条 被撤销省级"双拥模范城（县）"荣誉称号的，取消其下一届参加省级以上双拥模范城（县）评比资格。

第五章 附 则

第二十四条 本实施细则由山西省双拥工作领导组办公室负责解释。

第二十五条 本实施细则自颁发之日起施行。

山西省双拥模范城(县)考核验收评分标准

考评项目	序号	考评内容	分值100分	评分标准	考评得分
一、组织领导坚强有力(7分)	1	双拥工作纳入当地经济社会发展规划,列入党政军领导政绩考核范围;年度政府工作报告、军分区(警备区)或人民武装部党委工作报告有双拥工作内容。	2	每做到一项得 0.5 分。	
	2	党委议军会议、军地联席会议制度落实;双拥工作领导组每年至少召开一次全体成员会议。	1	会议制度落实的得 0.5 分,领导组召开会议的得 0.5 分。	
	3	领导组成员单位职责明确,有年度工作计划和总结。	1	成员单位职责明确的得 0.5 分,有工作计划和总结的得 0.5 分。	
	4	地级市双拥办实行军地合署办公,县级双拥办有机构编制和工作人员。	1	达到要求的得 1 分。	
	5	有双拥工作专项经费,并列入财政预算。	1	有经费的得 0.5 分,列入预算且有经费下拨凭证的得 0.5 分。	
	6	慰问部队、重点优抚对象等双拥活动经费列入财政预算。	1	列入预算且有经费下拨凭证的得 1 分。	
二、宣传教育广泛深入(7分)	7	国防和双拥宣传教育纳入国民教育体系及部队教育规划,列入宣传、教育、文化、广播影视、新闻出版等部门的年度工作计划。	2	纳入国民教育体系及部队教育规划的得 1 分,列入各部门年度工作计划的得 1 分。	
	8	双拥工作简报每月一期,交流双拥工作经验做法,反映双拥工作动态,宣传双拥先进典型。	1	工作简报每年 10 期(含)以上的得 1 分,10 期以下的得 0.5 分,没有工作简报的不得分。	
	9	有国防和双拥教育阵地或教育基地,每年集中组织开展 1 次以上教育活动。	2	有教育阵地或教育基地的得 1 分,国防教育日组织活动的得 1 分。	
	10	当地主要媒体开辟国防和双拥宣传教育专栏;主要道路、旅游景区、城区主要公共场所有永久性双拥标志或宣传牌。	2	开辟专栏的得 1 分,有双拥标志或宣传牌的得 1 分。	
三、拥军工作扎实有效(20分)	11	积极支持部队完成战备执勤、训练演习、科研试验和抢险救灾等多样化军事任务,有计划、有措施、有成效。	3	有计划和措施的得 1 分,部队执行任务中需要地方支持的合理化需求得到及时解决的得 1 分,训练演习群众损失得到妥善解决的得 1 分。	
	12	组织开展科技、教育、文化拥军活动,支持部队信息化建设和实施人才战略工程成效明显。	2	有科技、教育、文化拥军活动计划的得 1 分,部队建设需求得到及时解决的得 1 分。	
	13	大力支持部队后勤保障社会化,及时优质供应粮、油、水、电、气、暖等。	1	达到规定标准的得 1 分。	
	14	支持重点军事工程建设,在规划审批、土地征用、设施配套等方面给予优先优惠;在城乡基础设施建设中兼顾到军事需求。	2	制定并落实优先优惠政策的得 1 分,在城乡规划和建设中按规定落实军事需求的得 1 分。	
	15	维护国防利益和军人军属合法权益机制健全,依法优先、积极稳妥地处理涉军案件和问题,国防利益和军人军属合法权益得到有效维护。	2	有维护国防利益和军人军属合法权益政策规定的得 1 分,涉军案件得到及时妥善处理(无涉军案件)的得 1 分。	
	16	车站、医院等公共服务场所设有残疾退役军人、烈属和现役军人等优先优惠服务的标志,积极主动提供服务。	2	设有优先优惠服务标志的得 1 分,优先优惠服务对象满意的得 1 分。	
	17	积极扶持随军随调家属就业,年度安置率(含货币化安置)达到 90%。	3	安置率达到要求的得 3 分。	
	18	现役军人和烈士子女入学入托按政策享受优待。	3	出台地方性优待办法的得 2 分,政策落实到位的得 1 分。	
	19	路、桥、停车场对军车免收通行费和停车费。	2	免收军车通行费用的得 1 分,免收军车停车费的得 1 分。	

续表

四、拥政爱民成果显著(11分)	20	驻军部队每年有拥政爱民工作计划,年中有检查,年底有总结。	1	有工作计划的得0.5分,有检查和工作总结的得0.5分。	
	21	积极参加和支援驻地经济社会建设,有规划措施,有援建成效。	2	有规划措施的得1分,规划落实的得1分。	
	22	勇于承担抢险救灾等急难险重任务,预案健全,准备充分,完成任务圆满。	2	有预案的得1分,圆满完成任务的得1分。	
	23	从实际出发开展多种形式的扶贫帮困工作,积极参加驻地新农村建设或城市社区建设,有扶贫联系点和新农村建设、城市社区建设援建点,每年援建有计划、有项目、有成效。	2	有扶贫联系点的得1分,援建计划落实的得1分。	
	24	大力开展助学兴教,组织团以上领导干部与贫困学生结对助学。	1	援建贫困学校的得0.5分,开展结对助学的得0.5分。	
	25	参加军地统一组织的捐赠活动,为灾区和贫困地区群众送温暖、献爱心。	1	参加捐赠活动的得1分。	
	26	参加驻地绿化美化建设,在植树造林、环境整治等方面成效明显。	1	圆满完成地方赋予的植树造林、环境整治等任务的得1分。	
	27	广泛参与平安建设,加强军警民联防联治,协助地方处置各类突发事件及时有效。	1	组织部队参加平安建设的得0.5分,有处置各类突发事件预案的得0.5分。	
五、政策法规落到实处(32分)	28	结合本地区和驻军部队实际,出台综合性双拥政策规定。	2	有综合性双拥政策规定的得2分。	
	29	对在创建双拥模范城(县)活动中作出突出贡献的单位和个人有明确奖励办法。	2	有奖励办法的得2分。	
	30	认真贯彻落实《中华人民共和国军事设施保护法》,军事设施得到有效保护。	2	把军事设施保护列入全民国防教育、普法教育计划的得0.5分,辖区内军事设施保护完好的得0.5分,地方建设没有影响军事设施安全或部队正常训练、工作和生活的得1分。	
	31	严格落实征兵有关政策规定,保证兵员质量。	1	没有违纪问题的得0.5分,没有责任退兵的得0.5分。	
	32	现役军人和残疾退役军人免费乘坐市内公共汽车、电车和轨道交通工具;现役军人和残疾退役军人参观游览当地公园、博物馆、风景名胜区享受免费优待。	2	现役军人免费乘坐公共交通工具和参观游览的各得0.5分,残疾退役军人免费乘坐公共交通工具和参观游览享受优待的各得0.5分。	
	33	在国家机关、社会团体、企业事业单位工作的残疾退役军人,享受与所在单位工伤人员同等的生活福利和医疗待遇。	1	按要求落实的得1分。	
	34	优抚对象的抚恤补助标准不低于国家和省(区、市)规定标准,并按时足额发放。	2	达到国家和省(区、市)规定标准的得1分, 高于国家和省(区、市)规定标准的得2分。	
	35	优抚对象医疗保障政策落实;市、县(区、市)财政预算有重点优抚对象医疗补助资金,并逐步增加。	1	出台优抚对象医疗保障办法并落实的得0.5分,财政预算有重点优抚对象医疗补助资金的得0.5分。	
	36	农村重点优抚对象住房难的问题得到较好解决。	1	已解决的得1分。	
	37	义务兵家庭优待标准不低于当地平均生活水平,按时足额发放。	2	达到或高于当地平均生活水平的得1分,按时足额发放的得1分。	
	38	县级以上烈士纪念建筑物保护单位按规定落实人员、经费,在爱国主义教育中发挥重要作用。	1	人员、经费按规定落实的得0.5分,开展爱国主义教育活动在2次以上的得0.5分。	
	39	优抚医院、光荣院的人员、经费按规定落实,功能发挥良好;光荣院集中供养优抚对象的基本生活费由县级以上人民政府按规定标准足额列入财政预算。	2	人员、经费落实的得1分,集中供养优抚对象的基本生活费足额列入财政预算的得1分。	

续表

	40	军队转业干部及时妥善安置,自主择业的军队转业干部服务管理政策得到落实。	4	完成年度安置任务的得2分,军队转业干部对安置岗位满意的得1分,自主择业的军队转业干部服务管理政策落实的得1分。	
	41	退役士兵安置政策落实,自谋职业生活补助费、待分配期间生活补助费列入财政预算。	3	年度安置率(含货币化安置)达到90%的得2分,经费足额列入财政预算的得1分。	
	42	军队离退休干部妥善安置,政治、生活、医疗待遇落实;军休服务管理机构人员编制、工作经费、附属用房设施落实,补助经费纳入市、县财政预算。	2	年度安置任务完成,军休干部政治、生活、医疗待遇落实的得1分;编制、经费、附属用房设施落实的得0.5分,补助经费纳入财政预算的得0.5分。	
	43	军队无军籍退休退职职工按政策接收安置,地方补助补贴落实。	1	按政策接收安置的得0.5分,补助补贴落实的得0.5分。	
	44	积极预防和妥善处理部分转业、复员、退伍军人等群体性上访事件。	1	没有因政策不落实引发群体性(50人以上)上访事件的得1分。	
	45	部队模范遵守国家法律法规和党的民族宗教政策,严格执行群众纪律,在驻地群众中形象好。	2	没有违反国家法律法规和党的民族宗教政策的得1分,没有违反群众纪律的得1分。	
六、双拥活动坚持经常(6分)	46	双拥活动制度化、经常化,年度有计划,季度有安排,节日有走访,平时有活动。	2	年度有计划的得0.5分,季度有安排的得0.5分,节日有走访的得0.5分,平时有活动的得0.5分。	
	47	广泛开展“爱心献功臣”活动,为重点优抚对象办好事实事成效明显。	2	开展活动的得1分,重点优抚对象对活动满意的得1分。	
	48	党政主要领导每年走访慰问驻军和重点优抚对象;驻军部队领导到地方有关部门走访。	1	每落实一项得0.5分。	
	49	当地有烈士纪念建筑物的,党政军主要领导每年清明节前往祭扫。	1	按要求落实的得1分。	
七、军民共建富有成效(6分)	50	地方基层单位与驻军基层单位结成共建对子,军地双方有共建公约和共建活动制度。	2	结成共建对子的得1分,有共建公约和共建活动制度的得1分。	
	51	共建活动开展经常、形式多样,效果明显。	1	每年开展2次以上不同形式活动的得1分。	
	52	有贯彻落实《公民道德建设实施纲要》和《军人道德规范》的具体计划和措施,军民自觉践行社会主义荣辱观和当代革命军人核心价值观。	1	有计划和措施的得1分。	
	53	积极参加创建文明城市、文明村镇、文明行业、文明社区等活动,弘扬社会文明新风。	1	参加创建活动的得1分。	
	54	组织非公经济组织和社会组织开展共建(拥军)活动成效明显。	1	组织开展活动的得1分。	
八、军政军民关系融洽(5分)	55	军地相互尊重,相互支持,互办实事。	2	有互办实事计划的得1分,计划落实的得1分。	
	56	军地历史遗留问题得到妥善处理。	1	没有遗留问题的得1分,有遗留问题但得到妥善处理的得1分。	
	57	有预防和处理军(警)民纠纷的规定措施,当发生矛盾和纠纷时,军地双方及时妥善处理。	2	有规定措施的得1分;没有军(警)民纠纷的得1分,有军(警)民纠纷但得到妥善处理的得1分。	

续表

九、群众满意度测评(6分)	58	优抚安置对象问卷调查满意度测评,对优抚安置政策落实情况的满意率达到80%以上。	2	采取问卷调查。调查对象随机抽样,样本容量≥100。问卷设计量度:1.满意,2.基本满意,3.不满意。满意率80%(含)以上的得2分,70%—80%的得1分,60%—70%的得0.5分,60%以下的不得分。	
	59	驻军部队官兵问卷调查满意度测评,对拥军优属工作情况的满意率达到80%以上。	2	采取问卷调查。调查对象随机抽样,样本容量≥100。问卷设计量度:1.满意,2.基本满意,3.不满意。满意率80%(含)以上的得2分,70%—80%的得1分,60%—70%的得0.5分,60%以下的不得分。	
	60	社会公众问卷调查满意度测评,对当地军政军民关系、拥政爱民工作的满意率达到80%以上。	2	采取人大代表、政协委员,现役军人和退役军人代表座谈或问卷调查。调查对象随机抽样,样本容量≥100。问卷设计量度:1.满意,2.基本满意,3.不满意。满意率80%(含)以上的得2分,70%—80%的得1分,60%—70%的得0.5分,60%以下的不得分。	
十、加分项目	61	双拥工作受到党中央、国务院、中央军委领导肯定并作出批示的。	3		
	62	双拥工作成效突出,经验做法对全国双拥工作具有指导意义,被全国双拥工作领导小组确定为重大典型进行宣传并以文件形式转发的。	2		
	63	双拥工作经验做法在全国性双拥工作会议上作典型发言的。	2		
	64	在重大军事演习、科研试验中保障有力、成效显著的。	2		
	65	申报双拥模范城(县)的市(县),驻军数量居省前三名的。		前3名分别按3、2、1分给予加分。	
	66	辖区内优抚安置对象占人口比例高于省(区、市)平均水平的。	2		
有下列情况之一的,不能申报和推荐省级双拥模范城(县): 1.发生重大军民纠纷,在省级和市级双拥机构、公安部门记录在案,造成严重后果的; 2.双拥组织机构无工作人员编制和专项预算经费保障的; 3.残疾退役军人年度安置任务没有完成的; 4.退役士兵职业技能培训工作达不到规定要求的; 5.因其他优抚安置政策规定不落实造成严重后果的。					

内蒙古自治区双拥模范城(旗、县)创建命名管理办法实施细则

(2010年9月)

第一章 总 则

第一条 为了贯彻落实党中央、国务院、中央军委关于做好新时期拥军优属、拥政爱民(以下简称双拥)工作,进一步加强军政军民团结的指示精神,推动全区创建双拥模范城(旗、县)活动广泛深入持久地开展,根据全国双拥工作领导小组新修订的《双拥

模范城(县)创建命名管理办法》的有关规定,结合我区实际,特制订本实施细则。

第二条 创建双拥模范城(旗、县)活动,是双拥优良传统的继承与发展,是做好双拥工作的重要载体,是巩固和发展军政军民团结、促进社会主义和谐社会建设的有效途径。

第三条 自治区级双拥模范城(旗、县)是双拥工作成绩突出,具有榜样和示范作用,并经过规范的程序命名的先进典型,是所命名城(旗、县)党委、政府、驻军领导机关和全体军民共同的政治荣誉。

第四条 创建双拥模范城(旗、县)活动,要坚持以马列主义、毛泽东思想、邓小平理论和"三个代表"重要思想为指导,深入贯彻落实科学发展观,着眼于巩固和加强军政军民团结、促进军民融合式发展,把拥军优属与拥政爱民结合起来,把发展社会生产力与提高部队战斗力结合起来,把物质文明、政治文明、精神文明与生态文明建设结合起来,促进双拥工作整体水平的提高,促进经济社会全面协调可持续发展与国防军队现代化建设。

第五条 双拥模范城(旗、县)分全国和自治区两级。

第六条 自治区双拥模范城(旗、县)的命名范围:地级市(不含所辖县和市)、计划单列市、旗(自治旗)、县、县级市。

第七条 命名双拥模范城(旗、县)应坚持标准,保证质量,实行动态管理,不搞终身制。

第八条 自治区级双拥模范城(旗、县)的命名数量控制在旗县(市)总数的50%以内。

第九条 对在双拥模范城(旗、县)创建活动中做出突出成绩的单位和个人,应给予表彰和奖励。各盟市要从实际出发制定具体的奖励办法。

第二章 自治区级双拥模范城(旗、县)的标准

第十条 自治区级双拥模范城(旗、县)的基本标准:

(一)组织领导坚强有力。地方党委、政府和驻军领导机关把双拥工作纳入经济社会发展和部队建设的总体规划,纳入党政军领导干部政绩考核范围,有明确的任务目标、具体的实施计划、完善的保障措施。坚持党委议军会议、军地联席会议等制度,双拥工作重点难点问题得到及时解决。双拥工作领导机构健全,成员单位职能作用充分发挥,双拥办实行军地合署办公,有专门编制、专职人员、专项经费,组织、协调和指导有力。

(二)宣传教育广泛深入。认真贯彻《中华人民共和国国防教育法》,把以爱国主义为核心,以拥军优属、拥政爱民光荣传统为重要内容的国防教育纳入国民教育体系及部队教育规划,列入宣传、教育、文化、广播影视、新闻出版等部门的年度工作计划,主要媒体要开设双拥专栏,年初有部署、平时有检查、年终有总结。有适应本地区、本单位实际情况的国防教育制度和教育设施,教育对象、时间、内容落实。充分发挥国防和爱国主义教育基地的作用,坚持经常开展教育活动。城区主要公共场所设有永久性宣传标志或宣传牌,双拥简报编发、信息交流和理论研讨工作取得较好成绩,爱国拥军、爱民奉献的社会氛围浓厚。

(三)拥军工作扎实有效。把支持国防和部队建设纳入经济社会发展规划,积极探索军民结合、寓军于民的路子,推动国防和军队建设又好又快地发展。大力支持军事斗争准备,配合部队完成军事训练、战备执勤、科研试验和抢险救灾等多样化军事任务成效明显;广泛开展科技、教育、法律拥军,协助军队实施人才战略工程,大力支持国防和军队现代化建设。积极支援重点军事工程建设,军事设施保护完好。军供站正规化建设成效显著,应急保障能力强。支持部队后勤保障社会化,优惠政策配套,优质服务到位。

(四)拥政爱民成果显著。充分发挥军队优势,积极参加和支援西部大开发及驻地重点工程建设,大力支持社会主义新农村、新牧区和城镇社区建设及社会公益事业发展,做好扶贫帮困、助学兴教和民族团结进步等工作。奋勇参加抢险救灾,在保护国家利益和人民群众生命财产安全的斗争中发挥生力军和突击队作用。协助地方维护社会和谐稳定,妥

善处置各种突发事件。

（五）政策法规落到实处。认真贯彻执行党和国家有关国防建设和加强军政军民团结的法律、规章、政策、制度，并根据形势发展，不断完善与之相配套的政策、法规。转业军官、复员干部、退役士兵、军队离退休干部、残疾退役军人、随军家属，以及退役士兵职业技能培训政策得到落实；现役军人子女入托、入学得到妥善安排；军人及其家属的合法权益得到保障；兵员数量质量得到保证；优抚对象抚恤补助和医疗、住房等保障落实到位，并保证其生活水平与群众生活水平同步提高；现役军人、残疾退役军人及其家属享受优待；加强烈士纪念建筑物保护单位和优抚事业单位建设，做到功能突出，作用明显。军队模范执行党和国家的法律法规，严格遵守群众纪律，尊重少数民族的宗教信仰和风俗习惯，定期开展拥政爱民教育和群众纪律检查，树立人民军队的良好形象。

（六）双拥活动坚持经常。开展双拥活动以基层为重点，注重落实，讲求实效。年度有计划，季度有安排，节日有走访，平时有活动。各项活动主题鲜明，内容丰富，形式多样，参与广泛，具有时代特色和地域特点。健全各项制度，定期检查总结，推进双拥工作社会化、经常化、制度化。

（七）军民共建富有成效。围绕推进社会主义核心价值体系建设和培育当代革命军人核心价值观，深入贯彻落实《公民道德建设实施纲要》和《军人道德规范》，自觉践行社会主义荣辱观，积极参加创建文明城市、文明村镇、文明行业、文明社区等活动，在群众性精神文明创建活动中发挥示范带头作用。军民共建单位有共建公约，有共建活动制度，定期开展活动；不断拓展军民共建活动的领域和范围，非公有制经济组织和社会组织军民共建活动成绩突出；军（警）民联防联治活动开展经常，在社会治安综合治理和边防安宁稳定中发挥重要作用。

（八）军政军民关系融洽。地方党委、政府和人民群众爱护军队，尊重军人，关心部队建设。部队尊重地方党委、政府，热爱人民，支持地方工作。军政军民互相关心，互相爱护，互相支持，亲如一家，军地历史遗留问题及利益关系得到妥善处理，无重大军民纠纷。

第十一条　有下列情况之一的，不能申报和推荐自治区双拥模范城（旗、县）：发生重大军民纠纷，在国家和自治区双拥机构、公安部门记录在案，造成严重后果的；双拥组织机构无工作人员编制和专项预算经费保障的；残疾退役军人年度安置任务没有完成的；退役士兵职业技能培训工作达不到规定要求的；优抚对象医疗保障政策不落实，医疗补助资金未列入市和旗、县财政预算的；因其他优抚安置政策规定不落实，造成严重后果的。

第十二条　自治区双拥工作领导小组依据第十条的规定，提出每届自治区级双拥模范城（旗、县）评选命名的具体要求。

第三章　命名权限与程序

第十三条　自治区级双拥模范城（旗、县）由自治区党委、政府、内蒙古军区命名。

第十四条　自治区级双拥模范城（旗、县）在各盟市自查的基础上，由盟市党委、政府（行署）、军分区（警备区）推荐（自荐），经自治区双拥工作领导小组审核，报自治区党委、政府、内蒙古军区批准，同时报全国双拥工作领导小组备案。

第十五条　自治区级双拥模范城（旗、县）每四年命名一次，特殊情况可提前或延期。

第十六条　自治区双拥工作领导小组办公室会同有关部门，对各盟市推荐（自荐）的自治区级双拥模范城（旗、县）进行检查，提出初选意见，报自治区双拥工作领导小组全体会议审批后，将初选名单在自治区主要新闻媒体进行为期 15 天的公示。公示期满后，由自治区党委、政府和内蒙古军区公布命名决定，并举行命名大会。

第十七条　对被命名的自治区级双拥模范城（旗、县）授予奖匾，颁发荣誉证书。同时对在创建活动中做出突出成绩的双拥工作先进单位和个人予以表彰奖励。

第四章　命名后的管理

第十八条　双拥模范城(旗、县)要以命名为新起点,坚持巩固提高、创新发展的方针,不断研究新情况,解决新问题,总结新经验,取得新成绩。

第十九条　自治区双拥模范城(旗、县)应将年度双拥工作总结和下年度双拥工作计划报自治区双拥工作领导小组办公室。

第二十条　自治区双拥工作领导小组办公室每两年对全国和自治区级双拥模范城(旗、县)进行一次检查考评,并将检查考评情况作为下一届评选自治区级双拥模范城(旗、县)的重要依据。

第二十一条　自治区级双拥模范城(旗、县)实行年度抽检制度。自治区双拥办每年对自治区级双拥模范城(旗、县)进行抽查,发现问题及时纠正,并视情通报抽查情况。

第二十二条　自治区级双拥模范城(旗、县)的工作无新的进展或出现问题的,自治区双拥工作领导小组办公室要给予批评帮助,并限期整改。

第二十三条　自治区级双拥模范城(旗、县)出现政策法规不落实或重大军民纠纷等突出问题,应在及时纠正和妥善处理的同时,将情况报自治区双拥工作领导小组办公室;对隐情不报或不及时采取措施解决的,给予通报批评;严重影响军政军民团结和社会稳定的,撤销其双拥模范城(旗、县)荣誉称号,收回奖匾和荣誉证书,并向社会公布。

第二十四条　被撤销双拥模范城(旗、县)荣誉称号的,取消其下一届参加自治区级双拥模范城(旗、县)评比资格。经过认真整改,符合条件的,可参加以后的双拥模范城(旗、县)评比。

第五章　附　则

第二十五条　本实施细则由自治区双拥工作领导小组办公室负责解释。

第二十六条　本细则自颁发之日起施行,2006年9月7日颁发的《内蒙古自治区双拥模范城(旗、县、区)命名管理实施细则》同时废止。

内蒙古自治区2010年双拥模范城(旗、县)检查考评标准

考评项目	序号	考评内容	分值	考评标准	考评方法
一、组织领导坚强有力(6分)	1	双拥工作纳入当地经济社会发展规划,列入党政军领导政绩考核范围;年度政府工作报告、军分区(警备区)或人民武装部党委工作报告有双拥工作内容。	2	每做到一项得0.5分。	查看近四年来当地经济社会发展规划、政府工作报告和军分区(警备区)或人民武装部党委工作报告;查看党政军领导干部政绩考核办法。
	2	党委议军会议、军地联席会议制度落实;双拥工作领导小组每年至少召开一次全体成员会议。	1	会议制度落实得0.5分,领导小组召开会议得0.5分。	查看近四年的会议记录、文件、图片、录像等相关资料。到军分区、人武部了解情况。
	3	领导小组成员单位职责明确,有年度工作计划和总结,每年在双拥工作领导小组全体会议上进行工作述职(或书面述职)。	1	成员单位职责明确得0.25分,有工作计划和总结得0.25分,进行工作述职(或书面述职)得0.5分。	查看近四年的文件资料。到有关成员单位了解情况。
	4	地级以上的市双拥办实行军地合署办公,旗县市双拥办有相对固定的部队人员参与工作。	1	达到要求得1分。	查看工作记录,现场走访了解。
	5	慰问部队和重点优抚对象等双拥活动经费列入财政预算。	1	列入预算且有经费下拨凭证得1分。	查看近四年当地财政局下达的财政预算书和下拨经费通知。

续表

二、宣传教育广泛深入(6分)	6	国防和双拥宣传教育纳入国民教育体系 及部队教育规划,列入宣传、教育、文化、广播影视、新闻出版等部门的年度工作计划。	1	纳入国民教育体系及部队教育规划得0.5分,列入各部门年度工作计划得0.5分。	查看院校、部队和有关部门的相关文件资料。
	7	有国防和双拥教育阵地或教育基地,每年集中组织开展1次以上教育活动。	1	有教育阵地或教育基地得0.5分,国防教育日组织活动得0.5分。	查看活动情况记录及教育基地或教育阵地。
	8	当地主要媒体开辟国防和双拥宣传教育专栏;城区主要公共场所有永久性双拥标志或宣传牌。	1	开辟专栏得0.5分,有双拥标志或宣传牌得0.5分。	查看当地主要媒体的宣传报道情况,现场查看双拥标志或宣传牌。
	9	军烈属家庭挂光荣牌;官兵立功受奖喜报及时送达并予以宣扬。	1	挂光荣牌得0.5分,喜报及时送达并予以宣扬得0.5分。	查看相关资料,走访军烈属。
	10	编印双拥工作简报或刊物,交流双拥工作经验做法,反映双拥工作动态,宣传双拥先进典型。	2	有双拥工作简报或刊物得1分,达到12期得1分。	查看双拥工作简报和相关资料。
三、拥军工作扎实有效(20分)	11	积极支持部队完成战备执勤、训练演习、科研试验和抢险救灾等多样化军事任务,有计划、有措施、有成效。	3	有计划和措施得1分,部队执行任务中需要地方支持的合理化需求得到及时解决得1分,训练演习群众损失得到妥善解决得1分。	查看资料,听取情况介绍,走访部队和有关群众。
	12	组织开展科技、教育、文化拥军活动,支持部队信息化建设和实施人才战略工程成效明显。	2	有科技、教育、文化拥军活动计划得1分,部队建设需求得到及时解决得1分。	查看文件资料,听取部队意见。
	13	大力支持部队后勤保障社会化,及时优质供应粮、油、水、电、气等。	1	达到规定标准得1分。	查看经委、规划、国土等部门的相关资料,听取部队意见。
	14	支持重点军事工程建设,在规划审批、土地征用、设施配套等方面给予优先优惠;在城乡基础设施建设中兼顾到军事需求。	2	制定并落实优先优惠政策得1分,在城乡规划和建设中按规定落实军事需求得1分。	
	15	维护国防利益和军人军属合法权益机制健全,依法优先、积极稳妥地处理涉军案件和问题,国防利益和军人军属合法权益得到有效维护。	2	国防利益和军人军属合法权益得到有效维护得1分,涉军案件得到及时妥善处理(无涉军案件)得1分。	查看相关文件资料,走访军地有关单位。
	16	军供站编制、机构按规定落实,军供工作领导小组发挥职能作用,定期召开联席会议解决困难和问题;军供站基本建设、设施维修、设备购置等所需经费纳入地方财政预算安排;各类应急保障方案健全完善,各类保障任务优质无差错。	2	军供站编制、机构按规定落实得0.5分;军供工作领导小组发挥职能作用,定期召开联席会议解决困难和问题得0.5分;军供站基本建设、设施维修、设备购置等所需经费纳入地方财政预算安排得0.5分;各类应急保障方案健全完善,各类保障任务优质无差错得0.5分。	查看文件、会议记录(会议纪要)、图片资料,听取军代处或军代表意见。
	17	车站、医院等公共服务场所设有残疾退役军人、烈属和现役军人等优先优惠服务的标志,积极主动提供服务。	2	设有优先优惠服务标志的得1分,优先优惠服务对象满意的得1分。	现场查看,走访服务对象。
	18	积极扶持随军随调家属就业,年度安置率(含货币化安置)达到90%。	2	有具体扶持就业办法、措施得0.5分,安置率达到要求得1.5分。	查看文件资料,走访随军家属。
	19	现役军人和烈士子女入学入托按政策享受优待。	2	出台地方性优待办法得0.5分,政策落实到位得1.5分。	查看文件资料,走访部队官兵或查看学校相关记录。
	20	公路、桥梁、隧道等收费交通站点,免收军车通行费用;各类公共收费停车场所设有军车免费停放标志。	2	免收军车通行费用得1分,有军车免费停放标志得1分。	现场实地查看。

续表

四、拥政爱民成果显著(12分)	21	驻军部队每年有拥政爱民工作计划，年中有检查，年底有总结。	1	有工作计划得 0.5 分，有检查和工作总结得 0.5 分。	查看文件资料。
	22	积极参加和支援驻地经济社会建设，有规划措施，有援建成效。	2	有规划措施得 0.5 分，规划落实得 1.5 分。	查看文件、图片、录像资料，听取情况介绍，现场查看。
	23	勇于承担抢险救灾等急难险重任务，预案健全，准备充分，完成任务圆满。	2	有预案的得 0.5 分，圆满完成任务得 1.5 分。	
	24	从实际出发开展多种形式的扶贫帮困工作，积极参加驻地新农村新牧区建设或城市社区建设，有扶贫联系点和新农村建设、新牧区建设、城市社区建设援建点，每年援建有计划、有项目、有成效。	2	有扶贫联系点得 1 分，援建计划落实得 1 分。	
	25	大力开展助学兴教，组织团以上领导干部与贫困学生结对助学。	1	援建贫困学校得 0.5 分，开展结对助学得 0.5 分。	查看文字、图片等资料，走访相关学校和助学对象。
	26	参加军地统一组织的捐赠活动，为灾区和贫困地区群众送温暖、献爱心。	1	参加捐赠活动得 1 分。	查看文字、图片资料。
	27	参加驻地绿化美化建设，在植树造林、环境整治等方面成效明显。	1	圆满完成地方赋予植树造林、环境整治等任务得 1 分。	查看文件、图片资料，听取情况介绍，现场查看。
	28	扎实做好民族团结进步工作，每年为驻地少数民族群众办一至两件有影响的实事好事。	1	达到要求得 1 分。	
	29	广泛参与平安建设，加强军警民联防联治，协助地方处置各类突发事件及时有效。	1	组织部队参加平安建设的得 0.5 分，有处置各类突发事件预案得 0.5 分。	
五、政策法规落到实处(30分)	30	结合本地区和驻军部队实际，出台综合性双拥政策规定。	2	有综合性双拥政策规定得 2 分。	查看文件资料。
	31	对在创建双拥模范城(旗县)活动中作出突出贡献的单位和个人有明确奖励办法。	2	有奖励办法得 2 分。	
	32	认真贯彻落实《中华人民共和国军事设施保护法》，军事设施得到有效保护。	2	把军事设施保护列入全民国防教育、普法教育计划得 0.5 分，辖区内军事设施保护完好得 0.5 分，地方建设没有影响军事设施安全或部队正常训练、工作和生活得 1 分。	查看文件资料，听取部队意见。
	33	严格落实征兵有关政策规定，保证兵员质量。	1	没有违纪问题得 0.5 分，没有责任退兵得 0.5 分。	查看文件资料，听取情况介绍，向自治区征兵办了解相关情况。
	34	现役军人乘坐市内公共汽车和轨道交通工具享受优待；残疾退役军人免费乘坐市内公共汽车和轨道交通工具；现役军人和残疾退役军人参观游览当地公园、博物馆、风景名胜区享受优待。	2	现役军人乘坐公共交通工具和参观游览享受优待各得 0.5分，残疾退役军人乘坐公共交通工具免费和参观游览享受优待各得 0.5 分。	查看文件资料，现场查看，走访相关人员。
	35	在国家机关、社会团体、企业事业单位工作的残疾退役军人，享受与所在单位工伤人员同等的生活福利和医疗待遇。	1	按要求落实得 1 分。	查看文件资料，听取情况介绍，走访相关人员。
	36	优抚对象的抚恤补助标准不低于国家和自治区规定标准，并按时足额发放。	2	达到国家和自治区规定标准并按时足额发放得 1 分，高于国家和自治区规定标准得 2 分。	查看文件资料，走访优抚对象。
	37	农村牧区重点优抚对象住房难问题得到较好解决。	2	部分解决的得 1 分，全部解决得 2 分	查看文件资料，走访优抚对象。

续表

	38	义务兵家庭优待标准不低于当地平均生活水平，按时足额发放。	2	达到或高于当地平均生活水平得1分，按时足额发放得1分。	查看文件资料及发放凭据，走访城乡义务兵家属。
	39	旗县级以上烈士纪念建筑物保护单位按规定落实人员、经费，在爱国主义教育中发挥重要作用。	1	人员、经费按规定落实得0.5分，开展爱国主义教育活动在2次以上得0.5分。	查看相关文件资料和活动情况记录。
	40	优抚医院、光荣院的人员、经费按规定落实，功能发挥良好；光荣院集中供养优抚对象的基本生活费由旗县人民政府按规定标准足额列入财政预算。	2	人员、经费落实得1分，集中供养优抚对象的基本生活费足额列入财政预算得1分。	查看相关文件资料，走访优抚对象。
	41	军队转业干部及时妥善安置，自主择业的军队转业干部服务管理政策得到落实。	2	完成年度安置任务得1分，自主择业的军队转业干部服务管理政策落实得1分。	查看相关文件，走访军队转业干部。
	42	退役士兵得到妥善安置；退役士兵自谋职业经济补助、待安置期间生活费列入地方财政预算并按时足额发放。	2	退役士兵安置率90%以上(含自谋职业)得1分，退役士兵自谋职业经济补助列入地方财政预算并按时足额发放得0.5分；待安置期间生活费列入地方财政预算并按时足额发放得0.5分。	查看退役士兵报到名册、分配介绍信存根、办理自谋职业的手续材料；退役士兵领取生活费手续材料、财务凭证；走访安置对象。
	43	按计划及时接收安置军队离退休干部，无军队投诉现象；按政策规定落实军休干部政治、生活待遇；按政策规定落实军休管理部门编制、机构、人员及附属用房设施；军休部门的人员和工作经费纳入地市或旗县财政预算。	2	按计划及时接收安置军队离退休干部，无军队投诉现象得0.5分；按政策规定落实军休干部政治、生活待遇得0.5分；按政策规定落实军休管理部门编制、机构、人员及附属用房设施得0.5分；军休部门的人员和工作经费纳入地市或旗县财政预算得0.5分。	查看文件资料，走访军休干部和军队有关工作人员。
	44	军队无军籍退休退职职工按政策接收安置，地方补助补贴落实。	1	按政策接收安置得0.5分，补助补贴落实得0.5分。	查看文件资料，走访服务对象。
	45	积极预防和妥善处理部分转业、复员、退伍军人等群体性上访事件。	2	没有因政策不落实引发群体性(50人以上)到自治区上访事件得1分，没有进京上访人员得1分。	听取情况介绍，查看相关情况记录。
	46	部队模范遵守国家法律法规和党的民族宗教政策，严格执行群众纪律，在驻地群众中形象好。	2	没有违反国家法律法规和党的民族宗教政策得1分，没有违反群众纪律得1分。	
六、双拥活动坚持经常(6分)	47	双拥活动制度化、经常化，年度有计划，季度有安排，节日有走访，平时有活动。	2	年度有计划得0.5分，季度有安排得0.5分，节日有走访得0.5分，平时有活动得0.5分。	查看文件、图片、录像等资料和活动情况记录。
	48	广泛开展“爱心献功臣”活动，为重点优抚对象办好事实事成效明显。	1	开展活动得0.5分，重点优抚对象对活动满意得0.5分。	
	49	党政主要领导每年走访慰问驻军和重点优抚对象；驻军部队领导主动到地方有关部门走访，军地沟通联系紧密。	2	党政领导坚持走访慰问驻军和重点优抚对象得1分，驻军部队领导主动到地方有关部门走访得1分。	
	50	当地有烈士纪念建筑物的，党政军主要领导每年清明节前往祭扫。	1	按要求落实得1分。	

续表

七、军民共建富有成效(6分)	51	地方基层单位与驻军基层单位结成共建对子,军地双方有共建公约和共建活动制度。	1	结成共建对子得 0.5 分,有共建公约和共建活动制度得 0.5 分。	查看文件资料和活动情况记录。
	52	共建活动开展经常、形式多样,效果明显。	1	每年开展 2 次以上不同形式活动得 1 分。	
	53	有贯彻落实《公民道德建设实施纲要》和《军人道德规范》的具体计划和措施,军民自觉践行社会主义荣辱观和当代革命军人核心价值观。	1	有计划和措施得 1 分。	
	54	积极参加创建文明城市、文明村镇、文明行业、文明社区等活动,弘扬社会文明新风。	2	有创建计划得 0.5 分,积极参加活动得 1.5 分。	
	55	组织非公经济组织和社会组织开展共建(拥军)活动成效明显。	1	组织开展活动得 1 分。	
八、军政军民关系融洽(5分)	56	军地相互尊重,相互支持,互办实事。	2	有互办实事计划得 1 分,计划落实得 1 分。	
	57	军地历史遗留问题得到妥善处理。	1	没有遗留问题得 1 分,有遗留问题但得到妥善处理得 1 分。	听取情况介绍,走访军地相关部门。
	58	有预防和处理军(警)民纠纷的规定措施,当发生矛盾和纠纷时,军地双方及时妥善处理。	2	有规定措施得 0.5 分;没有军(警)民纠纷得 1.5 分;有军(警)民纠纷但得到妥善处理得 1 分。	查看文件资料,听取情况介绍。
九、群众满意度测评(9分)	59	优抚安置对象问卷调查满意度测评,对优抚安置政策落实情况的满意率达到 80% 以上。	3	采取问卷调查。调查对象随机抽样,样本容量≥100。问卷设计量度:1. 满意,2. 基本满意,3. 不满意。满意率 80%(含)以上的得 3 分,70%— 80% 的得 2 分,60%—70% 的得 1 分,60% 以下的不得分。	检查考评组参与组织测评,负责统计测评结果。
	60	驻军部队官兵问卷调查满意度测评,对拥军优属工作情况的满意率达到 80% 以上。	3	采取问卷调查。调查对象随机抽样,样本容量≥100。问卷设计量度:1. 满意,2. 基本满意,3. 不满意。满意率 80%(含)以上的得 3 分,70%—80% 的得 2 分,60%—70% 的得 1 分,60% 以下的不得分。	检查考评组参与组织测评,负责统计测评结果。
	61	社会公众网络调查满意度测评,对当地军政军民关系、拥政爱民工作的满意率达到 80% 以上。	3	采取网络调查。问卷设计量度:1. 满意,2. 基本满意,3. 不满意。满意率 80%(含)以上的得 3 分,70%—80% 的得 2 分,60%—70% 的得 1 分,60% 以下的不得分。	市或旗县自行组织,检查考评组查验测评情况和结果。

续表

十、加分项目	62	双拥工作受到党中央、国务院、中央军委领导肯定或作出批示的。	3		查看相关文件资料。
	63	双拥工作成效突出，经验做法对全国双拥工作具有指导意义，被全国双拥工作领导小组确定为重大典型进行宣传或以文件形式转发的。	2		
	64	双拥工作经验做法在全国性双拥工作会议上作典型发言的。	2		
	65	双拥工作受到自治区党委、政府、内蒙古军区领导肯定或作出批示的。	2		查看相关文件资料
	66	双拥工作成效突出，经验做法对全区双拥工作具有指导意义，被自治区双拥工作领导小组确定为重大典型进行宣传或以文件形式转发。	1		
	67	积极保障部队完成重大军事演习、科研试验任务成效显著。	2		
	68	优抚对象抚恤补助标准、城乡义务兵家庭优待金标准、退役士兵自谋职业一次性补助金标准等高于国家、自治区规定标准	每项0.5分（最多不超过2分）		
	69	申报自治区级双拥模范城（旗县）的地区，驻军数量居自治区前三名。	前3名分别按3、2、1、给予加分		
	70	辖区内优抚安置对象占人口比例高于自治区平均水平。	2		
备注		1. 考评标准总分100分。 2. 被考评的市和旗县没有军供站、烈士纪念建筑物保护单位、优抚医院、光荣院等项目的，不考评，不计分。 3. 有下列情况之一的，不能申报全国和自治区双拥模范城（旗县）： （1）发生重大军民纠纷，在国家和自治区双拥机构、公安部门记录在案，造成严重后果的；（2）双拥组织机构无专职人员，双拥办工作经费未列入财政预算的；（3）残疾退役军人年度安置任务没有完成的；（4）退役士兵职业技能培训工作达不到规定要求的；（5）优抚对象医疗保障政策不落实，医疗补助资金未列入市和旗县财政预算并据实拨付的；（6）因其他优抚安置政策规定不落实造成严重后果的。			

吉林省双拥模范城（县、区）创建命名管理办法实施细则

第一章　总　则

第一条　为了贯彻落实党中央、国务院、中央军委关于做好新时期双拥工作，进一步加强军政军民团结的指示精神，充分调动全省广大军民创建双拥模范城（县、区）的积极性，使双拥模范城（县、区）的命名管理更加规范化、科学化，根据全国双拥工作领导小组颁发的《双拥模范城（县）创建命名管理办法》，结合我省工作实际制定本细则。

第二条　双拥模范城（县、区）是双拥工作成效显著，军政军民关系密切，经济社会和驻军部队建设相互促进、协调发展，具有榜样和示范作用，并经过一定程序命名的先进典型，是当地党委、政府、驻军领导机关和全体军民共同的政治荣誉。

第三条　创建双拥模范城（县、区）活动，要紧

紧围绕全省经济社会发展和国防建设大局,坚持以马列主义、毛泽东思想、邓小平理论和“三个代表”重要思想为指导,深入贯彻落实科学发展观,着眼于巩固和加强军政军民团结、促进军民融合式发展,把拥军优属与拥政爱民结合起来,把发展社会生产力与提高部队战斗力结合起来,把物质文明、政治文明、精神文明与生态文明建设结合起来,促进双拥工作整体水平的提高,促进经济社会全面协调可持续发展和军队现代化建设。

第四条 双拥模范城(县、区)分全国和省两级,国家命名全国双拥模范城(县),省命名吉林省双拥模范城(县、区)。

第五条 全国双拥模范城(县)的命名推荐范围:地级市(不含所辖县、市),县级市、县(自治县);省级双拥模范城(县、区)的命名范围:地级市(不含所辖县、市),县级市、县(自治县)、市辖区(不含各类开发区、农垦区)。延边州本级和长白山管委会不参加双拥模范城(县、区)命名推荐。

第六条 命名推荐双拥模范城(县、区)应坚持标准,保证质量,实行能上能下,动态管理。

第七条 省级命名双拥模范城(县、区)数量控制在纳入考核评选市(县、区)总数的30%左右。全国双拥模范城(县)推荐数量根据国家分配名额另行确定。

第八条 双拥模范城(县、区)四年命名一次,除特殊情况外应举行命名大会,对被命名的双拥模范城(县、区)授予奖牌。

第九条 对在双拥模范城(县、区)创建活动中做出突出成绩的单位和个人,给予表彰和奖励。

第二章 双拥模范城(县、区)的标准

第十条 双拥模范城(县、区)必须符合以下标准:

(一)组织领导坚强有力

1. 地方党委、政府和驻军领导机关把双拥工作纳入经济社会发展和部队建设的总体规划,纳入党政军领导干部政绩考核范围,有明确的任务目标、具体的实施计划、完善的保障措施、实在的工作效果。

2. 坚持党委议军会议、军地联席会议等制度,双拥工作重点难点问题得到及时解决。

3. 建立有军地主要领导负责、各有关职能部门参加的双拥工作领导机构。

4. 各级双拥办机构健全、制度完善,有专门的人员、经费、办公地点和办公设备。各成员单位设置双拥工作联络员。地级市双拥办实行军地合署办公。年度有规划,年内有检查,年终有总结;双拥工作领导组织、成员单位和办事机构职责明确,任务落实;有创建命名工作的配套管理办法;档案、资料、文件管理完整规范。

(二)宣传教育广泛深入

1. 认真贯彻《中华人民共和国国防教育法》和《吉林国防教育条例》,把以爱国主义为核心,以拥军优属、拥政爱民为重要内容的国防教育纳入国民教育体系及部队教育规划,列入宣传、教育、文化、广播影视、新闻出版等部门的年度工作计划,有部署,有检查,有总结。

2. 有适应本地区实际情况的教育制度和教育设施,教育对象、时间、内容落实,爱国主义教育基地作用发挥明显。党校、大、中、小学开设国防教育课;军分区(警备区)、人民武装部能够组织协调开展经常性爱国主义教育活动,组织开展大中学校军训工作。

3. 报刊、广播、电视、网络等宣传媒体开设双拥工作专栏和双拥公益广告,有专门的双拥工作简报或信息等宣传载体。在交通口岸、城区主要街道、公园、旅游景点、公交站点等公共场所设置永久性双拥宣传标语和展板,军地基层单位设有双拥宣传栏。

(三)拥军工作扎实有效

1. 把支持国防和军队建设纳入经济社会发展规划,积极探索军民结合、寓军于民的路子,推动国防和军队建设又好又快地发展。

2. 大力支持军事斗争准备,配合部队完成多样化军事任务成效明显。积极支援重点军事工程建设,军事设施保护完好,无重大破坏军事设施的刑事案件。

3. 广泛开展科技、教育、文化、法律拥军。协助军队实施人才战略工程,帮助提高官兵的科技文化

素质，积极为驻军和优抚对象办实事、做好事。

4. 各级军供站认真贯彻国务院、中央军委《关于深化军粮供应体制改革的通知》（国发［1996］50号）和国家四部委下发的《军粮供应管理暂行办法》，严格按品种，保质保量完成军粮供应任务。把军供设施建设纳入各级政府的重要议事日程，全面落实《军用饮食供应工作正规化建设规定》和《军用饮食供应站供水站管理办法》，设施设备完善，快速应急保障有力。军供站经费纳入各级财政预算，并随着经济社会发展和保障任务的增加不断提高经费保障标准和水平。

（四）拥政爱民成果显著

1. 充分发挥部队优势，积极参加和支援吉林老工业基地振兴，大力支持社会主义新农村建设和社会公益事业建设。

2. 积级参与扶贫帮困、助学兴教和民族团结进步等工作。

3. 奋勇参加抢险救灾，在保卫国家利益和人民群众生命财产的斗争中发挥生力军和突击队作用。

4. 协助地方维护社会和谐稳定，妥善处置各种突发事件。

（五）政策法规落到实处

1. 认真贯彻执行党、国家和省有关国防建设和双拥工作的政策、法律、规定，并根据形势发展，结合当地特点，不断完善与之相配套的地方性政策、办法和措施。

2. 转业军官、复员干部、退役士兵、军队离退休干部、伤病残退役军人、随军家属安置，以及退役士兵职业技能培训政策得到落实。

3. 部队及军人军属的合法权益得到保障，侵害部队及军人军属合法权益的违法行为及时得到依法处理。

4. 依法开展征兵工作，兵员数量质量得到保证，无责任退兵事件。

5. 优抚对象抚恤优待政策全面落实，并保证其抚恤标准与当地群众生活水平同步提高，医疗、住房问题得到有效解决。

6. 对现役军人、烈军属、革命残疾军人的优待政策得到落实。

7. 烈士纪念建筑物保护单位和优抚安置事业单位功能突出，作用明显。

8. 军人子女教育优待政策落到实处。

9. 军队模范执行党和国家的法律法规，严格遵守军队群众纪律，尊重少数民族的宗教信仰和风俗习惯，定期开展拥政爱民教育，树立人民军队的良好形象。

10. 军休人员政治待遇和生活待遇得到落实，军休机构经费按规定列入各级财政预算；军休服务管理制度健全、管理科学、服务周到。

（六）双拥活动坚持经常

1. 开展双拥活动以基层为重点，注重落实，讲求实效，不断健全制度、拓宽渠道、丰富内容、创新形式。各乡、镇、街道办事处、社区、机关、团体、学校、企事业单位和驻军基层单位建立健全双拥活动组织，组织广大军民积极开展双拥活动。“两新”组织（新经济组织、新社会组织）参与拥军优属工作有组织、有内容、有成效。

2. 双拥活动年度有计划，季度有安排，节日有走访，平时有活动。

3. 各项活动主题鲜明，内容丰富，形式多样，参与广泛，具有时代特色和地域特点。重落实、讲实效，定期检查总结，积极推进双拥工作社会化、经常化、制度化。

（七）军民共建成效明显

1. 围绕推进社会主义核心价值体系建设和培育当代革命军人核心价值观，深入贯彻落实《公民道德建设实施纲要》和《军人道德规范》，自觉践行社会主义荣辱观。

2. 军民积极参加创建文明城市、文明村镇、文明行业、文明社区等活动，不断提高军民思想道德素质和精神文明建设质量。

3. 驻军连以上单位都有军民共建点。

4. 军（警）民联防联治等活动经常，在社会治安综合治理中发挥重要作用，为构建和谐社会创造良好的社会环境。

（八）军民关系和谐融洽

1. 党委、政府和人民群众爱护军队,尊重军人,关心部队建设。

2. 部队尊重地方党委、政府,热爱人民,支持地方工作。

3. 军政军民互相关心,互相爱护,互相支持,亲如一家。军地历史遗留问题得到妥善处理,无重大军民纠纷。发生军民纠纷时,军地领导能够主动出面,积极调解,及时妥善解决。

第十一条 有下列情况之一的,不能申报和推荐双拥模范城(县、区):

(一)发生重大军民纠纷,在国家和省级双拥机构、公安部门记录在案,造成严重后果的;

(二)对《吉林省军人抚恤优待办法》、《关于支持吉林省驻军和武警部队建设的若干意见》等双拥政策法规未落实的;

(三)双拥组织机构无工作人员和经费保障的;

(四)残疾退役军人和退役士兵年度安置任务没有完成的;

(五)未开展退役士兵职业技能培训工作的;

(六)因其他优抚安置政策规定不落实,造成严重后果的。

第十二条 没有在上一届被命名为省级以上双拥模范城(县)的市、县,不能申报全国双拥模范城(县)。

第三章 命名程序与权限

第十三条 加强对全省双拥模范城(县、区)评选表彰工作的组织领导,由全省双拥模范城(县、区)评选表彰工作领导小组负责全省双拥模范城(县、区)的评选表彰工作。

第十四条 省级双拥模范城(县、区)由各县(市、区)向所在地级市(州)提出申请,由市(州)党委、政府和军分区(警备区)向省双拥模范城(县、区)评选表彰工作领导小组申报,审核后报省双拥工作领导小组审定。

第十五条 各地级市(州)推荐(自荐)省级双拥模范城(县、区)时要坚持标准,实事求是,严格把关,在征求军地双方意见基础上,按省双拥模范城(县、区)评选表彰工作领导小组分配名额做好推荐(自荐)工作。

第十六条 省双拥模范城(县、区)评选表彰工作领导小组,对推荐(自荐)的市、县、区进行考核,考核结果经省双拥工作领导小组审议后确定初选名单,并在省主要新闻媒体上进行为期15天的公示。公示期满后,由省委、省政府和省军区命名省级双拥模范城(县、区),召开命名大会,授予奖牌,并报全国双拥工作领导小组备案。同时,对开展双拥工作成绩突出的单位和个人进行评比表彰,并颁发奖牌或奖励证书。

第十七条 各地应结合实际情况对双拥工作先进单位和个人进行表彰并给予适当的物质奖励,具体办法由当地制定。

第十八条 全国双拥模范城(县)的申报,由省双拥模范城(县、区)评选表彰工作领导小组在省级双拥模范城(县)中初选推荐名单,报省双拥工作领导小组同意,征求沈阳军区意见后,在省内主要新闻媒体上进行为期15天的公示,公示期满后,报省委、省政府和省军区审核,以省委、省政府和省军区名义向全国双拥工作领导小组推荐。

第四章 命名后的管理

第十九条 双拥模范城(县、区)要以命名为新起点,坚持巩固提高、创新发展的方针,不断研究新情况,解决新问题,总结新经验,取得新成绩。

第二十条 全国和省级双拥模范城(县、区)每年要将年度双拥工作总结和下年度双拥工作计划报省双拥工作领导小组办公室,全国双拥模范城(县)还要同时上报全国双拥工作领导小组办公室。

第二十一条 省双拥工作领导小组办公室每两年对全国和省级双拥模范城(县、区)进行一次检查考评,并将检查考评情况向全国和省双拥工作领导小组报告,作为下一届评选双拥模范城(县、区)的重要依据。

第二十二条 对双拥模范城(县、区)实行年度抽检制度。全国双拥工作领导小组办公室每年对全国双拥模范城(县)进行抽查,省双拥工作领导小组办公室每年对全国和省级双拥模范城(县、区)进行抽查,并视情通报抽查情况。

第二十三条 双拥模范城(县、区)的工作无新的进展或出现问题的,省双拥工作领导小组给予批评帮助,限期整改,并将整改情况作为下届双拥模范城(县、区)评比的重要依据。

第二十四条 双拥模范城(县、区)出现政策法规不落实或重大军民纠纷等突出问题,应在及时纠正和妥善处理的同时,将情况报省双拥工作领导小组办公室。对隐情不报或不及时采取措施解决的,给予通报批评;严重影响军政军民团结和社会稳定的,按命名权限撤销其"双拥模范城(县、区)"荣誉称号,收回奖牌和荣誉证书,并向社会公布。

第二十五条 被撤销"双拥模范城(县、区)"荣誉称号的,取消其下一届参加双拥模范城(县、区)评比资格。经过认真整改,符合条件的,可重新参加以后的双拥模范城(县、区)评比。

第五章 附 则

第二十六条 本细则由省双拥工作领导小组办公室负责解释。

第二十七条 本细则自颁发之日起施行,2006年颁布的《实施细则》同时废止。

吉林省军人抚恤优待办法

第一章 总 则

第一条 为了保障国家对军人的抚恤优待,激励军人保卫祖国、建设祖国的献身精神,加强国防和军队建设,根据《军人抚恤优待条例》,结合本省实际,制定本办法。

第二条 入伍前具有本省户籍的和不具有本省户籍在本省的中国人民解放军现役军人(以下简称现役军人)以及具有本省户籍的退出现役的残疾军人、复员军人、退伍军人和烈士遗属、因公牺牲军人遗属、病故军人遗属、现役军人家属,是本办法规定的抚恤优待对象,依照本办法的规定享受抚恤优待。

第三条 县级以上人民政府民政部门主管本行政区域内的军人抚恤优待工作。

第四条 本省行政区域内的国家机关、社会团体、企业事业单位,应当按照《军人抚恤优待条例》和本办法的规定,履行各自的军人抚恤优待责任和义务。

第五条 政府提倡和鼓励社会组织和个人,对军人抚恤优待事业提供捐助,对军人抚恤优待对象提供服务。

第六条 军人抚恤优待所需经费,除中央财政安排的以外,由各级人民政府分级负担,实行专款专用,并接受财政、审计部门的监督。

第七条 各级人民政府对于在军人抚恤优待工作中做出显著成绩的单位和个人,给予表彰和奖励。

第二章 抚 恤

第八条 烈士遗属、因公牺牲军人遗属、病故军人遗属,由县级人民政府民政部门分别发给中华人民共和国烈士证明书、中华人民共和国军人因公牺牲证明书、中华人民共和国军人病故证明书和一次性抚恤金。

第九条 本办法第八条规定的证明书和一次性抚恤金,按照下列规定发放:

(一)军人有父母(抚养人)、配偶、子女的,发放给其父母(抚养人)、配偶、子女;

(二)军人无父母(抚养人)、配偶和子女的,发给其未满18周岁的兄弟姐妹和已满18周岁无生活费来源,由该军人生前供养的兄弟姐妹;

(三)发放对象为两人以上的,按照其自行协商的结果发放证明书和抚恤金,协商不成的,证明书发给其中的年长者,抚恤金按照发放对象人数等额发放;

(四)军人无本条第(一)、第(二)项所列遗属的,不予发放一次性抚恤金。

第十条 符合《军人抚恤优待条例》第十五条规定条件的遗属,由县级人民政府民政部门发给定期抚恤金,定期抚恤金的标准由县级以上人民政府根据国家规定的标准,结合当地的具体情况确定、公布和调整。执行的标准不得低于省规定的标准。

第十一条 现役军人残疾被认定为因战致残、因公致残、因病致残的,依照《军人抚恤优待条例》和本办法的规定享受残疾抚恤待遇。

第十二条 县级以上人民政府对依靠残疾抚恤金生活仍有困难的残疾军人,可以采取增发残疾抚恤金,或者采取优待、给予最低生活保障待遇、临时救助、特困救济、节日慰问等方式予以补助,保障其生活不低于当地的平均生活水平。

第十三条 对退出现役分散安置的一级至四级残疾军人,由县级以上人民政府民政部门按照国家规定发给护理费。

县级以上人民政府民政、财政、人力资源和社会保障部门,按照当地上年度在岗职工月平均工资标准确定护理费标准。当地上年度在岗职工月平均工资标准低于全省上年度在岗职工月平均工资标准的,按照全省上年度在岗职工月平均工资标准执行。

第三章 医疗优待

第十四条 退出现役的一级至六级残疾军人,按照下列规定参加城镇职工基本医疗保险,享受医疗保险待遇:

(一)按照城镇职工基本医疗保险制度的规定,应当由单位缴费的部分,有工作单位的,由单位缴纳;

(二)按照城镇职工基本医疗保险制度的规定,应当由个人缴费的部分,由个人缴纳,个人缴纳有困难的,有工作单位的,由其所在单位帮助缴费;

(三)所在单位无力缴纳和无工作单位的,经残疾军人所在地县级人民政府人力资源和社会保障、民政、财政部门共同确认后,由财政部门安排资金,民政部门统一办理参保手续。

第十五条 退出现役的七级至十级残疾军人、在乡复员军人、带病回乡退伍军人、享受国家抚恤和生活补助的烈士遗属、因公牺牲军人遗属、病故军人遗属、参战退役人员,享受下列医疗保障待遇:

(一)已经就业的,参加城镇职工基本医疗保险,由单位按照规定缴费,单位无力缴费的,由当地政府通过多种形式筹集资金帮助其参保;

(二)未就业的,可以参加城镇居民基本医疗保险、新型农村合作医疗,或者符合优抚对象实际的其他医疗保险,确有困难的,由抚恤优待对象所在地县级人民政府民政部门通过城乡医疗救助等形式帮助其缴费参保;

(三)未享受或者已经享受本条前两项规定的医疗保障待遇,但个人医疗费用负担较重的,由县级人民政府民政部门对其实行城乡医疗救助和抚恤优待对象医疗补助。

第十六条 退出现役的七级至十级残疾军人旧伤复发被视同工伤的医疗费用,已经参加工伤保险的,由工伤保险基金支付;未参加工伤保险的,由工作单位支付。工作单位无力支付或者无工作单位的,由县级或者市级人民政府民政部门从抚恤优待对象医疗补助资金中支付。

第十七条 县级人民政府可以通过下列方式筹集抚恤优待对象医疗补助资金:

(一)财政预算安排;

(二)彩票公益金;

(三)社会捐赠;

(四)其他方式。

第十八条 医疗补助资金列入县级以上财政预算,单独列账,结余结转下年使用。省财政对抚恤优待对象人数较多的困难地区,给予适当补助。

第四章 教育优待

第十九条 义务兵和初级士官退出现役后,报考国家公务员、高等学校和中等职业学校的,在与其他考生同等条件下优先录取。

退役士兵报考成人高等学校的,可以在其考试成绩总分的基础上增加10分投档;在服役期间荣立三等功以上的退役士兵,可以在其考试成绩总分的基础上增加20分投档。

退役士兵报考普通高等学校的,可以在其统考成绩总分的基础上增加10分投档;其中荣立二等功以上或者被大军区以上单位授予荣誉称号的,可以在其统考成绩总分的基础上增加20分投档。

退役士兵报考中等职业学校的,免试入学。

退役士兵报考研究生的,在同等条件下,可以优先复试或者录取。

第二十条 现役军人子女入公办中小学校和幼儿园、托儿所,在同等条件下优先接收。报考普通高等学校的,在同等条件下优先录取。

第二十一条 驻守边疆国境的县(市)、沙漠区、国家确定的边远地区中的三类地区和军队确定的特、一、二类岛屿部队现役军人的子女,在接受学校教育时,享受下列优惠待遇:

(一)报考普通高中的,降低20分录取,并且不收省级规定收费项目以外的费用;

(二)报考中等职业学校的,免试入学;

(三)报考高等学校的,在同等条件下优先录取;

(四)在同等条件下优先享受国家规定的各项助学政策。

第二十二条 因公牺牲军人子女、一级至四级残疾军人子女、残疾军人,接受学校教育时,享受下列优惠待遇:

(一)报考普通高中的,降低10分录取;

(二)报考中等职业学校的,免试入学;

(三)报考高等学校的,在同等条件下优先录取;

(四)残疾军人在校学习期间免交学杂费。

第二十三条 烈士子女入学、入托,享受下列优惠待遇:

(一)在同等条件下优先接收;

(二)报考普通高中的,降低20分录取;

(三)报考中等职业学校的,免试入学;

(四)报考普通或者成人高等学校的,可以在高等学校调档分数线下降低20分投档。

第五章 生活优待

第二十四条 义务兵服现役期间,其家庭由县级人民政府发给优待金或者给予其他优待,优待标准不低于当地平均生活水平。

义务兵优待金列入县级以上财政预算。

第二十五条 非户籍所在地入伍的义务兵(在校大学生入伍的除外)、从地方直接招收的军队院校学员和军队文体类专业人员,不享受优待金;超过服现役年限或者从部队考入军校的义务兵,从入伍第三年起,不再享受优待金。

第二十六条 随军烈士遗属、因公牺牲军人遗属、病故军人遗属,移交地方人民政府安置的,享受《军人抚恤优待条例》和当地政府规定的抚恤优待政策。

第二十七条 在乡享受抚恤补助的残疾军人、复员军人、烈士遗属、因公牺牲军人遗属、病故军人遗属、带病回乡退伍军人,由县级人民政府民政部门发给优待金。优待金列入县级财政预算,标准不低于当地县级行政区域上一年度农村居民人均纯收入的30%。

第二十八条 县级人民政府民政部门,对于在乡复员军人和带病回乡退伍军人给予定期定量补助。

定期定量补助的标准,由县级以上人民政府根据当地的具体情况确定,但不得低于省里规定的基础标准。

对于在部队立过功的在乡复员军人,其补助标准可以适当提高。

第二十九条 各级人民政府应当按照国家规定,兴办优抚医院、光荣院,治疗或者集中供养孤老和生活不能自理的抚恤优待对象。

各类社会福利机构应当优先接收抚恤优待对象。

第六章　劳动优待

第三十条　义务兵和初级士官入伍前是国家机关、社会团体、企业事业单位职工(含合同制人员)的,退出现役后,允许复工复职,并享受不低于本单位同岗位(工种)、同工龄职工的各项待遇;服现役期间,其家属继续享受该单位职工家属的有关福利待遇。

义务兵和初级士官入伍前承包的土地(山、林)等,应当保留;服现役期间,除依照国家有关规定和承包合同的约定缴纳有关税费外,免除其他负担。

第三十一条　在国家机关、社会团体、企业事业单位工作的残疾军人,享受与所在单位工伤人员同等的生活福利和医疗待遇。所在单位不得因其残疾将其辞退、解聘或者解除劳动关系。

第三十二条　现役军人家属、烈士遗属、因公牺牲军人遗属、病故军人遗属、残疾军人及其家属,在就业方面享受下列优惠待遇:

(一)优先推荐就业;

(二)因企业破产、停产等原因失业的,当地人民政府人力资源和社会保障部门在介绍职业和培训时减免相关费用;

(三)从事个体经营活动的,工商行政管理、税务等部门优先为其办理营业执照和税务登记手续,并按有关规定减免税费。

第三十三条　烈士、因公牺牲军人、病故军人、残疾军人的子女、兄弟姐妹,自愿应征并且符合征兵条件的,优先批准其服现役。退出现役后,在同等条件下优先安置。

第三十四条　经军队师(旅)级以上单位政治机关批准随军的现役军官家属、文职干部家属、士官家属,由驻军所在地的公安机关办理落户手续。随军前是国家机关、社会团体、企业事业单位职工的,驻军所在地人民政府人力资源和社会保障部门应当优先帮助就业;随军前没有工作单位的,驻军所在地人民政府应当根据本人实际情况作出相应安置;对自谋职业的,按照国家有关规定减免有关税费。

第三十五条　驻守边疆国境的县(市)、沙漠区、国家确定的边远地区中的三类地区和军队确定的特、一、二类岛屿部队的现役军官、文职干部、士官,其符合随军条件无法随军的家属,所在地人民政府应当妥善安置,保障其生活不低于当地的平均生活水平。

第七章　其他优待

第三十六条　残疾军人、复员军人、带病回乡退伍军人、烈士遗属、因公牺牲军人遗属、病故军人遗属,承租、购买住房依照有关规定享受优先、优惠待遇。在符合规定的条件下,优先享受经济适用房或者廉租住房的待遇。

第三十七条　居住农村的抚恤优待对象住房困难的,采取下列方式解决:

(一)个人投资建设,政府给予适当补助;

(二)机关和企业事业单位自愿投资帮助建设;

(三)社会捐助帮助建设。

第三十八条　现役军人凭有效证件、残疾军人凭中华人民共和国残疾军人证可以优先购票和乘坐火车、轮船、长途公共汽车以及民航班机;残疾军人享受减收正常票价50%的优待。

现役军人凭有效证件、残疾军人凭中华人民共和国残疾军人证可以免费乘坐市内的公共汽车、电车和轨道交通工具。

第三十九条　现役军人、残疾军人凭有效证件可以免费参观游览省内公园、展览馆、纪念馆以及名胜古迹。

第八章　法律责任

第四十条　军人抚恤优待管理单位及其工作人员挪用、截留、私分军人抚恤优待经费,构成犯罪的,依法追究相关责任人员的刑事责任;尚不构成犯罪的,对相关责任人员依法给予行政处分或者纪律处分。被挪用、截留、私分的军人抚恤优待经费,由上一级人民政府民政部门责令追回。

第四十一条 军人抚恤优待管理单位及其工作人员、参与军人抚恤优待工作的单位及工作人员有下列行为之一的，由其上级主管部门责令改正；情节严重，构成犯罪的，依法追究相关责任人员的刑事责任；尚不构成犯罪的，对相关责任人员依法给予行政处分或者纪律处分：

（一）违反规定审批军人抚恤待遇的；

（二）在审批军人抚恤待遇工作中出具虚假诊断、鉴定、证明的；

（三）不按规定的标准、数额、对象审批或者发放抚恤金、补助金、优待金的；

（四）在军人抚恤优待工作中利用职权谋取私利的。

第四十二条 负有军人优待义务的单位不履行优待义务的，由县级人民政府民政部门责令限期履行义务；逾期仍未履行的，处以2 000元以上1万元以下罚款。对直接负责的主管人员和其他直接责任人员依法给予行政处分、纪律处分。因不履行优待义务使抚恤优待对象受到损失的，应当依法承担赔偿责任。

第四十三条 抚恤优待对象有下列行为之一的，由县级人民政府民政部门给予警告，限期退回非法所得；情节严重的，停止其享受的抚恤优待；构成犯罪的，依法追究刑事责任：

（一）冒领抚恤金、优待金、补助金的；

（二）虚报病情骗取医药费的；

（三）出具假证明，伪造证件、印章骗取抚恤金、优待金、补助金的。

第四十四条 抚恤优待对象被判处有期徒刑、剥夺政治权利或者被通缉期间，中止其抚恤优待；被判处死刑、无期徒刑的，取消其抚恤优待资格。

第九章 附 则

第四十五条 抚恤优待对象户口迁移时，应当同时办理抚恤优待转移手续。迁出地的县级人民政府民政部门应当发给当年全年的抚恤优待待遇，迁入地的县级人民政府民政部门，凭接收的手续和相关证件，从次年1月份起发给抚恤优待待遇。

第四十六条 本办法同时适用于中国人民武装警察。军队离休、退休干部的抚恤优待，按照《军人抚恤优待条例》和本办法有关现役军人抚恤优待的规定执行。

因参战伤亡的民兵、民工的抚恤，无工作单位见义勇为伤残人员和因参加军事演习、军事训练和执行军事勤务伤亡的预备役人员、民兵、民工以及其他无工作单位人员的抚恤，参照《军人抚恤优待条例》和本办法的有关规定办理。

第四十七条 本办法自2010年5月1日起施行。1991年9月29日吉林省人民政府发布的《吉林省军人抚恤优待实施办法》同时废止。

黑龙江省双拥模范城（县）创建命名管理办法实施细则

第一章 总 则

第一条 为贯彻落实党中央、国务院、中央军委和省委、省政府关于做好新时期双拥工作，进一步加强军政军民团结的指示精神，推动我省创建双拥模范城（县）活动广泛深入持久地开展，根据全国《双拥模范城（县）创建命名管理办法》，结合我省双拥工作实际，制定本细则。

第二条 双拥模范城（县）是双拥工作成效显著，军政军民关系融洽，经济社会和驻军部队建设协调发展，具有榜样和示范作用的，并经过一定程序命名的先进典型，是当地党委、政府、驻军领导机关和全体军民共同的政治荣誉，是体现军政军民团结的重要标志。

第三条 创建双拥模范城（县）活动，要坚持以马列主义、毛泽东思想、邓小平理论和“三个代表”重要思想为指导,深入贯彻落实科学发展观,着眼于全省经济社会发展和国防现代化、军队多样化建设大局,以提高地方生产力、部队战斗力和社会凝聚力为根本任务,进一步巩固军地共谋发展、共促和谐局面,促进新时期双拥工作发展水平全面提高。

第四条 双拥模范城(县)分全国和省两级。

第五条 全国双拥模范城(县)的命名范围是:省(自治区)辖市(不含所辖县和市),直辖市辖区(县),县级市、县(自治县)、旗(自治旗);省级双拥模范城(县)的命名范围是:地级以上市(不含所辖县、市),县级市、县(自治县)、市(地)辖区。

第六条 省级双拥模范城(县)由省委、省政府和省军区命名。

第七条 命名双拥模范城(县)应坚持标准,注重实际,保证质量,实行能上能下,动态管理。

第八条 省级命名双拥模范城(县)数量控制在纳入考核评选市(县)总数的30%左右,县级行政区所占命名总数比例不低于60%。具体推荐工作根据情况另行通知。

第九条 对在双拥模范城(县)创建活动中做出突出成绩的单位和个人,结合命名双拥模范城(县)进行表彰。

第二章 双拥模范城(县)的标准

第十条 双拥模范城(县)必须符合以下标准:

(一)组织领导坚强有力。地方各级党委、政府和驻军领导机关把双拥工作纳入当地经济社会发展和部队建设的总体规划和年度重点工作计划,纳入党政军领导干部政绩考核范围,任务目标明确,计划措施完善;坚持党委议军、军地联席会议等制度;军地各级要建立双拥工作组织领导机构,市、县(区)双拥办机构健全,有工作人员、经费保障,地级以上市(行署)双拥办要实行军地合署办公,县(市、区)双拥办要有驻军部队专人联系双拥工作;各乡(镇)、街道办事处(社区)、机关、团体、学校、企事业单位和驻军基层单位要有专人负责双拥工作,并建立双拥组织或服务组织;双拥工作各项制度健全,有长远规划、短期计划,平时有检查,年终有总结;双拥工作领导组织、成员单位和办事机构职责明确,任务落实;市(地)、县(市)要有双拥创建工作的配套措施办法,档案、资料、文件管理完整规范。

(二)宣传教育广泛深入。认真贯彻《中华人民共和国国防教育法》和《黑龙江省全民国防教育条例》,把双拥宣传和国防教育纳入全民教育体系和部队教育计划,列入宣传、教育、文化、广播、影视、新闻出版等部门年度工作内容,有部署,有检查,有总结;有适合本地区、本单位实际情况的教育制度,有固定的国防教育阵地,教育阵地设施完备,教育对象、时间、内容落实;报刊、电视、广播、网络等宣传媒体开设双拥专栏、专题和双拥公益广告,有专门的双拥工作简报等宣传载体。主要交通口岸、市中心城区主要街道、干道、公园、设置永久性双拥宣传标志、标语;党校、大、中、小学开设国防教育课;军分区(警备区)、人武部要组织协调开展经常性爱国主义教育活动,组织大中学校开展军训工作,形成浓厚的双拥社会氛围。

(三)拥军工作扎实有效。把支持国防和部队建设纳入当地经济社会发展规划,积极探索军民结合、寓军于民的路子,推动国防和军队建设又好又快、更好更快发展;配合部队完成多样化军事任务成效明显;开展科技、教育、文化、法律拥军,帮助部队提高官兵科技文化素质;建立涉军维权机构,并能切实维护部队及军人军属合法权益;积极支援重点军事工程建设,保障军事设施安全;加强军供站正规化建设,提高应急保障能力;支持部队后勤保障社会化,优惠政策配套,优质服务到位。

(四)拥政爱民成果显著。充分发挥军队优势,积极参加和支援东北老工业基地振兴,大力支持社会主义新农村建设、城市社区建设和社会公益事业建设,扶贫帮困、助学兴教等工作成效明显;支援地方重点工程建设,奋勇抢险救灾;尊重支持地方党委政府的领导,自觉遵守群众纪律;协助地方维护社会和谐稳定,妥善处置各种突发事件。

(五)政策法规落到实处。认真贯彻执行党和国家、省委、省政府有关国防和双拥工作的法律、法规、规章、政策，并能够结合当地实际不断完善与之相配套的地方性政策、办法。转业军官、复员干部、退役士兵、军队离退休干部、残疾退役军人和随军家属有关安置、培训政策得到落实；军人及其家属的合法权益得到保障；兵员征集数量、质量得到保证；优抚对象抚恤补助及时落实，保证其生活水平达到当地群众平均生活水平，并同步提高；深入开展“爱心献功臣”活动，重点优抚对象的“三难”问题基本得到解决，解决“住房难”有新突破，落实新型医疗保障制度；现役军人、残疾退役军人、义务兵家属、在乡复员军人等优抚对象按标准享受优待；加强烈士纪念建筑物保护单位和优抚事业单位建设，做到功能突出，作用明显；公园（含风景名胜）、医院、邮局、电信、商场、公路、机场、港口、车站、停车场、城市公交等服务性行业，坚持军人优先原则，按规定落实对现役军人及残疾军人等优抚对象的优惠政策；军队模范执行党和国家的法律法规，严格遵守军队、群众纪律，定期开展拥政爱民教育和群众纪律检查，人民军队形象良好。

（六）双拥活动坚持经常。开展双拥活动以基层为重点，重落实，讲实效，搞创新。做到年度有计划，季度有安排，节日有走访，平时有活动。各项活动主题鲜明，内容丰富，形式多样，参与广泛，具有时代特色和地域特点。积极开展双拥工作进企业、进学校、进乡镇、进社区、进机关、进连队等活动；“两新”组织（新经济组织、新社会组织）参与拥军优属工作有组织、有内容、有成效。健全各项制度，定期检查总结，推进双拥工作社会化、经常化、制度化。

（七）军民共建成效明显。围绕推进社会主义核心价值体系建设和培育当代革命军人核心价值观，深入贯彻落实《公民道德建设实施纲要》和《军人道德规范》，自觉践行社会主义荣辱观，积极参加文明城市、文明村镇、文明行业、文明社区等创建活动；大力开展智力拥军、科技助民活动，积极培养军地各类技术人才；驻军单位与驻地单位结成共建对子，共学创新理论、共树文明新风、共创平安和谐，在共建资源节约、环境友好型社会和开展社会治安综合治理、军（警）民联防联治等创建活动中示范带头作用突出，作用明显。

（八）军政军民关系融洽。军政军民互相尊重、互相爱护、互相支持，亲如一家；有预防和处理军地纠纷的措施和预案，并明确军地领导责任。

第十一条　有下列情况之一的，不能申报和推荐省级双拥模范城（县）：

（一）发生重大军民纠纷，被公安部门立案，在国家或省级双拥机构记录在案，造成严重后果的；

（二）双拥组织机构无工作人员和经费保障的；

（三）残疾退役军人年度安置任务没有完成的；

（四）退役士兵职业技能培训工作达不到规定要求的；

（五）重点优抚对象“住房难”问题解决不达标的。国家级双拥模范城县100%解决，省级双拥模范城县80%解决；

（六）因其他优抚、安置政策规定不落实造成严重后果的。

第十二条　省双拥工作领导小组根据第十条规定，提出每届省级双拥模范城（县）评选命名的具体要求。

第十三条　命名省级双拥先进单位标准，参照命名省级双拥模范城（县）标准执行。

第十四条　表彰的双拥先进个人要具备以下基本条件：

（一）能够深入学习和贯彻邓小平理论、“三个代表”重要思想和科学发展观，践行全心全意为人民服务的宗旨。

（二）热爱双拥工作，对双拥工作有突出贡献，受到部队、优抚对象和人民群众高度赞扬。

（三）密切联系群众，关心部队建设，关注优抚对象和群众疾苦，积极为部队、优抚对象和人民群众办实事、解难题，成效明显。

第三章　命名权限与程序

第十五条　省级双拥模范城（县）以市（地）委、市（地）政府和军分区（警备区）名义联合申报推荐，经省双拥工作领导小组审核,报省委、省政府和省军区批准,同时报全国双拥工作领导小组备案。

第十六条 省级双拥模范城(县)命名表彰在全国双拥模范城(县)命名表彰前进行,每四年一次。每届评选命名双拥模范城(县)都要符合本办法第十条规定和每届命名的具体要求。

第十七条 省命名的双拥模范城(县)只在本届内享有荣誉。下次命名时,不论是否曾被命名为省级双拥模范城(县),只要符合本办法第十条基本标准,并获得市(地)级双拥模范城(县)的,均有被推荐、命名资格。

第十八条 各市(地)申报推荐省级命名表彰的双拥模范城(县)时要坚持标准,实事求是,严格把关,在征求当地军地双方意见基础上,按省双拥工作领导小组的分配名额做好推荐工作。

第十九条 省双拥工作领导小组办公室会同有关部门组成考核组,对推荐命名的城(县)进行考核,提出初评意见,将初选名单在省主要新闻媒体上进行为期 15 天公示。公示期满,报省双拥工作领导小组审核后,由省双拥工作领导小组报省委、省政府、省军区批准。

第二十条 由省委、省政府和省军区召开大会命名表彰省级双拥模范城(县),并授予奖匾。同时,对开展双拥工作成绩突出的单位和个人进行评比表彰,并颁发奖牌、荣誉证书。各地应根据实际情况对双拥工作先进单位和个人给予适当物质奖励,具体办法由各地制定。

第二十一条 申报全国双拥模范城(县)的,必须已获得省双拥模范城(县)称号。申报时,由省双拥工作领导小组根据国家要求分配申报名额,在各地自查申报的基础上,由省双拥工作领导小组组织考核,考核结果征求沈阳军区意见后,将拟推荐名单在省内主要新闻媒体公示 15 天。公示期满无异议后,报省委、省政府和省军区审核,审核合格的,以省委、省政府和省军区名义向全国双拥工作领导小组推荐。

第四章 命名后的管理

第二十二条 获命名的双拥模范城(县),要以命名为新起点,坚持巩固、创新、发展、提高的原则,不断研究新情况,解决新问题,认真探索新形势下推动双拥工作全面提升的新途径,谋划新措施,实现新发展。

第二十三条 获命名的全国和省双拥模范城(县),每年年底都要将年度双拥工作总结和下年度工作计划报省双拥工作领导小组办公室,全国双拥模范城(县)要同时将总结和计划报全国双拥工作领导小组办公室。

第二十四条 省双拥工作领导小组办公室每年按照《黑龙江省双拥模范城(县)评选内容和评分标准》和《全国双拥模范城(县)评选内容和评分标准》要求,对全国和省级双拥模范城(县)进行检查或抽查,并将检查情况进行通报,同时将检查情况作为下一届评选双拥模范城(县)的重要依据。

第二十五条 已经命名的双拥模范城(县)出现不符合双拥模范城(县)标准的重大问题时,本级双拥工作领导小组应及时给予批评帮助,提出改进意见,并向省双拥工作领导小组报告。对隐瞒不报或严重影响军民关系、失去模范作用的,按命名权限撤销其“双拥模范城(县)”荣誉称号,收回奖匾和荣誉证书,并向社会公布。

第二十六条 被撤销“双拥模范城(县)”荣誉称号的,取消其下一届参加双拥模范城(县)评比资格。经过认真整改,符合条件后,可参加以后的双拥模范城(县)评比。

第五章 附 则

第二十七条 本《实施细则》由省双拥工作领导小组办公室负责解释。

第二十八条 本《实施细则》自发布之日起实施,2004 年颁布的《实施细则》同时废止。

黑龙江省双拥模范城(县)考核评比办法

第一章　总　则

第一条　为保证双拥模范城(县)创建活动公平、有序、扎实开展,进一步规范省级双拥模范城(县)的考核评比工作。根据《全国双拥模范城(县)创建命名管理办法》和《黑龙江省〈双拥模范城(县)创建命名管理办法〉实施细则》规定,制定本办法。

第二条　省级双拥模范城(县)考核评比,必须严格按照《全国双拥模范城(县)创建命名管理办法》和《黑龙江省〈双拥模范城(县)命名管理办法〉实施细则》规定组织实施。

第三条　省级双拥模范城(县)考核评比工作要坚持以下五项原则:

(一)全面评价的原则。按照国家和我省规定双拥模范城(县)基本要求,进行全面的考评。

(二)公开公正的原则。省双拥办统一组织实施,并通过适当方式公开考评结果,接受社会监督。

(三)重在平时的原则。考评内容要突出检验经常性、基础性工作情况;在考评方式上采取平时检查与评时考核相结合的办法,予以综合评定。

(四)鼓励创新的原则。对于符合时代发展的新要求、突出地域特色、创造性地开展双拥工作,且成效显著的,给予适当加分。

(五)动态管理的原则。根据考评成绩,激励竞争,实行能上能下动态管理,确保创建活动的质量和成效。

第四条　双拥模范城(县)的考核评比工作由省双拥办牵头组织实施,军地有关成员单位参加。

第五条　参加省级双拥模范城(县)考核工作的人员,要严格坚持标准,认真进行检查,客观反映问题,准确实施打分,严守考评机密。

第六条　省级双拥模范城(县)考核实行百分制,包括年度考核积分、表彰年考核计分、奖励加分,累计为最后得分。

第二章　评分标准

第七条　年度考核积分,即日常双拥各项工作开展情况,占总分的60%。

第八条　评比年考核计分,即考核组对各地考核年度双拥工作的评定打分,占总分的40%。按照《黑龙江省双拥模范城(县)考核内容及评分标准》的规定评分。

第九条　有以下情况的可以适当加分。

(一)表彰年度内双拥工作受到党中央、国务院、中央军委领导肯定并作出批示的;

(二)申报全国双拥模范城(县)的地区,驻军数量居本省(区、市)前三名的;

(三)双拥工作成效突出,经验做法对全国或全省双拥工作具有指导意义,被全国双拥工作领导小组或省双拥工作领导小组确定为典型,以文件形式进行转发和推广的;

(四)双拥工作经验做法在全国性双拥(优抚)工作会议上作典型发言的(含交流书面典型材料);

(五)在重大军事演习、科研试验中保障有力、成效显著,并受军区以上表彰的;

(六)90%以上重点优抚对象住房困难问题得到解决的;

(七)表彰年度内在全国双拥工作简报(含全国双拥网)上刊载5篇(含)以上或在省双拥工作简报上刊登稿10篇以上(含)的;

(八)辖区内优抚安置对象占人口比例高于省(区、市)平均水平,且重点优抚对象抚恤补助标准高于当地生活水平的。

第十条　有《黑龙江省〈双拥模范城(县)创建命名管理办法〉实施细则》第十一条规定情形之一的,取消本届参评资格。

第三章　组织实施

第十一条　年度考核由省双拥工作领导小组办公室(军地合署办公)组成检查组进行;表彰年考核由省双拥工作领导小组办公室领导带队,组成有军地有关部门人员参加的联合检查团进行考评。

第十二条　年度考评时间依据各地上报的年度工作目标,每年年底前进行;表彰年的考评时间根据上级要求和工作需要确定。

第十三条　年度考评时,省双拥办负责考核国家级双拥模范城(县)、省级双拥模范城(地市级)和初次命名的省级双拥模范县(市、区)。省级表彰年考评时,省双拥办对申报的省级双拥模范城(地级以上市)、初次申报的双拥模范县(市、区)进行考核,对部分已经命名并再次申报的双拥模范县(市、区)进行抽查。国家级表彰年考评时,省双拥办对已经命名和申报的国家级双拥模范城(县)进行一次全面考核。

第十四条　考评主要采取听取汇报、召开座谈会、查阅资料、实地查看、组织测评、入户调查等方式进行。

第四章　附　则

第十五条　本《考核评比办法》由省双拥工作领导小组办公室负责解释。

第十六条　本《考核评比办法》自发布之日起实施,原《考核评比办法》同时废止。

黑龙江省双拥模范城(县)考核内容及评分标准(试行)

项目及分值	序号	考评内容	分解分值	评分标准	考评得分
一、组织领导坚强有力(10分)	1	双拥工作纳入当地经济社会发展规划,列入党政军领导干部政绩考核范围;年度政府工作报告、军分区(警备区)或人民武装部党委工作报告有双拥工作内容。	2	没有纳入当地社会发展规划或党政军领导干部政绩考核范围扣1分;年度工作报告没有双拥内容扣1分。	
	2	党委议军会议、军地联席会议制度得到落实;双拥工作领导小组每年至少召开一次全体成员会议。	1	不落实党委议军会议或军地联席会议制度扣0.5分;不召开领导小组会议扣0.5分。	
	3	双拥工作领导小组成员单位职责明确,有年度工作计划和总结,每年在双拥工作领导小组全体会议上进行工作述职(或书面述职)。	1	职责不明确扣0. 5分;没有规划或总结不得分;不述职扣0.5分。	
	4	领导带头参加双拥活动和走访慰问。	1	不带头参加不得分。	
	5	建立由军地主要领导牵头的双拥工作领导机构、职能部门齐全,每年例会1次以上。	1	没有机构扣1分;不开会扣1分。	
	6	成员单位落实工作规划,并有专人任联络员。	0.5	没有专人扣0.5分。	
	7	地市级双拥办有2名(含)以上工作人员,并实行军地合署办公;县(市)级双拥办有1名(含)以上工作人员,并有相对固定的部队人员参与工作。	1	地市级少1人扣0.5分,不合署扣0.5分;县(市)无工作人员不得分,部队没有相对固定人员参与扣0.5分。	
	8	双拥办有固定办公地点、设备,双拥经费列入财政预算。	1	没有固定地点和设备或经费没列入财政预算不得分。	
	9	慰问部队、重点优抚对象等双拥活动经费列入财政预算。	1	没列入预算不得分。	
	10	双拥工作各项制度健全,档案、资料、文件管理完整规范	0.5	制度不健全或管理不完整规范不得分。	

续表

二、宣传教育广泛深入（5分）	11	国防和双拥宣传教育纳入国民教育体系及部队教育规划。	0.5	没有纳入国民教育体系扣0.25分；没有纳入部队教育规划扣0.25分。	
	12	国防和双拥宣传教育列入宣传、教育、文化、广播影视、新闻出版等部门年度工作计划，有部署，有检查，有总结。	0.5	没有列入计划扣0.5分；没有检查或总结扣0.25分。	
	13	有固定的国防和双拥教育阵地或教育基地，教育阵地设施完备，教育对象、时间、内容落实，每年集中组织开展1次以上教育活动。	0.5	没有固定阵地不得分；教育不落实扣0.25分。	
	14	国防和双拥宣传教育纳入学校教育课程体系。	0.5	不纳入不得分。	
	15	当地主要新闻媒体开辟国防和双拥宣传教育专栏。	0.5	没开辟不得分。	
	16	城区主要街道、公共场所、交通要道设有永久性双拥标志或宣传牌。	0.5	没设立不得分。	
	17	每年至少组织一次大型宣传教育活动。	0.5	不开展不得分。	
	18	军烈属家庭挂光荣牌。	0.5	存在不挂的不得分。	
	19	官兵立功受奖喜报及时送达并予以宣扬。	0.5	不送不得分。	
	20	编印工作刊物，交流双拥工作经验做法，反映双拥工作动态。	0.5	没有不得分。	
三、拥军工作扎实有效（14分）	21	积极支持部队完成战备执勤、训练演习、科研实验和抢险救灾等多样化军事任务，有计划、有措施、有成效。	2	没有计划或措施扣1分；部队合理化要求没有及时解决扣1分。	
	22	组织开展科技、教育、法律、文化等拥军活动，支持部队信息化建设和实施人才战略工程成效明显。	2	没有活动扣2分；没有成效扣1分。	
	23	支持重点军事工程建设，在规划审批、土地征用、设施配套等方面给予优先优惠，在城乡基础设施建设中兼顾到军事需求。	2	没有优先政策不得分；不按政策落实的扣1分。	
	24	认真贯彻落实《中华人民共和国军事设施保护法》，军事设施得到有效保护。	2	未列入国防教育、普法教育内容扣1分；因未保护好，使得军事设施有破坏的扣2分。	
	25	军供站人员、经费按规定落实，设施、设备完善，保障能力强，为过往部队提供优质服务。	1	人员、经费不落实的扣1分；军人不满意的扣0.5分。	
	26	有维护军人及其家属权益机构、有咨询站点、有涉军案件合议庭、有优先优惠政策，积极稳妥处理涉军案件和问题，国防利益和军人军属合法权益得到有效维护。	1	没有机构的扣1分；没有优先优惠政策的扣0.5分；合法权益没有保障好的扣0.5分。	
	27	建立支持部队后勤保障社会化机制，及时优质供应粮、油、水、电、气、暖等，解决部队生产、生活困难等问题有措施、有行动、有明显成效。	2	没有机制不得分；达不到标准扣1分。	
	28	车站、码头、医院等公共服务场所，设置残疾退役军人、烈属和现役军人等优先、优惠服务标志，地级市车站、码头有专门的军人候车区（室）。各类公共收费停车场所设有军车免费停放标志。	1	没有优惠标志的扣0.5分；停车场没有设免费标志的扣0.5分。	
	29	公路、桥梁、隧道、渡口等收费交通站点，免收军车通行费。	1	存在不免费现象的扣1分。	

续表

四、拥政爱民成果显著(14分)	30	驻军部队每年有拥政爱民工作计划,年中有检查,年末有总结。	1	没有计划不得分;没有检查或总结扣0.5分。	
	31	积极参加和支援驻地经济社会建设,有规划措施,有援建点,有援建成效。	2	没有援建点不得分;没有规划措施扣1分;没有成效扣1分。	
	32	勇于承担并出色完成抢险救灾等急难险重任务,预案健全,准备充分,完成任务圆满。	2	没有预案扣1分;没有完成任务扣1分。	
	33	参加军地统一组织的捐赠活动,为灾区和贫困地区群众送温暖、献爱心。	2	没有预案扣1分;没有参加捐赠扣1分。	
	34	从实际出发开展多种形式的扶贫帮困工作,积极参加驻地新农村建设或城市社区建设,团级以上单位有扶贫联系点和新农村建设、城市社区建设援建点,每年有援建计划、有项目、有成效。	2	没有计划扣1分;没有联系点扣1分;没有明显成效扣1分。	
	35	大力开展助学兴教,组织团以上领导干部与贫困学生结对助学。	2	没有预案扣1分;没有结对子扣1分。	
	36	参加驻地绿化美化建设,在植树造林、环境整治方面有成效。	1	不参加不得分,没完成任务扣0.5分。	
	37	广泛参与平安建设,协助地方处置各类突发事件及时有效。	1	没有维稳工作预案或不落实的不得分。	
	38	扎实做好民族团结进步工作,每年至少为驻地少数民族群众办一至两件有影响的实事。	1	没有为驻地少数民族办实事不得分。	
五、政策法规落到实处(33分)	39	结合本地区和驻军部队实际,出台综合性双拥政策规定,保障军人、优抚对象合法权益不受侵害。	1	没出台不得分。	
	40	对在创建双拥模范城(县)活动中作出突出贡献的单位和个人有明确的奖励办法。	1	没有奖励办法不得分。	
	41	严格落实征兵有关政策规定,保证兵员质量,圆满完成征兵任务,并无责任性退兵和换兵。	1	有非农户口青年挤占农村户口青年入伍的扣1分;有收费征兵、私自带兵、责任退兵的扣1分。	
	42	现役军人、残疾退役军人、军队离退休干部游览当地公园、博物馆、风景名胜区享受优待;残疾退役军人免费乘坐市内公共汽车、电车、轨道交通工具;现役军人乘坐市内公共汽车、电车、轨道交通工具享受优待;现役军人、残疾退役军人、军队离退休干部乘坐火车、飞机享受优惠、优待。	2	没有优惠优待的不得分。	
	43	在国家机关、社会团体、企事业单位工作的残疾退役军人,享受与所在单位工伤人员同等的生活福利和医疗待遇。	1	待遇不同不得分。	
	44	优抚对象抚恤补助、优待标准不低于国家和省规定标准,并及时足额发放到位。	2	未达标准扣1分;未及时足额发放扣1分。	
	45	生活困难的重点优抚对象除享受抚恤补助外,还应按规定纳入当地最低生活保障(抚恤补助不计入家庭收入)。	2	符合低保标准未纳入低保的不得分。	
	46	有解决重点优抚对象住房困难的规划、措施。	2	没有规划、措施的不得分。	
	47	出台重点优抚对象医疗保障政策符合国家和省的规定要求,并得到较好落实。	1	不出台的不得分。	
	48	优抚定点医院设置合理,优抚医疗"一站式"服务等保障措施有效,优抚对象满意。	1	不开展一站式服务的不得分。	
	49	重点优抚对象医疗补助匹配资金列入当地财政预算,并逐步增加。	1	没有列入财政预算的不得分。	

续表

	50	按政策规定标准及时兑现义务兵家庭优待金，有帮扶困难独生子女义务兵家庭的办法和措施。	1	不按政策兑现不得分；没有办法和措施扣0.5分。	
	51	光荣院人员、编制、经费按规定落实，功能发挥良好。光荣院集中供养优抚对象基本生活费由县级以上人民政府按规定足额列入财政预算。	1	人员、编制、经费不落实的不得分；没足额列入财政预算的扣0.5分。	
	52	积极参加省里组织的优抚对象康复疗养等活动。	1	不积极参加活动的不得分。	
	53	县级以上烈士纪念建筑物保护单位按规定落实人员、经费，在爱国主义教育中发挥重要作用。	1	人员、经费不落实不得分，开展活动不够两次扣0.5分。	
	54	及时妥善安置军转干部，自主择业军转干部服务管理政策落实。	2	未完成安置任务的不得分；自主择业政策不落实的扣1分。	
	55	现役军人和烈士子女入学入托按政策享受优待。	1	不落实优待政策的不得分。	
	56	积极扶持随军随调家属就业，年度安置率（含货币化安置）达到90%。	1	不达标不得分。	
	57	落实退役士兵安置政策，城镇退役士兵安置率和自谋职业率达到规定要求，培训费、待分配期间生活补助费、自谋职业一次性生活补助金列入财政预算，并及时发放到位。	2	达不到要求的扣1分；费用没列入财政预算或没及时发放到位的扣1分。	
	58	军休干部妥善安置，政治、生活、医疗待遇得到全面落实；军休服务管理机构人员编制、工作经费、附属用房设施落实，补助经费纳入市、县财政预算。	2	未按政策接收安置不得分；政治、生活、医疗待遇不落实扣1分；编制、经费等不落实扣0.5分；补助经费未纳入财政预算扣0.5分。	
	59	军队无军籍退休退职职工按政策接收安置，地方补助补贴有效落实。	1	未按政策接收安置的不得分，补助补贴不落实的扣0.5分。	
	60	各项优抚安置资金得到落实，匹配资金全部到位。	2	不落实或匹配不到位的不得分。	
	61	优抚安置专项资金使用符合规定要求，监督、管理制度健全落实。	1	有使用不符合规定的不得分；监督制度不健全的扣0.5分。	
	62	积极预防和妥善处理部分转业、复原、退伍军人等群体性上访事件。	1	因政策不落实导致群体性（50人以上）上访的不得分。	
	63	部队模范遵守国家法律法规和党的民族宗教政策，严格执行群众纪律，在驻地群众中形象好。	1	有违纪现象，并造成不良影响的不得分。	
六、双拥活动开展经常（6分）	64	双拥活动制度化、经常化，年度有计划，季度有安排，节日有走访，平时有活动，年终有总结。	1	没有计划不得分；不走访、不开展活动、不总结的不得分。	
	65	积极培养、宣传并适时评选、表彰双拥工作先进典型。有推进双拥工作社会化的措施、办法。	1	没有评选扣0.5分；没有措施办法扣0.5分。	
	66	广泛开展“爱心献功臣”活动，为重点优抚对象办好事实事成效明显。	1	没开展不得分。	
	67	坚持开展“双拥活动月”“国防活动日”等活动，各种活动主题鲜明、内容实在，形式多样，广大军（警）民积极参加双拥活动。	1	没开展不得分。	
	68	党政主要领导每年走访慰问驻军和重点优抚对象，驻军部队领导到有关部门走访答谢。	1	没走访或答谢不得分。	
	69	当地有烈士纪念建筑物的，党政军主要领导每年清明节前往祭扫。	1	不祭扫不得分。	

续表

七、军民共建富有成效(6分)	70	有贯彻落实《公民道德建设实施纲要》和《军人道德规范》的具体计划和措施,军民自觉践行社会主义荣辱观和当代革命军人核心价值观。	0.5	没有计划措施不得分。	
	71	军民共建资源节约、环境友好型社会、"环保进军(警)营活动"开展经常,成效明显。	0.5	不开展不得分。	
	72	军(警)民联防联治活动经常开展,在社会治安综合治理中发挥重要作用。	1	不开展不得分。	
	73	地方基层单位与驻军基层单位结成共建对子,军地双方有共建公约,有共建活动制度,按公约和制度定期开展活动。	1	没有公约扣0.5分;不开展活动不得分。	
	74	社区双拥有计划、措施,有专人负责,有拥军优属服务组织,有具体活动内容。	0.5	没有专人负责不得分;没有拥军优属服务组织扣0.25分。	
	75	组织非公经济组织和社会组织开展共建(拥军)活动成效明显。	0.5	不开展不得分。	
	76	共建活动开展经常,形式多样,效果明显。	1	每年开展活动3次以下的扣0.5分,成效不明显的不得分。	
	77	积极参加创建文明城市、文明村镇、文明行业、文明社区等活动,弘扬社会文明新风。	1	不参加不得分。	
八、军政军民关系融洽(6分)	78	军地相互尊重,相互支持,互办实事。	2	没有计划的扣1分;计划不落实的扣1分。	
	79	军地历史遗留问题得到妥善处理。	2	有遗留问题不得分。	
	80	有预防和处理军(警)民矛盾纠纷的规定措施,当发生矛盾和纠纷时,军地双方及时妥善处理。	2	没有措施扣1分;有纠纷且不能妥善及时处理的扣1分。	
九、群众满意度测评(6分)	81	优抚安置对象问卷调查满意度测评,对优抚安置政策落实情况满意和基本满意率进行测评。	2	采取问卷调查方法。调查对象随机抽样,样本容量≥100。问卷设计量度:1.非常满意,2.满意,3.基本满意,4.不太满意,5.很不满意。满意和基本满意率100%的得2分,90%—100%的1.5分,70%—90%的1分,60%—70%的0.5分。60%以下的不得分。	
	82	驻军部队官兵问卷调查满意度测评,对拥军优属工作情况进行测评。	2	采取问卷调查方法。调查对象随机抽样,样本容量≥100。问卷设计量度:1.非常满意,2.满意,3.基本满意,4.不太满意,5.很不满意。满意和基本满意率100%的得2分,90%—100%的1.5分,70%—90%的1分,60%—70%的0.5分。60%以下的不得分。	
	83	社会公众网络调查满意度测评,对当地军政军民关系、拥政爱民关系的满意率进行测评。	2	采取网络调查方法。问卷设计量度:1.非常满意,2.满意,3.基本满意,4不太满意,5.很不满意。满意和基本满意率100%的得2分,90%—100%的1.5分,70%—90%的1分,60%—70%的0.5分。60%以下的不得分。	

续表

十、加分条件(8分)	1	表彰年度内双拥工作受到党中央、国务院、中央军委领导肯定并作出批示的。	1		
	2	申报全国双拥模范城(县)的地区,驻军数量居本省(区、市)前三名的。	1		
	3	双拥工作成效突出,经验做法对全国或全省双拥工作具有指导意义,被全国双拥工作领导小组或省双拥工作领导小组确定为典型,以文件形式进行转发和推广的。	1		
	4	双拥工作经验做法在全国性双拥(优抚)工作会议上作典型发言的(含交流书面典型材料)。	1		
	5	在重大军事演习、科研试验中保障有力、成效显著,并受军区以上表彰的。	1		
	6	90%以上重点优抚对象住房困难问题得到解决的。	1		
	7	表彰年度内在全国双拥工作简报(含全国双拥网)上刊载5篇(含)以上或在省双拥工作简报上刊登稿10篇以上(含)的。	1		
	8	辖区内优抚安置对象占人口比例高于省(区、市)平均水平,且重点优抚对象抚恤补助标准高于当地生活水平的。	1		
备注	1. 考评标准总分100分,不包括加分。 2. 每项后面的扣分项,累计扣完该项总分为止。 2. 对应考评项目(如军供站、烈士陵园等)不具备的城(县),相应分值不计入考评总分,换算成百分制排序。 3. 不能参加双拥模范城(县)申报和推荐的6种情况未列入考评标准中。				

中共上海市委办公厅、上海市人民政府办公厅印发《关于进一步做好本市退役士兵文化教育和职业技能培训工作的意见》的通知

沪委办发[2010]20号

各区、县党委和人民政府,市委、市人民政府各部、委、办、局,各市级机关,各人民团体:

《关于进一步做好本市退役士兵文化教育和职业技能培训工作的意见》已经市委、市人民政府领导同志同意,现印发给你们,请认真贯彻执行。

中共上海市委办公厅

上海市人民政府办公厅

二〇一〇年四月三十日

关于进一步做好本市退役士兵文化教育和职业技能培训工作的意见

开展好退役士兵文化教育和职业技能培训(以下简称“退役士兵教育培训”),是有效提高退役士

兵文化知识水平和职业技能素质,增强退役士兵就业竞争能力,深化退役士兵安置工作改革的重要举措。根据有关法律法规和政策规定,现就进一步做好本市退役士兵教育培训工作提出如下意见:

一、指导思想

以邓小平理论和"三个代表"重要思想为指导,深入贯彻落实科学发展观,坚持以人为本,从构建和谐社会、保障政治和社会稳定、促进经济发展的高度出发,充分认识做好退役士兵教育培训工作的重要性和必要性,结合上海实际,努力构建全方位、多层次的退役士兵教育培训体系,提高退役士兵自主参与劳动力市场就业竞争的能力,使退役士兵安置工作更好地适应社会主义市场经济的要求,为加强国防和军队建设、推进上海"四个中心"建设作出积极贡献。

二、基本原则

(一)本人自愿,政府补贴

本市退役士兵参加教育培训,须自愿报名,自主选择培训方式及培训科目,享受政府提供的教育培训费用补贴。参加6个月以上全脱产教育培训的城镇退役士兵,应办理自谋职业手续;农村退役士兵参加教育培训并取得合格(毕业)证书的,由区县安置部门按照本市城镇最低生活保障线的标准,发给教育培训期间的生活补助(参加青年职业见习实训除外)。

(二)形式多样,按需选择

开展退役士兵教育培训,应充分利用本市现有公共教育和培训机构资源。退役士兵可根据自身学力和职业志向,选择教育培训形式。既可参加中、高等学历教育,也可参加初、中、高级职业技能培训,还可参加定向培训。有关部门可在青年应征入伍时,通过向其发放告知单等形式,宣传本市退役士兵安置政策及退役士兵教育培训的相关政策待遇。

(三)优先推荐,市场就业

退役士兵参加教育培训并取得相关合格(毕业)证书后,由教育培训机构及有关部门提供就业指导和就业服务,优先推荐其通过市场化方式实现就业。

三、对象范围

凡本市接收的退役士兵,在退役后两年内,可按照规定参加由政府提供经费补贴的教育培训并享受相关优待政策。

四、形势及优待、补贴办法

(一)学历教育

1.高等学院(包括普通高校和成人高校,下同)学历教育

(1)具有高中阶段毕业或以上学历的退役士兵,报考本市高等学院的,凭退出现役证、立功受奖证书、安置部门出具的证明,向所在区县高招办报名参加统一考试,并享受如下优待:参照优秀高中毕业生政策,在高考原始分上加上10分投档;服役期间个人获得二等功(含二等功)以上奖励的,在高考原始分上加20分投档。以上加分优惠不重复计算。

(2)具有本科毕业或以上学历的退役士兵报考硕士研究生的,以及具有专科毕业或以上学历的退役士兵报考"专升本",予以优先录取。

(3)对从本市全日制普通高校入伍的在校大学生退役后要求复学的,按照教育部、公安部、民政部、总参谋部、总政治部《关于进一步做好从全日制高等学校在校学生中征集新兵工作的通知》([2002]参联字1号)和总参谋部、总政治部、教育部、财政部《关于做好普通高等学校应届毕业生征集工作的通知》(参动[2009]6号)的有关政策给予优待。

2.开展依法自主招收退役士兵试点工作的高等院校(以下简称"试点院校")学历教育

具有高中阶段毕业学历的退役士兵,可报考当年本市教育行政部门确定的试点院校。由试点院校自主进行入学考试,自主确定入学标准,并依法自主实施招生录取。试点范围、招生计划及报名、考试、录取等具体事宜,按照当年市教委、市民政局的有关文件执行。

3.中等职业教育

具有初中毕业文化程度及同等学力以上的退役士兵,可凭退出现役证、安置部门出具的证明,根据条件和本人意向,经纳入本市成人中等专业学校招生计划的学校同意,免试进入相关成人中等专业学

校就读。对符合招生条件的退役士兵，采用春秋两季录取或多次录取等办法。招生注册、学习形式、学制、教学要求及学籍管理等具体事宜，按照《上海市教育委员会关于本市中等职业学校开展成人中等职业教育的通知》（沪教委职成［2005］20号）的相关规定执行。

4. 学费补贴标准及年限

政府对参加学历教育的退役士兵发放学费补贴。其中，普通高校每学年最高不超过6 000元，成人高校每学年最高不超过3 000元，成人中等专业学校每学年最高不超过1 500元。退役士兵在校学习期间，每学年实际缴纳的学费高于上述最高限额的，按照最高限额发放学费补贴；每学年实际缴纳的学费低于上述最高限额的，按照实际缴纳的学费数额发放学费补贴。

学费补贴发放的年限，按照退役后首次就读的学制规定年限计算，复学的退役士兵按照学制剩余的年限计算。退役士兵在校学习时间低于相应学制规定年限的，按照实际学习时间计算；退役士兵在校学习时间高于相应学制规定年限的，按照学制规定年限计算。

自2010年新学期开始发生的学费，列入学费补贴的范围。

5. 限制享受学费补贴的范围

（1）未完成学业或无正当理由中途退学的、普通高校应届毕业生入伍并按照国家有关文件规定享受过学费补偿和国家助学贷款代偿的、在校期间已免除全部学费的、按照规定被取消安置资格的，以及定向生、委培生、国防生、部队招收的大学毕业生干部等按士兵身份退出现役的，不享受学费补贴。

（2）退役士兵在校学习期间享受国家助学金的，应在其学费补贴款中扣除国家助学金部分。

（3）因各种原因提前退伍的退役士兵，其学费补贴相应减少。

（二）职业技能培训

各区县安置部门在退役士兵报到后，应会同所在区县人力资源社会保障部门对其进行就业指导和职业培训指导，引导有培训需求的退役士兵参加符合市场需求的职业技能培训，提高技能素质和就业能力。

1. 职业技能等级培训

退役士兵参加补贴培训范围内的技能类培训项目，可按照本市补贴培训有关规定享受培训费补贴。未就业的退役士兵参加补贴培训目录内各等级培训项目且鉴定合格后，可按照规定的补贴标准给予100%培训费补贴；在职的退役士兵参加补贴培训目录内中、高等级培训项目且鉴定合格的，可按照规定的补贴标准给予50%培训费补贴。

2. 技能类定向培训

用人单位根据生产经营活动需要，可委托培训机构对其拟招聘录用的人员在上岗前实施职业技能培训。退役士兵参加上述技能类定向培训，整班就业率达到80%以上的，对所有学员按照规定的补贴标准给予培训费补贴；整班就业率未达到80%的，对被录用的学员按照规定的补贴标准给予培训费补贴。

3. 创业培训

具有创业意向的退役士兵参加创业培训，可按照本市补贴培训有关规定享受培训费补贴。未就业的退役士兵参加培训且考核合格的，可按照规定的补贴标准给予100%培训费补贴；在职的退役士兵参加培训且考核合格的，可按照规定的补贴标准给予50%培训费补贴。

4. 青年职业见习实训

年龄不满30周岁、未就业的退役士兵可按照本市青年职业见习计划的有关规定，进入经人力资源社会保障部门认定为青年职业见习基地的用人单位，在实际工作岗位上接受一段时间的实践性培训，通过见习积累工作经验，增强专业技能，提高动手能力，预先适应职场，尽快实现就业。见习期间，由市失业保险基金每月给予相当于本市最低工资标准60%的见习生活费补贴。

五、经费保障

（一）经费来源

退役士兵参加职业技能培训所需经费及青年毕业见习实训生活费补贴所需经费，从市失业保险基金中列支,农村退役士兵教育培训期间所需生活补贴经费(参加青年职业见习实训的除外),由区县财政列支;退役士兵参加学历教育所需学费补贴经费,由区县财政承担。

(二)经费使用和管理

退役士兵参加学历教育,先由本人自行支付学费,待其按照要求完成学历教育并取得相关证书后,凭学费缴费凭证等相关证明到区县民政部门领取学费补贴。退役士兵在校学习期间获得国家助学贷款的,其学费补贴款必须首先用于偿还国家助学贷款本息。学费补贴发放办法由市民政局会同有关部门另行制定。

退役士兵参加职业技能培训,应持本人身份证、退出现役证、区县民政部门出具的身份认定证明等材料,到区县就业促进中心申请办理培训信息卡。退役士兵参加职业技能等级培训或创业培训的,应提供本人银行账号,并自主选择补贴培训项目和相应的培训机构。培训前,根据与培训机构的约定自行支付培训费;培训后,根据鉴定结果和相应的补贴标准、比例,由区县失业保险经办机构将补贴经费核拨至本人银行账号。退役士兵参加定向培训的,补贴经费按照规定核拨到培训机构。具体根据本市补贴培训有关规定执行。

退役士兵参加青年职业见习,应持本人身份证、《劳动手册》、《职业见习申请表》(见习学员留存联),到见习基地所属区县就业促进中心职业见习部门办理见习注册手续,并持本人身份证、银行账户和《职业见习申请表》(见习学员留存联),到见习基地所属区县失业保险经办机构办理银行账号登记手续。区县失业保险经办机构将从退役士兵参加青年职业见习的次月起,按月核拨见习生活费补贴至其本人银行账号。具体根据本市青年职业见习有关规定执行。

大力开展退役士兵教育培训工作,是促进退役士兵立足社会、适应市场化就业机制的有效手段,是推进市场化安置改革的重要内容。各级党委、政府要高度重视,加强领导。各有关部门要充分发挥各自的职能作用,严密组织、密切配合,共同做好退役士兵教育培训工作。

上海市民政局、人民政府征兵办公室、财政局、教育委员会关于印发《关于对非上海生源在校大学生义务兵发放优待补助金的若干规定》的通知

沪民优发[2010]6号

各区县民政局、政府征兵办公室、财政局、教育局,各高等学校:

现将《关于对非上海生源在校大学生义务兵发放优待补助金的若干规定》印发给你们,请遵照执行。

上海市民政局　上海市人民政府征兵办公室

上海市财政局　上海市教育委员会

二〇一〇年四月十五日

关于对非上海生源在校大学生义务兵发放优待补助金的若干规定

为进一步做好从全日制高等学校在校学生中征集义务兵工作，经市政府同意，决定从2009年1月起，对从本市全日制高等学校在校学生中征集的入学前为外地户籍（以下简称非上海生源在校大学生）义务兵发放优待补助金。现就有关优待补助金的管理发放工作规定如下

一、优待补助金标准

非上海生源在校大学生义务兵的优待补助金参照当年度上海市城镇义务兵及其家属优待金标准给予差额补助。即以当年度上海市城镇义务兵及其家属年优待金标准扣除其入学前户籍所在区县民政部门发放的年优待金，于义务兵服役期满后一次性发放。

二、信息管理

市民政局、市政府征兵办共同研究开发优待补助金发放管理信息系统，对本市非上海生源在校大学生义务兵实行信息化管理。

各区县政府征兵办公室在批准非上海生源在校大学生入伍后，应书面通知其入学前户籍所在区县民政部门；同时将非上海生源在校大学生义务兵单列汇总后在2月底前书面通报本区县民政局。

各高等学校应组织从本校应征入伍的非上海生源在校大学生在入伍前填写《非上海生源在校大学生义务兵及其家属基本情况信息表》，并将该表原件和义务兵身份证复印件（一人一档）在2月底前送学校注册地区县民政局。

各区县民政局应对从本区县应征入伍非上海生源在校大学生义务兵信息进行单独管理。对本区县政府征兵办公室和各高等学校提供的非上海生源在校大学生义务兵及其家属信息进行核实后认真做好信息录入工作，确保及时正确、不错不漏。

三、申领和发放

非上海生源在校大学生义务兵应于义务兵服役期满的当年12月底前，向所在学校上交其入学前户籍所在地区县民政部门出具的每年优待金发放证明。

各高等学校在完成本校的优待金发放证明收集工作后汇编名册，附上优待金发放证明的原件，在次年1月底前统一报学校注册地的区县民政局申领优待补助金。

各区县民政局应及时审核各高等学校递交的优待补助金的申报材料，经核准后在15个工作日内向申领学校下拨经费。

各高等学校在收到经费后及时向本校义务兵服役期满的非上海生源在校大学生义务兵发放优待补助金。发放工作结束后，将优待补助金发放情况汇总后在3月底前书面报学校注册地区县民政局。

四、经费保障

非上海生源在校大学生义务兵优待补助金由市、区县两级财政共同承担。市和区县经费分担比例与本市城镇义务兵及其家属优待金相同。

为确保及时向义务兵服役期满的非上海生源在校大学生义务兵发放优待补助金，各区县民政局应在接到申领经费名册后，向本区县财政局提出经费申请，经区县财政局核准后先全额划拨到区县民政局。各区县民政局应在每年4月底前将本区县非上海生源在校大学生义务兵优待补助金经费汇总表报市民政局，市民政局在6月底前将全市非上海生源在校大学生义务兵优待补助金经费汇总报市财政局。市财政局按确定的经费承担比例通过市与区县的财力结算下达。

五、其他情况的处理

非上海生源在校大学生义务兵优待补助金因故续发或停发，参照《上海市义务兵及其家属优待金管理办法》第二条、第十三条相关规定执行。

江苏省民政厅关于进一步推进“慰烈工程”的通知

苏民优[2010]4号

各市民政局:

建国60周年前夕,全省启动了“慰烈工程”项目,集中安葬散葬烈士和原地修缮散葬烈士墓。半年多来,各地按照省厅部署,全面调查摸底,建立工作机制,制定实施方案,筹措项目资金,积极推进“慰烈工程”的实施,已有不少县(市、区)完成了目标任务,受到了社会各界和新闻媒体的广泛赞誉。但是,仍有部分县(市、区)行动比较迟缓,成效不够明显。为认真贯彻落实全省民政工作会议精神和全省优抚工作会议精神,确保如期全面完成目标任务,现就进一步推进“慰烈工程”通知如下:

一、进一步提高思想认识。实施“慰烈工程”,是一项功在千秋的德政工程,对于缅怀先烈、牢记历史、教育后人、发扬光荣传统、凝聚民族精神,具有十分重要的意义。各级民政部门,要从贯彻落实科学发展观、构建社会主义和谐社会的高度,讲政治、讲党性,充分认识实施“慰烈工程”的重要意义。同时要从拓展优抚工作领域、丰富优抚工作内涵、提升优抚工作水平的要求出发,将“慰烈工程”作为今、明两年优抚工作的重点,切实增强使命感、责任感和紧迫感,扎实推进“慰烈工程”的实施。

二、明确时序进度要求。各地从现在起,要在摸清底数的基础上,排出时序进度。苏南地区散葬烈士数量相对较少,工作基础也比较好,今年年底前要全面完成“慰烈工程”任务;苏中、苏北地区要完成60%以上,到明年底必须全面完成。为此,要制定切实可行的实施方案,明确目标任务,精心部署,狠抓落实,确保按时序进度完成目标任务。“慰烈工程”已作为今年双拥工作的要点,纳入了“双拥模范城”的考核评比内容,各地要高度重视。为了掌握进度,加强指导,全省“慰烈工程”实行季报制度,各省辖市要在下季度首月10日前将“慰烈工程”进展情况汇总上报厅优抚局,省厅将不定期地组织督查并予以通报。

三、统筹推进各项工作。一是广泛宣传。要充分利用各类宣传媒体,大力宣传“慰烈工程”的重要意义,为推进“慰烈工程”营造良好的社会舆论氛围。二是统筹规划。要结合当地城市建设规划和烈士纪念建筑物的建设改造,科学规划散葬烈士集中安葬的选址、搬迁和建设,不但要布局合理,还要有助于提升烈士纪念建筑物的整体形象。三是落实资金。要争取把“慰烈工程”所需经费纳入政府财政预算,及时落实到位。同时也可通过其他渠道筹措资金,为推进“慰烈工程”提供资金保障。四是依法办事。要严格按照有关政策法规,依法推进“慰烈工程”的实施。在具体工作中,要注意尊重烈士亲属的意见,充分体谅他们的心理感受,深入细致地做好思想工作,切不可因工作不到位而带来负面影响。

四、切实加强组织领导。各级民政部门要把“慰烈工程”作为民政项目建设的重要内容,摆上议事日程。要主动争取地方党委、政府领导的重视和支持,主要负责同志要亲自过问,分管领导要细心谋划,职能部门要积极实施,确保“慰烈工程”有序开展,加快推进。

江苏省民政厅

二〇一〇年四月二十六日

江苏省民政厅关于进一步做好全省“慰烈工程”规范管理工作的通知

苏民优[2010]16号

各市民政局：

全省“慰烈工程”启动以来，各地按照省厅统一部署，精心组织，周密安排，全面推进，取得了十分明显的阶段性成果。目前，许多地方已经完成目标任务或已进入扫尾阶段，如何加强规范管理，充分发挥“慰烈工程”褒扬先烈、教育后人的功能，是摆在各级民政部门面前亟待解决的问题。为进一步推进“慰烈工程”深入开展，切实做好规范管理工作，现就有关事项通知如下：

一、狠抓进度，如期完成目标任务。当前，全省大部分地区“慰烈工程”进展顺利，散葬烈士集中安葬率已达70%以上，有30多个县(市、区)已全部完成目标任务。但是，仍有部分地区行动较为迟缓，成效不够明显。有个别地方仍停留在选址规划、图纸设计的初始阶段，直接影响了当地乃至全省的进度。今年是建党90周年，也是实施“慰烈工程”的最后一年。尚未完成目标任务的地方，要站在讲政治的高度，将“慰烈工程”作为纪念建党90周年主题活动之一和创建“双拥模范城”的重点内容，采取有力措施，抓住时序节点，加大推进力度，确保年底前全面完成目标任务。

二、多措并举，完善配套设施建设。“慰烈工程”主体建筑竣工后，配套设施要抓紧完善。各地要从当地实际情况出发，研究制订参观须知等，对需要注意的事项作出详尽说明，逐步形成整洁干净、安全有序、庄严肃穆的环境氛围。要本着对历史负责的态度，立碑纪念本地“慰烈工程”，碑文中要写明“慰烈工程”的起始时间、建设过程、完工日期、安葬烈士数量等内容，为这段重要历史留下原始资料。有条件的地区，可在醒目处建立“英烈墙”，将安息于“慰烈工程”的烈士英名篆刻其上，让子孙后代永远铭记这些为国家利益献出宝贵生命的英雄儿女，彰显和平来之不易，烈士精神永存。

三、深入研究，建立长效管理机制。已完成“慰烈工程”目标任务的地方，要认真研究新形势下如何做好规范管理的工作。要主动向党委、政府汇报，重点解决人员配备、资金保障等问题，逐步建立长效管理机制。结合烈士陵园改造、依托烈士纪念建筑物实施“慰烈工程”的地方，要抓紧时间将集中散葬烈士的英雄事迹，扩充到布展内容之中。其他类型的“慰烈工程”，要把环境建设、场馆设施、布展内容等纳入总体规划统筹考虑。各地要安排专人负责管理维护，特别是开放式烈士陵园中有“慰烈工程”墓区的，要安排专人值守，保证环境整洁，庄严肃穆，谨防发生损坏、涂抹烈士墓碑等事件。

四、加强宣传，放大教育引导作用。各地要积极争取宣传部门支持，主动和党政机关、大中院校、企事业单位等加强联系，共同将“慰烈工程”打造成爱国主义教育、革命传统教育和社会主义核心价值观教育基地。要充分利用广播、电视、报纸、网络等新闻媒体，创新宣传方式，拓宽宣传思路，加大宣传力度，结合清明、国庆等重大节日，开展内容丰富、形式多样的宣传教育活动。如在新闻媒体上开辟“慰烈工程”专栏，介绍烈士生平，宣扬英雄壮举；也可组成宣讲团，深入部队、机关、学校、企事业单位进行宣讲活动，大力弘扬革命英雄主义和爱国主义精神。通过丰富多样的宣传教育活动，大力提升“慰烈工程”的影响力，充分放大教育引导作用。

五、提升品质，着力打造红色品牌。各地要结合实际，勇于创新，不断优化“慰烈工程”的外部形象，提升“慰烈工程”内在品质，努力将“慰烈工程”打造为当地和一定范围内具有影响的红色品牌。要做到品质过硬、服务到位、环境优美、气氛肃穆，使来访者能够在参观过程中感受先烈风采，在追思凭吊中陶冶爱国情操,充分发挥“慰烈工程”在精神文明建设和社会主义核心价值观教育中的窗口和阵地作用。

江苏省民政厅
二〇一〇年十二月二十六日

浙江省人民政府关于加强退役士兵职业技能教育培训工作的意见

浙政发[2010]36号

为深化退役士兵安置改革,促进退役士兵就业创业,根据《中华人民共和国兵役法》和国务院、中央军委有关政策规定,结合我省实际,现就加强退役士兵职业技能教育培训工作提出如下意见:

一、总体要求和基本原则

(一)总体要求。

以邓小平理论和“三个代表”重要思想为指导,深入贯彻落实科学发展观,统筹经济建设和国防建设,紧紧围绕实施“八八战略”和“创业富民、创新强省”总战略,坚持政府扶持和市场引导相结合,通过开展退役士兵职业技能教育培训,着力提高退役士兵职业技能和综合素质,促进退役士兵就业创业,充分发挥广大退役士兵在加强基层政权和国防后备力量建设,促进经济发展、社会和谐中的骨干和生力军作用,推动经济社会和国防军队建设全面协调可持续发展。

(二)基本原则。

1. 自愿自主选择,免费参加培训。退役士兵可自愿报名、自主选择专业(工种)、免费参加一次由政府组织的职业技能教育培训。

2. 以技能培训为主,学历教育为辅。顺应产业结构调整、经济转型升级的要求和需求,以提高退役士兵职业素质和职业技能为核心,重点抓好就业市场急需紧缺的技能人才培养,同时鼓励支持退役士兵参加普通高等学历教育。

3. 实行属地管理,就近就地培训。退役士兵职业技能教育培训由其接收安置的市、县(市、区)政府及有关部门负责,组织指导就近就地的承训学校和机构具体实施。

二、教育培训的对象、形式和招生办法

(一)教育培训对象。我省负责接收安置的城乡退伍义务兵、复员士官和选择自谋职业的转业士官均可参加教育培训。

(二)教育培训形式。退役士兵参加各类职业技能培训,培训时间一般为6个月,最短不少于3个月。

退役士兵如需就读中等职业学校或技工院校的,可免试就读所在市、县(市、区)的相关学校,学制一般为两年。

退役士兵要求参加普通高等学历教育的,执行普通高校教育教学相关管理规定。原从普通高校和中等职业技术学校征集入伍的退役士兵,可按规定办理复学手续,享受相应待遇。

(三)招生办法。市、县(市、区)人力资源和社会保障、教育等相关部门及承训学校和机构,根据民政部门提供的退役士兵有关情况,制订招生计划,发布招生信息。退役士兵按照当地政府有关要求,向所在市、县(市、区)民政部门提出申请,经资格审查后,由承训学校和机构负责录取。具体招生办法由各市、县(市、区)自行规定。

要求参加普通高等学历教育的,统一纳入全省高考统招体系。具体招生办法由省教育厅另行规定。

三、教育培训的教学组织、教育管理和就业服务

(一)规范教学组织。各地要努力改善办学条件,选择师资力量强、实训设施好、教学质量优、就业率高的职业学校、技工院校和培训机构承担退役士兵教育培训任务。各承训学校和机构要着眼市场和社会需要,结合退役士兵文化水平、自身特点和就业意向等实际情况,注重改进教学方法,坚持因材施教,精心设置培训专业和课程,认真制订培训计划,选用和编写高质量的培训教材，切实增强教学的针对性和有效性。严格教学规程，确保落实教育时间、教学内容。强化实践环节，退役士兵培训期间的实训时间原则上不得少于培训时间的一半。创新教学模式，积极探索学分制、半工半读、工学结合等教学模式，采用模块化、一体化等教学方法，完善校企合作培养机制，推行“订单式”培训。认真组织考试考核和相关职业技能鉴定，确保教育培训的质量和效果。

（二）严格教育管理。坚持教育和管理相结合，教学和育人相统一。各承训学校和机构要切实加强对退役士兵学员的思想政治教育，引导他们认真学习中国特色社会主义理论，全面认识和把握国情，加深对科学发展观的理解，使他们充分认识党和政府对他们的真切关怀，珍惜教育培训机会，以良好的精神状态和学风，投身学习和培训。充分发挥党、团组织的作用，大力开展创先争优活动，引导退役士兵学员保持和发扬军队优良传统和作风，做到勤奋学习，刻苦钻研，强化实践，学有所成。加强日常管理，严格校纪校规，增强退役士兵学员的自律意识和纪律观念，教育引导他们自觉实践社会主义核心价值体系和社会主义荣辱观，努力成为思想、技能“双过硬”的新型实用人才。

（三）加强就业服务。各地要根据自主择业、学校（机构）推荐、市场调节、政府促进的原则，加强退役士兵学员就业服务工作。各承训学校和机构要按照教育培训与推荐就业相结合的要求，积极指导并优先推荐退役士兵就业。有关部门要依托各类就业服务机构，通过举办专场招聘会等多种形式，搭建退役士兵学员与用工单位双向选择的就业平台。各级公共就业服务机构要及时向退役士兵学员提供就业信息、职业介绍等免费服务。按照退役士兵安置法规政策和国家促进就业的有关规定，指导督促各类用人单位承担录用和聘用退役士兵学员的相关责任。进一步落实国家鼓励就业创业和扶持退役士兵自谋职业的优惠政策，积极引导鼓励退役士兵自谋职业、自主创业。

四、教育培训的经费保障机制

（一）教育培训补助范围和补贴标准。退役士兵参加各类职业技能培训的，其培训费、住宿费、职业技能鉴定费由政府全额负担，并按实际受训时间给予每人每月300元的生活费补贴。退役士兵参加全日制中高等学历教育的，其学杂费、住宿费由政府全额负担，并按实际在校时间给予每人每月300元的生活费补贴。

（二）教育培训经费管理。退役士兵参加职业技能教育培训所需经费纳入同级财政预算，分级分类负担，专款专用。结算支付时，由当地财政部门会同民政、人力资源社会保障、教育等部门根据实际培训人数、物价部门核定的教育培训收费标准和教育培训成效核定补助资金，直接拨付承训学校和机构。省财政对经济欠发达地区给予适当补助。相关部门要建立有效的工作机制，制定切实可行的管理办法，加强对职业技能教育培训经费支出的监督管理和绩效评价。教育培训经费筹措和使用管理办法由省财政厅会同有关部门制定。

五、切实加强组织领导，努力提高教育培训绩效

（一）加强领导，明确职责。加强退役士兵职业技能教育培训是新时期统筹经济建设和国防建设、促进军民融合式发展的一项重要部署，是深化退役士兵安置改革的一项重要举措，是一件利国利军利民的好事和实事，具有重大的政治意义和现实意义。各地各有关部门务必高度重视，摆上重要议事日程，采取切实有效措施，认真抓好落实。为加强对这项工作的领导，省政府成立退役士兵职业技能教育培训工作领导小组。各地也要建立健全相应的工作协调机制，精心组织，积极推进。民政部门负责牵头协调、人数预测、动员报名、资格审查、档案接转等工作。人力资源和社会保障部门负责推荐并指导所属技工院校和社会培训机构做好招生录取、计划制订、教学管理、技能鉴定、发证及就业推荐等组织实施工作，充分发挥公共就业服务机构作用，做好就业服务和指导。教育部门负责推荐并指导所属中高职院校做好招生录取、计划制订、教学管理、考试考核、发证及就业推荐等组织实施工作。财政部门负责教育培训经费的筹措安排，确保所需资金落实到位，会同民政、人力资源社会保障、教育等部门加强对资金使用的监督管理。省军区系统负责利用新兵征集和预备役登记等时机进行政策宣传和思想教育,协助做好退役士兵学员在学习培训期间的教育管理工作。各有关部门要密切配合、通力协作,及时协调解决工作中遇到的实际问题,确保各项工作顺利有序进行。

(二)健全制度,严格考评。各地各有关部门要将退役士兵职业技能教育培训工作与领导班子和领导干部政绩考评、双拥创建等紧密结合起来,把教育培训合格率、推荐就业率作为考核承训学校和机构工作绩效的重要指标,建立健全目标责任考核体系及承训学校和机构定期评估制度。对违规使用退役士兵教育培训资金的单位和个人要严肃查处,对达不到教育培训工作要求的承训学校和机构要取消其承训资格。

(三)广泛宣传,不断提高。各地各有关部门要加强对退役士兵职业技能教育培训工作的宣传和政策解读工作,动员和引导广大退役士兵积极参加职业技能教育培训。要大力宣传先进典型,努力营造广大退役士兵自立自强、创业创新、创先争优的浓厚氛围。要及时总结推广各地各部门的好经验、好做法,研究分析新情况、新问题,不断完善各项制度和政策,着力构建全方位、多层次的教育培训体系,努力促进退役士兵教育培训工作的科学化、规范化、制度化。

各地各有关部门要根据本意见,制定具体实施办法。

浙江省人民政府

二〇一〇年八月二十七日

中共福建省委办公厅、省人民政府办公厅关于进一步解决拥军优属若干问题的意见

闽委办[2010]59号

各市、县(区)党委和人民政府,省直各单位:

近几年,省委、省政府连续出台了三份拥军优属文件,有效解决了一批部队官兵和优抚对象的后顾之忧,对促进驻闽部队建设、维护社会稳定、加快海西建设起到了重要作用。各级各部门要继续贯彻落实省委、省政府关于拥军优属的优惠政策。为进一步做好新时期双拥工作,促进军民融合式发展,经省委、省政府研究,现就进一步解决拥军优属有关问题提出如下意见:

一、全面做好双拥模范城(县)考评迎检工作。新一届全国双拥模范城(县)的评选和命名,是对近年来双拥工作的全面检验,也是促进双拥工作发展的良好机遇。对此,各级各部门要高度重视,切实加强领导,精心组织准备,广泛宣传发动,深化国防教育,形成全社会拥军优属的整体合力和良好氛围,进一步巩固军政军民团结的良好局面。严格对照考评标准,对本地区本单位双拥工作开展情况进行全面检查,对双拥政策落实情况开展督察。建立责任制度,采取有力措施,狠抓薄弱环节,坚决防止发生以下影响全国双拥模范城(县)评选的五种情况:发生重大军民纠纷,在国家和省级双拥机构、公安部门记录在案,造成严重后果的;双拥组织机构无工作人员和经费保障的;残疾退役军人年度安置任务没有完成的;退役士兵职业技能培训工作达不到规定要求的;因其他优抚安置政策规定不落实造成严重后果的。通过高标准、全方位地开展创建活动,全面提升双拥工作水平。

二、广泛动员社会和行业组织开展拥军活动。拥军优属是我省的优良传统,也是全社会的共同责任。大力宣传社会和行业组织及个人拥军先进典

型,广泛动员、充分利用社会各界的爱国拥军情怀,关心支持国防和军队建设,为驻军和优抚对象办实事、解难题,特别是引导新经济组织和新社会组织主动开展拥军优属活动。鼓励成立民营企业“拥军优属协会”,不断推进拥军优属工作社会化。

三、不断丰富科技文化等拥军内容。开展科技、文化、体育进军营活动,支持部队网络室、图书室、训练场馆、幼儿园等基础设施建设,帮助部队培养科技、文体和幼儿教育骨干人才。各设区的市要依托高等院校或科研院所,建设1—2个科技拥军示范基地;科技部门要支持部队非涉密科研成果参加地方科技进步奖评选活动;出版部门每年要组织开展图书和音像制品进军营活动,不断丰富部队学习内容;新闻媒体要开设服务部队、宣传双拥的专栏、专页、专刊、专题节目,活跃和丰富部队官兵文体娱乐生活;教育、文化部门要组织艺术院校、院团和群众艺术文化馆帮助部队培养文艺骨干,在“八一”、春节等重大节日、纪念日组织文艺团体开展文化慰问活动;教育部门要把部队幼儿教师培训纳入幼教培训计划,帮助部队改善幼教条件;体育部门要依托体育院校,每年组织部队体育骨干培训,支持和帮助部队开展各类体育活动,为部队提供一批体育器材、设施设备和健身器材。继续支持基层连队“拥军书库”建设及图书更新,每年赠送一批图书和音像制品,帮助基层连队改善宣传、文化活动场所,每年帮助配置一批相应器材。省级财政每年安排用于开展科技、文化、教育等拥军经费1 000万元,由省双拥办会同有关部门统筹安排,设区的市、县级财政每年也要相应安排该项经费。

四、协力推进部队后勤保障社会化。认真贯彻执行中央和省委、省政府关于部队饮食保障、营房保障、交通运输保障、医疗保障、军队职工分流安置等方面的各项政策规定,结合当地实际,制定具体实施办法,确保驻闽部队后勤保障社会化顺利进行。在后勤保障社会化工作中,部队食堂承包给地方单位和个人经营,承包后仍然执行对部队供应任务的,继续享受税收优惠政策。各级政府要根据部队执行多样化军事任务的需要,加强军供站、支前物资供应站的规范化建设。军供站、支前物资供应站规范化建设和日常运营的经费纳入各级财政预算。对未设军供站的县(市、区),支前物资供应站和支前快速食品供应体系要承担军供站的职能,为部队完成任务提供有力保障。

五、持续加大部队生产生活保障力度。各级政府要按照属地原则,加大驻地官兵住房保障力度,优先供应部队自建官兵住房的用地,部队需要地方提供廉租住房的,由军分区(警备区)与设区的市政府住房保障部门按照当地廉租住房保障标准审核汇总,交由保障对象所在县(市、区)住房保障部门安排,尽可能做到同等优先、按需供给。对边防基层所(站)建设用地,可通过划拨方式优先供地、优先审批,征地费用由所在地财政全额补助。对驻扎在县以下农村、高山、海岛地区条件艰苦部队生产生活和训练设施建设,各级各有关部门要在用地、资金、项目、技术等优先给予支持。交通(交通战备)部门优先安排部队进出通道建设;支前部门继续安排“四个一好”(一个好食堂、一个好菜地、一个好饮水、一个好猪圈)项目,除省级财政安排补助资金外,各级财政也要加大资金安排力度;经贸、发展和改革、建设部门优先安排节能节水建设改造;农业(畜牲、渔业)部门优先安排种养业和沼气池建设;水利部门优先安排饮用水和排灌防洪建设;林业部门优先安排防护林和绿化项目,为部队优惠提供苗木;电力、通信、广播电视部门优先安排相关线路、基站和节点建设改造项目,提供技术支持和保障。

六、切实做好军队转业干部和退役士兵安置工作。各级党政机关应带头接收安置军转干部,省部属单位和参照公务员管理单位也要积极主动承担安置任务,军转干部安置进公务员(含参照公务员管理)队伍比例不低于全国平均水平。各地要按照中央的有关规定,切实把师团职军转干部安置好、使用好。关心安置在企业的军转干部,对部分生活困难人员,要认真落实中央和省有关政策措施,切实帮助解决实际困难和问题。同时,按照《伤病残军人退役安置规定》要求,切实做好伤病残退役军人接收安置工作,落实优待抚恤、住房补助、医疗保障等待遇。

对属重点安置对象的退役士兵,安置地每年应安排部分机关、事业单位及生产经营状况正常的企业岗位用于安置。

七、统筹强化随军随调配偶就业安置保障。切实做好随军随调配偶就业安置工作,对符合随军随调条件的配偶,原则上由对口部门负责按原岗位性质作出相应安排,组织、人事及人力资源和社会保障部门分别协调落实或做好就业服务。从 2010 年 8 月 1 日起,无工作的随军配偶基本生活补助金标准提高至每人每月不低于 300 元,并逐年有所增加,具体标准由各设区的市确定。驻榕部队军级单位、武警总队、边防总队、消防总队、森林总队、省警卫局和福建预备役高炮师机关及直属队的此项生活补助金由省财政安排。

八、大力开展退役士兵职业技能培训。坚持以就业为导向,按照“自愿报名、免费培训、技能为主、属地管理”的原则,为退役士兵提供职业技能培训。培训对象为当年接收的城乡退役义务兵、复员士官和选择自谋职业、自主创业的转业士官。对有培训意愿的培训对象要全部安排培训。培训班原则上设在县(市),由设区的市人民政府负责;培训内容以学技能为主,培训时间为一个学期(5 个月);培训经费从就业专项资金和中央安排的退伍士兵培训专项经费中列支。人力资源和社会保障部门负责牵头制定退役士兵职业培训政策,指导承训机构和就业推荐等工作;民政部门负责提供退役士兵人数及分布情况和参训人数预测等工作;财政部门负责牵头制定培训经费管理办法并落实经费。通过培训,使退役士兵就业有门路、创业有知识、致富有技术,成为城乡建设的能人和致富的带头人。

九、认真落实抚恤优待标准。各市、县(区)政府必须按照国家和省里规定的标准,按时足额发放优抚对象的抚恤补助金、医疗补助金、义务兵家属优待金,落实抚恤补助标准自然增长机制和优抚对象医疗保障政策。对于因参战、参加军事演习、军事训练和执行军事勤务死亡和伤残的预备役人员、民兵、民工以及其他人员同样享受抚恤优待,具体实施办法按照国务院、中央军委《军人抚恤优待条例》和民政部《伤残抚恤管理办法》的有关规定执行。

十、科学有效保护军事设施。妥善处理经济发展与国防建设的关系,加大军事设施保护力度,加强组织领导,健全保护机制,坚持分类保护、突出重点、军民融合、协调发展,完善配套政策,强化保护手段,提升保护水平,保障使用效能.做到经济发展与军事设施保护相兼顾、同推进。遵循“顾全大局、尊重历史、照顾现实、互谅互让”的原则,部队新建军事设施要尽量避免与地方重点项目建设和重要资源配置的矛盾,地方各类规划和重大项目安排也要充分考虑军事设施保护的要求。积极主动配合做好军事设施“两区两范围”(军事禁区、军事管理区、军事禁区外围安全控制范围和作战工程安全保护范围)划定工作,按照军事设施保护法和有关规定要求,严格按照“提出申请、现地勘察、集中会审、逐级审批”的程序,认真履行组织协调、审核把关的职责,对历史遗留的难点问题,党政领导要高度重视,会同军事机关协调处理,共同推进划定工作,按规定要求高标准完成划定任务。

中共福建省委办公厅
福建省人民政府办公厅
二〇一〇年七月二十五日

山东省民政厅、财政厅、人力资源和社会保障厅关于进一步做好随军家属就业安置工作的意见

鲁民[2010]25号

各市人民政府，各县（市、区）人民政府，省政府各部门、各直属机构，各大企业，各高等院校：

为进一步做好随军家属就业安置工作，根据国家有关政策规定，结合我省实际，经省政府同意，现就有关问题提出如下意见。

一、进一步提高思想认识，加大对随军家属的就业安置力度

随军家属就业安置工作事关军队建设和国防巩固，事关部队和社会稳定，事关军政军民团结。各地、各有关部门要高度重视随军家属就业安置问题，认真贯彻落实国发[2000]19号、国办发[2003]102号、后勤字[2005]1号、后联[2007]2号、后财[2009]1195号及鲁政发[2001]19号、鲁劳社[2001]27号、省政府会议纪要[2003]第5号等文件，按照职能分工，切实把各项政策规定落实到位。要加强协作，多措并举，拓宽随军家属就业安置渠道。要坚持对随军家属优先推荐就业，鼓励用工单位在同等条件下优先录用。继续开展“岗位送军营”活动，组织一批社会信誉好、生产经营状况好、社会保险缴纳正常的企业，举办随军家属职业介绍专场。加强未就业随军家属的就业培训，把随军家属列为职业技能培训的重点对象，有计划地做好随军家属就业前的职业技能培训和创业培训工作，不断提高其就业技能。认真落实国家对自谋职业随军家属的扶持和优惠政策，努力为随军家属自主创业提供良好服务。各地在安排事业单位年度增人时，可拿出一定岗位对随军家属定向招聘。同时，采取岗位安置与货币化安置相结合的办法，对非本人原因未就业安置的随军家属每月给予一定的生活补助。2010年8月底前，各地随军家属就业安置率（包括岗位安置和货币化安置）要达到100%。

二、调整未就业随军家属的生活补助标准

各级政府对非本人原因未就业安置的驻鲁陆地部队随军家属每人每月补助不低于300元，海岛部队随军家属每人每月补助不低于400元，加上国家给予的补助，使未就业安置随军家属的生活补助标准达到陆地每人每月800元、海岛每人每月1 000元。同时，建立未就业安置随军家属生活补助自然增长机制，原则上每3年调整一次。新补助标准实行后，鲁政发[2001]19号文件有关补助的规定不再执行，享受地方生活补助的随军家属不再纳入未就业安置范围统计。军队干部转业、退休或调离山东后，其未就业安置随军家属不再享受地方生活补助待遇。

调整未就业随军家属生活补助标准所需资金，原则上由各市、县（市、区）承担。对驻军较多、随军家属较集中、就业安置任务较重的市和海岛县，由省双拥办研究提出意见，省财政每年给予适当补贴。

三、加强监督检查，落实好随军家属就业安置的工作责任

做好随军家属就业安置工作是各级、各部门的共同责任，有关部门要加强协调，密切配合，共同做好随军家属的就业安置工作。民政部门要充分发挥职能作用，加强组织协调和督促检查，做好军地之间的沟通联络工作。财政部门要做好资金保障工作，确保未就业安置随军家属的生活补助及时到位。人力资源社会保障部门要将随军家属就业安置工作纳入地方人力资源管理规划，做好就业服务的各项工作。加强军地之间的协调配合，每年上、下半年，分别由部队和地方主持召开随军家属就业安置协调

会,通报情况,研究解决问题。

要加强监督检查,重点检查国家和省关于随军家属就业安置政策的落实情况、随军家属的岗位安置情况,以及未就业安置随军家属生活补助的发放情况。在双拥模范城(县)创建活动的检查考核工作中,要对有关工作落实情况进行量化和附分。对措施得力、成效显著的,予以加分;工作不到位、安置率不达标的,不予记分。

山东省民政厅　山东省财政厅
山东省人力资源和社会保障厅
二○一○年五月七日

湖南省民政厅《关于加快推进全省优抚医疗费用“一站式”即时结算网络平台建设的通知》

湘民办函[2010]50号

各市(州)、县(市、区)民政局:

2009年全省122个县(市、区)全部出台优抚对象医疗保障具体实施细则,建立了资助参保参合、门诊医疗补助、住院医疗补助、特别医疗补助、慈善医疗援助“五位一体”的新型优抚对象医疗保障制度。湘潭、岳阳、张家界、怀化、自治州等市(州)的27个县(市、区)迅速安装使用管理软件,建立起医疗费优惠、报销(补偿)、补助“一站式”即时结算网络平台,初步形成了制度健全、标准合理、程序简捷、运行规范的优抚对象医疗保障新模式。但到目前为止,全省大部分县(市、区)尚未建立优抚对象医疗费用“一站式”即时结算网络平台。为加快推进此项工作,现就有关事项通知如下:

1.切实提高认识。完善政策体系、简化办理程序是新型优抚对象医疗保障制度的两个方面,“五位一体”的优抚医疗保障制度是基础,优抚医疗费用“一站式”即时结算网络平台是规范操作程序、方便对象办理的保障,已经实行新制度和使用网络平台的地方证明,经费增加量不多,完全可以承受,各地务必高度重视网络平台建设。湘潭县联合明创软件公司开发的优抚对象医疗保障管理软件被实践证明是管理规范、使用方便的软件系统,为了便于全省统一管理,有利于今后全省乃至全国联网管理、软件升级,也避免各地另行开发软件增加费用,各市(州)、县(市、区)原则上要统一安装使用明创软件公司开发的管理软件。

2.积极筹措资金。各地要积极筹措优抚医疗费用“一站式”即时结算网络平台建设资金,争取本级财政安排资金或从本级财政优抚对象医疗保障配套资金中解决,不足部分允许各县(市、区)从上级下拨的专项资金结余部分给予补充。

3.努力完成任务。民政部将优抚医疗费用“一站式”即时结算网络平台建设作为今年重点工作之一,并要求今年全国80%的省(市、区)完成建设任务。全省各地必须加大工作力度,加快工作进度,各级民政部门要加强与财政、人力资源和社会保障、卫生等部门协调,尽快安装使用管理软件,确保今年全省80%的县(市、区)完成建设任务,明年全省所有县(市、区)建立优抚医疗费用“一站式”即时结算网络平台。

为确保全省优抚医疗费用“一站式”即时结算网络平台建设按民政部和省厅要求完成任务,省厅将在今年第三季度检查并通报各地工作进展情况。

二○一○年四月二十日

湖南省民政厅、财政厅《关于调整部分优抚对象等人员抚恤和生活补助标准的通知》

湘民办发[2010]64号

各市州民政局、财政局：

根据民政部、财政部《关于调整部分优抚对象等人员抚恤和生活补助标准的通知》(民发[2010]127号)精神，经研究，决定从2010年10月1日起调整部分优抚对象等人员抚恤和生活补助标准，现将有关事项通知如下：

一、提高残疾军人(含伤残人民警察、伤残国家机关工作人员、伤残民兵民工)的残疾抚恤金、烈属(含因公牺牲军人遗属、病故军人遗属)的定期抚恤金、在乡退伍红军老战士(含红军失散人员)的生活补助标准，调整后的标准见附表。

二、提高在乡老复员军人补助标准，调整后：抗日战争时期入伍的每人每月达到530元；解放战争时期入伍的每人每月达到460元；新中国成立后入伍的每人每月达到430元；参加抗美援朝战争的每人每月在上述标准的基础上增发20元；上述人员中的孤老对象每人每月在上述标准的基础上增发20元。六十年代精减下放人员中的在乡老复员军人比照同类人员的标准执行。

三、对符合政策规定的带病回乡退伍军人，调整后的标准每人每月达到220元。

四、在农村的和城镇无工作单位且家庭生活困难的参战退役人员，调整后的标准每人每月达到220元。

五、对属符合政策规定的带病回乡退伍军人、又属参战退役人员双重身份的对象调整后的标准每人每月达到240元。

六、对不符合评残和享受带病回乡退伍军人生活补助条件，但患病或生活困难的农村和城镇无工作单位的原8023部队退役人员和其他参加核试验的军队退役人员，调整后的标准每人每月达到220元。

七、对新中国成立前加入中国共产党的农村老党员和未享受离退休待遇的城镇老党员调整生活补贴标准，每人每月提高20元，补贴标准调整为：1937年7月6日前入党，达到每人每月390元；1937年7月7日至1945年9月2日入党的，达到每人每月330元；1945年9月3日至1949年9月30日入党的，达到每人每月250元。已享受优抚对象抚恤补助的老党员，不执行上述补贴标准，仍按每人每月50元标准发给生活补贴。已对老党员实行定额补贴的地方，补贴标准低于上述标准的，按照补差原则发给补贴；补贴标准高于上述标准的，仍按原补贴标准发给补贴。

八、此次调整所需经费，由省财政核拨专款另行下达。地方各级民政、财政部门要落实地方应安排的配套资金，并切实加强资金的管理和监督，坚持专款专用，确保及时、准确、足额地把抚恤金和生活补助费发放到优抚对象等人员的手中。

二○一○年十月十二日

附件:

残疾军人、伤残人民警察、伤残国家机关工作人员、伤残民兵民工残疾抚恤金标准表

(从2010年10月1日起执行)　　单位:元/年

残疾等级	残疾性质	抚恤金标准
一级	因战	28 690
	因公	27 780
	因病	26 870
二级	因战	25 960
	因公	24 600
	因病	23 680
三级	因战	22 770
	因公	21 410
	因病	20 040
四级	因战	18 670
	因公	16 850
	因病	15 490
五级	因战	14 580
	因公	12 750
	因病	11 840
六级	因战	11 390
	因公	10 780
	因病	9 110
七级	因战	8 660
	因公	7 740
八级	因战	5 470
	因公	5 010
九级	因战	4 550
	因公	3 640
十级	因战	3 190
	因公	2 730

烈属、因公牺牲军人遗属、病故军人遗属定期抚恤金标准表

(从2010年10月1日起执行)　　单位:元/年

	烈属	因公牺牲军人遗属	病故军人遗属
城镇	8 730	7 820	7 360
农村	5 240	5 010	4 790

在乡退伍红军老战士、红军失散人员生活补助标准表

(从2010年10月1日起执行)　　单位:元/年

在乡退伍红军老战士	红军失散人员
19 890	8 600

广西壮族自治区实施《军人抚恤优待条例》办法

第一条　根据国务院、中央军委《军人抚恤优待条例》(以下简称《条例》)的规定,结合本自治区实际,制定本办法。

第二条　本自治区行政区域内的现役军人和户籍在本自治区的复员军人、退伍军人、退出现役的残疾军人、烈士遗属、因公牺牲军人遗属、病故军人遗属、现役军人家属(以下统称抚恤优待对象),依照《条例》和本办法的规定,享受抚恤优待。

第三条　各级人民政府应当加强军人抚恤优待工作,统筹协调、及时解决军人抚恤优待工作中的问题。

县级以上人民政府应当保障本级财政负担的军人抚恤优待经费,保障军人的抚恤优待标准不低于国家和自治区的规定。

设区的市人民政府可以创办光荣院,集中供养孤老、生活不能自理的抚恤优待对象。

第四条　县级以上人民政府民政部门主管本行政区域内的军人抚恤优待工作。有关部门和残疾人联合会应当按照各自职责,做好军人抚恤优待工作。

第五条　鼓励社会组织和个人为军人抚恤优待

事业提供捐助,创办接收、安置抚恤优待对象的福利机构。

第六条 现役军人死亡被批准为烈士、被确认为因公牺牲或者病故的,由县级人民政府民政部门给其遗属核发《中华人民共和国烈士证明书》、《中华人民共和国军人因公牺牲证明书》或者《中华人民共和国军人病故证明书》(以下统称《证明书》),并依照《条例》规定发放抚恤金。

第七条 《证明书》的持证人由死亡军人遗属协商确定,并书面告知负责发证的民政部门,民政部门给其协商确定的持证人发放《证明书》;协商不成的,民政部门按照下列顺序确定持证人并发放《证明书》:

(一)父母(抚养人);

(二)配偶;

(三)子女,有多个子女的发给长子女。

无前款规定对象但有兄弟姐妹的,由兄弟姐妹中的年长者持证;无兄弟姐妹的,不予发放。

第八条 县级人民政府民政部门发放一次性抚恤金应当按照下列规定:

(一)有父母(抚养人)、配偶、子女的,按照其共同协商确定的分配数额发放;协商不成的,按照人数等额发放;

(二)无父母(抚养人)、配偶、子女的,发给未满18周岁的兄弟姐妹或者已满18周岁无生活费来源且由该军人生前供养的兄弟姐妹。兄弟姐妹为两人以上的,按照其共同协商确定的分配数额发放;协商不成的,按照人数等额发放。

无前款规定遗属的不予发放一次性抚恤金。

第九条 烈士遗属、因公牺牲军人遗属、病故军人遗属符合《条例》规定条件的,可以向其户籍所在地的县级人民政府民政部门提出书面申请,享受定期抚恤金。

民政部门应当自收到申请之日起20个工作日内调查核实,对符合法定条件的予以登记,发给定期抚恤金领取凭证,并于当月起发放定期抚恤金;对不符合法定条件的,不予发证,并书面说明理由。

第十条 享受定期抚恤金的烈士遗属、因公牺牲军人遗属、病故军人遗属,符合下列条件之一的,增发20%的定期抚恤金:

(一)男满60周岁、女满55周岁且无法定赡养人的老人;

(二)父母(抚养人)、配偶、子女残疾的;

(三)未满18周岁或者已满18周岁但因上学无生活来源的子女。

第十一条 复员军人、带病回乡退伍军人生活困难的,按照国家和自治区规定的条件,由户籍所在地县级人民政府民政部门给予定期定量生活补助,改善其生活条件。

第十二条 依靠定期抚恤金生活的烈属、因公牺牲军人遗属、病故军人遗属,其家庭生活水平低于本县(市、区)城镇居民或者农村居民平均生活水平的,县级人民政府应当给予生活困难补助。申请生活困难补助的,其申请、审核、发放程序参照最低生活保障的规定执行。

城镇居民、农村居民的平均生活水平由县级人民政府民政、财政部门根据有关规定测算,报同级人民政府确定。

第十三条 享受定期抚恤金的烈士遗属、因公牺牲军人遗属、病故军人遗属死亡或者享受定期定量生活补助的复员军人、带病回乡退伍军人死亡,由其户籍所在地的县级人民政府民政部门增发6个月其原享受的定期抚恤金或者定期定量生活补助,作为丧葬补助费。并自其死亡次月起停发定期抚恤金或者定期定量生活补助。

第十四条 分散安置的一级至四级残疾军人,其户籍所在地的县级人民政府民政部门应当按照规定发给护理费。集中供养的残疾军人的护理费由集中供养机构统一安排使用。第十五条残疾军人除享受《条例》规定的抚恤优待外,还可以享受下列优待:(一)国家和自治区有关残疾人的优惠待遇;(二)有劳动能力并有就业意愿的,免费参加公共就业服务机构或者残疾人就业服务机构组织的职业技能培训,并且优先推荐就业;(三)参加城镇职工基本医疗保险、城镇居民基本医疗保险和新型农村合作医疗的,就医费用在按其所参加医疗保险制度规定报销(补偿)后,可再享受抚恤优待对象医疗补助或者城乡医疗救助。

第十六条 义务兵服现役期间,其入伍时的户籍所在地县级人民政府应当给其家属发放年度优待金。年度优待金标准由县级人民政府按照不低于城镇居民或者农村居民平均生活水平标准确定。

义务兵入伍时户籍所在地的村民委员会(社区)应当保障其享有与本村民委员会(社区)居民同等的集体福利待遇。

第十七条 义务兵获得荣誉称号或者立功的,当年给其家庭增发优待金:

(一)中央军事委员会授予荣誉称号,增发80%;

(二)军队军级以上单位授予荣誉称号,增发60%;

(三)一等功,增发40%;

(四)二等功,增发30%;

(五)三等功,增发20%。

第十八条 退伍军人、烈士遗属、因公牺牲军人遗属、病故军人遗属和现役军人家属就业和有就业要求的,享受下列优待:

(一)从事生产经营的,所在地的工商、税务等部门优先办理有关手续,并按照国家有关规定减免有关税费;

(二)从事种植业、养殖业、手工业,按照政策有政府补贴或者补助,政府有关部门应当优先给予补贴或者补助;

(三)申请就业的,在同等条件下招工用人单位应当优先录用;

(四)申请参加职业技能培训,职业培训机构应当优先安排;

(五)符合条件报考职业院校,在同等条件下职业院校应当优先录取。

第十九条 城镇的复员军人、带病回乡退伍军人、退出现役的残疾军人、烈士遗属、因公牺牲军人遗属和病故军人遗属,申请且符合承租廉租住房或者购买经济适用房条件的,户籍所在地的市县人民政府应当优先安排,对烈士遗属、因公牺牲军人遗属和一级至六级残疾军人,应当保障安排。

农村的复员军人、带病回乡退伍军人、退出现役的残疾军人、烈士遗属、因公牺牲军人遗属和病故军人遗属的住房遭灾损毁需要重建的,县级人民政府应当按照灾民倒房重建补助的最高标准给予优先安排;其居住的住房属于危房的,县级人民政府应当在危房改造中给予优先安排,并可以提高一个补助标准等级;其住房条件低于当地一般农村居民需要改建住房的,县级人民政府参照灾民倒房重建补助的一般标准给予适当补助。

第二十条 复员军人、带病回乡退伍军人、烈士遗属、因公牺牲军人遗属和病故军人遗属,参加城镇基本医疗保险、城镇居民基本医疗保险和新型农村合作医疗的,其就医基本费用在按所参加医疗保险制度规定报销或者补偿后,可再享受抚恤优待对象医疗补助或者城乡医疗救助。

第二十一条 驻军所在地的市、县人民政府应当负责安置符合条件且要求安置的现役军人家属。

驻边境、海岛部队的军人随军家属由设区的市人民政府统一安置。

第二十二条 现役军人子女需要就读驻地九年义务教育公办中小学或者幼儿园的,经部队团级以上单位出具证明,由驻军所在地教育行政部门负责就近安排其子女就读。

第二十三条 现役军人、残疾军人凭本人有效证件参观游览本自治区境内的公园、科技馆、博物馆、爱国主义教育基地、风景名胜区、自然保护区等,免收门票。

第二十四条 享受定期抚恤金、定期补助金的抚恤优待对象因在自治区内迁移户籍需要申请抚恤、补助关系转移的,由迁出地县(市、区)民政部门出具证明,迁入地县(市、区)民政部门应当予以接收。当年的定期抚恤金、定期补助金由迁出地民政部门发放,从次年起由迁入地民政部门发放。迁移自治区外的,按照国务院民政部门有关规定执行。

第二十五条 本办法自2011年1月1日起施行。1993年1月3日自治区人民政府发布的《广西壮族自治区实施〈军人抚恤优待条例〉办法》同时废止。

广西壮族自治区实施《伤残抚恤管理办法》细则

第一章　总　则

第一条　为了贯彻实施民政部《伤残抚恤管理办法》，加强和规范伤残抚恤管理工作，制定本细则。

第二条　本细则适用对象为户籍在本自治区行政区域内的下列人员：

（一）在服役期间因战因公致残退出现役的军人，在服役期间因病评定了残疾等级退出现役的残疾军人；

（二）因战因公负伤时为行政编制的人民警察；

（三）因战因公负伤时为公务员以及参照《中华人民共和国公务员法》管理的国家机关工作人员；

（四）因参战、参加军事演习、军事训练和执行军事勤务致残的预备役人员、民兵、民工以及其他人员；

（五）为维护社会治安同违法犯罪分子进行斗争致残的人员；

（六）为抢救和保护国家财产、人民生命财产致残的人员；

（七）法律、行政法规规定应当由民政部门负责伤残抚恤的其他人员。

前款所列第（四）、第（五）、第（六）项人员，根据《工伤保险条例》的规定，应当认定视同工伤的，不再办理因战、因公伤残抚恤。

第三条　各级人民政府民政部门按照规定的职责权限负责受理辖区内伤残抚恤的有关事项。

县级人民政府民政部门应当按照本细则公布有关评残程序和抚恤金标准。

第二章　残疾性质认定

第四条　残疾性质分为因战致残、因公致残和因病致残。

对多次致残，伤残性质不同的，以等级重者定性；等级相同的，按照因战、因公、因病的顺序定性。

第五条　因战致残是指对敌作战负伤致残，符合评残条件的。对符合下列条件的可以评定为因战致残：

（一）对敌作战负伤、医疗终结后评定残疾的；

（二）因执行任务遭敌人或者犯罪分子伤害致残，或者被俘、被捕后不屈遭敌人折磨致残的；

（三）为抢救和保护国家财产、人民生命财产或者参加处置突发事件致残的；

（四）因执行军事演习、战备航行飞行、空降和导弹发射训练、试航试飞任务以及参加武器装备科研实验致残的。

第六条　因公致残是指在执行公务中致残，经医疗终结，符合评残条件的。对符合下列条件的可以评定为因公致残：

（一）在执行任务中或者在上下班途中，由于意外事件致残的；

（二）在执行任务中或者在工作岗位上因病猝然致残的；

（三）因患职业病致残的；

（四）因医疗事故致残的（确认医疗事故，必须依据有认定资质的有关部门出具的医疗事故技术鉴定书）；

（五）其他因公致残的。

第七条　因病致残是指义务兵和初级士官在服役期间患病（含精神病），经医疗终结后评定的病残。

评定病残仅限军队对正在服现役的义务兵和初级士官在服役期间患病进行的评残，民政部门不评定病残。

第三章　残疾等级鉴定机构和残疾情况医学鉴定

第八条　自治区、设区的市人民政府民政部门应当会同同级卫生部门指定医疗卫生机构负责残情医学检查,按规定组建医疗卫生专家数据库。残疾情况医学鉴定时随机抽选数据库中的专家组成医疗卫生专家小组。

医疗卫生专家小组由设区的市、自治区两级人民政府民政部门在指定的二级以上医疗卫生机构中抽选具有所在学科副主任医师(或副教授)以上专业技术职称、掌握劳动能力鉴定相关知识的3—5名专家组成。

第九条 伤残等级由自治区人民政府民政部门根据医疗卫生专家小组出具的鉴定意见评定。

第十条 医疗卫生专家小组在民政、卫生部门的指导下开展工作。医疗卫生专家小组应当依照国家有关医疗卫生行业规范和《军人残疾等级评定标准(试行)》进行残疾情况医学检查并出具鉴定意见。

医疗卫生专家小组出具的鉴定意见由小组成员共同签名确认,小组成员意见有分歧的,按照少数服从多数的原则确定,医疗机构审核后加盖单位印章。

设区的市和自治区两级医疗卫生专家小组出具的鉴定意见不一致的,以自治区医疗卫生专家小组的鉴定意见为最终鉴定结论。

第十一条 医疗卫生专家小组成员应当严格遵守行业规范和职业纪律,确保提交的检查结果真实、准确,不得利用职务及其影响谋取不正当利益。

第十二条 民政部门组织残疾情况医学检查鉴定时,应当提前5个工作日通知当事人在规定的时间、地点参加检查。

第十三条 自治区医疗卫生专家小组对下列情形进行残情医学鉴定并出具鉴定结论:

(一)申请人对设区的市医疗卫生专家小组出具的鉴定意见有异议,申请复查鉴定的;

(二)县级和设区的市民政部门对设区的市医疗卫生专家小组出具的残情医学鉴定意见有异议的;

(三)申请人提出符合评残条件的职业病、精神病以及按照国家有关政策规定应当由自治区人民政府民政部门指定医疗机构作出鉴定结论的其他疾病的;

(四)自治区人民政府民政部门认为其他需要复查鉴定的。

第十四条 须经自治区医疗卫生专家小组复查鉴定的人员,由当事人所在地设区的市或县级人民政府民政部门负责组织。自治区人民政府民政部门负责有关协调工作。

第十五条 设区的市医疗卫生专家小组对下列情形进行残情医学鉴定并出具鉴定结论:

(一)申请人提出评定、调整残疾等级的;

(二)申请转入抚恤关系的残疾军人原评残材料记载的残疾情况与残疾等级明显不相符的。

第十六条 设区的市人民政府民政部门负责组织需要进行医学鉴定的当事人到指定的医疗卫生机构参加残情医学鉴定,并按照要求核实当事人的身份信息。

当事人不得自行到医疗卫生机构进行残情医学鉴定。

第十七条 设区的市人民政府民政部门收到县级人民政府民政部门报送的有关材料后,应当在10个工作日内组织检查鉴定,医疗专家小组出具鉴定意见后应当在5个工作日内反馈给县级人民政府民政部门。

第十八条 县级人民政府民政部门对当事人提交的材料进行核对,在5个工作日内作出是否受理的决定。符合受理条件的签发受理通知书,在20个工作日内报设区的市人民政府民政部门组织残情医学鉴定;材料不全或者材料不符合法定形式的应当告知当事人补充材料。

县级人民政府民政部门应当按照上级人民政府民政部门的要求,配合做好残情鉴定相关工作。

第十九条 县级和设区的市人民政府民政部门对设区的市医疗卫生专家小组出具的鉴定意见有异议的,可以申请到自治区人民政府民政部门指定的医疗卫生机构进行复查鉴定。

第四章 新办评定残疾等级

第二十条 新办评定残疾等级是指对本细则第

二条第(一)项以外的人员认定因战因公残疾性质,评定残疾等级。

属于新办评定残疾等级的,申请人应当在因战因公负伤或者被诊断、鉴定为职业病之日起3年内提出申请。

第二十一条 申请。申请人申请评定残疾等级的,应当向所在工作单位(没有工作单位的,向户籍所在地的街道办事处或乡镇人民政府)提出能够说明致残经过和残情等情况的书面申请(精神病患者由其利害关系人提出),并按规定提交相关材料。

第二十二条 初审。申请人所在单位(街道办事处或乡镇人民政府)应当根据实际情况严格审查申请人递交的书面申请及相关材料,符合条件的出具书面意见。

第二十三条 审查。县级人民政府民政部门应当对报送的有关材料进行调查核实。符合受理条件的,填写《评定、调整伤残等级审批表》,并在受理之日起20个工作日内,通知本人到设区的市人民政府民政部门指定的医疗卫生机构对属于因战、因公致残部位的残疾情况进行残疾情况医学鉴定。

县级人民政府民政部门自收到设区的市医疗卫生专家小组的鉴定意见之日起20个工作日内,依据鉴定意见填写《评定、调整伤残等级审批表》,报送设区的市人民政府民政部门。

对不符合条件的,填写《不予评定、调整伤残等级决定书》,连同医疗卫生专家小组的鉴定意见(复印件)和申请人提供的材料退还申请人。

第二十四条 审核。设区的市人民政府民政部门自收到材料之日起20个工作日内完成审核工作,在《评定、调整伤残等级审批表》上签署申报意见,报送自治区人民政府民政部门。

对不符合条件的,填写《不予评定、调整伤残等级决定书》,连同医疗卫生专家小组的鉴定意见(复印件)和申请人提供的材料逐级退还申请人。

第二十五条 公示。自治区人民政府民政部门对设区的市人民政府民政部门报送的材料初审后,认为符合条件的,书面通知县级人民政府民政部门按规定进行公示。内容包括致残的时间、地点、原因、残疾情况(涉及隐私或者不宜公开的不公示)、拟定的残疾等级以及县级人民政府民政部门联系方式。

公示应当在申请人工作单位或者居住地的村(居)委员会进行,时间不少于7个工作日。公示期满,县级人民政府民政部门应当在5个工作日内将公示书副本和对公示结果的书面意见上报自治区人民政府民政部门。

第二十六条 审批。自治区人民政府民政部门自收到设区的市人民政府民政部门报送的材料之日起60个工作日内,在《评定、调整伤残等级审批表》上签署审批意见,办理伤残人员证(调整等级的,在证件变更栏处填写新等级),连同医疗卫生专家小组出具的伤残等级医学鉴定意见(复印件)逐级发给申请人。

对不符合条件的,由自治区人民政府民政部门填写《不予评定、调整伤残等级决定书》,连同医疗卫生专家小组出具的残疾等级医学鉴定意见(复印件)和申请人提供的材料,于收到材料之日起60个工作日内逐级退还申请人。

第二十七条 新办评定残疾等级应当提交以下材料。

(一)本人书面申请。内容包括:本人负伤时的基本情况、工作经历,负伤时间、地点、部位,见证人和具体经过等。

(二)申请人所在单位(无工作单位的由街道办事处或乡镇人民政府)出具的负伤时间、地点、原因及受伤详细经过的证明和对其评残的意见材料。

(三)公务员以及参照《中华人民共和国公务员法》管理的国家机关工作人员由其主管部门提供《公务员登记表》或《参照公务员法管理机关工作人员登记表》(人民警察的还须同时提供受伤时警衔任命书或能够证明其身份的其他材料);

因参战、参加团以上军事机关组织的军事演习、军事训练和执行军事勤务致残的预备役人员、民兵、民工等受伤时为无工作单位人员申请评残的,须提供受伤时由团级以上军事机关出具的原始证明;

为保护国家财产、人民生命财产致残的人员,须提供县级以上社会治安综合治理办公室等机构或相关主管部门出具的关于申请人负伤时间、地点、负伤部位、详细经过的证明。

(四)身份证或户口簿复印件(当地民政部门验原件)。

(五)原始医疗证明(病历、相关辅助检查报告、出院小结。提供复印件的,需由保管其原件的单位加盖公章,并注明此件与原件相符及经办人姓名;个人保管的一律提供原件)。

(六)交通事故负伤致残的应当提供公安交警部门出具的《道路交通事故处理责任认定书》(提供复印件的,需由保管其原件的单位盖上公章,并注明此件与原件相符和经办日期);因职业病致残的,提供治疗职业病期间有诊断资质的医疗机构出具的《疾病证明书》;医疗事故致残的,应当提供具有鉴定资质的鉴定机构出具的医疗事故责任认定书。

(七)现场见证人提供的旁证材料。应当提供2名以上现场目击证人出具的证明材料(内容包括申请人因战因公负伤的时间、地点、原因、经过和见证人身份)。

(八)县级人民政府民政部门填写《评定、调整伤残等级审批表》(见附表)一式四份,每份贴近期正面半身免冠二寸红底彩色照片1张,用A4纸正反两面打印。

(九)县级人民政府民政部门出具的《受理通知书》。

(十)《优抚对象档案信息录入表》。

(十一)本人近期免冠红底彩色二寸照片1张。

第五章　补办评定残疾等级

第二十八条　补办评定残疾等级是指对现役军人因战因公致残未能及时评定残疾等级,在退出现役后依据《军人抚恤优待条例》的规定,认定因战因公性质,评定残疾等级。

第二十九条　补办评定残疾等级,按照本细则新办评定残疾等级的规定办理。

第三十条　申请补办评定残疾等级应当提交以下材料:

(一)本人书面申请(有单位的向单位提出,没有单位的向户籍所在地的街道办事处或乡镇人民政府提出,精神病患者由其利害关系人提出),内容包括:入伍时间,退役时间,负伤时间、地点、部位、经过,在部队未评残原因等情况。

(二)身份证或户口簿复印件(当地民政部门核验原件)。

(三)退役证件复印件(当地民政部门核验原件)。

(四)因战因公致残原始档案记载或者原始医疗证明。

原始档案记载是指军人个人正式档案中由其所在部队做出的法定有效的涉及其本人负伤原始情况、治疗情况及善后处理情况等书面记载。职业病致残需提供有直接从事该职业病相关工作经历的记载;医疗事故致残需提供军队后勤卫生机关出具的医疗事故鉴定结论。

原始医疗证明是指下列医疗证明:1.军人退出现役后补办评残的,指军人服役期间由其原所在部队军以上单位指定的军队医院出具的能说明其致残原因的《病情诊断书》、《出院小结》或者正式病历或者正式的病情检查、实验分析记录。2.军人服现役期间医疗终结3年以上补办评残的,指医疗终结3年以内由部队军以上单位指定的军队医院出具的《病情诊断书》、《出院小结》或者正式病历或者正式的病情检查、实验分析记录。个人保管的原始医疗证明一律提供原件。

(五)县级人民政府民政部门填写《评定、调整伤残等级审批表》(见附表)一式四份,每份贴近期正面半身免冠二寸红底彩色照片1张,用A4纸正反两面打印。

(六)县级人民政府民政部门出具的《受理通知书》

(七)《优抚对象档案信息录入表》。

(八)本人近期免冠红底彩色二寸照片1张。

第三十一条　县级以上人民政府民政部门对本细则第二条第(一)项人员申请评定残疾等级的,经审查认为不符合因战因公负伤条件的，或者经设区的市医疗卫生专家小组鉴定达不到评定或者调整残疾等级的，应当逐级上报自治区人民政府民政部门。

第六章　调整残疾等级

第三十二条　调整残疾等级是指对已经评定残疾等级，因残疾情况变化与所评定的残疾等级明显不符，申请人或民政部门提出调整残疾等级级别的。

调整残疾等级，经鉴定与原残疾部位没有内在、必然联系的，不得提高残疾等级。

第三十三条　申请人申请调整残疾等级，可直接向户籍所在地县级人民政府民政部门提出（精神病患者由其利害关系人提出），并提交以下材料：

（一）本人要求调整残疾等级的书面申请；

（二）身份证或户口簿复印件（当地民政部门核验原件）；

（三）原评定残疾等级的证明；

（四）现残疾情况与原残疾等级明显不符的医疗诊断证明；

（五）县级人民政府民政部门填写《评定、调整残疾等级审批表》（见附表）一式四份，每份贴近期正面半身免冠二寸红底彩色照片1张，用A4纸正反两面打印；

（六）伤残证原件；

（七）县级人民政府民政部门出具的《受理通知书》；

（八）《优抚对象档案信息录入表》；

（九）本人近期免冠红底彩色二寸照片1张。

第三十四条　群众实名举报或民政部门发现伤残人员的实际残情与评定的残疾等级明显不符的，由县级人民政府民政部门书面通知当事人到指定的医疗卫生机构进行复查鉴定。

复查鉴定的结论作为调整残疾等级的依据。

第三十五条　残疾等级的调整，按照本细则第二十三条、第二十四条、第二十五条、第二十六条的规定办理。

第七章　伤残抚恤关系转移

第三十六条　退出现役或者向地方政府移交的残疾军人，应当自办理退役手续或者移交手续之日起60日内，向户籍迁入地的县级人民政府民政部门提出转入抚恤关系的书面申请，并提交下列材料：

（一）本人书面申请；

（二）原评定残疾等级审批材料（提供复印件的，需由保管其原件的单位加盖公章，并注明与原件相符和经办时间）；

（三）伤残证原件；

（四）身份证或户口簿复印件（当地民政部门核验原件）；

（五）退役证件或移交政府安置的安置通知书复印件（当地民政部门验原件。复印件应加盖公章，并注明此件与原件相符和经办日期）；

（六）需要残疾情况医学复查鉴定的由设区的市人民政府民政部门提供专家小组鉴定意见；

（七）县级人民政府民政部门填写《伤残人员迁入换证抚恤登记审批表》一式四份，每份均需贴近期正面半身免冠二寸红底彩色照片1张，用A4纸正反两面打印。

第三十七条　残疾军人退役后未按规定的时间向户籍迁入地的县级人民政府民政部门申请转入抚恤关系的，自办理迁入手续后的第二年起享受有关抚恤待遇。

第三十八条　县级人民政府民政部门应当对申请迁入换证的残疾军人的下列情况进行审查，并做好登记、备案。

（一）对《残疾军人证》进行核实；

（二）审查《军人残疾等级评定表》或者《换领〈中华人民共和国残疾军人证〉申报审批表》记载的残疾情况与残疾等级是否相符；

（三）退役证件或者移交政府安置的相关证明。

第三十九条　县级人民政府民政部门应当自收到迁入换证申请材料起20个工作日内完成审查工作。认为符合迁入条件的，填写《伤残人员迁入换证

审批表》并签署意见,连同《残疾军人证》原件及有关材料报设区的市人民政府民政部门。认为不符合条件的,按照下列规定处理:

(一)对提供伪造、变造《残疾军人证》及相关评残材料申请迁入的,由民政部门收回伪造、变造的《残疾军人证》和相关材料不予登记,并移交当地公安机关处理。

(二)对《军人残疾等级评定表》或者《换领〈中华人民共和国残疾军人证〉申报审批表》记载的残疾情况与残疾等级明显不符的,应当暂缓登记,并组织申请人到设区的市民政部门指定的医疗卫生机构进行复查鉴定,复查鉴定结果及相关材料逐级报自治区人民政府民政部门处理。

第四十条 设区的市人民政府民政部门应当自收到县级人民政府民政部门上报的材料起20个工作日内完成审核工作,签署意见后上报自治区人民政府民政部门。

第四十一条 自治区人民政府民政部门对设区的市人民政府民政部门报送的材料进行审查。

对符合条件的,在《残疾军人证》变更栏内填写新的户籍地、重新编号,加盖印章,将《残疾军人证》逐级发还申请人。

对《军人残疾等级评定表》或者《换领〈中华人民共和国残疾军人证〉申报审批表》记载的残疾情况与残疾等级明显不符的,通知原审批机关更正或复查鉴定,并按复查鉴定的残疾情况重新评定残疾等级。

原审批机关更正的按照更正结果予以登记;重新评定残疾等级的按照新评定的残疾等级予以登记;重新评定后达不到《军人残疾等级评定标准》中规定条件的不予登记。

第四十二条 伤残人员跨省迁移抚恤关系的办理。

(一)伤残人员迁出本自治区的,迁出地的县级人民政府民政部门依据其书面申请、伤残证件和迁入地户口簿,填写《伤残人员抚恤关系转移证明》,连同伤残档案、迁入地户口簿复印件,逐级上报自治区人民政府民政部门。

自治区人民政府民政部门认为符合条件的,签署意见并加盖印章,逐级发还到县级人民政府民政部门,由县级人民政府民政部门发送到迁入地县级人民政府民政部门。

迁出地县级人民政府民政部门应当将申请人的伤残证及其军队或者地方相关的评残审批表或者换证表复印存档备查。邮寄伤残档案时,应当做好登记备案。

(二)伤残人员迁入到本自治区的,县级人民政府民政部门在收到迁入材料和伤残人员提供的伤残证件后,逐级上报自治区人民政府民政部门。自治区人民政府民政部门在向迁出地省级人民政府民政部门核实无误后,在伤残证件变更栏内填写新的户籍地、重新编号,并加盖印章,逐级发还申请人。

各级人民政府民政部门应当在20个工作日内完成本级民政部门需要办理的事项。

第四十三条 伤残人员在本自治区范围迁移抚恤关系的办理。

伤残人员在本自治区范围内迁移的,由迁出地县级人民政府民政部门将有关材料发送到迁入地县级人民政府民政部门并报设区的市人民政府民政部门备案;迁入地县级人民政府民政部门收到有关材料,经审核符合条件的办理迁入手续并上报设区的市人民政府民政部门备案;不符合条件的,由迁入地县级人民政府民政部门书面答复迁出地县级人民政府民政部门。

各级民政部门在办理抚恤关系转移的同时须在《全国优抚信息管理系统》中办理迁移标记,并逐级上报自治区人民政府民政部门备案。

第八章 伤残证件管理

第四十四条 民政部门依据不同人员按照下列类别分别发给相应的证件:

(1)退役军人在服役期间因战因公因病致残的,发给《中华人民共和国残疾军人证》;

(2)人民警察因战因公致残的,发给《中华人民共和国伤残人民警察证》;

(3)公务员以及参照《中华人民共和国公务员法》管理的国家机关工作人员因战因公致残的,发给《中华人民共和国伤残国家机关工作人员证》;

(4)因参战、参加军事演习、军事训练和执行军事勤务致残的预备役人员、民兵、民工发给《中华人民共和国伤残民兵民工证》;

(5)其他人员因战因公致残的,发给《中华人民共和国因战因公伤残人员证》。

伤残人员以军人、人民警察、公务员以及参照《公务员法》管理的国家机关工作人员和其他人员不同身份多次致残的,民政部门按照上述顺序只发给一种证件,并在伤残证件变更栏上注明第二次致残的时间和性质,以及合并评残后的等级和性质。

第四十五条 伤残人员办理前往香港、澳门、台湾定居或者出国定居的,由户籍所在地县级人民政府民政部门在变更栏内注明变更内容。对需要换发新证的,“身份证号”处填写所在国(或者香港、澳门、台湾)核发的居住证件号码。“户籍地”为国内抚恤关系所在地。

第四十六条 对已经变更为外国国籍的伤残人员,其原由我国有关部门发给的伤残人员证件自然失效(可注明作废留作纪念),不再享受有关伤残抚恤待遇。

第四十七条 伤残人员死亡的,县级人民政府民政部门应当注销其伤残证件,并逐级上报自治区人民政府民政部门备案。

退出现役的因战、因公残疾军人因旧伤复发死亡,由县级人民政府民政部门在《残疾军人证》上注明“伤口复发死亡,享受因公牺牲待遇”,并加盖公章,交遗属保存,作为享受因公牺牲军人遗属抚恤待遇的依据。

因战因公致残的一级至四级残疾军人因病死亡的,由县级人民政府民政部门在《残疾军人证》上注明“因病死亡,享受病故军人待遇”,并加盖公章,交遗属保存,作为享受病故军人遗属抚恤待遇的依据。

第四十八条 伤残证件有效期满或者损毁、遗失的,当事人应当到县级人民政府民政部门申请换发、补发证件,并提交下列材料:

(一)身份证或户口簿复印件(当地民政部门核验原件);

(二)原伤残证件(限证件期满、损坏);

(三)个人近期正面半身免冠二寸红底彩色照片2张;

(四)声明遗失证件作废的公开发行报刊原件。

县级人民政府民政部门填写《伤残人员换证补证审批表》,连同上述材料逐级上报自治区人民政府民政部门。

第九章 残疾军人集中供养管理

第四十九条 符合下列条件的一至四级残疾军人,可以提出集中供养的申请。

1. 因残疾原因需要经常医疗处置的;

2. 日常生活需要特殊护理的;

3. 独身一人不便分散安置的。

第五十条 申请集中供养的审批程序。

(一)本人向所在工作单位或向户籍所在地的街道办事处、乡镇人民政府提出集中供养的书面申请。

(二)申请人所在单位或户籍所在地的街道办事处、乡镇人民政府出具集中供养的书面意见,有关材料提交当地县级人民政府民政部门。

(三)县级人民政府民政部门应当自收到申请材料之日起20个工作日内完成审批,符合条件的,在《伤残人员集中供养审批表》中签署审批意见,通知申请人在规定的时间内到集中供养接收单位按照有关规定办理集中供养入院手续,同时逐级上报至自治区人民政府民政部门备案;不符合条件的,书面答复申请人。

第十章 伤残抚恤金的管理

第五十一条 伤残抚恤金的发放按照下列规定办理:

(一)伤残人员从被批准评定残疾等级后的第二个月起,由发给其伤残证件的县级人民政府民政部门按照规定发放伤残抚恤金。

(二)伤残人员抚恤关系转移的,其当年的抚恤金由部队或者迁出地的民政部门负责发放,从第二年起由迁入地民政部门按当地标准发放。

(三)在国内异地(指非发放抚恤金所在地)居住的伤残人员,每年应当向负责支付其伤残抚恤金的县级人民政府民政部门提供一次居住地公安机关出具的居住证明。当年未提交证明的,县级人民政府民政部门应当经过公告或者通知其家属提交证明;经过公告或者通知其家属后 60 日内,伤残人员仍未提供上述居住证明的,从第二年起停发伤残抚恤金。

(四)前往香港、澳门、台湾定居或者出国定居的中国国籍伤残人员,经向县级人民政府民政部门申请并办理相关手续后,其伤残抚恤金可以委托他人代领,也可以委托民政部门邮寄给本人或者存入其指定的金融机构账户,所需费用由本人负担。

县级人民政府民政部门应当书面告知当事人(并要求当事人在告知书上签字,表明民政部门履行了告知程序)每年向负责支付其伤残抚恤金的县级人民政府民政部门提供一次由我国驻外使领馆或者当地公证机关出具的居住证明,由当地公证机关出具的证明书,须经我驻外使领馆认证。香港地区由内地认可的公证人出具居住证明,澳门地区由内地认可的公证人或者澳门地区政府公证部门出具居住证明,台湾地区由当地公证机构出具居住证明。当年未提供上述居住证明的,从第二年起停发伤残抚恤金。

第五十二条 对已经变更为外国国籍的伤残人员,自办结国籍迁出手续之日的第二个月起停发伤残抚恤金,同时中止其他有关伤残抚恤待遇。

第五十三条 伤残人员死亡的,从死亡后的第二个月起停发抚恤金。

退出现役的因战、因公致残的残疾军人因旧伤复发死亡的,由发给其残疾抚恤金的县级人民政府民政部门按照因公牺牲军人的抚恤金标准发给其遗属一次性抚恤金,其遗属按照规定的条件享受因公牺牲军人遗属抚恤待遇。

残疾军人因病死亡的,由发给其残疾抚恤金的县级人民政府民政部门对其遗属增发 12 个月的残疾抚恤金,作为丧葬补助费;其中,因战、因公致残的一级至四级残疾军人因病死亡的,其遗属按照规定的条件享受病故军人遗属抚恤待遇。

第十一章　残疾抚恤关系中止和恢复

第五十四条 县级人民政府民政部门依据人民法院的判决书,或者公安机关发布的通缉令,对具有中止抚恤情形的伤残人员决定中止抚恤,并通知本人或者其家属。

第五十五条 中止抚恤的伤残人员在刑满释放并恢复政治权利或者取消通缉后,由本人持司法部门的相关证明向县级人民政府民政部门提出书面申请,经审查符合条件的,县级人民政府民政部门填写《伤残人员恢复抚恤关系登记审批表》,逐级上报自治区人民政府民政部门审批,从批准之日的第二个月起恢复抚恤,原停发的抚恤金不予补发。

办理恢复抚恤关系手续应当提交下列材料:

(一)本人申请;

(二)身份证或户口簿复印件(由当地民政部门验原件);

(三)司法部门的相关证明。

第十二章　附　则

第五十六条 未列入行政编制的人民警察,参照本办法评定伤残等级,其伤残抚恤金由所在单位按规定发放。

第五十七条 本细则由自治区人民政府民政部门负责解释。

第五十八条 本细则自 2011 年 1 月 1 日起执行。

广西壮族自治区双拥工作领导小组关于印发《广西壮族自治区双拥工作领导小组成员单位双拥工作职责的通知》

自治区双拥工作领导小组各成员单位:

拥军优属、拥政爱民是我党、我军和全国各族人民的优良传统和政治优势,是中国革命和建设事业取得胜利的重要保证,是一项长期的战略任务和社会化的系统工程。在社会主义市场经济条件下,做好双拥工作、加强军政民团结、提高全区双拥工作的整体水平,是我区双拥工作领导小组各成员单位共同的职责。鉴于自治区机关已进行机构改革,自治区双拥工作领导小组成员单位的调整和部分成员单位职能的变化,在广泛征求意见的基础上,对各成员单位的双拥工作职责进行了补充和修改。现将修改后的《广西壮族自治区双拥工作领导小组成员单位双拥工作职责》印发,望认真履行职责,积极发挥本单位的双拥工作职能作用,不断巩固和发展军政军民相互团结、互相支持的大好局面,为我区双拥工作深入发展作出新的更大贡献。

广西壮族自治区双拥工作领导小组
二○一○年九月十六日

广西壮族自治区双拥工作领导小组成员单位双拥工作职责

自治区党委办公厅

(1)把双拥工作列入党委的议事日程,组织和指导各级党委和有关部门开展双拥工作。

(2)当好党委领导的参谋。

(3)承办双拥工作的请示、报告。

(4)安排领导参加重大双拥活动。

(5)协调和处理重大军地军民纠纷。

自治区人民政府办公厅

(1)把双拥工作列入政府议事日程,负责协调、组织和指导各级政府和有关部门开展双拥工作。

(2)当好自治区政府领导的参谋。

(3)承办双拥工作的请示、报告。

(4)安排领导参加重大双拥活动。

(5)协调和处理重大军地军民纠纷。

自治区党委宣传部

(1)把全民国防教育和双拥宣传教育作为精神文明建设的重要内容,列入宣传工作计划。

(2)协调文化、新闻、出版和广播影视部门开展国防教育和双拥宣传教育。

(3)配合做好宣传双拥典型和先进经验的有关工作,倡导爱国拥军的奉献精神,培育关心、支持、爱护人民军队的社会风尚。

(4)组织指导军民共建社会主义精神文明活动,表彰军民共建先进单位和个人。

(5)加强对爱国主义教育示范基地、国防教育基地工作的指导和管理。

(6)倡导爱国拥军的奉献精神,在全区形成关心、支持、爱护人民军队,优待、照顾优抚对象的良好社会风尚。

自治区发展和改革委员会

(1)将国防、军队建设和优抚安置工作纳入全区经济和社会发展规划,促进地方经济建设和国防建设的协调发展。

(2)协调部队建设需要地方解决的重大问题。

(3)积极支持军队参加和支持西部大开发以及国家重点工程建设。

(4)协调有关部门优先保障部队战备、执勤、训练中重要物质和商品的供应。

(5)做好本系统的拥军优抚安置工作。

自治区工业和信息化委员会

(1)支持军队信息化建设,优先满足部队信息化建设的需要。

(2)做好本系统的拥军优抚安置工作。

自治区教育厅

(1)将国防教育纳入全区各类学校的教学计划,对教职员工和学生进行拥军优属、拥政爱民宣传教育。

(2)组织开展军民共建文明学校活动。

(3)帮助部队开展培养军地两用人才活动。

(4)组织指导高中段教育以上学生参加军事训练。

(5)指导各级教育部门制定和落实现役军人子女及烈士、残疾军人子女、退役军人在择校入读等方面的优惠政策,为部队子女就近入学入托提供方便。

(6)做好本系统的优抚安置工作。

自治区科学技术厅

(1)配合科技强军战略的实施,大力支持军队的科技研发工作。

(2)为部队提供科学技术、信息资源,协助培养高素质科技人才。

(3)积极为部队、优抚对象提供科技咨询和服务。

(4)帮助部队开展科学知识普及活动,提高官兵科技文化素质。

(5)做好本系统的优抚安置工作。

自治区民族事务委员会

(1)配合有关部门做好民族地区的双拥工作,维护民族团结、军民军政团结和社会稳定。

(2)表彰军民团结、民族团结的先进典型。

(3)做好本系统的优抚安置工作。

自治区公安厅

(1)依法维护军事设施安全。

(2)依法打击侵害军人及其家属合法权益的各种违法犯罪活动。

(3)积极开展军警民共建社会主义精神文明活动。

(4)按照国家有关政策规定,指导各地公安机关做好军队离退休干部、转业、复员、退伍军人及随军、随迁家属落户工作。

(5)指导征集新兵的政治审查工作。

(6)组织开展拥军优属活动,做好本系统的优抚安置工作。

自治区民政厅

(1)主管全区拥军优属工作。充分发挥双拥工作职能部门的作用,为自治区党委、政府、广西军区当好双拥工作的参谋。

(2)制定自治区拥军优属安置、拥政爱民工作的方针、政策、法规。

(3)履行双拥工作的组织、协调、指导的职责,发动地方和部队广泛开展双拥工作。

(4)加强双拥工作的宣传,检查督促双拥工作各项政策法规的落实。

(5)做好优抚对象的思想教育工作和烈士褒扬工作。

(6)做好退伍义务兵、转业士官、复员干部、军队退休干部和无军籍职工的接收安置工作。

(7)会同军地有关部门指导争创双拥模范城(县、区)、双拥模范单位和个人活动。

(8)指导优抚安置事业单位和军供保障单位的管理工作。

自治区司法厅

(1)协助军队开展法律宣传教育和普及法律常识。

(2)指导县级以上司法行政机关建立维护军人及其家属合法权益的法律机构,为官兵提供法律服务。

(3)协调有关部门依法优先处理部队及官兵的涉法问题,维护国防利益和军人及其家属的合法权益。

(4)指导和支持部队司法行政工作。

自治区财政厅

(1)参与研究制定有关支持军队建设和优抚安置工作的政策、法规。

(2)根据国防建设的需要和地方财力可能,为国防建设和军队建设及优抚安置工作提供必需的财力保障。加强对优抚安置各项经费使用的管理和监督。

(3)积极开展拥军优属活动。

(4)保障优抚安置政策经费的落实。

(5)按照国家有关政策规定,指导各地财政部门落实移交政府安置军队离休干部的医疗补助、无军籍退休职工地方性补贴和军休服务管理机构人员及工作经费。

自治区人力资源和社会保障厅

(1)做好军队转业干部的接收安置工作。

(2)会同有关部门制定随军家属安置政策,指导和督促各市随军家属就业和社会保障政策落实。

(3)负责做好军队转业干部的培训工作。

(4)积极为自主择业的军队转业干部、自谋职业的退役士兵和未就业的随军家属提供求职优先服务。

(5)做好优抚对象的社会保险工作。

(6)做好本系统的拥军优抚工作。

自治区国土资源厅

(1)做好部队建设用地审批和土地登记发证过程中的有关工作。

(2)指导帮助部队搞好军用土地管理,保证军事活动需要。

(3)协助处理军地之间的土地纠纷。

(4)做好本系统的拥军优抚安置工作。

自治区交通运输厅

(1)做好公路水路军事运输协调保障工作。

(2)做好国防边防公路、码头建设和养护管理的督促指导工作,保障军事运输畅通。

(3)协调开展军民共建文明车站、文明码头、文明运输线活动。

(4)指导有条件的车站、码头开设军人售票窗口。

(5)为执行紧急任务的部队和军人、军供保障车辆提供交通便利。

(6)督促指导相关运输部门、企业按规定落实对革命伤残军人(凭革命军人伤残证)乘车、船时的政策优惠。

(7)按国家相关政策规定做好本系统的拥军优抚安置工作

自治区水利厅

(1)制定优先保障部队战备、训练和生活用水的政策规定。

(2)帮助驻边防、高山、海岛部队解决吃水困难。

(3)支持部队做好抗洪抢险工作。

(4)为部队援建国家和地方水利工程提供政策经费支持。

(5)做好本系统的拥军优抚安置工作。

自治区农业厅

(1)协助部队发展农副业生产和"菜篮子"工程建设。

(2)搞好技术指导、人员培训和新产品供应等工作。

(3)采取多种形式扶持优抚对象发展生产、优先帮助优抚对象脱贫致富。

(4)做好本系统的拥军优抚安置工作。

自治区商务厅

(1)协助部队做好生活必需品及相关重要物质的供应工作。

(2)协调口岸系统与驻地部队开展军民共建社会主义精神文明活动。

(3)积极帮助口岸驻地部队排忧解难。

(4)做好本系统直属驻邕单位的拥军优抚安置工作。

自治区文化厅

(1)开展军民共建社会主义精神文明活动。

(2)积极支持部队文化建设,支持部队文化事业的发展,指导帮助部队开展丰富多彩的文体活动。

(3)指导共建单位开展军民联欢活动。

(4)组织好重大节日慰问部队的文艺活动。

(5)做好本系统的优抚安置工作。

自治区卫生厅

(1)组织医疗单位为军人和优抚对象广泛开展各种优惠、优先活动。

(2)开展军民共建社会主义精神文明活动。

(3)支持部队卫生事业的发展和各类优抚医院的建设。

(4)认真落实优抚对象的医疗减免政策,组织做好优抚对象的医疗服务工作。

(5)做好本系统的优抚安置工作。

自治区地方税务局

(1)支持部队的改革和建设,按国家税收政策规定,属于减免税范围的给予部队减免照顾。

(2)做好本系统的优抚安置工作。

自治区工商行政管理局

(1)开展拥军优属活动。

(2)按照有关文件规定,对军供保障、优抚安置事业单位和优抚对象生产经营提供政策性扶持。

(3)做好本系统的优抚安置工作。

自治区广播电影电视局

(1)将国防宣传和双拥宣传教育列入广播影视部门的工作计划。

(2)运用广播、电影、电视系统进行爱国主义教育、国防教育和双拥宣传教育。

(3)宣传各地双拥工作的典型经验和先进事迹。

(4)开展拥军优属活动,做好对本系统的拥军优抚安置工作。

自治区粮食局

(1)坚持"以兵为本,服务部队"宗旨,做好部队军粮供应工作,按质、按时、按量供应军粮。

(2)平战结合,突出战备,加强军粮应急保障能力建设,提高平战转换能力。

(3)加强全区军粮供应基础设施建设和维修改造工作,推进军粮保障体系建设,全面提高军粮供应保障水平。

(4)积极开展双拥共建,做好本系统的优抚安置工作。

自治区边海防委员会

(1)将拥军优属工作纳入本单位工作计划。

(2)编制我区边海防建设计划,组织实施边海防基础设施的建设和维护工作,为部队管控边境一线提供有力保障。

(2)协调和处理边境地区的军政军民关系,维护边境的社会稳定和安全。

自治区总工会

(1)将拥军优属工作列入各级工会工作计划。

(2)采取多种形式对职工进行国防教育和双拥宣传教育。

(3)发动和组织职工开展好各种形式的拥军优属活动和军民共建社会主义精神文明活动。

(4)宣扬拥军优属先进单位和个人。

(5)积极配合有关部门为企业军转干部、退役士兵、军人家属和优抚对象排忧解难,维护他们的合法权益。

共青团区委

(1)将拥军优属工作列入各级共青团工作计划。

(2)搞好国防教育和双拥宣传教育,宣传各地团员、青年爱国拥军的典型经验和先进事迹。

(3)指导少年军校建设,表彰先进典型。

(4)组织团员、青年广泛开展学军活动,拥军优属活动、军民共建社会主义精神文明活动。

自治区妇联

(1)将拥军优属工作列入各级妇联工作计划。

(2)搞好国防教育和双拥宣传教育。

(3)积极配合军队宣传表彰女军人。

(4)协同有关部门维护军人家庭、婚姻等合法权益。

(5)发动妇女广泛开展群众性的拥军优属活动,表彰军人家属和妇女拥军的先进典型。

(6)组织开展军民共建社会主义精神文明活动。

南宁铁路局

(1)做好驻桂和过往部队的军事运输工作。

(2)开展军民共建文明车站和文明列车活动。

(3)指导辖区局管各大、中城市和当地驻军较多的客运站开设军人售票窗和候车室。

(4)加强检查指导,确保军人乘车购票优先的有关要求落到实处。

(5)对革命伤残军人乘车给予优待。

(6)做好本系统的拥军优抚安置工作。

自治区国家税务局

(1)依法贯彻落实国家税收政策,支持军队的改革和建设。

支持部队的改革和建设,按政策规定,减免部队有关税收。

(2)对军供保障、优抚安置事业单位及优抚对象、退伍军人、随军家属的生产经营,按照政策给予优惠。

(3)做好本系统的优抚安置工作。

各驻军成员单位

认真贯彻落实军委、总部关于做好拥政爱民工作的指示,按照全国和自治区双拥模范城(县、区)《创建命名管理办法》和《自治区党委、自治区人民政府、广西军区关于驻广西部队拥政爱民若干规定》(桂发[1997]38号),把拥政爱民工作纳入部队建设总体规划,不断加强对拥政爱民工作的组织领导,及时研究解决拥政爱民教育,打牢官兵全心全意为人民服务的思想基础,积极协助地方搞好全民国防教育和学生军训工作;充分发挥部队优势,积极参加和支援西部开发、社会主义新农村建设和广西北部湾经济区建设,广泛开展扶贫帮困、助学兴教和民族团结进步等工作;积极参加抢险救灾,主动维护社会稳定和边疆安宁,保护国家利益和人民群众生命财产安全;教育官兵严守群众纪律,尊重少数民族宗教信仰和风俗习惯,定期开展群众纪律检查,积极预防并妥善处理军警民纠纷;广泛组织开展富有成效的军民共建活动,积极参加创建文明城市、文明村镇、文明行业、文明社区和双拥模范城(县、区)活动,在社会主义精神文明建设中发挥示范带头作用,努力维护军政军民团结和民族团结。

重庆市民政局、财政局关于移交政府安置的军队无军籍退休退职职工医疗保障有关问题的通知

渝民发[2010]171号

各区县(自治县)民政局、财政局、人力社保局:

为进一步规范和做好移交政府安置的军队无军籍退休退职职工(以下简称无军籍职工)的医疗保障工作,根据民政部、财政部、劳动和社会保障部、总后勤部关于印发《关于加强和改进军队无军籍退休退职职工移交安置工作的意见》的通知(民发[2005]135号)和渝民发[2007]11号文件的有关精神,结合我市实际,现就无军籍职工医疗保障的有关问题通知如下:

一、凡已移交我市地方政府安置的无军籍职工,按照属地管理的原则,由安置地区县(自治县)民政部门统一办理参加城镇职工基本医疗保险和大额医疗互助保险,缴费基数按上年度重庆市城镇非私营单位平均工资标准执行。无军籍职工的个人账户按医疗保险规定计入,应由参保个人缴纳的大额医疗互助保险费,从无军籍职工的个人账户中扣除。

二、无军籍职工参保后,按规定享受医疗保险待遇,并参照所属区县(自治县)公务员医疗补助政策享受医疗补助。

三、从2010年起,以区县为单位,由民政部门每两年组织无军籍职工进行一次体检,体检标准参照事业单位退休人员的体检标准执行,所需经费由区县(自治县)财政负责承担。

四、各区县(自治县)民政、财政、人力社保部门

要密切配合,精心安排,落实好无军籍退休退职职工医疗保障政策,使无军籍退休退职职工老有所医,共享我市改革发展成果。

重庆市民政局　重庆市财政局
重庆市人力资源和社会保障局
二〇一〇年十二月八日

重庆市人民政府、重庆警备区
关于认真做好 2010 年冬季退役士兵接收安置工作的通知

渝府发[2010]111 号

各区县(自治县)人民政府、人民武装部,市政府各部门,驻渝部队独立师以上单位,有关企事业单位:

根据《国务院中央军委关于 2010 年冬季士兵退出现役工作的通知》(国发[2010]30 号)精神,结合我市实际,现就做好 2010 年冬季退役士兵接收安置工作的有关事项通知如下:

一、接收安置对象

(一)接收对象。

2010 年冬季退役士兵的接收对象为:1. 义务兵:服现役满 2 年未被选取为士官的;由于伤病残等原因滞留部队服现役超过 2 年的;服现役未满 2 年因政治、身体等原因需要提前退出现役的,按有关规定执行。2. 士官:服现役满 8 年、16 年未被选取为高一级士官的,服现役满 5 年、12 年因编制限制未被批准继续服现役的;服现役满 30 年或年满 55 岁的;超过本岗位规定最高服现役年限的;因国家和军队建设需要退出现役的;家庭发生重大变故本人申请退出现役的;因现实表现、工作能力、身体状况等原因不适宜继续服现役的。从非军事部门直接招收的士官需要安排退出现役的,按有关规定执行。

(二)安置对象。

2010 年冬季退役士兵的安置对象为:城镇义务兵(或下士、中士,下同)、上士以上转业士官;获得二等功以上奖励或因战、因公被评定为 5—8 级残疾的退役义务兵;本市农村籍入伍自愿转为城镇户口的退役义务兵。

入伍、退役手续不全或在档案中弄虚作假谋取安置资格的,上士(含)以上的复员士官,直接从非军事部门招收的士官以复员方式退出现役的,一律不纳入安置范围。符合安置条件的退役士兵,在待安置期间违纪违法,被公安机关拘留或逮捕的,取消其安置资格。

二、接收时间和方法

退役义务兵和复员士官的档案实行分散交接,由入伍地所在区县(自治县)民政局审查接收,原则上在 2011 年 1 月 31 日前结束。城镇退役义务兵,凡在 2011 年 2 月底前不报到者,不纳入安置范围,并将档案退回原所在部队。转业士官的档案实行集中交接,由市民政局负责审查,原则上在 2011 年 2 月底结束。转业士官在接到由市民政局开出的《接收通知》后,3 个月内不报到者,不纳入安置范围,由接收区县(自治县)将其档案转到本人(配偶)户口所在地的乡镇(街道),按待业人员对待。

符合安置条件的退役士兵,在待安置期间,由接收安置地人民政府按每人每月高于当地城镇居民最低生活保障线 10 元的标准发给其生活补助费。其中,退役义务兵生活补助费的发放时间从 2011 年 2 月起,凡安排就业的,至民政部门出具安置介绍信之日止;凡自谋职业的,至民政部门批准自谋职业之日止,原则上均不超过 2011 年的 12 月份。转业士官生活补助费的发放时间从部队停止发放工资的次月起,至民政部门出具安置介绍信之日止;自谋职业的,至民政部门批准自谋职业之日止,原则上均不超过次年的7月份。凡自谋职业的城镇退役义务兵和转业士官,在发放待安置期间生活补助费的基础上,应按渝府发[2005]74号文件规定增发6个月的生活补助费。

三、安置原则及办法

对符合安置条件的退役士兵,继续按照“按系统分配任务、包干安置、统筹调剂”的原则,采取安排就业和自谋职业相结合的办法进行安置。

凡选择自谋职业的,发给一次性经济补助金,其中转业士官、荣立二等功以上奖励的退役义务兵、因战因公被评定为5—8级残疾的退役义务兵在发给一次性经济补助时应给予适当照顾,具体标准由当地人民政府根据实际情况制定。父母或配偶无工作单位的城镇籍退役士兵自谋职业的,由接收地人民政府给予一次性经济补助,其补助标准为:义务兵不低于15 000元;城镇服现役9年以下(含9年)的复员士官,在15 000元的基础上从服现役第3年起,每增加一年军龄,增发500元一次性经济补助金;转业士官不低于30 000元,在30 000元的基础上从服现役第3年起,每增加一年军龄,增发1 000元一次性经济补助金。满10年以上的复员士官,不予补助。5—8级伤病残军人自谋职业的,除领取一次性经济补助金外,另按残疾军人抚恤标准发给残疾抚恤金。

中央驻渝单位和市直属单位的安置计划经市政府同意后,由市发改委、市民政局、市人力社保局联合下达。各区县(自治县)的安置计划由当地人民政府下达。凡本系统职工的子女、配偶,由主管部门负责接收安置,主管部门不在我市的,由单位直接接收。由政府安排就业或自谋职业的城镇退役义务兵、转业士官,在开出安置介绍信或签订自谋职业协议后,就视为已经安置。凡市政府统筹安置的,由市民政局开具安置介绍信。凡按系统下达的职工子女、配偶安置计划,由区县(自治县)民政局开具安置介绍信。中央驻渝单位和市属单位接到安置介绍信后,应按照安排就业与自谋职业相结合的原则进行安置。凡安排就业的,接收安置单位应在1个月内安排安置对象上岗,不能按时安排上岗的,由接收单位按照不低于本单位同工龄职工月平均工资的80%逐月发给生活补助费;凡“按系统分配任务、包干安置”的中央驻渝单位和市属单位的职工子女、配偶自谋职业的,由接收单位按有关政策给予一次性经济补助金。无论接收单位是什么性质或组织形式,对安排就业的退役士兵,应按照国家有关政策规定完善用工手续。接收安置在企业的,且本企业生产经营基本正常,合同期内非退役士兵本人原因,三年内原则上不得安排下岗,并且要按照国家有关规定办理失业、医疗、养老等社会保险,缴纳社会保险费,享受社会保险待遇。其军龄连同待分配时间一并计算为连续工龄,并视同为社会保险缴费年限。

四、工作要求

(一)认真做好退役士兵安置政策的宣传工作。各区县(自治县)人民政府和有关部门要坚持以科学发展观为指导,积极从构建社会主义和谐社会、推进“五个重庆”建设的高度出发,紧紧围绕当前我国经济体制改革面临的形势和任务,结合新兵征集入伍、老兵退伍大量返乡的时机,充分利用各种宣传媒体,采取编印宣传资料、发送宣传信息、进行入户宣传、召开座谈会、举办培训班、办宣传栏等多种形式,加大退役士兵安置政策法规、户籍制度改革、扶持创办微型企业、免费参加职业技能培训等优惠政策和退役士兵自谋职业、自主创业的典型事迹的宣传力度,努力营造“各项优惠政策家喻户晓、全社会关心支持退役士兵安置工作”的良好氛围。积极引导广大退役士兵服从大局,正确理解党和政府的各项改革举措,坚定信心和勇气,在构建和谐社会、推进“五个重庆”建设中充分发挥骨干作用。要结合退役士兵的思想实际,深入做好思想工作,积极帮助伤病残、孤儿和特困家庭的退役士兵解决好生活、生产、住房等困难和问题,鼓励他们为重庆的改革开放和经济建设多作贡献。

(二)严密组织退役士兵的运送工作。驻渝部队、铁路、交通、民航、公安、卫生、民政等部门要认真执行有关政策规定,加强管理,精心组织,密切协同,切实做好退役士兵运送工作,确保退役士兵在规定时间内均衡离队。铁路、交通、民航、港口和军事交通运输部门要保证退役士兵购票、托运行李、进站(港)和中转换乘"四优先"。卫生部门要加强卫生防疫工作,尤其是各种传染性疾病的预防工作。公安、民政等部门要为退役士兵返乡提供安全保障和优质服务。各级军供站要切实做好饮食供应和接待转运工作,确保退役士兵安全顺利返回家乡。

(三)着力推进新增农村籍退役士兵的转户工作。新增农村籍退役士兵自愿转为城镇居民后,享受城镇退役士兵安置政策,是我市逐步缩小城乡差异,促进城乡资源要素合理流动的一项重大改革。全市各级人民政府和有关部门要严格按照《重庆市人民政府关于统筹城乡户籍制度改革的意见》(渝府发[2010]78号)精神,采取有效措施,广泛宣传,积极推进新增农村籍退役士兵的转户工作。为便于及时将转户的新增农村籍退役士兵纳入安置计划,新增农村籍退役士兵应在2011年3月底前办理完转户手续。

(四)切实加大城镇退役士兵的安置力度。全市各级各部门各单位要坚决贯彻执行退役士兵安置的法规政策,严格按照《国务院关于进一步做好城镇退役士兵安置工作的通知》(国发[2005]23号)及国发[2010]30号文件精神,切实完成政府分配的安置任务,坚决纠正片面强调局部利益和困难、拒绝接收安置城镇退役士兵的行为。机关、事业单位工勤人员,应从退役士兵中优先选用。中央驻渝单位要按照国务院、中央军委的要求,积极支持地方人民政府的工作,认真落实政府下达的城镇退役士兵安置计划,不得拒绝接收和禁止下属单位接收城镇退役士兵。对拒绝接收、变相拒收或损害退役士兵合法权益的单位,要依照《中华人民共和国兵役法》的有关规定追究其领导者的责任或予以处罚,并责令限时完成安置任务。对退役后需跨入或跨出本市易地安置的,按有关规定办理。

各区县(自治县)2011年度的安置任务,必须在2011年12月底以前完成。所有安置对象应服从政府和接收单位的安置,各地可以通过举办培训班、办宣传栏等多种形式,加大退役士兵安置政策法规、户籍制度改革、扶持创办微型企业、免费参加职业技能培训等优惠政策和退役士兵自谋职业、自主创业的典型事迹的宣传力度,

努力营造"各项优惠政策家喻户晓、全社会关心支持退役士兵安置工作"的良好氛围。积极引导广大退役士兵服从大局,正确理解党和政府的各项改革举措,坚定信心和勇气,在构建和谐社会、推进"五个重庆"建设中充分发挥骨干作用。要结合退役士兵的思想实际,深入做好思想工作,积极帮助伤病残、孤儿和特困家庭的退役士兵解决好生活、生产、住房等困难和问题,鼓励他们为重庆的改革开放和经济建设多作贡献。

二〇一〇年十一月十五日

重庆市关于进一步做好驻渝部队干部随军家属就业和子女入学工作的意见

渝府发[2010]118号

各区县(自治县)人民政府、人民武装部,市政府各部门,有关单位:

为进一步做好驻渝部队干部随军家属就业和子女入学工作,解除部队干部后顾之忧,根据国务院和中央军委有关文件精神,结合我市实际,现提出如下意见:

一、切实把随军家属就业和子女入学工作摆上重要位置

(一)做好随军家属就业和子女入学工作是支持国防和军队建设的重要政治任务。驻渝部队是国

防和军队建设的重要力量，在支援重庆经济社会建设中发挥着重要作用。做好驻渝部队干部随军家属就业和子女入学工作，关系到军人及其家庭的切身利益，关系到部队建设与国防巩固，关系到社会和谐稳定。为此，全市各级政府及有关部门和单位要从贯彻落实科学发展观，推进国防和军队建设与经济社会建设协调发展的高度出发，进一步发扬双拥共建的优良传统，切实增强做好随军家属就业和子女入学工作的政治责任感和自觉性。

（二）做好随军家属就业和子女入学工作是全社会的共同责任。由于军人职业的特殊性，军队干部流动性大，担负任务繁重，无暇照顾家庭，致使其家属及子女随军后面临就业和入学困难。解决好随军家属就业和子女入学问题，是增强部队凝聚力、战斗力的有效举措，是关心支持国防和军队建设的具体体现。全市各级政府和驻渝部队要拓展工作思路，创新发展模式，建立长效机制，切实做好新形势下随军家属就业和子女入学工作。

二、进一步拓宽随军家属就业渠道

（一）坚持多渠道促进就业。按照组织推荐和市场调节相结合的原则，采取重点推荐、市场招聘、政策扶持等办法，促进社会就业，鼓励自主择业，积极为随军家属就业创造条件。全市各级国家机关、事业单位、社会团体及国有企业等都有支持和接收随军家属就业的义务。有用工需求的单位，在同等条件下要优先安排随军家属就业。

（二）搞好安置就业。对随调前为国家公务员或事业单位工作人员的随军家属，需要调入同性质机关或事业单位的，按照专业对口原则，由组织推荐，用人单位按照有关政策负责落实安置。对参加国家公务员考试、事业单位公开招聘的随军家属，在同等条件下优先录（聘）用。驻渝部队正团职（含相当职级的专业技术干部，下同）以上、从事飞行等艰苦工作、受到大军区级以上单位表彰、荣立二等功（战时三等功）以上奖励、驻艰苦边远二类以上地区、因公牺牲或致残（六级以上）干部的随军家属以及其他需要特殊照顾对象的随军家属，是安置的重点，按照属地管理的原则优先考虑。对原属国有企业、有正式工作需要调动安置的随军家属，按照行业专业基本对口或相近原则，市国有企业应当积极优先安排就业。随军家属应服从安置的单位和岗位，对无正当理由不服从安置、拒不到岗的，视为自动放弃，不再重新列入安置计划。

（三）推动市场就业。县级以上人力资源和社会保障部门要积极为随军家属提供就业指导、职业介绍、信息咨询等公共就业服务。驻军较多的区县（自治县）应由同级人力资源和社会保障部门统一安排，每年集中举办1—2次专场招聘会，组织用人单位和随军家属进行双向选择，帮助随军家属就业。鼓励随军家属自谋职业，积极参与就业竞争，通过主动应聘、双向选择实现就业，鼓励用人单位优先录用随军家属。对接收录用持有失业证明的随军家属的企业，除国家或市政府限制的行业外，可按照有关规定享受企业吸纳下岗失业人员的优惠政策；对安置随军家属新开办企业的税收减免，按照国家有关规定执行。

（四）扶持自主创业。对在我市创业、从事正常个体经营的随军家属，按照《重庆市工商行政管理局办公室关于加强工商登记服务支持高校毕业生返乡农民工等群体创业和就业的通知》（渝工商办发［2009］24号）、《重庆市地方税务局关于转发〈财政部国家税务总局关于随军家属就业有关税收政策的通知〉的通知》（渝地税发［2001］75号）有关规定给予税费、贷款、创业服务和资金补助等方面的扶持。

（五）促进灵活就业。驻渝部队应积极开发营区灵活就业岗位，充分依托机关招待所、食堂、团以上单位物资采购站、生活服务中心和师级以上医院、干休所等机构，吸纳随军家属就业。有条件的单位，可以在营区统一开办服务网点，妥善安排随军家属就业。对就业能力偏弱、经多次职业介绍仍未实现就业的，优先安排到公益性岗位就业。

三、努力提高随军家属就业服务保障水平

（一）开展就业培训。全市各地要把随军家属就业培训纳入当地就业再就业培训计划，组织开展多层次、多形式的职业培训和创业培训。人力资源和社会保障部门要根据就业岗位需要，组织针对性培训,并推荐用人单位择优录用。按照《重庆市财政局重庆市人力资源和社会保障局重庆市就业再就业工作领导小组办公室关于就业专项资金使用管理及有关问题的通知》(渝财社[2009]55号)规定,将符合就业困难人员条件的随军家属纳入就业扶持培训计划,并将培训补贴拨付给开展相应培训的机构。驻渝部队要主动配合当地政府和用人单位做好随军家属的劳动就业工作,教育和引导随军家属转变择业观念,提高劳动技能,并为其创业创造条件。随军家属所在企业事业单位要抓好随军家属的培训工作,不断提高随军家属的文化水平、知识层次和劳动技能,不断增强其在现职岗位上的竞争能力。对部队组织的随军家属就业培训,各级教育行政主管部门及人力资源和社会保障部门应当在师资、设备和经费安排等方面给予支持。

(二)搞好就业服务。人力资源和社会保障部门要按照属地化管理的原则,积极为随军家属提供信息咨询、求职登记、职业指南等就业服务,积极协调有关部门和用人单位,采取供需见面会等形式,做好随军家属的就业服务工作。对符合条件的未就业随军家属,为其办理失业登记,免费发放失业证明。对经师旅以上政治机关批准符合随调条件、原户籍转出地有工作但暂未落实接收单位的随军家属,可先办理迁入落户手续,委托政府各级公共就业服务机构代理人事、劳动关系,并按规定减免各项管理费用。工作落实后,再由人力资源和社会保障部门办理转入接收单位的有关手续。要为符合条件的随军家属办理社会保险关系在军地间的接转事宜,维护随军家属合法权益。

(三)加大保障力度。对已在企业就业的随军家属,合同期内一般不得辞退,确因企业亏损、改制等情况需要辞退的,各级人力资源和社会保障部门应当会同有关部门进行调整安排。参加失业保险的随军家属在未就业期间,可按失业保险有关规定每人每月领取失业金并享受相应的失业保险待遇。

四、切实保障军人子女接受良好教育

(一)妥善安排军人子女入学。军人子女接受学前教育、义务教育、高中阶段教育,由驻地区县(自治县)教育行政部门按照相对集中、优先安排、就近入学的原则统筹解决。军人因工作调动、居住地变更等,其子女需转学或借读的,驻地教育行政部门要及时办理转学或借读手续,学校不得收取重庆市规定收费项目及标准以外的其他费用。对符合《教育部、中国人民解放军总政治部关于驻藏部队随军干部子女在内地上中小学等问题的通知》(教基[1993]14号)要求的驻西藏等地区的军人子女,随军后需要留在我市内原户籍所在地或祖父母(外祖父母)户籍所在地中小学就学的,按照有关规定办理。

(二)优先(惠)照顾重点对象入学。现从事飞行等艰苦工作或驻艰苦边远地区且满10年以上、荣立二等功(战时三等功)以上、因战因公牺牲或者致残(六级以上)的军人子女,需转到委托监护人(含配偶、父母、岳父母、外祖父母)户籍所在地学校就读或借读的,属义务教育阶段的,由区县(自治县)教育行政部门按就近入学原则安排入学,学校不得收取任何重庆市规定收费项目及标准以外的其他费用;属考入高中或转入同类高中学校就读或借读的,学校不得收取重庆市规定收费项目及标准以外的其他费用。其中,驻艰苦边远二类以上地区部队的军人子女和烈士子女,报考高中阶段学校降5分录取;烈士子女报考普通高校在其投档分数线下降10分投档。其他优惠政策按照民政部、教育部和总政治部《优抚对象及其子女教育优待暂行办法》(民发[2004]192号)有关规定执行。

五、切实加强对随军家属就业和子女入学工作的组织领导

(一)完善服务保障机制。为确保工作顺利开展,成立重庆市随军家属就业和子女入学协调领导小组,由市政府分管副市长任组长,市政府分管副秘书长、重庆警备区分管负责人任副组长,市财政局、市教委、市公安局、市民政局、市人力社保局、市卫生局、市地税局、市工商局、市国税局负责人为成员。领导小组下设办公室,办公室设在重庆警备区,由重庆警备区政治部负责人任办公室主任。各区县(自治县)人民政府也要成立相应的组织机构,强化组织领导，明确工作职责，切实把此项工作抓紧抓好抓出实效。

（二）明确职责分工。各区县（自治县）人民政府和驻渝部队要把军队干部随军家属就业和子女入学工作纳入重要议事日程，加强组织领导，共同做好军队干部家属就业和子女入学工作。各级人民政府办公厅（室）、警备区系统政治部门是随军家属就业和子女入学工作的牵头机构，负责统筹协调随军家属就业和子女入学工作；各教育、人力社保部门是就业入学工作的责任部门，负责落实随军家属就业和子女入学相关工作；各财政、公安、民政、卫生、税务、工商等部门要积极协助，密切配合，按照部门职能抓好工作落实。其他部门要配合做好随军家属就业和子女入学工作。

（三）确保工作实效。各区县（自治县）人民政府及其有关部门要切实把随军家属就业和子女入学工作作为支持国防和军队建设的重要举措来推动，作为双拥工作的具体内容来落实。要加大对随军家属就业和子女入学工作的监督检查力度，对成绩突出的单位和个人，及时予以表彰；对落实不力或拒绝接收随军家属就业、子女入学的单位和个人，予以通报批评，并责令限期整改。要将随军家属就业和子女入学工作落实情况作为评选双拥模范城（县）的重要标准，努力营造关心重视随军家属就业和子女入学工作的良好氛围。

各区县（自治县）人民政府、市政府有关部门要结合实际，制定具体办法和措施，建立和完善服务保障机制，确保驻渝部队干部随军家属就业和子女入学工作的有效落实。

二〇一〇年十一月二十六日

重庆市民政局、财政局关于提高部分优抚对象等人员抚恤和生活补助标准的通知

渝民发［2010］160号

各区县（自治县）民政局、财政局，北部新区社会保障局、财政局：

根据民政部、财政部《关于调整部分优抚对象等人员抚恤和生活补助标准的通知》（民发［2010］127号）要求，现就调整我市部分优抚对象等人员抚恤和生活补助标准有关问题通知如下：

一、提高残疾军人（含伤残人民警察、伤残国家机关工作人员、参战伤残民兵民工）的残疾抚恤金、烈属（含因公牺牲军人遗属、病故军人遗属）的定期抚恤金、在乡退伍红军老战士（含在乡西路军红军老战士、在乡红军失散人员）的生活补助标准（调整后的标准见附件1、2、3）。其中，中央和市财政对残疾军人按在职残疾军人残疾抚恤金标准给予补助；对烈属、因公牺牲军人遗属、病故军人遗属，城镇的分别按每人每年8 730元、7 820元、7 360元，农村的分别按每人每年5 240元、5 010元、4 790元给予补助；对在乡退伍红军老战士、在乡西路军红军老战士、在乡红军失散人员，分别按每人每年19 890元、19 890元、8 600元给予补助。市级以上补助资金，不足抚恤和生活补助标准部分，由区县（自治县）财政负担。

二、提高在乡老复员军人生活补助标准。

1. 根据市统计局公布的2009年我市农民人均纯收入4 621元的标准，调整各区县（自治县）自然增长定额补助标准，同时，各地为在乡老复员军人每人每月给予的10元补助继续执行，所需资金由各区县（自治县）财政解决。各区县（自治县）自然增长定额补助标准具体为：渝中区、大渡口区、江北区、沙

坪坝区、九龙坡区、南岸区、北碚区、渝北区、巴南区、北部新区在乡老复员军人定额补助标准为全市上年农民人均纯收入的85%,即每人每月为327元;万州区、黔江区、涪陵区、万盛区、双桥区、长寿区、江津区、合川区、永川区、南川区、綦江县、潼南县、铜梁县、大足县、荣昌县、璧山县在乡老复员军人定额补助标准为全市上年农民人均纯收入的75%,即每人每月为289元;梁平县、城口县、丰都县、垫江县、武隆县、忠县、开县、云阳县、奉节县、巫山县、巫溪县、石柱县、秀山县、酉阳县、彭水县在乡老复员军人定额补助标准为全市上年农民人均纯收入的65%,即每人每月为250元。

2. 中央和市财政在市级以上现有补助标准的基础上为全市在乡老复员军人每人每月新增加40元生活补助。

三、提高带病回乡退伍军人生活补助标准,每人每月提高20元,达到每人每月224元。其中,中央和市财政每人每月补助200元、区县(自治县)财政每人每月补助24元。

四、提高在农村的和城镇无工作单位且家庭生活困难的参战退役人员生活补助标准,每人每月提高20元,达到每人每月220元。其中,中央和市财政每人每月补助198元、区县(自治县)财政每人每月补助22元。

五、提高不符合评残和享受带病回乡退伍军人生活补助条件但患病或生活困难的农村和城镇无工作单位的参加核试验军队退役人员生活补助标准,每人每月提高20元,达到每人每月220元。其中,中央和市财政每人每月补助198元、区县(自治县)财政每人每月补助22元。

六、此次调整所需市以上财政补助经费,由市财政核拨专款另行下达。各地民政、财政部门要切实按照本通知要求,务必落实地方应安排资金,加强抚恤补助专项经费管理,保证及时、准确、足额地把抚恤金和生活补助费发放到优抚对象等人员手中。

七、本通知从2010年10月1日起执行。

二〇一〇年十一月二日

重庆市民政局关于带病回乡退伍军人认定及待遇问题的通知

渝民发[2010]87号

各区县(自治县)民政局,北部新区社会保障局:

随着带病回乡退伍军人相关待遇的逐年提高,各地要求享受这一待遇的退役人员逐步增多。为做好带病回乡退伍军人认定等工作,根据《民政部关于带病回乡退伍军人认定及待遇问题的通知》(民发[2009]166号)精神,现就有关问题通知如下,请认真遵照执行。

一、申报范围

根据《军人抚恤优待条例》(以下简称《条例》)第二十二条、第五十一条规定“带病回乡退伍军人是指在服役期间患病,尚未达到评定残疾等级条件并有军队医院证明,从部队退伍的人员”,同时因病评残仅限于服役期间患病的义务兵和初级士官,因此,申报认定带病回乡退伍军人的应仅限于服现役期间患病的退伍义务兵和初级士官。这里的患病是指,能够直接造成《军人残疾等级评定标准》中列举残情的慢性疾病。

二、申报程序

患慢性病的义务兵和初级士官退伍回乡且生活困难的,可以按以下程序申请享受带病回乡退伍军人待遇。

(一)申请人向户籍所在地的街道办事处或乡镇人民政府民政部门提出书面申请。

(二)申请人所在街道办事处或乡镇人民政府民政部门进行初审后,提出书面意见,连同本人书面申请、本人档案材料等一并报送申请人户籍所在地的区县(自治县)民政局审查。

(三)区县(自治县)民政局对相关材料进行认真审查,认为符合条件的,安排申请人到指定医院对军队医院证明的慢性疾病进行检查。对在部队所患慢性病未痊愈的,填写《带病回乡退伍军人认定审批表》(见附件),由区县(自治县)民政局审批。

(四)区县(自治县)民政局在《带病回乡退伍军人认定审批表》上签署审批意见;对符合条件的,从批准之日下月起享受带病回乡退伍军人相关待遇。

三、申报材料

(一)本人申请;

(二)户口本;

(三)退伍军人证;

(四)军队医院证明,具体是指下列之一:

1. 退伍档案中记载的部队军以上单位指定医院作出的相关医疗结论、原始病历、患有不够评残的慢性病的退伍军人登记表或在服役期间军队体系医院出具的患慢性病证明(须能取得该医院或上级卫生部门确认);

2. 近期从军队体系医院复印的盖有病历管理部门印章的在服役期间患慢性病原始病历。

(五)盖有指定检查医院病历管理部门印章的近期慢性病(特指原军队医院证明中记载的慢性病)就诊病历复印件及相关医疗检查报告、诊断结论等。

四、工作要求

(一)各地民政部门在办理过程中,应当书面通知带病回乡退伍军人限期到指定医院体检或提交相关材料,以核实相关情形,并告知"逾期不按要求体检或提交相关材料,将取消相关待遇"。

(二)带病回乡退伍军人所患疾病治愈或生活状况发生变化、不再符合享受待遇条件的,区县(自治县)民政部门即中止其享受的带病回乡退伍军人相关待遇。

(三)带病回乡退伍军人死亡或出现《条例》第四十八条规定的情形,从下月起停止相关待遇。

(四)对带病回乡退伍军人的认定必须坚持实事求是、动态管理、有进有出的原则,遵循自然减员规律,严格规范管理。各地民政部门每年要认真核查,坚决杜绝优亲厚友、擅开政策口子的现象。对过去已享受定补待遇、经核查不符合享受定补条件的,应予以取消,并做好政策宣传解释工作。

在年度优抚数据信息更新中,严禁瞒报、漏报减员信息。市民政局对带病回乡退伍军人人数较多或新增幅度较大的区县,将进行重点抽查。

(五)区县(自治县)民政局要对带病回乡退伍军人审批资料进行全面清理,造册归档,建立统计登记台账并完善基础数据库。新批准的,要一人一档,并在规定时间内将有关材料报市民政局,市民政局对上报的材料进行审查,对不符合条件的予以纠正。

本通知从下发之日起执行,此前退伍的义务兵和初级士官按照本通知精神办理。

二〇一〇年六月二日

四川省民政厅、财政厅
关于调整部分优抚对象等人员抚恤和生活补助标准的通知

川民发[2010]215 号

各市(州)民政局、财政局,各扩权县(市)民政局、财政局:

根据民政部、财政部《关于调整部分优抚对象等人员抚恤和生活补助标准的通知》(民发[2010]127号)精神,从2010年10月1日起调整部分优抚对象等人员抚恤和生活补助标准,结合我省实际,现就有关问题通知如下:

一、调整残疾军人(含伤残人民警察、伤残国家机关工作人员、伤残民兵民工)的残疾抚恤金、烈属(含因公牺牲军人遗属、病故军人遗属)的定期抚恤金、在乡退伍红军老战士(含在乡西路军红军老战士、红军失散人员)的生活补助标准,调整后的标准见附表。

二、对在乡老复员军人(是指在1937年7月7日至1954年10月31日入伍、后经批准从部队复员的人员)的生活补助标准,每人每月提高60元,使我省在乡老复员军人的定期生活补助标准达到每人每月不低于445元(其中回乡务农抗战老战士的定期生活补助标准为每人每月不低于490元)。中央财政和省财政在现行补助标准基础上,对成都市每人每月增加45元;对自贡、攀枝花、泸州、德阳、绵阳、广元、遂宁、内江、乐山、南充、宜宾、达州、雅安、巴中、广安、眉山、资阳市每人每月增加46元;对阿坝、甘孜、凉山州和扩权县(市)每人每月增加47元;对省本级每人每月增加60元。

三、对带病回乡退伍军人的生活补助标准,每人每月提高20元,使我省带病回乡退伍军人生活补助标准达到每人每月不低于250元。中央财政和省财政对各地补助标准调整为:成都市每人每月208.5元;攀枝花、德阳市每人每月209.4元,其下属的第二批扩权县(市)每人每月213.8元;泸州、绵阳、乐山、宜宾、资阳市每人每月214.4元,其下属的第二批扩权县(市)每人每月218.8元;自贡、广元、遂宁、内江、南充、达州、雅安、巴中、广安、眉山市每人每月219.4元,其下属的第二批扩权县(市)每人每月223.8元;阿坝、甘孜、凉山州和第一批扩权县(市)每人每月230.3元;省本级250元。

四、对在农村的和城镇无工作单位且家庭生活困难的参战退役人员生活补助标准,每人每月提高20元,达到每人每月220元。中央财政和省财政对各地补助标准调整为:成都市每人每月193.5元;自贡、攀枝花、泸州、德阳、绵阳、广元、遂宁、内江、乐山、南充、宜宾、达州、雅安、巴中、广安、眉山、资阳市194.4元,其下属的第二批扩权县(市)每人每月198.8元;阿坝、甘孜、凉山州和第一批扩权县(市)每人每月205.3元。

五、对不符合评残和享受带病回乡退伍军人生活补助条件,但患病或生活困难的农村和城镇无工作单位的原8023部队退役人员,以及其他参加核试验军队退役人员生活补助标准,每人每月提高20元,达到每人每月220元。中央财政和省财政对各地补助标准调整为:成都市每人每月193.5元;自贡、攀枝花、泸州、德阳、绵阳、广元、遂宁、内江、乐山、南充、宜宾、达州、雅安、巴中、广安、眉山、资阳市194.4元,其下属的第二批扩权县(市)每人每月198.8元;阿坝、甘孜、凉山州和第一批扩权县(市)每人每月205.3元。

六、对新中国成立前加入中国共产党的农村老党员和未享受离退休待遇的城镇老党员调整生活补贴标准,每人每月提高20元,补贴标准调整为:1937

年7月6日前入党，达到每人每月390元；1937年7月7日至1945年9月2日入党的，达到每人每月330元；1945年9月3日至1949年9月30日入党的，达到每人每月250元。已享受优抚对象抚恤补助的老党员，不执行上述补贴标准，仍按每人每月50元标准发给生活补贴。已对老党员实行定额补贴的地方，补贴标准低于上述标准的，按照补差原则发给补贴；补贴标准高于上述标准的，仍按原标准发给补贴。中央和省各按50%安排补贴资金。

七、各地民政、财政部门要落实地方应安排的资金，切实加强资金管理，保证及时、准确、足额地把抚恤金和生活补助费发放到优抚对象等人员手中。

八、各地要尽快出台当地的调整部分优抚对象等人员抚恤和生活补助标准的具体政策，必须明确由市（州）、县（市）分担的补助标准。各地的具体政策文件请于2011年1月底前上报省民政厅、省财政厅。

附件：1. 残疾军人、伤残人民警察、伤残国家机关工作人员、伤残民兵民工残疾抚恤金标准表

2. 烈属、因公牺牲军人遗属、病故军人遗属定期抚恤金标准表

3. 在乡退伍红军老战士、在乡西路军红军老战士、红军失散人员生活补助标准表

二〇一〇年十二月二十四日

附件1：

残疾军人、伤残人民警察、伤残国家机关工作人员、伤残民兵民工残疾抚恤金标准表

（从2010年10月1日起执行）　　单位：元/年

残疾等级	残疾性质	抚恤金标准
一级	因战	28 690
	因公	27 780
	因病	26 870
二级	因战	25 960
	因公	24 600
	因病	23 680
三级	因战	22 770
	因公	21 410
	因病	20 040
四级	因战	18 670
	因公	16 850
	因病	15 490
五级	因战	14 580
	因公	12 750
	因病	11 840
六级	因战	11 390
	因公	10 780
	因病	9 110
七级	因战	8 660
	因公	7 740
八级	因战	5 470
	因公	5 010
九级	因战	4 550
	因公	3 640
十级	因战	3 190
	因公	2 730

附件2：

烈属、因公牺牲军人遗属、病故军人遗属定期抚恤金标准表

（从2010年10月1日起执行）　　单位：元/年

	烈属	因公牺牲军人遗属	病故军人遗属
城镇	8 730	7 820	7 360
农村	5 240	5 010	4 790

附件3：

在乡退伍红军老战士、在乡西路军红军老战士、红军失散人员生活补助标准表

（从2010年10月1日起执行）　　单位：元/年

在乡退伍红军老战士	在乡西路军红军老战士	红军失散人员
19 890	19 890	8 600

四川省民政厅、财政厅关于规范分散在乡一至四级残疾军人生活补贴发放标准的通知

川民发[2010]84 号

各市(州)民政局、财政局:

省民政厅、财政厅曾于 1989 年发文,要求各地参照当地国家机关工作人员的标准为分散在乡 1—4 级残疾军人(即原特、一等伤残军人,含因战因公伤残人员,以下同)发放燃料补贴、洗理费及书报费((89)民优字第 89 号、川民政[1989]优 27 号),1994 年我省工资改革前省直机关工作人员三项补贴标准分别为:燃料补贴 14 元/月,洗理费 12 元/月,书报费 24 元/月。1995 年 10 月,根据四川省人民政府办公厅《转发〈四川省民政厅关于进一步做好在乡特等和一等革命伤残军人抚恤优待工作报告〉的通知》(川办发[1995]122 号),我省分散在乡 1—4 级残疾军人按照每月 50 元的标准发放了生活补贴。

国家实行工资改革后,国家机关工作人员不再发放燃料补贴、洗理费及书报费。现决定将分散在乡 1—4 级残疾军人原参照国家机关工作人员发放的燃料补贴、洗理费及书报费并入生活补贴发放,新的生活补贴标准为 100 元/月。所需经费仍按原发放途径,纳入县财政预算。

此通知从 2010 年 7 月 1 日起执行。

二〇一〇年五月十九日

四川省民政厅、财政厅关于规范在院休养员生活补贴发放的通知

川民发[2010]85 号

四川省革命伤残军人休养院、省复员退伍军人医院、省革命伤残军人大邑休养院:

目前,我省集中供养的在院休养员除按照国家标准领取残疾抚恤金外,还按规定享受了地区性补贴,即在院生活补助以及伙食补贴、书报费、燃煤、洗理、肉食品补贴、副食品补贴、菜贴、交通水电能源补贴、工资类别补贴、生活补助(5 项)、粮贴等共计 16 项补助。

其中,“在院生活补助”根据《革命残废军人休养院管理工作暂行办法》(民[1982]优 8 号)和民政部、财政部《关于提高荣军康复医院休养员生活补助标准的通知》(民优函[1994]169 号),由我省自行确定标准。该项标准经省政府领导同意,已从 2007 年起,每年调整一次。调整的幅度以成都市国有经济在岗职工人均工资较上年月增长额为基数,依据在院休养员的残疾等级和入伍时间,按 30%、25%、20%、15% 四个等级进行调整。成都市城镇单位职工平均工资出现负增长时,生活补助费不作调整。

其余 15 项补助,系依据 1995 年以前我省的政策,参照原国家机关工作人员标准发给的。鉴于国

家实行工资改革后，上述补贴已失去发放标准，现决定将这15项补助合并为一项，称为“保留补助”，标准为原15项补助之和，即：精神疾病类在院休养员为373元/月；其他在院休养员为286元/月。

二〇一〇年五月十九日

四川省人民政府、省军区关于进一步做好驻川部队干部随军家属就业和子女入学工作的意见

川府发[2010]33号

各市(州)、县(市、区)人民政府，省政府各部门、各直属机构，各军分区(警备区)，县(市、区)人武部：

为进一步做好驻川部队(含解放军、武装警察、公安现役部队)干部随军家属就业和子女入学工作，根据国务院和中央军委有关文件精神，结合我省实际。提出如下意见。

一、切实增强做好随军家属就业和子女入学工作的政治责任感和自觉性

(一)充分认识做好随军家属就业和子女入学工作的重要意义。驻川部队承担着维护国家安全和社会稳定、支援地方建设的重任，特别是近年来，广大官兵不怕流血牺牲、不畏艰难困苦，冲锋在前，勇挑重担，在抗击低温雨雪冰冻灾害、抗震救灾、维护社会稳定、应急处突等重大任务中发挥了主力军和突击队的重大作用，做出了突出贡献。随军家属就业和子女入学工作是部队工作的延伸，做好随军家属就业和子女入学工作不仅关系军人及其家庭的切身利益，而且关系到国防巩固和部队稳定。各级政府和有关部门、各军分区(警备区)、县(市、区)人武部，要从推动国防和军队建设与经济社会建设协调发展的高度，进一步发扬双拥共建的优良传统，切实增强做好干部随军家属就业和子女入学工作的政治责任感和使命感，扎实推进新形势下随军家属就业和子女入学工作取得新突破，取得新发展。

(二)做好随军家属就业和子女入学工作是各级政府和部队组织的重大责任。部队是特殊的群体，军人是特殊的职业，部队干部流动性大、遂行任务重，家庭分居多，同时随着改革的深入发展，随军家属就业和子女入学出现新的矛盾和困难。切实解决好随军家属就业和子女入学工作，关系军人及其家庭的切身利益，关系国防巩固和部队稳定，是各级政府和部队机关义不容辞的政治责任，是新时期双拥工作的重要内容。各级政府要站在讲政治、讲大局的高度，迎难而上，主动作为，把随军家属就业和子女入学工作纳入议事日程，研究制定优惠政策，帮助驻川部队解决干部随军家属就业和子女入学工作遇到的新困难和新问题，各部队要加强对干部和随军家属国家法规政策的宣传教育，积极与地方政府配合，共同做好随军家属就业和子女入学工作。

二、着力拓宽随军家属就业渠道

(三)坚持多渠道促进就业。积极适应社会主义市场经济条件下就业工作的新形势，根据部队实际情况和随军家属的不同特点，按照组织推荐和市场调节相结合的原则，采取重点推荐、市场招聘、政策扶持等方式，积极拓宽安置渠道，采取多种形式促进就业。全省各级国家机关、事业单位、社会团体及国有企业等，都应当积极支持和接收随军家属就业，有用工需求的单位在同等条件下应当优先安排随军家属就业。

(四)搞好安置就业。对驻川部队正团职(含相当职级的专业技术干部和文职干部)以上、受到大军区级以上单位表彰、荣立二等功(战时三等功)以上、因公牺牲或者致残(军人残疾等级六级以上)、在执行抢险救灾等急难险重任务中受到省级以上表

彰、从事飞行等艰苦工作或驻艰苦边远地区工作的干部的随军家属,是安置的重点对象,各地要按照属地管理的原则优先考虑。对随调前为公务员或者事业单位在编正式工作人员,符合相应机关或事业单位调(流)动入政策规定的随军家属,经部队师以上机关政治部推荐,用人单位按照有关政策接收,人力资源和社会保障部门按照有关政策负责人事手续的办理。对原属国有企业、有正式工作需要调动安置的随军家属,按照行业专业基本对口或者相近原则,我省国有企业应当积极优先安排其就业。对上述人员安置就业确有困难的,在驻地行政机关、事业单位工勤、技能岗位空缺的情况下,符合岗位条件的人员,经本人申请,可给予优先接收,原属公务员的,不再保留公务员身份,到事业单位的,按照有关政策规定重新进行岗位聘用。对参加公务员录用考试、事业单位公开招聘的随军家属,在同等条件下优先录用。用人单位要在规定时间内办理有关随军家属就业安置的各类手续,合理确定随军家属的工作岗位和报酬,及时安排其到岗上班。对无正当理由不服从安置、拒不到岗的随军家属,视为自动放弃,不再列入安置计划。

(五)推动市场就业。驻军较多的市(州)和县(市、区),由驻地军分区(警备区)、人武部牵头,商请同级人力资源和社会保障部门,每年统一集中举办1至2次专场招聘会,向随军家属通报就业岗位需求、培训项目和工资水平等,组织当地用人单位和随军家属进行双向选择,帮助随军家属就业。企业较多的地区,可以由驻地省军区系统政治部门牵头,联合驻地部队共同与企业组成共建对子,商请驻地政府出台优惠政策,鼓励企业拿出岗位吸纳随军家属就业。鼓励随军家属自谋职业,积极参与就业竞争,通过主动应聘、双向选择实现就业。鼓励用人单位优先录用随军家属,对接收录用持《就业失业登记证》随军家属的企业,可按照企业接收失业人员的国家相关规定予以享受优惠政策;对安置随军家属新开办企业的税收减免,按照国家有关规定执行。

(六)扶持自主创业。对在我省创业和从事正常个体经营的随军家属,按照《四川省人民政府办公厅转发〈省劳动保障厅等部门关于促进以创业带动就业工作实施意见〉的通知》(川办发[2009]33号)有关规定,自其在工商部门首次登记之日起3年内,免收管理类、登记类和证照类等行政事业性收费。对符合相关条件的,可按照国家有关规定享受税收优惠政策,同时按政策享受贷款、创业服务和资金补助等方面的扶持。

(七)促进灵活就业。驻川部队应当充分开发军营内部岗位拓宽灵活就业渠道。对符合规定条件、经审查考试合格的随军家属,部队要在招聘非现役文职人员、非现役工勤人员岗位时给予重点照顾、优先聘用。要积极创造营区就业条件,依托机关招待所、食堂、营区服务网点和医院、干休所等机构的公勤岗位、尽量吸纳随军家属就业。有条件的单位,可以在营区统一开办服务网点,开设军营超市、餐厅、照相、理发、储蓄、邮政代办等项目,妥善安排随军家属就业。对因年龄和专业原因就业确有困难或经多次职业介绍仍未实现就业的就业困难人员,应优先照顾安排到政府投资开发或户籍所在地街道、社区的公益性岗位,并按政策规定给予岗位补贴和社保补贴。

三、努力提高随军家属就业服务保障水平

(八)开展就业培训。各地人力资源和社会保障部门要根据就业岗位需要,把随军家属就业培训纳入当地再就业培训计划,有针对性地组织开展职业培训和创业培训,并推荐用人单位择优录用。参加培训人员符合《四川省财政厅四川省劳动和社会保障厅关于就业专项资金使用管理及有关问题的通知》(川财社[2009]98号)有关规定的,要给予相关补贴。驻川部队要主动配合地方政府和用人单位,做好随军家属的就业培训工作,教育和引导随军家属转变择业观念,自觉提高劳动技能;要鼓励随军家属参加自学和函授学习,对取得国家承认的大专以上学历或者获得省级以上职业资格证书的,团级以上单位可视情报销部分或全部学费。有条件的部队可自行组织随军家属开展就业培训,各级人力资源和社会保障部门按照有关规定在师资、设备和经费安排等方面给予支持,教育部门要积极配合。

（九）搞好就业服务。对符合条件的未就业随军家属，人力资源和社会保障部门要及时为其办理失业登记，免费发放《就业失业登记证》，同时按照属地化管理的原则，积极为随军家属提供政策咨询、职业指导、职业介绍等公共就业服务，积极协调有关部门和单位，采取现场办公、供需见面会等形式，做好随军家属的就业服务工作。县级以上公共就业服务机构要指派专人负责为随军家属提供就业指导、职业介绍、信息咨询、岗位推荐等公共就业服务。

（十）加大保障力度。对符合随调条件、原户籍转出地有工作但暂未落实接收单位的随军家属，可先办理迁入落户手续。工作落实后，再由人力资源和社会保障部门办理转入接收单位的有关手续。要为符合条件的随军家属办理社会保险关系在军地间的接转事宜，维护随军家属合法权益。对已在企业就业的随军家属，合同期内一般不得辞退；确因企业亏损、改制等情况需要裁减人员的，同等条件下随军家属应优先留用，对未就业的随军家属及其子女可按有关规定参加城镇居民基本医疗保险。在随军家属未就业期间，省财政给予每人每月适当生活补助（具体实施办法另行制定）。

四、积极保障军人子女接受良好教育

（十一）妥善安排军人子女入学。军人子女接受义务教育，由驻地县（市、区）教育行政主管部门按照就近入学的原则统筹解决。接受高中阶段教育，享受驻地县（市、区）居民同等待遇，由驻地市（州）和县（市、区）教育行政主管部门统筹解决。军人子女正常转学或借读的，享受当地户籍学生同等待遇，驻地教育行政主管部门要按有关规定及时为其办理转学和接收手续。驻地部队可与当地2至3所学校结成共建单位，驻地部队对共建学校学生军训、国防教育等方面予以支持；共建学校在政策许可范围内对驻地部队干部子女入学予以优先照顾，教育行政部门做好相关协调工作。

（十二）优惠照顾重点对象入学。现从事飞行等艰苦工作或驻艰苦边远二类地区以上、受到大军区级以上单位表彰、在执行抢险救灾等急难险重任务中受到省级以上表彰、荣立二等功（战时三等功）以上、因战因公牺牲或者致残（军人残疾等级六级以上）的军人子女，需到委托监护人（含配偶、父母、岳父母、祖父母、外祖父母）户籍所在地学校就读的，享受当地户籍学生同等待遇。接受义务教育的，按规定就近入学，享受国家义务教育经费投入新机制相关政策；接受高中阶段教育，由驻地市（州）和县（市、区）教育行政主管部门统筹解决。驻艰苦边远二类以上地区部队的军人子女和烈士子女，报考高中阶段学校给予一定加分等优惠照顾；烈士子女报考普通高校在其投档分数线下降10分投档。

五、切实加强对随军家属就业和子女入学工作的组织领导

（十三）建立健全领导机构。省政府和省军区联合成立四川省随军家属就业和子女入学工作协调小组。组长由分管双拥工作的省政府领导和省军区1名领导担任，副组长由省军区政治部1名领导和省政府1名副秘书长担任，成员由民政厅、人力资源和社会保障厅、公安厅、教育厅、财政厅、省工商局、省地税局和驻川部队军以上单位政治部干部部门各1名负责人组成（驻川武警部队由武警四川省总队牵头，公安现役部队由公安厅牵头）。协调小组日常工作由省双拥办和省军区政治部干部处承担。各市（州）应参照以上办法及时成立当地随军家属就业和子女入学工作组织领导机构，每年至少召开1至2次联席会议，分析形势，布置任务，研究问题，制定解决措施和办法。

（十四）明确职责分工。各级随军家属就业和子女入学工作协调小组是做好属地随军家属就业和子女入学工作的领导机构。各级政府办公厅（室）、省军区系统政治部门是随军家属就业和子女入学工作的牵头协调机构，负责统筹协调就业入学工作。各级人力资源和社会保障部门按照有关规定负责做好市场推荐就业、职业培训以及已落实工作单位的随军家属调（流）动、入户认证等手续的办理；教育部门负责部队干部子女入学有关工作；公安部门负责部队干部随军家属及子女落户工作；各级双拥办要充分发挥联系军地桥梁作用，主动履职做好有关协调小组议定事项的协调落实、督促检查和报告工作;财政、税务、工商等部门负责随军家属就业安置中相关政策的落实。

(十五)确保工作实效。各级政府和有关部门要加大对随军家属就业和子女入学工作督导检查的力度,将其作为考核政府政绩和双拥模范城(县)和单位的评选条件,研究制定符合实际的考核办法,建立长期有效的监督制约和奖惩机制;对落实不力或者不按政策拒绝接收随军家属就业、子女入学的,予以通报批评,并责令限期整改。各市(州)随军家属就业和子女入学工作协调小组每年年底/终要将年度工作总结专项报省级协调小组。

各地、各部门要结合实际,制定具体实施细则,建立完善服务保障机制,确保驻川部队干部随军家属就业和子女入学工作落到实处。

二〇一〇年十二月十五日

贵州省双拥模范城(县)和双拥先进单位及个人命名表彰管理办法

第一章 总 则

第一条 为深入持久健康地开展创建双拥模范城(县)活动,确保创建质量,进一步做好新时期双拥工作,根据《中华人民共和国兵役法》、《中华人民共和国国防法》、《军人抚恤优待条例》等法律法规和全国双拥工作领导小组颁发的《双拥模范城(县)创建命名管理办法》有关规定,结合我省实际情况,制定本办法。

第二条 创建双拥模范城(县)和争创双拥先进单位、先进个人活动,是拥军优属、拥政爱民优良传统的继承和发扬,是做好新时期双拥工作的重要形式和载体,是巩固和发展军政军民团结大好局面、促进社会主义和谐社会建设的有效途径。

第三条 开展创建双拥模范城(县)和争创双拥先进单位、先进个人活动,要坚持以马列主义、毛泽东思想、邓小平理论和“三个代表”重要思想为指导,深入贯彻落实科学发展观,着眼于巩固和发展“同呼吸、共命运、心连心”的新型军政军民关系,坚持军民融合式发展,充分调动广大军(警)民参与双拥活动的积极性,注重平时,注重基层,注重解决实际问题,把拥军优属、拥政爱民结合起来,把发展社会生产力和提高部队战斗力结合起来,把物质文明建设、政治文明建设、精神文明建设和生态文明建设结合起来,服务全面建设小康社会和军队履行新世纪新阶段历史使命,促进全省双拥工作水平整体提高,促进全省经济社会全面协调可持续发展与国防和军队现代化建设。

第四条 双拥模范城(县)和双拥先进单位及先进个人,是各级拥军优属、拥政爱民工作成绩突出,具有榜样和示范作用,并经过规范的推荐评选程序命名、表彰、奖励的双拥先进典型,是当地党委、政府、驻军领导机关和全体军(警)民共同的政治荣誉。

第五条 双拥模范城(县)命名分国家、省两级。双拥模范城(县)创建工作符合双拥模范城(县)标准,成绩突出,在全省和驻黔部队产生较大影响的地级市、县级市、市辖区、特区、县,可分别命名为:双拥模范城和双拥模范县。双拥先进单位及先进个人表彰分国家、省、市(州、地)、县(市、区、特区)四级。符合双拥先进单位评选条件,在双拥模范城(县)创建工作中取得较大成绩的地级市、县级市、区、特区、县和地方各级机关、事业、企业单位及部队师、团(支队)、营(大队)、连(中队)等单位,可分别表彰为:双拥先进市(县、区)、双拥先进单位、爱国拥军模范单位、拥政爱民模范单位或拥军优属先进单位、拥政爱民先进单位。符合双拥先进个人评比条件,在双拥工作中做出突出贡献的个人,可分别表彰为:爱国拥军模范、拥政爱民模范或拥军优属先进个人、拥政爱民先进个人。对在双拥创建工作中做出重要贡献的镇(乡、街道),可由市、州、地命名为双拥模范镇(乡、街道)。

第六条 省命名表彰双拥模范城(县)和双拥先进单位范围为:地级市(不含所辖县、市)、县(市、区、特区)、镇(乡、街道),各级机关、事业、企业等单位,部队师、团(支队)、营(大队)、连(中队)等单位。

市、州、地命名表彰双拥先进单位范围为:镇(乡、街道)、县级及县级以下机关、事业、企业等单位,部队团(支队)、营(大队)、连(中队)、排、班。

县(市、区、特区)表彰双拥先进单位范围为:镇(乡、街道)、镇(乡、街道)级机关、事业、企业等单位,部队连(中队)、排、班。

第七条 命名表彰双拥模范城(县)和双拥先进单位及先进个人要坚持标准,注重实效,保证质量,实行动态管理,不搞终身制。

第八条 各地各部队对获得命名表彰的双拥模范城(县)、双拥先进单位和个人,应给予奖励。奖励办法和标准由获得命名表彰的市、县、区、特区双拥工作领导小组报请同级党委、政府、驻军领导机关制定。

第九条 省命名双拥模范城(县)数量,控制在全省市(含地级市)、县、区、特区总数的45%以内。

第二章 双拥模范城(县)和双拥先进单位、先进个人的基本标准及条件

第十条 双拥模范城(县)的基本标准:

(一)组织领导坚强有力。地方党委、政府和驻军领导机关把双拥工作纳入国民经济、社会发展和部队建设总体规划,纳入党政军领导干部政绩考核范围,纳入党委、政府、驻军领导机关和军地各部门、各单位年度工作目标考核内容。建立健全党委、政府领导双拥工作联系点制度、党委议军(警)会议、军地联席会议制度和双拥工作领导小组成员单位年度工作报告制度。双拥工作的重点难点问题得到及时解决。双拥工作领导机构健全,双拥办有专职工作人员,专门工作经费,实行军地合署办公,发挥组织、指导、协调职能作用。形成了各有关职能部门对双拥工作齐抓共管的良好局面。

(二)宣传教育广泛深入。积极贯彻《中华人民共和国国防教育法》和《贵州省国防教育条例》,把以爱国主义为核心,以拥军优属、拥政爱民为重要内容的国防教育纳入国民教育体系及部队政治教育规划。宣传、教育、文化、新闻出版等部门和报刊、电视、广播等宣传媒体把经常性的双拥活动列入年度工作和宣传报道计划。新闻媒体开设双拥专栏、专题和双拥公益广告。在城市广场、交通要道等公共场所的显要位置,设置永久性的双拥标志、标语。每年元旦、春节、"八一"和征兵期间,认真组织开展"双拥活动月"、"国防活动日"等活动。坚持做到双拥活动每年有总体安排,各种活动内容实在、形式多样,党政军领导带头参与,广大军(警)民积极参加,全社会形成浓厚的双拥氛围。

(三)拥军工作扎实有效。关心国防和军队建设,党管武装制度落实,国防后备力量建设不断加强,国防动员工作任务完成好。积极探索军民结合、寓军于民的路子,推动国防和军队建设又好又快发展。大力支持军事斗争准备,配合部队完成军事训练、战备执勤、科研试验和抢险救灾等多样化军事任务成效明显。广泛开展科技、教育、文化、法律拥军,协助军队实施人才战略工程,大力支持国防和军队现代化建设。积极完成军事交通战备任务,支援重点军事工程建设,军事设施保护完好。军队离退休干部服务管理工作好,军供站正规化建设成效明显,应急保障能力强。支持部队后勤保障社会化,优惠政策配套,优质服务到位。

(四)拥政爱民成果显著。驻地解放军、武警、消防等部队充分发挥自身优势,积极参加和支援西部大开发,大力支援地方基础设施建设,奋勇抢险救灾,主动承担急难险重任务,支持社会主义新农村和社会公益事业发展,积极参加城市社区建设,扶贫帮困、助学兴教和民族团结进步等工作成效明显。维护社会和谐稳定,妥善处置突发事件,为驻地改革发展稳定做出重要贡献。

(五)政策法规落到实处。认真遵守党中央、国务院、中央军委和中共贵州省委、省人民政府、省军区关于加强国防建设和军政军民团结的法律、法规、

政策、制度,并结合实际,不断完善与之相配套的政策、规定。转业军官、复员干部、退役士兵、军队离退休干部、残疾退役军人、无军籍退休职工和随军家属有关安置政策以及退役士兵职业技能培训等政策得到落实;军人及其家属的合法权益得到保障。圆满完成征兵任务,保证兵员数量质量;建立和完善优抚对象抚恤、补助、优待标准与当地人民群众生活水平同步提高的自然增长机制,各项优抚安置经费得到落实;现役军人、残疾退役军人、义务兵家属享受优待;公园(含风景名胜)、医院、邮局、电信、商场、公路、机场、港口、车站、停车场、城市公交等服务性行业,坚持军人优先原则,并根据各自的业务内容和特点,按规定对现役军人及残疾军人等优抚对象实行费用减免。烈士纪念建筑物保护单位和优抚事业单位功能突出,作用明显。部队模范执行党和国家的政策法规,严格遵守群众纪律;尊重少数民族风俗习惯和信教群众的宗教信仰。严格执行军委和总部各项条令条例,定期开展拥政爱民教育和群众纪律检查,做到文明执勤、依法办事,树立和展示人民军队的良好形象。

(六)双拥活动坚持经常。开展以基层为重点的双拥活动,注重落实,讲求实效。每年有总体计划,季度有具体安排,坚持节日走访座谈,平时活动经常。各项活动主题鲜明,内容丰富、形式多样,具有时代特色和当地特点。健全各项制度,定期检查总结,不断推进双拥工作社会化、经常化、制度化。

(七)军民共建富有成效。围绕推进社会主义核心价值体系建设和培育当代革命军人核心价值观,认真贯彻落实《公民道德建设实施纲要》和《军人道德规范》,自觉践行社会主义荣辱观,积极参加所在城(县)、村镇、行业、单位、社区的文明创建和环境保护等活动,在群众性精神文明创建活动中发挥示范带头作用。军(警)民联防联治活动开展经常,在社会治安综合治理中发挥重要作用。

(八)军政军民关系融洽。地方党委、政府和人民群众爱护军队,尊重军人,关心部队建设。部队尊重地方党委、政府,热爱人民,支持地方工作。军政军民互相关心、互相爱护、互相支持,亲如一家。军地利益关系得到妥善处理,无重大军(警)民纠纷。

第十一条 有下列情况之一的,不能申报和推荐为双拥模范城(县):

(一)发生重大军(警)民纠纷,被全国双拥办、公安部和省双拥办及省公安厅记录在案,造成严重后果的;

(二)对驻地军事设施保护不力,致使军事设施受到严重破坏的;

(三)没有建立优抚对象抚恤补助自然增长机制的;

(四)农村义务兵家庭户均优待标准,没有达到当地上年度农民人均纯收入的;

(五)挪用优抚安置资金或使用优抚安置资金存在违法违纪行为,并造成严重后果的;

(六)因优抚安置政策不落实,导致群体性赴省进京上访,造成严重后果的;

(七)双拥组织机构无专职工作人员和经费保障的;

(八)残疾退役军人年度安置任务没有完成的;

(九)退役士兵职业技能培训工作达不到规定要求的。

第十二条 省双拥工作领导小组依据第十条的规定,提出每届省双拥模范城(县)评选命名的具体要求。

第十三条 命名双拥模范镇(乡、街道)和表彰双拥先进单位标准,参照命名双拥模范城(县)标准执行。

第十四条 表彰的双拥先进个人,要认真学习贯彻邓小平理论、“三个代表”重要思想和科学发展观,忠实践行全心全意为人民服务的宗旨,并具备以下基本条件:

(一)模范执行党的路线、方针、政策和国家的法律法规。思想、作风端正,没有违反国家、军队法律、法规、条例、条令的行为。对军队、优抚对象和人民群众高度负责,热爱拥军优属、拥政爱民工作,有强烈的事业心、责任感和良好的职业道德。

(二)恪尽职守,艰苦奋斗,廉洁奉公,在拥军优属或拥政爱民工作中成绩突出,受到部队、优抚对象和人民群众高度赞扬。

（三）具有开拓创新精神，锐意改革，结合实际，扎实工作，开创本地、本单位双拥工作的新局面。

（四）密切联系群众，关心部队、优抚对象和群众疾苦，积极为部队、优抚对象和人民群众办实事、解难题，成效明显。

第十五条 市、州、地、县（市、区、特区）可从实际出发，制定本地区双拥先进单位及先进个人评选表彰的具体标准。

第三章 命名表彰程序与权限

第十六条 省双拥模范城（县）和省双拥先进单位、拥军优属先进单位、拥政爱民先进单位由中共贵州省委、贵州省人民政府、贵州省军区命名表彰；市、州、地双拥模范镇（乡、街道）和双拥先进市、县、区或拥军优属先进单位、拥政爱民先进单位，由市、州、地党委、政府（行署）、军分区（警备区）命名表彰；县（市、区、特区）双拥先进单位或拥军优属先进单位、拥政爱民先进单位，由县（市、区、特区）党委、政府、人武部表彰，不予命名。省拥军优属、拥政爱民先进个人由省双拥工作领导小组、省民政厅、省人力资源和社会保障厅、省军区政治部联合发文给予表彰。连续三次被省双拥工作领导小组、省民政厅、省人力资源和社会保障厅、省军区政治部联合表彰为拥军优属先进个人或拥政爱民先进个人的，由中共贵州省委、省人民政府、省军区授予“爱国拥军模范”或“拥政爱民模范”称号。地方“爱国拥军模范”享受省级劳模待遇，部队“拥政爱民模范”按部队有关条例、条令视情给予奖励。市、州、地和县（市、市辖区、特区）双拥先进个人可由同级党委、政府和驻军领导机关或同级双拥工作领导小组给予表彰。

第十七条 县（市、区、特区）级表彰双拥先进单位和先进个人，由镇（乡、街道）党委（党工委）、政府（街道办事处）推荐（自荐），县（市、区、特区）双拥工作领导小组负责考核评选，并将评选出的名单在当地主要新闻媒体进行为期15天公示后，报县（市、区、特区）党委、政府、人武部批准并表彰，同时报市、州、地双拥工作领导小组备案。

第十八条 市、州、地级命名表彰双拥模范和双拥先进单位和先进个人，由县（市、区、特区）党委、政府、人武部推荐（自荐），经市、州、地双拥工作领导小组考核评选，并将评选名单在当地主要新闻媒体进行为期15天公示后，报市、州、地党委、政府（行署）、军分区（警备区）批准并命名表彰，报省双拥工作领导小组备案。

第十九条 省命名表彰双拥模范城（县）和双拥先进单位、先进个人，由市、州、地党委、政府（行署）、军分区（警备区）按照《本办法》规定的标准和要求，广泛听取军地双方意见后，研究确定拟上报推荐名单，并在当地主要新闻媒体进行为期15天公示。公示期满，经党委、政府（行署）和军分区（警备区）审批后，书面向省双拥工作领导小组推荐（自荐）。

第二十条 省双拥工作领导小组会同有关部门，对推荐命名表彰的双拥模范城（县）进行考核，对推荐表彰的双拥先进单位和个人进行抽查考核，提出评选意见，并将评选名单在省主要新闻媒体进行为期15天公示。公示期满，无官兵和干部群众反映重大问题的双拥模范城（县）和双拥先进单位、个人，报中共贵州省委、省人民政府、省军区批准，同时报全国双拥工作领导小组备案。

第二十一条 市、州、地和县（市、区、特区）命名表彰双拥先进单位和先进个人，每四年进行一次，除特殊情况外，应举行命名表彰大会。具体命名表彰时间由各市、州、地和县（市、区、特区）确定。

第二十二条 省命名表彰全省双拥模范城（县）和双拥先进单位、先进个人，每四年进行一次，除特殊情况外，应召开命名表彰大会。具体时间酌情确定。每次命名表彰，由市、州、地双拥工作领导小组按有关规定择优推荐。被推荐命名表彰单位必须符合本办法第十条的基本标准，并未违反第十一条的规定，获得市、州、地表彰双拥先进县（市、区）或单位称号；所推荐双拥先进个人必须符合本办法第十四条规定。

第二十三条 市、州、地和县（市、区、特区）命名表彰双拥模范先进单位和先进个人,由同级党委、政府和军队领导机关发布命名表彰决定,并颁发奖匾、证书和奖金。

第二十四条 省命名表彰双拥模范城(县)和双拥先进单位,由中共贵州省委、省人民政府、省军区发布命名表彰决定;省表彰拥军优属、拥政爱民先进个人,由省双拥工作领导小组、省民政厅、省人力资源和社会保障厅、省军区政治部联合发布表彰决定。连续三次被省双拥工作领导小组、省民政厅、省人力资源和社会保障厅、省军区政治部联合表彰的先进个人,由中共贵州省委、省人民政府、省军区发布授予荣誉称号决定。对省命名表彰的双拥模范城(县)和双拥先进单位,授予奖匾(或奖状),并颁发荣誉证书;对省表彰双拥先进个人,颁发荣誉证书和奖金。

第二十五条 按照全国双拥工作领导小组颁发的《双拥模范城(县)创建命名管理办法》和《全国双拥模范城(县)考评标准》(试行)及推荐全国双拥模范城(县)、爱国拥军模范单位、拥政爱民模范单位、爱国拥军模范个人的规定、要求,省双拥工作领导小组择优向全国双拥工作领导小组推荐全国双拥模范城(县)和双拥先进单位及个人。

第四章 命名表彰后的管理

第二十六条 双拥模范城(县)和双拥先进单位及个人,要以命名表彰为新的起点,坚持巩固提高,创新发展的方针,不断研究新情况,解决新问题,总结新经验,取得新成绩。

第二十七条 省级以上双拥模范城(县),在获得荣誉称号期间,每年底要将年度工作总结和下年度双拥工作计划报省双拥工作领导小组办公室。是全国双拥模范城(县)的,要将工作总结和计划同时上报全国双拥工作领导小组办公室。

第二十八条 省双拥工作领导小组实行年度抽检制度,每年对国家级、省级双拥模范城(县)进行抽查,发现问题,及时纠正。每两年要对荣获全国和省级双拥模范城(县)进行一次检查考评。将检查情况上报全国双拥工作领导小组并送成都军区,作为下一届评选双拥模范城(县)的重要依据。

第二十九条 市、县、区、特区被命名为双拥模范城(县)后,工作无新进展或出现问题的,市、州、地双拥工作领导小组要积极帮助查找薄弱环节,制定有效措施,限期整改,并及时上报省双拥工作领导小组及办公室。

第三十条 双拥模范城(县)出现政策法规不落实或发生重大军(警)民纠纷,军地领导应及时出面协调解决,并将情况报省双拥工作领导小组办公室。对隐情不报或不及时采取措施解决的,一经发现,给予通报批评;严重影响军政军民团结和社会稳定的,按命名管理权限报请撤销其"双拥模范城"(县)荣誉称号,收回奖匾和荣誉证书,并向社会公布。

第三十一条 被撤销"双拥模范城(县)"荣誉称号的,取消其下一届参加双拥模范城(县)评比资格。经过认真整改,符合条件的,可参加以后的双拥模范城(县)评比。

第五章 附 则

第三十二条 本办法由省双拥工作领导小组办公室负责解释。

第三十三条 各市、州、地双拥工作领导小组可依据本办法制定实施细则,并报省双拥工作领导小组备案。

第三十四条 本办法自颁发之日起施行。2006年颁发的《贵州省双拥模范城(县、区)和先进单位及个人命名表彰管理办法》(试行)同时废止。

贵州省双拥模范城(县)考核评比办法

第一条 根据《全国双拥模范城(县)创建命名管理办法》、《全国双拥模范城(县)考评标准》(试行)、《贵州省双拥模范城(县)和双拥先进单位及个人命名表彰管理办法》的规定,结合我省实际,制定本办法。

第二条 对双拥模范城(县)的考核评比,按照"公平、公正、公开"、实施动态管理和激励竞争的原则,严格标准,实行平时创建与评时考核,实地考察、综合评估、集中评审和择优排名相结合的办法,确保创建质量,使之发挥榜样和示范作用。

第三条 双拥模范城(县)考核评比采用百分制,依据命名表彰名额,择优评选。具体评分标准为:

(一)组织领导坚强有力(15分)

1. 党委、政府和驻军领导机关把双拥工作纳入当地经济社会发展和部队建设总体规划(2分),纳入党政军领导干部政绩考核范围和党委、政府、军事领导机关及军地各部门、各单位年度工作目标考核内容(1分)。政府年度工作报告,军分区(警备区)或人武部党委工作报告中有双拥工作内容(1分)。慰问部队、重点优抚对象等双拥活动经费列入财政预算(1分)。

2. 建立健全党委、政府领导双拥工作联系点制度。党委议军(警)会议制度、党管武装制度落实(2分)。双拥工作领导小组每年召开工作例会1次以上(1分)。落实军地合署办公制度。市、州、地双拥办常年做到军地合署办公,县(市、区)双拥办有相对固定的部队人员参与工作(2分)。工作职责、服务内容、计划安排、措施制度等健全,工作档案健全(1分)。双拥工作领导小组各成员单位工作职责明确,有双拥联络员,有年度工作计划和总结,每年成员单位在双拥工作领导小组全体会议上进行工作述职(或书面述职)(2分)。机关、事业、企业单位,各镇、乡、街道办事处、社区、村(居)委会和部队基层单位建立双拥服务网络或服务体系(2分)。

(二)宣传教育广泛深入(8分)

1. 各级党委、政府和驻军领导机关将双拥宣传和国防教育纳入国民教育体系和部队教育规划(2分)。宣传、教育、文化、新闻出版等部门和报刊、电视、广播等宣传媒体把经常性的双拥宣传教育活动列入年度宣传报道计划(1分),有国防和双拥教育阵地或教育基地,每年集中组织开展1次以上教育活动(1分)。

2. 每年元旦、春节、"八一"和征兵期间,在宣传媒体开设双拥专栏、专题和双拥公益广告等,全社会形成浓厚的双拥氛围(1分)。

3. 各镇(乡、街道)和城市广场、交通要道等公共场所的显要位置,设置有永久性的双拥标志、标语(1分)。

4. 军烈属家庭挂光荣牌。官兵立功受奖的喜报及时送达并予以宣扬(1分)。

5. 有反映双拥工作动态、交流双拥工作经验的双拥工作简报、资料等(1分)。

(三)拥军工作扎实有效(18分)

1. 国防后备力量建设不断加强,国防动员工作任务完成好(2分)。大力支持部队后勤保障社会化机制,及时优质供应粮、油、水、电、气等,认真解决部队生产、生活困难等问题,有措施、有行动、有明显成效(1分)。积极支持部队完成战备执勤、训练演习、科研试验和抢险救灾等多样化军事任务,有计划、有措施、有成效(2分)。支持重点军事工程和军供设施建设,在规划审批、土地征用、设施配套等方面给予优先优惠(1分)。

2. 公园(含风景名胜)、医院、邮局、电信、商场、公路、机场、港口、车站、停车场等服务行业和窗口,坚持军人优先原则,并根据各自的业务内容,设置"军人优先"、"残疾军人和烈属优先"、"军人售票窗口"、"军人候车室" 、"现役军人免费"、"军车通道”、“军车免费停放”等标志(识)牌,积极主动提供服务(2分)。公路、桥梁、渡口、隧道、停车场,按规定对军用车辆实行免费通行和停放(2分)。

3. 组织开展科技、教育、文化拥军活动,支持部队信息化建设和实施人才战略工程成效明显(2分)。

4. 维护国防利益和军人军属合法权益机制健全,依法优先、积极稳妥地处理涉军案件和问题,国防利益和军人军属合法权益得到有效维护(2分)。

5. 军供站人员、经费按规定落实,设施、设备完善,保障能力强,为部队和过往军人提供优质服务(2分)。

6. 军队离退休干部服务管理工作好。军休服务管理机构人员编制、工作经费、附属用房设施落实,补助经费纳入市、县财政预算(2分)。

(四)拥政爱民成果显著(10分)

1. 驻军、武警、消防等部队积极参加和支援驻地经济社会建设,有规划,有援建成效(1分)。勇于承担抢险救灾等急难险重任务,建立完善各类预案,完成任务圆满(2分)。开展助学兴教工作,与贫困学生结对助学(1分)。开展多种形式的扶贫帮困和为灾区、贫困地区群众捐赠等送温暖、献爱心活动(1分)。

2. 积极参加驻地新农村建设或城市社区建设,有扶贫联系点和新农村建设、城市社区建设援建点,有计划、有项目、有成效(1分)。

3. 参加驻地绿化美化建设,在植树造林、环境整治等方面成效明显(1分)。

4. 军(警)民联防联治,处置突发事件及时有效(1分)。

5. 每年有拥政爱民工作计划、有检查、有总结(2分)。

(五)政策法规落到实处(26分)

1. 党委、政府、驻军结合本地实际,制定出台有综合性的双拥政策规定(2分)。各部门、各单位在制定改革发展的有关政策文件中,凡涉及人民群众生产、生活等方面利益,要明确体现对优抚对象的优待、优惠、照顾,保障优抚对象的合法权益不受侵害(1分)。

2. 制定并落实现役军人和烈士等优抚对象子女入学入托的优惠政策(1分);积极扶持随军随调家属就业(1分)。

3. 优抚对象医疗保障政策落实,建立完善优抚对象医疗“一站式”即时结算服务方式。各级财政将优抚对象医疗补助资金列入年度预算(2分)。

4. 生活困难的重点优抚对象除享受抚恤、补助外,还享受优待和当地最低生活保障(抚恤、补助、优待不计入家庭收入)(1分)。

5. 农村重点优抚对象的住房困难得到较好解决(1分)。

6. 实行抚恤、补助经费和优待金县(市、区)民政(财政)专户管理,运行机制健全(1分)。

7. 烈士陵园、荣军康复医院、光荣院等优抚事业单位按规定落实人员、经费,管理制度健全,院容院貌较好,功能发挥良好(2分)。

8. 严格落实征兵工作规定,保证兵员质量(1分)。

9. 党委、政府和有关部门把军队复员转业干部、退役士兵和军队离退休干部安置纳入目标管理,建立健全领导责任制(2分)。军队转业干部按时得到妥善安置,计划分配和自主择业有关政策得到落实(2分)。退役士兵安置政策落实,积极鼓励退役士兵自谋职业,自主创业。自谋职业生活补助费、待安置期间生活费列入财政预算,并落实再就业的相关优惠政策(2分)。军队离退休干部政治、生活、医疗待遇落实。军队无军籍退职职工按政策接收安置(1分)。按照属地管理原则,积极预防和妥善处理部分转业、复员退伍军人等群体性上访事件的发生(2分)。

10. 现役军人乘坐市内公共汽车、电车和轨道交通工具享受优待,残疾退役军人免费乘坐市内公共汽车、电车、轨道交通工具;现役军人和残疾退役军人参观游览当地公园(含风景名胜)、博物馆、名胜古迹享受优先、免费(2分)。

11. 对在创建双拥模范城(县)活动中作出突出贡献的单位和个人制定奖励办法(1分)。

12. 部队模范遵守国家法律法规和党的民族、宗教政策，严格执行群众纪律，扎实做好民族团结进步工作，每年为驻地少数民族群众办一至两件有影响的实事(1分)。

(六)双拥活动坚持经常(10分)

1. 双拥活动制度化、经常化，年度有计划、季度有安排、年终有总结(2分)。坚持开展"双拥活动月"、"国防活动日"、"军事日"等活动。各种活动主题鲜明、内容实在、形式多样(2分)，党政军领导带头参与(党委或政府领导班子集体参与"军事日"活动一次以上)，广大军(警)民积极参加(1分)。

2. 军地双方主要领导经常相互走访。每年"八一"和元旦、春节，党委、政府领导带队开展走访慰问部队和优抚对象活动(1分)；军地开展联欢、联谊活动，军政军民关系密切(1分)。

3. 广泛开展"关爱功臣"活动，为重点优抚对象办好事实事成效明显(1分)。

4. 积极培养、宣传和按时评选、表彰双拥先进典型(1分)。

5. 当地有烈士纪念建筑物的，党政军领导在清明节期间或重大纪念日前往祭扫(1分)。

(七)军民共建富有成效(8分)

1. 军地双方在基层单位结有共建对子，签有共建协议(公约)，明确共建目标、共建内容、共建形式等(1分)。共建活动经常开展、成效明显(1分)。

2. 组织非公经济组织和社会组织开展共建(拥军)活动成效明显(1分)。

3. 地方切实掌握部队驻地周围社情民意和治安状况，保障部队安全(1分)；部队协助地方积极开展社会治安综合治理，驻地案发率低，社会治安状况良好(1分)。

4. 军(警)民有贯彻《公民道德建设实施纲要》和《军人道德规范》的具体措施，自觉践行社会主义荣辱观和当代革命军人核心价值观(1分)。

5. 地方和驻军、武警、消防等部队在参加创建卫生城市、环境保护模范城市、优秀旅游城市及文明城市、文明单位、文明村镇、文明社区等活动中成效明显(2分)。

(八)军政军民关系融洽(5分)

1. 军地相互尊重、相互支持、互办实事，历史遗留问题得到妥善处理(1分)。

2. 有预防和处理军(警)民纠纷的规定措施(1分)，出现军(警)民纠纷时，军地领导及时协调、妥善解决(1分)。

3. 军政军民关系融洽，群众、优抚对象和官兵满意度测评良好(2分)。

第四条 有下列情况之一的，评选双拥模范城(县)时给予加分：

(一)双拥工作有创新、有特色，在全国、全军和全省有影响，受到党中央、国务院、中央军委和省委、省政府、省军区领导肯定并作出批示的加5分。

(二)双拥工作成效突出，经验做法有指导意义，被全国双拥工作领导小组或省双拥工作领导小组确定为重大典型进行宣传并以文件形式转发的加3分。

(三)双拥工作经验做法在全国性会议上作典型发言的加2分，在全省工作会议上作典型发言的加1分。

(四)驻军、武警、消防等部队和优抚事业单位、军供站、军休所被省以上有关单位、部门表彰为先进单位的，每评上一次加1分。

(五)优抚对象抚恤补助标准高于当地群众平均水平的，每高于2个百分点加1分。

(六)随军家属安置率90%以上，每增加2%加1分。

第五条 被考评城(县)没有军供站、烈士纪念建筑物保护单位、优抚医院、光荣院、军休所等项目的，不考评，不计分。

第六条 有《贵州省双拥模范城(县)和双拥先进单位及个人命名表彰管理办法》第十一条规定情况之一的，不能申报和推荐为双拥模范城(县)。

第七条 各级加强对双拥模范城(县)的质量管理，并依据《贵州省双拥模范城(县)和双拥先进单位及个人命名表彰管理办法》第二十八条的规定，对我省国家级和省级双拥模范城(县)进行检查指导。

第八条 对各地推荐申报的双拥模范城(县),省双拥工作领导小组办公室负责协调组织军地成员组成考察组,对双拥模范城(县)进行考核检查,主要采取"听、看、查、问"的方法,对检查对象进行综合评定打分,给予公正评价。

(一)"听",主要是听取各被考核对象近年来开展双拥工作的情况汇报;

(二)"看",主要是实地查看、了解被考核单位在双拥宣传、军(警)民共建活动、双拥创建工作中的实际情况,观看军地有关单位的双拥专题资料片等;

(三)"查",主要是查看双拥工作的有关资料、档案和优抚安置专项资金的使用等是否符合有关规定和标准;

(四)"问",主要是到军地有关单位,特别是到涉军(警)工作部门和优抚对象家中了解情况,询问双拥优抚安置政策的落实情况,向优抚对象、驻军部队官兵征求意见,发放满意度调查问卷。

第九条 省双拥工作领导小组办公室对双拥模范城(县)考核检查完毕后,要将全省情况进行综合分析评估,初步排出被考核检查对象的名次;并召开双拥办主任办公会议进行审议,将审议结果向省双拥工作领导小组报告。

第十条 对推荐评比双拥模范城(县)的市、县、区等,需经省双拥工作领导小组全体会议研究审定,产生双拥模范城(县)及排名顺序。

第十一条 省双拥工作领导小组将每届推荐评比后,拟给予命名表彰的双拥模范城(县)和双拥先进单位、先进个人等情况,通过省级新闻媒体,向社会公示15天。公示期内,如有官兵和群众及社会反映问题重大并查证属实的,不予报批;对公示期满,无官兵和群众及社会反映重大问题的,即上报中共贵州省委、省人民政府、省军区批准命名表彰,同时报全国双拥工作领导小组备案。

第十二条 本办法自颁发之日起施行。2006年颁发的《贵州省双拥模范城(县、区)考核评比办法》(试行)同时废止。

陕西省双拥模范城(县)创建命名管理实施细则

第一章 总 则

第一条 为了贯彻落实党中央、国务院、中央军委关于做好新时期双拥工作,进一步加强军政军民团结的指示精神,推动创建双拥模范城(县)活动广泛深入持久地开展,根据全国双拥工作领导小组颁布的《双拥模范城(县)创建命名管理办法》,结合我省实际,特制定本实施细则。

第二条 创建双拥模范城(县)活动,是拥军优属、拥政爱民优良传统的继承和发展,是做好双拥工作的重要载体,是巩固和发展军政军民团结、促进社会主义和谐社会建设的有效途径。

第三条 双拥模范城(县)是双拥工作成绩显著,军政军民关系密切,地方经济社会和驻军部队建设相互促进、协调发展,具有榜样和示范作用,并经过一定程序命名的先进典型,是当地党委、政府、驻军领导机关和全体军民共同的政治荣誉。

第四条 创建双拥模范城(县)活动,要紧紧围绕全省经济社会发展和国防建设大局,以邓小平理论、"三个代表"重要思想为指导,深入贯彻落实科学发展观,着眼于巩固和发展同呼吸、共命运、心连心的新型军政军民关系,大力弘扬和实践双拥工作优良传统,把拥军优属与拥政爱民结合起来,把发展社会生产力与提高部队战斗力结合起来,把物质文明建设、政治文明建设、精神文明建设与社会文明建设结合起来,促进双拥工作整体水平的提高,促进经济社会全面协调可持续发展和军队现代化建设。

第五条 省级双拥模范城(县)的命名范围:设区市、县、县级市、市辖区。

第六条 双拥模范城(县)应坚持标准,注重实绩,择优选优,确保质量。双拥模范城(县)实行动态管理,不搞终身制。

第七条 对在双拥模范城(县)创建活动中做出突出成绩的单位和个人,给予表彰和奖励。具体奖励办法由各设区市双拥工作领导小组制定。

第二章 双拥模范城(县)标准

第八条 双拥模范城(县)基本标准:

(一)组织领导坚强有力

1. 地方党委、政府和驻军领导机关高度重视双拥工作,把双拥工作纳入经济社会发展和部队建设的总体规划,纳入各级政府目标考核范围,纳入党政军干部政绩考核范围。

2. 健全由地方和驻军领导牵头、相关职能部门参加的双拥工作领导机构,实行军地合署办公,有机构设置,有工作人员、经费保障和必要的办公条件,组织、协调和指导双拥工作有力。

3. 双拥工作领导小组成员单位切实履行双拥工作职责,抓好本系统双拥工作。

4. 双拥工作制度落实。坚持领导小组会议制度、军地联席会议制度、总结表彰制度、任期目标责任制度。年度工作有规划,年内有检查,年终有总结,档案、资料管理完整规范。

(二)宣传教育广泛深入

5. 认真贯彻《中华人民共和国国防教育法》,把以爱国主义为核心、以拥军优属拥政爱民为重要内容的国防教育纳入国民教育体系及部队政治教育规划,列入宣传、教育、文化、广播影视、新闻出版等部门的年度工作计划,年初有部署,平时有检查,年终有总结。

6. 有适合本地区、本单位实际的教育基地、教育设施、教育制度和教育方法,充分发挥培训机构、训练基地、爱国主义教育基地等多种教育机构和场所的作用,利用现代传媒手段,实现国防双拥教育制度化、经常化。

7. 设区市、县(市、区)的主要道路交通要道、公共场所和旅游景点设立永久性双拥宣传标志,军地基层单位设有双拥宣传专栏,营造爱国拥军、爱民奉献的深厚氛围。形成人人关心支持国防建设,自觉维护军政军民团结的良好风尚。

8. 每年至少有一至两件有影响的事迹在新闻媒体上宣传,双拥简报不少于 12 期。

(三)拥军工作扎实有效

9. 地方把支持国防和军队建设纳入经济社会发展规划,积极探索军民结合、寓军于民的路子,推动国防和军队建设又好又快发展。

10. 大力支持军事斗争准备,配合部队完成多样化军事任务成效明显。

11. 广泛开展科技、教育、文化、法律拥军,协助部队实施人才战略工程。

12. 军事设施得到有效保护,无重大破坏军事设施的刑事案件。

13. 军供站正规化建设成效显著,应急保障能力强。

14. 大力支持部队后勤保障社会化改革,协助搞好营房、交通运输、机械维修、油料供应等基础设施建设。及时优质按量供应粮、油、水、电、煤、气等军队日常生活用品。

(四)拥政爱民成果显著

15. 驻军部队模范执行党和国家政策、法律、法规,严格遵守群众纪律,尊重少数民族的宗教信仰和风俗习惯,定期开展拥政爱民教育和群众纪律检查,做到文明执勤,依法办事,形象良好。

16. 勇于承担参加抢险救灾等急难险重任务,预案健全,准备充分,完成任务圆满。

17. 积极参加社会主义新农村建设和社会公益事业建设,做好扶贫帮困、助学和民族团结进步等工作。

18. 广泛参与平安建设,加强军警民联防联治,协助地方处置各类突发事件,在维护社会稳定中作用突出。

(五)政策法规落到实处

19. 认真贯彻执行党和国家有关国防建设和加强军政军民团结的政策、法律、规定,结合当地实际,不断完善与之相配套的政策、法规。

20. 转业军官、复员干部、伤病残退役军人和随军家属得到妥善安置;退役士兵安置改革创新有成效,职业教育和技能培训落实,按时完成年度士兵安置任务;军队离退休干部的政治、生活、住房、医疗待遇得到落实;现役军人子女入学、入托得到妥善安排;军人及其家属的合法权益得到保障,侵害军人及军属合法权益的违法犯罪行为依法得到及时处理。

21. 落实国家和省出台的对现役军人、烈军属、革命残疾军人的免费、优惠、优先政策,并在相关公共场所设立明显标志。

22. 依法开展征兵工作,兵员质量得到保障,无责任退兵。

23. 建立优抚对象抚恤补助自然增长机制,抚恤、补助和义务兵家属优待标准达到国家和省上规定标准,并按时足额实行社会化发放。建立优抚对象医疗即时结算服务机制。住房困难得到有效解决。

24. 加强烈士纪念建筑物保护单位和优抚事业单位建设,做到功能突出,作用明显。

(六)双拥活动坚持经常

25. 双拥活动在基层落实。城市街道办事处、社区、农村乡(镇)、村以及事业单位、人民团体、新经济(社会)组织、部队基层单位都要建立健全双拥活动组织,组织广大军民积极开展双拥活动。

26. 双拥活动制度化。年初有安排,年中有检查,年终有总结,节日有走访,平时有活动。从日常工作做起,把拥军优属、拥政爱民贯穿各部门、各行业工作的全过程,积极推进双拥工作社会化、经常化、制度化。

27. 双拥活动主题明显。拓展双拥工作领域、丰富双拥工作内容,形式多样,参与广泛,具有时代特色和地域特点的活动形式。

(七)军民共建富有成效

28. 围绕推进社会主义核心价值体系建设和培育当代革命军人核心价值观,作为军民共建社会主义精神文明的根本任务,深入进行党的基本理论、基本路线、基本纲领的宣传教育,引导军民树立正确的世界观、人生观和价值观,为现代化建设和军事斗争准备提供精神动力和智力支持。

29. 贯彻落实《公民道德建设实施纲要》和《军人道德规范》,自觉践行社会主义荣辱观。把道德建设作为军民共建活动的重要内容。加强社会公德、职业道德和家庭美德教育,大力倡导"爱国守法、明礼诚信、团结友爱、勤俭自强、敬业奉献"的基本道德规范,弘扬社会主义道德风尚,在促进军政军民团结和民族团结中产生广泛影响。

30. 军民积极参加创建文明城市、文明村镇、文明行业、文明社区等活动,在群众性精神文明创建活动中发挥示范带头作用。踊跃参加环境保护和城市容貌工程建设。建设文明营区同建设文明社区融为一体,营区要成为文明社区的示范点。

31. 健全军(警)民团结协作维护社会稳定机制,开展联防联治活动,在建设平安陕西中发挥重要作用。

(八)军政军民关系融洽

32. 军民关系亲如一家,互相关心,互相爱护,互相支持。地方党委、政府和人民群众爱护军队,尊重军人,积极支持部队建设,每年为部队官兵办几件实事。部队尊重政府,爱护人民群众,大力支持地方工作。

33. 辖区内无军地历史遗留问题,军地地界、产权清晰,无重大军民纠纷。军民出现矛盾,军地领导主动出面,及时妥善解决。

34. 没有因优抚安置政策法规不落实而集体上访和联名信访现象,年信访处结率达到90%以上。

第九条 有下列情况之一的,不能申报和推荐省级双拥模范城(县):发生重大军民纠纷,在国家和省级双拥机构、公安部门记录在案,造成严重后果的;双拥组织机构无工作人员和经费保障的;残疾退役军人年度安置任务没有完成的;退役士兵职业教育和技能培训工作达不到规定要求的,因其他优抚安置政策规定不落实造成严重后果的。

第十条 省双拥工作领导小组依据第八条的规定,提出每届省级双拥模范城(县)评选命名的具体要求。

第三章 命名权限与程序

第十一条 省级双拥模范城(县)由省双拥工作领导小组批准,以省委、省政府、省军区名义命名,并召开命名大会。

第十二条 各设区市推荐的省级双拥模范城(县),要严格标准,听取当地军地双方反映,并将推荐名单在当地主要新闻媒体进行为期七天的公示。公示期满,以设区市党委、政府和军分区(警备区)名义书面向省双拥工作领导小组推荐。

第十三条 省级双拥模范城(县)每四年命名一次,每次应举行命名大会,特殊情况可以提前和延期,具体命名时间由省委、省政府、省军区确定。

第十四条 省双拥工作领导小组办公室组织有关部门按《陕西省双拥模范城(县)考核标准》,对推荐的城(县)进行检查考核,提出初选意见,并在全省新闻媒体进行为期七天的公示,公示期满,报省双拥工作领导小组审定,同时报全国双拥工作领导小组备案。

第十五条 首次争创省级双拥模范城的,各设区市应提前两年专题向省双拥工作领导小组申报备案;首次争创省级双拥模范县的,各县应提前一年专题向市双拥工作领导小组申报备案。省、市双拥办应及时对新申报争创的城(县)加强工作指导。

第十六条 对被命名的双拥模范城(县),授予奖匾,颁发荣誉证书。

第十七条 省命名的双拥模范城(县)只在本届内享有荣誉。

第四章 命名后的管理

第十八条 双拥模范城(县)命名后,要以命名为新起点,坚持巩固提高、创新发展的方针,不断研究新情况,解决新问题,总结新经验,取得新成绩。

第十九条 省级双拥模范城(县)在获得荣誉称号期间,每年11月10日前向省双拥工作领导领导小组报告年度工作和下年度双拥工作计划。

第二十条 省双拥工作领导小组每两年按照《陕西省双拥模范城(县)考核标准》对省级双拥模范城(县)进行一次检查考评,考核计分作为下一届评选双拥模范城(县)的重要依据。

第二十一条 双拥模范城(县)出现政策法规不落实或重大军民纠纷等突出问题,应在及时纠正和妥善处理的同时,将情况报省双拥工作领导小组办公室。对隐情不报或不及时采取解决措施的,给予通报批评;严重影响军政军民团结和社会稳定的,按命名权限撤销其"双拥模范城(县)"荣誉称号,收回奖匾和荣誉证书,并向社会公布。

第二十二条 被撤销"双拥模范城(县)"荣誉称号的,取消其下一届参加双拥模范城(县)评比资格。经过认真整改,符合条件的,可参加以后的双拥模范城(县)评比。

第五章 附 则

第二十三条 各设区市双拥工作领导小组依据本实施细则制定命名表彰办法,并报省双拥工作领导小组备案。

第二十四条 本实施细则由陕西省双拥工作领导小组办公室负责解释。

第二十五条 本实施细则自颁发之日起施行,2007年颁发的《陕西省双拥模范城(县)创建命名管理实施细则》同时废止。

陕西省双拥模范城(县)考评标准(试行)

考评项目	序号	考评内容	分值	评分标准	考评得分
一、组织领导坚强有力(6分)	1	双拥工作纳入当地经济社会发展规划,列入党政军领导政绩考核范围、列入各级政府目标考核范围;年度政府工作报告、军分区(警备区)或人民武装部党委工作报告有双拥工作内容。	1	每做到一项得0.5分。	
	2	党委议军会议、军地联席会议制度落实;双拥工作领导小组每年至少召开一次全体成员会议。	1	会议制度落实的得0.5分,领导小组召开会议的得0.5分。	
	3	领导小组成员单位职责明确;有年度工作计划和总结;每年在双拥工作领导小组全体会议上进行工作述职(或书面述职)。	1	成员单位职责明确的得0.25分,有工作计划和总结的得0.25分,进行工作述职(或书面述职)的得0.5分。	
	4	设区市双拥办有机构设置、有工作人员、经费保障和必要的工作条件,实行军地合署办公;规章制度健全,文档资料管理规范,县(市、区)双拥办有相对固定的人员参与工作。	2	有机构设置、人员编制、经费保障的得1分,制度健全、文档资料管理规范的得1分。	
	5	慰问部队、重点优抚对象等双拥活动经费列入财政预算。	1	列入预算且有经费下拨凭证的得1分。	
二、宣传教育广泛深入(5分)	6	国防和双拥宣传教育纳入国民教育体系及部队教育规划,列入宣传、教育、文化、广播影视、新闻出版等部门的年度工作计划。	1	纳入国民教育体系及部队教育规划的得0.5分,列入各部门年度工作计划的得0.5分。	
	7	有国防和双拥教育阵地或教育基地,每年集中组织开展1次以上教育活动。	1	有教育阵地或教育基地的得0.5分,国防教育日组织活动的得0.5分。	
	8	当地主要媒体开辟国防和双拥宣传教育专栏;城区主要公共场所有永久性双拥标志或宣传牌。	1	开辟专栏的得0.5分,有双拥标志或宣传牌的得0.5分。	
	9	军烈属家庭挂光荣牌;官兵立功受奖喜报及时送达并予以宣扬。	1	挂光荣牌的得0.5分,喜报及时送达并宣扬的得0.5分。	
	10	编印工作刊物,交流双拥工作经验做法,反映双拥工作动态,宣传双拥先进典型。	1	有工作刊物(双拥简报不少于12期)的得1分。	
三、拥军工作扎实有效(20分)	11	积极支持部队完成战备执勤、训练演习、科研试验和抢险救灾等多样化军事任务,有计划、有措施、有成效。	3	有计划和措施的得1分,部队执行任务中需要地方支持的合理化需求得到及时解决的得1分,训练演习群众损失得到妥善解决的得1分。	
	12	组织开展科技、教育、文化拥军活动,支持部队信息化建设和实施人才战略工程成效明显。	2	有科技、教育、文化拥军活动计划的得1分,部队建设需求得到及时解决的得1分。	
	13	大力支持部队后勤保障社会化,及时优质供应粮、油、水、电、气、暖等。	1	达到规定标准的得1分。	
	14	支持重点军事工程建设,在规划审批、土地征用、设施配套等方面给予优先优惠;在城乡基础设施建设中兼顾到军事需求。	2	制定并落实优先优惠政策的得1分,在城乡规划和建设中按规定落实军事需求的得1分。	
	15	维护国防利益和军人军属合法权益机制健全;依法优先、积极稳妥地处理涉军案件和问题;国防利益和军人军属合法权益得到有效维护。	2	有维护国防利益和军人军属合法权益政策规定的得1分,涉军案件得到及时妥善处理(无涉军案件)的得1分。	
	16	军供站人员、经费按规定落实,设施、设备完善,保障能力强,为过往部队提供优质服务。	2	军供站编制、经费落实的得1分;设施、设备完善,过往部队对其所提供服务满意的得1分。	
	17	车站、码头、医院等公共服务场所设有残疾退役军人、烈属和现役军人等优先优惠服务的标志,积极主动提供服务。	2	设有优先优惠服务标志的得1分,优先优惠服务对象满意的得1分。	

续表

	18	随军随调家属安置政策落实;有扶持军嫂再就业培训计划。	2	落实安置政策的得1分,有培训计划的得1分。	
	19	现役军人和烈士子女入学入托按政策享受优待。	2	出台地方性优待办法的得1分,政策落实到位的得1分。	
	20	公路、桥梁、隧道、渡口等收费交通站点,免收军车通行费用;各类公共收费停车场所设有军车免费停放标志。	2	免收军车通行费用的得1分,有军车免费停放标志的得1分。	
四、拥政爱民成果显著(11分)	21	驻军部队每年有拥政爱民工作计划,年中有检查,年底有总结。	1	有工作计划的得0.5分,有检查和工作总结的得0.5分。	
	22	积极参加和支援驻地经济社会建设,有规划措施,有援建成效。	2	有规划措施的得1分,规划落实的得1分。	
	23	勇于承担抢险救灾等急难险重任务,预案健全,准备充分,完成任务圆满。	1	有预案的得0.5分,圆满完成任务的得0.5分。	
	24	开展多种形式的扶贫帮困工作,积极参加驻地新农村建设或城市社区建设,有扶贫联系点、新农村建设、城市社区建设援建点;援建有计划、有项目、有成效。	2	有扶贫联系点的得1分,援建计划落实的得1分。	
	25	大力开展助学兴教,组织团以上领导干部与贫困学生结对助学。	1	援建贫困学校的得0.5分,开展结对助学的得0.5分。	
	26	参加军地统一组织的捐赠活动,为灾区和贫困地区群众送温暖、献爱心。	1	参加捐赠活动的得1分。	
	27	参加驻地绿化美化建设,在植树造林、环境整治等方面成效明显。	1	圆满完成地方赋予的植树造林、环境整治等任务得1分。	
	28	扎实做好民族团结进步工作,每年为驻地少数民族群众办1至2件好事。	1	达到要求的得1分。	
	29	广泛参与平安建设,加强军警民联防联治,协助地方处置各类突发事件及时有效。	1	组织部队参加平安建设的得0.5分,有处置各类突发事件预案的得0.5分。	
五、政策法规落到实处(32分)	30	2005年以来,结合本地区和驻军部队实际,出台综合性双拥政策规定。	2	有综合性双拥政策规定的得2分。	
	31	对在创建双拥模范城(县)活动中做出突出贡献的单位和个人有明确奖励办法。	2	有奖励办法的得2分。	
	32	认真贯彻落实《中华人民共和国军事设施保护法》,军事设施得到有效保护。	2	把军事设施保护列入全民国防教育、普法教育计划的得0.5分,辖区内军事设施保护完好的得0.5分,地方建设没有影响军事设施安全或部队正常训练、工作和生活的得1分。	
	33	严格落实征兵有关政策规定,保证兵员质量。	1	没有违纪问题的得0.5分,没有责任退兵的得0.5分。	
	34	现役军人乘坐市内公共汽车、电车和轨道交通工具享受优待;残疾退役军人免费乘坐市内公共汽车、电车和轨道交通工具;现役军人和残疾退役军人参观游览当地公园、博物馆、风景名胜区享受优待。	2	现役军人乘坐公共交通工具或参观游览享受优待的各得0.5分,残疾退役军人乘坐公共交通工具免费的得0.5分,参观游览享受优待的得1分。	
	35	在国家机关、社会团体、企业事业单位工作的残疾退役军人,享受与所在单位工伤人员同等的生活福利和医疗待遇。	1	按要求落实的得1分。	
	36	建立优抚对象抚恤补助标准自然增长机制;并列入当地财政预算;抚恤补助标准不低于国家和省规定标准,并按时足额发放。	3	建立优抚对象抚恤补助标准自然增长机制的得1分,列入当地财政预算的得1分,达到国家和省规定标准的得1分。	
	37	优抚对象医疗保障政策落实,建立优抚对象医疗即时结算服务机制,设区市、县(市、区)级财政预算有重点优抚对象医疗补助资金,并逐步增加。	1	出台优抚对象医疗保障办法并落实的得0.5分,财政预算有重点优抚对象医疗补助资金的得0.5分。	

续表

	38	农村重点优抚对象住房难的问题得到较好解决。	1	重点优抚对象住房困难得到有效解决的得1分。	
	39	义务兵家庭优待标准不低于当地平均生活水平,按时足额发放。	1	达到或高于当地平均生活水平的得0.5分,按时足额发放的得0.5分。	
	40	县级以上烈士纪念建筑物保护单位按规定落实人员、经费,在爱国主义教育中发挥重要作用。	1	人员、经费按规定落实的得0.5分,开展爱国主义教育活动在2次以上的得0.5分。	
	41	优抚医院、光荣院的人员、经费按规定落实,功能发挥良好;光荣院集中供养优抚对象的基本生活费由县级以上人民政府按规定标准足额列入财政预算。	2	人员、经费落实的得1分,集中供养优抚对象的基本生活费足额列入财政预算的得1分。	
	42	军队转业干部及时妥善安置,自主择业的军队转业干部服务管理政策得到落实。	4	完成年度安置任务的得2分,军队转业干部对安置岗位满意的得1分,自主择业的军队转业干部服务管理政策落实的得1分。	
	43	退役士兵安置政策落实,有职业教育和技能培训计划,资金、待安置期间生活补助费列入财政预算。	3	年度安置率(含货币化安置)达到90%的得1分,经费足额列入财政预算的得1分,有培训计划的得1分。	
	44	军队离退休干部妥善安置,政治、生活、医疗待遇落实;军休服务管理机构人员编制、工作经费、附属用房设施落实;补助经费纳入市、县财政预算。	2	年度安置任务完成,军休干部政治、生活、医疗待遇落实的得1分,编制、经费、附属用房设施落实的得0.5分,补助经费纳入财政预算的得0.5分。	
	45	军队无军籍退休退职职工按政策接收安置,地方补助补贴落实。	1	按政策接收安置的得0.5分,补助补贴落实的得0.5分。	
	46	积极预防和妥善处理部分转业、复员、退伍军人等群体性上访事件。	1	没有因政策不落实引发群体性(50人以上)上访事件的得1分。	
	47	部队模范遵守国家法律法规和党的民族宗教政策,严格执行群众纪律,在驻地群众中形象好。	2	没有违反国家法律法规和党的民族宗教政策的得1分,没有违反群众纪律的得1分。	
六、双拥活动坚持经常(6分)	48	双拥活动制度化、经常化,年度有计划,季度有安排,节日有走访,平时有活动。	2	年度有计划的得0.5分,季度有安排的得0.5分,节日有走访的得0.5分,平时有活动的得0.5分。	
	49	广泛开展"爱心献功臣"活动,为重点优抚对象办好事、实事成效明显。	2	开展活动的得1分,重点优抚对象对开展"爱心献功臣"活动满意的得1分。	
	50	党政主要领导每年走访慰问驻军和重点优抚对象;驻军部队领导到地方有关部门走访答谢。	1	每落实一项得0.5分。	
	51	当地有烈士纪念建筑物的,党政军主要领导每年清明节前往祭扫。	1	按要求落实的得1分。	
七、军民共建富有成效(6分)	52	地方基层单位与驻军基层单位结成共建对子,军地双方有共建公约和共建活动制度。	2	结成共建对子的得1分,有共建公约和共建活动制度的得1分。	
	53	共建活动开展经常,形式多样,效果明显。	1	每年开展2次以上不同形式活动的得1分。	
	54	有贯彻落实《公民道德建设实施纲要》和《军人道德规范》的具体计划和措施,军民自觉践行社会主义荣辱观和当代革命军人核心价值观。	1	有计划和措施的得1分。	
	55	积极参加创建文明城市、文明村镇、文明行业、文明社区等活动,弘扬社会文明新风。	1	参加创建活动的得1分。	
	56	组织非公经济组织和社会组织开展共建(拥军)活动成效明显。	1	组织开展活动的得1分。	

续表

八、军政军民关系融洽（5分）	57	军地相互尊重，相互支持，互办实事。	2	有互办实事计划的得1分，计划落实的得1分。	
	58	军地历史遗留问题得到妥善处理。	1	没有遗留问题的得1分。	
	59	有预防和处理军（警）民纠纷的规定措施，当发生矛盾和纠纷时，军地双方及时妥善处理。	2	有规定措施的得1分；没有军（警）民纠纷的得1分，有军（警）民纠纷但得到妥善处理的0.5分。	
九、群众满意度测评（9分）	60	优抚安置对象问卷调查满意度测评，对优抚安置政策落实情况的满意率达到80%以上。	3	采取问卷调查：调查对象：辖区内优抚对象、驻军部队官兵、社会公众；问卷设计量度：1. 满意，2. 基本满意，3. 不满意。满意率80%（含）以上的得3分，70%—80%的得2分，60%—70%的得1分，60%以下的不得分。	
	61	驻军部队官兵问卷调查满意度测评，对拥军优属工作情况的满意率达到80%以上。	3		
	62	社会公众调查满意度测评，对当地军政军民关系、拥政爱民工作的满意率达到80%以上。	3		
十、加分项目（10分）	63	上一届命名以来，双拥工作受到党中央、国务院、中央军委和省委、省政府、省军区领导肯定并作出批示的。	2		
	64	上一届命名以来，双拥工作成效突出，经验做法对全国和省上双拥工作具有指导意义，被全国和省双拥工作领导小组确定为重大典型进行宣传并以文件形式转发的。	2		
	65	上一届命名以来，双拥工作经验做法在全国和全省性双拥工作会议上作典型发言的。	2		
	66	上一届命名以来，在重大军事演习、科研试验中保障有力、成效显著的。	2		
	67	辖区内驻军部队数量较多的。	1	驻军部队有1个独立师以上单位或有两个独立团以上单位（不含军分区、武装部）的得1分，其他得0.5分。	
	68	辖区内优抚安置对象占人口比例高于省上平均水平的。	1	全省平均水平4%	
备注	1. 考评标准总分100分；加分项目10分。 2. 被考评城（县）没有军供站、烈士纪念建筑物保护单位、优抚医院等项目的，不考评，不计分； 3. 不能参加全国双拥模范城（县）申报和推荐的5种情况未列入考评标准之中。 4. 考评形式采取查阅文件资料、听取汇报、召开座谈会、现场考察。				

甘肃省双拥模范城（县）创建命名管理办法实施细则

第一章　总　则

第一条　为了贯彻落实党中央、国务院、中央军委关于做好新时期拥军优属、拥政爱民（以下简称双拥）工作，进一步加强军政军民团结的指示精神，推动全省创建双拥模范城（县）活动广泛深入持久地开展，根据全国双拥工作领导小组新颁布的《双拥模范城（县）创建命名管理办法》，结合我省实际，特制订本实施细则。

第二条 创建双拥模范城(县)活动,是双拥优良传统的继承与发展,是做好双拥工作的重要载体,是巩固和发展军政军民团结、促进社会主义和谐社会建设的有效途径。

第三条 省级双拥模范城(县)是在双拥工作中成绩突出,达到本实施细则规定之标准,并按实施细则规定程序命名的在全省具有榜样和示范作用的先进典型,是当地党委、政府、驻军领导机关和全体军民共同的政治荣誉。

第四条 创建双拥模范城(县)活动,要坚持以马列主义、毛泽东思想、邓小平理论和"三个代表"重要思想和党的十七大精神为指导,深入贯彻落实科学发展观,着眼于巩固和加强军政军民团结,把拥军优属与拥政爱民结合起来,把发展社会生产力与提高部队战斗力结合起来,把物质文明、政治文明、精神文明与生态文明建设结合起来,提高双拥工作的整体水平,促进经济社会与国防和军队现代化建设全面协调可持续发展。

第五条 双拥模范城(县)分全国和省两级。全国双拥模范城(县)命名范围、程序、标准和管理,按照《办法》规定执行。

第六条 省级双拥模范城(县)的命名范围:市、县(市、区)。

第七条 命名双拥模范城(县)应坚持标准,注重实绩、择优评选,做到公开、公平、公正。

第八条 省级双拥模范城(县)命名每四年一次,命名实行动态管理。每届命名的数量根据全省双拥工作发展现状确定。

第九条 对在双拥模范城(县)创建活动中做出突出成绩的单位和个人,给予表彰奖励。

第十条 有下列情形之一的,不能申报和推荐全国及省级双拥模范城(县):发生重大军民纠纷,在国家和省级双拥工作机构、公安部门记录在案,造成严重后果的;市(州)未单设双拥组织机构或专职工作人员少于 2 名的,县(市、区)无双拥组织机构或无工作人员和经费保障的;残疾退役军人年度安置任务没有完成的;退役士兵职业技能培训工作达不到规定要求的;农村义务兵家庭优待金低于上年农民人均纯收入的;重点优抚对象"三难"问题突出,没有制定出台优抚对象医疗保障实施办法的;退役残疾军人、"三属"、"三红"、在乡老复员军人抚恤补助标准未达到国家和省以上规定标准,抚恤补助金未实现社会化发放或兑现不及时的;因其他优抚安置政策不落实造成严重后果的。

第二章 省级双拥模范城(县)的标准

第十一条 省级双拥模范城(县)的基本标准:

(一)组织领导坚强有力

1. 地方党委、政府和驻军领导机关高度重视双拥工作,将其纳入经济、社会发展和部队建设总体规划,纳入党政军领导干部政绩考核范围。

2. 双拥工作有明确的目标任务、具体的实施计划、完善的保障措施。工作有部署、资金有投入、落实有检查、年终有总结。

3. 坚持党委议军会议、军地联席会议等制度,每年召开一至两次双拥工作会议或领导小组会议,双拥工作重点难点问题及时得到解决。党政军领导参加军事日活动每年不少于 1 次。

4. 双拥工作组织机构健全,成员单位作用发挥明显。双拥办实行军地合署办公,市(州)人员编制不少于 2 人,县(市、区)有专(兼)职工作人员。工作制度健全,管理规范,组织、协调和指导有力。

5. 双拥专项工作经费列入财政预算,市(州)不少于 5 万元,县(市、区)不少于 2 万元。

(二)宣传教育广泛深入

1. 认真贯彻《中华人民共和国国防教育法》,把以爱国主义为核心、以双拥优良传统为主要内容的国防教育纳入全民教育体系及部队教育规划,群众受教育面达到 80% 以上,党政机关和学校、企事业单位受教育面达到 95% 以上。

2. 有固定的教育阵地、教育设施、教育制度和规范的教育内容;时间、人员、教材落实;在主要新闻媒体开设双拥专栏;有双拥工作简报或信息交流载体,宣传教育经常化;有固定的双拥宣传载体,定期对双拥工作、先进典型进行宣传报道;各成员单位每半年组织开展一次拥军优属宣传教育活动，部队每月进行一次拥政爱民教育。

3. 人员集中的公共场所、主要交通要道设立永久性的双拥宣传标牌（语）；旅游景点、车站、停车场、医院等服务窗口设立“军人优先”、“军人免费”、“军车免费”等标志。

4. 党政军领导带头宣讲双拥、国防知识；全民“双拥活动日”、“双拥宣传月”活动有安排、有主题、有落实。军地相互关心支持，军政军民团结的氛围浓厚。

5. 部队定期帮助驻地机关、学校、企事业单位开展军训，各类学校普遍开设国防教育课程。

（三）拥军工作扎实有效

1. 把支持国防和军队建设纳入经济社会发展规划，积极探索军民结合、寓军于民的路子，推动国防和军队建设又好又快发展。

2. 广泛开展科技强军、智力拥军活动，大力支持部队现代化建设和军事斗争准备，配合部队完成军事训练、战备执勤、科学试验、国防施工等各项任务，拥军支前工作成效明显。

3. 广泛深入开展文化、教育、法律拥军活动，协助军队实施人才战略工程。积极支援重点军事工程、基础设施、信息化建设，列入援建的“双十工程”任务全面落实，驻军遂行任务能力显著提高。

4. 依法打击破坏军事设施的违法犯罪行为，军事设施保护完好。

5. 支持部队后勤保障社会化，优惠政策配套并落实，优质服务到位。军供站正规化建设成效显著，人员编制、经费落实，设施、设备完善，应急保障能力强。

（四）拥政爱民成效显著

1. 充分发挥军队优势，积极支持地方重点工程建设，列入援建的“双十工程”任务全面落实，为地方经济社会发展做出突出贡献。

2. 勇于承担急难险重任务，奋勇参加抢险救灾，在保护国家和人民群众生命财产安全的斗争中发挥生力军和突击队作用。

3. 积极参加物质、政治、精神、生态文明建设，主动做好扶贫帮困、兴教助学工作。基层部队与驻地开展结对帮扶活动，军民共建成效显著。

4. 大力开展生态绿化活动，积极参加植树造林、绿化荒山、天然林保护等生态工程建设。

5. 完成总部规定的义务劳动日，大力支持地方基础设施建设，有效保护线、路、桥、隧等重要设施，积极参与社会公益事业。

6. 模范执行党和国家的法律、法规，严格遵守群众纪律，尊重少数民族宗教信仰和风俗习惯，定期开展拥政爱民教育和群众纪律检查。妥善处置各种突发事件，在维护民族团结、社会稳定中作用突出。

（五）政策法规落到实处

1. 认真贯彻执行国家颁布的法律、法规和相关政策规定，结合本地实际，及时制定和完善地方性双拥、优抚、安置配套政策措施。

2. 转业复员军官、退役士兵、军队离退休干部、伤病残退役军人和无军籍退休、退职职工有关政策规定全面落实。退役士兵安置改革创新有成效，按时保质完成年度退役士兵，转业、复员和军队离退休干部接收安置任务。

3. 广泛开展随军家属就业培训、退役士兵技能培训。随军家属得到妥善安置，现役军人子女入学、入托得到妥善安排。

4. 维护军人军属合法权益机制健全并得到落实，军人及其家属的合法权益得到保障，侵害军人及军属合法权益的行为依法得到及时处理。

5. 依法开展征兵工作，兵员数量质量得到保证，无责任退兵现象。

6. 按时兑现农村义务兵家庭优待金，优待标准不低于当地上年农民人均纯收入水平。所需经费，由当地政府纳入财政预算，并建立自然增长机制。

7. 重点优抚对象抚恤补助标准全面落实，“生活难、住房难、医疗难”问题得到较好解决，未发生大规模优抚群体上访事件。

8. 广泛组织开展扶持民兵预备役暨复退军人创业致富带头人活动，领导机制健全，“扶创”任务落实，工作成效显著。

9. 烈士纪念建筑物和优抚事业单位管理规范、

功能突出、作用明显,达到爱国主义教育基地标准。烈士陵园、光荣院、复退军人精神病院、军供站等优抚安置事业单位制度健全、管理科学、服务优质。

10. 军休人员政治、生活待遇和医疗保障得到落实;军休服务管理制度健全、管理规范、服务周到。

(六) 双拥活动坚持经常

1. 双拥机构和基层双拥组织制度完备、任务明确、责任落实;群众性双拥活动年度有计划,季度有安排,经常有活动。

2. 积极组织开展富有时代特点和本地特色的双拥实践活动,重点突出,形式活泼,针对性强,影响面广。

3. 广泛开展"双四好"、"双向服务、双向奉献"等基层双拥实践活动,制定出台实施意见,营造浓厚氛围,形成良好的创建工作态势。

4. 军民积极参加创建文明城市、文明村镇、文明行业、文明社区活动。

5. 组织引导非公组织参与双拥工作。建立双拥组织机构,完善共建制度,签订共建协议,定期和不定期地组织开展双拥共建活动。

(七) 军民共建富有成效

1. 贯彻落实《公民道德建设实施纲要》和《军人道德规范》,以培育"四有"新人为重要任务,积极开展社会主义核心价值体系教育,特点突出,成效显著。

2. 组织军民积极参加社会主义新农村建设,目标任务明确,共建成效显著。

3. 军民共建活动广泛开展,基层组织联建,思想教育联做,社会治安联防,文化活动联谊,公益事业联办,并取得新成效。

4. 基层有一批在群众中发挥引领示范作用的先进典型。

5. 军(警)民联防联治机制健全,活动开展经常,在社会治安综合治理中发挥重要作用。

(八) 军政军民关系融洽

1. 地方党委、政府和人民群众爱护军队,尊重军人,关心部队建设。部队尊重地方党委、政府,热爱人民,支持地方工作。军政军民互相关心,互相爱护,互相支持。军地领导每年相互走访座谈和交换意见不少于 2 次。

2. 军地地界清楚,产权清晰,历史遗留问题得到妥善处理。

3. 无重大军民纠纷。军民出现矛盾,军地领导主动出面,及时妥善解决。

第十二条 各级双拥工作领导小组适时对创建工作提出具体要求。

第三章 省级双拥模范城(县)命名权限与程序

第十三条 省级双拥模范城(县)以省委、省政府和省军区名义命名。

第十四条 省级双拥模范城(县)在自查和考评的基础上,由市、州党委、政府、军分区(警备区)推荐(自荐),经军地联合考察组检查验收后,报省双拥工作领导小组审核批准,同时报全国双拥工作领导小组备案。

第十五条 省级双拥模范城(县)除特殊情况外,应举行命名大会。具体命名时间由省双拥工作领导小组确定。

第十六条 省级双拥模范城(县)考评,要严格标准,广泛听取基层群众和驻军意见,对符合条件,拟命名的双拥模范城(县)名单在媒体进行为期十五天的公示。

第十七条 对被命名的双拥模范城(县),授予奖匾;对在双拥工作中做出突出成绩的单位和个人,应给予表彰和奖励,颁发荣誉证书。

第四章 命名后的管理

第十八条 双拥模范城(县)应以命名为新起点,坚持巩固提高、创新发展的方针,不断研究新情况,解决新问题,总结新经验,取得新成绩。

第十九条 省双拥模范城(县)应将年度双拥工作总结和下年度双拥工作计划报省双拥工作领导小组办公室。

第二十条 省双拥工作领导小组办公室每两年

对本省双拥模范城(县)进行一次届中检查考评,并将检查考评情况报全国、省双拥工作领导小组,作为下一届评选全国和省级双拥模范城(县)的重要依据。

第二十一条 双拥模范城(县)工作无新的进展或出现问题的,省双拥工作领导小组给予批评帮助,并限期整改。

第二十二条 双拥模范城(县)出现政策法规不落实或重大军民纠纷等突出问题,应在及时纠正和妥善处理的同时,将情况报省双拥工作领导小组办公室,并由省双拥工作领导小组办公室报全国双拥工作领导小组办公室。对隐情不报或不及时采取有效措施的,给予通报批评;严重影响军政军民团结和社会稳定的,按命名权限撤销其"双拥模范城(县)"荣誉称号,收回奖匾,并向社会公布。

第二十三条 被撤销"双拥模范城(县)"荣誉称号的,取消其下一届参加全国和省级双拥模范城(县)评比资格。

第五章 附 则

第二十四条 本实施细则由甘肃省双拥工作领导小组办公室负责解释。

第二十五条 本实施细则自颁发之日起施行,2006年颁发的《甘肃省双拥模范城(县)标准和考核验收实施办法》同时废止。

甘肃省双拥模范城(县)考评标准

考评项目	序号	考评内容	分值	评分标准	考评得分
一、组织领导坚强有力(7分)	1	双拥工作纳入经济社会发展和部队建设的总体规划,纳入党政军领导政绩考核范围;年度政府工作报告、人武系统和驻地部队党委工作报告有双拥内容和要求。	2	每做到一项得1分。	
	2	党委议军会议、军地联席会议制度落实;双拥工作领导小组每年召开1次以上全体成员会议。	1	会议制度落实的得0.5分,领导小组召开会议的得0.5分。	
	3	领导小组成员单位职责明确,有年度工作计划和总结,每年在双拥工作领导小组全体会议上进行工作述职(或书面述职)。	1	成员单位职责明确的得0.25分,有工作计划和总结的得0.25分,进行工作述职(或书面述职)的得0.5分。	
	4	地级以上城市双拥工作机构单设并实行军地合署办公,县级双拥办有专兼职工作人员。	2	达到要求的得2分。	
	5	双拥办工作经费、慰问金列入财政预算。	1	经费落实的得1分。	
二、宣传教育广泛深入(5分)	6	国防和双拥宣传教育纳入国民教育体系和部队教育规划,做到有计划、有安排、有内容、有检查、有落实。	1	纳入国民教育体系及部队教育规划的得0.5分,教育人员、时间、效果三落实的得0.5分。	
	7	国防和双拥教育阵地免费向社会开放,每半年集中组织开展1次以上群众性的教育活动。	1	国防和双拥教育阵地免费向社会开放的得0.5分,国防教育活动落实的得0.5分。	
	8	当地主要媒体开辟国防和双拥宣传教育专栏;城区主要公共场所有永久性双拥标志或宣传牌。	1	开辟专栏的得0.5分,有双拥标志或宣传牌的得0.5分。	
	9	烈属家庭挂光荣牌;官兵立功受奖喜报及时送达并予以宣扬。	1	挂光荣牌的得0.5分,喜报及时送达并予以宣扬的得0.5分。	
	10	定期编印双拥简报或双拥信息。	1	双拥信息交流保持经常的得1分。	

续表

三、拥军工作扎实有效(17分)	11	积极支持部队完成战备执勤、训练演习、科研试验和抢险救灾等多样化军事任务，有计划、有措施、有成效。	3	有计划和措施的得 1 分，部队执行任务中需要地方支持的合理化需求得到及时解决的得 1 分，训练演习群众损失得到妥善解决的得 1 分。	
	12	组织开展科技、教育、文化拥军活动，支持部队信息化建设和实施人才战略工程成效明显。	2	有科技、教育、文化拥军活动计划的得 1 分，部队建设需求得到及时解决的得 1 分。	
	13	大力支持部队后勤保障社会化，确保粮、油、水、电、气、暖等优质供应。	1	达到规定标准的得 1 分。	
	14	支持重点军事工程建设，在规划审批、土地征用、设施配套等方面给予优先优惠；在城乡基础设施建设中兼顾军事需求。	2	制定并落实优先优惠政策的得 0.5 分，完成“双十工程”确定的援建部队重点工程任务的得 1.5 分。	
	15	维护国防利益和军人军属合法权益机制健全，依法优先、积极稳妥地处理涉军案件和问题，国防利益和军人军属合法权益得到有效维护。	2	有维护国防利益和军人军属合法权益政策规定的得 1 分，涉军案件得到及时妥善处理的得 1 分。	
	16	车站、码头、医院等公共服务场所设有残疾退役军人、烈属和现役军人等优先优惠服务的标志，积极主动提供服务。	1	设有优先优惠服务标志的得 0.5 分，优先优惠服务对象满意的得 0.5 分。	
	17	积极扶持随军随调家属就业，年度安置率(含货币化安置)达到 90% 以上。	2	安置率达到要求的得 2 分。	
	18	现役军人和烈士子女入学入托按政策享受优待。对烈军属和现役军人实行“三优”服务有标准。	2	出台地方性优待办法的得 1 分，政策落实到位的得 1 分。	
	19	公路、桥梁、隧道、渡口等收费交通站点，免收军车通行费用；各类公共收费停车场所设有军车免费停放标志。	2	免收军车通行费用的得 1 分，有军车免费停放标志的得 1 分。	
四、拥政爱民成果显著(12分)	20	驻军部队每年有拥政爱民工作计划，官兵参加义务劳动日达到总部规定的时间要求。	1	有工作计划的得 0.5 分，官兵义务劳动日达到总部规定的时间要求的得 0.5 分。	
	21	积极参加和支援驻地经济社会建设，有规划措施，有援建成效。	2	有援建工作规划的得 0.5 分，完成“双十工程”确定的援建地方重点工程建设任务的得 1.5 分。	
	22	勇于承担抢险救灾等急难险重任务，预案健全，应急行动迅速，完成任务圆满。	2	有预案的得 0.2 分，圆满完成任务的得 1.8 分。	
	23	开展多种形式扶贫帮困工作，积极参加驻地新农村建设和共建城市社区，有扶贫联系点和新农村、社区建设援建点，每年援建有计划、有项目、有成效。积极开展民兵预备役暨复退军人创业致富带头人活动。	2	有联系点的得 0.5 分，援建工作任务落实的得 0.5 分。开展“扶创”活动成效显著者得 1 分。	
	24	大力开展助学兴教，组织团以上领导干部与贫困学生结对助学。	1	兴学助教任务落实的得 0.5 分，团以上干部结对助学率达到 85% 以上的得 0.5 分。	
	25	积极参加军地统一组织的捐赠活动，为灾区和贫困地区群众送温暖、献爱心。	1	参加捐赠活动的得 1 分。	
	26	参加驻地生态治理和环境美化建设，在植树造林、环境整治等方面成效明显。	1	圆满完成年度确定的植树造林、环境整治等任务的得 1 分。	
	27	扎实做好民族团结进步工作，团以上驻军每年为驻地办成一至两件有影响的实事好事。	1	达到要求的得 1 分。	
	28	广泛参与平安建设，军警民联防联治，协助地方处置各类突发事件及时有效。	1	组织部队参加平安建设的得 0.5 分，处置各类突发事件及时稳妥的得 0.5 分。	

续表

五、政策法规落到实处(32分)	29	结合本地区和驻军部队实际,出台综合性双拥政策规定。	2	有综合性双拥政策规定的得2分。	
	30	对在创建双拥模范城(县)活动中做出突出贡献的单位和个人有明确奖励办法。	1	有奖励办法并得以实施的得1分。	
	31	依据《中华人民共和国军事设施保护法》,军事设施得到有效保护。	2	军事设施保护列入全民国防教育、普法教育计划的得0.5分,辖区内军事设施保护完好的得0.5分,地方建设无影响军事设施安全或部队正常训练、工作和生活的得1分。	
	32	严格落实征兵有关政策规定,保证兵员质量。	1	圆满完成征兵任务的得0.5分,没有责任退兵的得0.5分。	
	33	现役军人和残疾军人乘坐市内公共汽车享受优待优惠;参观游览公园、博物馆、风景名胜区等享受免费或优待。	2	制定出台优待优惠政策的得1分;规定的优待优惠政策落实的得1分。	
	34	在国家机关、社会团体、企业事业单位工作的残疾退役军人,享受与所在单位工伤人员同等的生活福利和医疗待遇。	1	残疾退役军人享受生活福利和医疗措施的得1分。	
	35	优抚对象的抚恤补助标准按规定标准按时足额发放。	2	达到国家和省里规定标准的得2分。	
	36	优抚对象医疗保障政策落实;省、市(州)和县级财政预算有重点优抚对象医疗补助资金,并逐年增加。	2	出台优抚对象医疗保障办法并落实的得1分,财政预算有重点优抚对象医疗补助资金的得1分。	
	37	农村重点优抚对象住房难问题得到较好解决。	2	已解决的得2分。	
	38	农村义务兵家庭优待标准不低于上年农民人均纯收入水平,按时足额发放。	2	达到或高于当地农村居民上年人均纯收入的得2分;低于当地农民上年人均纯收入的不得分。	
	39	县级以上烈士纪念建筑物保护单位按规定落实人员、经费,在爱国主义教育中发挥重要作用。	1	人员、经费按规定落实的得0.5分,爱国主义教育活动开展经常的得0.5分。	
	40	军队转业干部及时妥善安置,自主择业军队转业干部服务管理政策得到落实。	2	完成年度安置任务的得1分,军队转业干部对安置岗位满意的得0.5分,自主择业的军队转业干部服务管理政策落实的得0.5分。	
	41	退役士兵安置政策、安置计划和退役士兵职业技能培训落实。自谋职业生活补助费、待分配期间生活补助列入财政预算并按时发放。伤病残退役士兵及时得到妥善安置。	5	年度安置率(含货币化安置)达到90%的得2分,经费足额列入财政预算的得1分,伤病残退役士兵及时得到妥善安置的得1分,职业技能培训达到80%以上得1分。	
	42	军队离退休干部妥善安置,政治、生活、医疗待遇落实;军休服务管理机构人员编制、工作经费、附属用房设施落实,补助经费纳入市、县财政预算。	2	年度安置任务完成,军休干部政治、生活、医疗待遇落实的得1分;编制、经费、附属用房设施落实的得0.5分,补助经费纳入财政预算的得0.5分。	
	43	军队无军籍退休退职职工按政策接收安置,地方性补助补贴按政策落实。	1	按政策接收安置的得0.5分,地方性补助补贴落实的得0.5分。	
	44	积极预防和妥善处理转业、复员、退伍军人等群体性上访事件。按照甘政办发(2010)170号文件及时解决好部分军队退役人员的再就业和社会保障问题。	3	无大规模优抚群体上访事件的得3分,有到北京上访的扣2分,到省里上访的扣1分。	
	45	部队模范遵守国家法律法规和党的民族宗教政策,严格执行群众纪律,在驻地群众中形象好。	1	无违反国家法律法规和党的民族宗教政策的得0.5分,无违反群众纪律的得0.5分。	

续表

六、双拥活动坚持经常(4分)	46	双拥活动制度化、经常化,年度有计划,季度有安排,节日有走访,平时有活动。	1	年度有计划,季度有安排,节日有走访的得0.5分,平时有活动的得0.5分。	
	47	广泛开展“爱心献功臣”活动,为重点优抚对象办好事实事成效明显。	1	开展活动的得0.5分,重点优抚对象满意率达到90%以上的得0.5分。	
	48	党政主要领导每年集中走访慰问驻军和重点优抚对象不少于2次;驻军部队团以上领导每年去地方或有关部门走访交流不少于2次。	1	走访、交流、慰问活动落实的得1分。	
	49	深入开展双拥工作进机关、进企业、进社区、进乡村、进学校、进连队活动。	1	开展活动成效显著的得1分。	
七、军民共建富有成效(5分)	50	军地基层单位结成共建对子,双方有共建公约和共建活动制度。	1	军地结成共建对子和建立共建公约的得0.5分;共建活动开展经常的得0.5分。	
	51	共建活动重点突出、形式多样,效果明显。	1	军民共建活动和任务在基层落实的得1分。	
	52	“双四好”、“双向服务、双向奉献”活动成效显著。	1	创建活动经常、共建氛围浓厚、先进典型的引领作用显著的得1分。	
	53	积极参加创建文明城市、文明村镇、文明行业、文明社区等活动,弘扬社会文明新风。军民共建社会主义新农村建设工作有计划、有落实。	1	参加创建活动的得0.5分;军民共建社会主义新农村建设工作有计划、有落实的得0.5分。	
	54	非公经济组织和社会组织广泛开展拥军优属活动。	1	开展活动成效显著的得1分。	
八、军政军民关系融洽(3分)	55	军地相互尊重,相互支持,互办实事。	1	有互办实事计划的得0.5分,计划落实的得0.5分。	
	56	军地历史遗留问题得到妥善处理。	1	无遗留问题或有遗留问题但得到妥善处理的得1分。	
	57	有预防和处理军(警)民纠纷的预案和应急措施,当发生矛盾和纠纷时,军地双方及时妥善处理。	1	有预案和应急措施的得0.5分;无军(警)民纠纷或有军(警)民纠纷但得到妥善处理的得0.5分。	
九、群众满意度测评(10分)	58	干部群众对双拥创建工作的满意程度。	5	群众测评满意率乘以该项分值,为最终得分。	
	59	驻地部队官兵对拥军优属工作情况满意程度。	5	群众测评满意率乘以该项分值,为最终得分。	
十、加分项目(5分)	60	双拥工作经验被全国和省里肯定和推广的。	1		
	61	工作有新举措,形成了特色,产生了良好的政治、经济、社会效益。	1		
	62	在重大军事演习、科研试验中保障有力、成效显著的。	1		
	63	成建制的师旅级(不含军级领导机关)驻军数量两个以上的。	1		
	64	优抚医院、光荣院功能发挥良好,工作人员、公用经费按规定落实;光荣院集中供养优抚对象的基本生活费按规定标准足额列入财政预算。	0.5		
	65	军供站人员、经费按规定落实,设施、设备完善,保障能力强,为过往部队提供优质服务。	0.5		
备注	1. 考评标准总分100分(基础分95分、加分项5分); 2. 未列入考评项目的,不考评,不计分;确有特点和创新的予以酌情加分。				

甘肃省双拥办关于做好双拥模范城(县)考核验收工作的通知

各市、州,甘肃矿区、东风场区双拥工作领导小组办公室:

经请示省双拥工作领导小组同意,拟于2011年2月下旬,省上将由军地组成四路考核验收工作组,对各地双拥模范城(县)创建工作进行全面考核验收,为了切实做好这项工作,保证考核验收工作规范有序进行,现将有关问题通知如下:

一、指导思想和基本原则

考核验收工作以科学发展观为指导,着眼巩固和发展同呼吸、共命运、心连心的新型军政军民关系,以促进生产力发展,部队战斗力提高,民族凝聚力增强为目的,促进双拥工作整体水平全面提高。

考核验收工作坚持公开、公正、公平的原则。坚持标准,实事求是,注重实效,保证质量。坚持逐级推荐,择优评选,实施动态管理,不搞照顾平衡,不搞终身制。

二、方法步骤

各市州在省上考核验收之前,向省双拥工作领导小组报送省级双拥模范城(县)推荐申请报告,并按照所辖县(区)考核结果排出顺序。具体考核验收的方法步骤是:

(一)随机抽调、实地察看。考核验收组实地察看被考核城(县)3至5个军民共建点,亲历感受军民共建的现状和成效。同时,随机抽查2至3个乡镇(街道)的双拥工作。考核时既要察看地方拥军优属的情况,也要察看驻军拥政爱民的实绩。重点检查国防教育、双拥宣传、军地援建“双十工程”、军民共建社会主义新农村、军地互办实事、优抚安置政策落实以及军嫂就业安置等情况。

(二)座谈访问、征求意见。考核验收过程中,一般都要召开两个座谈会。一是召开由乡镇、街道、基层干部和部分优抚对象参加的座谈会,了解情况,听取反映,征求意见;二是召开由驻军基层官兵参加的座谈会,重点了解军民共建活动开展情况和对双拥工作的亲身感受,直接听取基层官兵的意见和建议。在此基础上,组织填写《基层群众和官兵满意度测评表》。

(三)查阅资料、汇报反馈。考核验收组将对四年来各市、县出台的制度、文件、相关资料、有关数据等情况进行查阅。被考核的城(县)要全面系统地向考核验收组汇报创建双拥模范城(县)的总体情况、主要做法、工作成效、基本经验、存在的突出问题和今后努力的方向。通过听取汇报、查阅资料、对簿看账、现场询问等方法,全面了解掌握被考核城(县)双拥创建工作情况,并进行量化打分。在此基础上,考核验收组及时向所在市、县(市、县)党政军领导反馈考核情况,肯定成绩,指出不足,提出今后努力的方向和对下一步做好创建工作的意见。

(四)汇总情况、上报审批。各考核验收组,根据考核结果,写出考核验收工作情况报告,并提出新一轮命名城(县)的建议名单。在此基础上,省双拥办召开各考核验收组汇报会议,集中综合考核工作情况,汇总申报城(县)的考核分值和考核结果,收集整理相关资料,研究提出申报新一轮双拥模范城(县)名单,呈报省双拥工作领导小组研究审定。

三、几点要求

考核双拥模范城(县)是一项常规性的工作,更是一项严肃的政治任务,时间紧、任务重、要求高。各地各部队要高度重视,切实加强组织领导,周密制订工作计划,认真做好各项准备工作,积极协同配合完成双拥模范城(县)考核验收任务。

(一)切实加强双拥宣传工作。要以新一轮模范城(县)考核验收命名为契机,进一步加大双拥工作的力度,广泛宣传双拥工作的重大意义,宣传双拥创建工作取得的丰硕成果,宣传各行各业涌现出来的先进典型和模范人物,努力营造浓厚的双拥氛围。要立足于把双拥模范城(县)考核验收的过程,真正变为全民参与、检验成果、推动发展的过程,进一步激发广大军民关心支持双拥工作的政治热情。

(二)认真做好各类资料的收集工作。各地各部队应准确反映和展示四年来开展双拥活动的基本现状和主要成果。同时,要收集找全本级出台的有关双拥工作的政策、文件、规定和相关资料,包括:工作计划、活动方案、原始记录、政策规定、领导讲话、批示,工作简报、统计数据、图片、音像作品、汇报材料等,努力达到工作规范、资料完备、情况真实、数据可靠的要求。

(三)注意总结发现各类先进典型。双拥创建工作是一项长期的战略任务,各地各部队要把双拥工作的创新发展作为重要环节来抓。既要总结推广双拥工作中的老典型,更要注意培养发现具有时代精神的新人物、新风尚。各级在检查验收中,要尽量多深入城市社区和街道、乡镇,善于从中发现双拥工作中涌现出来的先进典型和模范人物,注意总结和引导基层做好工作,进一步推动双拥工作更加深入扎实地开展。

(四)严格考核验收工作纪律。考核验收双拥模范城(县)工作是一项政治性很强的工作,各地极为重视,要注意把这种热情引导和转化为推动工作的强大动力,防止搞花架子,搞形式主义和铺张浪费。要求各地对考核验收组不搞边界迎送,不搞夹道欢迎,不在城区、宾馆书写欢迎标语,不安排高档宾馆住宿,不设宴会招待;查看军民共建点和优抚对象时尽量减少车辆,市、县(市、区)两级陪同车辆不超过三辆。考核验收组成员要廉洁自律,不准接收礼品和土特产,不参加高消费的娱乐活动。考核验收之后,各地也不要来兰汇报。

甘肃省双拥工作领导小组办公室

二○一○年十二月二十日

甘肃省双拥办关于推荐评选省级双拥先进单位和先进个人的通知

各市、州,甘肃矿区、东风场区双拥工作领导小组办公室:

省双拥工作领导小组决定,结合新一轮双拥模范城(县)命名活动,拟表彰一批双拥创建工作中涌现出来的省级爱国拥军模范、拥政爱民模范和双拥工作先进单位、先进个人。同时表彰一批先进双拥办公室。现将有关评选事项通知如下:

一、评选推荐的原则

这次推荐表彰的先进单位和先进个人,是全省双拥工作的骨干和先进模范人物,也是所在地区和驻军部队中事迹过得硬、社会影响大的先进典型。评选推荐工作要坚持以下原则:

(一)逐级申报,严格把关。评选推荐工作应自下而上进行,逐级申报,逐个审查,层层把关,全面衡量。推荐的先进典型要以基层为重点,充分考虑在双拥工作第一线做出突出成绩的先进单位和先进个人。在推荐表彰中,原则上不推荐地级干部,推荐上报的县(团)级领导干部应控制在推荐总数的10%以内。严格控制民政部门和民政干部的推荐名额,民政干部推荐上报的名额不超过推荐总数的8%。

(二)坚持标准,注重质量。评选推荐的爱国拥军模范、拥政爱民模范和先进单位、先进双拥办公室及先进个人,以《甘肃省爱国拥军模范条件》、《甘肃省拥政爱民模范条件》、《甘肃省双拥工作先进单位条件》、《甘肃省先进双拥办公室条件》和《甘肃省双拥工作先进个人条件》为依据，实事求是，公平公正，严格标准，注重实绩。

（三）综合衡量，择优推荐。双拥工作爱国拥军模范、拥政爱民模范和双拥工作先进单位、先进双拥办公室及先进个人的评选，既要看组织活动、参与程度和领导方面的贡献，又要看双拥工作过程中所做的实实在在的工作和成绩；爱国拥军模范、拥政爱民模范的评选应注重先进性和代表性，突出实绩，重在贡献，真正起到榜样和示范作用。坚持好中选好，优中选优，不搞照顾，以体现评选活动的方向性、示范性和真实性。

二、评选推荐的范围

（一）爱国拥军模范、拥政爱民模范和双拥工作先进个人：包括各级党政军机关、企事业单位领导（县处级以下，含县处级）、公务员、职员、工人、企业家、农民、军人（团职以下，含团职）、教师和其他社会成员。

（二）双拥工作先进单位：厅局级（含厅局）、部队师（含师级）以下机关、企事业单位、乡镇、街道、学校、群众团体和“两新组织”及中国人民解放军、武装警察部队等单位（一般不推荐党委［市委、县委］、政府［市政府、县政府］）。

（三）双拥先进办公室：市、县、乡镇履行双拥办公室职责的办公机构。

三、评选推荐的程序

（一）评选推荐工作由各市、州双拥工作领导小组组织实施，双拥办具体承办。

（二）评选推荐工作采取自下而上的程序进行。县（市、区）双拥工作领导小组根据分配的名额，确定评选范围和重点。并以团级（独立营）、武警支队、乡镇、街道办事处为单位，民主推荐，择优评选，逐级申报。

市、州双拥工作领导小组要对县（市、区）上报的爱国拥军模范、拥政爱民模范和双拥工作先进单位、先进双拥办公室及先进个人进行全面考察，提出审核意见，向省双拥工作领导小组写出书面推荐报告。

（三）推荐表彰的爱国拥军模范、拥政爱民模范和双拥工作先进单位、先进双拥办公室及先进个人，除分别填写《甘肃省爱国拥军模范申报表》、《甘肃省拥政爱民模范申报表》、《甘肃省双拥工作先进单位申报表》、《甘肃省先进双拥办公室申报表》和《甘肃省双拥工作先进个人申报表》一式3份外，另附简要事迹材料10份（2 000字左右）和电子版一并报省双拥办。

（四）市、州双拥工作领导小组推荐表彰的爱国拥军模范、拥政爱民模范和双拥工作先进单位、先进双拥办公室、双拥先进个人，经省双拥工作领导小组研究，报省委、省政府、省军区同意后，在全省命名表彰大会上予以表彰。

四、具体要求

（一）高度重视，加强领导。此次评选推荐表彰工作，是对我省双拥创建工作的一次全面检验，也是双拥创建成果的一次大展示。各地各部队要站在讲政治的高度认真对待，切实加强组织领导，扎扎实实地做好工作，在全社会迅速掀起新的创建热潮。特别要指导拟推荐的双拥模范城（县）和双拥先进单位，认真分析形势，查找薄弱环节，以更高的标准扎实做好双拥创建工作。评选推荐工作在各级双拥工作领导小组直接领导下进行，由双拥办按照评选条件、要求和名额分配组织具体实施。

（二）广泛造势，营造氛围。此次评选表彰活动，是我省继2006年之后组织的又一次较高层次的评比表彰活动。各地各部队要以这次评比表彰为契机，进一步加大宣传力度，充分利用新闻媒体，大力宣传双拥模范城（县）、双拥模范单位和个人的先进事迹，充分发挥其示范、辐射作用，推动群众性双拥创建活动蓬勃发展。

（三）实事求是，严格标准。各地、各部门和驻甘部队一定要坚持原则，把握标准，严格程序，精心组织，真正把那些双拥工作政绩突出，模范带头好的先进典型评选出来、推荐上来。省双拥办将结合双拥模范城（县）的考核验收，一并对各地申报的表彰对象进行抽查，以确保各类典型的质量和先进性。

（四）认真评选，及时申报。凡是拟推荐表彰的省级爱国拥军模范、拥政爱民模范和双拥工作先进单位、先进双拥办公室和双拥先进个人,市、州双拥工作领导小组要组织力量逐个进行考察审核,并组织撰写好典型事迹材料。评选推荐的报告、申报表、事迹材料务于2011年3月10日前报省双拥办。

(五)公平公正,公开公示。各地各部队按照评选条件和规定程序推荐上报的省级双拥模范城(县)、双拥模范、双拥工作先进单位、先进办公室和先进个人,将在《甘肃日报》进行公示。公示期间,凡是以电话、电子邮件、信函等形式向省双拥工作领导小组及办公室反映表彰对象不符合条件的情况,一经核实将取消评比资格。

甘肃省双拥工作领导小组办公室

二〇一〇年十二月二十日

青海省双拥模范城(县)创建命名管理实施办法

第一章 总 则

第一条 为了贯彻落实党中央、国务院、中央军委关于进一步做好双拥工作,加强军政军民团结的精神,推动全省创建双拥模范城(县)活动广泛深入持久地开展,根据全国双拥工作领导小组《双拥模范城(县)创建命名管理办法》(国拥[2010]2号)的相关规定,结合我省实际,特制定本实施办法。

第二条 创建双拥模范城(县)活动,是拥军优属、拥政爱民优良传统的继承与发展,是新时期双拥工作的创举,是加强军政军民团结、促进社会主义和谐社会的重要途径和载体。

第三条 双拥模范城(县)是在经济建设和国防建设协调发展、密切军政军民关系、服务全面建设小康社会和军队履行新世纪新阶段历史使命等方面成绩突出,具有榜样和示范作用,并经过一定程序命名的军政军民团结先进典型,是当地党委、政府、驻军领导机关和全体军民共同的政治荣誉。

第四条 创建双拥模范城(县)活动,要坚持以毛泽东思想、邓小平理论和"三个代表"重要思想为指导,深入贯彻落实科学发展观,着眼于巩固和发展同呼吸、共命运、心连心的新型军政军民关系,大力弘扬和实践双拥工作优良传统,把拥军优属与拥政爱民结合起来,把发展社会生产力与提高部队战斗力结合起来,把物质文明、政治文明、精神文明建设结合起来,促进双拥工作整体水平提高,促进经济社会平稳较快发展和军队全面建设。

第五条 青海省双拥模范城(县)由省双拥工作领导小组批准,以省委、省政府、省军区名义命名。

第六条 青海省双拥模范城(县)的命名范围为:市、县(区)。

第七条 青海省双拥模范城(县)数量控制在全省市、县(区)总数的40%左右,具体数量根据州(地、市)辖市和县行政区的比例,由省双拥工作领导小组办公室确定。

第八条 命名双拥模范城(县)应坚持标准,注重实效,择优评选,保证质量。双拥模范城(县)实行动态管理,不搞终身制。

第九条 对在双拥模范城(县)创建活动中做出突出成绩的单位和个人,应给予表彰和奖励。具体数量根据全省双拥工作和驻青部队分布情况,由省双拥办确定。

第二章 双拥模范城(县)的基本标准

第十条 命名双拥模范城(县),应坚持以下标准:

(一)组织领导坚强有力。地方党委、政府和驻军领导机关把双拥工作纳入经济社会发展和部队建设的总体规划,纳入党政军领导干部政绩考核范围,有明确的任务目标、具体的实施计划、完善的保障措施。坚持党委议军会议、军地联席会议等制度,双拥工作重点难点问题得到及时解决。双拥工作领导机构健全，成员单位双拥工作年初有计划、年终有总结，职能作用充分发挥。双拥办有工作人员和经费保障，组织、协调和指导双拥工作有力。

（二）宣传教育广泛深入。认真贯彻《中华人民共和国国防教育法》，把以爱国主义为核心，以拥军优属、拥政爱民为重要内容的国防教育纳入国民教育体系及部队教育规划，列入宣传、教育、文化、广播影视、新闻出版等部门的年度工作计划，有部署、有检查、有总结。有适应本地区、本单位实际情况的教育制度和教育设施，教育对象、时间、内容落实。通过宣传教育，增强国防观念和双拥意识，爱国拥军、爱民奉献的社会氛围浓厚。

（三）拥军工作扎实有效。把支持国防和军队建设纳入经济社会发展规划，积极探索军民结合、寓军于民的路子，推动国防和军队现代化建设又好又快地发展。大力支持军事斗争准备，配合部队完成训练演习、战备执勤、科研试验和抢险救灾等多样化军事任务成效明显。广泛开展科技、教育、文化、法律拥军，协助军队实施人才战略工程。积极支援重点军事工程建设，军事设施保护完好。军供站正规化建设成效显著，应急保障能力强。支持部队后勤保障社会化，优惠政策配套，优质服务到位。

（四）拥政爱民成果显著。充分发挥军队优势，为地方经济社会发展作贡献。奋勇参加抢险救灾，在保护国家利益和人民群众生命财产的斗争中发挥生力军和突击队作用。积极参加社会主义新农村新牧区和城市社区建设，做好扶贫帮困、助学兴教和民族团结进步等工作。完成总部规定的义务劳动日，大力支援地方基础建设，有效保护线路桥隧等重要设施，积极参与社会公益事业。

（五）政策法规落到实处。认真贯彻执行党和国家有关国防建设和加强军政军民团结的法律、规定，并根据形势发展，不断完善与之相配套的政策、法规。转业军官、复员干部、退役士兵、军队离退休干部、残疾退役军人、随军家属有关安置政策得到落实；军人及其家属的合法权益得到保障；兵员数量质量得到保证；优抚对象抚恤补助及时落实并保证其生活水平与当地群众生活水平同步提高；现役军人、残疾退役军人及其家属享受优待；加强烈士纪念建筑物保护单位和优抚事业单位建设，做到功能突出，作用明显。军队模范执行党和国家的法律法规，严格遵守军队各项法规纪律，尊重少数民族宗教信仰和风俗习惯，定期开展拥政爱民教育和群众纪律检查，做到文明执勤、依法办事，形象良好。

（六）双拥活动坚持经常。开展双拥活动以基层为重点，注重落实，讲求实效。年度有计划，季度有安排，节日有走访，平时有活动。各项活动主题鲜明，内容丰富，形式多样，广大军民积极参与，具有时代特色和地域特点。健全各项制度，定期检查总结，推进双拥工作社会化、经常化、制度化。

（七）军民共建富有成效。军民贯彻落实《公民道德建设实施纲要》和《军人道德规范》，牢固树立社会主义荣辱观，积极参与西部大开发。积极参加创建文明城市、文明村镇、文明行业、文明社区等活动，在群众性精神文明和资源节约、环境友好型社会建设等活动中发挥示范带头作用。军（警）民联防联治活动经常开展，在社会治安综合治理中发挥重要作用。

（八）军政军民关系融洽。地方党委、政府和人民群众爱护军队，尊重军人，关心部队建设。部队尊重地方党委、政府，热爱人民，支持地方工作。军政军民互相关心，互相爱护，互相支持，亲如一家。军地地界清晰，历史遗留问题得到妥善处理，无重大军民纠纷。

（九）维护稳定作用明显。驻民族地区部队，积极研判驻地社情民意，各项处突方案科学、合理，处突行动迅速准确，能够妥善处置各类突发事件，在维护社会稳定工作中作用明显。

（十）民族团结深入持久。民族地区军地双方自觉维护民族团结，积极提高思想素质、道德素质和文化素质，大力倡导文明、和谐发展理念。军地双方妥善处理民族纠纷，无影响社会发展的民族问题。

第十一条 有下列情况之一的，不能申报和推荐双拥模范城（县）：发生重大军民纠纷，在国家和省级双拥机构、公安部门记录在案，造成严重后果的；因优抚安置政策规定不落实，造成严重后果的；

双拥组织机构无工作人员和经费保障的。

第十二条 省双拥工作领导小组依据第十条的规定,提出每届双拥模范城(县)评选命名的具体要求。

第三章 命名权限与程序

第十三条 申报青海省双拥模范城(县),由各州(地、市)双拥工作领导小组推荐,经各州(地、市)党委、政府、军分区同意,由省双拥工作领导小组考核评选,报省委、省政府、省军区批准命名,同时报全国双拥工作领导小组备案。

第十四条 各州(地、市)双拥工作领导小组推荐青海省双拥模范城(县),要严格标准,听取当地军地双方反映,征求所在军分区(警备区)意见,并将推荐名单在主要新闻媒体上进行为期一周的公示。公示期满,以书面形式向省双拥工作领导小组推荐。

第十五条 省级双拥模范城(县)每四年命名一次并举行命名大会,特殊情况下可提前或延期举行。

第十六条 凡符合本办法第十条规定并获得省级双拥模范城(县)的单位,均有被推荐为国家表彰双拥模范城(县)的资格。

第十七条 对被命名的省级双拥模范城(县),发布决定,授予奖匾,颁发荣誉证书。

第四章 命名后的管理

第十八条 双拥模范城(县)应以命名为新起点,坚持巩固提高、创新发展的方针,不断研究新情况,解决新问题,总结新经验,取得新成绩。

第十九条 被命名的省级双拥模范城(县),应将年度双拥工作总结和下年度双拥工作计划报省双拥工作领导小组办公室。

第二十条 各州(地、市)双拥工作领导小组办公室每两年要对辖区内的双拥模范城(县)进行一次认真检查,依据工作情况,统一排出名次,并将检查和排名情况报省双拥工作领导小组办公室,作为下一届评选省级和推荐全国双拥模范城(县)的重要依据。

第二十一条 省双拥工作领导小组办公室应适时组织力量对全国和省级双拥模范城(县)进行抽查,并视情通报抽查情况。

第二十二条 被命名为全国和省级双拥模范城(县)后,工作无新的进展或出现问题的,省双拥工作领导小组应及时给予帮助,找出薄弱环节,制定改进措施。

第二十三条 双拥模范城(县)如发生重大军民纠纷,应在及时妥善处理的同时,将情况报省双拥工作领导小组办公室。隐情不报或不及时采取有力措施解决的,给予通报批评;严重影响军政军民团结和社会稳定的,按命名权限撤销其“双拥模范城(县)”荣誉称号。

第二十四条 被撤销“双拥模范城(县)”荣誉称号的,取消其下一届参加双拥模范城(县)评比资格。经过认真整改,符合条件的,可参加以后的双拥模范城(县)评比。

第二十五条 各州(地、市)要严格执行本实施办法,按实际情况制定具体实施方案。

第五章 附 则

第二十六条 本实施办法由青海省双拥工作领导小组办公室负责解释。

第二十七条 本办法自颁发之日起施行。

青海省双拥模范城(县)考评标准

基本标准	序号	考 核 内 容	分值
一、组织领导坚强有力(10分)	1	主管和分管双拥工作的领导明确落实。	1
	2	各级双拥领导机构健全,作用发挥充分。	1
	3	州、地、市级双拥办编制、人员和办公地点落实,日常工作规范有序。	1
	4	县(市、区)级双拥工作有专人负责。	1
	5	双拥工作列入党委政府议事日程,写入党委、政府工作报告。	1
	6	双拥工作列入社会、经济发展规划和部队建设总体规划。	1
	7	双拥工作列入各级干部的政绩考核内容。	1
	8	慰问部队、重点优抚对象等双拥工作经费列入财政预算,经费有保障。	1
	9	群众性拥军优属服务组织形成网络,部队团以下群众工作小组健全。	1
	10	领导小组成员单位职责明确,双拥工作年初有计划,年终有总结,双拥办档案材料齐全。	1
二、宣传教育广泛深入(5分)	1	国防教育和双拥教育列入国民教育体系及部队教育规划,列入宣传、教育、文化、广播影视、新闻出版等部门年度工作计划。	1
	2	有国防和双拥教育阵地或教育基地,每年集中组织开展1次以上教育活动。	1
	3	党政干部、民兵、大中小学学生和企业职工国防教育与军训开展普遍。	1
	4	军烈属家庭挂光荣牌;官兵立功受奖喜报及时送达并予以宣扬。	1
	5	编印工作刊物,交流双拥工作经验,反映双拥工作动态,宣传双拥先进典型。	1
三、拥军工作扎实有效(10分)	1	把支援国防和军队建设纳入经济社会发展体系。	2
	2	配合部队完成军事训练、战备执勤、科研试验等各项任务成效明显。	2
	3	开展科技、教育、法律拥军,支持部队信息化建设和人才战略工程成效明显。	2
	4	支援重点军事工程建设,在规划审批、土地征用、设施配套等方面给予优先优惠;军事设施保护的好。	2
	5	军供站正规化建设成效显著,应急保障能力强。	1
	6	支援部队后勤保障社会化,优惠政策配套,优质服务到位。	1
四、拥政爱民成果显著(10分)	1	驻军部队每年有拥政爱民工作计划,年中有检查,年底有总结。	1
	2	积极参加和支援驻地经济社会建设,有规划措施,有援建成效。	1
	3	奋勇参加抢险救灾等急难险重任务,预案健全,准备充分,圆满完成任务。	2
	4	积极参加社会主义新农村和城市社区建设,有扶贫联系点和农村建设、城市社区建设援建点,每年有援建计划,有项目、有成效。	2
	5	大力开展助学兴教,组织团以上领导干部与贫困学生结对助学。	1
	6	参加军地统一组织的捐赠活动,为灾区和贫困地区群众送温暖、献爱心。	1
	7	参加驻地绿化美化建设,在植树造林、环境整治等方面成效明显。	1
	8	扎实做好民族团结进步工作,每年为少数民族群众办一至两件有影响的实事好事。	1

续表

五、政策法规落到实处(30分)	1	军人和军属的合法权益受到保障。	2
	2	有拥军优属、拥政爱民的综合性政策规定。	2
	3	随军家属得到妥善安置、子女入学入托优先照顾。	2
	4	义务兵家庭优待标准不低于当地平均生活水平,按时足额发放。	2
	5	优抚对象的抚恤补助标准不低于国家和省(区、市)规定标准,并按时足额发放。	2
	6	重点优抚对象医疗保障制度完善,“医疗难”、“住房难”问题明显缓解。	2
	7	重视优抚对象的思想教育,把问题解决在基层,上访率低。	2
	8	优抚事业单位管理规范,社会效益和经济效益明显。	2
	9	多种形式妥善安置退役士兵,军地两用人才开发使用率达90%以上。	2
	10	军转干部和军队离退休干部得到妥善安置。	1
	11	在职伤残军人下岗失业问题得到较好解决,无上访现象。	2
	12	科技拥军、智力拥军、文化拥军效果明显、措施有力。	2
	13	帮助、支持部队发展农副业生产有政策,有行动,有落实。	1
	14	帮助驻军解决生产、生活和战备训练中的实际困难,部队官兵物质文化生活得到较好改善。	2
	15	部队模范遵守群众纪律,尊重少数民族的宗教信仰和风俗习惯,尊重地方政府,支持地方工作。	1
	16	适龄青年报名参军率在95%以上。	1
	17	保质保量并按规定比例完成征兵任务,本届内无政治责任退兵。	2
六、双拥活动坚持经常(8分)	1	开展双拥活动以基层为重点,注重落实,讲求实效。	1
	2	年度有计划,季度有安排,节日有走访,平时有活动。	1
	3	内容丰富,形式多样,参与广泛,具有时代特色和当地特点。	2
	4	健全各项制度,定期检查总结。	2
	5	双拥工作社会化、经常化、制度化。	2
七、军民共建富有成效(8分)	1	军(警)民共建活动纳入本地精神文明建设总体规划。	2
	2	落实《公民道德建设实施纲要》和《军人道德规范》,自觉践行社会主义荣辱观。	1
	3	军警民联防坚持正常,在社会治安综合治理中起重要作用。	1
	4	经常开展创建文明城市、文明村镇、文明行业、文明社区和健康有益的军民联谊活动。	1
	5	双拥共建工作有新的发展,效果较好。	1
	6	70%以上的军(警)民共建点被评为县(团)以上先进单位。	2
八、军政军民关系融洽(5分)	1	军地互相关心和尊重,经常互通情况,遇事主动协商,妥善解决。	1
	2	有妥善解决军地军民纠纷的办法和措施。	1
	3	历史遗留问题得到妥善解决,无重大军地军民纠纷发生,遇一般军民纠纷发生,军地领导能亲自出面、妥善解决。	3

续表

九、维护稳定作用明显（6分）	1	驻民族地区部队，积极研判驻地社情民意。	1
	2	各项处突方案科学、合理。	2
	3	处突行动迅速准确。	2
	4	在维护社会稳定工作中作用突出。	1
十、民族团结深入持久（8分）	1	军地双方自觉维护民族团结。	2
	2	积极提高思想素质、道德素质和文化素质。	1
	3	大力倡导文明、和谐、发展理念。	2
	4	妥善处理民族纠纷，无影响社会发展的民族问题。	3
总计			100

宁夏回族自治区创建双拥模范城（县、区）考评标准

为贯彻落实全国《双拥模范城（县）创建命名管理办法》和《宁夏回族自治区双拥模范创建活动暂行办法》，进一步规范自治区双拥模范创建活动，结合本区实际，特制定本考评标准。

一、常规性指标

（一）组织领导坚强有力

1. 将双拥工作纳入经济社会发展和部队建设总体规划，纳入各级政府对各职能部门目标管理责任制考核内容，政府工作报告和部队党委工作报告有双拥工作内容。

2. 落实党委议军会议、军地联席会议制度。双拥工作领导小组每年至少召开一次会议，至少对各职能部门和辖区部队双拥工作检查一次。

3. 双拥工作领导小组成员单位职责明确，有年度工作计划和总结，每年在双拥工作领导小组全体会议上进行工作述职（或书面述职），成员单位及联络员变动要及时调整。

4. 地级市双拥工作领导小组办公室实行军地合署办公。双拥工作领导小组办公室有专门编制、专职人员、专项工作经费（一般为地级市每年10万元以上、县级每年5万元以上）。慰问部队、重点优抚对象等双拥活动经费列入财政预算。

5. 各市、县（区）向自治区双拥工作领导小组及其办公室年初报计划、年终报总结，专项工作专题汇报，重大问题及时汇报。要建立交流调研机制，有课题设置，有调研安排。

6. 各军分区（警备区）、人武部充分发挥桥梁纽带作用，积极协调地方党委、政府关心支持部队建设；组织协调驻军开展拥政爱民活动。

7. 驻军团以上建制单位有一名领导分管，政治机关有一名领导分工负责，有一名专职或兼职群工干部；连以上单位有群众工作联络员。有拥政爱民长期规划和短期计划，做到年度有计划、有目标、有重点、有总结。

（二）宣传教育广泛深入

8. 认真贯彻执行《中华人民共和国国防教育

法》、《全民国防教育大纲》和《宁夏回族自治区国防教育条例》,将国防和双拥宣传教育纳入全民教育体系、纳入军地各级党委年度宣传计划,做到人员、时间、内容、制度、措施、效果“六落实”,双拥和国防观念深入人心。

9. 各级党委、政府要关心支持国防建设,领导带头接受国防和双拥宣传教育,各职能部门领导每年参加专题国防教育活动不少于一次。

10. 宣传、教育、文化、广播影视、新闻出版等部门有国防和双拥宣传教育年度工作计划,主要媒体开辟国防和双拥宣传教育专栏,国防和双拥宣传教育效果明显。

11. 各级党校,各大、中、小学开设国防教育课程或讲座,大学和高中按规定进行军训和国防教育。利用各种途径、采取多种形式,举办符合本地实际的双拥宣传教育活动。

12. 各级双拥工作领导小组办公室发挥职能作用,提供宣传资料、场所,创办双拥工作简报,交流双拥信息,积极为《宁夏双拥》提供优质稿源。

13. 发挥典型示范作用明显,发现和培养典型措施实,方法活,能体现地域特色。

14. 优化双拥环境,加强国防教育基地建设,车站、机场、广场、主要道路等公共场所有永久性的双拥和国防教育宣传设施,军烈属家庭悬挂光荣牌。

15. 部队要积极开展形式多样的宣传、教育、军训、军营一日等活动。

(三)拥军工作扎实有效

16. 地方党委、政府适应形势发展,结合本地实际,制定拥军优属工作有关规定及实施细则或办法。

17. 认真贯彻落实《中华人民共和国军事设施保护法》,采取有效措施,协助部队管理和保护军事设施,维护营区安全。

18. 基础设施建设兼顾军事需求。依法及时办理因国防建设需要征用土地及进行项目建设的审批手续,按有关政策支持部队军营改造等项目建设,做好通往部队营区道路的修缮和养护工作。

19. 支持和配合部队完成战备执勤、训练演习、科研试验和抢险救灾等多样化军事任务,计划周密,措施有力,效果明显。

20. 积极支持驻地部队后勤保障现代化建设,对部队需要的粮油、副食品、水电燃料和生活必需品等,做到按时优质、定点保障供应,属地方财政补贴的按规定补足。

21. 辖区内的公路(含高速公路)、桥梁、渡口、隧道和公共停车场,对军用车辆一律实行免费通行和停放,各类公共收费停车场所设有军车免费停放标志。

22. 健全维护军人军属合法权益机制,完善措施,依法优先、积极稳妥地处理涉军事件和问题,国防利益和军人军属合法权益得到有效维护。

23. 组织开展科技、教育、文化拥军活动,支持部队信息化建设和实施人才战略工程成效明显。

24. 军供站人员、经费按规定落实,设施、设备完善,保障能力强,为过往部队提供优质服务。

25. 积极扶持随军随调家属就业,家属随军随调后一年内安置率(含货币化安置)达到 100%。

(四)拥政爱民成果显著

26. 驻宁部队适应形势发展,结合实际,制定拥政爱民工作计划,有安排、有检查、有总结。

27. 积极参加和支援地方经济建设,有规划措施,有援建成效,完成或超额完成总部规定的年度义务劳动日指标。参加和支援西部大开发作用发挥明显。

28. 大力开展军民共建社会主义精神文明活动,立足民族地区特点,驻军团级以上单位至少结对一座清真寺开展“军民共建文明清真寺”活动。参加和支援社会主义新农村建设作用发挥明显,有新农村建设或社区建设结对联系点。

29. 积极参加扶贫帮困活动,为灾区和贫困地区群众送温暖、献爱心。团级以上单位与驻地或贫困地区有扶贫联系点。

30. 大力开展助学兴教活动,团以上领导干部与优秀贫困学生结对助学,力所能及地提供人力、物力、财力支援和智力支持。

31. 积极参加维护社会治安活动,建立联防机制,协助地方处置各类突发事件及时有效。

32. 勇于承担抢险救灾等急难险重任务,预案健全,准备充分,完成任务圆满。

33. 团以上单位医院(门诊部)积极为驻地群众开展医疗服务活动。

34. 参加驻地绿化美化建设,在植树造林、环境整治等方面成效明显。

35. 扎实做好民族团结进步工作,每年为驻地少数民族群众办一至两件有影响的实事好事。

36. 支持驻地普通高校、高级中学开展学生军训工作,支持少年军校工作。

37. 军分区(警备区)、人武部充分发挥职能作用,协调驻宁部队开展拥政爱民活动成绩显著。

(五)政策法规落到实处

38. 军地双方认真贯彻落实中央和自治区有关双拥工作法律法规、条令条例和政策制度,措施有力,成效显著。

39. 结合本地区和驻地部队实际,出台综合性双拥政策规定。

40. 制定创建双拥模范城(县)奖励办法,奖励对创建活动有突出贡献的单位和个人,调动广大军民参与双拥创建的积极性。

41. 按照自治区人民政府、宁夏军区征兵命令要求,动员和鼓励适龄青年踊跃报名入伍,落实征兵工作责任制,确保兵员质量。

42. 随军家属的生活按政策规定得到妥善保障。随军无工作家属纳入当地培训计划,进行职业技能培训,优先安排在公益岗位。

43. 按照国家和自治区有关文件规定,完成年度军队转业干部安置计划,并妥善安置其随迁配偶和子女。

44. 落实国家和自治区退伍安置政策,制定退役士兵、复员干部和军队离退休干部、无军籍职工年度接收计划,完成当年安置任务。退役士兵自谋职业生活补助费待分配期间生活补助费列入财政预算。

45. 人力资源和社会保障、工商、税务等部门积极支持军队退役人员和随军家属自主创业,按国家和自治区有关规定享受优惠政策,妥善解决失业、医疗、养老保险等问题。

46. 军队离退休干部得到妥善安置,政治、生活、医疗待遇得到落实。关心支持军休干部管理机构的发展和建设,制度健全、管理规范、服务周到、标识统一、工作达标。人员编制、工作经费、附属用房设施落实,补助经费纳入财政预算。

47. 积极为退役人员提供职业技能培训和就业指导,纳入当地教育培训和再就业工程。

48. 做好农村义务兵家属优待金管理发放工作,优待标准适时调整,保障其生活水平与群众生活水平同步提高。

49. 优抚对象的抚恤补助金发放不低于国家和省(市、区)规定标准,做到及时准确、手续完备、落到实处,重点优抚对象住房难的问题得到有效解决。

50. 重点优抚对象医疗政策落实。按照国家和自治区有关政策规定享受医疗优先、优惠服务。

51. 对重点优抚对象因重大疾病、突发事件、意外灾害等特殊原因造成生活困难的,及时给予救助。

52. 烈士子女、因公牺牲军人子女、现役军人和一级至四级残疾军人子女按照国家和自治区有关政策享受教育优待。

53. 各市、县(区)境内的旅游景点及有关场所应在醒目位置公示优待政策,落实现役军人、残疾军人、军休干部和烈属免收门票费政策。

54. 市、县(区)境内的铁路、机场、码头渡口和长途汽车客运站设立军人售票窗口或优先购票的措施,现役军人、残疾军人、军队离退休干部享受国家规定的购票优待。

55. 完善所属烈士陵园的建设和管理,做到布局合理、环境优美、制度健全、管理科学、功能突出、服务优质,发挥爱国主义教育基地的作用明显。县级以上烈士纪念建筑物保护单位按规定落实人员、经费。

56. 积极预防和妥善处理部分转业、复员、退伍军人等群体性上访事件。

57. 在国家机关、社会团体、企业事业单位工作的残疾退役军人,享受与所在单位工伤人员同等的生活福利和医疗待遇。

58. 部队模范遵守国家法律法规和党的民族宗教政策,严格执行群众纪律,在驻地群众中形象好。

(六)双拥活动坚持经常

59. 广泛开展形式多样的走访慰问活动。重大节假日主要领导走访、慰问活动有记录。确保双拥活动制度化、经常化,做到年度有计划,季度有安排,节日有走访,平时有活动。

60. 积极支持部队军事斗争准备和信息化建设,在战备训练、国防动员、人才培养、场所修建、器材和图书配置、文化交流等方面,办实事、解难题。

61. 积极支持和配合部队开展“争创先进连队,争当优秀士兵”活动,对立功、受奖者的家庭给予精神鼓励和物质奖励。

62. 机关、团体、企事业单位以及新的经济组织和新的社会组织与生活困难的重点优抚对象开展结对帮扶活动,有协议、有措施。

63. 广泛开展“爱心献功臣”活动,为重点优抚对象办好事做实事成效明显。

64. 有烈士纪念建筑物的市、县(区),党政军主要领导每年要前往祭扫。

(七)军民共建富有成效

65. 军地双方按照就地就近、慎重稳妥的原则,积极开展军民共建活动,齐心协力创建文明城市、文明村镇、文明行业、文明社区等。共建活动年初有计划、年终有总结、活动有记录。

66. 以军民共建为纽带,部队与城市社区和农村党组织的共建共促活动成效明显。

67. 与单独执行任务的建制连以上单位军民共建结对率达到100%,做到思想引领、深入基层、贴近群众、活动经常、形式多样。

68. 70%以上的军民共建点被评为县(团)级以上先进单位。

69. 贯彻落实《公民道德建设实施纲要》和《军人道德规范》有计划、有目标,军民自觉践行社会主义荣辱观和当代革命军人核心价值观。

70. 组织非公有制经济和社会组织开展共建活动成效明显。

(八)军政军民关系融洽

71. 地方党委、政府爱护军队、尊重军人,关心部队建设,办实事、解难题。

72. 部队尊重地方党委、政府,热爱人民,模范执行群众纪律。

73. 军地历史遗留问题得到妥善处理。

74. 军地双方坚持“协商为主、依法裁决”原则,及时妥善处理军地之间的矛盾和纠纷,并将有关情况和处理结果报自治区双拥工作领导小组办公室备案。

(九)群众满意度测评

75. 优抚安置对象问卷调查满意度测评,对优抚安置政策落实情况的满意率达到90%以上。

76. 驻军部队官兵问卷调查满意度测评,对拥军优属工作情况的满意率达到90%以上。

77. 社会公众网络调查满意度测评,对当地军政军民关系、拥政爱民工作的满意率达到90%以上。

二、激励性指标

78. 双拥工作受到党中央、国务院、中央军委领导肯定并作出批示的。

79. 军地合作的科研项目获得全国、全军或自治区颁发的奖项的。

80. 在创建双拥模范活动中,工作有创新。工作经验和产生的效果受到全国和自治区推广表彰的。

81. 双拥工作成效突出,经验做法对全国双拥工作具有指导意义,被全国双拥工作领导小组确定为重大典型进行宣传并以文件形式转发的。

82. 双拥工作经验做法在全国性双拥工作会议上作典型发言的。

83. 在重大军事演习、科研试验中保障有力、成效显著的。

84. 申报全国双拥模范城(县)的地区,驻军数量居本省(区、市)前三名的。

85. 辖区内优抚安置对象占人口比例高于省(区、市)平均水平的。

三、否决指标

实行一项否决:

86. 双拥组织机构无专门编制、专职人员、专项经费的。

87. 发生重大军民纠纷,在国家和自治区双拥机构、公安部门备案,造成严重后果和影响的。

88. 在双拥工作中,因工作失误或有关问题处理不当,导致群体性上访事件,造成严重后果的。

89. 届内出现3人次以上责任性退兵的。

90. 军转干部、退役士兵当年安置率低于85%的。

91. 残疾退役军人年度安置任务没有完成的。

92. 退役士兵职业技能培训工作达不到规定要求的。

宁夏回族自治区创建双拥模范城(县、区)考评细则

考评项目	序号	考评内容	分值	评分标准	考评得分
一、组织领导坚强有力	1	将双拥工作纳入经济社会发展和部队建设总体规划,纳入各级政府对各职能部门目标管理责任制考核内容,政府工作报告和部队党委工作报告有双拥工作内容。	2	每做到一项得0.5分。	
	2	落实党委议军会议、军地联席会议制度。双拥工作领导小组每年至少召开一次会议,至少对各职能部门和辖区部队双拥工作检查一次。	1	会议制度落实的得0.5分;检查制度落实得0.5分。	
	3	双拥工作领导小组成员单位职责明确,有年度工作计划和总结,每年在双拥工作领导小组全体会议上进行工作述职(或书面述职),成员单位及联络员变动要及时调整。	1	按要求落实得1分。	
	4	地级市双拥工作领导小组办公室实行军地合署办公。双拥工作领导小组办公室有专门编制、专职人员、专项工作经费(地级市每年10万元以上、县级每年5万元以上)。慰问部队、重点优抚对象等双拥活动经费列入财政预算。	2	慰问经费列入预算得1分;实行合署办公得0.5分;有专职人员和专项经费得0.5分。	
	5	各市、县(区)向自治区双拥工作领导小组及其办公室年初报计划、年终报总结,专项工作专题汇报,重大问题及时汇报。要建立交流调研机制,有课题设置、有调研安排。	2	工作计划合理、汇报及时得1分;建立调研机制得1分。	
	6	各军分区(警备区)、人武部充分发挥桥梁纽带作用,积极协调地方党委、政府关心支持部队建设;组织协调驻军开展拥政爱民活动。	1	作用发挥明显得1分。	
	7	驻军团以上建制单位有一名领导分管,政治机关有一名领导分工负责,有一名专职或兼职群工干部;连以上单位有群众工作联络员。有拥政爱民长期规划和短期计划,做到年度有计划、有目标、有重点、有总结。	2	组织健全得1分;工作计划详细明确得1分。	
二、宣传教育广泛深入	8	认真贯彻执行《中华人民共和国国防教育法》、《全民国防教育大纲》和《宁夏回族自治区国防教育条例》,将国防和双拥宣传教育纳入全民教育体系、纳入军地各级党委年度宣传计划,做到人员、时间、内容、制度、措施、效果"六落实",双拥和国防观念深入人心。	1	纳入全民教育体系得0.5分;纳入军地各级党委年度工作计划得0.5分。	
	9	各级党委、政府要关心支持国防建设,领导带头接受国防和双拥宣传教育,各职能部门领导每年参加专题国防教育活动不少于一次。	1	积极参加国防教育活动的得1分。	
	10	宣传、教育、文化、广播影视、新闻出版等部门有国防和双拥宣传教育年度工作计划,主要媒体开辟国防和双拥宣传教育专栏,国防和双拥宣传教育效果明显。	1	有国防和双拥宣传教育计划的得0.5分;开辟专栏的得0.5分。	
	11	各级党校,各大、中、小学开设国防教育课程或讲座,大学和高中按规定进行军训。	1	开设国防教育课程得0.5分;组织开展军训得0.5分。	
	12	各级双拥工作领导小组办公室发挥职能作用,提供宣传资料、场所,创办双拥工作简报,交流双拥信息,积极为《宁夏双拥》提供优质稿件。	1	创办双拥简报得0.5分;报送优质稿件得0.5分。	
	13	发挥典型示范作用明显,发现和培养典型措施实,方法活,能体现地域特色。	2	发挥典型示范作用明显得1分;培育典型有特色得1分。	
	14	优化双拥环境,加强国防教育基地建设,车站、机场、广场、主要道路等公共场所有永久性的双拥和国防教育宣传设施,军烈属家庭悬挂光荣牌。	3	有国防教育基地得1分;有永久性双拥标志得1分;悬挂光荣牌得1分。	
	15	部队要积极开展形式多样的宣传、教育、军训、军营一日等活动。	1	达到要求得1分	

续表

三、拥军工作扎实有效	16	地方党委、政府适应形势发展,结合实际,制订拥军优属工作有关规定及实施细则或办法。	1	制定实施办法得0.5分;抓好落实得0.5分。	
	17	认真贯彻落实《中华人民共和国军事设施保护法》,采取有效措施,协助部队管理和保护军事设施,维护营区安全。	2	军事设施有效保护得1分;地方建设不影响军事设施得1分。	
	18	基础设施建设兼顾军事需求。依法及时办理因国防建设需要征用土地及进行项目建设的审批手续,按有关政策支持部队军营改造等项目建设,做好部队营区道路的修缮和养护工作。	2	按规定支持部队建设得1分;协助部队做好修缮和养护工作得1分。	
	19	支持和配合部队完成战备执勤、训练演习、科研试验和抢险救灾等多样化军事任务,计划周密,措施有力,效果明显。	2	有计划措施得1分;部队困难及时解决得1分。	
	20	积极支持驻地部队后勤保障现代化建设,对部队需要的粮油、副食品、水电燃料和生活必需品等,做到按时优质、定点保障供应,属地方财政补贴的按规定补足。	1	达到规定要求得1分。	
	21	辖区内的公路(含高速公路)、桥梁、渡口、隧道和公共停车场,对军用车辆一律实行免费通行和停放。	1	免收军车通行费得0.5分;有免费停放标志的得0.5分。	
	22	健全维护军人军属合法权益机制,完善措施,依法优先、积极稳妥地处理涉军事件和问题。	1	机制健全得0.5分;妥善处理得0.5分。	
	23	组织开展科技、教育、文化拥军活动,支持部队信息化建设和实施人才战略工程成效明显。	1	达到要求得1分。	
	24	军供站人员、经费按规定落实,设施、设备完善,保障能力强,为过往部队提供优质服务。	1	人员经费落实得1分;部队对提供的服务满意得1分。	
	25	积极扶持随军随调家属就业,家属随军随调后一年内安置率(含货币化安置)达到100%。	1	按要求落实得1分。	
四、拥政爱民成效显著	26	驻宁部队适应形势发展,结合实际,制定拥政爱民工作计划,有安排、有检查、有总结。	1	有工作计划得0.5分;有检查和工作总结的得0.5分。	
	27	积极参加和支援地方经济建设,有规划措施,有援建成效,完成或超额完成总部规定的年度义务劳动日指标。参加和支援西部大开发作用发挥明显。	1	有规划措施得0.5分;成效明显得0.5分。	
	28	大力开展军民共建社会主义精神文明活动,立足民族地区特点,驻军团级以上单位至少结对一座清真寺开展“军(警)民共建文明清真寺”活动。参加和支援社会主义新农村建设作用发挥明显,有新农村建设或社区建设结对联系点。	1	开展共建活动得0.5分;有结对联系点得0.5分。	
	29	积极参加扶贫帮困活动,为灾区和贫困地区群众送温暖、献爱心。团级以上单位与驻地或贫困地区有扶贫联系点。	1	参加扶贫帮困活动得0.5分;团级以上单位与驻地或贫困地区有扶贫联系点得0.5分。	
	30	大力开展助学兴教活动,团以上领导干部与优秀贫困学生结对助学,力所能及地提供人力、物力、财力支援和智力支持。	1	开展助学兴教得0.5分;结对帮助优秀贫困学生得0.5分。	
	31	积极参加维护社会治安活动,建立联防机制,协助地方处置各类突发事件及时有效。	1	积极参加维护社会治安活动得0.5分;建立联防机制得0.5分。	
	32	勇于承担抢险救灾等急难险重任务,预案健全、准备充分、完成任务圆满。	1	达到规定要求得1分。	
	33	团以上单位医院(门诊部)积极为驻地群众开展医疗服务活动。	1	达到规定要求得1分。	
	34	参加驻地绿化美化建设,在植树造林、环境整治等方面成效明显。	1	达到规定要求得1分。	
	35	扎实做好民族团结进步工作,每年为驻地少数民族群众办一至两件有影响的实事好事。	1	达到规定要求得1分。	

续表

	36	支持驻地普通高校、高级中学开展学生军训工作，支持少年军校工作。	1	达到规定要求得1分。	
	37	军分区（警备区）、人武部充分发挥职能作用，协调驻宁部队开展拥政爱民活动成绩显著。	1	达到规定要求得0.5分。	
五、政策法规落到实处	38	军地双方认真贯彻落实中央和自治区有关双拥工作法律法规、条令条例和政策制度，措施有力，成效显著。	1	出台贯彻落实相关政策得1分。	
	39	结合本地区和驻地部队实际，出台综合性双拥政策规定。	1	出台综合性政策规定得1分。	
	40	制定创建双拥模范城（县）奖励办法，奖励对创建活动有突出贡献的单位和个人，调动广大军民参与双拥创建的积极性。	1	制定奖励办法得0.5分；实施奖励的得0.5分。	
	41	按照自治区人民政府、宁夏军区征兵命令要求，动员和鼓励适龄青年踊跃报名入伍，落实征兵工作责任制，确保兵员质量。	2	无违纪问题得1分；当年内无责任退兵得1分。	
	42	随军家属的生活按政策规定得到妥善保障。随军无工作家属纳入当地培训计划，进行职业技能培训，优先安排在公益岗位。	2	随军家属妥善安置得1分；纳入培训计划得1分。	
	43	按照国家和自治区有关规定，完成年度军队转业干部安置计划，并妥善安置随迁配偶、子女。	1	转业干部妥善安置得0.5分；家属子女妥善安置得0.5分。	
	44	认真贯彻落实国家和自治区退伍安置政策，制定退役士兵、复员干部和军队离退休干部、无军籍职工年度接收计划，完成当年安置任务。	1	达到规定要求得1分。	
	45	人力资源和社会保障、工商、税务等部门积极支持军队退役人员和随军家属自主创业，按国家和自治区有关规定享受优惠政策，妥善解决失业、医疗、养老保险等问题。退役士兵自谋职业生活补助费待分配期间生活补助费列入财政预算。	2	优惠政策落实得1分；失业、医疗、养老保险问题妥善解决得0.5分；经费纳入预算得0.5分。	
	46	军队离退休干部得到妥善安置，政治、生活、医疗待遇得到落实。关心支持军休干部管理机构的发展和建设，制度健全、管理规范、服务周到、标识统一、工作达标。人员编制、工作经费、附属用房设施落实，补助经费纳入财政预算。	2	离退休干部待遇落实得1分；管理规范得0.5分；人员经费落实得0.5分。	
	47	积极为退役人员提供职业技能培训和就业指导，纳入当地教育培训和再就业工程。	1	达到规定要求得1分。	
	48	做好农村义务兵家属优待金管理发放工作，优待标准适时调整，保障其生活水平与群众生活水平同步提高。	1	优待金管理发放符合规定得0.5分；标准适时提高得0.5分。	
	49	优抚对象的抚恤补助金发放不低于国家和省（市、区）规定标准，做到及时准确、手续完备、落到实处，重点优抚对象住房难的问题得到有效解决。	1	按规定抚恤补助金发放得0.5分；住房难问题有效解决得0.5分。	
	50	重点优抚对象医疗政策落实。按照国家和自治区有关政策规定享受医疗优先、优惠服务。	1	达到规定要求得1分。	
	51	对重点优抚对象因重大疾病、突发事件、意外灾害等特殊原因造成生活困难的，及时给予救助。	1	达到规定要求得1分。	
	52	烈士子女、因公牺牲军人子女、现役军人和一级至四级残疾军人子女按照国家和自治区有关政策享受教育优待。	1	达到规定要求得1分。	
	53	各市、县（区）境内的旅游景点及有关场所应在醒目位置公示优待政策，落实现役军人、残疾军人、军休干部和烈属免收门票费政策。	2	公示优待政策得1分；政策落实得1分。	
	54	市、县（区）境内的铁路、机场、码头渡口和长途汽车客运站设立军人售票窗口或优先购票的措施，现役军人、残疾军人、军队离退休干部享受国家规定的购票优待。	1	达到规定要求得1分。	
	55	完善所属烈士陵园的建设和管理，按规定落实人员、经费。做到布局合理、环境优美、制度健全、管理科学、功能突出、服务优质，发挥爱国主义教育基地的作用明显。	1	人员经费落实得0.5分；作用明显得0.5分。	

续表

	56	积极预防和妥善处理部分转业、复员、退伍军人等群体性上访事件。	1	达到规定要求得1分。	
	57	在国家机关、社会团体、企业事业单位工作的残疾退役军人,享受与所在单位工伤人员同等的生活福利和医疗待遇。	1	达到规定要求得1分。	
	58	部队模范遵守国家法律法规和党的民族宗教政策,严格执行群众纪律,在驻地群众中形象好。	1	遵守政策得0.5分;无违反群众纪律得0.5分。	
六、双拥活动坚持经常	59	广泛开展形式多样的走访慰问活动。重大节假日主要领导走访、慰问活动有记录。确保双拥活动制度化、经常化,做到年度有计划,季度有安排,节日有走访,平时有活动。	2	年度有计划、季度有安排、节日有走访、平时有活动各得0.5分。	
	60	积极支持部队军事斗争准备和信息化建设,在战备训练、国防动员、人才培养、场所修建、器材和图书配置、文化交流等方面,办实事、解难题。	1	有规划措施得0.5分;成效明显得0.5分。	
	61	积极支持和配合部队开展“争创先进连队,争当优秀士兵”活动,对立功、受奖者的家庭给予精神鼓励和物质奖励。	1	有计划得0.5分;实施奖励的得0.5分。	
	62	机关、团体、企事业单位以及新的经济组织和新的社会组织与生活困难的重点优抚对象开展结对帮扶活动,有协议、有措施。	1	有计划措施得0.5分;重点优抚对象满意的得0.5分。	
	63	广泛开展“爱心献功臣”活动,为重点优抚对象办好事做实事成效明显。	1	达到规定要求得1分。	
	64	有烈士纪念建筑物的市、县(区),党政军主要领导每年祭扫活动坚持经常。	1	达到规定要求得1分。	
七、军民共建富有成效	65	军地双方按照就地就近、慎重稳妥的原则,积极开展军民共建活动,齐心协力创建文明城市、文明村镇、文明行业、文明社区等。共建活动年初有计划、年终有总结、活动有记录。	1	有计划、有总结、有记录得1分;创建效果明显得1分。	
	66	以军民共建为纽带,部队与城市社区和农村党组织的共建共促活动成效明显。	1	达到规定要求得1分。	
	67	与单独执行任务的建制连以上单位军民共建结对率达到100%,做到思想引领、深入基层、贴近群众、活动经常、形式多样。	1	达到规定要求得1分。	
	68	70%以上的军民共建点被评为县(团)级以上先进单位。	1	达到规定要求得1分。	
	69	贯彻落实《公民道德建设实施纲要》和《军人道德规范》有计划、有目标,军民自觉践行社会主义荣辱观和当代革命军人核心价值观。	1	达到规定要求得1分。	
	70	组织非公有制经济和社会组织开展共建活动成效明显。	1	达到规定要求得1分。	
八、军政军民关系融洽	71	地方党委、政府爱护军队、尊重军人,关心部队建设,办实事、解难题。	1	有计划得0.5分;办实事得0.5分。	
	72	部队尊重地方党委、政府,热爱人民,模范执行群众纪律。	1	有措施得1分;无纠纷得1分。	
	73	军地历史遗留问题得到妥善处理。	1	达到规定要求得1分。	
	74	军地双方坚持“协商为主、依法裁决”原则,及时妥善处理军地之间的矛盾和纠纷,并将有关情况和处理结果报自治区双拥工作领导小组办公室备案。	2	妥善处理的得1分;及时上报备案的得1分。	

续表

九、群众满意度测评	75	随机抽取不少于100名优抚安置对象进行采取问卷调查的方法进行满意度测评。	3	满意率达到90%以上的得3分，80%—90%的得2分，70%—80%的得1分，70%以下的不得分。	
	76	随机抽取不少于100名驻军部队官兵采取问卷调查的方法进行满意度测评。	3	满意率达到90%以上的得3分，80%—90%的得2分，70%—80%的得1分，70%以下的不得分。	
	77	采取网络调查的方法对社会公众网络调查满意度进行测评。	3	满意率达到90%以上的得3分，80%—90%的得2分，70%—80%的得1分，70%以下的不得分。	
十、激励性指标	78	双拥工作受到党中央、国务院、中央军委领导肯定并作出批示的。	3		
	79	军地合作的科研项目获得全国、全军或自治区颁发的奖项的。	2		
	80	在创建双拥模范活动中，工作有创新。工作经验和产生的效果受到全国和自治区推广表彰的。	2		
	81	双拥工作成效突出，经验做法对全国双拥工作具有指导意义，被全国双拥工作领导小组确定为重大典型进行宣传并以文件形式转发的。	2		
	82	双拥工作经验做法在全国性双拥工作会议上作典型发言的。	2		
	83	在重大军事演习、科研试验中保障有力、成效显著的。	2		
	84	申报全国双拥模范城（县）的地区，驻军数量居本省（区、市）前三名的。	前三名分别按3、2、1加分。		
	85	辖区内优抚安置对象占人口比例高于省（区、市）平均水平的。	1		
十一、否决性指标	86	双拥组织机构无专门编制、专职人员、专项经费的。			
	87	发生重大军民纠纷，在国家和自治区双拥机构、公安部门备案，造成严重后果和影响的。			
	88	在双拥工作中，因工作失误或有关问题处理不当，导致群体性上访事件，造成严重后果的。			
	89	届内出现3人次以上责任性退兵的。			
	90	军转干部、退役士兵当年安置率低于85%的。			
	91	残疾退役军人年度安置任务没有完成的。			
	92	退役士兵职业技能培训工作达不到规定要求的。			
备注	1.考评标准总分为100分； 2.被考评城（县、区）没有军供站、烈士纪念建筑保护单位、优抚医院等项目的，不考评，不计分； 3.激励性指标为加分项目，所加分数按表格确定加分数量确定； 4.凡符合否决性指标任何一条的不得被评为双拥模范城（县、区）。				

新疆生产建设兵团双拥模范城(县)创建命名管理办法

第一章 总 则

第一条 为推动兵团创建双拥模范城活动广泛深入持久健康发展,根据全国《双拥模范城(县)创建命名管理办法》和《自治区双拥模范城(县)命名管理办法》,结合兵团实际,特制订本办法。

第二条 创建双拥模范城(县)活动,是拥军优属、拥政爱民优良传统的继承与发展,是新时期双拥工作的重要载体,是加强军政军民团结和民族团结的有效途径。

第三条 双拥模范城(县)是双拥工作成绩突出,并经过一定程序命名具有榜样和示范作用的先进典型,是师(市)党委、政府、驻军和各族军民共同的崇高政治荣誉。

第四条 创建双拥模范城(县)活动,要坚持以马列主义、毛泽东思想、邓小平理论和"三个代表"重要思想为指导,深入贯彻落实科学发展观,着眼于巩固和发展"同呼吸、共命运、心连心"的新型军政军民关系,把拥军优属与拥政爱民结合起来,把发展社会生产力与提高部队战斗力结合起来,把物质文明、政治文明、精神文明与生态文明建设结合起来,把维护祖国统一、维护民族团结、维护社会稳定和充分发挥中央赋予兵团"建设大军、中流砥柱、铜墙铁壁"三大作用作为双拥工作的首要任务,促进双拥工作整体水平提高,推进兵团改革、发展、稳定和驻军部队全面建设。

第五条 全国和兵团级双拥模范城(县)的命名范围为各师所辖市。

第六条 双拥模范城(县)命名应坚持标准,注重实绩,保证质量,并实行动态管理,不搞终身制。

第七条 全国双拥模范城(县)数量控制在纳入考评市的15%;兵团级双拥模范城数量控制在纳入考评市的30%。

第八条 对在创建双拥模范城(县)活动中做出突出成绩的单位和个人,应给予表彰奖励。各师双拥工作领导小组要结合本单位实际制定表彰办法。

第二章 双拥模范城(县)的标准

第九条 兵团双拥模范城(县)基本标准

(一)组织领导坚强有力。各级党委、政府和驻军领导机关把双拥工作纳入当地经济社会发展和部队建设的总体规划,纳入党政军领导干部政绩考核范围,有明确的任务目标、具体实施计划、完善的保障措施。落实党委议军会议、军地联席会议等制度,双拥工作重点难点问题得到及时解决。双拥工作领导机构健全,成员单位职能作用充分发挥,双拥办实行军地合署办公,有工作人员和经费保障,组织、协调和指导双拥工作有力。

1. 建立健全由兵团各师(市)和驻师(市)部队领导牵头、有关职能部门参加的双拥工作领导机构,有相对固定的军地双拥工作人员合署办公和活动经费的双拥办事机构,并发挥组织、协调和指导作用。

2. 党委议军会议、军地联席会议制度落实。双拥工作领导小组成员单位职责明确,双拥工作纳入党政总体发展规划,双拥工作年度计划落实,措施可行。

3. 基层单位建立健全双拥工作组织机构和服务网络。活动经常,军民广泛参与。双拥工作进机关、进团场、进企业、进学校、进社区、进军营,使双拥工作社会化、经常化、制度化。

(二)宣传教育广泛深入。贯彻落实《中华人民共和国国防教育法》,把以爱国主义为核心,以拥军优属、拥政爱民为重要内容的国防教育纳入全民教育体系及部队教育规划,列入宣传、教育、文化、广播影视、新闻出版等部门的工作计划,每年有部署,平时有检查,阶段有总结。有适应本师(市)实际情况的教育制度和教育设施,教育对象、时间、内容落实,爱国拥军、爱民奉献的社会氛围浓厚。

1. 建立健全各级国防教育领导机构,年度国防教育领导小组会议落实。有全民国防教育五年规划和年度计划,国防法规纳入军地普法。以爱国主义教育为核心,深入开展热爱祖国、热爱共产党、热爱社会主义、热爱边疆各族人民和热爱人民军队的宣传教育,充分认识兵团开展双拥工作的特殊重要意义,双拥工作思想基础坚实。

2. 国防教育配套设施落实,设立国防教育基地,开展活动经常。开设国防教育专栏,设立永久性国防宣传标牌位置显著、醒目。广泛开展知识竞赛、图片展览、板报比赛、电影周、演讲、征文、参观纪念馆活动。宣传兵团各族军民在经济建设和国防建设中相互支持,在精神文明建设中密切配合,在维护边疆稳定中齐心协力,在战胜自然灾害中并肩战斗的生动事迹。

3. 少年军(警)校开展活动、学生参加军训活动经常。双拥教育以光荣传统教育为主线,加强反对民族分裂教育。以维护祖国统一、维护法律尊严、维护各民族共同利益为主要内容,深入宣传党的民族宗教政策和兵团的辉煌历史,旗帜鲜明地反对民族分裂和非法宗教活动。形成兵团关心支持国防建设,驻军部队为兵团全面建设和各族群众服务,军兵自觉维护军政军民团结的良好风尚。

(三)拥军工作扎实有效。把支持国防和军队建设纳入各级党委、政府经济社会发展规划,积极探索军民结合、寓军于民的路子,推动国防和军队现代化建设又好又快地发展。大力支持军事斗争准备,配合部队完成训练演习、战备执勤、科研试验和抢险救灾等多样化军事任务成效明显。广泛开展科技、教育、文化、法律拥军,协助军队实施人才战略工程,大力支持国防和军队现代化建设。积极支援重点军事工程建设,军事设施保护完好。支持部队后勤保障社会化,优惠政策配套优质服务到位。

1、积极支持国防施工和基础设施建设,配合部队训练演习,保障驻军水、电、暖、道路、军事用地、公共设施及交通、医院等服务行业(窗口)落实军人优先免费政策,残疾退役军人年度安置任务完成,退役士兵职业教育和技能培训落实。

2. 师(市)文化、教育、科研单位有拥军计划,支持部队科技练兵活动和现代化建设取得成效,科技拥军活动广泛开展。

3. 军事设施得到有效保护,军地地界清晰,无重大历史遗留问题。

4. 驻军部队水电气暖等保质按量供应,各级党委、政府积极支持部队社会化保障改革。

5. 军人家属享受优待。师(市)出台随军随调家属落户、就业安置、培训、子女入学等相关政策。

(四)拥政爱民成果显著。充分发挥驻军部队优势,积极参加和支援西部大开发,大力支持社会主义新农村建设和社会公益事业发展,做好扶贫帮困、助学兴教和民族团结进步等工作。奋勇参加抢险救灾,在保护国家利益和人民群众生命财产安全的斗争中发挥生力军和突击队作用。协助地方维护社会和谐稳定,妥善处置各种突发事件。

1. 驻军部队有拥政爱民工作计划,年中有检查,年底有总结。要模范执行党和国家的政策法规,严格遵守群众纪律,尊重少数民族的宗教信仰、风俗习惯。扎实做好民族团结进步工作,每年为驻地少数民族群众办一至两件实事。

2. 认真落实总政治部规定的义务劳动日时间,参加驻地绿化美化建设,在植树造林、环境整治方面成绩突出。支援兵团经济社会建设和社会公益事业建设,开展多种形式的扶贫帮困工作,积极支持兵团军事训练,参加驻地新型团场和城市社区建设,有扶贫联系点和新型团场、城市社区建设援建点,积极参与救助社会弱势群体工作和扶贫帮困、“一帮一”捐资助学活动,每年援建有计划、有项目、有资助对象、有工作成效。

3. 健全各类预案,工作准备充分,完成任务圆满。勇于承担抢险救灾等急难险重任务,奋勇参加抢险救灾及处置突发事件,在任何情况下,都能做到拉得出、用得上、起作用,在保护国家利益和人民群众生命财产安全中发挥生力军和突击队作用,为兵团改革开放和现代化建设做出应有贡献。

(五)政策法规落到实处。认真贯彻执行党和国家、自治区和兵团有关国防建设和加强军政军民团结的法律、规章、政策、制度,并根据形势发展,不断完善配套的政策、法规。转业军官、复员干部、退役士兵、军队离退休干部、残疾退役军人、随军家属安置,以及退役士兵职业技能培训政策落实;军人及其家属权益得到保障;兵员数量质量得到保证;优抚对象抚恤补助和医疗、住房等保障落实到位,并保证其生活水平与当地群众生活水平同步提高;烈军属、牺牲病故军人遗属、残疾军人、现役军人家庭享受优待;加强烈士纪念建筑物保护单位和优抚事业单位建设,严格遵守群众纪律,定期开展拥政爱民教育和群众纪律检查,树立人民军队良好形象。

1. 结合本师(市)和驻军部队实际,制定出台具体的、操作性强的综合性双拥政策文件。有《军人抚恤优待条例》配套政策、《义务兵家属优待金发放管理办法》《优抚对象医疗保障实施细则》。驻军部队有《拥政爱民规定》《拥政爱民公约》。对创建双拥模范城(县)活动中做出突出贡献的单位和个人有明确的奖励办法。

2. 双拥工作制度落实。制定《双拥工作领导小组工作制度》《双拥办公室工作职责》《双拥办公室工作制度》《双拥工作领导小组成员单位工作职责》《双拥先进集体和先进个人评比标准》。

3. 转业复员军官、退役士兵、军队离退休干部、伤病残军人得到妥善安置,当年城镇义务兵安置率达到100%。军人及其家属的合法权益得到保障,义务兵家庭优待政策落实。在乡老红军、复员军人、残疾军人及烈属等优抚对象抚恤补助得到落实,并实行自然增长机制,定期定量抚恤及生活补助足额发放。现役军人、残疾军人搭乘市内交通工具,参观游览当地公园、博物馆、风景名胜区享受优待及免费政策。

4. 兵员质量得到保证,优秀适龄青年积极报名,预征对象和征集人数比例应达到3:1,单位无责任退兵问题。

5. 优抚对象医疗保障政策落实,实行"一站式"服务。师(市)财务(政)预算有重点优抚对象医疗补助资金,并逐步增加。

(六)双拥活动坚持经常。开展双拥活动以基层为重点,注重落实,讲求实效。年度有计划,季度有安排,重大节日有走访,平时有活动。各项活动主题鲜明,内容丰富,形式多样,参与广泛,具有时代特色。健全各项制度,定期检查总结,推进双拥工作社会化、经常化、制度化。

1. 双拥活动制度化、经常化,年度有计划,季度有安排,节日有走访,平时有活动。

2. 党政主要领导重大节日经常走访慰问驻军部队和重点优抚对象,驻军部队领导有到师(市)有关部门走访答谢。

3. 广泛开展"爱心献功臣"活动,为重点优抚对象办好事实事成效明显。

(七)军民共建富有成效。围绕推进社会主义核心价值体系建设和培育当代革命军人核心价值观,深入贯彻落实《公民道德建设实施纲要》和《军人道德规范》,自觉践行社会主义荣辱观,积极参加创建文明城市、文明机关、文明团场、文明行业、文明社区活动,在群众性精神文明创建活动中发挥示范带头作用。军警兵民联防联治活动经常开展,在社会治安综合治理中发挥重要作用。

1. 基层单位有一个以上军民共建点,有军民共建协议书、共建活动制度、互办实事计划。军民共建单位参加创建文明城市、文明村镇、文明行业、文明社区等活动经常,贯彻落实《公民道德建设实施纲要》和《军人道德规范》有计划有措施。军民自觉践行社会主义荣辱观和当代革命军人核心价值观。

2. 积极开展创建文明城市、文明机关、文明团场、文明行业、文明社区活动和争创"基层双拥工作先进单位和模范个人"活动。

3. 军警兵民联防联治活动开展经常,在社会治安综合治理和边防安全中发挥重要作用。坚决打击民族分裂、暴力恐怖和极端宗教势力,确保边防安全巩固、社会政治稳定、人民安居乐业。

4. 驻军部队积极支持兵团基层民兵训练,建立长效机制,提高民兵军事素质。

5. 有70%以上的军民共建点被评为师(市)级以上先进单位。

6. 组织非公经济组织和社会组织开展双拥共建(拥军)活动成效明显。

(八)军政军民关系融洽。各级党委、政府和职工群众爱护军队,尊重军人,关心部队建设。部队尊重政府,热爱人民,支持师(市)、团场工作。军政军民互相关心,互相爱护,互相支持,亲如一家,及时妥善处理军地矛盾,无重大军民纠纷。

1. 军地相互尊重,相互支持,互办实事。

2. 军地历史遗留问题得到妥善处理。

3. 有预防和处理军(警)民纠纷的规定措施,当发生矛盾纠纷时,军地双方处理妥善及时。

第十条 有下列情形之一的,不能申报和推荐全国或兵团双拥模范城(县):发生重大军民纠纷,在师以上双拥机构、公安部门记录在案,造成严重后果的;双拥组织机构无工作人员和经费保障的;残疾退役军人年度安置任务没有完成的;退役士兵职业技能培训工作达不到规定要求的;因其他优抚安置政策规定不落实造成严重后果的。

第十一条 兵团双拥工作领导小组办公室依据第九条规定,按照《新疆生产建设兵团双拥模范城检查评比细则》,提出每届兵团双拥模范城评选命名的具体要求。

第三章 命名权限与程序

第十二条 全国双拥模范城(县)由全国双拥工作领导小组批准,以全国双拥工作领导小组、民政部、总政部名义命名。兵团双拥模范城由兵团和新疆军区政治部命名。

第十三条 兵团双拥模范城由师(市)党委、政府、人武部推荐(自荐),经兵团双拥工作领导小组审核,报兵团、新疆军区政治部批准,同时报全国双拥工作领导小组备案。

第十四条 兵团级双拥模范城每四年命名一次,特殊情况可提前或延期,应举行命名大会。具体命名时间由兵团确定。

第十五条 全国双拥模范城(县)四年命名一次,特殊情况可提前或延期,每次命名,由兵团双拥工作领导小组按本《细则》第九条有关规定和每届命名的具体要求择优推荐。

第十六条 兵团双拥工作领导小组推荐全国双拥模范城(县),由兵团双拥工作领导小组办公室组织所有申报市进行横向检查评比,坚持严格标准,广泛听取当地军地双方反映,并将推荐名单在兵团主要新闻媒体进行为期15天的公示。公示期满,报兵团和新疆军区政治部研究同意后,书面向全国双拥工作领导小组推荐,并附被推荐市的事迹材料。

第十七条 申报全国双拥模范城的市必须是兵团级双拥模范城,向全国推荐时,要征求兰州军区的意见。

第十八条 被命名为兵团双拥模范城的市,应召开命名大会,宣布命名决定。召开命名大会时间由师(市)双拥工作领导小组确定。

第十九条 对被命名的双拥模范城,授予奖匾,颁发荣誉证书。

第四章 命名后的管理

第二十条 双拥模范城应以命名为新起点,坚持巩固提高、创新发展的方针,不断研究新情况,解决新问题,总结新经验,取得新成绩。

第二十一条 被命名的全国双拥模范城,每年12月30日前应将年度双拥工作总结报告和下年度双拥工作计划报全国双拥工作领导小组办公室,同时报送兵团双拥工作领导小组办公室。

第二十二条 兵团双拥工作领导小组办公室适时对荣获全国和兵团双拥模范城的市进行检查、指导,每两年进行一次检查考评,并将检查情况报全国双拥工作领导小组和兰州军区,作为下一届评选全国双拥模范城的重要依据。

第二十三条 全国和兵团双拥模范城命名后,对工作无新的进展或出现问题的,给予批评帮助,并限期整改。

第二十四条 双拥模范城出现政策法规不落实

或重大军民纠纷等突出问题,应在及时纠正和妥善处理的同时,将情况报兵团双拥工作领导小组办公室。对隐情不报或采取解决措施不及时,给予通报批评;严重影响军政军民团结和社会稳定的,按命名权限撤销其“双拥模范城”荣誉称号,收回奖匾和荣誉证书,并向社会公布。

第五章　附　则

第二十五条　本办法由兵团双拥工作领导小组办公室负责解释。

第二十六条　各师(市)双拥工作领导小组依据本《细则》制定实施办法,并报兵团双拥工作领导小组备案。

第二十七条　本办法自 2011 年 1 月 1 日起施行。

新疆生产建设兵团双拥模范城检查评比细则

序号	项目	基本标准分数	检查内容		方法及评分说明	得分
一、	组织机构	双拥工作纳入议程 组织机构完善健全 (100分)	1	双拥工作领导小组建设情况(10 分)	检查:双拥办公室。未成立双拥工作领导小组扣 10 分;双拥办没有相对固定的部队人员参与工作的扣 5 分;领导小组没有召开全体成员单位年度工作会议并进行工作述职(或书面述职)的扣 5 分;未制定成员单位职责的扣 5 分;没有年度工作计划、总结的扣 5 分。(双拥办提供资料)	
			2	双拥工作纳入党委政府工作议程(30 分)	查阅:双拥办公室。年度党委、政府工作报告,未明确提出双拥工作任务的扣 20 分;双拥工作未列入当地经济社会发展规划、党政军领导政绩考核范围的扣 10 分;党委议军会议不落实的扣 5 分;军地联席会议制度不落实的扣 5 分;慰问部队、优抚对象等活动经费没有列入当年财政预算的扣 5 分。(党办、政办、双拥办提供资料)	
			3	委、办、局及乡(镇、街道)拥军优属机构建设情况(10 分)	检查:3—5 个委、办、局及乡(镇、街道、驻市团场)。有 1 个单位未成立拥军优属组织机构和制定拥军职责的扣 4 分,有 2 个单位未成立的扣 10 分。 (双拥办提供名单,检查组确定单位)	
			4	企事业单位拥军优属服务组织建设(10 分)	检查:3—5 个企事业单位。有 1 个单位未成立拥军优属组织机构和制定拥军优属工作职责的扣 4 分,有 2 个单位未成立的扣 10 分。 (双拥办提供名单,检查组确定单位)	
			5	社区拥军优属服务小组建设情况(10 分)	检查:3—5 个社区。有 1 个单位未成立服务小组扣 4 分,有 2 个单位未成立的扣 10 分。 (双拥办提供名单,检查组确定单位)	
			6	部队拥政爱民组织机构建设情况(30 分)	检查:2—3 个驻军部队。年度党委工作报告没有提出拥政爱民工作任务的扣 5 分;年度工作总结中没有拥政爱民工作情况扣 5 分。(部队提供相关资料,检查组确定单位)	
					检查:3—4 个驻军连以上单位。有 1 个单位未成立拥政爱民服务组织和制定拥政爱民职责的各扣 10 分;2 个单位没有成立组织和制定职责的各扣 15 分。 (部队提供相关资料,检查组确定单位)	

续表

二、	国防教育	国防观念不断增强 国防教育广泛深入（50分）	1	全民国防教育机构建设情况（10分）	检查:国防教育办公室。无国防教育领导机构的扣10分;年度未召开国防教育领导小组会议的扣5分。（国教办提供资料）	
			2	全民国防教育五年规划和年度计划（10分）	查阅:国防教育办公室。无全民国防教育五年规划的扣5分;无年度国防教育计划的扣3分;国防法规未纳入普法教育的扣2分。（国教办、普法办提供资料）	
			3	国防教育基地建设情况（5分）	检查:国防教育基地。没有国防教育基地的扣5分;国防教育基地未开展活动的扣3分;未挂牌的扣2分。（国教办提供资料）	
			4	各种宣传媒体开展全民国防教育情况（5分）	检查:有关新闻媒体。其中有1家未开设国防教育专栏的扣3分;2家未开设专栏的扣5分。（宣传部门提供当地新闻媒体情况,检查组确定单位）	
			5	国防教育专栏宣传牌建设情况（5分）	检查:永久性国防教育宣传标牌。永久性国防宣传标牌不足5处的扣10分;设置不显著、不醒目的扣5分。（国教办提供资料,检查组实地察看）	
			6	少年军（警）校开展活动和学生参加军训情况（5分）	检查:3—4所中小学。其中有1个单位平时活动开展不经常的扣3分;2个单位平时活动开展不经常的扣5分。（双拥办提供学校名单,检查组确定单位）	
			7	党政领导干部过军事日活动情况（5分）	检查:武委会。四年来党政领导干部未组织过军事日活动的扣5分。（武委会提供资料）	
			8	军地双方其他形式全民国防教育（5分）	检查:国防教育办公室。四年来开展知识竞赛、图片展览、板报比赛、电影周、演讲、征文、参加纪念活动资料,每缺一项扣1分。（国教办提供资料）	
三、	拥军优属	面向基层排扰解难 政府指导社会参与（150分）	1	支援部队国防建设情况（50分）	座谈:1—2个驻军团以上单位5—10名机关干部座谈会。四年来在支持国防施工和基础设施建设、配合部队训练演习、保障驻军水、电、暖、道路、军事用地、机场、车站、医院等服务行业（窗口）军人优先免费、残疾退役军人年度安置任务完成情况、退役士兵职业教育和技能培训工作等方面。根据座谈测评情况酌情扣分。（部队提供名单,检查组确定）	
					检查:市、区未制订支持部队国防建设计划、措施的扣10分;公共场所未设置残疾退役军人、烈属和现役军人等优先优惠服务标志的扣20分;各类交通收费站点、公共收费停车场所未设置军车免费通行和免费停放标志的扣20分。（双拥办提供资料,检查组实地检查）	
			2	征兵工作有关情况（10分）	检查:人武部。四年来其中一年未完成征集任务的扣5分,有违纪、责任退兵的扣5分。（人武部提供资料） 调查:兵团征兵办。了解四年来人武部征兵任务完成情况。（征兵办提供材料）	
			3	军人家属享受待遇情况（20分）	检查、座谈:5—10名随军随调家属座谈会。解决户口问题、就业安置是否出台家属就业培训相关政策、子女入学是否出台优待政策。根据座谈测评情况酌情扣分。（部队提供名单,检查组确定）	
			4	科技、教育、文化拥军情况（20分）	检查:3—4个文化、教育、科研单位。没有制订活动计划的扣10分;其中有1个单位未开展活动的扣5分;2个单位未开展活动的扣20分。（双拥办提供资料和名单,检查组抽查）	
			5	群众性慰问活动情况（20分）	座谈:1—2个驻军团以上单位5—10名基层官兵座谈会。四年来师（市）各部门、各单位开展经常性走访慰问活动。根据座谈情况酌情扣分。（双拥办提供名单,检查组确定部队）	
			6	涉军上访应急维稳工作（30分）	走访:兵团信访局。涉军上访应急维稳工作对军人及军属合法、合理诉求解决不力的扣30分。（兵团信访局提供资料,兵团双拥办掌握）	

续表

四、	拥政爱民	维护社会政治稳定 支援地方经济建设 (150 分)	1	拥政爱民领导机构建设情况(5 分)	检查:3—4 个驻军单位。其中有 1 个单位未成立拥政爱民领导机构的扣 2 分;2 个单位未成立领导机构的扣 5 分。 (被检查单位提供资料,双拥办指导,检查组检查)	
			2	拥政爱民工作开展情况(10 分)	检查:3—4 个驻军单位。其中有 1 个单位无五年规划或总体方案的扣 2 分;2 个单位无五年规划或总体方案的扣 5 分;有 1 个单位无年度计划、总结的扣 2 分;2 个单位无年度计划、总结的扣 5 分;部队领导未到地方有关部门进行走访的扣 2 分。 (被检查单位提供资料,双拥办指导,检查组检查)	
			3	参加抢险救灾和应付突发事件等情况(35)	检查:3—4 个驻军单位。其中 1 个单位无处突预案和抢险救灾预案的扣 10 分;2 个单位无处突和抢险救灾预案的扣 20 分;处置不及时、不果断的,每出现一次扣 10 分;未参加平安建设和军警民联防联治的扣 10 分。 (被检查单位提供资料,双拥办指导,检查组检查)	
			4	执行群众纪律情况(30 分)	检查:3—4 个驻军单位。其中有 1 个单位未参加地方重点工程建设、生态环境建设、社会公益事业、落实义务劳动日的扣 10 分;有 2 个单位的扣 20 分;没有年度扶贫联系点、新型团场建设和城市社区援建点援建计划和项目的扣 20 分;年度援建计划未达到目标的扣 10 分。 (被检查单位提供资料,双拥办指导,检查组检查)	
			5	扶贫帮困工程实施情况(30 分)	检查:3—4 个驻军单位。查看四年来有无帮扶连队(村)、户,具体"结对子"名单,开展活动的图像等资料。无实施方案、计划的扣 10 分;活动不经常、组织不力的扣 10 分;未参加军地统一组织的为灾区和贫困地区群众送温暖、献爱心活动的扣 20 分; (被检查单位提供资料,双拥办指导,检查组检查)	
			6	开展助学兴教活动情况(20 分)	检查:3—4 个驻军单位。查看四年来有无援助学校和资助贫困学生。团以上领导干部未与贫困学生结成"一帮一"助学对子的扣 10 分;未援建贫困学校的扣 10 分;活动不经常、组织不力的扣 10 分。 (被检查单位提供资料,双拥办指导,检查组检查)	
			7	民族团结工作开展情况(10 分)	检查:2—3 个基层连队。查看开展民族团结教育情况,开展互学语言活动情况。年度没有开展为少数民族群众办一至两件有影响的实事好事的扣 5 分;开展民族团结教育活动不经常、组织不力的扣 5 分。 (被检查单位提供资料,双拥办指导,检查组检查)	
			8	执行群众纪律情况(10 分)	检查:3—4 个驻军单位。走访驻地街道、社区和人民群众,听取意见和反映。其中有 1 个单位出现违反群众纪律现象的扣 10 分。 (被检查单位提供资料,双拥办指导,检查组检查)	
五、	政策法规	政策法规不断完善 办法措施切实可行 (250 分)	1	综合性双拥政策法规建设情况(10 分)	查阅:双拥办公室。未制定综合性双拥规范性文件的扣 10 分;综合性双拥规范性文件不具体、操作性不强的扣 5 分。 (双拥办提供资料)	
			2	双拥工作配套建设情况(20 分)	查阅:民政局。未制定《军人抚恤优待条例》配套政策、《义务兵家庭优待金发放管理办法》、《优抚对象医疗补助实施细则》。每缺一项扣 5 分,缺 2 项扣 10 分。 (民政局提供近四年资料)	
					检查:1—2 个驻军团以上单位。制定《拥政爱民规定》、《拥政爱民公约》。有 1 个单位未制定其一项的扣 2 分,2 个单位未制定其中一项扣 10 分。 (部队提供资料,检查组确定单位)	
					检查:人武部。党委第一书记述职、武委会例会、党委议军会议落实情况,是否解决实际问题。其中一个会议制度不落实的扣 7 分,不能解决实际问题的扣 10 分。 (人武部提供资料)	
			3	双拥工作制度建设(10 分)	查阅:双拥办公室。制定《双拥工作领导小组工作制度》、《双拥办公室工作职责》、《双拥工作领导小组成员单位工作职责》、《双拥先进集体和先进个人评比标准》。缺一项扣 3 分。 (双拥办提供四年来的资料)	

续表

六、	政策法规	政策法规不断完善 办法措施切实可行（250分）	4	优抚安置经费使用情况(10分)	检查:民政局。优抚、安置经费未做到专款专用的扣10分。 (民政局提供资料)	
			5	伤残人员和“三属”人员抚恤金发放情况(5分)	检查:入户调查4至8名优抚对象。四年来只要有一年、1名伤残人员和“三属”人员未按标准发放抚恤金的扣5分。 (民政局提供名单,检查组确定)	
			6	“三红”人员、回乡务农抗战老战士、在乡复员军人、带病回乡退伍军人、参战涉核人员补助金发放情况(5分)	检查:入户调查4至8名优抚对象。四年来只要有一年、1名“三红”人员、回乡务农抗战老战士、在乡老复员军人、带病回乡退伍军人、参战涉核人员未按标准发放补助金的扣5分。 (民政局提供名单,检查组确定)	
			7	建国前入党的农村老党员和未享受离退休待遇的城镇老党员生活补贴发放情况(5)分	检查:入户检查4至8名优抚对象。四年来只要有一年、1名建国前入党的农村老党员和未享受离退休待遇的城镇老党员未按标准发放生活补贴的扣5分。 (组织部提供名单,检查组确定)	
			8	《优抚对象医疗保障实施细则》及配套政策出台情况(10分)	检查:民政局。未出台本地《优抚对象医疗保障实施细则》的扣8分;未实行“一站式”服务的扣2分。 (民政局提供资料)	
			9	一至六级残疾军人医疗保障情况(5分)	检查:入户检查4至8名曾住院看病的一至六级残疾军人。有1名未实行全额补助的扣5分。 (民政局提供名单,检查组确定)	
			10	七至十级残疾军人和其他优抚对象医疗补助情况(5分)	检查:入户检查4至8名曾住院看病的七至十级残疾军人和其他优抚对象。未帮助困难对象加入相应医疗保险范围的扣5分;未从医疗补助资金中给予补助的扣2分。 (民政局提供名单,检查组确定)	
			11	重点优抚对象住房建设(5分)	走访:入户检查4至8名重点优抚对象。检查在乡老复员军人、残疾军人、“三属”人员。有1名属于无房户或住危房的扣2分,有2名属于无房户或住危房的扣5分。 (民政局提供名单,检查组确定)	
			12	烈属、因公牺牲军人和病故军人遗属一次性抚恤金发放情况(5分)	走访:访问2至4名烈属、因公牺牲军人和病故军人遗属。其中有1名未及时足额发放一次性抚恤金的扣2分,符合增发条件未增发一次性抚恤金的扣3分。 (民政局提供名单,检查组确定)	
			13	残疾军人待遇情况(5分)	走访:访问2至4名一至四级残疾军人。其中有1名未发放残疾护理费的扣3分;护理费未达到规定标准的扣5分;在国家机关、社会团体、企事业单位工作的残疾军人,没有享受与所在单位工伤人员同等的生活福利和医疗待遇的扣2分。 (民政局提供名单,检查组确定)	
			14	优抚对象抚恤补助金社会化发放情况(5分)	检查:2至3个团场。未实行社会化发放的扣2分,2个乡(镇、驻市团场)未实行社会化发放的扣5分。 (民政局提供资料,检查组抽查)	
			15	义务兵家庭优待情况(10分)	走访:3至5户义务兵或批准入伍的大学生家庭。四年来只要有一年、有1名未按标准发放义务兵家庭优待金的扣10分;未落实重大节日走访慰问的扣5分。 (民政局提供名单,检查组确定)	
			16	对荣立三等功以上奖励的义务兵奖励情况(5分)	座谈:3至5名义务兵家属座谈会。未组织给立功义务兵家庭送喜报活动的扣3分,对立功义务兵家庭未给予奖励的扣2分。 (民政局提供名单,检查组确定)	
			17	军队转业干部安置情况(40分)	座谈:组织部、人事局。5至10名近四年转业的军队干部座谈(调查)会。军队转业干部安置满意度在30%以下的扣40分;满意度在31%—70%的扣20分;满意度在71%以上的不扣分;自主择业的军队转业干部服务管理政策未得到落实的扣20分。 (组织部、人事局提供四年来转业干部名单,检查组确定)	

续表

七、	政策法规	办法措施切实可行 政策法规不断完善 (250分)	18	退役士兵安置情况(45分)	检查:安置办公室。四年来城镇退役士兵安置(含货币化安置)率达不到100%的扣35分;经费没有足额列入财政预算的扣10分。(安置部门提供当地人民政府下达的各年度退役士兵安置计划;各年度应安置退役士兵花名册及每个安置对象的行政介绍信存根)	
			19	军队离退休干部、无军籍退休职工安置管理情况(10分)	座谈:5至10名军队离退休干部、无军籍退休职工座谈会。对政治待遇和生活待遇满意度在30%以下的扣10分;满意度在31%—70%的扣5分;满意度在71%以上的不扣分。 (民政局提供名单,检查组确定) 检查:民政局。当年未完成安置任务的扣10分。(民政局提供资料)	
			20	军烈属、义务兵家庭"光荣之家"牌匾发放情况(5分)	调查:5至10户军烈属、义务兵家庭。有2户以上家庭未领到和悬挂"光荣之家"牌匾的扣5分。 (民政局提供资料)	
			21	烈士陵园建设与管理情况(10)分	检查:省级以上烈士纪念建筑物管理保护单位未列入全额拨款事业单位的扣10分;未将维修经费列入财政预算的扣3分;无专职管理人员和讲解员的扣3分;烈士陵园文史资料管理不善的扣2分;绿化、美化不达标的扣2分。(民政局提供资料,检查组实地查看)	
			22	光荣院(间)建设情况(10分)	检查:光荣院(光荣间)。人员经费未落实的扣5分;集中供养的孤老优抚对象生活费未达到规定标准的扣10分;光荣院医疗、卫生和生活设施不完备的扣5分。 (民政局提供资料,检查组实地检查)	
			23	军用饮食供应站建设情况(10分) (没有军供站的不检查,不扣分)	调查:军用饮食供应站。军供站发生重大军供保障问题或事故的扣10分;应急保障方案等保障工作组织机构不健全、不完备的扣5分,保障设备功能不齐全、不适应军供保障任务需要的扣5分。 (民政局提供资料,检查组实地检查)	
八、	军民共建	社会风气根本好转 共建活动内容丰富 (100分)		军民共建协议书情况(20分)	检查:2至3个基层连级单位。基层单位至少有一个军民共建点,查阅军民共建协议书和共建活动制度。其中有1个基层单位没有共建点、互办实事计划和制度的扣20分。 (双拥办提供资料,检查组确定)	
				军民共建活动开展情况(30分)	检查:3至4个军民共建单位。军民共建单位每年开展活动经常、形式多样、效果明显。其中有1个单位开展活动每年少于两次且形式单一、效果不明显的扣15分,2个单位开展活动每年少于两次且形式单一、效果不明显的扣30分。 (双拥办提供资料,检查组确定)	
				军民共建活动内容是否丰富(50分)	检查:3至4个军民共建单位。未参加创建文明城市、文明村镇、文明行业、文明社区等活动的扣20分;没有贯彻落实《公民道德建设实施纲要》和《军人道德规范》计划和措施的扣15分;没有组织非公经济组织和社会组织开展共建(拥军)活动的扣15分。 (双拥办提供名单,检查组确定)	
九、	军民关系	无重大历史遗留问题 军政军民的关系融洽 (50分)		军政军民关系情况(30分)	座谈:4至5个军地单位8至10人座谈会。了解军政军民关系是否和谐融洽。如有历史遗留问题未得到解决的扣10分,如有军地纠纷而引发矛盾的扣10分,发生破坏军事设施事件的扣10分。 (双拥办提供名单,检查组确定)	
					测评:4至5个军地单位8至10人座谈会。根据座谈测评情况,反映出军政军民关系不够融洽的、军事设施保护不好的、地方建筑影响军事设施安全和正常训练工作的酌情扣分。 (双拥办提供名单,检查组确定)	
				民族团结方面情况(20分)	座谈:10至15名各族群众代表座谈会。根据座谈测评情况,民族团结方面群众反映不满意的酌情扣分。 (双拥办提供名单,检查组确定)	

续表

十、	检查评比	检查评比制度健全 表彰奖励宣传及时 150分	1	检查评比制度落实情况(10分)	检查:双拥办公室。四年来按年度计划落实检查评比制度。未按规定落实检查评比制度的扣10分。 (双拥办提供资料)	
			2	表彰奖励制度落实情况(10分)	检查:双拥办公室。没有制定双拥工作明确奖励办法的扣5分;四年来未坚持召开双拥工作总结表彰大会的扣10分,没有对双拥先进典型进行物质奖励的扣5分。 (双拥办提供资料)	
			3	总结报告制度落实情况(20分)	检查:上一届被命名为全国、自治区双拥模范城(县)的市、县(市、区)。全国、自治区命名的双拥模范城(县),四年来有一年未向兵团双拥办上报总结材料和年度工作安排(计划)的扣10分,有两年未向兵团双拥办上报总结材料和年度工作安排(计划)的扣20分;没有双拥工作大事记的扣10分。 (去自治区双拥办了解)	
			4	双拥工作展厅建设情况(20)分	检查:实地查看双拥展厅。没有展厅的扣20分,展厅面积达不到40平方米以上的扣10分。(双拥办提供)	
			5	双拥工作档案管理情况(20分)	检查:双拥办公室。档案收集不齐全、不完整、不真实的扣10分;分类和组卷不科学、不规范的扣10分;案卷不整洁、目录不简明的扣5分;归档资料保管期限未执行有关规定的扣5分。 (双拥办提供资料)	
			6	优抚安置对象、驻军部队官兵、社会公众满意度测评情况(60分)	问卷调查:调查对象分别为10—15名优抚安置对象、驻军部队官兵和各族群众。问卷设计量度,1. 满意,2. 基本满意,3. 不满意。满意率90%以上不扣分,80%—89%的扣5分,70%—79%的扣10分,69%以下的扣20分。 (双拥办召集人员,检查组组织座谈测评)	
			7	双拥工作简报情况(10分)	检查:双拥办公室。没有编印双拥工作简报的扣10分;每年编印期数未达到12期的扣5分。 (双拥办提供资料)	
十一、	双拥成果	获得下列成果予以加分	1	四年来开展精神文明建设情况。获得文明市、县(市、区)的,国家级加8分,兵团级加3分。 (双拥办公室提供资料)		
			2	四年来双拥工作促进社会稳定情况。获得综合治理先进单位的市、县(市、区),国家级加8分,兵团级加3分;获得平安市、县(市、区),国家级加8分,兵团级加3分。(双拥办提供资料)		
			3	四年来在师以及地(州、市)、兵团(自治区)、全国主要新闻媒体进行工作专版宣传的加2分、5分、8分。数次可以累加,最多不超过15分。(双拥办提供资料)		
			4	四年来军地有关部门在全民国防教育中有全国典型经验的加8分;受到兵团(自治区)、军区以上表彰奖励的加4分。(国教办提供资料)		
			5	四年来在双拥政策建设方面被全国肯定或转发的加8分,被兵团(自治区)肯定或转发的加4分,可以累加,最多不超过15分。(双拥办提供资料)		
			6	四年来拥军工作典型事迹、经验和做法,被兵团(自治区)、中央主要媒体作为重大典型进行宣传。国家级重大典型一个加10分,兵团级重大典型一个加4分,可以累计。开展"爱心献功臣"活动的一次加5分。 (双拥办提供资料)		
			7	四年来驻军单位在拥政爱民方面的典型事迹、经验和做法,被兵团(自治区)、中央主要媒体作为重大典型进行宣传。国家级重大典型一个加10分,兵团级重大典型一个加4分,可以累加。(双拥办提供资料)		
十二、	有其中一项的,不能申报和推荐省级双拥模范城		1	发生重大军民纠纷,在国家和省级双拥机构、公安部门记录在案,造成严重后果的。		
			2	双拥组织机构无工作人员和经费的。		
			3	残疾退役军人年度安置任务没有完成的。		
			4	退役士兵职业教育和技能培训工作达不到规定要求的。		

理论研究和调研报告

浅谈市场经济条件下部队随军家属安置工作遇到的问题及对策

北京市双拥办

部队随军家属安置一直是军地各级领导十分关注、关心、涉及部队干部切身利益的热点、难点工作。为了进一步了解部队干部随军家属安置就业情况，2010年初，市双拥办组织市政府外联办军事处、北京卫戍区秘群处等部门的有关人员，成立调研组，集中时间对东城、西城、海淀、朝阳、昌平、大兴六个区及驻地总参、总政、总后、总装、武警等部队单位近年来部队干部随军家属的安置就业情况进行了重点调研。调查中，主要采取召开座谈会、问卷调查等形式，广泛征求军地双方对部队干部随军家属安置就业的意见和建议。共召开座谈会21个，参加548人次；发放问卷828份，收回828份。通过调查，基本摸清了近年来驻京部队干部随军家属安置就业的现状。

一、基本情况

近年来，随着改革开放的不断深化和市场经济的深入发展，部队干部随军家属安置工作受到部队领导的高度重视。北京作为祖国的首都，部队首脑机关多，干部多，随军家属的户数也逐年增加。1996年以前，每年随军家属进京指标（不含武警部队随军家属）为1 000户；1997年为1 200户；1998年至2004年为1 500户；2005年增至1 900户。为了解决2005年以前部队干部家属因符合随军条件但受进京指标限制尚未随军的遗留问题，从2005年开始，每年再增加随军家属进京指标800户左右，即2005年以来，全市接收随军家属户数达到2 700多户。由此可见，随军家属进京数量快速增加，给安置工作带来了一些新的情况，也增加了安置就业困难。尽管如此，全市各级党委、政府，千方百计、想方设法做好随军家属安置就业工作，主要采取计划分配、市场调节、自谋职业等形式扶持随军家属就业。从调查的情况来看，有以下几个特点：

（一）认真贯彻落实国家政策，着力保障随军家属生活。为解决部队随军家属未就业期间的生活困难，国务院办公厅、中央军委办公厅于2003年12月25日出台了《中国人民解放军军人家属随军未就业期间社会保险暂行办法》，文件规定：一般地区部队的军人，其配偶随军未就业期间基本生活补助标准为每人每月320元，领取基本生活补助标准全额的期限最长为36个月，期满后按8%的比例逐年递减；军人所在单位后勤机关按照缴费基数11%的规模，为未就业随军家属建立养老保险个人账户，其中，个人按6%比例缴费，国家按5%的比例给予个人账户补贴，这一政策使未就业随军家属生活有了基本保障。

（二）军地领导高度重视随军家属安置就业工作。北京作为首都的特殊地位，全市各级党委、政府，从讲政治、顾大局的高度，对部队随军家属的安置就业一直比较重视，把它作为“四个服务”中为部队领导机关和驻京部队服务的具体体现，当做支持军队和国防建设、增强军政军民团结、维护首都社会稳定的一件大事来抓。特别是随军家属多、安置任务比较重的区县，如海淀区每年都要召开一至二次随军家属安置工作协调会、招聘会，推进随军家属就业。许多区县的主管领导亲自参加随军家属安置就业会议，专门作动员，讲清安置好随军家属就业的重要意义，提出工作要求。各级劳动、人事、双拥办等部门的领导，不辞辛苦地联系接收单位，做好协调、推荐、安置工作。驻京部队各级领导、政治机关也非常关心随军家属的安置就业问题，主动与地方有关部门联系，经常沟通情况，积极配合地方政府做好随军家属的安置就业工作。军地领导的高度重视，为部队随军家属安置就业奠定了良好的基础。

（三）采取多种形式，多渠道多途径地安置随军家属就业。随着改革的不断深化和社会主义市场经济体制的不断完善，随军家属的安置就业工作继续沿用计划经济体制下的安置办法难以奏效,必须要与时俱进。因此,各区县采取多种形式、多种途径安置随军家属就业。一是充分发挥各级政府行政调配的作用,采取参加社会招考的形式优先安置随军家属。一些年轻、学历较高的干部身份随军家属通过社招的办法,安排到机关、事业单位工作。从东城、西城、海淀、朝阳、昌平、大兴区近几年随军家属安置就业情况来看,每年安置在机关、事业单位就业的人数大约占总人数的13%。二是以召开随军家属供需见面洽谈会、人才需求信息发布会等形式扶持随军家属就业。为适应市场经济条件下用工制度改革的要求,许多区县每年都举办随军家属专场招聘会,组织一些企业与随军家属面对面洽谈,双向选择。通过这种形式,积极引导随军家属参与市场竞争,通过竞争上岗达到就业。据统计,东城、西城、海淀、朝阳、昌平、大兴区近几年随军家属到企业就业的占总人数的48%。三是大力扶持随军家属自谋职业。针对一些随军家属找不到适合自己工作岗位的情况,许多区县引导随军家属自谋职业,对自谋职业的随军家属在政策上给予优惠,经济上适当给予补偿。如,海淀区对自谋职业的随军家属,待安置的第一年按照城镇居民最低生活保障标准发给生活补助费,给个人缴纳养老保险;第二年继续给个人缴纳养老保险,但不享受生活补助费,通过举办招聘会等形式给随军家属提供就业机会;第三年如实在找不到合适的工作,按照自谋职业就业,由人事、劳动部门将个人档案移交到人才交流服务中心(干部身份)或职业介绍服务中心(工人身份),并给每人2万元的补助金。通过采取这些办法和措施,随军家属基本都能找到适合自己的岗位。

(四)制定安置办法,推动和促进随军家属就业。为了进一步规范随军家属就业工作,市人力资源和社会保障局借助调研的成果,于2010年7月出台了《关于进一步做好驻京部队随军家属就业安置工作的通知》,提出进一步促进随军家属就业的九项新措施:一是在全市事业单位中,每年拿出一定数量的岗位,举办针对随军家属的专场招聘会;二是符合招聘岗位任职条件并具有全日制本科以上学历和中级专业技术职务的随军家属,可免笔试直接进入面试;三是积极开发人力资源和社会保障管理、医疗卫生服务、文化科技服务、民政托老托幼服务等公益性岗位,优先安置无工作的随军家属;四是将初次进京落户的随军家属纳入北京市促进就业政策范围,发放《再就业优惠证》,比照就业困难人员享受各项促进就业政策;五是建立随军家属就业服务月制度,每年7月定为“北京市随军家属就业集中服务月”,“服务月”由市人力资源和社会保障局统一组织,区县人力资源和社会保障局协调相关部门具体负责实施,各区县人力社保部门依托职业介绍服务中心、人才服务中心等就业服务机构开展的招聘洽谈会、双向选择会优先推荐随军家属就业;六是在各人才交流服务中心、职业介绍服务中心等就业服务机构专门建立为随军家属提供就业服务的窗口,积极为随军家属提供信息咨询、求职登记、职业介绍、就业指导等服务,将随军家属就业服务常态化;七是加强对随军家属培训基地的建设,紧密结合社会需求,强化对随军家属职业培训,采取部队计划、地方承办或者军地联办的方式,通过专门培训、订单定向培训、产业基地培训等形式优化随军家属的知识和技能结构,提高他们的创业就业能力,直接进入市场创业就业;八是建立随军家属就业的评选表彰制度,将随军家属安置和就业工作纳入日常工作检查和评选双拥模范城(县)的考核指标,实行工作量化,对成绩突出的单位和个人给予表彰,并对无正当理由拒绝接受安置随军家属的单位给予通报;九是建立联系会议制度,建立由市人力社保局、市民政局、市社工办、市总工会、市妇联及区县人力社保部门参加的联席会议制度,统筹协调各方面力量。九项措施受到部队干部广泛好评。

二、存在的问题

(一)政府行政调配的职能越来越弱化。当前,行政机关编制压缩,岗位减少;事业单位的拨款方式由全额拨款逐步向差额拨款、自收自支过渡,进人受到制约;企业单位搞优化组合,减员增效。在这种大的趋势下,政府行政调配指令性的安置越来越困难,即使有计划但很难落实。如区县给辖区内的中央、国家机关及所属事业单位,分配的随军家属安置指标都很难落实。据不完全统计,近年来中央国家机关及所属企事业单位接收安置的人数约占3.3%。

（二）随军家属的素质与就业要求还有差距。从调查的情况来看,随军家属的文化水平偏低,特别是来自农村的随军家属文化程度更低。年龄偏大,有特长、懂技术的不多。据不完全统计,东城、西城、海淀、朝阳、昌平、大兴区六个区近几年接收的随军家属中,具有大专以上学历的占25.5%,高中、中专学历的占50.6%,初中以下学历的占24.9%。30岁以下的占19.2%,30—35岁的占55.3%,35岁以上的占25.5%。然而,随军家属普遍对工作安排的期望值还比较高,绝大多数都希望在工作比较轻松、离家比较近便、收入比较稳定的行政机关、事业单位工作,而不愿意到企业、私营企业,以及服务性行业就业,给安置带来了一定局限性。

（三）随军家属急于进京,带来"假接收"的发生。按照市人力资源和社会保障局有关规定,随军家属在原籍有工作的,随军进京时必须先找到接收单位后方可接收,办理落户手续。但部队规定随军家属指标当年未办理的,过期指标作废。在这种情况下,有的随军家属在没有联系好单位接收时,通过个人关系找一个"接收单位"(部队内部或地方单位)出具接收函,办理了进京落户手续,实际上工作没有落实。有的"接收"单位已事先声明,不负责安置,形成"空挂",造成随军家属的工作关系、各种保险等手续没有及时衔接。据不完全统计,近三年"假接收"的随军家属还有100多名没有安置。

三、几点建议

部队随军家属安置就业,是一项很重要的工作,直接关系到部队干部的稳定和军队国防建设。各级党委、政府一定要高度重视,把部队随军家属安置工作摆到重要位置抓紧、抓好、抓实,抓出成效。

（一）搞好宣传教育,引导随军家属转变择业观念。军地双方相关部门,要经常组织部队随军家属,学习党的路线、方针、政策,了解市场经济知识以及现行安置就业的有关政策规定,认清当前的就业趋势,引导随军家属树立正确的择业观念,在各级政府的扶持下,不分所有制单位性质,包括民营企业,只要自己能干的工作就要勇敢地去争取,只要随军家属放下架子,扑下身子,去掉"面子",就能在市场经济的大潮中找到适合自己的满意岗位。

（二）出台实施细则,用政策促安置。近年来,《国务院、中央军委批转劳动保障部等部门关于进一步做好军队干部随军家属劳动就业和社会保障工作意见的通知》(国发[2000]19号),国务院办公厅、中央军委办印发的《中国人民解放军军人家属随军未就业期间社会保险暂行办法》(国办发[2003]102号)等文件已经下发。市人力资源和社会保障局出台了《关于进一步做好驻京部队随军家属就业安置工作的通知》[京人社调发(2010)187号],建议各区县结合实际,拿出具体实施办法。针对各区县随军家属自谋职业补助金标准不统一、领取补助金所在地不明确(依据部队所在地、还是随军家属户口所在地)等问题,建议市人力资源和社会保障局进行统一规定,避免区县之间扯皮推诿、导致个别随军家属的自谋职业补助金难落实的现象发生。

（三）强化专业技能培训,提高随军家属就业竞争力。各级劳动、人事部门,要把部队随军家属职业培训纳入全市干部职工职业培训规划,组织随军家属积极参加社会举办的各类培训班,培训所需费用可由地方政府、部队分担。通过培训,使随军家属能掌握一门以上的实用技术,有了劳动的技能,就增多了安置就业的机会。

（四）拓宽就业渠道,把随军家属的就业落到实处。随军家属的就业,要坚持行政调配和市场调节相结合,国家机关、事业单位以及国有企业、民营企业都有接收安置随军家属的责任和义务,应尽力完成分配的安置指标。有用工需求的单位,在同等条件下应优先安置随军家属就业。各级人事、劳动部门,要通过举办专题招聘会等形式,积极推荐随军家属就业。要大力扶持和鼓励随军家属自谋职业。总之,要采取多渠道、多层次、多种形式安置随军家属就业,解除部队干部后顾之忧,使部队干部更加安心部队工作,全心投入部队建设之中,为建设强大的国防贡献力量。

牢固树立融合式发展的时代理念
再谱军民双拥共建工作的新篇章

河北省双拥办主任、民政厅厅长　古怀璞

河北省是出兵多、驻军多的红色革命老区,是有着拥军优属、拥政爱民光荣传统的拥军大省,是新时期双拥共建工作的发祥地。近年来,河北省军地双方认真学习贯彻党的十七大会议精神和胡锦涛总书记关于军民融合式发展的重要论述,积极探索军民融合式发展的新途径,拥军优属、拥政爱民工作和军地军民关系出现了历史上最好的发展时期,有力地促进了经济建设和国防建设的协调发展。实践证明,军民融合发展意义重大而深远。“讲融合就是讲政治,抓融合就是抓全局,促融合就是促和谐”。做好新时期的军民共建工作,必须紧紧围绕“融合式发展”作文章、下工夫、求突破。

一、强化“三种意识”,牢固确立融合式发展的时代理念

胡锦涛总书记多次强调,要站在国家安全和发展战略全局的高度,坚持军民融合式发展,推动国防建设和经济建设良性互动,确保在全面建设小康社会进程中实现富国和强军的统一,确保军队有效履行新世纪新阶段的历史使命。这一重要战略思想的提出,是统筹国防建设与经济建设、实现富国强军的必然选择,是做好新时期双拥工作的重要指针。要深刻理解推进军民融合式发展的重要意义,不断强化思想认识,进一步增强推进军民融合式发展的紧迫感和责任感。一是强化政治意识。拥政爱民、拥军优属是我党我军特有的政治优势。“讲融合就是讲政治”。走军民融合式发展路子,既是对毛泽东等老一辈革命家军民团结、寓军于民战略思想的继承和发展,也是对中国特色社会主义理论的重要补充和发展。只有通过军民融合式发展,才能打破军地各部门、各领域自成体系、自我封闭的发展模式,更好地实现军地资源共享、信息互通、协调联动,更好地促进国防建设和经济建设协调发展,实现战斗力和生产力互利双赢,促进综合国力的快速提高。因此,走军民融合式发展路子不仅是个社会问题,更是全党全国全军一项重要的政治任务。要站在党、国家和军队建设大局的高度,深刻认识军民融合式发展的重要性,切实增强政治意识。二是强化责任意识。河北省环绕京津、濒临渤海,是首都的“护城河”。河北正处在改革发展转型期,各种新情况、新矛盾大量显现。同时,还面临着恐怖势力、宗教极端势力等非传统安全威胁。河北地质结构复杂,自然灾害的多发性、突发性和破坏性极强。作为京畿之地的驻军大省,无论是处突维稳还是抢险救灾,都肩负着十分重要的责任,都离不开全省军民精诚团结、融合发展。要切实增强责任意识,下力推进军民融合,努力提高核心军事能力和非战争军事行动能力,为科学发展、为首都北京安全稳定、为建设社会主义和谐社会提供安全屏障。三是强化职能意识。双拥工作是凝聚军民、联系军地的重要纽带。推进军民融合式发展,各级双拥部门肩负着重要的使命。要认真履行职责,充分发挥职能作用,切实当好融合式发展的司令部、参谋部和服务保障部。要紧紧围绕军民融合式发展的战略思想,着眼于军地发展共受益、军民共同得实惠的出发点和落脚点,认真把各项工作谋划、落实好。要深入研究新形势下军民融合式发展的特点规律,认真总结经验,积极探索新思路、新办法。要强化职能意识,充分发扬革命老区拥政爱民、拥军优属的光荣传统,认真负责地做好融合式发展的协调联络和服务保障工作,当好智囊团,再谱燕赵大地军民双拥共建新篇章。

二、发挥“三个作用”，积极推动国防建设与经济建设协调发展

发挥军地两个优势，整合军地两个资源，调动军地两个积极性，推动国防建设与经济建设协调发展，是军民融合式发展的核心内容。军民融合发展是一项系统工程，涉及社会各界、方方面面，要充分利用军民共建社会性强、影响面广的特点，紧紧围绕军地融合发挥好协调联络、保障服务、引领促进等方面的作用，积极推动国防建设和经济建设的深度融合。当前，尤其要发挥好三个方面的作用。一是发挥推动国防建设和经济建设共同发展的协调作用。重点围绕建立健全军地一体的领导体系，军地一体的社会主义核心价值观教育体系，军地一体的人才培养和开发使用体系，军地一体的联训、联演和协同作战、协同救灾、协同反恐维稳体系，军地一体的科技转型对接体系，军地一体的国防动员体系，军地一体的基础设施共建共享体系，军地一体的后勤保障体系等等内容，加强协调联络，加大工作力度，努力促进军地军民全方位深层次的融合发展。沧州市把人防建设与城市建设紧密结合起来，率先建成全国第一个经国家正式立项批准的掘开式人防后方指挥所，全国第一个标准的人口疏散基地，华北地区功能最健全最完善的应急救援指挥中心，河北省平原地区第一个掘开式人防基本指挥所，河北省第一个人防机动指挥所和第一个人防商业一条街，有力地推进了国防建设和经济建设的协调发展，被党中央、国务院、中央军委再次评为“全国人防先进城市”。二是发挥社会化拥军的引领作用。大力开展社会化拥军，是市场经济对双拥工作提出的新要求。要切实加强对双拥共建活动的组织领导，确保重大纪念、军地走访慰问座谈，个人、行业、企业、社区、新型经济和社会组织拥军等，始终把军民融合式发展突出出来，摆上重要位置。唐山市在军民共建中，重点突出了“六个融合”，较好地解决了军地各自封闭、“两张皮”的问题，初步形成了具有当地特色的融合式发展路子。张家口市针对当地国防工程多的实际，引导各级各部门正确处理经济社会建设与国防工程维护的关系，做到了二者相容并举、军地齐抓共管，有效地促进了国防工程管护的质量。要围绕军民融合式发展的核心内容，进一步创新军民共建活动载体，拓宽活动领域，丰富活动内容，深化活动效果，努力在全社会营造军民同心、军地一体、融合发展的浓厚氛围。三是发挥保障优抚群体合法权益的促进带动作用。近年来，我省将保障优抚对象合法权益作为提升双拥工作质量、促进军民融合式发展的重要内容，狠抓了各项政策的落实。建立健全了自然增长机制，保证了广大优抚对象优待抚恤标准与当地经济发展同步提高。出台《河北省一至六级残疾军人医疗保障办法》、《河北省优抚对象医疗保障办法》和《河北省实施〈军人抚恤优待条例〉办法》等，全面完善了优抚对象医疗保障制度建设的相关规定，社会医疗保障、医疗卫生部门减免、政府医疗补助和大病救助等优惠政策得到全面落实。同时，全省所有县（市、区）全部建立了优抚对象医疗经费“一站式”即时结算服务网络，较好地解决了优抚对象“医疗难”的问题。《中国社会报》在头版头条位置配发评论员文章报道了我省的做法。努力实施退役士兵安置改革，坚持技能培训与创业培训相结合、退役后培训与退役前培训相结合，在全国率先开展了创业服务进军营活动，取得很好成效。今年老兵退役前，仅驻军某防空旅就有176名官兵获得劳动部门颁发的创业服务培训合格证书，有282名退役士兵与企业商会签订了创业意向，有27人签署了就业协议，受到军地各界广泛赞誉。

三、完善“三个机制”，确保军民双拥共建和谐、稳定、持续、健康发展

在长期的军民共建活动中，已经形成了一整套比较成熟的工作模式，但服务和推进军民融合式发展是一个新课题，要按照新任务的要求，进一步健全完善军民融合式发展的运行机制，保证国防建设和经济建设统筹发展的良性互动。一是完善组织领导机制。着眼于军民融合发展的现实需要，构建职责明晰、分工明确、组织精干、决策科学、执行顺畅、监督有力、运行有效的领导体制。各级都要建立由党、政、军主要领导挂帅、军地相关部门领导参加的军民融合式发展领导小组，坚持好党委议军、军地联席、信息通报、定期走访等制度,确保对双拥工作的坚强领导。要根据融合式发展的需要规范设置各级双拥机构,进一步加大双拥部门工作力量,完善融合式发展的联系纽带、沟通渠道、工作程序和协调机制,为有力、有序、有效推进军民融合提供组织保证。二是完善政策保障机制。推进军民融合式发展,必须加强政策法规建设,形成具有强制约束力的政策法规保障机制。2010 年年初,河北省人民政府、河北省军区制定下发了《关于推进军民融合式发展,加强国防后备力量建设的意见》,为促进国防和经济建设协调发展提供了职能、任务和要求明确的政策依据。同时,全省各级双拥优抚等职能部门针对新时期军事斗争需要、军地一体的非军事行动等,进一步健全和完善了双拥工作机制和优待抚恤措施,为军民融合发展提供了强有力的服务保障。三是完善奖惩激励机制。将推动军民融合式发展纳入经济社会发展和部队全面建设规划,纳入军地领导任期责任目标和年终干部政绩考核范围,纳入双拥模范城(县)评比活动,很好地融入部署任务、督导检查、评比表彰等各个环节。对认识深刻、工作积极、成效显著的,给予大力表彰和奖励,努力培养一批具有较大影响力的先进典型。对工作疲沓甚至出了问题的,要落实责任追究制度,予以严肃处理。要严肃政策规定,严格把关,认真负责地做好新一轮国家双拥模范城(县)推荐、申报工作,努力构建激励有效、惩罚有力的运行机制,强力打造国防建设和经济建设协调发展的规范化、制度化、法制化格局,确保军民融合持续、健康、快速、稳定发展。

河北省关于双拥优抚安置工作调研督导情况的通报

河北省双拥办

根据省双拥工作领导小组的指示精神,省双拥办组成三个小组,从 2010 年 11 月中旬开始利用近一个月时间,对全省双拥优抚安置工作进行了全面深入的调研督导。调研中,采取听取军地汇报、召开军地座谈会、深入基层连队、走乡入户等多种形式,先后到 11 个地市、60 个县(市、区)、52 个乡镇和基层部队、88 个优抚事业单位、90 名优抚对象家中座谈了解,实地考察,有效地促进了双拥优抚安置政策的落实。总的来看,2008 年以来全省双拥优抚安置工作取得突破性进展,呈现出历史上最好的发展时期。双拥工作紧紧围绕军民融合式发展的战略思想,进一步创新了共建的形式和内容;优待抚恤政策落实,全面提升了服务保障质量;安置改革逐步深化,全员培训、重点安置格局基本形成;事业单位工作力度进一步加大,全面建设跃上新台阶。

一、主要工作和特点

(一)双拥共建扎实有效,在内容和形式上取得新突破

全省各级党政军领导坚持把双拥共建作为政治任务,摆在重要位置。认真贯彻执行全省创建全国双拥模范城(县)工作会议精神,普遍出台了创建全国双拥模范城(县)活动意见,按照《全国双拥模范城(县)创建命名管理办法》和《全国双拥模范城(县)考评标准》,在坚持传统做法的基础上,进一步创新了形式和内容。一是加强了双拥机构建设。全省普遍完善了市、县、乡、村(街道、居委会)和社区拥军组织。唐山、保定、承德、张家口等市设立了双拥工作专门机构,做到了有专职工作人员,有专项工作经费,有力地保证了双拥工作的顺利进行。唐山市委、市政府、军分区批准成立了"唐山市爱国拥军促进会",迟浩田上将题写了会名,原河北省委常委任佩瑜少将任名誉会长。二是大力开展社区双拥。把双拥纳入社区管理体制,与社区建设同规划、同发展、同落实,大力开展社会化拥军,是我省双拥工作的新特点。石家庄市桥西区积极推进"依托社区组织、社区文化、社区环境、社区医院、社区治安,促进

基层双拥站点的建设、双拥宣传、军民共建、优抚对象医疗改善、军警民联防治安”等“五依托、五促进”活动。唐山市在福乐园社区建设了以“一个双拥领导小组,一个拥军优属服务站,一所少年军校,一个优抚对象活动中心,一支双拥文艺宣传队,一条拥军商业街”为内容的“六个一”社区双拥示范点。沧州市投资在解放西路社区新建240平方米的“拥军港湾”,为驻沧官兵及辖区军烈属、复转军人提供了多层次、全方位的服务。廊坊市以“讲文明、促和谐”为主题,广泛开展了公德联友、治安联防、文体联谊、法制联抓、卫生联创、公益联帮等军民共建和谐社区活动等,有力地推进了社区双拥工作。三是双拥层面更具典型性。石家庄市积极为部队解决疑难问题,每年拿出200个公益岗位安置随军家属,为驻军解决经济适用房100套。邯郸市针对民营经济快速发展的实际,成立了由副市长赵险峰任组长的民营企业双拥共建领导小组,出台了相关政策和实施办法,涌现出民营企业家爱国拥军先进群体。承德市丰宁县投资利用一年时间,按照四级公路标准,为海拔1 800多米高的空军某场站修建了20立方米的拥军井和长达24公里的拥军路。保定市以迎接军民共建活动开展30周年为契机,进一步优化了双拥工作格局,健全了政策规定,筹划开展了系列活动。驻保定某部队与驻地“空巢”军属家庭结成对子,广泛开展关爱空巢、爱心接力活动,受到军委领导和社会各界充分肯定。驻张家口空军某部积极支援地方建设,做到在飞播造林、人工增雨、增绿添彩中发挥作用,在脱贫致富、组织培训、抢险救灾中冲锋在前,在送温暖、献爱心、赈灾捐助中无私奉献,受到地方各级政府充分肯定。

(二)军地建设和谐共进,融合式发展取得新成果

全省各级认真学习胡总书记的重要论述,牢固确立军民融合式发展的时代理念,积极探索新办法新途径,有效地促进了国防建设和经济建设的协调发展。唐山市大力推进军地协同作战和协同救灾等六个方面的融合,较好地解决了军地各自封闭、“两张皮”的问题。石家庄结合省会特点,建立健全了军地应急管理机构,搭建了军地应急指挥平台,提高了军地应急处置能力。保定市军地携手打造优秀复转军人群体,营造了稳军心促和谐的良好环境。衡水市凝聚军地之智,汇集军地之力,共谋发展之策,有效地促进了国防后备力量建设的科学发展。张家口市针对当地国防工程多的实际,引导军地双方正确处理经济建设与国防建设的关系,做到二者相容并举、军地齐抓共管,有效地促进了国防工程管护的质量。沧州市把人防建设与城市建设紧密结合起来,建成全国第一个经国家立项批准的掘开式人防后方指挥所,全国第一个标准的人口疏散基地,华北功能最健全的应急救援指挥中心,全省第一个掘开式人防基本指挥所、人防机动指挥所和第一个人防商业一条街,再次被评为“全国人防先进城市”。

(三)优待抚恤创新发展,保障水平和服务质量有新提高

各地结合实际,认真落实政策规定,不断创新工作机制,进一步提高了优抚对象的保障质量和服务水平。一是提高了医疗保障水平。各市县按照省里要求普遍出台了优抚对象医疗保障实施办法,完善了相关政策,较好地落实了社会医疗保障、医疗卫生部门减免、政府补助和大病救助等优惠政策,医疗保障全部达到省定标准。加大资金投入和工作力度,所有县、市全部建立了医疗经费“一站式”即时结算服务网络,全面提升了优抚对象医疗保障水平。石家庄、唐山、邯郸、承德、廊坊市优抚对象“一站式”医疗投入大、速度快、运转好、保障水平高。唐山市共设立定点医院183家,基本覆盖了所有乡镇,走在全省前列。二是提高了优待服务质量。认真落实优待抚恤自然增长机制,较好地保障了优抚对象生活与当地经济发展同步增长。坚持优先优厚原则,优先为困难优抚对象办理发放低保。保定市为2 137名重点优抚对象安装了紧急电话,60岁以上的补助话费50元。河间市为55岁以上优抚对象办理了意外伤害保险。三河市为全市散居孤老优抚对象及生活困难的六级以上残疾军人每人发放取暖补助费1 000元,其他重点优抚对象每人500元,投资86万元为202户重点优抚对象安装了暖气。饶阳县为切

实搞好服务,全面进行了普查,建立了重点优抚对象和义务兵家庭两个台账,围绕解“三难”采取了有效措施。唐山市城镇义务兵优待按低保标准执行,每户每年达3 720元,比省定每年500元高出七倍多。赤城县从今年征兵开始,农村义务兵优抚金调整为年人均一万元。三是加大了住房改造力度。各地结合实际,深入调研,科学谋划,积极探索改善优抚对象住房条件的有效途径。秦皇岛市出台《关于实施在乡重点优抚对象“荣居工程”的意见》,明确了资助对象、申报程序、修建标准、房屋权限、资金来源等,市县划拨配套资金1 158万元,为1 100户优抚对象解决了住房问题。任丘、沙河、邢台县地等分别采取不同方法,积极推进优抚对象住房改革,取得很好进展。

(四)安置改革不断深化,重点安置和服务培训有新发展

按照“保障重点,择优安置”的原则,坚持安排就业和自谋职业相结合的办法,下大力推进退役士兵安置改革。一是加大了安排就业力度。各地针对社会就业压力大、安置难的实际,充分挖掘安置潜力,较好地完成了安置任务。任丘、赤城、馆陶县等地将退役士兵一次性全部安置到有收入的事业单位或乡镇工作,安置率和上岗率均达到100%。南和县出台政策,规定全日制大本和大专毕业后入伍的,退役后根据专业特长安排到全额事业单位就业,参加公务员招录考试增加10%的分数。二是加大了自谋职业力度。为鼓励退役士兵自谋职业,各地在坚持重点安置的基础上,普遍将补助经费列入当地财政预算,大幅度提高了一次性补助标准,有效地推动了自谋职业改革发展。赤城县政府出台文件,规定从今年征兵开始城镇退役士兵自谋职业的,一次性补助金提高到8万元,转业士官10万元。三是加大了扶持就业力度。坚持城乡一体,采取多种方式,以技能和创业培训为主,普遍开展了包括城乡所有退役士兵的全员免费培训。同时,广泛开展职业介绍和就业推介活动,为自谋职业退役士兵创造了就业条件、提供了就业机会和就业空间。认真落实“两个”待遇,重视干休所的建设,进一步加强了军队离退休人员的管理和服务保障工作。

(五)优抚事业单位进一步加强,全面建设跃上新台阶

各地高度重视,加大投入,优抚事业单位建设呈现喜人形势。一是“三院合一”成效显著。各地认真贯彻省厅指示,结合当地实际,认真抓了“三院合一”工作。磁县将“三院合一”作为全县十大民生工程之一,投资1亿元,建成占地48.45亩、772张床位的中心敬老院。抚宁县在天马湖风景区新建了光荣院,占地500亩,四星级标准,主体工程已完工,即可投入使用。二是光荣院服务管理全面加强。各地普遍为光荣院配齐了医疗保健、娱乐活动、空调、呼叫器等设施。同时,加强培训,提高了工作人员的素质,提高了生活等保障标准。张家口市开展了光荣院建设年活动,在张北县召开了光荣院规范化建设现场会,统一了设施标准。栾城县光荣院老人伙食标准提高到每人每月465元,服装费每人每年500元,零花钱每人每月27元,医疗费实报实销。各光荣院借助社会资源,开展各种形式的“献爱心、送温暖”活动,提高了服务质量。三是烈士纪念设施保护得到强化。认真贯彻《河北省关于进一步做好零散烈士纪念设施集中管理保护工作的通知》和全省分散烈士纪念设施集中管理工作现场会议精神,绝大多数市县完成了调查摸底、设计规划、争取资金等工作,取得实质进展。坚持高标准,加大投入,按照三年大变样的要求,加强了烈士陵园的整体规划建设。遵化市将烈士陵园从原来的40亩扩大到80亩,改造成集纪念、教育、休闲于一体的胜利公园。涉县、顺平调整规划,加大投入,拟将烈士陵园扩大升级。

二、存在的主要问题及原因

(一)双拥共建有待进一步加强

近两年,我省军民共建做了许多扎实有效的工作,总结了不少好的经验做法,但普遍存在着总结挖掘先进经验、培树宣传先进典型不够重视,工作力度不大,双拥共建缺乏创新等问题。个别地方双拥办公室无专职工作人员,无专项工作经费。有的虽然也坚持了军地合署办公,但办公设施简陋,规章制度不健全,文档资料不齐全,管理也不够规范,程度不

同地影响了双拥共建工作的开展。还有的双拥工作不够经常扎实，存在着重节日轻平时，重形式轻内容等，缺乏创新性的工作和实实在在的效果。

（二）优抚工作尚有死角

近两年，全省优抚工作全面开拓创新，在不少重点难点问题上取得新的突破，呈现出很好的发展势头，但也存在着发展不够平衡等问题。如优抚对象医疗"一站式"服务网络，少数县、市由于经济条件有限，还存在着网点少、网络运转不够正常，服务跟不上等问题。在解决优抚对象住房问题上，各地都采取了积极的态度和有效的措施，有的县、市甚至全部解决了优抚对象住房问题，但由于缺乏统一规范的管理制度和长效机制，有的随意性较大不好把握，有的老问题刚解决又出现新问题。还有少数县市没有做到优抚资金专款专用，存在着被当地财政平衡预算、转移使用等问题。义务兵优待金个别县落实不够好，一个县范围内高低相差三、四千元。

（三）退伍安置改革需进一步加大力度

近两年全省各地普遍加大了退役士兵安置改革力度，创造了不少好经验好做法，但由于政策滞后、体制不相适应等多种原因，退伍安置仍然面临较大压力。今年的城镇退役士兵安置多数市、县没有开始，普遍晚于往年。一些县、市由于就业压力较大，两三年没有安置退役士兵。有的虽然开展了技能培训和自谋职业，但实际效果不尽如人意。有的解决遗留问题不力，老问题还没解决又出现了新问题，还有的拒收问题有所抬头等，潜在的不稳定因素随时可能出现。

三、努力开拓创新，切实把双拥优抚安置各项工作做实做好

双拥优抚安置工作具有较强的政治性和政策性，是一项严肃的政治任务，各级都要高度重视，认真负责地做好每一项工作。

（一）高度重视，高标准做好国家级双拥模范城（县）创建工作

2011年国家将组织开展新一届双拥模范城（县）命名表彰工作，各级要高度重视，早谋划、早准备，切实做好各项工作。要认真学习贯彻《全国双拥模范城（县）创建命名管理办法》和《全国双拥模范城（县）考评标准》，研究制定切实可行的创建方案。要对照考评标准认真梳理近两年的双拥工作，切实做好查漏补缺、固强补弱、对标上位工作，全面提升双拥工作的整体质量。要把创建全国双拥模范城（县）与当地党委、政府中心工作结合起来，与各级党组织创先争优活动结合起来，与推进军民融合式发展结合起来，特别是要在双拥宣传、培树典型上取得新突破、创立新机制、营造好氛围，力争取得促进国防建设与经济建设协调发展和创建全国双拥模范城（县）双丰收。

（二）严格政策，认真负责地做好优待抚恤工作

要全面深入地抓好优抚对象医疗费用"一站式"即时结算服务体系建设，进一步完善网络系统，合理确定定点医院，真正为优抚对象提供快捷方便服务。要搞好有针对性的调查研究，积极探索加强优抚对象住房建设的长效机制，从根本上解决重点优抚对象住房问题。要按照上档次、上水平、出经验、出成果、创一流、争第一的总体要求，努力开拓创新，认真抓好优抚医院、光荣院、"三院合一"、烈士纪念设施等方面的管理建设，全面提高全省优抚工作的整体质量和发展水平。

（三）加大力度，积极稳妥推进退役士兵安置改革

坚持安排就业和自谋职业相结合的办法，紧密结合当地实际，积极推进退伍安置改革。将退伍安置作为双拥模范城（县）评审重要条件，对不执行政策、没完成任务或出了问题的，一律取消评审资格。要进一步加大行政调控力度，努力提高重点安置对象的安置率和上岗率。要结合社会发展完善鼓励自谋职业的优惠政策，实实在在抓好技能、创业培训和就业指导服务工作，努力探索市场化安置的新途径、新办法。要认真落实政策规定，按要求解决好各类遗留问题，扎实做好各项工作，切实保证全省退伍安置工作改革健康深入发展。

浅议零散烈士纪念设施管理问题及对策

吉林省民政厅优抚处　刘毓东　孟　柠

烈士纪念设施,是党和政府为褒扬烈士、教育群众而修建的永久性设施,长期以来,对弘扬革命传统,凝聚民族力量,繁荣先进文化,构建和谐社会发挥了重要作用。新中国成立以来,特别是改革开放后的社会主义建设时期,各级党委、政府高度重视烈士纪念设施的管理保护工作,使全国烈士纪念设施管理水平不断提高。但是由于我国烈士纪念设施数量多、范围广、分布散,给管理工作带来了一定的难度,特别是对为数众多的零散烈士纪念设施管理保护问题成为了烈士褒扬工作中亟待解决的难点问题之一。

一、零散烈士纪念设施管理存在的问题及原因

所谓零散烈士纪念设施,是指没有列入县级以上保护单位集中管理的较小的、分散的烈士纪念设施。以吉林省为例,据统计全省现有烈士纪念设施751处,其中,全国重点烈士纪念建筑物保护单位6处,省级保护单位12处,县级保护单位50处,没有专门保护单位的零散烈士纪念建筑物683处。近几年,随着国家和各级政府对烈士陵园建设投入的不断加大,县级以上管理的烈士纪念设施维修保护基本较好,但零散烈士纪念设施的管理保护工作仍然存在着诸多问题。一是年久失修,破损严重。在我们调查中发现,零散烈士纪念设施大多是新中国成立前后修建,年代久远、设施简陋、位置偏僻,由于缺乏必要的管理和维修,大多环境凄凉、破损严重,有的墓地杂草丛生,有的墓裂碑斜,有的碑文脱落字迹难辨,有的土墓被雨水冲刷流失严重,还有的烈士墓被推平种了庄稼,连坟头都难以找到。对比县级以上管理的烈士陵园整洁、美观的祭扫环境,零散烈士纪念设施的保护就显得反差很大、极不协调,令人心酸。二是环境偏僻,乏人祭扫。由于历史原因,很多零散烈士纪念设施地处荒郊野外,位置偏僻,道路不畅,平时很少有人前去祭扫,烈士墓碑任由风吹雨打,少人问津。还有个别战争年代就地掩埋的烈士坟,由于缺乏碑文和相关记载,甚至始终没有明显的管理单位,使烈士精神难以得到弘扬和传承。三是位置分散,易损难管。零散烈士纪念设施由于较为分散,大多缺乏围墙和固定的保护范围,加上个别群众缺乏对烈士墓碑的尊重和爱护,致使烈士陵园被侵占、烈士墓碑丢失、烈士墓地被毁坏的现象时有发生,不仅损害了烈士利益,也在社会上产生了一定的负面影响。

产生以上问题的原因:一是由于历史原因造成烈士墓碑过于分散,难以管理。在革命战争年代,由于受当时条件和战场环境所限,大多牺牲的烈士只能就地掩埋,虽然新中国成立后各级政府为弘扬烈士精神先后修建了一大批烈士陵园,但由于经济和客观条件的限制,也只是将部分烈士进行了集中安葬,仍有众多的散葬烈士墓和零散烈士纪念设施分布在荒山野岭、田间地头,缺乏有效的管理保护。二是由于管理法规上的滞后给管理工作带来一定的困难。1995年7月民政部颁发的《革命烈士纪念建筑物管理保护办法》(以下简称《办法》),是我国到目前为止唯一一部关于烈士纪念建筑物管理保护的法规性文件。《办法》规定:“根据革命烈士纪念建筑物的纪念意义和建筑规模,革命烈士纪念建筑物分为:1.全国重点保护单位;2.省、自治区、直辖市级保护单位;3.自治州、市(地区、盟)级保护单位;4.县、(市、旗)自治县级保护单位。列为县级以上革命烈士纪念建筑物保护单位是全额拨款的事业单位,由所在地的民政部门负责管理,所需维修经费由各级财政安排解决。未列为县级以上保护单位的烈士纪念建筑物,由建设单位负责管理保护,所需维修费由建设单位负责筹集。”然而对于未列为县级以上保护

单位的零散烈士纪念设施，由于大多年代久远，建设单位复杂，有的是乡镇修建，有的是村委会修建，有的是烈士家属修建，有的是当地百姓自发修建，随着时间推移、区划调整、单位变迁、人员更迭，很多零散烈士墓碑已难以找到建设单位，特别是税费改革后，乡镇和村委会没有了维修经费来源，难以承担起管理保护的责任，致使零散烈士纪念设施管理保护成为了烈士褒扬工作的一大难题。

二、加强零散烈士纪念设施管理保护的对策

要改变零散烈士纪念设施管理保护的现状，关键是要转变观念、创新方式，找到一条适应当前社会经济发展的路子。长春市自1998年起，率先在全省开展了“迎接烈士回家”活动，2005年又结合“纪念抗日战争胜利六十周年”，再次对全市散葬烈士墓进行了集中清查和迁移，使长春市在案登记的1004名有名和无名烈士遗骸全部迁葬到了长春市革命烈士陵园。近几年，双辽、榆树等地也都相继开展了将散葬烈士墓迁移到烈士陵园集中安葬的活动，为革命烈士安息提供了更好的环境。

实践证明，将零散烈士纪念设施相对集中管理，是解决当前散葬烈士墓管理不力问题的一条行之有效的创新模式。第一，集中管理有利于管理机构的优化整合。由于历史原因，零散烈士纪念设施有的归属不清，有的无人管理，有的虽有管理单位却无资金和能力管理，采取将零散烈士纪念设施搬迁到县级以上管理的烈士陵园或集中地集中管理后，能够使烈士纪念设施全部纳入民政部门的管理范围，提高管理保护工作的有效性。第二，集中管理有利于提高烈士纪念设施的管理保护水平。采取集中管理，由于有专门的管理机构，专业的管理人员，专项的维修保护经费，可以在改变零散烈士纪念设施零乱、无序状况的同时，对其进行统一的修缮和维护，为开展烈士纪念活动提供更好的祭扫环境。第三，集中管理有利于烈士精神的宣传和弘扬。零散烈士纪念设施集中管理后，不仅有利于人民群众开展集中凭吊活动，而且在烈士文物收集、文史资料研究、烈士精神宣传等方面，都将提供更加便利的条件和优势，为广大人民群众特别是青少年开展爱国主义和革命传统教育提供更好、更翔实的教育内容，产生更大的社会效应。

三、零散烈士纪念设施集中管理需把握的几个重点

零散烈士纪念设施集中管理是烈士褒扬工作的发展方向和趋势，也是关乎社会民生的一件大事。在中国传统文化中，迁坟始终是一件庄重而严肃的大事，特别是搬迁为国家的解放和建设事业作出突出贡献的烈士墓穴，更为全社会人民群众所关注，能否高标准完成好烈士墓集中安葬工作，不仅影响到党和政府的形象，也必将在社会上产生强烈反响。因此，在开展烈士纪念设施集中管理工作中要注意做好以下几点：

一是加强领导，认真做好零散烈士纪念设施搬迁的前期准备。针对各地风俗和烈士纪念设施管理的实际情况，散葬烈士墓搬迁工作宜以县级为单位组织开展。县级人民政府要本着缅怀先烈、弘扬烈士精神的原则，为散葬烈士妥善安排“新家”，规划好集中安葬的烈士墓地，并下拨烈士墓搬迁专项资金。县级民政部门要组织专门人员对辖区内散葬烈士墓逐一进行核查，切实做到情况掌握全面、准确、清晰。同时，要通过新闻媒体加强对散葬烈士墓搬迁工作的宣传，赢得全社会的理解和支持。对有烈士家属的要深入细致地做好政策解释和思想工作，征得家属同意，并与烈士家属签订搬迁协议书。

二是严密组织，注重抓好烈士墓搬迁的各个环节。要充分尊重地方传统习俗，认真细致地制定好搬迁方案，在前期准备、起骨、移送、下葬、立碑、绿化等各个环节上做到周密翔实。要指派专人全程跟踪，对每个散葬墓的原貌、起运、搬迁、新建等都要录像或拍照，建立保存完整的烈士墓搬迁档案资料，以备查询。在烈士墓搬迁工作中，要请当地群众代表和烈士家属参加，接受群众监督，并及时向社会通报搬迁情况，为烈士墓搬迁工作营造良好的社会氛围。要扎实做好烈士纪念设施搬迁后的收尾工作，对废弃的原墓碑要采取拆除、粉碎、掩埋等方式妥善处理，避免出现残墙断壁，给社会造成烈士纪念设施被毁坏的影响。

三是分类整合,提高烈士纪念设施教育资源的有效性。对零散烈士纪念设施的集中管理不能一概而论,要以是否有利于烈士精神的弘扬、是否有利于烈士纪念设施管理、是否有利于烈士褒扬工作的发展为原则,进行认真研究分析,采取不同的维修改造措施加以保护。比如,对有些规模相对较大、烈士纪念设施较多、对历史事件有较大纪念意义的乡镇管理的陵园,以及被纳入文物保护的零散烈士纪念设施,可在原址上加以维修改造,并将其纳入民政部门统一管理。对有些因特定历史原因形成的零散烈士纪念设施,要本着尊重历史、尊重民族感情的原则,具体问题具体分析。比如,吉林省延边朝鲜族自治州,地处中朝边境,曾经是抗日战争的东满根据地,解放战争的可靠后方,抗美援朝的前沿阵地。在漫长的革命战争年代,延边大地先后有数以万计的各族优秀儿女,为了国家独立、民族解放献出了宝贵生命,创建了不朽功勋。为纪念他们的丰功伟绩,延边州数百个村屯先后都建有纪念本村革命烈士的烈士纪念碑,贺敬之同志写下的“山山金达莱,村村烈士碑”的著名诗句,就是对延边革命历史的真实写照。烈士纪念碑已成为延边州民族精神的代表,成为体现延边人民革命历史的独特风景线。近年来,延边州政府先后投入300余万元,对全境烈士纪念碑进行了全面维修改造,使各村的零散烈士纪念碑发挥了较好的教育功能。

四是强化管理,全面提高烈士纪念设施保护水平。在零散烈士纪念设施集中整合后,各级政府要将烈士陵园和烈士墓集中安葬地,列入县级以上烈士纪念设施管理保护单位,由民政部门统一管理。县级人民政府应将烈士纪念设施的维修经费纳入当地财政预算,并在陵园管理处设立专门的管理人员编制。陵园管理部门应加强对散葬烈士事迹的收集整理,完善和丰富陈展内容,提高烈士纪念设施“褒扬烈士、教育群众”的功能。各级人民政府要加强对烈士事迹的宣传和弘扬,充分发挥电视、广播、报刊、网络等新闻媒体的宣传作用,有组织地安排机关、厂矿、学校、部队及社会团体等到烈士陵园开展纪念活动,进一步弘扬民族精神,凝聚民族力量,激发广大人民群众的爱国热情,推进社会主义核心价值体系建设,为全面建设小康社会提供强大动力。

借鉴世博成功经验　开创双拥崭新局面

上海市双拥办　高菊兰

在世博会举办的184个日日夜夜,以及此前此后的一段时期,上海市各级党委、政府,社会各界,服务世博的各支部队,以及广大人民群众和部队官兵不仅共同发明并叫响了“世博双拥”这个令人耳目一新的名词,而且在这个名词及其精神实质的引领下,有力地支持了世博,有效地深化了双拥,赢得了军地各级的赞誉。如同世博给上海留下了弥足珍贵的精神财富,“世博双拥”又何尝不是为我们双拥战线的同人带来了良多有益的启示。因此,在谋划和思考双拥工作的发展时,我们一定要充分借鉴“世博双拥”的经验和启示,一届“成功、精彩、难忘”的世博盛会,不仅写下了上海发展史上精彩纷呈的篇章,而且铸就了上海双拥工作新的辉煌。按照科学发展观的要求,紧紧围绕全面建设小康社会目标,着眼于构建和谐社会和服务于军事斗争准备,不断探索顺应形势发展要求的新方法、新思路,努力开创上海双拥工作新局面。

一、以共同的思想认识为基础,确立国无防不立的大局观

国无防不立,这历来是世界各国公认的大局。世博成功的首要命题是期间的平安,在当今纷繁复杂的国际国内形势背景下,维护平安所仰仗的主要力量首推强大的国防力量。“世博双拥”正是在这样一种背景下找到了自己的位置,并且一直致力于巩固军政军民团结，发展军政军民友谊，倡导军政军民互助，用共同的理想和目标，把广大军民的思想和行动高度地统一到支持国防、服务世博的大局上。世博开幕之前，面对前所未遇的形势和任务，上海市各级党委、政府，特别是各级双拥工作部门，就决意从增强全民国防观念和双拥意识入手，进一步加强宣传教育，引导广大人民群众主动地认清大局、服从大局、服务大局、维护大局。世博期间，全市各级各有关方面采取多种形式和途径，开展了内容丰富、形式多样的国防和双拥宣传教育活动，为"世博双拥"奠定了坚实的社会基础和群众基础。世博期间，一浪高过一浪的双拥热潮源自于此，广大军民相互支持、无私奉献的动力也正是出于对大局的正确认识。

实践证明，全体军民牢固树立国无防不立的大局观念至关重要。在今后的双拥工作中，我们要坚持广泛深入地开展以爱国主义为核心，以拥军优属、拥政爱民光荣传统为重要内容的宣传教育，引导各级干部牢固树立国防建设与经济建设协调发展的思想，引导广大群众牢固树立国防利益至关重要的观念，切实增强全社会自觉履行国防义务的光荣感和责任感。在日常工作中，要把国防和双拥宣传教育纳入国民教育体系和部队政治教育计划，根据不同社会群体的思想实际，有针对性地搞好教育，切实做到教育对象、时间、内容、效果"四落实"。在工作载体上，要积极探索新形势下开展国防教育和双拥传统教育的新方法。一要继续推进国防教育"十百千万"主题实践活动，组织十万余人次处级以上领导干部参加"军营一日"活动，百万余人次市民群众走进军营参观，千万余人次的青少年学生接受各种形式的国防教育。努力把处以上领导干部参加"军营一日"活动，打造成军地互通的信息平台；把市民进军营参观打造成支持国防建设的动员平台；把青少年学生接受国防教育打造成国防教育的培训平台。二要充分发挥国防教育基地的功能，广泛开展"全民国防教育日"、"军事日"活动。三要以出版发行《上海市民国防和双拥知识手册》为抓手，举办国防和双拥征文、知识竞赛、演讲比赛等活动。四要会同各级双拥工作部门建立和完善双拥信息网站，加强双拥工作信息交流，强化全市爱国拥军、爱民奉献的社会氛围。

2011年是建党90周年，我们要以此为契机，进一步掀起国防和双拥宣传教育活动的新热潮。要通过新闻媒体开辟专栏，对建党90周年来，特别是改革开放30多年来的双拥成果进行系列宣传报道，推动上海双拥工作再上新台阶。

二、以军民融合式发展为平台，加强双拥工作的互动性

胡锦涛总书记在党的十七大报告中指出："建立和完善军民结合、寓军于民的武器装备科研生产体系、军队人才培养体系和军队保障体系，坚持勤俭建军，走出一条中国特色军民融合式发展路子。"胡总书记的重要指示，充分体现了我们党对经济建设和国防建设协调发展规律认识的进一步深化。"世博双拥"围绕世博平安，积极推动军民之间的高度融合，以军民融合式发展为平台，增强了军民互动，促进了军民互补互助、互利共赢，不仅为世博会的成功举办奠定了坚实的基础，而且为双拥工作在新的历史时期的深化发展，进行了一次有益并且有效的尝试。这样的实践深刻地启示我们，今后的双拥工作，一定要以实现更高层次、更大范围、更深程度的军民融合式发展为目标，加强在重点领域强化融合，在资源配置中有效融合，依托社会各方面广泛融合，努力探索开创本市军民融合式发展新路子。就地方而言，我们要注重把握好以下四个重点方面。

（一）始终坚持支持军队建设，服务于军事斗争准备。我们要主动帮助部队解决在战备执勤、军事训练、国防施工、基础设施建设和官兵生活中遇到的实际困难。广泛开展科技、文化、信息、教育、人才拥军等活动，在综合交通体系建设中兼顾部队机动要求，在重大经济项目建设中兼顾战时防护功能，在产业结构调整中兼顾支前保障能力，在科研布局、重大项目立项中兼顾军事应用功能，在实施"人才强市"战略中兼顾高素质军事人才培养，发挥地方信息资源优势支持军队信息化建设，促进军队战斗力的生成和提高。

（二）大力支持军队完成多样化任务，不断加强后勤保障能力建设。针对新形势下军队担负的多样化军事任务,围绕多样化军事任务保障对象多样、保障方式多样、保障手段多样等新情况、新特点,拓宽双拥工作的视角,协同有关方面,在交通、卫生、通信、物资供应、文化服务、生活服务诸方面,更好地履行拥军职责。

(三)加强地方涉军单位建设,解除部队及其官兵的后顾之忧。完善本市军供设施布局,健全军供应急保障体系。一要加强上海市荣誉军人疗养院硬件设施和软件建设,将其建设成为融集中供养、康复护理、休闲疗养、社区辐射、传统教育为一体的"荣军之家"和"拥军优属之家"。二要按照"平战结合"的要求,在和平时期,为重点优抚对象提供服务,并为应对战时紧急状态作好准备。三要进一步发挥军休中心的示范指导作用,为广大军休干部提供人性化、针对性的优质服务。四要发挥上海双拥活动中心"全方位服务于上海双拥工作"的平台作用,将其打造成双拥工作的宣传展示中心、活动接待中心、教育培育中心、咨询服务中心、信息研究中心。五要注重发挥上海市拥军优属基金会作用,更加有力地"服务国防、维护稳定"。

(四)坚持以人为本,着力解决好广大军民的热点难点问题。以人为本是科学发展观的本质和核心,也是双拥工作必须遵循的重要原则。我们要从广大军民最关心、最直接、最现实的问题入手,实现好、维护好、发展好他们的根本利益。

一要做好随军随调军官配偶就业和生活保障工作。认真贯彻落实《关于进一步做好随军随调军队干部配偶就业和生活保障工作的若干意见》及其配套实施细则,进一步完善"军官家属基础信息数据库"建设。二要做好军队退役人员接收安置工作。要采取技能培训、扶持就业、自谋职业等多种形式,拓宽退役士兵安置渠道,并且通过落实《关于进一步做好本市退役士兵文化教育和职业技能培训工作的意见》,提高退役士兵文化知识水平和职业技能素质,增强退役士兵就业竞争能力。要高度重视军队伤病残人员的接收安置,克服困难、创造条件,把军队移交的符合规定的对象接受下来。要切实把军队离退休干部、军转干部等接受好安置好服务好。要站在全局的高度,重视并做好军队退役人员的稳定工作。通过切实落实各项拥军优抚安置政策,加强对军队退役人员的稳控工作,确保本市复退军人总体稳定。三要建立健全优待抚恤服务保障体系。建立健全城乡一体化优待服务保障机制,逐步实现抚恤补助标准的统一,按照本市的抚恤补助标准自然增长机制,适时适度调整部分优抚对象抚恤补助标准,注重完善优抚对象生活困难救助和就业服务保障体系,进一步完善重点优抚对象医疗服务保障和医疗救助保障体系。规范优抚业务进"社区事务受理服务中心"建设,推广优抚社工试点工作,提升优抚社工整体水平,通过市、区两级财政支持,引入社区公益项目招投标等方式,健全以专业社工为主体,以志愿者、义工为辅助的优抚社工服务组织网络,形成一支比较成熟的优抚社工队伍,积极开展优抚对象精神慰藉和思想教育工作。四要继续深入开展"关爱功臣活动"。引领社会各界主动"关爱功臣",努力为优抚对象解决工作、生活中的实际困难,把党和政府的关怀落到实处。

三、以适应新形势、满足新需求、解决新问题为导向,增强双拥工作的创新能力

"世博双拥"是一项没有经验和案例可以借鉴的新任务,我们用思想方法的创新、工作机制的创新和工作内容的创新,交出了一份令领导满意、群众拥护、工作对象高兴的答卷。世博之后,双拥工作必然会不断出现许多新的情况,"世博双拥"的成功经验启示我们,面对新情况、新矛盾和新问题,我们要以全新的视角、全新的姿态,创新的思维认真对待,并且通过对需求和问题的研究,寻找新办法,完成新任务,实现新突破。

(一)拓展领域,推进双拥工作社会化。世博会期间,上海掀起了社会化拥军热潮,全市形成了军地联动、军民互动、社会各界参与的良好格局。全市共有499个机关、企事业单位与世博任务部队结对共建,为世博任务部队提供了有力保障。社会力量的加盟,扩大了拥军扰属的队伍,极大地增强了拥军优属的队伍,成为"世博双拥"取得成功的重要因素。

将来,我们应该进一步按照“政府搭台,军地互动,企业社会齐参与”的思路,不断拓宽双拥工作社会化的新领域,继续推进社会化拥军的发展,为双拥工作奠定更加广泛、坚实的社会基础。一要不断完善双拥工作组织体系和社会化服务网络。建立健全各级双拥工作组织体系,做到区(县)、街道(乡镇)有双拥工作领导小组;社区、村(居)委会有双拥工作联络员(信息员),形成“上下一条线、左右联成片、层层有人抓、事事有人办”的社会化双拥服务网络。二要发挥民营企业和“两新”组织的拥军生力军作用。动员社会各界力量,特别是民营企业、股份制企业,开展行业拥军、企业拥军。三要积极拓展社区双拥功能。不断探索社区双拥新路子,充分挖掘、整合、利用本社区的双拥资源,使社区的双拥活动由过去单一的走访慰问向实施科技拥军、智力拥军、文化拥军、法律拥军的方向发展,通过开展一系列双拥活动,丰富社区双拥工作内容,深化社区双拥工作内涵,不断扩大双拥工作的社会影响,推动双拥工作社会化的健康发展。

(二)在健全法规中实现创新,确保双拥工作有序开展。双拥工作既是一项政治任务,同时也是一项政策性很强的工作。要保持双拥工作持续发展,需要健全完善的政策法规作保障。世博期间双拥工作开展得有声有色,其中一个非常重要的因素是上海市委办公厅、上海市人民政府办公厅及时下发了《关于做好世博期间本市双拥工作的意见》,提出了一系列新的工作机制、新的工作内容和新的工作要求,成为指导世博期间全市双拥工作的重要依据,保证了双拥工作有力、有序、有效的展开。今后,我们一方面要进一步落实好已经制定并经过实践检验的好政策、好法规,另一方面还要高度重视研究双拥实践中遇到的新情况、新问题,设计新措施,并且把成功的经验提升、固化为政策乃至法规,用创新推动双拥工作法规制度体系建设,保证上海双拥工作有效有序展开。

(三)创新军民共建活动,推进双拥工作深入发展。军民共建工作是双拥工作的重要组成部分,也是密切军政军民关系的重要途径。世博期间本市军地双方紧密合作,创造性地开展了“四联四共”、“六联六同”等多种形式的双拥实践活动,在世博会全过程发挥了非常好的作用,全国双拥办领导在视察调研时给予充分肯定。下一步,我们要在此基础上进一步探索军民共建的新载体,使军民共建从单一的走访联谊转变到注重交流思想、交流文化、交流技术上来;从比较单纯的单位共建推广到共建文明村镇、文明社区上来;从主要着眼现实困难的解决转变到人才培养、科技进步等长期发展项目上来。

四、以“三同”活动为载体,增强做好双拥工作的引领力和推动力

近年来,市委、市政府和上海警备区发动上海军民广泛开展“同学创新理论、同树文明新风、同建和谐平安”活动,有力地促进了地方经济社会发展和驻沪部队建设。上海世博会组委会领导评价说,世博会精彩开幕、高效运行,“三同”活动功不可没。全国双拥工作领导小组办公室向全国全军转发了上海军民开展“三同”活动的经验。事实上,“三同”活动既是新的历史时期拥政爱民工作的一次创新,更是通过军队的积极作为,为双拥工作注入了新的引领力和推动力。因此,我们要继续深入开展军民“三同”活动,会同驻沪部队,共同在提升城市文明程度上有所作为,在改善民生、维护官兵利益上有所作为,在维护社会稳定上有所作为,在军民融合发展上有所作为。

(一)发挥政治优势,宣传党的光荣传统。积极整合军地资源,走出军地互动式学习党的创新理论的新路子,依托宣讲团、“东方讲坛”和社区文化中心等平台,组织军地专家学者和领导干部深入基层宣讲科学发展观和党的光荣传统,作形势报告、上革命传统课等,促进党的创新理论宣传和普及。通过组织军民看上海、看军营活动,拓展社会课堂。热情接待驻地群众到军营体验生活、接受军训和国防教育,大力支持地方开展国防教育“十百千万”活动。

(二)参与社会公益事业,引领精神文明建设深入发展。驻沪部队和民兵预备役要采取“连户挂钩”形式,与烈军属、孤寡老人、贫困学生、伤残人员挂钩开展帮扶,广泛开展扶贫帮困送温暖活动,做到思想上关心、生活上帮助、经济上资助;驻沪部队建制连级单位应与驻地社区、敬(养)老院结对共建,继续推进"军徽映夕阳"、"军徽照晨曦"等社会公益性活动;以部队和民兵预备役为主要力量,动员社会广泛参与,组织为民服务队,采取多种形式开展便民服务。组织军民积极参与社会公益事业,带动和促进军地双方自觉遵守社会公德、职业道德、家庭美德和公民道德,促进城市文明程度全面提升,在构建和谐社会中发挥更大作用。

(三)支援地方建设,共建和谐平安。发挥部队和民兵预备役组织健全、动员快速、突击力强的优势,因地制宜,主动作为,有组织、有计划地组织部队和民兵预备役人员积极支援地方重点工程建设,充分发挥部队在完成急难险重任务中的突击作用,积极承担抢险救灾任务,大力支持地方经济建设。驻沪部队团级(独立驻防)单位应与驻地建立军(警)民联系点,依托公安机关和综治办等机构,组织部队和民兵预备役开展营区周边环境综合治理、军警民联防联治和遂行"应急处(理)突(发情况)"任务,促进军地和谐和社会稳定。

五、以机制建设为重点,增强双拥工作的制度性保障能力

今年,市委、市政府领导亲力亲为,多次就"世博双拥"作出专门指示,经常深入部队走访调研、参加军地重大活动,为部队解决实际问题,不仅为"世博双拥"提供了持久动力,而且促成了许多工作机制的形成。在市领导的示范引领下,本市各级党委、政府更加主动地把国防和军队建设摆上重要位置,把双拥工作纳入议事日程,纳入经济社会发展和国防建设总体规划,纳入领导干部政绩考核,纳入全民教育内容,坚持把双拥工作与当地经济社会发展总体规划同部署、同安排、同落实,有力地促进了双拥工作的发展,这些好的经验做法理应发扬光大。

(一)进一步健全领导机制。通过机制,鼓励地方各级党委、政府把双拥工作作为一项政治任务来抓。鼓励他们每年都要召开专题议军会议、党政军座谈会,研究解决国防后备力量建设和驻沪部队存在的困难。鼓励各级、各部门主要领导始终把双拥工作当做"一把手工程"、"365工程",率先垂范,身体力行,对双拥工作中遇到的重大问题亲自协调,亲抓落实。鼓励各部门密切配合,社会各界广泛参与,努力在双拥工作中形成齐抓共管的良好局面。

(二)进一步发挥好双拥办的职能作用。各级双拥工作领导小组办公室作为领导小组的办事机构,担负着组织、协调、指导双拥工作的职能,进一步加强双拥工作领导小组和双拥办公室的组织建设和能力建设尤为重要。各级双拥办要积极争取党委、政府的支持,切实做到有组织机构、有编制人员、有办公地点、有经费保障,进行军地合署办公,给党委、政府当好参谋助手。还要下大力气抓好队伍建设,不断提高队伍的思想业务素质,有力地承担起党和政府赋予的责任,不辱使命,出色地做好新形势下双拥工作。

(三)进一步健全考评机制。创建双拥模范城(县)活动,是新的历史时期双拥工作的创举,坚持双拥模范城(县)动态管理,建立科学合理的考核评估机制,可以引领双拥工作朝着正确的方向健康发展。因此,我们要下工夫完善考评机制,以科学的机制加强对创建活动的检查指导,并且把社会各界在重大军事演习、科研试验中,以及在全国、全军重大活动中开展双拥工作的情况纳入双拥考评,把双拥工作的绩效作为评比的重要依据。从而引领社会各界把双拥工作的重点放在平时,放在基层,放在研究和解决军队和广大优抚对象普遍关注的热点难点问题上,放在机制建设以及社会基础的拓展等方面。通过创建双拥模范城(县)活动,全面深入地推进本市双拥工作跃上新的台阶。

军民融合式双拥体系建设探索

江西省双拥办　郭爱华　王　健　吴金勇　陈　俊

摘要：本文从江西双拥工作的发展历程和面临的客观环境入手，分析影响江西双拥工作创新发展的原因，研究新形势下支持国防和军队建设的新路子，探索经济欠发达地区在市场经济条件下建立军民融合式发展的双拥体系建设的新途径、新办法，着力提升双拥工作的质量，通过建立军民融合式发展的双拥工作体系，使双拥工作在促进经济效益和军事效益上发挥更大的作为。

双拥工作是拥军优属、拥政爱民工作的简称，是在党的领导下，以巩固和加强军政军民团结为主旨，组织发动全国军民为中国革命、建设和改革事业团结奋斗的一项社会活动。它深刻反映了我国军民血肉相连的本质特征，生动体现了党的宗旨、国家的性质和人民军队的本色，是我们党、国家和军队的优良传统和特有的政治优势。它随着人民军队的产生而产生，随着经济社会的发展而发展。历史庄严地选择了江西，从1927年8月1日南昌起义宣告人民解放军的创立起，双拥工作就在江西这块红土地上得以培育、发展并创造辉煌。井冈山斗争时期，第一次提出了工农革命军的"三项任务"和"三大纪律"、"六项注意"（后改为"三大纪律八项注意"），至今仍为人民子弟兵铁的纪律；《井冈山土地法》第一次规定了"优待红军家属、慰劳红军，为红军和赤卫队员筹集粮款、代耕土地、制作军鞋和救济红军家属"等优抚内容。1931年11月，中华苏维埃共和国临时中央政府先后颁布了《工农红军优待条例》、《关于优待红军家属的决定》等我国历史上优抚工作最早的成文法规，统一了各革命根据地的优抚规章，确立了拥军优属的法律地位。革命战争年代，江西人民"父送子、妻送郎，兄弟争相参加红军上战场"、"作田先作红军田，优待帮工莫讲钱"成为了人民群众的自觉行动，双拥工作在江西这块红土地上初现端倪。

军爱民，民拥军，星火燎原，到最后夺取中国革命的伟大胜利，双拥工作发挥了不可替代的作用。工农红军打土豪、分田地，建立苏维埃政权，建设革命根据地，在极端艰苦的环境中，一次又一次地粉碎了数倍于自己的国民党军队的"围剿"，创造出前所未有的全新局面，夺取了3年南方游击战争的最后胜利。抗日战争爆发后，江西境内驻守着数十万中国军队，历经大小战斗数百次，江西以大量的粮食和兵役、夫役支援抗日战争；解放战争时期，人民解放军主力兵团云集江西，江西老表筹集粮草、抢修道路、运送物资、随军服务，积极配合子弟兵作战，保证人民解放军在江西境内的军事行动畅通无阻。广大军民携手并肩，浴血奋战，以排山倒海之势、雷霆万钧之力，迅速摧毁了国民党反动统治，双拥工作所形成的坚强的军政军民团结，在夺取新民主主义革命胜利中发挥了重要作用。新中国成立后，特别是改革开放以来，双拥工作理论不断完善，内容不断拓展，形式不断创新，以军民共建社会主义精神文明为载体，广大军民参与双拥工作的热情空前高涨；以创建双拥模范城（县）为龙头，群众性双拥活动蓬勃兴起、持久不衰，广大军民在经济建设的主战场上通力合作，在三个文明建设中相互促进，在维护国家安全、统一和稳定中密切配合，在抗御严重自然灾害中并肩战斗，军政军民团结显示了强大力量。

双拥工作，就其本质属性而言，是指为实现全体军民的根本利益而协调军政军民关系实践活动的总和。包括军队与政府、军人与百姓在内的各个阶层、各个群体间利益关系的和谐协调，是构建社会主义和谐社会的重要内容。只有军政军民关系和谐发展，才能实现全体军民的根本利益。做好双拥工作，是促进经济社会发展和军队现代化建设的保障。经济社会持续发展、人民生产生活安定,需要良好的环境秩序作保障,这种环境的营造离不开两大要素:一是内部和谐;二是外部安全。双拥工作在构建内部和谐、外部安全方面,发挥着极其重要的作用。通过开展双拥工作,培育并凝聚以爱国主义为核心的民族精神和以改革创新为核心的时代精神,促进军政军民团结,促进经济建设和国防建设,对内架构起保持社会稳定、民众安心的和谐网络,对外形成抵御外来干涉、侵略的安全屏障,营造稳定的发展环境,为经济社会发展保驾护航,双拥工作都起到了重要作用。

随着时代的发展,社会的进步,特别是在我国进入社会主义市场经济体制以来,双拥工作仅仅依靠党委、政府来推动的格局受到了严峻的挑战。双拥工作如何适应时代的发展,如何适应市场经济体制的要求,如何在做好军事斗争中发挥更大的作用,如何在经济社会发展中发挥军地共同维护社会稳定的作用,不断加强和完善双拥工作体系显得尤为重要。特别是在江西这样的经济欠发达省份,应更加积极地探索新形势下开展双拥工作的新道路,着力提升双拥工作的质量,通过建立军民融合的双拥体系,使双拥工作在促进经济效益和军事效益上有更大的作为,这是每一位双拥工作者肩上的责任。

一、江西双拥工作的发展历程及取得的经验

我省的双拥工作,在省委、省政府、省军区的正确领导下,坚持以马列主义、毛泽东思想、邓小平理论、"三个代表"重要思想为指导,深入学习实践科学发展观,用建设中国特色社会主义的共同政治基础凝聚军心民心,保证双拥工作始终沿着正确方向发展;坚持围绕中心,服务大局,促进经济实力、国防实力和民族凝聚力同步增强;坚持深入持久地开展国防教育,增强全民国防观念,形成人人关心国家安全、勇于献身国防事业的社会风尚;坚持主题鲜明、富有时代特色的双拥形式,深入持久地开展军民共建和创建双拥模范城(县)活动,不断提高双拥工作的整体水平;坚持发挥各级双拥领导机构和军地职能部门的作用,形成齐抓共管、各司其职的双拥工作运行机制。1982 年,"全省拥军优属拥政爱民先进单位和先进个人代表大会"召开,开全国双拥工作之先河,为创建双拥模范城(县)提供了实践依据。1998 年,兴国、横峰两县在全国率先开展的"爱心献功臣活动",为建国 50 周年全国"爱心献功臣行动"提供了有益的经验;7 月,省人民政府颁布《江西省社会统筹优待金办法》,在全国省一级出台第一部优待金社会统筹法规。改革开放以来,江西军民团结奋斗、相互支持,双拥工作在继承中发展,在改革中前进,取得了新的成绩和进步,为江西的改革发展和社会主义建设,为驻赣部队做好军事斗争准备,为实现江西科学发展、进位赶超、绿色崛起作出了重要贡献。

1. 发挥红色资源丰富的特点,大力加强国防教育。我省注重发挥红色资源丰富的特点,运用重大节日庆祝活动,开展国防教育有声有色。我省作为"八一"南昌起义、秋收起义、创建井冈山革命根据地三大历史事件的主要策源地,在 1987 年、1997 年、2007 年的三大事件 60 周年、70 周年、80 周年纪念日,我省作为开展了声势浩大的纪念活动。1987 年 8 月 1 日,省、市军民在南昌八一礼堂隆重集会,纪念中国人民解放军建军 60 周年,省委副书记、省长吴官正作拥军优属电视讲话;各地成立拥军优属慰问团,共走访慰问 395 个驻军单位和 100 多个老区乡 4 000 多户优抚对象;慰问驻南昌地区军队领导机关和部队干休所、医院;驻赣部队共派出 87 个走访组,共走访 265 个单位,虚心听取、征求地方意见。1997 年 5 月,省委成立纪念"八一"南昌起义等 3 个 70 周年纪念活动领导小组,组织全省开展系列拥军优抚活动。7 月,江泽民参观"八一"起义纪念馆时题词"军旗升起的地方"。10 月 12 日,国防大学 400 余名高级将领参观江西省革命烈士纪念堂。10 月 14 日,新四军成立 60 周年纪念大会在南昌举行,来自全国的 150 多位新四军老战士和 12 个省市新四军研究会的专家学者参加会议。中国新四军研究会会长叶飞到会并讲话。2007 年 8 月 1 日上午,省委书记孟建柱、省长吴新雄、省委副书记王宪魁、省政协主席傅克诚、省人大副主任彭宏松等省领导走访慰问了部分在南昌的红军老战士、老革命、伤残军人。晚上，省委、省政府在南昌举行“八一”建军节招待会。民政部常务副部长李立国与省里主要领导和驻军师以上军政主官、老八路、复员退伍军人、残疾军人出席了招待会。随后，又共同出席了“省市军民庆祝中国人民解放军建军80周年文艺晚会”，观看了大型情景歌舞《井冈山》，并通过中央电视台戏曲频道向全国同步直播。

2005年是中国人民抗日暨世界反法西斯战争胜利60周年，结合深入开展保持共产党员先进性教育活动，采取多种形式，深入进行了以爱国主义为核心的国防教育、双拥宣传和主题实践活动。省直单位举办了“纪念中国人民抗日战争暨世界反法西斯战争胜利60周年大型图片展”、“血沃赣鄱——江西人民抗日斗争展”、“老干部纪念抗战胜利60周年书画展”等一系列活动；九江市举办了“抗日老战士座谈会”、抗战图片展和征文活动；上饶市推出了“血染的丰碑”、“可爱的中国”大型主题宣传活动。省国教办会同省委宣传部、省教育厅、省广播电视局在江西电视台举办了以“爱我中华、心系国防”为主题的全省国防教育电视演讲大赛。

2006年是红军长征胜利70周年，我省是红军长征的出发地，江西电视台在《江西新闻联播》中，开辟了“长征英雄谱”专栏，宣传介绍了100位江西籍将军的事迹。《江南都市报》征集志愿者重走长征路，将长征路线图制成沙盘赠送给红军老战士。江西电视台在北京、南昌、井冈山等地举办“中国红歌会”，在南昌八一体育场举办了“纪念红军长征胜利70周年中国红歌会”。各大专院校、中小学举办诗歌朗诵会、歌咏比赛、主题征文等活动。各地还先后建立了一批爱国主义教育基地和国防教育馆，开办了一批少年军校，制作了一批高质量的双拥宣传标牌，创作了一批反映军民鱼水情的文艺作品，使国防教育和长征精神深入人心。

2008年7月21日，在中国人民解放军建军81周年纪念日前夕，省委书记苏荣、省长吴新雄率江西人民慰问团，带着4 300万江西人民的深情厚谊，专程赶赴南京军区走访慰问，感谢南京军区首长对江西的厚爱，感谢人民子弟兵为江西的各项建设作出的突出贡献。是年1月中旬至2月上旬，我省遭受了历史罕见的持续低温雨雪和冰冻灾害，导致电力设施大范围严重受损，给工农业生产和人民群众生活造成了极大影响。南京军区1.2万名解放军指战员，带着党中央、国务院和中央军委对江西人民的亲切关怀，紧急奔赴我省参加抗冰救灾。部队官兵以“特别能吃苦、特别能战斗、特别能奉献”的精神，为江西架起了一条条光明之线，为灾后重建和经济社会发展，为保障人民群众生产生活作出了重大贡献。7月30日上午，苏荣书记和吴新雄省长带队，走访慰问参加了四川汶川抗震救灾的省消防部队和驻赣水电二总队。晚上，省市军民在省艺术剧院举办“省市军民八一电影招待会”，省市四套班子的领导和驻昌部队1 600人参加了晚会。通过重大节日的庆祝活动，广大军民的双拥意识普遍提高，军队和地方抓双拥工作的自觉性明显增强，双拥创建的氛围进一步浓厚。

2. 适应新军事变革的要求，积极支持部队做好军事斗争准备。各级党委政府抓经济建设不忘国防建设，积极组织协调各方力量，支持驻赣部队做好军事斗争准备。省里先后投入资金启动江西省防空兵训练中心、省军区地下指挥所改造、预备役部队调整组建“三大工程”。赣州市拨专款新建了战时军地联合指挥所，全省县以上单位都建立了战备基金。各地十分重视加强国防后备力量建设，各级党政领导对武装工作非常关心，认真落实党管武装各项制度，定期到军事机关现场办公，帮助解决军事斗争准备经费，特别是在2005年省、市国动委演练中，地方党政主要领导亲自组织、亲自参加，为推进军事斗争向军地共同准备发展、向基层延伸迈出了坚实的步伐。为帮助部队改善战备训练和生活条件，安福县在财政比较困难的情况下，先后挤出300多万元为县人武部、消防大队和武警中队新建办公楼和靶场、训练基地。目前，全省大部分县（市、区）人武部、武警、消防部队都新建或改建了较现代化的作战指挥设施、训练场地、办公楼、住宅楼。各地积极开展科技拥军活动，以“一定、两办、三传、四送”为主要内容的科技拥军活动在全省蓬勃发展。鹰潭市有101个单位与驻军结成17个科技拥军对子,近几年每年都投入资金30多万元支持部队科研攻关。解放军第184医院在鹰潭市有关部门的帮助下,有三项成果获市科技进步二等奖。为维护军人军属合法权益,全省各级共建立维权合议庭107个,咨询服务站1 500多个,形成了上下顺畅的维权咨询服务网络。全省法院系统向社会承诺,对军人军属涉法案件实行优先立案、优先审理、优先判决、优先执行。为切实加强驻赣部队的生活服务保障,各地积极实施军队菜篮子工程,优质优价组织军粮供应,及时更新改造供水供电设施等,使部队的后勤保障更加有力。

3. 发扬老区人民拥军传统,切实解决部队官兵的后顾之忧。转业退伍安置、随军家属安置、现役军人子女的入托、入学等问题,是部队官兵普遍关心的问题,也是地方党委、政府高度重视解决的问题。为保证部队官兵安心戍边守防,各级党委、政府坚持把转业干部安置作为"一把手"工程来抓,采取腾位置、先进后出、增加领导职数等办法,千方百计安置好转业干部。针对目前退伍义务兵安置难的情况,我省在强化政府调控的同时,加大了安置改革力度,积极推行有偿安置和自谋职业,使退伍义务兵得到及时妥善安置,基本做到了军队、地方、个人"三满意"。

为进一步做好部队干部家属子女的就业就学工作,经省政府同意,省劳动和社会保障厅、省人事厅、省民政厅、省教育厅、省军区政治部于今年下发了《关于进一步做好驻赣部队干部随军家属子女就业就学工作的意见》。省委、省政府高度重视,于1999年开始第一批集中进行随军家属就业安置工作,共安置521名随军家属就业,大部分在南昌市安置。2003年开展了第二批随军家属就业安置工作,由孙刚副省长亲自抓,共安置153名随军家属,三分之二在省直部门安置。2004年6月,专门对17名飞行员的家属开展了第三批随军家属就业安置工作,由于领导重视,采取特殊政策,仅用一个月的时间完成安置任务。2009年开展了第四批随军家属就业安置工作,共安置892名随军家属。在安置过程中,省领导高度重视,省委书记孟建柱和省长黄智权作出重要批示,要求切实解决好随军家属的就业安置问题。孙刚副省长主持召开了调整后的省随军家属就业安置工作领导小组会议进行部署。面对企业改制、机构精减等就业压力,省里积极探索做好随军家属就业安置工作的新路子,采取由政府下达安置计划,确定用人单位和数量,再组织随军家属与用人单位举行专场招聘会,采取市场化的运作方式进行"双向选择",开了全国随军家属就业安置的先河。2006年4月,在南京军区召开的南京战区"两就"工作座谈会上,省双拥办在会上作了典型发言,省双拥办、华东交大、九江军分区受到表彰。年底,南京军区还专门给省委、省政府写来感谢信。

4. 牢记全心全意为人民服务的宗旨,驻赣部队拥政爱民成效明显。驻赣部队围绕"富民兴赣"大业和实现江西在中部地区崛起,积极参加地方"三个文明"建设,投身重点工程建设,主动承担急难险重任务,把抢险救灾作为拥政爱民工作最实际的行动。1998年入夏以来,江西省发生特大洪涝灾害,特别是长江九江段决堤后,5万名子弟兵奉命奔赴灾区,奋战在最艰苦、最危险、最吃紧的地方,以惊天动地的爱民真情,堵决口、战恶浪,不怕疲劳,连续作战,体力消耗常常超出生命的极限,创造了抗洪史上的奇迹,确保了国家财产和人民生命安全。2008年1月中旬,我省遭受了50年不遇的持续低温、雨雪和冰冻极端天气,导致我省电力设施严重受损,江西电网遭受"毁灭性打击",大范围断电给群众的生产生活造成了极大困难。驻赣部队1.3万名官兵紧急参加抗冰救灾和电力设施抢修。人民子弟兵在施工环境极其恶劣的条件下,不畏艰辛,翻山越岭,把一件件笨重的电力设施器材抢运到施工现场。在短短的七天时间里,出色完成了3 329吨塔基器材搬运任务,为确保江西全面完成电网抢修任务起到了关键性作用。各部队在完成战备训练任务同时,采取定点扶贫、挂钩扶贫、对口扶贫等形式开展扶贫攻坚活动,积极参加社会主义新农村建设。各级人武部门为科技助贫举办各类培训班1 906多期,培训人员18万多人次,组织发放农村实用技术手册3万多册。为老区人民脱离贫困和社会主义新农村建设作出了突出贡献。

5. 以创建双拥模范城(县)活动为龙头,推动双拥工作的创新发展。创建双拥模范城(县)活动是新时期双拥工作的重要载体,是加强军政军民团结的有效途径。开展创建双拥模范城(县)活动,一方面是对各地双拥创建工作的考评,另一方面又是对全省双拥工作的再宣传、再发动的过程,既是对前面几年双拥年工作的总结,又是对今后双拥工作的部署。各市、县(市、区)党委、政府和驻军部队把争创双拥模范城(县)作为一项很高的政治荣誉,普遍纳入了党政军领导重要的议事日程,列为"一把手工程"和党政领导目标考核任务,普遍加大了创建工作的力度。军地各级领导以身作则、率先垂范,双拥工作的重大活动都精心组织,积极参与,双拥工作的重要问题都认真研究,及时解决。广大军民在创建双拥模范城(县)活动中,发挥优势,积极参与,争作贡献。"为驻地繁荣、为群众造福","为军人解难、为军属分忧"的群众性双拥活动蓬勃发展,数以万计的双拥服务组织常年活跃在城乡和军营。以往被命名为双拥模范城(县)的地方,在成绩面前找差距,本着巩固、发展、提高的原则,采取了新举措,取得了新成绩。未命名的县市,制定规划,确立目标,积极申报,促进了群众性创建活动深入开展。通过双拥模范城(县)的创建活动,进一步推进了双拥优抚工作的深入发展,促进了我省双拥工作水平的进一步提高。

江西省的双拥工作在继承中发展,在改革中前进,有力地促进了改革发展稳定和军队现代化建设。回顾历史,江西各级党政军领导把双拥工作摆到事关全局的突出位置,以融入血脉的井冈山精神和在"解放思想、加快江西发展"、"树立江西人新形象"、"弘扬井冈山精神"、"落实科学发展观"中焕发的饱满热情,按照"服务大局、注重建设、立足基层、求实创新"的工作思路,与时俱进地开展双拥工作,拥军优属、拥政爱民取得了丰硕的成果。特别是1991年开展创建双拥模范城(县)活动以来,全省的双拥工作朝着社会化、法制化、经常化的方向发展,创造和积累了许多具有时代特点和创新特色的成功经验。主要是六个坚持和三个实现。

六个坚持是:坚持以马列主义、毛泽东思想、邓小平理论、"三个代表"重要思想为指导,全面贯彻落实科学发展观,用建设中国特色社会主义的共同政治基础凝聚军心民心,保证双拥工作始终沿着正确方向发展;坚持围绕中心,服务大局,始终把党在各个时期、各个阶段的历史使命作为最高目标,促进经济实力、国防实力和民族凝聚力同步增强;坚持从政治上看待和处理军政军民关系问题,不断密切军队与人民群众的血肉联系,维护社会政治稳定大局;坚持深入持久地开展国防教育,增强全民国防观念,形成人人关心国家安全、勇于献身国防事业的社会风尚;坚持主题鲜明、富有时代特色的双拥形式,深入持久地开展军民共建和创建双拥模范城(县)活动,不断提高双拥工作的整体水平;坚持在地方党委、政府的统一领导下,发挥各级双拥领导机构和军地职能部门的作用,形成齐抓共管、各司其职的双拥工作运行机制。

三个实现是:实现双拥工作社会化。双拥工作的主体是群众,重点在基层。充分发挥基层双拥服务组织的作用,是实现双拥工作的最有效途径。1994年以来,省双拥办先后两次召开"全省基层双拥服务组织现场会",总结推广景德镇市和宁都县做好基层双拥工作的经验,推进全省基层双拥服务组织网络化、服务内容系列化、服务工作制度化进程。全省基层双拥服务组织有工作职责、有服务内容、有计划安排、有优待措施,部队以连为单位有军民共建点。实现双拥工作法制化。为支持部队建设,各级党委、政府把维护军人及其家属、优抚对象的合法权益作为双拥工作的重要内容,双拥优抚政策法规建设大步推进。1995年省人大颁布了《江西省军人抚恤优待办法》,1997年颁布了《江西省征兵工作条例》;1998年省政府在全国率先制定了《江西省优待金社会统筹办法》和《进一步做好优抚工作的通知》,省政府、省军区制定了《江西省拥军优属若干规定》和《驻赣部队拥政爱民若干规定》;省双拥工作领导小组出台了《江西省创建双拥模范城(县)命名管理实施办法》和《江西省双拥模范城(县)考评标准》;省随军家属就业安置工作领导小组与省人事厅、省劳动厅、省民政厅、省军区政治部联合下发了《江西省赣部队随军家属就业安置工作实施意见》。双拥政策法规的不断完善,使我省的双拥工作不断跃上新台阶。实现双拥工作经常化。双拥工作贵在坚持,难在经常。因此,在集中做好重大任务和重要节日双拥工作的同时,注重开展经常性的双拥活动。做到每年有计划,节日有走访,平时互帮互学,双拥工作常流水不断线。把鼓励群众积极探索,支持和扶持拥军优属、拥政爱民的新创举,构筑双拥工作的新载体,创造富有地方特色的活动形式列为双拥创建活动的考评内容。在争创双拥模范城(县)活动中,打破终身制,坚持能上能下,有上有下,营造军队和老百姓比着干、争着上,各市县你追我赶、不甘落后的局面。

二、影响江西双拥工作创新发展的客观环境及原因分析

(一)面临的客观环境

随着社会主义市场经济体制的建立,社会利益的调整,改革开放的不断深入,我省双拥工作的创新发展也面临着严峻的客观环境。

1.市场经济的发展,社会各方利益的调整,人民群众的双拥意识有所淡化。改革开放以来,党的工作重心逐步转移到经济建设上来,加快社会经济发展步伐,追求经济效益,改善人民生活成为了各级党委、政府中心工作。一时间,经济的发展,生活质量的提高也就成为了人们热议的话题。片面追求经济效益的思想,使人们对军队的直接依赖相对减少,军队的地位和作用也容易被忽视,双拥工作的自觉意识和工作热情就会减弱。有的部门认为经济是硬指标,双拥是软任务,在双拥活动中对政治关系看得较轻,对经济关系看得较重,在遇到部队演习、征地建房、划分军事禁区、铺设通信电缆等问题时,不是从国家大局出发,而是从本地区本部门的需要出发,这是双拥观念淡化的明显标志。

2.市场经济的发展,打破了社会一些固有的模式,使双拥传统的工作方式受到冲击。计划经济条件下,主要依靠党委、政府和驻军领导机关的号召,通过社会舆论和教育的力量,重点突出社会效益,启发人们的觉悟来自觉实施。指导工作的方法注重以点带面、逐步推进,通过发现经验、总结推广来推动双拥工作的开展,对双拥工作实行弹性管理。驻军部队和优抚对象遇到困难需要帮助和支援时,只要政府和有关组织向社会发出倡议和号召,就能得到各界的积极响应,一呼百应,有钱的出钱,有力的出力,解决问题的速度和效果都很好。而在社会主义市场经济条件下,人们的价值取向发生了新的变化,办事情遵循的是社会经济法则,对那些似乎可做可不做、约束性不强的社会公益活动,特别是对于和平时期看起来不太重要、不太起眼的国防教育、双拥观念等,人们更多的时候持以冷漠观望的态度。

3.市场经济的发展,产生了新的社会阶层和新型经济组织,单靠国有企业拥军的局面难以维续。随着社会主义市场经济的建立和不断完善,"两新组织"(新的社会阶层和新的经济组织)的产生为双拥工作赋予了新的时代内涵。"两新组织"是改革开放和发展社会主义市场经济的产物,"两新组织"在我省经济社会发展中的比重越来越大,在经济社会生活和双拥工作中体现出越来越重要的作用。这就使过去主要依托国有企业拥军的格式被打破。但由于"两新组织"固有的非强制性的自主行为、离散的个体行为和灵活多样的工作模式等独特个性,拥军活动开展程度如何,取决于企业主的经历和认知,取决于管理人员的素质,而不是政府部门或某一个组织的强制因素。部分个体私营企业主对参与拥军活动缺乏主动性和自觉性,部分民营企业有拥军的愿望,但又缺乏有效的组织、协调和引导,制约了双拥工作的发展。

4.市场经济的发展,社会改革的不断深入,双拥组织机构和优抚服务组织有弱化的趋势。随着社会改革的不断深入,特别是由于政府机构改革、人员精减,有的把双拥机构列入了精简范围,原有的双拥组织机构多数合并,成为了临时机构,有任务时抓几个人突击完成。加之国有企业重组改制,给军队转业干部安置、退伍士兵安置、随军家属就业安置、军人子女入学就业、重点优抚对象安置等问题带来冲击。随着社会改革的不断推进，还将有许多重大改革措施出台，双拥工作也将面临新的更为复杂的情况。

5. 市场经济的发展，对依法开展双拥工作的要求越来越高。随着社会主义市场经济日臻完善，法律法规的不断建全，双拥法规建设在新形势下也面临不适应的情况。现有的双拥法规政策，是根据当时的情况制定的，在当时是起了很大作用的。但随着改革开放的深入，有些已有的规定和政策明显不适应现实需要，难以解决新形势下出现的新情况、新问题。比如，伴随国有企业的改制和现代企业制度的建立，部分国有企业生产经营效益下滑，失业下岗职工增加，下岗职工中优抚对象重新就业将更为艰难；在就业体制和格局发生变化的条件下，转业干部安置、城镇退伍义务兵安置和随军家属的就业安置难的问题日益突出；在社会上一部分人已经先富起来的同时，残疾军人、在乡老复员军人、“三属”等重点优抚对象的生活相对贫困问题，成为影响社会稳定的一个重要因素等。

（二）原因分析

1. 传统双拥工作定位的局限性制约着双拥工作的发展。改革开放以来，我省层层建立起了双拥工作的运行机制，通过创建双拥模范城（县）、科技拥军、军民共建等活动，应当说成绩是十分明显的。但由于对双拥工作定位的局限性，或者说定位不高，在社会上普遍存在四种错误的认识和倾向：一是认为双拥工作是一般性的社会工作，机构设置为非常设机构，由民政部门派人兼职，在认识上没有达到新的高度。二是认为双拥工作是双拥办的事，部门的作用发挥不够，没有形成合力。三是法制太滞后，影响了开展双拥工作的科学性、程序性。四是由于一部分优抚对象存在依赖思想，过分依赖政府，出现了少数退伍士兵、伤残军人上访现象。其结果使开展双拥工作的难度越来越大，面临的困难越来越多。所以说，必须深化对双拥工作的认识，通过准确定位，明确双拥工作的性质、对象、责任和要达到的目标，这是双拥工作创新发展的前提。

首先是性质定位。双拥工作是构建和谐社会的重要内容，是一项政治性、群众性很强的重要工作，是一项复杂的社会系统工程，说到底就是做团结工作，做凝聚人心的工作。为此，要始终把握双拥工作这一凝聚党心、军心、民心的显著特点，紧扣时代脉搏，与时俱进，开拓创新，把军政、军民团结的伟大作用充分发挥出来，把广大军民同心同德干事业，一心一意谋发展的积极性充分调动起来，形成发展生产力和推动社会进步的巨大物质力量，按照科学发展观的要求，全面推进双拥工作军民融合式发展。

其次是责任定位。一般来说双拥工作的责任分两个层面：一是作为部队而言，任何一个部队不论级别高低，都要在努力搞好军事工作的同时，兼顾并积极支持地方的各项事业。在促进地方经济发展、社会稳定中发挥作用。如积极投入地方的抗灾救灾，开展爱民活动，帮助群众致富。把双拥工作取得的成效作为部队的政绩之一，强化拥政爱民的职责。作为地方来讲，各级党委和政府要在集中精力发展经济的同时，兼顾国防和军事的需要，在制定经济和社会发展规划中，要统筹考虑国防建设，在优抚工作中要制订明确的工作计划和措施，纳入“三个文明”目标管理，实行“一把手”工程，统一检查、统一评比。

最后是目标定位。双拥工作政治性强，它根植于军民、服务于军民，做好这项工作，应在实际工作中根据科学发展的要求，把维护广大军民的根本利益作为双拥工作的出发点，把为军队、军人、军属提供满意的服务作为双拥工作的中心任务，并且紧紧围绕这个中心去开展工作，注重发挥军地双方优势，依法推动双拥工作进企业、进乡村、进机关、进学校、进社区、进连队，促进社会生产力的发展和部队战斗力的提高。

2. 传统双拥工作的方式方法与社会改革的矛盾成为了双拥工作创新发展的瓶颈。经过多年的努力，我省的双拥工作有了长足发展，正朝着与社会主义市场经济体制相配套方向推进。但随着政治体制改革和经济体制改革的不断深入，双拥工作的传统方式方法与社会改革的矛盾，逐渐成为了我省双拥工作创新发展的“瓶颈”。一是社会改革与优抚对象权益保障的矛盾。随着社会主义市场经济的建立和发展,一些"单位人"变成了"社会人",作为在计划经济条件下享受优先、优惠的残疾军人、转业退伍军人,由于竞争能力相对较弱,难以重新找到自己理想的定位。二是政策法规不完善及法规之间的相互矛盾。近几年,针对双拥工作出现的新情况、新问题,各地都进行了不同程度的探索和改革,取得了一些经验。但随着改革范围的不断扩大和延伸,一直没有形成完善配套的政策体系,使双拥工作难以适应新形势,处于被动服务的局面。到目前为止,全国都没有一部专门规范双拥工作的法律法规,双拥工作的法制化、规范化水平和权威性都不高。加之法规之间的相互矛盾,如《兵役法》与《企业法》的矛盾,《兵役法》强调退役士兵的安置到位,而《企业法》则强调人事权自主,致使退伍士兵安置越来越难。三是转业军人与退伍军人的期望值与地方政府安置条件的矛盾。转业军人和退伍士兵希望回到地方后,找到一份理想的工作,而地方政府机构改革、人员精简,受编制、职位、专业等方面限制,难以满足他们的要求。

3. 传统双拥工作机制体制的缺陷限制了双拥工作的良性发展。以往双拥工作运行的机制主要是协调机制,大量工作靠与有关部门协调,有时甚至是靠"关系"。协调能否有效,很大程度要看被协调部门的领导个人对双拥工作的认识程度。如对退伍士兵的安置,接收与否,接收多少,都凭领导一句话,不接收或少接收双拥部门也无可奈何。涉及一些部队建设急需地方支持的工作,双拥部门出面去协调,也是非常困难的。体制上也不完善。目前双拥机构基本上是没有独立编制,机构设置临时,属非常设机构,领导及工作人员一般为兼职。双拥工作的这种临时领导体制,使双拥工作说起来重要,做起来不重要,位置难摆正,经费难筹措,关系难协调,问题难解决。双拥工作本是党政军民的共同责任,事关各级各部门,而实际上把全部工作和责任基本上都归属于民政部门这一个机构。因此,迫切需要以党委或政府的名义,或以法律法规的形式,落实双拥办专职人员编制和经费保障,同时赋予有关部门在双拥工作中明确的责任与义务,解决干什么、怎么干、干好干差怎么办的问题,使各级、各部门、各单位,不论大小,不管姓"公"、姓"私",也不管"条专"还是"块统",都应从国家利益的高度,积极主动地做好双拥工作。要建立严格的双拥责任制,形成领导、部门、基层的群体合力,推动双拥工作在军民融合上良性发展,促进经济社会与国防建设协调发展、共同提高。

三、军民融合式双拥体系建设探索

拥军优属、拥政爱民是我党我军我国人民的优良传统,是我们特有的政治优势、一大法宝,战争年代如此,和平时期也是如此。双拥工作是一项带全局性、战略性的工作,与国家和军队改期建设全局息息相关,与军政军民团结大局密切相连。双拥工作涉及的领域广,涉及的部门多,无论形势如何发展、环境如何变化,都应坚持站在国家安全和发展的战略高度,充分调动各方面的积极因素,与时俱进,丰富内容,不断创新体制机制,通过建立军民融合式双拥体系,推动双拥工作持续发展。

双拥工作产生于土地革命战争时期,成熟于抗日战争时期,在社会主义建设特别是改革开放和建设社会主义和谐社会的新时期,有了很大的创新发展。毛泽东同志依据马克思主义基本原理,创立了人民军队建设的思想和人民战争理论,提出了军民一致的根本原则,作出了"兵民是胜利之本"的精辟论断,为双拥工作的形成和发展奠定了理论基础。邓小平同志在开创中国特色社会主义的伟大事业中,明确指出军民一致的原则不能变,要根据新的情况,从各个方面搞好军民关系,加强军政军民团结,并倡导开展了军民共建和创建双拥模范城(县)活动,使双拥工作从内容到形式都有了新的发展。党的十三届四中全会以来,江泽民同志对军政军民团结作了一系列重要论述,明确要求一定要站在国家长治久安、民族兴旺发达的高度,把加强军政军民团结作为重大的政治原则紧紧抓住不放,像爱护眼睛一样爱护军政军民团结,巩固和发展"同呼吸、共命运、心连心"的新型军政军民关系。以胡锦涛同志为总书记的新的中央领导集体对双拥工作高度重视,胡锦涛同志强调,要站在国家安全和发展战略全局的高度，坚持军民融合式发展，推动国防建设和经济建设良性互动，确保在全面建设小康社会进程中实现富国和强军的统一，确保军队有效履行新世纪新阶段历史使命。这些论述是双拥工作的理论基础，也是双拥工作融合式发展的指导思想。

指导思想的确立，为我们开展双拥工作奠定了理论基础，为加强国防建设和经济建设指明了方向，也为做好新形势下双拥工作提出了新的更高要求。随着改革开放和社会主义市场经济的深入发展，统筹运用社会资源支持国防和军队现代化建设的前景更加广阔。

1. 与时俱进，创新思想体系。在当今国际形势多极化与单极化矛盾更为突出，经济全球化在加快发展，非传统安全因素的影响不断上升，国际安全形势更加复杂的今天，在当前国内经济快速发展的同时，人们的价值观念、市场意识、竞争意识等观念明显增强的情况下，只有通过创新思想体系建设，才能做到与时俱进。一是实现由条块型向网络型转变，从组织上得到保障。各市、县、区都成立了双拥工作领导小组，配有专职人员。各行各业部门都成立双拥优抚服务组织，特别是在社区、街道、乡村、连队，有许多"党员优抚小组"、"民兵帮扶小组"、"双拥服务站"等群众双拥服务组织服务在基层。在此基础上，军地双方要密切合作，真正形成"纵向一条线、横向连成片、大事有人抓、小事有人管、一级抓一级、层层抓落实"的双拥工作网络。在具体工作中，做到年初有计划、年中有检查、年底有兑现，并作为考核干部的一项重要内容，从组织上保障双拥活动的顺利开展。二是实现由情感型向制度型转变，从政策上得到保障。大力加强法制建设，是保障双拥工作创新成功的关键。在社会主义市场经济条件下，应根据市场变化的情况，从实际出发，适时制定出有关双拥的法律法规，规范军政军民关系，依法约束公民的双拥行动，实现军政军民各自的义务，使双拥工作中的传统美德和法律规范互相渗透、有机结合、相互促进，走出一条拥军优属与拥政爱民有机统一、双拥义务与合法权益有机统一、行政手段与法制手段有机统一的双拥工作新路子。三是实现由零散型向全员覆盖型转变，从舆论上得到保障。坚持把以爱国主义为核心的国防教育和双拥宣传纳入各级领导干部、部队政治教育和全民教育的规划，在中、小学中开设国防教育课，在公共场所、公路两侧都设置醒目的双拥标语标牌等，营造浓厚的双拥氛围。每年"八一"、元旦、春节等重大节日，各级领导通过对驻军进行走访慰问，或组织领导干部过军事日、参加军训，组织参观革命烈士纪念馆等活动，使双拥工作深入军心、深入民心、深入人心，形成全省上下关心支持国防建设的良好局面。四是从经验型向科技型转变，从技术上得到保障。"科学技术是第一生产力"。要适应科技强军的新形势，加大科技拥军的广度和深度。不但要积极帮助部队解决科技练兵中的难点问题，支持部队完善科技练兵的条件和设施，为科技练兵、科技兴训、科技强军创造条件；而且要着眼于未来高科技战争的需要，加强军地在科学技术上的联系与合作，以便一旦战事发生，就能迅速将军地的科技资源有机结合，融为一体，形成最佳的组织体系和最大的合力。

2. 以人为本，创新机制体系。双拥工作作为党的群众路线的重要体现，其主体在军民，根基在军民，只有坚持以人为本、利军惠民，才能充分调动广大军民参与双拥工作的积极性主动性。双拥工作涉及部门和行业多、涵盖领域广，任务十分繁重，必须加强统筹协调，构建齐抓共管、整体推进的工作格局。

在组织领导上，首先要落实双拥办专职人员和专项经费。去年机构改革中，省里给了省双拥办两个专职编制，在《江西省双拥模范城（县）创建命名管理实施办法》中又明确了各级都要有双拥专职工作人员和经费，为我省双拥体系建设打下了坚实的基础。这就要求各级双拥办都要设立专门的机构，配备专职工作人员，彻底改变临时双拥的观念，真正解决有人办事的问题。各级双拥组织机构要充分发挥作用，以对国家和军队建设高度负责的精神，认真履行好组织、协调、指导的基本职能。领导小组各成员单位在双拥工作中都担负着重要职责，要充分发挥自身优势，全力以赴抓好本部门、本系统、本行业的双拥工作，切实把各自的职责尽到位、把承担的责任落实好。

在工作筹划上,要根据国家和军队建设面临的新形势新任务,注重把拥军优属与拥政爱民有机地统一起来,把支援经济社会建设与落实国防和军事需求很好地结合起来,并着眼于我省科学发展、进位赶超、绿色崛起的目标任务,科学确定双拥工作目标和任务,确保工作质量。要着眼于保持生机和活力,充分调动方方面面的积极性,把单一的政府行为转变为政府指导下的全民行动,构筑社会化、全覆盖、高效能的双拥工作运行机制。充分发挥凝聚、团结的作用,把“两新组织”与广大军民一起团结在党的旗帜下,不断开拓市场经济条件下双拥共建的新路子,做好全民拥军这篇文章,使军政军民团结更加牢不可破。

在工作协调上,要建立完善顺畅高效的工作机制,加强军地之间、部门之间、行业之间的沟通和联系,相互支持,密切协作,促进双拥工作有序开展、高效落实。要着眼组织领导职能的加强,强化成员单位双拥工作的职责意识。要建立领导小组成员年度汇报的工作制度,每年召开领导小组全会时,由成员单位汇报履行工作职责情况,使双拥工作任务在各部门、各系统、各单位得到真正落实。总之,加强统筹协调,既要善于发挥各级双拥组织机构的职能作用,又要切实搞好工作筹划、指导和协调,在抓基层抓落实上下工夫,在改革创新上见成效,推动双拥工作不断适应新形势、实现新发展。

3. 加强研究,创新内容体系。双拥工作历来是为党的中心工作服务的。在新的历史时期,双拥工作的创新发展,要紧紧围绕全面建设小康社会,推进社会主义现代化这一中心任务,着眼于发展社会生产力和提高部队战斗力这一根本目标,在内容上不断调整充实。一是研究、探索新的社会经济成分、组织形式、就业方式、利益关系和分配方式日益多样化,双拥工作的主体和对象也发生的变化;二是研究探索全面建设小康社会和推进社会主义现代化建设,做好军事斗争准备,为双拥工作增添的新内容;三是研究探索以信息技术为核心的高新技术的发展,军事斗争的形态、样式、手段发生了重大变革,如何在应对新军事变革、实现国防和军队现代化跨越式发展发挥作用,双拥工作面临的新课题;四是研究探索生活方式的变化,军地交往呈现出广泛性和多样性的特点,需要以新的思路加强军地联系;五是研究探索随着政府职能的转变和法制的逐步健全,双拥工作的运行方式发生的新情况和新变化;六是研究探索各级成立双拥基金会,通过军地各方的积极参与,为做好双拥工作提供资金保障。目前国家创立了双拥基金会,很多经济发达省份如上海、广东等也相继建立了双拥基金会,还有很多省正在筹建中,我省虽然是经济欠发达地区,但双拥工作在我省有着广泛的群众基础,成立双拥基金会,对我省双拥工作的创新发展将起到积极地推动作用。通过以上六个方面的研究,不断改革创新,在做好传统性、基础性双拥工作的同时,不断拓宽领域,提高层次,努力实现双拥工作的内容和形式有机结合,培育双拥工作的新亮点,使双拥工作的内容随着形势的发展而发展,随着任务的变化而变化,切实把军地双方的优势转化为生产力和战斗力。

4. 完善法规,创新双拥政策体系。政策法规建设具有根本性、长远性。这些年来,各地各部门在双拥政策法规建设上做了大量工作,对推动双拥工作发展和各项任务落实起到了积极作用。但从整体上讲,双拥政策法规还存在不到位、不配套以及滞后现象,有的法规缺乏应有的约束力和强制力,需要以改革的思路、创新的精神,认真研究完善。要按照“坚持已有的、完善不足的、填补空白的”的原则,针对双拥工作发展变化的新形势,加强双拥政策法规的创新,做到突出重点与兼顾全面的统一,保障权益与履行义务的统一,原则规定与具体操作的统一,市场作用与行政推动的统一,不断加快立法进程,建立完善与市场经济相接轨、与法律规范相协调、与行政行为相一致、与优良传统相承接的双拥政策法规体系。同时,要加强执法检查,切实维护军人军属和优抚对象的合法权益。

5. 注重提高,深化创建双拥模范城(县)活动。创建双拥模范城(县)是这些年来拥军优属、拥政爱民最重要的实践活动,也是一项动态发展、不断深化的经常性工作。争创双拥模范城(县)活动,是新时期双拥工作的重要举措，有利于推动经济社会发展环境的整体优化，有利于创造优质高效的服务环境，有利于形成安定祥和的社会环境和团结文明的人文环境，双拥创建活动在经济社会发展中可以发挥更大的作用。要深化双拥模范城（县）创建活动形式，改进考评方法，丰富考核内容，加大宣传力度，调动各方面的积极因素，努力营造浓厚的双拥氛围。要通过各种形式，广泛开展双拥创建的系列活动，广造声势，及时宣传双拥创建中的新人新事，以点带面，推动双拥创建工作深入开展。要动真情，办实事，切实维护优抚对象的合法权益。要创特色，树品牌，使双拥创建活动更具活力，更富时代特色。通过党政军民齐心协力，切实提升双拥创建工作水平。

做好新形势下的双拥工作，巩固和发展军政军民团结，是全社会的共同责任和光荣使命。建立军民融合式发展的双拥新体系，对于推动我省双拥工作的创新发展有着重要作用。当前，我省仍处于夺取应对国际金融危机冲击全面胜利、加快经济发展方式转变、保持经济平稳较快发展的关键节点，全省上下正在坚持以加快经济发展方式转变为主线，以推进鄱阳湖生态经济区建设为龙头，奋力推动江西科学发展、进位赶超、绿色崛起。“围绕发展抓双拥，抓好双拥促发展”，是多年来双拥工作的成功经验，是我们必须牢牢把握的基本要求，也是国防建设和经济建设兼容发展的客观需要。我们将以开拓的精神、务实的作风，积极争取党政军领导的重视，不断加大工作力度，推动国防科技和民用科技互动发展，拓宽利用国民教育资源和国家人才资源渠道，建立军民结合、平战一体的军队后勤和装备保障体系，进一步促进经济、科技、教育、人才等领域的军民融合，使军民结合的面越来越广、融合度越来越深、路子越走越宽。加大军地各有关部门和单位的密切协作，通过各级各部门的共同努力，不断完善融合机制，丰富融合形式，拓展融合范围，着力建立与社会主义市场经济体制相配套的军民融合的双拥工作新体系，使双拥工作在推进我省经济社会又好又快发展和驻赣部队现代化建设中发挥更大的作用，把我省双拥工作提高到一个新的水平，为促进经济社会又好又快发展、加快国防和军队现代化建设作出新贡献！

推进军民融合式发展的思考

河南省双拥办主任　董颖生

摘要：当今世界，军民融合式发展已经成为主要发达国家的战略抉择，如何借鉴国外先进经验，立足本国国情，走出一条中国特色军民融合式发展路子，是一个十分重要而紧迫的命题。本文总结了发达国家军民融合式发展的特点和规律，在此基础上，提出了我国军民融合式发展的主要内容，初步探讨了推进军民融合式发展的方法，以期求教于专家学者。

关键词：军民融合　武器装备　战略规划　立法保障　军品先行

走中国特色军民融合式发展路子，是胡锦涛总书记着眼于维护国家安全与发展利益，顺应国际国内形势深刻变化，立足我国国情，统筹经济建设和国防建设作出的重大战略举措。在当今错综复杂的国际格局下，对于一个国家来说，没有一定的经济实力就“站不起来”，但是没有一定的军事实力，即使“站起来”，也不可能“挺起胸”。实行军民融合式发展，既有利于国防和军队现代化建设从经济建设中获得更加深厚的物质支撑和发展后劲，也有利于经济建设从国防和军队现代化建设中获得更加有力的安全保障和技术支持。走军民融合式发展路子，既是世界发达国家的战略抉择，也是我国实现富国与强军的必然要求。

一、适应世界潮流的必然选择

当今世界,科技革命、产业革命和新军事变革的发展,使国防经济与社会经济、军用技术与民用技术的界限越来越模糊,结合面越来越广、融合度越来越深,信息化战争呈现军民一体、前后方一体的趋势。在这种情况下,世界上一些主要发达国家普遍重视军民兼容、军民结合,不断推动军民融合向广度和深度发展,呈现出全方位融合的发展趋势。

美国大力发展军民两用技术,每隔 10 年左右就推出一个军民两用技术发展计划,依靠这些计划,美国高新技术产业相继涌现,始终保持超前于世界其他国家一至两代的领先地位。美国国防部在 2003 年 2 月的《国防工业基础转型路线图》报告中,明确提出了构建"基于作战效果的国防工业基础"变革性的构想,这样的划分意在鼓励和吸收更多的中小企业进入国防经济领域,以加速推进国防科技工业的发展。如今,美国大约 80% 的航空航天企业、70% 以上的原子能企业、60% 的船舶企业、40% 的电子企业、34% 的机电设备企业、30% 的机械制造企业和 10% 的钢铁与石油企业从事军品生产。以军品生产为主的企业,民品占企业总产值的比例,20 世纪 50 年代为 10%—20%,80 年代后占 50%—80%;全部科学家和工程师中有 50% 的人员从事与军事有关的研究,全部职工中,有 20% 的人员从事军品生产。美国国防体制改革的名言就是:"凡是地方能做到的事,都从国防系统移到地方去。"国防部必须学会当一个"挑剔的买主":凡是能在市场上买到的,就直接拿来满足军事需求。目前,美国已经撤销 4 000 余项军用标准规范和 300 余项军用标准,采纳 1 780余项民用标准。仅仅在计算机技术领域,这一措施就节省了科研经费数千亿美元。法国和日本的大型科研项目,也都注重"民为军用",充分利用民用高科技推动军民融合。俄罗斯曾一度继承前苏联"军民分离"的国防经济管理体制,普京上任后对军事工业实行全面改革,大力推进军民结合和发展军民两用技术,军民融合式发展取得显著成效。以色列建立了完善的军用技术转民用机制,用军用技术带动国民经济的发展,其实质也是走军民融合式发展路子。

美国等国家根据国际环境和本国国情采取了不同的推进军民融合的政策和做法,经历了不同的发展道路。归纳起来,主要有"军民一体化"(以美国、英国为代表)、"以民掩军"(以日本、德国为代表)、"先军后民"(以俄罗斯、印度为代表)和"以军带民"(以以色列为代表)等四种模式。各国经历的发展道路虽不尽相同,但积极推进军民融合,却是采取的共同发展战略和政策取向。

从发达国家的实践看,军民融合的内涵相对宽泛:一是发展军民两用技术,既可将军事技术转民用,也可将民用技术转军用。如日本曾提出:日本的每一项技术创新,都要想到对提高自卫队的战斗力有何帮助。二是国防采购首先选择商业市场上可获得的产品,市场上可买到的同类技术,军队就不再搞重复性研制。三是在装备采办的各个阶段,从产品制造和部件开发到列装后的维修保障等,全系统考虑军民兼容,或利用民营技术、产品和劳务为军事服务。四是在产业层面,开发军民共用的产品和技术;在企业层面,形成军民共有共用的资源。五是在科研活动的各个环节推进军民融合,包括需求提出、基础性研究、预先研究、立项论证、工程化试验等。六是利用全社会的教育资源,培养军民两用人才。如美国地方大学就为军队 60% 的军官提供了学历教育。英军新任军官则全部在地方大学受过高等教育。七是军队的非核心保障任务,向地方服务行业转移,利用社会资源提高保障效益等。

可以看出,经济建设与国防建设的互动,在美国等少数发达国家已经基本得以实现。十一届三中全会之前,我国长期处于临战准备状态,实行军民分离型发展模式,军民分割、自成体系、重复建设,既增加了国家财政负担,又使国防建设长期处于低水平循环发展状态。十一届三中全会以后,我国军民结合有了很大发展,但仍然处于初始状态,特别是国防科技工业还远非国家高新技术产业的孵化器,对国民经济发展的推动力、辐射力和影响力都比较微弱,具有巨大的拓展空间。对于我国这样一个具有重要国际影响力、正在迅速和平崛起的大国来说，要实现长远性、稳定性的协调发展，实行军民融合式发展，绝不是可早可晚、可急可缓的任务。应当看到，当今世界，信息化战争条件下的体系对抗，集中表现为以国家整体实力为基础的体系对抗，而不仅仅是军事体系之间的对抗。只有以整个经济社会为依托进行国防和军队现代化建设，才能保证本国能够以最先进、成本最低的物质技术力量保障国防和军队建设。同时，国防建设对经济发展具有重要的牵引和推动作用，表现在刺激经济增长、增加就业、推动技术进步、促进产业结构升级、改善经济布局、军队以各种形式直接参加经济建设和抢险救灾等方面。特别是我国的国防科技，更具有现代化、先进性，航天等国防科技的运用，更是令世人瞩目。走军民融合式发展，就能充分发挥市场在资源配置中的基础性作用和政府宏观调控作用，推进国防科技和民用科技互动发展。加之统一军民产品和技术标准，就能让国防科技在经济建设中得到充分的运用，让民用产品和技术标准向先进的军用标准看齐，促使我国的经济建设登上新的台阶。所以，推进军民融合式发展，既是我们适应国际大趋势的必然要求，也是我国自身发展的内在需要。

二、推进军民融合式发展的主要内容

武器装备科研生产体系。信息化战争形态下的武器装备，无论在种类、性能还是在高技术含量上，都远远超出了传统军工部门的研究和生产能力，迫切需要在全社会范围内整合、优化资源。正因为如此，美欧日等国军品设计、研制和批量生产的各个环节，都是由主承包商、分承包商、零部件供应商组成的军工生产社会化协作体系完成的。在这些国家，私营公司所涉猎的经营范围非常广泛，从舰艇、飞机、坦克、火炮、导弹、军用电子器材到各类军需用品一应俱全。这说明，现代国防科技工业是依托整个国民经济的“大产业”，是一种以高新武器装备总体设计和总装集成能力为龙头、专业化配套能力为支撑、以整个国民经济为依托的“大军工”。在这种条件下，我们必须充分发挥市场机制作用，充分利用国家工业基础，进一步完善军民结合、寓军于民的武器装备科研生产体系，加强对国防科技和武器装备科研生产发展战略和规划的总体设计，推进国防科技和民用科技互动发展，统一军民产品和技术标准，深化武器装备采购制度改革。

军队人才培养体系。要进一步完善军民结合、寓军于民的军队人才培养体系，完善依托国民教育培养军队人才体制机制，拓宽利用国民教育资源和国家人才资源渠道，吸引社会高层次人才到军队工作，充分发挥各类人才献身国防和军队现代化建设的积极性、主动性、创造性。要利用国家教育资源优势，逐步减少军队士兵提干的人员比例，使地方大学生成为后备军官主要来源；拓宽士兵建设渠道，保留以往从优秀士兵中提拔士官的方式，并在选拔过程中注重从地方大中专院校招收毕业生；加强军队与社会人才的协作交流。企业、地方科研机构和高等院校要充分利用军队人才，军队应积极接纳地方专业技术人员，提升军队的战斗力；遂行多样化军事任务，需要更多高科技人才，除现任和现役符合条件的人才去执行外，应当在储备地方高科技人才上下工夫，建立高科技人才数据库，以备军队之用。

军队保障体系。长期以来，我军后勤都是自我保障、自我服务，保障效益不高的问题始终未能从根本上解决。1999年，中央军委及时作出了后勤保障特别是生活保障必须社会化的重大决策，社会化改革在全军范围内迅速展开，社会化改革取得阶段性成果。当前，要按照“骨干在军、主体在民”的思路，扩大社会化保障范围。稳步推进商业服务和营区物业管理社会化，加快住房保障社会化进程；积极探索和推进医疗保障社会化，吸纳利用社会资源开门办医，依托社会力量实施卫勤保障和军事医学科研教育，动员地方卫生力量参与战时卫勤保障；按照军民联储、平战结合的原则，建立军民融合的战略物资储备布局体系、结构体系及现代军事物流体系，逐步将通用物资储备交由社会承担；构建平战兼备的军用物资采购资源体系和信息系统，实现保障手段上的融合。对于军队现有的新闻出版、文艺体育等单位，除有军队特色、确需保留的以外，其余应逐步与军队剥离。

国防动员体系。国防动员作为实现军民结合、寓军于民的重要组织形式和桥梁,尤其需要找准融合点。要建立健全国防动员组织领导制度,完善军民结合、平战一体的工作格局,加强国防动员应急功能,加强国防动员和经济社会发展的结合,形成国防动员合力。抓住经济社会快速发展的机遇期,在交通设施建设中兼顾部队机动需要,在城市基础建设中落实战时防空要求,在信息基础建设中贯彻军事通信需求,在重要产业发展中注重军民兼容,在装备技术发展中搞好军民两用等。切实抓好动员中心建设,积极组建医疗卫生、数字化制造、特种车辆改装、装备生产维修等经济动员中心,逐步把综合国力转化为军队战斗力。

同时,要进一步发挥国防科技工业对国民经济的促进作用,促进国防领域和民用领域科技成果、人才、资金、信息等要素交流融合,形成国防科技对国民经济尤其是高技术产业发展的强大牵引力。

必须注意的是,军民融合并不是把军事科研、生产、保障、人才培养等全部推向社会,也决不是把中国已建立起来的相对独立完整的国防科技工业体系完全融入国民经济大体系。因此,在研究制定军民融合政策、建立军民融合体系时,还需要考虑军民融合的适宜度,必须在保留武器装备科研生产最核心的技术、保留基本的核心军工能力的前提下推进军民融合,独特的国防科研、人才培养以及保密产品等,还必须保持军民分离状态,确保其自身的强势。

三、推进军民融合式发展的方法

组织保障。我国经济建设和国防建设实行的是部门管理和行业管理,综合执行军民一体化建设的宏观决策机构“缺位”,因而缺乏对军民融合式发展的顶层设计、总体规划和综合协调。这势必造成在军民融合式发展中,军队、政府、企业之间的责任不明确、关系不顺畅、行为不规范,导致国防建设与经济建设在一定程度上相互脱节。健全的组织体制机制是走中国特色军民融合式发展道路的前提和保证。应在国务院、中央军委领导下,建立由国家发改委、工业和信息化部、科技部、军队部门等参与的军民融合协调机构,促进军民融合工作的开展与落实。

战略规划。要搞好顶层设计,实现军队和地方资源的统一筹划、合理配置和集约使用。在制定国民经济和社会经济发展规划时,兼顾国防原则和经济原则,在进行产业安排和空间布局时兼顾国防需求和经济发展,在进行城市基础设施和重点工程建设时考虑到未来信息化战争的要求。要明确国民经济各部门各行业的产品兼容、技术兼容、设施设备兼容、生产能力兼容的政策规定,提出与国防经济发展相关的主要产业转产动员的比例、方式和要求,实现布局、人才、财政、税收、保险、就业等全方位多层次融合。在国家重点建设项目、技术引进、高科技产业化、人才培养等计划编制中,制订寓军于民的技术储备计划。通过融合式发展的规划计划制度,使国家在项目规划和安排上能够统筹兼顾,保持整体投入,实现一笔投资能够获得军事和经济两重收益。

立法保障。发达国家在军民融合过程中,大都是从国家经济发展的规划和立法进入,由政府、军队共同出面制订军民融合计划,内阁各部门通力合作完成的。1995 年,新军事变革兴起不久,美国政府就签署由国家科学技术委员会完成的《国家安全科学技术战略》,要求大力推进军民两用技术,逐步建立一个“无缝链接”的国家科技工业基础。随后,美国国会通过立法推动军民一体化,国防部则通过制定国防采办新政策和管理体制改革,组织推动军民一体化战略的实施。这一经验对我们有积极的借鉴意义。一方面,应围绕军民融合式发展的实际需求确定需要建立的法律法规。比如,在武器装备科研生产方面,制定《国防科研生产法》、《武器装备采购供应法》、《军民通用标准管理办法》、《民营企业参与国防建设条例》、《军品市场准入与退出管理办法》等。另一方面,还应根据已有法律法规运行的实践作修订和补充工作。比如,《合同法》中关于 15 种列名合同中,未设军品合同内容,对军品订货如何订立合同,甚至连原则性规定都没有。为此,可在《合同法》中作出相应修改。

政策支持。要着眼于调动融合式发展的积极因素,制定完善包括市场准入、财政补贴、税收减免、投融资政策在内的一系列优惠政策，确保相关主体参与国防建设的积极性。对符合国家产业政策、具有良好市场前景和效益的军民融合项目，加大扶持力度，充分发挥其影响带动作用。发挥政府投资引导作用和资本市场的融资功能，根据军民融合项目可市场化程度，有计划地实行投资主体多元化，为军民融合发展提供可靠的资金来源。

军品先行。军品特别是武器装备的研制和生产既是发达国家推进军民融合的重要领域，也是我国真正吸引社会力量参与国防建设的突破口。只有紧紧依托我国产业基础，吸收具有资质的非公经济参与国防科技工业而不是将其拒之门外，才能切实保证我国武器装备供给的技术先进性、来源稳定性和成本经济性。在我国这样一个曾长期实行计划经济的国度，非公经济要进入原本由清一色国有企业组成的军工部门，必定会遇到很多体制约束、观念约束、资金约束、技术约束以及法律约束。当前，最重要、最紧迫的是突破僵化的、单一的、封闭的军工观念，积极鼓励非公经济进入国防科技工业，逐步消除非公经济“参军”的制度壁垒和政策门槛。为此，要进一步完善面向全社会的军品市场准入和退出制度，建立健全武器装备科研生产许可制度；建立和完善技术标准和信息发布等制度，加强军民通用标准建设，促使军工技术与民用技术的相互辐射、嫁接和转化；改革完善税收政策，加大税收优惠力度，建立非公经济参与国防科技工业发展的风险补偿和扶持机制；设立军品投资风险基金，制定行业规范，防范、遏制恶性竞争等相关风险；在军工产业比较密集的地方，建立和完善一批军民两用高技术产业发展园区，把园区建设成为军工高技术产业化基地、军民两用技术研发基地。

加快改革。要加快军工企业改革，推进军工企业战略性结构调整、专业化重组，逐步建立小核心、大协作、寓军于民的国防科技工业新体系。军工企业和科研机构，应和地方基础性科研机构和高等院校加强合作，发挥产学研联合优势，在搞好国家科技重大专项、国防科研和武器装备研制的同时，大力开发高技术、高附加值的民用产品，尽快形成产业化、规模化。加快军工企业的技术创新、产品创新和产业创新，加速军工创新成果向商品的转化，使更多的高科技民用产品与服务真正走进千家万户，提高国内和国际市场占有率。

对推行公开考试和科学考核相结合安置军队转业干部的实践与思考

河南省双拥办

军队干部有计划地退出现役转业到地方工作，是我们党和国家的一项重要制度。中共中央、国务院和中央军委颁发的《军队转业干部安置暂行办法》和《关于进一步做好军队转业干部安置工作的意见》，是我国现行军转干部安置制度的主体。《办法》和《意见》明确指出，“军队转业干部的工作分配，贯彻公平、公正、公开的原则。在坚持指令性分配办法的同时，积极总结探索与服役期间德才表现、贡献挂钩和考核选调、考试考核、双向选择相结合的分配办法”。近年来，全国多数省（区、市）结合当地实际，积极推行以公开考试与科学考核相结合的方式妥善安置军转干部，既符合了公务员“凡进必考”的要求，又坚持了公开、平等、竞争、择优的用人原则；既发挥了军转安置工作服务军队建设和经济社会发展、维护部队和社会稳定的重要作用，又对推进军转干部安置工作的科学化、规范化、制度化，更好地实现人才资源的合理配置起到了积极的促进作用。

一、推行公开考试与科学考核相结合安置军转干部是顺应时代发展的必然要求

(一)推行公开考试与科学考核相结合安置军转干部,是军转安置制度创新的客观需要。军转干部安置工作具有鲜明的时代特征。长期以来,我国安置军转干部主要采取的是指令性计划分配的办法。随着市场经济的发展和各项改革的深入,政府职能逐步由管理型向服务型转变,军转干部安置与社会需要的结构性矛盾不断显现。以统包统揽为主的传统安置方式,在新形势下遇到了许多新情况、新问题,亟待需要我们结合实际,将计划手段与市场手段有机结合,不断加以改进和完善。在这种情况下,中央领导同志多次强调,“要适应改革不断深化、社会利益关系调整变化和军队现代化建设发展的新形势,深化转业安置政策调整改革,探索符合国情、军情的军转干部安置新路子”。这为我们改进军转干部安置工作指明了方向,提出了要求,提供了遵循。近年来,各地以公开考试与科学考核为基础,探索总结出了“先进后出、带编分配,考试考核、双向选择,积分选岗、保底安置”等一系列各具特色的军转安置新路子,既体现了军转安置工作的计划性、指令性、强制性,又较好地实现了军转安置结果与其在部队的表现、贡献和个人能力素质挂钩,同时也体现了人才选拔的原则,实现了用人单位、部队和军转干部“三满意”。

(二)推行公开考试与科学考核相结合安置军转干部,符合国家人事制度改革的要求。深化干部人事制度改革,提高选人用人公信度,是各级组织人事部门深入学习、运用科学发展观指导工作实践的重要体现。选人用人,岗位贡献是基础,用人所长是关键。党中央、国务院、中央军委颁发的《军队转业干部安置暂行办法》明确规定,对担任营级以下职务的军转干部,采取考试考核和双向选择等办法安置;《关于进一步做好军队转业干部安置工作的意见》明确指出,要在坚持指令性分配办法的同时,积极总结探索与服役期间德才表现、贡献挂钩和考核选调、考试考核、双向选择相结合的分配办法。关于改进安置办法问题,这两个文件的核心要求就是各级党委、政府和军转安置部门要适应人事制度改革要求,积极推开以公开考试与科学考核相结合的军转干部安置办法。这样既能较合理地对军转干部的历史功绩和个人素质进行客观评价,又把工作岗位的选择权交给了用人单位和军转干部,利于较好地实现人岗相适、人尽其才,也利于提高军转安置工作的透明度和公信度,实现“阳光”安置。

(三)推行公开考试与科学考核相结合安置军转干部,是部队履行使命任务的迫切需要。军转干部安置工作事关国防和军队建设大局。通过推行公开考试与科学考核相结合安置军转干部的办法,使安置结果与军转干部在部队期间的表现、贡献紧密相联,突出了军转干部的主体地位。那些在部队期间注重学习,服役时间长、任职年限久、立功受奖多或者在艰苦边远地区工作时间长的军转干部,其考试考核成绩就高,挑选单位的余地就大。这种将军转干部的工作分配与其在部队的贡献大小、自身综合素质情况直接挂钩的安置办法,对鼓励现役干部安心服役和稳定军心,起到了积极的导向作用。这种安置方式,体现了凭德才实绩使用干部的原则,体现了军转干部在工作表现上的连续性,体现了对军转干部献身国防事业的褒奖,实现了军转干部从部队工作到地方工作的“软着陆”和平稳过渡,确保了军转干部在部队干得好,到地方仍受益。公开考试与科学考核相结合的安置方式,激励着现役干部,鼓舞着部队士气,为部队保留年轻优秀人才,激发创先争优的积极性,起到了有力的促进作用。

二、对公开考试与科学考核相结合安置军转干部制度构架的基本设想

(一)指导思想。总的考虑,要坚持以邓小平理论和“三个代表”重要思想为指导,深入学习实践科学发展观,认真贯彻落实中央领导同志关于做好军转干部安置工作的一系列指示,以中发[2001]3号、中发[2007]8号文件为依据,总结借鉴近几年来各地推行公开考试与科学考核安置军转干部的经验和做法,进一步规范工作程序,建立完善公平公正、办法科学、运作透明、监督到位的工作机制,确保军转安置任务圆满完成,确保安置质量有新的提高,推动军转安置工作科学发展。

（二）目标要求。在坚持指令性分配办法的同时，进一步深化军转干部安置制度改革。积极总结探索与军转干部服役期间德才表现、贡献和个人能力素质相挂钩，与考试考核、综合测评、择优选用相结合的军转干部分配办法；科学合理地接收好、安置好、使用好军转干部，促进人岗相适、用当其时、人尽其才、各得其所；着力维护好军转干部的切身利益，进一步提高军转干部安置工作的透明度和公信力，努力使军转安置工作与社会主义市场经济条件下的用人制度相适应。

（三）基本原则。一是法制的原则。现行的公开考试与科学考核相结合安置军转干部的办法处于摸索和起步阶段，标准不一，弹性较大，缺乏刚性，不易操作。要围绕公开考试与科学考核这一基本核心，建立健全军转干部安置的各项制度和措施办法，解决好“无章可循”的问题；要维护军转安置制度的权威性，解决好“有章不循”的问题；要增强军转安置制度的可行性，解决好“有章难循”的问题。二是公平的原则。通过改进和完善军转安置办法，真正把安置军转干部的过程由“伯乐相马”转变为“赛场选马”。无论是积分选岗还是双向选择，都坚持在同一基准线上起跑，确保公平竞争；搞好预先告知，安置过程中的每一步骤、每一环节，都要提前公之于众，确保军转干部的知情权、参与权、选择权和监督权；实施“公正裁判”，最大限度地减少主观因素影响，防止安置办法流于形式，失去生命力。三是人本的原则。不管安置分配办法怎么制定和改革，都必须把军转干部的切身利益放在第一位。要充分考虑军转干部为国防建设做出的奉献和牺牲，保证他们应有的社会地位和经济利益；牢固树立军转干部是人才资源的理念，把转业看做转岗，把安置看做交流，努力实现军转干部人才资源优化配置。

（四）主要内容。具体来说，包括三个方面的内容：一是公开考试，合理确定考试内容；二是科学考核，合理确定考核要素；三是分析论证，合理确定考试考核对象和积分标准。考试内容，结合公务员岗位实际需求，目前可以中央组织部颁发的《党政领导干部公开选拔和竞争上岗考试大纲》规定的公共科目、《行政职业能力测验》或《申论》为主，主要测试军转干部适应地方工作所必备的基本素质，特别是运用有关基本理论、基本知识和基本方法解决实际问题的能力。考核标准，其实质是建立科学的军转干部人才评价体系。为便于操作，各地普遍采取功绩制量化积分的办法，考核军转干部的德才表现和工作业绩。功绩制量化积分，主要包括积分要素和计分标准。在实际操作中，要把握好“全军通用、简便易行、条令规范、力求公平”的原则，功绩制量化积分要素一般包括军龄、职务级别、任职年限、立功受奖、学历、服役地区和特殊岗位等，立功受奖以《纪律条令》规定的奖励项目为准，对一些有争议、不易鉴别的内容，不宜列入计分范围。

公开考试与科学考核相结合安置军转干部是一项复杂的系统工程，涉及军地各级组织对军转干部的评价鉴定、考试考核方案的制订、组织实施、考试考核结果的公示、接收单位岗位的确认等诸多环节，需要全面考虑、综合衡量、统筹兼顾、稳步推进。在实际操作过程中，要注重处理好3个关系：一是考试与考核的关系。对师、团职干部实行功绩制积分与双向选择相结合的分配办法，即采取考核选调的方式予以重点安置；对营职以下军转干部和技术干部，以考试成绩为主、功绩制积分为辅，即采取考试成绩与功绩制积分及双向选择相结合的办法进行妥善安置。二是功绩制积分各要素之间的关系。对军龄、职务级别、任职年限、立功受奖、学历、服役地区和特殊岗位等要素，应合理确定权重和分值，确保各项积分的客观公正。三是组织推荐与量化积分的关系。部队各级组织应认真负责地对军转干部的现实表现作出全面、客观、准确的评价和鉴定，防止千人一面。要建立和完善组织推荐工作机制，特别是对师、团职干部应予重点推荐，使地方充分了解他们的特点和专长，努力做到量才使用、人岗相适。

三、河南对推行公开考试与科学考核相结合安置军转干部的探索和实践

近年来，按照公开、平等、竞争、择优的原则，河南省积极探索新形势下改进军转干部安置工作的新

路子、新办法,以公开考试与科学考核为基础,在全省推行了“五公开一监督”的安置办法,即“公开安置政策、公开接收计划、公开分配办法、公开考试考核成绩、公开安置结果、全程接受监督”,增强了军转安置工作的透明度,提高了军转安置工作质量。具体办法如下:

(一)组织实施程序。考试与考核工作程序分为资格审查、报名、考核、笔试和双向选择等五个阶段。第一,由省直和各省辖市对军转干部档案和安置去向进行审查,确认是否符合当地的接收安置条件和参加党政机关考选军转干部的报名资格。第二,公布考选计划,包括行政岗位、政法岗位和事业单位、企业;分非定向和定向两种,一般将使用专项编制的政法部门作为定向考选单位,将使用行政编制的党政机关作为非定向考选单位。第三,根据功绩制计分办法和军转干部档案,进行功绩制量化积分并由本人签字确认。第四,组织营职以下军转干部和技术干部进行闭卷考试,并公示成绩。第五,填报分配志愿表,团职军转干部按功绩制积分、营以下军转干部和技术干部按考试考核成绩,依分排序,并分别在军转干部与用人单位之间进行双向选择。对没选到合适单位的军转干部,进行指令性保底分配。

(二)考试考核内容。省直机关接收安置军转干部的考试内容,以前为《党政领导干部公开选拔和竞争上岗考试大纲》规定的部分公共科目,除师职军转干部外,全员参加考试。2010 年的考试内容改为《申论》,且只要求营职以下军转干部和技术干部考试。各省辖市结合自身实际,考试内容基本以《党政领导干部公开选拔和竞争上岗考试大纲》规定的部分公共科目、《行政职业能力测验》和《申论》为主,且除团职军转干部外,均要统一参加考试。

考核内容以军转干部本人的档案记载为基准,主要包括:

1. 军龄积分。每年计 1 分(含收归军队建制的人武部干部收归前在人武部工作时间,以及从普通高等院校直接入伍的在校学习时间)。

2. 职级积分。正团职(含同职级文职行政干部)60 分,副团职(含同职级文职行政干部)55 分;正营职(含同职级文职行政干部和相应的专业技术干部,下同)50 分,副营职 45 分;正连职 40 分,副连职 35 分;排职 30 分。专业技术 7 级以上 60 分,8 级 57 分,9 级 52 分。

3. 任职年限积分。每年计 1 分(不满 1 年的按 1 年计算)。

4. 立功受奖积分。在部队服役期间,荣立 1 次一等功的计 30 分;荣立 1 次二等功的计 10 分;荣立 1 次三等功的计 2 分。立功计分可累加计算,但不能超过上一功等计分。

5. 地区和岗位积分。连续在边远艰苦地区服役或从事飞行、舰艇工作的,工作年限每满 5 年计 2 分。

6. 学历积分。按本人取得的最高学历计分。本科学历计 1 分,硕士研究生计 2 分,博士研究生计 3 分。

综合计分办法:团职干部(含同职级文职行政干部)以功绩制积分作为最终分数;营职以下军转干部和技术干部,按功绩制积分的 40% 和考试成绩的 60% 综合计分。功绩制积分和闭卷考试满分均为 150 分。

(三)监督保障措施。为确保公开考试与科学考核安置军转干部办法的落实,河南建立健全了监督制约机制,整个安置过程接受纪检监察部门和社会监督。在组织考试、功绩制量化积分排序、公开选岗等重要环节和敏感节点,主动邀请纪检监察部门现场参与监督,确保了军转安置工作的客观公正。各级军转安置部门还通过公布监督电话、设立举报信箱、接受媒体采访等,全面接受群众监督。在军转安置的关键时候,军地联合组成督察组,对政策落实及工作进展情况进行不间断的督察,发现问题及时责令纠正。对造成不良后果、影响全省安置大局的,给予通报批评,并追究有关领导和责任人的责任,确保军转安置工作健康有序进行。

四、当前推行公开考试与科学考核相结合安置军转干部面临的主要问题及对策

考试与考核相结合的安置方式实现了阳光操

作，较好地体现了军转干部安置工作的透明度和公信力。但随着社会主义市场经济的强劲发展和各项改革步伐的加快，这一办法也凸显其诸多不相适应性和滞后性，主要体现在：

（一）功绩制量化考核标准难把握。从目前河南省的情况看，功绩制量化积分的基本要素包括军龄、职务级别、任职时间、立功受奖、服役地区和岗位、参战、执行急难险重任务和学历等。但由于各地在制定功绩制计分办法时，积分要素不一，各要素的分值也没有统一的标准。比如，有的地方在对待立功受奖问题上，掌握的范围比较宽泛，只要是部队的通报表彰，均给予加分，有的地方则不予加分；对干部的鉴定、评价、考绩如何把握，不同部队和军兵种之间如何衔接、平衡，争议较大，难以统一。

（二）考试考核分值比例难确定。从近年来考试考核的结果看，往往是在部队服役时间较长的同志普遍积分较高。这样虽然对一些军龄较长、年龄较大的同志给予了照顾，但也容易挫伤年龄较轻、军龄较短同志的积极性。从笔试内容上看，长期从事部队机关工作和相对年轻的同志有优势，而对长期在基层工作和相对年长的同志来说则不占优势。考试成绩虽然可以从一个方面反映应试者的能力素质，但功绩制积分则能更多地体现出军转干部对军队和国防建设的奉献，如何科学合理地确定两者在综合成绩中的权重比例，各地标准不一，有待进一步研究论证。

（三）依分选岗工作难规范。从目前河南省的情况看，依分选岗工作主要有两种方式。一种是根据考试考核综合成绩、职务级别和选录名额，分别划定分数线，将军转干部分为拟被录取为公务员和未被录取为公务员两类，再在用人单位和军转干部之间进行双向选择；另一种是根据军转干部考试考核综合成绩排序和接收单位岗位情况，由军转干部依次挑选分配单位。前一种方式，对熟悉地方情况的军转干部来说，由于人际关系广，便于与接收单位沟通协调，找到好单位的机会就多一些。而对与地方不熟悉的军转干部来说，在选择接收单位上就相对缺少主动权。后一种方式，由于强调接收计划指令性的因素多，而考虑接收单位意愿的因素少，会影响接收单位用人的积极性，容易导致协调难度增大，甚至出现原本可以安置到好的岗位却因“一相情愿”未被安置到理想位置、长时间拖延不能如期上岗等问题，给军转安置工作造成很大的被动。

针对存在的问题，应着重从以下几个方面加以改进：

（一）规范部队表彰奖励项目和考核评价机制。在推行公开考试与科学考核安置军转干部过程中，关于转业安置与部队表现、贡献挂钩问题，有些积分要素能够量化，比如入伍、任职、参战、立功等；但有些量化起来就比较麻烦，比如部队各级组织的考核评价、边远艰苦地区的确认等，导致现行的功绩制考核办法主要衡量的是军转干部在部队服役期间的奉献而不是贡献，是经历而不是资历。同时，部队不同时期、不同兵种、解放军与武警部队和公安现役部队之间，除《纪律条令》对立功进行了统一规范外，其他表彰奖励项目五花八门，没有统一规范。建议尽快对表彰奖励项目进行统一规范，并制定一套全军和武警部队都能够执行、能够量化的考核评价机制，努力实现量化有依据、打分有标准、操作有细则，确保对军转干部的考核能够更全面、更客观、更合理、更科学。

（二）规范双向选择程序和办法。从河南省近年来探索和试点的情况看，试行积分选岗、双向选择、保底分配的办法基本成熟，可以加快推行步伐。具体可按“五步法”进行：第一步，张榜公布接收安置计划、接收单位特殊岗位要求和综合成绩排序情况。第二步，组织军转干部填报志愿。第三步，举办双向选择洽谈会，让接收单位和军转干部直接见面洽谈。综合成绩靠前的，优先选择接收单位。第四步，对第一轮双向选择未落实接收单位的，组织第二次征集分配志愿，进行第二轮双向选择。第五步，对第二轮双向选择仍未落实接收单位的，进行指令性保底分配。这样，既能充分尊重军转干部的意愿意见，也使接收单位对军转干部能够进行全面考察、择优接收，保障了接收单位选人用人的自主权，调动了各单位接收安置军转干部的积极性。

(三)加强对军转干部安置工作的监督。进一步完善公开考试与科学考核相结合安置军转干部的监督机制,把强化监督放在更加突出的位置,切实让那些素质好、贡献大的军转干部不吃亏。首先,要增强监督的主动性。各级军转安置部门要自觉接受各级党委、政府和纪检监察部门的监督,主动邀请纪检监察部门参与军转安置工作。其次,要增强监督的群众性。突出军转干部的主体地位,对工作中的一些重要环节和重要事项,要及时向军转干部通报,增加工作的透明度,防止出现"神秘化"倾向。最后,要增强监督的针对性。公开的范围要广,切实做到全员公开;公开的内容要真,切实做到前后一致;公开的时机要准,切实做到全程公开。要把考试考核情况与安置结果紧密对接起来,努力形成"到底行不行,考试考核起作用"的军转干部安置工作格局。

对推动双拥工作向社会组织延伸及双拥创建、军民融合式发展等问题的思考和建议

湖南省双拥办

近年来,湖南省双拥工作坚持走军民融合发展的路子,积极推动双拥工作向社会组织延伸,取得了一定成效。

第一,在推动双拥工作向社会组织延伸中的实践与体会

随着社会经济的快速发展,"两新组织"作为社会整体的有机构成,比例、影响和作用越来越大。目前,我省有各类民间组织 13 404 个(其中,社团9 142 个,民办非企业单位 4 193 家,基金会 69 个)、非公有制经济实体 113 万多家(其中,民营的 101 万家、合资企业 11 万家、外资企业 2 900 多家)、城镇社区 4 550 多个。这些组织在面上松散,但个体整合性较强,社会的影响面广。近年来,我省各级在抓双拥模范城(县)争创活动过程中,注意发挥"两新组织"的作用,尝试性地做了一些工作,取得了一些绩效。通过实践,我们感到要充分调动社会组织参与双拥工作的热情,必须瞄准关键点、找到切入点、建立承载点。

一、以全面增强国防观念为关键点,提高社会组织的双拥意识。牢固的国防观念是社会组织开展双拥工作的思想基础。近年来,我省国防教育和双拥宣传工作将如何向社会各领域拓展的问题作为重要课题来研究,以县(市、区)双拥办和国防教育办公室为依托,逐步推进国防教育和双拥宣传"三进入"工作,即进入社区、乡村,进入非公有制企业,进入民间团体组织。一是依托基层群众自治组织,搭建社会国防教育和双拥宣传平台。我们把国防教育和双拥宣传纳入社区、乡村管理教育范畴,在制度、队伍、阵地建设上与社区、乡村全面建设同步。全省各地结合开展争创双拥模范城(县)活动,将增强国防观念、提高双拥意识纳入了社区、乡村工作目标管理规划,形成教育宣传向社会扩散的辐射源。如长沙市近年投入近千万元在公共场所建立双拥标识牌后,又在社区街道设立了480 多个国防教育和双拥宣传橱窗,市级以上"文明社区"都建立了国防教育展室,每年"八一"建军节、"全民国防教育日"都有计划、有组织地进行了系列宣传活动。二是明确企业法人代表责任,推进国防教育和双拥宣传的拓展。按照《国防教育法》和新颁布的《全民国防教育大纲》要求,我省对《全民国防教育条例》进行了修订,依法明确了企业法人和经营管理者的国防教育责任,并根据组织结构、人员管理、运营特点等内容,在组织形式、教育内容、方式方法和检查督导上进行了分类细化,使非公有制经济实体参与双拥活动的意

识有了明显提高。如涟源市三甲乡长江村党支部书记、村委会主任、长江煤业有限公司董事长兼总经理姚胜国，先后捐献资金100多万元，用于扶助优抚对象和支援国防建设，并拿出20万元设立"姚胜国现役军人立功受奖奖励基金"，每年奖励该村现役军人家属2万元以上。三是加强对社会团体的引导，搞好国防教育和双拥宣传的普及。结合我省宣传、文化、教育、旅游等部门开展的"五下乡"、"文艺进社区"、"高雅艺术进校园"、"红色旅游"、"红歌会"、"公共大戏台"、广场文化活动，吸收群众团体参与，进行国防教育和双拥宣传工作的渗透。针对大专院校学生团体较多、活动频繁的情况，我们注意加强培养大学生爱国拥军情结，有意识地在他们中成立了一些团体。如湘潭大学发动学生成立了"大学生国防教育协会"，由于活动经常而有感染力，在大学生中影响很大，目前该协会已有会员2 000多人，被教育部、团中央评为"优秀学生社团"。

二、以互利双赢为切入点，调动社会组织的双拥热情。近年来，我们在开展争创双拥模范城(县)活动中，深深体会到找到实现双拥工作与社会组织利益共赢的途径，是推动工作最为行之有效的方法。在我省的争创活动中，凡是动员社会组织参与双拥工作较好的单位，"三个结合"都做得比较好。把激发社会组织的内在活力与开展军民共建活动结合起来。我们在工作中感到，如何确保社会组织的内部稳定，形成发展的凝聚力，是部队参与共建的着眼点。如驻湘二炮某部驻地周围涉及怀化市的31个自然村，村民中少数民族多，民风朴实而剽悍，群众对社会秩序稳定的要求强烈。共建中，部队从确保社会稳定和军事安全的角度出发，与这些村建立了共建关系。在驻军帮助下，村村成立了联防组织，促进了驻地安全稳定。在安居乐业的环境下，驻军通过科技帮扶、教育扶助，激活了群众致富的潜能，目前营区周围的村比当地其他地方经济发展要更快一些。把提高社会组织的社会效益与开展拥军优属活动结合起来。社会组织参加拥军优属活动比较注重社会效益，省内各地在发动社会组织参与双拥活动的过程中，注意搞好宣传和推介，调动社会组织的拥军热情。如我省衡阳市驻军较多，在争创双拥模范城(县)活动中，各级领导注意引导社会组织参与双拥工作，市内驻军与49个社区、81个企业单位结成了双拥对子。这些结对的社会组织，通过开展一系列的拥军活动，一方面，增强了内部成员的组织纪律性和团结协作精神；另一方面，通过新闻媒体的广泛宣传，提升了社会组织的知名度和影响力，带来了良好的社会效益，其中，有118个单位被评为各类先进。把提高社会组织的经济效益与开展拥政爱民活动结合起来。近年来，我省各级双拥办注意引导驻军部队，围绕如何发挥优势、促进民营企业经济发展进行共建活动，产生了较好的经济效应。如驻湖南江麓机电科技有限公司军代表室注重对民营企业的扶持，与民营的湘潭时代工业自动化有限公司结成双拥对子后，帮助该单位建立起军品生产质量管理体系，并让其承担了部分军品生产任务。目前，该公司和其他几家获得军品配套生产任务的民营企业，年产值都在千万元以上，在经济效益得到提高的同时，也调动该单位的拥军热情，近三年，该公司共接收安置退伍兵13人、军嫂9名，产生了良好的社会效果。

三、以建立健全双拥网络为承载点，提升社会组织的双拥效果。"两新组织"在社会上分布广、类别多、人员散，双拥工作机构对他们的制约力也有限。我们在争创活动中感到，要将双拥工作有效地延伸到社会组织中去，必须健全双拥工作领导机构，建立基层工作网络，并以此为依托向面上发展。首先，将社会组织的主管部门纳入双拥工作机构。为更为有效地做好我省社会组织参与双拥活动的发动工作，省、市(州)、县双拥工作领导小组都将与社会组织管理有关的民政、教育、文化、工商、税务等部门，吸收为成员单位，明确了职责和任务。这些单位在协调发动社会组织参与双拥活动中，起到了牵线搭桥的协调作用。其次，建立社会组织双拥工作队伍。在社会组织中建立双拥工作联络员制度，是推进双拥工作向社会组织发展的有效方法。我们采取大中型社会组织由市级双拥办牵头负责、小型社会组织由县(市、区)双拥办牵头负责的办法，在大部分社会组织中设立了双拥工作联络员,形成了覆盖这部分群体的双拥工作网络。如湘潭市在争创活动中,由市、县双拥办牵头协调,在144个大型厂矿、院校、社区设立了双拥工作联络员,这些联络员在双拥活动的组织中,发挥了积极而有效的作用。最后,做好双拥活动向社会组织的延伸工作。除组织经常性的双拥活动外,我们结合重要节日和重大活动,把整体发动社会组织参与双拥活动作为提高双拥工作社会影响力的重要举措,推动了双拥工作社会化发展。株洲市集中发动社会组织开展与驻军"结对子、献爱心"活动,得到了26个社会组织的积极响应。湖南千金药业、唐人神集团、太子奶生物科技股份有限公司等民营企业帮助驻军解决训练、生活难题80多个;芦淞区个私协会每年组织个体私营业主与驻军开展双拥活动,既密切了内部和军民关系,又扩大了社会影响。

组织和发动"两新组织"参与双拥工作,是一个新的课题,我们尽管做了一些工作,但在整体发动、集中组织、形成影响等方面还有待拓展。在今后的工作中,对如何增强发动社会组织参与双拥工作的组织严密性、如何提高社会组织参加双拥活动的自觉性、如何保持社会组织中开展双拥工作的经常性、如何加强双拥机构与社会组织的互动性等问题,我们将进一步进行探索、总结和提升。

第二,对双拥模范城(县)评选推荐工作及军民融合发展的思考和建议

今年全国颁布的《双拥模范城(县)创建命名管理办法》和《全国双拥模范城(县)考评标准》为明年评选推荐全国双拥模范城(县)提供了依据和准绳,特别是《标准》经多次讨论修改,已非常具体。今年,我省进行的省级双拥模范城(县)评选推荐工作严格按照全国的《办法》和《标准》执行,并在此基础上进一步细化制定了《考评细则》,目前正在对推荐的单位进行考核验收。在评选推荐过程中我们感到,就如何进一步完善双拥模范城(县)能上能下的管理机制方面值得认真思考和解决。比如,我省衡阳市在2008年发生了一起军民纠纷,事情的发生虽然有偶然性和个别人的恶意挑逗、利用等因素,但在当地造成了一定影响,按照新的规定该市不能参加下一届双拥模范城的评选推荐,因此在今后的几年中当地双拥工作热情势必受到影响。作为双拥模范城(县)既要维护其示范性和严肃性,同时为了更好地发挥争创活动的激励推动作用,应进一步完善双拥模范城(县)能上能下的动态管理机制。按照国家的规定,每两年由各省、区、市对辖区内的全国双拥模范城(县)进行一次检查考评。我们建议:对发生问题的城(县)应与全国双拥模范城(县)一并检查考评,并进行排位,如果连续两次考评排位在本省居前三名的,请求全国双拥办对其进行考核,确实比较突出的可以给予参加全国评选推荐的资格,这样更有利于增强当地做好双拥工作的积极性和责任感。

另外,在军民融合发展方面,各级双拥机构担负着重要的职能作用,主要表现在谋划、协调、监督、评价等方面,而目前双拥机构责权分离的情况不同程度的存在。我们建议:双拥工作立法的脚步还需加快,同时在有关双拥工作的法规或条例起草颁布之前,国家能否出台一个关于军民融合发展的指导性意见,进一步明确双拥机构在军民融合发展中的地位、作用、职责等。

贯彻军民融合式发展战略
推进海南国际旅游岛建设的探讨

海南省民政厅优抚处　俞　生

海南国际旅游岛建设上升为国家战略，是党中央、国务院立足国家战略全局和长远发展所作出的重大决策，给我省双拥工作带来了前所未有的机遇和挑战。从全省双拥工作的现状来看，要担当起服务保障国际旅游岛建设这一全新的、宏大而艰巨的重任，就必须充分认识建设国际旅游岛的重大意义，明确任务要求，切实解决好开展双拥工作中的一切不适应国际旅游岛建设的问题。因此，我们首先要进一步解放思想，更新观念，主动查找不足，分析成因，明确整改方向和措施，

一、在建设国际旅游岛大背景下，海南双拥工作的现状及存在的不足

拥军优属、拥政爱民是我党我军我国人民在长期革命斗争和社会主义建设实践中形成的优良传统，是我们团结动员广大军民战胜困难、夺取胜利的重要法宝，也是我们特有的政治优势和力量源泉。但随着改革开放的不断深化发展、市场经济体制的逐步建立完善，给我省双拥工作带来了很好的发展机遇，也带来了一些新情况、新问题，具体表现在：

（一）在思想观念上还存在重视程度不够，给双拥工作带来新的影响。随着改革开放的深入，我国经济飞速发展，人民生活水平蒸蒸日上，大家的开放意识、竞争意识、发展意识得到空前强化，而国防意识、忧患意识和奉献精神则相对被淡化。比如，有的对经济建设高度重视，而对涉及国防建设的问题认识不足；有的只看重局部利益、自身利益，而没有从保障国家安全和发展的角度看待双拥工作；有的只看到双拥工作任务重、付出多、受益少，而没有看到双拥工作对稳定发展、提高综合国力的巨大作用；有的视经济指标为政绩，而把双拥工作看做是额外负担。这些问题归结到一点，就是双拥观念与时代脱节，新型的国家安全观没有得到有效确立，没有看到坚强的军政军民团结，是国家安宁、社会稳定、经济发展的根本保障。

（二）在制度建设上还存在法制制度不够健全，给双拥工作提出新的要求。随着法律制度的日益健全，我国逐步走上了法制化社会的轨道。双拥工作必须抓住这个机遇，建立健全与之相配套的政策法规，这是做好新形势下双拥工作的迫切需要，也是双拥工作深入发展的基本保证。但从目前看，双拥政策法规仍存在着不健全、不配套、不完善，甚至有法不依、执法不严的问题。比如，在市场经济条件下，双拥工作在对象、内容、方式上都遇到了未曾有过的复杂情况，单靠行政的和感情的手段，无济于事，必须走依法做好双拥工作的路子；已有的双拥法规与其他法规相错位、不对接，致使安置、优待等工作落实不力，难题越来越多；国防建设的立法滞后于国家的法制建设，使国防建设和经济建设不同步、不适应。这就要求把双拥政策法规建设纳入整个法制建设的总体规划，不断加大双拥政策法规的建设力度，推进双拥工作的规范化、法制化。

（三）在管理职能上还存在机制不够创新，给双拥工作带来新的挑战。在改革开放和发展市场经济的条件下，我国传统社会结构发生了复杂而深刻的变化，经济成分和经济利益、社会生活样式、社会组织形式、就业岗位和就业方式等多样化的趋势日益明显。同时，政府逐步从微观管理转向宏观调控，从统包统揽转向协调、监督和服务。这就理所当然地要求双拥工作适应新形势，确立新的运行机制。但从目前的情况看，双拥工作市场化程度不够，行政干

预和指令仍然起着十分重要的作用;社会化程度不高,一些部门、行业和群众参与双拥工作积极性仍没有调动起来;激励措施不到位,从事双拥工作的同志主观能动性不能充分激发;约束措施不力,一些单位对履行国防义务、承担国防责任的认识不清。这些问题说明,双拥工作必须顺应社会结构和政府职能的转变,努力探索和构建新的运行机制,进一步提高效能,不断推动双拥工作深入发展。

(四)在军地建设发展上还存在统筹协调不够,给军地双方建设带来新的矛盾。2010年是海南建设国际旅游岛开局之年,当前我省经济建设和军队现代化建设发展快速,如何坚持经济建设和国防建设协调发展的方针,是全社会面临的重大课题,也是我省双拥工作必须牢牢把握的基本原则。大家必须明白,在建设海南国际旅游岛的总体规划当中,必须统筹将国防建设和军队建设纳入其中,摆正国防与军队建设的位置。如果没有强大的国防和军队,就难以维护国家安全统一和保障国际旅游岛建设。但从实际情况看,有个别地方,没有做到一手抓经济,一手抓国防,对经济建设高度重视,大投入、大发展,而没有充分的考虑到国防和军队的需求,关心不多、支持不大;也有些驻军没有充分考虑地方经济建设的需要,最大限度地提高国防资源的利用率,服务大局的意识不强,支持地方建设的积极性、主动性不高。这就要求双拥工作要以推进国防建设与经济建设协调发展为使命,理顺关系,明确责任,同步推进。

二、在建设国际旅游岛大背景下,做好我省双拥工作的几点意见

在新形势下推进双拥工作向新的更高层次发展,需要不断研究新情况,努力解决新问题,要站在全面建设国际旅游岛的前提下,在“高”字上定目标,在“深”字上做文章,在“实”字上下工夫,在“新”字上求发展,在“创”字上争一流,在继承中有发展,在发展中有提高,在提高中有创新。要把军地双方的思想和行动统一到党中央、国务院和省委、省政府的决策部署上来,统一到海南建设国际旅游岛的总体规划上来,牢固树立“三个理念”,全面贯彻军民融合发展战略,在思想上主动融入,工作上主动对接,为海南国际旅游岛建设提供优质服务和有力保障。

(一)树立开放创新的理念,促进“军民融合式发展”

第一,着眼于打牢广大军民共同团结奋斗的思想基础,深入开展以爱国主义为核心的国防和双拥宣传教育。驻琼军警部队要以建设社会主义核心价值体系、凝聚军政军民团结为着力点,把国防教育和双拥宣传纳入全民教育体系,合理部署,统筹安排,使宣传教育贯穿于双拥工作的全过程。要大力弘扬人民群众爱国拥军、情系国防的优良传统,人民军队听党指挥、服务人民、英勇善战的优良传统。要大力倡导在双拥工作中涌现出的先进典型和成功经验,使广大群众牢固树立“没有一个人民的军队,便没有人民的一切”的思想,使广大官兵牢固树立“来自于人民、服务于人民”的思想,切实强化国防观念和双拥意识,进一步巩固心连心、同呼吸、共命运的军政军民关系,打牢共同团结奋斗的思想基础。

第二,着眼于提高部队完成多样化军事任务能力,广泛发动和组织社会力量支持军队建设。各级党委、政府和有关部门必须站在维护国家安全的战略高度,统筹经济建设和国防建设,广泛发动和组织社会力量,扎实做好支持部队建设和军事斗争准备的各项工作。要围绕提高部队快速反应能力的要求,协助搞好应急指挥机制和配套设施建设,建立完善军地联席会议等协调工作机制,加强军地突发事件信息沟通,为部队平时应急、战时应战创造条件。要适应部队履行使命任务的需要,从政策、资金等方面加大支持军事斗争准备力度,努力探索现代技术条件下拥军支前的内容和方法,深入开展智力拥军、科技拥军活动,帮助部队培养新型军事人才,搞好装备器材革新、维修和技术保障,完善信息化设施,加快信息化建设步伐。要贯彻平战结合的原则,在城乡规划和基础设施建设中充分兼顾军事需求,配合部队搞好战备、训练等基础设施建设。要积极动员和组织社会力量支持部队完成训练演习、战备执勤、科研试验等任务,进一步挖掘社会潜力,协助部队推进后勤保障和其他保障社会化。

第三，着眼于促进经济社会又好又快发展，积极参与地方建设。驻琼军警部队要深入推进军民融合式发展，按照我省经济社会发展的战略部署，不断适应双拥工作面临的新形势、新任务、新要求，积极参加和支援地方经济社会建设。要随着海南国际旅游岛建设上升为国家战略，驻琼各军警部队要继续抓好深入学习实践科学发展观活动和培育当代革命军人核心价值观主题教育，围绕“有效履行使命任务”的要求，努力提高应对多种安全威胁、完成多样化任务的能力；继续发扬积极为驻地经济社会发展作贡献的好传统，发挥部队组织严密、作风扎实、突击力强的优势，大力支援我省重大项目和重点工程建设，为推进国际旅游岛建设，为海南的改革发展作出新的更大的贡献。

（二）树立服务大局的理念，落实好各项优抚安置政策

各级党委政府要结合海南国际旅游岛建设，认真落实各项拥军优抚安置政策，扎实做好转业干部、复员退伍军人安置和随军家属就业工作，妥善解决随军家属就业、子女入托入学、社会保障等现实问题，切实帮助军人军属排忧解难。继续做好伤病残军人退役安置、退役士兵职业技能培训等工作，切实维护军人军属和优抚对象的合法权益。当前要结合我省实际，进一步加大为部队官兵和优抚对象办实事的力度，要落实好优抚对象和部分军队退役人员抚恤优待政策，深入开展多种形式的送温暖和帮扶捐赠活动，热情为他们排忧解难。组织军民积极参加民族团结进步活动，旗帜鲜明地维护社会稳定、维护民族团结。

要进一步制定、完善和落实双拥政策法规，加大政策落实的工作指导和督促检查力度，要深入开展节日期间的双拥活动，互办实事，互解难题，进一步密切军民鱼水情谊。要结合军事斗争准备的需要，认真研究国际旅游岛建设中双拥工作的特点规律，修订完善《海南省双拥模范城（县）创建命名管理实施办法》和《海南省双拥模范场城（县）考评标准》，结合本地区、本部门实际把拥军优属，优抚安置工作做好。要着眼于大局，把按照政策规定办事与采取灵活措施结合起来，把政府指令性与市场化运作结合起来，把相关职能部门的努力与动员全社会的力量结合起来，不断创新工作思路，鼓励和引导社会拥军力量多为部队官兵和军属解难题、办实事，努力营造拥军优属人人有责的社会气氛，促进双拥工作持续发展。

（三）树立科学管理的理念，促进双拥各项工作落实

首先，要加强对双拥模范城（县）创建活动的组织领导，进一步提高创建工作整体水平。创建双拥模范城（县）活动，是拥军优属、拥政爱民优良传统的继承与发展，是做好双拥工作的重要载体，是巩固和发展军政军民团结、促进社会主义和谐社会建设的有效途径。从我省近年来的创建情况看，各地各部队开展创建活动的积极性普遍较高，绝大多数地方都能够对照标准抓好抓实，但也有少数地方只看重荣誉，不注重做经常性、基础性的工作，在评比前搞突击，创建的质量和水平还不高。希望各地各部队进一步提高认识，加强领导，在今后的创建活动中坚持正确的方向，突出实践特色，把工夫下在平时，把重点放在基层，把标准定在帮助军民解决实际问题上，扎扎实实地做好各项工作。要以创建活动推动群众性双拥活动广泛深入持久地开展，进一步调动广大军民支持双拥、参与双拥的积极性和主动性。要广泛开展军民共建、科技双拥、法律拥军等群众性双拥活动，继续探索行业拥军、社区拥军、新经济组织和新社会组织拥军的新路子、新办法，不断丰富内容，拓展领域，扩大双拥工作的群众基础。要大力宣传双拥模范城（县）、双拥模范单位和个人的先进事迹，充分发挥他们的示范辐射作用，进一步调动全社会做好双拥工作的积极性，推动群众性双拥活动蓬勃开展。

其次，各级党委、政府和部队领导机关要紧紧围绕中心，服务大局，深刻认识做好双拥工作对海南国际旅游岛建设与巩固国防融合发展的重大意义，始终把支持国防和部队建设作为义不容辞的责任，全力支持部队遂行多样化军事任务，切实把国防后备

力量建设纳入国际旅游岛建设总体规划,摆上重要位置,抓出成效。要完善军地联席会、现场办公会等制度,及时研究处理军地双方共同关心的重要问题,共商双拥发展大计。各级各部门要相互配合,形成合力,做到条块联动,军地互动,形成齐抓共管的工作格局。要加强双拥组织机构建设,各级双拥工作领导小组要坚持例会制度,健全议事规则,适时组织成员单位深入基层,调查研究,采取有力措施增强双拥工作的针对性和时效性。各市县双拥办要加强工作人员队伍建设,健全工作制度,充分发挥指导、协调、参谋的职能作用,不断提升双拥工作服务大局的能力和水平。各级党委、政府和部队领导机关要以高度的政治责任感和使命感,把双拥工作作为事关全局、涉及长远的大事,进一步加强对双拥工作的领导,不断推进双拥工作创新发展。要经常分析双拥工作形势,及时研究解决工作中遇到的困难和问题。党政军主要领导要以身作则、率先垂范,带头参加双拥活动,以实际行动影响和带动双拥工作,推进海南国际旅游岛建设又好又快发展。

对当前部队基层官兵家庭生活状况的调查与建议

重庆市双拥办

家庭是社会的细胞,是人生的港湾。部队基层官兵的家庭生活状况,直接影响到他们立志献身国防和军队现代化建设事业的信心和决心。近年来,随着我国改革的不断深入,综合国力不断增强,人民生活水平不断提高,特别是地方各级党委、政府和部队领导机关对基层官兵家庭的生活状况非常关心,把帮助他们解决生产生活中的实际困难摆上重要位置,使基层官兵的家庭生活水平普遍得到了较大幅度提高,对稳定官兵思想、加强部队全面建设起到了十分重要的积极作用。但是,目前各级政府对军人家庭生活困难的优待保障政策缺乏。为更好地解决基层官兵家庭实际困难,配合部队做好基层官兵的思想工作,激励官兵立志军营建功立业,10月至11月,市双拥办组织对驻渝部队基层官兵家庭生活状况进行了一次走访,调查、了解,倾听他们的心声、建议、意见及期望。现将有关情况报告如下:

一、基本情况

此次调查由市双拥办副主任带队,深入到77133部队、95661部队、78084部队、武警重庆市第七支队等驻渝部队的基层连队和部分区县,采取听取汇报、个别谈话、座谈讨论、问卷调查、查阅资料等形式进行。被调查对象的356名官兵来自云南、贵州、四川、重庆、河南、河北、安徽、山东、广西、山西、湖南、湖北、江苏等13个省(市)的87个县(自治县、区、市),其中农村居民占82%(与目前部队官兵总体情况相当)。从调查的情况看,70%的官兵家庭在当地处于中等生活水平,20%属一般贫困家庭,5%属特别困难家庭,最多的负债达20多万元。

二、造成困难的原因

通过走访、调查,官兵家庭生活困难原因归纳为以下几种:

一是因病致贫。被调查的困难官兵75%来自农村,家庭成员基本上没有办理养老保险、医疗保险。因此家庭成员患病,特别是患大病,要支付巨额医疗费用,为治病倾其所有,包括向所有的亲戚朋友借钱,全部都用在治病费用上,直接造成家庭困难。四川省甘孜军分区独立营二连指导员焦祖波母亲患直肠癌,仅医疗费就花了20多万元,目前欠账约10万元,家庭十分贫困。77133部队8连指导员黄伟,女儿3岁时患白血病,在重庆医科大学附属儿童医院治疗了1年多时间,今年9月病情开始恶化,又急忙转往北京、上海等地的医院救治。目前共花去医药费70多万元,虽然驻地有关部门和部队战友的捐助筹集到一部分资金,但他们倾其家中所有为其女儿做骨髓移植，目前正在治疗之中。

二是因家属无生活来源致贫。通过我们对部队官兵进行了解，发现有65%的已婚官兵家属无工作岗位，随军又不够条件，也就没有固定收入，加之上有年迈老人，下有待培养的小孩，既没有土地种，又没有收入，造成了家庭十分困难。

三是因交纳子女学费致贫。为能更好地培养子女，让他们以后有出息，家长不惜一切代价培养子女上学。上幼儿园的费用一般平均每年要上万元，读小学和中学的择校费普遍在万元以上，有的甚至达5万元之多，对于一个收入仅靠丈夫工资的基层官兵家庭来说确实是一个不小的数字。

四是因物价上涨而致贫。随着近年来物价的快速上涨和房价的持续攀升，官兵的生活水平并没有得到明显改善，反而有所下降。比如，以重庆市的消费水平为例，2006年的猪肉价格是6—7元/斤，现在是12—13元/斤，增长了一倍。再说房子价格，也已经从2006年的均价2 500元/㎡涨到了现在7 000元/㎡，涨了两倍还多。所以，从购买力来看，官兵的实际收入已不能满足官兵本人和家庭日益增长的物质文化需要，多数基层官兵感到了家庭生活负担沉重。

三、几点建议

帮助基层官兵解决家庭实际困难和问题，是坚持以人为本思想的具体体现，事关社会的稳定、经济的发展、和谐社会的构建。结合重庆实际，提出如下建议：

一是加大对困难官兵家庭的救助力度。基层官兵特别是基层干部在这个时候正是工作热情高、干劲大的时候，工作最辛苦，生活最忙碌，压力最沉重，而目前还没有帮助他们解决实际困难的优待政策依据。为帮助他们解除家庭生活困难的压力，建议地方党委、政府出台具体的救助政策措施，可从民政部门的社会救助、拥军慰问和人社部门的解困资金中拿出部分资金，专款专用，以便救急救难，使他们度过暂时的困难。

二是增设军人配偶国防奉献津贴。目前，军地各级强调家属要支持丈夫工作，但只有要求，没有待遇，没有激励机制，可考虑对所有已婚干部发放一定数额的军人配偶国防奉献津贴。可按军人服役期10年以下、10至15年、15年以上三个档次计发，标准分别为每人每月600元、800元、1 000元，随军人工资每月计发。这样有利于从工资制度上肯定军人配偶在国防建设上的贡献，调动她们支持丈夫献身国防的积极性。

三是加大军嫂就业培训力度。帮助她们克服端"铁饭碗"的思想，树立敢于竞争的观念；克服追求安逸的"官太太"思想，树立吃苦耐劳、艰苦奋斗的观念；克服"等、靠、怕"的思想，树立勇闯市场的观念，主动参加学习，提高素质，掌握一技之长，为就业做好各方面的准备工作。各级双拥部门、人力资源部门还可以定期协调一些用人单位到部队召开"招聘会"，把军人家属推向职场，使培训和推荐结合起来，逐步畅通军人家属就业的路子，为家庭生活多提供一份保障。

四是保障子女接受良好教育。军人工作的特殊性，决定了子女在家庭教育方面存在一定的缺陷，我们切不可"苦了老子，误了孩子"。军地有关部门应加强沟通协调，从政策上规定学校对军人子女取消区域招生的偏向性，不能按户口就近入学，军人保证子女优先进入条件较好的学校学习，最好是每个城市定点几所较好的学校面向部队军人子女招生，并减免择校费，以减轻其家庭生活困难的压力，从而保障官兵集中精力献身国防事业。

西藏自治区双拥工作调研报告

西藏自治区双拥办

根据新颁布的《双拥模范城(县)创建命名管理办法》(国拥[2010]2号)有关规定。为做好我区全国双拥模范城(县)推荐工作和自治区人民政府2011年适时召开西藏自治区第十次双拥模范城(县)命名表彰大会作准备。自治区民政厅优抚处专门成立调研组对日喀则地区进行双拥工作调研,历时4天,行程2 000多公里,分别对日喀则市、江孜县、聂拉木县双拥工作进行了一次重点调研,同时对落实优抚安置政策、优抚安置资金的使用情况、军休服务管理工作情况等进行随机检查,其他地(市)县另行通知自行检查。调研组深入各县、各部队,通过听取汇报、实地察看、军地座谈等形式,对考察对象进行了深入细致的调查。总体感到,新一轮双拥创建活动开展以来,日喀则双拥工作总体形势良好,始终坚持以“三个代表”重要思想为指导,牢固树立科学发展观,以构建和谐社会为目标,立足民族地区工作实际,以双拥促和谐求发展,拓开了双拥工作新局面。

一、双拥工作开展情况

(一)各级党委高度重视,组织领导坚强有力

各县(市)党委、政府坚持把双拥工作作为事关全局、涉及长远的大事,摆上了重要工作日程,切实纳入经济社会发展和部队建设的总体规划。经常分析形势,研究解决问题,配齐配强工作人员,增加经费投入,完善规章制度,做到了机构、人员,经费、制度四落实。各县(市)建立健全双拥工作领导机构,成立以县(市)委书记为双拥领导小组组长的双拥领导班子。使双拥工作社会化、经常化、制度化。这些制度的建立健全,使各县上下在双拥和优抚安置工作做到了执行上有政策、行为上有规范、落实上有措施。县(市)都把“怎样做好全国双拥模范城”的各项工作作为主要目标和任务,党政主要负责同志亲自过问。坚持逐年制定双拥工作规划、双拥工作联系制度等一系列规定、措施,从而促进了双拥工作的全面发展。

(二)国防教育广泛深入,广大军民双拥意识不断增强

各县根据形势和任务的需要,在全县深入开展了形式多样、内容丰富的国防和双拥工作宣传教育,营造了良好的双拥工作氛围,增强了各县军民双拥意识和国防观念。在宣传教育中,做到了“突出三性”:一是宣传教育对象突出层次性。把双拥、国防宣传教育纳入全民教育体系,根据不同层次对象的特点,采取相应的宣传教育方式,增强了全民的双拥意识和国防观念。二是宣传教育内容突出针对性。各县以贯彻《国防法》、《国防教育法》、《爱国主义教育实施纲要》为重点,充分利用烈士陵园等爱国主义教育基地,对广大军民进行国防教育,牢固树立“国无兵不强、民无兵不安”的国防意识和双拥意识。三是宣传教育形式突出多样性。采取广播电视、横幅标语、简报板报、固定性双拥宣传标志牌等多种形式,扩大了宣传教育的影响面。而在宣传方法上做到了“四个结合”,即结合形势和任务开展针对性教育,结合中心工作开展穿插式教育,结合重大节日和双拥重大活动开展专题教育,结合参观国防教育基地和爱国主义教育基地开展现场教育。通过贴近基层、贴近实际、贴近群众,全方位、多层次的国防教育和双拥宣传,在各县(市)营造了良好的双拥氛围,为进一步开展双拥工作奠定了思想基础,注入了新的生机和活力。

(三)认真落实政策法规,努力解决部队官兵的后顾之忧

优抚安置工作能否顺利完成,对密切军政军民关系,促进国防现代化建设和维护社会稳定具有重

大意义。各县(市)委、政府把优抚安置工作作为一项重要政治任务进行部署,并采取了各种措施来确保优抚安置政策的全面落实。一是按照政策规定,发放义务兵和“三属”优待金和定期抚恤,保证了他们的基本生活需要;二是实行优待抚恤定补金发放报告和对账核销制度,准确掌握各类优抚对象的底数,对发现的问题及时解决,对自然减员的及时停发,对政策性调标的及时补发;三是积极动员社会各界、乡村组织和人民群众广泛开展为优抚对象做好事、办事实、献爱心、送温暖活动,从而使优抚对象的生活水平达到了当地群众的平均生活水平;四是建立了优抚标准自然增长保障机制,通过优抚对象自然减员经费、优待金兑现结余、社会捐资和财政拨款等多种渠道筹措资金,用于拥军优属工作和帮助优抚对象解决“三难”问题;五是对军队转业干部做到了当年转业、当年安置、当年上岗;六是积极做好农牧区军地两用人才的开发使用工作,鼓励他们发挥一技之长,培养、推荐他们进入村级班子或创办经济实体。日喀则市各级党委和政府在认真贯彻落实上级党委、政府有关优抚安置的政策基础上,充分发挥各职能部门的作用,依靠社会力量,落实优抚政策不断创新。使优抚工作由过去的一般抚恤逐步转向“扶持优抚对象,发展生产、脱贫致富”,由“单一的国家担负转向国家、集体、社会共同担负”的激励机制。江孜县在区民政厅的大力帮助下投资20余万元,于2008年10月份创办了江孜县优抚经济实体——糌粑加工厂,现日磨糌粑2 000多斤,为困难复退军人提供了就业岗位,有利于保障全县特困群众的生活所需,更有利于双拥、优抚工作的全面协调发展。聂拉木县针对自身特殊的地理位置,建立了重点优抚对象联络员制度,协助县、乡(镇)搞好各项优待抚恤政策的贯彻落实,使优抚对象的切身利益得到有效的保障。

(四)驻军部队牢记我军宗旨,全力支持地方经济建设

驻县(市)各部队在完成战备、训练等各项任务的同时,牢记“全心全意为人民服务”的宗旨,视驻地人民为父母,视驻地为第二故乡,积极投入到驻地各项建设中去,与人民群众同呼吸、共命运、心连心,为驻地物质文明、精神文明、政治文明和构建和谐社会作出了突出的贡献。一是深入开展扶贫助学活动。驻军部队在每逢“三大节日”、“八一”建军节,慰问各自联系的村委会、贫困户、敬老院,为他们送去生活用品和慰问金。由于各县受经济实力及交通信息的阻碍,各县教学条件和设施现仍处在比较落后的面貌,驻地部队为了振兴当地教育事业,积极组织人力、物力、财力大力支持驻地中小学建设。二是开展扶贫就医活动。驻军部队充分发挥自身医疗技术优势,走村串户,深入基层给残疾人、孤寡老人、儿童送温暖,积极为当地贫困户和看病难的老百姓、孤寡老人免费看病,并定期上门送医、送药。三是开展科技扶贫活动。驻军部队因地制宜,随时调整措施帮助群众脱贫致富,为群众修建蔬菜示范温室,并指派部队的技术员长期指导群众种植技术,有效地促进当地的农业结构调整,增加了农牧民收入,得到了广大农牧民群众的一致好评。四是积极参加抢险救灾。驻军部队在训练时间紧、军事任务重的情况下,积极支持地方建设,在社会治安综合治理、抢险救灾和大型活动中,充分发挥主力军的作用,为保护人民生命财产安全、社会局势稳定作出了特殊贡献。

(五)加强军民共建,维护社会和谐稳定

各县(市)军地领导在统一思想,提高认识的基础上,把军(警)民共建与双拥模范县创建活动结合起来,以“共建、共育、共发展”为指导思想,大力开展了各种形式的共建活动,形成了以领导干部带头,机关、企事业单位、学校和驻县军(警)官兵为主体,社会各界广泛参与的良好格局,使军(警)民共建的过程成为推动双拥工作全面落实的过程,收到了“双拥双促进、共建共提高、军地同发展”的明显效果。

二、存在的主要问题

从这次调研的情况看,各县(市)双拥工作的整体水平虽然都有所提高,但是也还存在一些不容忽视的薄弱环节和问题。一是双拥合署办公还需进一步加强。各县(市)都相继成立了双拥办,但因人员缺编及与驻地部队缺乏协调,双拥办没有专职人员和部队参与,没有很好地执行军地合署办公长效机

制,从而使本地区的双拥工作存在片面性,在各项汇报材料中不能全面地反映军地双方所做的工作。二是双拥工作宣传力度有待于进一步加强。宣传是双拥工作的重要方面,有些地方的工作经验在全区具有一定的推广价值和指导意义,但从各县(市)汇报材料上反映不够,这就说明各县(市)对双拥工作的宣传不够、不善于总结,缺乏具体数据,上报下达工作也不够,致使基层双拥工作不能很好的反映上来。三是落实各项制度还有待于提高。对双拥工作的认识,各县(市)军地领导的态度是积极的,但个别县和部队小、散、远单位,对双拥工作不够重视,双拥工作仍停留在打扫卫生、义务理发和逢年过节走访、慰问等一般性工作上,没有向深层次发展。在优抚工作上有个别县存在优抚政策到位不及时或政策到了但执行不及时的情况,缺少优抚政策教育,使群众对优抚政策不了解、优抚对象对上级政策产生怀疑和不信任态度,导致在开展优抚工作上困难重重。这是因各别领导对上级的文件、指示精神理解不深,贯彻不力。有些制度、措施写在纸上,贴在墙上,而没有很好地贯彻落实。其中有的县虽然成立了不少共建单位,但连最起码的共建牌子和共建协议(条约)都没有。

“十一五”期间全省双拥工作的新发展

甘肃省双拥办

甘肃是双拥运动的发祥地之一。全省军民曾经用鲜血和生命培育的双拥传统,是我们的传家宝,也是做好各项工作的政治保证。省委、省政府和驻军领导机关对双拥工作历来十分重视,作为事关全局的一件大事来抓,不断加强组织领导,完善工作机制,推动了双拥工作广泛深入地开展。

一是党政军领导高度重视,建立了完善的双拥工作领导机制。各级党委、政府从讲政治、讲大局的高度,始终坚持把双拥工作作为“一把手”工程,纳入经济社会发展和部队建设的总体规划,纳入党政军领导的重要议事日程,加强组织领导,完善工作机制,逐步建立起了党委议军会议、领导小组会议、成员单位年度述职和报告工作、军地合署办公、定期交流沟通、重大问题会商协调等一系列行之有效的制度规定,形成了齐抓共管的良好局面。各市县区和基层单位普遍成立了领导机构,形成了纵向到底、横向到边、运转灵活、办事高效、落实有力的双拥工作网络,全省上下实现了年度工作有计划、有安排、有督查、有落实。

二是深入持久地开展宣传教育,全民国防观念和双拥意识进一步增强。五年来,全省各级坚持把国防教育、双拥传统和政策法规宣传纳入全民国防教育规划,共印发各种宣传资料 500 多万份,免费向社会开放国防教育基地 405 处,建成双拥展室 320 处,播放爱国主义影视作品 1 600 多部,举行各种形式的座谈会、报告会、双拥知识竞赛等 1 600 多场次。省里先后举办了两届“双拥书画展”、拍摄播映了《陇原双拥潮》、《十佳复退军人》、《十佳军嫂》、《双拥天兰线》等 6 部电视专题片。各主要媒体开设了“国防天地”、“双拥之声”等栏目,大力弘扬双拥传统,引导广大军民积极参与双拥创建工作,涌现出了一大批爱国拥军、心系国防的“好书记”、“好局长”、“好职工”、“好卫士”。同时,各服务行业、商业网点、旅游景点挂出了 1 万多个“军人优先”、“军人军车免费”的服务标志,双拥宣传标语遍布城乡。每逢“八一”、“十一”、元旦、春节期间,各级党委、政府都要召开军地座谈会,主要领导亲自率团走访慰问部队机关、基层连队和重点优抚对象。军地基层单位还经常联合组织开展文艺演出、专题演讲、知识竞赛等形式多样的活动,不断营造了浓厚的双拥氛围。

三是密切配合驻甘部队完成多样化军事任务,支持国防和部队现代化建设的力度不断加大。各级党委、政府把支持国防建设作为一项重大政治责任，积极协助部队搞好训练场地、军事设施、营区建设、科研设施和国防工程等基础设施建设。五年来全省共划拨土地5 000多亩，使全省60%的军分区、人武部、武警支（中）队、消防支（中）队营房完成了新建或维修改造，资助修建训练场地60多个，兴办实事2 600多件。各级政府在送电脑、送图书、送器材进军营的同时，坚持把科技拥军的基点放在帮助部队培养高素质军事人才上，实施了面向军营的“育人工程”，依托大专院校、高新技术企业开展军地两用人才培训工作，每年约有8 000名官兵接受较为系统的学历教育和职业技能培训。全省已建立科技拥军对接单位20多个，组织高中级专业技术人才为部队开办科技讲座300多场（次），攻克技术难关20多项，提供技术服务1 000多次。为基层部队送配计算机、复印机等办公设备3 200套，援建军营图书室176个，赠送各类科技、军事图书50多万册。

四是大力发展特色双拥，推动创建工作任务在基层落实。跨区域、大范围联片创建是我省双拥工作的一大创举。这几年，为提高双拥层次、发展特色双拥，我们根据不同区域，提出了相应的创建工作思路，取得了显著成效。从1994年至2004年完成创建“河西千里双拥模范走廊”之后，于2001年开展了“兰郎”（兰州至郎木寺）、“天兰”（天水至兰州）双拥文明线创建活动，已建成5 000亩以上的大型生态绿化基地20多处，初步建成宽裕型小康村260多个，双拥文明小区165个，双拥文化活动场所和军民共建点1 600多处。为丰富基层双拥工作载体，全省先后组织开展了以“双四好”、“双向服务、双向奉献”为主题的双拥实践活动。为有效实施对双拥模范城（县）动态管理，我们在深入调研的基础上，提出并建立了双拥模范城（县）届中检查评估制度，得到了民政部、总政治部的充分肯定。为推动军民融合式发展，从去年开始，全省确定了地方支持部队建设办好十件实事和驻甘部队援建地方“十项工程”，即：双十工程。推动了军地在更高层次、更广领域开展军民共建活动，形成了较大的规模效应。为深化退役士兵安置改革，省里从扶持发展生产、促进就业入手，在全省组织开展了“培养民兵预备役人员和复退军人创业致富带头人活动”，共投入扶持资金2 000多万元，提供生产用地1万多亩，减免税收和发放补贴700多万元，举办培训班1 100多期。首批确定的2 600多名优秀复退军人和民兵预备役骨干已成为创业致富的带头人和领军人物。今年7月，省上在庆阳召开了现场会议，交流了经验，形成了共识，推动了这项活动在基层深入开展。

五是以双拥促进优抚安置政策落实，有效维护了广大军民的合法权益。近年来，我们把做好优抚安置工作作为事关全局的一件大事来抓，怀着深厚的感情为国防建设和军人军属办实事、解难题。首先，注重建立长效机制，确保维权工作真正落到实处。先后制定下发了《甘肃省军人抚恤优待条例实施办法》、《甘肃省优抚对象医疗保障办法》、《甘肃省退役士兵安置任务有偿转移资金管理暂行办法》、《随军家属劳动就业和社会保障实施意见》等一系列规定和政策，为维护军人军属合法权益提供了制度保障。其次，认真落实优抚保障政策，千方百计为重点优抚对象排忧解难。先后5次大幅度提高了各类优抚对象优待抚恤标准。老复员军人定补标准提高到了355元。农村义务兵家属优待金多数达到当地上年农民人均纯收入水平。同时，广泛开展“送温暖”、“爱心献功臣”活动，帮助5.2万名重点优抚对象解决了生活、住房、医疗难问题，为1 500名残疾军人安装更换了假肢，4 372名军队离退休干部和无军籍职工政治、生活待遇全部落实。最后，坚持以制度化、规范化建设为方向，逐步建立健全涉军法律服务保障体系。基层普遍建立了“一组、一庭、一站、一中心”四位一体的维权工作机制，共为部队和军人军属提供法律服务和咨询2万多人（次），解决和协调涉法问题3 000多件。

六是服务经济社会发展的意识进一步增强，驻甘部队的贡献和作用更加突出。驻甘部队在完成战备、训练、执勤任务的同时，积极发挥自身优势，大力支援地方经济社会建设，勇于承担急难险重任务，充分发挥了生力军和突击队作用。五年来，先后出动兵力50多万人次，投入劳动日500多万个，机械车辆2万多台(次),全力支援公路铁路、兴修水利、城市基础设施、生态绿化、防风治沙等重点工程建设项目1 200多个,公益事业2万多个。尤其是在“兰西拉”光缆铺设、“兰成渝”输油管道施工、“西气东输”工程会战、兰州南河道疏浚、九甸峡水库移民搬迁、石羊河流域治理和民勤防风治沙工程援建中,担当重任,攻坚克难,突击会战,发挥了主力军作用。同时,这几年,驻甘部队先后与147个村签订协议共建社会主义新农村,对口支援乡镇卫生院221所,为贫困群众送医送药、免收医疗费800多万元。各部队还援助希望小学258所,资助贫困学生6 800多名。其中,兰州军区出资灾后援建的武都区高标准八一中学已投入使用,使1 800多名师生在舒适的环境中学习生活。省军区资助会宁县百名学子圆了大学梦。这几年,由部队援助的扶贫点达1 400多个,使450个贫困村和3万多户群众实现了稳定脱贫。特别是在汶川“5·12”地震、雨雪冰冻灾害和舟曲特大山洪泥石流灾害抢险救灾中,在抗洪抢险救灾的特殊战场上,总部、军区、总队首长亲临一线,周密部署,指挥救援。广大官兵视灾区群众为亲人,冒着生命危险,不分昼夜,争分夺秒地援救群众,共派出医疗队25批,救治伤员26 000多人。同时,全力抢通道路,抢运物资,安置群众,保护财产,出色完成了急难险重任务,创造了一个又一个奇迹,涌现出了一大批英模个人和英雄群体。广大官兵用忠诚和热血铸就了人民军队爱人民的丰碑,谱写了军民团结、共克时艰的崭新篇章。同时,人民子弟兵怀着对灾区群众的深厚感情,慷慨解囊,在汶川地震和舟曲特大山洪恢复重建中,先后两次捐赠资金4 243万元,赢得了当地政府和人民群众的广泛赞誉和衷心爱戴。

认真抓好考评试点工作
全面提升双拥创建活动水平

甘肃省双拥办

按照全国双拥办的统一部署,我们依据全国双拥工作领导小组颁布的《双拥模范城(县)创建命名管理办法》和《双拥模范城(县)考评标准》,在天水、白银市和金塔县进行了新一轮双拥模范城(县)考评试点工作。通过建立机构、制定方案、培训学习、宣传动员、组织实施、督导检查和总结交流等方式,较好地完成了考评工作试点任务,我们的主要做法是:

一是切实加强组织领导,精心制定工作方案。为确保双拥模范城(县)考评试点工作顺利进行,省里成立了由副省长张晓兰任组长的考评试点工作领导小组,各试点市、县也分别成立了由党政军主要领导参加的考评试点工作领导小组,下设办公室,具体负责组织、指导和协调工作。同时,结合各自实际,及时制定出台了具体实施方案,县区、乡镇、街道和驻地部队层层研究提出了创建工作目标和规划,明确提出了考评试点工作的指导思想、目标任务、工作步骤及时限要求。为强化试点工作,两市一县建立双拥基层组织226个,拥军优属服务小组315个,双拥志愿者队伍2 600多人,形成了“上下一条线、左右连成片、层层有人抓、事事有人干”的生动局面。

二是注重抓好学习培训,深刻理解《办法》内涵。试点工作开始后,各试点首先把学习掌握新颁布的《双拥模范城(县)创建命名管理办法》和《全国双拥模范城(县)考评标准》作为试点工作的首要任务来抓,采取集中培训、专题讲座、以会代训等多种方式,学习掌握新《办法》,深刻理解新《标准》。天水市对720名双拥工作人员、乡镇(街道)干部和基层双拥联络员分期分批进行了系统培训,全市7县区、27个市直部门和团以上驻军分别举办了以学习理解新《办法》、新《标准》为主要内容的专题讲座。白银市和金塔县还通过举办双拥创建知识问答、有奖征文、新闻媒体开辟专栏等形式，加大对新《办法》、新《标准》的学习宣传力度，进一步加深了对新《办法》、新《标准》的理解和把握，从而为顺利推进考评试点工作奠定了坚实的思想基础。

三是明确试点工作要求，逐级落实创建任务。在试点过程中，我们明确提出了“坚持五个始终”的工作要求，即：坚持把落实科学发展观贯穿到试点工作的始终，坚持把学习领会新《办法》、新《标准》的精神实质贯穿试点工作的始终，坚持把高起点谋划、高层次创建、高标准要求、高水平落实贯穿试点工作的始终，坚持把巩固提高、创新发展始终贯穿试点工作的全过程，坚持把工作重心始终放到基层和创建任务落实上。两市一县多次召开试点工作任务部署和落实会议，层层抓领导、抓重点、抓亮点、抓落实。普遍把《考评标准》10 个方面的 68 条内容，细化成若干条具体任务，分解到县区、乡镇(街道)、领导小组成员和驻军团以上单位。市、县对创建工作实行目标化管理，与乡镇、街道、县直有关部门签订了创建工作责任书，确保了考评试点工作任务在基层得以落实。

四是高度重视宣传发动，引导军民广泛参与。试点一开始，我们主动联合省委宣传部、省军区政治部组成联合调研组，对试点城市之一的天水市进行了为期一周的实地考察和调研，之后，省里派出了 20 多名主要媒体的资深记者，对该市的双拥创建工作进行了全方位的深度报道，引起了全社会的强烈反响。白银市、金塔县也坚持把宣传发动作为关键性环节来抓，充分发挥广播、电视、报刊等新闻媒体的作用，开展了多层次、有力度的宣传造势，迅速掀起了新一轮创建双拥模范城(县)的新热潮。试点城(县)共印发宣传资料 15 万份，演出文艺节目 50 多场次，播映爱国主义教育影片 120 部，先后在省内外主流报刊发表双拥创建方面的文章、稿件 60 余篇，在公路主干线和交通繁华地带设立醒目的双拥标牌、灯箱、橱窗、专栏等 1 300 多幅，并在服务行业、窗口单位、风景旅游区普遍设立了“军人优先”、“军人、军车免费”等标志，不断营造了浓厚的双拥创建氛围。同时，结合考评试点工作，举办了多种形式的双拥讲座、知识竞赛、创建成果图片展、双拥共建月、党政领导军事日活动等，不断激发了广大军民参与双拥活动的积极性和主动性。

五是加强督导检查工作，确保试点有序开展。为了推动试点工作扎实有效地进行，使试点城(县)的经验尽快转化为双拥创建活动成果，我们先后组成军地联合督察组，深入试点城(县)及时进行检查督导，与市、县的同志一起研究试点工作方案，一起深入村镇、社区、连队了解情况和听取意见，一起研究解决试点中存在的突出矛盾和问题，一起总结疏理试点工作经验和不足，一起研究制定弥补改进的措施。两市一县也相继成立了督导检查组，深入基层，具体指导，并通过实行创建目标任务公示制、考评责任追究制、突出问题挂牌消号制、承诺事项限期办结制和军地联合检查验收等制度，有力地促进了创建工作任务落实。为了巩固扩大试点活动成果，我省于 7 月下旬召开了全省双拥办主任会议，试点市、县汇报交流了双拥创建活动进展情况及收获体会，为全省即将开始的新一轮双拥模范城(县)考评工作探索了路子、提供了丰富的实践经验。

总的来看，我省的双拥模范城(县)考评试点工作，在各级党委、政府和驻军的高度重视支持下，较好地完成了试点工作任务，达到了预期的目的，有力地推动了双拥创建活动深入开展，全面提升了双拥工作的层次和水平。

同时，我们也深切地体会到：新《办法》、新《标准》的出台，为推动双拥创建活动健康发展指明了方向，提供了基本准则。考评试点工作的扎实推进，从多方向进行了有益的探索和实践，为规范双拥创建工作奠定了坚实的基础。通过试点也使我们从理论上对《办法》的深刻内涵加深了认识和理解，这就是：必须把贯彻新《办法》与新一轮创建活动紧密结合起来，才能进一步形成党政军民齐抓共参与的整体合力；必须把创建活动与军民融合式发展紧密结合起来，才能在实践中进一步丰富双拥工作的内涵；必须把争创模范争当先进与群众性双拥共建活动紧密结合起来,才能进一步激发广大军民参与双拥工作的热情;必须把解决难点问题与全面落实优抚安置政策紧密结合起来,才能进一步增强双拥创建工作的实效性;必须把经常性的双拥活动与建立长效机制紧密结合起来,才能进一步为创建工作注入新的生机与活力。

新《办法》、新《标准》的试行,对双拥创建工作来说具有里程牌的意义。首先,通过试点证明,新《办法》、新《标准》的出台,充分反映了双拥创建工作的历史性成果,反映了广大军民的共同企盼和愿望,具有很强的时代性和科学性。其次,通过试点检验,新《办法》、新《标准》充分体现了引领创建、规范标准、推动创新、加快发展的思想原则,具有很强的针对性和指导性。最后,通过试点考评,加大了各级党政军领导的责任分量,逐级靠实了责任,层层细化分解了工作任务,实现了目标明确、任务具体、责任到人的要求,具有很强的实践性和可操作性。从而,使双拥创建活动更加富有活力,考评标准更加完善,双拥氛围更加浓厚,有力地促进了双拥工作任务在基层落实。

着力构建双拥工作新机制

宁夏回族自治区双拥办

双拥工作是一项政治性很强的群众工作,是我党我军的优良传统。随着改革开放的不断深入,双拥工作中出现的新情况和新问题也逐渐增多,任务越来越重,要求也更新更高。加强双拥机制建设,确保双拥工作健康发展,成为当前工作中的一个重要课题。

目前,经过对我区双拥工作的探讨研发中发现,双拥工作机制建设中存在的问题还比较突出,一些问题直接制约和影响了双拥工作的健康发展。一是组织机构不够健全。全区20多个双拥办中,仍有部分县、区的双拥专干存在兼职现象,没有人员编制,工作不干不行时才靠临时抽调人员完成。更谈不上有专项工作经费问题,挂名的人多干事的人少。二是制度落实不到位。仅自治区双拥办要求各地市建立军地合署办公制度实行几年来,仍有一些地方以驻军少为借口至今没有落实。有的虽然落实了,但图形式走过程的现象突出。三是运行机制相对滞后。从根本上讲,一些单位和个人双拥意识存在问题,双拥工作标准不高,要求不严,没有对双拥工作深思考,不能把双拥工作与市场经济进行有效结合。加之受经济基础与驻军多少等客观因素影响,重形式少内容,宣传工作的力度相应不高,双拥工作氛围自然不浓的现象较为突出。四是双拥政策机制不规范。近年来,自治区先后出台了《双拥工作领导小组成员单位职责》、《自治区双拥模范创建活动暂行办法》、《自治区创建双拥模范城(县、区)考评标准》等规范性文件,有效地推动了双拥创建活动的开展,但法规计划性程度高与市场化程度低的矛盾相对突出,各地缺少一些配套的规章制度进行约束。比如旅游景点对现役军人、残疾军人实施免收门票的政策不能很好落实,变相降低门票收费标准,更有一些旅游景点和一些公共停车场所以个人承包为由根本不落实优惠政策。一些有能力承担退役士兵社会安置义务的单位对安置对象不闻不问不予接收安置,产生了一定程度上的社会问题等。五是考评机制不健全。对双拥创建工作来讲,有相当一部分单位不注重平时的创,只注重关键时的争,导致了创建工作质量不高,氛围不浓,工作总是在低层次徘徊。自治区双拥办针对这一问题,进一步细化和修改了创建工作考评标准,但部分地方至今还没有针对性地制定出台自己的政策法规性的东西,等等。

以上存在的问题,必须引起我们的高度重视。进一步推进双拥工作的制度化、规范化、经常化。各级双拥组织机构要充分发挥职能作用,放大自身优势，坚持与时俱进，着力构建契合时代要求的双拥组织体系，力求整体推进，倾情打造互利双赢的双拥平台，着力在构建双拥工作新机制上想办法。

一要加强组织机构建设。双拥工作具有服务全面建设小康社会、服务中国特色军事变革、服务社会稳定的重要使命。认真抓好各级双拥办的机构建设，是创新双拥工作的重要平台。要明确机构编制、列支专项经费、配备专职人员、改善办公设施。同时，要注重双拥骨干的能力建设。采取专题讲座、现场观摩、经验交流、理论研讨、任职培训等方法，努力提高双拥骨干驾驭全局、参谋决策、组织协调和指导工作的能力，造就政治素质好、业务技术精、协调能力强、办事效率高的双拥工作队伍。在此基础上，要整合双拥资源，引导、鼓励、支持非公有制经济组织和社会组织参与双拥工作，以良好的组织机制不断推动双拥工作向市场化发展。驻地建制团以上单位要有一支人员充实、制度完善、活动正常、作用明显的群众工作组织，形成一套行之有效的组织和制度体系。

二要健全工作运行机制。积极适应形势发展和中心任务的需要，在“互动、双赢”中找准结合点，进一步调动各方开展双拥工作的积极性、主动性，激发双拥工作的生机与活力。建立和完善走访慰问制度，保持军地双方领导走访慰问常态化；坚持军地互办实事制度，确保互办实事成为经常化、具体化、制度化。地方党委政府要积极帮助官兵解决家属就业、子女入学入托等现实困难，部队要大力开展“扶贫帮困”和“献爱心、送温暖”活动，增进军民情谊。采取多措并举的办法，把各行各业的力量凝聚起来，不断巩固和发展军政军民团结的大好局面，确保双拥工作经常化。

三要健全以法双拥机制。以法双拥工作是以法治国的重要内容，也是双拥工作持久、深入、健康发展的客观要求。健全以法双拥机制才能激发全社会关心支持双拥工作的积极性，才能把双拥工作摆上应有的位置。从自身实际出发，按照“落实已有的、完善不足的、填补空缺的、清理过时的”要求，把实践中形成的好经验、好方法上升为理性认识，通过法定程序上升为法规，完善双拥法规体系，为双拥工作的可持续发展提供保障。把双拥法规的宣传教育纳入普法教育计划，统一安排实施，把违反双拥法规的案件纳入司法机关的办案日程，对严重违法者进行追究。定期或不定期组织检查双拥法规的落实情况，对有法不依的现象进行监督和纠正，才能确保双拥工作规范化。

四要完善检查考评机制。《双拥模范城（县）创建命名管理办法》和《考评标准》是对双拥模范城（县、区）检查考核、比命名、日常管理的依据。考评验收是创建双拥模范城的重要方法。不断健全完善双拥创建工作考评标准，才能进一步适应新形势的发展和需要。把干部的考评交流与双拥工作的考评验收有机结合起来，强化干部责任意识。健全考评机制，采取重点考评与日常考评、年终考评与阶段性考评的方法，把日常的考评成绩作为评定双拥模范城的主要依据。抓好群众满意度测评工作，把驻军部队、优抚对象和人民群众的满意作为一项重要的考评标准。完善奖励激励机制，以精神奖励为主、以物质奖励为辅，把他们的成长进步与前途命运联系起来，激励双拥骨干变“要我干”为“我要干”，确保双拥工作制度化。

在双拥机制建设的具体实践中，我们同时需要重点把握好以下几个问题：

一要坚持统筹谋划才能推动双拥工作可持续发展。把双拥工作纳入经济社会发展和部队建设的重要内容，纳入党政军各级各部门重要议事日程，使双拥工作与经济社会建设同步规划、同步实施、同步提高。把阶段性任务和长期目标，经常性工作与大型活动，社会效益、经济效益和国防效益有机结合起来，使双拥工作更好地为党和国家的经济建设大局服务。认真执行“军民结合、寓军于民”的方针，有效整合军地资源，凝聚军地力量，使双拥工作局面得到不断创新。

二要强化宣传教育才能营造浓厚热烈的双拥氛围。搞好双拥宣传教育既是双拥创建工作的重要内容，又是营造爱国拥军、爱民奉献氛围的重要抓手。各级各单位相互支持，密切配合，才能更好地形成宣传双拥、营造双拥氛围的有效机制。只有这样,才能真正把以爱国主义为核心、以双拥工作为重要内容的国防教育纳入国民教育体系及部队教育规划,列入宣传、教育、文化、广播、网络和新闻出版等部门的年度工作计划。

三要拓展活动内容才能不断增强双拥工作的效果。双拥工作不能局限于行政机构和国有企事业单位,必须将双拥工作渗透到各部门、各行业、各社区,推进双拥工作社会化,才能不断赋予双拥工作新的生命力。十几年来,我们充分发挥具有我区特色的"军民共建清真寺"活动的特殊功能,较好地处理了部分回汉群众之间的矛盾和纠纷,化解宗教内部的纠葛与问题,活跃广大民族聚居区的文化生活。

四要积极适应新形势,确保双拥工作始终充满生机与活力。随着改革开放的不断深入和经济建设的快速发展,新的社会组织和新的经济组织大量涌现,为经济社会建设注入了新的活力。双拥工作必须积极适应新形势,立足长远谋发展。只有充分发挥"两新组织"在人才、技术、设备、信息、网络资源等方面的优势,开展与之相适应的双拥共建活动,部队有了可靠支援,各级政府拥军财力不足的问题也才能相应得到解决,从而实现双拥工作向"两新组织"延伸的目的。只有把双拥工作与民生工作进行有机结合,充分调动各方面的力量,围绕发展现代农业、增加农民收入,大力推进新农村建设,双拥工作才能真正赢得更广大的人民群众的信赖和支持,确保双拥工作健康有序发展。

重要会议

天津市双拥办召开经济和社会组织拥军座谈会

2010年3月31日，市双拥办在东丽区驻津某部炮兵团召开了经济和社会组织拥军座谈会。天津市长、市双拥工作领导小组组长黄兴国，常务副市长、市双拥工作领导小组副组长杨栋梁非常重视，专门做出重要批示。市双拥工作领导小组副组长、警备区副政委韩宝恒，市双拥工作领导小组成员、市民政局长张中华，市双拥办主任、市民政局副局长金海龙和市双拥办副主任马杏田、史秀平、程新元出席了会议。参加会议的有各区县双拥办主任、副主任，经济和社会组织代表以及东丽区的领导。座谈会由市双拥办主任金海龙主持。会上，东丽区民政局局长王玉凤介绍了东丽区推动经济和社会组织开展拥军工作的做法，和平区劳动模范协会秘书长夏淑英、东丽区民营企业家拥军协会会长崔洪友、天津光电集团有限公司副总经理李续、天津银座集团有限公司董事长王贵武、天津市永美数码科技发展有限公司总经理高立华先后介绍开展拥军工作的做法和体会；市民政局张中华局长就经济和社会组织拥军如何形成合力、不断创新双拥工作提出了具体要求；天津警备区副政委韩宝恒充分肯定了全市经济和社会组织为双拥工作做出的积极贡献，同时对下步工作做了重要指示，要求全市各级双拥组织以及经济和社会组织认识再提高、优势再发挥、领导再加强、典型宣传再加大，共同推动全市经济和社会组织拥军工作再上新水平。下午，组织与会人员参观了部队官兵内务和武器装备、观摩了官兵训练。这次会议对进一步丰富全市经济和社会组织拥军内涵、拓宽拥军新渠道，促进天津双拥工作社会化起到了积极的推动作用。

天津市召开优秀复员退伍军人表彰大会

2010年7月26日，天津市优秀复员退伍军人表彰大会在天津礼堂举行。市委书记张高丽，市委副书记、市长黄兴国会前亲切接见了优秀复员军人代表，向受到表彰的优秀复员退伍军人表示热烈的祝贺。市委常委、市委宣传部部长肖怀远，市委常委、常务副市长杨栋梁，市委常委、市委秘书长段春华，天津警备区副政委韩宝恒，市政府秘书长李泉山，武警天津市总队副总队长李连勇及市有关方面负责同志参加接见并与大家合影留念。

参加会议的有市有关部门、市有关企业集团（公司）分管领导和劳资部门负责同志、各区县民政局、公安、人力社保（劳动）、教育部门负责同志及受表彰的优秀复员退伍军人近300人。副市长只升华出席会议并讲话。

会议共安排四项议程：一是宣读市民政局关于表彰天津市优秀复员退伍军人的决定。二是向受到表彰的74名天津市优秀复员军人代表颁奖；三是优秀复员退伍军人代表大会交流发言；四是请副市长只升华同志讲话。

升华副市长在讲话中说，复员退伍军人是党和国家的宝贵财富，天津发展取得的成绩，凝聚着复员退伍军人的辛勤劳动。希望广大复员退伍军人牢记党和人民重托，自觉投身经济社会发展实践，做创业的先锋、致富的骨干，守法的模范，为天津又好又快发展再立新功。各地区，各部门也要进一步做好复员退伍军人安置工作。帮助解决复员退伍军人的实际困难，大力宣传优秀复员退伍军人的事迹，努力塑造尊重、关心、爱护复员退伍军人的良好社会氛围。

山西省党政军迎春座谈会在太原举行

军民团结如一人,试看天下谁能敌。2010 年 2 月 9 日下午,省委、省政府、省军区在太原市迎泽宾馆召开山西省党政军迎春座谈会。省党政军领导欢聚一堂,共叙军民鱼水深情,共绘双拥工作蓝图,共谋军地融合发展大计。省委书记、省人大常委会主任张宝顺出席并作重要讲话。会议由省委副书记、省长王君主持。出席座谈会的省党政军领导还有薛延忠、方文平、张少华、程童一、申联彬、杜玉林、李小鹏、高建民、谢玉久、张声远、陈金荣、仲轩、刘建华、夏维宴等。省双拥工作领导组全体成员,驻晋部队师以上单位军政主官,全省国家级双拥模范城(县)代表,共 90 人参加。

省委常委、副省长李小鹏在会上指出,2009 年全省广大军民不断夯实双拥工作基础,拓展双拥工作领域,进一步巩固和加强了军政军民团结,为推进军地合力促发展、保民生、强国防的良好政治局面提供了有力保障。他要求,2010 年的双拥工作要全面贯彻党的十七大和十七届三中、四中全会精神,高举中国特色社会主义伟大旗帜,以邓小平理论和"三个代表"重要思想为指导,深入贯彻落实科学发展观,紧紧围绕转型发展、安全发展、和谐发展大局,适应全面履行新世纪新阶段我军历史使命的要求,2010 年,以新一届省级双拥模范城(县)考核验收、命名表彰为契机,坚持求真务实,积极改进创新,狠抓工作落实,努力为实现经济平稳较快发展、维护社会大局稳定和推进军队现代化建设创造良好条件。一是要着眼于推进社会主义核心价值体系建设和培育当代革命军人核心价值观,进一步做好国防和双拥宣传教育;二是要着眼于维护国家安全和发展大局,进一步保障支持国防和军队现代化建设;三是要着眼促进全省转型发展、安全发展、和谐发展,进一步做好参加和支援山西建设工作;四是要着眼提高全省双拥工作整体水平,进一步做好创建双拥模范城(县)考核验收和命名表彰工作;五是要着眼双拥工作的新形势新任务,进一步建立健全工作机制和政策法规。

省委常委、省军区司令员方文平座谈时说,2009 年以来,全省各级党委、政府围绕提高部队应对多种安全威胁、遂行多样化军事任务的能力,主动解决基础设施、通道出口、水电保障、信息技术改造等难题,想法设法安置转业干部、复退军人和随军家属,为随军无工作家属发放生活补助,为部队干部子女安排、调整就读学校。省军区以深化"双服务"活动为载体,连续 6 年在革命老区和贫困地区援建希望小学 102 所,帮扶困难小学 520 所,资助贫困学生 12 000 名,扶持新农村示范点 152 个,植树造林 130 万亩,为老区建设和绿化工作作出了积极贡献,实现了山西省的"三个最好",即:军政军民关系最好、部队之间关系最好、地方对军队支持最好。

太原卫星发射中心副政委张声远座谈时说,发射中心成立以来,全省各级先后在部队靶场建设、技术部搬迁、军事设施保护、解除官兵后顾之忧等方面给予了无私的帮助。特别是近年来,为适应我军武器装备建设和航天事业发展,省委、省政府,太原市委、市政府为基地征地用于建设高精度航天测控网,兴建大功率雷达测量站给予大力支持。基地武器装备建设和航天事业发展的巨大成就凝聚着全省各级各部门的心血,饱含着三晋人民的深情厚谊。部队在完成各项科研试验任务的同时,大力支援驻地经济社会发展和社会主义新农村建设,利用靶场优势建设爱国主义和国防教育基地,积极开展科技扶贫,支援驻地抗旱救灾,开展"1 + 1"助学活动,积极响应省委、省政府实施"蓝天碧水"和造林绿化工程的号召,全年植树 23 万余株,绿化面积 1 万亩,建成西山森林公园和航天公园,绿化美化了驻地周边环境,进一步融洽了军政军民关系。

武警山西省总队总队长仲轩座谈时说，过去的一年里，全省武警部队圆满完成了国家“长城六号”和“卫士09”演习任务；国庆安保期间，完成了省内主要武装巡逻、重要目标守卫、入京检查站协勤等4类21项任务；完成了温家宝、习近平等中央领导视察警卫，重要会议和重大活动的安全保卫任务；各类经常性的固定执勤实现了万无一失。在完成中心任务的同时，部队积极支持和参与地方各项建设，全年累计出动兵力7 787人次，完成了抢险救灾等各类重大临时任务511起；出动车辆100余台次，帮助地方输送救灾、扶贫物资；踊跃参加“慈善一日捐”等捐款活动，累计捐款50余万元。

张宝顺书记在座谈会上做了重要讲话。他首先代表省委、省政府和全省人民，向为全省经济社会发展作出重要贡献的驻晋部队全体指战员、武警官兵表示衷心的感谢！向全省老红军、烈军属、革命伤残军人、军队离退休干部、转业干部、复员退伍军人、预备役军人，表示亲切的慰问！

他指出，过去的一年，是我们在应对挑战、攻坚克难中取得突出成绩的一年，也是军政军民愈益团结、部队和国防现代化建设迈出坚实步伐的一年。全省军民认真贯彻中央决策部署，紧紧围绕保持经济平稳较快发展这一首要任务，团结拼搏、砥砺奋进，千方百计落实“三保”措施，坚定不移推进“三个发展”，把国际金融危机冲击转化为夯实发展基础、增创发展优势、培育发展后劲的机遇，谱写了科学发展、政通人和、军民团结的新篇章。驻晋部队广大官兵大力弘扬当代革命军人核心价值观，视人民如父母，把驻地当家乡，在圆满完成军事训练、战备执勤、国防施工等任务的同时，积极参与新基地新山西建设，出色完成许多急难险重任务，充分体现了人民军队为人民的政治本色。特别是在庆祝新中国成立60周年等关键时刻，充分发挥组织严密、战斗力强的优势，为确保社会和谐稳定、当好首都“护城河”做出突出贡献，展示了忠诚之师、文明之师、威武之师的良好形象。

他强调，在新的一年，全省各级要高举中国特色社会主义伟大旗帜，在应对国际金融危机冲击过程中增强发展内生力，在转变经济发展方式过程中提高发展质量和效益，在加快特色城镇化过程中拓展科学发展空间，在深化改革开放过程中创造新的机遇，努力保障和改善民生，让人民群众共享改革发展成果。要进一步加强军地相互支持与合作，富有成效地推进军民融合式发展，实现兴晋富民和兴武强军的有机统一。要积极探索双拥工作新机制新办法，引深双拥模范城（县）创建活动，充分调动广大军民参与双拥工作的积极性，全面提升双拥工作科学化水平。要尽力做好部队后勤保障供应、转业退伍军人安置、随军家属就业、军人子女入学、军人军属合法权益维护、重点优抚对象生活保障等工作，为部队建设搞好服务，为军人报国消除后顾之忧。希望驻晋部队全体指战员和武警官兵，发扬优良传统，保持政治本色，自觉服务大局，努力造福人民，继续关心和支持山西改革发展稳定各项事业，为促进经济社会又好又快发展再立新功。

在座谈会上，军地全体与会代表共同观看了由省双拥办和省电视台精心制作的《和谐三晋鱼水情——山西省双拥工作巡礼》专题片。该片生动地讲述了2007年以来，全省广大军民坚持以科学发展观为指导，紧紧围绕构建社会主义和谐山西和支持部队军事斗争准备，携手并肩、互帮互助，双拥工作取得的丰硕成果；使军地全体参会代表更加深刻地认识到双拥工作的重要性，了解了全省双拥工作的发展现状，进一步坚定了支持双拥工作、做好双拥工作的决心。

在当晚的省党政军迎春招待会上，王君省长代表省委、省政府、省军区作了热情洋溢的新年致辞。省军区、武警山西省总队、省地税局、左权县代表驻晋部队、省双拥工作领导组成员单位和全省双拥模范城（县）共同为参会代表表演了精彩的双拥文艺节目。

山西省双拥工作领导小组召开组长办公会

2010年7月7日,省双拥工作领导小组组长办公会议在省委常委会议室召开,会议就开展新一届省级双拥模范城(县)创建命名表彰活动,进一步引深新形势下的双拥工作,作了研究部署。省委副书记、省政协主席、省双拥工作领导小组组长薛延忠主持会议并讲话。省委常委、常务副省长、省双拥工作领导小组副组长李小鹏,省军区政委、省双拥工作领导小组副组长张少华出席会议。省委副秘书长、省双拥办主任吴保安,省政府副秘书长、省双拥办副主任韩和平,省民政厅副厅长、省双拥办副主任何子义参加会议。

会议讨论研究了新拟定的《山西省双拥模范城(县)创建命名管理办法实施细则》、《山西省创建双拥模范城(县)考核验收评分标准》和《关于做好山西省双拥模范城(县)、双拥模范单位和个人推荐工作有关问题的通知》等文件,并提出部分修改建议和意见,进一步加以完善。

薛延忠副书记指出,拥军优属、拥政爱民是我党我军的光荣传统和政治优势。做好新形势下的双拥工作,对于巩固和发展"同呼吸、共命运、心连心"的新型军政军民关系,保障经济社会又好又快发展、推动国防和军队现代化建设,意义十分重要。近年来,在军地双方的共同努力下,全省双拥工作取得了新的成绩,军政军民团结得到进一步巩固发展。在当前改革开放和市场经济深入推进的新形势下,我们要认真贯彻中央精神,紧密结合山西省实际,主动适应新情况、解决新问题,坚持不懈地把双拥工作引向深入。

薛延忠副书记强调,创建双拥模范城(县),是推动和做好双拥工作的有效途径。2010年是山西省双拥模范城(县)创建表彰年,市县党委、政府和军分区(警备区)要高度重视、加强领导、科学安排,认真组织好新一届省级双拥模范城(县)评选推荐工作;省双拥工作领导组要把严格掌握政策标准和广泛听取各界群众、部队官兵意见结合起来,公正公开、认真细致地做好考核验收工作。各级都要以这次创建命名表彰活动为契机,狠抓双拥工作政策措施的落实、实际问题的解决,进一步提升全省双拥工作的层次和水平。省双拥办要及时修改完善《山西省双拥模范城(县)创建命名管理办法实施细则》等文件,尽快印发各地各单位。最后,薛延忠副书记还就做好"八一"期间的双拥工作和慰问活动进行了安排部署。

吉林省、黑龙江省与65301部队召开"三联"工作总结部署会

2010年1月27日上午,吉林省政府、黑龙江省政府与65301部队"三联"工作总结部署会在吉林省长春市召开。沈阳军区副司令员钟志明,沈阳军区政治部副主任王金祥,吉林省副省长金振吉,黑龙江省副省长孙永波,65301部队部队长高光辉、政委王群、副部队长孟凡生、副政委邵忠海等军地领导

出席。

会上，65301部队副部队长孟凡生总结回顾了军地"三联"工作开展情况，并对下一步工作进行了部署；军地领导为开展"三联"工作成绩突出的9个先进单位和20名先进个人颁发了奖牌和证书；延边州政府、哈尔滨市政府和65334部队等3个单位在会上介绍了经验；金振吉副省长代表吉林省与65301部队签订了"三联"工作协作书。最后，金振吉副省长、孙永波副省长和钟志明副司令员分别做了重要讲话。

金振吉在讲话中从工作的创意、功能、合作和发展等四个方面对"三联"工作进行了高度的评价。对于"三联"工作的深化，金振吉强调：要进一步明确"三联"工作的指导思想，坚持走"军民融合式"发展的道路，进一步深化"三联"工作的内涵，完善工作机制，创新工作方法。最后，金振吉要求地方政府要从职能出发，充分发挥在"三联"工作中的作用，把工作的着力点放在联合上，做到真心配合，真诚联合，真正扶持。

钟志明在讲话中指出，"三联"工作站位很高、作风务实、成效明显，对军地安全发展具有重要的意义，是平安创建的新举措，是双拥工作的新载体，是军民融合式发展的新内容。他提出，下一步"三联"工作要围绕"一个建设，三个确保"（开展平安建设活动，确保部队稳定、确保边防稳定、确保社会稳定）的主题，深化拓展工作内容，进一步完善工作机制，高质量地总结好工作经验，将"三联"工作在东北三省进行推广。同时，他还对沈阳军区"三联"工作现场会的筹备提出了具体的要求。最后，他强调"三联"工作要进一步加强领导，进一步把工作做实，进一步搞好协作。

吉、黑两省公安、国家安全、民政、司法、人力资源和社会保障、交通运输等部门的主管领导，65301所属部队驻军的市县政府及相关部门领导、部队代表共143人参加了会议。

吉林省双拥工作领导小组召开全体会议 部署新一届双拥模范城（县、区）考评工作

2010年9月28日下午，吉林省双拥工作领导小组召开全体会议。省长、省双拥工作领导小组组长王儒林出席会议并讲话。他强调，要按照中央和省委的部署，根据孙政才书记要求，进一步坚持和完善军民融合、服务发展、以人为本、统筹协调的工作思路，巩固发展军政军民团结，努力提升双拥共建水平，在促进全省经济社会发展和军队改革建设中发挥更加积极、更加重要的作用。省委常委、省委秘书长、省双拥工作领导小组副组长房俐主持会议。副省长、省双拥工作领导小组副组长金振吉，省军区副政治委员刘伯和，65301部队副政治委员邵忠海，省政府秘书长王云岫及63850部队、空军航空大学、武警吉林省总队的有关负责同志出席会议。

王儒林指出，近年来，全省双拥工作围绕经济建设和军队建设的大局，拓展工作领域，创新活动载体，加强军政和谐、军民团结，卓有成效地开展了共建活动，服务发展成果多，改革创新力度大，依法双拥效果好，双拥宣传覆盖广。2010年吉林省遭受了历史上罕见的特大洪涝灾害，驻吉解放军、武警部队和民兵预备役官兵义无反顾地投入抗洪抢险救灾斗争，成为吉林省抗洪抢险的主力军和突击队，为保卫人民生命财产安全作出了巨大的贡献，用汗水和生命践行了自己的神圣职责，所表现出来的伟大抗洪精神，是推进各项事业发展的宝贵精神财富。

就做好下一步全省双拥工作，王儒林强调，一要充分认识做好新形势下双拥工作的重要意义。双拥工作是我们特有的政治优势，是一项带有政治性、全局性、战略性的工作，与经济建设和改革发展全局息息相关，与军政军民团结、国家安全战略密切相连。要进一步增强做好双拥工作的政治责任感和现实紧

迫感,着眼于维护国家安全利益,着眼保障地方经济发展,着眼提高军队建设能力,不断巩固军政军民团结,努力把双拥共建提升到新水平。二要统筹推进军地建设发展。要发挥部队人力集中、组织性强的优势,积极参加和支援地方经济发展,支持推进城镇化、大型水利工程建设等,在吉林省重大项目建设中发挥生力军作用,在急难险重任务中发挥突击队作用。各级党委、政府要广泛组织社会力量,深入开展科技拥军、智力拥军、文化拥军活动,多方面加大支持军事斗争准备力度。三要启动新一轮双拥模范城(县、区)创建活动。各地、各部队要坚持创建活动的正确方向,注重质量和效益,把工夫下在平时,把重点放在基层,把效果定在促进生产力发展和部队战斗力提高上,真正达到创建目的。继续落实《吉林省军人抚恤优待办法》等政策,研究制定切实可行的措施。积极引导社会力量开展双拥,不断扩大双拥工作的社会基础。四要积极推进军转干部安置工作。省委、省政府高度重视军转干部安置工作,全省各级党委、政府和军转安置部门做了大量的工作。这次会前,孙政才书记又专门作出重要批示,提出要不折不扣地做好军转干部的安置工作。要认真贯彻落实,继续加大工作力度,采取有效措施,千方百计把军转干部安置好。五要推进双拥工作领导体制和运行机制创新。双拥工作是一项系统工程,涉及经济、科技、教育、文化、军事诸多领域和部门、行业,必须加强统筹协调,构建齐抓共管、整体推进的工作格局。各地、各部门和部队领导机关要切实加强组织领导,纳入经济社会发展和部队建设总体规划,不断推进双拥工作创新发展。严格落实党委议军、军地联席会议等制度,建立完善工作机制,使军地之间、部门之间、行业之间相互支持、形成合力。六要认真做好慰问抗洪部队的有关工作。各地党委、政府和有关部门要主动做好走访慰问工作,了解部队需求,询问官兵困难,积极为广大官兵办实事、解难题。

会上,刘伯和、邵忠海等5个部队单位的负责同志分别做了发言。会议审议并原则通过了双拥模范城(县、区)创建命名管理办法等有关文件,并对下一步的考评工作进行了部署。

省双拥工作领导小组成员单位代表和省双拥办有关人员参加会议。

沈阳军区与东北三省加强平安建设“三联”工作推进会议召开

2010年10月9日,沈阳军区与东北三省加强平安建设“三联”工作推进会议在长春召开,围绕军地开展“联合预防、联合治理、联合建设”,对新形势下军地平安建设的有关问题进行了认真研究和部署。这是沈阳军区与东北三省继“双支”活动、“五边”建设等工作之后,为深入贯彻党中央、中央军委和胡主席关于平安建设的重大战略决策,再次携手开展的又一项重要工作。

会上,驻吉某集团军副军长孟凡生、吉林省副省长金振吉、黑龙江省副省长孙永波介绍了开展“三联”工作的经验。长春市、哈尔滨市、某步兵师、某炮兵旅和沈阳市公安局分别交流了开展“三联”工作的做法。沈阳军区副司令员钟志明对“三联”工作作了部署。辽宁省政协副主席、公安厅厅长李文喜就落实“三联”工作作了表态发言。中央综治委副主任、中央政法委副秘书长、中央综治办主任陈冀平,总参谋部军务部副部长杨养申,总政治部保卫部部长于善军,沈阳军区政委黄献中出席会议并讲话。会议期间,与会代表还观看了驻吉某集团军与吉林省、黑龙江省开展“三联”工作的录像片《白山黑水平安情》和成果展。会议由沈阳军区副政委马丙泰主持,驻吉某集团军军长高光辉、吉林省省长王儒林分别致辞。

会议充分肯定了驻吉某集团军与吉林、黑龙江两省开展“三联”工作四年来取得的经验成果。自2007年起,驻吉某集团军与吉林、黑龙江两省按照构建社会主义和谐社会的要求,紧紧围绕平安建设开展联合预防、联合治理、联合建设,生动实践了科学发展观的内在要求，有力保障了重大军事活动的圆满完成，有效维护了部队和社会的安全稳定，深入推动了双拥共建的发展进步，在军地平安建设等方面起到了互促共进、协调发展的作用，成效明显。

会议决定，沈阳军区与东北三省今后将广泛开展“三联”工作，认真落实胡主席关于平安建设和“两个维护”的重要指示，以“巩固政权、维护稳定、确保安全、促进和谐”为目标，以解决军地共同关注的突出问题为重点，以创建平安驻地、平安基层单位活动为载体，建立长效机制，积极主动作为，加强协调配合，务求工作实效，确保部队稳定、边防稳定、社会稳定。

会议明确了“三联”工作的主要内容，即着眼于安全稳定的重大问题联合预防，包括做好隐蔽战线斗争工作，有效预防重要军事目标遭袭击破坏，有效预防网络攻击破坏和网上不良信息散布，有效预防军警民纠纷，有效应对和处置突发事件；着眼安全稳定的现实隐患联合治理，重点治理军事利益安全被侵害问题，营区外军人军车违法违纪问题，部队营区周边安全环境，涉军造假违法犯罪活动；着眼安全稳定的根本需求联合建设，主要是加强安全稳定人才队伍建设，加强安全稳定组织建设，加强安全稳定文化建设。

上海市服务世博军民共建签约仪式隆重举行

2010 年 3 月 24 日，市双拥办在上海市双拥活动中心隆重举行上海市服务世博军民共建签约仪式，市双拥工作领导小组副组长、副市长胡延照，上海警备区副政委张维平少将，海军上海保障基地副政委胡剑波大校，市民政局局长、市双拥办主任马伊里，市民政局副局长、市双拥办副主任高菊兰，市双拥办副主任、上海警备区政治部副主任孙进大校，以及海军上海保障基地、空军上海指挥所、武警上海市总队、武警上海边防总队政治部领导，上海市拥军优属基金会秘书处领导，各区县民政局、双拥办负责人和签约单位的领导等出席了签约仪式。

宝钢集团有限公司、中国电信上海公司、上海张江集团有限公司、上海外高桥集团有限公司、上海浦东康桥集团有限公司、上海市邮政公司市北邮政局、上海豫园旅游商城股份有限公司、上海新世界集团有限公司、上海市第一百货商店股份有限公司、永安百货有限公司、上海市第一食品商店股份有限公司、上海市永业企业有限公司、徐汇区斜土路街道办事处、长宁区新华路街道办事处、奉贤区海湾镇人民政府等 15 家机关、企业单位分别与 15 支部队签约结成了共建对子，开展双拥和军民共建活动。

胡延照副市长在讲话中指出，全市各级各部门、各单位及社会各界，都要从密切军政军民关系，促进社会和谐发展的角度出发，本着热情务实和双向互动的原则，紧扣“服务世博大局、共筑军地和谐平安”主题，广泛开展主题鲜明、形式多样的军民共建活动，努力服务世博、奉献世博，携手为平安世博作贡献。地方结对单位要主动为部队解难事、办实事、做好事，切实帮助部队及其官兵解除后顾之忧，努力营造军政军民“同呼吸、共命运、心连心”的浓厚氛围，打造军政军民同保世博平安、共享世博精彩的良好环境，为上海世博会的圆满顺利举办添砖加瓦。

上海警备区副政委张维平少将要求各部队一定要以更加饱满的精神状态忠实履行党和国家赋予的神圣使命，切实维护上海经济社会发展和谐稳定的大局，努力为举办一届成功、精彩、难忘的世博会增光添彩。

参加签约活动的军地代表纷纷表示，一定要以服务世博为契机，通过军民共建活动，进一步增强军地之间相互学习、相互理解和相互支持，共同为上海的发展贡献自己的力量。

上海市双拥办召开上海市双拥工作例会部署落实世博期间本市双拥工作

2010 年 5 月 11 日,市双拥办在上海市双拥活动中心召开了上海市双拥工作例会,传达学习俞正声书记关于做好世博双拥工作的有关指示,就贯彻落实市委、市政府办公厅《关于做好世博期间本市双拥工作的意见》进行了专题动员、部署。市双拥办副主任、市民政局副局长高菊兰,市双拥办副主任、上海警备区政治部副主任孙进出席会议并讲话,驻沪部队各大单位政治部秘群部门负责人、各区县民政局分管领导和双拥办负责人,以及市双拥工作领导小组成员单位联络员出席会议。浦东新区和黄浦、卢湾、徐汇、闵行等区双拥办(民政局)负责人对前期开展世博双拥工作情况作了交流发言。

高菊兰对前期本市世博双拥工作开展情况进行了简要回顾,并就如何贯彻落实市委、市政府办公厅文件精神,加强本市世博期间的双拥工作提出具体要求。孙进传达学习了市委、市政府办公厅关于做好世博期间本市双拥工作的意见,他对地方各级各部门高度重视世博期间的双拥工作,主动为世博任务部队排忧解难,为部队全身心投入安保工作创造良好条件表示感谢,对各级各部门前期开展的双拥工作给予充分肯定,并表示,部队将不辱使命、不负重托,圆满完成世博安保任务,为创造一届成功、精彩、难忘的世博盛会作出应有的贡献。

上海市双拥办举行世博双拥工作座谈会

2010 年 7 月 15 日,市双拥办在上海市双拥活动中心召开世博双拥工作座谈会,听取世博安保部队、驻沪部队对世博双拥工作的意见和建议。副市长、市双拥工作领导小组副组长胡延照,上海警备区副政委张维平出席会议并讲话,市双拥工作领导小组副组长、市双拥办主任、市民政局局长马伊里通报 2010 年以来开展的世博双拥工作情况,市双拥办副主任、市民政局副局长高菊兰主持会议。世博安保部队各指挥部、指挥所有关代表,驻沪部队各大单位、政治部有关领导,市民政局有关处室负责人参加座谈会。

胡延照代表市政府对驻沪三军、武警部队和世博安保部队官兵为世博的平稳运行付出的辛勤劳动表示衷心感谢。并指出,当前世博运行面临着高温、雷雨、大客流等考验,安保压力巨大,希望广大官兵继续保持昂扬的精神状态,大力发扬不怕疲劳、连续作战的战斗作风,确保世博安保工作万无一失。他要求各级双拥工作部门根据市委、市政府的有关要求,进一步加强双拥工作组织协调、加大双拥工作力度,持续地、不间断地把部队反映的困难协调好、落实好、解决好,确保部队遂行任务无后顾之忧。军民紧密团结、齐心协力,为举办一届“成功、精彩、难忘”世博会的目标而努力奋斗。

上海警备区副政委张维平对今年上海的双拥工作给与了充分肯定,赞扬上海双拥工作非常有特色,特别是世博会开幕、开园以来,各级坚持以“参与世博、服务世博、奉献世博”为中心开展双拥工作,坚持以军民融合式发展为目标开展双拥工作,坚持以开展军民“三同”活动为平台开展双拥工作,坚持把民兵预备役也成为双拥共建的重要力量,取得了良好效果。

马伊里在通报世博双拥工作时指出,今年以来,本市各区县、各部门、各单位认真贯彻落实市委、市政府关于做好世博双拥工作的有关指示精神,围绕

"平安世博"的总体要求，与驻沪三军、武警部队和世博安保部队一起，开展了一系列内容丰富、形式多样、成效显著的双拥共建活动，营造了浓厚的双拥氛围，进一步密切了军政军民关系、巩固了军政军民团结，双拥工作服务世博平安、促进社会和谐稳定的作用得到了充分发挥。一是驻沪部队充分发挥自身优势，积极参与世博、服务世博、奉献世博，营造了浓厚、热烈的军地共迎、共建世博的氛围；二是世博安保部队忠实履行使命，积极守护世博、保卫世博，展示了人民军队的光辉形象，为世博顺利运行、平安有序创造了良好环境；三是各级领导高度重视，积极为世博安保部队解难题、办实事、做好事，开展了形式多样的双拥共建活动，形成了军民共保世博、和谐生动的双拥工作局面。同时要求各级双拥工作部门按照市领导的要求，进一步增强服务世博安保部队的责任感和使命感，以更加积极的态度、更加务实的作风，努力做好世博双拥工作，为世博安保部队遂行任务提供最大便利，为"平安世博"作出应有的贡献。

上海市举行庆祝中国人民解放军建军83周年座谈会

2010年7月31日，市委、市政府在西郊宾馆举行上海市庆祝中国人民解放军建军83周年座谈会。中共中央政治局委员、市委书记俞正声主持会议并讲话指出，广泛开展拥军优属、拥政爱民活动，不断加强军政军民团结，是党的优良传统，是我们从胜利走向胜利的根本保证。确保世博会184天平安有序，是上海军民共同肩负的重要责任，军地双方将进一步精诚合作，同舟共济，推动军政军民团结合作上新台阶，誓夺办博最后胜利。

市委副书记、市长、市双拥工作领导小组组长韩正通报了一年来本市双拥工作情况。市人大常委会主任刘云耕、市政协主席冯国勤、市委副书记殷一璀等出席。

俞正声在讲话时代表上海市委、市人大、市政府、市政协和全市人民，向驻沪三军、武警部队官兵、全市广大民兵预备役人员致以节日祝贺，向本市军队离退休干部、转业复退军人、革命伤残军人以及烈军属表示诚挚慰问。

俞正声指出，一年来，驻沪部队广大官兵忠实履行新世纪新阶段我军历史使命，积极参与和支持地方建设，为上海经济平稳较快发展与社会和谐稳定作出了重要贡献，上海的发展中饱含着部队同志的心血，上海取得的成就中凝聚着部队同志的汗水。举世瞩目的上海世博会正在平稳有序运行，取得了重要的阶段性成果，其中也凝聚着驻沪安保部队所付出的艰苦努力。广大官兵坚决贯彻执行党中央、国务院、中央军委和胡主席的指示命令，始终冲在最前线，充分发扬了我军特别能吃苦、特别能战斗、特别能奉献的精神，充分展示了敢打硬仗的顽强作风。你们不愧是人民的子弟兵，是上海人民学习的好榜样。上海的广大党员干部要向部队同志学习，把部队的好思想、好作风转化为我们抓办博、抓发展的强大动力。

俞正声强调，广大指战员一定要弘扬人民军队的光荣传统，继续保持昂扬向上的精神状态，不畏艰险、不怕疲劳，不负重托、不辱使命。各级党委、政府要急部队之所急，想官兵之所想，切实做好各项服务保障工作；要进一步传承和发扬上海"双拥"工作的光荣传统，发动社会各界为世博安保部队解难事、办实事、做好事，着力营造军民携手、军地联动、军民互动的生动局面；要全力支持国防和军队现代化建设，牢固树立关心国防就是关心国家利益、服务国防就是服务大局的观念；要深入推进"三同"活动，不断提升军民共建共享的成效；要扎实开展"双拥"模范城（区）创建活动，全面提升"双拥"工作整体水平。

韩正在讲话时指出，过去一年里，驻沪部队广大官兵大力弘扬光荣传统，在"急、难、险、重"关头，勇挑重担、乐于奉献，全力投入世博安保工作，深入开展世博主题实践活动，积极支援地方建设，为上海经济社会发展、特别是世博会的筹备和举办，发挥了重要作用,作出了突出贡献。人民子弟兵始终与人民群众血肉相连、心心相印,永远是人民群众最亲的人。在市委、市政府和上海警备区的领导下,全市军民携手共进,并肩战斗,上海拥军优属工作也取得新的进步:以筹备和举办世博会为主线,积极开展拥军优属活动;加强服务保障工作,主动为部队解难事、办实事、做好事;认真落实和完善双拥优抚政策法规,着力解决热点、难点问题;以创建双拥模范城(区)为载体,进一步提高双拥共建水平,取得显著成效。

上海警备区司令员彭水根、政委朱争平,海军东海舰队副司令员张华臣,南京军区空军副政委王守志,武警部队后勤部副部长魏佑江等作了交流发言。

在沪三军和武警部队领导王加木、李克文、贾建成、李建军、周煦明、傅勇、谢德志、叶志胜、田金生、徐卫兵、金毅、杨志斌、李文福、黄炜灿、戴维民、贡沈平、刘洪凯、胡汉武、高万海、龚锦洲、陈飞、张华锋、倪建玉、许纯谊,上海市领导吴志明、江勤宏、杨雄、徐麟、胡延照、张学兵等参加座谈。

出席座谈会的还有市委、市政府分管秘书长,市有关委办局主要负责人,以及驻沪部队各大单位政治部主任和世博安保部队领导。市民政局局长、市双拥办主任马伊里,市民政局副局长、市双拥办副主任高菊兰,市双拥办副主任、上海警备区政治部副主任孙进参加了座谈会。

上海市双拥办召开双拥工作例会
学习传达全国双拥办主任会议精神

2010年8月24日,市双拥办组织召开上海市双拥工作例会,学习传达8月10日、11日全国省(区、市)双拥办主任会议暨拥军工作社会化现场经验交流会有关精神,交流、部署世博双拥工作和下半年的双拥工作。市双拥办副主任、市民政局副局长高菊兰,市双拥办副主任、上海警备区政治部副主任孙进,以及市双拥工作领导小组成员单位联络员、市双拥办、驻沪部队各大单位政治部领导、各区县双拥办负责人等有关人员共100余人出席了会议。

会议学习传达了全国双拥工作领导小组副组长、全国双拥办主任、民政部副部长孙绍骋和全国双拥工作领导小组成员、全国双拥办副主任、总政治部群工办主任汤奋等领导的讲话精神,观看了山东省双拥工作社会化经验成果汇报片,18个区县就世博双拥工作情况和下一步打算进行了汇报交流。

市双拥办副主任、市民政局副局长高菊兰向与会代表介绍了全国双拥办主任会议和山东省开展双拥工作的有关情况,并就本市全国双拥模范城创建和下一步世博双拥工作作了讲话。她要求各有关单位,要认真贯彻全国双拥办主任会议精神,推动双拥工作军民融合式发展和双拥工作社会化逐步深入;站在新的起点和高度,正确认识开展双拥模范城创建活动的重要意义;超前筹划和科学推进双拥模范城(县)创建活动;持续深入开展世博双拥工作,为世博任务部队提供有力服务保障。

高菊兰指出,下一步上海双拥工作中要着力抓好四个方面的工作,一是坚持军民融合式发展,大力支持国防和军队现代化建设;二是完善和落实双拥优抚政策法规,着力解决广大军民关注的热点难点问题;三是深入推进军民"三同"活动,不断提升军民共建共享的成效;四是采取多种形式,加强双拥工作宣传。同时要求各级双拥工作部门,扎实做好世博双拥工作。要继续落实好市委、市政府关于做好世博期间本市双拥工作的要求,按照俞书记、韩市长对双拥工作的指示精神,扎实做好世博期间的双拥工作,及时了解部队遇到的新问题、新困难,切实为世博安保部队排忧解难;要认真总结世博双拥工作中好做法、好经验,注重总结世博期间开展双拥工作涌现出的先进事迹和典型事例,从理论上深入探讨双拥工作服务军民融合式发展和世博会的重要作用,进一步筹划好世博双拥后期工作,把双拥氛围搞得更加浓厚;要广泛宣传世博双拥工作,通过开展知识竞赛、双拥征文等活动，提高全民双拥意识；通过编撰双拥画册、事迹汇编，开展文艺汇报表演等形式，展示双拥工作成果；通过广播电视、报刊杂志、网络等新闻载体，宣传本市涌现的双拥先进典型，扩大双拥工作的社会影响力。

市双拥办副主任、上海警备区政治部副主任孙进讲话中指出，全国双拥工作会议精神为我们下一步开展双拥工作提供了有力指导和借鉴，近年来上海双拥工作扎实有效、形势喜人、令人鼓舞，新一轮全国双拥模范城（县）创建命名和世博双拥工作是推动上海双拥的难得契机，有利于上海双拥工作的创新发展。扎实推进上海双拥工作需要在探索双拥工作在军民融合式中的重要作用、实现平安世博目标和解决军地关心的热点难点问题上下工夫见成效。

福建省双拥共建工作领导小组第三十一次全体成员会议召开

2010年1月12日，省双拥共建工作领导小组召开第三十一次全体成员会议，回顾总结2009年双拥工作情况，研究部署2010年全省双拥工作要点以及春节省级双拥活动方案。省委副书记、组织部长、省双拥共建工作领导小组组长于广洲参加会议并讲话。

于广洲说，2009年以来，福建省双拥工作在省委、省政府和省军区的正确领导下，经过全省军民和各成员单位的共同努力，取得了比较好的成绩，双拥工作有了新的发展、新的成效。他强调，在新的形势下，全省双拥工作必须牢固树立“围绕科学发展抓双拥、抓好双拥促科学发展”的理念，自觉将其融入经济社会发展和部队现代化建设的各项任务中。要始终坚持围绕大局抓双拥，围绕加强和改进党的建设抓双拥，立足海西加快发展抓双拥，紧扣社会和谐稳定抓双拥，推动全省双拥工作在围绕大局中实现新发展。要始终坚持求真务实抓双拥，工作作风要扎实、工作举措要切实、工作成效要真实，认真贯彻落实省委、省政府出台的各项拥军优属政策，深入实施项目拥军、科技拥军、支前拥军、政策拥军，帮助部队妥善解决工作中遇到的实际困难和问题，认真做好军转、军休干部和退役士兵的安置，切实解决好随军家属就业、子女入学入托等问题，继续加大力度整治部队周边环境。要始终坚持创新发展抓双拥，根据形势发展和部队建设需要，积极创新思路、创新机制、创新举措、创新载体，发挥优势，整合资源，统筹协调，及时总结和推广各地的新经验新办法，进一步完善基层拥军优属的服务网络和体系，不断扩大双拥工作的群众基础和社会基础，形成良好的拥军优属氛围，广泛开展行业拥军、社区拥军、“两新”组织拥军等活动，动员全社会力量多渠道共同参与双拥、推进双拥，不断提高双拥工作水平。

于广洲要求，各级各部门要按照今年的工作要求，继续把支持驻闽部队全面建设作为双拥工作的重点，把双拥工作摆上重要议事日程，带着责任、带着感情，尽心尽力做好拥军优属的各方面工作，不断夯实双拥工作基础，建立齐抓共管、协调推进的长效机制，形成党委统一领导、部门各司其职、军民广泛参与的良好局面，为圆满完成各项双拥工作任务、为海峡西岸经济区建设和国防现代化建设作出更大贡献。

省委常委、宣传部长、省双拥共建工作领导小组副组长唐国忠和省军区政治部主任曹德信参加会议。副省长、省双拥共建工作领导小组副组长张志南主持会议。

福建省双拥办主任会议在长乐召开

2010年3月23日上午,全省双拥办主任会议在福州长乐市召开。会议回顾总结去年工作和研究部署今年工作任务,并学习了新修订的《双拥模范城(县)创建命名管理办法》和《全国双拥模范城(县)考评标准》,提出了《双拥模范城(县)创建命名管理办法实施细则》的修订征求意见稿。参加会议的有全省设区市双拥办军地主任、副主任,驻闽部队军级单位政治部秘群部门负责人及部分县(市、区)双拥办主任,省民政厅副厅长、省双拥共建办常务副主任周扬基,省军区政治部副主任、省双拥共建办副主任张才毕出席会议;省民政厅厅长、省双拥共建办主任马跃征作书面讲话。会议由省双拥共建办专职副主任廖明光主持。

河南省"八一"军政座谈会会议纪要

2010年7月30日,河南省"八一"军政座谈会在郑州召开。省领导与部队领导欢聚一堂,共叙鱼水深情,共庆中国人民解放军建军83周年。省委书记、省人大常委会主任、省军区党委第一书记卢展工发表热情洋溢的讲话。座谈会由省委副书记、省长郭庚茂主持。

省领导王全书、叶冬松、李克、孔玉芳、叶青纯、李新民、曹维新、刘怀廉、连维良、毛万春、李柏栓、张大卫,部队领导刘孟合、颜纪雄、徐经年、张建华、戎贵卿、姜思源、牛炳祥、丁宝钦、耿燎原、王秀峰、陈进平、刘生辉、陆家源、白银、王明贵、左毅、聂皞、时峰、沈俊等参加座谈会。

卢展工在讲话中首先代表省委、省人大、省政府、省政协,向驻豫人民解放军、武警部队官兵、民兵预备役人员、军队离退休干部、全省转业复员退伍军人、革命伤残军人、烈军属表示亲切的慰问和诚挚的敬意!

卢展工指出,今年以来,河南省在党中央、国务院的正确领导下,在全省各级党委、政府和广大干部群众的共同努力下,紧紧围绕实践科学发展观的要求,坚持"四个重在",推动"六求转变",运用"三具两基一抓手",一手抓运作、一手抓谋划,努力求实求效,中央的一系列重大决策部署得到很好落实,经济社会发展和各项工作取得了比较好的成效,概括起来就是好在持续,持续了好的形势、好的趋势、好的态势、好的气势,前不久胡锦涛总书记、温家宝总理在河南考察时给予了充分肯定。在河南经济社会发展的过程中,特别是在抢险救灾、维护稳定、扶贫帮困等方面,驻豫人民解放军和武警部队充分展示了钢铁长城和威武之师的形象,河南发展能够取得这些成绩,驻豫人民解放军和武警部队功不可没。

就继续做好双拥工作、走好中国特色军民融合式发展路子,卢展工提出四个方面的要求:

第一,持续提升认识。做任何工作都有一个认识问题,认识达到什么程度,工作就能做到什么程度。从国际上看,面对维护国家主权、安全、发展利益要求更高的新情况,部队保障我国和平发展的使命和责任越来越重大;从国内看,部队积极支援地方建设,在促进经济社会发展特别是抢险救灾、维护稳定、参与重大项目建设等方面冲锋在前、勇担重任,发挥着越来越重要的作用。在新的历史条件下,地方各级党委、政府和广大干部群众要提升对国防和军队现代化建设的认识,提升对走军民融合式发展路子的认识,提升对双拥工作的认识,不断增强支持和服务部队的责任感。

第二,持续服务全局。在促进经济社会发展、维护社会稳定、保障人民群众生命财产安全等方面,地方和部队都承担着重要责任。无论是加强国防和军队现代化建设，还是做好双拥工作，都必须服务全局，就是服务科学发展的全局，服务国家安全的全局，服务以人为本的全局，服务走中国特色军民融合式发展路子的全局。

第三，持续创新拓展。走中国特色军民融合式发展路子，是党中央在新的历史条件下提出来的新要求，是国防和军队现代化建设的一大创新。做好双拥工作、走好这条路子，必须始终坚持解放思想、实事求是、与时俱进，适应新形势新任务的要求，创新工作思路，拓展工作领域。我们要主动转变观念，弄清楚融合式发展的概念，做到思想认识到位；要创新体制机制，转变领导方式和工作方法，推动各项工作深入开展，为部队解除后顾之忧，更好地服务和保障国防和军队现代化建设。

第四，持续求实求效。这不仅是做好经济社会发展各项工作的要求，也是做好新形势下双拥工作、走中国特色军民融合式发展路子的要求。为有力地支持部队、更好地服务部队，最近我省制定了一些政策措施，今后每年各级党委政府都要坚持就双拥工作进行研究。要千方百计为部队排忧解难，以实事好事办得怎么样、各项措施落实得怎么样、部队满意不满意为标准，检验双拥工作的实际效果，切实提供更有效、更积极、更周全的保障。

卢展工说，我们相信，有以胡锦涛同志为总书记的党中央的正确领导，有军地双方的共同努力，我们一定能够凝聚起全省广大干部群众的合力，把河南建设得更好，为促进中部地区崛起和服务全国大局作出更大贡献。

部队领导在讲话中首先向省委、省人大、省政府、省政协以及全省各级党政领导、人民群众表示衷心的感谢和崇高的敬意。他们说，今年以来，面对复杂的国内外经济环境和各种自然灾害的考验，省委、省政府认真贯彻中央决策部署和胡锦涛总书记、温家宝总理在河南考察时的重要讲话精神，把握机遇、开拓进取，按照“四个重在”和“三具两基一抓手”的实践要领和工作方法，推动各项事业发展取得了新的成绩。全省各项建设取得了新的成绩，实现了新的跨越。作为驻豫部队，我们为河南的发展进步感到振奋和自豪，真诚地表示祝贺。今年以来，省委、省政府在抓好经济建设的同时，大力支持国防和军队建设，高度重视、积极推进拥军优属工作，使河南的双拥工作跨入了一个新阶段，迈上了一个新台阶。驻豫部队一定要把地方党委、政府和人民群众对部队的关心支持化为做一流工作、创一流业绩的动力，积极参加和支援地方经济社会建设。继续当好战斗队、工作队、宣传队，把地方所需、群众所盼和部队所能结合起来，用实际行动为实现中原崛起、河南振兴作出应有贡献。

省双拥工作领导小组成员单位主要负责同志参加座谈会。

河南省第一次双拥办主任会会议纪要

2010 年 5 月 19 日，根据全国双拥办的有关指示精神和全省双拥工作的实际，经报省双拥工作领导小组领导同意，全省双拥办主任会议在郑州召开。会议的主要任务是传达贯彻全国双拥办关于进一步加强双拥模范城（县）建设的指示精神，集中研究做好全国双拥模范城（县）评比推荐工作，推动全省双拥工作不断向纵深发展的问题。省双拥办主任张中华同志作了讲话。省双拥办常务副主任常伟同志传达了全国双拥办“关于‘在中国双拥网开设全国双拥模范城（县）领导话双拥’专栏暨征集稿件的通知”。省双拥办副主任司新鲜同志对贯彻落实传达学习新修订的《双拥模范城（县）创建命名管理办法》和新制定的《全国双拥模范城（县）考评标准》作了说明。18 个省辖市双拥办主任（副主任）参加了会议。

张中华说，近年来，在省委、省政府、省军区的领导下,全省的双拥工作,认真落实科学发展观,在继承中创新,在巩固中提高,在改革中发展,双拥工作的积极性空前高涨,双拥工作的社会氛围更加浓厚,双拥共建活动更加扎实有效,双拥工作的整体水平有了新提高。但也应当看到,用更高的标准来审示我省的双拥工作还存在着事务性、常规性、传统性、具体性的工作多,开拓性、创造性、前瞻性、长远性的工作少的问题。我们要以这次新一轮的全国双拥模范城(县)评比表彰为契机,深入贯彻落实科学发展观,更扎实、更深入,更有成效地做好全省双拥工作,为实现中原崛起,为驻豫部队现代化建设作出新的更大的贡献。

张中华指出,一是要进一步明确双拥工作的主要任务和工作重点。要高度重视,切实抓好迎接全国双拥模范城(县)的检查评比的准备工作。要认真学习办法标准,真正吃透和把握精神。要认真研究贯彻落实的办法措施。要切实搞好自查。要积极主动,保质保量完成全国双拥模范城(县)领导话双拥稿件的报送工作。各地要高度重视,要作为一项重要任务来抓,要组织得力人员,突出特色,精心选题,认真撰写。二是要进一步加强各级双拥办自身建设。双拥办是各级双拥工作领导小组的办事机构和职能部门,是开展双拥工作的纽带和桥梁。根据全国双拥办的要求和我省双拥建设的情况,一要落实编制。最近全国双拥办对各地双拥办的编制情况进行了调查了解,新的评比管理办法和标准提出了更加明确严格的要求,各地一定要按照要求,落实编制人员,建立健全机构,实行单列办公,切实实施对双拥工作的坚强领导。二要提高素质。要下大力气抓好双拥队伍建设,不断提高思想业务素质和实际工作的能力;要加强理论研究,注重总结经验,创新活动形式,推动工作开展。三要发挥作用。各级双拥办要真正发挥参谋助手、组织协调、督促指导作用。三是要进一步抓好新形势下双拥工作的改革创新。要在解放思想、开拓视野上下工夫。在创新活动载体、方式方法上下工夫。在发动军民参与社会化拥军上下工夫。在探讨研究总结经验上下工夫。

河南省第二次双拥办主任会会议纪要

2010 年 9 月 19 日至 20 日,全省双拥办主任会议在郑州召开,省民政厅副厅长董颖生强调,要高起点筹划高质量落实推动双拥模范城(县)创建活动科学发展(全文另发)。省辖市双拥办主任和驻豫部队 9 个军级单位的群秘处长参加会议,省双拥工作领导小组成员、省军区政治部副主任刘春辉到会并讲话。会上,还传达学习全国省(区、市)双拥办主任会议暨拥军工作社会化现场经验交流会会议精神,讨论并听取了对《河南省双拥模范城(县)创建命名管理办法》和《河南省双拥模范城(县)考评标准》(征求意见稿)的修改意见和建议。

董颖生说,5 月 19 日全省双拥办主任会议之后,各地迅速行动,做了大量的工作,尤其是 3 个试点市组织得力,准备认真,筹划严密考评扎实,较好地完成了任务。

就如何高起点筹划,高质量落实,推动双拥模范城(县)创建活动科学发展问题,董颖生讲了 4 个方面的问题。

一、要坚持用科学发展观指导创建活动

科学发展观是我国经济社会发展和国防与军队建设的重要指导方针,也是双拥模范城(县)创建活动的根本指南。实践中我们看到,在有的地方和单位,创建活动确实存在着不科学不持续的问题。比如,有的对创建工作的政治意义认识层次不高,为评比而创建,为保荣誉而创建,指导思想不够端正;有的工作标准不高,创新精神不强,缺乏破解难题的勇气和办法,缺少过得硬的双拥典型和品牌;有的重创建形式,不重创建效果,喜欢大轰大嗡,不注重实际问题的解决;还有的只重“评时”不重“平时”,只重突击,不重经常,出现“奖牌一拿到,工作往下掉”的现象。这就要求我们必须以科学发展观为指导，始终把握创建活动的正确方向。要着眼于服务国家和军队改革建设大局搞创建。落实到拥军优属上，就是要围绕“强军、打赢”目标，大力支持中国特色军事变革和部队信息化建设，配合部队完成教育训练、战备执勤和多样化军事任务，进一步健全拥军支前保障体系；落实好各项优抚政策，为国防和军队现代化建设提供强大后盾。落实到拥政爱民上，就是要整合部队各方面优势和力量，积极参加构建“中原经济区”建设，做好资教助学、扶贫帮困、支援社会主义新农村建设等工作，勇于承担并积极完成抢险救灾等急难险重任务，军地合力及时妥善处理突发事件，努力创造和谐稳定的社会环境。要着眼于推进军民融合式发展搞创建。走军民融合式发展路子，是胡锦涛总书记着眼于维护国家安全与发展利益，顺应国际国内形势深刻变化，立足我国国情、统筹经济建设和国防建设作出的重大战略举措。军民融合式发展也为双拥工作和创建活动提出了新的时代要求。深入开展创建活动，就要进一步适应新形势新任务的要求，创建活动服务和推动牢固确立军民融合式发展的时代理念，始终把有利于军民融合、有利于军民一致、有利于军民一体、有利于平战结合贯穿于双拥工作、创建活动的全过程，把促进军民融合发展作为双拥工作、创建活动的根本出发点和落脚点，作为检验衡量双拥工作、创建活动成效的重要尺度和标准。要着眼持续发展搞创建。全面协调可持续发展是科学发展观的重要内容。用科学发展观指导创建活动，必须注重双拥工作的持续发展。要处理好持续与提升的关系，持续我省双拥工作好的形势、好的态势、好的气势和好的工作思路、工作作风。同时，要勇于创新，不断提升双拥工作质量和水平。要处理好平时与“评时”的关系。在检查评比时，查漏补缺，巩固提升，多下点工夫，多用些气力，是完全可以理解的，但一定要坚持“积之在平日”，争在平时，创在平时，建立起双拥工作的长效机制，切实防止重突击、轻经常，忽冷忽热、起起落落的倾向。要处理好形式与效果的关系。双拥工作需要强有力的宣传造势，要不断创新形式，但一定要坚持形式和内容的统一，注重质量和实效，把生动活泼的形式和具体实在的内容有机结合起来，把重实际、重实效贯穿到创建活动的全过程，才能促进双拥工作持续健康发展。

二、要坚持以创建活动促工作、解难题

创建双拥模范城（县）活动，是加强军政军民团结的有效途径，是促进双拥工作落实的重要载体和重要抓手。近年来，全省各地从关注民生和支持国防建设的高度，注重研究解决新情况、新问题，及时出台了一系列双拥工作的政策规定，取得了扎实成效，双拥工作始终保持了好的形势态势。但也要看到，与国家新颁布的《管理办法》和《考评标准》要求相比，与形势发展要求相比，我们的工作力度还有差距，发展还不够平衡。省委卢展工书记到河南工作后，对双拥工作高度重视，提出了一系列新思想、新理念、新要求，要求全省双拥工作要持续提升认识，持续服务全局，持续创新拓展，持续求实求效。要千方百计为部队排忧解难，以实事好事办得怎么样、各项措施落实得怎么样、部队满意不满意为标准，检验双拥工作的实际效果。因此，我们一定要把创建双拥模范城（县）的过程，作为贯彻落实卢书记重要讲话精神，落实工作，破解难题的过程。要通过创建促进政策落实。拥军优抚安置政策涉及部队官兵和优抚对象的切身利益，直接关系军队稳定、国防巩固和社会发展。各地要牢固树立"以人为本、为兵服务"的思想，切实抓好涉军政策的落实。各地在自查考评中，要对各项政策落实情况，进行一次全面系统的检查排查，分类进行处理。对已经落实的，进一步巩固提高；对基本落实的，补缺补差，使之达到标准要求；对不落实的，提请当地党委政府，采取有力措施，限期予以解决。要通过创建促进热点、难点和遗留问题解决。解决这些问题，既要提升认识，又要求实求效，坚持“三具两基一抓手”，要把本地区存在的热点、难点和遗留问题梳理出来，以务实的作风，抓具体的工作方法，逐个予以突破，力争取得实效。伤病残退役军人移交安置、退役士兵职业技能培训和城镇退役士兵安置遗留问题，是目前上下关注的热点难点问题。对这三个问题不落实的城（县）不能推荐申报全国双拥模范城（县）。要通过创建促进建章立制。系统完善的双拥政策法规,是保证双拥工作规范持续发展的根本保证。2009年以来,我省先后出台了《关于进一步加强新时期双拥工作的意见》等,对推动双拥工作和各项任务的落实起到了积极作用。但从整体上看,双拥政策法规还存在不系统、不配套、不完善的问题,有的滞后于经济社会发展,有的法规缺乏应有的约束力和强制力。因此,我们在创建过程中,既要重视实际问题的解决,又要注重建章立制,按照"坚持已有的、完善不足的、填补空白的"原则,结合本地实际,不断建立完善与市场经济相接轨、与法律规范相协调、与行政行为相一致、与优良传统相承接的政策法规体系,为双拥工作深入发展提供强有力的政策保障。

三、要坚持以创新精神拓展领域提升水平

双拥工作是一项传统工作,随着时代的发展而不断创新发展。在新的历史时期,面对双拥工作中不断出现的新情况、新问题,只有确立新思路、创造新办法、建立新机制,才能使双拥工作体现时代性、把握规律性、富有创造性,永葆生机和活力。因此,我们在创建活动中,一定要坚持以创新求发展、求实效,以创新上质量、上水平。要研究新情况,探索新办法。社会主义市场经济条件下,呈现出社会结构多样化、社会组织形式多样化、社会利益格局多样化、军地建设需求多样化的新特点,这使双拥工作所处的环境发生了新变化,工作内容产生了新需要,工作领域出现了新拓展,工作方法要求有新改变。面对新的形势,我们必须坚持与时俱进,从思想观念、工作内容、方式方法上与时代同步,用改革的思维研究新情况,用创新的手段解决新问题。要改变传统的仅仅依靠政府干预、行政调节、感情通融的工作方式,善于把政府行为与社会行为、以情双拥与依法双拥、行政调节与市场调节结合起来。要积极引导新经济组织、新社会组织和团体广泛参与到双拥活动之中,大力开展行业拥军、社区拥军、非公组织拥军、志愿者服务拥军活动,不断拓展双拥工作新领域。要借鉴新经验,开拓新领域。近年来,全国各地涌现出不少双拥工作的鲜活经验。在创建活动中,我们要学习借鉴山东社会化拥军的先进经验,不断巩固和发展军、政、民、企长期以来形成的融洽关系,进一步形成全社会拥军的良好局面。要培育新典型,创立新品牌。多年来,全省各地着眼于实际,善于探索,创造了不少很有生命力、影响力的典型和经验,有效地调动和激发了广大军民参与双拥工作的政治热情。但也应当看到,我们的典型和品牌与我们人口大省、优抚大省、兵员大省、驻军大省的地位还不相称,与我们所做的工作、所付出的劳动不相符,我们应引起足够的重视。一个典型,一个品牌就是一面旗帜,有着很强的示范性,导向性,更能促进双拥工作求突破、上台阶。实践中看,我们许多工作不是没有做,也不是缺少经验和创新,关键在于有时发掘的不够、总结不够、宣传不够。因此,各级双拥工作部门都要注重加强理论思考和调查研究,善于在实践中发现群众的首创精神,善于发现和培养具有时代特色的先进典型,善于总结、宣传、推广叫得响的先进经验和重大典型,形成具有河南特色的双拥品牌,推动我省双拥工作科学发展,创新发展,可持续发展。

四、要坚持高标准严要求搞好自查考评。

要加强组织领导。各级党委政府要把创建活动作为一项政治任务,摆上重要日程,尽到肩负的政治责任,解决好创建工作中遇到的困难和问题;各级双拥工作领导小组要认真履行组织、协调、指导工作的职能,搞好统筹谋划,制定得力措施,抓好工作落实。各级双拥办要抓好自身建设,积极履行职责,当好参谋和助手。要认真分解目标责任。要根据省《双拥模范城(县)创建命名管理办法》和《考核标准》,制定适合本地实际的《创建活动实施方案》和《考评细则》,进一步细化责任、目标,并将责任目标分解给各成员单位和相关部门,做到"三个明确":明确目标任务、明确责任主体、明确完成时限,实施全过程督查,确保目标任务落到实处。要注重营造氛围。要制定详细的宣传计划,通过多形式、多渠道、多视角、全方位的宣传,有效提高全社会对创建工作的认知率、支持率和满意率。要充分听取广大基层官兵、广大优抚对象和广大人民群众的意见,增加他们的话语权,最大限度地调动基层军民参与的积极性,在全社会营造浓厚的创建氛围。要严格规范考评。要坚持基本依据，严格按照全国和省双拥领导小组新修订《双拥模范城（县）创建命名管理办法》和《考核标准》来检查考评。要把握考评的基本原则：坚持质量第一，坚持平时为重，坚持公平公正。

河南首家全省性拥军优属社会组织在郑州成立

河南省首家全省性拥军优属社会组织——河南省拥军优属基金会，2010年12月16日在郑州成立。省委常委、省军区政委、省双拥工作领导小组副组长颜纪雄到会祝贺并讲话。全国人大农业与农村委员会委员、原省委常委、常务副省长、省人大常务副主任王明义等领导也到会。全国双拥办专门发来贺电。

河南省是驻军大省、兵员大省，更是优抚大省。驻豫部队肩负着推进新军事变革的艰巨任务，面临的困难很多，一些优抚对象的保障也遇到了一些困难。成立河南省拥军优属基金会，就是要充分争取全社会的支持，利用民间社会团体的优势在法律框架内发挥积极作用，加大支持驻豫部队建设力度，排除广大官兵的后顾之忧，提高优抚安置对象的生活水平，使我省拥军优属工作更上层楼。

省委、省政府、省军区领导对成立河南省拥军优属基金会高度重视，省双拥工作领导小组第十六次全会专门研究决定筹建河南省拥军优属基金会，2009年6月，省双拥办等开始了以政府资助、社会捐款为主要渠道的第一轮资金募集工作，得到全省18个省辖市积极响应，为基金会的建立奠定了基础。

省委常委、省军区政委、省双拥工作领导小组副组长颜纪雄说，省拥军优属基金会的成立，创新了双拥优抚工作的载体，丰富了拥军优属的具体内容，拓展了拥军优属的实践领域，标志着我省双拥工作社会化进程又向前迈进了一步。他希望，基金会充分发挥作用，积极开展形式多样的拥军优属活动，主动为驻豫部队和优抚对象办实事、解难题，进一步密切军政军民关系，进一步提升全省双拥工作整体水平，为促进我省经济建设和国防建设全面发展起到积极的推动作用。

全国双拥办贺电说，河南是驻军大省、优抚大省，历来有着良好的双拥工作传统。河南省拥军优属基金会的成立，是新形势下双拥工作开拓创新的重要举措，反映了社会各界参与双拥工作的强烈愿望，推动了河南双拥工作社会化进程，必将进一步提升河南双拥工作。

湖南省双拥工作领导小组第二十六次全体会议会议纪要

2010年9月26日，省双拥工作领导小组在湖南宾馆召开了第二十六次全体会议，省双拥工作领导小组成员单位的负责同志参加了会议。会议听取了省双拥工作领导小组办公室主任、省民政厅副厅长祝青云关于《省级双拥模范城（县）及其他拟受表彰对象考评工作情况汇报》。省委常委、常务副省长、省双拥工作领导小组组长于来山到会并作了重要讲话。会议由省人民政府副秘书长、省双拥工作领导小组副组长刘明欣主持。会议就拟命名表彰的第八届省级双拥模范城（县）、爱国拥军模范、拥政爱民模范、关爱优抚对象先进单位和个人，以及优秀复员退伍军人等进行了讨论和研究。

会议认为，2007年以来，全省各级党委、政府和部队把创建双拥模范城（县）活动作为一项政治任务和大事来抓，军地双方密切配合，真抓实干，取得了显著成效，涌现出了一大批双拥模范城（县）和双拥模范单位(个人),有力地推动了全省群众性创建活动的蓬勃开展和双拥工作整体水平的提高。省双拥办在各成员单位的大力配合下,为湖南省双拥模范城(县)的创建和双拥各项工作的开展做了大量的工作。

会议要求,各级党委、政府和部队要以中国特色社会主义理论伟大旗帜为指导,进一步加大创建双拥模范城(县)的工作力度,大力宣扬受表彰的双拥模范单位(个人)的先进事迹,在全省形成争先创优的良好氛围,掀起新的双拥创建热潮。

会议研究决定了以下事项:

1. 同意怀化市等30个市(县、区)为省命名的双拥模范城(县),湘潭大学和张家界市武陵源区人民政府等20个单位为省表彰的爱国拥军模范单位,76110部队和桑植县人民武装部等20个为省表彰的拥政爱民模范单位,由省委、省政府、省军区命名表彰;长沙县民政局、宁乡县民政局等35个单位为省表彰的关爱优抚对象先进单位,由省委宣传部、省民政厅和省军区政治部名义表彰。

2. 同意张克义、丁绍干等20人为省表彰的爱国拥军模范个人,谷钢、贾志刚等20人为省表彰的拥政爱民模范个人,唐建斌、帅光明等124人为省表彰的优秀复员退伍军人,周沫、陈平等35个为省表彰的关爱优抚对象先进个人。上述个人由省双拥工作领导小组、省人力资源和社会保障厅、省民政厅、省军区政治部名义表彰。会后,以领导小组名义报省委、省政府、省军区审批。

会议结束时,于来山指出,每届双拥模范城(县)评选表彰活动,都是我省双拥工作成果的一次集中展示,对推动全省双拥工作、融洽军地军民关系作用重大。他对省双拥领导小组成员单位所作出的贡献表示肯定,并要求领导小组各成员单位继续带头抓好双拥工作,以实际行动促进我省良好的军地军民和谐氛围。

广东省畅谈军地发展大好新势　共叙军政军民鱼水深情

2010年2月10日下午,省委、省政府在广州珠岛宾馆隆重举行“2010年春节广东省军政座谈会”。中共中央政治局委员、广东省委书记汪洋主持座谈会并作重要讲话,广州军区司令员徐粉林中将,广州军区政委张阳中将,省委副书记、省长、省双拥工作领导小组组长黄华华,省人大常委会主任欧广源,省政协主席、省委常委、常务副省长黄龙云出席座谈会。张阳、黄华华在会上分别作了讲话。

汪洋首先代表省委、省政府和全省人民,向广州军区领导和驻粤部队全体官兵致以节日的亲切问候。向长期以来关心、支持广东建设和发展的驻粤部队和武警官兵表示衷心的感谢。

汪洋指出,过去的一年,驻粤部队和武警官兵始终牢记全心全意为人民服务的宗旨,竭力支持我省经济发展,倾力参与和谐广东建设,充分发扬拥政爱民光荣传统,双拥共建工作成绩显著,在重点工程建设、文明城市创建、生态环境建设、扶贫帮困、抢险救灾、维护社会稳定等方面作出了新的贡献,以实际行动充分展示了人民解放军威武之师、文明之师的良好形象。

汪洋强调,双拥工作是我党我军的优良传统和特有的政治优势。必须深入贯彻落实科学发展观,大力做好新时期新阶段双拥工作。一是以科学发展观为统领,坚持国防建设和经济建设协调发展的方针,始终坚持“围绕发展抓双拥、抓好双拥促发展”的工作要求,紧紧围绕提高社会生产力和部队战斗力这一根本标准,切实把双拥工作抓紧抓好,抓出成效。二是全省各级党委、政府要从讲政治讲大局的高度,不断加大工作力度,提升标准质量,加强与部队的协调配合,充分运用广东改革开放的成果,认真落实各项优抚安置政策,积极为驻粤部队全面建设提供强有力的支持。三是驻粤部队和武警官兵要着眼于广东经济社会发展和安全稳定大局的需要,把支援地方建设作为提高部队完成多样化军事任务能力的实践平台，将其纳入军队工作全局来筹划和实施，为广东经济社会发展和办好亚运会和亚残运会作出新的贡献。

张阳代表驻粤部队全体指战员和武警官兵，向广东省委、省政府和广大人民群众表达了节日问候和新春祝福，对他们长期以来关心支持国防和军队建设表示衷心感谢。他说，过去的一年，广东省委、省政府深入贯彻落实科学发展观，沉着应对国际金融危机冲击，努力化危为机、危中求进，不仅实现了9.5%的高增长，提前一年完成了“十一五”规划任务，而且把握国际金融危机催生的重大机遇，加快产业结构调整和经济发展方式转变步伐，全面提高自主创新能力，有力抢占了未来经济发展制高点。广东的实践探索和发展成就，对国防和军队现代化建设提供了有益启迪。我们充分借鉴和运用广东的成功经验，有力推动了部队建设又好又快发展。过去的一年，广东地区党政军民继承和发扬双拥工作优良传统，在争当学习实践科学发展观排头兵中通力协作，在维护国家安全和社会稳定中紧密配合，在抗御各种自然灾害中并肩战斗，凝聚了不可战胜的强大力量，巩固发展了手足相连的鱼水情谊。他指出，维护国家安全和稳定是军队的重要职责，新的一年，我们要积极适应新的形势任务要求，切实增强机遇意识、忧患意识、使命意识，在推进部队全面建设和军事斗争准备同时，充分发挥战斗队、工作队、宣传队作用，积极支持和参加地方经济建设，勇于承担各种急难险重任务，努力为维护社会大局稳定提供强大力量支持，特别是今年要以实际行动为支持成功举办亚运会和亚残运会贡献力量。

黄华华介绍了2009年广东省经济社会发展情况和拥军优属工作情况。黄华华指出，2009年，面对国际金融危机的严重冲击及其带来的各种困难和挑战，我省在党中央、国务院的坚强领导下，深入贯彻落实科学发展观，结合实际全面和创造性地贯彻落实中央保增长保民生保稳定的各项决策部署，以实施珠三角《规划纲要》为主轴，大力推进“三促进一保持”，全力以赴保增长，抓住时机扩内需，着眼未来促转型，扎扎实实惠民生，既有效遏制了经济增长下滑态势，又为下一步经济社会又好又快发展创造了有利条件。在保持经济社会平稳较快发展的同时，我省认真贯彻党中央、国务院和中央军委关于加强国防建设的各项决策部署，认真做好国防建设和双拥各项工作，积极探索完善具有广东特色的社会化拥军体系，取得了显著成效。黄华华表示，在国际金融严重动荡、世界经济深度衰退、国内外形势严峻复杂的情况下取得这样的成绩极其不易。这是在党中央、国务院的正确领导下，全省党政军民同舟共济、共克时艰、扎实工作的结果，其中凝聚着驻粤人民解放军和武警、民兵预备役部队广大官兵的心血和汗水。广东省委、省政府将继续大力支持国防和军队现代化建设，认真落实拥军优抚安置政策，深入开展创建双拥模范城（县）和军（警）民共建社会主义精神文明活动，不断巩固和发展军政军民同呼吸、共命运、心连心的大好局面。

出席座谈会的还有：广东省委、省政府领导同志朱明国、胡泽君、朱小丹、肖志恒、辛荣国、林雄、梁伟发、周镇宏、徐少华、李容根、雷于蓝、林木声、万庆良；广州军区及军区机关、海军南海舰队、广州军区空军、75200部队、广东省军区，海军兵种指挥学院、海军广州保障基地、军事体育进修学院，省武警、边防、消防总队、公安边防部队广州指挥学校、武警总部驻粤某部等驻粤部队单位领导同志郑勤、吕丁文、王治民、苏支前、高守维、张汝成、田义功、黄嘉祥、王玉发、贾晓炜、郑卫平、王晓军、阎力平、周为民、刘长银、尤海涛、岳世鑫、蔡多文、何宏成、程晟、雷盛武、殷敦平、严跃进、李桦、牛跃光、杨修水、南宁、肖文锦、赵永平、丁晓兵、李瑞林、杨长中；省双拥工作领导小组成员。

广东省 2010 年军地双拥业务部门迎春座谈会在广州召开

2010 年 1 月 11 日下午,“广东省 2010 年军地双拥业务部门迎春座谈会”在广州大厦召开。省政府副秘书长、省双拥办主任颜学亮,省军区政治部副主任、省双拥办副主任黄思潮大校分别代表地方和驻粤部队讲话,省民政厅厅长、省双拥工作领导小组成员刘洪致祝酒辞,省民政厅副厅长、省双拥办副主任饶美奕主持座谈会。省双拥工作领导小组军地成员单位的有关领导和驻穗部队各大单位的群工、干部、老干、军(警)务、动员、运输、交战、卫生、劳动人事等部门的负责同志 200 多人参加了座谈会。

颜学亮在讲话中首先代表省政府、省双拥办向参加座谈会的部队领导和同志们表示热烈的欢迎并致以崇高的敬意。他说, 2009 年,广东省的双拥工作在省双拥工作领导小组的正确领导下,全面贯彻落实新颁布的《广东省拥军优属规定》,大胆创新工作思路,不断丰富工作内容,双拥工作取得了新的成绩。一是开展国防和双拥宣传教育有新的举措。全省各地各部队以建设社会主义核心价值体系、凝聚军政军民团结奋斗为着力点,大力宣传新中国成立 60 年来,广大军民在党的领导下团结奋斗取得的辉煌成就,宣传军政军民团结在促进国家改革发展稳定中发挥的重要作用,在全社会营造了爱国拥军、爱民奉献的浓厚氛围。二是支持国防和军队现代化建设有新的成效。全省积极支持国防和军队建设,为部队办实事、解难题。一年来,全省各地共投入近 9 亿多元资金帮助部队解决训练场地、生活设施、自动化指挥设施和信息化建设;为驻粤部队赠送科技图书 3 万多册,帮助部队科技攻关 271 项,培训大专以上学历人才 3 200 多人,有力促进了国防和军队现代化建设。三是贯彻落实优抚安置政策法规有新的成就。全省各级财政增加的对重点优抚对象抚恤补助资金达 2.8 亿元,出台了《关于进一步推进优抚对象医疗保障工作的意见》,开展了“十百千万关爱功臣”活动,接收了 2008 年冬季退役士兵 25 570 人,为 7 987 名退役士兵安排了职业技能培训,妥善安置了 351 名军休人员,有 8 名优秀复员退伍军人被授予“全国优秀复员退伍军人”的荣誉称号。四是开展军民共建活动有新的突破。军地双方根据新形势要求,不断创新模式,丰富内容,拓展领域,非公经济组织共建点新增 300 多个。去年“八一”前夕,省委、省政府、省军区共同授予军民共建 50 个单位和 99 名同志为“广东省军民共建先进单位”、“广东省军民共建先进个人”称号,为军民共建树立了新的典型。

颜学亮表示,2010 年是全省巩固应对国际金融危机阶段性成果、保持经济平稳较快发展的关键一年,也是科学发展由探索实践向全面深化转变的关键一年,地方各级将一如既往地支持国防和部队建设,广泛开展拥军优属活动,进一步巩固和发展“军民一家亲”的大好局面。

黄思潮在讲话中简要介绍了 2009 年驻粤部队开展拥政爱民活动的情况。他说,驻粤部队按照党中央、中央军委和胡主席关于加强军政军民团结的一系列重要指示精神,以及全国和省双拥工作领导小组会议要求,着眼于做好军事斗争准备和构建社会主义和谐社会,积极开展“视人民如父母、把驻地当故乡”的军民共建活动,为促进部队全面建设和构建和谐广东作出了新贡献。各部队加大军民共建力度,组织读书演讲会、英模报告会等 1 500 余场次,派出校外辅导员 2 万多人次,军训学生 20 余万人。参加国庆阅兵各部队弘扬我军不怕疲劳、连续作战、战则必胜的顽强作风,向世界展示了中国军队威武、文明、胜利之师的崭新风貌,展示了中国军队维护祖国安全与统一,促进世界和平发展的坚强决心和强大力量。在参与抢险救灾和河道整治等重点工程建设中,各部队出动部队和民兵预备役 35 万多人次,机械车辆 8 万余台次,抢救遇险群众 2 万多人,有力支援了广东的经济建设和各项事业的发展。

黄思潮表示,新的一年,广东大事多、喜事多,特别是广州将举办第16届亚运会和第10届亚残会,各驻军单位将积极配合、鼎力支持广州亚组委的工作,积极为亚运会的各项筹备工作贡献力量。

座谈会气氛热烈祥和,洋溢着军政军民团结的鱼水情谊。

广东省双拥工作领导小组召开第二十五次全体(扩大)会议
黄华华强调努力争当全国双拥工作排头兵

2010年3月30日,省双拥工作领导小组第二十五次全体(扩大)会议在广州召开。省委副书记、省长、省双拥工作领导小组组长黄华华,省军区政委、省双拥工作领导小组副组长蔡多文出席会议并讲话,副省长、省双拥工作领导小组副组长李容根主持会议。

黄华华指出,2009年,在省委、省政府、省军区以及省双拥工作领导小组的正确领导下,全省紧紧围绕地方和军队现代化建设大局,双拥宣传教育成效明显,支持国防和军队现代化建设取得重要进展,解决军民关心的重点难点问题取得重大突破,驻粤部队拥政爱民工作成效显著,军民共建活动亮点纷呈,军政军民团结的大好局面得到进一步巩固和发展,为我省应对国际金融危机、保增长保民生保稳定提供了有力保障。

黄华华强调,全省各地各部队要从全局和战略的高度重视做好双拥工作,努力争当全国双拥工作排头兵。要充分整合社会资源,加强与部队的协调配合,认真解决好军民广泛关注的热点难点问题,积极探索拥军工作社会化体制机制,进一步加大支持国防和军队现代化建设力度。要深入开展创建双拥模范城(县)活动,坚持注重实效,不断完善双拥工作载体,通过创建活动提升双拥工作水平。加强双拥工作队伍建设,建立健全双拥工作长效机制,把双拥工作宣传教育纳入全民教育体系,在全社会营造深厚的双拥氛围。驻粤部队要着眼广东经济社会发展和社会稳定大局的需要,主动承担急难险重任务,做好亚运会的支援保障工作。

蔡多文要求,驻粤部队要按照全国和省双拥工作领导小组会议精神,做军民融合式发展的表率,以实际行动建设广东、发展广东、稳定广东。要着眼地方基础设施重点工程做好援建工作,尤其是对关系国计民生、具有重大国防和军事效益的工程项目,驻粤部队要重点搞好援建。要着眼保护人民生命财产安全做好抢险救灾工作,地方各有关部门也要积极为部队执行非战争军事行动创造条件,提供支持,形成军民团结抗灾的整体合力。要着眼亚运会胜利召开做好维稳工作,为办好本届国际性体育盛会提供坚强的安全保障。要着眼教育事业均衡发展做好助学工作,创新援建形式,提高援建质量,形成长效帮扶机制。

广西壮族自治区党政军迎春座谈会在邕隆重举行

八桂大地春潮涌动,军民共叙鱼水情谊。2010年2月10日下午,自治区党委、政府在南宁荔园山庄隆重举行2010年自治区党政军迎春座谈会。自治区党委书记、自治区人大常委会主任郭声琨代表自治区党委、政府,向驻桂人民解放军和武警部队全体官兵,向全区烈军属、革命伤残军人、军队离退休干部、转业复员退伍军人以及预备役军人,致以亲切问候和良好祝愿。大会由自治区主席马飚主持。

郭声琨说,刚刚过去的2009年,是广西壮族自治区战胜严峻困难和挑战,夺取改革开放和现代化建设重大胜利的一年。全区上下在党中央、国务院的坚强领导下,全面贯彻落实胡锦涛总书记“保增长、保民生、保稳定,保持广西发展良好势头”重要指示精神和中央关于扩内需保增长的一系列决策部署,努力克服国际金融危机的冲击和严重旱涝灾害的不利影响,以“四个非常”为举措,化压力为动力,化挑战为机遇,化危机为转机,迎难而上、共克时艰,全区经济发展逆势而上,取得了好于预期的成绩。与此同时,政治建设、文化建设、社会建设、生态文明建设和党的建设协调共进。当前,我区经济快速发展,社会和谐稳定,民族团结和睦,边疆巩固安宁,人民安居乐业,干部群众精神振奋。这些成绩的取得,是党中央、国务院正确领导的结果,是全区各级党委、政府和各部门精心组织的结果,是各族干部群众艰苦奋斗的结果,也是驻桂部队广大官兵支持帮助的结果。

郭声琨说,在过去的一年里,驻桂人民解放军和武警部队官兵热爱驻地、拥政爱民,在圆满完成各项军事任务的同时,积极支持和参与地方建设,特别是在抢险救灾、处置突发事件等急难险重任务中,恪尽职守、顽强拼搏,发挥了中流砥柱的坚强作用,展现了人民军队的良好形象,赢得了党和人民的高度赞誉,为推动我区科学发展、和谐发展、跨越发展作出了重大贡献,无愧为党和人民完全可以信赖的子弟兵。在此,我代表自治区党委、政府和全区各族人民,向驻桂人民解放军和武警部队官兵,表示衷心的感谢和崇高的敬意!

郭声琨指出,广西的发展已站在新的历史起点上,八桂大地生机盎然,展示着前所未有的发展活力,充满着无限美好的发展前景。在新的一年里,我们将全面贯彻党的十七大和十七届三中、四中全会精神,以邓小平理论和“三个代表”重要思想为指导,深入贯彻落实科学发展观,认真贯彻落实《国务院关于进一步促进广西经济社会发展的若干意见》,紧紧抓住国家实施新一轮西部大开发和中国—东盟自由贸易区建成的机遇,围绕继续保增长、保民生、保稳定,保持和扩大经济社会发展良好势头的总目标,加快推进经济发展方式转变,推动经济建设、政治建设、文化建设、社会建设以及生态文明建设迈出新步伐,推动新形势下党的建设开创新局面,努力在全面建设小康社会征程上取得新成绩,确保实现科学发展三年计划和“十一五”规划目标。实现我区既定的发展目标,需要全区上下同心同德、携手奋进。希望驻桂人民解放军和武警部队官兵,继续发扬优良传统,视人民为父母,把驻地当故乡,一如既往地支持、参与地方经济社会建设,努力开创军政军民团结和谐新局面,谱写军地合作、军民共建新篇章。

广西军区司令员刘晓琨代表驻桂人民解放军和武警部队全体官兵,向自治区党委、政府和全区各族人民群众表示衷心感谢和崇高敬意。他表示,自治区各级党委、政府始终把握富国与强军的统一,坚持党管武装各项原则和规章制度,高度重视拥军优属工作,在安置转业干部、安排随军家属就业和子女上学、支持部队教育训练和战备执勤、配合部队开展重大军事演习活动、维护国防利益和军人军属合法权益等方面,做了大量的实事、好事,有力促进了部队全面建设和战斗力的提高。新的一年,驻桂军警部队将按照党中央、中央军委和胡锦涛主席的指示要求,着眼全面履行新世纪新阶段我军历史使命,大力加强思想政治建设,不断深化军事斗争准备,切实抓好边海防建设,着力提高应对多种安全威胁、完成多样化军事任务能力,推动部队建设又好又快发展。同时,扎实开展拥政爱民活动,积极参加和支援地方经济建设,坚决完成抢险救灾等急难险重任务,以实际行动为富裕文明和谐新广西建设作出新贡献。

自治区领导马铁山、李金早、沈北海、车荣福、温卡华、陈武、石生龙、黄道伟、陈向群、余远辉等,广西军区政委李文潮,驻桂部队领导陈平华,武警广西总队总队长李勇等出席座谈会。

广西壮族自治区双拥办主任会议在桂林召开

2010年4月28日至29日，全区双拥办主任会议在桂林市召开。会议回顾了我区2009年双拥工作，研究部署了2010年双拥考评试点及创建工作。自治区民政厅厅长、双拥办主任陈利丹出席会议并讲话，广西军区政治部副主任、自治区双拥办副主任王晓卓、自治区民政厅副厅长、双拥办副主任刘宗海，各市民政局分管局长和双拥办专职副主任，桂平市、靖西县民政局分管局长和双拥办专职副主任，广西军区、75100部队、武警广西总队、95072部队政治部秘群处群联干事，以及民政厅机关考评组成员共60多人参加会议。

会议充分肯定了我区2009年双拥工作取得的可喜成绩。认为2009年全区双拥工作在驻桂军(警)部队支持下，以纪念建国60周年、百色和龙州起义80周年等大项活动为主线，按照"服务大局、拓宽领域、丰富内容、立足基层、注重实效、整体提高"的思路，结合实际抓落实，突出重点谋发展，双拥工作呈现了领导重视、部门配合、重点突出、形式创新的特点，较好地完成了年度双拥工作任务。

会上，王晓卓副主任传达了全国双拥模范城(县)考评试点工作任务部署会议和自治区双拥工作领导小组第二十次全体会议精神。重点传达了自治区党委副书记、双拥工作领导小组组长陈际瓦就做好我区今年双拥工作的讲话精神。陈际瓦副书记要求：第一，要在抓住机遇和加快推进经济发展方式转变中，促进军地各项事业的共同发展；第二，要建立健全科学的长效工作机制，确保双拥工作的创新发展；第三，要通过模范城(县、区)的创建活动，推进双拥工作的纵深发展；第四，要进一步提高工作整体水平，促进双拥工作的全面协调发展。

陈利丹厅长就切实做好全国双拥模范城(县)考评试点和自治区双拥模范城(县、区)新一轮创建的考评工作讲了三点意见。他指出，今年我区被确定为全国双拥模范城(县)考评试点省(区、市)，这是反映我区双拥工作特色、检验我区双拥工作水平、推动我区双拥工作科学发展的良好契机，抓好考评试点和创建工作意义重大。他要求：首先，要进一步明确任务，增强做好双拥工作的责任感和使命感。双拥模范城是一项很高的政治荣誉，也是一个地方经济繁荣、社会进步和军民和谐的重要标志。做好新时期双拥工作是全面落实科学发展观的一项重要使命；是推进跨越式发展、构建富裕文明和谐新广西的现实需要；是全区各级双拥部门的政治责任。其次，要加强组织领导，促进试点和创建工作落到实处。各级要把试点和创建工作摆上重要议事日程，坚持大事大抓、领导带头、齐抓共管；要搞好统筹协调，科学组织实施。完善考评方案，加强考评队伍，做好迎检准备，逐步组织实施；要广泛动员，营造"人人话双拥，处处搞创建"的浓厚双拥氛围；要加强检查督导，确保考评试点和创建活动的质量水平。最后，要通过试点和创建，切实落实各项优抚安置政策。要本着"部队所需、官兵所盼、地方所能"的原则，努力做好随军家属随调军官配偶就业和生活保障工作，退役军人培训安置、伤病残退伍军人接收和安置、军休干部服务管理、军队退役人员稳定等工作。

自治区双拥办专职副主任苏耀南主持会议，并就贯彻落实会议精神提出了三点要求：一是要汇报好考评试点和创工作；二是要传达学习好会议精神；三是要准备好各项迎检材料。

会议期间，与会代表还参观了桂林市和象山区双拥办，并就《全国双拥模范城(县)考评试点和自治区双拥模范城(县、区)创建考评工作方案》进行了学习讨论。

广西壮族自治区双拥工作领导小组会议纪要

2010年4月9日,自治区双拥工作领导小组在南宁召开第二十次全体成员会议。自治区党委副书记、自治区双拥工作领导小组组长陈际瓦,自治区副主席、自治区双拥工作领导小组副组长陈章良,广西军区副政委、自治区双拥工作领导小组副组长黄深根出席会议。会议由陈章良副主席主持,主要是总结过去一年的双拥工作,听取自治区民政厅、广西军区、75100部队双拥工作述职,部署2010年的双拥工作任务。会议最后由自治区党委副书记、双拥工作领导小组组长陈际瓦作重要讲话。

会议认为,过去的一年,全区双拥工作迈上了新台阶。全区广大军民认真贯彻落实党中央、国务院、中央军委关于加强军政军民团结的一系列重要指示,以纪念建国60周年、百色和龙州起义80周年等活动为契机,按照"服务大局、拓宽领域、丰富内容、立足基层、注重实效、整体提高"的思路积极开展双拥工作,在国防双拥教育、支前拥军、军民共建、政策法规和双拥文化建设等方面取得了可喜的成绩,促进了军政军民团结,进一步巩固和发展"同呼吸、共命运、心连心"的大好局面。

会议指出,2010年,全区的双拥工作要全面贯彻落实科学发展观,紧紧围绕继续保增长、保民生、保稳定、保持和扩大经济社会发展良好势头和服务军事斗争准备的总目标,结合自治区双拥模范城(县、区)创建活动,不断完善工作机制,着力破解驻军官兵和广大优抚对象关注的热点难点问题,努力开创军政军民团结和谐的新局面,谱写军地合作、军民共建的新篇章。重点是围绕以下四个方面开展工作:1. 以创建为带动,广泛开展国防和双拥宣传教育。2. 以服务为手段,着力解决热点难点问题。3. 以政治为统领,深入开展拥政爱民。4. 以法制为抓手,促进双拥工作科学发展。

陈际瓦副书记最后作了重要讲话,对2009年双拥工作取得的成绩给予了充分肯定,对2010年双拥工作任务部署表示同意。并着重强调了以下四点:1. 要在抓住机遇和推进经济发展方式转变中,促进军地各项事业的共同发展。2. 要建立健全科学的长效工作机制,确保双拥工作的创新发展。3. 要通过模范城(县、区)的创建活动,推进双拥工作的纵深发展。4. 要进一步提升工作整体水平,促进双拥工作的全面协调发展。她指出,今年,是全区实施"科学发展三年计划"和"十一五"规划的最后一年,是深化改革、扩大开放、加快发展的重要一年,也是我区新一届自治区双拥模范城(县、区)的创建之年。各地各部门要站在战略全局的高度,充分认识做好双拥工作、巩固和发展军政军民团结的重要意义,认真落实好党中央关于做好新时期双拥工作的新要求,扎扎实实地做好双拥各项工作,努力开创我区军地各项事业发展的新局面,不断推动双拥工作的创新发展。

重庆市隆重召开庆祝"八一"建军节暨双拥模范城(县)命名表彰大会

2010年7月29日,重庆市隆重召开庆祝"八一"建军节暨双拥模范城(县)命名表彰大会,一批双拥模范城(县)和双拥模范单位、个人受到表彰。会前,市委书记薄熙来会见了双拥模范代表,并与大家合影留念。市领导黄奇帆、陈光国、邢元敏、张轩、马正其,重庆警备区司令员朱和平出席了会议。

薄熙来在会见双拥模范城(县)获奖单位和个人代表时说,拥军优属、拥政爱民,是我党、我军的优良传统和政治优势。多年来,重庆市党政部门、驻渝部队和群团组织齐心协力,做了大量卓有成效的工作，形成了军政军民团结共建的良好局面。今天命名的双拥模范城（县）、单位和个人，工作扎实，事迹感人，市委、市人大、市政府、市政协感谢大家，并致以节日的问候！当前，重庆处于改革发展的关键时期，市委、市政府正带领全市人民建设“五个重庆”，致力改善民生，要继续大力加强军民军政团结，形成强大合力，共同把咱们重庆建设好。

大会由市委常委、市委副书记、市双拥工作领导小组副组长张轩主持，重庆警备区副政委李斌宣读了成都军区政治部给大会发来的贺电，市委常委、常务副市长、市双拥工作领导艺小组副组长马正其宣读了全国双拥办发来的贺电和《中共重庆市委、重庆市人民政府、重庆警备区关于命名双拥模范城（县）暨表彰双拥模范单位和模范个人的决定》。大会为22个荣获双拥模范城（县）的区县、11个双拥模范单位代表和11名双拥模范个人代表颁发了奖牌和荣誉证书。

市委常委、市委副书记、市长、市双拥工作领导小组组长黄奇帆在大会讲话中高度总结概括了我市近年来双拥工作在继承中创新、在开拓中前进、在改革中发展、在巩固中提高，全市支持国防和军队现代化建设取得了新成效，驻渝部队为重庆建设发展作出了新贡献。黄市长结合重庆市经济社会发展形势，深刻阐述了进一步加强军政军民团结的重要意义，强调做好新形势下的双拥工作：1.要坚持军民融合，推进国防建设与经济建设协调发展；2.要坚持以人为本，切实帮助解决好部队官兵和家属的实际困难；3.要坚持与时俱进，推动双拥工作不断创新。

重庆警备区司令员朱和平在大会发言中说，重庆是著名的红色之都、英雄之城。长期以来，市委、市政府坚持富国强军相统一，军民融合促发展，创造了独具特色的“重庆双拥模式”；出台一系列政策措施，有力支持了部队战备、训练、工作和生活；军转干部、退役士兵免费培训安置，军属就业、子女入学给予倾斜照顾。点点滴滴惠及全体驻渝官兵，充分体现了市委、市政府强烈的大局意识、政治意识和长远眼光，体现了重庆人民对子弟兵的深情厚谊。

驻渝部队独立师级单位领导、市机关干部、社区群众、驻渝官兵代表共计900余人参加了大会。

云南省双拥工作领导小组第五次全体会议纪要

2010年1月9日，受省委书记、省双拥工作领导小组组长白恩培同志的委托，省委副书记、省双拥工作领导小组副组长李纪恒主持召开了省双拥工作领导小组第五次全体会议，省双拥工作领导小组副组长及全体成员单位负责同志参加了会议。会议听取了省双拥办关于省双拥工作领导小组第四次全体会议以来全省双拥工作情况汇报和下一步工作的意见建议，与会同志充分发表了意见，省委常委、省纪委书记、省双拥工作领导小组副组长李汉柏，省委常委、常务副省长、省双拥工作领导小组副组长罗正富，省委常委、省军区政委、省双拥工作领导小组副组长郎友良，副省长、省双拥工作领导小组副组长曹建方分别讲话，李纪恒副书记作了重要讲话。现纪要如下：

会议认为，2008年以来，云南省双拥工作始终坚持以科学发展观为指导，围绕中心、服务大局，广泛凝聚军民力量，积极克服各种困难，为推动地方经济社会发展和军队现代化建设发挥了重要作用、取得了新的成绩。全省各地各部门广泛开展以爱国主义为核心的国防和双拥宣传教育，国防意识和拥军优属、拥政爱民的观念深入人心；积极为驻滇部队解难题、办实事，切实增强了军队完成多样化军事任务的能力；加强双拥工作法规建设，切实维护了优抚对象合法权益；视荣誉为新起点，掀起了新一轮双拥模范城（县）创建高潮。驻滇部队积极参加和支援地方经济建设，在维护社会和谐稳定、新农村建设、生态环境治理、植树造林、扶贫开发、捐资助学等方面发挥了重要作用，特别是在昭通、曲靖、迪庆等地低温雨雪冰冻灾害、“5·12”汶川大地震、“8·21”盈江地震、楚雄州“11·2”特大滑坡泥石流、“7·9”姚安地震等自然灾害发生后,驻滇部队视灾情为命令,全力以赴参与抢险救灾,为夺取抢险救灾工作的胜利作出了突出贡献。

会议指出,拥军优属、拥政爱民是我党我军特有的政治优势和全国各族人民的优良传统。做好新时期双拥工作,是应对国际金融危机挑战、保持经济平稳较快发展的新任务,是维护社会和谐稳定大局的新要求,是保障军队完成多样化军事任务的新课题,是解决军民广泛关注的难点热点问题的新挑战。各级党委政府和驻滇各部队要站在维护国家安全和发展利益的高度,充分认识加强军政军民团结的极端重要性,切实把双拥工作作为一项事关全局的战略任务,进一步弘扬优良传统,采取有力措施,推进我省双拥工作不断创新发展。

会议强调,当前和今后一个时期,我省双拥工作要以邓小平理论和“三个代表”重要思想为指导,深入贯彻落实科学发展观,牢牢把握国防建设与经济建设协调发展的方针,积极适应经济社会又好又快发展和推进中国特色军事变革的新形势,按照军民融合式发展的新要求,把支援以改善民生为重点的社会事业建设作为重要任务,把支持部队完成多样化军事任务作为重要内容,加大军地互办实事和参与重点工程建设力度,广泛开展争创双拥模范城(县)和群众性双拥实践活动,进一步解放思想、开拓创新,确保双拥工作走在全国前列,不断巩固和发展军政军民团结的良好局面。为此,今后要重点抓好四个方面的工作:一是突出宣传发动,大力营造双拥工作良好氛围;二是突出军民融合式发展,加强军地间相互支持与合作;三是突出维护权益,着力解决广大军民关心的热点、难点问题;四是突出创新创优,进一步提高双拥模范城(县)创建活动水平。

会议决定,全省各有关部门要抓紧落实好以下几项工作:

一是继续开展好“关爱功臣活动”。各级党委政府要认真贯彻落实省委办公厅、省政府办公厅《关于开展关爱功臣活动的通知》(云办通[2008]31号)要求,继续开展好“关爱功臣活动”,广泛动员社会力量、采取多种渠道解决他们生活难、住房难、医疗难等问题,确保“关爱功臣活动”取得实效。省民政厅要积极筹备成立云南省拥军优属基金会,动员社会各界力量广泛参与开展“关爱功臣活动”,想方设法筹集社会资金,解决优抚对象的特殊困难,使他们共享改革发展成果,促进社会和谐稳定。2010年,省发改委、省财政厅、省住房和城乡建设厅在实施全省城乡危房改造项目时,按每户1万元补助标准,优先解决现有2 241户重点优抚对象的无住房问题,同时由省社会福利彩票公益金再为每户补助2 000元。省民政厅要加强与省财政厅、省住房和城乡建设厅等省级部门及各州、市的沟通衔接,及时准确提供无房户优抚对象人员名单,高标准高质量抓好落实。省财政厅、省民政厅、省卫生厅要将省级优抚对象医疗保障配套经费989.8万元列入2010年省财政安排的城乡医疗救助经费中予以统筹安排。为提高对重点优抚对象的服务水平,2010年,从省级社会福利彩票公益金中安排300万元,用于改善省荣誉军人康复医院养老服务设施;从2010年起,每年从省级社会福利彩票公益金中安排50万元,用于残疾军人假肢等辅助器械的安装维修。

二是安排烈士陵园维修改造项目资金。2010年,省财政继续安排624万元烈士陵园维修改造经费,进一步提升我省烈士陵园的维修建设水平。

三是将省领导春节走访慰问部队经费列入财政预算。为使省领导春节走访慰问驻滇部队形成制度,请省财政厅在原安排320万元慰问边防部队和军队离退休干部及其遗属的基础上,再增加专项经费用于省领导春节带队走访慰问驻滇部队经费,确保春节走访慰问部队的活动顺利开展。

陕西省纪念“八一”建军节暨双拥模范城(县、区)命名表彰大会在西安举行

2010年7月30日,陕西省纪念“八一”建军节暨双拥模范城(区、县)命名表彰大会在西安隆重举行。

7月30日上午,陕西省委、省政府、省军区在西安隆重举行纪念“八一”建军节暨双拥模范城(县、区)命名表彰大会。

陕西省委书记、省军区党委第一书记赵乐际,省委常委、省军区政委、省双拥工作领导小组副组长夏龙祥出席大会并讲话。省委副书记、代省长赵正永宣读省委、省政府、省军区命名双拥模范城(县、区)和表彰爱国拥军拥政爱民模范单位的《决定》,省委常委、省委秘书长、省双拥工作领导小组副组长兼办公室主任魏民洲宣读省双拥工作领导小组表彰爱国拥军和拥政爱民模范的《决定》,全国双拥工作领导小组成员、全国双拥办副主任、总政群工办主任汤奋宣读总政治部贺信。省委副书记、省双拥工作领导小组组长王侠主持大会。省委常委、延安市委书记李希,省人大常委会常务副主任杨永茂,省政协副主席张伟,省军区副政委杨辉等出席大会。

赵乐际在讲话中代表省委、省政府、省军区,向驻陕部队、武警官兵和民兵预备役人员致以节日的问候,向全省老红军、烈军属、革命伤残军人、转业复员军人和军队离退休干部表示亲切的慰问,向关心支持国防和军队建设的社会各界表示衷心的感谢,向被命名表彰的双拥模范城(县、区)、模范单位、先进个人和优秀退伍军人表示热烈的祝贺。

赵乐际说,近年来,各级党委、政府和驻陕部队深入贯彻落实科学发展观,坚持经济建设与国防建设协调发展,广泛开展拥军优属、拥政爱民活动,深入推进军民共建,部队投身地方发展取得新成绩,地方支持部队建设迈出新步伐,双拥宣传展现新气象,创建双拥模范城(县、区)跨上新台阶,为全省经济社会发展和部队现代化建设作出了积极贡献。

赵乐际强调,要大力弘扬优良传统,坚持不懈做好双拥工作,进一步巩固和发展军政军民团结,为推动科学发展、富裕三秦百姓、建设西部强省和部队现代化建设提供有力保障。要把推进西部大开发作为双拥的生动实践,把双拥工作放在大开发的实践中来谋划,紧扣大开发的目标来推进,朝着促进大开发的方向来加强,在西部大开发中实现强省建设与强军建设的统一。要把军民融合作为双拥的基本途径,坚持军民结合、平战结合、寓军于民,以双拥推动经济建设和国防建设互动联动。要把解决问题作为双拥的重要抓手,完善军地联席会议工作机制,帮助部队解决实际困难,认真落实优抚安置政策,努力实现好、维护好、发展好广大军民的根本利益。要把营造环境作为双拥的有力保障,坚持建设社会主义核心价值体系与培育当代革命军人核心价值观相结合,以搞好双拥为内容开展创先争优,以弘扬传统为重点深化国防教育,促进全社会关心双拥、支持双拥、参与双拥。

赵乐际要求,全省各级党委、政府和部队领导机关要把双拥工作摆在重要位置,列入议事日程,定期研究部署,不断提高双拥工作的科学化水平。各级党政军主要领导要进一步强化责任意识,带头参加双拥活动,亲自动手解决问题。各级双拥工作领导小组要认真履行职能,加强与成员单位沟通联系。各成员单位要密切配合,加强督察,狠抓落实。各级双拥办要加强协调、健全制度、当好参谋助手,形成齐抓共管、协调推进双拥工作的局面。

夏龙祥在讲话中说,驻陕部队的发展进步、所取得的成绩荣誉,饱含着三秦人民的拥戴支持,凝结着各级党政领导的关怀帮助,陕西人民不愧为关心支持部队改革和建设的坚强后盾。他指出,驻陕部队要大力培育当代革命军人核心价值观,进一步增强做好双拥工作的使命感和自觉性,不断巩固和发展

同呼吸、共命运、心连心的大好局面;坚持军民融合方针,在发挥优势中促融合、在办实事中促融合,实现国防建设和经济社会发展双受益;努力探索富有时代特色的双拥工作新途径,突出支持保障和改善民生这个重点,进一步加大支援新农村建设、扶贫开发、助学兴教、医疗救助等工作力度,充分发挥部队战斗队、工作队、宣传队的作用;切实加强组织领导,通过军地双方共同努力,促进双拥工作深入发展。

全国双拥办、兰州军区分别向大会发了贺电。省领导为双拥模范城(县、区)、爱国拥军和拥政爱民模范单位和个人、优秀复员退伍军人代表颁奖。西安市碑林区委、武警陕西总队安康支队和陕西君碧莎有限公司的负责人代表受表彰单位和个人发言。

驻陕部队独立师以上单位负责同志,省双拥办、省双拥工作领导小组成员单位、各市双拥工作领导小组和双拥办及被命名的双拥模范城(县、区)军地负责同志,受表彰的模范单位和个人以及优秀复员退伍军人代表共400多人参加了会议。

工　作　总　结

北京市二〇一〇年双拥工作总结

2010年，全市各级党委、政府和驻京部队，坚持以邓小平理论和“三个代表”重要思想为指导，深入学习贯彻落实科学发展观，着眼经济建设和国防建设大局，以“军民携手共建世界城市、融合发展同谱双拥新篇”为主题，以迎接新一届全国双拥模范城（县）命名表彰为契机，深入扎实开展拥军优属、拥政爱民工作，在巩固和发展首都军政军民团结、服务国防和首都经济社会建设中作出了新贡献。

一、站位新起点，掀起了创建活动新高潮

2010年，北京市作为全国双拥模范城（县）考评试点单位，从4月中旬开始，依据全国双拥工作小组新颁布的《双拥模范城（县）创建命名管理办法》和《全国双拥模范城（县）考评标准》，按照动员部署、自查自荐、组织考评、总结提高四个阶段，有力有序有效稳步推进，到7月底圆满完成考评试点任务，受到全国双拥办的充分肯定。一是领导高度重视，给予坚强有力的指导。市委、市政府高度重视，把双拥模范城（县）考评试点工作作为一项重要工作来抓，市领导多次过问、亲自指导，要求出色完成好这项任务，不辜负全国双拥办的重托。各区县把试点工作作为正式的评选全国双拥模范城（县）来抓，摆到党委政府议事日程狠抓落实，普遍召开了动员大会，一把手亲自动员部署，亲自听取工作汇报，亲自研究解决问题，体现了站位高、行动快、决心大，为搞好考评试点工作奠定了坚实的领导基础。二是严密组织，确保考评质量。市双拥办按照《管理办法》和《考评标准》要求，认真抓好各个环节、每个步骤的工作落实。在筹划阶段，制定了试点工作实施方案，明确了方法步骤、完成时限。在考评阶段，严格把关。考评前，组织“考官”集训，切实使每个考评人员清楚考什么、怎么考。考评中，针对市双拥办考评组承担的考评项目多、分值高的实际，从各区县抽调人员参加考评，由市双拥办人员带队，采取循环考评的方式进行考评。委托社会专业调查机构通过网络，由社会公众、优抚对象和部队官兵对各区县双拥工作满意度进行测评，参与人数达120多万人，增强了考评的公信力。各区县按照全市统一考评标准，认真抓好每一项工作落实。三是大造声势、营造考评氛围。以市委、市政府和北京卫戍区名义，在北京电视台9个频道连续播出双拥专题公益广告，市区（县）各大媒体开设双拥专栏、专板、专刊；在社区、广场、主要交通要道、繁华街道等公共场所，悬挂双拥宣传标语等。据不完全统计，共刊播双拥新闻、专刊、专板和电视专题片3 500多篇（次），建造户外永久性双拥宣传设施1 000多处，编印画册、文集10万多册，组织大型宣传活动和文艺晚会200多场。全市各级党委、政府、社会单位、社会组织双拥热情空前高涨，从城区到郊区、从地方到军营，形成了声势浩大的创建双拥模范城（县）新高潮。

二、服务新使命，实现了服务保障新跨越

围绕军队有效履行新世纪新阶段历史使命，全力做好服务保障工作。不折不扣落实党中央、国务院、中央军委的决策部署，圆满完成了伤病残军人退役接收安置任务。认真落实军休人员“两个待遇”、师职军休干部医疗待遇，稳步推进房改工作，接收安置军休干部2 200多名。积极推进退役士兵安置改革，接收安置退伍军人4 000多名。在全国率先实现优抚对象抚恤补助标准城乡并轨，城乡义务兵优待金统一提高到每人每年1.5万元，农村重点优抚对象抚恤补助金标准、农村重点优抚对象住房翻建补助标准、义务兵优待金标准、在校大学生入伍助学金标准分别提高65%、80%、50%、200%，对全市所有重点优抚对象进行免费体检。全面推进拥军优属5个100%工程，出台了进一步做好驻京部队随军家属安置工作的9项措施。不断加大支持军队保障社会化改革的力度，支持装甲兵工程学院等三个驻京部队圆满完成了“十化一改”试点任务。新建的北京市军供服务大楼和应急指挥中心，即将投入服务

部队当中,极大地增强了服务保障能力。

三、开拓新途径,取得了实事工程新成效

全市各级党委、政府市和有关部门,着眼军民融合发展和部队建设所需,深入调查研究,在解难事办实事、化解军地矛盾、退伍士兵安置、随军家属就业、子女入托入学等方面出台了近百项利军利兵的政策措施。着力破解难题。妥善解决了涉及军地的产权移交、折迁补偿、农副业生产土地等一批老大难问题。市委、市政府将涉及驻京部队重点工程建设项目需求,列入动态折子工程,实施"绿色审批通道",积极做好跟进服务,推动了一批重大建设项目的顺利实施。全市投入资金为驻京部队办实事,涉及军事工程、训练场地、营院设施、道路修建、公共交通、文化建设等10多个方面。为驻京40多个基层单位赠送慰问金和慰问品。

四、创建新业绩,展示了子弟兵的新风采

驻京部队和广大官兵以驻守首都、热爱首都、建设首都为己任,围绕"人文北京、科技北京、绿色北京"建设,积极支持中关村自主创新企业发展,采购自主创新产品达7亿多元。积极推动军用高科技成果民用化发展,为科技北京增添了活力。围绕提高和加强首都军民非战争军事行动能力建设,与市有关部门研究出台了《军民融合加强非战争军事行动能力建设的意见》和《加强北京市国防后备力量规范化建设的措施》,使首都国防后备力量建设走在全国前列。与市有关部门研究出台了《关于加快推进国防动员机制与应急意见》、《北京市应对突发事件国防动员总体预案》,进一步健全了平战结合、优势互补、协调联动、资源共享的危机应对体系,提高了首都应对各种安全威胁的整体能力。围绕建设中国特色世界城市目标,广泛开展了"文明创建、绿色援建、乡村共建"活动。在推动社会公益事业、维护社会和谐稳定、弘扬社会文明新风、推动社会主义新农村建设等各项事业中,驻京各部队不惜人力、物力、财力,广大官兵踊跃参与,先后出动兵力20多万人次、车辆7 500多台次、专家医疗队57个,清理垃圾12 000多吨、植树18万多棵、绿化80多万平方米、义务巡诊9万多人次、支助困难群众学生3 600多人次、为灾区捐款。

2011年,是实施"十二五"规划的开局之年,同时,将迎来中国共产党建党90周年、全国双拥模范城(县)创建20周年和全国新一届双拥模范城(县)的命名表彰。全市各级党委、政府和驻京部队,要坚持以邓小平理论和"三个代表"重要思想为指导,深入学习贯彻落实科学发展观,全面贯彻党的十七大和十七届五中全会精神,以推进军民融合式发展为主线,以"驻守首都、热爱首都、建设首都"教育实践活动为载体,突出抓基层、建机制、树典型、创品牌、争先进,努力在新的起点上开创首都双拥工作新局面,为国防建设和首都经济社会发展作出新贡献。

天津市二〇一〇年双拥工作总结

2010年,全市军地各级组织和广大军民在市委、市政府和天津警备区的领导下,坚持以邓小平理论和"三个代表"重要思想为指导,深入贯彻落实科学发展观,按照胡锦涛总书记对天津工作提出的一系列重要指示要求,紧密围绕"调结构、促转变、增实力、上水平"目标,广泛开展双拥共建活动,大力推进军民融合式发展,为加快滨海新区开发开放,促进天津"十一五"规划全面完成和军队现代化建设作出了积极贡献。

一、深刻领会军民融合式发展精神,双拥组织领导坚强有力,全市双拥工作开展的扎实有效

全市各级党委、政府和驻津部队认真学习领会和贯彻落实总书记关于军民融合式发展的重大战略思想,把双拥工作作为事关经济社会发展和国防建设的政治任务,纳入党委、政府的议事日程,纳入军地全年建设的总体规划。

(一)军地领导亲自参与。春节、"八一"期间,市委书记张高丽,市长、市双拥工作领导小组组长黄兴国，亲自走访慰问驻津部队官兵和优抚对象。常务副市长、市双拥工作领导小组副组长杨栋梁，亲自带队赴外地慰问执行任务的驻津部队官兵。天津警备区副政委、市双拥工作领导小组副组长王海儒，一上任就听取市双拥办工作汇报，详细了解全市双拥工作情况，并对下步工作提出了具体要求。市主要领导亲自参加双拥工作重大活动和亲自指导双拥工作开展，有力地带动了全市军地各级领导干部重视双拥、支持双拥、推动双拥的责任意识。

（二）双拥工作组织严密。市双拥办全面筹划双拥工作，年初下发双拥工作要点，春节、“八一”等重大节日前对开展双拥活动进行部署安排，指导督促区县认真抓好落实。8月份，市双拥办组织区县专职双拥工作人员进行业务培训，提高了全市基层双拥干部队伍开展工作的整体水平。各区县通过召开常委议军会、双拥工作领导小组会、双拥工作推动会和军地领导联系会等，主动抓双拥工作的筹划部署和组织实施。深入基层进行走访、调研和现场办公，推动了双拥工作的顺利开展。东丽区邀请区人大代表到基层指导双拥工作，宝坻区将每月的重点双拥工作进行任务分解，保证了各项双拥任务的落实。

（三）双拥创建活动高涨。全国《双拥模范城（县）创建命名管理办法》和《全国双拥模范城（县）考评标准》（试行）颁布后，各级双拥组织迅速组织传达学习和贯彻落实。市双拥办专门召开区县双拥办主任和市双拥工作职能部门负责人会议，邀请全国双拥办政研组进行专题辅导。修订颁发了《天津市创建双拥模范城（县）活动实施细则》。依据全国考评标准，积极协调市双拥职能部门细化考评内容和评分标准。各区县利用专题会议、迎考培训等形式，组织相关人员深入学习有关双拥工作政策法规，明确创建活动工作重点、量化创建活动工作标准、严格创建活动责任分工，提高了各级运用政策指导和开展双拥创建活动的能力和自觉性。

二、牢固树立军民融合式发展理念，国防教育和双拥宣传广泛深入，全市双拥社会氛围更加浓厚

把国防和双拥宣传教育纳入全民教育总体规划、党委宣传工作规划、部队政治教育和学校教育计划，不断创新宣传教育活动载体和形式，增强了宣传教育的针对性和覆盖面。通过报纸、广播、电视和网络等媒体，宣传广大军民在推进天津经济社会又好又快发展、加快滨海新区开发开放和在开展双拥创建活动中所取得的辉煌成就，宣传我市军民携手支援兄弟省市抗震救灾中的生动事迹，宣传双拥工作中涌现出来的经济和社会组织拥军典型以及优秀退伍军人代表，进一步打牢了全市军政军民团结巩固的思想基础。

市委宣传部在盘山烈士陵园举行全市抗日战争胜利65周年活动，市民政局与广播电视局在全市举办了“人民不会忘记”天津英烈遗物征集系列活动；市双拥办积极协调有关区县领导参加中国双拥网“全国双拥模范城（县）领导话双拥”稿件征集活动；市国防教育办公室圆满召开全国县处级以上领导干部国防教育座谈会，举办第十个全民国防教育日和天津市第二十一届国防教育活动周，形成了双拥与国防教育的社会氛围。和平区、河东区、南开区、河西区、河北区、东丽区、西青区、武清区、蓟县踊跃参加全国双拥模范城（县）领导话双拥活动，南开区、河西区、河北区、东丽区、宝坻区邀请国防大学教授开展国防教育专场讲座，和平区举办志愿军入朝作战60周年文艺演出，河东区组织纪念抗日战争胜利65周年图片展，东丽区撰写和编辑双拥报告文学集，西青区设立国防教育知识长廊和国防教育展室，武清区运用双拥网、现代广告传媒开展国防教育和双拥宣传，宝坻区组织百部革命战争题材影片展播，静海县、蓟县开展双拥典型宣传，激发了广大军民主动参与双拥模范城（县）创建活动和双拥工作的热情，营造了双拥浓厚社会氛围。

三、加大推进军民融合式发展力度，军地携手主动互办实事，全市经济社会和军队建设协调发展

全市军地各级结合本地区、本单位的实际情况，充分发挥各自优势，互办实事、好事，不断密切军政军民关系，推动了经济建设和军队建设良性互动。

（一）地方各级积极为部队解难题办实事。各级党委、政府始终把关心支持国防和军队建设作为义不容辞的责任,大力推进军民融合式发展,拥军优属工作水平不断提高。积极开展科技拥军、文化拥军、智力拥军,为驻津部队现代化建设提供有力保障,促进了部队战斗力提高。春节期间,市委、市政府向驻津部队基层连队赠送体育器械;"八一"期间,向部分部队赠送了笔记本电脑。8月份,市双拥办领导专门到青海玉树慰问抗震救灾的驻津部队官兵。各区县投入大量的人力物力财力,支持部队营房建设、配套设施改造、道路修建,举办技能培训班、就业招聘会,开展走访慰问等活动,解决了官兵战备、训练、生产和生活等方面的困难和问题。河东区、河北区、东丽区、蓟县专程组织慰问从玉树抗震救灾返回的官兵,滨海新区组织驻区部队优秀官兵参观新区新貌活动,河东区帮助部队修缮翻新"兵营桥",南开区举行军休干部金婚庆典活动,河北区为每个社区配备一台双拥工作专用电脑,红桥区协调解决驻区部队营房改造款,东丽区帮助武警医学院解决在上海世博会执行任务期间的车辆保障问题,津南区为驻区部队安装公用电话、节日期间免费提供电话卡,西青区走访慰问解放本区的辽宁盘锦武警117师,武清区协助驻区空军部队落实军用飞机净空管理规定、召开"十佳军嫂"表彰会议、举行飞行员集体婚礼,宁河县建立民兵学习室、青年民兵之家,静海县解决机务训练大队扩建新营区土地问题,蓟县为66318部队免费征地403亩建设新营区。

(二)驻津部队主动为地方经济建设服务。天津警备区、区县武装部充分发挥驻津部队牵头和协调作用,积极为军地共建活动的开展搭建平台,广泛组织驻津部队、武警部队和预备役参与地方经济建设,继续深入开展"双建双为"活动,为滨海新区开发开放和天津经济社会发展作出了贡献。在重点工程建设、植树造林、环境整治、社会治安、支援兄弟省市抗震救灾等各个领域发挥了重要作用。今年以来,驻津部队和武警部队出动官兵6万余人次,各类车辆4000余台次,积极支援和参加达沃斯论坛保障和安保工作、"同在一方热土,共建美好家园"重点工程建设项目、"大干300天"市容环境综合整治、社会公益活动等,开展维护社会治安稳定、学生军训、国防教育进校园和扶贫帮困、支教助残等活动。西青区军休老干部主动担负中小学校的校外辅导员,驻蓟县副团以上领导干部与困难学生结成帮扶对子,66166部队医院常年坚持为农村、山区等偏远地区群众送医送药、上门巡诊,消防部队利用自身优势到社区宣传防火知识,解放军464医院为社区老年人举办糖尿病防治知识讲座。青海玉树地震发生后,66356部队野战方舱医院立即赶赴玉树,积极救治伤员;武警天津总队迅速出动官兵,抢运救灾物资;武警8630部队与玉树珍秦中心小学签订"爱心助学协议书",首批捐赠了学习用品。

四、推进军民融合式发展政策保障,严格落实优抚安置法规,全市优抚对象生活水平继续提高

全市各级党委、政府始终把落实好优抚安置政策、高标准安置退役士兵、提高优抚对象生活标准作为双拥工作的重点,努力维护各类优抚对象合法权益和提高他们的生活水平,推动优抚安置工作再上新台阶。

(一)优抚政策全面落实。不断完善优抚对象抚恤、补助标准自然增长机制和临时困难补助机制建设,严格落实参试、参战人员的定期补助待遇,继续发动社会各界广泛开展"关爱功臣"活动,在精神和物质上给予他们更多的关怀和照顾。对优抚对象的抚恤补助标准、义务兵家属优待金兑现等政策落实情况进行全面检查;对全市景区景点、医疗卫生单位、火车站、汽车站等双拥优惠减免标志牌进行规范、统一制作并悬挂,确保优抚对象的合法权益得到维护。

(二)退役士兵安置任务圆满完成。今年以来,全市采取自谋职业和安置就业相结合的安置办法,在拓宽安置渠道上加大力度。安置城镇退役士兵2006人,市财政下拨自谋职业补助经费2243万元、区县财政匹配资金750万元,为选择自谋职业的城镇退役士兵发放补偿。"八一"前夕,召开天津市优秀复员退伍军人表彰大会,对全市优秀复员退伍军人进行表彰和宣传。

(三)重点优抚对象生活水平不断提高。市和区县两级财政逐年增加优抚经费支出,今年全市抚恤标准提高11.4%，较好保证了优抚对象的生活水平与全市居民生活水平同步提高。针对优抚对象的特殊困难，开展临时救济、社会帮扶，对优抚对象子女就学、就医、就业、取暖费减免等方面给予优惠照顾。努力解决优抚对象的生活难、看病难、住房难等“三难”问题。在全市农村实施重点优抚对象二期安居工程，对居住在农村并享受定期抚恤补助金的革命烈士遗属和因公牺牲、病故军人遗属、一至六级残疾军人进行了摸底，三年内解决农村重点优抚对象居住危陋房屋问题。

五、不断丰富军民融合式发展内容，引领经济和社会组织拥军，全市社会化拥军基础不断壮大

全市各级党委、政府在发挥双拥工作主导作用的同时，采取多种方式引导全社会的力量共同参与。3月份，市双拥办召开天津市经济和社会组织拥军座谈会，会上东丽区介绍了本区推动经济和社会组织开展拥军工作的做法，和平区劳动模范协会、东丽区民营企业家拥军协会、天津光电集团有限公司、天津银座集团有限公司、天津永美数码科技发展有限公司先后发言，进一步推动了经济和社会组织拥军活动深入发展。天津市女领导干部艺术团，多次深入部队进行慰问演出。区县社区拥军、行业拥军、企业拥军等群众性双拥活动的层次和水平不断提升。和平区召开军民共建“和谐稳定、干净整洁”示范社区交流展示会，河东区不断深化“创建双拥文明示范社区”活动，河西区与驻区部队签订共建公约、共建制度、共建协议，南开区200余个社区双拥工作站相继挂牌成立，东丽区成立女企业家拥军协会、双拥艺术团和武警医学院助老敬老实践基地，西青区建立社区志愿者拥军服务队、社区志愿者文艺队，南开区友好医院、宁河县久安集团、静海县惠民医院为部队官兵、优抚对象和军嫂免费体检，东丽区部队与驻区党组织、居委会开展军民融合式党务共建活动，宁河农夫养殖协会节日期间组织走访慰问，不断推动了社会化拥军活动的深入开展。

河北省二〇一〇年双拥工作总结

2010年，全省军民坚持以邓小平理论和“三个代表”重要思想为指导，深入贯彻落实科学发展观，紧紧围绕省委、省政府工作大局，积极研究新情况，解决新问题，适应新形势，以加强军政军民团结为目标，不断推进军民融合式发展，不断加大双拥工作创先争优力度，解放思想，与时俱进，改革创新，双拥工作整体水平得到进一步提高，各项工作取得了新成绩、新进展、新突破。

一、加强组织领导，进一步建立健全制度机制

全省各级党委、政府始终对双拥工作高看一眼厚爱一层，把加强组织建设和体制机制建设当作双拥工作的龙头来抓，有效促进了全省军地各项建设的协调发展。

一是各级领导高度重视。全省各级党委、政府坚持站在战略和全局的高度，始终把关心支持国防和军队建设作为义不容辞的责任，把双拥工作列入重要议事日程，纳入经济社会发展整体规划，纳入目标责任制，进一步完善了组织指挥机制、健全了协调沟通机制、强化了激励约束机制，1月8日，省委召开议军会议。省委书记、省军区党委第一书记张云川主持会议。省委副书记、代省长陈全国代表省委讲话，陈全国在讲话中强调要坚持齐抓共管，形成军民融合式发展的格局，要坚持军民合心，广大干部群众要把支持国防和军队建设作为义不容辞的责任。充分体现了省委、省政府对双拥工作的高度重视，不但为今后一个时期的双拥工作指明了方向，更是为双拥工作的全面深入发展提供了坚强的保障。邯郸市各级党委、政府和军事机关把双拥工作作为牵动全局的重点工作，列入重要议事日程来抓。对全市的双拥活动，市委、市政府、军分区和驻邯部队主要领导都亲自过问，亲自部署，推动了全市双拥工作的开展，并对《邯郸市拥军优属、拥政爱民若干规定》

进行了新的修订和补充,为促进各级创先争优活动的不断深入开展,努力确保各项双拥目标任务的有效落实奠定了基础。

二是组织机构进一步完善。完善的组织机构是保障双拥各项工作顺利开展的基本保证。5月,为进一步完善双拥组织机构,明确责任分工,我省针对省双拥工作领导小组部分成员单位领导工作变动的情况和工作需要,在征求各成员单位意见的基础上,对省双拥工作领导小组和双拥办成员及时进行了调整充实。调整后,省政府省长陈全国任省双拥工作领导小组组长,省委常委、省军区政委张彦欣,省政府副省长宋恩华任副组长,66267部队政委程童一、省委副秘书长魏四海等22名同志为成员。省双拥工作领导小组下设办公室,办公室主任由省民政厅厅长古怀璞兼任。各市县全部建立健全了双拥工作领导机构,都成立了党、政主要领导任组长,主管领导、驻地部队首长任副组长和有关部门主要负责人为成员的双拥工作领导小组,并根据人员变动情况随时进行调整,做到了各级双拥工作组织机构健全,并把双拥工作纳入各地、各部门领导班子实绩考核的重要内容。张家口市委、市政府下发了《关于调整张家口市拥军优属拥政爱民工作领导小组成员的通知》,调整了市双拥工作领导小组成员,为全市进一步深入开展双拥工作,明确成员单位责任分工,调动成员单位开展双拥工作的积极性奠定了基础。

三是制度机制进一步健全。我国正处在经济转轨、社会转型的历史进程中,面对当前双拥工作中出现的一些新矛盾、新问题,全省各地本着"落实已有的、完善不足的、填补空白的"原则,逐步形成与市场经济相衔接、与国防建设相适应、与国家的法律法规相协调、与优良传统相承接的体制机制,确保了双拥工作的有序开展。随着制度机制的不断完善,使双拥工作步入科学化、制度化、经常化轨道,形成了依法开展双拥工作的良好局面,确保了双拥工作健康、长远、科学发展。石家庄市把双拥工作纳入"一把手"工程,完善了协调高效的工作运行机制,建立了规范的双拥考评机制和双拥专项经费预算逐年增长机制,建立了军地联系制度,保证领导部署到位、工作责任到位、各项措施到位、检查督促到位。同时,把创新双拥工作模式与经济体制改革、社区体制改革、培育社会组织和社会建设等工作有机融合,实现地方生产力、社会凝聚力和部队战斗力的同步提高。

二、广泛开展国防宣传教育,进一步营造浓厚的双拥氛围

一年来,省委、省政府十分重视抓好双拥宣传工作。全省各地结合庆祝建军83周年、抗日战争胜利65周年、入朝作战60周年活动及"八一"、元旦、春节等重大节日,充分利用报纸、电视、电台等大众传媒为双拥工作擂战鼓、吹号角。有的在单位的橱窗里开辟双拥宣传专栏,有的单位举办知识讲座、演出专题节目和双拥演讲赛、摄影赛、书法赛,请爱国拥军模范、革命功臣作巡回报告,在主要路口和繁华地段设置永久性宣传标牌,进行经常性双拥宣传。有的领导干部还利用下基层检查工作、召开干部例会、安排部署工作、民兵整组和兵役登记等时机,组织干部和群众学习双拥工作理论,做到逢会必学、逢人必传、逢事必讲,进一步激发了广大军民支持、参与双拥的干劲和热情。

一是双拥宣传教育深入人心。深入开展国防和双拥宣传教育是加强国防意识、增强国防观念的重要途径。一年来,以多形式、多途径开展的各项国防教育工作使双拥观念更加深入军心民心,在全省各地形成了关心国防、热爱国防、建设国防、保卫国防的浓厚氛围。省双拥办在积极扩大双拥宣传上寻求突破,一方面加大在河北民政网上的宣传力度,另一方面积极创办双拥期刊,本着"宣传双拥、服务国防、引导双拥科学发展,促进双拥政策落实"的宗旨,编发了四期《河北双拥》,继续为双拥工作者打造学习交流的重要平台,得到社会各界普遍好评;唐山市投入资金12万元,在西外环高速机场收费站处建立了永久性双拥宣传标志。沧州市搜集整理大量资料,设计制作了一套13块大型国防教育展板,广泛开展国防教育活动。保定市对七一路上双拥牌楼进行了重新粉刷和整修,使双拥标志性建筑达到了美化亮化;邯郸市开展了以"增强国防意识,筑牢精神长城"为主题的全市国防教育研讨会,对研讨活动中的优秀论文进行了表彰，并在《邯郸日报》刊登了“开展国防精神教育，振奋全民国防精神”主题专版。“八一”前夕，衡水市与驻衡部队联合举办了以“弘扬军民鱼水情，共建美好新衡水”为主题的联欢晚会，进一步巩固和发展军政军民团结的大好局面。

二是双拥宣传阵地得到发展巩固。双拥宣传阵地是推动双拥工作发展的坚强堡垒和有力支撑点，爱国主义教育基地作为国防教育和双拥宣传的重要场所，在认真落实《爱国主义教育实施纲要》和《公民道德建设实施纲要》，加强教育基地的建设和管理，发挥爱国主义教育功能，弘扬和培育民族精神等方面做了大量卓有成效的工作，取得了突出成绩，形成了多层次、多内容、多形式的爱国主义教育网络。去年全省组织党政军机关、企事业单位、学校、工厂等单位人员300多万人次，到各个爱国主义教育基地进行参观学习，接受国防教育、革命传统教育、革命军人核心价值观教育等，全省军民双拥热情普遍高涨。石家庄市结合自身优势，发挥全市140多个国防教育基地和上千个国防教育展室的宣传教育主阵地作用，把国防和双拥宣传教育向社区、学校、乡镇拓展延伸，促进了《国防教育法》和双拥政策法规在基层的深入落实。9月份，承德市各界干部、职工、部队官兵、学生代表1 000多人在热河革命烈士纪念馆隆重举行抗日战争胜利65周年活动，进一步激发了广大军民的爱国主义热情。

三是双拥典型的宣传和培养得到加强。典型不仅是一面镜子，更是一笔宝贵的财富。一年来，全省广大军（警）民紧紧围绕党、国家和军队的中心任务，以军地的最新需求为着眼点，大力开展双拥活动，特别是在改革开放和发展社会主义市场经济的新形势下，立足本职岗位，积极开展拥军优属、拥政爱民活动，为推动精神文明建设，促进地方经济社会全面发展和军队现代化建设作出了积极贡献，涌现出大批具有时代特色、发挥引领作用的先进典型。全省在培树典型方面，采取“保老推新，老新并举”的方式，在保持发扬老典型模范带动作用的同时，大力发掘培树各阶层各行业双拥新典型，利用大众传媒大力宣扬他们的模范事迹，激发全省军民投身双拥工作的政治热情，进一步营造了双拥浓厚氛围。1月19日，省委、省政府、省军区在石家庄市隆重召开河北省双拥模范城（县）命名暨双拥先进集体和先进个人表彰大会。河北省委副书记、省长陈全国出席会议并讲话。会议由河北省委副书记、石家庄市委书记车俊主持，省委常委、省军区政委张彦欣出席会议并讲话。各设区市市委或政府主管双拥工作领导、双拥办军地负责人、民政局双拥（优抚）科（处）长，新一届省级双拥模范城（县）及双拥先进集体和先进个人代表、省双拥工作领导小组成员单位有关领导、驻石部队官兵和省直机关干部职工代表共1 300多人参加了会议。会议决定：授予石家庄市等25个市省级“双拥模范城”荣誉称号，授予正定县等33个县省级“双拥模范县”荣誉称号；并授予王艳慧等15名同志“爱国拥军模范 ”荣誉称号，授予李福昕等5名同志“拥政爱民模范 ”荣誉称号；授予李聪臻等56名同志“拥军优属先进个人”荣誉称号，授予孙宏伟等25名同志“拥政爱民先进个人”荣誉称号；授予石家庄市人事局等28个单位“爱国拥军模范单位”荣誉称号，授予河北省军区警卫连等20个单位“拥政爱民模范单位”荣誉称号。并结合河北双拥工作实际创作了“双拥花开燕赵美”文艺专题节目，演出后在河北电视台播放了四次，得到广大观众、省领导及社会各界的好评。

三、加大拥军优属工作力度，进一步提高保障部队完成训练战备任务水平

全省各级党委、政府和全省人民群众着眼于支持部队应对多种安全威胁、提高完成多样化任务能力，主动为部队训练、演习提供交通、安全、食品、场地等保障，积极为部队办实事、解难题，始终把人民子弟兵的困难挂在心上、落实在行动上。

一是认真做好拥军优属工作。为进一步密切军政军民关系，巩固和发展“同呼吸，共命运，心连心”的大好局面，全省各地、各部门组织开展了形式多样，内容丰富、扎实有效的拥军优属活动。廊坊市开展为驻军部队办实事活动，共支持部队基础设施建设21项，培训医务人员26人；援建图书室18个，赠送图书5 560册；举办专业人才培训班12期，法律培训班11期。石家庄市实施军嫂就业帮扶,继续把随军家属就业纳入全市再就业工程,在公安、民政、卫生、交通等部门安排200个公益性岗位,并坚持"给军人子女安排优质学校"的原则,对现役军人和重点优抚对象子女的义务教育全部实行就近入学。秦皇岛市针对随军家属就业难的实际,根据随军家属就业需求,积极协调市人力资源和社会保障局职业技能培训中心召开了第三期未就业随军家属再就业技能培训协调会,145名军嫂和12名现役战士接受了自主创业、汽车驾驶、中式烹调等技能培训。张家口市双拥办通过努力协调,在相关部门的大力支持下,共安置驻张部队干部随军家属53人,其中市本级安置38名,全部安置到市直事业单位。为解决驻张部队军人子女入学问题,张家口市教育局还出台了《关于做好2010年中考生优惠加分工作的通知》,规定了驻张部队子女中考加5分的优惠待遇。

二是广泛开展走访慰问活动。全省各级党委、政府把慰问活动当作一项重要工作,摆上议事日程,各级领导率先垂范,在全省掀起了向部队官兵,向广大优抚对象"送温暖,送真情"的慰问活动新热潮。春节前夕,省委、省政府向驻冀部队赠送了慰问品,并印制20余万份挂历式《慰问信》发给优抚对象。陈全国省长亲自到66267部队走访慰问。10月,石家庄市有关领导走访慰问了"石家庄"舰全体官兵,并送去慰问品。"八一"前夕,唐山市出资先后对驻唐部队及解放军255医院参加青海玉树抗震救灾官兵进行了走访慰问。春节、"八一"期间,保定市四大班子领导分别走访慰问驻保部队,进一步增强了军政军民团结。沧州市双拥办、市中心医院领导,在"八一"期间赴青岛慰问了海军"沧州"舰,向"沧州"舰官兵赠送了慰问金,表达了全市人民对"沧州"舰全体官兵的关爱。

三是大力支持部队训练演习。部队练打仗,地方练保障。针对近年来部队训练、演习不断增多等情况,全省各级党委、政府高度重视,全力组织配合。凡有演习任务的地方政府都及时成立了支持部队演习领导小组,指导和协调各方面的工作,全方位支持和保障部队训练、演习。及时协调解决场地征用、建设、损失赔偿等问题。各有关部门和广大人民群众,发扬无私奉献精神,千方百计做好场地、道路、车船、交通、通信、安全、医疗、生活等保障工作,极大地鼓舞了广大官兵的士气,有力地保障了各项演习、训练任务的顺利完成。张家口市各级党委、政府把支持部队训练演习作为拥军工作的重点,积极做好道路交通、野营住宿、粮油供应等保障工作,市县(区)领导亲自深入驻训演习部队看望慰问官兵。2010年,张家口市各级慰问誓师和凯旋的66195部队赴利比里亚维和工兵大队、解放军251医院维和医疗分队官兵、66455部队驻训官兵、空军某师和张家口军分区官兵等。邯郸市积极开展科技拥军活动,为邯郸军分区扩建了图书室;帮助66036部队修复了因风灾倒塌的军用设施;为66036部队配备了89台空调,为部队官兵提供了优良的工作和生活环境;邯郸市供电公司为邯郸陆军预备役旅改造了线路。10月28日,丰宁满族自治县平顶山交通战备路(拥军路)正式竣工,该战备路全长24公里,工程历时一年,有力保障了部队官兵和车辆出行通畅。

四、弘扬拥政爱民光荣传统,进一步加强非战争军事行动能力建设

驻冀部队官兵在完成自身军事训练任务的同时,视驻地为故乡,积极参加地方三个文明建设,在支持地方重点工程建设、新农村建设、希望工程、扶贫帮困、科技助民,参加急难险重任务等工作中,谱写了一曲曲拥政爱民新篇章,赢得全省各级党委、政府和人民群众的广泛赞誉。

一是广泛开展扶贫济困和捐资助学活动。目前全省特别是在一些西部山区和革命老区,脱贫致富的步伐仍很艰难。为此,驻冀部队把驻地当故乡建、把人民当父母看,一幕幕"学人民、爱人民、为人民"情景不断涌现。据不完全统计,2010年,驻冀部队修爱民路1 000余公里,为群众义诊57 000余人次,救助贫困学生4 670名,为地方培训各类技术员28 000余名,充分展现了我省军民鱼水情。2月5日,省委常委、省军区政委张彦欣在省水利厅、省扶贫办有关领导同志的陪同下,到涿鹿县蟒石口村进行了走访慰问,在了解到该村存在饮水困难后,决定解决该村的饮水问题。通过一年的努力，通过打机井等措施，有效缓解了该村饮水难问题。66393部队组织官兵积极参加小流域综合治理、节水灌溉、雨水积蓄等小型水利工程建设，援助11个山区自然村夯实地基、硬化路面32公里；充分发挥农场经营管理优势，协助驻地乡镇建立了6个科学兴农示范区，组织了22期技术培训班，无偿转让多项先进实用技术，培养了一大批科技致富带头人，并与驻地42个行政村签订了农副产品收购协议，为村民直接创收300余万元。军械工程学院通过学院团委“一元钱爱心基金”活动及各系捐助，募集资金1.8万余元，资助驻地山区和农村贫困中学生18名；组织参加野外综合训练的新学员为南王庄中学贫困学生捐款5 000余元。石家庄机械化步兵学院在继续做好对革命老区赞皇县北竹村和行唐县疙瘩头村的重点帮扶工作的基础上，还投资10多万元，捐赠教学设备10余台，援建了宁晋县段家庄小学、平山县“八一”希望小学。

二是积极支持驻地重点工程和社会公益事业建设。驻冀部队在扎实做好以军事斗争准备为龙头的各项工作的同时，积极响应河北省委、省政府关于经济社会发展建设蓝图，积极参与，主动作为，努力为支持驻地经济发展和重点工程建设做贡献。2010年驻冀部队为绿化美化驻地环境义务植树70余万株，可以说哪里有绿色的屏障，哪里就有官兵洒下的辛勤的汗水。炮兵指挥学院积极参加和支援驻地重点工程建设，先后向张家口市红十字协会和“爱我宣化、修我古城”工程指挥部等单位共捐款18万元，动用各种车辆500余台次，出动官兵3 000多人次；参加了京张、丹拉高速公路通道绿化工程等建设，营造防风林植树近30 000棵，平整土地400余亩，铺设光缆200多公里。3月，66267部队出动官兵18 000余人次，车辆1 840余台次，为驻地植树13.8万株。66455部队先后出动10 000余名官兵、900多台次车辆支援地方生态工程建设，先后参加张家口市“增绿添彩”等工程建设，共整地植树10万余株。

三是参加抢险救灾工作中作出突出贡献。驻冀部队始终把人民群体的安危抓在手上、记在心上、落实在行动上。可以说，哪里有危重的险情，哪里就有官兵奋不顾身的影子。据不完全统计，驻冀部队先后出动数167 000余人次、车辆25 600多台次，参加并出色完成急难险重任务数百次，为国家和人民群众挽回直接或间接经济损失数亿元。3月，66267部队出动官兵336人、火炮18门及各类保障车辆42台，赴内蒙古执行黄河防凌抢险任务，共勘察险情险段12处，选择观察所13个，设置炮阵地11个，奋战近30天，疏通河道近300公里，有效消除了凌汛灾害隐患，保护了沿岸群众的生命财产安全。4月，青海玉树地区发生7.1级强烈地震，西南地区发生百年不遇的旱灾，驻冀部队迅速行动起来。炮兵指挥学院广大官兵、教职员工发扬“一方有难、八方支援”的优良传统，累计向灾区群众捐款60余万元。石家庄陆军指学院组织全体官兵、教职员工及广大离退休老干部，积极为灾区人民捐款献爱心。全院干部、战士、学员、离退休干部、职工以及非现役公勤人员共捐款63万余元。

五、认真落实优抚政策，进一步推进优抚对象权益保障工作

为保障优抚对象生活，解决优抚对象的困难，确保优抚对象的各项权益落到实处，全省各级党委、政府都把落实优抚政策纳入到政绩考评内容，明确责任，坚持把解决优抚对象困难当做一项政治任务来抓，形成了尊重、关心、爱护、帮助优抚对象的良好社会环境和社会氛围。

一是大力推进优抚对象医疗“一站式”即时结算服务工作。目前，全省172个县市区全部建立优抚对象医疗费用“一站式”即时结算服务网络。我省推行的“一站式”优抚医疗费用即时结算服务，有效解决了优抚对象医疗报销程序烦琐，和“看病两三天、报销跑半年”的问题，受到优抚对象的普遍欢迎。在“全国2010年优抚数据集中审定暨优抚工作会议”上，全省作了题为《改革创新，强化服务，全面提升优抚对象医疗保障水平》的经验介绍，民政部优抚安置局领导来我省调研时对我省“一站式”即时结算服务落实面之广、报销标准之高给予了充分肯定。中央电视台四频道拍摄专题片进行了宣传报道，《中国社会报》头版头条报道了我省优抚对象医疗保障改革工作。

二是做好康复器械的配备工作。我省按照民政部《建国60周年为部分残疾军人配发康复辅助器具工作实施方案》,制定了河北省《建国60周年为部分残疾军人配发康复辅助器具工作实施方案》,成立了为部分优抚对象配发康复器具工作领导小组,在各地进一步核实所需器具基础上,经过严格招投标程序,科学安排部署,超计划地完成了康复器具的配发工作。

三是进一步加强参战参试人员身份认定和残情鉴定工作。8月10日,我省在秦皇岛市召开了"河北省参战参试人员身份认定和评残工作会议"。会上,优抚处工作人员就参战参试人员身份认定和评残管理工作进行了专题讲解。各设区市民政局主管局长、优抚科(处长),石家庄、承德、张家口、衡水、邢台、邯郸6个市所辖县(市、区)的优抚股长共180余人参加了会议。9月27日上午,为加强伤残鉴定管理工作,召集石家庄市、保定市、邢台市及部分县区级主要负责优抚评残业务的工作人员和保定市、邢台市市级指定医院,省厅指定的三家残情鉴定医院的医务人员等召开了座谈会。会议讨论了《河北省民政残情鉴定管理办法》,研究了伤残评定工作当中存在的问题,交流了经验,取得良好效果。

四是认真做好参战、参加核试验部队退役人员的维稳工作。我省根据民政部、财政部、人事部、劳动和社会保障部、卫生部下发的《关于做好部分原8023部队及其他参加核试验军队退役人员有关工作的通知》,开展了"两参"(参战、参加核试验)人员身份认定工作。经过认真调研,征求各方面意见,制定了全省统一答复口径,有力地指导了全省的认定和信访接待工作。各县市区民政部门也接待了大量的上访对象,维护了我省"两参"认定工作的基本稳定。

五是进一步加强零散烈士纪念设施集中管理工作。为缅怀革命先烈的光辉业绩,充分发挥革命烈士纪念设施"褒扬烈士、教育群众"的作用,进一步加大做好散葬(建)烈士墓(纪念建筑物)的管理力度,省民政厅分组对7市20多个县(市)就散葬(建)烈士墓情况和管理状况进行了专题调研。在此基础上,先后下发了《关于做好散葬(建)烈士墓(纪念建筑物)普查工作的通知》和《关于进一步做好零散烈士纪念设施集中管理保护工作的通知》,要求各地要彻底摸清底数,充分认识加强零散烈士墓(纪念建筑物)迁建和管理工作的重大意义,增强政治责任感和使命感,按照分级管理的原则,切实做好零散的烈士墓(纪念建筑物)迁建和管理工作。10月19日,省民政厅在邯郸市涉县召开了河北省分散烈士纪念设施集中管理工作现场会。各县区民政局主管局长、优抚科(处)长,秦皇岛、唐山、廊坊、保定、沧州5个市所辖县(市、区)的优抚股长共160人参加了会议。涉县、承德市、顺平县、磁县分别介绍了加强分散烈士纪念设施集中管理工作的做法及经验。

六、加强各类抚恤优待金管理

优抚资金是否足额发放到位,直接关系到广大优抚对象的切身利益,关系到国防建设事业和社会稳定大局。全省各级党委、政府历来非常重视各类抚恤优待金的管理发放。明确要求严格按照有关规定,足额配套,并列入各级财政预算,足额下发,保障了优抚对象的合法权益。邢台市将全部配套资金列入财政预算,实行优抚资金财政专项管理,及时足额兑现各类优抚资金,去年共为各类优抚对象发放抚恤补助1.3亿多元,切实保障了广大优抚对象的切身利益。石家庄市不断完善优抚对象抚恤补助标准自然增长机制,修订了《石家庄市军人抚恤优待实施细则》,2010年共为4.1万多名重点优抚对象发放抚恤定补款1.8亿元,为2.5万名重点优抚对象发放冬季采暖补贴1 300余万元,为全市8 565名义务兵发放近1 800万元的家庭优待金,并及时将"两参"人员列入采暖补贴范围,确保了优抚资金及时足额兑现。

过去的一年里,全省广大军民通过丰富多彩的拥军优属拥政爱民活动,进一步加强了军政军民团结,为富民强省打下了坚实基础。明年是"十二五"实施的开局年,我们要以更加饱满的精神,坚定信心,奋发拼搏,锐意进取,进一步探索军民融合式发展之路,再创河北省双拥工作新辉煌!

山西省二〇一〇年双拥工作总结

2010年,全省双拥工作在省委、省政府、省军区的正确领导下,全面贯彻党的十七大和十七届五中全会精神,以邓小平理论和"三个代表"重要思想为指导,深入贯彻落实科学发展观,以创建新一届省级双拥模范城(县)为契机,进一步巩固和加强了全省军政军民团结,为推进山西转型跨越发展提供了有力保障。

一、党政军领导齐抓共管,双拥工作切实摆在重要位置

省委、省政府和驻晋部队领导机关始终站在讲政治、讲大局的战略高度,把双拥工作纳入地方经济社会发展和部队现代化建设总体规划,通过党委议军会、军地联席会、省领导走访慰问等形式,做到双拥工作与社会经济工作协调发展,提出了在经济、科技、教育、人才等领域推进军民融合发展的思路。袁纯清书记指出,支持部队建设是地方党委、政府的应尽职责,拥军优属、拥政爱民是我们特有的政治优势,各级党委、政府要加大为官兵排忧解难的力度,为部队更好完成使命、发挥作用创造条件。王君省长要求,全省各地各部门要进一步加大军民融合力度,大力营造全社会关心支持国防和军队建设的良好氛围,千方百计为部队排忧解难,在我省双拥工作已有成绩的基础上,不断谱写新的篇章。省军区张少华政委表示,部队要积极开展双拥共建"双服务"活动,帮助地方政府切实解决老百姓生产、生活中的困难,做到亲民、爱民,创造性地开展工作。年初,省双拥工作领导组根据人员变动情况,及时调整充实领导组及双拥办组成人员,组织领导进一步得到加强,作用发挥更加明显。各地双拥工作领导组通过明确完善工作职责,认真进行组织协调,积极开展行业拥军、科技拥军、文化拥军、法律拥军等多种形式的活动,有效地促进了双拥共建活动的开展。忻州市率先开展的军民融合式发展"十统一十纳入"活动,在全省范围内得到广泛推广;太原市开展了"四拥四支四好"的双拥品牌活动,军地双方发挥各自优势,密切配合,主动作为,有力地推动了全市经济发展和国防建设互促共进,互惠双赢;朔州市开展了"双拥工作大调研"工作,通过深入基层查找问题、征求意见,提出了军地双向服务的具体工作方案。大同、忻州把双拥工作列入"一把手"工程,市委书记亲自担任市双拥工作领导组组长,主要领导重大活动亲自参加,重大问题亲自处理,重大事项亲自过问,进一步加大了工作力度。岢岚县委书记陈义青支持部队建设倾心倾力,提出了"部队的事不是办不办的问题,而是怎么办好的问题,具体办法由我们来想"的拥军思路,各项军事任务保障工作从未发生疏漏,部队的各种困难和要求都千方百计给予解决,深深地感动了驻地全体官兵。

二、宣传教育广泛深入,广大军民双拥意识逐步增强

各地各部队结合纪念抗战胜利65周年和中国人民解放军成立83周年等时机,从实际出发,采取多种形式,运用多种途径,广泛深入地开展以爱国主义为核心,以双拥光荣传统为重要内容,以建设社会主义核心价值体系、凝聚军民团结奋斗为着力点的国防和双拥教育,使广大军民牢固树立了"军民团结如一人,试看天下谁能敌"的坚强信念。7月初,省双拥工作领导组下发了《关于在全省开展"双拥活动月"活动的方案》,各地充分运用广播、电视、报刊、网络等媒体,积极发挥爱国主义教育场所、国防教育基地和省重大惠民建设工程等教育阵地的作用,组织开展领导干部过"军事日"和以双拥为主题、国防教育为重点的知识竞赛、文艺演出、专题展览、电影巡演等活动,在全社会营造军爱民、民拥军的浓厚氛围。省双拥办与省电视台联合制作的《和谐三晋鱼水情——山西省双拥工作巡礼》,在山西卫视播出以后,引起了强烈的反响。省民政厅和省双拥办组织省双拥工作领导组全体成员、驻晋部队师以上单位首长,近100人参加了国防大学教授张召忠少将的《国际形势与军事热点》专题讲座,进一步增强了军地各单位军民同心、共筑国防、重视双拥工作的意识。阳泉市隆重举办了纪念百团大战胜利70周年系列活动,并积极修建百团大战遗址公园,申报国家级红色旅游景区,充分发挥宣传辐射作用;长治市举行了党政军领导祭扫烈士墓活动,在深切缅怀革命烈士的同时,提升了军民团结奋斗的意识;运城市举办了"百名好军嫂兵妈妈"表彰晚会,既颂扬了在各条工作战线上军嫂的优良品格,更鼓舞了部队官兵奋发向上的工作热情;太原市开通了全国第一家烈士褒扬网,为烈士家属寻亲祭奠和进行爱国主义教育开辟了一个全新平台。在军地各单位的积极努力下,全省形成了宣传有活动、教育有形式、报纸有专栏、电视有画面、电台有频段、网络有阵地的全方位双拥宣传教育局面。

三、服务部队现代化建设保障有力,拥军优属工作扎实有效

全省各级把帮助部队遂行多样化军事任务、应对多种安全威胁的能力作为主要服务方向,主动为驻军解决通道出口、水电保障、信息技术改造等难题,为驻晋部队完善基础设施、更新装备器材、修建训练中心、建立信息网络,使部队战备、训练、工作、生活条件得到明显改善。"八一"建军节期间,省委书记袁纯清、省长王君等领导带领省委、省政府、省军区慰问团,对北京军区机关、驻晋部队师以上单位进行慰问,共赠送慰问金240万元,并向北京军区首长表示,要发扬老区优良传统,全力支持驻晋部队全面建设,实现军地建设又好又快发展。我省投资400多万元筹建的山西省军区军史馆在8月1日正式开馆,在军内外产生了较大影响。省编办采取积极向中央编办申请军转专项编制,党政机关有空编必须安置,事业单位接收即增加编制等方法,努力为军转干部安置创造条件。省交通厅加快完成"十一五"战场交通建设任务,基本完成偏关县窄寨至舍身崖国防公路主体工程、繁峙县砂河至峰青岭国防公路、阳泉市娘子关驻军大桥工程、北京军区第七分部介休油料库进出口道路,全力做好军事斗争交通保障准备。省工商局主动把投资建设的"信用山西网"接入预备役83师师部,通过发挥网络指挥效能和资源开发利用优势,有力地支持了部队的信息化建设。省地税系统结合限时办结制和首办负责制等制度,在办税服务厅专门设立军人服务窗口和办税绿色通道,大大方便了自主择业军转干部及军属办理涉税事务。省粮食局采取军供粮源公开招标、广泛征求军地意见、主动上门服务的方法,把放心粮、优质粮送到部队,受到了官兵的一致好评。此外,全省各级积极落实双拥政策法规,不断加强工作力度、提高工作标准,着力解决优抚对象和军人军属的实际困难。全省11个市、119个县(市、区)在全部出台优抚对象本级医疗保障实施办法(细则)的基础上,完成我省优抚对象基本医疗费用报销比例全部超过国家要求,重点优抚对象享受城乡医疗救助和优待优惠待遇,方便、快捷的"一站式"服务等就医渠道逐步建立。一年来,各级党委、政府克服经济社会发展面临的各种困难,冲破体制编制调整改革带来的巨大压力,想法设法安置了转业干部,城镇退役士兵,为800多名军队干部子女安排、调整了就读学校。太原、晋城、晋中、吕梁、长治等市为无工作随军家属,每月发放240元至500元的生活补助;大同市对新迁入各学区的随军子女采取先入学后补随军手续的方法,保证孩子及时入学,较好地解除了部队和官兵的后顾之忧。

四、着眼山西转型跨越发展,支持地方经济社会发展成绩突出

驻晋部队把支援山西经济社会发展作为履行人民军队宗旨的实际行动,为我省转型发展、跨越发展作出了重要贡献。据不完全统计,全省驻军共出动兵力20余万人次,植树造林120万株、绿化荒山11万余亩,有力地支持了我省"六大绿化工程";采取"1+1"结对帮扶、设备人力投入等办法,对近3 000名贫困家庭学生和60余所农村困难学校进行了重点帮扶,为贫困地区的教育事业作出了积极贡献;共出动兵力13万人次、车辆9 000余台次,出色完成了抢险救灾和维稳处突任务,切实负起了"保一方平安"的责任。特别是王家岭3.28特大煤矿事故救援保障、6.17 安泽县森林大火扑救等急难险重任务中，驻晋部队第一时间赶赴现场，第一时间展开救援行动，发挥了重要作用，受到了国务院、中央军委的多次表扬。省军区系统采取援建示范村、培植潜力村、扶持贫困村等新农村帮建办法，使所帮建的152个新农村示范点各项建设不断发展进步。63710部队投资修建首区沿线污水处理管线，净化了驻地周边的水质。武警山西总队全年共派出246个学雷锋爱民活动小组，主动帮助优抚对象、孤寡老人等群众清整卫生、送医送药、排忧解难。93601部队围绕遂行多样化任务能力，有效维护空中交通秩序，全年安全保障民航班机30多万架次。93582部队共为驻地17所学校、12 000余名学生进行军训，主动为地方单位讲授国防教育课20余次，受到了当地政府和群众的称赞。

五、双拥创建活动开展扎实，各项工作整体水平明显提升

创建新一届省级双拥模范城（县）是2010年双拥工作的一项重要内容，在全省广大军民的积极参与下，三晋大地掀起了一个军地军民共话双拥事、共献双用情、共创双拥城的热潮。年初，李小鹏常务副省长在省党政军迎春座谈会上，安排部署了创建新一届省级双拥模范城（县）的工作任务。各地积极召开创建动员大会，认真制订工作计划目标、分解分配工作任务，迅速形成了双拥创建合力。省双拥工作领导组根据新颁布的全国《双拥模范城（县）创建命名管理办法》和《全国双拥模范城（县）考评标准（试行）》精神，结合我省双拥工作实际情况，广泛征求军地有关部门意见，专门召开组长办公会议，经过多次修改完善，及时制定下发了《山西省双拥模范城（县）创建命名管理办法实施细则》、《山西省双拥模范城（县）考核验收评分标准》、《关于做好山西省双拥模范城（县）、双拥模范单位和个人推荐工作有关问题的通知》等文件，为做好新一届省级双拥模范城（县）的评选推荐和考核验收工作打实了基础。全省各地通过召开双拥工作领导组全体会议等形式，认真学习贯彻文件精神，进一步细化评比标准，制定方法措施，于7月下旬全面展开评选推荐工作。12月，省委金道铭副书记亲自对新一届省级双拥模范城（县）的考核验收工作进行了安排部署，要求省双拥工作领导组组织专门力量，通过科学细致的考核验收工作，肯定成绩、总结经验、发现问题、促进整改，确保双拥模范城（县）的质量，提高全省双拥工作整体水平。考核验收组利用2周时间，共深入34个市、县（区、市），听取了各级双拥工作领导组的工作汇报，观看了各地的双拥工作专题片，并与宣传、教育、民政、财政、人社等双拥工作领导组成员单位负责同志和300余名优抚安置对象进行了座谈，检查了各级双拥办的工作机构建设和有关文件资料，抽查了24个乡镇（街道办事处）和行政村（社区）的双拥工作落实情况，走访了16个驻军团以上部队和52个企业、学校、优抚医院、双拥宣传教育场所，进行了1万余份社会问卷调查，基本掌握了全省各地的双拥创建情况。其中，长治、阳泉等地在机构编制十分紧张的情况下，为每个县双拥办落实2～3名专职人员编制，为基层双拥工作提供了必要的人员保障；忻州市出台了《双拥模范城（县）、双拥模范单位和个人奖励办法》，进一步激发了全市军民的创建积极性；大同、晋中、临汾等市在市区主要街道、高速路口、旅游景区等地树立永久性大型宣传牌和宣传标语，使用市区电子大屏、命名1～2条军民共建街进行广泛宣传，为创建活动造势；晋城市继续加大随军未就业家属生活保障力度，生活补助从每人260元/月提高到了350元/月；运城市委、市政府把争创省级和国家级双拥模范城作为重要政治工作，大幅提高工作经费，全面落实各项创建指标，双拥工作进步明显。各市、县（区、市）把争创双拥模范城（县）作为衡量当地双拥工作的重要标准，互相对比学习、借鉴赶超，全省双拥工作整体水平不断提高，双拥模范城（县）创建活动切实发挥了重要作用。

内蒙古自治区二〇一〇年双拥工作总结

2010年,内蒙古自治区的双拥工作在自治区党委、政府和内蒙古军区的领导下,在全国双拥办的指导下,坚持以科学发展观为统领,积极开展双拥模范城(旗县)创建活动,认真落实各项双拥政策,努力创新军民共建形式,提高了双拥工作整体水平,为巩固军政军民团结,促进自治区经济社会又好又快发展和驻区部队全面建设作出了新的贡献。

一、深入开展创建双拥模范城(旗县)活动,有力地促进了各项双拥政策的落实

2010年,各地按照全国双拥工作领导小组新修订的《双拥模范城(县)创建命名管理办法》和《全国双拥模范城(县)考评标准》,结合当地实际,进行了职能分解,各有关部门各司其职、各负其责,逐条逐项加以落实,使双拥工作呈现出形式多样、成效显著、蓬勃发展的良好局面。

一是各级领导高度重视,把新一轮双拥模范城(旗县)创建工作列入重要议事日程。包头市以市委、政府办公厅和军分区政治部名义下发了《包头市争创全国双拥模范城"七连冠"实施意见》,市双拥领导小组副组长、副市长张继平还代表市政府在市十三届人大常委会第十八次会议上作了《包头市人民政府关于我市双拥工作情况的报告》。呼伦贝尔市倍加珍惜"双拥模范城"这一政治荣誉,扎实开展双拥工作,专题召开了军地联席会议,研究部署了呼伦贝尔市争创全国双拥模范城"三连冠"的各项工作任务和措施,形成了全民参与、全力以赴、狠抓特色、注重实效的工作局面。赤峰市市委第64次常委会议专门听取了全市双拥工作汇报,研究解决实际问题,全面部署创建全国双拥模范城"七连冠"工作。

二是各盟市普遍对双拥模范城(旗县)创建情况进行督察、检查,使新一轮创建活动既轰轰烈烈,又扎扎实实。乌兰察布市、二连浩特市、鄂尔多斯市等盟市先后组成督查组,深入到所属旗县区,采取听、看、查、访的形式,紧紧围绕双拥模范城(县)的八条标准,对2007年以来双拥工作开展情况进行了检查,同时发放问卷调查表,进行满意度测评。三是加大了双拥工作重点难点问题的解决力度。呼和浩特市在就业难的情况下,特事特办,将60名随军家属安排在事业单位;通辽市不断理顺双拥工作机制,双拥办不仅单设机构,而且高配了副处级的专职副主任。截至2010年,全区12个盟市中有10个盟市的双拥办主任高配为副处级,为双拥工作的开展奠定了组织基础。

二、修订出台了《内蒙古自治区双拥模范城(旗县)创建命名管理办法实施细则》和《内蒙古自治区双拥模范城(旗县)检查考评标准》,开展了自治区第八次双拥模范城(旗县)检查考评工作

全区各地采取有力措施,认真抓好全国双拥工作领导小组新颁布的《双拥模范城(县)创建命名管理办法》和《全国双拥模范城(县)考评标准》的贯彻落实。

一是修订了《命名管理办法实施细则》,制定了《检查考评标准》。在广泛征求军地双方意见的基础上,自治区双拥领导小组颁发了《内蒙古自治区双拥模范城(旗县)创建命名管理办法实施细则》和《内蒙古自治区双拥模范城(旗县)检查考评标准》。同时,在通辽市召开了全区双拥模范城(旗县)创建命名工作座谈会,自治区双拥工作领导小组副组长、民政厅吴金亮厅长出席会议并作了重要讲话,苏权副厅长对2009年双拥模范城(旗县)抽查情况进行了通报。会议对自治区第八次双拥模范城(旗县)检查考评工作进行了安排部署。

二是开展了自治区第八次双拥模范城(旗县)检查考评工作。按照自治区双拥工作领导小组颁发的《内蒙古自治区双拥模范城(旗县)创建命名管理办法实施细则》和《内蒙古自治区双拥模范城(旗县)检查考评标准》,各盟市在认真自查的基础上,申报推荐了56个自治区双拥模范城(旗县)。11月中旬,自治区组成4个检查考评组,分别由民政厅和内蒙古军区、武警内蒙古总队政治部领导带队,分赴全区12个盟市,对各地申报推荐的全国和自治区双拥模范城(旗县)进行检查考评。检查组每到一地,首先听取双拥工作情况汇报,观看双拥工作纪实片,随后分3个小组,分别从国防教育、拥军优属、拥政爱民、政策法规落实、军民共建等方面查阅相关档案资料,走访有关部门、单位和驻地部队,入户走访重点优抚安置对象,调查了解双拥工作落实情况。同时,组织召开重点优抚安置对象和部队官兵参加的座谈会,并分别进行《优抚安置对象问卷调查满意度测评》、《驻军部队官兵问卷调查满意度测评》和《公众满意度网络测评》等问卷调查,对各地四年来双拥创建工作进行全面检查考评。

三是促进了各项双拥政策的落实。各盟市以此次双拥模范城(旗县)检查考评为契机,认真梳理了四年来的工作情况,总结了具有时代特色和地区特点的双拥活动新形式、新思路、新观念、新经验,使各项双拥政策进一步落实到位,推动了全区双拥工作不断创新发展。鄂尔多斯市政府投入400万元,对本市籍的退伍军人进行大专学历免试免费培训。满洲里市政府常务会议研究决定,地方财政为未就业随军家属每月给予600元生活补贴。乌海市认真落实优待抚恤补助标准自然增长机制,从2010年1月起再次将重点优抚对象定补标准提高,使重点优抚对象定补标准高于国家和自治区规定标准。包头市继续开展“一对一帮扶解困”活动,发动全市60多个市直属委办局定人定户包扶重点优抚对象,经常深入到联系户家中开展“送温暖”、“献爱心”活动,使各项双拥政策切实在基层得到了落实。

三、不断加大宣传教育力度,营造了双拥工作的浓厚氛围

全区各地以新一轮双拥模范城(旗县)创建活动为契机,广泛开展形式多样、内容丰富、健康向上的宣传教育活动,营造了双拥工作的浓厚氛围。

一是充分发挥媒体的主阵地作用。各地以“八一”和元旦、春节等节日为契机,利用当地的主要新闻媒体,广泛宣传党中央、国务院关于加强军政军民团结的重要思想,宣传拥军优属、拥政爱民的先进典型。巴彦淖尔市在电视台开办《北疆千里映和谐,双拥花开别样红》专题节目,大力讴歌军爱民、民拥军的先进典型。通辽市在报刊、广播、电视等新闻媒体中开辟了“再创全国双拥模范城”、“国防之窗”、“双培双带”、“退伍军人风采”等十多个专栏,在军地军民中产生了广泛影响。

二是举办多种形式的主题活动。二连浩特市利用三月和九月开学期间组织部队干部战士深入到全市各中小学,开展军事训练和消防知识、国防知识专题讲座,结合重大历史事件、重要纪念日、节庆日以及未成年人入学、入队、入团,成人宣誓等特殊意义的日子,组织开展内容丰富、形式新颖的主题教育活动。包头市国教办把国防教育纳入全民教育内容,结合少年军校建设,在中小学校开展“双拥夏令营”活动,在全市12所少年军校开展了大型阅兵和军事比武,使中小学生在实际活动中接受了国防教育。通辽市双拥办与通辽军分区和市妇联联合开展了第二届“好军嫂”和“兵妈妈”评选表彰活动,举办了通辽市第六届“双拥杯”篮球赛和庆“八一”双拥文艺晚会。阿拉善盟双拥领导小组组织驻盟各军警部队官兵20多人,到具有重要政治历史意义的庐山、英雄城南昌、革命圣地井冈山等地进行爱国主义和革命传统教育。

三是充分发挥爱国主义教育基地作用。乌兰察布市十分重视国防教育基地的建设,先后投资400万元对集宁烈士纪念塔和烈士陵园进行了维修改造,投资3 000万元重建了集宁战役纪念馆。呼伦贝尔国防教育基地充分发挥了主阵地作用,一年来接待参观人员达30多万人次。兴安盟组织机关干部、中小学生集中参观民族解放纪念馆、五一会址、烈士陵园、国防教育展厅、展室等富有教育意义的场所和基地,使40多万干部群众、中小学生直接接受了爱国主义教育和国防教育,充分发挥了教育基地的作用。

四、广泛开展爱国拥军活动,积极支持部队建设,为驻训参演部队提供坚强有力的服务保障

全区各级党委、政府正确处理国防建设与经济建设的关系,围绕军事斗争准备和部队战备、训练及正规化建设,做了大量卓有成效的工作。

一是进一步加大了对部队建设的支持力度。2010年各地为部队建设和改善官兵的办公及生活条件,安置随军家属就业213人,解决子女入学582人。阿拉善盟针对驻地部队常年驻守在人烟稀少、交通不便、环境恶劣的沙漠戈壁地区,部队建设和日常生活存在困难的实际情况,全盟各级党委、政府在地方财力十分有限的情况下,积极改善部队生活条件,协助搞好后勤保障,有效解决了部队建设中存在的困难,解除了广大官兵的后顾之忧。鄂尔多斯市每年拿出资金支持部队网络和信息化建设,建成全自治区第一个国防动员综合信息网,可以直接连接全市51个乡镇12个街道办事处。呼伦贝尔市本着为部队办实事、解难题的原则,在全市最好的海拉尔二中专门设立了军队子女特招班。市委、政府还动员三家非公企业和森工集团投资为部队建立了4个执勤、生活、设施配套的一线哨所。

二是开展多种形式的爱国拥军活动。满洲里市以争创中国魅力城市、全国文明城市为契机,深入推动双拥共建活动,开展了"科技拥军年"、"文化拥军年"、"双百"活动年等主题活动,实现了一年一个主题、一年一个重点、一年一个跨越的预期目标。锡盟积极探索新时期双拥共建模式,开展军企共建。驻地大唐、神化、蓝电等新兴企业集团先后十余次深入部队开展职工军训、组织拥军慰问、举办联谊晚会,神化集团还与66156部队就信息化条件下边防管控工作进行了研讨座谈,走出了"科技拥军、信息拥军和智力拥军"的新路子。

三是积极为驻训参演部队提供坚强有力的服务保障。北京军区"使命行动——2010A"跨区机动演习在内蒙古中东部进行,参演部队途经我区5个盟市、20个旗县,总行程2 000余公里。自治区党委、政府和内蒙古军区领导高度重视,有关地区积极配合,为参演部队圆满完成在我区境内的演习任务提供了坚强有力的服务保障。演习期间,全区支前保障共出动官兵500余人、民兵2 400余人、地方警力550余人,动用车辆500余台,帮助部队修理车辆5台次,用于购置各类支前保障物资器材,铺沙石路、支付民兵误工补助以及为宿营点通水、电、暖等费用。在这次演习活动中,自治区和相关盟市旗县大力发扬拥军优属的优良传统,积极组织对参演部队进行慰问,营造了"军民同心,共筑长城"的浓厚氛围。自治区组成党政军慰问团,携带慰问金,前往朱日和训练基地慰问北京军区演习导演部首长机关;乌兰察布、通辽市、锡林郭勒盟等地的党政军领导带队,携带慰问品和慰问金,前往宿营点或沿途慰问参演部队官兵,极大地鼓舞了部队士气,受到了总部考评组和北京军区导演部的充分肯定。

五、大力支援地方经济社会建设,部队拥政爱民成效更加显著

驻我区各部队发扬拥政爱民的光荣传统,视驻地为故乡,热爱边疆、建设边疆、保卫边疆,为自治区经济社会的发展作出了重要贡献。

一是在精神文明建设中争做表率。为促进驻地精神文明建设,内蒙古军区各部队开展了形式多样的拥政爱民活动,与人民群众共同营造了"同呼吸、共命运、心连心"的良好氛围。乌海军分区围绕乌海市"六城同创"目标,积极发动民兵预备役人员开展了"岗位学雷锋,行业树新风"、创建文明小区(街道)等活动。内蒙古边防总队坚持以密切警政警民关系为重点,以实施爱民固边战略为抓手,全力推进拥政爱民工作深入扎实开展,取得了丰硕成果,赢得了各级党委政府的一致赞誉和人民群众的广泛支持。全区部队共有21个集体和12人分别被国务院、公安部边防管理局、自治区政府等授予"爱民固边模范检查站"、"全区第二届道德模范"、"自治区民族团结进步先进集体(个人)"等荣誉。

二是在抢险救灾维稳处突中冲锋在前。2010年,我区先后发生了特大雪灾、矿难、火灾、地震、凌汛等灾情。在危难时刻,全区军警部队和广大民兵预备役人员牢固树立灾情就是命令、时间就是生命、使命高于一切的意识,不怕疲劳,连续作战,想方设法完成任务,为挽救灾区人民生命财产作出了贡献。在集通铁路客运列车被大雪掩埋、神华集团乌海能源公司骆驼山煤矿发生透水事故、神华煤制油鄂尔多斯分公司制催化剂生产车间失火、中核北方元件核燃料有限公司镁厂一变压器起火、集包铁路旗下营隧道塌方等灾情险情的紧要关头，驻地各军警部队闻令而动，积极参与救援，向驻地政府和人民群众交出了一份合格答卷。武警内蒙古总队始终牢记全心全意为人民服务的宗旨，时刻把人民群众的安危冷暖挂在心上，一有险情，就能“拉得出，上得去，打得赢”，共参加各类抢险救灾任务近20次，挽回经济损失近千万元，并在成功处置乌海劫持小学生事件、完成呼和浩特市2010年“红色风暴”第八次集中统一行动过程中，取得明显效果。一年来，全区公安消防部队共接警9 520起，出动车辆15 613辆次、官兵92 496人次，共救出遇险被困人员5 359人，抢救和保护财产价值79 071万元，有效地保护了人民群众的生命财产安全。

三是在参建援建工作中善打头阵。内蒙古军区在全区团以上单位开展的“四个一”活动取得了明显成效。在帮扶贫困村方面，全年共为141个帮扶村投入资金170万元，协调扶贫资金100余万元；在共建希望学校方面，向145所共建学校资助经费60余万元，赠送图书4 000余册，更换课桌椅600多套，补充教学设备、文体器材及学习用具2 000件；在捐助贫困生方面，全区团以上干部每人结对资助1名品学兼优的贫困学生，资助金总额达90余万元。在生态建设方面，全区部队团以上单位广泛开展了“千亩林”和“万亩林”建设，年内新增造林面积8万亩。全区森警部队广泛开展“知民情、暖民心”的爱民活动，与驻地单位结成共建对子155个，为贫困学生捐款6.3万元，捐赠衣物609件，并积极参加生态建设、扶贫帮困、义务献血、救助灾区等活动，为地方经济社会发展作出了重要贡献。

一年来，全区的双拥工作取得了一定成绩，但也存在一些问题和薄弱环节：一是双拥工作整体发展不够平衡。一些地方不注重抓经常、打基础，存在着重评比、轻平时的倾向，影响了双拥工作的可持续发展；二是有的地区双拥政策法规滞后于形势任务的发展，致使一些事关军人军属和优抚安置对象切身利益的重点、难点问题得不到很好的解决，制约了双拥工作的开展；三是部分双拥组织机构特别是盟市级双拥办的自身建设需要进一步加强，充分发挥好职能作用。在新的一年里，要重点突破，力求改进，使全区的双拥工作再上一个新台阶。

吉林省二〇一〇年双拥工作总结

2010年，吉林省广大军民在省委、省政府和省军区的正确领导下，坚持以邓小平理论和“三个代表”重要思想为指导，深入学习实践科学发展观，按照军民融合式发展的总要求，围绕经济建设和军队建设的大局，不断拓展工作领域，创新活动载体，进一步巩固和加强了军政军民团结，有力促进了吉林振兴发展和部队现代化建设。

一、以创建活动为载体，推动双拥工作不断深入开展

年初以来，全省各级党委、政府和广大军民紧紧围绕新一届双拥模范城（县）创建命名活动，卓有成效地开展各项活动，使双拥工作的整体水平不断提升。

（一）双拥工作社会氛围不断浓厚。各地通过设立永久性宣传牌，在广播、电视、报纸、网络等媒体开辟双拥宣传专栏等方式，在全社会大力宣传双拥工作，形成了军爱民、民拥军的浓厚氛围。吉林电视台专门邀请双拥办领导做客“情系民生”栏目，现场为全省观众解答双拥工作有关问题，起到了较好的宣传效果。为纪念抗日战争胜利65周年，通化市党政军各界人士1 000余人在杨靖宇烈士陵园举行纪念活动，缅怀靖宇将军和东北抗日联军卓越的历史功绩。延吉市专门编排了双拥题材的文艺作品，用群众喜闻乐见的形式宣传双拥工作。敦化市把6月17日确定为双拥节，大力开展双拥宣传庆祝活动。

（二）双拥政策法规建设不断深化。今年以来，我们坚持由单纯的物质拥军向政策支军拓展,使一些困扰部队建设的瓶颈问题和官兵普遍关心的热点难点问题得到妥善解决。2 月份,以政府令的形式出台了《吉林省军人抚恤优待办法》,对军人待遇进行了具体的规范。如在全省范围内实行现役军人免费乘坐公交汽车等,进一步加大了优待力度,受到官兵的普遍好评。8 月份,出台了《吉林省双拥模范城(县)创建命名活动管理办法实施细则》和《吉林省双拥模范城(县)考评标准》,使创建活动更加科学规范。各地按照省政策文件精神,纷纷出台和修订拥军优属政策法规 60 余部,有力推动了双拥工作法规化建设。

(三)支持部队建设力度不断加大。各级党委、政府和有关部门把支持部队建设,帮助官兵解决实际困难列为本地区本部门的重要工作来抓。全年各级为部队建设投入、减免费用。年初,省双拥办专门向部队征求需要地方帮助解决的问题和困难。5 月份,省委专门召开了常委议军会,就部队提出的 5 个方面 21 个问题作出了部署,落实到具体部门帮助解决。9 月份召开的省双拥工作领导小组全体会议上,省长王儒林就军转干部安置等问题专门作出了明确表态。长春市不断深化科技拥军、教育拥军,今年初在 65319 部队成立了全军首家军营数字化学习示范中心,被军地各大新闻媒体誉为“全军首家军营数字化学习港”,为官兵成才提供了有效途径。延边州帮助延边边防支队解决了异地建设用地和延边武警支队的用电增容的困难。辽源市把维护军人军属合法权益当作头等大事来抓,一年来共为军人军属提供法律服务 2 500 人次,调解各类纠纷 400 件,审结各类涉军案件 18 件,为部队和军人军属挽回经济损失 25 万元。公主岭市大力开展教育拥军活动,对驻军部队军人和烈士、因公牺牲军人子女进公立学校的,施行了不分学区、自由择校、自由选班的优惠政策。

(四)保障部队遂行军事任务更加有力。今年 10 月,“使命行动—2010”跨区域军事演习在我省展开。省委省政府高度重视,指示有关地区和部门全力做好演习保障工作。省有关领导专门带队前往演习场慰问演习部队,并就演习有关保障工作现场进行指导。白城市委、市政府动员全市力量保障演习,出动车辆 3 000 余台次,人力、警力 15 000 余人次,组织开展了全方位的环境卫生综合整治、道路交通安全整治、社会治安治理、信访接待、后勤保障和走访慰问等活动。接待服务保障工作得到了沈阳军区和参演部队的肯定,北京军区任恩尚少将带队亲自到我省进行回访,表示感谢并赠送锦旗。

二、军民并肩战斗,共同夺取抗洪抢险救灾伟大胜利

2010 年 7 月,吉林省遭遇了历史罕见的特大洪涝灾害,全省上下紧急行动,广大军民紧密团结、并肩战斗,共同夺取了抗洪抢险救灾斗争的伟大胜利。

(一)广大官兵发挥了中流砥柱的作用。在肆虐的洪水面前,35 000 名人民子弟兵、18 000 名武警官兵、24 450 名民兵预备役人员第一时间奔赴前线,义无反顾地投入抗洪抢险救灾斗争,成为我省抗洪抢险救灾的主力军和突击队。部队各级指挥员亲临一线、率先垂范,广大官兵奋不顾身、连续奋战,他们顶风浪、筑堤坝、排险情、救群众,用汗水和生命践行了自己的神圣职责,为保卫人民生命财产安全作出了巨大贡献,有四名官兵为此献出了宝贵的生命。温家宝总理在视察吉林灾区时,深情地说:“人民子弟兵在最困难的时候,牢记宗旨,不辱使命站在了抗洪抢险的第一线,有的官兵在抗洪抢险中献出了自己的宝贵生命。我们向他们表示深切的哀悼,他们将永远活在人民的心中!危难当中,你们用实际行动表明,你们不愧为人民子弟兵。你们不怕牺牲、不怕疲劳,连续作战,充分发扬了人民解放军的优良传统。”洪水过后,广大官兵征衣未解,又纷纷请战,积极参加灾后重建工作。为了帮助灾区人民重建家园,官兵们纷纷慷慨解囊,积极为灾区群众捐款捐物。在永吉抗洪前线的某红军师,将地方送去的慰问金和身上所带的钱,全部捐给灾区人民,被传为佳话。

二是地方党委政府和人民群众积极做好服务保障工作。7 月 31 日,省委、省政府发出紧急通知,要求各级领导深入抗洪抢险一线看望慰问官兵,全力帮助他们解决工作生活中的实际问题。“八一”建军节，省委省政府专门发电，向全体抗洪官兵表示慰问。省委书记孙政才，省长王儒林，省委常委、常务副省长竺延风，副省长金振吉等领导多次深入抗洪前线，慰问广大官兵，勉励他们继续发扬连续作战的精神，再接再厉，为夺取抗洪抢险救灾的最终胜利作出更大贡献。在保障部队抗洪工作中，许多学校、工厂、机关主动腾出房屋，供抗洪抢险官兵住宿、休息。省民政厅厅长张晶专门要求各地民政部门要全力做好抗洪部队的后勤保障工作。全省12个发生汛情的市、县军供站克服道路损毁、运输困难等不利因素，不间断地向抗洪抢险一线部队运送粮油。同时打破常规，做到部队需要什么品种，就供应什么品种，部队冲到哪里，军粮就送到哪里，满足了抢险部队用粮需要。吉林市组织了“拥抱大爱，向抗洪官兵致敬”文艺演出，走进抗洪一线，为官兵奉献精彩节目。

三是大力砥砺和弘扬伟大的吉林抗洪精神。在这次抗洪抢险斗争中，吉林军民砥砺、展现和高扬了以人为本、众志成城、顽强拼搏、尊重科学、无私奉献、勇于胜利的伟大的吉林抗洪精神。这是全省军民共有的一笔宝贵的精神财富。9月份，省委、省政府专门对抗洪抢险救灾斗争中涌现出的先进单位和个人进行了表彰。省政府还专门向沈阳军区、武警总部发去了表扬信，高度赞扬了驻吉解放军和武警部队官兵作出的巨大贡献。尤其是对在抗洪抢险斗争中牺牲的关喜志等四名烈士进行了大力的褒扬。省委、省政府在第一时间授予四名烈士“抗涝救灾勇士”荣誉称号，号召全省军民向他们学习。共青团吉林省委授予四名烈士“吉林青年五四奖章”。吉林市将关喜志烈士家属安排到了市总工会工作；省妇联将关喜志烈士的女儿列入“春蕾计划”，资助其完成学业。11月份，中央军委追授关喜志同志“模范指挥员”荣誉称号命名大会在长春召开，省委书记孙政才、省长王儒林出席大会，孙政才作了重要讲话。

三、着力军民融合发展，合力推动军地平安建设

吉林省地处中朝边境，是少数民族聚集地区，又是经济欠发达省份。半岛形势复杂，社会利益矛盾突出，对我省安全稳定带来了较大挑战。各级不断加强军地军民协作，建立起有效的军警民联防联治体系。延边、白山、通化等边境地区开展的“同心筑堡垒”活动，组织军警民共建基层组织，使边防部队和当地的党支部村委会形成了紧密的联防，有效地防范和打击了境外敌对势力破坏和分裂活动。各级国家安全机关主动与部队配合，围绕重点军事目标，加强情报交流合作；主动帮助部队对官兵进行敌情、保密和安全防范教育。各级公安、司法等部门与部队通过联合预防、联合治理，有效维护了社会的稳定和部队的安全。特别是与65301部队持续深入开展了以联合预防、联合治理、联合建设为主要内容的“三联”工作，为集中军地力量，共同开展综合治理，维护社会秩序，确保部队稳定提供了有效载体。部队多次协助公安机关破获重大刑事案件，配合信访部门处理军转人员上访事件。公安部门与部队共同抓好营区周边的治安管理，多次破获盗窃军用通信线缆、军用标志设施等案件。司法、检察院、法院等部门坚持开展“送法进军营”活动，为官兵进行普法宣传教育，热心帮助部队解决涉法问题，提高了官兵法律意识和依法维权的能力。交警和公路管理部门经常与部队联合开展军车整治活动，使军车违章、盗用、冒用军车号牌等问题得到有效治理。“三联”工作的开展，得到了中央政法委、总部机关和沈阳军区的充分肯定。今年10月份，沈阳军区和东北三省在我省召开了加强平安建设“三联”工作推进会议，专门将我省与65301部队开展“三联”工作的经验做法向东北地区进行了推广。

四、发扬优良传统，积极为驻地建设作贡献

驻吉人民解放军和武警部队牢记人民军队宗旨，积极投身地方物质文明、政治文明、精神文明与生态文明建设，为吉林经济发展和社会和谐稳定作出积极的贡献。大力支援地方经济建设。吉林省军区连续第五年组织所属部队支援社会主义新农村建设，帮助农村包保联系点修桥修路、绿化荒山、美化村屯。65301部队积极发挥部队集团作战优势，成规模、成建制地援建我省民生工程，5月份在吉林地区植树造林 2 000 余公顷，为我省生态环境建设再立新功。积极开展科技助民活动。驻军院校和科研单位充分发挥科技优势，开发高科技产品，积极为地方培训技术人员，提供技术服务，开展科技扶贫活动。空军航空大学、白城兵器试验中心研制的计算机飞行模拟器、监控显示系统等普遍应用于地方。主动参与“扶贫帮困”、“富民兴边”和“希望工程”。驻吉部队先后建立扶贫联系点 398 个，援建希望小学53 所，捐赠善款 1 540 万元，捐助衣物 40.8 万件。勇于承担急难险重任务。驻军部队积极组织官兵参加抗洪抢险、扑火救灾、事故抢救等急难险重任务。武警部队多次出色完成了处理突发事件等任务，武警吉林市支队九中队被国务院和中央军委授予“基础建设模范中队”荣誉称号。在长春市天源商厦、吉林市商业大厦等重大火灾面前，消防官兵不顾危险、迎难而上，保护了人民生命财产的安全。省森警总队创造了吉林省 30 年无重大火灾的纪录。

五、大力开展爱心献功臣活动，维护广大优抚对象的权益

建立完善了在乡重点优抚对象优待金自然增长机制，将优待金列入县级财政预算，标准不低于当地县级行政区域上一年度农村居民人均纯收入的 30%。从 10 月 1 日起，在国家再次提高优抚对象抚恤补助标准的基础上，我省也随之加大了补助力度，使抗日、解放、建国后的在乡复员军人生活补助标准平均增长 15%，分别达到 6 140 元、5 420 元、5 180 元；带病回乡退伍军人生活补助标准达到每年2 730 元；部分参战参试人员的生活补助标准达到每年 2 640元。制定出台了《光荣院、优抚医院管理规定》，在保证集中供养孤老优抚对象的基础上，扩大了接收范围，提高了服务能力，为在乡重点优抚对象养老提供了更加优惠、便利的条件。较好地完成了为建国前入伍的部分残疾军人换发康复辅助器具及助听器工作。“八一”前，我省连续十年开展了“爱心献功臣医疗队”下乡活动，共组织了 20 支军地医疗队为在乡老兵送去了价值 60 余万元的药品。

六、2011 年工作打算

明年，吉林省双拥工作将以双拥模范城（县）创建命名活动为契机，以促进双拥政策法规落实为重点，以夯实双拥工作社会基础为抓手，着力解决双拥工作中的热点难点问题，推动双拥工作更加扎实有效的开展。

一是认真做好双拥模范城（县）的创建命名工作。按照省双拥工作领导小组全体会议的部署，从今年年底开始，对申报的各市、县、区进行考评。明年“八一”前，召开命名表彰大会进行表彰。同时，做好全国双拥模范城（县）的推荐工作。要通过创建命名活动，大力宣传双拥工作的重要意义，加大双拥工作的社会影响力，推动双拥工作的有效落实。

二是加大军地互办实事、解决难题力度。当前，吉林省各级党委和政府都高度重视拥军优属工作，人民群众与子弟兵的感情日益深厚，双拥工作正处于历史最好时期。我们要借助这一有利形势，不断加大工作力度，重点解决好部队信息化建设、军用土地问题、军队人员住房社会化保障、军转干部安置、随军家属就业等热点问题；协调和组织各部队大力开展助民劳动、扶贫帮困、应急维稳等工作。

三是推进双拥工作社会化。积极指导社区、乡镇、企事业单位开展双拥工作，推动双拥工作在基层的有效落实。做好“双拥工作先进社区”的评选工作。积极发动非公经济组织等社会力量开展双拥工作。制定和出台指导性文件，对社会化拥军进行组织和规范。

黑龙江省二〇一〇年双拥工作总结

2010 年，黑龙江省各级双拥部门以创建第七届省级双拥模范城为主线，以解决重点优抚对象住房难、医疗难为重点，通过调查研究理思路、出台政策保发展、检查评比抓落实、命名表彰树先进等措施，促使全省双拥工作实现了新的提升和发展。

一是领导重视，突出融合，创新丰富了双拥共建活动载体。按照胡锦涛总书记提出的军民融合式发展要求，不断创新双拥共建载体。制定并以省政府名义出台了《2010年龙江“三联”行动计划》，与65301部队驻我省部门联合实施了六项工程——平安龙江工程、畅通龙江工程、隐蔽斗争工程、基础民生工程、普法教育工程、排忧解困工程，进一步密切了军地关系，维护了社会稳定，促进了军地发展。在65301部队与吉林省、黑龙江省三联工作总结部署会议上，我厅被评为“三联”工作先进单位。春节、“八一”期间，组织了大型拥军座谈会、文艺演出、走访部队和烈军属等系列活动，两次慰问了中俄边防哨所，省委主要领导有关双拥活动和讲话及时在全国双拥网进行了宣传报道。全年，全国双拥网共刊发我省信息34条。

二是科学谋划，严密组织，圆满完成了国家双拥模范城（县）考评试点任务。按照全国双拥模范城（县）考评试点任务要求，出台了《黑龙江省〈双拥模范城（县）创建命名管理办法〉实施细则》、《双拥模范城（县）考核评比办法》和《双拥模范城（县）考核内容及评分标准》三个文件，制定了《黑龙江省双拥模范城（县）考评试点工作方案》，确定佳木斯、牡丹江、同江三个市为国家级考评试点地区，并将试点工作和省级评比工作紧密结合，统一部署，重点指导，全面推进，圆满完成了全国双拥办下达的考评试点任务。在全国省（区、市）双拥办主任会议暨拥军工作社会化现场经验交流会议上，作了题为《确立目标导向，形成强大动力，努力把双拥创建水平推向新的高度》的经验发言，并得到了民政部领导的肯定。

三是全面考评，精心筹备，胜利召开了全省第七届双拥模范城（县、区）命名表彰大会。按照年初双拥工作总体部署，联合省军区、省武警总队组成考评工作组，对申报全省双拥模范城（县）的12个地级市和25个县（市）的双拥工作开展情况进行了全面检查和考评。10月27日，召开了全省第七届双拥模范城（县、区）命名表彰大会。省委书记吉炳轩接见了受表彰的先进单位和先进个人，省委副书记、省长王宪魁、民政部副部长孙绍骋、省军区司令员高潮在表彰大会上讲话，杜家毫副省长主持表彰大会。会议总结了全省四年来双拥工作成绩，部署了今后一个时期双拥工作主要任务，命名表彰了黑龙江省第七届双拥模范城（县、区）58个、拥军优属先进单位94个、拥政爱民先进单位63个、先进双拥办18个，拥军优属先进个人60人，拥政爱民先进个人40人，并书面交流了先进典型经验。我厅被评为全省双拥工作先进单位。特别是，在此次表彰过程中，我厅与省人力资源和社会保障厅研究制定出台了《关于评选表彰全省拥军优属先进个人、拥政爱民先进个人的通知》，明确规定：全省拥军优属先进个人享受所在地市级劳动模范和先进工作者待遇；全省拥政爱民先进个人在转业到地方后享受所在市（地）级劳动模范和先进个人待遇。突破了原有先进个人待遇规定，在政策层面上进一步激发了广大军民参与双拥工作的积极性和主动性，也为我省双拥工作的进一步发展营造了浓厚的社会氛围。

四是政策推进，部门联动，稳步提升了重点优抚对象综合保障水平。住房保障方面：与省建设厅、财政厅联合出台并下发了《关于深入贯彻落实省委十届十二次全会精神，加快重点优抚对象住房解困工作的实施意见》，将重点优抚对象住房解困工作纳入保障性安居工程统筹实施，采取建、购、租等多种办法解决住房难。与省委统战部联合启动了“非公经济人士结对帮扶老抗联、老解放”行动，集中解决重点优抚对象“住房难”。结合省级双拥模范城（县）考评，将住房解困工作作为“一票否决”条件写入了《黑龙江省双拥模范城（县）创建命名管理办法》，规定：国家级双拥模范城县100%解决，省级双拥模范城县80%解决。截至2010年，全省共筹资近亿元，新建住房3300多户，维修4 200多户。国家级双拥城（县）全部解困，省级双拥模范城（县）完成80%以上。此项工作已作为全国民政工作亮点予以肯定。医疗保障方面：稳步推进新型医疗制度建设，重点优抚对象参保参合率已达到100%，90%享受280元~1 200元门诊补助，280家县以上定点医院中80%实行了“一站式”结算。哈尔滨市及所属县（市）优抚医疗管理系统实现了联网。大庆、双鸭山等市已实现市区范围内优抚对象医疗保障"城乡一体化"。生活保障方面:共争取国家下达优抚经费 5.03 亿元,同比增加了 15%;落实省级优抚资金 1.2 亿元,抚恤补助标准平均提高 10% 以上,全省重点优抚对象实际生活水平已略高于当地人均生活水平。按照国家有关要求,启动了全省优抚对象物价临时补贴机制,并于 12 月底前将补贴款全部发放到位。

此外,结合纪念抗美援朝 60 周年,组织 592 名抗美援朝老功臣进行了康复疗养,整理、上报了全省抗美援朝烈士名单;完成了 365 名人事部门移交的国家机关工作人员申请评残材料审核;为 105 名符合规定的人办理了评残手续;为 235 名 2010 年伤残退伍军人办理了伤残关系转移手续,落实了 2010 年部队移交伤残人员保障待遇 37 人;为全省 3 655 名伤残军人配发了康复辅助器具;指导各地完成了清明节期间烈士纪念活动及烈士亲属接待工作;受理、审核、报批烈士 13 位,组织我省著名烈士家属参加了民政部举办的"百名烈属看世博"活动;对全省复员退伍军人精神病患者及烈士纪念建筑物进行了全面普查,并重新建立了档案;对全省光荣院基本情况进行了摸底,并理顺了管理体制;完成了民政部交办的五项双拥优抚调研课题。

上海市二〇一〇年双拥工作总结

2010 年,上海市双拥工作在市委、市政府和上海警备区的领导下,坚持以邓小平理论和"三个代表"重要思想为指导,深入贯彻落实科学发展观,紧紧围绕"平安世博"的总体要求,紧扣"服务世博大局,共筑军地和谐平安"主题,不断完善双拥工作运行机制,努力破解驻军官兵和广大优抚对象关注的热点难点问题,着力夯实双拥工作社会基础,丰富双拥工作形式和内容,积极服务世博任务部队,双拥氛围更加浓厚、军政军民关系更加密切、军政军民团结更加巩固,双拥工作服务世博平安、促进社会和谐稳定的作用得到了充分发挥,为举办一届"成功、精彩、难忘"的世博会和实现"四个确保"和推动"四个中心"建设的目标作出了应有的贡献。

一、深入宣传教育,培育全民国防观念和双拥意识

各区县、各部门、各单位和驻沪部队以世博为契机,组织多种形式的国防教育和双拥宣传活动,依托各种宣传媒体,充分发挥广播、电视、报刊、网络等新闻媒体的作用,大力宣传做好双拥工作对巩固军政军民团结,保持社会和谐稳定的重大意义;宣传做好双拥工作对于确保世博平安,实现世博会成功、精彩、难忘的重要作用;宣传无数革命先辈浴血奋战,为建立新中国所作出的巨大贡献;宣传全市军民团结一致,共创平安世博的生动事迹,以及世博任务部队完成使命所涌现出的先进事迹,从而不断激发广大人民的爱国拥军热情,掀起双拥活动新高潮。

一是利用重大媒体加强宣传报道。解放日报、文汇报等本市各大媒体利用春节、五一、"八一"、国庆等重大节日,全面报道本市开展双拥工作情况。市双拥办会同上海市拥军优属基金会于 2010 年 8 月 31 日—10 月 31 日在解放日报开辟专栏开展"世博双拥情"征文活动。世博会以来,文汇报开辟专栏专题报道本市世博双拥工作情况。特别是 9 月 18—20 日,新华社、人民日报、中央电视台、解放军报,以及解放日报、文汇报、新民晚报、上海电视台、人民广播台等媒体连续三天集中报道了由民政部优抚安置局、上海市民政局、上海市拥军优属基金会举办的"全国百名著名烈士家属看世博活动"。通过网络报道这次活动的新闻达 23 万余条。

二是大力推进国防教育"十百千"万活动,充分发挥各类爱国主义教育基地、国防教育基地和双拥宣传阵地的功能作用,把国防知识、国防法规宣传纳入干部培训和党委中心组学习内容,全面提高了市民学习国防和双拥知识的成效。"十一五"以来,全

市参加“军营一日”活动的处级以上领导干部已超过10万人次，进军营参观的人民群众累计达120万余人次，接受各种形式国防教育的青少年学生已达到1071万余人次。

三是发挥上海双拥艺术团的宣传阵地作用，促进上海的城市文明建设。以驻沪部队文艺团体为骨干组成的上海双拥艺术团坚持面向社会、面向基层，组织军营文化进社区、进基层，丰富官兵业余文化生活，市双拥办还在五一、“八一”、十一等重大节日期间组织上海双拥艺术团分别分四路到世博任务部队各兵种的基层单位进行慰问演出。今年以来，上海双拥艺术团已到部队、社区慰问演出220余场次。

二、紧紧围绕“平安世博”的总体要求，全力做好部队的服务保障工作

世博筹办、运行以来，本市双拥工作紧扣“服务世博大局，共筑军地和谐平安”主题，围绕平安世博的总体要求，高层次谋划，多平台运作，全方位落实，千方百计为世博任务部队排忧解难，为部队遂行任务提供便利条件，在全市形成了浓厚的双拥工作氛围。

（一）加强统筹谋划，营造齐抓双拥、共建世博的浓厚氛围。

一是各级高度重视世博双拥工作。市委九届十次全会、十三届人大三次会议将做好世博安保部队服务保障工作作为重要内容，俞正声书记、韩正市长等领导先后7次就世博双拥工作提出具体要求，经常深入部队走访调研、参加军地重大活动，了解部队需求。市四套班子领导也都利用春节、五一、端午、“八一”等重大节日和世博会试运行、开幕、闭幕等重要节点，在不同时机、场合带队走访慰问部队。各区县主要领导都在世博任务部队入驻、撤离和五一、“八一”、十一等节日期间到部队走访慰问，了解部队需求，听取部队意见，及时为部队排忧解难。

二是加强统筹谋划和指导。年初，市双拥办先后5次到部队调研，起草了《关于做好世博期间本市双拥工作的意见》，市委、市政府办公厅经充分论证、征求意见，印发各区县和有关成员单位，为各级提供了指导，对世博双拥工作提出明确要求。市双拥办将世博双拥工作作为年度重点工作，在各区县双拥办主任会议和双拥工作例会上进行了认真研究和全面部署。各区县都制定了加强世博双拥工作的具体办法和措施，落实了人员、经费和计划。

三是完善工作机制，促进双拥工作成效。市双拥办平均每季度召开1次专题会议，组织各区县和有关单位研究世博双拥工作新情况、新问题，座谈交流经验。每周撰写1期世博双拥专报，向市委、市政府领导汇报世博双拥工作情况。同时积极发挥《上海双拥》简报的阵地作用，开辟“服务世博”专栏，及时编发世博双拥工作动态。各级领导和双拥工作职能部门坚决贯彻市委、市政府领导指示，建立了军地联络员制度和世博安保部队信息更新制度，确保部队随时都能找到双拥工作部门。“八一”前夕，市委、市政府召开军政座谈会，俞正声书记、韩正市长等四套班子和有关部门领导与世博安保指挥部（所）、驻沪部队领导共商双拥大计，共叙鱼水深情。市双拥办分别在1月13日和7月15日专门召开了世博双拥工作座谈会，听取世博安保部队的意见和建议。这些为各级全力做好世博双拥工作、服务世博安保部队提供了有力支撑。

（二）强化组织协调，为部队解决了一系列难事，办了一系列实事，做了一系列好事。

针对世博安保外地移防部队多、部队实际困难多、服务保障需求多的特点，各级双拥工作部门加大组织协调力度，通过走访调研、实地察看等多种渠道，及时掌握部队困难，摸清部队需求，尽全力快速解决。市政府先后为入驻世博安保部队落实营房26万平方米、训练（停车）场地4万平方米，并根据部队训练生活需要，投入大量资金进行了营区配套设施改造；有关委办局、各区县根据世博安保部队实际，以不同方式为部队提供有力服务和保障。水、电、气、邮政、电信、银行、广电、医疗、环卫等系统单位，积极为世博安保部队提供各项服务和便利，帮助部队解决垃圾清运、有线电视、电话、晾衣场、征订报刊、官兵来队家属保障等实际困难。根据部队需要，帮助建立了“流动图书室”、“网络学习室”、“心理咨询室”、“文体活动室”、“医疗服务站”等“四室一站”。赠送了电脑、电视机、洗衣机、烘干机、空调、冰箱、电话卡、生活用品、文体器材等慰问品。协调世博安保部队家属就业、子女入学入托等,妥善解决了官兵后顾之忧。上海市拥军优属基金会捐赠世博任务部队20辆越野车和500台洗(烘)衣套机。5月份,部队反映轨道交通执勤点分散、武警官兵用餐不便,市双拥办得知情况后,迅速召开会议专题研究落实,有关区县积极协调,把遍布全市34个执勤点的2 500名官兵就餐问题全部纳入驻地政府机关、街道、学校及附近修整业单位员工餐厅保障范围。

(三)创新双拥活动载体,不断丰富双拥工作社会化形式、内容。

上海世博会首次在我国举办,国际影响面大、世界关注度高,参展场馆众多、世博安保任务重,实现“成功、精彩、难忘”目标的压力巨大。全市各级双拥部门紧紧围绕世博会参与企事业单位多、社会化程度高的特点,积极创新共建载体,依托社会力量服务世博安保部队。

一是积极开展双拥共建结对活动,广泛调动社会力量参与世博双拥工作。3月份,市双拥办隆重举行了服务世博军民共建结对签约仪式,宝钢集团等15家大中型企业、街道分别与从外省市来沪参加安保任务的世博安保部队共建签约,胡延照副市长亲临会议指导。此后,经各级双拥工作部门协调,全市共有262个街道(镇)、237个企事业单位与世博任务部队结对共建,基本实现每支世博安保部队都有“一个街道乡镇、一个企业、一个医疗机构”结对共建。一大批“两新组织”也积极参与到双拥共建之中,为部队官兵提供服务保障。世博局党委及其4个片区、条线临时党委等还与上海警备区、武警上海总队开展“文明世博我奉献”、“警民同心保世博”、“文明志愿者”等多种形式的军警民共建活动,使园区运行更加安全有序、警民关系更加和谐融洽、党建联建更加富有成效。

二是开展军警民联建联防,共同守卫世博。市双拥办会同武警上海总队组建军警民联系点50多个,搭建官兵和群众的桥梁,有效发挥了“密切军警民关系联络员、了解社情民意信息员、争取市民支持宣传员、维护群众纪律监督员”的作用。

三是大力开展智力、文化、科技、医疗等多种形式的拥军活动。通过组织专家教授举办专题讲座、开办培训班,帮助部队建立图书室、电脑室、文化活动中心,开展慰问演出、联谊会、体育比赛和放电影等活动,丰富官兵生活。市双拥办会同有关部门邀请总政歌舞团慰问世博安保部队,上海文艺届、体育届的市政协委员也到部队给官兵表演节目,上海双拥艺术团、地方各类文艺团体等为世博安保部队开展慰问演出220多场次,受到了部队官兵的欢迎。

三、深入开展“三同”活动,积极推动军民融合式发展

军地紧紧围绕军民“同学创新理论、同树文明新风、同建和谐平安”的“三同”活动,拓展军地互联、互动、互建平台,营造军民同心、共建世博的浓厚氛围,促进军地融合发展。市双拥办组织驻沪部队英模代表和重点优抚对象疗休养活动,把参观世博作为重要内容,有关区县也积极开展“部队官兵看世博”活动,有的向部队官兵及其家属赠送世博门票,让子弟兵共享世博;有的开展“子弟兵为世博作贡献,我为官兵家庭做保障”活动,各级双拥工作部门对1 300余名有特殊困难的官兵家属给予了190万余元资助,解除官兵后顾之忧。驻沪部队紧紧围绕“城市,让生活更美好”这一主题,自觉立足世博大局,把爱上海、迎世博融入工作实践、贯穿始终,努力“为世博添彩、为军旗增辉”。各部队积极发扬我军“听党指挥、服务人民、英勇善战”的优良传统,始终冲在世博安保的最前沿,努力做好周界警戒、重要目标守卫、武装巡逻、重点地区管控等工作,为世博安全把好各道防线,有力保障了世博会平稳有序运行;认真贯彻执行《世博任务部队群众纪律“十不准”》等规章制度,不断强化“窗口意识”、“世博意识”,加强执法规范化建设,提高执法水平、服务质量。驻沪部队还充分发挥自身优势,组成160多支为民服务队,积极参与世博、服务世博、奉献世博,深化“军徽映夕阳”、“军徽照晨曦”等帮困为民活动,受到了上海社会各界的广泛赞誉。世博会期间,由公安民警、武警官兵、联防队员组成的城市武装巡逻小组有

200多支，带支全市社区巡防、驻点守护等各种“平安创建队”1 000余支，10万余名平安志愿者遍布申城大街小巷。上勤以来，全市110报警率下降20%，刑事案件同比下降43%，“两抢”案件下降70%，群众协助抓获各类违法违规人员500余名。特别是世博安保部队忠实履行使命，积极守护世博、保卫世博，展示了人民军队的光辉形象，涌现出了一大批像李雨明、金艳、张少锋那样的先进典型，为世博会顺利运行和平安有序创造了良好环境，得到了人民群众的赞扬。

四、认真贯彻全国双拥办主任会议精神，着力推进本市双拥考评工作

一是认真学习贯彻全国有关双拥考评文件。全国《双拥模范城（县）创建命名管理办法》和《全国双拥模范城（县）考评标准》颁发后，及时印发驻沪部队各大单位政治部、市双拥工作领导小组成员单位和各区县双拥工作领导小组，并召开双拥工作例会进行贯彻学习，对本市双拥考评工作早打算早谋划。

二是认真贯彻落实全国双拥办主任会议精神。市双拥办及时将会议精神以书面形式传达到驻沪部队各大单位政治部、市双拥工作领导小组各成员单位和各区县双拥工作领导小组。并召开市双拥工作例会，做好全国双拥办主任会议精神的传达和学习工作。

三是认真做好双拥考评有关文件的修订工作。是根据全国双拥工作领导小组颁发的《双拥模范城（县）创建命名管理办法》和《全国双拥模范城（县）考评标准》，结合本市实际，及时对《上海市双拥模范（先进）创建命名海实施细则》、《上海市双拥模范（先进）活动评选办法》和《上海市双拥模范区县考评标准》进行了认真修改，并普遍征求了驻沪部队各大单位、市双拥工作领导小组成员单位、各区县双拥办和有关职能部门。

2010年全市双拥工作成效显著，发展态势良好，各项工作得到了落实，“十一五”规划目标也基本完成。特别今年世博双拥工作，得到了市委俞正声书记等领导，以及中央军委、全国双拥办和总政领导的充分肯定。但工作中还存在一些不足和差距：一是双拥工作发展还不够平衡，个别单位双拥工作针对性不强；二是对双拥工作中遇到的新情况、新问题研究力度不够。这些问题我们都将认真研究，努力在今后的工作中切实加以改进，争取把双拥工作提高到一个新水平。

2011年，我们将以党的十七大和十七届五中全会精神为指导，全面贯彻落实科学发展观，紧紧围绕建设社会主义和谐社会，充分发挥世博双拥工作的好经验、好做法，认真组织好创建双拥模范城（县）活动的考评工作，进一步拓展工作领域，努力为巩固发展军政军民“同呼吸、共命运、心连心”大好局面，促进军民融合式发展，推动国防建设和经济建设全面发展。

（一）根据全国双拥办的总体部署和具体要求，组织好本市创建双拥模范活动评比表彰工作。

一是我们将按照全国双拥模范考评工作的统一部署，组织好本市的双拥考评工作。考评工作紧密将结合新形势，坚持把工夫下在平时，下在基层，下在解决实际问题上，确保双拥模范（先进）的质量，使考评工作成为加强军政军民团结、深入推进双拥工作的重要载体和有效途径。

二是认真抓好创建活动总结。认真总结3年多来本市双拥创建活动经验，挖掘创建活动中涌现出来的先进人物和典型事迹。

三是扎实做好双拥宣传工作。充分发挥各类媒体的传播引导作用，以及各级双拥简报的交流借鉴作用，在全市范围内多层次、多形式地组织开展宣传活动，大力发挥典型示范作用，弘扬先进，树立典型，提高全民国防观念和双拥意识，不断推动军民融合式发展，努力营造浓厚的双拥氛围。

（二）广泛动员社会力量，积极稳妥地推进双拥工作社会化建设。进一步研究包括“两新”组织在内的社会各阶层参与双拥共建工作的经验，适时提炼其中的共性经验，研究制定鼓励和推进社会团体和“两新”组织开展双拥共建工作的规范性要求，不断拓展双拥工作领域，大力开展智力拥军、文化拥军、科技拥军、法律拥军活动。

（三）切实推动双拥工作创新发展，为构建和谐社会、建设“四个中心”和社会主义现代化国际大都市服务。

一是将认真贯彻以人为本的理念,切实解决好军民普遍关心、涉及军地利益的热点难点问题。妥善解决好军队转业干部、复员退伍军人和离退休干部安置、随军家属就业、军人子女入学入托、伤病残人员移交、重点优抚对象医疗保障等重点问题,维护好军人军属和优抚安置对象的合法权益,不断推动双拥工作全面发展。

二是广泛开展军民“同学创新理论、同树文明新风、同建和谐平安”的“三同”活动和“军民同心促和谐”主题实践活动,组织实施军营文化进社区、社区文化进军营和市民百姓看军营主题活动,不断强化广大干部群众爱国拥军意识。

三是不断推进军民融合式发展,把军地协同抓建设促发展、齐心协力完成任务的优良传统发扬光大,为加强国防和军队现代化建设,促进经济社会建设又好又快发展作出更大贡献。

江苏省二○一○年双拥工作总结

2010年江苏省双拥工作,在省委、省政府的坚强领导下,在民政厅党组和厅领导的关心指导下,坚持以邓小平理论和“三个代表”重要思想为指导,深入贯彻落实科学发展观,以“全面达小康、建设新江苏”和提高驻苏部队现代化建设水平为目标,以贯彻全国双拥模范城新办法新标准为重点,坚持军民融合,积极改革创新,狠抓工作落实,双拥工作在继承中创新、在巩固中提高、在改革中发展,各项工作开展得有声有色、富有成效。2010年双拥工作开展情况:

一、组织领导力度不断加大

全省各级党委政府高度重视双拥工作,始终站在国家安全和发展战略全局的高度,坚持把双拥工作纳入当地经济社会发展总体规划,统筹谋划,强势推进。春节、“八一”和国庆等重大节日,梁保华书记、罗志军省长、王国生副书记、李笃信政委、李小敏副省长等12名省领导,分别带队慰问了驻苏部队、优抚对象和参加抗日战争老战士,省委、省政府与南京军区、省军区两次组织召开军政座谈会,3次举办军民联欢会。结合部队担负世博任务实际,省政府划拨专款采购慰问物品,采取省市联动、款物结合方式,专程赴上海跟踪慰问执行世博会任务的驻苏部队和每个官兵,慰问官兵15 000多人。各市主要领导都亲自走访慰问驻军,亲自组织军政座谈会,认真召开双拥专题会议,研究部署年度双拥工作,有力有序抓好工作落实。常州、南通、盐城、镇江、连云港等市及时梳理双拥工作重点,制定下发军地互办实事计划。淮安市在明确年度双拥工作任务和军地互办实事的基础上,组织军地107家责任单位向市委递交了双拥工作目标责任状。大力加强双拥工作机构建设,在新一轮政府机构改革中,省民政厅增设了双拥工作处,编配了双拥专职人员。各市参照省厅做法,各市在保持双拥机构基本稳定的基础上,增设了双拥工作处,增加了专职人员职数,进一步扩大了双拥工作队伍,增强了双拥工作力量。

二、命名表彰大会隆重召开

在2009年自行申报、量化打分、推荐上报、检查考核、媒体公示的基础上,从今年年初开始,省双拥办全力以赴筹备省双拥模范城命名表彰大会。4月10日,省委常委会专题研究全省双拥工作,充分肯定近几年全省双拥工作成绩,研究通过召开命名表彰大会有关事项,并决定以省委、省政府、省军区名义命名表彰80个双拥模范城、42个双拥模范单位和63个双拥先进个人。7月28日,省委、省政府、省军区隆重召开了“江苏省第九届双拥模范城命名表彰大会”,全国双拥办、南京军区发来贺电,省委、省政府、省军区主要领导参加大会并作了重要讲话,省人大、省政协领导出席了大会,市、县(市、区)主要领导和驻宁部队官兵、地方干部群众共500多人参加大会。当日,《新华日报》整版宣传全省双拥工作，形成了良好的会议氛围。

三、双拥国防宣传深入开展

结合重大节日和新一轮全国双拥模范城创建活动，各地各部队充分运用报纸、电视、广播、网络等媒体，多渠道、多层次宣传社会主义核心价值体系和当代革命军人核心价值观的基本内涵、精神实质和实践要求，宣传新时期涌现出的双拥先进典型和模范事迹，进一步营造了爱国拥军、爱民奉献的双拥氛围。为进一步搞好全民国防教育，省政府、省军区专题召开了"江苏省深入推进全民国防教育大会"，表彰了44个全民国防教育先进单位和80名先进个人。江苏省第10个全民国防教育日期间，组织省国教委、驻宁部分高校领导，以及省国防教育讲师团、文化团、大学生志愿团代表，到省人武学院和舟桥某旅开展了"军事日"活动。结合实际各地积极组织各种双拥主题活动，南京市组织驻地官兵和群众聆听了何祥美先进事迹报告，无锡市继续开展了"军民同心共建美好家园"宣传活动，徐州市政府邀请中国将军书画院17名将军举办了"书彭城、话双拥——共和国将军徐州行"活动，常州市结合举办第十七届省运会组织了"我为常州作贡献、我为省运添光彩"军民共建主题实践活动，淮安市开展了"端午粽飘香、双拥情更浓"慰问和宣传活动，扬州市开展了第19个"双拥月"活动，镇江市开展了"双拥'八大工程'推进年"活动，泰州市邀请海军5位老将军举办了"海军将军镜头中的水兵母亲城摄影"，宿迁市重点开展了"五拥五送"拥军主题活动。镇江友谊手套集团坚持16年为解放军三军仪仗队、天安门国旗护卫队等众多部队免费提供20多万副礼仪手套。今年7月28日在镇江扬中市的集团成立双拥工作站，三军仪仗队、国旗护卫队、民政部社工协会会长、省委宣传部副部长等军地领导参加了揭牌仪式，国旗护卫队派战士亲自为他们升起一面五星红旗，扩大了拥军工作的社会影响。各地加大投入，加强管理，完善教育阵地，加强爱国主义场所、国防教育基地、部队军史馆和各地双拥网建设，较好发挥了教育阵地作用。省双拥办认真组织编印下发了30期《江苏双拥工作简报》，建立了"江苏双拥网"，组织了"全国双拥模范城(县)领导话双拥"征稿活动。

四、优抚政策措施有效落实

各地认真贯彻落实全省优抚安置政策措施，大力实施《江苏省实施〈军人抚恤优待条例〉办法》、《江苏省优抚对象医疗保障办法》和《江苏省〈伤残抚恤管理办法〉实施细则》。按照自然增长机制要求，各地及时提高各类优抚对象的抚恤补助标准，足额发放义务兵家庭优待金，全省重点优抚对象按规定全部享受到了抚恤补助。全省扎实推进"慰烈工程"，认真做好散葬烈士的集中安葬工作，到三季度末全省完成散葬烈士集中安葬23700多座，占应集中安葬总数的61.5%。认真开展纪念抗战胜利65周年活动，对全省N名在乡抗日老战士发放一次性生活补贴金3 500万元。各地结合实际积极完善双拥优待政策措施，无锡市制定颁发《关于做好驻锡部队干部随军家属就业安置工作的意见》，下达的155个就业计划基本落实到位，20名事业编制身份的随军随调家属纳入2010年度政府指令性安置计划。苏州市颁布实施了《苏州市保障随军家属就业暂行办法》，对96名符合条件的随军家属发放了生活补助，审核了44名符合购买经济适用房的军队干部职工材料。南通市认真规范"三金"发放流程，制定下发了《关于规范驻市区部队〈随军家属最低生活保障金〉、〈随军家属自谋职业安置补偿金〉、〈立功官兵奖励金〉的通知》，研究制定了《南通市优抚工作规范化考评标准》、《关于实施退役士兵安置城乡一体化的意见》，同时将健在的72名部队离休干部纳入当地离休干部医保体系，每人每年补贴医疗保险补助金15 000元。按照去年出台的《盐城市市区特殊群体政策性保障住房供应暂行办法》要求，盐城市今年共安排100套房源按规定程序供应驻市区部队干部。

五、军转安置工作有力推进

全省各级不断深化"量化考核、积分选岗"军队转业干部安置办法，2009年度全省接收的军转干部全部安置到位，90%以上军转干部安置进入党政机关，保证了地方、部队和军转干部"三满意"。2010年度全省计划接收N名军转干部，安置工作正在按时间节点稳步推进。深入推进退役士兵免费职业技能培训工作,不断提高培训的层次和质量,积极协调做好受训退役士兵的就业创业工作,今年全省共接受2009年冬季退役士兵N人,参加培训N人,培训率89.68%,各项工作有序推进。各地采取指令性安置和市场调节相结合的办法,积极做好随军家属就业安置工作。徐州市专题组织召开全市随军家属安置工作会议,一次性安置253名随军家属就业。镇江市坚持15年对随军家属实行政府指令性安置,今年10月底前56名随军家属全部安置到位。盐城市结合居委会换届选举,积极推进"军嫂进社区"就业工作,打造随军家属就业安置的新亮点。连云港市研究出台了《连云港市军队转业干部随军随调家属就业安置办法》,为267名随军随调家属发放生活补助金74万元。无锡市制定颁发《关于做好驻锡部队干部随军家属就业安置工作的意见》,下达的155个就业计划落实到位。苏州、常州、淮安、宿迁等市都实行了政府指令性安置随军家属就业,较好解决了部队干部的后顾之忧。

六、亮点特色打造取得成效

各地坚持把双拥创建作为推动双拥工作深入开展的重要载体和有效抓手,充分发挥现有典型的示范引领作用,注重发现、培养和宣传新的典型,着力打造形式多样、各具特色的双拥工作品牌,进一步扩大了先进典型的示范带动效应。镇江市深入推进双拥"八大工程"和驻军"五百行动",在《镇江日报》头版逐条公布2009年度"双拥十件大事"情况和2010年军地互办20件实事目录,扩大社会影响,接受社会监督,形成了双拥工作新的特色。南京市积极整合资源优势、统筹共建活动,协调7所驻宁军事院校成立了全国首家拥政爱民联席会,创新了双拥工作形式。无锡市积极开展"军地携手保护太湖"活动,军地再次展开大规模的太湖治理和保护行动,在全国全军引起了强烈反响。徐州市大力宣传邳州市拥军模范曹迎军、倪振娥夫妇20多年拥军事迹,社会影响不断扩大,成为新时期全国仅有的"拥军夫妇"。被评为全国"十大情系国防好家庭"的扬州江都市双拥办主任陈巧云,再次当选为全国先进工作者,先进典型事迹享誉全国。镇江扬中市大全集团32年不间断接收安置退役士兵640名、军属49名,重视培养和重用退役士兵,建成全市首家企业"双拥工作站",被镇江市委、市政府、军分区授予"优抚安置模范企业"荣誉称号。扬州江都市优秀退伍军人李彬,长年照顾14位烈士的父母,为战友尽孝,以高票当选为第二届当代中华最感人的"十大慈孝人物"。泰州市认真做好"海军诞生地、水兵母亲城"这篇文章,积极规划筹建"海军诞生地博览园",与海军部队和"泰州舰"官兵更加广泛开展双拥共建活动。宿迁市筹备成立了市双拥协会,并隆重举行了成立大会,为进一步推动全市双拥工作创新了载体。通过各地的双拥特色亮点和双拥先进典型,全面提升了全省双拥工作的整体水平,扩大了我省双拥工作在全国影响的广度和深度。

七、拥政爱民工作更加扎实

上海世博会是继北京奥运会之后,我国举办的又一次超大规模的国际性盛会。执行世博会任务的驻苏海、陆、空、武警部队15 000多名官兵,坚决执行党中央、中央军委命令,牢记使命,恪尽职守,不负重托,扎实工作,历时214天,圆满完成上海世博会安保任务。驻江苏部队进一步完善抢险救灾等各类应急预案,加强各级战备值班分队的训练演练,健全军地协调和应急指挥机制,确保一有险情灾情,随时拉得出起作用。青海玉树发生7.1级大地震后,驻常州武警水电五支队106名官兵,携带15台大型救援设备,第一时间到达玉树结古镇展开救援行动,抗震救灾取得重大胜利,部队官兵受到温家宝总理的亲自接见。2010年6月23日,江西抚河唱凯堤决堤,10万人被洪水围困,具有国家级抗洪抢险专业部队的舟桥某旅171名官兵紧急驰援,连续奋战三天三夜,成功转移受灾群众1.85万人。南京军区总医院22名医务人员奉命飞赴海地震中太子港,执行国际人道主义医疗救援任务,在海地救援历时15天,累计诊治伤员4 000余人,得到国际社会和海地各界人士的高度评价。驻江苏部队积极为灾区奉献爱心,组织义务献血,踊跃为灾区捐款2 000多万元。大年初一,驻宁6 500多名官兵闻"雪"而动,出动11台大型扫雪装备,参加南京市主要交通枢纽扫雪除冰。驻江苏部队大力支援驻地经济社会建设,积极参与脱贫攻坚工程,带头参加文明创建活动,勇于承担各种急难险重任务。省扶贫领导小组与省军区联合组织开展的"深化'双带双扶',共建美好江苏"活动全面推开,驻江苏部队与驻地结对共建,参与脱贫攻坚工程,开展援建希望学校和帮扶困难学生活动,为推进我省"两个率先"作出了新贡献。

八、双拥创建工作深入推进

全国《双拥模范城(县)创建命名管理办法》和《全国双拥模范城(县)考评标准》下发后,省双拥办及时转发各单位学习贯彻。根据全国双拥办主任会议要求,吸收8个省(区、市)对全国双拥模范城(县)考评试点的经验做法,以全国《考评标准》为基本依据,结合我省实际,修改相应内容,调整相应分值,进一步细化分解了全国双拥模范城《考评标准》。在此基础上,研究制定江苏省争创全国双拥模范城(县)的实施方案,为明年全国双拥模范城(县)考核评比验收检查工作提前做好各项准备。各市以学习贯彻新办法新标准为契机,及时创建全国双拥模范城动员大会,进一步细化任务,明确责任,对照标准,查找不足,督促落实,全面掀起新一轮全国双拥模范城创建活动。

浙江省二○一○年双拥工作总结

2010年,浙江省军民认真贯彻党的十七大提出的"富国和强军的统一"和胡锦涛总书记"军民融合式发展"重大战略思想,大力弘扬拥军优属拥政爱民光荣传统,大力推进经济社会发展,积极探索新形势下支持国防和军队建设新途径,双拥工作在继承中发展,在融合中提升,在开拓中前进,进一步巩固和加强了军政军民团结,有力地促进了驻浙部队建设,促进了浙江经济社会与国防建设协调发展、良性互动。

一、加强领导,深化认识,不断夯实双拥工作基础

全省军地各级不断强化"居安不忘思危,致富不忘拥军"的国防意识,着眼新形势新任务新目标新要求,加强组织领导,狠抓工作落实。

第一,健全组织,完善机制。省党政军领导始终把巩固军政军民团结、促进社会和谐,作为新时期双拥工作的重中之重,列入议事日程。多数市、县(区、市)双拥办实现了机构编制、专职人员、工作经费的"三落实"和军地合署办公。各地都认真落实了党委议军会议、军地联席会议、双拥工作领导小组会议、重大事件调处和重要信息通报等制度,双拥工作机制进一步完善。

第二,统筹谋划,同步发展。按照党的十七大关于"统筹经济建设和国防建设"的总体要求,积极适应经济社会发展和军事斗争准备新需求,在双拥工作中积极做好"四个纳入"。一是把关心支持国防和军队建设纳入地方经济社会发展总体规划。各级研究制定的经济社会发展规划,充分听取了军事机关和驻地部队的意见,党代会、人代会工作报告都强调支持国防和军队建设,每年省"两会"期间都要召开党管武装或国动委会议,着重研究部署国防后备力量建设。二是把国防设施建设纳入地方基础建设整体规划。各级注重重大工程建设项目中的军事需要,把军事设施建设纳入市政基础设施建设规划之中。对部队征地拆迁、道路交通等实际问题,做到政策上支持、资金上扶持、审批上优先。2010年,共核发省级以上军事类建设项目选址意向书11个。三是把国防科技和装备发展纳入地方科技创新体系。充分发挥科技、人才、产业优势,积极实施军地科技融合的对接,形成了政府搭台、军地互动、民企"唱戏"的融合机制,全省有85家民营企业进入了军用品生产市场,一批科技专家不定期到部队咨询军用品使用情况,并进行技术指导和技术革新调研。四是把拥军优属工作成效纳入党委政府目标责任考核体系。省委、省政府明确把双拥共建工作作为“文明城市”、“平安县市”考评的重要内容,与领导干部政绩考评和选拔任用、部门责任、创先争优等挂钩,省每四年、市每三年、县每两年组织一次评比表彰。使双拥共建工作走上了制度化、规范化的轨道。

第三,宣传到位,共建深入。全省上下建立“四个机制”。一是国防教育机制。坚持把国防教育纳入党委政府议事日程,纳入公民爱国主义和社会主义核心价值教育体系,纳入各级党校和行政学院培训计划,纳入学校课程教学和思想品德教育计划,纳入精神文明建设活动范畴。东海舰队、省军区、公安海警学院等驻浙部队多次邀请驻地党政机关、企事业单位、大专院校等走进军营,开展国防教育活动。率先在全国拓展非公有制企业国防教育领域,全省90%的规模以上民营企业按规定开展了国防教育。全省各地共建立139家国家级爱国主义教育基地、76家省级国防教育基地、580余所少年军校。二是双拥宣传机制。按照突出重点、形成系列、做成品牌的思路,充分利用各类媒介开展双拥宣传,做到报纸有文、广播有声、电视有影、网络有位,有关经验全国双拥办向全国作了推介。广泛开展了“勤俭创业修理连”、“硬骨头六连”、孟祥斌、纪晓飞等军队时代典型宣传活动。三是社会化拥军机制。地方各级各单位不断拓展双拥社会化平台,广泛开展双拥工作“进企业、进乡村、进机关、进学校、进社区、进连队”活动。团省委、省妇联等单位联合开展以“走进军营、情系国防”为主题的“服务海岛官兵婚恋行动”,为广大驻守海岛的青年官兵牵线搭桥。湖州市的军民结对建设社会主义新农村经验被总政治部推广。台州市、温州市、嘉兴市相继成立了民营企业拥军协会,设立专项基金,积极支持驻地部队搞好各项建设。目前全省已建立成规模的军民共建点9 057个。四是双拥创建考评机制。2010年是省级双拥模范城(县)考核评审和命名表彰年。4至5月份,省双拥办与省委、省政府办公厅、省委宣传部、省教育厅、省民政厅、省财政厅、省人力社保厅、省文化厅、省粮食局、省军区政治部等成员单位一起,组织了3个军地联合的考评组,对申报省级双拥模范城(县)的38家单位的2006年至2009年双拥工作进行了全面考核检查,对申报省级“爱国拥军”、“拥政爱民”的78家模范单位和64名模范个人事迹进行了认真复核。考核前,省双拥办对参加考评人员进行业务培训,统一考核标准和要求,并明确了纪律,对涉及地方及国防建设和部队官兵切身利益的10个方面考核内容进行了分值量化设定;考核中,采取听取汇报、查阅台账、现地查看、召开座谈会、走访优抚对象和军烈属等方法,较全面地掌握了申报单位双拥工作开展情况,进一步推动了各地双拥工作开展,特别是双拥政策制度的落实;考核后,省双拥办对考核情况认真汇总,研究提出了省双拥领导小组审定的新一届省级双拥模范城(县)的命名单位,并总结上报了近年来浙江省“弘扬爱国拥军传统,坚持富国强军相统一,扎实推进新形势下军民融合式发展”的经验做法,全国双拥办进行了专题转发。8月份,省委、省政府和省军区召开了全省“纪念建军83周年暨双拥模范城(县)命名表彰大会”,对双拥模范城(县)进行了命名,对双拥模范单位和个人进行了表彰。

二、拥军支前,富国强兵,进一步加大支持军事斗争准备力度

全省各级各部门坚决贯彻落实党中央、中央军委的决策部署,积极推进“四项工程”,一是推进支持部队基础设施建设工程。各级各部门积极为部队提供政策和资金支持,帮助部队改善办公、训练和生活条件。省发改委、省财政厅、省交通运输厅等部门积极帮助部队解决建设立项、规划和资金支持。杭州市协调有关部门,专门设立了以“武警边防总队”命名的公交停靠站点,方便边防总队机关官兵工作和生活。二是推进训练演习支前保障工程。各级、各部门坚持“部队练打赢、地方练保障”,积极为在我省沿海举行较大规模海训、演习和军事行动的演训部队提供住房、供应各种物资、提供参训民船保障。集团军、省武警等部队官兵参加世博安保和东海舰队舰船赴索马里亚丁湾执行护航任务时,省委、省政府及有关市和省公安厅、省文化厅、省卫生厅等单位及时组织慰问并帮助解决生活保障等问题,极大鼓舞了官兵士气。三是推进国防动员建设工程。

全省各地先后组建了一批国家级、省级国防动员中心和信息物资储备基地，全面完成了人防指挥所建设，重点城市人防工程面积达到人均0.97平方米。率先在全国探索民营企业武装工作路子，目前我省有471家民企成立武装部，60余家民企被确定为战时“民转军”企业，1 800余支民兵队伍在民企落地生根。重视加强后备力量基层建设，出台《浙江省后备力量基层建设规范》，受到总后勤部的肯定。四是推进科技强军工程。把科技拥军工作纳入“科技强省”战略，充分发挥地方大专院校、科研院所知识密集、师资雄厚的优势，帮助部队搞好复合型人才培养和科技人才培训。省政府相继出台了《促进军民结合产业发展指导意见》、《鼓励和支持优势民营企业及非公有资本进入国防科技工业建设领域的若干意见》等政策性文件。积极引导高新技术企业参与国防军工科研生产，省里先后3次组织省内750家民营企业与一批军工企业、军事科研院所开展科技对接交流活动，签订军民合作项目60余项。实施军民科技合作项目350项。

三、主动参与，携手共建，驻浙部队积极投身实施“两创”总战略

驻浙部队着眼当地经济社会发展和安全稳定大局，把支持地方建设作为提高部队完成多样化军事任务能力的实践平台，将其纳入军队工作全局来筹划实施，组织广大官兵和民兵预备役人员积极投身地方经济社会建设。一是主动承担世博安保、防汛抗台等急难险重任务。充分发挥人员、装备优势，积极承担急难险重任务，为高效应对各类突发性灾害及事件作出了积极贡献。2010年世博安保工作正式启动以来，驻浙部队、武警官兵和公安系统在我省8个主要入沪卡点共投入安检力量22万余人次，检查过往人员434万人次、车船161万辆（艘）次，查获犯罪嫌疑人958名，查缴非法枪支13支，毒品1 722.6克。驻浙某集团军和二炮部队充分发挥“突击队”的作用，出动1万多名官兵、500多台次工程车辆，帮助地方进行农田水网改造、环境卫生整治。驻浙某航空兵部队、空军部队为世博安保水上、空中、驻地机场提供警卫、导航、气象等保障服务。总参谋部驻浙部队为地方科技保密工作提供技术指导发挥了重要作用。二是深入开展军民共建和谐创建活动。驻军各单位广泛开展了“争当参建先锋，争创美好家园”和“创先争优”、“双送双争”活动，建立民兵创业帮扶组织，派出宣讲团，积极为社会各界群众进行爱国主义、国防知识和革命光荣传统教育。驻浙某集团军部队、海军保障基地部队和省军区系统、公安海警学院等充分利用资源，积极为地方学校承担军训任务，共派出了5 679名官兵帮训。据统计，2010年我省参加军训的大学生有22万人，高中生有55万人。三是广泛开展扶贫帮困活动。驻浙部队牢记宗旨，积极开展扶贫济困、捐资助学等活动，展示了人民军队为人民的良好形象。丽水军分区开展以“寄发一封慰问信、进行一次走访慰问、组织一次老兵座谈、开展一次技能培训、帮办一件解困实事、宣扬一批先进典型”为主要内容的“六个一”活动，引导广大复退军人自觉遵纪守法，积极投身地方经济社会建设。2010年驻浙部队为40余所希望小学长期提供资金支持。另外，青海玉树发生地震后，驻浙部队官兵积极开展“送温暖、献爱心”活动，捐款近千万元支援灾区重建。

四、完善政策，共建双赢，军政军民关系更加和谐

全省各级党委、政府坚持把依法维护国防利益和军人军属合法权益作为拥军优属的基础工程，不断探索完善制度政策体系，与时俱进地做好随军家属就业、子女入学、退役军人安置和优抚工作。一是军人维权保障体系不断完善。2010年4月，省司法厅和省军区政治部在杭州举行了驻浙部队法律援助工作站授牌仪式，至目前，驻浙陆、海、空和武警部队团以上单位都建立了法律援助工作站，维权工作机制延伸拓展，为官兵提供“零距离”、“一站式”法律援助服务。2010年以来，全省各地维权组织妥善处理各类涉军问题670起，一些长期困扰部队、影响军政军民关系的历史遗留问题逐步得到解决。二是军人生活服务体系不断完善。军队保障社会化是军民融合发展的重要内容，各地以军民共建为平台，积极开展探索和实践，在政策、资金等方面给予扶持帮助。舟山市协调相关社会组织积极参与部队后勤保障社会化工作,基本建成了部队伙食供应社会化保障体系,并成立了市随军家属就业管理服务处。2010年,全省共安置600多名随军家属就业,随军家属就业补助金发放近900多万元;解决官兵子女入学入托1 049名。三是就业安置和培训服务体系不断完善。省委组织部、省教育厅、省人力社保厅等单位千方百计做好转业干部安置工作,健全完善了考试考核、竞争上岗相结合的安置工作机制,并对师团职干部采取预留职位、超编超职、先进后出等办法进行重点安置。2010年,浙江省共接收安置军转干部×××名,其中师职干部×××名、团职干部×××名,省民政厅和省财政厅联合出台了《浙江省伤病残退役军人接收安置办法》。按照"自谋职业、双向选择、政府保底"的原则,做好退役士兵退伍安置工作。2010年,浙江省共接收退役士兵×××人、其中转业士官×××余名,安置率近100%,累计发放自谋职业补助金2.2亿元。省委、省政府高度重视退役士兵职业技能教育培训工作,专门召开会议并出台了《浙江省人民政府关于加强退役士兵职业技能教育培训工作的意见》。省军区、省民政厅、省教育厅、省人力社保厅等部门组织指导本系统有关单位,分层分类开展培训,确保退役士兵想读书有机会,想学技能有渠道,想提升学历有平台,把退役士兵培养成巩固基层政权的骨干、加快经济发展的骨干、维护社会和谐稳定的骨干。目前,湖州、嘉兴、衢州、舟山、台州等地此项工作推进顺利,各方面反映良好。其他地方正在积极筹划开班入学的准备工作。在此项惠民政策的影响下,2010年适龄青年应征入伍的热情高涨。《解放军报内参》刊发了我省的做法。四是重点优抚对象生活保障体系不断完善。自我省各地建立优抚标准自然增长机制以来,各类重点优抚对象抚恤补助标准大幅提高,每年增幅超过30%。目前优抚对象城乡基本医疗保险、医疗补助、医疗机构优惠减免和医疗救助"四位一体"的医疗保障体系和医疗报销"一站式"实时结报服务体系已经做到全覆盖。2010年共支出医疗保障资金2亿元。我省还率先在全国建立城乡一体的60周岁以上老复退军人社会养老保险优待制度,对参保复员退伍军人,其军龄视同缴费年限,并加发优待养老金,较好地解决了复员退伍军人老有所养的问题。2010年,全省有近2 100户烈军属家庭,享受了住房保障。五是复退军人维稳工作体系不断完善。2010年11月,由省民政厅、省公安厅、省维稳办、省信访局、省人力社保厅等5家单位联合出台了《关于建立健全复退军人信访和维稳联动工作机制的意见》,建立了复退军人信访和维稳"12345"工作体系,全省各级认真贯彻省复退军人问题工作小组办公室意见,相继出台了"12345"工作实施意见。依托复退军人问题工作小组这一工作平台,制定预防一般复退军人群体性上访、预防大规模复退军人群体性上访两个应急预案,形成复退军人问题工作小组日常工作、重点难点问题联合调处、复退军人维稳工作快速反应三个工作机制,抓好排查、化解、督查、奖惩四个工作环节,建立工作日志、值班、信息报送和通报、数据汇总研判、重点地区督办五个工作制度。由于体系健全,职责明确,政策落实,我省各地没有发生因政策不落实而引发的复退军人群体性进京上访事件。

安徽省二○一○年双拥工作总结

2010年,安徽省双拥工作在全国双拥办的指导和省委、省政府、省军区的坚强领导下,紧紧围绕中心服务大局,全面贯彻落实全省双拥模范城(县)命名暨双拥工作表彰大会精神,坚持军民融合式发展,推动了全省双拥工作进一步发展:

一、全面贯彻落实全省双拥模范城(县)命名暨双拥工作表彰大会精神

2010年1月31日,全省双拥模范城(县)命名暨双拥工作表彰大会在合肥市召开。省党政军主要领导参加了会议,省委原书记王金山、省长王三运、

省委副书记王明方作了重要讲话和指示。各地以命名表彰双拥模范城（县）为动力，采取召开表彰大会、下发文件、解决难点问题、媒体宣传等多种形式的活动，全面贯彻省领导讲话精神，进一步夯实了创建全国双拥模范城的工作基础，有力地推动了全省双拥工作进一步发展。

二、积极做好新一届双拥模范城（县）创建工作

为做好全国新一届双拥模范城（县）创建工作，根据全国新出台的双拥模范城（县）命名管理办法，结合我省实际情况，及时修订出台《安徽省〈双拥模范城（县）创建命名管理办法〉实施细则》和《安徽省双拥模范城（县）考评标准》。各地为配合新一轮全国双拥模范城（县）创建工作，通过举办双拥文艺晚会，开展青少年国防教育活动，在电台、电视台、报刊开辟专栏、专刊加大双拥宣传力度。省双拥办在12月份对全省创建工作进行检查摸底。通过摸底，我们认为，当前我省申报全国双拥模范城（县）的创建工作发展态势良好，各级党政军领导普遍较为重视，机构健全，制度完备，宣传教育不断深化，群众性的创建活动经常开展，军地互办实事、双向融合的关系更加紧密，各方面都取得了较大的进步和发展。

三、精心搭建军民融合式发展平台，双拥共建活动呈蓬勃发展态势

一是落实双拥政策法规取得新进展。在保障优抚安置政策落实，足额及时兑现义务兵优待金和城镇退役士兵自谋职业补助金的同时，着重解决好随军家属就业、子女入学问题。组织各市到外省学习调研活动并提交了调研报告。各地市相继修订了双拥政策法规19个，3 718名随军家属已安排就业860人，2 354名领取了地方政府发放的未就业补助金。在军人子女入学问题上，各地积极采取措施，主动协调有关部门，保证了入学率100%，其中择校生1 311人，占入学率的96%。在各地双拥办和驻军的配合下，我们摸清了驻皖部队随军家属文化结构、分布、年龄层次、就业情况，为有针对性地推动军嫂就业做好了供方信息准备，下一步我们将开展获取人事和劳动部门的用工需求信息作为阶段性工作的重点。

二是双拥宣传工作取得新效果。省双拥办在办好双拥简报，提高信息质量的同时，组织各地撰写领导话双拥征文活动，六安市双拥办撰写的领导话双拥征文被全国双拥办采用。积极推动各地利用当地“大讲堂”的有效载体，邀请国内著名学者专家进行国防教育和“台海、黄海形势”专题讲座，各级领导干部2.3万余人参加了听讲，扩大了双拥宣传效果。

三是加强军地协作，双拥共建活动取得新成绩。全省共支持军队现代化建设，解决军民纠纷86起，极大维护了军人的合法权益。池州市区律师协会在8月份两次为驻军部队开展“送法进军营”活动，受到了所到部队的充分肯定和赞扬。驻皖部队和民兵预备役人员在2010年共投入抢险救灾17.9万余人次，参加公益性活动17万余人次，无偿献血1.5万余人次，义务为群众做好事3.1万余件，捐助助学与贫困学生结对3 330个，投入地方重点工程和其他建设7.2万余人次，投入地方建设动用车辆1.7万余台次，设备5 864台，捐助灾区和贫困地区，捐助希望小学，建立扶贫帮困点1 558个，投入资金资助贫困学生3 679人。四是精心组织、周密安排，做好元旦、春节、“八一”期间省党政军领导慰问南京军区机关部队和驻皖部队。全省各地在组织好党政军领导走访慰问部队的同时，积极组织和发动非公经济组织和社会组织开展走访慰问部队活动，送图书、送科技进军营活动。

四、锐意创新，不断拓展双拥工作与经济社会形势发展相适应的实践领域

一是传统节日慰问对象上走新途径。2010年是中国人民解放军赴朝参战60周年，“八一”期间，省双拥工委领导分别带领三个工作组，重点慰问了驻皖作战部队和抗洪抢险部队，深受部队欢迎，在社会上受到了广泛赞誉。

二是非公组织开展拥军工作取得新突破。为不断拓展新时期双拥工作空间和渠道，扩大双拥工作群众基础，我们在全省范围内积极开展非公组织参与双拥活动，推进了拥军工作社会化，得到了广大非公组织的积极响应。目前全省有10个市、县成立了相应组织，130余家民企表现尤为突出。据统计全省非公经济组织参与拥军为驻皖部队基础设施建设投入资金 1 000 余万元。

三是在积极探索军民融合式发展上取得新拓展。为积极响应胡总书记提出的“坚持军民融合式发展,推动国防建设和经济建设良性互动”的战略决策,我们广泛发动全省双拥工作者踊跃参与政策理论研究。黄山、六安等市双拥工作者积极作为,提出了一些很有深度的理论研究,特别是黄山市的《拓展深化军民融合式发展“八个融合”总体规划(试行)》受到了全国双拥办的积极关注。通过全省双拥工作者的理论研究,有力促进全省军民融合式发展向纵深推进。

福建省二○一○年双拥工作总结

2010 年全省双拥工作坚持以邓小平理论和“三个代表”重要思想为指导,深入贯彻落实科学发展观,认真学习贯彻党的十七届四中、五中全会和省委八届九次、十次全会精神,紧紧围绕福建科学发展、跨越发展和海峡西岸经济区建设、军队改革建设大局,弘扬双拥光荣传统,拓展双拥工作领域,提升双拥“创模”水平,不断巩固军政军民团结,努力为我省经济社会发展和国防现代化建设作出新贡献。

一、各级领导高度重视

地方各级党委、政府和驻军领导机关高度重视双拥工作,摆上重要议事日程,主要领导亲自抓,分管领导具体抓,及时研究双拥工作新情况,解决新问题。省委孙春兰书记到任后就先后率团走访中央军委、南京军区和驻闽部队领导机关,亲自看望、慰问抗洪救灾基层单位;黄小晶省长十分关心部队官兵生活,指示有关部门搞好调研做好后勤保障工作;省委于广洲副书记多次对双拥创模工作作出重要指示,要求做好全国双拥模范城(县)考评试点工作,确保再次实现双拥创建“满堂红”的目标;省委常委、宣传部长唐国忠重视文化拥军工作,要求有关部门抓好落实工作,提升拥军工作层次;省政府张志南副省长亲自组织研究出台拥军优属政策,及时解决双拥工作遇到的热点难点问题。各级双拥工作领导小组认真履行职责,坚持和完善工作新机制,不断完善成员单位双拥工作履职述职制度,提升履职能力。泉州等市及时调整双拥工作领导小组,形成了以市委书记为组长、分管领导具体抓、各部门齐抓共管的格局;厦门市建立并运行的“军地三级沟通协调机制”,为妥善解决军地 8 类 32 个具体问题,实现军地互利双赢,发挥了很好的作用。

二、双拥宣传广泛深入

各地各部队按照《国防教育法》的要求,充分利用春节、“八一”、第 10 个“全民国防教育日”、抗日战争胜利 65 周年和征兵工作等时机,扎实开展形式多样的国防教育和双拥宣传活动,不断增强广大军民国防观念和做好双拥工作责任感、使命感。省委宣传部等军地有关部门举办了纪念抗日战争胜利 65 周年座谈会和国防教育知识网上竞答等系列活动,省、市两级国防教育基地和福建国防教育网发挥了很好的宣传教育作用,国防教育网网站总稿件达 1.26 万篇,网页总访问量达 274 万人次。福州市突出抓好马尾船政文化遗址群等“国防教育主题公园”的试点工作,积极探索国防教育新途径、新方法。各地普遍加大双拥宣传力度,全省设立或刷新了 300 多幅固定的双拥宣传牌,进一步营造了军民同心共创双拥模范城(县)的良好氛围。中央、南京军区和我省集中宣扬了“两栖精兵”何祥美的先进事迹,事迹报告团在我省作巡回报告后在广大军民中反响强烈,进一步激发了部队官兵爱军习武和全社会关心国防、热爱军队的热情。12 月 20 日,中央军委授予何祥美“爱军精武模范士官”荣誉称号。今年 8 月,全国军事设施保护工作座谈会在福州召开,进一步推进了我省坚持依法保护军事设施,促进了军地融合式发展。

三、扎实开展创建活动

2010 年全国双拥模范城(县)考评试点工作任

务下达后，省双拥工作领导小组领导高度重视，及时成立领导机构，有效组织试点工作。有关设区市和试点单位认真按照考评标准的要求，逐项逐条对照，认真开展实施，重点在抓基层、解难点、求实效、增特色、促创建上下工夫，较好地完成了考评试点任务，得到了全国双拥办的充分肯定并在全国省区市双拥办主任会议上介绍经验。按照全国双拥工作领导小组部署和省领导关于做好新一届全国双拥模范城(县)创建工作的指示精神，省双拥办及时召开创模部署会，学习《考评标准》，分析创模形势，部署工作任务。省双拥调研检查组于11月上中旬对各地开展创模情况进行检查指导，总体上看各地保持良好发展态势:一是普遍引起重视。各级党政军领导普遍较为重视，把“创模”工作作为“一把手”工程，分别召开常委会、领导小组会议和“创模”动员大会研究部署，提出任务要求。二是严格考评标准。各地认真按照《考评标准》分解任务，实行包干责任制和问责制。目前各级、各部门正在抓紧自查自纠工作，努力全面达到《考评标准》的要求。三是落实优抚政策。各级各部门狠抓双拥优抚安置政策法规的落实，查找薄弱环节，加强督查力度，限时补缺补漏，确保双拥政策落实全覆盖、不留死角。四是加大宣传力度。加强宣传动员工作，进一步营造“创模”工作氛围，动员广大军民齐心协力地做好考评迎检工作。各地各部队把创模工作与开展“争先创优”活动紧密相结合起来，加大创建工作力度，决心以更严的要求、更高的标准、更优的成绩，再次跨入全国双拥模范城(县)的行列。

四、持续支持部队建设

各级各部门发扬拥军支前光荣传统，把支持驻闽部队全面建设、配合部队完成多样化任务作为双拥工作的重点内容，全省共投入7亿多元帮助部队完善基础设施、训练设施、文化设施、生产生活设施等“四项”拥军工程建设，进一步改善部队战备执勤、军事训练和工作生活条件。主动帮助部队解决军事演习、野营训练、战备执勤、国防施工以及调防部队在“安居”中遇到的实际问题，保障部队顺利执行各项战备任务和重大军事行动。继续做好科技拥军工作，全省各级各部门投入1 800多万元，支持部队150多个科研项目，努力在建立和完善科技拥军基地上下工夫、求实效，推进科技拥军基地化和规范化。省委宣传部等12个部门联合开展“文化拥军”活动，广泛开展演出进军营、艺术家进军营、图书音像制品进军营活动，满足部队官兵精神生活和文化需求，激发部队官兵爱军习武、热爱岗位的政治热情。

五、加强政策法规建设

在省领导的高度重视下，省双拥办等有关部门在充分调研、多方征求意见的基础上，省委省政府于今年“八一”前又出台了《关于进一步解决拥军优属若干意见》的政策文件。各地以此为契机，把贯彻省委省政府近年出台的四个拥军优属政策文件作为今年双拥工作的重点内容之一，制定行之有效的贯彻意见或实施办法，着力解决好当前部队官兵普遍关注的军转干部安置、随军家属就业、部队子女就学和部队干部住房等难题。今年全省安置军转干部×××名，接收安置退役士兵×××名，妥善安置随军家属774名，安排部队子女入学2152名。各地以双拥创模为契机，认真做好优抚安置工作，确保各项政策落实到位。加强城镇退役士兵安置和职业培训工作，进一步完善“自谋职业为主，安置就业为辅、积极扶持就业”的安置政策。省人社厅、民政厅、财政厅、省军区司令部出台了《关于开展退役士兵职业技能培训工作的实施意见》，对退役士兵职业技能培训的组织领导、培训对象、培训管理、经费管理、就业服务等方面都作出明确的规定，进一步推进退役士兵职业技能培训工作。地方各级和有关部门及时督查拥军优属政策的落实，发现问题及时研究解决。有关部门注重解决军人及其军属涉法问题，维护国防利益和军人军属的合法权益。《福建省拥军优属条例(修订草案)》已列入省人大常委会修订程序。

六、拥政爱民卓有成效

驻闽部队和武警官兵充分发挥自身优势，积极支援海峡西岸经济区和社会公益事业建设。驻闽部队共投入兵力12万多人次，机械车辆4 500多台次,冲锋舟2 300多艘次,继续在抢捡救灾、支援重点工程建设、扶贫帮困、捐资助学、兴修水利、植树造林、治理环境、平安建设和学生军训等方面作出了新的贡献。尤其是今年抗击6·13洪涝灾害,省军区、某集团军、空军福州指挥所、武警各总队派出官兵1万多人,车辆机械1 500多台,他们发扬"不怕艰苦、连续奋战"精神,全力抢险救灾和做好灾后重建工作,充分发挥了突击队作用,其中5名个人被省委、省政府评为防抗特大暴雨洪水抢险救灾功臣;11个单位和45名个人被评为先进集体和先进个人。省军区为适应海西建设专门下发了《关于参加和支持海峡西岸经济区建设的意见》,要求所属部队积极参与和支持驻地经济建设和社会发展。驻闽部队还积极向全国第五届特奥会捐款,省军区、海军福建保障基地、省武警总队、武警93师等部队积极支持全国第五届特奥会、第十四届省运会等大型体育活动,得到组委会充分肯定和赞扬。各部队以军民共建为载体,深入扎实开展军民共建活动,推进社会主义新农村、和谐文明社区和"两新"组织的建设,促进精神文明在城乡基层落实、在新的经济组织和新的社会阶层拓展延伸。各部队积极教育广大官兵拥护尊重地方政府,模范遵守地方政策法令,严格遵守群众纪律、社会公德和交通规则,树立了"文明之师"的良好形象。

江西省二〇一〇年双拥工作总结

2010年全省双拥工作,以邓小平理论和"三个代表"重要思想为指导,深入学习实践科学发展观,全面贯彻落实党的十七大和十七届四中、五中全会精神,以全省双拥模范城(县)考评为主线,围绕服务国家和军队改革建设大局,继续解放思想,着力开拓创新,进一步巩固和加强军政军民团结,军地合力促发展保稳定强国防,为我省全面实现"十一五"规划宏伟目标、加快经济和社会发展作出了积极的贡献。

一、高质量完成了创建双拥模范城(县)考评工作

创建双拥模范城(县)的考评工作,是我省今年双拥工作的重点,为做好今年的考评工作,5月31日召开了江西省双拥工作领导小组第十六次会议,专门研究双拥模范城(县)考评工作,会议审议并通过了《江西省双拥模范城(县)考评标准》和今年新一轮双拥模范城(县)考评工作有关事项。明确了考评"五个一票否决"项目。9月13日开始,组成6个考评组,分赴11个设区市对申报的59个设区市、县(市、区)进行考评。此次的考评主要有几个特点:一是利用创建契机解决了全省各级双拥办人员编制和经费问题;二是相关成员单位派出人员参加考评;三是邀请了江西省调查总队、大江网协同进行优抚对象满意度调查和网络测评;四是从设区市抽调人员参与考评,交叉监督,相互学习。同时,加强了双拥宣传活动,编印《双拥简报》8期,及时宣传各地双拥创建工作的好经验、好做法。

二、结合重大节日和抗洪抢险积极开展走访慰问活动

春节前夕,省委、省政府以省党政军座谈会的形式慰问驻赣部队。省四套班子领导和驻昌部队在职的副军以上领导、师以上单位的军政主官参加了座谈会。座谈会由省长吴新雄主持,省委书记苏荣发表了热情洋溢的讲话。军地领导欢聚一堂,共商江西发展大计,畅叙军民鱼水深情。2月9日下午,由省委常委、副省长陈达恒带队,走访了江西省军区和江西省武警总队,送去省委、省政府的新春祝福。2月10日,民政厅党组成员分7个小组,走访了驻昌部队。7月27日至30日,省领导以走访慰问正在抗洪一线部队官兵的形式庆祝"八一"建军节,吴新雄等14位省领导分别带队,走访慰问了南昌、九江、上饶三个设区市的14个县正在抗洪一线的南京军区某部和驻赣部队,以及前期参加过抗洪抢险的驻赣部队师以上单位,向他们表示节日的祝贺和亲切的慰问，并向部队赠送了锦旗和价值179万元的慰问品。

三、依托红色资源优势广泛开展国防双拥教育

一年来，各地充分发挥资源优势，采取多种形式广泛进行国防教育和双拥宣传教育，强化了广大军民的国防观念和双拥意识。利用报刊媒体，刊登了《做好新时期双拥工作的意见》、《关于做好南京军区部队入赣抗洪救灾期间双拥工作的通知》。充分发挥革命烈士纪念建筑设施在爱国主义教育中的主阵地作用，按照以双拥促优抚的思路，由省发改委和省财政厅共同拿出资金，对省级革命烈士纪念建筑设施进行了维修改造。同时，要求各地按照分级管理的原则，各级政府都拿出资金对本级的革命烈士纪念建筑设施进行维修改造。7月底，各地广泛开展了领导过军事日活动，先后组织500多名地方领导到部队过军事日，军训学生1.2万余人。通过内容丰富、形式多样、群众喜闻乐见的双拥宣传教育，军队和地方各级各部门抓双拥工作的自觉性稳步增强，形成了军地主要领导亲自过问、领导班子齐抓共管、有关部门全力配合、社会广泛参与的良好局面，双拥创建的氛围进一步浓厚。

四、坚持办实事解难题大力开展拥军优属拥政爱民活动

2010年2月4日，省双拥工作领导小组下发了《关于进一步做好新时期双拥工作的意见》，提出从增强双拥意识、完善双拥政策、广泛开展创建活动、加强自身建设等四个方面开展双拥工作。要求各地在"十一五"规划的最后一年，要在更高的起点上谋求双拥工作新发展、在更高的要求上实现双拥工作新跨越，为实现江西进位赶超、跨越发展、绿色崛起作出贡献。按照省领导要在"征兵工作、军供保障、军队转业干部和退伍士兵安置、随军家属就业、军人子女入学入托、义务兵家庭优待金、重点优抚对象生活保障、军队离休干部医疗保障社会化"八个方面做好双拥工作的要求，全省各级支持部队建设共投入资金为部队修建、改造营房，整修道路，购置设备装备，发放义务兵优待金，安置军转干部、三期士官，岗位安置随军家属351人，发放优抚对象医疗补助8 718万元，补贴优抚对象住房资金2 903万元，为优抚对象新建住房18.7万平方米、安置经济适用住房5.35万平方米。驻赣部队自觉服从党和国家工作大局，把驻地当故乡，在完成战备、训练和执勤等任务的同时，积极参与地方经济建设，圆满完成抢险救灾任务，大力开展扶贫帮困活动，全力维护社会和谐稳定，在"一大四小"造林绿化工程中，先后出动兵力5万余人，造林面积2.1万余亩、植树18万余株。在今年6月我省严重洪涝灾害中，驻赣部队出动兵力35.5万人次、派出车辆4 200多台次，累计转移群众达44万人，有力地守护了百姓的家园。

五、与时俱进开拓创新深入开展双拥理论研究

积极适应社会发展新形势，紧紧围绕双拥工作如何更好地为江西经济建设和国防建设服务这个中心议题，省双拥办在加大双拥组织领导力度、加强双拥法规建设、开拓双拥活动新领域、创新与时代相适应的双拥活动新载体、发挥"两新"组织在双拥工作中的作用等方面，进行了深入的理论研究，通过半年时间的调研，结合双拥模范城（县）考评，总结撰写了符合江西发展特点的指导性理论文章——《军民融合式双拥体系建设探索》，从江西双拥工作的发展历程和面临的客观环境入手，分析影响江西双拥工作创新发展的原因，研究新形势下支持国防和军队建设的新路子，探索经济欠发达地区在市场经济条件下建立军民融合式发展的双拥体系建设的新途径、新办法，着力提升双拥工作的质量，进一步促进经济、科技、教育、人才等领域的军民融合，使军民结合的面越来越广、融合度越来越深、路子越走越宽，为下一步成立爱国拥军促进会，建立军民结合、平战一体的军队后勤和装备保障体系打下坚实的基础。

一年来，全省的双拥工作虽然取得了一定的成绩，全省双拥工作的整体水平有了明显的提高，但离全国双拥办的要求，特别是离新形势下双拥工作的要求，还有一定的差距。随着"十二五"规划的来临，我们将在全国双拥办的指导下，紧密结合江西经济社会发展的实际，进一步加强宣传教育、进一步创新双拥理论、进一步突出红色优势、进一步健全政策法规、进一步拓展双拥领域，把我省的双拥工作推上一个更高的水平,在构建和谐社会建设作出更大的贡献。

山东省二〇一〇年双拥工作总结

2010年,全省双拥工作在省委、省政府、省军区的正确领导下,按照全国双拥办的工作部署,坚持以邓小平理论和"三个代表"重要思想为指导,全面贯彻落实科学发展观,以推进双拥工作社会化为主线,以圆满完成创建双拥模范城(县)考评试点任务为突破口,以筹办好全国双拥办主任会议暨拥军工作社会化现场会为重点,以新一届双拥模范城(县)检查评比为总抓手,扎实工作,开拓创新,全力推动全省双拥工作再上新台阶。

一、认真部署开展全国创建双拥模范城(县)考评试点,掀起全省创城工作新热潮

2010年,国家在我省安排了全国双拥模范城(县)考评试点任务,我省新一届创城也进入检查考评阶段。对做好这两项工作,军地领导高度重视,省双拥工作领导小组专门召开会议,刘伟副书记、南兵军政委和郭兆信副省长深入研究部署,提出了明确要求。结合全国双拥工作领导小组试点要求和我省双拥工作实际,按照突出重点、打造亮点,全面提升的原则,我省制定了《山东省双拥模范城(县)创建命名管理办法》、《山东省双拥模范城(县)考评标准》(试行)和《山东省创建双拥模范城(县)考评试点检查手册》三个文件,在我省同步开展了全国试点和省级检查工作。各地对做好迎检工作高度重视,普遍召开了创建双拥模范城(县)动员大会。济宁、莱芜、滨州等地根据《考评标准》,细化分解任务,与各县(市、区)和各双拥成员单位分别签订责任书,确保形成了各级各部门各司其职、各负其责,共抓落实的强大合力。6月份,组成由省委、省政府和济南军区、省军区等部门领导带队、45人参加的5个检查组,利用10天时间,到各市进行考评检查,共抽查43个县(市、区)、96个乡镇(办事处),检查了军地基层单位200多个,走访优抚对象500多户。全国双拥办领导也跟踪检查了东营、德州等地的试点和双拥创城工作。通过试点和创城考评检查,全省掀起了新的双拥热潮,各地都录制了双拥专题片,制作了双拥画册,在城区主要公共场所设立了永久性双拥标志和宣传牌5万多处。在这次检查中,济南、青岛、淄博、德州等地进一步提高了各项优抚定补标准,泰安、聊城、威海等地加大力度解决义务兵安置、军转干部安置、随军家属安置等热点、难点问题,军民共建进一步深入。在对驻军基层连队1700人进行的现场问卷测评中,满意率达95%以上;在17个市政府网站进行的为期一周的网络公开测评中,20多万人主动参与,满意率达94%以上;在利用17个市民意调查电话系统,对5.1万个优抚对象随机抽查的8 500人测评中,满意率达97%。

二、精心筹备召开全国双拥办主任会议暨拥军工作社会化现场会,在新起点上取得双拥工作新荣誉

为筹备召开全国省(区、市)双拥办主任会议暨拥军工作社会化现场经验交流会,姜异康书记、姜大明省长等省领导专门就有关事项安排作出了批示。在各市和各成员单位的密切配合、积极参与下,省举办多项在军地有较大影响的活动,为会议顺利召开创造了良好条件。一是举办"山东省双拥知识大奖赛"。利用《大众日报》刊登了一个整版的双拥竞赛题,在全省140个县(市、区)和驻军各单位设立了分赛区。全省参赛人数达到500多万人,达到了普及双拥知识、提高全社会双拥意识的预期效果。71146部队、省边防总队和临沂市、章丘市、胶南市等获得优秀组织奖。二是制作双拥专题片。按照省领导批示,省民政厅抽调骨干力量,省电视台配合,精心制作了题为"岱青海蓝军旗红,齐鲁双拥新潮涌"的双拥专题片。专题片在全国会议期间进行播放,得到了与会代表的一致好评。三是筹建双拥艺术团并进行文艺演出。采取"松散型"模式组建了山东省双拥艺术团，并于8月10日晚向出席全国会议的代表作了汇报演出。临沂市选送的合唱《谁不说俺家乡好》、情景歌舞《蒙山沂水》等节目以丰富的双拥内涵和较高的艺术性赢得了与会代表的高度赞誉，彰显了我省革命老区的精神风貌。这次会议的成功召开，在与会代表中引起了强烈反响。孙绍骋副部长指出，"山东省社会化'大拥军'格局，使拥军氛围越来越浓，拥军工作越来越实，拥军的队伍看得见，拥军的品牌叫得响，拥军的成效摸得着，有力提升了创建活动的质量，促进了军民融合式发展，为国防建设和经济建设良性互动、互促共长作出了积极贡献。"总政群工办汤奋主任强调，"山东拥军工作社会化的经验和做法，是新的历史条件下双拥工作的新成果，是山东人民爱国拥军情怀的生动体现，有着很强的示范性、指导性"。会后，中央电视台、新华社、解放军报等媒体也专门对会议和我省的经验做法进行了宣传报道。

三、着力健全完善社会化工作体系，双拥工作创新发展迈出新步伐

为切实形成覆盖全社会的双拥组织网络，进一步扩大双拥工作的群众基础，全省深入推进双拥工作社会化"四个体系、四个机制"建设，拓宽了双拥工作社会化的新路子。一是以基层双拥工作站为依托，抓好双拥工作组织体系建设。在全省建成社区双拥工作站3万多个，工作人员达11万多人，填补了部分镇(街)、村(居)双拥机构建设的空白，涌现出了济南市信义庄社区、东营市南李社区双拥工作站等一大批先进典型，激发了基层双拥共建的活力。二是以双拥志愿者队伍为依托，抓好基层双拥骨干队伍体系建设。积极发动社会各阶层、广大群众和驻军指战员参与双拥志愿服务工作，为社区居民、优抚对象和部队基层官兵提供更好的服务。聊城市柳德占志愿服务队、泰安市卫生学校志愿者队伍等双拥志愿者队伍常年活跃在军地基层，成为新形势下我省双拥战线上迅速发展的生力军。三是以"两新"组织为依托，抓好双拥实体服务体系建设。充分整合各类社会资源，动员企业和社会组织发挥自身优势，建立双拥培训基地、形式多样的双拥服务实体等3万多个，为解决退伍军人、随军家属就业等问题提供了平台。一年来，省个体私营企业协会组织非公企业开展拥军活动8 297次，捐赠物资，安置随军家属128人，安排子女入学897人。四是以"拥军车"为依托，抓好双拥品牌体系建设。全省17个市、130多个县(市、区)成立了拥军车队，挂牌的"拥军车"达1万多辆。同时，我省粮食、商贸部门开展了"好米好面送军营"、"阳光食品进军营"活动；邮政、电力部门开展了"邮政服务进军营"、"彩虹进军营"活动；农业部门实行了"菜篮子工程"；工商税务部门实施了"红盾帮扶工程"；妇联部门开展了"巾帼拥军"活动；共青团开展了"志愿者拥军行动"，各部门和行业倾力开展双拥活动，使行业拥军达到新水平。

四、着眼军民融合式发展，大力支持国防军队建设，保障部队执行多样化军事任务能力有新增强

各级党委、政府和广大人民群众始终站在国家安全和发展战略全局的高度，关心支持国防和军队现代化建设。一是全力为部队军事训练搞好服务保障。2010年，部队在我省部署开展了"联合—210"战役集训、四大集团军海训、127师跨省机动演练等多项军事演习训练活动。省财政划拨专项经费用于开展支前慰问活动；交通部门先后组织了各类交通保障15个梯队27个梯次，保障部队机动车辆2 000多辆，机动里程5 000多公里；公安、电力、信息、海洋渔业等部门在安全、用电、通信、海域等方面给予保障支持，确保各项演习的顺利进行。各演习地党委、政府积极做好支前保障工作，日照市出台了《关于进一步做好部队海训演习期间拥军支前保障工作的意见》，形成了日照市支前保障的新特色。烟台市先后发出20多个拥军支前保障通知，为海训部队提供海域、滩涂、训练场地近万亩，物资保障近千吨，演习驻地群众腾让住房1万多间，赠送慰问品慰问金。潍坊市精心安排，制定方案，保障了"首都防空联合作战"、"铁流－201"机动演练等重大军事活动的顺利进行。二是大力支持部队现代化建设。为促进部队建设的全面发展，军地双方积极推动在经济、科技、教育、人才等领域的军民融合。省经信委将"国防信息动员信息资源数据库系统"建设列为我省信息化重点工程,并给予了一定的资金支持;省教育部门在山东大学等六所高校中开展依托培养工作,全省在校国防生达到3 568人;省水利厅安排资金组建武警水电应急抢险救援队,提高部队应急处突能力。青岛市科技部门从技术、人力等方面协助部队进行科技研发工作,取得了显著的成绩;枣庄市本着"寓军于民,平战结合"的原则,加强枣庄战略后勤基地建设,组织技术人员对全市国防公路和部队进出口道路线型进行全面勘察,改造建设国防公路。三是热情帮助部队解决实际问题。各地各部门采取政策支持、资金投入等措施支持部队建设。省发改委安排预算内投资,支持省军区教导大队训练设施、机关和直属队战备物资器材库房等工程建设;省城乡建设勘察院为济南军区完成13项岩土工程勘察和施工工程。菏泽市在资金紧张的情况下,为驻菏官兵新建改建营房、办公用房等,并进行了配套设施建设,进一步提高和改善了驻菏部队和武警官兵的生活工作条件。

五、围绕地方建设深入开展拥政爱民活动,为促进地方改革发展稳定作出新贡献

驻鲁部队始终围绕全省经济社会发展大局,认真做好参加和支援驻地建设,在促进全省经济社会发展中充分发挥了部队优势和作用。一是积极支持地方重点工程建设。在推进黄河三角洲高效生态经济区等开发建设中,济南军区等驻军部队累计出动官兵4万余人次,车辆2 000多台次,完成土方20 000多立方米,植树造林10万多棵。在配合青岛实施"环湾保护、拥湾发展"战略中,北海舰队等驻青部队充分发挥技术、人才、装备等优势,积极支持了胶州湾海底隧道、流亭机场商务区扩建等重点工程建设。二是不断推出拥政爱民新举措。军区空军先后与共青团山东省委、山东航空集团开展了以"思想工作联抓、公益事业联做、人才培养联手、文体活动联谊"的共建活动,军地、军企签订了《共建协议书》,极大丰富了军民共建的内容;省武警总队大力开展"武警爱心援建工程",每年投资,研究确定3个援建项目,取得了显著成效。三是大力支持社会主义新农村建设,开展扶贫帮困活动。省军区在支援新农村建设中,创造了"双带双促"经验,省政府和省军区在单县召开现场会进行推广;省武警部队按照"帮扶一个村,稳定一片群众;扶持一个农户,建设一个和谐家庭"的目标,先后与94个相对贫困的村镇结对帮扶,与170多个贫困户签订了助贫协议,开展助民劳动2 177个劳动日,整修爱民路120公里;济南军区空军所有建制团以上单位均与驻地农村结成了共建对子;省边防总队深入开展"爱民固边大走访"活动,入户走访率达100%,为弱势群体捐款捐物。四是全力维护社会和谐稳定。各部队忠实履行职能,在省运会召开期间,武警部队共疏导群众120万人次,未发生一起纠纷。各部队还积极参加"平安山东"、"和谐山东"建设,加强军警民联防联治,配合地方妥善处理群体性事件,严厉打击各种违法犯罪行为,有效维护了全省安全稳定的良好局面。

六、切实解决军人军属关注的热点难点问题,涉军维权工作取得新突破。

各级坚持把实现和维护好广大军民的生活、发展权益作为双拥工作的着力点,加大力度抓好政策落实,创新思路促进热点难点问题的解决。一是随军家属就业安置问题有了重大突破。5月份,省民政厅与省财政厅、省人力资源和社会保障厅联合下发了《关于进一步做好随军家属就业安置工作的意见》,在全国率先提出随军家属就业安置率(含货币化安置)达100%的要求,仅此一项全省每年投入达2 000万元以上。二是做好重点优抚对象走访慰问工作。利用主要节日,全省各级走访部队基层单位1 000多个,走访优抚对象3 000多户,帮助基层部队官兵和重点优抚对象解决了大量的生活、工作等方面的实际困难。同时,突出抓好对英模人物的褒扬工作,到聊城慰问了因处置空中重大特情牺牲的烈士冯思广家属,到济空456医院看望了伤员张德山;分别赴临沂郯城县和潍坊安丘市慰问了在四川甘孜救火中牺牲的马景宝、李双林两位烈士的家属,以省主要领导名义向烈士赠送了花圈和慰问金。聊城、德州、临沂、潍坊等地在做好慰问工作的同时,切实采取临时救助、医疗救助、就业援助等措施,帮助烈士家属解决了一些生活工作中的实际困难。三是继续开展帮扶部队"小散远"单位和特困官兵家庭活动。各级下大力气，采取军企共建、行业拥军等多种形式，帮助“小散远”驻军单位解决官兵吃水、用电、出行等方面的难题。日照市投资分别为北海舰队西龙山观通站、济空安东卫雷达站修建了盘山公路；东营市协调光伏太阳公司投资为大竹山岛安装了21盏太阳能路灯。继续开展救助特困官兵家庭活动，省慈善总会投入资金专项救助特困官兵家庭。淄博市按照“全面救助、激励先进”的原则，在春节、“八一”两次救助的基础上，对城乡低保特困军人家庭、因灾祸或因病致贫困难军人家庭等全面实施了救助。潍坊市针对驻军单位多的实际，开展双拥工作领导小组部队成员单位帮扶重点优抚对象、地方成员单位重点帮扶特困军人家庭的“双帮扶”活动，在地方和部队都产生了良好反响。

一年来，双拥工作取得了很大发展和进步，但也存在一些值得关注的问题。一是创建双拥模范城（县）的质量需要进一步提高。部分地区存在评时争、平时松的现象，创城的活力不够，动力不足。二是对军政军民纠纷的处置力度要进一步增强。随着城市化进程的加快，经济利益格局的调整，涉军矛盾纠纷不断增多，给双拥工作带来新的课题。三是政策落实力度需要不断加大。部分地区还存在因政策不落实，造成军人军属上访的问题。对这些问题，需要在今后工作中认真研究加以解决。

河南省二〇一〇年双拥工作总结

2010年，河南省的双拥工作在省委、省政府、省军区的领导下，在省双拥工作领导小组各成员单位的大力支持下，坚持重在持续、重在提升，重在统筹，重在为民的要求，突出重点，狠抓基层，拓宽领域，扎实工作，进一步密切了军政军民关系，促进了经济社会发展和军队现代化建设。

一、组织领导坚强有力

军地双方各级领导站在国家长治久安、民族兴旺发达、人民幸福安康的高度，自觉把双拥工作作为关系改革发展稳定大局的重大政治任务来抓。省委书记卢展工同志到任不久就提出，要从贯彻落实胡锦涛主席关于军民融合式发展战略思想的高度，认识和看待新形势下的双拥工作，要求全省双拥工作要持续提升认识，持续服务全局，持续创新拓展，持续求实求效，并提出了“转业干部是人才，不是转业是转岗，不是安置是交流”等一系列新思想、新理念，极大促进了全省上下对双拥工作认识水平的提升。省委副书记、省长郭庚茂同志亲自到征兵现场进行调研，要求从国家大局和战略全局的高度来认识和重视征兵工作，高质量、高标准地完成好征兵任务。省委副书记、省政协主席、省委组织部部长叶冬松同志带队慰问参加青海玉树抗震救灾凯旋归来的济南军区方舱医院的官兵。省委常委、省军区政委颜纪雄同志组织召开座谈会，研究部署省军区部队支持和参加中原经济区建设工作。副省长秦玉海同志对驻豫部队参加重大训练演习每次都主动过问并提出保障要求，亲自协调解决有关重大问题。2010年“八一”前夕，省委常委召开议军会议，专题研究军转干部安置、军休干部医疗待遇等问题；及时调整健全了省双拥工作领导小组机构和人员。各市、县均把双拥工作列入常委会、人代会、政府常务会等会议内容，与经济、社会发展同部署、同检查、同落实，有效地促进了双拥工作的创新发展。建立健全双拥工作制度，县以上均成立了双拥工作领导小组和办公室，实行军地合署办公，编制人员和工作经费得到落实。进一步健全完善和坚持了双拥工作的各项规章制度，使双拥工作走上了制度化、规范化、经常化的轨道。

二、各项优抚安置政策进一步落实

各级党委政府从讲政治、讲大局、促和谐的高度出发，认真研究解决双拥工作中的热点、难点问题，普遍按照“落实已有的，完善不足的、填补空白的”原则，细化、落实复转军人安置、随军家属就业、军人子女入学、优抚标准落实、军休干部保障等政策。

2010 年“八一”前夕，省出台了《关于加强和改进我省军队转业干部安置工作的意见》、《关于进一步做好移交地方政府安置的军队退休干部和伤病残退役军人安置工作的意见》等，明确提出团以上领导干部转业降一级安排实职，军休干部享受同职级公务员医疗待遇的要求。各地对军转安置工作高度重视，安置质量好于往年。下发了《关于进一步完善部分企业军转干部解困标准的通知》，提高了解困和医疗补助标准，并建立了定期调标机制。全面推进退役士兵安置改革，初步建立了安置就业与自谋职业相结合的安置工作新机制。截至目前，全省共接收安置退役士兵×××人。加大地方财政投入力度，确保抚恤补助资金足额、及时下拨，有力地保障了优抚对象的生活。2010 年中央和省财政全年下拨优抚对象抚恤和补助资金×××亿元，下达和拨付困难企业军转干部生活补助金×××亿元，下达军队离退休安置人员经费和医疗以及军队服务管理机构经费×××亿元，安排和下达城镇退役士兵一次性自谋职业等经费×××亿元。坚持行政调配和市场调节相结合的原则，加大协调服务力度，做好随军家属劳动就业和军人子女入学入托工作。据不完全统计，全省 800 多名部队干部家属被安置在事业单位，3 000 多名被安置在效益较好的企业单位。各地普遍调整了随军家属生活补助，安阳市从以前的每人每月 400 元提高到 600 元。重视解决部队官兵涉法问题，维护军人及其家属的合法权益，在全省设立了 190 多个军人军属法律咨询服务站(所)等涉军维权组织。根据民政部要求和省双拥工作领导小组第 16 次会议同意，河南省拥军优属基金会经过认真筹备，已于 2010 年 12 月召开了成立大会，将为整合社会资源、开展拥军服务提供有力保障。

三、支持部队建设积极主动

各地各部门站在维护国家安全和发展战略全局的高度，为部队做好军事斗争准备创造良好条件。一是积极支持部队完成训练演习。协调保障在开封 71320 部队召开的全军依法从严治军现场会；保障 63880 部队完成“神剑－2010”重大演练任务；慰问赴玉树抗震救灾的济南军区方舱医院。“八一”期间首次对驻港部队进行了慰问并赠送慰问品和慰问金近百万元。“八一”、春节期间两次召开河南省军政座谈会，省四大班子领导带队到济南军区、济南军区空军和驻豫部队进行春节慰问。71320 部队、71521 部队所属部队执行实兵演习任务和 71146 部队所属 71613 部队赴确山参加军事演习，省双拥办及时协调，洛阳、郑州、三门峡、平顶山、许昌、开封、周口、驻马店等市有关部门密切配合，全力保障，确保了部队演习的顺利进行，各部队向省委、省政府发来感谢信表示感谢。二是着力解决部队发展的重难点问题。各地各部门普遍采取政策支持、资金投入等措施，积极帮助部队排忧解难，省财政为支持驻豫部队建设，共安排各类经费×××亿元。省电力公司发挥行业优势，把确保部队用电作为首要任务来完成。省国土厅积极落实军烈属待遇，对参军入伍的士兵可以在原籍保留或申请一户宅基地，不收取其他任何费用。省工商系统为自谋职业的退伍军人减免各项行政收费。信阳市以每年军地互办“五件实事”为抓手，保证了双拥工作的实效，受到济南军区杜恒岩政委的肯定。三是下大力解决遗留问题。71521 部队秦窑靶场建设遇到困难，省政府专门下发通知提出要求，省双拥办及时协调督导，新乡、鹤壁两市积极支持，使遗留问题得到较好的解决。

四、拥政爱民工作卓有成效

驻豫各部队认真贯彻军委胡锦涛主席关于“军队要继续当好战斗队、工作队、宣传队”的重要指示，坚持量力而行、有所作为，选准地方党委政府的关注点、人民群众的期盼点、选准自身的优长点，真正把参建援建工作做到关键处、做到点子上。一是积极完成急难险重任务。2010 年 7、8 月份，我省西部、南部连续遭受大到暴雨袭击，南阳、洛阳、三门峡等多个地区的 75 个县(市、区)、468 个乡镇遭受不同程度的洪涝灾害。驻豫部队和武警、民兵、预备役人员全力投入抗洪抢险战役，先后出动驻军官兵 1 200 余人，民兵预备役部队 4 500 余人，转移被困群众 36 000人，营救 7 处被洪水围困群众 168 人。辉县市人武部参谋杨强被济南军区授予“抗洪抢险模范干部”荣誉称号。驻豫部队今年还先后参与了荥阳市“602”化工厂爆炸事故、伊川县煤矿瓦斯爆炸事故、孟津县小浪底林区火灾、修武县山林火灾、栾川县桥梁垮塌抢险救援等任务，受到上级领导的肯定和地方党委、政府的赞誉。二是积极支援重点工程建设。南水北调中线工程涉及河南省淅川县丹江口库区移民16.2万人，安置点遍布6个市25个县(市、区)48个乡镇，移民迁安任务艰巨繁重。省军区积极动员组织有关军分区(警备区)及所属人武部全力支援南水北调移民迁安工作，配合地方党委、政府圆满完成了7.57万人的移民搬迁安置任务。三是积极参加中原经济区建设。省军区召开专题会议，研究部署省军区系统支持和参加中原经济区建设工作，大力开展“五个一”援建工程。71320部队为保障全国第10届菊花展览会圆满成功，先后出动兵力5 000人次、运输车900台次给予大力支持。71521部队投入资金，资助各类贫困学生198人。解放军外国语学院先后为地方党政机关、企事业单位作党的创新理论学习辅导和国内外形势报告100余场，听众近3万人。驻郑部队院校和武警官兵向郑州大学贫困生连续三次捐助，共向266名学生捐赠39.9万元。96251部队开展“送温暖、送爱心”捐助活动，共募集捐款116万余元资助困难群众。四是积极参加“平安河南”活动。省军区认真贯彻中央综治委、总参、总政《关于军队参加平安建设的意见》，专门研究制定了《关于进一步推进驻豫部队参加平安建设的意见》和《实施细则》，组织协调部队和民兵预备役人员积极参与“平安河南”建设，收到明显成效。

五、创建双拥模范城(县)活动扎实开展

2010年将命名表彰新一届全国双拥模范城(县)，各地按照标准条件，扎实做好创建迎检工作。一是学习宣传形成氛围。全国新的《双拥模范城(县)创建命名管理办法》《全国双拥模范城(县)考评标准》颁发后，省双拥工作领导小组及时下发通知，全省各地迅速掀起学习宣传热潮。组织人员到先进单位学习考察，采取以会代训的方式先后对300余人进行学习培训，安排洛阳、许昌、信阳三个市进行考评试点，探索考评方法途径。二是部署安排及时到位。省两次召开双拥办主任会议，分析创建工作形势，总结交流考评试点经验，查找薄弱环节，对创建工作提出明确要求。各地都及时召开大会进行动员部署，明确阶段划分、实施步骤、目标要求和责任分工，切实加强了对创建工作的领导。三是坚持以创建促工作。各地在创建工作中，对照标准条件，普遍开展自查自纠活动，对工作和政策落实情况逐项进行排查，对已落实的进一步巩固提高；对基本落实的，补缺补差，使之达到标准；对落实不到位的，分解责任目标，限期予以落实。通过创建活动，有力地促进了双拥工作深入发展。

我省双拥工作取得了显著成绩，但用更高的标准来审视，还存在着工作发展不平衡，少数地方政策落实不到位，宣传推广典型力度不够大等问题。今后，我们切实克服和解决存在的问题，推动全省的双拥工作再上一个新台阶。

湖北省二〇一〇年双拥工作总结

2010年，湖北省双拥工作在全国双拥办和省委、省政府的正确领导下，围绕年初的工作计划，狠抓各项双拥优抚政策的落实，切实履行职责，较好地推进了双拥工作的发展，圆满完成了全年的各项工作任务。军爱民、民拥军，军民“同呼吸、共命运、心连心”的军政军民关系进一步得到加强。

一、认真抓好各项优抚政策的落实，有效地保障优抚对象的合法权益

坚持将严格落实政策和加强抚恤补助经费的规范化管理作为优抚工作的重点，常抓不懈，有力保障了优抚对象的合法权益。全年下拨各项优抚事业经费155 489万元，有条件推行抚恤补助经费社会化发放的县市区社会化发放率达到100%；继续抓好鄂办文[2009]59号和鄂民政发[2009]54号文件的贯彻落实;纠正了极少数地区扩大政策范围给不符合条件的参试退役人员发放生活补助费的问题;进一步规范了全省部分优抚对象粮油补贴发放工作;督促有关地区妥善解决了长期没有解决的部分中央在鄂和省属单位一至六级残疾军人的医疗问题;全面完成了康复辅助器具配发工作。同时,认真做好评残、追烈工作。同时,结合下乡开展调研,加强经常性地检查督办,促进了各项政策的落实和抚恤补助经费的规范化管理。

二、大力推进优抚对象医疗费"一站式"结算服务,87%的县市区完成工作目标

在全省全面建立优抚医疗保障制度的基础上,全年重点推进优抚对象医疗费"一站式"结算服务,明确要求年底前各市州70%的县市区建立"一站式"结算服务体系,并列为省政府与省厅签订的2010年度责任目标之一。通过年初部署、整合民政资源、加强检查督办等措施,截止12月底,全省已有90个县市区实现医疗费"一站式"结算服务,占全省县市区总数的87%,提前超额完成工作目标。

三、认真组织协调拥军优属走访慰问活动

"八一"前夕,以省政府、省军区名义向全省发出"八一"期间开展双拥活动的通知,对全省各地"八一"期间双拥活动作出部署。要求各地开展形式多样、丰富多彩的双拥慰问活动,营造军爱民、民拥军的良好氛围。7月29日上午,省主要领导分二路走访慰问原武汉军区和武汉军区空军副兵团职以上老首长及遗孀,并赠送慰问金。组织召开省党政军领导纪念建军83周年座谈会。7月23日,召开驻汉军以上部队政治部秘群处处长会议,研讨当前双拥工作形势,部署下一阶段的双拥工作任务。7月27日上午,会同省直机关工委、省国资委、省国防教育办,举办国防动员法专题讲座,请全国人大法律委员会副主任委员洪虎同志作国防动员法宣传辅导报告。省直机关和中央在汉、省属大型企业负责人共500余人参加讲座。开展了抗战胜利65周年走访慰问活动,并下拨在乡抗日老战士一次性生活补助2 451.3万元。协调组织5名著名烈士家属参加了"全国百名著名烈士家属参观上海世博会活动"。9月17日,省委、省政府主要领导参加空降兵第十五军成立周年庆祝活动,并赠送慰问金200万元。

四、修订《湖北省双拥模范城(县)创建命名管理实施细则》和《湖北省双拥模范城(县)考评标准》

3月份,全国双拥办印发《双拥模范城(县)创建命名管理办法》和《全国双拥模范城(县)考评标准》后,为了使《湖北省双拥模范城(县)创建命名管理实施细则》和《湖北省双拥模范城(县)考评标准》与国家办法、标准的衔接统一,增强创建活动和考核评选工作的科学性和可操作性,我省在深入调研论证,广泛征求军地多方意见的基础上,结合我省实际,对《实施细则》和《考评标准》做了相应调整和修订,并以省双拥工作领导小组的名义下发各地执行。

五、认真组织开展新一轮双拥模范城(县)创建考评工作

全面启动新一届双拥模范城(县)创建命名工作。根据省双拥工作领导小组的部署安排,在各地自查申报、市州考评的基础上,省双拥办协调省军区、省武警总队、空军武汉指挥所及省委宣传部国防教育办、省政府办公厅、省民政厅、省财政厅、省人力资源和社会保障厅、省征兵办等双拥工作成员单位,抽调人员组成5个检查考核组,由军地领导带队,于2010年12月下旬开始,对全省各地申报推荐的63个单位进行了抽查考核,重点抽查了40个市、州、县(市、区)。

湖南省二〇一〇年双拥工作总结

2010年,湖南省双拥工作在省委、省政府、省军区的正确领导下,在全国双拥办和上级军事机关的指导关怀下,坚持以邓小平理论和"三个代表"重要思想为指导,深入贯彻落实科学发展观,紧密结合争创双拥模范城(县)活动,不断加强组织领导,深化双拥宣传,推进军地协作,规范工作运行,提高创建质量，为湖南改革、发展、稳定及驻湘部队现代化建设作出了新的贡献。

一、以创建活动为牵引，不断加强组织领导，政府主导能力明显增强

全省各级党委、政府和驻湘部队对争创双拥模范城(县)活动高度重视，把双拥工作摆上重要的议事日程，认真谋划、加强领导。一是领导重视、率先垂范。军地各级领导身先士卒，积极参加双拥活动，大力支持双拥工作。省委周强书记亲自谋划双拥工作，亲自解决双拥工作中的重大问题，亲自走访慰问部队。徐守盛省长刚到湖南上任，就专程到驻军单位了解部队建设和双拥工作情况，并对巩固和发展军政军民团结提出了明确要求。有的市(县)还把双拥模范城(县)创建作为书记、市(县)长“一把手工程”来抓，充分体现了各级领导对双拥工作的重视。二是严密组织、加强协调。年初，省双拥工作领导小组召开会议，把创建双拥模范城(县)活动作为全年双拥工作的重点内容，进行了明确部署，并要求各级各部门要严密组织，加强协调。各地双拥工作领导小组充分发挥职能作用，从制定组织方案到明确责任分工再到落实检查督促，做到了目标明确、计划周详、督导到位。在创建活动的牵引下，不少市县的党政领导与有关部门负责人还签订了责任状，部门间协调配合更加积极主动，形成了齐抓共管的合力，有力地推动了双拥工作开展。三是加强指导、建强队伍。去年省双拥办专门将双拥政策法规汇编成册，下发到各市县，对全省县以上双拥办领导分两期进行了培训，组织部分驻军单位负责群众工作的领导和省双拥工作领导小组成员单位的同志到外省进行调研，加强了新形势下双拥工作的研究指导。同时，建强双拥工作队伍，省双拥办按国家要求完成单列，各市(州)双拥办普遍落实了人员编制和工作经费，有的驻军较多的县级双拥办还安排了专职人员，军地合署办公制度也能有效落实，工作力量得到加强，行政运行逐步规范，双拥工作的政府主导能力不断提高。

二、以创建活动为主线，不断加强宣传造势，双拥社会氛围日益浓厚

全省各地各部队以创建活动为主线，把国防教育和双拥宣传作为重要内容贯穿其中，多形式、广覆盖、全方位进行宣传造势，在全社会营造出关心双拥、支持双拥的浓厚氛围。一是整合媒体、集中宣传。去年，由宣传部门协调，省双拥办联合省内各大媒体，结合重要节日和重要活动进行集中宣传。《湖南日报》相继开辟“优秀退伍兵巡礼”、“复员退伍军人的故事”、“三湘激荡双拥潮”等多个专题，湖南卫视、湖南日报全程跟踪报道30名老复员军人赴朝祭扫活动，省双拥办制作了《双拥花开芙蓉国》电视专题片，湖南卫视、湖南经视、湖南人民广播电台、红网等媒体从不同侧面对双拥活动、先进典型的宣传报道，都起到很好的教育效果。去年，全省各级媒体刊播双拥综合消息、纪实通讯、图片声像1 500多条(篇)，形成强大的宣传声势，为增强广大军民的双拥意识起到了积极的导向作用。二是搭建平台、广泛宣传。各地采取多种形式，搭建双拥宣传平台，把传统的横幅、标语宣传与现代手机短信宣传结合，把临时性的双拥展板与设立永久性双拥广告牌结合，把单向国防教育课与军民共同参与的联欢活动结合。去年，全省共设立双拥宣传广告牌1 100多块，制作双拥展板200多块，利用烈士纪念物开展爱国主义教育、组织军民联欢活动、双拥主题晚会等600多场次，各地普遍对窗口单位和服务性场所的“军人候车室”、“军人优先”、“军人免费”、“军车免费”等标识牌进行了更换或调整，对“光荣军属”、“爱国拥军之家”等光荣牌能及时制发并帮助悬挂，使双拥宣传渗透到人们日常生活中。三是挖掘典型、重点宣传。充分发挥双拥典型的示范作用，重点宣传了一批双拥工作成绩突出、特色鲜明的市县、爱国拥军模范单位个人、关爱优抚对象先进单位个人以及优秀复员退伍军人，社会反响良好，为推动群众性的双拥热潮，维护社会稳定起到了积极的引导作用。

三、以创建活动为契机，不断推动融合发展，军地建设呈现良性互动

全省军地双方充分发挥各自优势，以创建活动为契机，不断增进感情，加强协作，推动了国防建设与经济社会建设协调发展、良性互动。一方面，大力支持驻湘部队现代化建设。一是按照“整体纳入、重点保障、逐步优化”的原则,将驻军建设与当地经济建设同步规划、同步推进、同步实施。去年,全省共办理7宗军事用地审批事项,划拨土地1 200多亩,发展国防工业和投入国防科研的经费达××亿元,输送国防生600多人,输送兵员××万余人。同时,各地各部门在打好“十一五”收官战的同时,认真谋划制订“十二五”计划,在城乡规划、交通路网建设、科技信息化建设、经费预算、土地预留等方面,充分考虑驻军部队的建设需求。二是为军队遂行多样化军事任务提供全力支持和保障。去年,专门组织对参加玉树抗震救灾、山洪泥石流抢险救灾以及担负亚运安保任务的部队进行了慰问,为参加演习和机动的过境部队提供了支前保障。三是热情帮助部队解决实际问题。长沙市针对地铁施工交通拥堵的现状,及时调整公交线路,新增站点,方便官兵的出行。各级物价、工商部门针对粮油副食品价格的波动,及时进行价格干预,加强市场管理,为驻军部队开通生活保障绿色通道。各级公安部门认真做好军人身份证的核发和随军家属落户工作。各级政法部门为部队提供法律援助和服务420人次,帮助解决涉军纠纷122件,为部队和军人家属挽回经济损失320余万元。另一方面,积极服务驻地改革与发展。一是驻湘部队强化宗旨意识,把参加支持新农村建设作为拥政爱民的重要内容。省军区牵头组织“我助老区奔小康2211工程”活动启动以来,各部队积极参与,认真组织,资助贫困学生1 000名,帮助25个贫困村脱贫致富。省双拥办组织驻军医疗单位连续三年为在乡老复员军人送医送药活动,累计行程6万多公里,为31 700多名在乡老复员军人提供了医疗服务,取得明显成效。二是在加强驻地精神文明建设中发挥带头作用。先后投入60多个劳动日,出动官兵20万人次,车辆、机械5 000多台(次),帮助驻地清理城市垃圾,清洁城市公共设施。在创建活动中,部队营区还纷纷悬挂出拥政爱民的横幅标语,促进了社会和谐与文明。三是主动承担地方急难险重任务。去年上半年我省怀化、娄底、邵阳、郴州等地发生山洪泥石流,驻军部队在抢险救灾中发挥突击作用,作出了重要贡献。在做好信访维稳工作方面,省军区系统及时掌握复退军人群访动态,积极配合地方做好复退军人上访的劝返维稳工作,为维护社会稳定发挥了积极作用。

四、以创建活动为抓手,不断规范双拥工作,各项政策法规较好落实

2009年,在全省进行的创建活动中,我们狠抓各项制度的落实,把健全和完善各项双拥制度作为确保双拥工作规范运行、健康发展的重要举措。一是坚持各项工作制度。全省各级党委和各部队普遍落实会议制度,定期召开党委议军会、军地联席会、双拥领导小组会议分析形势,解决问题,定期开展军地学习互访,军地之间信息畅通、联系紧密。年初,省双拥办对双拥工作领导小组各成员单位的职责作了进一步明确。有的市县还给每个成员单位专门制作了职责牌,大多数单位能较好地履职尽责,并落实了年度述职的要求。二是有效落实优抚政策。不断提高优待抚恤工作质量,去年中央和省级财政累计为重点优抚对象提高补助标准投入4 700余万元,全面实行了优抚对象“一站式医疗费用结算”服务,投入6 000余万元新建、维修、改造了优抚医院、光荣院。同时,持续开展关爱优抚对象“两万三千”活动,三年间,各级集中走访慰问重点优抚对象46 700多户,扶持优抚对象奔小康42 920户,医疗救助解困5 310户,维修改造住房12 343户,宣传优抚对象典型3 160名,共计投入经费约2.2亿元,受到优抚对象的一致称赞;年底对活动开展以来的情况进行了总结表彰。三是加大退役人员安置服务力度。全省各级党委、政府采取一系列强有力的措施,较好地落实了军队退役人员安置政策。去年共安置复员转业干部×××人,城镇退役士兵和转业士官×××人,随军家属510人,接收安置伤病残军人66人,安置退休军队干部147人,投入资金维修改造军干所的生活设施。划拨军休干部住房补助资金,同时,为提高军休服务质量,举办了两期军休干部培训班。

五、以创建活动为载体,不断强化品牌意识,双拥工作更具生机活力

我们把争创活动作为双拥工作的有效载体，把双拥模范城（县）作为双拥工作的品牌来经营，加强对创建活动的引导和管理。一是注重基层、打好基础。年初，省双拥领导小组在部署工作时，明确要求把创建活动的出发点和落脚点放在军地基层，指出推荐表彰的模范单位和个人原则为县（处、团）级以下。在检查考评时，把重点也放在基层活动开展、制度落实等方面，对全省 4 000 多个基层双拥结对、军民共建单位进行抽查，绝大多数活动经常有效，运作有序、制度落实。同时，各地还做了大量基础性工作，有的已形成制度，确保了创建活动持续、健康发展。二是严格标准、提高质量。按照全国《双拥模范城（县）命名管理办法》和《双拥模范城（县）考评标准》要求，我省进一步明确了申报程序、创建标准、考评办法和要求。去年 3 月份，省双拥办就创建活动专门进行了调研，认真听取了各地的意见，在此基础上重新修订了《湖南省双拥模范城（县）考评细则》，共 11 个部分 73 条 118 项，考核内容更加具体，标准更加严格。同时，加强对创建活动全过程的监督，提高了创建质量。三是培育特色、鼓励创新。在创建活动中，我们注意发现各地双拥工作亮点、培育特色，同时，鼓励各地大胆创新双拥工作的方式和内容，取得不少成果。有的驻军比较少的市县通过搭建远程双拥工作平台，与本地籍义务兵较集中的部队联合开展"稳定军心工程"；有的市县通过把双拥工作纳入社区建设标准、在企事业单位建立双拥工作网络、在非公组织中设立双拥工作联络员，使双拥工作的社会涵盖面不断扩大；还有与以本市命名的军舰建立共建关系，驻军部队与当地政府开展重要军事目标联保联防活动等经验，进一步丰富了创建活动内容，双拥工作的活力不断增强。

在总结成绩的同时，我省双拥工作与上级要求还存在一定差距。有的单位和领导对双拥工作重要性的认识和工作的自觉性还有待提高；各地双拥工作的发展建设水平还不平衡；双拥工作的规范化建设还需要进一步加强；双拥工作向全社会延伸的空间还很大。这些需要在今后的工作中不断加强和改进。

广东省二〇一〇年双拥工作情况

2010 年双拥工作进展情况有以下几点：

一、广泛开展国防和双拥宣传教育活动

全省各地在元旦、春节、清明、"八一"、国庆等重要节日期间，通过举办国防知识竞赛、开展征文活动、放映革命历史题材的影片、制作双拥公益宣传片、出版双拥邮册及书籍、召开表彰会、座谈会等手段，广泛进行双拥工作宣传教育。由省双拥办、省委宣传部、省军区政治部联合举办了"共谱新篇"——广东军民庆祝建军 83 周年大型双拥文艺晚会；由省双拥办和广州市、中山市双拥办联合制作的双拥公益广告在广东电视台黄金时间播放。由省双拥办、八一电影制片厂、中国中央电视台等单位联合摄制的中国首部双拥题材 20 集电视连续剧《国事家事》进入后期制作阶段。截至 10 月底，省双拥办共编印《广东省双拥简报》11 期，营造了爱国拥军、爱民奉献的浓厚氛围。

二、大力支持国防和军队现代化建设

全省各级政府支持军队建设资金、物资，非公经济组织投入拥军资金，修订、出台了双拥政策法规 110 个，处理历史遗留问题 1 个，安置随军家属 2 164 人，安排子女入学 5 003 人。

三、积极参加和支援地方经济建设

驻粤部队共为希望学校捐款 ××× 万元，挂钩帮扶 98 个贫困村，帮建 54 个基层党支部，帮扶 1 409户城市低收入家庭。省军区在抗击"灿都"、"狮子山"、"凡亚比"等强热带风暴（台风）的战斗中，出动部队和民兵预备役 13 200 人，冲锋舟 756 艘，救灾车辆 4 580 台，转移物资 1 420 吨，转移群众 82 600 人，加固冲毁坝堤 12 000 余米，排除险情近 1 200处，抢救群众财产 5 亿元。

四、认真落实优抚安置政策法规

在中央提标的基础上,我省再投入1个亿,大幅提高了抚恤补助标准;不断加强优抚医疗保障工作,在全省4/5以上的县(市、区)建立了优抚医疗费“一站式”结算服务;深入开展“十百千万关爱功臣”行动,为3.2万多名重点优抚对象送医送药和建立医疗档案。截至第三季度,接收2009年冬季退役士兵×××人,按政策应安置×××人,已安置×××人,安置率88%;退役士兵报名参加技工学校、中等职业技术学校培训总人数达到11 917人。

五、迎亚运保平安,创新开展军民共建活动

下发《关于做好亚运会亚残运会期间双拥工作的意见》,各地政府纷纷慰问支援亚运任务部队官兵,积极帮助任务部队解决在亚运安保中遇到的实际困难,及时优质供应粮、油、水、电、气等,在工作、学习和生活等方面为部队创造良好条件。

六、圆满完成全国双拥范城(县)考评试点工作

根据全国双拥办《关于开展双拥模范城(县)试点工作的通知》精神,我省在广州市开展一次全国双拥模范城(县)评选“群众满意度测评”工作。“群众满意度测评项目”增强了全国双拥模范城(县)评选推荐的透明度,成为全国双拥模范城(县)试点工作的一个亮点,积极推动了双拥创建活动再上新台阶。

广西壮族自治区二〇一〇年双拥工作总结

2010年,全区双拥工作以全国双拥模范城县考评试点和创建新一轮自治区双拥模范城为主线,紧贴实际抓落实,突出重点谋发展,双拥工作全面推进,呈现了领导重视、部门配合、宣传有力、活动经常、重点突出、形式创新的特点,为建设富裕文明和谐新广西和推进部队中心任务的圆满完成提供了强有力的保障。

一、加强领导,合力推进,双拥制度机制进一步完善健全

2009年以来,在自治区党委、政府的坚强领导下,我区双拥工作在完善制度、创新机制上取得了长足进步。在组织领导上,我区各级党委、政府高度重视双拥工作。2月份,自治区党委、政府在南宁市荔园山庄隆重举行了自治区党政军迎春座谈会,郭声琨、马飚等“四大班子”领导出席座谈会,郭声琨代表自治区党委、政府向驻桂军警部队及全区烈军属、伤残军人、离退休干部及转业复员和预备役人员表示亲切问候和良好祝愿,并对我区双拥工作给予了充分肯定。全区各地党政领导班子积极组织,利用元旦、春节、“八一”等节庆广泛开展多种形式的慰问、走访活动。在去年的抗旱救灾和抗洪抢险行动中,自治区领导更是深入一线看望、慰问抗灾救灾部队,为合力抓好我区双拥工作起到了很好的表率作用。为加强双拥制度建设,去年,自治区双拥工作领导小组根据人员变动情况及时调整并充实了双拥工作领导小组成员。同时,广泛征求军地各成员单位意见,修订完善了《广西壮族自治区双拥工作领导小组成员单位双拥工作职责》,进一步促进了双拥各成员单位职能作用的发挥。

二、狠抓教育,积极宣传,双拥共建活动热潮涌动

2009年,全区各地结合新一轮自治区双拥模范城创建活动,深入挖掘教育资源,广泛开展多种形式的国防教育。区委宣传部围绕纪念抗战胜利65周年组织开展“送电影下乡”、“电影展映月”等活动,并在全区1 041个“国旗工程”点统一组织升国旗仪式,使边海疆一线行政村和58个民族乡(行政村)的干部群众受到爱国主义教育。同时,投入经费用于改善我区29个国防教育基地设施建设;百色、崇左等地继续加大对边境一线烈士陵园维修力度,进一步修缮、维护百色纪念馆等国防教育基地设施;北海市海城区一小、合浦县实验小学积极发挥“少年军校”示范作用,大力开展国防教育进课本、进课室、进课表的“三进”活动;来宾市投入资金修建了来宾市首个爱国主义教育基地——东汉塘村惨案旧坟，在书记张秀隆和市长杨和荣率领下，组织来宾市党政考察团到百色、遵义两市接受革命传统和爱国主义教育；南宁市加大普及国防教育力度，在全市创建“国防教育一条街”3 条，设立国防教育基地 23 座、组织各类国防教育观摩报告会 76 场次，国防教育巡回展 28 场次，播报国防教育节目 360 多小时，形成了以爱国主义基地、国防教育室、国防教育电子荧屏等为点，以“国防教育一条街”为线，以广播、电视、报刊等新闻媒体为面的国防教育新模式。通过这些活动，使我区双拥国防观念更加深入人心。

在抓好国防教育的基础上，去年我们还进一步加大双拥宣传力度。全区各地紧抓全国双拥模范城县考评试点和新一轮自治区双拥模范城创建活动机遇，组织开展了形式多样、内容丰富的双拥宣传活动，取得了很好的双拥社会效应。柳州、贵港、百色、河池、来宾等地多次召开双拥创城工作推进会，进行广泛宣传发动和舆论造势。北海、贺州、河池等地多次举办大型双拥文艺晚会；柳州、贵港、百色、河池、来宾等地都在主要城区、路口新增大量永久性双拥标语牌，并对车站、码头、酒店等逐一检查，设定“军人优先”、“军车免费”等拥军标识牌；南宁市印发双拥宣传资料 60 余万份，设置国防宣传橱窗、灯箱等 300 余个，建立了“广播里有国防之音、电视里有国防之星、报纸上有国防之词、网络上有国防之坛”的全天候、全覆盖双拥宣传网络系统。与此同时，全区各地主要报刊、双拥简报、新闻媒介都大量刊登、报道双拥题材稿件，大力宣扬双拥典型，如“模范基层带头人、优秀军转干部”朱传波，“铁骨军魂”广西军区某边防团八连等重大双拥典型，柳州市“拥军妈妈”蓝巧云、防城港市“护碑少先队”、北海市地角女民兵连等。自治区双拥办还积极开展“双拥模范城巡礼”等栏目，宣扬各地双拥创城先进事迹，进一步扩大了双拥工作的社会影响力，营造出了浓厚热烈的双拥氛围。

同时，为扩大军民共建活动的影响，在区委宣传部的推动下，我们将双拥宣传教育全面纳入精神文明建设的重要内容，在第 13 批自治区文明村镇、文明单位、军(警)民共建精神文明先进单位评选推荐中，共有 64 对共建对子通过了自治区文明委的审核。全区各地与驻桂部队开展了深入持久、形式多样的结对共建活动。各行政机关、企事业单位、街道、村屯与驻军(警)部队官兵积极开展军地互访、互办实事、座谈慰问、文艺联欢、文体娱乐、公益劳动等形式多样、内容丰富的共建活动，进一步促进了军政军民关系的和谐融洽。春节期间，桂平市黎明医院(民营)与驻浔某部卫生队，积极开展医技交流，资源共享，共献爱心，为群众进行了为期一周的义诊服务。桂林市桃花江干休所与李向群连、市秀峰交警大队、东群小学和中隐社区开展了“军警民学雷锋、携手并进共建和谐家园”活动，签订了《军警民学雷锋共建协议书》，在学雷锋活动中掀起了“献爱心、送温暖、保稳定、保民生、促发展”新热潮。驻崇左武警部队积极参加“结对共建，先锋同行”活动，开创了崇左驻地部队与地方基层党组织共建的新模式。通过这些活动，使得我区党政军民关系更加团结、巩固。

三、大办实事，破解难题，支持部队建设的力度逐步加大

2009 年，全区各级部门坚持把为部队办实事、解难题作为双拥工作的突破口，作为创建活动的一项硬指标，在加大资金投入、落实相关政策上下工夫，积极支持部队各项建设，取得了明显成效。自治区发改委在支持国防动员建设项目上共安排投资 3 309万元；区司法厅降低法律援助门槛，主动为军人及其家属提供优质高效服务；自治区公安机关超额完成安置任务，共接收军转干部××人，厅机关接收×人；自治区粮食局积极组织精干力量参与部队“广字－37 号·鹿寨”军事演习保障，摸索出联动保障、地域保障、随军保障和跟进保障多种应急保障方式，确保军粮供应；南宁铁路局主动为彭莫山守隧部队、凭祥边检站等部队增配对讲机、安装不锈钢推拉门等，并全面完成接收安置退役士兵任务，先后筹集资金慰问某集团军、广西军区等 50 多个部队。全区各地(市)也想方设法支持部队抓好建设。1月4日,贵港市港南区委召开常委会现场办公,为区人武部下拨资金用于偿还营房建设工程欠款,将区消防大队新营院建设所需资金列入2010年财政预算,联系施工单位为空军某靶场扩建进出道路,并以最快的速度安排好随军家属工作;防城港市为支持驻军部队重大军事课目演练一次性拿出专项经费;河池市一次性拿出15个财政拨款的事业单位编制,确保随军家属春节前安置到位,使政策安置率达100%;东兰县委、县政府投入资金,对县人武部、武警东兰中队、消防大队进行整体搬迁;桂林市在财政相对困难的情况下,决定从今年1月起,每年安排近百万元专项经费对随军未就业家属给予生活补助。为鼓舞部队士气,加强军地联系。全区各地在春节、"八一"期间都组织开展了各类慰问活动。梧州、贵港、百色、河池等地群众在抗灾救灾期间,自发组织开展欢迎、联欢、欢送等多种形式的支前拥军活动,主动为救灾部队请功。通过这些有力地实际举措,极大地解决了部队困难,支持了部队建设。

四、牢记宗旨,勇挑重担,拥政爱民工作成效显著

2009年以来,驻桂各部队始终牢记全心全意为人民服务的根本宗旨,结合自身实际深入扎实开展拥政爱民活动,主动支援地方建设,圆满完成了第七届中国—东盟博览会、中越青年大联欢活动、北部湾泛珠论坛、世界F1摩托艇大赛等重大活动安全保卫任务。在各种急难险重任务面前,驻桂部队不怕牺牲、连续作战,展示了我军威武之师、文明之师、胜利之师的良好形象,有效保护了人民群众生命财产安全,为我区迈出科学发展、和谐发展、跨越发展新步伐作出了重要贡献。在抗旱斗争中,广西军区、75100部队、95072部队、95095部队、广西武警总队、边防、消防、水电等部队踊跃参与,共出动兵力42 746人次、车辆11 983辆次、飞机41架次,发射增雨弹100多枚,救助群众232万人次,送水和各类救灾物资27 300吨,修建水渠149.61公里,灌溉农田3.1万亩,扑灭山火65起。在随后的抗洪抢险任务中,广西军区、75100部队及武警部队官兵发扬英勇顽强、连续作战的战斗作风,充分发挥生力军和突击队作用,深入柳州、梧州、贵港、来宾等地抗洪一线抢修溃坝、转移群众、运送物资、清理淤泥,为保护人民群众生命财产安全作出了突出贡献;为支持驻地北部湾开发建设,3月19日,钦州军分区组织民兵200多人,积极参加钦州保税港区物流项目建设,共出动车辆300余台次,铺架电缆9.6公里、清运垃圾10.5吨,平整场地35亩,搬运建筑模板8万多平方米;武警广西总队扎实做好"警官爸爸"、"警察妈妈"与农村留守儿童结对帮扶工作;广西公安边防总队积极组织官兵支援驻地人畜饮水工程等重点项目建设;武警消防总队出色完成了"5·21"南宁永凯糖纸有限责任公司重大火灾、"9·19"南宁市久存仓库火灾扑救和"7·11"黎南铁路那适2号隧道塌方、"8·13"贵港市楼房坍塌事故处置等。其他各部队结合自身实际,积极参加义务植树、义务献血、救灾捐赠、便民服务、助民劳动以及各项公益活动,极大地推动了我区拥政爱民工作。

五、扭住重点,创新突破,优抚安置工作全面落实

为使优抚安置工作更加富有成效,今年,全区各地以"解三难"为工作重点,认真落实各项优抚政策、制度,积极制定并采取具体帮扶措施,下大力为优抚对象解决住房、医疗、生活等困难,取得了很好的实际效果。来宾市在第一季度组织70个双拥工作成员单位、市直部门、驻市部队,先后为70名特困优抚对象送去粮油、被褥等价值30余万元的生活用品,提供种子、化肥、农药100多吨;贺州市富川人武部2月份组织1 000余名民兵,积极开展"力助春耕生产服务"活动,采取"一帮一"、"二帮一"等形式,为军烈属、贫困复员军人和贫困残疾人等举办技术培训班36期,发放农技资料1万多份,帮助种植玉米、蔬菜等400多亩,春耕300多亩,垦荒200多亩;北海边防检查站监护二中队官兵主动与北海市南万村老复退军人刘广兴老人结为帮扶对子,给他送去大米、花生油等生活物资,帮他解决生活困难;玉林市玉州区武装部在春节期间筹措资金3万余元购买大米、粮油、棉被等,深入村屯帮扶生活困难的军烈属及复退军人，解决了10户军烈属、12名复退伤残军人、10户党员生活上的困难；防城港为回乡老复员军人统一办理了一站式医疗卡，并使大病报销率达到100%；南宁、柳州、梧州、百色、河池等地积极采取有力措施，分批为重点优抚对象进行危房改造，解决住房难问题。在此基础上，自治区民政厅与自治区法制处联合制定出台了《广西壮族自治区实施〈军人抚恤优待条例〉实施办法》，进一步规范和完善了我区优抚安置政策法规。

六、紧抓机遇，搞好结合，双拥创建活动不断创新发展

为做好全国双拥模范城（县）考评试点工作，我们按照全国双拥模范城（县）考评试点工作任务部署会的精神，扎实开展试点工作。我们将试点工作与创建活动结合展开，同步进行。先后在桂林市、桂平市和北海市召开双拥办主任会议、业务培训会、检查验收评比总结会等会议，并在贵港、柳州两市组织了专题调研和模拟检查。从6月5日至6月30日，我们组织了由民政厅机关、9个地级市全国双拥模范城的双拥办负责人和驻军3个牵头部队代表组成的考评工作组，按照《全国双拥模范城（县）考评标准》（试行，以下简称《标准》）和《广西壮族自治区双拥模范城（县、区）考评量化标准》，结合我区创建活动，对我区上届11个全国双拥模范城（县），对部分上届自治区双拥模范城进行了抽查，对新申报的河池市东南县、防城港市港口区、北海市合浦县进行检查，8月29日至31日进一步对玉林和钦州两市进行了抽查，通过采取查阅资料、入户走访、实地查看、问卷调查等方式进行了考评。整个考评过程共检查117个受检单位，其中部队单位49个，地方单位68个；调查受检对象1 650名，其中重点优抚对象621名，老复退军人72人，现役军人550名，其他各类对象407名。检评中我们听取了各市（县、区）双拥工作领导小组成员单位、有关职能部门、乡镇（街道）和驻军单位代表，对本地区本单位开展双拥工作的情况汇报，并根据申报市（县、区）提供的资料指定1至2个军民共建点、2至3个乡镇（街道）、2至3个基层连队、1至2个宣传设施进行实地检查。检查验收组还分别与部分群众、军人军属和优抚安置对象座谈，了解掌握对优抚安置政策落实兑现情况和军人军属合法权益保障情况，以《办法》和《实施细则》为依据，按照《量化标准》对拥军优属、拥政爱民两大方面逐条逐项检查验收打分。同时，积极组织开展新一届自治区双拥模范城（县、区）、双拥模范单位和个人的评选推荐工作。通过全面深入的检查考评，达到了全面推动我区双拥工作，掌握基层双拥工作第一手资料的目的。在此基础上，我们及时对资料进行总结、提炼，积极探索试点经验。10月份，我们专门召开双拥会议，组织传达学习全国双拥办主任会议暨拥军工作社会化现场经验交流会会议精神，进一步统一了思想，为明年双拥工作开展奠定了坚实的基础。

2009年，我区双拥工作在各级各部门的大力支持下，取得了很好的成绩。但同时，也还存在一些不足，主要是抓双拥工作的方法不够灵活，对一些诸如随军家属安置等老大难问题解决力度不够，经常性双拥共建活动氛围不够，对基层双拥工作的检查指导不够等。这些都需要我们在今年的工作中认真加以改进。今年，我区双拥工作将以争创全国双拥模范城和开展双拥模范表彰活动为主线，重点抓好以下几项工作：

一是以自治区党委、自治区人民政府和广西军区名义召开全区双拥模范城（县、区）命名暨双拥模范单位和个人表彰大会。

二是根据全国双拥办要求，认真做好新一轮全国双拥模范城的创建评比工作。

三是认真贯彻落实去年山东会议精神，组织抓好自治区双拥工作社会化试点工作，大力开展以非公组织拥军为重点的主题实践活动，总结特点规律，研究探索适合我区双拥工作发展的新路子、新方法，提升我区双拥工作水平。

四是进一步提升双拥宣传的质量水平，重点强化《广西双拥简报》的稿件水平，提高办刊质量。在此基础上，结合双拥表彰活动，大力培养宣扬一批新的、有影响的双拥典型、模范，引导激励广大军民积极参与双拥、支持双拥不断拓展双拥工作服务领域和范围。

五是对退役士兵安置、随军家属就业等难点问题作专项调研,借鉴广东、福建等兄弟省份做法,进一步制定、完善适合我区的办法和措施。

海南省二〇一〇年双拥工作总结

2010年,海南省双拥工作深入贯彻落实科学发展观,紧紧围绕创建双拥模范城(县)和海南解放60周年纪念活动以及海南国际旅游岛建设组织开展活动,注重军地融合发展新特点,用新思想研究新情况,用新思维谋划新发展,用新手段解决新问题,狠抓各项工作的落实,进一步加强军政军民团结,极大地调动广大军民的积极性、主动性和创造性,使双拥工作成为促进经济社会发展和部队战斗力的提高助推器。

一、基本情况

全省通过组织有影响的大型活动,不断增强广大军民参与爱国拥军和拥政爱民的自觉性,不断促进军民融合发展。一是通过开展双拥模范城(县)、模范单位和个人评选活动,通过开展"军民融合发展,促进海南国际旅游岛建设"理论研讨活动,扩大影响,推动双拥工作全面发展;二是通过纪念解放海南60周年庆祝活动,加大双拥和爱党、爱国、爱军队、爱人民宣传教育;三是通过驻琼部队参与抗洪抢险,树立人民子弟兵的良好形象,增强军政军民团结;四是充分发挥军地优势,互相促进,共同发展。今年,全省共支持军队建设、训练等经费×亿元,解决国防用地5648亩,成立了海南省拥军促进会,组织了140个非公有制组织参与拥军活动,春节、"八一"期间慰问部队83批,赠送慰问金和慰问品;组织领导机关过军事日164次,开展军地联谊活动378次,组织学生军训近10万人次,接受国防知识讲座教育29万人次,电视专题报道673次,组织国防知识竞赛(书画、图片展)65次,组织爱国、爱党、爱人民、爱军队歌咏大合唱113次(56万人次),新增军民共建文明生态村、扶贫点87个,军队参与地方重大工程项目投入车辆(机械)3 802辆,3万多人;军队参与抢险救灾704次,投入10.9万人,车辆机械1.3万台次、舰船近2 000艘次,飞机10架次。

二、主要做法和特点

(一)通过组织开展有意义的活动,营造浓厚的爱国拥军氛围。

在组织今年的双拥活动中,注重结合经常性走访慰问,扩大宣传,营造爱国拥军氛围。一是春节、"八一"广泛组织走访慰问活动,春节期间,由副省长符跃兰任团长,省政府各职能部门领导参与到湛江慰问南沙守备部队,全省各地广泛开展走访慰问驻军部队,营造拥军热潮。二是结合解放海南60周年纪念活动进行爱国、爱党、爱军队、爱人民教育,先后组织部队参加解放海南纪念图片展览、参加解放海南战役老战士报告会、参加"解放海南的英烈永垂不朽"纪念碑揭幕仪式、参加庆祝海南解放60周年大会、参加纪念海南解放60周年主题文艺晚会和纪念海南解放60周年合唱音乐会,营造大特区、大国防意识。三是通过组织开展"军民融合发展,促进海南国际旅游岛建设"理论研讨征文活动,召开研讨会,加强双拥工作的理论探讨,去年下半年组织"军民融合发展"征文活动,共收到论文83篇,召开了理论研讨及表彰大会,推动双拥工作向更高层次发展。四是通过组织联谊会、文体活动等加强联系,增进军政、军民团结,7月份组织举办海南省首届"天翼双拥杯"军民联欢篮球邀请赛。

(二)结合双拥模范评选,推动双拥工作创新发展。

去年是海南省双拥模范城(县、区)、模范单位和个人评选表彰年,为使评选工作达到"争创模范,宣传模范和学习模范"的目的,我们一是结合2009年年底检查验收情况,开展模范城(县、区)模范单位和个人争创活动,对市县(区)和部队推荐上报的模范单位和模范个人广泛征求当地党政军的意见,营造学先进,争模范的环境;二是召开省双拥工作领导小组成员大会，审议通过双拥模范城（县、区）模范单位和个人，广泛征求省双拥工作领导小组成员单位的意见，并在海南日报进行为期15天的公示，通过这一系列的活动，扩大了双拥宣传影响；三是召开了有800多人参加的“第八届海南省双拥模范城（县、区）、模范单位和个人命名表彰大会”，命名表彰了13个省双拥模范城（县、区），38个单位省双拥模范单位和36名双拥模范个人。省长罗保铭出席大会并讲话，省委秘书长许俊宣读表彰决定，副省长符跃兰作双拥工作报告，部分双拥模范城、模范单位和模范个人代表在大会上介绍争创双拥工作模范的成功经验，通过新华社、海南日报、海南电视台等媒体的宣传报道，扩大了双拥工作影响。

（三）充分发挥部队优势，积极参与抢险救灾。

去年10月上旬，海南连续8天强降雨引发特大洪涝灾害和山体滑坡等次生灾害，出现60年不遇的洪灾，致使全省3个城市、1 160多个村庄被淹，60多万群众被困，有11个水库发生险情。驻琼军警部队领导身先士卒，亲自挂帅带领部队参加抢险救灾，在第一时间出动官兵近3万人、车辆2 000台次、船艇522艘次、飞机10架次参与抗洪救灾，加固堤坝5 000多米，解救被困群众7万多人，紧急转移群众60多万人，把灾害损失降至最低。灾后，驻琼军警部队积极参加灾区恢复重建和防病治病，为灾区出钱出力，仅10月12日晚赈灾义演，部队捐款620万元，部队先后派出医疗队15个，深入灾区防病治病，为灾民防病治病两万多人次，为灾区恢复重建作出了积极贡献，受到国务院领导，地方党委、政府的充分肯定和广大群众的高度赞誉。海南省委召开表彰大会，表彰参与抗洪抢险的驻琼部队。

驻琼军警部队积极支持少数民族地区茅草房改造工程，从2010年6月下旬起，省军区、省公安边防总队、省武警总队充分发挥装备和技术优势，先后奋战20多天，动用军车550多台次，帮助白沙、乐东、东方、五指山4个茅草房改造重点市县的9个乡镇运送水泥5 500吨，有力地支援了民族地区茅草房改造工作。驻琼部队积极参与平安建设，确保了国内、国际重大活动的顺利召开，促进海南治安稳定、社会和谐发展。

（四）地方全力支持部队建设，解决部队后顾之忧。

全省各级充分认识富国强军，富岛强兵、军民融合发展的重要性，加大投入，全力支持部队建设。一是支持部队基础建设、训练，慰问部队。二是去年安置的几百名转业干部，全部安排在公务员队伍或参照公务员管理的事业单位；城镇退役士兵的安置培训不断加强，组织全省性培训2期；全省共开发了350个公益性岗位，专门用于解决下岗失业企业军转干部的再就业问题。目前，全省有就业愿望和就业能力的下岗失业企业军转干部基本实现了再就业。省工商局为180多名军属办理营业执照。部队随家属工作、生活得到照顾，军人子女上学得到照顾解决。三是重点优抚对象“三难”问题得到较好解决。各项优抚政策得到较好落实，基本解决重点优抚对象“医疗难”，全省结合茅草房、危房改造，廉租房建设，为重点优抚对象修建住房1 000多间。四是国防利益和军人、军属的合法权益得到较好保障。各级涉军维权组织充分发挥职能作用，司法部门对涉军案件实行“四快三优先”，做到立案快、审理快、结案快、执行快，优先立案、优先审理、优先执行，确保涉军案件得到及时公正处理；去年受理涉军案件39件，结案37件；国土部门积极协调国防建设征地，不断完善、解决历史存在的军队土地权属争议问题，极大地维护了国防利益和军人军属的合法权益。

（五）调动积极性，充分发挥成员单位职能作用。

一是宣传部门充分发挥主导媒体的作用，强化国防和双拥宣传。省广播电视台开办了纪念海南解放60周年宣传月，推出了《军民鱼水情》《天海长城》《解放60年》《峥嵘岁月》等专题专栏，播出了5集电视专题片《最后的战役——解放海南》等一批教育影片，播报双拥新闻1 000多条，掀起了新一轮富岛强兵，拥军优属，拥政爱民热潮。在去年10月出现的60年一遇的暴雨洪灾中，充分发挥媒体作用，第一时间宣传人民子弟兵抢险救灾感人场面，极大地鼓舞广大官兵的斗志,树立人民子弟兵的良好形象,对稳定民心、战胜困难起到了很好的促进作用。二是各级粮食供应部门保质保量供应部队粮油。去年10月发生的洪灾期间,部队抢险救灾在哪里,粮食供应就跟随到哪里,保障了部队急需。三是省交通部门积极支持部队建设。安排资金为重要部队机动修建公路,提供保障;安排资金帮助预备役部队、航空兵某师改善进出口道路和补助部队修复受洪灾破坏的营区道路;省科技厅积极支持一八七医院科研项目。四是各级人力资源和社会保障部门积极为军转(自主择业)干部排忧解难。安排资金慰问、发放企业军转干部生活困难补助、清理拖欠公益性岗位工资、养老医疗保险费等问题,缓解企业军转干部困难;通过举办培训班、组织专场招聘会,帮助部分自主择业军转干部实现了再就业。五是少数民族地区利用自身优势,帮助边远基层部队解困难。五指山市拨款为75553部队建设美观、安全的围墙及带状公园,支持驻军营区绿化美化亮化建设。乐东民族中学就近帮助部队培养美术、文艺骨干,提高军人素质,活跃军营文化生活。

重庆市二〇一〇年双拥工作总结

2010年,全市双拥工作坚持以邓小平理论和"三个代表"重要思想为指导,深入贯彻落实科学发展观,紧紧围绕军地建设大局,着力推进军地共同发展,坚强双拥工作领导,拓宽双拥工作领域,丰富双拥工作内容,创新双拥工作形式,推动双拥工作发展,取得了可喜成绩。全市22个区县、114个单位、99名个人被市委、市政府、警备区命名表彰为双拥模范。

一、健全完善双拥工作运行机制取得新成效

市委、市政府和警备区始终把双拥工作作为事关全局的大事来抓,树立双拥工作新理念,健全完善双拥工作新机制,推进双拥工作上新发展。

一是完善组织体系建设机制,加强对双拥工作的组织领导。40个县区(自治县)、1 250个乡镇(街道)分别成立了党政"一把手"挂帅的双拥工作领导小组。领导小组成员单位和驻渝部队明确了双拥工作处室和专职联络员。11 000多个村居、社区设立了基层双拥工作站。采取集中学习、参观访问、经验交流等方法,对126名基层双拥工作骨干进行了培训。开展"党管武装好书记"和"模范武委会主任"评选活动,20名区县(镇街)党委书记、区县长受到表彰。

二是落实目标责任管理机制,推进双拥工作深入开展。各级完善双拥工作目标考核办法,建立一级抓一级的分级责任制,把落实双拥工作与部门责任、年度考核、干部任用、评选创优挂钩,不断强化各级干部认真抓好双拥工作的使命感、责任心,保证了双拥工作进一步健康、深入、持续开展。

三是健全宣传教育机制,强化军民的国防意识和双拥观念。各级把国防和双拥宣传教育纳入全民教育体系,坚持国防和双拥宣传教育与干部职工培训相结合、与"唱读讲传"(唱红歌、读经典、讲故事、传箴言)相结合、与重大节日庆祝(纪念)活动相结合、与部队政治教育相结合,通过开展"双拥活动月"、"国防教育周"、"军事日"活动,评选表彰"全民国防教育先进单位"和"全民国防教育先进个人",新闻媒体开设国防双拥专栏,街道、社区设置宣传牌(宣传橱窗)等途径,深化国防和双拥宣传教育效果,努力营造军爱民、民拥军的浓厚氛围。一年来,利用清明节、抗战胜利65周年、"八一"建军节、抗美援朝60周年等时机,举行演唱会、展览会、演讲比赛、集中悼念等重大宣传活动15次,军训干部、职工、学生12万多人,开办国防讲座150多场次,刊发国防和双拥信息1万余条。全市50个单位、100名个人分别被市委、市政府、警备区联合表彰为"重庆市全民国防教育先进单位"、"重庆市全民国防教育先进个人"。

四是建立军地协调联动机制,推动双拥工作的深入发展。按照"高效整合军地资源、快速处理重要事项,优质服务军地发展”的工作思路,市和区县(自治县)建立了每年1~2次军政座谈会、每年2~3次走访慰问、每月通报1次重大情况等工作制度,主要领导每年共商发展大计,分管领导每季度会谈处理阶段重要事项,双拥部门实行军地合署办公,加强日常工作的沟通协调,保证了双拥活动顺利开展,双拥工作稳步前进。今年,各级召开党委议会会、军地座谈会、双拥推进会380多次,研究解决双拥工作中的重大问题450多个。

二、支持国防和军队现代化建设迈出新步伐

全市各级按照“讲政治、重感情、办实事”的要求,全力支持国防和军队现代化建设,帮助驻渝部队提高遂行多样化军事任务的能力。

一是支持部队基础设施建设。一年来,全市投入资金N多亿元,完成了重庆警备区民兵装备库、军械培训基地,77100部队营区排污管网,武警重庆总队后勤基地、指挥学校,重庆消防总队特勤大队、消防培训中心、95661部队指挥台迁建等驻渝部队基础设施建设。

二是积极为科技强军服务。一年来,投入经费,支持后勤工程学院、第三军医大学、重庆通信学院等驻渝部队建立了2个重点实验室、1个技术研究中心,开展p75NTR胞外段在老年性痴呆防治中的作用和机制、T型钙通道α1G亚型在膀胱起搏细胞(ICC)兴奋调控中的作用机制、地震边坡稳定性评价新方法及支挡结构抗震设计方法、短波应急指挥调度综合通信系统等105个项目的研发工作。在进行科研项支持的基础上,还加强人才的培养,帮助部队培养科技骨干50名,其中2人被评选为“百名杰出科技领军人才”。

三是广泛开展走访慰问活动。春节、“八一”等重大节日,各级党政军领导都要亲率慰问团,深入部队走访慰问基层官兵,赠送了慰问金和慰问品。渝中区、沙坪坝、九龙坡、大足等区县还专门看望慰问了参加“联合—2010”军事演习的部队官兵。同时,市和区县还安排了资金,广泛开展送温暖活动,慰问抗日战争将士、抗美援朝老战士等重点优抚对象,提供专项经费,保障提高转运新老兵伙食标准和我市军供服务水平。四是加大对部队官兵的安全保障。在全国率先为本市辖区内的现役武警、消防官兵购买了团体因公人身意外伤害保险,为战斗在第一线处置突发事件的武警、消防官提供了人身保障。

三、解决双拥工作的热点难点问题取得新突破

各级认真贯彻以人为本思想,千方百计解决双拥热点难点问题,着力维护广大军民实际利益和合法权益,积极构建公平和谐的社会环境。

一是妥善安置转业退伍军人。各级坚持把团级干部、功臣模范、“六类”人员的重点安置、照顾安置和从优安置要求落到实处,共接收安置军转干部N人,退役士兵N人。在计划安置的转业干部中,安置到公务员岗位占67.5%;安置到事业单位178人(含参照管理),占30.8%;安置到企业10人,占1.7%。接收退役士兵N人,其中,城镇退役士兵N人,占接收总数的38%;农村退役士兵N人占接收总数的62%。截至10月底,已安置城镇退伍义务兵和转业士官N人,占应安置总数的98.53%。其中,安排就业629人,占12%;自谋职业4612人,占88%。

二是切实保障优抚对象的待遇。从10月1日起,财政年度投入近亿元,提高了残疾军人、“三红”、“三属”在乡老复员军人、带病回乡退伍军人等优抚对象抚恤和生活补助标准;从今年1月1日起,调整提高了1至4级残疾军人2010年护理费标准;从今年中秋节起,市级财政每年整合资金2 000万元,在元旦、春节、五一、端午、中秋、国庆六大节日期间,对生活困难的重点优抚对象等城乡困难群众开展送温暖活动。今年,市财政还整合资金来源2 239万元,积极做好优抚对象的医疗保障工作。

三是落实军休干部“两个待遇”。围绕全面落实军休干部“两个待遇”,努力实现“六老要求”的目标,采取联合开发或政府购买的方式,获得新建军休机构管理用房约1.5万平方米,并结合各自的实际,设置了荣誉室、学习室和适合军休干部特点的各类活动场所。按照政联[2007]6、7号文件精神,在集中完成全市军休干部房改数据汇总工作的基础上,完成了全市军休干部房改数据的审核工作,在全国率先将房改数据上报民政部和财政部。积极开展丰富多彩的文体活动的同时,先后成功组织了全市军休干部第三届门球比赛、首届象棋比赛、全市军休干部健身操比赛,丰富了军休干部的文化节生活。

四、探索新形势下双拥工作途径取得新进展

各级注重着眼新形势,研究新情况,探索新途径,解决新问题,推动双拥工作创新发展。

一是扎实推进"双六进"双拥共建活动。各级围绕"军民同心谋发展,共建和谐新重庆"主题,扎实开展以"科技拥军进军营、文化拥军进军营、教育拥军进军营、法律拥军进军营、就业指导进军营、亲情关爱进军营"和"宣传教育进社区、卫生健康进社区、扶贫帮困进社区、美化环境进社区、便民服务进社区、平安建设进社区"为主要内容的"双六进"双拥共建活动,援建了120个军营图书室,举办50多次军民联谊会,保障了350名军人子女接受优质教育,解决了20起军人军属权益纠纷,义务诊治病人3 600多人次,清理了2 600多吨垃圾,让广大军民真切感受到了双拥共建成果。

二是积极引导非公经济组织拥军。各级把引导非公经济组织拥军作为推动双拥工作创新发展的重要内容,市双拥办会同市工商联积极组织非公组织与驻军单位开展"结对子"活动,鼓励非公组织单位主动与部队开展军地军民共建活动,把"致富不忘国防,小康不忘拥军"的观念实实在在地体现在行动上。一年来,富川集团、互帮集团、赛博电脑城、渝洲琴音艺术团等非公经济组织向部队赠送了600万元的慰问金,接收安置了150名军嫂、1 200多名退伍军人就业。

三是不断开创拥军活动新形式。我市在做好传统形式的物质拥军同时,还着重向科技拥军、智力拥军、优势拥军等多层次拥军发展,为双拥工作注入了蓬勃的生机与活力。

四是探索完善双拥活动考评体系。为保证双拥创建活动考评工作的公开、公平、公正,市双拥办根据全国双拥办的统一安排,认真组织进行了落实双拥考评新体系(落实《命名管理办法》、《考评标准》)试点工作,探索双拥创建活动考评工作的新方法。通过抓好学习培训、调查研究、充分论证、实践检验等工作,探索出了适应新形势要求的双拥模范城(县)检查考评的方法,为新一届全国双拥模范城(县)检查考评工作提供了参考材料。其做法在全国双拥办主任会议上进行了交流发言。

五、合力推进"五个重庆"建设取得新成果

驻渝部队在认真完成战备教育训练的同时,把落实"314"总体部署和国发3号文件精神,推进第二故乡城乡统筹发展,作为自己义不容辞的责任和义务,积极参与"五个重庆"建设,努力为重庆在西部地区率先实现全面建设小康社会的目标作贡献。

一是着力推进军民融合式发展。针对重庆经济结构、工业布局和特有资源优势,研究制定《重庆市国防动员建设2010年—2012年发展规划》,加速推进国防动员建设领域"九个融合"(建设理念融合、规划计划融合、领导体制和指挥机制融合、政策法规融合、产业发展融合、军民两用技术融合、力量建设和使用融合、基础设施建设融合、军民联合保障融合),大力推动"四个转变"(由人力密集型向科技密集型转变,由数量规模型向质量效能型转变,由农村为主向城镇企业为主转变,由静态抓建向动态抓建转变),努力构建平战结合、军民兼容、应急应战一体、市场战场双赢的国防动员新格局。先后研发应用"餐饮废油再利用关键技术研究与示范"、"柴油机智能化故障诊断技术"、"基于小波分析的发动机噪声生源识别方法"、" 阀控式密封铅酸蓄电池维护设备"、"嵌入式多星座异构卫星导航软件接收机"、"基于TD—SCDMA公众网的数字集群系统"、"电动汽车智能充电机关键技术研究与开发"、"10KW级水冷式柴油发电机组消声器"等军民共用科研项目14项。同时,还出动兵力6 100余人次、机械车辆1 626台次,援建国家、省级重点工程3项,参与修建铁路22公里、公路112.5公里。

二是深入开展扶贫帮困工作。继续推进"集团式扶贫"工程,筹集资金,对口帮扶奉节县白帝镇鸡山村、草堂镇石马村、长安乡兴合村3个市级贫困村,援建了社区建设、人饮工程、医疗、产业等四大类五个项目。筹集资金1 329万元,集中帮扶酉阳县南腰界乡、武隆县后坪乡、城口县坪坝镇和四川省石棉县回隆乡等革命老区、贫困地区发展科技、教育、卫生事业，推广新技术新业务40多项，培训技术人才9 000多人次；援建贫困山区小学5所，赠送医疗教学设备；开展“新春爱民月”和“平安重庆送健康”活动，减免费用，惠及患者8万余人次。

三是全力承担抢险救灾任务。先后出动解放军、武警和民兵预备役人员81 290人次、机械车辆2 550台次、飞机806架次，参加“1·31”潼南抗震救灾、“5·6”垫江大风冰雹灾害、“7·8”暴雨灾害、重庆20年最大洪峰过境等抢险救灾行动71次，解救转移群众7.9万余人次，安置受灾群众4 100余人，抢运物资4 382吨。3月，出动官兵2 100多人，抗旱装备16台，赴贵州毕节、安顺、黔西南州、六盘水4区11个县58个点执行抗旱救灾任务；开设8个净水站，累计为灾区群众送水7 160多吨，埋管修渠750多公里，打井8口，协助解决群众饮水62.56万人次；备耕育苗6 000余亩，运送救灾物资1 020吨，捐赠款物14万余元。玉树地震灾害发生后，77100部队、后勤工程学院、第三军医大学等驻渝部队紧急开赴灾区，开展转移抢救伤员、发放救灾物资、搭设帐篷、医疗救助和热食供应等工作，转移、救助受灾群众5 100多人次，制作、发放高原病防治手册及宣传挂图10 000册(份)，为救援部队和灾区群众巡诊查体5 000余人，成功救治军地高原疾病、高原反应等患者1 324人，其中重症高原病患者30余人。第三军医大学高原病防治医疗专家组被中共中央、国务院和中央军委表彰为“全国抗震救灾英雄集体”。

四是积极参加“绿化长江重庆行动”。2010年5月，召开了“百万民兵绿化长江”动员部署会，举行了“百万民兵绿化长江”启动仪式，国家林业局、解放军总后勤部、成都军区联勤部领导出席启动仪式，驻渝部队捐款1 200多万元，出动官兵近1.5万人、机械车辆460台次，参与生态工程建设22项、植树1 000余亩，绿化黄山荒地23亩。深入推进“森林重庆·百万千万工程”植树造林活动，经统计，今年全区共出动官兵和民兵预备役人员57.1万人次，植树1 033.3万株，造林13.5万亩，植树成活率达98%。

五是积极促进“平安重庆”建设。在西南战区率先建立军警协作机制，制定出台了军警协作《联席会议制度》、《信息通报规定》、《上报沟通制度》和《办案协作制度》4项制度58条措施，探索了“互涉案件联侦、矛盾纠纷联处、治安环境联治、警卫活动联办、应急处突联动”的路子。先后出动民兵预备役人员13 450人次，参与军警民联防联治、维稳执勤等280余次，圆满完成“打黑除恶”、春运执勤、“三节两会”、“0101”一级警卫、抗洪抢险等重大勤务活动，有力地维护了重庆的社会稳定。警备区政治部被表彰为“全军信访工作先进单位”。

全市双拥工作虽然取得了可喜成绩，但也存在着不容忽视的问题，影响和制约着全市双拥工作的创新发展。一是双拥创建工作的动力有待增强。受现行财政体制的制约，对双拥创建活动中涌现出来的先进典型仅限于精神奖励，缺乏物质激励机制，形成了民政部门“一头热”现象，双拥创建内动力严重缺失。二是热点难点问题还没得到根本解决。虽然各级对解决广大军民关注的热点难点问题做了大量卓有成效的工作，但诸如随军家属、退役军人信访等问题仍比较突出，这些问题一定程度上影响了部队官兵安心服役和地方适龄青年应征入伍。

2011年，我们将继续围绕全市民政工作“3211”工程的总体部署，以推进军民融合式发展为重点，夯实双拥基础性工作，以创新发展为主旋律，在创新双拥工作机制和工作模式上有实质性突破，以多形式、立体化的双拥宣传和信息反馈手段，激发全市党政军民支持双拥、参与创建的政治热情，营造浓厚的创建工作氛围，为推进城乡统筹发展和驻渝部队现代化建设多作贡献。一是继续深入开展双拥模范城(县)创建活动。明年“八一”前夕，全国双拥工作领导小组将命名新一届全国双拥模范城(县)，双拥办将深入每个申报国家级双拥模范城(县)的区县开展调研活动，指导区县依据《全国双拥模范城(县)创建命名管理办法》规定的标准，扎实做好基础性工作，积极开展双拥共建活动，努力提高创建工作质量和水平，力争有10个以上区县被命名为新一届全国双拥模范城(县)。二是充分发挥先进典型的示范作用。在继续推进渝中区非公组织拥军示范单位、江津区双拥工作规范建设示范单位、永川区基层双拥工作站示范单位建设的同时,通过组织经验交流、现场参观等途径,推广这些示范单位的经验做法,努力提高全市双拥工作的整体水平。三是积极探索军民融合式发展的新途径。一方面,认真协调办理落实市委第十一次议军会议议题,帮助驻渝部队解决建设和发展中遇到的重点难点问题。另一方面,采取在驻渝部队建立人才培训基地、自然灾害应急科技保障基地、共建实验室等方法,发挥驻渝部队的人才、科技、设施、设备优势,支持地方的人才培养、医疗卫生、产业升级、抢险救灾、工程建设等工作,努力为"五个重庆"建设作贡献。四是加强国防和双拥宣传教育。坚持每月编印1期有较高质量的《重庆双拥工作简报》,及时介绍双拥工作动态,推广双拥工作经验;协调市级有关部门把国防和双拥宣传教育列为全民思想教育计划,扎实开展经常性的全民国防和双拥宣传教育,重点抓好重要节日、纪念日的国防和双拥宣传教育;协调在重庆电视台、《重庆日报》、华龙网等媒体,开辟双拥专栏,扩大双拥工作的影响,强化全民的国防和双拥意识。五是加强双拥工作队伍建设。把双拥组织机构建设纳入年度目标考核内容,督导各级建立双拥工作领导小组、双拥工作服务队,设立双拥工作联络员,保证双拥工作有人管、有人抓、有人落实;年内组织1~2次双拥工作骨干业务培训,表彰一批先进双拥办和双拥工作先进个人,提高全市双拥工作人员的整体素质。六是加强双拥工作长效机制建设。协调各级落实好每年至少召开1次党委议军会议、1次领导小组成员会议、1次联络员会议,走访慰问1~2次驻军部队,过1次"军事日"等工作制度,形成党、政、军、民齐抓共管的双拥工作格局;结合落实新的全国双拥模范城(县)检查考评办法,修订完善重庆市双拥模范城(县)检查考评办法,引导各级把双拥工作的重点放在基层、放在平时,努力形成双拥工作重平时、创特色、求实效的新局面。

四川省二○一○年双拥工作总结

2010年,四川省双拥工作在省委、省政府、省军区和省双拥工作领导小组的领导下,在全国双拥办的有力指导下,按年初工作要点,以邓小平理论和"三个代表"重要思想为指导,深入实践科学发展观,全面贯彻党的十七届四中、五中全会精神和省委九届七次、八次全会精神,以命名表彰新一届四川省省级双拥模范城(县、区)和贯彻落实全国双拥办主任会议精神为引领,抓住元旦、春节和"八一"建军节等黄金时机开展共建活动,指导部署好"使命行动—2010"跨区机动演习拥军支前保障和抽查考评双拥模范城等工作,使全年双拥工作稳步推进,为促进全省经济平稳较快发展和驻川部队全面建设作出了积极贡献。

一、以命名表彰新一届省级双拥模范城(县、区)和贯彻落实全国双拥办主任会议精神为引领,不断推进全省双拥工作深入发展

2010年11月4日,四川省委、省政府、省军区召开了有全省各市(州)委书记、市(州)长、军分区领导、181个县的县委书记、县长参加的"四川省双拥模范城(县、区)暨双拥模范命名表彰电视电话会议",隆重命名表彰了93个双拥模范城(县、区),24名爱国拥军模范和10名拥政爱民模范(享受省部级劳模待遇)。省双拥工作领导小组命名表彰了40个双拥先进城(县、区),100个拥军优属先进单位,80个拥政爱民先进单位,80名拥军优属先进个人和40名拥政爱民先进个人。省委书记、省人大常委会主任、省双拥工作领导小组组长刘奇葆,成都军区副司令员舒玉泰中将出席会议并作了重要讲话,会议由省长、省双拥工作领导小组副组长蒋巨峰主持。会后,省委办公厅将刘奇葆书记讲话用《通报》印发全省贯彻落实。省双拥办发出通知,要求全省认真学习贯彻刘奇葆书记讲话,进一步推动双拥工作的开展。民政厅发出通知，号召全省各级民政部门开展向获得“爱国拥军模范”称号同志学习，立足本职岗位和职责，以“爱国拥军模范”为榜样，更加勤奋努力地工作，为党的民政事业作出更大的贡献。

为进一步巩固和发展双拥创建成果，推进双拥工作深入发展，全省各地各部队认真学习贯彻落实全国双拥办主任会议精神，围绕经济发展、社会稳定、部队现代化建设需要和全国双拥模范城（县）创建工作，推动拥军工作社会化和军民融合式发展，结合本地本单位实际，不断加强国防和双拥意识观念宣传教育，完善双拥工作的组织领导和机构建设，研究制定双拥工作发展规划，对照评选全国双拥模范城（县）的标准做好创建、评选、推荐的各项准备工作，落实各项优抚安置政策，切实维护军人和优抚对象的合法权益，有力促进了社会经济发展和部队建设，极大地推动了全省双拥工作深入发展。为提高我省双拥创建水平，充分调动双拥创建积极性，促进双拥工作持续发展，省双拥办协调部分省双拥工作领导小组成员单位，对全国双拥模范城和18个省级双拥模范城（县、区）的双拥工作进行了抽查考评，组织了8个市（县）双拥办同志赴山东省考察学习拥军工作社会化和军民融合式发展先进经验。

二、扎实开展双拥共建活动，努力推动军民融合式发展

全省各地各部队充分发挥军地两个优势、整合军地两种资源、调动军地两个积极性，广泛扎实开展双拥共建活动，有力推动了军民融合式发展。

各地充分运用科技、信息、教育等资源优势，从政策、资金、技术等方面加大投入支援部队，配合抓好军事训练和后勤、装备等保障能力建设，大力协助部队培养专业技术骨干，为部队完成多样化军事任务提供支持。一是做好“使命行动—2010”跨区机动演习的拥军支前保障工作。做好跨区机动演习部队的拥军支前保障工作，是我省双拥工作实践的新课题，是检验我省双拥工作水平的一次大练兵。省双拥工作领导小组高度重视，按照省政府、省军区保障兰州、成都军区部队跨区机动演习的统一部署，召集成都军区政治部、省军区政治部、省政府办公厅、民政厅和省双拥办的同志，谋划制定拥军支前保障方案。省双拥办从贴近实战背景、符合作战要求，培育和树立“部队练打仗，地方练支前”的双拥工作观念，组织指导成都、自贡、泸州、德阳、绵阳、广元、遂宁、内江、乐山、雅安、眉山、资阳、凉山等13个市（州）开展了形式多样的拥军慰问活动和支前保障工作。各地双拥办按照省双拥办的统一部署和要求，认真组织了军地协作互动、部门紧密配合、群众积极参与的拥军支前活动，充分展示了四川人民深情热爱子弟兵、军民团结一家亲的优良传统，营造了军政军民团结的浓厚氛围，有力地保障了部队演习任务的圆满完成，受到了总部及兰州、成都军区首长的高度肯定。二是开展好节日拥军慰问工作。全省各地各部门，坚持在重大节日走访慰问部队、老复员退伍军人和军属，进一步加深军民鱼水情谊，密切党和人民群众的血肉联系，巩固和发展安定团结的和谐局面。元旦、春节期间，省委书记刘奇葆，省长蒋巨峰，省委副书记李崇禧，省委常委、副省长魏宏，副省长张作哈分别率领慰问团到驻蓉部队医院、省直属3所伤残军人休养院和武警8740部队慰问了部队伤病员、伤残军人休养员和武警官兵，赠送了86万元慰问金（品）。“八一”建军节前夕，省委、省政府召开了军地高层领导座谈会，省委全体常委组成7个慰问团对驻川部队进行慰问，赠送了慰问金（品）。在抗日战争胜利65周年纪念日之际，民政厅、卫生厅、省军区政治部组成慰问团，走访慰问了抗战老战士和爱国将领，赠送了鲜花和慰问金。成都市向驻军部队赠送了慰问金和优质水果。自贡市近两年来共组织慰问团（组）300多个，向部队送去慰问金。攀枝花市以召开慰问大会、军地联欢等形式慰问部队，赠送慰问金。泸州市举行“八一”党政军领导座谈会，举办拥军专题文艺晚会，全年慰问部队。宜宾市领导不仅坚持深入部队与官兵欢度佳节，还先后奔赴广州军区、成都军区、四川省军区首长机关和南海舰队驱逐舰二支队及“宜宾”舰走访慰问，赠送慰问金（品）。内江市在节日期间赠送部队、优抚对象慰问金（品）。资阳市召开“八一”党政军座谈会和首届好军嫂座谈会，军地共议共同发展大事、共叙军民鱼水情谊。三是大力支援部队建设。全省各地围绕“强军、打赢”目标,下大力支援部队建设。成都市充分发挥双拥办的组织协调、桥梁纽带作用,先后妥善协调处理了房地产公司占用成都军区联勤部某部教导大队部队专用道路、成都军区联勤部某部经济适用住房容积率调整和新建办公区用电增容等涉军问题20余件。自贡市各级政府先后投入资金积极支持驻军部队加强营区营房建设。绵阳市于2005年成立“军民融合办公室”,正县级单位,设12个公务员编制,专门面向部队做好协调工作,尤其是在汶川地震后航空城、驻军部队营区整体搬迁重建等事项上发挥了重要作用。达州市每年对所辖每个区(市、县)的武警中队拨款用于部队建设,并列入每年的财政预算,保证了经费能够及时到位。巴中市划拨土地103.97亩,投入支持军分区、武警支队、消防支队营区建设。绵竹市投资建立国防教育基地,促进部队营房建设。据统计,全省各地支援国防重点工程建设124个、投入经费××万元,参与部队科研项目535个,支援部队建设投入经费××万元,为部队培训科技人才27 272人,投入科技拥军经费××万元,减免各类经费××万元,补助官兵生活经费××万元。四是着力推动社会化拥军工作。全省各地在做好以政府为主导的拥军工作同时,组织发动各级部门、各行各业发挥自身优势,主动投身到拥军活动中,为部队服务。自贡市开展送医、送检、送药进军营活动,组织非公组织出资支持当地驻军建设。攀钢(集团)公司在春节、“八一”和抗日战争胜利60周年纪念日期间,请优抚对象代表座谈,发放慰问金。泸州市的市图书馆开展送图书进军营活动,司法局开展送法律进军营活动,粮食局对部队后勤部门开展储粮、保粮知识培训,市外事侨务旅游局与江阳区武装部开展军民共建安全文明旅游景区活动,泸州老窖股份公司赴北京、广州、海口、三亚、西藏、内蒙、成都、河南、山东等地走访慰问了40余个部队送去慰问品,郎酒集团对驻军进行慰问,江阳区组织重百、金甲虫等20余家非公企业慰问部队赠送慰问金(品)。乐山市的四川明星电缆公司、立事达股份有限公司等分别与军分区、武警总队医院、武警支队、消防支队结成共建单位,开展了体育比赛、联欢晚会等丰富多彩的共建活动,为部队送电脑等办公用品。宜宾市五粮液集团远赴北京、上海、南京、兰州等地看望慰问部队官兵,珙县智溢茧丝绸公司投资为成空某雷达站新建标准营房,宜宾市温州商会部分会员自发购买空调、热水器等慰问武警某中队官兵,还有叙府酒业、正和集团、高州酒业、竹海玻璃等一大批民营企业持续开展拥军优属活动。眉山市师范附属小学与77159部队某部结成共建对子共谋发展,共青团眉山市委建立军烈属青年示范基地,大力开展科技辅导和实用技术培训,促进农村青年(尤其是军烈属青年农民)脱贫致富。

各部队充分整合军队各方面优势和力量,在完成战备、训练和执勤任务的前提下,积极投身社会主义新农村建设、生态建设、国家和地方重点工程建设和扶贫帮困、捐资助学等社会事业。一是积极参与地方建设。成都军区空军先后承建了龙门山灾后场镇重建工程、成都双流机场航站楼楼前高架道路系统工程、成都市牛王庙地铁站建设、九寨沟黄龙机场三期扩建、南充机场实验段等重要工程建设项目,先后完成泸沽湖、遂宁贡嘎机场的改扩建工程勘察,组织部队参加驻地生态环境建设,投入532个劳动日,出动车辆649台次,植树69 535株,种草13 830平方米,实行人工增雨131架次。省军区继续开展“百万民兵建功长征路”活动,成建制组织民兵预备役人员参加全省重点工程项目建设25个,植树造林12万株,修建公路957公里,协调军地各级斥资359万元,推动朱德汉白玉雕像、成都烈士陵园和巴中通江烈士陵园等红色遗址保护修缮,捐资并协调成都军区出资援建蒲江县成都战役烈士陵园主题浮雕,取得良好政治经济社会效益。驻川武警部队筹集援建资金,派出1.82万人次,动用机械车辆320台次,协助地方搞好灌区续建配套和节水改造、雨水积蓄利用和中心河流治理工作,为驻地农村修筑道路72.6公里、水渠23公里、植树15.8万株,退耕还林605亩;与地方县乡医院建立对口帮建联系点,派出医疗小分队,深入驻地乡村巡回义诊,共义务诊治群众6 732人次,捐赠医药器材和药品。8月6日,解放军总医院援助全国优抚医院授牌仪式暨专家义诊活动，在四川省革命伤残军人医院举行，标志着军地医院将在医疗科技、医疗技术、医疗设备、医务人材等方面进行全方位合作。二是积极参与扶贫帮困活动。成都军区空军突出科技扶贫、技术扶贫和教育扶贫，建立扶贫联系点34个，开办各类致富技术培训班32期，培训各类技术人员465人。省军区积极开展扶贫帮困和支援社会主义新农村建设，建立扶贫联系点482个，帮扶特色产业70余项，举办各类民兵专业技术培训班250余期，培训民兵2.7万人，带动近4万群众脱贫致富，捐资帮助广元市亮垭村建设农副产品产业园，捐资帮扶巴中市平昌县太平村风貌改造工程。巴中市军分区协调引资，帮助太平村、老龙村、凉风村等11个贫困村改造基础设施、构建产业园区，提高了700余户群众收入，改善了他们的生产、生活条件。驻川武警部队共建立27个扶贫点，投入扶贫资金，帮助435名群众脱贫致富。三是积极投身抢险救灾支援灾区建设。成都军区空军出动直升机飞行57架次，投入2 000余人次参加都江堰市虹口风景区和邛崃市抗洪抢险任务，解救被困人员1 012人，空运物资9.8吨，地面运送救灾物资200吨。省军区先后出动官兵和民兵预备役人员5万余人参加抗旱救灾、青海玉树抗震救灾、甘肃舟曲抗击特大山洪泥石流和省内各类山洪泥石流灾后处置等任务320起，为玉树、舟曲灾区群众捐款160万元；组织“5·12”地震灾区2万余名官兵和民兵预备役人员参与重点重建项目，修筑公里217公里，建成灾后永久性住房15万平方米，帮助阿坝州建立起8 000亩樱桃基地、4 000亩茶叶基地和800亩猕猴桃基地。驻川武警部队出动兵力13 763人次、车辆425台次、冲锋舟90艘次，在我省遭受特大山洪泥石流灾害的14个市(州)、23个县(市、区)、35个重灾乡镇同步开展救援，成功抢救被压埋群众8人，转移37 668人，救治358人，抢运物质743.9吨，完成170户地震灾区移民搬迁安置任务；向玉树灾区、四川特大山洪泥石流灾区捐款301万元。乐山市支队五通桥区中队班长文全刚勇救落水老人的英勇事迹，在中央电视台等多家新闻媒体宣传报道，被武警部队推荐为全国防汛抗旱先进个人。四是积极开展捐资助学活动。成都军区空军西昌司训大队组织官兵为驻地李子乡捐赠14 000元的文体用品和桌椅，与15名贫困生结成扶贫对子；地导某部各支部长期与都江堰天马中心校8名特困生建立帮扶对子，坚持每月定期捐助不少于90元/人的生活费，帮助他们完成学业。宜宾军分区捐资30万元建成“八一”希望小学。驻川武警部队在总部为2所援建学校补助经费基础上，总队专项列支，甘孜、阿坝支队分别投入，共援建了6所“武警爱民学校”，派出253名官兵为驻地学校担任课外辅导员，资助辍学儿童32人，为学校捐赠图书1.5万册。

三、严格落实各项优抚安置政策，切实保障优抚群体权益

全省各地各部门严格落实各项优抚安置政策，下大力解决全省近61万重点优抚对象的三难问题，搞好转业退伍军人安置和随军家属就业工作，妥善做好道孚县“12·5”山地灌丛草地火灾伤员救治和遇难烈士善后工作(已专题报全国双拥办)，热情为优抚对象排忧解难，切实保障优抚群体权益。今年全省共投入自然增长经费5 333.65万元，确保了优抚对象生活水平与经济发展同步提高。

2010年春节期间，省委、省政府向全省1 839名一至四级残疾军人发放了100元/人的春节慰问金。按照国家规定，及时调整部分优抚对象等人员抚恤和生活补助标准，对5所光荣院和11处烈士纪念建筑设施进行了维修改造。攀枝花、自贡、泸州、德阳、绵阳、广元、内江、资阳、达州等市继续执行对随军随队无工作、生活困难的家属每月发200元~400元的生活补助。自贡市各级政府投入40.4万元资金，帮助86户重点优抚对象改造危破烂住房241间；市上和各区县成立“维护军队和军人合法权益领导小组”，建立“涉军案件合议庭”，在区县人武部设立了“法律服务中心”，有效地维护了军人和军属的合法权益。攀枝花市发放优抚对象抚恤补助自然增长经费达196.2万元，最高达到1 396元/年；对自谋职业的随军家属一次性补助1万元，投入经费71.4万元；为58户住房困难的优抚对象新建、维修住房。

泸州市投入优抚对象建房经费505.5万元,维修改造住房1 076间,解决了502户重点优抚对象的住房问题。德阳市投入800余万元对全市270余名军休干部住房等配套设施进行全面改造。乐山市市民政局、财政局、国税局等部门结对帮扶重点优抚对象810多户,向结对的困难优抚对象捐款捐物30万余元,走访慰问优抚对象1 000多户,为优抚对象落实解困措施150多条。宜宾市在将生活特别困难对象全部纳入低保范围的基础上,筹集资金328万元、扶持656个优抚对象家庭发展生产,投入997万元、扶助1 002户在乡重点优抚对象建房(其中新建820户、改造182户)。眉山市在敬老院设立了“光荣间”供孤老优抚对象入住,市、区县筹集资金100多万元,为126户重点优抚对象改造维修了住房。

据不完全统计,今年全省各地就解决重点优抚对象医疗问题出台文件2 838个,减免补助优抚对象18.04万人,减免补助经费10 485.3万元,解决重点优抚对象住房7 238户,维修改造住房17 283间,投入经费5 382.39万元;为部队和军人、军烈属提供司法服务351人次,调解军人及军属涉法问题474件,法院审理涉军案件21起;解决军队干部子女入学入托4 111人,接收安置退役士兵和转业士官N名、转业干部N名、军休干部N人,支出城镇退役士兵自谋职业补助等安置经费N万元、军休经费N万元;共向79 044户义务兵家庭发放优待金,优待面100%,年户平均优待金由2009年的1 050元增长至2010年的1 190元,农村义务兵家庭优待金标准最高6 600元,城镇义务兵家庭优待金标准最高3 732元。

四、体会

(一)党政军领导高度重视,形成抓双拥的整体合力,是做好双拥工作的关键。在改革开放的新形势下,全省双拥工作能够不断向前发展,首先得益于各级党政军领导对双拥工作的高度重视,从讲政治、讲大局的高度,从现代化建设和国防建设的需要来看双拥、抓双拥,“双拥就是政治,双拥就是大局”成为党政军领导的共识。2008年3月,为适应新时期双拥工作和西南战区需要,省委、省政府在调减省级领导参加的各种议事协调机构时,决定由省委书记、省人大常委会主任刘奇葆担任省双拥工作领导小组组长,由省长蒋巨峰、省军区政委叶万勇、副省长张作哈担任副组长,先后两次召开省委常委会研究省级双拥创建事宜。据此,各地也进行了相应调整,由各级党政“一把手”和驻军主要领导亲自担任双拥工作领导小组领导,身先士卒,亲力亲为抓双拥,影响和带动广大军民开展双拥活动。内江、遂宁、眉山等地党政军主要领导还亲自到省双拥办汇报双拥创建工作,表达积极争创省级双拥模范城的意愿。南充市市委常委会专题研究双拥工作。在工作中,各级党委政府坚持做到“三不忘”和“三带头”,即部署工作时不忘双拥工作,安排财政预算时不忘拥军优属经费,改善群众生活时不忘驻军官兵;带头参加重大双拥活动,带头为部队解决实际困难,带头解决军民纠纷。

(二)积极互办实事,坚持双拥共建活动经常,是双拥工作融合式发展的基础。双拥共建是新时期精神文明建设的重要内容,是体现军政军民关系的桥梁和纽带。建立良好的双拥共建关系,不仅有利于普及国防教育知识,也对建设好和发展好新型军政军民关系意义深远。全省各地各部队充分发挥军地两个优势、整合军地两种资源、调动军地两个积极性,广泛扎实开展双拥共建活动,有力推动了军民融合式发展,极大促进了双拥共建“互促双赢”。特别是2008年汶川地震以后,省委、省人大、省政府、省政协主要领导亲自带队参加历年的春节、“八一”等节日对驻军部队的慰问,在建军节前夕召开军地高层座谈会,共商双拥共建大计。各地主要领导在坚持节日慰问部队的同时,还经常性地深入部队,采取现场办公等方式方法,及时解决部队现实问题。各地各部门发挥地方优势,加大科技拥军、智力拥军力度,举办各种培训班,帮助部队培养科技人才。各部队在保证完成各项任务的同时,充分发挥各项军事设施的民用效能,积极抢险,维护稳定,投身西部大开发、扶贫帮困和建设社会主义新农村等活动,为四川的稳定发展作出了巨大的贡献。

(三)积极适应新形势,不断开拓创新,是双拥工作持续发展的强大动力。双拥工作是为党的中心任务服务的,必须按照党在各个时期的方针、政策和形势的要求,不断完善、改革和创新。改革开放的深入发展,对双拥工作提出了更高的要求,我省各地积极适应新形势,不断探索双拥工作的新路子,使双拥工作持续向纵深发展。一是做好"使命行动—2010"跨区机动演习的拥军支前保障工作,为检验我省双拥工作水平提供了一次大练兵的机会,培育和树立了"部队练打仗,地方练支前"的双拥工作观念。二是建立抚恤补助经费的自然增长机制,确保了抚恤补助经费与经济发展同步增长,优抚对象生活与人民群众生活水平同步提高。三是积极探索社会化拥军的新路子,发动全社会各种力量积极投身拥军事业,营造了全社会拥军浓厚氛围。

全省双拥工作取得了显著的成绩,但也存在一些不足。我们将在新的一年里,以新的姿态,在四川省委、省政府、省军区的坚强领导下,在全国双拥办的有力指导下,努力按中央的要求,全面做好双拥工作,使四川的双拥工作上一个新台阶。

贵州省二〇一〇年双拥工作总结

2010年以来,贵州省双拥工作认真贯彻胡锦涛总书记关于走军民融合式发展路子的指示精神,以科学发展观为统领,以落实双拥各项政策法规为目标,创新工作体制机制,有效提高了双拥工作整体水平,巩固和发展了全省军政军民团结的大好局面。

一、更加重视双拥工作

2010年,全省启动了新一轮的双拥模范城(县)创建活动。全省各地各部队以争创双拥模范城(县)为契机,不断强化对双拥工作的领导,进一步营造双拥宣传氛围,健全双拥组织机构,完善双拥服务网络,使双拥工作更加深入人心。

各级党委、政府、驻军领导机关把双拥作为国家长治久安重大战略任务来抓。认识到做好双拥工作是巩固和发展军政军民团结,促进经济社会发展及部队全面建设,促进社会和谐稳定的重要抓手;坚持定期召开党委议军(警)会议、军地联席会议、党委政府主要领导双拥工作联系点等制度,专题研究部署双拥工作,解决双拥工作的热点、难点问题,切实把双拥工作纳入当地经济社会总体发展规划,纳入党委政府重要议事日程,纳入工作目标考核内容,纳入国防教育发展规划,始终在高起点上确定双拥工作思路,在高层次上谋求双拥事业发展,在高标准上狠抓双拥政策落实,使全省双拥工作不断再上新台阶。贵阳市、六盘水市、遵义市、毕节地区等地纷纷落实双拥机构建设,确定了工作人员,落实了双拥办公经费。尤其是六盘水市把双拥办定为副县级行政机构,定编4名,做到双拥工作有人抓,"长流水,不断线"。

二、优抚法规政策落实到位

一是积极推进重点优抚对象医疗保障制度改革。我省在六盘水市钟山区召开全省重点优抚对象医疗保障改革工作试点现场交流会以来,在全省普遍建立起了以城镇职工(居民)医疗保险、新型农村合作医疗制度为依托,以政府补助为支撑,以社会优惠减免为补充的新型优抚医疗保障制度。并逐步建立了优抚对象住院医疗费"社会医疗报销、政府补助、定点医疗机构优惠减免、个人负担"等"一站式"即时结算服务方式。目前,全省88个县全部按规定出台了实施办法。今年70%以上的县(市、区)将在年底前建立"一站式"即时结算服务方式。全省重点优抚对象参保参合达198 308人,占优抚对象的99.6%,其中,一至六级残疾军人参保率达到99.7%,城镇其他优抚对象参保率达到98.35%,农村其他优抚对象参保率达到99.53%,切实保障了优抚对象看病就医问题。

二是加强法规制度建设。今年,省人民政府将出台《贵州省军人抚恤优待办法》。目前,省法制办、省民政厅、省军区政治部,已将草案上报省政府。

三是切实维护优抚对象的合法权益。今年省财政及时下拨抚恤补助中央资金57 385.8万元,省级配套资金3 846.1万元;下拨中央医疗补助经费5 527万元,省级配套资金200万元;下拨中央优抚事业单位补助经费270万元和2010年困难企业老复员军人生活医疗补助资金365万元。各级人民政府按照上级要求,积极安排配套经费,确保优抚对象生活不出问题。

今年来,各级坚持以解决重点优抚对象生活、住房、医疗"三难"问题为重点,广泛开展"关爱功臣"活动,让优抚对象享受经济社会发展成果。在解决优抚对象生活难方面,各地继续将抚恤补助自然增长机制所需经费纳入财政预算,并作为目标考核和评选双拥模范城(县)的重要内容。今年在乡老复员军人年定补标准最高的达6 000多元,最低的为3 720元。在解决住房难方面,6月初省里下发了《关于报送部分重点优抚对象住房情况的通知》,要求各地对在乡残疾军人、在乡老复员军人、军烈属认真调查摸底,如实反映其住房情况。各地结合开展"关爱功臣"活动和农村"危房改造工程",优先把优抚对象纳入其中,切实改善重点优抚对象的住房状况。近年来解决老复员军人等重点优抚对象住房维修和改造4.5万余间。

三、积极做好全省第七次双拥模范城(县)命名表彰大会准备工作

根据全国双拥工作领导小组新修订颁发的《全国双拥模范城(县)创建命名管理办法》(国拥[2010]2号)和《全国双拥模范城(县)考评标准(试行)》(国拥[2010]3号),省双拥工作领导小组结合我省实际,对省双拥工作领导小组2006年11月颁发的《贵州省双拥模范城(县)和双拥先进单位及个人命名表彰管理办法》和《贵州省双拥模范城(县)考核评比办法(试行)》,在广泛征求各市、州、地双拥工作领导小组和各成员单位意见的基础上进行了修订,并于2010年9月26日颁布各地各部队实施。省双拥工作领导小组、省民政厅、省人力资源和社会保障厅、省军区政治部于9月联合下发了《关于认真做好推荐申报全省第七次双拥模范城(县)命名表彰大会命名表彰对象的通知》(黔拥[2010]3号)。全省各地各部队按时完成了双拥模范城(县)和先进单位及先进个人的申报工作。省双拥办军地领导分别带队赴各地对申报的双拥模范城(县)进行考核验收,有力促进了双拥各项任务的全面落实。

四、2011年双拥工作打算

一是筹备好2011年第一季度召开的全省第七次双拥模范城(县)命名表彰大会,新命名表彰一批全省双拥模范城(县)和双拥先进单位、个人。以典型引路,推动我省双拥工作不断上新台阶。

二是指导各地各部队贯彻落实好全国省(区、市)双拥办主任会议暨拥军工作社会化现场经验交流会精神,提出我省贯彻军民融合式发展,进一步加强军政军民团结的意见,并以省委、省人民政府、省军区名义转发,推动全省双拥工作整体水平提高。

三是进一步落实好双拥各项任务,尤其是抓好基础双拥工作体制机制建设。确保双拥工作有人抓、有经费保障,各项任务在基层落实。

云南省二〇一〇年双拥工作总结

2010年,全省双拥工作以邓小平理论和"三个代表"重要思想为指导,深入贯彻落实科学发展观,认真贯彻党的十七届五中全会和省委八届九次、十次全会精神,着眼于全面建设小康社会和军事斗争准备,着力于解决军民普遍关心的重点问题,锐意改革创新,扎实推进任务落实,整个双拥工作呈现出协调发展、全面提高的良好态势。

一、健全领导体制,完善工作机制,军地更加重视双拥工作

省委、省政府高度重视双拥工作,主要领导和分管领导经常听取双拥工作情况汇报,及时作出工作安排和提出具体要求,并深入基层、深入部队指导工作，帮助解决实际问题。各级党委、政府和驻滇部队牢固树立"围绕发展抓双拥、抓好双拥促发展"基本理念，自觉运用"三关心"（即：关心部队建设、关心子弟兵成长、关心军烈属生活）、"三原则"（即：要从讲政治的高度认识维护军政军民团结的重要性；要像爱护生命一样爱护军政军民团结；要审慎稳妥地处理好军地双方出现的矛盾和纠纷）、"三尊重"（尊重地方党委政府、尊重各族人民群众、尊重公安干警）指导双拥工作开展，始终把双拥工作纳入边疆经济社会发展规划和维护民族团结稳定的大局中统筹考虑，不断健全党委议军、党委第一书记述职、重大节日走访慰问、党政领导过军事日、军地联谊等工作制度，不断完善党政主导、军地协同、按级负责、双拥办牵头、社会参与的内外协调工作机制，做到高起点谋划、高标准要求，为双拥工作开展提供了坚强的组织保证。今年年初，召开了云南省第五次双拥工作领导小组会议，对省双拥工作领导小组进行了较大的调整，目前，省双拥工作领导小组由5名省委常委、1名副省长，35个委办厅局和19个驻滇独立师以上单位领导组成。通过各级的积极努力，全省初步形成了以双拥工作领导小组为核心，以各有关职能部门为骨干，以基层群众性双拥服务组织为基础的双拥工作新格局，为双拥工作的全面发展提供了强有力的组织保障，推动了全省双拥工作整体水平的提高。

二、深入开展国防宣传教育

各地各部队着眼增强广大军民的国防和双拥意识，广泛深入开展国防和双拥宣传教育。一是抓好经常性宣传教育，充分运用新闻媒体、爱国主义教育基地等载体，结合重大节日，采取开设国防教育课、领导干部过"军事日"、发放双拥宣传资料等多种形式，加强对广大军民国防和双拥宣传教育。昆明、曲靖、玉溪、红河、大理、丽江、临沧、迪庆等地在城乡主要交通要道设置了永久性双拥宣传牌，在报刊、广播电台、电视台和网站等新闻媒体上开辟《子弟兵·老百姓》、《军民共建一家亲》等国防双拥宣传栏目，加大国防双拥宣传力度，营造了爱国拥军、爱民奉献的浓厚氛围。二是开展丰富多彩的主题实践活动，注重把和国防双拥宣传教育与学习实践科学发展观、开展群众性爱国主义教育活动结合起来，紧密结合实际开展富有时代特点、群众喜闻乐见的主题实践活动。省双拥办先后在《云南日报》《云南通讯》《中国社会报》《中国双拥网》等媒体上宣传我省近年来双拥工作所取得的成绩，扩大了双拥工作的社会影响；6月30日在《云南日报》上以《云岭双拥铸丰碑》为题，较好地宣传了我省双拥工作取得的成绩；8月中旬，协助省文明办、省演讲学会等单位在昆举办"泰斗杯·爱国奉献扬国威"演讲大赛；昆明、玉溪、楚雄、红河、丽江、保山、迪庆等地举办军民联欢会、国防和双拥知识竞赛、歌咏演讲等活动，富宁县还举行赴海地维和警察防暴队员英雄事迹报告会，这些活动大力提高了我省国防和双拥宣传教育的实效。

三、大力支持部队建设

各级党委、政府和有关部门始终站在国家安全和发展的战略高度，广泛发动和组织社会力量支持部队建设。一是大力支持部队基础设施建设。各地积极筹措资金，组建常驻民兵应急分队和配备专业救援装备，帮助解决部队办公设备和设施建设，协助部队营区搬迁，解决部队水电燃油补贴、基础设施建设等用实际行动支持部队建设。二是广泛开展各项拥军活动。今年，我省继续完善考试考核阳光安置军转干部办法，在全国获16连冠的基础上全面完成了军转干部和自谋职业干部的安置任务；巩固"双考"安置成果，继续深化退役士兵安置改革，全省共接收安置2009年冬季退役士兵1万多人。城镇退役士兵自谋职业率达62.27%，完成2010年度100名军休干部和退休士官的安置去向审定工作。今年，全省各军供站共接待训练、换防部队和新老兵运输14万余人次，军车2 000多台次，圆满完成了近3万多人次抗旱救灾官兵的饮食和饮水供应任务以及1 000多台次车辆的供水任务；节目期间各级党委、政府均成立慰问团走访慰问部队官兵、优抚对象、烈士家属。春节期间，省委、省政府慰问团，行程1.2万余公里，赠送慰问经费，以及40台彩电、10 000余份小纪念品；红河州先后赴四川、香格里拉县等地走访慰问执勤部队；临沧市远赴大理慰问野外驻训官兵,较好地鼓舞了部队士气。

四、积极支援地方经济社会建设

驻滇部队在圆满完成各项军事任务的同时,视驻地为故乡,视人民为亲人,深入开展拥政爱民活动,积极参加和支援地方经济社会建设。一是奋勇参加抢险救灾。2010年我省灾害发生的范围广、历时长、损失重,特别是上半年的大旱灾造成16个州市2 702万人受灾,农业直接经济损失达170亿元。面对灾害,驻滇解放军、武警部队坚决响应胡主席的号令,把救灾工作作为重要而紧迫的任务,全力以赴参加救灾,驻滇解放军、武警部队累计出动官兵、民兵预备役人员近31万人次,向灾区捐款近2 000万元,运送饮用水近40万吨,抢运救灾物资近9 000万吨,医疗救治伤病员2万余人,有力地支持了全省的救灾工作。二是广泛开展扶贫帮困、助学兴教活动。驻滇部队积极实施"挂百村、帮千寨、扶万户"的百千万扶贫工程,广泛开展"千里文明边防线活动",加快了驻地群众脱贫致富的步伐;通过开展援建希望小学、援建图书室、"1+1"结对助学、投工投劳以及捐款捐物等多种形式,努力帮助贫困地区解决办学困难,改善办学条件;继续开展军地援建"爱民小学",今年,省双拥办继续与省军区政治部、省民族事务委员会、省教育厅筹资,在我省红军长征途经地援建了7所"爱民小学",同时,军地还分别组成工作组对去年援建的8所"爱民小学"进行了检查验收。三是全力支援地方重点工程。积极参与"七彩云南保护行动",协助地方推进九大高原湖泊水污染综合治理,广泛开展植树造林活动。驻昆明部队继续在呈贡新区建设"万亩生态国防林"工程,驻蒙自县军警部队启动"千亩生态国防林"建设工程以实际行动保护蒙自、美化蒙自、添绿第二故乡。为确保今年全省大春生产的质量,驻滇部队集中了突击力强的部队,抓住5月至6月间种植的关键时期,全力支援昆明、文山、普洱、临沧、玉溪等旱灾较重的州市。四是军地合力维护社会稳定。各部队广泛参与平安云南建设,配合地方党委、政府及时有效处置各种突发事件和群体性事件。省军区广大官兵和民兵预备役人员配合公安武警处置多起突发事件。

五、进一步落实优抚安置政策,着力解决广大军民关注的热点难点问题

各地坚持把广大军民关注的热点难点问题作为党委政府工作的重点,多措并举,认真加以解决,取得了新的成效。一是法规政策进一步健全完善。今年,省政府和省军区出台了《关于进一步做好驻滇部队干部随军家属就业和子女入学的工作意见》,财政厅、民政厅、人社厅、省军区政治部在西南五省首次联合出台了《驻滇部队干部随军家属未就业期间生活补助发放办法》,丽江市出台了《丽江市拥军优属暂行办法》,昆明市完善了《关于做好军队干部随军家属调动就业安置工作的实施办法》;各地都完善了往年出台的制度、办法等政策性法规,进一步推进了双拥工作法制化、规范化进程。二是多措并举帮助广大军民解难题、办实事。1月9日省双拥工作领导小组第五次全体会议决定,省民政厅,省财政厅、省发改委、省住房和城乡建设厅联合拨出专款解决优抚对象的住房困难问题;同时,省财政厅、省民政厅共同协调投入省级福彩公益金448.2万元,补助了无房优抚对象。6月18日在水富县召开了全省优抚对象医疗保障工作现场会,基本落实了优抚对象参保参合的报销补偿、卫生医疗机构优惠减免、城乡医疗救助和优抚医疗保障等"四项待遇"。这"四项待遇"同时进行、同步落实、即时结清。这次会议的召开,标志着解决优抚对象看病难、实行"一站式"结算服务方式在全省得到推广。广泛深入开展"关爱功臣活动",全省各地筹集资金帮助重点优抚对象解决"生活难、住房难、医疗难"问题;各地均成立了维护国防利益和军人军属合法权益工作领导小组办公室,部分县(市、区)还组建了"涉军案件合议庭",在人武部设立了"维权法律服务站",形成了维护国防及军人军属合法权益体系和运行机制。9月3日,中国人民抗日战争胜利65周年纪念日,全省各地组成慰问组看望慰问抗日老战士、抗日烈属,省民政厅、省财政厅、省卫生厅及昆明市组成的慰问组,在昆明市先后走访慰问了多名抗日老战士、抗日烈属。

六、创建活动蓬勃开展,军民共建卓有成效

军地各级党委政府高度重视创建工作，普遍把创建双拥模范城（县）活动看成是巩固和加强军政军民团结的重要途径，服务构建社会主义和谐社会的有效载体，纳入经济社会发展和部队建设的总体规划，纳入重要议事日程，纳入党政军领导干部政绩考核范围，进一步明确任务，完善措施，积极开展争创工作。6 月 29 日，省委、省政府、省军区在昆明召开了全省第八届双拥模范城（县）命名表彰大会，命名了 50 个省级双拥模范城（县）、18 个先进城（县），表彰了 21 个双拥模范单位、52 个双拥先进单位和 50 名双拥先进个人。这次会议掀起了各地各部队争创热潮，加之，今年全国双拥工作领导小组重新修订颁布《双拥模范城（县）创建命名管理办法》和《全国双拥模范城（县）考评标准》，省双拥办认真组织全省军地学习全国双拥工作领导小组重新修订颁布《双拥模范城（县）创建命名管理办法》和《全国双拥模范城（县）考评标准》，进一步吃透精神，结合我省具体情况进一步明确规定标准，积极做好新一轮创建活动实施阶段的各项准备工作，各地各部队都信心十足，积极制定措施，狠抓工作落实，围绕争创工作标准，在全面落实优抚安置政策的同时，加大工作力度，投入大量的人力、物力、财力，切实解决广大军民普遍关心的重点、难点问题，努力打造我省的双拥"品牌"，掀起了创建的高潮。

西藏自治区二〇一〇年双拥工作总结

2010 年全区双拥工作，在自治党委、政府的统一部署下，各地（市）、各部队以邓小平理论和"三个代表"重要思想为指导，深入贯彻落实科学发展观和中央第五次西藏工作会议精神，围绕服务国家和军队改革建设大局，以维护社会稳定、促进经济发展、推进军队现代化建设为重点，继续解放思想，着力开拓创新，坚持科学发展，进一步巩固和加强军政军民团结，为迎接西藏和平解放 60 周年营造了良好的社会氛围。现将一年来的双拥工作总结如下：

一、加强领导、健全制度，促进双拥工作社会化、制度化、经常化

西藏自治区党委、政府和驻军部队高度重视双拥工作，始终把双拥工作作为事关西藏发展稳定的大事来抓，并将其纳入当地经济社会发展的总体规划，坚持党政"一把手"负总责，分管领导具体抓落实的领导制度。为完善双拥工作机制，各地各部队普遍建立了双拥工作定期会议制度、基层定期汇报制度、节日军警民联欢座谈制度、慰问互访制度、双拥共建公约等，在全区形成了党政军警民讲双拥、学双拥、促双拥的良好局面，促进了双拥工作走上社会化、制度化、经常化轨道。

二、深入开展双拥宣传教育，努力营造军民团结的良好氛围

西藏各级党委、政府和驻藏部队深入开展双拥宣传教育，大力宣传在中国共产党的领导下军民团结一心、艰苦奋斗、不断从胜利走向胜利的辉煌历史；宣传各条战线涌现出的双拥先进典型事迹；宣传坚强的军政军民团结在国家的改革、发展、稳定和军队建设中发挥的巨大作用，引导广大军民不断加深对做好双拥工作重要性的认识，进一步激发了广大军民做好双拥工作的政治热情；开展双拥共建共保活动，加强了军警民团结，形成了军警民积极参与双拥共建共保活动的良好氛围和共筑维护稳定钢铁长城的强大声势，有力地震慑了达赖集团的分裂破坏活动，极大鼓舞了人民群众夺取反分裂斗争胜利的信心和决心，确保了我区社会持续稳定。

一是加强有关法规的宣传和教育。充分利用元旦、春节、藏历年、"八一"建军节等节日，集中宣传学习《国防法》《兵役法》《军事设施保护法》《中华人民共和国军人抚恤优待条例》《退伍义务兵安置条例》等法律法规。同时，驻藏部队把深入开展党的民族宗教政策、军纪军风和拥政爱民教育作为部队思想政治工作的一项基本内容，切实提高了广大官兵和人民群众的法律法规意识。二是把每年的 1 月和 8 月定为双拥活动月和国防教育宣传月,大力宣传双拥典型和先进事例,加深军民鱼水关系。以广播影视、英烈墓地等为载体,在西藏广大军民,特别是青少年中广泛开展爱国主义、国防观念和革命传统教育,不断增强了广大军民的爱国意识和国防意识。三是采取召开党政军警座谈会和开设国防教育课的形式,开展经常性双拥教育活动。四是各地市在城镇主要街道,设立"双拥宣传栏",张贴双拥标语,加强双拥形象工程建设,营造了良好的双拥氛围。

三、多渠道、多形式开展双拥活动,确保我区社会持续稳定

西藏各级党委、政府和人民群众,把拥军优属、支持部队建设作为义不容辞的责任,为部队办实事、解难题。各地各部队结合实际,积极探索,不断创新,多渠道、多层次、多形式地开展双拥共建共保活动,确保我区社会持续稳定。

(一)积极开展三大节日期间慰问活动。2010 年元旦、春节、藏历新年期间,在自治区"三大节日"慰问总团的统一部署下,自治区双拥办会同西藏军区政治部下发各地各部队《关于做好新年春节藏历年拥军优属拥政爱民的通知》,要求各地、各部队普遍开展拥军优属、拥政爱民活动。在《西藏日报》上刊登了致驻藏人民解放军、武警官兵、复退、伤残军人、军休人员的《慰问信》。成功承办了 2010 年春节藏历新年团拜会。自治区主要领导亲自带头,深入走访慰问驻军部队官兵,并与官兵们在食堂一起吃年饭,使他们真正感受到了党和政府的关心和温暖。各地市在"三大节日"期间也相应成立了慰问分团,并由主要领导挂帅,对当地驻军和优抚对象进行了慰问,真正把党和政府的温暖送到了千家万户。有些地市还专门组织了军民联欢活动,个别地方还组织了军民服务小组,开展了打扫卫生、义诊、义务理发、捐款捐物、互做好事等活动。由于各级党委、政府和领导的高度重视和各有关部门的通力合作,圆满完成了全区 2010 年"三大节日"双拥慰问活动,取得了较好的成效。

(二)认真开展"八一"建军节期间慰问活动。2010 年庆祝中国人民解放军建军 83 周年期间,在自治党委、政府的统一部署下,深入扎实地开展了形式多样、内容丰富的拥军优属慰问活动,把党和政府的关怀和温暖及时送到了广大官兵心中,进一步巩固和发展了军民同呼吸、共命运、心连心的大好局面。成功举办了自治区庆祝中国人民解放军建军 83 周年军政军民座谈会。节日期间全区慰问活动共慰问部队 342 个,慰问优抚对象和"三属"、革命伤残军人 1 530 户,召开军政军民座谈会 110 次。由于各级党委、政府和领导的高度重视和各有关部门的协调合作,2010 年"八一"建军节慰问活动进展顺利,取得了预期成效。

(三)继续在我区开展双拥共建共保活动,确保我区社会持续稳定。为进一步深入开展学习实践科学发展观活动,推动小康西藏、平安西藏、和谐西藏建设,确保国庆期间全区社会局势持续稳定,经区党委同意,自治区维护社会稳定工作一线指挥部决定自 2 月 10 日至 3 月 14 日在全区组织开展以"促团结、促发展、促和谐、保平安"为主题的军民、警民双拥共建共保活动。活动开展前,自治区双拥共建共保活动办公室下发了《军民、警民双拥共建共保活动实施方案》,就搞好这次活动进行了全面部署,要求各地、各部队、各部门充分认识这次双拥共建共保活动的重大意义,切实将此项活动纳入党委(党组)重要议事日程,认真研究部署,狠抓工作落实;特别强调,要通过集中开展主题鲜明、重点突出的拥军优属、拥政爱民教育,积极引导广大干部职工、各族群众和部队官兵清醒认识到反分裂斗争的长期性、尖锐性和复杂性,认清达赖分裂集团的反动本质,进一步增强斗争的自觉性、主动性和坚定性,切实把思想和行动统一到区党委的决策部署上来,以决战决胜的态度认真落实各项工作措施,确保活动取得实实在在的效果。各地市、各部队、各部门高度重视,积极响应,结合实际,科学制定了军民、警民双拥共建共保活动细化方案,形成了统筹安排、军地互动、齐抓共管的良好氛围。活动期间,全区共开展大活动 5 项,中、小活动 500 余项;参加活动的区直、中直、地(市)直等单位达 600 余个、驻军团级以上部队 40

余个;活动共出动部队官兵 25 600 余人次,干部职工 37 000 余人次;出动车辆 2 500 余台次,悬挂横幅 2 300余条、彩旗 6 000 余面。

活动伊始,驻藏部队、区直、中直单位和各地(市)领导高度重视,团结协作、互相支持、互相配合,按照“内容要丰富多彩、形式要生动活泼、成效要明显突出、形成对敌有效威慑”的要求,积极组织开展了主题鲜明、层次清晰,扎实有效、特点突出的双拥共建共保活动。通过活动,进一步加强了军民、警民团结,巩固和发展了同呼吸、共命运、心连心的军民鱼水深情,进一步形成了军警民积极参与双拥共建共保活动的良好氛围和共筑维护稳定钢铁长城的强大声势,有力地震慑了达赖集团的分裂破坏活动,极大鼓舞了人民群众夺取反分裂斗争胜利的信心和决心,确保了我区社会持续稳定。

双拥工作是一项意义重大、影响深远的工作,西藏自治区党委、政府、驻藏部队和广大军民将更深入地贯彻中央的方针政策和自治区工作部署,充分认识同达赖集团斗争的长期性、复杂性、尖锐性,紧紧依靠各族群众,筑牢反分裂斗争的第一道防线,严密防范和严厉打击各种分裂破坏活动。继续深入开展“团结稳定是福、分裂动乱是祸”和“新西藏、新发展、新变化、新生活”的思想教育,唱响共产党好、社会主义好、改革开放好、人民军队好、各族群众好、伟大祖国好的主旋律,不断增强党的感召力、祖国的向心力、中华民族的凝聚力。努力开创西藏双拥工作新局面,为实现我区全面建设小康社会的宏伟目标、构建平安和谐西藏作出新的更大贡献。

陕西省二〇一〇年双拥工作总结

2010 年,全省双拥工作在省委、省政府、省军区的正确领导下,深入贯彻落实科学发展观,以推进军民融合式发展为主题,以创建新一轮全省双拥模范城(县)活动为重点,广泛开展军民共建活动,认真落实双拥政策法规,着力夯实双拥工作社会基础,进一步巩固和发展了军政军民团结的大好局面,为全省经济社会发展和部队全面建设作出了新的贡献。

一、双拥宣传教育更加广泛深入

军地双方坚持把媒体宣传与阵地教育相结合、常态宣传与集中教育相结合、典型宣传与整体教育相结合,做到了广播电视有双拥音像,报刊网络有双拥内容,交通要道、公共场所和旅游景点有双拥标志。省、市、县(区)普遍制作了双拥电视专题片和双拥工作画册,举办专题双拥文艺节目 60 余场次。各基层单位还通过播放影视作品,举办双拥国防知识问答,英模事迹报告会、座谈会、茶话会和专题讲座等形式,大力宣传党政军民团结一心建设西部强省的精神风貌,宣传拥军优属、拥政爱民的感人事迹,爱国拥军、爱民奉献的氛围更加浓厚。

二、军地相互支持取得新成效

一年来,全省各地为部队建设减免各种费用 N 亿多元,筹措资金 N 亿多元支持部队基础设施建设。省发改委、财政、民政、人保、教育、科技、交通、建设、卫生和粮食等部门先后出台了多项支持部队建设的政策规定和措施。各地还充分发挥科技人才资源优势,广泛开展文化拥军、智力拥军、法律拥军等活动,促进了部队科技强军战略的实施。在“联合—2010B”演习中,省上及时成立了演习保障机构,主动协调相关方面做好安全、交通、卫生、通信、场地等各项保障工作,并组织各级领导和社会各界慰问演习部队,出色完成了拥军支演任务,受到了参演部队的高度评价。

驻陕各部队,积极参与地方经济社会建设,在应急抢险、扶贫帮困、兴教助学、重点工程和生态环境建设以及军民共建社会主义精神文明等方面,都发挥了重要作用。总装系统投资 N 亿元的西安兵器工业园将成为西安市泾渭开发区经济增长的一个新亮点。驻军陆、海、空“三军”军代局每年在陕采购 N 多亿元的军品任务,极大地支援了当地经济建设。在青海玉树地震、甘肃舟曲泥石流特别是我省陕南遭受百年不遇的洪涝灾害中,驻军部队和武警官兵积极响应,在第一时间紧急出动,全力投入抢救人员、搬运物资、抢修道路、灾后重建等抗洪抢险工作,作出了突出贡献。

三、创建活动水平有新提高

军地双方坚持把双拥创建作为推动双拥工作深入发展的重要载体和有效抓手,把社会化拥军作为创新发展的突破口,不断拓展创建领域。西安市通过建立社区双拥工作网,组织驻军部队与社区签订《军民共建文明社区协议书》,夯实了社区拥军基础。渭南市培育双拥工作"十面红旗",推进了社会化拥军工作新发展。宝鸡、咸阳、汉中市在"两新"组织中建立双拥工作机构,扩大了双拥工作社会基础。延安市与江苏盐城市开展远距离双拥共建活动,取得良好的政治效益和经济效益。

为健全完善双拥模范城(县)考评体系,省制定颁发了《陕西省双拥模范城(县)创建命名管理实施细则》和《陕西省双拥模范城(县)考评标准》,6月下旬至7月上旬,省双拥办组成五个检查考评小组,对各市推荐的先进单位进行了检查考评;7月30日,以省委、省政府、省军区名义命名表彰了53个双拥模范城(县、区),175个双拥模范单位,176个双拥模范个人,全省双拥工作整体水平有了新提升。

四、优抚安置政策得到有效落实

各地认真落实各项优抚安置政策,优待抚恤和补助标准普遍提高。在纪念抗日战争胜利65周年和抗美援朝战争胜利60周年之际,全省共拿出2 800多万元,对两个群体分别组织了走访慰问。为了提高退役士兵就业技能,全省普遍开展了退役士兵免费职业技能培训,为退役士兵择业、就业拓宽了渠道。为解决退役军人的生活困难,2010年12月31日,以省民政厅、省财政厅、省人力资源和社会保障厅名义出台了《关于我省农村籍军队退役义务兵参加新农保享受优待的意见》,较好地解决了20世纪60年代末70年代初退役老兵的上访诉求,为涉军群体的稳定起到了积极作用。

甘肃省二〇一〇年双拥工作总结

2010年,全省双拥工作坚持以邓小平理论和"三个代表"重要思想为指导,深入贯彻落实科学发展观,紧紧围绕中心,以加快发展、服务大局为目标,以创建新一轮双拥模范城(县)活动为契机,广泛开展军民共建活动,切实抓好各项工作任务落实,为全省经济社会发展和部队全面化建设作出了新的贡献。

一、深入开展国防教育和双拥宣传,军政军民团结的思想基础进一步巩固

2010年以来,各地各部队坚持把国防教育和双拥宣传作为增强广大军民国防观念的基础性工作来抓,在全社会形成了人人关心、支持国防建设的良好局面。

(一)坚持以爱国主义为核心,进一步在全社会弘扬了爱国拥军的主旋律。各级党委、政府和军事机关始终把抓好国防教育和双拥宣传作为义不容辞的职责,作为一项重要的政治任务来抓,认真履行职责,加强组织协调,狠抓工作任务落实,形成了党政军群齐抓共管的良好局面。省里先后召开了议军会、双拥领导小组会和国防教育经验交流会,省委书记陆浩、代省长刘伟平多次作出指示,强调要切实加强对这项工作的组织领导,推动全民国防教育更加广泛深入地开展。省双拥工作领导小组及时对国防教育和双拥宣传作出了安排和部署,提出了明确要求。各地各部队认真贯彻"全民参与、长期坚持、注重实效"的方针,坚持从建章立制入手,不断推进了国防教育和双拥宣传的制度化、规范化。天水、庆阳、平凉市以改革创新的精神,推动了国防教育和双拥宣传向深度和广度发展。在宣传教育的层面上,实现了由抓点向抓面转变,不断增强了双拥宣传教育的针对性和实效性。

(二)坚持以社会资源为依托,不断增强了双拥宣传的辐射面和影响力。全省普遍把国防教育和双拥宣传纳入社会发展总体规划，纳入全民教育体系，纳入领导干部政绩考评范围。针对双拥工作的新形势、新任务，各地各部队充分运用报刊、电台、电视台、网络等大众媒体，利用文学、影视、展览、音乐等形式，发挥现代科技手段的功能，使双拥宣传教育更加生动形象、丰富多彩。各级党、政、军机关，工、青、妇群众团体，宣传、新闻、出版、教育、文化等部门通力合作，自觉在推进双拥宣传中发挥了带头作用。酒泉、武威、张掖市区分不同情况，贴近不同公民群体，采取不同的方式和手段，大力开展国防教育和双拥宣传，市、县和乡镇、街道，普遍设立了双拥宣传阵地和栏目，积极开展主题鲜明、群众喜闻乐见的教育活动，使广大群众在耳濡目染和潜移默化中受到了生动深刻的国防教育，增强了双拥工作的感染力和吸引力。

（三）注重抓好经常性的宣传教育活动，全民国防观念进一步增强。今年以来，各地各部队以新一轮双拥模范城（县）创建活动为契机，不断加大了国防教育和双拥宣传的力度。坚持把双拥宣传与开展重大活动结合起来，不断强化军民的国防意识。围绕纪念抗日战争胜利65周年、抗美援朝60周年纪念日活动，利用烈士陵园、革命遗址和纪念馆、博物馆等国防教育场所，大力开展宣传教育活动，扩大了国防教育的社会影响。各基层单位还通过播放影视作品、国防知识问答、巡回展览、系列板报、英模事迹报告会、召开座谈会、茶话会等形式，深入宣传，加深教育，不断增强了全民的国防意识。兰州、嘉峪关、金昌市通过举行以“热爱祖国、富民强军”、“军民心连心、合力筑长城”为主题的全民国防教育日宣传活动，使国防教育生动形象、丰富多彩。据不完统计，全年各地各部队共印发各类宣传资料134.4万份，军训学生63.2万人次，组织开展国防教育活动1 989场次，军地开展文化交流1 003场次，使国防教育和双拥宣传进入了千家万户，发挥了激励军心民心的作用。

二、坚持以服务驻军履行新使命为重点，积极支持国防和军队建设向纵深发展

全省各级党委、政府从维护国家安全和祖国统一的高度出发，把关心支持军队建设、提升部队战斗力、完成多样化任务作为一项重大的政治任务来抓。

（一）全力支持部队完成多样化军事任务。各级党委、政府始终把支持部队做好军事斗争准备作为双拥工作的重点，集党政军民之智，聚各行各业之力，支持部队提高现代化建设水平。重点在部队营房营区建设、基础设施改造、训练场地改扩建、后勤保障社会化等方面加大了支持力度，推动了部队全面建设。各地还充分发挥科技人力资源优势，广泛开展文化拥军、智力拥军、法律拥军、教育拥军等活动，促进了部队科技强军战略的实施。一年来，全省共资助部队修建训练场地60多个，兴办实事680多件，累计向基层部队送配电脑、复印机等办公设备3 200多台套。同时，坚持把科技拥军的基点放在帮助部队培养高素质实用人才上，实施了面向军营的“育人工程”，依托大专院校、高新技术企业开展军地两用人才培训工作，有7 869名官兵接受了较为系统的学历教育和职业技能培训。

（二）扎实做好拥军支演支训保障工作。各级党委、政府认真贯彻“军民结合、寓军于民”的战略思想，坚持把为军队现代化建设服务和国防建设做奉献作为一项经常性的工作来抓，全力支持部队为完成多样化军事任务创造良好条件。在今年中央军委组织实施的“联合—2010”演习中，省里及时成立了由省委副书记、副省长挂帅，省双拥工作领导小组牵头，民政、财政、公安、交通等部门参加的演习保障机构，主动协调做好卫生、通信、场地、安全、交通等各项保障工作。具体承担保障任务的平凉、白银两市，高度重视支演工作，多次专题召开会议安排部署拥军支演工作，周密制定了8项工作方案，积极配合部队做好交通安全、场地保障、通信联络、主副食品供应，竭力为参演、参训部队提供快捷、便利的服务和保障。出色地完成了支演支训任务，受到了参演部队的高度评价。

（三）真心实意为部队排忧解难。省委、省政府从战略和全局的高度出发，明确提出拥军优属是全社会的共同责任，必须全力帮助部队解决好工作、生活中的实际困难,解除他们的后顾之忧。省里先后召开的涉军会议达5次之多,用于支持部队的专项资金N亿多元。某二炮部队从青海换防调入我省后,省委、省政府主要领导多次召集协调会议,及时帮助解决建设用地、道路开通、基础设施配套等重大问题,督促有关部门以最快的速度协助完成了调防搬迁任务。省发改委、交通、科技、教育、建设、人力资源和社会保障等部门先后出台了多项支持部队建设的政策规定和措施。为解决部队道路、交通和出行难的问题,全省共投入专项资金N万元,重点支持边防战备公路和部队进出口通道建设。由各地命名的双拥路、拥军桥达20多条(座)。各地也纷纷出台拥军新政策,最大限度地帮助军人军属解决实际困难。天水、嘉峪关、白银等市规定义务教育阶段,各学校无条件接收军人子女,凡属借读或择校的,一律免收借读费和择校费。为解决随军家属安置难这一突出问题,各地普遍加大了培训工作力度,举办培训班50多期、就业招聘会25次,发放生活补贴N多万元。兰州市政府还专门下发文件,决定拿出了110个专项指标安置驻兰部队随军家属就业,受到了部队官兵的欢迎和好评。

三、以“双十工程”为载体,军地援建工作力度进一步加大

为适应维护国家安全和改革发展稳定的需要,各级党委、政府始终把推动经济社会和国防建设协调发展作为义不容辞的政治责任,满腔热情地办实事,解难题,通过多种途径,广泛开展军民共建活动,为建设小康、构建和谐社会打下了坚实的基础。

(一)军地援建“双十工程”稳步推进。援建“双十工程”是省双拥工作领导小组作出的重大决策。各市州把实施“双十工程”作为重中之重来抓,加强领导,明确目标,分解任务,强化责任,确保了“双十工程”有序开展。全省共筹集资金N亿元,提供土地520亩,大力支持部队营房营区重建、基础设施改造、训练场地改扩建、道路硬化等重点工程建设。省军区机关、二炮某基地、森林武警总队办公楼建设基本完工,部分人武部搬迁改造全面完成,民兵预备役训练基地建设进度明显加快,部队信息化建设水平跃上了一个新的台阶。地方援建的军营图书室达到155个,赠送图书17.2万册。

(二)舟曲特大山洪泥石流抢险救灾斗争取得重大胜利。8月8日凌晨,甘南藏族自治州舟曲县发生特大山洪泥石流灾害发生后,驻甘部队和武警官兵坚决贯彻党中央、国务院、中央军委的指示,快速反应,日夜兼程,迅速投入抢险救灾工作,先后出动官兵6.2万余人次,救治伤员2 244人,转移安置群众9 852人,清除河道淤泥100多万立方米。在抗洪抢险救灾的特殊战场上,总部、军区、总队首长亲临一线,周密部署,指挥救援。广大官兵视灾区群众为亲人,冒着生命危险,不分昼夜,争分夺秒地援救群众,救治伤员,抢通道路,抢运物资,安置群众,保护财产,出色完成了急难险重任务,创造了一个又一个奇迹,涌现出了一大批英模个人和英雄群体。广大官兵用忠诚和热血铸就了人民军队爱人民的丰碑,谱写了军民团结、共克时艰的崭新篇章。同时,人民子弟兵怀着对灾区群众的深厚感情,慷慨解囊,捐赠资金1 676万元,赢得了灾区广大干部群众的广泛赞誉。

(三)军民共建活动更加富有生机与活力。全省各地注重打造双拥品牌,探索推动载体,动员广大军民积极投身双拥共建新实践。“双四好”、“双向服务、双向奉献”,“共建文明社区、同创和谐平安”等群众性创建活动在全省城乡普遍开展,搭建起了军民参与双拥工作的新平台,基层实现了有目标任务、有活动计划、有组织领导、有志愿者队伍。拥军优属志愿小组、双拥志愿者组织达到2 200多个,开展拥军优属和献爱心活动3 000多次。全省上下基本形成了“五大拥军工作体系”,即:以宣传、文化、教育部门和新闻媒体为主的国防教育和双拥宣传体系;以民政、人事、劳动等部门为主的优抚安置体系;以发改委、财政、土地、工商、税务等部门为主的基础设施建设服务体系;以卫生、教育等部门为主的解决医疗难、就学难问题的卫生教育保障体系;以粮食、商业、电力等部门为主的社会化保障服务体系。实现了全方位、多层次双拥共建的新格局。尤其是全省2 000多个非公有组织与营以上驻军建立起结对共建关系，开展多种形式的拥军助民活动，捐资捐物。驻甘部队在完成军事训练、战备执勤任务的同时，积极参加防沙治沙、引大入银、引大入秦、黑河流域综合治理和卧牛山、金水湖、龙首湖美化等绿色生态工程建设，植树80万株，绿化1.5万亩。广泛开展扶贫帮困、兴学助教等活动。共援建帮建希望小学100所，资助贫困学生3 734名，结对扶贫3 994户，捐赠物品68.2万件，有力地支援了地方社会建设。

四、深入扎实地做好考评试点工作，推动了新一轮双拥模范城（县）创建活动深入开展

2010年以来，省里依据国家新颁布的《双拥模范城（县）创建命名管理法》，拟定了《甘肃省〈双拥模范城（县）创建命名管理办法〉实施细则》和考评标准，并以全国双拥模范城（县）考评试点和创建新一轮省级双拥模范城（县）命名为契机，认真总结创建经验，不断丰富活动内容，拓宽工作领域，有力推动了双拥创建活动深入扎实地开展。

一是加强组织领导，精心制定考评工作方案。为确保双拥模范城（县）考评试点工作顺利进行，省上及时成立由副省长张晓兰任组长的考评工作领导小组，各市州也分别成立了由党政军主要领导参加的考评工作领导小组，下设办公室，具体负责组织、指导和协调工作。同时，结合各自实际，及时制定出台了具体实施方案，县区、乡镇、街道和驻地部队层层研究提出了创建工作目标和规划，明确提出了考评工作的指导思想、目标任务、工作步骤及时限要求，形成了“领导机制、工作制度健全，目标任务明确，军地携手联合实施”的生动局面。

二是注重抓好学习培训，深刻理解《办法》内涵。各市州把学习掌握新颁布的《双拥模范城（县）创建命名管理办法》和《全国双拥模范城（县）考评标准》作为考评工作的基础性工作来抓，采取集中培训、专题讲座、以会代训等多种方式，学习掌握新《办法》，深刻理解新《标准》。天水市对720名双拥工作人员、乡镇（街道）干部和基层双拥联络员分期分批进行了系统培训，全市7县区、27个市直部门和团以上驻军分别举办了以学习理解新《办法》、新《标准》为主要内容的专题讲座。白银市和金塔县还通过举办双拥创建知识问答、有奖征文，开辟新闻媒体专栏等形式，加大对新《办法》、新《标准》的学习宣传力度，进一步加深了对新《办法》、新《标准》的理解和把握，从而为顺利推进考评工作奠定了坚实的思想基础。

三是明确试点工作要求，逐级落实创建任务。在全省创建新一轮双拥模范城（县）活动中，省里明确提出了“坚持五个始终”的工作要求，即：坚持把落实科学发展观贯穿到考评工作的始终，坚持把学习领会《办法》《标准》的精神实质贯穿到考评工作的始终，坚持把高起点谋划、高层次创建、高标准要求、高水平落实贯穿到考评工作的始终，坚持把巩固提高、创新发展始终贯穿到考评工作的全过程，坚持把工作重心始终放到基层和创建任务落实上。各市州多次召开会议，部署任务，落实工作，层层抓落实、抓重点、抓亮点。普遍把《考评标准》10个方面的65条内容，细化成若干条具体任务，分解到县区、乡镇（街道）、领导小组成员和驻军团以上单位。市、县对创建工作实行目标化管理，与乡镇、街道、县直有关部门签订了创建工作责任书，确保了考评工作任务在基层得以落实。

四是高度重视宣传发动，引导军民广泛参与。创建活动一开始，省双拥办主动协调省委宣传部、省军区政治部组成联合调研组，对各市州进行实地考察和调研。各地坚持把宣传发动作为关键性环节来抓，充分发挥广播、电视、报刊等新闻媒体的作用，开展了多层次、全方位宣传造势，迅速掀起了新一轮创建双拥模范城（县）的新热潮。各市县共印发创建活动宣传资料50多万份，演出文艺节目100多场次，播映爱国主义教育影片120部，先后在省内外主流报刊发表双拥创建方面的文章、稿件1 100余篇，在公路主干线和交通繁华地带设立醒目的双拥标牌、灯箱、橱窗、专栏等，并在服务行业、窗口单位、风景旅游区普遍设立了“军人优先”、“军人、军车免费”等标志，不断营造了浓厚的双拥创建氛围。同时，结合双拥模范城（县）考评试点活动，开展了多种形式的双拥讲座、知识竞赛、创建成果图片展、双拥共建月、党政领导军事日活动等,不断激发广大军民参与双拥活动的积极性和主动性。

五是加强督导检查工作,确保创建活动有序开展。为推动创建活动扎实有效地进行,省双拥办协调军地有关部门组成军地联合督查组,深入各市州进行检查督导,与市县共同研究制定工作方案,深入村镇、社区、连队了解情况和听取意见,研究解决考评工作中存在的突出矛盾和问题,总结疏理考评工作经验和不足,研究制定弥补改进的措施。为了巩固扩大创建活动成果,我省于7月下旬召开了全省双拥办主任会议,各市州汇报交流了双拥创建活动进展情况及收获体会,为全省新一轮双拥模范城(县)考评工作提供了丰富的实践经验。

五、切实维护和保障军人军属合法权益,双拥优抚安置政策全面落实

一年来,各地始终把维护广大优抚对象的合法权益作为事关战略全局的一件大事来抓,认真贯彻省委、省政府和省军区的重大决策部署,充分发挥职能作用,积极主动地为国防建设和军人军属办实事、解难题。

一是认真落实优抚安置政策,切实维护军人军属的合法权益。积极争取各级政府支持,狠抓优抚安置政策落实,各类优抚对象的抚恤补助标准大幅度提高。农村义务兵家属优待面达到100%,优待标准逐年提高。全部实现了优待抚恤金"一卡通"发放。各地认真贯彻《优抚对象医疗保障办法》,优抚对象普遍参加了新型农村合作医疗保险、城镇居民医疗保险,积极开展优抚对象就医"一站式"结算试点,大大提高了优抚对象医疗保障水平。各地不断深化退役士兵安置改革,积极协调组织、人事、民政、劳动等部门,采取政策安置为主、自谋职业和货币化安置为辅的方式,使军队转业干部、退役士兵得到了妥善安置。尤其是重点对部分生活困难的复员干部办理了养老、医疗保险,并按最低工资标准逐月发放生活救助费,有力地维护了社会的和谐稳定。

二是广泛开展"爱心献功臣"活动,千方百计为重点优抚对象排忧解难。一年来,各地把解决重点优抚对象的"三难"问题作为重点工作,坚持常抓不懈。通过建立和完善以医疗补助、医疗优惠、大病救助为主要内容的优抚对象医疗保障体系,有效缓解了优抚对象"医疗难"问题。各地普遍对重点优抚对象在水、电、暖、医疗、卫生等方面实行了多项优惠政策,城乡救助体系中的12项社会救助制度,均对重点优抚对象给予了倾斜。今年,全省再次对伤残军人、烈属、在乡退伍红军老战士生活补助标准分别提高了10%;在乡老复员军人定期定量补助提高了355元。回乡参战参试人员生活补助标准提高到了220元。金塔县坚持把落实优抚安置政策与干部政绩考核紧密结合起来,县直部门以上领导与重点优抚对象实行"一助一"结对帮扶制度,筹集资金350多万元,对156户优抚对象住房进行了改造,生活难、医疗难得到了有效解决。随军家属安置就业率达到了100%。

三是注重建立长效机制,确保双拥工作任务落到实处。一年来,我们积极适应市场经济条件下拥军优属工作的新要求,不断建立完善相应的政策法规,确保了拥军优属工作规范化、制度化。制定颁布了《甘肃省军人抚恤优待条例实施办法》《甘肃省〈优抚对象医疗保障办法〉实施办法》《甘肃省退役士兵自谋职业经济补助暂行办法》,下发了《进一步做好拥军优属工作的意见》《部队子女入学、入托暂行办法》《随军家属劳动就业和社会保障实施意见》等一系列规定和政策,为维护军人军属合法权益提供了制度保障。各市州也结合本地实际,制定下发了一系列规章、制度和办法,确保了军人军属的合法权益得以落实。同时,进一步加强了涉军法律服务保障体系建设,认真贯彻落实《甘肃省维护国防利益和军人军属合法权益工作机制若干规定(试行)》,依法妥善处理涉及国防利益和军人军属权益的纠纷和案件,解决复退军人和优抚对象的合理诉求,避免了越级上访和群体性事件的发生,有效维护了部队和社会的和谐稳定。

四是立足于扶持发展生产,广泛开展扶持复退军人创业致富带头人活动。今年7月,省委、省政府、省军区在庆阳召开了复退军人创业致富带头人活动经验交流会,总结推广了庆阳经验,安排部署了

"扶创"活动任务。之后,全省迅速掀起了培养复退军人创业致富带头人活动的热潮。全省共投入扶持资金 2 000 多万元,提供生产用地 1 万多亩,减免税收和发放补贴 700 多万元,举办培训班 1 100 多期。首批确定的 2 600 多名优秀复退军人和民兵预备役骨干已成为创业致富的带头人和领军人物。为进一步加大扶持力度,各地借助中央对西部大开发的优惠政策,把复退军人创业致富纳入经济社会发展的重要议事日程,统筹安排,周密部署,充分发挥复退军人的一技之长,有力地推动了农村产业结构调整,特别是贫困地区经济的发展。平凉、武威、定西等市普遍建立了"扶创"活动目标管理责任制,部门包乡镇、干部包村户,重点培养、精心指导,基本实现了横向联合、纵向深入的组织领导和工作落实机制,形成了军地通力合作、各方共同参与的"扶创"工作新格局。

一年来,全省双拥工作虽然取得了很大成绩,积累了许多宝贵的经验,但也存在一些问题和不足:一是双拥工作发展不平衡,有的地方坚持经常不够,工作处于一般化状态;二是传承创新不够,缺乏与新形势要求相适应的新举措、新办法,动力不足,活力不强;三是抓重点、攻难点、促提高的力度不够,热点难点问题一些地方还比较突出;四是双拥宣传有待进一步加强,主要是氛围还不够浓厚,典型宣传缺乏影响力。

青海省二〇一〇年双拥工作总结

2010 年,是青海省发展历史上极不寻常、极其难忘的一年,也是全省军民团结奋斗、赢得胜利的一年。在省委、省政府、省军区的坚强领导下,全省军民同心协力,顽强奋战,共克时艰,夺取了玉树抗震救灾、格尔木抗洪抢险的新胜利,取得了经济快速发展、社会和谐稳定、人民生活不断改善、各项事业蓬勃发展的新成绩。全省双拥工作成效显著,军政军民团结更加牢固。

一、部队官兵奋勇抢险救灾,支持地方经济社会建设成绩突出

出色完成急难险重任务。玉树强烈地震发生后,驻军官兵闻令而动、昼夜兼程,第一时间赶赴灾区,以最快的速度搜救生命、抢救伤员、抢运物资和维护秩序。哪里灾情危急,人民子弟兵就向哪里冲锋,哪里有生死考验,部队官兵就向哪里前进。在抗震救灾的应急阶段,各部队出动兵力近 2 万人、机械车辆 6 000 多台次,救出被掩埋群众 2 700 人,转移运送伤员近万人,装卸运送物资 2 万吨,保障油料 691 吨,扑救因地震引发的火灾 50 余起。部队方舱医院累计接诊病人 5.3 万名,手术 2 700 余台次,抢救危重伤病员近千例,努力把灾害造成的生命财产损失减少到最低程度。同时,部队官兵积极帮助群众清理废墟、抢挖被埋财产、保护寺院文物、转移安置群众、帮助学校搭建临时校舍,千方百计保护群众利益。去年 7 月 6 日,格尔木河遭遇历史最高洪峰,上游温泉水库发生重大险情。在危急关头,驻军官兵紧急抢险救灾,搬运沙石 9.7 万多方,加固堤坝 100 公里,开挖泄洪渠 320 米,转移安置群众近万人,转运物资 1 000 余吨,经过广大军民的顽强拼搏和昼夜奋战,成功化解了温泉水库的重大隐患,保障了格尔木市的安全。在抗震救灾的日日夜夜,在抗洪抢险的关键时刻,广大官兵不顾余震频发、不畏高寒缺氧,发扬连续奋战、不怕疲劳、不怕牺牲的奉献精神,用赤胆忠诚、钢铁意志和血肉之躯,谱写了人民军队为人民的英雄赞歌,涌现出用生命拯救生命的陆军第四医院女军医何敏、抗震抗洪勇士段磊等模范人物和一大批英雄群体。

积极参加地方经济社会建设。驻青部队、武警官兵和民兵预备役人员继承和发扬拥政爱民的优良传统,在完成军事训练、战备执勤等任务的同时,注重发挥自身优势,积极投身地方建设事业。解放军和武警部队官兵为玉树地震灾区捐款 3.58 亿元。

并在灾后重建项目中,军队出资修建玉树州孤儿学校、职业技术学校和玉树县八一医院。省军区不断拓展平安创建活动的深度和广度,先后深入120多座寺院宣讲党的政策,免费为寺院僧侣发放近10万元的药品;武警青海总队深化"四个万人义务服务活动",全年捐款捐物,努力帮助驻地群众脱贫致富;总后青藏兵站部积极开展"一干一生"帮学助教活动,每年捐资资助100名贫困大学生完成学业;陆军第四医院广泛开展医疗扶贫活动,主动为全省3 244名贫困儿童实施疝气康复手术。驻军各部队全年投入20万个劳动日,植树8万余株,退耕还林还草500多亩,建立扶贫联系点250多个,帮扶困难群众2 000余户,有力地支持了地方经济社会建设。

二、爱国拥军热情持续高涨,支持部队建设力度加大

扎实做好拥军保障工作。各级党委、政府十分重视和支持部队建设,努力为驻青部队办实事、解难事、做好事。全年投入资金N亿元,帮助部队解决营房改建、军事训练、战备执勤和生产生活等方面的困难和问题。为做好抗震救灾部队的服务保障工作,省双拥办及时发出通知,要求各地搞好综合协调,切实搞好拥军支前工作。省民政厅及时从宁夏调运新鲜蔬菜180吨,改善抗震救灾部队官兵的生活,并及时发放慰问品和感谢信,激励官兵斗志。为确保道路畅通,赢得救援时间,省、州、县及时组织专业抢修队伍,迅速抢修被地震毁坏的道路和通信设施,保障了18批次救援部队的车辆、人员安全通行。同时,省财政安排专项资金,支持县级人武部基础设施综合治理工程;西宁市政府为边防总队划拨建设用地55亩,并将建设用地周边的规划道路,纳入当年市政配套项目建设,使部队营房建设提前竣工并投入使用。各地区、各部门急部队之所急、想部队之所需,千方百计为救灾部队及驻训部队提供粮油、肉食、蔬菜等食品供应,搞好交通、通信等物资保障,青藏铁路沿线各军供站接待过往部队9.5万人(次),有力地保障了部队的军事行动。

全面落实优抚安置政策。全省安排优抚安置资金1.76亿元,用于落实重点优抚对象、军队离退休人员等优抚群体的各项待遇。调整提高了优抚对象抚恤补助标准、农村义务兵优待标准,平均增长率分别达到10%和9%,及时发放了重点优抚对象生活补助和临时物价补贴,抓紧落实优抚医疗保障制度,全面推进优抚对象住院费"一站式"结算服务,优先安排优抚对象危房改造,使1.3万名重点优抚对象的生活水平持续提高。全面完成军队离退休干部、军队伤病残人员的接收安置任务,认真落实军休干部的政治、生活待遇和住房、医疗政策,服务质量不断提高。努力做好转业退伍军人安置工作,各接收单位顾全大局、克服困难,完成了N名转业军官、N名城镇退役士兵的安置任务,安置率分别达到100%和92%。积极开展随军家属就业技能培训,千方百计解决随军家属就业和军人子女入学入托问题。认真落实复退军人相关政策,保障了他们的合法权益,有力地支持了军队和国防建设。

三、双拥创建蓬勃发展,军民共建特色鲜明

创建双拥模范城(县)活动,是推动双拥工作的有效载体,是加强军政军民团结的重要途径。按照年度工作安排,省双拥工作领导小组制定下发了《青海省双拥模范城(县)创建命名管理实施办法》,进一步理清了创建思路,明确了命名标准和动态管理办法,推动了双拥创建活动制度化、规范化、科学化。各地区、各部队认真贯彻《实施办法》,积极开展争创双拥模范城(县)、争当双拥模范单位和个人的活动,调动了广大军民的积极性和创造性,推动了双拥工作各项任务在本地区的落实。紧紧围绕"以线带片创建,发挥特色双拥"的工作思路,巩固和发展军民共建千里高原文明线、文明青藏公路运输线、警民共建文明青藏铁路线活动成果,促进了沿线地区的经济发展和社会进步。各地区、各部队重视发挥驻军部队在军民共建共育、民族团结进步创建、精神文明建设等方面的示范引领作用,广泛开展创建"文明城市、文明行业、文明社区、文明村镇"活动,促进了当地精神文明建设,700多个军民共建点以加强军政军民团结为基础,以构建和谐社会为目标,以改善民生为重点,组织开展了丰富多彩的军民共建活动,带动了全省双拥工作深入持久地发展。

四、双拥工作机制日趋完善，军政军民关系更加融洽

各级党委政府和驻军领导机关重视双拥、支持双拥、推动双拥工作，健全了党委议军会、军地联席会和军政座谈会等工作机制，完善了信息通报、定期走访、相互沟通等工作制度，使双拥工作在制度规范下合力推进、高效运行。省委、省政府坚持把双拥工作放到全省工作大局中去筹划，放到军地改革发展中去推进，认真解决部队建设的实际困难和问题。省党政主要领导亲历亲为，多次参与双拥重大活动，深入部队调查研究，走访慰问基层官兵，现场解决实际困难，全年发放拥军慰问金650万元。社会各界爱国拥军热情持续高涨，各族群众主动迎送救灾部队官兵，采取多种形式表达对子弟兵的感激之情。驻青部队领导机关尊重地方党委政府，热爱各族人民，积极配合地方党委、政府的中心工作。广大官兵把驻地当故乡、视人民如亲人，积极开展形式多样的拥政爱民活动，模范遵守法律法规和群众纪律，尊重少数民族风俗习惯，坚持依法文明执勤，维护和保障了人民群众的切身利益。各级双拥成员单位和有关部门按照职责要求，分工协作，密切配合，共同做好双拥工作，形成了党政军关心重视、有关部门密切协作、社会各界积极参与的双拥工作格局。

新疆维吾尔自治区二○一○年双拥工作总结

2010年，新疆维吾尔自治区双拥工作在全国双拥工作领导小组和自治区党委、人民政府和新疆军区正确领导下，坚持以邓小平理论和“三个代表”重要思想为指导，深入贯彻落实科学发展观，认真贯彻党的十七届四中、五中全会和中央新疆工作座谈会议精神，贯彻落实自治区七届九次、十次全委（扩大）会议精神，紧紧围绕“高举民族团结旗帜、共促和谐发展稳定”的主题，按照“筑牢基础、注重经常、打造品牌”的工作思路，注重解放思想开拓创新，注重互动联动互办实事，大力推动双拥工作深入开展，全区双拥工作基础牢固，成果丰富，亮点突显，军政军民和民族团结得到进一步巩固和发展，为自治区跨越式发展和长治久安，为驻疆部队全面建设提供了有力保障。

一、注重高位推动大事大抓，组织领导坚强有力

各地州市县普遍建立了军地“一把手”担任组长的双拥工作领导机构，各级领导干部模范带头，做到了重大工作亲自研究部署、重大活动亲自组织参与、重点难点问题亲自协调解决。一是领导及时决策亲自参与。乌鲁木齐市主要领导今年先后4次召开会议专题研究双拥工作，对双拥办提出推动双拥工作深入开展的经费保障等7项具体建议“照单全收”。乌恰县主要领导对部队提出的问题坚持做到“五必访”，官兵反映“他们和部队的关系像亲戚一样密切”。伊宁市主要领导亲自协调解决随军家属就业难问题，今年先后安置了89人。库车县主要领导高度重视双拥工作，首次被表彰为全国双拥模范县后，各项工作更加扎实。驻疆部队从新疆军区、武警新疆总队到边防、消防、森林、黄金、交通总队和空军部队，都坚持把双拥工作作为重大政治和战略任务，精心组织，狠抓落实，几项工作受到党和国家领导重要批示，涌现了一批双拥模范。二是双拥制度机制建立健全。各地认真落实党委议军会议、军地联席会、双拥活动月（周）、走访慰问、现场办公、定期例会等行之有效的工作制度，建立了双拥工作领导小组成员单位年度工作汇报制度，形成了各级重视双拥工作的良好氛围。各级军地领导围绕中心任务加强相互走访，提高工作效率，现场办公解决实际问题，相互办实事解难事，及时化解各类矛盾和纠纷。各级还注重通过健全组织推动工作，普遍落实双拥办组织机构和人员编制，设专职副主任，建立基层双拥组织2.3万个，20多万专（兼）职工作人员从事双拥工作，形成了上下有组织、纵横有体系、层层有人抓的双拥工作良好局面。乌鲁木齐、库车等地建立了双拥办军地合署办公机制，使双拥日常工作组织协调更加有力。

二、注重突出特色打造品牌，宣传教育广泛深入

着眼发展稳定大局开展双拥宣传和国防教育，突出边疆特点，打造教育品牌，增强宣传教育的吸引力、感染力和实效性。一是大力拓展教育新平台、新阵地。各市县区利用传统手段开展宣传教育的同时，充分运用现代传媒加强舆论宣传，发挥军地专家资源开办专题辅导，进一步拓展了教育新平台、新阵地。库尔勒市开通了全区首家双拥网，对双拥宣传、组织国防教育、交流经验做法均起到积极推动作用。二是充分发挥基地教育功能。各地投入资金，维修扩建爱国主义和国防教育基地420个，新建改造不少于40平方米的双拥展厅72个，基地和展厅内设展板2 300多幅，主要道路、繁华街区制作悬挂永久性双拥宣传牌1 600多个；充分利用国防教育日、军事日、学生军训、征兵期间等时机开展教育活动，接待参观者900多万人次。三是广泛开展群众性教育活动。坚持“全民参与、长期坚持、讲求实效”原则，上到党政各职能部门，下到基层社区、“两新”组织，各成员单位积极参与宣传教育活动，大力营造教育氛围，制作宣传板报2 850多幅、宣传横幅12 000多条，受教育群众达1 600多万人次，共举办专场文艺演出、军民联欢晚会、知识竞赛、演讲报告会等活动1 340余场次。

三、注重办实事解难题，保障质量明显提升

各级党委、政府全力支持驻疆部队建设，及时深入部队走访，倾听部队需求，现场办公解决问题，全力保障部队提高打赢能力。

一是大力支持部队基础设施建设。今年各地为驻疆人民解放军和武警部队基础设施建设投入资金N亿多元，乌鲁木齐、克拉玛依和布克赛尔蒙古自治县一年多以来投入经费均在N万元以上，有效解决了部队战备训练、国防施工、生产生活等方面的困难。尤其是吉木乃县先后拿出N多万元支持部队建设。轮台县妥善解决了314国道改扩建工程与部队占地搬迁等事宜，协调有关部门积极办理部队农场土地使用证，专门调整划拨了20亩土地作为置换搬迁土地，用于扩建69222部队的军事训练场。库尔勒市为部队新机场迁建项目投入资金N亿元，为部队划拨训练和生活用地1 700多亩，帮助部队解决库队铁路二线和库库高速公路建设过境段的军事设施改建。阿图什市为驻市各部队和边防连队解决菜地150多亩，划拨新开荒地和草场1 500多亩。

二是及时解决官兵后顾之忧。各地还开展丰富多彩的拥军优属活动，密切了军政军民关系。和田、乌恰、皮山等县市春节前夕走访慰问边防官兵。乌鲁木齐达坂城区与神仙湾哨所结成共建对子，在盐湖浮乐园为边防官兵建立了一个疗养基地。库尔勒市开展了现役军人免费乘坐市区公交车活动。沙湾县在锦绣沙湾二期建房项目中以每平方米1 650元的优惠价格为驻县部队官兵提供120余套住房，政府补贴资金达N万元以上，先后投入N多万元改善69234部队官兵生活、工作和训练环境。昌吉、吐鲁番、哈密等市县高于规定标准执行优抚优待对象补助抚恤。吐鲁番市长年实行旅游景点军人免费政策。

三是切实解决优抚对象实际困难。自治区再次提高了三类优待抚恤金的标准，在优抚对象生活水平达到或略高于当地人民群众平均生活水平前提下，力争优抚对象的家庭生活水平达到或高于当地平均生活水平，先后出台了《自治区优抚对象医疗保障实施办法》《自治区伤残抚恤管理办法》和《关于国家机关工作人员及离退休人员死亡一次性抚恤金发放办法》，进一步完善了有关政策法规，将惠及全区3万多名优抚对象。哈密市建立了优抚对象抚恤定补金自然增长机制，实现了三个百分百，即“三属”人员百分百享受抚恤金、解放前入伍老复员军人百分百享受定补、烈属和孤老复员军人百分百享受公费医疗。

四、注重弘扬传统爱民为民，扎实做好援建工作

驻疆人民解放军和武警部队贯彻落实上级指示精神，积极支援自治区各项事业建设，作出了新贡献，取得了新成就。

一是出色完成维稳任务。面对维稳形势的新变化，各部队始终牢记“两个确保”神圣使命，普遍坚持把维护社会稳定作为双拥工作的首要任务。为维护社会秩序、保护人民群众生命财产安全，日复一日，月复一月，风雨无阻，斗风沙战酷暑，始终战斗在维护稳定第一线，涌现出一大批可歌可泣的感人故事，也锤炼出一批批热爱人民、献身使命的拥政爱民先进集体和模范典型。

二是参加抢险救灾勇挑重担。今年是我国近20年来仅次于2008年的第二个重灾年份，各种自然灾害频发。驻疆部队累计出动官兵12万余人(次)、车辆3.8万余台(次)，先后参与了北疆融雪性洪灾、塔里木河渭干河夏季洪灾、和田和克州地震等自然灾害救援任务。2010年9月7日晚，乌恰县发生5.6级地震，驻军部队在第一时间启动抢险救灾预案，连夜赶赴150公里外灾区开展救援工作，先后出动官兵500多人次，连续奋战38个小时，转移安置了1 000多名各族群众，挽回经济损失200多万元。

三是积极支援经济社会发展。参加和支援自治区经济发展社会建设，先后投入8.9万个劳动日，出动机械车辆1.3万台(次)，参加了乌鲁木齐六道湾塌陷区治理、塔里木河流域生态保护和建设、和田百里葡萄长廊等10多项惠民工程。积极开展“百村扶贫、百家致富”和“富一村、扶一生、助一校、帮一院(站)活动”，投入资金N万元，持续帮扶307个贫困村、4 100名贫困中小学生、158所中小学校、53所医院和卫生站，帮助新建中小学校5所。驻疆空军部队以创先争优活动为载体，采取“营乡党委共促、连村支部共建、军地党员结对”的方式，帮助驻地基层党组织建设，呈现出互学、互帮、互促的良好局面。其经验做法受到李援朝、徐才厚等中央领导同志批示，在全国各大媒体进行了集中宣传报道。

五、注重总结经验推广典型，工作开展有所创新

各地及时召开创建双拥模范城(县区)动员大会和双拥工作总结大会，不仅有效激发了各族军民积极参与双拥工作的热情和动力，而且有力促进了双拥工作的深入开展。

一是军民共建活动成效显著。新疆军区某部和疏勒县巴仁乡尤卡克其其村结对共建40年，40年来该村经济发展、村风文明、政权稳固，全村26年没有刑事犯罪，没有人参加过分裂活动。在军地各级支持帮助下，今年我们及时总结推广了这一先进典型的经验，不仅受到党中央、国务院、中央军委的充分肯定，而且为全区结对双拥共建工作树立了榜样和标杆。

二是社会化拥军有声有色。乌鲁木齐市注重通过媒体把机关、企业、群众动员起来，连续5年积极开展“五送五进”(送文化、送科技、送岗位、送服务、送放心食品进军营)活动，科学探索了“政府倡导、社会参与、全面动员”的社会化拥军路子。库车县、和布克赛尔蒙古自治县分别拿出奖励基金，大力奖励县籍和驻地立功受奖官兵，激发了官兵爱原籍、爱驻地的内在动力，已有效帮助促进了部队军人核心价值观学习实践和创先争优活动的深入开展。库车县和乌鲁木齐市还开展了评选表彰“十佳好军嫂”活动。

三是典型宣传深入广泛。自治区大力宣扬全国爱国拥军模范卡德尔·巴克、“兵妈妈”布茹玛汗·毛勒朵、王云、鄯善县银发志愿者服务队等先进典型的事迹，使一大批双拥模范脱颖而出。乌鲁木齐市下岗职工何萍一边开个小饭馆养家糊口，一边坚持无私慰问维稳官兵和武警特警的事迹非常感人。昭苏县魏其单老大妈19年主动坚守看护农四师某团的蛇山哨所，不让丢失一草一木，还常年坚持为官兵做“军鞋”，用无私的母爱温暖兵心，受到官兵衷心爱戴。

六、注重严格标准严密组织，检查指导及时有效

根据全国双拥办要求，经自治区双拥工作领导小组批准，自治区双拥模范城(县区)检查验收工作自2010年9月开始，历时6个多月，对全区72个申报自治区双拥模范城(县)的市、县、区进行了检查验收。自治区和新疆军区领导对这次检查验收工作高度重视，检查验收组严格标准、严明作风、严密组织，确保了检查验收工作深入扎实、公开公正。

一是注重全面认真检查。先后走访基层、机关和部队2 190个单位，与10 670名各族群众、部队官兵和重点优抚对象进行了座谈，问卷调查1万多名群众，走访优抚对象702户，并采取听汇报、查阅档案资料、明察暗访等方式，严格按照全国和自治区

《双拥模范城(县)考评细则》要求,对72个县市区的双拥工作逐项进行了检查。

二是严格执行检查标准。凡是做得不够好的,该扣分的坚决扣分,当场公布评分情况,对存在问题和不足点到具体单位具体人。

三是注重作风建设。每到一个单位坚持做到不准迎送、不准喝酒、不准送纪念品,违犯规定的坚决扣分。

四是注重社会公众参与。依托新疆"天山网"开展了群众满意度网络测评,历时1个月先后有1390多万人次参与网络投票,收到留言12 000多条,不仅激发了群众的参与热情,而且使检查验收工作更加民主和科学。

七、注重结合区情建章立制,政策法规日趋健全

今年1月组织召开了自治区双拥办主任座谈会,邀请部分地州市县双拥办主任、专职副主任及驻疆部队大单位群工办领导参加的座谈会,重点对《自治区双拥模范城(县)创建命名管理办法》《自治区双拥模范城(县)检查评比细则》再次进行了修订。其中《细则》已经于5月份下发全区贯彻执行,《办法》还将继续充实完善后下发。各地州市县从健全政策规章入手,先后出台了20多部双拥政策性文件和规定,及时有力规范双拥创建活动。乌鲁木齐、奎屯、哈巴河等市县先后出台了《双拥模范区(县)和模范单位创建命名管理办法》《双拥模范单位创建命名管理办法》等规章,推出多项创新工作的措施和政策,特别是对创建活动先进单位和个人明确了具体奖励的规定。

2010年,全区双拥工作取得了一定的成绩,但也存在一些需要认真思考并加以研究解决的问题。一是发展不平衡。既有个别地区整体创建水平不高的问题,也有同一地区各县市之间发展不平衡问题,相互差距特别大。二是有些地方优抚优待政策落实得不够好。主要是国家下拨的优抚资金在有些县市没有按要求足额、及时发放,一些地方的义务兵家属优待金没有达到国家提出的标准。三是随军家属和退役士兵安置问题突出。检查验收中,部队普遍反映,随军家属工作安置特别难。另外,全区共有历年未安置退役士兵2 000多人。主要是各中心城市和驻军较多的县普遍反映安置压力较大,既不能按规定实行实质岗位安置,而实行货币化安置的标准过低,只有1.7万元,退役士兵不愿实行货币化安置。对上述问题需要认真加以研究解决。

在新疆这个边疆多民族地区,双拥工作不是一般意义上的搞好军民关系的工作,而是一项事关民族团结、直接作用于稳定和发展的带全局性根本性战略性的政治任务。一是要切实加强组织领导,推进双拥工作扎实有效开展。要深入学习贯彻中央新疆工作座谈会精神,进一步搞好动员教育,切实增强各级领导干部做好双拥工作的政治责任感。要坚持"一把手"工程不动摇,切实搞好督促检查,确保各级双拥工作领导机构健全、经费到位、保障有力。各级领导小组要定期分析双拥工作形势,及时研究落实措施、解决重大问题,切实履行好组织、协调、指导的基本职能。要采取集中培训、经验交流、参观见学等方式,着力提高双拥工作人员能力素质,推动双拥工作在新的起点上不断发展进步。二是要广泛开展宣传教育,营造双拥工作浓厚氛围。自治区各媒体要开辟双拥工作宣传专栏,加大宣传力度。在适当场合会议上,军地领导讲话要大张旗鼓地对双拥工作提要求、造舆论。要注意发挥国防教育基地、红色旅游资源、军史馆等教育阵地的作用,根据国家要求进一步加强这方面的建设,争取每年建设、完善一个项目。要深入开展领导干部带头过"军事日"活动。三是要把维护稳定作为双拥工作首要任务,努力打牢安定团结群众基础。要切实把军民共建点选择在敌社情比较复杂、工作相对薄弱的贫困乡村以及困难企事业单位。要本着团结协商、互谅互让原则,积极预防和妥善处理军地矛盾和纠纷。要切实做好应付各种突发事件准备,制定和完善预防暴乱、处置突发事件预案,有针对性地搞好演练。军地之间要密切配合,对影响团结稳定的突发性事件,采取坚决果断措施及时妥善处理,防止事态扩大和矛盾激化。四是要紧密围绕军地中心任务,创新双拥工作内容和载体。要把支持部队加快战斗力生成模式转变、拓展和深化军事斗争准备作为拥军重点,深化科技、教育和智力拥军工作，协助搞好地方支前潜力信息核查，建设和完善信息化基础设施，培养新型军事人才队伍，开展技术革新和攻关，运用成熟的民用先进技术促进部队信息化建设。要发扬爱民为民光荣传统，以促进新疆跨越式发展和长治久安为根本着眼点，以民生建设为核心，以军地结对共建为主要形式，按照地方所需、群众所盼、部队所能的原则，积极组织部队积极参加经济社会建设。五是要充分调动干部群众双拥热情，深入扎实开展双拥创建活动。要坚持争在平时、创在平时，在抓好双拥工作经常化、制度化上下工夫，在推动基层双拥工作落实上下工夫，把双拥工作在基层有效落实作为衡量和评选先进的基本标准，认真搞好创建表彰工作，促进双拥工作整体推进、协调发展。要依据管理办法和细则，加强双拥创建工作指导，每年对双拥模范城（县、区）创建工作进行不定期检查。自治区双拥办每两年对创建工作进行抽查。六是要狠抓政策法规落实，维护优抚对象和军属切身利益。要落实各项优抚政策，确保各类补助金、抚恤金按时足额发放，使优抚对象享受到经济社会发展成果。要积极拓宽退役士兵安置渠道，落实退役士兵职业教育和技能培训政策，做好培训的招生录取、教学管理、经费保障、推荐就业等工作，切实把退役士兵安置和培训就业等工作做好做实。要帮助部队尤其是边防官兵、高原守防官兵解决好实际困难，在随军家属安置、军人子女入学入托、大龄官兵婚恋等方面给予关心和帮助。

新疆生产建设兵团二〇一〇年双拥工作总结

2010年以来，胡锦涛总书记多次强调提出，要站在国家安全和发展战略全局的高度，坚持军民融合式发展，推动国防建设和经济建设良性互动，确保在全面建设小康社会进程中实现富国和强军的统一，确保军队有效履行新世纪新阶段历史革命。兵团双拥优抚安置工作在兵团党委、兵团双拥工作领导小组的正确领导下，坚持以邓小平理论和“三个代表”重要思想为指导，以深入贯彻科学发展观，紧紧围绕发挥双拥工作在推动军民融合式发展中的特殊作用，进一步巩固了军政军民团结，在更广范围、更高层次、更深程度上实现了服务国防建设和经济社会发展互促双赢。

一、围绕双拥工作军民融合式发展，双拥工作取得新进展

（一）广泛开展走访慰问活动，有效巩固军政军民关系。2010年以来，兵团双拥办、民政局根据工作需要，及时下发了《关于做好2010年春节期间双拥工作情况统计的通知》（兵民政传［2010］8号）、《关于做好2010年八一建军节期间拥军优属及统计工作的通知》（兵民政传［2010］44号），分别对兵团各级春节和“八一”建军节期间开展拥军优属活动进行了安排和部署。据不完全统计，兵、师、团、机关、企业在2010年在开展拥军优属活动中，共组成双拥慰问小组1 470个，慰问部队943个次，走访慰问各类优抚对象19 628人次，召开座谈会（联席会）1 553次、联谊会（联欢）512场次，为军烈属、优抚对象送春联5 787幅、年画10 000余幅、挂历200余份、慰问信4 203封，制作宣传板报345块、双拥宣传稿件210余份、电视媒体报道40余次、横幅140余条，并广泛开展了军事日、军地篮球友谊赛、庆“八一”歌咏比赛、为驻地部队放电影、为边防部队慰问演出、举办军地大型文艺会演等形式大力开展双拥共建活动，营造了民拥军、军爱民的良好氛围。

（二）建立健全双拥工作机构，进一步加强了双拥工作的组织领导。根据兵团人事变动情况，及时征求兵团机关18个部局（委、办）及新疆军区、兵团军事部、兵团武警兵团指挥部意见，及时调整了兵团双拥工作领导小组领导、成员及双拥工作办公室副主任。确定了兵团政委车俊同志为新的双拥工作领导小组组长；调整了兵团副司令员来策义同志、哈尼巴提·沙布开同志等领导为副组长；调整了各双拥工作成员单位的部分成员，增补了兵团民政局崔铭副局长、优抚安置处处长刘新民同志和军事部、武警兵团指挥部等有关人员为双拥工作领导小组办公室副主任,加强了兵团双拥工作的组织领导,促进了兵团双拥工作健康全面发展。

(三)扎实开展双拥创建活动,完善双拥模范城创建评比办法。深入学习了《双拥模范城(县)创建命名办法》和《双拥模范城(县)检查评比标准》,认真总结了以往兵团在开展双拥模范城(县)创建活动以来的经验和做法,并积极学习了其他省市的好做法。及时下发了《关于转发〈关于转发"全国双拥模范城(县)考评标准"的通知〉的通知》(兵拥[2010]1号)。2006年,兵团双拥创建活动被全国双拥办作为一个独立的参加评比创建单位,为此,我们以全国《双拥模范城(县)创建命名管理办法》《全国双拥模范城(县)考评标准》为准则,参照自治区的《标准》和其他省市的双拥创建办法和细则,初步形成了兵团的《兵团实施〈双拥模范城(县)创建命名办法〉细则》和《新疆生产建设兵团双拥模范城检查评比细则》征求意见稿,为兵团独立开展双拥创建工作奠定良好基础。

二、以落实政策为重点,切实保障优抚对象合法权益

(一)完善兵团优抚对象医疗保障办法。根据《军人抚恤优待条例》及民政部、财政部、劳动和社会保障部四部门关于优抚对象医疗保障通知精神和自治区《新疆维吾尔自治区优抚对象医疗保障实施办法》,结合兵团实际,经征求兵团劳动和社会保障局、卫生局、财务局意见后,出台了《新疆生产建设兵团优抚对象医疗保障实施办法》(新兵办发[2010]37号)。

(二)出台复员干部社会保障住房保障和生活困难救助工作政策。根据自治区人民政府办公厅《转发自治区民政厅等四部门关于进一步做好部分军队复员干部社会保障、住房保障和生活困难救助工作实施意见的通知》和自治区民政厅、财政厅、人力资源和社会保障厅、住房和城乡建设厅《关于认真做好军队复员干部社会保障、住房保障和部分复员干部发放特殊生活补贴工作的通知》,结合兵团部分军队复员干部的养老、医疗、住房和生活困难实际,经征求兵团劳动和社会保障局、建设局、财务局意见后,及时下发了《贯彻执行自治区民政厅等四部门关于进一步做好部分军队复员干部社会保障住房保障和生活困难救助工作的实施意见有关问题的通知》(新兵办发[2010]60号)。

(三)以提标和落实经费为切入点,保障优抚对象抚恤补助标准逐步提升。一是认真落实重点优抚对象提标政策。根据民政部、财政部《关于调整部分优抚对象等人员抚恤和生活补助标准的通知》(民发[2008]155号)文件规定,大幅度提高重点优抚对象抚恤补助标准,全年落实抚恤经费1 739万元。二是认真落实义务兵家庭优待政策。贯彻执行《新疆生产建设兵团义务兵家庭优待金发放暂行规定》(新兵办发[2007]97号),兵团义务兵家庭优待金实现了兵团统筹,并列入兵团财务预算,拨付各师发放。全年为义务兵家庭发放了956万元优待金。三是认真落实退役士兵安置政策。全年接收安置退役士兵N人,其中城镇退役士兵自谋职业N人,发放一次性自谋职业补助金1 517万元(其中中央财政拨付806万元)。四是认真落实优抚对象医疗补助政策。为贯彻执行民政部、劳动和社会保障部、卫生部、财政部相关政策,根据《新疆生产建设兵团优抚对象医疗保障实施办法》,全年为兵团优抚对象发放医疗补助资金919万元。

三、存在的问题

2010年,兵团双拥优抚安置工作虽然取得成绩,但由于工作人员少,创新意识不强、主动开展工作积极性不高,多满足于完成全国双拥办交办的工作。没有双拥工作机构专职编制人员,导致双拥工作在创建、宣传、组织活动等方面相对滞后。

组 织 机 构

全国双拥工作领导小组及办公室

组　长:回良玉　国务院副总理
副组长:李立国　民政部部长
贾廷安　总政治部副主任
张建平　中央办公厅副主任
沈跃跃　中组部副部长
丁学东　国务院副秘书长
申维辰　中宣部副部长
孙绍骋　民政部副部长
成　员:解振华　发展改革委副主任
杜玉波　教育部副部长
李学勇　科技部副部长
陈求发　工业和信息化部副部长
吴仕民　国家民委副主任
蔡安季　公安部政治部主任
张苏军　司法部副部长
王　军　财政部副部长
杨志明　人力资源和社会保障部副部长
王世元　国土资源部副部长
仇保兴　住房和城乡建设部副部长
冯正霖　交通运输部副部长
高晓兵　铁道部政治部主任
周　英　水利部副部长
危朝安　农业部副部长
房爱卿　商务部部长助理
杨志今　文化部副部长
尹　力　卫生部副部长
黄丹华　国资委副主任
钱冠林　税务总局副局长
王东峰　工商总局副局长
张丕民　广电总局副局长
耿燎原　总参谋部政治部主任
汤　奋　总政治部群众工作办公室主任
刘生杰　总后勤部政治部主任
王家胜　总装备部政治部主任
崔景龙　武警部队副政治委员
王　炯　全国总工会副主席、书记处书记
周长奎　共青团中央书记处书记
陈秀榕　全国妇联副主席、书记处书记
宋北衫　全国工商联副主席
邹　铭　民政部优抚安置局局长
办公室主任:孙绍骋(兼)
办公室副主任:汤　奋(兼)
杨国英　民政部优抚安置局副局长
李　辉　总政治部群众工作办公室副主任

北京市双拥工作领导小组及办公室

组　长:郭金龙　市委副书记、市长
副组长:蔡赴朝　市委常委、宣传部长、副市长
郑传福　市委常委、北京卫戍区司令员
丁向阳　副市长
成　员:崔述强　市委副秘书长
刘　志　市政府副秘书长
史绍杰　市委组织部常务副部长
傅　华　市委宣传部副部长
朴学茹　市政府办公厅副巡视员
张　工　市发展改革委主任
刘利民　市教委主任
闫傲霜　市科委主任
申建军　市民委主任
高　煜　市公安局副局长(正局级)

吴世民　市民政局局长
于泓源　市司法局局长
杨晓超　市财政局局长
刘江平　市人力资源和社会保障局副局长
魏成林　市国土资源局局长
宋海立　市建委纪检组长
刘小明　市交通委主任
卢　彦　市商务局局长
王　珠　市文化局副局长
方来英　市卫生局局长
周毓秋　市国资委主任
王晓明　市地税局局长
吴新联　市国税局局长
杨艺文　市工商局局长
李春良　市广播电视局局长
陈　冬　市委宣传部副部长、首都精神文明办主任
韩子荣　市总工会副主席
王少锋　团市委书记
赵津芳　市妇联主席
王　巍　北京卫戍区政治部副主任
宗永祥　武警北京市总队政治部副主任

办公室主任 刘　志(兼)
常务副主任 吴世民(兼)
副　主　任 崔述强　市委副秘书长
傅　华　市委宣传部副部长
朴学茹　市政府办公厅副巡视员
霍　军　市民政局副局长
由世钧　市民政局副巡视员
马润海　首都精神文明办副主任
王　巍　北京卫戍区政治部副主任
宗永祥　武警北京市总队政治部副主任

天津市双拥工作领导小组及办公室

组　长: 黄兴国　市委副书记、市长
副组长: 杨栋梁　市委常委、常务副市长
王海儒　天津警备区副政委
成　员: 王津生　市委副秘书长
吴　初　市政府副秘书长
刘凤银　市委宣传部副部长
张志强　市发展和改革委员会主任
张胜利　市委农村工作委员会副书记
舒长云　市城乡建设和交通委员会常务副主任
李胜利　市商务委员会副主任
林炎生　市教育委员会副主任
杨应敏　市科学技术委员会副巡视员
马　竞　市民族事务委员会副主任
张中华　市民政局局长
金海龙　市民政局副局长
李新建　市公安局副局长
李秋华　市人力资源和社会保障局副局长
陆丽珍　市财政局副局长
宋爱新　市国土资源和房屋管理局党委书记
宋立志　市卫生局副巡视员
王昌军　市交通运输和港口管理局巡视员
王宝明　市工商局副局长
马春波　市粮食局局长
朱丽萍　市妇女联合会主席
白凤祥　团市委副书记
崔金和　市总工会副主席
马仲藩　市公用事业管理办公室副主任
杨合强　天津铁路办事处副主任
赵　鹏　市电力公司总工程师
边任权　市供销合作总社党委书记
刘　铭　市一商集团有限公司副总经理
马杏田　天津警备区政治部副主任

姚仔谦　军事交通学院副政委
王嘉龙　武警指挥学院副政委
张洪斌　武警天津市总队副政委
李超英　武警医学院副政委
李鹏程　海司航保部部长
高　翔　中国人民解放军93688部队副政委
办公室主任:金海龙(兼)
副　主　任:马杏田(兼)
史秀平　天津警备区双拥共建办主任
程新元　市民政局副巡视员

河北省双拥工作领导小组及办公室

组　长:陈全国　省委副书记、省长
副组长:张彦欣　省委常委、省军区政委
宋恩华　省政府副省长
成　员:程童一　66267部队政委
吴　刚　66393部队政委
刘　建　66455部队政委
姜援朝　石家庄陆军指挥学院政委
李庆安　军械工程学院政委
苏树波　炮兵指挥学院政委
王铁民　武警学院政委
李光聚　省军区副政委
陈　进　武警河北省总队政委
李喜群　石家庄机械化步兵学院政委
刘进锋　省军区政治部副主任
魏四海　省委副秘书长
曹汝涛　省政府副秘书长
解永会　省委宣传部副部长
古怀璞　省民政厅厅长
曹爱平　省公安厅常务副厅长
齐守印　省财政厅厅长
付文才　省人力资源和社会保障厅厅长
焦彦龙　省交通运输厅厅长
杨新建　省卫生厅厅长
徐受棠　省粮食局局长
张连忠　省民政厅副厅长
办公室主任:古怀璞(兼)
副　主　任:张连忠(兼)
刘进锋(兼)

山西省双拥工作领导小组及办公室

组　长:薛延忠　省委副书记、省政协主席
副组长:李小鹏　省委常委、副省长
张少华　省军区政委
吴保安　省委副秘书长
周明定　省民政厅厅长
成　员:谢玉久　省军区副政委
张声远　63710部队副政委
胡占林　武警山西省总队副政委
赵齐宽　93601部队副政委
葛　斌　93582部队副政委
周　新　武警8650部队副政委
朱先奇　省委组织部常务副部长
张高宏　省委组织部副部长、省编办主任
李福明　省委宣传部副部长
高彦斌　省委政法委常务副书记
韩和平　省政府副秘书长、外事侨务办公室主任
李宝卿　省发展和改革委员会主任
郭树峰　省经济和信息化委员会副主任
刘惠民　省教育厅副厅长
常建忠　省科技厅副厅长
廉兴有　省公安厅副厅长

何子义　省民政厅副厅长
胡双明　省财政厅副厅长
张　健　省人力资源和社会保障厅厅长
李建功　省国土资源厅厅长
郝耀平　省纪委驻住房和城乡建设厅纪检组长
张　润　省交通运输厅副厅长
裴　群　省水利厅副厅长
陈国荣　省纪委驻农业厅纪检组长
常光明　省林业厅副厅长
贾新田　省文化厅副厅长
王　峻　省卫生厅副厅长
郭玉才　省国资委党委常务副书记
卢晓中　省地税局局长
刘四龙　省环保厅副厅长
董晓林　省广播电影电视局副局长
涂国强　省纪委驻工商局纪检组长
张　文　省粮食局副局长
梁克昌　省总工会副主席
任　忠　团省委副书记
李悦娥　省妇联主席
樊秀清　省工商联副主席
王德平　省国税局副局长
胡　果　山西日报报业集团副总编

办公室主任：吴保安(兼)
副　主　任：韩和平(兼)
张瑞祥(省军区政治部副主任)
何子义(兼)

内蒙古自治区双拥工作领导小组及办公室

组　长：任亚平　自治区党委副书记、自治区政协主席
副组长：连　辑　自治区副主席
周宝莹　内蒙古军区副政委
吴金亮　自治区民政厅厅长
成　员：胡　丰　自治区党委副秘书长
盖文山　自治区政府副秘书长
孙炜东　自治区党委组织部副部长
张太平　自治区党委宣传部副部长
包满达　自治区发改委副主任
何成保　自治区教育厅副厅长
包锐锋　自治区科技厅纪检组长
曹艳荣　自治区民委副主任
阿斯林　自治区公安厅副厅长
苏　权　自治区民政厅副厅长
尤俊成　自治区司法厅政治部主任
云喜顺　自治区财政厅副厅长
丁　飞　自治区人事厅副厅长
昝振英　自治区劳动保障厅巡视员
王富友　自治区国土资源厅副厅长
李振东　自治区建设厅厅长
牛东风　自治区交通厅副厅长
陈　欣　自治区水利厅副厅长
扎木苏　自治区农牧业厅副巡视员
孟贵玺　自治区商务厅副厅长
明　锐　自治区文化厅副厅长
白宝玉　自治区卫生厅副厅长
刘志彧　自治区国资委纪委书记
云　飞　自治区地税局副局长
王　增　自治区广电局副局长
马　麟　自治区工商局副局长
杨占林　自治区国防科工办主任
王月仙　自治区国税局副局长
耿利君　内蒙古通信管理局纪检组长
于文峰　呼和浩特铁路局副局长
刘志全　内蒙古军区政治部副主任
张　旭　武警内蒙古总队副政委
额尔敦巴雅尔　自治区总工会副主席
高润喜　自治区团委副书记
张淑华　自治区妇联副主席

高海涛　自治区工商联副主席

自治区双拥工作领导小组办公室主任由苏权同志兼任，专职副主任史丽英（正处级），民政厅优抚处（双拥办）处长张培达和内蒙古军区政治部秘书群联处处长付新院兼任副主任。

吉林省双拥工作领导小组及办公室

组　长：王儒林　省委副书记、省长

副组长：巴音朝鲁　省委副书记、省政协主席

常　跃　省委常委、省军区政治委员

王化文　副省长

成　员：刘伯和　省军区副政治委员

邵忠海　65301部队副政治委员

贺东平　省委副秘书长

张大松　省政府副秘书长

张　晶　省民政厅厅长

邬欢田　63850部队副政治委员

胡中初　空军航空大学副政治委员

张立农　省武警总队副政治委员

庄　严　省委组织部常务副部长

姜凤国　省委宣传部副部长

杨亚杰　省发展和改革委员会副主任（正厅级）

周　峰　省工业和信息化产业厅副厅长

张伟汉　省科学技术厅副厅长（正厅级）

孙维杰　省教育厅副巡视员

李晓峰　省民族事务委员会（省宗教事务局）副主任

刘培柱　省公安厅副厅长

刘贵和　省国家安全厅副厅长

李　轩　省民政厅副厅长

邢庆涛　省司法厅政治部主任

高　壮　省财政厅副厅长

刘学本　省人力资源和社会保障厅副厅长

周　力　省国土资源厅副厅长

邴　诚　省住房和城乡建设厅副巡视员

厉正强　省交通运输厅党组书记、副厅长

孙亚强　省政府森林防火指挥部专职副指挥

谢万库　省防汛抗旱指挥部副总指挥

吴晓光　省农委副主任

霍　玉　省商务厅副厅长

谢文明　省文化厅副厅长

郭庆河　省卫生厅纪检组长、监察专员

马　明　省政府国资委副主任

傅圣方　省地税局纪检组长、监察专员

关景富　省工商局副局长

任学真　省广播电影电视局纪检组长、监察专员

韩福春　省粮食局副局长

朱教新　省电力公司纪检组长、监察专员

李　扬　省总工会副主席

张晶莹　团省委副书记

相　瑛　省妇联副主席

孙凯杰　省工商联副主席

办公室主任：张　晶（兼）

办公室副主任：李　军　省军区政治部副主任

李　轩　省民政厅副厅长

吴长彬　省民政厅优抚处处长

李晓明　省民政厅安置处处长

郭大勇　省军区政治部秘书群联处处长

郭义民　省民政厅优抚处副处长

王学志　省财政厅社会保障处副处长

王迎东　省军区政治部秘书群联处副处长

黑龙江省双拥工作领导小组及办公室

组　长:王宪魁　省委副书记、省长

副组长:杜家毫　省委常委、常务副省长
宋凤鸣　省委常委、省军区政委
孙永波　副省长、省公安厅厅长
张　伟　省委副秘书长
王大为　省政府副秘书长
杨喜军　省民政厅厅长

成　员:(按姓氏笔画排序)
丁晓明　哈尔滨铁路局军事代表处政治部主任
马云洲　省交通运输厅副厅长
马文博　省工商局副局长
王　振　省商务厅纪检组长
王晓明　93163 部队副政委
王润增　省民政厅巡视员
王春莉　省广播电影电视局总编辑
王明波　省电力有限公司副总经理
叶凤吉　省委组织部部务委员
曲升云　65426 部队副政委
刘　斌　省国资委副书记、副主任(正厅级)
李大方　省民族事务委员会副主任
孙毅夫　省工商联合会副主席
孙永成　省总工会副主席
张　赋　省粮食局副局长
张兰林　武警黑龙江省森林总队副政委
张长虹　省妇联副巡视员
张长斌　省科学技术厅副厅长
吴其海　省军区政治部副主任
辛　彦　省公安厅现役办主任
宋书欣　武警黑龙江省总队副政委
宋成杰　省司法厅政治部主任
宋修德　哈尔滨铁路局局长
冷　俐　省公安厅消防总队总队长
杨春青　省住房和城乡建设厅副厅长
陈永芳　省委宣传部副部长
陈凯云　共青团省委副书记
陈晓林　省公安厅政治部主任
陈鸿君　省农业委员会纪检组长
佟俊海　省国税局总会计师
武志忠　省人力资源和社会保障厅副厅长
郑丽萍　省发展和改革委员会副主任
孟凡杰　省教育厅副厅长
段余应　省委组织部副部长、省人力资源和社会保障厅厅长
赵希文　省机构编制委员会办公室巡视员
姜一海　省文化厅纪检组长
姜秀金　省国土资源厅副厅长(正厅级)
胥信平　省水利厅副厅长
郭　禄　省工业和信息化委员会副主任
郭治斌　武警黄金第一总队副政委
索天仁　省卫生厅副厅长
顾晚光　省财政厅副厅长
袁克敏　省精神文明办副主任
韩宝琛　省农垦总局军事部政委
谭春亮　65165 部队副政委
熊星斗　黑龙江省边防总队副政委

办公室主任:张　伟　省委副秘书长(兼)

副　主　任:王大为(兼)
杨喜军(兼)
段余应(兼)
顾晚光(兼)
王润增(兼)
吴其海(兼)
宋书欣(兼)
徐　冰　省民政厅优抚处处长

上海市双拥工作领导小组及办公室

组　长：韩　正　市委副书记、市长
副组长：吴志明　市委常委、政法委书记
胡延照　副市长
朱争平　上海警备区政委
王　伟　市政府副秘书长
马春雷　市委宣传部副部长、市文明办主任
马伊里　市民政局党组书记、局长
成　员：王建仁　第二军医大学副政委
王洪全　市交通港口局副局长、纪检组组长
尹后庆　市教委副主任
冯经明　市规划国土资源局党组书记、局长
叶明忠　市发展改革委副主任
田赛男　市建设交通委党委副书记
乐贵忠　市工商局党委副书记
戎之勤　市经济信息化委秘书长
刘　磊　市绿化市容局党组副书记、纪检组组长
刘晓涛　市水务局副局长
吕永杰　市国资委党委副书记
朱　鸣　市妇联副主席
杜慧芳　市教卫党委副书记
李　红　市纪委常委
李伟听　市体育局副局长
李和平　市司法局党委副书记
李振坤　市通信管理局巡视员
候继军　市总工会副主席
沙忠飞　市人力资源社会保障局副局长
沈国强　市民族宗教委副主任
吴偕林　市高级人民法院政治部主任
吴瑞虎　海军上海保障基地副政委
张长东　武警上海市总队副政委
张维平　上海警备区副政委
邵林初　市农委副主任
陆凤姝　市委组织部副部长
陈　龙　市科技党委副书记
陈　凯　团市委副书记
陈燮君　市文广影视局党委书记
杨晓栋　空军上海指挥所副政委
季晓东　市委统战部副部长、市工商联党组书记
庞　元　市住房保障房屋管理局副局长
俞　烈　市公安局政治部主任
赵　峻　上海铁路局副局长
赵伟星　市财政局副局长
顾　军　市商务委副主任
耿　勇　南政院上海分院副院长
高菊兰　市民政局副局长
程梅红　市旅游局副局长
瞿介明　市卫生局副局长
办公室主任：马伊里（兼）
副　主　任：高菊兰（兼）
谢亚洪　上海警备区政治部副主任
焦连哲　市民政局优抚处处长

江苏省双拥工作领导小组及办公室

组　长：王国生　省委副书记、组织部部长
副组长：李小敏　副省长
杨　森　省军区副政委
成　员：黄根清　省委副秘书长
徐国柱　省政府副秘书长、省级机关事务管理局局长
刘国中　省委组织部常务副部长
周世康　省委宣传部副部长
王汉春　省发展改革委副主任
潘宪生　省经贸委副主任

吴洪彪　省民政厅厅长
刘广忠　省民政厅副厅长
丁晓昌　省教育厅副厅长
杨　锐　省科技厅副厅长
沈祖荣　省民委副主任、省宗教局副局长
王　琦　省公安厅副厅长
周　建　省司法厅副厅长
黄晓平　省财政厅副厅长
徐文宝　省人事厅副厅长
周　英　省劳动和社会保障厅副厅长兼省总工会副主席
杨维兴　省国土厅副厅长
江里程　省建设厅党组书记、副厅长
杨根林　省交通厅副厅长
龚怀进　省信息产业厅副厅长
张小马　省水利厅副厅长
祝保平　省农林厅副厅长
马　宁　省文化厅副厅长
黄祖瑚　省卫生厅副厅长
李　琨　省国资委副主任
徐锦辉　省地税局副局长
李德田　省广电局副局长
杨　勇　省工商局副局长
张鸿生　省总工会副主席
练月琴　团省委书记
季俊秋　省妇联副主席
陈绍泽　南京市委副书记
王安龙　南京军区政治部副秘书长
顾显强　江苏省军区政治部副主任
姜德福　武警江苏省总队政委
江邦胜　南京军区空军政治部秘书处处长

办公室主任:徐国柱(兼)
副　主　任:黄根清(兼)
刘广忠(兼)
顾显强(兼)
段福德　省民政厅副巡视员

浙江省双拥工作领导小组及办公室

组　长:吕祖善　省委副书记、省长
副组长:夏宝龙　省委副书记
陈敏尔　省委常委、常务副省长
茅临生　省委常委、宣传部部长
林恺俊　省委常委、省军区政委
陈加元　副省长
张　远　东海舰队副政委
王　平　73011部队政委
吴桂英　省民政厅厅长
成　员:潘家玮　省委副秘书长、办公厅主任
俞仲达　省政府副秘书长、办公厅主任
张军挺　92919部队副政委
刘苏闽　92910部队政委
陈国桢　省武警总队政委
李炳天　公安海警高等专科学校政委
郭正钢　省军区政治部副主任
姜汉民　94936部队政委
徐国明　96164部队政委
吴顺江　省委组织部常务副部长
龚吟怡　省委宣传部副部长
金长征　省总工会常务副主席
蔡永波　团省委副书记
厉月姿　省妇联主席
金兴盛　省发展和改革委员会副主任
许永土　省经济和信息化委员会纪检组长
韩　平　省教育厅副厅长
寿剑刚　省科学技术厅副厅长
凌秋来　省公安厅副厅长
李立定　省民政厅副厅长
魏跃华　省财政厅副厅长
傅　玮　省人力资源和社会保障厅副厅长
潘圣明　省国土资源厅副厅长

樊剑平　省住房和城乡建设厅副厅长
储雪青　省交通运输厅副厅长
赵和平　省文化厅副厅长
马伟杭　省卫生厅副厅长
单美娟　省地方税务局常务副局长
马乐其　省广播电视局副局长
陈仁达　省工商行政管理局纪检组长
韩鹤忠　省粮食局副局长
办公室主任：吴桂英（兼）
副 主 任：李立定（兼）
郭正钢（兼）
高雪波　省委办公厅秘书二处处长
郑炳林　省政府办公厅社保处处长
孙国平　省民政厅优抚处处长

安徽省双拥工作领导小组及办公室

组　　长：王明方　省委副书记
第一副组长：唐承沛　副省长
副 组 长：袁　斌　省军区副政委
张世平　省委副秘书长
宓建毅　省政府副秘书长
刘　健　省民政厅厅长
叶如强　省民政厅副厅长
夏贵俊　省军区政治部副主任
成　员：秦亚东　省委组织部常务副部长
郎　涛　省委宣传部副部长
江　淳　省高级人民法院党组成员、纪检组长
柴学友　省人民检察院机关党委书记
余　群　省发展和改革委员会副主任
江　春　省教育厅副厅长
任　鸣　省科学技术厅巡视员
李成聪　省公安厅政治部主任
张恩水　省司法厅党委委员、纪委书记
毕小彬　省财政厅副厅长
赵　勇　省人事厅巡视员
陈晓玲　省劳动和社会保障厅副厅长
张祖旺　省国土资源厅副厅长
李玉华　省建设厅副厅长
丁庆领　省交通厅副厅长
谈国平　省信息产业厅纪检组长
肖桂兰　省文化厅巡视员
李劲风　省卫生厅副厅长
陶成群　省地方税务局副局长
聂庆义　省广播电影电视局副局长
朱兴全　省工商局党组成员、巡视员
戴绍勤　省粮食局副局长
袁应前　省邮政管理局副局长
马新民　省军区副参谋长
占从林　省军区后勤部副部长
黄发友　省武警总队副政委
陈　华　省边防总队政委
蒋志学　省消防总队副政委
陶　海　省警卫局局长
郑　鑫　省总工会副主席
王　琦　团省委副书记
邢江霞　省妇联副主席
办公室主任：叶如强（兼）
副 主 任：夏贵俊（兼）
许仁清
张世连

江西省双拥工作领导小组及办公室

组　长:凌成兴　省委常委、常务副省长
副组长:陈达恒　省委常委、副省长
熊盛文　副省长
石成林　省军区副政委
谭晓林　省政府秘书长、办公厅主任
徐　毅　省民政厅厅长
成　员:刘昌持　省委副秘书长
吴志明　省政府副秘书长
张宝瑜　省委组织部常务副部长
陈东有　省委宣传部常务副部长
薛江武　省高级人民法院副院长
姚木根　省发改委主任
刘正明　省经贸委副主任
史蓉蓉　省委教育工委副书记
王　海　省科技厅厅长
段景来　省公安厅党委副书记
邓奕强　省司法厅副厅长
辜华荣　省财政厅副厅长
揭赣元　省人事厅厅长
刘金炎　省劳动和社会保障厅副厅长
聂赣良　省国土资源厅纪检组长
欧阳泉华　省建设厅副厅长
程受锭　省交通厅党委书记
李春燕　省信息产业厅厅长
孙晓山　省水利厅厅长
萧茂普　省农业厅党委书记
曹国庆　省文化厅副厅长
李　利　省卫生厅厅长
周广仁　省国税局局长
黄晔明　省广播电视局局长
张　刚　省工商局纪检组长
邱吉玲　省粮食局巡视员
廖晓凌　省政府法制办副主任
梁闽春　省人防办主任
黄桂章　南昌铁路局局长
郭爱华　省民政厅副厅长
孙　军　省军区副参谋长
周绍华　省军区政治部副主任
刘　瑄　省军区后勤部副部长
邱逢和　省武警总队政治部副主任
李兰贵　南昌陆军学院政治部主任
雷同东　中国人民解放军 94836 部队政委
吴松荣　省消防总队政委
郭学勤　省总工会常务副主席
王少玄　团省委书记
林玉华　省妇联副主席
刘维生　江西日报社副总编辑
办公室主任:郭爱华　(兼)
副　主　任:周绍华　(兼)

山东省双拥工作领导小组及办公室

组　长:刘　伟　省委副书记
副组长:郭兆信　副省长
南兵军　省军区政委
周和平　省军区政治部主任
于晓明　省委副秘书长、省信访局局长
耿文清　省委组织部常务副部长
张传亭　省政府副秘书长
张国琛　省民政厅厅长
石贤芹　省民政厅副厅长
成　员:刘宝莅　省委宣传部副部长
李永健　省发展改革委副主任
姜　奇　省经贸委纪检组长
张志勇　省教育厅副厅长
孙　伟　省科技厅纪检组长
陈万军　省民委纪检组长
丁义军　省法院副院长
于长安　省公安厅副厅长
庞守连　省双拥办主任
吴溪清　省司法厅政治部主任
阮凤英　省财政厅副厅长
黄麟英　省人事厅副厅长
管世隆　省劳动保障厅副厅长
徐家林　省国土资源厅纪检组长
张俊乾　省建设厅巡视员
王　辉　济南铁路局党委副书记
任明英　省交通厅副厅长
牛启忠　省信息产业厅副厅长
梁振洋　省水利厅纪检组长
于风华　省农业厅副厅长
王　松　省海洋与渔业厅纪检组长
邢玉斗　省文化厅副厅长
张玉柱　省卫生厅纪检组长
李录温　省国税局副局长
吕凤强　省地税局副局长
孙国丽　省工商局副局长
王　模　省广电局副局长
张翠玉　省粮食局巡视员
李培林　山东电力集团公司纪委书记
郑际平　济南军区政治部副秘书长
种道闽　北海舰队政治部秘书处处长
朱　瑞　济南军区空军政治部秘书处处长
王德波　省军区政治部副主任
张兴华　省武警总队副政委
王祝玉　省总工会副主席
张　涛　团省委副书记
宋立华　省妇联副主席
王晓炜　省工商联副会长
办公室主任:庞守连(专职)
副　主　任:刘　军(专职)

河南省双拥工作领导小组及办公室

组　长　叶冬松　省委副书记、省委组织部部长
副组长　颜纪雄　省委常委、省军区政委
秦玉海　副省长、省公安厅厅长
成　员　陈江河　省委常务副秘书长
寇武江　省政府副秘书长
臧安民　省委组织部常务副部长
权红军　省委宣传部副部长
郭守占　省精神文明建设指导委员会办公室专职副主任
张维宁　省发展和改革委员会主任

史海南　省政府国有资产监督管理委员会副主任
崔炳建　省教育厅副厅长
李中哲　省科学技术厅副厅长
王成高　省民族事务委员会副主任
熊文修　省公安厅政治部主任
杨　云　省民政厅厅长
张中华　省民政厅巡视员
周济生　省司法厅副厅长
刘　荃　省财政厅副厅长
郭俊民　省人事厅厅长
王平均　省劳动和社会保障厅副厅长
司喜云　省国土资源厅纪检组长
张德成　省建设厅副厅长
李和平　省交通厅副厅长
袁其法　省信息产业厅副厅长
李孟顺　省水利厅副厅长
张明进　省农业厅纪检组长
赵战平　省商务厅纪检组长
崔为工　省文化厅副厅长
夏祖昌　省卫生厅副厅长
楚新民　省地方税务局副局长
董光峰　省工商行政管理局局长
王仁海　省广播电影电视局副局长
于前锋　省粮食局纪检组长
杨树新　郑州铁路局党委副书记
李学军　省电力公司电力工会主席
刘春辉　省军区政治部副主任
张建华　71320部队副政委
刘从良　71521部队副政委
鞠志鹏　96251部队副政委
赵升元　解放军信息工程大学副政委
王志东　解放军外国语学院副政委
王明贵　解放军防空兵指挥学院政委
李成勋　省武警总队副政委
马露霞　省总工会副主席
何　雄　团省委书记
周红霞　省妇联副主席
赵太安　省工商联副会长

办公室主任:张中华(兼)
常务副主任:常　伟
副　主　任:冯亚辉、司新鲜

湖北省双拥领导小组成员及办公室

组　　长:杨　松　省委副书记
常务副组长:张岱梨　副省长
石宝华　省军区政委
副　组　长:张仲会　省军区副政委
段远明　省委副秘书长
李元江　省政府副秘书长
谢松保　省民政厅厅长
成　　员:万幼斌　省军区政治部副主任
陆令寿　武警湖北省总队副政委
刘　刚　空降兵95829部队政治部副主任
吴　超　省委组织部常务副部长
杨新明　省委宣传部纪检组长
肖安民　省发展和改革委员会副主任
邓恢林　省经济和信息化委员会副主任
胡以然　省教育厅副厅长
郑春白　省科技厅副厅长
李小润　省民宗委副主任
杨传权　省公安厅政治部主任
万幼清　省民政厅副厅长
施　政　省司法厅政治(警务)部主任
王华新　省财政厅副厅长
吴良美　省人力资源和社会保障厅副厅长
李成林　省国土资源厅副厅长

杨世元　省住房和城乡建设厅副厅长
陈新武　省交通运输厅副厅长
汤和明　省水利厅纪检组长
余胜伟　省农业厅副厅长
詹必胜　省商务厅副巡视员
龚强华　省文化厅副厅长
姚　云　省卫生厅副厅长
裴大新　省人口和计生委副主任
孙振声　省国资委副主任
梅昌新　省国家税务局副局长
田和平　省地方税务局副局长
史有才　省广播电视局纪检组长
张光灿　省工商行政管理局副局长
沈桥梁　省粮食局副局长
丁孔信　武汉铁路局常务副局长
刘兆雄　省国防科工办副主任
叶方新　省征兵办副主任
李如春　省总工会副主席
陈正祥　共青团湖北省委副书记
马　萍　省妇女联合会副主席
李　勇　省工商联党组副书记

办公室主任：万幼清（兼）

副　主　任：王兴福　省民政厅优抚处处长
曹　红（专职）

广东省双拥工作领导小组及办公室

组　长：黄华华　省委副书记、省长

副组长：蔡多文　省军区政委
李容根　副省长

成　员：谭一鸣　省委副秘书长
颜学亮　省政府副秘书长
罗冀京　省委组织部副部长
阎静萍　省委宣传部副部长
黄功绵　省发展和改革委员会总经济师
邹　生　省经济和信息化委员会副主任
谭泽中　省教育厅党组副书记
盘展欣　省公安厅政治部主任
刘　洪　省民政厅厅长
饶美奕　省民政厅副厅长
马军港　省司法厅副厅长
欧　斌　省财政厅副厅长
赵伟光　省人力资源和社会保障厅巡视员
邢建江　省国土资源厅副厅长
李锡洪　省建设厅纪检组长
邓玉桂　省交通运输厅纪检组长
余俭娥　省农业厅巡视员
张寿生　省卫生厅巡视员
彭海斌　省工商行政管理局副局长
林锡明　省总工会副主席
陈小锋　团省委副书记
杨洁芝　省妇联巡视员
钟建昌　广州军区政治部秘书长
陈　俨　南海舰队政治部副主任
李世忠　广州军区空军政治部副主任
曾惠平　四十二集团军政治部副主任
谢社光　省军区政治部副主任
殷敦平　海军广州保障基地政委
王维城　省武警总队副政委
程　晟　省公安边防总队政委
牛跃光　省公安消防总队政委

办公室主任：颜学亮（兼）

副　主　任：饶美奕（兼）
谢社光（兼）
张汝文（专职）

广西壮族自治区双拥工作领导小组及办公室

组　长:陈际瓦　自治区党委副书记

副组长:高　雄　自治区副主席

白念法　广西军区副政委

陈　杰　75100部队副政委

蒋　洪　自治区党委副秘书长

贾国伟　武警广西总队副政委

张　辉　95072部队政委

成　员:张振东　自治区人民政府副秘书长

韦守德　自治区党委宣传部副部长

陈利丹　自治区民政厅厅长

高　旭　自治区发展和改革委员会副主任

束　华　自治区工业和信息化委员会主任

郭连科　自治区教育厅副厅长

纳　翔　自治区科技厅副厅长

肖芳佐　自治区民族事务委员会副主任

骆振严　自治区公安厅政治部主任

刘宗海　自治区民政厅副厅长

王荣华　自治区司法厅副厅长

范世祥　自治区财政厅总会计师

于祖毅　自治区人力资源和社会保障厅副厅长

罗卫国　自治区国土资源厅纪检组组长

黄小幸　自治区交通运输厅副巡视员

杨　焱　自治区水利厅副厅长

郭绪全　自治区农业厅副厅长

张留现　自治区商务厅纪检组组长

陈映红　自治区文化厅副厅长

许亚南　自治区卫生厅巡视员

玉　清　南宁铁路局副局长

赵汉臣　自治区地税局副局长

黄有权　自治区工商局副巡视员

苏新生　自治区广电局巡视员

庞栋春　自治区粮食局局长

张国强　自治区边海防办副主任

刘兆文　自治区双拥办副主任

黄善国　广西军区政治部副主任

赵永安　广西军区政治部秘书群联处处长

马正松　武警广西总队政治部副主任

牟进亮　武警广西总队政治部秘书群联处处长

曾少华　95072部队副政委

张随军　95095部队副政委

刘汝桥　桂林空军学院副政委

刘守跃　武警广西边防总队政委

陈　贤　武警广西消防总队政委

梁卡凡　武警广西警卫局政治部主任

王　军　武警水电第一总队政委

蔡永中　75100部队政治部副主任

周海洋　75100部队政治部秘书群联处处长

曾琼青　76140部队副政委

何正清　91832部队副政委

张建国　驻南宁铁路局军事代表办事处主任

杨建新　自治区总工会巡视员

廖立勇　团区委副书记

周爱平　自治区妇联副主席

唐开义　自治区国税局副局长

董小明　自治区民政厅安置办主任

冯　志　自治区民政厅优抚处处长

梁宝敏　自治区财政厅社保处处长

办公室主任:陈利丹(兼)

副　主　任:刘宗海(兼)

黄善国(兼)

刘兆文

海南省双拥工作领导小组及办公室

组　长:罗保铭　省委副书记、省长

副组长:刘鼎兴　省委常委、省军区政委

符跃兰　副省长

成　员:黄国泰　省委常务副秘书长

种润之　省政府副秘书长

梁　飞　省委组织部副部长

张作荣　省委宣传部副部长

戚弘超　省发展和改革委员会副主任

王晓桥　省农业厅副厅长

林元康　省工业和信息化厅副巡视员

吕　勇　省财政厅副厅长

李万一　省人力资源和社会保障厅副厅长

孔令德　省教育厅副厅长

陈亚俊　省文化广电出版体育厅副厅长

韩英伟　省卫生厅副厅长

刘晓明　省公安厅副厅长

郑学海　省司法厅政治部主任

苗建中　省民政厅厅长

蒋妹芳　省民族宗教事务委员会副主任

王业侨　省国土环境资源厅副厅长

陈孝京　省住房和城乡建设厅副厅长

刘保锋　省交通运输厅副厅长

王凤奇　省商务厅副厅长

黄学仁　省科学技术厅副厅长

李天才　省水务厅副厅长

李贤忠　省国有资产监督管理委员会副主任

全孝华　省农垦总局巡视员

刘自更　省地方税务局副局长

王芳宁　省工商行政管理局副局长

黄　驹　省粮食局副局长

傅　勤　省高级人民法院副院长

陈琼月　省工商联副主席

郝振声　省总工会副主席

孙　喆　团省委书记

杨翠霞　省妇联副主席

钟业昌　海南日报社总编辑

李公羽　省广播电视台副台长

李生琼　省军区政治部副主任

杨东升　92830 部队副政委

范箭鸣　91458 部队副政委

陈　强　92730 部队副政委

詹海观　武警海南省总队政委

陈广宁　省公安边防总队副政委

朱新华　省公安消防总队政委

林维克　省警卫局政委

办公室主任:种润之(兼)

副　主　任:苏远洋　省民政厅副厅长

李生琼(兼)

重庆市双拥工作领导小组及办公室

组　长:黄奇帆　市委副书记、市长

副组长:张　轩　市委副书记

马正其　市委常委、常务副市长

刘德伟　重庆警备区政治部主任

成　员:市委、市政府分管副秘书长,市委组织部、市委宣传部、重庆警备区政治部、市发展改革委、市财政局、市经济信息委、市教委、市科委、市城乡建委、市交委、市农委、市商委、市公安局、市民政局、市司法局、市人力社保局、市国土房管局、市规划局、市政委、市水利局、市文化广电局、市卫生局、市民宗委、武警重庆总队、市国资委、市地税局、市工商

局、市扶贫办、市高法院、市工商联、市总工会、团市委、市妇联、市国税局、成铁重庆办事处有关负责人。

市双拥工作领导小组办公室设在市民政局,办公室主任由市民政局有关负责人兼任。

四川省双拥工作领导小组及办公室

组　长:刘奇葆　省委书记、省人大常委会主任
副组长:蒋巨峰　省委副书记、省长
叶万勇　省委常委、省军区政委
张作哈　副省长
成　员:祝少东　省军区副政委
张为人　省委副秘书长
张晋川　省政府副秘书长
赵明仁　省委宣传部副部长
刘永剑　省直机关工委副书记
刘　捷　省发展改革委主任
何绍勇　省教育厅副厅长
黄　一　省公安厅纪委书记
黄明全　省民政厅厅长
陈克福　省民政厅副厅长
张其昌　省财政厅副厅长
徐　毅　省人力资源和社会保障厅副厅长
隆爱军　省国土资源厅机关党委书记
田利娅　省住房和城乡建设厅机关党委书记
代宗明　省交通运输厅机关党委书记
蒋天宝　省农业厅机关党委书记
方国年　省文化厅副巡视员
颜丙约　省卫生厅副厅长
王琪敏　省地税局副局长
贾玉刚　省广播电影电视局机关党委书记
杨　跃　省工商局副局长
黄自友　省粮食局机关党委书记
荆世明　成都铁路局副局长
张　锐　省总工会经审会主任
刘会英　共青团省委副书记
黄　莉　省妇联副主席
李荣贵　省军区政治部副主任
李安成　武警四川省总队副政委
办公室主任:陈克福　(兼)
副　主　任:郭军祥　省民政厅优抚处处长
杨一平　省军区政治部秘书群联处处长
翟小燕　省民政厅优抚处副处长

贵州省双拥工作领导小组及办公室

组　　长:王富玉　省委副书记
副　组　长:辛维光　副省长
谢武忠　省军区政治部主任
丁治学　省民政厅厅长
办公室主任:丁治学(兼)
副　主　任:张学军　省政府副秘书长
陈如昌　省民政厅副厅长
李　嵩　省军区政治部副主任
韩云鹏　省武警总队政治部主任
吴晏平　省消防总队政委
杨传学　省公安厅政治部现役办副主任
李　晶(专职)

云南省双拥工作领导小组及办公室

组　长：白恩培　省委书记、省人大常委会主任

副组长：李纪恒　省委副书记

李汉柏　省委常委、省纪委书记

罗正富　省委常委、常务副省长

郎友良　省委常委、省军区政委

曹建方　副省长

成　员：钱恒义　省委副秘书长

张百如　省委组织部常务副部长

吴贵荣　省委宣传部副部长

米东生　省发展和改革委员会主任

王树芬　省民政厅厅长

黄立新　省政府副秘书长

蒋兆岗　省政府副秘书长

王兴宁　省工业信息化委副主任

罗嘉福　省教育厅副厅长

李树洁　省科学技术厅副厅长

岩　秒　省民委副主任

李　刚　省公安厅政治部主任

褚正武　省民政厅巡视员

李维俊　省司法厅政治部主任

杨利邦　省财政厅副厅长

李连举　省国土资源厅副厅长

舒　征　省军转办主任

李洪林　省住房城乡建设厅副厅长

张长生　省交通运输厅副厅长

张智泽　省农业厅副厅长

王仕宗　省水利厅副厅长

赵　平　省商务厅纪检组长

黄　玲　省文化厅副厅长

付新安　省卫生厅副厅长

施维勤　省国资委党委副书记

王　兵　省地方税务局副局长

赵　健　省工商局副局长

周云峰　省广电局纪检组长

何庄元　省粮食局副局长

夏云东　省工商联秘书长

王惠萍　省总工会副主席

杨金莹　团省委副书记

陈　洁　省妇联副主席

李朝荣　省流通行业协会会长

李远大　昆明铁路局党委副书记、纪委书记

李　杰　省国家税务局副局长

江兴国　云南电网公司纪检组长、工会主席

蔡汉银　省军区政治部副主任

张志涛　77200部队政治部副主任

张　光　96201部队副政治委员

田满堂　95429部队副政治委员

华聚臣　95739部队副政治委员

王晓军　昆明陆军学院副政治委员

邹晓波　联勤第22分部副政治委员

蒙　渝　78020部队副政治委员

马　燕　成都军区昆明总医院副政治委员、政治部主任

张小平　昆明铁路军代处副政治委员

余　泽　海军驻昆明办事处副主任

李　杰　成都军区司令部驻昆明工作站主任

卢振义　武警云南省总队副政治委员

张雕选　8750部队副政治委员

邵伟旭　武警云南省森林总队副政治委员

和向东　省公安边防总队副政治委员

梁志能　省公安消防总队副政治委员

皇宏建　省公安厅警卫局政治委员

赵　云　昆明消防指挥学校政治部主任

办公室主任：王树芬（兼）

常务副主任：褚正武（兼）

副　主　任：蔡汉银（兼）

徐永强（专职）

尹光忠

陕西省双拥工作领导小组及办公室

组　长:王　侠　省委副书记
副组长:夏龙祥　省委常委、省军区政委
魏民洲　省委常委省委秘书长
姚引良　副省长
成　员:省委办公厅
省委组织部
省委宣传部
省政府办公厅
省发展和改革委员会
省工业和信息化厅
省民族事务委员会
省住房和城乡建设厅
省教育厅
省科学技术厅
省公安厅
省司法厅
省财政厅
省国土资源厅
省交通运输厅
省国有资产监督管理委员会
省国防和工业航空办公室
省人力资源和社会保障厅
省体育厅
省卫生厅
省水利厅
省农业厅
省商务厅
省国家税务局
省地方税务局
省工商局
省广电局
省粮食局
省军区政治部
省军区司令部
省军区后勤部
武警陕西总队
省总工会
共青团省委
省妇女联合会
西安铁路局
办公室主任:魏民洲(兼)
副　主　任:刘曙阳
曹莉莉
山振兴
何嘉杰
杜　赟

青海省双拥工作领导小组及办公室

组　长:王建军　省委副书记
副组长:李鹏新　省政法委书记
徐福顺　常务副省长
张光荣　副省长
许金峰　省军区副政委
何　挺　副省长
更　阳　省民政厅厅长
成　员:张　明　省委副秘书长
姚海瑜　省政府副秘书长
马　伟　省委组织部常务副部长
高玉峰　省委宣传部副部长
沈传立　省发改委副主任
董　璞　省经济委员会副主任
李鲁会　省教育厅工委副书记

张宗寿　省民委副主任
陆元庆　省公安厅副厅长
郭莲玉　省民政厅副厅长
肖玉海　省财政厅副厅长
李爱国　省人力资源和社会保障厅副厅长
宋建国　省国土资源厅副厅长
周勇智　省交通厅副厅长
章建良　省通信管理局局长
牛惠民　省卫生厅副厅长
冯兴禄　省文化厅副厅长
马建立　团省委副书记
代　吉　省妇联副书记
祁建青　省军区政治部副主任
潘好斌　省武警总队政治部副主任
扬大祥　62201 部队副政委
武国勋　68060 部队政委
姜玉伟　省公安消防总队政委
刘才新　省公安边防总队副总队长
办公室主任：更　阳(兼)
副　主　任：郭莲玉(兼)
祁建青(兼)

宁夏回族自治区双拥办公室机构设置情况

组　长：王正伟　自治区党委副书记、政府主席
副组长：徐松南　自治区党委常委、组织部部长
刘　慧　自治区党委常委、政府副主席
王志宏　自治区党委常委、宁夏军区政治委员
办公室主任：马廷礼(兼)
副　主　任：赵俊新(兼)
程学礼(兼)
沈克尼(兼)
王社民　自治区双拥办专职副主任

新疆维吾尔自治区双拥工作领导小组及办公室

组　长：张春贤　自治区党委书记
副组长：努尔·白克力　自治区党委副书记、自治区主席
杨　刚　自治区党委副书记、自治区常务副主席
王建民　新疆军区政委
符　强　自治区党委常委、纪委书记、政法委书记
李　屹　自治区党委常委、宣传部部长
肖开提·依明　自治区党委常委
白志杰　自治区党委常委、秘书长
华士飞　新疆生产建设兵团党委副书记、司令员
贾帕尔·阿比布拉　自治区副主席
马合木提·库尔班　新疆军区副政委
成　员：李卫平　新疆军区政治部副主任
王建俊　总装备部 21 基地政委
侯小勤　武警新疆总队政委
崔亚洲　武警新疆边防总队政委
张继勋　自治区国有资产监督管理委员会党委副书记、主任
艾拉提·艾山　自治区人民政府秘书长
张明理　自治区党委副秘书长、办公厅主任
王慧林　自治区人民政府副秘书长、办公厅主任
阿不利孜·阿不都热衣木(自治区党委副秘书长)
田建荣　自治区主席助理、国土资源厅党组

书记、副厅长

王世江　自治区主席助理、自治区水利厅党组副书记、厅长

宋　浩　自治区党委组织部常务副部长

马木提·托依木利　自治区党委宣传部副部长

陈建华　自治区工商联党组副书记、副主席

吾买尔·阿不都拉　自治区发展和改革委员会党组书记、副主任

莫　涓　自治区民政厅党组书记、副厅长

吾买尔江·米孜艾合买提　自治区民政厅党组副书记、厅长

吐尔逊·伊不拉音　自治区教育厅党组副书记、厅长

张小雷　自治区科技厅党组副书记、厅长

吐尔干·皮达　自治区民族事务委员会(宗教局)党组副书记、主任(局长)

买买提·肉孜　自治区公安厅党组副书记、副厅长

阿不力孜·吾守尔　自治区司法厅党组副书记、厅长

弯海川　自治区财政厅党组副书记、厅长

田　文　自治区党委组织部副部长、自治区人力资源和社会保障厅党组书记、副厅长

徐国华　自治区住房和城乡建设厅党组书记、副厅长

王新华　自治区交通厅党委书记、副厅长

艾则孜·克尤木　自治区农业厅党组副书记、厅长

韩子勇　自治区文化厅党组书记、副厅长

买买提·牙森　自治区卫生厅党组副书记、厅长

佟　伟　新疆国家税务局党组书记、局长

王建新　自治区地税局党组书记、副局长

穆合塔尔·买合苏提　自治区广播电影电视局党组副书记、局长

王新怀　自治区工商行政管理局党组书记、副局长

米尔扎依·杜斯买买提　自治区粮食局党委副书记、局长

唐士晟　乌鲁木齐铁路局党委副书记、局长

庄文武　中国民航新疆管理局党委书记、局长

李志敏　自治区总工会党组书记、副主席

吐逊江·艾力　自治区团委书记

王建玲　自治区妇女联合会党组书记、副主席

钟卫国　空军乌鲁木齐指挥所政委

王育新　武警新疆消防总队政委

张国华　武警交通第二总队政委

徐元鸿　武警新疆森林总队政委

办公室主任:莫　涓(兼)

副　主　任:王　有　自治区民政厅副厅长

夏　维　新疆军区政治部群工办主任

张巨辉(专职)

命名表彰决定

北京市双拥工作领导小组关于表彰100个双拥模范街乡镇的决定

各区县双拥工作领导小组：

近年来，全市各区县、各街乡镇和驻京部队，坚持以邓小平理论和“三个代表”重要思想为指导，以贯彻落实科学发展观为统领，以加强首都军政军民团结为目标，以创建新一轮全国双拥模范城（县）为牵引，着眼推进“人文北京、科技北京、绿色北京”建设，大力弘扬拥军优属拥政爱民光荣传统，积极探索新形势下军民融合式发展的新形式、新内容、新办法、新途径，不断开创首都双拥工作新局面。广大军民在推进首都经济协调发展、加快世界城市建设的进程中精心谋划、通力协作；在维护社会和谐稳定、庆祝新中国成立60周年活动中同甘共苦、并肩战斗；在推进和谐社会首善之区建设、构建军人社会主义核心价值体系中相互支持、密切配合；在争创新一轮全国双拥模范城（县）、开展首都100个双拥模范街乡镇评选活动中积极参与、硕果璀璨，谱写了一曲军地融合、军民团结的壮丽诗篇，涌现出了一大批双拥事迹突出、示范作用明显、社会影响广泛的双拥模范街乡镇。为激励先进，宣扬典型，进一步推动首都双拥工作科学发展，北京市双拥工作领导小组决定授予下列50个街道办事处、8个乡、42个镇双拥模范街道办事处、乡、镇荣誉称号：

东城区和平里街道办事处
东城区东华门街道办事处
东城区安定门街道办事处
东城区建国门街道办事处
东城区体育馆路街道办事处
东城区东花市街道办事处
东城区龙潭街道办事处
西城区月坛街道办事处
西城区新街口街道办事处
西城区德胜街道办事处
西城区金融街街道办事处
西城区陶然亭街道办事处
西城区广外街道办事处
西城区椿树街道办事处
朝阳区奥运村乡
朝阳区三里屯街道办事处
朝阳区安贞街道办事处
朝阳区朝外街道办事处
朝阳区八里庄街道办事处
朝阳区麦子店街道办事处
朝阳区团结湖街道办事处
朝阳区望京街道办事处
朝阳区酒仙桥街道办事处
朝阳区大屯街道办事处
朝阳区平房乡
朝阳区南磨房乡
朝阳区来广营乡
朝阳区常营回族乡
海淀区八里庄街道办事处
海淀区万寿路街道办事处
海淀区上庄镇
海淀区清河街道办事处
海淀区甘家口街道办事处
海淀区紫竹院街道办事处
海淀区羊坊店街道办事处
海淀区青龙桥街道办事处
海淀区温泉镇
丰台区卢沟桥街道办事处
丰台区南苑街道办事处
丰台区大红门街道办事处
丰台区新村街道办事处
丰台区和义街道办事处
丰台区长辛店街道办事处
丰台区卢沟桥乡
石景山区五里坨街道办事处
石景山区苹果园街道办事处

石景山区老山街道办事处
石景山区金顶街街道办事处
门头沟区妙峰山镇
门头沟区永定镇
门头沟区龙泉镇
门头沟区军庄镇
门头沟区大峪街道办事处
房山区阎村镇
房山区青龙湖镇
房山区大石窝镇
房山区西潞街道办事处
房山区蒲洼乡
通州区北苑街道办事处
通州区梨园镇
通州区台湖镇
通州区宋庄镇
通州区张家湾镇
顺义区天竺镇
顺义区仁和镇
顺义区胜利街道办事处
顺义区牛栏山镇
顺义区马坡镇
顺义区龙湾屯镇
顺义区南彩镇
顺义区高丽营镇
昌平区百善镇
昌平区东小口镇
昌平区小汤山镇
昌平区阳坊镇
昌平区城南街道办事处
昌平区马池口镇
大兴区旧宫镇
大兴区安定镇
大兴区林校路街道办事处
大兴区北臧村镇
大兴区清源街道办事处
大兴区黄村镇
大兴区兴丰街道办事处
平谷区峪口镇
平谷区马昌营镇
平谷区山东庄镇
平谷区东高村镇
怀柔区龙山街道办事处
怀柔区长哨营满族乡
怀柔区泉河街道办事处
怀柔区桥梓镇
密云县北庄镇
密云县高岭镇
密云县古北口镇
密云县溪翁庄镇
延庆县八达岭镇
延庆县康庄镇
延庆县井庄镇
延庆县永宁镇

希望被命名的北京市双拥模范街乡镇以荣誉为动力,在新的历史起点上,再创首都双拥工作新辉煌。各地和驻京部队要以全市双拥模范街乡镇为榜样,认真学习贯彻党的十七届四中、五中全会精神,以邓小平理论和"三个代表"重要思想为指导,深入贯彻落实科学发展观,围绕首都经济发展稳定和军队改革发展大局,广泛开展拥军优属拥政爱民活动,进一步巩固和发展军政军民团结大好局面,在更广范围、更高层次、更深程度上服务国防建设和经济社会发展互促双赢,不断推进首都双拥工作创新发展,为建设繁荣、文明、和谐、宜居的首善之区作出新贡献。

黑龙江省双拥工作领导小组关于表彰先进双拥办的决定

黑拥[2010]4号

各市(地)、县(区)双拥工作领导小组:

2006年以来,全省各级双拥工作领导小组办公室在党委、政府和驻军(警)部队的领导下,紧紧围绕党的中心任务,以邓小平理论和“三个代表”重要思想为指导,深入贯彻落实科学发展观,忠于履行职责,不断加强自身能力建设,在全省军民融合式发展进程中发挥了重要的桥梁和纽带作用,在全省双拥工作跃升中发挥了重要的参谋和助手作用。期间,涌现出了一批先进双拥办公室。为表彰先进,树立典型,省双拥工作领导小组决定:授予哈尔滨市双拥办等18个市(县、区)双拥办为“先进双拥办”称号。

希望受到表彰的单位要保持荣誉,再接再厉,为我省双拥工作的发展作出新的更大的贡献。

黑龙江省双拥工作领导小组
二〇一〇年十月二十五日

附件:先进双拥办名单

先进双拥办名单

哈尔滨市

哈尔滨市双拥办

道外区双拥办

香坊区双拥办

齐齐哈尔市

齐齐哈尔市双拥办

铁锋区双拥办

牡丹江市

牡丹江市双拥办

西安区双拥办

佳木斯市

佳木斯市双拥办

同江市双拥办

大庆市

大庆市双拥办

鸡西市

鸡西市双拥办

双鸭山市

双鸭山市双拥办

伊春市

伊春市双拥办

七台河市

七台河市双拥办

鹤岗市

鹤岗市双拥办

黑河市

黑河市双拥办

绥化市

绥化市双拥办

大兴安岭地区

加格达奇区双拥办

黑龙江省委、省政府、省军区关于命名表彰全省双拥模范城(县、区)和双拥工作先进单位的决定

2006年以来,全省各级党委、政府和驻军部队坚持以邓小平理论和“三个代表”重要思想为指导,

全面贯彻落实科学发展观,积极适应军民融合式发展的新形势、新任务,认真贯彻中共中央、国务院、中央军委关于加强军政军民团结的重要指示精神,带领全省广大军民,同心同德,锐意进取,开拓创新,各项拥军优属、拥政爱民工作齐头并进,呈现出蓬勃发展的大好局面。期间,各地、各行业涌现出一大批先进典型。为表彰先进,宣传典型,进一步激发社会各界参与双拥工作的热情,省委、省政府、省军区决定:命名哈尔滨市等21个市为"双拥模范城";命名克山县等16个县为"双拥模范县";命名哈尔滨市道里区等21个区为"双拥模范区";授予中共哈尔滨市委宣传部等94个单位"拥军优属先进单位"称号;授予黑龙江省军区独立营等63个单位"拥政爱民先进单位"称号。

希望被命名表彰的城(县、区)和单位珍惜荣誉,戒骄戒躁,再接再厉,在双拥工作中再创辉煌,再谱新篇。全省各级党委、政府和驻军(警)部队要站在维护国防安全、确保社会稳定、促进经济发展的高度,结合实际,认真学习和借鉴先进经验,深入研究新形势下军民融合式发展的特点和规律,着眼于军地发展共受益,军民共同得实惠,全力推进我省"八大经济区"、"十大工程"建设,大力支持国防和军队现代化建设,大力发扬军政一致、军民一心、军地一体的优良传统,为在全面建设小康社会进程中实现富国和强军的统一作出新贡献!

双拥模范城(县、区)和双拥先进单位名单

一、双拥模范城(县、区)

1. 双拥模范城

哈尔滨市、齐齐哈尔市、牡丹江市、佳木斯市、大庆市、鸡西市、双鸭山市、伊春市、七台河市、鹤岗市、黑河市、绥化市、双城市、宁安市、海林市、绥芬河市、同江市、富锦市、密山市、虎林市、铁力市

2. 双拥模范县

克山县、富裕县、肇州县、鸡东县、宝清县、饶河县、嘉荫县、萝北县、孙吴县、逊克县、嫩江县、绥棱县、青冈县、望奎县、漠河县、塔河县

3. 双拥模范区

哈尔滨市

道里区、道外区、南岗区、香坊区、阿城区

齐齐哈尔市

龙沙区、建华区、铁锋区、富拉尔基区

牡丹江市

爱民区

佳木斯市

前进区、佳木斯市郊区

大庆市

红岗区、让胡路区

双鸭山市

尖山区

伊春市

伊春区、带岭区、新青区、友好区

七台河市

新兴区

鹤岗市

工农区

二、拥军优属先进单位

哈尔滨市

中共哈尔滨市委宣传部

哈尔滨市民政局

哈尔滨市人力资源和社会保障局

哈尔滨市教育局

哈尔滨市科学技术局

哈尔滨市财政局

南岗区保健路街道办事处

哈尔滨火车站客运车间军人候车室

黑龙江省葵花药业集团有限公司

木兰县木兰镇跃进社区

方正县宝兴乡政府

哈尔滨汽轮机厂有限责任公司
尚志市尚志镇八一希望小学
呼兰区电业局
齐齐哈尔市
齐齐哈尔市财政局
齐齐哈尔市民政局
齐齐哈尔市住房和城乡建设局
齐齐哈尔市人力资源和社会保障局
齐齐哈尔市教育局
齐齐哈尔市城市管理局
齐齐哈尔市科学技术协会
齐齐哈尔市国防教育办
克山县人民法院
齐齐哈尔市龙沙区江安街道办事处
齐齐哈尔市建华区人民法院
牡丹江市
牡丹江市民政局
牡丹江市教育局
牡丹江市西安区
牡丹江市阳明区妇联
牡丹江市东安区七星街道办事处
东宁县人民政府
黑龙江黑宝药业股份有限公司
佳木斯市
佳木斯市前进区林海社区
佳木斯市第二十三小学
佳木斯市温州小商品批发城
同江市晓龙经济贸易责任有限公司
汤原县天誉煤焦能源有限公司
抚远县自来水公司
佳木斯吉星房地产开发有限公司
大庆市
大庆市油田有限责任公司
大庆石化公司
大庆炼化公司
大庆市民政局
大庆市财政局
大庆市军供站
鸡西市
鸡西市鸡冠区民政局
鸡西市恒山区民政局
鸡西市非公有制经济组织拥军优属协会
鸡西市人力资源和社会保障局
鸡西市环卫局
鸡西市交通局
双鸭山市
龙煤双鸭山分公司集贤煤矿
集贤县军供站
饶河县饶河镇政府
双鸭山市宝山区跃进办事处
双鸭山市第一中学
伊春市
伊春市人事局
伊春市精神文明办
伊春市法律援助中心
伊春区前进街道办事处新欣社区
伊春海华集团木业有限公司
七台河市
七台河市交通运输局
七台河市职业学院
鹤岗市
鹤岗市艺术剧院
鹤岗市惠民医院
鹤岗市军粮供应站
黑河市
黑河市人事局
黑河市教育局
爱辉区花园街道办事处
孙吴县第三小学
绥化市
绥化学院
庆安县欢胜乡
海伦市第一医院
北林区向阳社区
安达市升平镇
兰西县电业局

大兴安岭地区

大兴安岭地区林业集团公司

呼中区呼源镇

新林区防火办

省农垦总局

黑龙江省二九〇农场

省森工总局

沾河林业局

省直单位

省委宣传部

省发展和改革委员会

省民政厅

省财政厅

省人力资源和社会保障厅

省教育厅

省文化厅

省粮食局

省广播电视局

省编办

省公安厅

省交通运输厅

三、拥政爱民先进单位

哈尔滨市

黑龙江省军区独立营

武警黑龙江省消防总队哈尔滨市支队

哈尔滨警备区政治部

中国人民解放军第二一一医院

武警黑龙江省总队哈尔滨市支队一大队

武警黑龙江省公安边防总队哈尔滨警犬训练基地

省陆军预备役高射炮兵师第三团

齐齐哈尔市

65448部队

富裕县人民武装部

齐齐哈尔市公安消防支队

中国人民解放军第二〇三医院

沈阳军区空军后勤部克山农副业基地

牡丹江市

65911部队

省陆军预备役步兵师炮兵团

65444部队

中国人民解放军第二〇九医院

武警牡丹江市支队

佳木斯市

65947部队

65438部队

65923部队70分队

佳木斯市消防支队

武警佳木斯市支队

大庆市

武警大庆市支队

省陆军预备役高射炮兵师第二团

大庆市龙凤区人民武装部

鸡西市

武警鸡西市支队

鸡西市边防支队

鸡西市消防支队

65915部队

双鸭山市

65919部队

武警双鸭山市边防支队

双鸭山市消防支队

伊春市

伊春市友好区人民武装部

武警伊春市支队二中队

武警伊春市森林支队直属大队

武警伊春市边防支队朝阳边防派出所

七台河市

七台河市桃山区人民武装部

武警七台河市支队

七台河市消防支队

鹤岗市

65927部队

65426部队农副业基地

鹤岗市边防支队忠仁机动队

黑河市

65935部队73分队
黑河市公安边防支队
黑河市公安消防支队
绥化市
绥化市消防支队
绥化市北林区人民武装部
肇东市人民武装部
大兴安岭地区
65939部队
大兴安岭地区公安边境支队北极公安边防派出所
省农垦总局
省农垦总局北安分局人民武装部
省农垦总局九三分局人民武装部
驻军部队
省军区政治部
省武警总队第二支队
65426部队
驻哈空军飞行学院
省公安边防总队政治部
武警省森林总队
武警黄金第一总队
省公安消防总队
驻哈尔滨铁路局军事代表办事处
65165部队
省公安厅警卫局

黑龙江省人力资源和社会保障厅、省双拥办关于表彰拥军优属、拥政爱民先进个人的决定

黑人保发[2010]101号

各市(地)、县(区)、省农垦总局人力资源和社会保障局、双拥工作领导小组办公室,省森工总局人事局、民政局,省双拥工作领导小组成员单位:

2006年以来,在省委、省政府、省军区的领导下,全省广大军民进一步继承和发扬拥军优属、拥政爱民的光荣传统,以军民融合式发展理念为指导,关心支持国防军队建设和经济社会发展,在不同岗位上为双拥工作作出了突出贡献。为表彰先进,树立典型,黑龙江省人力资源和社会保障厅、黑龙江省双拥工作领导小组办公室决定:刘云霞等60名同志为“拥军优属先进个人”,陈开安等40名同志为“拥政爱民先进个人”。

希望受到表彰的同志发扬成绩,再接再厉,充分发挥模范表率作用,在拥军优属、拥政爱民工作中作出更大的成绩,争取更大的光荣。

黑龙江省人力资源和社会保障厅
黑龙江省双拥工作领导小组办公室
二○一○年十月二十五日

附件:1. 拥军优属先进个人名单
2. 拥政爱民先进个人名单

拥军优属先进个人名单

哈尔滨市

刘云霞　道里区安和街道办事处正义社区居民

付淑芝　南岗区荣市街道办事处医大一院社区居民

马玉芬　道外区商委退休职工

孟广斌　香坊区民生路街道办事处

魏云飞　香坊区成高子镇缅怀一代伟人家庭纪念馆馆长

曲丽萍　巴彦县文工团退休演员

刘　勤　道里区民政局优抚双拥科科长

陈颖利　宾县民政局副局长

邢希治　哈尔滨市财政局社保处副调研员

徐森永　道外区徐森永西医诊所医生

齐齐哈尔市

张更平　齐齐哈尔市财政局局长

高　虹　富裕县县委书记

胡　勉　齐齐哈尔市民政局优抚处副处长

秦玉平　依安县民政局局长

牟英鹏　齐齐哈尔市龙沙区民政局局长

吴志远　齐齐哈尔市人力资源和社会保障局转业军官安置处处长

许秀荣　齐齐哈尔市铁锋区东湖街道自建一社区主任

王秀仁　富裕县富裕老窖酒业有限公司董事长、总经理

牡丹江市

林永刚　牡丹江市林业局局长

赵连钧　穆棱市市委书记

吴　迪　牡丹江市财政局社保科科长

刘志刚　牡丹江市人力资源和社会保障局军转办副主任

毕凤梅　东宁县民政局局长

佳木斯市

赫贵涛　佳木斯市郊区区委书记

于长海　桦南县委书记

高曙光　佳木斯市双拥办副主任

宋金河　佳木斯市北方佳滨总经理

柴玉香　佳木斯市前进区民政局局长

大庆市

杜　学　大庆市双拥办副主任、民政局调研员

李欣馨　大庆市城乡建设局办公室副主任

张　宇　大庆市人事局军转办副主任

于林海　大庆油田有限责任公司人武部科长

鸡西市

张广兰　鸡西市民政局局长

赫修建　鸡西市统战部副部长

马惠文　鸡西市城子河区民政局局长

刘恩福　鸡西市一鸣电脑公司经理

双鸭山市

张欣燕　双鸭山市民政局安置办主任

马为先　双鸭山市财政局局长

鹿　冰　双鸭山市尖山区二马路办事处主任

伊春市

孙　伟　伊春区区委书记

王世君　伊春市财政局社保科科长

王立峰　红星欧深木业公司经理

七台河市

王义光　勃利县委书记

王庆明　七台河市民政局优抚科科长

鹤岗市

郭凤春　萝北县民政局局长

张亚杰　鹤岗市工农区民政局局长

黑河市

刘　洁　黑河市双拥办副主任、市民政局副局长

富爱茹　爱辉区上二公村村民

赵希智　爱辉区民政局副局长

绥化市

肖德厚　青冈县常务副县长

赵志强　绥棱县民政局局长

王玉芝　绥化市财政局社保科科长

大兴安岭地区

顾素梅　大兴安岭地区行署民政局局长

省农垦总局

孙明义　省农垦总局民政局局长

省森工总局

李振峰　柴河林业局副局长

省直单位

路楠林　省委办公厅秘书处副主任科员

马　辉　省政府办公厅三处副调研员

陶宇峰　省财政厅社保处主任科员

杨春江　省人力资源和社会保障厅军转办主任

王丽华　省民政厅优抚处副处长

附件2：

拥政爱民先进个人名单

哈尔滨市

陈开安　武警黑龙江省黄金第一总队医院院长

王凤志　武警黑龙江省消防总队哈尔滨市支队巴彦大队大队长

杨　丹　武警黑龙江省消防总队哈尔滨市支队道里大队副大队长

包纯安　驻哈空军飞行学院后勤部卫生科科长兼门诊部主任

郭　岩　65435部队政治处群工干事

郑玉敏　65429部队副政治委员

齐齐哈尔市

周永波　齐齐哈尔市双拥办副主任、武警齐齐哈尔市支队政治部副主任

张　华　65447部队二营教导员

张军亲　齐齐哈尔军分区政治部干事

聂伟东　93251部队军交运输股股长

牡丹江市

孙华波　93017部队政治部秘书科科长

张响平　驻牡丹江铁路军代处主任

焦　欣　武警牡丹江市边防支队政治处副主任

张兴喜　牡丹江市武警消防支队东宁大队助理工程师

佳木斯市

王铁寒　65438部队政治委员

谭　勇　同江市公安边防大队繁荣边防派出所副所长

王治中　抚远县边防检查站监护中队排长

大庆市

魏学光　65456部队部队长

刘　伟　武警大庆支队宣传干事

李宏亮　武警大庆市消防支队组教科干事

鸡西市

赵雪龙　密山市边防检查站政工干事

杜　波　虎林县边防检查站执勤业务科科长

刘晓亮　密山市利民边防派出所指导员

双鸭山市

于文爽　武警双鸭山市支队一中队指导员

李新颖　饶河边防检查站副科长

伊春市

李文敏　65931部队66分队指导员

王　丰　武警伊春消防支队政治处副主任

七台河市

张喜军　武警七台河支队支队长

鹤岗市

孙廷善　鹤岗公安消防支队二中队指导员

黑河市

赵维谦　中国人民解放军65951部队政治委员

岳　昕　黑河边防检查站政治处干事

绥化市

焦德东　武警绥化市支队政治处副营职干事

杨永廷　望奎县人民武装部部长

大兴安岭地区

谭洪波　武警大兴安岭地区森林支队二大队政治教导员

省农垦总局

刘晓春　省农垦总局军事部政治部副主任

驻军部队

袁绍成　省军区政治部秘群处干事

李燚峰　武警省总队政治部秘群处秘书

尹　栋　65426部队政治部秘群科科长

徐　岩　驻哈空军飞行学院政治部秘书科科长

刘　磊　省森警总队政治部秘群科科长

江苏省委、省政府、省军区关于命名江苏省第九届双拥模范城(县、区)表彰江苏省双拥模范单位和先进个人的决定

苏委[2010]166

(2010年5月5日)

2006年以来,全省各地和驻江苏部队坚持以邓小平理论和"三个代表"重要思想为指导,深入贯彻落实科学发展观,广泛开展创建双拥模范城(县、区)、双拥模范单位和争当双拥先进个人活动,进一步巩固和发展了同呼吸、共命运、心连心的新型军政军民关系,有力推动了我省经济社会发展和驻江苏部队现代化建设,涌现出一大批双拥工作先进典型。为激励先进,不断提高我省双拥工作水平,省委、省政府、省军区决定,命名南京市鼓楼区等80个县(市、区)为"江苏省双拥模范城(县、区)",表彰中国人民解放军63983部队等42个单位为"江苏省双拥模范单位",授予邳州市曹迎军、倪振娥夫妇等63人为"江苏省双拥先进个人"称号。

希望被命名表彰的县(市、区)、单位和个人发扬成绩、再接再厉,积极进取、开拓创新,不断取得新的更大的进步。各地各有关单位和广大干部群众要以先进为榜样,大力弘扬拥军优属、拥政爱民的光荣传统,积极开展军民共建,巩固军政军民团结,为把江苏的明天建设得更加美好、为驻苏部队现代化建设作出新的更大的贡献。

附件:江苏省第九届双拥模范城(县、区)、双拥模范单位和双拥先进个人名单

江苏省第九届双拥模范城(县、区)双拥模范单位和双拥先进个人名单

一、江苏省双拥模范城(县、区)(80个)

南京市:鼓楼区、江宁区、玄武区、溧水县、秦淮区、建邺区、白下区、浦口区、下关区、栖霞区、雨花台区

无锡市:江阴市、宜兴市、滨湖区、北塘区、惠山区、锡山区

徐州市:丰县、邳州市、新沂市、铜山县、云龙区、鼓楼区、泉山区、九里区、沛县

常州市:新北区、溧阳市、武进区、金坛市、戚墅堰区

苏州市:太仓市、吴江市、昆山市、虎丘区、常熟市、张家港市、吴中区、金阊区、平江区

南通市：海门市、启东市、海安县、如皋市、通州区、如东县

连云港市：新浦区、赣榆县、灌云县、东海县、连云区

淮安市：盱眙县、清河区、金湖县、淮阴区、涟水县、楚州区

盐城市：大丰市、亭湖区、阜宁县、滨海县、建湖县、东台市

扬州市：仪征市、江都市、维扬区、邗江区、高邮市

镇江市：丹徒区、句容市、京口区、扬中市、丹阳市

泰州市：姜堰市、泰兴市、靖江市、兴化市

宿迁市：泗洪县、沭阳县、泗阳县

二、江苏省双拥模范单位（42个）

高淳县民政局

中国人民解放军94860部队

南京军区政治部警卫连

无锡市新区管委会

无锡市人力资源和社会保障局

中国人民解放军63983部队

徐州市云龙区黄山街道办事处

徐州市鼓楼小学

中国人民解放军73061部队通信值勤站

常州市民防局

常州市天宁区民营企业拥军优属协会

常州陆军预备役通信团

苏州市军粮供应站

苏州市图书馆

中国人民解放军73041部队79分队

江苏海迅实业集团股份有限公司

南通市港闸区双拥办

武警南通市支队

连云港市民政局

连云港鹰游集团

连云港市连云区人武部

淮安市教育局

洪泽县教育局

淮安市清浦区清安街道办事处

武警淮安市消防支队

盐城市交通局

东台市民政局

盐城市亭湖区人武部

扬州市广陵区人民政府

宝应县职业教育中心校

宝应县人武部

镇江市润州区双拥办

镇江市人力资源和社会保障局

中国人民解放军73056部队政治部

泰州市地方税务局

泰州市经济开发区社会事业局

泰州市海陵区人武部

宿迁市教育局

宿迁市经济开发区管委会

泗洪县人武部

中国人寿保险股份有限公司江苏省分公司团体保险部

省民政厅安置处

三、江苏省双拥先进个人（63人）

刘　红　南京市六合区民政局副局长

金文林　南京市广电局办公室助理调研员

蔡陆军　南京市交通局副局长

周　诚　江苏省军区政治部秘书群联处干事

莫笑瓒　武警江苏省总队政治部秘书群联处干事

王　峰　中国人民解放军南京政治学院政治部组织处干事

言国强　无锡市锡山区副区长

蒋伟坚　无锡市崇安区区委书记

蔡红梅　无锡市南长区民政局局长

林晓华　中国人民解放军73037部队政治处干事

何　明　武警8720部队政治部秘书科科长

曹迎军、倪振娥夫妇　邳州市环保局监察大队副大队长、邳州市拥军客运有限公司经理

曹　璟　徐州师范学校第一附属小学校长

陈　阳　徐州荣阳钢铁有限公司董事长

张德宝　武警徐州消防支队侯山沃中队司务长

孙争涛　中国人民解放军徐州空军学院航空兵军交运输指挥系学员 12 队队长

杭　勇　常州市人力资源和社会保障局副局长

陈丹华　常州市双拥办副主任

许巧珍　常州市钟楼区南大街街道东头村社区党委书记

王作战　武警常州市消防支队新北区大队教导员

钱月宝　江苏梦兰集团董事长

史　玲　苏州市金阊区彩香街道白莲社区居委会主任

薛金泉　苏州市相城区经济开发区管委会主任

李永鹏　苏州军分区政治部干事

郁云兴　武警苏州市消防支队副支队长

吴　旭　南通市崇川区区委书记

汤　辉　启东市市委组织部副部长、人事局局长

陈忠明　海门市双拥办副主任

陈亚新　南通军分区政治部干事

俞向阳　连云港港口集团董事长

吴宇林　灌南县民政局局长

王　平　连云港福建商会会长

滕　雯　连云港市海州区区委书记

杜金生　连云港警备区政治部副主任

仲崇秋　武警连云港市边防支队政委

吴锦虎　淮安市清河区区委副书记

钱　军　淮安市人力资源和社会保障局社会医疗保险基金管理中心主任

周小兵　洪泽县人武部副部长

杨建平　大丰市民政局局长

仇爱清　盐城市爱心水产品批发市场有限公司董事长

李德宏　响水县民政局副局长、双拥办副主任

方中元　中国人民解放军 94535 部队营教导员

梁尚晋　仪征市政府办公室主任、双拥办主任

徐有华　宝应县双拥办秘书

顾秋华　扬州市双拥办副调研员

宰学飞　武警扬州边防检查站监护中队指导员

岳国锡　丹阳市民政局副局长

韦志明　镇江市京口区双拥办主任

徐　翔　江苏大全集团总裁

周月明　镇江市新区大港街道大港村党支部书记

张志宏　中国人民解放军镇江船艇学院政治部副主任

陈文水　镇江军分区政治部宣传保卫科科长

王　建　泰州市高港区党委书记、人大主任

钟　鸣　泰州市民政局党委书记

张仁德　泰州市海陵区副区长

梅启军　武警泰州市支队政治处主任

陈学平　宿迁市交通局局长、党委书记

李　健　宿迁市宿城区区委副书记、区长

王柏生　宿迁市宿豫区区委副书记、区长

王茂军　武警宿迁市消防支队支队长

嘉秀娟　省民政厅社会救助处处长

刘　军　省民政厅安置处副处长

张胜平　省人力资源和社会保障厅军转安置处处长

安徽省委、省政府、省军区
关于命名表彰全省双拥模范城（县）的通报

各市、县委，各市、县人民政府，省直各单位，各大学，各军分区，武警部队，预备役师，各县人武部：

拥军优属、拥政爱民是我党我军我国人民的优良传统和特有的政治优势，创建双拥模范城（县）活动是推进双拥工作发展、巩固军政军民团结的重要载体和有效形式。近年来，在省委、省政府、省军区的领导下，全省各地、各部队坚持以邓小平理论和“三个代表”重要思想为指导，全面落实科学发展观，认真贯彻执行党中央、国务院、中央军委关于加强军政军民团结的一系列指示精神，高举爱国拥军的旗帜，广泛深入地开展拥军优属、拥政爱民活动，有力地促进了我省经济社会各项事业的发展和驻皖部队全面建设，进一步巩固和发展了军政军民团结的大好局面。为表彰先进，树立典型，推动全省双拥活动更加广泛、深入、扎实地开展，省委、省政府、省军区决定，命名淮南市等20个市、广德县等29个县为双拥模范城（县）。

希望被命名的全省双拥模范城（县）以荣誉为动力，在新的历史起点上，再创双拥工作新辉煌。各市、县及军事领导机关，要以全省双拥模范城（县）为榜样，深入学习贯彻党的十七大及党的十七届三中、四中全会精神，高举中国特色社会主义伟大旗帜，深入贯彻落实科学发展观，团结一心，开拓进取，扎实工作，进一步推动双拥工作大发展，进一步巩固军政军民大团结，为不断取得全省经济社会大发展和驻皖部队建设上新台阶而作出新的更大的贡献。

中共安徽省委　安徽省人民政府　安徽省军区

二〇一〇年一月二十日

附件：

全省双拥模范城（县）名单

1. 双拥模范城（20个）

淮南市　池州市　铜陵市　巢湖市　滁州市
黄山市　马鞍山市合肥市　六安市　蚌埠市
淮北市　芜湖市　宣城市　宿州市　安庆市
阜阳市　亳州市　桐城市　界首市　明光市

2. 双拥模范县（29个）

广德县　霍山县　肥西县　定远县　祁门县
青阳县　凤台县　金寨县　岳西县　绩溪县
繁昌县　无为县　芜湖县　庐江县　南陵县
和县　长丰县　当涂县　肥东县　灵璧县
泗县　凤阳县　太湖县　霍邱县　蒙城县
怀宁县　泾县　舒城县　固镇县

安徽省人力资源和社会保障厅、省双拥办关于表彰全省爱国拥军模范、拥政爱民模范的决定

各市人力资源和社会保障局、各市双拥办：

近年来，在省委、省政府、省军区的领导下，全省各地、各部队坚持以邓小平理论和“三个代表”重要思想为指导，贯彻落实科学发展观，认真落实党中央、国务院、中央军委关于加强军政军民团结的指示精神，紧紧围绕促进改革发展稳定和军队建设，深入开展拥军优属、拥政爱民活动，形成了领导重视、行业支持、群众参与、军地互动的良好格局，为促进我省经济社会发展作出了积极贡献，涌现出一批适应形势要求、具有时代特色的先进典型。

为表彰先进，弘扬正气，进一步推动全省双拥工作广泛深入持久地发展，省人力资源和社会保障厅、省双拥办决定，对韩骏青等19名爱国拥军模范和黄道锋等11名拥政爱民模范予以表彰。爱国拥军模范享受市(厅)级劳动模范待遇，拥政爱民模范在军队服役期间，按部队规定执行，转业到地方后，享受市(厅)级劳动模范待遇。希望受到表彰的同志把荣誉作为新起点，谦虚谨慎，再接再厉，在今后的工作中取得更大的成绩。

各地、各部队要认真开展向先进模范学习活动，与时俱进，开拓创新，进一步做好拥军优属、拥政爱民工作，不断巩固和发展军政军民同呼吸、共命运、心连心的大好局面，为全面建设小康社会、构建和谐安徽，为加快部队全面建设作出新的更大的贡献。

二〇一〇年一月三十日

附件：

全省爱国拥军模范、拥政爱民模范名单

1. 爱国拥军模范(19人)

韩骏青　合肥市庐阳区民政局
魏　秀　淮北市双拥办
王素芳　亳州市谯城区安置办
谢洪军　蚌埠市人防办
吕迎新　阜阳市民政局
胡光明　淮南市双拥办
朱庆龙　滁州市民政局
张世标　滁州市定远县民政局
张自和　六安市自来水厂
钱森力　马鞍山方园回转支承股份有限公司
李海松　巢湖市民政局
张　屏　奇瑞汽车股份有限公司
夏国荣　广德县民政局
李明正　铜陵市民政局
刘新宝　池州市双拥办
程卫华　岳西县民政局
许家益　安徽省电力公司黄山供电公司
许仁清　省民政厅双拥联络处
张克和　省财政厅社保处

2. 拥政爱民模范(11人)

黄道锋　蚌埠军分区政治部
陈东海　广德县人武部
范中华　祁门县人武部
邓道旭　安徽省军区政治部秘群处
王文彬　解放军96163部队后勤部勤务连
鲍　超　武警阜阳市支队警通勤务汽车中队
戚在林　武警滁州市支队政治处宣传保卫股
桂沪军　武警池州市支队九华山中队
李　响　武警合肥市消防支队特勤大队一中队
陈　力　武警怀远县消防大队
曾　光　安徽陆军预备役师工兵营

江西省委、省政府、省军区关于命名表彰省双拥模范城(县、区)和爱国拥军模范的决定

(2011 年 1 月 4 日)

拥军优属、拥政爱民,是我党我军我国人民的优良传统和特有的政治优势。创建双拥模范城(县、区)活动是推进双拥工作发展、巩固军政军民团结的重要载体和有效形式。2006 年全省双拥模范城(县、区)命名大会以来,各级党委、政府和驻军各部队,坚持以邓小平理论和“三个代表”重要思想为指导,深入贯彻落实科学发展观,紧紧围绕全面建设小康社会、构建社会主义和谐社会和推进军事斗争准备,与时俱进开展双拥创建活动,进一步推动了拥军优属、拥政爱民工作的创新发展。双拥组织领导体系进一步健全,国防教育和双拥宣传广泛深入。军民融合发展、军地相互支持成效显著。以创建双拥模范城(县、区)为龙头的群众性活动日益普及,基层双拥工作水平明显提升。军政军民更加团结,在捍卫国家安全统一、推进经济协调发展、维护社会和谐稳定、战胜各种艰难险阻中,发挥了重要的作用。军爱民、民拥军的氛围日益浓厚,涌现了一大批具有鲜明时代特点、成绩突出的双拥典型。为表彰先进,宣扬典型,激励各地各部队积极适应新形势新任务新要求,努力开创双拥工作新局面,不断推动我省双拥工作创新发展,省委、省政府、省军区决定,授予南昌市等 59 个市、县(市、区)为省双拥模范城(县、区),授予徐嘉琪等 5 名同志为爱国拥军模范(享受省劳动模范待遇)。

希望被命名的双拥模范城(县、区)和爱国拥军模范珍惜荣誉,再接再厉,不断创造双拥工作的新成绩。各地各部队和全省广大人民,要以双拥模范城(县、区)和爱国拥军模范为榜样,深入贯彻落实科学发展观,着眼于国家和军队建设大局,更加深入扎实地开展双拥创建活动,着力创新、完善双拥工作运行机制,进一步推动各项工作落到实处,不断巩固和发展军政军民同呼吸、共命运、心连心的大好局面,为实现我省科学发展、进位赶超、绿色崛起和驻赣部队现代化建设作出新的贡献。

附件:

江西省双拥模范城(县、区)和爱国拥军模范名单

一、双拥模范城(16 个)

南昌市、九江市、景德镇市、萍乡市、新余市、鹰潭市、赣州市、上饶市、吉安市、抚州市、瑞昌市、乐平市、贵溪市、瑞金市、樟树市、井冈山市

二、双拥模范区(16 个)

东湖区、西湖区、青云谱区、青山湖区、浔阳区、庐山区、昌江区、珠山区、安源区、湘东区、渝水区、月湖区、章贡区、信州区、吉州区、青原区

三、双拥模范县(27 个)

南昌县、进贤县、修水县、芦溪县、信丰县、上犹县、兴国县、宁都县、于都县、会昌县、宜丰县、万载县、上饶县、广丰县、横峰县、婺源县、万年县、鄱阳县、吉安县、泰和县、万安县、永新县、黎川县、崇仁县、乐安县、宜黄县、金溪县

四、爱国拥军模范(5 名)

九江市文化新闻出版局群艺馆退休干部徐嘉

琪、青原区东固革命根据地研究会会长丁仁祥、兴国县潋江镇南外村南门组村民方名勋、宜丰县职业中专副校长刘以达、萍乡艺婉建材有限公司董事长张婉玲

江西省双拥工作领导小组关于表彰拥军优属、拥政爱民先进单位和先进个人的决定

赣拥字[2010]3 号

各设区市、县(市、区)双拥工作领导小组:

拥军优属、拥政爱民是我党我军我国人民在长期革命斗争和社会主义建设实践中形成的优良传统,是我们团结动员广大军民战胜困难、夺取胜利的重要法宝,也是我们特有的政治优势和力量源泉。近年来,在省委、省政府、省军区的领导下,全省广大军民坚持以邓小平理论和“三个代表”重要思想为指导,深入贯彻落实科学发展观,继承和发扬双拥光荣传统,广泛深入扎实地开展以创建双拥模范城(县)为龙头的各项双拥活动,形成了领导重视、部门配合、行业支持、群众参与、军地互动的工作格局,进一步巩固和发展了军政军民团结的大好局面,为构建社会主义和谐社会和驻赣部队全面建设作出了新的贡献,涌现出一批新时期双拥工作突出的先进单位和先进个人。

为表彰先进,宣扬典型,推动拥军优属、拥政爱民工作持续、深入、健康发展,进一步调动广大军民参与双拥工作的积极性,省双拥工作领导小组决定:授予南昌市民政局等 77 个单位为拥军优属先进单位;授予南昌警备区等 45 个单位为拥政爱民先进单位;授予黄良玉等 65 名同志为拥军优属先进个人;授予夏树刚等 36 名同志为拥政爱民先进个人(名单附后)。希望受表彰的先进单位和先进个人把荣誉作为新的起点,谦虚谨慎,再接再厉,在今后的工作中取得更大的成绩。

全省广大军民要以表彰的先进单位和先进个人为榜样,全面贯彻落实党的十七大和十七届三中、四中、五中全会精神,高举中国特色社会主义伟大旗帜,更加紧密地团结在以胡锦涛同志为总书记的党中央周围,更加深入、更加扎实、更加有效地做好双拥工作,在巩固同呼吸、共命运、心连心的军政军民关系,促进经济社会发展和军队现代化建设中,创造出新的业绩。

二〇一〇年十二月三十日

附件:一、拥军优属先进单位 77 个。

二、拥政爱民先进单位 45 个。

三、拥军优属先进个人 65 名。

四、拥政爱民先进个人 36 名。

附件：

一、拥军优属先进单位(77 个)

省直(8 个)：
江西省农业厅
江西省教育厅
江西省粮食局
江西省民政厅
江西省公安厅治安总队
江西省人力资源和社会保障厅军官转业安置处
江西省防汛抗旱总指挥部办公室
南昌铁路局上饶车务段
南昌市(10 个)：
南昌市民政局
南昌市国家税务局
南昌市人力资源和社会保障局
南昌市东湖区教育体育科技局
南昌市青云谱区民政局
南昌市红谷滩新区社会事业发展局
南昌市西湖区桃花镇人民政府
南昌市青山湖区罗家镇人民政府
进贤县民政局
新建县乐化镇人民政府
九江市(10 个)：
中共九江市委宣传部
九江市民政局
九江市交通运输局
九江市文化新闻出版局
九江市教育局
九江市经济开发区
九江市浔阳区文教局
九江市庐山区莲花镇
瑞昌市湓城街道办事处
修水县义宁镇人民政府
景德镇市(5 个)：
昌河飞机工业公司
中国直升机设计研究所
景德镇市卫生局
景德镇市教育局
景德镇市昌江区竟成镇
萍乡市(3 个)：
萍乡市财政局
萍乡市人力资源和社会保障局
萍乡市军粮供应站
新余市(3 个)：
新余钢铁有限责任公司
新余市民政局
新余市城市管理执法局
鹰潭市(4 个)：
鹰潭市龙虎山风景旅游区集团有限公司
江铜贵溪冶炼厂
鹰潭市交通运输局
鹰潭市军供站
赣州市(12 个)：
赣州市民政局
赣州市财政局
赣州市教育局
赣州市文化广播电影电视局
赣州市章贡区民政局
宁都县民政局
会昌县民政局
于都县民政局
兴国县教育局
上犹县财政局
瑞金市沙洲坝镇人民政府
信丰县西牛镇人民政府
宜春市(6 个)：
宜春市民政局
宜春市城乡规划建设局
樟树市教育委员会
上高县人力资源和社会保障局
高安市瑞州街道办事处
奉新县冯川镇人民政府

上饶市(6个):
中共上饶市委政法委
上饶市民政局
上饶市国家税务局
上饶市人民防空办公室
玉山县民政局
铅山县民政局
吉安市(7个):
吉安市民政局
吉安市人力资源和社会保障局
吉安市青原区河东街道办事处
吉安市吉州区北门社区
井冈山市农业科技园
安福县人民医院
永新县三湾乡政府
抚州市(6个):
抚州市民政局
东乡县民政局
资溪县面包行业协会
南城县人民医院
南丰县移动公司
广昌县甘竹镇人民政府

二、拥政爱民先进单位(45个)

南昌市(14个):
南昌警备区
中国人民解放军94836部队
驻南昌铁路局军事代表处
武警水电第二总队
武警南昌市支队
南昌市公安消防支队
江西省军区工程维护队
江西陆军预备役步兵师高射炮兵团
中国人民解放军第94医院
中国人民解放军94981部队
中国人民解放军96634部队
中国人民解放军96647部队
中国人民解放军73690部队
南昌陆军学院教练营
九江市(4个):
九江军分区政治部
中国人民解放军91551部队
中国人民解放军94940部队
武警九江市支队
景德镇市(3个):
景德镇军分区
中国人民解放军96173部队
景德镇市珠山区公安消防大队
萍乡市(2个):
武警萍乡市支队
萍乡市公安消防支队
新余市(2个):
新余市渝水区人民武装部
新余市公安消防支队
鹰潭市(3个):
中国人民解放军第184医院
中国人民解放军94723部队
鹰潭市公安消防支队
赣州市(4个):
赣州军分区政治部
中国人民解放军96162部队
空军大余新城场站
瑞金市公安消防大队
宜春市(2个):
宜丰县人民武装部
中国人民解放军96317部队
上饶市(5个):
万年县人民武装部
中国人民解放军73862部队
中国人民解放军91852部队

中国人民解放军96165部队
武警上饶市支队

吉安市(4个):

吉安军分区政治部
吉安市公安消防支队
江西陆军预备役步兵师炮兵团政治处
武警井冈山市大队

抚州市(2个):

抚州军分区
抚州市公安消防支队

三、拥军优属先进个人65名

省直(8名):

黄良玉　江西省科技厅办公室副主任
张黎敏　江西省军粮管理中心副主任科员
葛美生　江西省公安厅治安总队防暴处副处长
陈玉萍　江西省国税局人事处副处长
宁　全　江西省发改委综合处高级经济师
郭添红　江西省人力资源和社会保障厅劳动关系处主任科员
周光辉　南昌铁路局客运段党委书记
姚淑娟　江西省荣军医院护士

南昌市(9名):

李　兵　南昌市民政局优抚处副处长
雷中蕙　南昌市西湖区民政局局长
万文浩　南昌经济技术开发区管理委员会副主任
裴爱英　南昌市东湖区民政局局长
帅学农　南昌市东湖区人民法院二庭庭长
万春火　南昌县民政局局长
毛国荣　南昌市青云谱区民政局局长
陆　苏　南昌市湾里区民政局优抚股股长
谢学良　南昌市青山湖区湖坊镇副镇长

九江市(7名):

赵风林　九江市浔阳区民政局局长
余小康　修水县民政局局长
钟梦奇　九江市庐山区民政局副局长、区双拥办主任
吴晓梅　九江市人力资源和社会保障局军官转业安置科副科长
童颖冰　九江日报社浔阳晚报要闻部主任
潘　芳　九江市双拥办
张　明　瑞昌市离休干部

景德镇市(4名):

徐宏生　景德镇市人事局副局长
童福根　乐平市民政局局长
王忠起　景德镇市少年军校总校顾问
李金霞　景德镇市昌江区西郊街道森林社区主任

萍乡市(3名):

饶本春　萍乡市房管局局长
杨劲松　萍乡市湘东区区委副书记
康招龙　芦溪县民政局副局长

新余市(3个):

陈珊雅　分宜县副县长
郭文琳　渝水区副区长
涂　群　新余市编办主任

鹰潭市(4名):

王斌斌　鹰潭市月湖区民政局局长
吴晓敬　贵溪市民政局局长
金火良　余江县民政局局长
洪凤珠　中国四冶一公司退休职工

赣州市(7名):

梁　卫　赣州市民政局副局长
蓝　贇　赣州市教育局副局长
唐庆敏　于都县县长
陈文新　宁都县副县长
杨　英　赣县民政局局长
林素平　赣州市财政局社保科科长
曾渊平　于都县人民医院院长

宜春市(6 名):

詹　明　宜春市民政局优抚安置科副科长

刘　波　宜春市袁州区民政局局长、党组书记

洪畴生　靖安县民政局副局长

冷建军　宜丰县民政局优抚安置股股长

孙群芳　丰城市剑光街道副主任

柳文彬　万载县康乐生活服务公司下岗职工

上饶市(6 名):

黄海君　上饶市委宣传部副部长

周立福　上饶市城市管理局局长

章　俊　上饶日报社党委书记、社长

李文清　上饶市军供站副站长

叶飞雄　玉山县民政局副局长、县双拥办副主任

叶晓茵　铅山县疾病预防控制中心原主管医师

吉安市(6 名):

毛秉华　井冈山市关工委名誉主任、革命博物馆顾问

曾富善　吉安市文广局局长

唐定华　井冈山市农工部部长

陈和恩　泰和县人民政府副县长

彭小安　万安县肉牛养殖协会会长

曾龙宁　国电万安水电厂人武部干事、部长助理

抚州市(5 名):

李新生　乐安县人民政府副县长

倪小华　金溪县民政局优抚安置股股长

黄员辉　抚州市临川区建设局武装部部长

吴轩宇　抚州市电视台专题部主任

江生开　抚州市金巢开发区钟岭街道小圩村委会主任

四、拥政爱民先进个人 36 名

南昌市(9 名):

夏树刚　江西省国防动员委员会政治动员办公室秘书

汪火明　南昌县人民武装部部长

胡冬根　南昌陆军学院军训教研室副主任

秦国梁　中国人民解放军 94907 部队政治委员

田双庆　中国人民解放军 61121 部队副部队长

户春才　南昌边防检查站政治委员

冯明亮　武警南昌市支队政治部副主任

高　升　空军向塘场站政治处干事

张海斌　南昌市公安消防支队政治处组教科干事

九江市(4 名):

张玉生　九江军分区司令员、市双拥工作领导小组副组长

杜尊生　中国人民解放军 73867 部队政治处主任

路　祥　九江市公安消防支队副支队长

田先来　中国人民解放军 94642 部队宣保股股长

景德镇市(2 名):

宋　义　中国人民解放军 61297 部队试飞大队大队长

陈贻兰　武警景德镇市支队政治委员

萍乡市(2 名):

宁剑宏　中国人民解放军 73871 部队政治委员

樊文印　萍乡市公安消防支队政治委员

新余市(2 名):

胡梅生　新余军分区政治部宣保办主任

杨昌盛　武警新余市支队副政治委员

鹰潭市(2 名):

林思平　中国人民解放军 73861 部队政治部副主任

佟　辉　鹰潭军分区政治部干事

赣州市(3 名):

杨　勇　江西陆军预备役步兵师步兵二团政治委员

张　永　中国人民解放军 96623 部队部队长

徐立新　武警赣州市支队政治委员

宜春市(3名):

赵汝成　宜春市袁州区人民武装部政治委员

李五凡　宜丰县人民武装部部长

戴险峰　高安市公安消防大队政治教导员

上饶市(4人):

程友发　上饶县人民武装部政治委员

范新平　海军91311部队政治委员

肖　林　上饶市消防支队政治委员

詹　强　弋阳县公安消防大队防火参谋

吉安市(3人):

徐永新　井冈山市人民武装部政治委员

曾　简　永丰县公安消防大队政治教导员

岳　坤　武警安福县中队政治指导员

抚州市(2人):

蒋建山　武警抚州市支队副政治委员

崔水来　黎川县人民武装部军事科科长

山东省双拥工作领导小组关于表彰全省双拥工作社会化四个“十佳”先进单位的决定

鲁拥发[2010]6号

2008年全省双拥模范城(县)命名表彰大会以来,军地各级领导和广大干部群众、部队官兵坚持以邓小平理论和“三个代表”重要思想为指导,全面贯彻落实科学发展观,从讲政治、讲大局的高度,积极关心支持双拥工作,紧紧围绕发展社会生产力和提高部队战斗力,深入扎实开展双拥活动,双拥工作取得了丰硕成果。特别是2009年开展双拥工作社会化活动以来,全省涌现出一大批双拥意识强、成绩显著、事迹突出的双拥工作站、双拥志愿者队伍、双拥服务实体和拥军车队等双拥工作社会化先进单位。为表彰先进,树立榜样,激励全省军民在改革开放和社会主义市场经济新形势下,努力奋斗,开拓进取,再创山东双拥工作新的辉煌,进一步巩固和发展军政军民团结的大好局面,省双拥工作领导小组决定,授予济南市市中区信义庄社区双拥工作站等十个单位“十佳双拥工作站”荣誉称号;授予聊城市柳德占双拥志愿服务队等十个单位“十佳双拥志愿者队伍”荣誉称号;授予山东蓝翔高级技工学校等十个单位“十佳双拥服务实体”荣誉称号;授予威海汇通拥军车队等十个单位“十佳拥军车队”荣誉称号。

希望受表彰的先进单位,认真贯彻党的十七大精神,珍惜荣誉,戒骄戒躁,继续发扬成绩,为全面建设小康社会和国防现代化建设再立新功。全省广大军民要以先进为榜样,在省委、省政府、省军区的领导下,解放思想,实事求是,与时俱进,开拓创新,继续深入、持久地做好双拥工作,为促进国防现代化和全省改革发展、社会稳定作出更大贡献。

山东省双拥工作领导小组

二〇一〇年八月一日

附件:

全省双拥工作社会化四个"十佳"先进单位名单

一、十佳双拥工作站

济南市市中区信义庄社区双拥工作站

青岛市市南区湛山街道办事处湛山社区双拥工作站

淄博市张店区科苑街道办事处潘庄社区双拥工作站

枣庄市市中区文化路街道孔庄社区双拥工作站

东营市垦利县垦利街道寿山村双拥工作站

潍坊市潍城区西关前进街社区双拥工作站

济宁市任城区仙营街道谢营社区双拥工作站

威海市环翠区东北村社区双拥工作站

日照市东港区涛雒镇郭家庄子村社区双拥工作站

临沂市兰山区南坊街道西南坊村双拥工作站

二、十佳双拥志愿者队伍

聊城市柳德占双拥志愿服务队

济南市历下区燕山街道双拥志愿者队伍

济南军区青岛第一疗养院双拥志愿者队伍

泰安市贾美荣拥军妈妈队双拥志愿者队伍

日照边检站双拥志愿者队伍

莱芜市企业拥军优属协会双拥志愿者队伍

滨州市无棣县双拥志愿者队伍

济南军区空军 94402 部队双拥志愿者队伍

山东省军区机关门诊部双拥志愿者队伍

山东省边防总队济南边检站双拥志愿者队伍

三、十佳双拥服务实体

山东蓝翔高级技工学校双拥培训基地

长清区双拥艺术团

济南军区第 456 医院双拥医疗服务站

青岛市双拥法律援助中心

潍坊市奎文区广潍集团双拥培训中心

泰安市宁阳县个体私营企业协会双拥服务中心

临沂市拥军优属协会

山东阳谷景阳岗酒厂双拥服务中心

菏泽市牡丹区企业家拥军协会

海军博物馆双拥教育基地

四、十佳拥军车队

威海汇通拥军车队

济南恒通出租车公司

淄博市沂源大众公司拥军车队

东营市宏运拥军车队

烟台公交集团出租车汽车公司拥军车队

济宁市城区出租车拥军车队

莱芜市拥军车队

德州市新城出租公司拥军车队

聊城东昌府区水城拥军车队

茌平拥军车队

湖南省委、省政府、省军区关于命名双拥模范城(县)和表彰双拥模范单位及个人的决定

2006 年以来,全省各级党委、政府和驻湘部队坚持以邓小平理论和"三个代表"重要思想为指导,深入贯彻落实科学发展观,结合新形势、新任务,扎实开展双拥工作,为增进军政军民团结,促进改革发展稳定和军队建设作出了积极贡献,涌现出了一大批先进典型。为表彰先进,决定命名怀化市等 30 个市(县)省级"双拥模范城(县)";对湘潭大学等 20 个爱国拥军模范单位、中国人民解放军 76110 部队等 20 个拥政爱民模范单位、张克义等 20 名爱国拥军模范、谷钢等 20 名拥政爱民模范予以表彰。

希望被命名的双拥模范城(县)、受表彰的双拥模范单位和个人再接再厉,再创佳绩。全省军民要

以先进为榜样，深入学习贯彻党的十七届五中全会精神，更加广泛深入地开展双拥工作，为进一步巩固和发展军政军民团结、促进和谐湖南建设作出新的贡献。

二〇一〇年十一月二十六日

附件：湖南省双拥模范城（县）名单
湖南省双拥模范单位名单
湖南省双拥模范个人名单

湖南省双拥模范城（县）名单

一、拥军优属拥政爱民模范城

怀化市　长沙市　湘潭市　株洲市　益阳市　张家界市　衡阳市　常德市　岳阳市　邵阳市　永州市

二、拥军优属拥政爱民模范县（市）

耒阳市　长沙县　会同县　靖州苗族侗族自治县　绥宁县　洞口县　东安县　涟源市　衡南县　通道侗族自治县　宁乡县　炎陵县　韶山市　新邵县　澧　县　嘉禾县　吉首市　龙山县　华容县

湖南省双拥模范单位名单

一、爱国拥军模范单位

湘潭大学
张家界市武陵源区
省委宣传部宣传教育处
省财政厅社会保障处
省转业军官培训与自主择业军转干部管理服务办公室
长沙市芙蓉区人民政府
衡南县第四人民医院
株洲市火炬工业炉有限责任公司
宜章县人民政府
耒阳市聂洲完全小学
长沙市天心区人民政府
长沙市雨花区人民政府
长沙市岳麓区民政局
绥宁县财政局
岳阳市岳阳楼区
中共益阳市委组织部
郴州市北湖区人民政府
东安县电力局
双峰县民政局
龙山县农村信用合作联社

二、拥政爱民模范单位

中国人民解放军76110部队
张家界市桑植县人民武装部
中国人民武装警察部队湘潭市消防支队
国防科学技术大学航天与材料工程学院工程与应用化学系
长沙市望城县人民武装部
湖南陆军预备役步兵师高炮团
中国人民解放军75708部队
中国人民武装警察部队长沙市支队望城县中队
株洲市天元区人民武装部
中国人民武装警察部队衡阳市消防支队
中国人民武装警察部队邵阳市消防支队
岳阳市岳阳楼区人民武装部

常德市汉寿县人民武装部
益阳市桃江县人民武装部
郴州市资兴市人民武装部
中国人民解放军第 169 医院 198 临床部
永州市零陵区人民武装部
娄底市涟源市人民武装部
中国人民解放军 96301 部队政治部秘书群联处
中国人民解放军 75105 部队

湖南省双拥模范个人名单

一、爱国拥军模范

张克义 丁绍干 谢寿保 徐素娥 胡建淮
李光华 游端霞 段秋录 文吉平 雷安祥
高泽宏 云昌世 陈 竞 李楚勋 郭名华
邓贵春 邓检生 陈大畏 刘家富 杨 斌

二、拥政爱民模范

谷 钢 贾志刚 刘学文 李晓兵 黎克群
谭 勇 吴和盛 邹肇睿 向军华 张 文
王少贤 范本树 陈跃海 吴承前 刘 洁
郭朋芳 潘清华 肖佳年 江卫华 瞿吉明

湖南省人力资源和社会保障厅、省民政厅、省军区政治部关于表彰湖南省优秀复员退伍军人的决定

(湘人社通字[2010]61 号)

各市(州)人力资源和社会保障(人事)局、民政局、军分区(警备区)政治部:

我省广大复员退伍军人保持和发扬人民军队的光荣传统和优良作风,积极投身"富民强省、和谐湖南"建设的伟大实践,为经济发展、社会稳定作出了突出贡献,涌现出一大批自强不息、开拓奋进、艰苦创业、无私奉献的先进典型。为表彰先进,弘扬正气,培养造就更多的优秀复员退伍军人,经各地自下而上推荐,组织考察评选,决定授予袁森林等 125 名同志"湖南省优秀复员退伍军人"荣誉称号。

希望受到表彰的同志,戒骄戒躁,再接再厉,继续在全面建设小康社会的各条战线上发挥才干、有所作为,在市场经济大潮中自强不息、拼搏进取,在维护社会和谐稳定中坚定立场、顾全大局,为保持军人荣誉再续辉煌。

长沙市(14 名):

袁森林 长沙市华淳庄园果汁酒业有限公司董事长

姜胜标 长沙市沩山天然食品有限公司董事长

吕 文 长沙市芙蓉区浏正街宝南街社区副主任

何 鹏 长沙市通运达汽车服务公司部门经理

刘正武 长沙市岳麓区五星村党支部书记

石鸿专 长沙市军安实业有限公司董事长

周先冬 长沙市东方阳光律师事务所律师

杨 文 长沙市雨花区黎托乡黎托村党支部书记

唐建斌 长沙县公安局治安巡防队处突大队大队长

帅光明 长沙县退伍军人创业示范园总经理

尹旭波 望城县隆平乌山贡米种植专业合作社理事长

姚兴龙 望城县东城镇东闸村中屋组村民组长

何继荣 浏阳市庆典烟花燃放有限公司董事长

欧四清　宁乡县喻家坳乡神武村村民

株洲市（10名）：

张顺旺　株洲市芦淞区五里墩乡关口村党支部书记

罗紫冬　株洲市石峰区铜塘湾街道建设村党支部书记

李　鹏　株洲市高塘大禹生态园林绿化工程有限公司总经理

邓培勇　炎陵县中村乡罗浮江村党支部书记

晏运华　茶陵县华盛建材厂厂长

周陈芳　茶陵县严塘镇南岸村个体经商户

单金文　攸县红星排污市政公司经理

杨凯勤　醴陵市个体经商户

陈祥林　醴陵市湘丰畜牧发展有限公司总经理

陈丰良　株洲县个体经商户

湘潭市（6名）：

朱建泽　湘潭市生产资料服务总公司总经理

李　洪　湘潭县河口镇白米村党支部书记

马宪平　湘潭县福鑫木业有限公司总经理

冯永贵　湘乡市泉塘镇花屋村党支部书记

刘军林　湘乡市月山镇楠木村党支部书记

谭永红　韶山永红生态农业科技开发有限公司董事长

衡阳市（9名）：

綦尤润　衡南县北海药房经理

王　亚　衡阳县新多防盗门专卖店经理

胡小平　常宁市侨源农业有限公司董事长

刘余良　耒阳市商业总公司助理经济师

刘李昌　衡阳市南岳区私营企业厂长

周友成　衡阳市珠晖区酃湖乡个体经商户

廖义勇　衡阳市粮油购销总公司车江分公司经理

曹伟生　衡阳市曹氏按摩诊所总经理

侯建湘　广东台日电梯有限公司董事长

邵阳市（12名）：

刘建英　邵阳市大祥区个体经商户

田　江　邵阳市双清区市容环境卫生局局长

廖增良　邵阳市北塔区陈家桥乡李子塘村党支部书记

李军喜　邵东县总商会副会长

高雄荣　新邵县新田铺镇石马江村党支部书记

黄竹成　隆回县山界乡朝阳村7组党支部书记

曾国和　洞口县高沙镇个体经商户

苏新武　绥宁县长铺子苗族乡大寨村党支部书记

刘会国　城步苗族自治县汀坪乡汀坪村4组村民

苏建海　武冈市婚姻登记处职工

黄跃生　新宁县家家红食品饮料有限公司经理

黄　云　邵阳县蔡桥乡伏林村村民

岳阳市（9名）：

陈平安　平江县加义镇思源村村主任

隋阳春　岳阳县城关镇月东村村民

陈卫军　石油公司华容县城关镇北街油库主任

蒋罗泉　湘阴县静河乡爱民村村民

石国良　临湘市羊楼司镇双山村党支部书记

黄时岳　汨罗市黄市乡瑞林村党支部书记

潘满生　岳阳市岳阳楼区九九汽修厂厂长

熊贻文　岳阳市君山区湘华铭森菌业科技园经理

黄　勇　岳阳市屈原管理区营田镇虎形山社区党总支委员

常德市（8名）：

段照进　常德市鼎城区长茅岭乡新型建材厂厂长

胡启立　汉寿县国强特种水产养殖场场长

龚永福　桃源县万福生科农业开发有限公司董事长

杨绪平　临澧县宝丰和酒店经理

覃于炎　石门县蒙泉镇白洋湖居委会党支部书记

任泽渊　澧县澧阳镇关心下一代工作委员会书记

蹇尚玉　安乡县个体经商户

龚　鑫　东莞市全欣电子有限公司总经理

张家界市（4名）：

覃柏森　张家界市永定区教字垭镇广溪峪村党支部书记

曹文勇　张家界市武陵源区武陵源宾馆职工

曹前贵　慈利县零溪镇河塌村党支部书记

杨生泽　桑植县龙潭坪镇毛坪村党支部书记

益阳市(6 名):

刘连良　益阳市万鑫水泥有限公司董事长

张其昌　益阳市赫山区沧水铺砂子岭村党支部书记

郭子全　益阳市资阳区汽车路建设街社区居民

黄千民　安化县江南镇黄石村党支部书记

李志强　沅江市锦和宾馆董事长

彭佑明　南县民政局职工

郴州市(11 名):

罗能州　郴州市北湖区石盖塘镇政府干部

罗　炜　郴州市苏仙区林业局站长

刘庆芳　资兴市个体经商户

谢功杰　桂阳县社会福利厂厂长

邓见良　宜章县城南乡寿福村党支部书记

马群英　永兴县洞口乡朝阳村党支部书记

李建国　嘉禾县石羔乡背底塘村党支部书记

邝献明　临武县武水镇邝家社区党支部书记

张纯正　汝城县三江口瑶族镇政府民政助理员

黄常明　桂东县光荣院职工

吴向前　安仁县种子公司经理

永州市(11 名):

黄爱华　永州市昱恒农业开发公司总经理

唐昌华　永州市零陵区富家桥栗山铺村村民

谢金宝　祁阳县金丽鸽业有限公司董事长

胡　军　东安县新圩江镇石板头村党支部书记

何守保　双牌县打鼓坪林场双丰村村民

邓　显　新道县白马渡镇东山村村民

周石林　江永县允山镇回岗村党支部书记

周江东　江华瑶族自治县公安局副局长

荆顺旺　宁远县供销社下岗职工

谢石军　新田县茂家乡畜牧站技术员

黄六喜　蓝山县塔峰镇牛承村党支部书记

怀化市(12 名):

胡宗云　辰溪县谭家场乡柘木屯村党支部书记

刘仁文　溆浦县低庄镇牌子田村村民

姚沅有　新晃侗族自治县鱼市镇岩山村村民

杨柏莲　芷江侗族自治县杨公庙乡杨公庙村党支部书记

黄小荣　中方县炉亭坳乡桥亭村党支部书记

梁　勤　怀化市鹤城区黄金坳镇汪家村村民

尹承金　怀化市鹤城区贺家田乡高桥村党支部书记

石奇永　会同县林城镇改河街居民

张秀华　会同县坪村镇小田村党支部书记

储昌华　靖州苗族侗族自治县飞山管委会泥湾村村民

唐兴国　靖州苗族侗族自治县飞山管委会塘湖村村民

冯元军　通道侗族自治县播阳镇东门村党支部副书记

娄底市(6 名):

贺碧如　娄底市爱车保姆修理厂厂长

邹新中　冷水江市金竹山麻溪村党支部书记

刘锡林　涟源市省煤勘二队工人

龚洪轩　双峰县个体经商户

李劲松　新化县金松典当有限责任公司董事长

贺春阳　娄底经济开发区中心敬老院副院长

湘西自治州(7 名):

孙学军　吉首市矮寨镇大兴村党支部书记

杨和平　泸溪县洗溪镇洞底坪村党支部书记

龙志明　凤凰县政府宾馆总经理

向俊雄　古丈县高峰乡凉水村党支部书记

石胜望　花垣县民政局救助站站长

向庭刚　永顺县高坪乡场坪村民间文艺团长

田清富　龙山县华塘街道办官渡社区居民

二〇一〇年十一月十八日

湖南省委宣传部、省民政厅、省军区政治部关于表彰关爱优抚对象活动先进单位和个人的决定

（湘民办发[2010]71 号）

各市（州）党委宣传部、民政局，驻湘各部队政治部（处）：

2007 年以来，全省广泛开展以帮助烈属、在乡老复员军人、残疾军人为主体，以解决生活、住房、医疗困难为重点，以“扶优奔康”为主题的关爱优抚对象活动。通过各级党委政府、驻湘部队和人民群众的积极参与，军地有关部门的精心组织，帮助大批优抚对象脱贫致富，解决现实困难，取得了明显的经济效益和良好的社会效益。工作中涌现出大批先进单位和个人。经研究，决定对长沙县民政局等 35 个单位和周沫等 35 名个人予以通报表彰。

希望受到表彰的单位和个人，戒骄戒躁，再接再厉。全省军民要进一步发扬拥军优属的光荣传统，弘扬爱国主义精神，关心尊重优抚对象，帮助他们解决实际问题，促进社会和谐稳定。

湖南省关爱优抚对象活动先进单位（35 个）

长沙县民政局
望城县民政局
浏阳市民政局
宁乡县民政局
醴陵市国税局
株洲县财政局
湘潭市民政局
耒阳市民政局
洞口县洞口镇人民政府
绥宁县人事局
湖南省十三村食品有限公司
临澧县民政局
慈利县民政局
南县民政局
郴州市苏仙区民政局
永州市零陵区民政局
会同县民政局
靖州苗族侗族自治县民政局
通道侗族自治县民政局
娄底市娄星区光荣院
冷水江市民政局
永顺县民政局
中国人民解放军 95209 部队
株洲军分区政治部
湘潭军分区政治部
衡阳预备役后勤保障旅
浏阳市人民武装部
会同县人民武装部
新化县人民武装部
中国人民解放军第 163 医院
中国人民解放军第 535 医院
国防科学技术大学校务部医院
中国人民武装警察部队湖南省总队医院
中国人民武装警察部队湖南省消防总队医院
中国人民武装警察部队宁乡县消防大队

湖南省关爱优抚对象活动先进个人（35 名）

周　沫　长沙市岳麓区民政局副局长
肖树森　长沙县民政局局长
陈　平　浏阳市民政局优抚科科长
李元生　宁乡县民政局优抚科科长
游晓素　攸县民政局优抚股股长
廖贻华　湘潭市民政局副局长
凌奉云　衡阳县民政局局长
蒋崇华　衡阳市珠晖区民政局局长
钟鸣新　邵县民政局副局长
袁文军　邵阳市大祥区民政局局长

刘裕凡　平江县民政局局长
唐桃杰　临澧县民政局优抚安置股股长
贺晓英　桑植县洪家关光荣院院长
梁启明　益阳市资阳区民政局副局长
朱春光　郴州市民政局优抚科科长
尹朝晖　桂阳县民政局优抚股股长
何解顺　永州市民政局优抚科科长
陈劲风　永州市冷水滩区民政局局长
刘　春　怀化市民政局副调研员
夏先中　怀化市民政局双拥办主任
丁继金　怀化市鹤城区民政局局长
阳承雄　涟源市民政局局长
彭继红　龙山县民政局优抚股副股长
贺汉明　中国人民解放军96313部队政治部主任
张莎莎　湖南省军区门诊部副主任
苏自立　长沙市天心区人民武装部部长
张　军　衡阳警备区政治部副团职干事
杨光辉　石门县人民武装部政治委员
吴中书　张家界市武陵源区人民武装部政工科科长
邱志鹏　沅江市人民武装部部长
李志美　郴州军分区干休所副所长
冯含春　道县人民武装部政工科科长
陈志刚　永顺县人民武装部政工科科长
涂冬梅　国防科学技术大学校务部医院医师
彭勇辉　中国人民武装警察部队岳阳市支队政治委员

二〇一〇年十一月十五日

湖南省委基层党建工作领导小组、省扶贫开发领导小组、省双拥工作领导小组、省军区政治部关于表彰2009—2010年度我助老区奔小康“2211工程”活动中先进单位和个人的决定

(湘发[2010]1号)

各市(州)委基层党建工作领导小组、双拥工作领导小组,驻湘各师以上单位政治部:

根据省委、省政府和省军区部署,2009—2010年在全省开展了我助老区奔小康“2211工程”活动,即协调驻湘20个师以上单位重点支援20个革命老区县所属的20个乡村,帮助1万名贫困户脱贫致富奔小康,发动团以上干部对口资助1000名贫困学生读完大学。两年来,在各级党委的高度重视和正确领导下,驻湘各部队深入贯彻落实科学发展观,按照“整合资源、科学规划、形成规模、务求实效”总体思路和“三新两优一促进”目标要求,求真务实、发奋工作,较好地完成各项任务,涌现出了一批先进单位和个人。为表彰先进、推进工作,经研究,对郴州军分区等8个单位和永州市冷水滩区人武部部长刘洁等8名个人予以通报表彰。

望受表彰的单位和个人戒骄戒躁、再接再厉,发扬成绩、再立新功。各级各单位要深入贯彻党的十七届五中全会和胡主席关于进一步做好群众工作指示精神,以先进为榜样,以服务群众为宗旨,积极探索、勇于创新,不断增强基层党组织的创造力、凝聚力和战斗力,为构建和谐湖南、加快富民强省战略作出更大的贡献。

一、先进单位(8个)

郴州军分区
邵阳军分区
娄底军分区

张家界军分区
95214 部队
96315 部队
武警湖南省总队政治部
湖南省军区驻桑植县扶贫工作组
二、先进个人(8 名)
永州市冷水滩区人武部部长　刘　洁
常德市桃源县人武部后勤科科长　黄卫良
吉首军分区司令部副团职参谋　林庆根
国防科学技术大学政治部秘书处秘书　何　博
95201 部队副部队长　赵志成
76110 部队政治部正营职干事　瞿志强
75150 部队四营政治教导员　施　华
武警湖南省消防总队政治部组教处处长　许国柯

二〇一〇年十一月三十日

海南省委、省政府、省军区关于命名表彰第八届海南省双拥模范城(县、区)、模范单位和个人的决定

琼委[2010]24 号

2006 年以来,全省各地和驻琼各部队以邓小平理论和“三个代表”重要思想为指导,深入贯彻落实科学发展观,紧紧围绕促进全省改革发展稳定和驻琼部队革命化、现代化、正规化建设的目标,立足本职工作,投身双拥实践,深入开展拥军优属、拥政爱民活动,取得了显著成绩,涌现出一批具有时代特征和海南特色的双拥工作模范单位、模范个人,为增进军政军民团结、促进我省经济社会发展和军队现代化建设作出了积极贡献。

为表彰先进,推动双拥工作持续稳定开展,省委、省政府、省军区决定:授予五指山市等 7 个市为“双拥模范城”荣誉称号;授予陵水黎族自治县等 3 个县为“双拥模范县”荣誉称号;授予海口市龙华区等 3 个区为“双拥模范区”荣誉称号;授予海南省商业学校等 25 个单位为“爱国拥军模范单位”荣誉称号;授予海口市龙华区人民武装部等 13 个单位为“拥政爱民模范单位”荣誉称号;授予徐唐先等 22 名同志为“爱国拥军模范个人”荣誉称号;授予刘来生等 14 名同志为“拥政爱民模范个人”荣誉称号。

希望受到表彰的单位和个人珍惜荣誉,谦虚谨慎,开拓进取,再创佳绩。全省各级党委政府、驻琼各部队和广大军民要向双拥模范城(县、区)、模范单位和个人学习,高举邓小平理论和“三个代表”重要思想伟大旗帜,深入贯彻落实科学发展观,把新时期双拥工作不断推向前进,巩固发展同呼吸、共命运、心连心的军政军民关系,为促进海南国际旅游岛建设作出新的贡献。

附件:第八届海南省双拥模范城(县、区)、模范单位和个人名单

第八届海南省双拥模范城(县、区)、模范单位和个人名单

一、双拥模范城(7 个)
五指山市
海口市
三亚市

琼海市
儋州市
万宁市
文昌市

二、双拥模范县(3个)

陵水黎族自治县
澄迈县
乐东黎族自治县

三、双拥模范区(3个)

海口市龙华区
海口市美兰区
海口市秀英区

四、爱国拥军模范单位(25个)

海南省商业学校
海口市军休干部活动中心
海口市教育局
海口市美兰区双拥办
海口市琼山区民政局
海口市第26小学
海口市第27小学
中共三亚市河东区工作委员会
三亚市军粮供应站
五指山市南圣镇人民政府
琼海市民政局
琼海市广播电视台
万宁市万城镇新海社区居民委员会
儋州市民政局
文昌市翁田镇人民政府
海南老城经济开发区管理委员会
陵水黎族自治县三才镇人民政府
乐东黎族自治县民政局
屯昌县民政局
临高县第二中学
琼中黎族苗族自治县民政局
白沙黎族自治县牙叉镇人民政府
定安县龙河镇人民政府
昌江黎族自治县民政局
洋浦经济开发区新干冲区办事处

五、拥政爱民模范单位(13个)

海口市龙华区人民武装部
中国人民解放军75553部队
中国人民解放军91188部队三中队
中国人民解放军91793部队
中国人民解放军92155部队
中国人民解放军92143部队机动救捞中队
中国人民解放军91515部队
中国人民解放军92474部队329潜艇
武警海南省总队第一支队
武警海南省总队海口市支队屯昌县中队
武警海南省边防总队文昌边防支队
武警海南省边防总队昌江边防支队昌化边防派出所
武警海南省消防总队海口市消防支队

六、爱国拥军模范个人(22名)

徐唐先　海口市市长
吴川祝　海口市市长助理、美兰区原区委书记
吴胜刚　海口市民政局副局长、市双拥办主任
陆云飞　海口市秀英区区委书记
宁虹雯　海口市龙华区区委书记
王　海　海口市琼山区副区长
陈永武　省农垦三亚医院院长
傅占海　三亚市民政局原副局长、双拥办主任
邓卫原　五指山市地方税务局原局长
王晖雅　琼海市副市长
廖勇锋　万宁市万城镇新海社区党支部书记
李世敏　儋州市民政局原副局长
裴成敏　文昌市市委书记
吉明江　昌江黎族自治县原县长
杨思涛　澄迈县县委书记
叶仕林　陵水黎族自治县民政局局长
吴井光　乐东黎族自治县县委书记
江华安　屯昌县县委书记
姚崇生　琼中黎族苗族自治县交通局原局长
王积权　白沙黎族自治县原县委书记
孙衍吾　定安县定城镇宣传干事
王成贤　洋浦经济开发区新干冲区办事处副

主任

七、拥政爱民模范个人(14名)

刘来生　中国人民解放军第一八七中心医院院长

杨建波　中国人民解放军75571部队政委

宾　拜　中国人民解放军92830部队政治部干事

廖海斌　中国人民解放军92913部队秘书科科长

尹显斌　中国人民解放军92098部队秘书科干事

陈光池　中国人民解放军91367部队副政委

汪胜华　中国人民解放军92143部队机动救捞中队队长

杨　刚　中国人民解放军92730部队司令部副参谋长

王　磊　中国人民解放军92474部队329潜艇政委

李文忠　武警海南省总队二支队副政委

吴华峰　武警海南省总队三亚市支队三中队指导员

刘红波　武警海南省边防总队澄迈边防支队桥头边防派出所干事

陆恩尧　武警海南省边防总队陵水边防支队新村港边防派出所副所长

辛悦国　武警海南省消防总队教导大队大队长

重庆市委、市政府、重庆警备区关于命名重庆市双拥模范城(县)暨表彰重庆市双拥模范单位和模范个人的决定

(2010年7月28日)

近年来,全市各级各部门坚持以邓小平理论和"三个代表"重要思想为指导,深入学习实践科学发展观,认真贯彻落实党中央、国务院、中央军委关于加强军政军民团结的指示精神,扎实开展创建双拥模范城(县)活动,涌现出了一批模范单位和模范个人,为促进重庆又好又快发展和部队全面建设作出了积极贡献。

为表彰先进,进一步调动广大军民开展双拥工作的积极性,巩固和发展"同呼吸、共命运、心连心"的新型军政军民关系,推动全市拥军优属、拥政爱民工作更加深入持续发展,市委、市政府、重庆警备区决定,命名渝中区等22个区县为"重庆市双拥模范城(县)",对重庆三峡中心医院等74个拥军优属模范单位、重庆陆军预备役后勤保障旅等40个拥政爱民模范单位、程宏军等74名拥军优属模范个人、李仁兴等25名拥政爱民模范个人予以表彰。

希望被命名的区县和受到表彰的单位及个人,珍惜荣誉,再接再厉,再立新功。各地区、各部门、各部队和广大军民要以双拥模范城(县)、双拥模范单位和模范个人为榜样,锐意进取,开拓创新,扎实工作,努力把军政军民团结提高到一个新的水平,为贯彻落实"314"总体部署、推进驻渝部队现代化建设作出新的贡献!

附件:重庆市双拥模范城(县)、双拥模范单位和模范个人名单

重庆市双拥模范城(县)双拥模范单位和模范个人名单

一、重庆市双拥模范城(县)(22 个)

渝中区、南岸区、九龙坡区、江津区、沙坪坝区、万州区、奉节县江北区、永川区、城口县、铜梁县、南川区、璧山县、巴南区、大渡口区、涪陵区、渝北区、黔江区、大足县、北碚区、开县、梁平县

二、重庆市拥军优属模范单位(74 个)

重庆三峡中心医院
万州区民政局
黔江区国家税务局
黔江区城南街道办事处
涪陵区民政局
涪陵区蔺市镇人民政府
重庆市渝中职业教育中心
渝中区南纪门街道解放西路社区
大渡口区八桥镇人民政府(春晖街道办事处)
大渡口区跃进村街道办事处
江北区大石坝街道办事处
江北区观音桥街道办事处
沙坪坝区渝碚路街道办事处
沙坪坝区陈家桥镇人民政府
重庆富川机电有限公司
九龙坡区白市驿镇人民政府
南岸区南坪镇人民政府
南岸区上浩小学校
北碚区民政局
北碚区天生街道办事处
万盛区南桐镇人民政府
渝北区委宣传部
渝北区民政局
巴南区鱼洞街道办事处
巴南区人力资源和社会保障局
长寿区晏家街道办事处
双桥区双路镇人民政府
江津区国家税务局
江津区几江街道办事处
合川区民政局
合川区合阳城街道办事处
永川区五间镇人民政府
重庆市战旗职业技术培训学校
重庆市博赛矿业(集团)有限公司
南川区民政局
重庆松藻煤电有限公司
潼南县民政局
铜梁县巴川街道办事处
铜梁县第一实验小学
大足县人民医院
大足县智凤镇人民政府
荣昌县昌元街道办事处
璧山县璧城街道办事处北门社区
璧山县青杠街道办事处
梁平县屏锦镇人民政府
梁平县人民医院
城口县财政局
城口县修齐镇人民政府
丰都县民政局
垫江县社会福利院
武隆县财政局
忠县石宝镇人民政府
开县白鹤街道办事处
开县赵家街道中心小学
云阳师范附属小学
奉节县扶贫开发办公室
奉节县兴隆镇人民政府
巫山县福田镇人民政府
巫溪县城厢镇人民政府
石柱县悦崃镇人民政府
秀山县民政局

酉阳县财政局
彭水县汉葭镇人民政府
北部新区渝州路街道办事处
市委办公厅秘书二处
市委组织部综合干部处
市委宣传部
市人大内司委
市发展改革委固定资产投资处
市财政局社会保障处
市农委人事劳动处
市公安局
市革命伤残军人康复医院
市人事(军转)培训中心

三、重庆市拥政爱民模范单位(40个)

重庆陆军预备役后勤保障旅
万州区人武部
渝中区人武部
沙坪坝区人武部
江津区人武部
酉阳县人武部
重庆警备区政治部秘书群联处
重庆警备区教导大队
中国人民解放军77126部队
中国人民解放军77136部队
中国人民解放军77103部队
中国人民解放军77109部队
后勤工程学院机电系电气工程教研室
后勤工程学院军事教育管理大队学员九队
后勤工程学院军事教育管理大队学员十七队
第三军医大学第一附属医院
第三军医大学第二附属医院
第三军医大学第三附属医院(所)
武警重庆市总队七支队
武警重庆市总队一支队潼南县中队
武警重庆市总队二支队八中队
武警重庆市总队四支队垫江县中队
武警重庆市总队五支队酉阳县中队
武警重庆市总队六支队江津区中队
武警重庆市消防总队
武警重庆市消防总队特勤支队
武警重庆市消防总队綦江县大队
武警重庆市消防总队大渡口区支队一中队
重庆通信学院政治部保卫科
重庆通信学院军事电力工程系
总装备部重庆军事代表局
海军装备部驻重庆地区军事代表局
中国人民解放军95661部队
中国人民解放军95605部队
中国人民解放军95696部队
第二炮兵装备部驻重庆地区军事代表室
武警重庆市警卫局警卫队
武警重庆市边防总队重庆边防检查站
中国人民解放军78088部队
中国人民解放军第324医院

四、重庆市拥军优属模范个人(74名)

程宏军　万州区太白街道办事处党工委书记
詹华兰(女)　万州区双拥办主任
任添贪　黔江区民政局局长
谭朝霞　涪陵区民政局优抚安置科科长
贾学海　渝中区双拥办主任
肖霞(女)　渝中区大坪街道办事处社建科科长
杨伟鸣　大渡口区民政局局长
刘海明　江北区双拥办副主任
龙成柱　江北区人力资源和社会保障局局长
陶学谦　沙坪坝区双拥办主任
艾如洪(女)　沙坪坝区新桥街道办事处社区建设科科长
周元富　九龙坡区民政局副局长
邱晓东　九龙坡区人力资源和社会保障局局长
伍佐洪　南岸区财政局副局长
邓丽波(女)　南岸区民政局工会工委主任
孙　景　北碚区民政局优抚安置科科长
袁志强　万盛区青年镇社保所副所长
马晓临(女)　渝北区民政局副调研员
江信梅(女)　渝北职业教育中心党委委员

王会前　巴南区双拥办主任

刘江红(女)　长寿区凤城街道办事处民政办主任

胡代芳(女)　双桥区龙滩子街道办事处社会事务办主任

陈家健(女)　江津区德感街道办事处社会事务办主任

万　红(女)　江津区李市镇人民政府民政办主任

罗孔杰　合川区民政局优抚安置科科长

杨乾云　永川区民政局副局长

苟玉萍(女)　南川区民政局优抚安置科科长

胡　英(女)　綦江县民政局优抚安置科科长

舒　欣(女)　潼南县桂林街道办事处民政科科长

张祥龙　铜梁县民政局副调研员

杨　凯　大足县民政局优抚安置科科长

陈元林　荣昌县民政局局长

彭开华　璧山县双拥办主任

傅国东　梁平县民政局优抚安置科科长

滕久松　城口县双拥办主任

朱保军　丰都县财政局副局长

汪玉清　垫江县民政局副局长

郭　洪　武隆县双拥办主任

李联芝(女)　忠县民政局副局长

冉　燕(女)　开县长沙镇民政办主任

钱　毅　重庆市钱江食品(集团)有限公司总经理

程　锐　云阳县军队离退休干部管理服务中心主任

冉绍锐　奉节县五马乡大木村党支部书记

李应辉　奉节县民政局优抚安置科科长

黄权贵　巫山县双拥办主任

石洪章　巫溪县民政局副局长

秦伦仕　石柱县双拥办主任

杨文凭　秀山县人力社保局军转服务中心主任

张昌银　酉阳县民政局副调研员

周娅茜(女)　彭水县民政局优抚安置科科长

彭丽娜(女)　北部新区渝州路街道办事处副主任

毛荣志　市委办公厅秘书二处处长

李如元　市委组织部干部二处处长

邓绍祥　市委宣传部宣教处主任科员

耿彦娟(女)　市政府办公厅秘书二处副处长

欧阳喜　市政协社法委办公室副主任

李　斌(女)　市高法院副处级干部

张　蕾(女)　市发展改革委人事处处长

刘广荣　市财政局社会保障处处长

朱　江　市经济信息委军工系统工程处正处长级干部

秦　尧　市教委人事处主任科员

刘中川　市科委组织人事处副处长

冯珊(女)　市城乡建委组织人事处主任科员

王加军　市交委调研员

周　可　市公安局政治部人事处主任科员

刘　征(女)　市民政局优抚处(市双拥办)副处长

林文强　市民政局安置处调研员

蹇晓林　市人力社保局军官转业安置处处长

何全祖　市国土房管局主任科员

李　峰　市规划局建管处副处长

林　昌　文市市政委组织人事处处长

朱英华(女)　市急救医疗中心急诊部副护士长

黄晓凤(女)　市地税局办公室副主任(正处级)

杜晓南(女)　市总工会人事部部长

五、重庆市拥政爱民模范个人(25名)

李仁兴　重庆陆军预备役高射炮兵师第1团政治委员

谭德智　南岸区人武部副部长兼军事科长

陶少雄　潼南县人武部部长

张世庆　云阳县人武部部长

刘先富　中国人民解放军77106部队部队长

沈明军　中国人民解放军77133部队政治委员

周蔚然　后勤工程学院军事建筑工程系土建一室主任

颜开鹏　后勤工程学院研究生大队一队副政治委员

吉　森　第三军医大学政治部办公室主任

糜漫天　第三军医大学预防医学系营养与食品卫生学教研室主任

李晓鲁(女)　第三军医大学第一附属医院烧伤科主治医师

陈延长　武警重庆市总队三支队政治处主任

王洪平　武警重庆市总队一支队沙坪坝区中队政治指导员

王明灯　武警重庆市消防总队机关政治协理员

杨　猛　武警重庆市消防总队黔江区支队政治处主任

王　胜　重庆通信学院政治部干事

王家健　总装备部重庆军事代表局政治部副主任

王晓林　海军装备部驻重庆军事代表局政治部干事

王　宏　中国人民解放军95661部队政治部干事

王永民　中国人民解放军95605部队站长

张　国　第二炮兵装备部驻重庆地区军事代表局政治部干事

熊　超　武警重庆市警卫局警卫队政治委员

罗　彦(女)　武警重庆市边防总队政治部干事

邓　俊　中国人民解放军78088部队部队长

董　民　中国人民解放军第324医院政治委员

云南省委、省政府、省军区关于命名云南省第八届双拥模范城(县)和双拥先进城(县)的决定

云委[2010]148号

(2010年6月25日)

自2005年12月全省第七届双拥模范城(县)命名表彰大会召开以来,全省军地各部门以邓小平理论和“三个代表”重要思想为指导,深入贯彻落实科学发展观,服务大局,团结协作,创新思路,注重实效,扎扎实实地开展拥军优属、拥政爱民和争创双拥模范城(县)活动,以爱国主义为核心的国防教育进一步深入人心,军地相互支持与协作更加有力,军政军民团结不断加强,社会生产力和部队战斗力同步提高,双拥工作呈现出整体推进、协调发展、全面提高的良好态势。为表彰先进,树立典型,省委、省政府、省军区决定,授予昆明市等19个市(区)“双拥模范城”荣誉称号;授予呈贡县等31个县“双拥模范县”荣誉称号;授予个旧市等3个市(区)“双拥先进城”荣誉称号;授予石林彝族自治县等15个县“双拥先进县”荣誉称号。

被命名的双拥模范城(县)和双拥先进城(县)要珍惜荣誉、发扬成绩、再接再厉,推动双拥工作取得新成绩。全省军地各部门要认真向命名表彰的双拥模范城(县)和先进城(县)学习,进一步增强做好双拥工作的政治意识、大局意识和责任意识,不断巩固和发展“同呼吸、共命运、心连心”的军政军民关系,进一步提高全省双拥工作整体水平,为云南经济发展、社会稳定、民族团结、边疆安宁和国防现代化建设作出更大的贡献。

附件:

一、双拥模范城(19个)

昆明市、曲靖市、玉溪市、临沧市、盘龙区、五华区、官渡区、西山区、安宁市、麒麟区、宣威市、红塔区、隆阳区、楚雄市、开远市、思茅区、大理市、潞西

市、临翔区。

二、双拥模范县(31个)

呈贡县、宜良县、嵩明县、沾益县、马龙县、富源县、陆良县、罗平县、通海县、澄江县、华宁县、易门县、峨山彝族自治县、新平彝族傣族自治县、腾冲县、南华县、蒙自县、建水县、绿春县、金平苗族瑶族傣族自治县、砚山县、麻栗坡县、马关县、富宁县、澜沧拉祜族自治县、勐腊县、祥云县、弥渡县、香格里拉县、玉龙纳西族自治县、耿马傣族佤族自治县。

三、双拥先进城(3个)

个旧市、瑞丽市、古城区。

四、双拥先进县(15个)

石林彝族自治县、禄劝彝族苗族自治县、寻甸回族彝族自治县、威信县、师宗县、会泽县、江川县、元江哈尼族彝族傣族自治县、屏边苗族自治县、文山县、江城哈尼族彝族自治县、维西傈僳族自治县、凤庆县、镇康县、沧源佤族自治县。

云南省民政厅、省双拥办、省军区政治部关于表彰云南省第八届双拥模范单位先进单位和先进个人的决定

云拥办[2010]5号

2010年6月25日

全省第七届双拥模范城(县)命名表彰以来,各地各部队坚持以邓小平理论和"三个代表"重要思想为指导,深入贯彻落实科学发展观,按照党中央、国务院、中央军委关于加强军政军民团结的指示精神,着眼维护国家安全利益和发展利益,大力弘扬双拥光荣传统,积极探索军民融合式发展的办法途径,在推进经济协调发展和社会和谐稳定中通力协作,在推动社会主义文化大发展大繁荣和社会主义核心价值体系建设中密切配合,在捍卫边防巩固和抵御自然灾害中并肩战斗,谱写了军地相互支持、军民携手并进的壮丽篇章,涌现出了一大批双拥事迹突出、示范作用明显、社会影响广泛的先进集体。广大军民立足本职岗位,自觉投身双拥实践,扎实努力工作,为促进科学发展、维护边疆安宁、增进民族团结、构建和谐云南和驻滇部队全面建设作出了积极贡献,涌现出一大批适应新形势要求、具有时代特色的先进典型。

为表彰先进,弘扬正气,树立典型,推动双拥工作广泛、深入、持久的开展,省民政厅、省双拥办、省军区政治部决定,授予省人力资源和社会保障厅等13个单位"爱国拥军模范单位"称号,授予中国人民解放军77328部队等8个单位"拥政爱民模范单位"称号,授予省发展和改革委员会等37个单位"爱国拥军先进单位"称号,授予昭阳区人民武装部等15个单位"拥政爱民先进单位"称号,授予蒋智勇等35名同志"爱国拥军先进个人"荣誉称号,授予刘仲煜等15名同志"拥政爱民先进个人"荣誉称号。

希望受到表彰的单位和个人把荣誉作为新的起点,谦虚谨慎,再接再厉,争取更大的成绩。各地各部队要以他们为榜样,以更加坚定的信心、更加饱满的热情、更加扎实的工作,创造性地做好新的历史起点上的双拥工作,不断巩固和发展"同呼吸、共命运、心连心"的新型军政军民关系,为建设绿色经济强省、民族文化强省和中国面向西南开放的桥头堡作出更大的贡献。

附件:

一、爱国拥军模范单位(13个)

省人力资源和社会保障厅

省粮食局

省民政厅

昆明铁路局

云南中烟工业公司
昆明市民政局
昆明市五华区莲华街道办事处
曲靖市民政局
玉溪市民政局
楚雄市民政局
红河哈尼族彝族自治州民政局
大理市人事局
临沧市民政局

二、拥政爱民模范单位(8 个)

中国人民解放军 77328 部队
中国人民解放军 77263 部队
中国人民解放军 96211 部队
中国人民解放军 95429 部队
武警云南省总队政治部
武警云南省森林总队
省公安边防总队德宏州边防支队
省公安消防总队

三、爱国拥军先进单位(37 个)

省发展和改革委员会
省财政厅
省文化厅
云南机场集团有限责任公司
云南电网公司
昆明市人民政府办公厅秘书五处
昆明勋业集团有限公司
昆明天波通信工程公司
昆明市经济技术开发区管委会
昭通市卫生局
昭阳区财政局
陆良县教育局
麒麟区民政局
马龙县民政局
中共玉溪市委办公室
玉溪市财政局
玉溪市人事局
腾冲县腾越镇人民政府
龙陵县民政局
楚雄彝族自治州民政局
禄丰县勤丰镇人民政府
建水县民政局
云南解化清洁能源开发有限公司解化化工分公司
文山壮族苗族自治州民政局
富宁县田蓬镇人民政府
宁洱哈尼族彝族自治县民政局
澜沧拉祜族自治县民政局
西双版纳傣族自治州民政局
弥渡县民政局
祥云县龙云经贸有限公司
德宏傣族景颇族自治州民族初级中学
丽江市民政局
怒江傈僳族自治州民政局
维西傈僳族自治县保和镇人民政府
德钦县民政局
临沧市人事局
耿马傣族佤族自治县财政局

四、拥政爱民先进单位(15 个)

昭阳区人民武装部
中国人民解放军 77293 部队
中国人民解放军 77208 部队
中国人民解放军 96221 部队
中国人民解放军 95651 部队
昆明陆军学院一大队
中国人民解放军 78315 部队
国际关系学院昆明外语训练大队
成都军区昆明总医院
武警云南省总队普洱市支队
武警云南省森林总队大理州支队
省公安边防总队昆明边防检查站
省公安消防总队丽江市支队古城区大队二中队
中国人民解放军 95643 部队 66 分队
中国人民武装警察部队 8750 部队

五、爱国拥军先进个人(35 名)

蒋智勇　中共云南省委办公厅人事处主任科员
周　斌　省人民政府办公厅保卫处处长
王树芬(女,藏族)　省双拥办主任、省民政厅

厅长

王秀娟(女,白族)　省财政厅社会保障处副处长

黄兴荣　省交通运输厅国防动员委员会办公室副主任

李永康　省邮政公司党组书记、总经理

董勋省　农村信用社联合社人力资源部部长

郭振松(土家族)　昆明市双拥工作领导小组办公室常务副主任

杨漫霞(女)　昆明市财政局行政政法处主任科员

邓成列　安宁市连然街道办事处文化路社区兽医

杨孝开　鲁甸县民政局优抚安置股股长

陈洪静(女)　水富县民政局优抚安置与社会事务股股长

薛联社(满族)　中共曲靖市委宣传部宣传教育科科长

李德启　曲靖市双拥办副主任、市民政局优抚科科长

孔祥庚(彝族)　中共玉溪市委书记

施义东(彝族)　玉溪市民政局副调研员、优抚安置科科长

杨德柱　龙陵县民政局局长

丁自川　腾冲县民政局主任科员

张之政(彝族)　中共楚雄彝族自治州委常委、楚雄市委书记

袁绍荣　禄丰县民政局优抚安置股股长

杨立华　中共红河哈尼族彝族自治州委副书记

马耀成(彝族)　蒙自县人事局局长

马志山(回族)　中共文山壮族苗族自治州委常委、砚山县委书记

周廷喜　中共文山县委常委、常务副县长

张善强　中共普洱市委常委、市人民政府常务副市长

印列烈　普洱市民政局优抚科科长

刘华保　西双版纳傣族自治州民政局优抚安置科科长

杨泽兵　大理白族自治州民政局局长、党组书记

杨晓源(白族)　中共大理州委副秘书长

姜云香(女)　潞西市遮放糖厂职工家属

王君正　中共丽江市委书记

和冬梅(女,纳西族)　怒江傈僳族自治州财政局局长

丁占元(纳西族)　迪庆藏族自治州老龄工作委员会办公室专职副主任

杨卫东(傣族)　原临沧市双拥办主任、市民政局局长

李文勇　中共临翔区委常委、区委政法委书记

六、拥政爱民先进个人(15名)

刘仲煜　临沧军分区副政治委员兼政治部主任

向发明　马关县人民武装部部长

钟夏涛　中国人民解放军77226部队副政治委员

安少强　中国人民解放军96219部队政治部副主任

马志刚　中国人民解放军95685部队副政治委员

杨会奇(白族)　中国人民解放军第62医院政治委员

李为民　海军驻昆明地区军事代表办事处副主任

魏　玲(女)　成都军区昆明总医院地方干部病房主任、主任医师

张　晓　武警云南省总队第三支队政治处主任

韩晓宇　武警云南省森林总队政治部副主任

朱绍平　省公安边防总队普洱市边防支队勐马边防派出所政治教导员

陈永富　省公安消防总队丽江市支队古城区大队副政治教导员

刘光芝　中国人民解放军95626部队政治委员

王坤吉(女)　中国人民武装警察部队8750部队医院内科主治医师

何晓文　公安消防部队昆明指挥学校政治部组织教育处处长

陕西省委、省政府、省军区关于命名双拥模范城(县、区)和表彰爱国拥军拥政爱民模范单位的决定

近年来,全省各级党委、政府和驻陕部队认真贯彻落实党中央、国务院、中央军委关于加强军政军民团结的指示精神,积极适应全面建设小康社会和军队履行新世纪新阶段历史使命的需要,紧紧围绕陕西经济社会发展和部队现代化建设大局,广泛深入地开展拥军优属、拥政爱民和争创双拥模范城(县区)活动,进一步巩固和发展了我省军政军民团结的大好局面,谱写了军地相互支持、协调发展,军民携手并进的新篇章,涌现出一大批双拥事迹突出、示范作用明显、社会影响广泛的先进集体。

为表彰先进,树立典型,推动拥军优属、拥政爱民工作广泛深入持久发展,进一步调动广大军民参与双拥工作的积极性,省委、省政府、省军区决定:授予西安市等8个市、西安市碑林区等45个县(区)分别为省级"双拥模范城"、"双拥模范县"、"双拥模范区"荣誉称号;授予西安民生集团、陕西省军区政治部等175个单位分别为"爱国拥军"和"拥政爱民"模范单位荣誉称号。

省委、省政府和省军区希望,受命名和表彰的单位,把荣誉作为新起点,谦虚谨慎,戒骄戒躁,再接再厉,开拓创新,不断取得新的更大的成绩。各级党委、政府和驻陕部队要深入贯彻落实科学发展观,按照推进科学发展、富裕三秦百姓、建设西部强省战略目标的要求,虚心向受到命名表彰双拥模范城(县、区)和双拥模范单位学习,着眼于推进国防和军队现代化建设,站在构建社会主义和谐社会新的历史起点上,动员广大人民群众和部队官兵,落实好各项双拥工作任务,深入开展创建双拥模范城(县、区)活动和军民共建社会主义精神文明活动,进一步密切"同呼吸、共命运、心连心"的新型军政军民关系,为实现全省经济社会又好又快发展和推进驻陕部队全面建设作出新的更大贡献。

附件:双拥模范城(县、区)和爱国拥军拥政爱民模范单位名单

双拥模范城(县、区)和爱国拥军拥政爱民模范单位名单

一、双拥模范城

西安市、宝鸡市、咸阳市、渭南市、延安市、汉中市、安康市、韩城市。

二、双拥模范县(区)

西安市:碑林区、新城区、雁塔区、莲湖区、未央区、长安区、临潼区;

宝鸡市:太白县、凤翔县、眉县、凤县、麟游县、陇县;

咸阳市:武功县、礼泉县、泾阳县、三原县、旬邑县;

渭南市:澄城县、合阳县、潼关县、华县、大荔县;

汉中市:城固县、洋县、略阳县、佛坪县;

铜川市:耀州区、王益区;

延安市:黄陵县、志丹县、安塞县、甘泉县、黄龙县;

榆林市:府谷县、靖边县、榆阳区、定边县;

安康市:汉阴县、旬阳县、白河县。

三、爱国拥军模范单位(85个)

西安市

西安民生集团

长安区教育局

周至县民政局

碑林区张家村街道办事处黄雁社区
莲湖区桃园路街道办事处延光社区
雁塔区鱼化寨街道办事处 3507 社区
灞桥区汽配社区
临潼区军粮供应站
高陵县榆楚乡
户县甘亭镇
西安航空发动机(集团)公司
中国飞行试验研究院
宝鸡市
中共宝鸡市委宣传部
宝鸡市民政局
宝鸡市人力资源和社会保障局
宝鸡市军粮供应站
宝鸡市退伍军人休疗中心
陕西西凤酒集团股份有限公司
宝鸡市石油钢管有限责任公司
宝鸡市石油机械有限责任公司
咸阳市
咸阳市财政局
咸阳市人力资源和社会保障局
武功县民政局
秦都区吴家堡街道办事处
泾阳县永乐镇永丰村
兵器工业第二〇二研究所
乾陵管理处
陕西建平路桥工程有限公司
渭南市
渭南市民政局
临渭区民政局
华阴市民政局
富平县民政局
蒲城县民政局
白水县民政局
渭南市妇女联合会
华山风景区管理委员会
高新区社会事业局
渭南市职业介绍中心
铜川市
铜川市民政局
铜川市军粮供应站
延安市
延安市双拥工作领导小组办公室
宝塔区凤凰山街道办事处
黄陵县店头镇政府
志丹县顺宁镇政府
延长油田股份有限公司
榆林市
榆阳区民政局
定边县民政局
靖边县民政局
府谷县恒源煤焦电化有限公司
汉中市
中共汉中市委宣传部
汉中市民政局
镇巴县民政局
汉中市实验小学
勉县县医院
安康市
安康市民政局
汉滨区民政局
宁陕县民政局
镇坪县民政局
商洛市
商洛市供电局
商洛市民政局
商州区城关小学
洛南县城关镇人民政府
杨凌示范区
陕西化建工程有限责任公司
杨陵区杨村乡人民政府
省直机关
省委办公厅
省委组织部
省委宣传部
省政府办公厅

省发展和改革委员会
省教育厅
省公安厅
省民政厅
省财政厅
省人力资源和社会保障厅
省住房和城乡建设厅
省交通运输厅
省文化厅
省广电局
省粮食局
省妇联
中央驻陕单位和省属企业
中国石油长庆油田分公司
西安铁路局
省电力公司
省国防科技和航空工业办公室
神华神东煤炭集团有限责任公司

三、拥政爱民模范单位(90 个)

西安市
陕西省军区政治部
武警陕西省总队政治部
中国人民解放军 68090 部队
中国人民解放军 62026 部队
中国人民解放军 61363 部队
中国人民解放军 68036 部队
中国人民解放军 63672 部队
中国人民解放军 61345 部队
中国人民解放军 68306 部队
中国人民解放军第 323 医院
中国人民解放军第 518 医院
西安警备区
西安陆军学院
西安通信学院
陕西陆军预备役高炮师
陕西陆军预备役高炮师四团
总装备部后勤部西北办事处
海军装备部驻西安地区军事代表局
空军装备部驻西安地区军事代表局
第四军医大学唐都医院
第四军医大学西京医院
空军工程大学电讯工程学院
空军工程大学理学院
第二炮兵工程学院二系
武警陕西省总队西安市支队
武警陕西省总队医院
武警工程学院装备运输系
武警陕西省边防总队
中国人民武装警察部队黄金第五支队
武警陕西省总队西安市支队高陵县中队
陕西省公安消防总队西安市支队第二中队
陕西省公安消防总队西安市支队周至县大队
宝鸡市
宝鸡军分区政治部
中国人民解放军 68241 部队
中国人民解放军 96422 部队
中国人民解放军 96512 部队
中国人民解放军 93882 部队
中国人民解放军 68210 部队修理营
中国人民解放军 96401 部队后勤部汽车营
宝鸡陆军预备役后勤保障旅政治部
武警陕西省总队宝鸡市支队
陕西省公安消防总队宝鸡市支队
咸阳市
咸阳军分区政治部
陕西陆军预备役 141 师高射炮兵团
中国人民解放军 94064 部队
中国人民解放军 93801 部队通信连
中国人民解放军 93681 部队
中国人民解放军 68116 部队
旬邑县人民武装部
武警陕西省总队咸阳市支队长武县中队
陕西省公安消防总队咸阳市支队礼泉县大队
渭南市
渭南军分区政治部
中国人民解放军 63872 部队

中国人民解放军68302部队13分队
中国人民解放军63788部队
中国人民解放军96111部队政治部保卫科
中国人民解放军68304部队58分队
中国人民解放军68331部队
中国人民解放军62160部队
中国人民解放军68210部队农副业基地
中国人民解放军68310部队农副业基地
华县人民武装部
陕西省公安消防总队渭南市支队
铜川市
铜川军分区政治部
陕西陆军预备役141师炮兵团
延安市
延安军分区
陕西陆军预备役141师第二团
安塞县人民武装部
武警陕西省总队延安市支队
陕西省公安消防总队延安市支队
榆林市
府谷县人民武装部
靖边县人民武装部
米脂县人民武装部
武警陕西省总队榆林市支队定边县中队武警
陕西省公安消防总队榆林市支队榆阳区大队
汉中市
中国人民解放军96646部队
中国人民解放军第538医院
中国人民解放军93920部队69分队
汉台区人民武装部
城固县人民武装部
陕西省公安消防总队汉中市支队特勤中队
安康市
武警陕西省总队安康市支队
陕西省公安消防总队安康市支队
中国人民解放军62150部队
汉滨区人民武装部
旬阳县人民武装部
商洛市
商洛军分区政治部
商州区人民武装部
武警陕西省总队商洛市支队商南县武警中队
陕西省公安消防总队商洛市支队商州区中队

陕西省双拥工作领导小组关于表彰爱国拥军和拥政爱民模范的决定

近年来,全省广大军民坚持以邓小平理论和“三个代表”重要思想为指导,深入贯彻落实科学发展观,积极适应全面建设小康社会和军队履行新世纪新阶段历史使命的需要,立足本职岗位,投身双拥实践,积极主动工作,在密切军民鱼水情谊、服务军地改革建设中作出了积极贡献,涌现出一大批爱国拥军、拥政爱民模范个人。

为表彰先进,弘扬正气,进一步调动广大军民做好双拥工作的积极性和创造性,努力提高双拥工作水平,为全面建设小康社会、构建社会主义和谐社会作出新贡献,省双拥工作领导小组决定:授予西安市临潼区骊山街道办事处党工委书记杨锋院等84名同志“爱国拥军模范”荣誉称号;授予解放军63750部队秘书处副处长彭文锋等84名同志“拥政爱民模范”荣誉称号。希望受表彰的先进个人把荣誉作为新的起点,谦虚谨慎,再接再厉,在今后的工作中取得更大的成绩。

全省广大军民要以受表彰的先进个人为榜样,扎实工作,不断加大双拥工作力度,在巩固同呼吸、共命运、心连心的军政军民关系、促进经济社会发展和军队现代化建设中,不断创造出无愧于民族、无愧于时代、无愧于历史的新业绩。

附件:爱国拥军模范和拥政爱民模范名单

陕西省爱国拥军和拥政爱民模范名单

一、爱国拥军模范

西安市

杨锋院　临潼区骊山街道办事处党工委书记

薛旭明　长安区市容园林局局长

刘　媛(女)　雁塔区等驾坡街道办事处干部

朱晶晶(女)　灞桥区席王街道办事处干部

孙　珺(女)　未央区六村堡街道办事处副主任

王海林　西安新城吉的堡少儿英语学校校长

雷西明　新城区长乐坊街道办事处社会事务科科长

白秀兰(女)　莲湖区北院门街道办事处学习巷社区书记

石志光(回族)　莲湖区中石化西安分公司退休职工

李新建　西安航专退休教师

朱快览　西安昆明路干休所所长

屈景慧　西安少数民族福利中心主任

宝鸡市

何满焕　宝鸡市民政局局长

陈留根　宝鸡市人力资源和社会保障局局长

贺　东　中共太白县县委书记

何存贵　中共凤翔县县委书记

张智才　原宝鸡市双拥办主任

谢录娟　陈仓区周原镇杜村村委会主任

喻德鱼　陕西西凤酒集团股份有限公司董事长

王宝和　宝鸡专用汽车有限公司总经理

焦金良　眉县林业局退休职工

咸阳市

杨宏庆　咸阳市人力资源和社会保障局军转安置科科长

曹勤虎　咸阳市民政局双拥科科长

金俊孝　秦都区民政干部

贾锡莉(女)　渭城区双拥办副主任

李玉生　泾阳县民政局局长

靳文化　礼泉县双拥办副主任

曾仓库　陕西军星农业科技有限公司董事长

张娟娟(女)　渭城区山丹丹拥军联谊会负责人

渭南市

田继东　渭南市民政局局长

叶引娣　渭南市双拥办专职副主任

姚双年　中共韩城市委书记

吴耀斌　渭南市临渭区劳务局局长

闫殿杰　渭南市临渭区民政局局长

张青海　渭南市澄城县军休干部

王友民　陕西荣厦集团董事长

杨思明　陕西龙首油脂有限责任公司董事长

铜川市

刘　芳　铜川市双拥办副主任

郭亚强　印台区民政局局长

汉中市

杨记明　中共留坝县县委书记

熊举华　南郑县民政局局长

李兴国　西乡县民政局局长

温治凯　汉中市双拥办副主任

苏峰汉　中山河堰有限公司总经理

延安市

高文斌　延安市民政局副局长兼双拥办主任

杨东平　宝塔区人民政府常务副区长

张淑华　延安大学附属医院党委副书记

李金升　黄龙县民政局局长

刘树才　黄陵县仓村乡金咀沟煤矿矿长

榆林市

高崇岗　榆林市民政局优抚科长

曹爱琴　榆林市下岗工人

韩云厚　府谷县双拥办主任

王红梅　定边县双拥办主任

孙占银　靖边县民政局副局长

安康市

谢克章　岚皋县城关镇新城社区支部书记

朱元地　紫阳县民政局局长

陈国刚　石泉县民政局局长

柯昌富　平利县民政局局长

商洛市

朱崇和　商州区区委书记

贾健康　丹凤县民政局局长

柯尊恒　柞水县凤凰镇国防教育宣传站站长

邹绍金　商洛公路管理局局长

杨凌示范区

张恺颙　陕西化建工程有限公司党委书记、董事长

曹亚岐　杨陵区李台乡党委书记

省直机关

李　跃　中国电子科技集团第二十研究所所长

王　茁(女)　陕西省医院病理科主任

齐国防　省国家安全厅一处科长

田峰兵　省地税局人事处主任科员

白　敏　共青团陕西省委办公室主任

朱富民　陕西重型汽车有限公司总经理

金　虎　陕西省民族事务委员会人事处主任科员

田栓牢　宜君县国家税务局退休干部

姚　珺(女)　省工商局咸阳工商局秦都分局注册科副科长

井贵泉　省商务厅商贸服务管理处处长

岳　羚　省水利厅人事处主任科员

张　涛　省国土资源厅耕地保护处主任科员

田　平　中国飞行试验研究院副院长

胡玺贤　陕西省农业机械管理局局长

中央驻陕单位和省属企业

王学峰(女)　省监狱管理局劳动工资保障处副处长

张亚英(女)　延长石油(集团)有限责任公司人力资源部部长

赵全生　西北有色地质勘察局人事处处长

习　明　中铁一局集团有限公司人力资源部副科长

张建国　省邮政公司人力资源部经理

于　岩　宝鸡石油钢管有限责任公司

二、拥政爱民模范

西安市

彭文峰　中国人民解放军63750部队政治部秘群处副处长

邱旭辉　中国人民解放军62026部队政治部干事

常　华　中国人民解放军95956部队政治处干事

魏海龙　中国人民解放军第451医院政治处主任

车　银　中国人民解放军68310部队装备部直政处处长

槐　洪　中国人民解放军63672部队保卫科科长

冯俊贤　中国人民解放军68126部队大队长

王新铭　中国人民解放军61542部队办公室主任

张景亭　中国人民解放军空军93818部队试飞团团长

蔡　斌　陕西省军区司令部军务动员处处长

樊毅军　西安警备区政治部副主任

何　征　陕西陆军预备役高炮师四团政委

郭国利　陕西省军区西北一路干休所副所长

马　涛　西安通信学院汽车连连长

范　伟　西安政治学院政治部干事

孟宝民　第二炮兵西安兴庆干休所政治委员

李瑞明　第二炮兵工程学院教练团政治委员

曹汝杰　总装驻西安地区军事代表局驻黄河厂军代室总代表

孔繁国　总后西安铁路军事代表局政治部干事

孙国南　海军装备部驻西安地区军事代表局政治部干事

杨尚华　空军西安指挥所政治部干事

张宏彦　空军工程大学政治部办公室副主任

郭喜军　空军装备部驻西安地区军代局干事

陈　凯　武警工程学院通信工程系干事

刘　博　武警陕西总队一支队政治委员

赵永刚　武警陕西总队一支队国旗护卫队政治教导员

张卫祖　陕西公安消防总队西安市支队政治处主任

韦　昱　陕西公安消防总队西安市支队第一中队副中队长

陈　凯　陕西公安消防总队西安市支队周至县大队大队长

张琰山　武警陕西边防总队勤务中队中队长

宝鸡市

汶剑阁　宝鸡军分区政治部干事

郭中定　中国人民解放军96512部队部队长

赵胜利　中国人民解放军93882部队政治委员

曹宝玉　中国人民解放军68093部队政治委员

羊国义　中国人民解放军68251部队政治委员

刘建斌　中国人民解放军68099部队政治委员

张耕深　陆军预备役后勤保障旅政治部主任

雪安银　中国人民解放军68210部队秘群处处长

甘业元　中国人民解放军96401部队秘群处处长

杨　军　麟游县人民武装部政治委员

咸阳市

李　咸　空军工程大学导弹学院副院长

韩　锋　中国人民解放军94028部队秘书科长

徐　杨　中国人民解放军94162部队政治处主任

郭海涛　中国人民解放军93942部队保卫科干事

毕利强　中国人民解放军68090部队汽车营政治教导员

张永敏　陕西陆军预备役141师警调连连长

郝向阳　兴平市人民武装部副部长

李亚军　武警陕西总队咸阳市支队乾县中队中队长

渭南市

屈建军　渭南军分区政治部干事

彭雪峰　中国人民解放军68331部队舟桥营二连九班班长

张承用　中国人民解放军63870部队勤务连舟桥班班长

杜喜保　中国人民解放军63776部队大队长

宋运歌　中国人民解放军68310部队农副业基地政治处干事

王战国　中国人民解放军63726部队站长

彭　辉　中国人民解放军68094部队政治委员

王梅生　潼关县人民武装部政治委员

高中原　武警陕西总队渭南支队副队长

杨　飞　陕西公安消防总队渭南市支队合阳县大队政治指导员

铜川市

刘　飞　武警陕西总队铜川市支队宜君县中队政治指导员

杨　炜　陕西公安消防总队铜川市新区消防大队大队长

汉中市

匡坤伦　中国人民解放军96501部队政治部秘书科副科长

黄耀泉　中国人民解放军94043部队政治处干事

王海明　陕西预备高射炮兵师五团政治委员

张永顺　宁强县人民武装部副部长

孙旭强　略阳县人民武装部副部长

魏　彪　武警陕西总队汉中市支队汉台区中队政治指导员

延安市

陈乾强　延安军分区政治部主任

乔克涛　中国人民解放军93897部队71分队分队长

李九让　黄陵县人民武装部政治委员

范卫东　宝塔区人民武装部政治委员

刘孝平　陕西公安消防总队延安市支队副支队长

榆林市

刘海平　陕西陆军预备役141师423团政治

委员

王　强　武警陕西总队榆林市支队米脂县中队长

李彦峰　陕西公安消防总队榆林市支队府谷县大队长

付永线　陕西公安消防总队榆林市支队定边县大队长

范新军　陕西公安消防总队榆林市支队定边县大队教导员

安康市

梁政强　安康军分区政治部干事

刘庆军　中国人民解放军61345部队45分队

高　魁　总后西安铁路军代局安康铁路军代处参谋

江道贵　武警陕西总队安康市支队政治委员

商洛市

刘甲峰　商洛军分区后勤部部长

候惠邦　武警陕西总队商洛市支队政治委员

汪　涛　武警陕西总队商洛市支队丹凤县中队政治指导员

程明辉　陕西公安消防总队商洛市支队山阳县大队长

陕西省退伍军人和军队离退休干部安置领导小组关于表彰全省复员退伍军人先进个人的通报

各市、县(区)复员退伍军人和军队离退休干部安置领导小组:

近年来,广大复员退伍军人继续发扬人民军队的光荣传统和优良作风,以邓小平理论和"三个代表"重要思想为指导,全面落实科学发展观,在围绕构建社会主义和谐社会、促进我省改革发展和维护社会稳定中发挥了积极作用,涌现出一大批自强不息、开拓奋进、艰苦创业、无私奉献的先进典型。他们中既有机关部门的负责同志,又有基层单位的领导;既有企业家,又有普通职工、农民和个体劳动者;既有数十年如一日的老典型,又有涌现出的新模范。为表彰先进,树立典型,更加广泛深入持久地开展复员退伍军人自主创业和自谋职业活动。现决定对百名复员退伍军人先进个人予以通报表彰:

希望以上受到表彰的个人珍惜荣誉,戒骄戒躁,再接再厉,继续发挥模范带头作用,扎实工作,积极进取,为我省经济社会建设作出更大的贡献。

二〇一〇年七月三十日

陕西省复员退伍军人先进个人

西安市:

顾承辉　晨林豆类粉业有限公司总经理

武征红　新养鸡场场长负责人

邢　栋　邢老四坊上肉丸糊辣汤店负责人

詹红利　民生百货解放路店经理助理

佑增团　陕西佑福汽车服务有限公司经理

杨　欣　轻工市场个人工商户

郭大平　西安大平医院院长

孙克军　长安区玉林亿通液化气经销配送站负责人

王结实　阎良区新兴结实养猪专业合作社村民

陈国辉　临潼区军干所所长

邢立峰　临潼区城建集团有限公司总经理

梁立功　红光立功机加工厂厂长

王军旗　玉山奶粉厂厂长兼董事长

何建平　周至县经贸委下岗职工

赵玉孝　周至县农盛果业合作社理事长
王战武　喜神食品有限公司经理
张海军　高陵县张贞养殖厂负责人
段新会　西安春蕾大酒店董事长
王佑文　三鑫事业有限公司总经理

宝鸡市：

孙耀东　陕西宝彩星涂料有限公司
王桂茹　金台区东风路街办陈仓园社区
李昌明　凤县平木镇寺河村村委会主任
王建中　宝鸡建中食品集团
孙长军　麟游县建设局书记、局长
曹耀予　陇县公安局交警大队大队长
李祥宝　鸡瑞泰尔汽车零部件有限公司
唐　凯　太白县咀头镇咀头街村党支部书记
李锁怀　凤翔县彪角镇老营村党支部
陈社会　眉县公安局法制室警官
李革众　邦机械设备有限公司董事长
吕守华　千阳县劳务产业银川党支部书记
李发让　宝鸡康力食品制造有限公司

咸阳市：

史志辉　陕西君碧莎有限公司总经理
郭文平　渭城区农林畜牧局法制科科长
赵克彪　兴平市救助管理站站长
王志辉　武功县贞元镇南可村党支部书记
陈路线　礼泉县城关镇南关村党支部副书记
王　剑　咸阳彩印包装有限责任公司董事长
赵三纲　乾县马连镇连马村村委会主任
金学谦　泾阳县公安局刑警大队中队长
唐振平　永寿县四通电脑公司总经理
吴彦平　彬县龙高镇龙马村农民
刘志伟　长武县巨家镇车圈村党支部书记
徐家安　淳化县水利局水管站职工
周宇涛　淳化县方里镇方里村村民
郭进军　旬邑县土桥镇东尧村党支部书记
于晓光　旬邑县安信物业有限公司经理

渭南市：

杨思明　陕西龙首油脂有限公司董事长
梁随波　华阴市华兴电器销售有限公司总经理
叶四义　陕西丰义实业有限公司董事长
丁留顺　韩城市留顺铸造实业有限责任公司董事长
陈毅龙　渭南昌龙房地产开发有限责任公司总经理
张志宏　宏远汽车销售服务有限公司董事长
丁　海　陕西海兴房地产开发有限责任公司董事长
杨胜利　渭南燕兴实业有限公司总裁
王俊翔　长江装饰建筑工程有限公司总经理
张孝堂　白水县钰龙化工有限责任公司董事长
杨引迪　渭南明仁眼科医院院长
张建坤　大荔县户家乡晁邑坊村党支部书记、主任
张关林　合阳县路井镇新民村党支部书记
范红升　合阳县路井镇范家洼村党支部书记
陈孝宽　潼关县高桥乡公庄村党支部书记

铜川市：

杨智刚　宜君县五里镇杨塬村党支部书记
周广明　汽车配件公司
杨明英　王益区无线电厂职工

汉中市：

苏　峰　汉台区山河堰大酒店有限公司总经理
张　灏　汉中印象广告传媒有限公司董事长
杨灵华　汉中灵济堂生物科技有限公司董事兼总经理
李晓伟　洋县景兴房地产开发有限公司董事长
谯泽德　西乡县钟意通讯有限公司总经理
赵继明　勉县勉阳镇继光村党支部书记
王明贵　勉县温泉水泥有限责任公司董事长
邱洪盛　镇巴县经贸局党委书记

延安市：

冯和平　延川县机械设备租赁公司总经理
李全林　陕西瑞森工贸有限公司总经理
张　军　甘泉县刺榆酿造有限责任公司总经理
乔文虎　志丹县城管局局长
王朝阳　富县交通局局长
李和平　宜川县丹州镇降头村党支部书记

杨凤军　黄龙县经济发展局副局长

惠文雄　子长县会计局局长

榆林市:

高满贵　榆阳区牛家梁镇郭家伙场村党支部书记

贾志华　金牛煤矿矿长

王海林　神木酒业有限责任公司副总经理

刘过门　万源镁业(集团)公司董事长

杜海洪　米脂县银州镇压政府民政站站长

张长雄　定边县济润工贸有限责任公司总经理

李春飞　绥德万兴水泥制品有限公司总经理

姚广龙　横山县进出口有限责任公司董事长、总经理

商洛市:

张国庆　商州区民政局职工

周书勤　洛南县仓圣文印公司董事长

李强丹　凤县花瓶子乡蒿沟村村民

刘先印　商南县秦东集团有限责任公司董事长

吴仕乾　山阳县民政局办公室主任

安康市:

吴永海　汉阴县城关镇长窑村党支部书记

陈行国　平利县三阳镇牛角坝村党支部书记

王兆义　汉滨区关庙镇金星村党支部书记

南君涛　旬阳县天正酿造厂厂长

晏真平　泸康酒业(集团)供销公司经理

杨凌示范区:

徐有仓　杨凌街道办事处梁氏窑村党支部书记

二〇一〇年七月三十日

大 事 记

1 月

3 日，中共中央政治局委员、上海市委书记俞正声前往武警上海市总队女兵管理训练基地和南京军区世博安保工兵部队驻地，看望慰问担任世博安保任务的部队官兵，并向官兵致以新年问候。

4 日，陕西省召开全省双拥工作领导小组全体会议。省委副书记、省双拥工作领导小组组长王侠，省委常委、省军区政委、省双拥工作领导小组副组长夏龙祥，省委常委、省委秘书长、省双拥工作领导小组副组长魏民洲、省政府副省长、省双拥工作领导小组副组长姚引良同志出席并讲话。

5 日，四川省委书记刘奇葆，省长蒋巨峰，省委副书记李崇禧，省委常委、副省长魏宏，副省长张作哈分别率领慰问团到驻蓉部队医院、省直属 3 所伤残军人休养院和武警 8740 部队慰问了部队伤病员、伤残军人休养员和武警官兵，送去了党和政府的亲切关怀和全川八千多万人民的深切问候。

5 日，以宁夏回族自治区民政厅、宁夏军区政治部、自治区双拥办名义下发《关于做好新年春节期间拥军优属拥政爱民工作的通知》，要求全区各地、各单位和社会各界群众多中国形式的走访慰问部队和优抚对象活动，驻宁各部队广泛开展丰富的拥政爱民活动。

8 日至 13 日，新疆维吾尔自治区在奎屯市召开了自治区双拥办主任座谈会。与会 20 多名同志集中学习了全国《自治区双拥模范城（县）创建命名管理办法》和《双拥模范城（县）考评细则》，重点对《新疆维吾尔自治区双拥模范城（县）创建命名管理办法》和《新疆维吾尔自治区双拥模范城（县）检查评比细则》进行了修订和完善。

9 日，河南省委宣传部、河南省教育厅、河南省军区政治部 3 家联合发文《关于表彰全民国防教育先进单位、先进个人的决定》，省双拥工作领导小组办公室被评为“全民国防教育先进单位”。

9 日，云南省双拥工作领导小组在昆明召开了第五次全体会议。会议的主要任务是，回顾总结近一年多来全省的双拥工作，研究解决双拥工作中存在的困难和问题，推动云南省双拥工作再上新台阶。受省委书记、省双拥工作领导小组组长白恩培同志的委托，省委副书记、省双拥工作领导小组副组长李纪恒同志主持会议并讲话；省委常委、省军区政委、省双拥工作领导小组副组长郎友良少将代表驻滇部队讲话。

11 日下午，“广东省 2010 年军地双拥业务部门迎春座谈会”在广州召开。省政府副秘书长、省双拥办主任颜学亮，省军区政治部副主任、省双拥办副主任黄思潮分别代表地方和驻粤部队讲话，省民政厅厅长、省双拥工作领导小组成员刘洪致祝酒辞，省民政厅副厅长、省双拥办副主任饶美奕主持座谈会。省双拥工作领导小组军地成员单位的有关领导和驻穗部队各大单位的群工、干部、老干、军（警）务、动员、运输、交战、卫生、劳动人事等部门的负责同志 200 多人参加了座谈会。

12 日，福建省双拥共建工作领导小组召开第 31 次全体成员会议，回顾总结 2009 年双拥工作情况，研究部署 2010 年全省双拥工作要点以及春节省级双拥活动方案。省委副书记、组织部部长、省双拥共建工作领导小组组长于广洲参加会议并讲话。

13 日，上海市双拥办召开 2010 年驻沪部队政治部领导迎春座谈会，军地双方共叙军民鱼水深情，共商世博双拥工作大计。

18 日，解放军总装备部 31 基地王兆宇政委一行赴内蒙古走访慰问自治区党委、政府和内蒙古军区。胡春华书记等自治区党政军领导会见了王兆宇政委一行。

19 日，河北省委、河北省人民政府、河北省军区在石家庄隆重召开河北省双拥模范城（县）命名暨双拥先进集体和先进个人表彰大会。河北省委副书记、省长陈全国出席会议并讲话。会议由河北省委副书记、石家庄市委书记车俊主持,省委常委、省军区政委张彦欣出席会议并讲话,省人大常委会副主任侯志奎、副省长宋恩华、省政协副主席田向利、省军区副政委李光聚出席会议。河北省各设区市市委或政府主管双拥工作领导、双拥办军地负责人、民政局双拥(优抚)科(处)长,新一届省级双拥模范城(县)及双拥先进集体和先进个人代表、省双拥工作领导小组成员单位有关领导、驻石部队官兵和省直机关干部职工代表共 1 300 多人参加了会议。会后,与会领导和参会人员一同观看了“双拥花开燕赵美”文艺演出。

20 日,北京市在中日青年友好交流中心二十一世纪剧院举办了首都迎新春双拥文艺晚会。首都军民欢聚一堂,共庆佳节,共有 1 500 余人观看了演出。

20 日,河北省石家庄陆军指挥学院领导到赞皇县许亭乡尖山村,看望慰问了该村困难群众,并向红星希望小学捐赠了两万元慰问款。

22 日,安徽省委书记王金山、省长王三运率安徽省党政军慰问团,带着全省 6 700 万人民的深情厚谊,专程前往南京军区机关部队拜年、致谢。省党政军领导杨多良、王明方、詹夏来、孟昭斌、任海深、唐承沛,省政府秘书长梁卫国及省直有关部门负责人参加了慰问活动。南京军区司令员赵克石、政委陈国令及王洪光、王教成、宋普选、高武生、徐德厚、蔡英挺、顾守成、李增林、王清葆等军区领导会见了安徽省慰问团一行。

26 日,内蒙古自治区党委议军会议在内蒙古新城宾馆举行。会议围绕有效提高军队和武警部队应对多种安全威胁、完成多样化军事任务能力这个主题,研究部署 2010 年加强军队和国防后备力量建设及武警部队建设工作。自治区党委书记、自治区人大常委会主任、内蒙古军区党委第一书记胡春华主持会议并讲话。自治区党委副书记、自治区主席巴特尔出席会议并讲话。任亚平、张力、韩志然、莫建成、乌兰、李佳、符太增及有关部门负责同志出席会议。

26 日,上海市副市长、市双拥工作领导小组副组长胡延照一行,先后到位于徐汇区和浦东新区的部队驻地,看望进沪担负世博安保任务的解放军和武警官兵。

27 日上午,吉林省政府、黑龙江省政府与 65301 部队“三联”工作总结部署会在吉林省长春市召开。沈阳军区副司令员钟志明,沈阳军区政治部副主任王金祥,吉林省副省长金振吉,黑龙江省副省长孙永波,65301 部队部队长高光辉、政委王群、副部队长孟凡生、副政委邵忠海等军地领导出席。吉黑两省公安、国家安全、民政、司法、人力资源和社会保障、交通运输等部门的主管领导,部分驻有 65301 部队驻军的地方政府及相关部门领导,部队代表共 143 人参加了会议。

27 日,湖南省双拥工作领导小组召开全体会议,省双拥办主任祝青云同志汇报了 2009 年全省双拥工作情况,并对 2010 年双拥工作“三项评比表彰活动”提出了建议。省委常委、常务副省长、省双拥工作领导小组组长于来山同志在会上对全省双拥工作提出了明确要求。会议讨论通过,2010 年湖南省双拥工作要以“三项评选表彰活动”为抓手,推动全省双拥工作整体向前发展,实现新的跨越。

下旬,天津市市委、市政府向全市每户烈士遗属赠送 200 元慰问金和发放一封慰问信。

29 日,北京市双拥工作领导小组副组长、市委宣传部部长、副市长蔡赴朝,市双拥工作领导小组副组长、副市长丁向阳带领北京市慰问团,分别慰问驻京部队。

29 日,黑龙江省委副秘书长、省双拥办主任张伟,省民政厅副厅长、省双拥办副主任王润增携优抚处有关同志到省肇州光荣院和省荣誉军人康复医院走访慰问。

29 日下午,云南省委书记、省人大常委会主任白恩培,省委副书记、省长秦光荣,省委副书记李纪恒,带着全省 4 500 万各族人民的深情厚谊,率省委、省政府慰问组慰问驻滇某集团军,向子弟兵们送去新春的问候。省委常委、省委秘书长杨应楠,省委常委、省军区政委郎友良,驻滇某集团军军长周小周,政委刁国新,副军长黄艺、赵金松,副政委杨成熙，参谋长王凯，政治部主任何平，省民政厅厅长、省双拥办主任王树芬等出席。

31日下午，安徽省双拥模范城（县）命名暨双拥工作表彰大会在安徽大剧院隆重举行。省委书记王金山发表讲话，省长王三运主持会议，省政协主席杨多良出席会议，省委副书记王明方作全省双拥工作报告，副省长唐承沛宣读命名表彰全省49个双拥模范城（县）和50个双拥模范单位的通报，省军区副政委袁斌宣读表彰“关心支持国防建设30佳”的决定，省直有关单位负责同志宣读了表彰全省30名双拥模范个人和百名好军嫂的决定。省党政军领导詹夏来、文可芝、孟昭斌、任海深、张志辉、罗亚拉、罗忠安出席会议。省双拥工委成员，各市、县双拥工委主要负责同志，各军分区负责同志，各省辖市双拥办主任，全省双拥模范单位和个人代表以及合肥军民共1 000多人参加了大会。

31日，福建省委书记孙春兰、省长黄小晶、省政协主席梁绮萍等专程前往江苏南京，慰问南京军区领导机关。

31日上午，陕西省省长袁纯清、副省长郑小明带领省级有关部门负责人，到武警陕西省总队进行慰问，向广大武警官兵致以节日的祝福和亲切的问候。

1月，江西省召开了省党政军座谈会。春节前夕，以省党政军座谈会的形式慰问驻赣部队。省委书记苏荣、省长吴新雄等省四套班子领导和驻昌部队领导军政主官出席了座谈会。

1月，江西省委常委、副省长陈达恒带队走访了江西省军区和江西省武警总队及部分驻昌部队。

2月

1日，国家民政部部长李学举、副部长孙绍骋率慰问团到驻河北省保定市66336部队慰问，为基层官兵送去春节的祝福和问候，并向66336部队赠送了50万元慰问金、10万元图书和牌匾。66336部队向民政部回赠了“心系国防建设，情注基层部队”的牌匾。解放军总政治部副主任贾廷安，北京军区副政委杨建亭，河北省副省长宋恩华，省民政厅厅长古怀璞，保定市委书记宋太平、市长李谦一同参加慰问。

1日，驻内蒙古自治区阿拉善盟空军某基地陈贵春司令员一行赴内蒙古走访自治区党委、政府和内蒙古军区。

1日上午，浙江省省委、省政府在杭州隆重举行“浙江省党政军领导座谈会”，军地领导欢聚一堂，喜迎新春佳节，畅叙鱼水深情，共谋科学发展。省委副书记、省长吕祖善出席会议并讲话。省政协主席周国富及陈敏尔、李强、茅临生、陈加元等省领导出席了会议，座谈会由省委副书记夏宝龙主持。南京军区副司令员兼东海舰队司令员杜景臣、省军区政委林恺俊、某集团军政委王平、省武警总队总队长王平安在座谈会上发表了热情洋溢的讲话，省军区司令员傅怡及驻浙部队各大单位首长孙来沈、包裕平、杨建平、姜汉民、肖晓明、徐国明、张友国等出席了座谈会。

1日，福建省委书记孙春兰、省长黄小晶率团走访慰问了南京军区空军机关，与南空领导亲切座谈，对南空给予福建民航事业发展和经济社会建设的支持表示衷心感谢，向广大南空官兵致以新春的祝福。南空领导江建曾、贾延明表示，南空官兵将与福建人民心连心、同呼吸、共命运，继续推进部队各项建设，积极支持福建发展和海西建设。

1日，山东省委、省政府领导到济南军区空军走访慰问，并举行座谈会。

1日至2月11日，江苏省委书记梁保华，省长罗志军，省委副书记王国生，省委政法委书记林祥国，省委常委、南京市委书记朱善璐，省委常委、无锡市委书记杨卫泽，省委常委、省委宣传部部长杨新力，省委常委、副省长黄莉新，省委常委、苏州市委书记蒋宏坤,副省长李小敏等省领导,分别带队走访慰问了驻江苏部队、边海防部队和武警部队。7月29日,省委副书记王国生、副省长李小敏等省领导带队走访慰问了驻江苏部队和武警部队。

1日上午,陕西省委书记赵乐际到武警工程学院,看望部队官兵,与学院领导和教职工座谈,向他们送上新春祝福,并赠送了慰问金。

2日,中共中央政治局委员、上海市委书记俞正声,市委副书记、市长韩正等市领导率"上海人民春节拥军慰问团",分六路走访慰问驻沪解放军和武警部队的基层单位。

2日下午,安徽省党政军领导王明方、张俊、唐承沛、王鹤龄、向孝民、袁斌率省直有关部门负责同志,分两组走访慰问驻皖部队,向广大官兵致以亲切慰问和新春祝福。

2日上午,陕西省委副书记王侠、副省长吴登昌来到省军区,亲切慰问通信站全体官兵并代表省委、省政府向他们拜早年,送去虎年新春的祝福和问候。

3日,福建省领导梁绮萍、于广洲、刘德章、陈文清、张昌平、唐国忠、陈桦、徐谦、叶双瑜、李川、张志南、洪捷序等,分别率领省拥军优属慰问总团,走访慰问省军区、92403部队、94816部队、61716部队、武警福建省总队、73630部队、73881部队、南京军区福州总医院、73661部队、73121部队、武警8710部队、武警福建省边防总队、武警福建省消防总队、武警福建省森林总队、省警卫局等驻闽部队和武警官兵,向全体驻闽部队和武警官兵祝贺新春。

3日,山东省委副书记、省政协主席刘伟率团到青岛慰问驻青部队,与驻青部队官兵举行座谈,并看望优抚对象,参观了蔡一清事迹展厅。

3日,甘肃省委副书记刘伟平在兰州与空军某试验训练基地政委余爱水进行座谈,并对该训练基地全体官兵长期以来为地方经济社会发展所作的贡献表示感谢。

3日至4日,海南省副省长符跃兰任团长,省政府办公厅副秘书长种润之、省民政厅厅长苗建中任副团长,省财政厅副厅长吕勇、省人保厅副巡视员王彦茹、琼海市副市长王晖雅、澄迈县委常委易正超为成员的海南省春节拥军慰问团,慰问南沙守备部队,向官兵们赠送了慰问品和慰问金。随团文艺小分队,为部队演出了一台精彩的文艺节目。

4日,河北省委常委、省军区政委张彦欣,副省长张和,省政协副主席孔小均一行到张家口市,亲切看望慰问了优抚对象、老党员、劳动模范和驻张部队官兵,向他们致以新春问候和美好祝愿,并赠送了慰问金(品)。省军区政治部主任张圣荣,省民政厅副厅长张连忠,张家口市委书记许宁、市长郑雪碧等一同参加了慰问活动。

4日,福建省委、省政府向中央军委赠送《古田会议永放光芒》寿山石雕仪式在中央军委八一大楼举行。中共中央政治局委员、中央军委副主席徐才厚,省委书记孙春兰,省长黄小晶出席赠送仪式。

3日至4日,山东副省长郭兆信到潍坊慰问驻潍部队官兵,看望优抚对象,到荣军医院和干休所慰问老荣军、离退休老干部。人大副主任崔曰臣带队到烟台慰问驻军部队官兵,看望优抚对象。

4日,甘肃省委常委、省委政法委书记、省公安厅厅长罗笑虎,副省长张晓兰,率领省委、省政府慰问团,亲切慰问了兰州军区兰州总医院、解放军第一医院和武警甘肃省总队医院广大医务工作者和住院伤病员,向他们带去了省委、省政府和各族人民节日的祝福。

4日,宁夏回族自治区陈建国书记、王正伟主席等领导慰问驻宁部队。

4日,全国双拥工作领导小组在北京召开第二十二次全体会议,回顾总结了2009年双拥工作情况,研究部署了2010年双拥工作任务,中共中央政治局委员、国务院副总理、全国双拥工作领导小组组长回良玉主持会议并作了重要讲话。

5日,河北省委常委、省军区政委张彦欣在省水利厅、省扶贫办有关领导同志的陪同下,到涿鹿县蟒石口村进行了走访慰问,在了解到该村存在饮水困难后,决定解决该村的饮水问题。

5日,受云南省委书记白恩培、省长秦光荣的委托,省委副书记李纪恒和省委常委、省纪委书记李汉柏,省委常委、常务副省长罗正富,副省长曹建方等省党政领导，率领相关职能部门负责人，分别到武警云南省总队、省军区、驻滇某部走访慰问。省军区司令员邱玴柏，副司令员崔毅、杨金奎，驻滇某部司令员周亚宁、政委马力，武警云南省总队总队长周军、政委王海亮，以及省委办公厅、省政府办公厅、省纪委办公厅、省财政厅、省民政厅相关负责人出席。

5日，受云南省副省长曹建方的委托，省政府副秘书长蒋兆岗、省民政厅厅长王树芬代表省委、省政府走访慰问省荣誉军人康复医院集中供养的残疾军人，并向他们送去了慰问金。省民政厅褚正武巡视员及相关处室负责人参加了走访慰问活动。

7日，福建省委副书记、组织部部长、省双拥共建工作领导小组组长于广洲，副省长、省双拥共建工作领导小组副组长张志南率领省慰问团，在驻闽92403部队政委厉江潭陪同下，赴浙江宁波，走访慰问东海舰队领导机关。

7日至8日，宁夏回族自治区领导分赴驻宁部队看望广大指战员，向他们致以崇高敬意和新春问候。

8日，举办首都军政座谈会。市委书记刘淇、市长郭金龙、市人大主任杜德印、市政协主席阳安江等市领导，以及民政部副部长孙绍骋和总政治部主任李继耐，以及解放军四总部、驻京部队各大单位、武警部队领导欢聚一堂，共叙首都军政军民友情，共商首都双拥工作大计，增进军政军民团结。

8日，驻内蒙古自治区阿拉善盟东风基地侯贺华政委一行赴内蒙古走访自治区党委、政府和内蒙古军区。

8日至10日，重庆市领导黄奇帆、陈光国、邢元敏、张轩分别率团到重庆警备区、驻渝某集团军、武警重庆市总队、后勤工程学院、第三军医大学等部队慰问，赠送了重庆产品“惠普”笔记本电脑。

8日，贵州省委副书记、省双拥工作领导小组组长王富玉，省委常委、副省长黄康生，省人大常委会副主任傅传耀，省政协副主席吴嘉甫率省拥军优属慰问团，走访慰问了省预备役师、省军区第一干休所、省公安边防总队和省公安厅警卫局，向驻黔部队全体指战员、武警官兵和离退休老同志致以节日的问候。

9日，河北省委副书记、省长陈全国代表省委、省政府慰问了驻石66267部队官兵，并赠送了20万元的慰问金。省长助理、省政府秘书长尹亚力，省双拥办主任、省民政厅厅长古怀璞，石家庄市委副书记、市长艾文礼等有关领导陪同慰问。

9日，山西省党政军迎春座谈会在太原迎泽宾馆召开，省委、省政府、省军区主要领导出席，省双拥工作领导组全体成员、驻晋部队旅以上独立单位军政主官以及9个国家级双拥模范城（县）代表，军地代表共90人参加。省委书记、省人大常委会主任张宝顺讲话，省委副书记、省长王君主持会议；省委常委、副省长李小鹏通报2009年全省双拥工作情况，安排部署了2010年全省双拥工作；军以上单位首长代表驻晋部队发言。会后，省军区、武警山西省总队、省地税局以及左权县代表军地双方共同为参会代表表演了精彩的双拥文艺节目。

9日，吉林省党政军领导春节座谈会在长春市南湖宾馆举行。省委书记孙政才，省长王儒林，省政协主席王国发，省委常委、常务副省长竺延风，省委常委、省委秘书长房俐，省人大副主任、省人大党组书记唐宪强，副省长金振吉，省政府秘书长王云岫，省委副秘书长刘利华，省政府副秘书长张大松，省民政厅厅长张晶、副厅长李轩和驻吉副军以上领导参加了座谈会。

9日下午，安徽省举行省暨合肥市党政军负责同志座谈会。省委书记王金山主持会议，省暨合肥市党政军及有关方面领导王三运、杨多良、文可芝、唐国庆、詹夏来、任海深、唐承沛、周明贵、张梅山、罗亚拉、朱永和、袁斌、马家利等出席座谈会。省委副书记、省双拥工作委员会主任王明方，省军区司令员孟昭斌分别讲话。省政府秘书长梁卫国及省直有关部门、合肥市有关负责人参加会议。

9日，山东省委、省政府领导到济南军区、省军区机关和省武警总队走访慰问，代表省委、省人大、省政府、省政协和全省人民向驻鲁部队和武警官兵表示亲切慰问和衷心感谢。同日晚，山东省、济南军区暨济南市在山东会堂举行2010年山东军民春节联欢晚会。

9日,河南省四大领导班子率有关厅局组织“河南省拥军慰问团”对驻豫8个单位进行了走访,并向广大烈军属、残疾军人、转业复员退伍军人和军队离退休干部致以亲切的慰问和节日的祝福。

9日,贵州省副省长、省双拥工作领导小组副组长辛维光在省民政厅副厅长、省双拥办副主任覃祖祥的陪同下,走访慰问了白云区部分优抚对象。

9日晚,贵州省双拥工作领导小组在省国际会展中心举办2010年春节慰问部队电影晚会。省委常委、省军区政委石晓,副省长、省双拥工作领导小组副组长辛维光,省政协副主席吴嘉甫出席电影晚会。

9日,甘肃省委书记、省人大常委会主任陆浩率领慰问团,走访慰问兰州军区、兰州军区空军、甘肃省军区和武警甘肃总队,向驻甘人民解放军全体指战员和武警官兵带去了节日的诚挚问候和新春的良好祝愿。

9日,中共中央政治局委员、新疆维吾尔自治区党委书记王乐泉与自治区领导努尔·白克力、艾力更·依明巴海、艾斯海提·克里木拜、聂卫国、韩勇、李屹、肖开提·依明、努尔兰·阿不都满金、宋爱荣、朱海仑、白志杰、库热西·买合苏提、尔肯江·吐拉洪、贾帕尔·阿比布拉等,分五路走访慰问了17支驻疆部队和维稳部队官兵以及重点优抚对象家庭,赠送慰问品,送上新春的美好祝福。各部队领导纷纷表示,不辜负自治区党委、人民政府和全疆各族人民的重托和厚望,忠于职守,履行使命,为维护祖国边防巩固、新疆社会稳定、促进经济发展作出应有的贡献。

10日,山西省双拥办在省委宣传部和省电视台的积极帮助下,精心制作的《和谐三晋鱼水情——山西省双拥工作巡礼》宣传专题片,在山西卫视黄金时段播放。该片讲述了2007年以来全省双拥工作的发展情况和取得的丰硕成果,充分展示了军政军民团结奋斗、共建和谐山西的精神面貌,在全社会引起了很好的反响。

10日,吉林省委书记孙政才到龙井市三合镇边防二团四连驻地,感谢他们节日期间坚守岗位、守边固防所做的无私奉献,并送上新春的美好祝福。尔后,听取活动情况的介绍,认真察看活动内容,随机翻阅活动记录,对这项活动表示赞赏。省委常委、延边州委书记邓凯,副省长陈伟根,省民政厅厅长张晶等参加了走访慰问。

10日,黑龙江省委省政府召开2010年迎新春拥军座谈会。省委书记吉炳轩亲自主持会议并讲话,省长栗战书出席会议并讲话。省委常委、副省长,省人大、省政协主要领导,省双拥办主任、副主任,驻省军警部队领导及部队基层模范代表、拥军模范代表、重点优抚对象代表等近200人参加了会议。

10日下午,江苏省暨南京市在南京人民大会堂举行了春节军民联欢会,赵克石、陈国令、梁保华、罗志军等军地领导同志与各界代表欢聚一堂,共迎新春佳节。

10日,福建省军政迎春招待会在福州举行。福建省领导和驻闽部队领导欢聚一堂,共叙军民鱼水情,共商双拥发展大计。

10日下午,广东省委、省政府在广州珠岛宾馆隆重举行“2010年春节广东省军政座谈会”。中共中央政治局委员、广东省委书记汪洋主持座谈会并作重要讲话,广州军区司令员徐粉林中将,广州军区政委张阳中将,省委副书记、省长、省双拥工作领导小组组长黄华华,省人大常委会主任欧广源,省政协主席、省委常委、常务副省长黄龙云出席座谈会。张阳、黄华华在会上分别作了讲话。出席座谈会的还有:广东省委、省政府领导同志朱明国、胡泽君、朱小丹、肖志恒、辛荣国、林雄、梁伟发、周镇宏、徐少华、李容根、雷于蓝、林木声、万庆良,广州军区及军区机关和武警总部驻粤部队单位领导同志参加了会议。

10日下午,广西壮族自治区党委、政府在南宁市举行了自治区党政军迎春座谈会。自治区党委书记、自治区人大常委会主任郭声琨代表自治区党委、政府,向驻桂人民解放军和武警部队全体官兵,向全区烈军属、革命伤残军人、军队离退休干部、转业复员退伍军人以及预备役军人,致以亲切问候和良好祝愿。大会由自治区主席马飚主持。自治区领导马铁山、李金早、沈北海、车荣福、温卡华、陈武、石生龙、黄道伟、陈向群、余远辉等，广西军区政委李文潮，驻桂部队领导陈平华，武警广西总队总队长李勇等出席座谈会。

10日，贵州省委书记、省人大常委会主任石宗源，省委副书记、省长林树森，省委常委、省政协主席、省纪委书记王正福，省委常委、省委秘书长张群山，省委常委、省委政法委书记、省公安厅厅长崔亚东，省人大常委会副主任陈华祥等组成省拥军优属慰问团到省军区、省武警总队、省消防总队和省军区第五干休所进行慰问。

10日，中共中央政治局委员、新疆维吾尔自治区党委书记王乐泉等领导看望慰问了援疆特警，向他们致以新春的问候和节日的祝福。

12日，天津市市委书记张高丽，市人大常委会主任刘胜玉，市委副书记、市长黄兴国，市委副书记、市政协主席邢元敏，市委副书记何立峰分别带领市有关部门负责人组成慰问团，分五路慰问了驻津解放军、武警部队和光荣院住院老人，向驻津部队基层连队赠送了体育器械（价值约200万元）。

26日下午，福建省新春双拥工作座谈会于在福州召开。省双拥共建工作领导小组成员单位的分管领导、驻榕部队师旅级以上单位的政治部领导和秘群处（科）负责人及成员单位联络员等100多人欢聚一堂，共商双拥大计，共叙军地鱼水情。

辽宁省召开“迎新春军政座谈会”，省主要领导和驻军首长参加。总结2009年全省双拥工作，安排2010年全省双拥工作任务

2月，王乐泉对援疆特警7个多月来在维护新疆社会稳定方面作出的努力表示感谢，同时希望援疆特警们继续发扬特别能吃苦、特别能战斗的风格，为新疆稳定大局再立新功。援疆特警代表表示，将不辱使命、再接再厉，以最佳的精神面貌做好维稳各项工作，为新疆的长治久安和经济发展作出应有的贡献。

3月

1日，上海市民政局召开2010年优抚（双拥）工作例会，部署世博期间双拥工作。浦东新区，徐汇、闵行等区在会上围绕为世博安保部队解难题、办实事、做好事作了交流发言。

1日，全国双拥工作领导小组新修订了《双拥模范城（县）创建命名管理办法》，印发了《全国双拥模范城（县）考评标准》（试行）。

4日，黑龙江省召开2010年全省双拥优抚工作座谈会，主要任务是传达全国双拥办主任座谈会议精神，讨论修改《黑龙江省双拥模范城（县）创建命名管理办法》《黑龙江省双拥模范城（县）考核评比办法》和《黑龙江省双拥模范城（县）考核内容及评分标准》三个文件；分析全省双拥优抚工作面临的发展形势，研究部署2010年双拥优抚工作任务。各地市民政局主管局长、双拥办主任、优抚科长，4个国家级双拥模范城（县）主管局长参加了会议。

5日，天津市市双拥办副主任、市民政局副巡视员程新元带领市双拥办工作人员到蓟县，对雷达二旅燕山雷达站官兵和为雷达站打井的施工人员进行了慰问，向部队官兵和施工人员赠送了价值2.5万元的慰问品。

10日，上海市政府副秘书长王伟率上海市双拥办相关人员前往南京军区、上海警备区、武警上海市总队移防市区的5个基层部队，了解官兵入驻后遇到的实际困难，并现场协调解决了部队营区环境绿化、垃圾清运，以及训练场地等方面的实际困难。

11日，内蒙古军区第四批赴利比里亚维和运输分队240名维和官兵被授予联合国和平荣誉勋章。

12日上午，自治区双拥办主任会议暨双拥骨干培训会在银川召开。会议总结了2009年度双拥工作，部署2010年任务，下发了2010年全区双拥工作要点，表彰了2009年度双拥信息报送单位及个人，

并对全区的双拥骨干进行培训。各市、县(区)双拥办公室、驻宁部队建制团以上单位负责双拥工作的领导、自治区双拥办公室的同志以及各新闻媒体记者共百余人参加了会议

19 日,65301 部队邵忠海副政委来吉林省就三联工作《"三联"现场会准备工作方案》和《65301 部队与吉林省、黑龙江省 2010 年度军地"三联"工作计划》征求意见。孙永波副省长、王大为、杨喜军、王润增出席会议。

19 日,上海市双拥办召开 2010 年度上海市重点优抚对象暨驻军英模代表疗休养活动工作会议,提出以"共享世博"为主题,将疗休养活动与组织优抚对象观摩世博会相结合的要求。

23 日上午,福建省双拥办主任会议在福州长乐市召开。会议回顾总结去年工作和研究部署今年工作任务,并学习了新修订的《双拥模范城(县)创建命名管理办法》和《全国双拥模范城(县)考评标准》,提出了《双拥模范城(县)创建命名管理办法实施细则》的修订征求意见稿。参加会议的有全省设区市双拥办军地主任、副主任,驻闽部队军级单位政治部秘群部门负责人及部分县(市、区)双拥办主任,省民政厅副厅长、省双拥共建办常务副主任周扬基,省军区政治部副主任、省双拥共建办副主任张才毕出席会议;省民政厅厅长、省双拥共建办主任马跃征作书面讲话。会议由省双拥共建办专职副主任廖明光主持。

24 日,上海市双拥办在市双拥活动中心隆重举行服务世博军民共建签约仪式,副市长、市双拥工作领导小组副组长胡延照,上海警备区副政委张维平出席并讲话。宝钢集团有限公司、中国电信上海公司等 15 家机关、企事业单位分别与 15 支部队签约结成共建对子,开展双拥和军民共建活动。

24 日,浙江省双拥办在杭州召开主任(扩大)会议,专题审议申报新一届省级双拥模范城(县)单位及爱国拥军、拥政爱民模范单位和个人情况,研究部署对申报模范城(县)的单位进行考核检查及爱国拥军、拥政爱民模范单位和个人进行复核有关工作。省双拥领导小组副组长兼双拥办主任、省民政厅厅长吴桂英,省军区政治部主任郭礼云出席会议并讲话。会议由省民政厅副厅长俞志壮同志主持。

24 日,陕西省双拥办主任会议在汉中市城固县召开。省双拥办副主任、省民政厅厅长曹莉莉,省双拥办副主任、省军区政治部副主任何嘉杰出席会议并讲话。各设区市民政局局长、市双拥办主任、各市军分区政治部主任和各市双拥科科长共计 60 人参加了会议。

25 日,甘肃省委副书记、省双拥工作领导小组组长刘伟平,省军区政委傅传玉,省军区副政委、省双拥工作领导小组副组长樊印光及省双拥工作领导小组全体成员在兰州召开全省双拥工作电视电话会议。会议回顾总结了 2009 年全省双拥工作,安排部署了 2010 年的双拥工作重点任务。

26 日,驻沪部队万名官兵前往世博园区开展清洁园区义务劳动活动。南京军区副司令员王教成、副政委徐德学、政治部副主任张玉玺,市委常委、上海警备区司令员江勤宏,警备区政委李光金等领导参加。

26 日,山东省委于晓明副秘书长召集省民政厅、省财政厅、省人力资源和社会保障厅负责同志,专题研究随军家属就业安置问题。张国琛厅长在会上提出意见和建议,石贤芹副厅长汇报了有关情况。

30 日,广东省在广州市召开省双拥工作领导小组第二十五次全体(扩大)会议。会议由副省长、省双拥工作领导小组副组长李容根主持。省委副书记、省长、省双拥工作领导小组组长黄华华,省军区政委、省双拥工作领导小组副组长蔡多文分别就如何做好今年双拥工作作讲话。省民政厅厅长、省双拥工作领导小组成员刘洪代表省双拥办总结了 2009 年广东省双拥工作,提出了今年的双拥工作任务,并就创建第九届全国和省级双拥模范城(县)的有关问题作了说明。省双拥工作领导小组全体成员,各地级以上市双拥办主任、军地副主任及双拥科(处)长参加了会议。省民政厅饶美奕副厅长出席了会议。

31 日,天津市双拥办在 66178 部队召开天津市经济和社会组织拥军座谈会,市双拥工作领导小组

副组长、天津警备区副政委韩宝恒，市双拥工作领导小组成员、市民政局局长张中华，市双拥办主任、市民政局副局长金海龙，市双拥办副主任、天津警备区政治部副主任马杏田，市双拥办副主任、天津警备区双拥共建主任史秀平，市双拥办副主任、市民政局副巡视员程新元出席会议。各区县双拥办主任（副主任），部分经济和社会组织代表参加了会议。会后，与会人员参观了部队的内务秩序和武器装备，观摩了官兵的训练。

31 日上午，内蒙古自治区党委书记胡春华，自治区党委副书记、自治区主席巴特尔，内蒙古军区司令员刘志刚等来到武警内蒙古总队训练基地，专门听取总队汇报，看望部队官兵，观看军事汇报演练。任亚平、邢云、韩志然、符太增、连辑、郧建华等自治区党政军领导随同考察。武警内蒙古总队总队长张国兴等陪同。

辽宁省召开全省第 22 次省双拥工作领导小组全体成员会议，会议总结 2009 年全省双拥工作，部署安排 2010 年工作任务；各成员单位发言，总结了过去一年开展双拥共建活动情况。省双拥办对第七轮双拥模范城中期评选工作作出安排并提出要求。张成寅副书记出席会议并作重要讲话。召开全省双拥办主任会议，落实第 22 次全省双拥工作领导小组成员会议精神，安排和部署全年双拥工作任务。

4 月

1 日，河北省民政厅组织、省退伍军人培训中心主办的 2010 年全省退役士兵汽车驾驶技术第一期培训班开学典礼在省安通驾校举行。来自全省各县（市、区）100 名退役士兵，将在该驾校参加为期 40 天的汽车驾驶技术培训。

1 日，全国双拥工作领导小组副组长、全国双拥办主任、民政部副部长孙绍骋一行，到济南市历下区、历城区和章丘市考察双拥工作和社区建设工作。孙绍骋对济南市双拥工作社会化给予了高度评价，希望山东省进一步探索新时期推进双拥工作社会化的新路子，不断推动双拥工作整体水平再上新台阶。

9 日，中共上海市委办公厅、上海市人民政府办公厅印发《关于做好世博期间本市双拥工作的意见》的通知（沪委办［2010］41 号）。

9 日，广西壮族自治区双拥工作领导小组在南宁市召开第二十次全体成员会议。自治区党委副书记、自治区双拥工作领导小组组长陈际瓦，自治区副主席、自治区双拥工作领导小组副组长陈章良，广西军区副政委、自治区双拥工作领导小组副组长黄深根出席会议。会议由陈章良副主席主持，主要是总结过去一年的双拥工作，听取自治区民政厅、广西军区、75100 部队双拥工作述职，部署 2010 年的双拥工作任务。会议最后由自治区党委副书记、双拥工作领导小组组长陈际瓦讲话。

10 日，中共江苏省委常委会研究全省双拥工作，充分肯定近几年全省双拥工作成绩，研究通过召开“江苏省第九届双拥模范城命名表彰大会”有关事项，并决定以省委、省政府、省军区名义命名表彰双拥模范城（县、区）、双拥模范单位和双拥先进个人。

13 日，天津市双拥办在市民政局召开天津市贯彻落实《双拥模范城（县）创建命名管理办法》和《全国双拥模范城（县）考评标准》学习培训会。市双拥办主任、市民政局副局长金海龙，市双拥办副主任、市民政局副巡视员程新元出席会议。各区县双拥办副主任（军地各一名）和市双拥工作职能部门负责人参加会议。会议邀请全国双拥办政研组负责人邹波就修订《双拥模范城（县）创建命名管理办法》和制定《全国双拥模范城（县）考评标准》的主要考虑和有关重点内容进行了讲解答疑。与会人员围绕修订《天津市创建双拥模范城（县）活动实施办法》和《天津市双拥工作考核办法》进行了讨论。

13 日下午，内蒙古自治区党委书记、人大常委会主任胡春华在内蒙古新城国宾馆会见了解放军总装备部副部长牛红光和总装备部26基地司令员董德义一行。牛红光副部长向自治区党委、政府通报了载人航天工程研究进展情况,胡春华书记表示对载人航天工程在内蒙古的发射和回收给予一如既往的支持。自治区党委常委、秘书长符太增参加了会见。

13日,山东省双拥办在聊城召开全省双拥办主任会议,传达学习新颁布的《全国双拥模范城(县)命名管理办法》,研究修订《山东省双拥模范城(县)考评标准(试行)》,参观聊城市双拥工作社会化现场。各市双拥办主任、驻鲁部队各大单位负责同志参加会议。

14日,“迎世博·保平安,慰问驻沪部队——上海市拥军优属基金会成立十五周年文艺晚会”在上海大剧院隆重举行。上海市政协主席冯国勤,副市长、市双拥工作领导小组副组长胡延照,市政协副主席、上海市拥军优属基金会理事长周太彤等有关领导出席晚会。晚会由上海市双拥办、上海市拥军优属基金会、驻沪部队六大单位政治部、上海文广集团主办。

14日,云南省委副书记李纪恒来到昆明市石林彝族自治县,代表省委、省政府和全省人民看望慰问帮助云南省抗旱找水的北京军区给水团的官兵。

14日,全国双拥工作领导小组办公室下发通知,开展在中国双拥网开设“全国双拥模范城(县)领导话双拥”专栏活动,并征集稿件。

15日,中央政治局委员、中央军委副主席徐才厚,中央军委委员、总政治部主任李继耐来到世博园区中国馆视察,亲切接见武警上海市总队女兵训练管理基地200名女兵代表。

15日至16日,河北省军休工作会议在石家庄市召开。省民政厅厅长古怀璞、副厅长王保英出席会议并讲话。各设区市民政局主管局长、军休安置科(处)长,各扩权县(市)民政局长共计80余人参加了会议。

15日,云南省副省长孔垂柱来到寻甸回族彝族自治县,代表省委、省政府和全省各族人民看望慰问奋战在抗旱救灾一线的驻滇某集团军官兵。

16日,内蒙古直属乌兰牧骑艺术团与内蒙古军区政治部、内蒙古森警总队、内蒙古公安边防总队联合举行“走进千万军营——传递民族情”慰问演出活动在呼和浩特启动。该团将用三年的时间把民族文化送到驻区的边防哨所,活跃基层连队的文化生活。

16日,吉林省“全省优抚双拥工作会议”在长春召开。会议总结了2009年全省优抚双拥工作,部署了2010年优抚双拥工作任务。省民政厅副厅长李轩在会上讲话。对高标准高质量落实好《吉林省军人抚恤优待办法》进行了专题培训。各市(州)、县(市、区)民政局主管局长、优抚处(科)长,长白山管委会负责同志,省荣军一、二院院长等120余人参加了会议。

20日至23日,河北省军区组织全区开展了向玉树灾区捐款活动,全区近5 000名官兵、离退休干部、职工等共捐款179万余元。

20日,安徽省双拥办在舒城县召开全省双拥工作会议,总结了2009年全省双拥工作,并对2010年工作任务进行了部署,修订出台了《安徽省双拥模范城(县)考评标准》和《安徽省双拥模范城(县)创建命名管理办法》。各市民政局双拥办主任和驻皖部队军以上单位政治部秘群处长参加了会议。省双拥工委副主任、省双拥办主任、省民政厅巡视员陈文华出席会议并讲话。

24日,天津市双拥办协调天津市武警总队一支队三大队出动官兵120人,在天津市救灾物资储备库紧急装运6 000顶救灾棉帐篷支援青海玉树抗震救灾。

26日至27日,河北省退伍安置工作会议在石家庄市召开。省民政厅厅长古怀璞、副厅长王保英出席会议并讲话。各设区市民政局主管局长、安置科(处)长,各扩权县(市)民政局主管局长、安置股(科)长等共计90余人参加了会议。

26日,中央军委委员、总参谋长陈炳德在副总参谋长马晓天、总参谋长助理戚建国,武警部队副政委吴云峰、副参谋长张维业以及上海市副市长胡延照和武警上海市总队政委胡汉武等领导的陪同下来到世博园区后滩安检口亲切看望慰问担负安检任务的中队。

28日至29日，广西壮族自治区双拥办主任会议在桂林市召开。会议回顾了自治区2009年双拥工作，研究部署了2010年双拥考评试点及创建工作。自治区民政厅厅长、双拥办主任陈利丹出席会议并讲话，广西军区政治部副主任、自治区双拥办副主任王晓卓，自治区民政厅副厅长、双拥办副主任刘宗海，各市民政局分管局长和双拥办专职副主任和广西军区、75100部队、武警广西总队、95072部队政治部秘群处群联干事共60多人参加会议。

28日，贵州省领导组成三个慰问团，分赴安顺市、兴仁县、晴隆县，对支援我省抗旱救灾的中国人民解放军后勤工程学院和成都军区某部进行了慰问。

29日上午，海南省组织省直机关和海口市机关干部、驻琼军警部队官兵、海口市中小学生及各界群众1 200多人，为解放海南岛战役烈士陵园纪念碑峻工举行揭幕仪式。省委书记、省人大常委会主任卫留成，省委副书记、省长罗保铭，省委常委、海口市委书记陈辞，省委常委、省军区政委刘鼎兴，南航部队政委张春秀为纪念碑揭幕。省委书记卫留成、省军区政委刘鼎兴和老战士代表何如伟在揭幕仪式上讲话，海口市26小吴芸芸代表少先队员在仪式上宣誓。

4月，重庆市警备区政治部来水木副主任、市民政局吴秋鸿副局长分别率考评小组，对申报新一届市级双拥模范城（县）的22个区县逐一进行了考评，全国双拥办有关领导来渝指导。

5月

3日，上海市双拥工作领导小组副组长、市双拥办主任、市民政局局长马伊里，市双拥办副主任、市民政局副局长高菊兰带领有关处室领导，前往担负世博安保任务的武警上海市总队某部和上海警备区某部亲切慰问部队官兵。

7日，山东省双拥工作领导小组第二十五次全体会议在济南召开，对新一届双拥模范城（县）创建和考评工作作出部署。省委副书记、省政协主席、省双拥工作领导小组组长刘伟，省军区政委、省双拥工作领导小组副组长南兵军出席会议并讲话，副省长、省双拥工作领导小组副组长郭兆信主持会议。张国琛厅长、石贤芹副厅长出席会议，分别通报了《山东省双拥模范城（县）命名管理办法》和《山东省双拥模范城（县）考评标准》。

7日，全国双拥工作领导小组办公室转发《中共上海市委、上海市人民政府、上海警备区关于在全市开展军民“同学创新理论、同树文明新风、同建和谐平安”活动的意见》和《南京军区政治部关于上海市浦东新区开展军民“同学创新理论、同树文明新风、同建和谐平安”活动的调查报告》。

11日，上海市双拥办在市双拥活动中心召开上海市双拥工作例会，传达学习中共中央政治局委员、上海市委书记俞正声关于做好世博期间双拥工作有关指示，就贯彻落实市委、市政府办公厅《关于做好世博期间本市双拥工作的意见》作了专题动员、部署。浦东新区和黄浦、卢湾、徐汇、闵行等区双拥办（民政局）负责人对前期开展世博双拥工作情况作了交流发言。

12日，中共中央政治局委员、上海市委书记俞正声，市委副书记、市长韩正，市人大常委会主任刘云耕、市政协主席冯国勤、市委副书记殷一璀等分7路，走访世博任务部队。

13日，上海市委常委、市政法委书记吴志明前往人民广场地铁站，慰问武警上海市总队一支队轨道交通安全执勤官兵。

13日至19日，上海双拥艺术团分别在浦东新区、徐汇、闵行、黄浦等区专场演出慰问世博任务部队。

15日,中央军委委员、总政治部主任李继耐对总政办公厅《政治工作情况》第36期刊发的"上海市积极主动为部队遂行世博安保任务搞好服务保障"的做法,作出批示:"上海市对世博会任务部队的服务保障工作非常重视,想得很周到。要教育部队以此为动力,确保圆满完成世博会各项任务。"

19日,河南省双拥办在郑州市召开全省双拥办主任会议。

20日,上海市双拥办召开双拥工作例会,各区县双拥办负责人参加座谈。座谈会分析当前双拥工作情况,就下一步做好世博期间双拥工作的热点、难点问题作了探讨交流。

20日,西南5省区市军地联防联治共建平安座谈会在昆明召开。会议回顾了西南地区军地联防联治共建平安5年来的主要工作,对近年来西南5省区市军地联防联治共建平安工作先进地市县级联防区进行了表彰。云南省委书记、省人大常委会主任、省军区党委第一书记白恩培出席并致词。解放军总政治部副主任童世平讲话,成都军区政治部主任吴昌德,解放军总政治部保卫部部长于善军,省委常委、省委秘书长杨应楠,省委常委、省委政法委书记孟苏铁,省军区司令员邱型柏,成都军区政治部副主任朱新民、联勤部副政委李庆岱、装备部副部长权学宁,以及中央综治办协调室巡视员季勤等军地有关单位负责人出席会议。

25日,天津市民政局副局长、市双拥办副主任金海龙带领市救灾物资储备库领导和市双拥办人员专程对武警天津总队一支队官兵进行慰问,并赠送了慰问金,感谢对天津市支援青海玉树抗震救灾工作的大力支持。

25日至30日,湖南省组织各市、县(区)负责双拥工作的同志分两期按照全国《双拥模范城(县)命名管理办法》和《双拥模范城(县)评比细则》要求,制定了湖南省考评细则,将国家双拥办明确的5项一票否决、68条评比标准细化成118个具体目标,增强了创建标准的指向性和可操作性进行了工作培训。

26日,广东省在广州召开珠三角地区落实省双拥工作领导小组第二十五次全体(扩大)会议精神汇报会。省民政厅副厅长、省双拥办副主任饶美奕同志出席会议并讲话。广州、深圳等9市和顺德区分管双拥工作的民政局副局长、双拥科长和驻粤部队大单位群工部门的同志参加了会议。会议由省双拥办专职副主任张汝文同志主持。

27日,上海市双拥办会同武警上海市总队政治部举行警民联系点授牌仪式。副市长胡延照、武警上海市总队政委胡汉武等为50个警民联系点集体授牌。市双拥办、武警上海市总队,有关区县民政局和双拥办领导,武警总队各支队政委,以及警民联系点所在地的街道负责人、警民联系点联络员和世博安保部队官兵代表共400余人出席。

31日,吉林省委书记孙政才在省委主持召开省委常委议军会议。会议传达了党中央、国务院、中央军委关于国防动员建设的重要指示精神,听取了省军区关于全省国防动员建设形势任务及需要研究解决的问题的汇报,研究了进一步推进全省国防动员建设改革发展的重大问题,讨论通过了《中共吉林省委关于进一步推进国防动员建设改革发展的意见》,就进一步推进我省国防动员建设改革发展的重大问题作出了决定。孙政才同志作了重要讲话。省委常委王儒林、竺延风、黄燕明、李申学、马俊清、李法泉、高广滨、荀凤栖、房俐、常跃出席会议,王国发、唐宪强、邢书成、王化文、王云岫及省军区党委常委,省委、省政府有关副秘书长、省直相关部门以及省军区后勤部、装备部的负责同志列席会议。

31日,江西省双拥工作领导小组第十六次会议在南昌市召开,总结了全省2009年的双拥工作,部署了2010年双拥工作任务。省财政厅、省人力资源和社会保障厅、省粮食局三个成员单位进行了述职。会议审议了《江西省双拥模范城(县)考评标准》和2010年对全省双拥模范城(县)组织考评工作的有关事项。

6月

3日下午，在江苏省南京市组织召开驻苏部队系统双拥工作联络员会议，通报全省双拥工作情况，共同研究双拥工作任务。省民政厅侯学元副厅长出席会议并讲话，省委、省政府办公厅和驻苏部队有关领导参加了会议。

5日，中共中央政治局委员、上海市委书记俞正声到世博园区慰问第四责任区担负安保任务的武警官兵。

10日，武警上海市总队世博园区警民共建签约联系点暨揭牌仪式在上海市世博局举行。中共中央政治局委员、上海市委书记俞正声和武警部队副政委崔景龙，武警上海市总队政委胡汉武等领导一道为警民共建联系点揭牌。世博园区、中国馆等9个临时党委与有关部队签约共建。

10日，广东省双拥办在云浮市召开落实省双拥工作领导小组第二十五次全体（扩大）会议精神汇报会。各地级以上市和顺德区分管双拥工作的民政局副局长、双拥科（处）和驻粤部队各大单位群工部门的联络员参加了会议。饶美奕副厅长听取与会代表的汇报后，对全省下一阶段的工作提出了具体要求。

14日，由上海市双拥办主办的上海市重点优抚对象暨驻沪部队英模代表看世博活动启动仪式，在市双拥活动中心举行。

18日，河南省省委、省政府慰问72495部队赴玉树抗震救灾官兵。济南军区联勤部郎剑钊副部长、民政厅杨云厅长、省双拥办主任张中华、省军区政治部副主任彭玉斌一起参加了“济南军区野战方舱医院”全体官兵凯旋仪式。

19日，中共中央政治局委员、上海市委书记俞正声，前往武警上海市总队三支队慰问高科西路南广场看望慰问执勤官兵。

20日至29日，山东省民政厅石贤芹副厅长带队赴东营、德州、莱芜、聊城检查双拥模范城创建情况。全国双拥检查组在全国双拥办副主任董华中的带领下，跟踪检查了东营、德州两市双拥工作。

23日，河北省双拥办在保定市组织召开了河北省创建全国双拥模范城（县）工作会议，各设区市双拥办主任、双拥（优抚）科（处）长及6个县级全国双拥模范城（县）民政局局长参加了会议。保定、石家庄、唐山、邯郸等市介绍了经验。与会代表还分别参观了非公有制拥军企业英利集团、关爱空巢老人的某集团军通信团及军民共建共育时代新人的爱民小学等典型单位。

23日，内蒙古自治区在朱日和训练基地召开了军地联席会议。自治区郭启俊副主席、北京军区武燕生副参谋长、内蒙古军区周宝莹副政委出席会议并讲话。

23日黑龙江省2010年第二次省双拥办主任会议。1. 讨论通过《全国双拥模范城（县）试点检查组接待方案》；2. 讨论通过《关于双拥模范城（县）试点工作情况的报告》；3. 汇报《全省双拥模范城（县）评选结果上报情况》；4. 讨论通过《全省双拥模范城（县）检查考评工作方案》。

25日，全国双拥领导小组副组长兼办公室主任、国家民政部副部长孙绍骋，全国双拥办副主任、民政部优抚安置局副局长董华中，解放军总政治部办公厅副秘书长方向一行赴玉树，专程看望和慰问抗震救灾一线的部队官兵。在结古镇扎西科赛马场的慰问大会上，孙绍骋向所有参加抗震救灾的人民解放军、武警部队和民兵预备役人员致以崇高的敬意和问候，对在抗震救灾中英勇献身的革命烈士表示沉痛的哀悼。

26日，天津市委常委、常务副市长、市双拥工作领导小组副组长杨栋梁带领天津市有关部门负责人，赴北京慰问参加北京军区比武竞赛的天津警备区官兵，赠送慰问金30万元。

28日，内蒙古自治区双拥模范城（旗县）创建工作座谈会在通辽市召开。自治区双拥工作领导小组副组长、自治区民政厅吴金亮厅长出席会议并作重要讲话，自治区民政厅副厅长、双拥办主任苏权通报了2009年双拥模范城（旗县区）抽查情况。内蒙古军区、武警内蒙古总队、边防总队、消防总队、森警总队政治部秘群处负责同志和各盟市民政局分管领导、双拥办主任及通辽市军地有关部门负责同志等50多人参加了会议。

29日上午,云南省委、云南省人民政府、云南省军区在昆明市召开第八届双拥模范城(县)命名表彰大会。省委书记、省双拥工作领导小组组长白恩培同志在大会上讲话;副省长、省双拥工作领导小组副组长曹建方同志在大会上代表省双拥工作领导小组作了工作报告。大会命名了50个省级双拥模范城(县)、18个先进城(县),表彰了21个双拥模范单位、52个双拥先进单位和50名双拥先进个人。

29日下午,云南省庆祝中国人民解放军建军83周年暨军事日活动在驻滇某集团军某部举行。省委副书记、省长秦光荣出席活动并讲话。省委副书记李纪恒主持活动。军地相关领导也出席了会议。

30日,上海市世博局、上海警备区隆重举行"军民共建、服务世博"活动签约暨授牌仪式。中共中央政治局委员、上海市委书记俞正声,南京军区副司令员王教成、副政委徐德学一道向军民共建单位授牌。

30日,辽宁省以省委、省政府名义组成"辽宁省慰问团",专程赴上海走访慰问执行上海世博会安保任务的驻我省武警117师全体官兵,看望了执勤的武警战士,赠送了慰问金。

7月

3日,天津市委常委、常务副市长、市双拥工作领导小组副组长杨栋梁带领市有关部门负责人,对参加北京军区比武竞赛凯旋归来的预备役高炮师官兵进行了慰问,向部队赠送了10万慰问金,和部队官兵一起观看了市女领导干部艺术团的慰问演出。

7日,山西省双拥工作领导组组长办公会在省委常委会议室召开。省委副书记、省政协主席、省双拥工作领导组组长薛延忠主持会议并讲话。省委常委、常务副省长、省双拥工作领导组副组长李小鹏,省军区政委、省双拥工作领导组副组长张少华出席会议。会议就开展新一届省级双拥模范城(县)创建命名表彰活动,进一步引申新形势下的双拥工作,作了研究部署,对新拟定的《山西省双拥模范城(县)创建命名管理办法实施细则》《山西省创建双拥模范城(县)考核验收评分标准》和《关于做好山西省双拥模范城(县)、双拥模范单位和个人推荐工作有关问题的通知》等文件进行了讨论研究。

7日,重庆市双拥工作领导小组召开第八次全体会议,市委常委、常务副市长、市双拥工作领导小组副组长马正其主持会议并讲话。会议全面总结了四年来全市双拥工作情况,部署安排了今后一个时期的双拥工作,研究并审议通过了新一届重庆市双拥模范城(县)、双拥模范单位和模范个人推荐名单。

10日,北京市双拥办、市妇联、北京卫戍区联合在解放军仪仗队驻地举办"相约军营,牵手情缘"军地青年交友联谊活动,为军地300多名男女青年牵红线、搭鹊桥。

12日,兰州军区援建玉树地震灾区"两校一院"工作部署协调会在西宁召开。兰州军区副司令员郭洪超中将、联勤部部长占国桥、副参谋长张志强、副主任李炳仁,省委常委、副省长徐福顺,省委常委、省军区司令员张书领,政治委员段进虎、副司令员尹武平、后勤部部长赵法辉等领导出席会议。会上,李炳仁首先宣布《关于成立援建玉树地震灾区"两校一院"领导管理机构的通知》。

15日,上海市双拥办召开世博双拥工作座谈会,听取世博安保部队、驻沪部队对世博双拥工作的意见和建议。副市长、市双拥工作领导小组副组长胡延照,上海警备区副政委、世博安保部队地面行动指挥所副政委张维平出席讲话,市双拥工作领导小组副组长、市双拥办主任、市民政局局长马伊里通报世博会开幕以来上海市开展双拥工作的情况。会议由市双拥办副主任、市民政局副局长高菊兰主持。

世博安保任务部队、驻沪部队各大单位相关领导以及市民政局有关处室负责人参加了座谈会。

16日，来自陕西咸阳山丹丹拥军协会艺术团的当代书画艺术家来到青海省军区，对驻青部队广大官兵进行了亲切慰问。艺术家们现场为官兵挥毫泼墨，用墨笔丹青献上对玉树抗震救灾英雄的一片片深情厚谊，表达对人民军队的崇敬之情。

20日，天津市政府副秘书长吴初带领市民政局、市财政局有关负责同志，到北空雷达二旅燕山中心雷达站出席天津市政府援建道路、水井启用仪式，并慰问部队官兵，向雷达站赠送了价值2万元的笔记本电脑和投影仪。

20日，山东航空集团、济南军区空军“军企共建”活动启动仪式在济南遥墙国际机场举行。济南军区空军副司令员吴辉建，山东省副省长郭兆信，山东航空集团董事长、总裁马崇贤，省民政厅厅长张国琛等出席仪式。与会领导还参观了山航运控指挥中心、山东太古飞机工程有限公司。

20日至21日，甘肃省在兰州召开全省双拥办主任会议。省民政厅副厅长张和平，省军区政治部副主任、省双拥办副主任王军营，省双拥办专职副主任王世英，省军区政治部秘群处处长、省双拥办副主任闫川平，以及各市(州)双拥办主任和驻甘各部队双拥工作负责人出席会议。

21日至25日，北京市民政局、北京卫戍区政治部组织实施，在军事博物馆举办首都双拥书画摄影展。

22日，河北省优抚医院组成专家组到廊坊市开展“为残疾军人服务”活动。

23日，黑龙江省委副书记、省长栗战书在省长助理、省政府秘书长郭晓华的陪同下，率领省政府办公厅、省发改委、省民政厅、省财政厅、省公安厅等单位领导，莅临省消防总队慰问消防官兵。

24日，天津市委常委、市委组织部部长史莲喜，副市长只升华带领市有关部门负责人，到武警天津市总队六支队慰问武警部队官兵，向六支队赠送慰问金15万元，和武警官兵一起观看了市女领导干部艺术团的慰问演出。

26日下午，天津市民政局在天津大礼堂召开了天津市优秀复员退伍军人表彰大会。市委书记张高丽，市委副书记、市长黄兴国亲切接见了优秀复员退伍军人代表。市委常委、市委宣传部部长肖怀远，市委常委、常务副市长杨栋梁，市委常委、市委秘书长段春华，天津警备区副政委韩宝恒，副市长只升华，市政府秘书长李泉山及市民政局负责同志参加接见。会议表彰了74名优秀复员退伍军人，并为获奖者代表颁发了荣誉证书和奖牌。

26日，上海市拥军优属基金会在上海警备区举行捐赠仪式，将价值800万元的500套洗衣机、烘干机等物品赠送驻沪基层部队。市政协副主席、市拥军优属基金会理事长周太彤出席仪式。上海警备区司令员彭水根等向市拥军优属基金会赠送锦旗。

26日至27日，山东省政府张传亭副秘书长、省民政厅张国琛厅长率省拥军慰问团到日照市慰问南京军区某集团军、济南军区某集团军海训部队，赠送了慰问金，并进行座谈。

26日，民政部部长李立国考察河南省安阳市的优抚对象看病实行了一站式服务，称赞安阳市优抚工作做得很突出。

26日至7月30日，中共中央政治局委员、广东省省委书记汪洋，广东省省委副书记、省长黄华华，省人大常委会主任欧广源，省政协主席黄龙云等省领导率广东省“八一”拥军慰问团，分别慰问了驻粤陆、海、空、武警、边防、消防部队及省荣誉军人康复医院，向人民子弟兵致以节日的祝贺。省领导朱明国、朱小丹、肖志恒、辛荣国、王荣、李玉妹、林雄、梁伟发、周镇宏、张广宁、李容根、雷于蓝、宋海、林木声、刘昆也分别率团慰问了驻粤部队官兵，对部队全面建设取得巨大成就表示肯定，对部队扎实开展军民共建活动、为广东经济建设和社会稳定所作的贡献表示感谢。驻粤陆、海、空、武警、边防、消防总队领导同志以及各有关地级以上市主要负责同志，省直有关部门负责同志陪同慰问。

27日，吉林省委书记孙政才慰问了136团红九连，并送去了慰问品(液晶电视)。省委常委、省委秘书长房俐，副省长金振吉、省政府副秘书长张大松、省民政厅厅长张晶、副厅长李轩等领导和16集团军军长高光辉、政委王群、副政委邵忠海等部队领导参加了慰问。

27日,武警部队在世博中心召开世博安保阶段性总结表彰大会。中共中央政治局委员、上海市委书记俞正声,市委副书记、市长韩正,武警部队政委许耀元等领导出席,会见了武警部队世博安保先进代表,还与部队官兵一同观看"世博卫士之歌"大型歌舞文艺晚会。

27日至28日,在建军节前夕,海南省组成4个慰问团分赴海口、三亚、文昌慰问驻琼军警部队,送达省委、省政府及全省各族人民的亲切问候、节日祝贺。

27日至30日,四川省委、省政府召开了军地高层领导座谈会,省委全体常委组成7个慰问团对驻川12支部队进行慰问。

27日,贵州省委常委、副省长黄康生带队走访慰问了省武警总队第一支队、贵阳市消防支队、省军区勤务车队、省武警总队军乐团和老复员军人,并为他们送去了慰问金。

28日,河北省双拥办在66267部队组织召开了河北省庆"八一"军地座谈会。66267部队副政委薛凝冰,省双拥办主任、省民政厅厅长古怀璞,省民政厅副厅长王保英、张连忠,省军区政治部副主任刘进锋等军地领导出席会议。河北省军区、66267部队、石家庄陆军指挥学院、军械工程学院、武警河北省总队、石家庄机械化步兵学院6家军级单位政治部门负责同志应邀出席座谈会。

28日上午,江苏省委、省政府、省军区在省会议中心会堂隆重召开"江苏省第九届双拥模范城命名表彰大会"。省委、省政府、省军区主要领导参加大会并作重要讲话,省人大、省政协领导出席了大会。会议由省长罗志军主持,宣读了全国双拥办、南京军区贺电;省委副书记、省双拥工作领导小组组长王国生宣读表彰决定,向双拥模范城、双拥模范单位、双拥先进个人代表颁奖;受命名表彰的双拥模范城代表宜兴市、双拥模范单位代表南京军区政治部警卫连、双拥先进个人代表江苏大全集团总裁徐翔分别发言;省委常委、省军区政委李笃信和省委书记梁保华分别讲话。市、县(市、区)主要领导和驻宁部队官兵、地方干部群众共500多人参加大会。这次会议,以省委、省政府、省军区名义命名表彰了80个双拥模范城、42个双拥模范单位和63个双拥先进个人。当日,《新华日报》整版宣传江苏省双拥工作。

28日至30日,中国人民解放军建军83周年前夕,安徽省党政军领导王明方、张俊、唐承沛率省直有关部门负责同志,分三组走访慰问了驻皖作战和抗洪抢险部队,代表省委、省人大、省政府、省政协和全省6 700万人民向人民子弟兵致以节日的祝贺和美好的祝愿。

29日,中共中央政治局委员、上海市委书记俞正声,市委副书记、市长韩正,市人大常委会主任刘云耕、市政协主席冯国勤、市委副书记殷一璀等分5路,分别走访慰问驻沪部队和武警官兵,代表市委、市人大、市政府、市政协和全市人民对广大指战员为平安世博所付出的辛勤劳动表示感谢。

29日,"八一"建军节前夕,福建省领导孙春兰、黄小晶、于广洲、唐国忠、杨岳等专程前往省军区某部、31集团军某部、武警福建省总队直属支队,看望慰问参加今年抗洪救灾的广大部队官兵,向他们致以节日的问候。

29日下午,海南省双拥工作领导小组成员大会在省政府常务会议室召开。会议总结分析了2009年全省双拥工作,对2010年双拥工作任务作了安排部署;审议第八届海南省双拥模范城(县、区)命名表彰名单和双拥工作模范单位、模范个人名单;研究了第八届海南省双拥模范城(县、区)命名表彰大会有关事宜。

29日,重庆市隆重召开庆祝"八一"建军节暨双拥模范城(县)命名表彰大会,22个双拥模范城(县)、114个双拥模范单位、99名双拥模范个人受到表彰。会前,市委书记薄熙来会见了双拥模范代表,并与大家合影留念。市领导黄奇帆、陈光国、邢元敏、张轩、马正其,重庆警备区司令员朱和平出席了会议。

29日,建军节前夕,陕西省委书记赵乐际,省委副书记、代省长赵正永专程赶赴兰州军区机关走访慰问，与兰州军区司令员王国生、政委李长才座谈，畅谈鱼水深情，共商双拥大计。

29日，全国双拥工作领导小组办公室转发了浙江省《弘扬爱国拥军传统，坚持富国强军统一，扎实推进新形势下军民融合式发展》的经验做法。

30日上午，天津市委书记张高丽，市委副书记、市长黄兴国分别带队走访慰问了海军导航中心、空军防空混成七师导弹十七团、武警天津市总队五支队二大队、警备区直属队、武警81师702团、舟桥85团等驻津解放军和武警部队，向部队官兵赠送了慰问品（笔记本电脑）。

30日，66393部队首长与国新办、国防部、总政治部领导一起，在66393部队某工兵团现场指导国新办、国防部新闻办、总政外宣局组织70多家境内外媒体的新闻记者进行采访，收到良好效果，为宣扬新时期军队建设、国防建设发挥了积极作用。

30日，浙江省委、省政府、省军区在省人民大会堂隆重召开纪念建军83周年暨双拥模范城（县）命名表彰电视电话会议。省委书记、省人大常委会主任赵洪祝出席大会并作了重要讲话。会议由省委副书记、省长、省双拥领导小组组长吕祖善亲自主持。省政协主席周国富出席了大会。省委副书记、省双拥领导小组副组长夏宝龙宣读了省委、省政府、省军区《关于命名省双拥模范城（县）和表彰省双拥模范单位及模范个人的决定》。省领导陈敏尔、茅临生、陈加元和东海舰队副政委张远、驻浙某集团军政委王平等出席大会。省委常委、省军区政委林恺俊代表驻浙部队在会上讲话。

30日下午，福建省八一军政座谈会在福州召开。省领导与驻闽部队官兵欢聚一堂，共叙鱼水深情，共话双拥共建，共谋推动福建跨越发展和加快海西建设。

30日下午，南京军区领导和江苏省领导在南京举行军政座谈会，畅叙军民鱼水深情，共话双拥发展大计，共同庆祝中国人民解放军83华诞。

30日，济南军区和山东省共同举办庆祝“八一”建军节文艺晚会。济南军区首长，山东省委、省人大、省政府、省政协领导等参加晚会。张国琛厅长、石贤芹副厅长参加晚会。

30日上午，河南省委专门召开议军会议，就军转干部安置、军休干部医疗待遇等方面进行专题研究。省委办厅、省政府办公厅转发了省双拥工作领导小组《关于进一步做好移交地方政府安置的军队退休干部和伤病残退役军人移交安置工作的意见》，转发了军转干部安置工作领导小组《关于加强和改进我省军队转业干部安置工作的意见》，就军转干部安置、军休干部医疗待遇等有关问题作进一步明确。

30日下午，河南省召开“八一”军政座谈会。省领导与部队领导欢聚一堂，共叙鱼水深情，共庆中国人民解放军建军83周年。河南省省委书记、省人大常委会主任、省军区党委第一书记卢展工发表热情洋溢的讲话，就继续做好双拥工作、走好中国特色军民融合式发展路子，提出了“持续提升认识，持续服务全局，持续创新拓展，持续求实求效”四个方面的要求。座谈会由省委副书记、省长郭庚茂主持。省领导王全书、叶冬松、李克、孔玉芳、叶青纯、李新民、曹维新、刘怀廉、连维良、毛万春、李柏拴、张大卫，部队领导刘孟合、颜纪雄、徐经年、张建华、戎贵卿、姜思源、牛炳祥、丁宝钦、耿燎原、王秀峰、陈进平、刘生辉、陆家源、白银、王明贵、左毅、聂皞、时峰、沈俊等参加座谈会。省双拥工作领导小组成员单位主要负责同志参加座谈会。

30日，贵州省委副书记、省双拥工作领导小组组长王富玉带队走访慰问了贵阳陆军预备役工兵团和修文县公安消防大队及2户优抚对象家庭，并为他们送去了慰问金。

30日上午，陕西省委、省政府、省军区在西安隆重举行纪念“八一”建军节暨双拥模范城（县区）命名表彰大会。陕西省委书记、省军区党委第一书记赵乐际，省委常委、省军区政委、省双拥工作领导小组副组长夏龙祥出席大会并讲话。省委副书记、代省长赵正永、省委常委、省委秘书长、省双拥工作领导小组副组长兼办公室主任魏民洲，全国双拥工作领导小组成员、全国双拥办副主任、总政群工办主任汤奋出席了大会。省委副书记、省双拥工作领导小组组长王侠主持会议。省委常委、延安市委书记李希,省人大常委会常务副主任杨永茂,省政协副主席张伟,省军区副政委杨辉等出席大会。驻陕部队独立师以上单位负责同志,省双拥办、省双拥工作领导小组成员单位、各市双拥工作领导小组和双拥办及被命名的双拥模范城(县区)军地负责同志,受表彰的模范单位和个人以及优秀复员退伍军人代表共400多人参加了会议。

30日,甘肃省委书记、省人大常委会主任陆浩,省委副书记、代省长刘伟平,兰州军区司令员王国生,省委、省政府和兰州军区、兰州军区空军、甘肃省军区、武警甘肃省总队等部队领导以及部分老战士代表,在宁卧庄宾馆隆重举行庆祝中国人民解放军"八一"建军节83周年座谈会。

30日,宁夏回族自治区召开了"八一"军政座谈会。

31日,河北省首届"我身边的好军嫂"评选活动表彰会在省军区礼堂举行。2010年2月,省双拥办、省委宣传部、省军区政治部、省妇女联合会、长城网等部门联合开展了首届"我身边的好军嫂"评选活动,并最终确定10名"十佳军嫂"、20名"优秀军嫂",23名候选人获纪念奖。

31日,吉林省委、省政府作出授予关喜志、李守信、刘磊三位烈士"抗洪救灾勇士"荣誉称号的决定。

31日,上海市委、市政府在西郊宾馆举行上海市庆祝中国人民解放军建军83周年座谈会。中共中央政治局委员、市委书记俞正声主持会议并讲话。市委副书记、市长、市双拥工作领导小组组长韩正通报了一年来本市双拥工作情况。市人大常委会主任刘云耕、市政协主席冯国勤、市委副书记殷一璀等出席。

31日,湖南省委、省政府、省军区在省委九所会议中心召开"庆祝中国人民解放军建军83周年座谈会",省委书记、省人大常委会主任周强,省委副书记、省长徐守盛,省政协主席胡彪,省委副书记梅克保,省委常委、常务副省长于来山,省委常委、省委秘书长杨泰波,省军区司令员张永大,省委常委、省军区政委杨忠民等党政军领导出席会议,会议由省委副书记、省长徐守盛同志主持。当天《湖南日报》刊发《慰问信》。

31日,"八一"建军节来临之际,新疆维吾尔自治区党委书记张春贤,自治区党委副书记、自治区主席努尔·白克力,自治区人大常委会主任艾力更·依明巴海,自治区政协主席艾斯海提·克里木拜,自治区党委副书记、生产建设兵团政委车俊,自治区党委常委、纪委书记、政法委书记符强分别率领"八一"慰问团,带着全疆各族人民对人民子弟兵的深情厚谊,看望慰问驻疆人民解放军和武警官兵,向解放军指战员、武警官兵致以崇高的敬意,并送去节日的问候和良好的祝愿。

31日,青海省委、省政府在青海会议中心隆重举行庆祝建军83周年慰问演出。青海省委书记、省人大常委会主任强卫,省委副书记、省长骆惠宁,省政协主席白玛,省委常委、省纪委书记仁青加,省委常委、省总工会主席穆东升,省委常委、省委秘书长沈何,省委常委、常务副省长徐福顺,省委常委、省军区司令员张书领,省军区政委段进虎,省人大常委会副主任马福海、刘晓、昂毛,副省长骆玉林、高云龙、张光荣,省政协副主席陈资全、李忠保,省军区副司令员余公保,96351部队政治部主任高海华,武警青海总队总队长谢才书,武警青海总队政委孟世强以及驻青各部队有关领导与广大官兵一同观看了演出。

7月,"八一"前夕,江西省省长吴新雄等领导带队,分为十四个组,走访慰问了参加抗洪救灾的南京军区某部和驻赣部队。

8月

1日,山西省省委、省政府慰问团分别由袁纯清书记、王君省长、薛延忠副书记和李小鹏常务副省长带队，分4路对省军区和师以上单位进行走访慰问。

2日，吉林省长王儒林、副省长金振吉等领导在永吉慰问了抗洪前线的16集团军、空军航空大学和省消防总队官兵，并送去慰问金。省民政厅副厅长李轩、省民政厅优抚处处长刘毓东陪同慰问。

3日，关喜志烈士的追悼会在吉林市殡仪馆举行，解放军官兵和各界群众数千人前来为烈士送行。沈阳军区副政委马炳泰出席，16集团军政委王群少将致悼词，吉林省委常委、常务副省长竺延风讲话。省政府副秘书长张宝田宣读了省委、省政府授予关喜志“抗洪救灾勇士”荣誉称号的决定，省民政厅副厅长李轩，吉林市、松原市有关领导参加了追悼会。

3日，解放军总装备部副政委黄作兴中将参加总装援建项目——新疆若羌县八一爱民小学竣工剪彩仪式。新疆维吾尔自治区教育厅、自治区民政厅、自治区双拥办领导陪同前往。

8日，吉林省委、省政府作出决定，授予武警松原市支队战士唐帅“抗洪救灾勇士”荣誉称号。

9日至13日，山西省双拥工作领导组慰问团代表省委、省政府，由省双拥工作领导组副组长、省民政厅厅长周明定带队，远赴大同、朔州、忻州、晋中等市慰问了63710部队等单位，送去了省委、省政府慰问信和慰问金。

9日至25日，湖南省双拥办组织4个军地联合考评组，对各市州申报的双拥模范城（县）、单位和个人进行了考评。考评由民政厅派出的4位厅领导和驻湘部队4位师职干部带队，省委宣传部、省文明办、省人力资源和社会保障厅、省教育厅，省军区、国防科大、五十五基地、省武警总队政治部有关人员参加。

10日，天津市双拥办主任金海龙、副主任程新元、优安处副处长杨连生，到青海玉树慰问66356部队所属的255野战方舱医院，赠送慰问金10万元。

10日，河北省参战参试人员身份认定和评残工作会议在秦皇岛市召开。省民政厅副厅长王保英出席会议并讲话。各设区市民政局主管局长、优抚科（处长），石家庄、承德、张家口、衡水、邢台、邯郸6个市所辖县（市、区）的优抚股长共180人参加了会议。

10日至11日，全国双拥办在山东省隆重召开全国双拥办主任会议暨拥军工作社会化现场经验交流会，总结全国双拥模范城（县）考评试点工作，交流试点经验，对做好新一轮全国双拥模范城（县）创建工作提出要求。同时，总结推广山东省拥军工作社会化的经验做法。各省（区、市）双拥办、全国双拥工作领导小组、军队各大单位政治部负责同志，济南市有关领导共130多人参加会议。会议期间，全国双拥办主任、民政部副部长孙绍骋，全国双拥办副主任、总政群工办主任汤奋分别作重要讲话。省委副书记、省政协主席刘伟到会致辞，省政府副省长郭兆信介绍山东省推进拥军工作社会化的经验做法。张国琛厅长介绍了山东省开展双拥模范城（县）考评试点工作情况。

14日，甘肃省委书记、省人大常委会主任陆浩，省委副书记、代省长刘伟平来到兰州军区舟曲抢险救灾前方指挥部，亲切看望慰问了参与抢险救灾的官兵。

17日，贵州省双拥办召开全省双拥办主任会议，传达了全国省（区、市）双拥办主任会议暨拥军工作社会化现场经验交流会精神；审议《贵州省双拥模范城（县）和双拥先进单位及个人命名管理办法》和《贵州省双拥模范城（县）考核评比办法》；通报省双拥工作领导小组调整省双拥办副主任的通知。

20日，甘肃省委副书记、代省长刘伟平，解放军总政治部副主任童世平，兰州军区副司令员关凯，武警部队副司令员戴洪生，兰州军区政治部主任张国栋、副参谋长李星、政治部副主任王文杰，武警甘肃总队政委刘武出席人民解放军和武警部队向舟曲灾区捐款仪式。

23日至25日，天津市双拥办在民政部黄金海岸老年康复中心举办了天津市双拥干部培训班，主要进行了公文写作和多媒体课件制作培训。42名市、区双拥干部参加了培训。

26日下午，河南省委副书记、省长郭庚茂在安阳会见了由民政部部长李立国、卫生部副部长尹力慰问抗日老战士、抗日烈属慰问团成员一行。副省长秦玉海、省民政厅厅长杨云参加会见。

28日,中共中央政治局委员、上海市委书记俞正声前往武警上海市总队医院,亲切看望慰问正在接受治疗的武警部队世博安保先进个人、武警上海市总队参谋张少锋。

30日,“南京路上好八连林”揭牌仪式在世博公园举行。上海市委常委、常务副市长杨雄和上海警备区政委朱争平共同揭牌。

31日,河南省委副书记、组织部部长叶冬松率省委组织部、省老干部局、省财政厅、省民政厅、省卫生厅主要负责同志看望慰问曾经参加抗日战争的省级和享受副省级待遇的离休老同志。

8月,河北省民政厅分组对7市20多个县(市)就散葬(建)烈士墓情况和管理状况进行了专题调研,在此基础上,先后下发了《关于做好散葬(建)烈士墓(纪念建筑物)普查工作的通知》和《关于进一步做好零散烈士纪念设施集中管理保护工作的通知》。

辽宁省省委王珉书记主持召开专题会议,专题听取沈阳军区、省军区关于加快推进朝阳军民协作区建设相关工作汇报,并决定省双拥工作领导小组作为地方支持朝阳军民协作区建设领导机构,负责协调地方部门在项目、资金、政策等方面重点支持朝阳军民协作区建设。省双拥办专门召开工作协调会,组织省农委、省科技厅等省直单位和朝阳市政府、相关部门实现项目对接。月底,在朝阳市召开以省双拥工作领导小组名义召开工作会议,省政府和沈阳军区分别与朝阳市政府签订了工作责任状,明确了支持项目、完成时间、资金投入等相关事宜。

9月

2日,河南省为纪念中国人民抗日战争胜利65周年,在郑州市召开座谈会,省委常委、秘书长曹维新出席会议并讲话。副省长秦玉海、省政协副主席靳绥东、省军区副政委张守喜出席会议。省人大常委会副主任张程锋主持座谈会。

3日,上海市党政军领导、各民主党派和工商联、各人民团体负责人等各界代表怀着崇敬的心情,来到上海淞沪抗战纪念馆祭悼英烈,并向抗战英烈敬献花篮。

7日,贵州省副省长、省双拥工作领导小组副组长辛维光主持召开了省双拥工作领导小组全体成员会议。会议主要传达了全国省(区、市)双拥办主任会议暨拥军工作社会化现场经验交流会精神;审议了《贵州省双拥模范城(县)和双拥先进单位及个人命名管理办法》和《贵州省双拥模范城(县)考核评比办法》,审议了推荐申报贵州省第七次双拥模范城(县)命名大会命名表彰对象名额分配初步方案。

7日,全区退役士兵安置工作领导小组会议在宁夏回族自治区政府隆重召开。会议通报了2009年全区安置工作和2010年退役士兵接收情况,审定了自治区本级城镇退役士兵自谋职业一次性经济补助的建议、中央驻宁单位和区属单位城镇退役士兵安置计划(草案),并对全区退役士兵安置工作电视电话会议有关事项进行了研究部署。自治区党委常委、政府副主席、自治区退役士兵安置领导小组组长刘慧主持会议并讲话。自治区退役士兵领导小组成员单位20名负责人参加了会议。

8日,河北省第十三届运动会在廊坊市隆重开幕。驻廊部队1 000多名官兵参加了开幕式演出、安保、志愿者服务等项工作,确保了省运会的顺利举行。

8日,浙江省退役士兵职业技能教育培训工作电视电话会议在杭州召开。省委书记赵洪祝,省委副书记、省长吕祖善分别作出批示,副省长陈加元出席会议并讲话。

8日,宁夏回族自治区退役士兵安置工作电视电话会议召开。自治区“双退”安置工作领导小组各成员单位的领导及中央驻宁单位、区属单位的负责人参加了会议。自治区党委常委、“双退”安置工作领导小组组长刘慧副主席出席会议并讲话。

9 日,福建省设区市双拥办主任会议在莆田市召开。会议传达了全国双拥办主任会议精神,提出了贯彻全国双拥办主任会议精神的意见,对明年新一届双拥模范城创建工作进行了部署,与会同志结合各地实际对如何启动和实施创建新一届全国双拥模范城(县)工作进行了讨论。参加会议的有各设区市双拥办主任、副主任及主办干事,省民政厅副厅长、省双拥共建办常务副主任周扬基出席会议并讲话。

8 日至 11 日,由全国双拥工作领导小组成员兼全国双拥办副主任、国家国防教育办公室主任、总政群工办主任汤奋,全国双拥办副主任、总政群工办副主任李辉率领的总政工作组来沪检查调研世博任务部队执行群众纪律、开展军民共建以及上海服务保障世博任务部队情况。总参、总后、海军、空军、南京军区、武警部队政治部等有关领导一同参加检查调研。上海市委常委、市政法委书记吴志明会见总政工作组全体人员。

14 日下午,河南省委副书记、组织部部长叶冬松率省委省政府慰问团前往济南军区慰问济南军区野战方舱医院官兵圆满完成赴玉树抗震救灾任务凯旋回到郑州,并发表讲话。济南军区联勤部张建设政委、民政厅董颖生副厅长一起参加,在欢迎仪式上叶冬松代表省委、省政府向野战方舱医院送上 20 万元慰问金。

18 日,在杨靖宇将军殉国地,社会各界代表上万人冒着大雨参加了“吉林省纪念抗日战争胜利 65 周年暨杨靖宇将军纪念馆新馆落成仪式”。解放军第二炮兵政治部副主任丁兆军少将,省委组织部副部长叶志刚,省委宣传部副部长许云鹏、省军区政治部主任宋玉文,省民政厅副厅长李轩,白山市委副书记、代市长彭永林等领导及军地各界代表和部分抗联烈士亲属参加了仪式,并向杨靖宇将军纪念碑敬献花篮。

18 日,河南省在郑州市召开全省双拥办主任座谈会,各省辖市双拥办主任及军级单位政治部秘书处处长参加会议。会议传达全国省(区、市)双拥办主任会议暨拥军工作社会化现场经验交流会精神。

18 日至 20 日,来自 25 个省(区、市)的 102 名著名烈士家属参观世博会。活动由民政部优抚安置局、上海市民政局和上海市拥军优属基金会联合主办。9 月 18 日,举行启动仪式,中共中央政治局委员、市委书记俞正声讲话,民政部副部长姜力主持。

21 日,中秋佳节来临之际,山西省省委书记袁纯清,省委副书记王君带领山西省慰问团专程赴北京,慰问了北京军区首长和官兵,并赠送慰问金。慰问团领导与北京军区首长进行座谈,共叙军地友谊,共话军民融合发展。国务委员兼国防部部长梁光烈接见袁纯清、王君一行。座谈会由北京军区政委刘福连主持,北京军区司令员房峰辉出席。省党政军领导薛延忠、高建民、张少华、刘云海参加走访慰问。

22 日,中共中央政治局委员、上海市委书记俞正声到世博园区,看望慰问奋战在一线的第四责任区执行安保任务武警官兵。

26 日,湖南省双拥工作领导小组在湖南宾馆召开了第 26 次全体会议,就拟命名表彰的第八届省级双拥模范城(县)、爱国拥军模范、拥政爱民模范、关爱优抚对象先进单位和个人,以及优秀复员退伍军人等进行了讨论和研究。

27 日,为加强伤残鉴定管理工作,河北省民政厅组织石家庄市、保定市、邢台市及部分县区主要负责优抚评残业务的工作人员和保定市、邢台市市级指定医院,省民政厅指定的三家残情鉴定医院的医务人员等在石家庄市召开了伤残鉴定管理工作座谈会。

28 日,为纪念中国人民抗日战争胜利 65 周年、中国人民志愿军入朝作战 60 周年,河北省民政厅在省优抚医院举行“慰问老优抚对象活动仪式”。省民政厅厅长古怀璞、副厅长王保英,省民政厅优抚处和省优抚医院负责同志以及在乡复员老战士代表、武警部队官兵代表、省优抚医院医护人员共 200 多人参加了活动仪式。

28 日,吉林省双拥工作领导小组在省政府常务会议室召开全体会议。会议审议并原则通过了《吉林省双拥模范城(县、区)创建命名活动管理办法实施细则》、《吉林省双拥模范城(县、区)考评标准》等有关文件,并对下一步的考评工作进行了部署。会上,5 个部队单位的负责同志分别作了发言。省长、省双拥工作领导小组组长王儒林出席会议并讲话。省委常委、省委秘书长、省双拥工作领导小组副组长房俐主持会议。副省长、省双拥工作领导小组副组长金振吉,省军区副政治委员刘伯和,65301 部队副政治委员邵忠海,省政府秘书长王云岫及 63850 部队、空军航空大学、武警吉林省总队的有关负责同志,省双拥工作领导小组成员单位代表和省双拥办有关人员参加会议。

29 日下午,广东省双拥办在广州召开“广东省双拥业务部门迎国庆茶话会”。茶话会由省军区政治部副主任马占胜大校主持。省民政厅副厅长饶美奕出席会议并作了讲话。

13 日至 10 月上旬,江西省完成了全省双拥模范城(县)考评工作,先后下发了《江西省双拥模范城(县)考评标准》和《关于申报双拥模范城(县)等有关事项的通知》,对申报对象、申报条件、申报程序、名额分配、有关要求等内容进行了明确。组成 6 个考评组,对申报省级双拥模范城(县)的 59 个市、县(区)进行了考评。

10 月

1 日,上海市党政军领导、各民主党派、人民团体负责人和各界群众代表,怀着崇敬的心情,来到上海市人民英雄纪念塔广场,向革命先烈敬献花篮,深切缅怀先烈们的光辉业绩。

8 日上午,河北省民政厅在和平公园开展“升国旗、唱国歌”主题活动。民政厅党组书记、厅长古怀璞出席活动并讲话,厅党组副书记、副厅长王保珍主持主题活动。省民政厅机关全体党员干部、离退休干部代表,省老龄办、驻石直属单位、石家庄民政局党员干部职工及部分老复员退伍军人代表共 500 多人参加了活动。

9 日,内蒙古自治区党委政府组成慰问团赴朱日和训练基地慰问了北京军区驻训部队首长机关,赠送慰问金 30 万元。北京军区房峰辉司令员发表了热情洋溢的讲话,对此表示衷心的感谢。

9 日,沈阳军区与东北三省加强平安建设“三联”工作推进会议在 16 集团军机关召开,围绕军地开展“联合预防、联合治理、联合建设”,对新形势下军地平安建设的有关问题进行了认真研究和部署。会上,驻吉某集团军副军长孟凡生、吉林省副省长金振吉、黑龙江省副省长孙永波介绍了开展“三联”工作的经验。长春市、哈尔滨市、某步兵师、某炮兵旅和沈阳市公安局分别交流了开展“三联”工作的做法。沈阳军区副司令员钟志明对“三联”工作进了部署。辽宁省政协副主席、公安厅厅长李文喜就落实“三联”工作作了表态发言。中央综治委副主任、中央政法委副秘书长、中央综治办主任陈冀平,总参谋部军务部副部长杨养申,总政治部保卫部部长于善军,沈阳军区政委黄献中出席会议并讲话。会议期间,与会代表还观看了驻吉某集团军与吉林省、黑龙江省开展“三联”工作的录像片《白山黑水平安情》和成果展。会议由沈阳军区副政委马丙泰主持,驻吉某集团军军长高光辉、吉林省省长王儒林分别致辞。国家民政部、公安部、国家安全部、综治委有关领导,辽、吉、黑三省民政、公安、国家安全、司法、建设、交通、人力资源和社会保障部门有关领导,解放军总部、沈阳军区,16、39、40 集团军,三省省军区相关领导参加了会议。

12 日,山东省军区司令员谈文虎、省军区政委南兵军带队到日照莒县慰问济南军区某部演习部队官兵,向部队赠送了慰问金、慰问品。省政府副秘书长张传亭、省民政厅副厅长石贤芹陪同慰问。

19 日,河北省民政厅在邯郸市涉县召开了河北省分散烈士纪念设施集中管理工作现场会。省民政厅副厅长王保英出席会议并讲话。省财政厅有关处室负责同志,各设区市民政局主管局长、优抚科(处长),秦皇岛、唐山、廊坊、保定、沧州5个市所辖县(市、区)的优抚股长共160人参加了会议。涉县、承德市、顺平县、磁县分别介绍了加强分散烈士纪念设施集中管理工作的做法及经验。

21日,山东省副省长郭兆信、副秘书长张传亭和民政厅厅长张国琛先后到济南军区、济南军区空军和省军区慰问“联合—210”演习部队,向部队官兵赠送了慰问金。

25日,宁夏回族自治区组成慰问团慰问在青铜峡地区参加全军“使命行动—2010”军事演习的成都军区部队。

26日,河北省民政厅在石家庄市组织召开了河北省光荣院管理工作座谈会。会议总结了近年来全省光荣院管理工作所取得的成绩,分析了当前光荣院建设与管理工作中存在的主要问题,并确定了近期光荣院建设管理工作的任务目标。

27日,黑龙江省第七届双拥模范城(县、区)命名表彰大会在哈尔滨召开。

27日,海南省召开第八届海南省双拥模范城(县、区)、模范单位和个人命名表彰大会。省委副书记、省长、省双拥工作领导小组组长罗保铭出席会议并讲话。省委常委、秘书长许俊在会上宣读了省委、省政府、省军区《关于命名表彰第八届海南省双拥模范城(县、区)、模范单位和个人的决定》,副省长、省双拥工作领导小组副组长符跃兰作双拥工作报告,省委常委、省军区政委、省双拥工作领导小组副组长刘鼎新主持会议。省人大常委会副主任符兴,省政协副主席邱德群,南航部队副政委杨东升,省军区政治部主任吕强,92730部队副政委陈强,武警海南总队副政委郝建公出席会议。参加大会的还有省双拥工作领导小组全体成员、各市县、区双拥工作领导小组组长、双拥办主任,荣获省双拥模范城(县、区)的代表,模范单位和个人代表及部队官兵450人、机关干部80人、少先队50人,共800多人。

28日至29日,在浙江省金华市召开某集团军与江苏镇江、苏州、无锡、南京市江宁区、杭州、湖州、嘉兴、金华、滁州等三省九市(区)双拥工作联席会议第六次会议。会上,各市区领导介绍了本地双拥工作情况,驻军单位领导作了发言,金华市司法局和苏州市教育局局长分别介绍了双拥工作经验和做法。省政府副秘书长、省双拥办主任徐国柱和浙江省军地领导出席会议并分别讲话,省民政厅副巡视员、省双拥办副主任段福德应邀参加会议。

10月,四川省双拥办指导13个市(州)积极做好“使命行动—2010”演习拥军支前和军供保障工作。

11月

1日,河南省委副书记、省长郭庚茂来到新密市人武部征兵现场进行调研。郭庚茂指出,要从国家大局和战略全局的高度来认识和重视征兵工作,扎实做好各项工作,高质量、高标准地完成好征兵任务。省军区司令员刘孟合,省委常委、省军区政委颜纪雄,省委常委、郑州市委书记连维良,副省长秦玉海参加调研。

4日,四川省委、省政府、省军区召开了有全省各市(州)委书记、市(州)长、军分区领导、181个县的县委书记、县长参加的“四川省双拥模范城(县、区)暨双拥模范命名表彰电视电话会议”,隆重命名表彰了93个双拥模范城(县、区)、24名爱国拥军模范和10名拥政爱民模范(享受省部级劳模待遇)。省双拥工作领导小组命名表彰了40个双拥先进城(县、区)、100个拥军优属先进单位、80个拥政爱民先进单位、80名拥军优属先进个人和40名拥政爱民先进个人。省委书记、省人大常委会主任、省双拥工作领导小组组长刘奇葆,成都军区副司令员舒玉泰中将出席会议并讲话,会议由省长、省双拥工作领导小组副组长蒋巨峰主持。

7日,山东省军区机关新营区落成典礼在济南隆重举行。济南军区司令员范长龙、政委杜恒岩,山东省委书记姜异康、省长姜大明出席典礼活动。

12日,重庆市委常委、常务副市长马正其率市党政慰问团,分别慰问了刚刚参加"联合—2010"军事演习凯旋归来的驻渝某集团军和驻渝空军某部官兵,并赠送了80万元慰问金。

13日,江苏省双拥办与省老年书画研究会一起,组织书画家和离退休老领导,撰稿100多幅书法、绘画作品送到73680部队,举行了书画作品赠送仪式,举办了书画作品展,并现场为部队官兵挥毫泼墨。

14日,甘肃省委副书记、省双拥工作领导小组组长鹿心社,副省长、省双拥工作领导小组副组长张晓兰、省军区副政委樊印光,省双拥办主任、副主任出席省双拥工作领导小组组长办公会。会议听取了2010年全省双拥工作进展情况的报告,研究通过了甘肃省双拥工作领导小组组长、副组长、成员名单和《甘肃省实施〈双拥模范城(县)创建命名管理办法〉细则》和《甘肃省双拥模范城(县)考评标准》,并安排部署双拥模范城(县)考核验收等有关事宜。

15日,江苏省委副书记、代省长李学勇到省武警总队和省军区调研考察。调研中,李学勇先后听取了省武警总队和省军区部队建设情况汇报。他指出,要坚持以双拥创建活动为抓手,深入开展拥军优属工作,认真落实优抚安置政策,满腔热忱地为部队办实事、解难事,不断巩固和发展同呼吸、共命运、心连心的新型军政军民关系。他要求,要紧紧围绕胡锦涛总书记提出的"维护国家安全和社会稳定、保障人民安居乐业"使命要求,秉承优良传统,继承优良作风,不断提升服务保障能力,不断加强部队各项建设,共同为建设美好江苏作出新的贡献。省军区领导许援朝、李笃信,副省长李小敏,省武警总队领导孙玉义、张红朝,省政府秘书长樊金龙,省政府党组成员、省公安厅厅长孙文德,省有关部门负责同志等参加调研考察活动。

16日,自治区组成四个检查考评组,分别由民政厅和内蒙古军区、武警内蒙古总队政治部领导带队,分赴全区各地,对各盟市申报推荐的56个全国和自治区双拥模范城(旗县)进行检查考评。

17日,武警部队担负上海世博会安保任务总结表彰大会在上海世博中心隆重举行。中共中央政治局委员、上海市委书记俞正声,世博安保协调小组组长、公安部副部长刘京,上海市委副书记、市长韩正,武警部队司令员王建平、政委许耀元、副司令员刘红军、副政委吴云峰、副参谋长张维业、政治部副主任卢津平、后勤部副部长魏佑江等领导出席。上海市政协主席冯国勤,市委副书记殷一璀,市委秘书长丁薛祥,市公安局局长张学兵,武警上海市总队总队长刘洪凯、政委胡汉武,以及公安部、总参谋部和担负世博安保任务部队的领导参加大会。

19日至26日,甘肃省委、省人大、省政府、省政协组成四路走访慰问团分别对驻甘部队官兵进行走访慰问。省委书记、省人大常委会主任陆浩率领慰问团,走访慰问兰州军区、兰州军区空军、甘肃省军区和武警甘肃总队,向驻甘人民解放军全体指战员和武警官兵带去了节日的诚挚问候和新春的良好祝愿。

21日,江苏省在南京市召开全省双拥办主任会议,进一步学习贯彻全国双拥模范城(县)创建命名管理办法和考评标准,分析创建全国双拥模范城的形势,对照标准查找存在的薄弱环节,提出整改措施,推进各项工作高标准落实。会议由省双拥办副主任段福德主持,省民政厅副厅长侯学元出席会议并讲话,各省辖市双拥办负责同志和工作人员参加了座谈。

25日,河南省省委书记、人大常委会主任卢展工到河南总队郑州市支队,亲切问候并欢送退伍老兵。他充分肯定了老兵们多年来为中原人民安居乐业、社会稳定和经济腾飞所付出的心血和汗水,代表河南省省委向广大官兵表示衷心的感谢,勉励大家返乡后在新的起跑线上充分发挥在部队这所大学学到的本领,脚踏实地、努力工作,继续为国家作出新的更大贡献;并反复叮嘱老兵们有空要常回"家"看看。

26日,全国双拥工作领导小组印发了《全国双拥模范城(县)考评标准》。

30日,湖南省双拥模范城(县)命名暨双拥模范单位和个人表彰大会在长沙隆重召开。会议由省委副书记、省长徐守盛主持,省委书记、省人大常委会主任周强出席大会并讲话。省委常委、常务副省长、省双拥工作领导小组组长于来山向大会作工作报告。会上,省委常委、省委秘书长杨泰波宣读了全国双拥办的贺电,省军区司令员张永大宣读了总政治部贺电。大会命名表彰了湖南省第八届双拥模范城(县)、单位、个人及“2211”工程先进单位和个人,并进行授牌颁奖。省委常委、省军区政治委员杨忠民对驻湘部队支持地方经济社会建设的情况进行总结并提出要求。广州军区副政治委员田义功充分肯定了湖南的双拥工作,对今后工作提出了指导意见。

11月中旬、下旬,河北省双拥办组成三个工作组,对全省双拥优抚安置工作进行督导调研。通过全面深入的督导调研,进一步发掘各地的双拥工作亮点,总结经验,查漏补缺,进一步促进各项双拥优抚安置工作的落实,推进双拥工作全面深入开展,为在明年全国双拥模范城(县)命名评比活动中取得好成绩打下坚实基础。

11月,辽宁省组织开展第七轮双拥模范城中期检查评比活动。检查期间,由省双拥办牵头带队,分3组对全省14个市进行检查。检查按集中听取汇报、分组检查、综合考评等程序和方式进行。同时,在有关单位、驻军部队召开军嫂就业、干部转业退役士兵安置座谈会,会上发放了有关调查问卷。检查结束后,按规定组织检查人员对各市检查情况进行现场投票评选。投票时,邀请公证部门人员到场监督。

12月

7日下午,云南省政府在昆明隆重召开表彰大会,为省公安边防总队记集体一等功。省委常委、省委政法委书记、省公安厅厅长孟苏铁出席并讲话,副省长曹建方为公安边防总队颁发集体一等功奖牌。省公安边防总队刘本红政委,省委宣传部、团省委、省妇联等部门负责人出席表彰大会。云南省公安边防总队边防官兵在8个边境州市收看收听了表彰会。

27日上午,内蒙古自治区党委书记胡春华来到巴彦淖尔市,看望慰问驻守在这里的边防部队和武警官兵,并代表自治区党委、政府和全区各族人民,向驻守在我区4 200公里边防线上的广大边防部队指战员和武警官兵致以亲切问候。

30日下午,内蒙古自治区党委书记、自治区人大常委会主任胡春华,自治区党委副书记、自治区主席巴特尔在内蒙古新城宾馆会见了总装备部某基地司令员席政、政委刘建国一行。胡春华代表自治区党委、政府对席政司令员、刘建国政委一行表示欢迎,向基地全体官兵致以节日的祝贺,并介绍了自治区经济社会发展情况。

31日上午,内蒙古自治区党委副书记、自治区主席巴特尔专程来到赤峰市,看望慰问驻守在这里的部队官兵,并深入光荣院,走访优抚对象,代表自治区党委、政府向他们致以新年的祝福。

31日下午,内蒙古军区召开大会表彰第五批赴利比里亚维和运输分队官兵。98名维和官兵受到记功嘉奖。内蒙古军区司令员刘志刚讲话,副司令员海力斯出席会议,副司令员车华松主持会议,副政委周宝莹宣读记功嘉奖通令。

30日,海南省组织召开“军民融合式发展,促进海南国际旅游岛建设”理论研讨会。

12月,江西省双拥工作领导小组下发了《江西省双拥先进单位和先进个人表彰决定》,对4年来在双拥活动中表现突出的单位和个人进行了表彰。

图书在版编目（CIP）数据

2010年全国双拥工作年鉴/全国双拥工作领导小组办公室编. —北京:中国社会出版社,2012.7
ISBN 978-7-5087-4094-2

Ⅰ.①2… Ⅱ.①全… Ⅲ.①拥政爱民—中国—2010—年鉴②拥军优属—中国—2010—年鉴 Ⅳ.①E225-54

中国版本图书馆CIP数据核字(2012)第143217号

2010年全国双拥工作年鉴

全国双拥工作领导小组办公室编

※

中国社会出版社出版发行

（北京二龙路甲33号新龙大厦·邮编100032）

中国电影出版社印刷厂印刷

全国各地新华书店经销

*

开本285mm×210mm 1/16 字数950千字 印张34.5

2012年7月第1版 第1次印刷

定价:180.00元